Klaus Löffelmann

**Visual Basic .NET – Das Entwicklerbuch**

Klaus Löffelmann

# Visual Basic .NET – Das Entwicklerbuch

Klaus Löffelmann: Visual Basic .NET – Das Entwicklerbuch
Microsoft Press Deutschland, Konrad-Zuse-Str. 1, 85716 Unterschleißheim
Copyright 2004 by Microsoft Corporation

Das in diesem Buch enthaltene Programmmaterial ist mit keiner Verpflichtung oder Garantie irgendeiner Art verbunden. Autor, Übersetzer und der Verlag übernehmen folglich keine Verantwortung und werden keine daraus folgende oder sonstige Haftung übernehmen, die auf irgendeine Art aus der Benutzung dieses Programmmaterials oder Teilen davon entsteht. Die in diesem Buch erwähnten Software- und Hardwarebezeichnungen sind in den meisten Fällen auch eingetragene Marken und unterliegen als solche den gesetzlichen Bestimmungen. Der Verlag richtet sich im Wesentlichen nach den Schreibweisen der Hersteller.

Das Werk, einschließlich aller Teile, ist urheberrechtlich geschützt. Jede Verwertung außerhalb der engen Grenzen des Urheberrechtsgesetzes ist ohne Zustimmung des Verlags unzulässig und strafbar. Das gilt insbesondere für Vervielfältigungen, Übersetzungen, Mikroverfilmungen und die Einspeicherung und Verarbeitung in elektronischen Systemen.

15 14 13 12 11 10 9 8 7 6 5 4 3 2
06

ISBN 3-86063-641-3

© Microsoft Press Deutschland
(ein Unternehmensbereich der Microsoft GmbH)
Konrad-Zuse-Str. 1, D-85716 Unterschleißheim
Alle Rechte vorbehalten

Fachlektorat: Klaus Sobel, München
Satz: Klaus Löffelmann, Lippstadt (*http://loeffelmann.de*)
Korrektorat: Martin Neumann, Lippstadt
Umschlaggestaltung: Hommer Design GmbH, Haar (*www.HommerDesign.com*)
Layout und Gesamtherstellung: Kösel, Krugzell (*www.KoeselBuch.de*)

# Inhaltsverzeichnis

**Vorwort**.................................................................................................................**XIII**
   Danksagungen ............................................................................................... XIV

**1 Einführung** ........................................................................................................**1**
   Was für wen? ........................................................................................................3
      Welche Voraussetzungen brauchen Sie? ......................................................3
   Aktuelles und Historisches – wieso Visual Basic und wieso .NET? .................3
      Übrigens: Die CD zum Buch .........................................................................5
   Die Entwicklungsumgebung von Visual Studio ..................................................6
      Die Startseite – Ausgangspunkt für Entwicklungen ....................................6
      Genereller Umgang mit Fenstern in der Entwicklungsumgebung .............7
      Der Projektmappen-Explorer ......................................................................10
      Designer, Toolbox und das Komponentenfach..........................................12
      Das Eigenschaftenfenster ...........................................................................14
      Das Codefenster ..........................................................................................14
      Die Aufgabenliste .......................................................................................19
      Die dynamische Hilfe .................................................................................20
      Die Klassenansicht .....................................................................................20
      Die wichtigsten Tastenkombinationen auf einen Blick.............................20
      Tipps & Tricks zum Umgang mit Visual Studio .......................................22

**2 Von VB6 zu VB.NET**......................................................................................**25**
   Das Beispielprogramm für die folgenden Kapitel ............................................26
   Generelle Variablenhandhabung........................................................................27
      Formulare sind Klasse(n) ...........................................................................30
      Variablen, Gültigkeitsbereiche und der Unterschied zwischen Integer und
      Integer .........................................................................................................30
   Ereignisbehandlung in .NET................................................................................33
      Gültigkeitsbereiche von Variablen in Codeblöcken ..................................33
      Alles ist ein Objekt oder »let Set be« .........................................................34
      Keine Typenbezeichner für Funktionen ....................................................34
      Kurzschlussauswertungen mit OrElse und AndNot ..................................35
      Boxing – wenn Datentypen andere Datentypen verstecken .....................36
   Fehlerbehandlungen ...........................................................................................38
      Try, Catch und Finally ................................................................................39
   Type versus Structure .........................................................................................39
      Sub New in Klassen und Strukturen ..........................................................44
      Formulare in allen Instanzen .....................................................................45
      Dateiein- und -ausgabe ..............................................................................50
      Abschließende Anmerkungen ....................................................................56

# 3 Klassen und Schnittstellen .................................................................................................. 57

Prozedurale Programmierung ade? ........................................................................................ 58
    Namensgebung von Variablen ........................................................................................ 63
    Und welche Sprache ist die beste? ................................................................................ 63
Auf zum Klassentreffen! ............................................................................................................ 64
    Konsolenanwendungen in VB.NET ............................................................................... 64
    Statische und nicht-statische Methoden und Variablen ............................................ 66
    Kleiner Exkurs – womit startet ein Programm? .......................................................... 69
    Mit Sub New bestimmen, was beim Instanzieren passiert –Programmieren des Klassenkonstruktors ........................................................................................................ 69
    Überflüssige Funktionen mit dem Obsolete-Attribut markieren .............................. 72
    Überladen von Funktionen und Konstruktoren ......................................................... 72
    Zusätzliche Werkzeuge für .NET .................................................................................... 79
    Statische Konstruktoren und Variablen ....................................................................... 83
    Eigenschaften .................................................................................................................... 87
    Zugriffsmodifizierer von Klassen, Prozeduren und Variablen .................................. 96
Wiederverwendbarkeit von Klassen durch Vererbung (Inheritance) ............................... 98
    Überschreiben von Funktionen und Eigenschaften ................................................ 107
    Polymorphie ................................................................................................................... 110
    Zahlen mit ToString formatiert in Zeichenketten umwandeln .............................. 117
    Chars und deren Wertezuweisung im Quellcode ..................................................... 122
    Polymorphie und der Gebrauch von *Me*, *MyClass* und *MyBase* ........................ 123
    Abstrakte Klassen und virtuelle Prozeduren ............................................................ 124
    Schnittstellen (Interfaces) ............................................................................................. 126
    Shadowing (Spiegeln) von Klassenprozeduren ........................................................ 132
    Sonderform »Modul« in Visual Basic ......................................................................... 136
    Singleton-Klassen und Klassen, die sich selbst instanzieren .................................. 137
Wertetypen und Verweistypen ............................................................................................. 139
    Der Unterschied zwischen Verweistyp und Wertetyp ............................................. 139
    Erstellen von Wertetypen mit Structure .................................................................... 140
    Unterschiedliche Verhaltensweisen von Werte- und Verweistypen ..................... 146
    Konstruktoren bei Wertetypen ................................................................................... 154
    Performance-Unterschiede zwischen Werte- und Verweistypen .......................... 155
    Wrapper-Klassen für Betriebssystemaufrufe ............................................................ 156
Die Methoden und Eigenschaften von Object .................................................................... 161
Typumwandlungen – Type Casting ...................................................................................... 162
    Konvertieren von primitiven Typen ........................................................................... 162
    Konvertieren von Verweistypen mit DirectCast ....................................................... 165
    Boxing von Wertetypen und primitiven Typen ........................................................ 166
    Zufallszahlen mit der Random-Klasse ....................................................................... 167
    Performance-Regel: Die BCL-Konverter zuerst! ....................................................... 169
Boxing genauer unter die Lupe genommen ....................................................................... 176
Beerdigung eines Objektes: Dispose und Finalize ............................................................. 179
    Der Garbage Collector – die Müllabfuhr in .NET ..................................................... 181
    Finalize ............................................................................................................................ 183
    Dispose ............................................................................................................................ 187
Projekte mit mehreren Assemblies ....................................................................................... 197
    Organisation von Projekten durch Namespaces ..................................................... 201
    Geschwindigkeitsvergleiche zu anderen .NET-Sprachen ....................................... 203

Einbetten von Klassen in Klassen..................................................................212
Was sonst noch wichtig ist...................................................................................213
    So unterstützt Sie die IDE beim Überschreiben von Prozeduren................213
    So verwenden Sie die Klassenansicht............................................................213

# 4 Primitive Datentypen ............................................................................................215
Einführung ...........................................................................................................216
.NET-Äquivalente primitiver Datentypen .........................................................216
Numerische Datentypen .....................................................................................217
    Numerische Datentypen deklarieren und definieren ..................................217
    Delegation numerischer Funktionen an den Prozessor ..............................218
    Die numerischen Datentypen auf einen Blick ............................................220
    Rechenfehler bei der Verwendung von Single und Double ......................224
    Besondere Funktionen, die für alle numerischen Datentypen gelten ......226
    Spezielle Funktionen der Wertetypen Single und Double ........................229
    Spezielle Funktionen des Wertetyps Decimal .............................................230
Der Datentyp Char ..............................................................................................231
Der Datentyp String ............................................................................................232
    Strings – gestern und heute ............................................................................233
    Strings deklarieren und definieren ...............................................................233
    Der String-Konstruktor als Ersatz von String$ ............................................234
    Einem String Zeichenketten mit Sonderzeichen zuweisen .......................235
    Speicherbedarf von Strings ............................................................................235
    Strings sind unveränderlich ..........................................................................236
    Speicheroptimierung von Strings durch das Framework ..........................236
    Ermitteln der String-Länge ............................................................................237
    Ermitteln von Teilen eines Strings oder eines einzelnen Zeichens .........238
    Angleichen von String-Längen ....................................................................238
    Suchen und Ersetzen......................................................................................239
    Algorithmisches Auflösen eines Strings in Teile ......................................242
    Ein String-Schmankerl zum Schluss ............................................................243
    Iterieren durch einen String .........................................................................247
    Stringbuilder vs. String – wenn es auf Geschwindigkeit ankommt ........248
Der Datentyp Boolean ........................................................................................252
    Konvertieren von und in numerische Datentypen ....................................252
    Konvertierung von und in Strings ...............................................................253
    Vergleichsoperatoren, die boolesche Ergebnisse zurückliefern ...............253
    Anweisungen, die bedingten Programmcode ausführen ..........................254
Der Datentyp Date..............................................................................................257
    Rechnen mit Zeiten und Datumswerten - TimeSpan ................................258
    Zeichenketten in Datumswerte wandeln ....................................................259
Formatieren von Zahlen und Datumswerten....................................................262
    Allgemeines über Format Provider in .NET ...............................................263
    Kulturabhängige Formatierungen mit CultureInfo ....................................264
    Formatierung durch Formatzeichenfolgen .................................................266
    Gezielte Formatierungen mit Format Providern ........................................276
    Kombinierte Formatierungen .......................................................................277

So helfen Ihnen benutzerdefinierte Format Provider, Ihre Programme zu internationalisieren .......................................................................................................... 281
Enums – Aufzählungen............................................................................................... 295
    Bestimmung der Werte der Aufzählungselemente ............................................... 296
    Bestimmung der Typen der Aufzählungselemente .............................................. 296
    Konvertieren von Enums......................................................................................... 297
    Flags-Enum (Flags-Aufzählungen) ........................................................................ 298

## 5 Arrays und Collections .................................................................................. 301

Grundsätzliches zu Arrays ............................................................................................ 302
    Arrays als Parameter und Funktionsergebnis....................................................... 303
    Änderung der Array-Dimensionen zur Laufzeit .................................................. 304
    Wertevorbelegung von Array-Elementen im Code .............................................. 308
    Mehrdimensionale und verschachtelte Arrays...................................................... 309
    Die wichtigsten Eigenschaften und Methoden von Arrays ................................. 310
    Implementierung von Sort und BinarySearch für eigene Klassen ..................... 312
Enumeratoren ................................................................................................................ 319
    Benutzerdefinierte Enumeratoren mit IEnumerable ........................................... 320
Grundsätzliches zu Collections..................................................................................... 323
Die Collections der Base Class Library ....................................................................... 325
    ArrayList – universelle Ablage für Objekte.......................................................... 326
    Typsichere Collections auf Basis von CollectionBase ......................................... 328
    Hashtables – für das Nachschlagen von Objekten .............................................. 331
    Anwenden von HashTables ................................................................................ 332
    Verwenden eigener Klassen als Key................................................................... 341
    Enumerieren von Datenelementen in einer Hashtable ..................................... 344
    Typsichere Hashtable ........................................................................................... 345
Queue – Warteschlangen im FIFO-Prinzip ................................................................. 347
Stack – Stapelverarbeitung im LIFO-Prinzip.............................................................. 348
SortedList – Elemente ständig sortiert halten............................................................. 349
    Sortierung einer SortedList nach beliebigen Datenkriterien ............................. 351
KeyedCollection – Hybrid aus ArrayList und Hashtable ........................................... 354
    Das Codelisting von KeyedCollectionBase.......................................................... 357
    Das Codelisting von KeyedCollection ................................................................. 361

## 6 Regular Expressions (Reguläre Ausdrücke) ................................................ 365

RegExperimente mit dem RegExplorer ....................................................................... 366
Erste Gehversuche mit Regular Expressions............................................................... 368
    Einfache Suchvorgänge .......................................................................................... 368
    Einfache Suche nach Sonderzeichen..................................................................... 369
    Komplexere Suche mit speziellen Steuerzeichen ................................................ 370
    Verwendung von Quantifizierern .......................................................................... 371
    Gruppen................................................................................................................... 373
    Suchen und Ersetzen.............................................................................................. 374
    Captures .................................................................................................................. 376
    Optionen bei der Suche ......................................................................................... 378
    Steuerzeichen zu Gruppendefinitionen ................................................................ 379

Programmieren von Regular Expressions ................................................................. 380
   Ergebnisse im Match-Objekt ................................................................................. 381
   Die Matches-Collection ......................................................................................... 382
   Abrufen von Captures und Groups eines Match-Objektes ................................... 383
Regex am Beispiel: Beliebige Formeln berechnen ..................................................... 385
   Der Formelparser .................................................................................................. 386
   Die Klasse ADFormularParser ............................................................................... 386
   Verwendung von Delegate für das Definieren von Delegaten ............................. 389
   Funktionszeiger mit AddressOf ermitteln ............................................................. 389

# 7 Windows-Forms-Anwendungen ........................................................... **401**

Erstellen einer neuen Windows-Anwendung .............................................................. 402
   Wieso kann ein Programm mit einer Klasse starten? ........................................... 403
   Intermediate Language disassemblieren mit dem Tool Ildasm ............................ 404
   Das Geheimnis der Application.Run-Methode .................................................... 407
   Das Geheimnis des STAThread-Attributes ............................................................ 410
Aufbau von Formularen mit Steuerelementen ............................................................ 411
   Anordnen von Steuerelementen im Formular ...................................................... 413
   Verschieben von Steuerelementen durch manuelle Positionsangaben ................ 415
   Benennen und Beschriften von Steuerelementen ................................................ 415
   Automatisches Positionieren von Steuerelementen ............................................ 418
Die Geheimnisse des Designer-Codes ........................................................................ 420
   Geburt und Tod eines Formulars – New und Dispose .......................................... 420
Behandeln von Ereignissen .......................................................................................... 424
   Implementieren von Ereigniscode ........................................................................ 424
   Ergebnisse eines Formulars mit DialogResult ...................................................... 426
   Von der Benutzeraktion zur Ereignisauslösung .................................................... 426
   Auswerten der Warteschlange, um Ereignisse auszulösen .................................. 430
   Ereignisfähigkeit mit RaiseEvent und Polymorphie bereitstellen ......................... 431
   Auf Ereignisse hören – Deklaration mit WithEvents ............................................ 432
   Auf Ereignisse durch Überschreiben von OnXXX reagieren ................................. 434
   Was oder wer löst welche Ereignisse wann aus? ................................................. 441
   Hinzufügen von Ereignisbehandlungen mit AddHandler ..................................... 466
Datenaustausch zwischen Formularen ....................................................................... 469
Visuelles Vererben von Formularen ............................................................................ 478
   ControlCollection vs. Steuerelemente-Array aus VB6 .......................................... 480
   Modifizierer von Steuerelementen in geerbten Formularen ................................ 484
   Das Praxisbeispiel für Formularvererbungen: Assistentendialoge ....................... 485
Schließen von Formularen .......................................................................................... 500
   Unsichtbarmachen eines Formulars mit Hide ...................................................... 501
   Modale Darstellung von Formularen ................................................................... 501
   Schließen des Formulars mit Close ....................................................................... 501
   Entsorgen des Formulars mit Dispose .................................................................. 502

## 8 GDI+ zum Zeichnen von Inhalten verwenden .......... **503**
Einführung in GDI+ .......... 504
    Linien, Flächen, Pens und Brushes .......... 507
    Angabe von Koordinaten .......... 508
    Wieso Integer- *und* Fließkommaangaben für Positionen und Ausmaße? .......... 509
    Wie viel Platz habe ich zum Zeichnen? .......... 509
    Das gute, alte Testbild und GDI+ im Einsatz sehen! .......... 509
    Exaktes Einpassen von Text mit GDI+-Skalierungsfunktionen .......... 516
Flimmerfreie, fehlerfreie und schnelle Darstellungen von GDI+-Zeichnungen .......... 518
    Zeichnen ohne Flimmern .......... 518
    Programmtechnisches Bestimmen der Formulargröße .......... 522
    Formulare mit ResizeBegin-/ResizeEnd- und MoveBegin-/MoveEnd-Ereignissen .......... 522
    Was Sie beim Zeichnen von breiten Linienzügen beachten sollten .......... 525

## 9 Entwickeln von Steuerelementen .......... **533**
Steuerelemente auf Basis vorhandener implementieren .......... 534
    Anlegen einer Projektmappe, mit der einfache, vererbte Steuerelemente entwickelt und getestet werden können .......... 534
    Testen des Steuerelementes .......... 541
    Die Implementierung der Funktionslogik .......... 542
    Implementierung von Eigenschaften .......... 543
Konstituierende Steuerelemente entwickeln .......... 544
    Anlegen einer Projektmappe zum Entwickeln von konstituierenden Steuerelementen .......... 545
    Initialisieren des Steuerelementes .......... 550
    Methoden und Ereignisse delegieren .......... 552
    Implementieren der Funktionslogik .......... 553
    Implementierung der Eigenschaften .......... 555
Erstellen von Steuerelementen von Grund auf .......... 557
    Ein Label, das endlich alles kann .......... 557
    Vorüberlegungen und Grundlagenerarbeitung .......... 558
    Klasseninitialisierungen und Einrichten der Windows-Darstellungsstile des Steuerelementes .......... 559
    Zeichnen des Steuerelementes .......... 561
    Der Unterschied zwischen Refresh, Invalidate und Update .......... 564
    Größenbeeinflussung durch andere Eigenschaften .......... 565
    Implementierung der Blink-Funktionalität .......... 567
    Serialisierung von werteerbenden Eigenschaften mit ShoudSerializeXXX .......... 570
    Designer-Reglementierungen .......... 572

## 10 Serialisierung .......... **575**
Einführung in Serialisierungstechniken .......... 576
    Serialisieren mit dem SOAP- und dem Binary-Formatter .......... 578
Flaches und tiefes Klonen von Objekten .......... 583
    Universelle DeepCopy-Methode .......... 587
Serialisieren von Objekten mit Zirkelverweisen .......... 589
Unterschiedliche Versionen von Objektserialisierungen .......... 591

## 11 Threading ............................................................................................................ **593**
### Grundlegendes zum Threading ................................................................................ 596
#### Starten von Threads ............................................................................................. 598
### Synchronisieren von Threads ................................................................................. 598
#### Synchronisieren der Codeausführung mit SyncLock .......................................... 599
#### Mehr Flexibilität in kritischen Abschnitten mit der Monitor-Klasse .................. 602
#### Synchronisieren von beschränkten Ressourcen mit Mutex ................................ 605
#### Weitere Synchronisierungsmechanismen ........................................................... 608
### Verwenden von Steuerelementen in Threads ......................................................... 611
### Managen von Threads .............................................................................................. 612
#### Starten eines Threads mit Start ........................................................................... 612
#### Vorübergehendes Aussetzen eines Threads mit Sleep, Suspend und Resume ... 612
#### Abbrechen und Beenden eines Threads .............................................................. 613
### Datenaustausch zwischen Threads durch Kapseln von Threads in Klassen .......... 616
#### Der Einsatz von Thread-Klassen in der Praxis ................................................... 619
### Verwenden des Thread-Pools .................................................................................. 626
### Thread-sichere Formulare in Klassen kapseln ........................................................ 631

## 12 Attribute und Reflection .................................................................................... **635**
### Genereller Umgang mit Attributen ......................................................................... 636
#### Einsatz von Attributen am Beispiel von ObsoleteAttribute ................................ 636
#### Die speziell in Visual Basic verwendeten Attribute ........................................... 638
### Einführung in Reflection ......................................................................................... 639
#### Die Type-Klasse als Ausgangspunkt für alle Typenuntersuchungen .................. 640
#### Klassenanalysefunktionen, die ein Type-Objekt bereitstellt ............................... 641
#### Objekthierarchie von MemberInfo und Casten in den spezifischen Info-Typ ... 643
#### Ermitteln von Eigenschaftwerten über PropertyInfo zur Laufzeit ...................... 643
### Erstellung und Erkennung benutzerdefinierter Attribute zur Laufzeit ................... 644
#### Ermitteln von benutzerdefinierten Attributen zur Laufzeit ................................ 647
### ADAutoReportView-Steuerelement als Beispiel .................................................... 649

## 13 ADO.NET ............................................................................................................. **661**
### Grundsätzliches zu Datenbanken ............................................................................. 663
#### Aufbau der Beispieldatenbank ............................................................................ 663
#### Klärung grundsätzlicher Begriffe ........................................................................ 664
#### Einsehen von Daten mit dem Server-Explorer .................................................... 665
### Programmieren mit ADO.NET ................................................................................ 667
#### Datenverbindungen herstellen und Resultsets mit dem DataReader auslesen ... 667
#### Schemainformationen mit dem DataReader abfragen ........................................ 669
#### Unverbundene Daten mit dem DataTable-Objekt verwalten .............................. 674
#### Einige SELECT-Command- Beispiele: ............................................................... 678
#### Wenn das DataGrid keine Zeit hat – Formate von Zeitdaten ............................. 678

  Ändern und Ergänzen Daten in Datentabellen ............................................................. 681
    Was machte das »alte« ADO? ............................................................................. 683
    Verwenden von DataAdapter, DataTable und Command-Objekten zur
    Übermittlung von Aktualisierungen .................................................................. 683
    Arbeit und Zeit mit dem CommandBuilder-Objekt sparen ............................ 688
  Und so geht es weiter ................................................................................................ 690
    DataSet-Objekte und DataRelation-Objekte .................................................... 690

## Anhang A: Das Visual Basic Resource Kit   **693**
  Installation des VB-Resource-Kit ............................................................................ 694
    Installation von ComponentOne ....................................................................... 697
  Erhalten Ihres Keys zur Freischaltung .................................................................... 702
  Freischalten und Updaten Ihres Exemplars ........................................................... 704
  Ihr erstes ComponentOne-Programm – Schritt für Schritt ................................... 707
    Wichtiger Zwischenschritt: Freischalten von ComponentOne ...................... 710
    Verwenden der ComponentOne-Komponenten ............................................. 711
  Behebung von Problemen nach einem Update .................................................... 719
    Bekannte Probleme nach dem Update der Preview-Unterstützung .............. 719

## Anhang B: Stichwortverzeichnis   **721**

## Terminologieverzeichnis   **737**
  Englisch - Deutsch .................................................................................................... 737
  Deutsch - Englisch .................................................................................................... 745

# Vorwort

Ich begann zu Zeiten des Commodore 64 mit dem Programmieren. Während ich damals die ersten Gehversuche unternahm, merkte ich, wie sehr mich diese Tätigkeit begeisterte und dass sie mir ein Gefühl vermitteln konnte, das mir zu diesem Zeitpunkt so noch nicht begegnet war. Wer noch nie in seinem Leben programmiert, bis in die Nacht über einem Problem gesessen hat und darüber die Zeit vergaß, wird nur sehr schwer nachvollziehen können, dass letztendliche Erfolgserlebnisse dabei fast schon wie eine Droge wirken können. Ich muss zugeben, dass ich genau deswegen bereits nach kurzer Zeit zu einem Programmier-Junkie geworden bin.

Doch während die Jahre ins Land gingen und das einstige Hobby zu einem Beruf wurde, kehrte auch Normalität ein. Über die vielen Versionen von Visual Studio und Visual Basic wurde das Programmieren mehr und mehr zu Routine. Zwar ließ ich mich stets für neue Technologien begeistern, doch wenn ich ehrlich bin, muss ich gestehen: So enthusiastisch wie in der ersten Zeit, bin ich danach nicht mehr wirklich gewesen.

Das änderte sich mit dem Erscheinen von Visual Studio .NET – allerdings nicht sofort. Wissensdefizite ließen mich anfangs den Umstieg auf die neue Technologie wohl unterschätzen – ein Fehler, bei dem ich mir erst heute sicher bin, dass er mir viel mehr genutzt als geschadet hat. Fakt ist: Ich habe durch diesen Fehler bei einem Projekt richtig draufzahlen müssen; auf der anderen Seite habe ich während dieser Zeit aber auch wahnsinnig viel gelernt.

Das .NET-Framework ist in meinen Augen Microsofts größter Wurf der letzten Jahre – eigentlich schon ein richtiger Geniestreich. Für Visual-Basic-Programmierer stellt es nur ein Problem dar: Dadurch, dass es für diese Gruppe von Entwicklern das erste Mal ein richtiges und durchdachtes Konzept zur objektorientierten Programmierung gibt, müssen sie anfänglich doch sehr umdenken.

Wenn Sie sich an Ihre ersten Gehversuche beim Programmieren erinnern, werden Sie sich sicherlich noch an das »Es-hat-Klick-gemacht«-Gefühl erinnern. Irgendwann kam der Punkt, an dem Sie am nächsten Morgen aufwachten und etwas verstanden hatten, was Ihnen am Abend (oder in der Nacht) zuvor noch absolut schleierhaft war. Was Klassen und Schnittstellen anbelangt, müssen viele Ehemalige genau da durch – Sie können das noch heute sehen, wenn Sie durch die vielen Newsgroups stöbern, die sich mit Visual Basic .NET beschäftigen.

Der eine oder andere mag sich vielleicht fragen, ob dieses Buch den Markt nicht ein wenig spät erreicht – und auch ich habe mir diese Frage gestellt. Doch ich glaube inzwischen, dass der Zeitpunkt nicht richtiger hätte sein können – und ich hoffe, Sie werden mir Recht geben, nachdem Sie ein paar Minuten durch das Buch und dessen Inhalts- und Stichwortverzeichnis geblättert haben. Portierungen von Geschäftsanwendungen zu .NET sind gerade in diesem Moment in vollem Gang, und es gibt gerade deswegen einen enormen Erklärungsbedarf zum Thema »Wie Sachen richtig gehen«.

Mein Bemühen ist es gewesen, mich mit diesem Buch von anderen Titeln abzuheben – zu beurteilen, inwieweit mir das gelungen ist, möchte ich anderen überlassen. Meine Vorgehensweise bei der Wahl und der Besprechung der Themen, um das zu erreichen, war eigentlich eine ganz einfache: Über welche Steine bin ich selbst beim Umstieg auf .NET gestolpert, und welche Fragen konnten mir auch Profis zu dieser Zeit nicht beantworten? Aus diesen Fragen ergaben sich die hier besprochenen Themen. Wie ich feststellen musste, stand ich mit den Fragen immer noch nicht alleine da, und bei einigen Themen war einiges an Recherchearbeit nötig, um die »tatsächliche Wahrheit« ans Licht zu bringen.

Übrigens: Noch während ich dieses Buch schrieb, musste ich erfreut feststellen, dass mein anfänglicher Enthusiasmus beim Programmieren dank .NET nach und nach zurückkam. Dieses Mal gesellte sich zu den Erfolgserlebnissen aber noch ein weiteres Gefühl dazu, nämlich das beruhigende Wissen, mit jeder investierten Entwicklerstunde Komponenten wirklich für die Zukunft zu entwickeln.

Ich hoffe in diesem Sinne, Ihnen mit diesem Buch auch viele Ihrer Fragen beantworten zu können, und dass Ihnen das Entwickeln unter .NET genau so viel Spaß bereitet wie mir.

Klaus Löffelmann, Lippstadt im Mai 2004.

### In eigener Sache

Man bekommt nicht oft die Möglichkeit, für seine eigene Dienstleistung ohne größeren finanziellen Aufwand werben zu können. Umso mehr mag ich natürlich die Gelegenheit am Schopf packen, um an dieser Stelle ein wenig Öffentlichkeitsarbeit für mein eigenes Dienstleistungsunternehmen zu leisten, das ich hauptberuflich betreibe. Falls Sie also Bedarf an Beratungsdienstleistungen, Inhouse-Schulungen, Dokumentationserstellung oder Entwicklungs-Outsourcing rund um .NET haben: Informieren Sie sich einfach auf unserer Website unter *http://loeffelmann.de*, und setzen Sie sich mit uns in Verbindung.

PS: Falls Sie Anregungen, Kommentare oder Kritik zum einen oder anderen Thema zu haben, zögern Sie nicht, sie mir zu schicken, unter: *entwicklerbuch@loeffelmann.de*. Aktuelles zu diesem Buch finden Sie überdies unter *http://loeffelmann.de/Entwicklerbuch.html*.

# Danksagungen

Das Schreiben dieses Buches war ein hartes Stück an Arbeit und wäre ohne entsprechende Unterstützung von Freunden, Familie und den Mitarbeitern von Microsoft und MicrosoftPress nicht möglich gewesen. Deswegen möchte ich zunächst Thomas Braun-Wiesholler, meinem Lektor, für die Unterstützung in Form von Büchern, Software und auch gutem Zureden danken, wenn mich meine Motivation nach stressigen Arbeitsphasen verließ. Ein herzliches Dankeschön an dieser Stelle auch an Klaus Sobel vom Microsoft Support, der das Fachlektorat dieses Buches übernommen hat, und der es mit meinen Fragen und Ideen zwischendurch sicherlich nicht leicht hatte.

Dass ich in den vergangenen sechs Monaten überhaupt vor die Tür gegangen bin und mich zwecks Abschalten und Erholung auch mit anderen Dingen beschäftigt habe, ist insbesondere Miriam und Christian Sonntag, Uta Ademmer, Daja Langenbach, Leonie Beckmann, Jürgen Heckhuis und natürlich Uwe Thiemann anzurechnen, den ich schon erschreckend lange kenne. Danke dafür – ohne euch hätte ich es das nicht gepackt! Das gleiche gilt für Gareth Clarke und Momo Weichel: Thanks for being there for me and listening, when I really needed friends to talk to! And Gareth: Go n-ithe an cat thú is go n-ithe an diabhal an cat! Und dies an Anja und Anne: Es könnte sein, dass Luka demnächst heiratet!

Allergrößten Dank gilt meinen Eltern Gabriele und Arnold für Ihre Unterstützung in einer besonders schwierigen Zeit. Dass ich ohne euch dieses Buch *nie* hätte schreiben können, ist wohl jedem Insider klar. Euch sei dieses Buch deshalb auch gewidmet!

# 1 Einführung

3   Was für wen?
3   Aktuelles und Historisches – wieso Visual Basic und wieso .NET?
6   Die Entwicklungsumgebung von Visual Studio

Bei Erscheinen dieses Buches gibt es Visual Basic .NET schon beinahe 4 Jahre, seit es mit der Beta-1-Version das Licht der Welt erblickte. Zu diesem Zeitpunkt teilte sich die Gemeinde der VB-Programmierer in zwei Lager: Die Programmierer des ersten Lagers – ich möchte sie »Evolutionsoptimisten« nennen – erkannten recht schnell, welche wirklich großen Fortschritte VB.NET mit sich brachte und dass dies notgedrungen zu Lasten einiger althergebrachter, aber leider überholter Konzepte gehen musste. Die Gruppe der »Evolutionspessimisten« beklagte sich lautstark über diese Einschnitte und hoffte auf Nachbesserungen in der finalen Version. Sie sollten – glücklicherweise – zunächst enttäuscht werden. Die erste »fertige« Version von Visual Basic .NET erschien im April 2002 als Bestandteil von Visual Studio 2002 .NET. Viele Entwickler, die bis zu diesem Zeitpunkt mit den Vorgängerversionen gearbeitet hatten, stellten bei ihren ersten Gehversuchen mit dem neuen Entwicklungssystem fest, dass dieses einen ebenso großen Einschnitt für ihre Programmiererkarriere bedeutete wie der Wechsel von Windows 3.X zu Windows 95 vor rund 9 Jahren.

Für Visual-Basic-Programmierer bedeutet Visual Basic .NET nämlich endgültiges Abschiednehmen von der prozeduralen Programmierung. Visual Basic .NET lässt Sie als Programmierer zum einen kaum noch an der objektorientierten Programmierung vorbeikommen und führt zum anderen dazu auch endlich die bislang fehlenden Techniken der Objektorientierung ein, wie »richtige« Vererbung und Überschreibungen, Schnittstellen und vieles mehr. Und längst nicht nur deswegen müssen auch eingefleischte Kritiker zugeben, dass diese Programmiersprache spätestens ab jetzt zur Liga der professionellen Programmiersprachen zählt.

Das ist auch gar kein Gegenstand mehr für Diskussionen: Denn alle Programmiersprachen aus der .NET-Familie »verwandeln« sich, nachdem man das jeweilige Ausgangsprogramm kompiliert hat, zunächst in einen einheitlichen Standard in Form eines Zwischencodes, einer eigenen Programmiersprache namens Microsoft IML (Intermediate Language). Egal, ob Sie in Visual Basic, C#, verwaltetem C++ oder sogar »alten Exoten« wie Fortran oder Cobol für .NET programmieren: Konvention ist, dass für alle .NET-Programmiersprachen zunächst der maschinennahe IML-Code erzeugt wird. Und keine Programmiersprache auf .NET-Basis implementiert wirklich eigene Datentypen und würde damit ihr eigenes Süppchen kochen. Alle verwendeten Grunddatentypen, die so genannten primitiven Datentypen, werden nämlich in der als

BCL[1] bezeichneten Klassenbibliothek definiert, die Grundbestandteil des Framework.NET ist. Sie definiert das CTS (Common Type System), das auch den Code für die primitiven Datentypen enthält und sie reglementiert. Dieses Regelwerk legt ebenfalls fest, auf welche Weise Eigenschaften, Methoden und Ereignisse zugänglich gemacht werden, wie Objekte vererbt werden oder auch wie das Prinzip des Ersetzens von Objektelementen durch das so genannte Überschreiben geregelt ist. Stark vereinfacht bedeutet das: Die Programmiersprache wird auf ein reines, vereinheitlichtes Werkzeug reduziert – jede Programmiersprache unter .NET kann ähnliche schnelle Resultate liefern (wobei nicht jede Programmiersprache gleich schnell Resultate liefern kann!). Sie bietet dem Entwickler bis auf ganz wenige Ausnahmen dieselben Möglichkeiten wie andere .NET-Sprachen und vor allen Dingen: Objekte, die Sie in der einen Programmiersprache erstellt haben, können Sie in anderen Programmiersprachen weiterverwenden – das CTS sorgt dafür, dass alle Zähne reibungslos ineinander greifen.

Doch dieses einheitliche, oder besser: vereinheitlichende Konzept beschränkt sich nicht nur auf primitive Datentypen, Objekte oder deren Vererbung und Kommunikation untereinander. Das Framework selbst stellt die umfangreichsten Bibliotheken zur Verfügung, die von jeder Programmiersprache aus gleich gut zu erreichen sind – seien es einfache Dinge wie die Stringverarbeitung – wobei es hier auch Besonderheiten gibt, die gar nicht so anspruchslos sind. Die »Garbage Collection«, die »Müllentsorgung« im Framework, ist ein sehr kontroverses aber auch interessantes Thema – doch dazu später mehr. Darüber hinaus stellt sie Bibliotheken zur Grafikdarstellung, Kryptographie, Dateiein- und -ausgabe, Datenbankverwaltung, ASP.NET, XML-Dienste, DirectX, Anwendungen für PDAs mit Windows für Pocket PC oder Windows CE, und, und, und. Eine lange Geschichte kurz erzählt: Im Großen und Ganzen können Sie mit Visual Basic .NET also genau die gleichen Anwendungen entwickeln, wie mit C# oder verwaltetem C++ (oder Cobol oder Fortran oder welcher der inzwischen über 20 existierenden .NET-Programmiersprachen auch immer). Die Resultate werden sich in der Performance und in ihrer Leistungsfähigkeit in der Regel nur unwesentlich voneinander unterscheiden. Und es gibt nichts, was Sie mit anderen .NET-Sprachen erreichen und nicht auch in Visual Basic .NET erreichen könnten.

Kleine Anekdote am Rande: Bei den ersten Präsentationen von .NET im Jahre 1999 hieß .NET übrigens noch gar nicht .NET, sondern ganz bescheiden COM+ 2.0. Die vorherige Version COM 1.0 war bis dahin »nur« ein System und auch der erste funktionierende Ansatz, verschiedene Programmiersprachwelten miteinander zu vereinen und Objekte global zugänglich zu machen. Die Komponentenflut, die darauf entstand, überwältigte selbst die an COM 1.0 beteiligten Entwickler von Microsoft. Doch mit der berühmten DLL-Hölle, mit der fast jeder professionelle Softwareentwickler seine frustrierenden Erfahrungen gemacht hat, und mit der Anfälligkeit von DCOM durch Attacken »von außen« entschied man sich, einen deutlichen Schnitt zu machen und einen komplett neuen Weg zu gehen.

.NET birgt so ein noch viel, viel größeres Potenzial und ist im Grunde nicht schwieriger zu verstehen oder zu erlernen als das **C**omponent **O**bject **M**odel. Das eigentlich Schwierige oder eher: das eigentlich Mühselige und Zeitaufwändige ist, an die benötigten Informationen zu gelangen. Und dabei soll Sie dieses Buch unterstützen.

Denn sie wissen ja: »Intelligenz ist zu wissen, wo es steht« …

---

[1] BCL steht für **B**ase **C**lass **L**ibrary; das ist die Programmbibliothek des Frameworks, die unter anderem den Code der elementarsten Objekte enthält, auch den der primitiven Datentypen.

# Was für wen?

Um es ohne Umschweife zu sagen: Dieses Buch richtet sich an Softwareentwickler, die bereits Programmiererfahrungen haben; es ist also kein Einsteigerbuch. Es soll nicht dem Zweck dienen, Ihnen beizubringen, wie man programmiert und Ihnen deswegen auch nicht die grundlegenden Elemente der Basic-Programmiersprache erklären. Dieses Buch richtet sich an Programmierer, die sich vor allen Dingen die Eigenarten von .NET aneignen und schnelle Ergebnisse in .NET erzielen wollen. Dieses Buch wird Ihnen also nicht erklären, was Datentypen an sich sind; es wird Ihnen aber die Datentypen der BCL und damit die primitiven Datentypen von Visual Basic .NET erklären. Es wird auch nicht ausführen, was eine Bitmap ist, Sie werden aber Beispiele finden, die zeigen, wie Bitmaps in .NET verwendet werden. Dieses Buch wird Ihnen allerdings erklären, was Klassen und Schnittstellen sind, denn ohne die läuft in .NET gar nichts mehr, und in meiner langjährigen Erfahrung als Softwareentwickler habe ich immer wieder festgestellt, dass ganze Teams noch immer die prozedurale Programmierung der objektorientierten Programmierung vorziehen. Ich werde mich darüber hinaus bemühen, Sie mit möglichst wenig Theorie zu langweilen und Ihnen dafür lieber viele brauchbare Beispiele zu präsentieren.

## Welche Voraussetzungen brauchen Sie?

Um *alle* Beispiele in diesem Buch nachzuvollziehen, benötigen Sie eine aktuelle Version von Visual Studio .NET 2003. Das allein erhältliche Visual Basic .NET 2003 reicht für viele Anwendungen aus. Wenn es um das Nachvollziehen reinen Programmcodes geht (und darum geht es ja in 90% der Fälle), ist sogar der Visual-Basic-Compiler ausreichend, der Bestandteil des frei verfügbaren *Framework.SDK* ist. Allerdings möchte ich an dieser Stelle eine deutliche Empfehlung aussprechen: Für professionelle Softwareentwicklung sollten Sie den Einsatz von Visual Studio mindestens in der Ausführung »Professional Edition« in Erwägung ziehen. Die Benutzeroberfläche von Visual Studio fördert Ihre Produktivität ungemein, und es wäre wie Porschefahren mit angezogener Handbremse, wenn Sie nur mit dem Framework SDK oder der einfachen Ausgabe von Visual Basic .NET größere Entwicklungen durchführen wollten.

# Aktuelles und Historisches – wieso Visual Basic und wieso .NET?

Wenn Sie zu den eingefleischten Visual-Basic-6.0-Programmierern gehören oder gehörten, dann kennen Sie sicherlich die Diskussionen darüber, ob Visual Basic nun eine echte professionelle Programmiersprache ist oder nur »Kinderkram«, bestenfalls vielleicht noch ein recht brauchbares Werkzeug um »mal eben was auszuprobieren«. Spätestens jedoch, seitdem Rechner mit Hyperthreading und Taktfrequenzen jenseits der 3-Gigahertz-Grenze Standard sind und täglich neue Sicherheitslücken durch mögliche Buffer-Overflows[2] auftauchen, stellt sich die Frage,

---

[2] Kurzer Ausritt: Was eigentlich ist ein Buffer-Overflow und wieso kann durch ihn ein System kompromittiert werden? Stark vereinfacht: Stellen Sie sich vor, Sie haben einen Speicherbereich, der Daten aufnimmt, und direkt dahinter einen weiteren, in dem Rücksprungadressen für das Zurückkehren von Unterprogrammen ins Hauptprogramm gespeichert werden. Wenn ein Entwickler nicht darauf achtet, einen Programmteil so zu gestalten, dass er mehr Daten in den Datenbereich schreibt, als ihm eigentlich dazu Platz zur Verfügung steht, schreibt es den Rücksprungadressbereich buchstäblich kaputt. Passiert das, bezeichnet man das als Buffer-

*Einführung*

was eine wirklich professionelle Programmiersprache ausmacht. (Erst gerade, während diese Zeilen entstehen, treiben der Blaster-Wurm und seine Derivate Unwesen im Netz – und sie können das nur wegen eines möglichen Buffer-Overflows im RPC-Dienst[3]). Ist es eine, die zwar wirklich schnellen Code erzeugt, für die man aber unglaublich lange Einarbeitungszeit braucht, um die ersten brauchbaren Ergebnisse zu erzielen? Ist es eine Programmiersprache, deren Programmzeilen unglaublich elegant und wichtig aussehen, durch die aber außer dem ursprünglichen Programmierer selbst keiner mehr durchsteigt? Ist es vielleicht eine Programmiersprache, die ihren Programmierern einen enormen Aufwand abfordert, weil sie sich nur durch die Programmiertechnik von Zeigern für die Verarbeitung von komplexen Datentypen nutzen lässt und damit für Sicherheitslücken durch Buffer-Overflows mehr als anfällig ist?

Oder ist es eine Programmiersprache, mit der auch Anfänger in der Softwareentwicklung vergleichsweise schnell brauchbare Ergebnisse erzielen können? Deren Schlüsselworte so selbsterklärend sind, dass sich Softwareentwickler relativ schnell auch in fremden Programmcode einarbeiten können? Die zwar nicht zu den allerschnellsten in der Ausführung der von ihr kompilierten Programme zählt, deren kompilierte Programme aber unter Berücksichtigung der Rechenleistung heutiger Computer so schnell sind, dass sich dieses Defizit bei 99% aller denkbaren Anwendungen vernachlässigen lässt? Und deren Konzept so ausgelegt ist, dass das Thema Buffer-Overflow überhaupt keines für sie ist? Raten Sie mal, welche dieser Fragen sich auf C++ und welche sich auf das »alte« Visual Basic (6.0) beziehen!

Was Visual Basic .NET anbelangt: Hier sind auch die letzten Argumente vom Tisch. Es ist in der Performance mit seinen direkten Mitbewerbern C# und J# ohne weiteres vergleichbar, und es ist in der vorliegenden Version auch so erwachsen geworden, dass es Features etwa wie echte Vererbung, Delegaten oder Multithreading beherrscht – von der unglaublichen Performance einmal ganz abgesehen. Wenn man die Struktur des neuen Frameworks erst verstanden hat, erkennt man, dass diese Tatsache obligatorisch ist, denn sämtliche .NET-Programmiersprachen dienen streng genommen nur noch als Dolmetscherwerkzeug in eine neue Programmiersprache, die Microsoft als *IML* bezeichnet – die so genannte **Intermediate Language**[4]. Diese IML ist zwischen einer Hochsprache (wie Visual Basic und C#) und der reinen Maschinensprache angesiedelt, der Sprache also, die der Prozessor schließlich direkt als Bytecode verarbeitet.[5] Da alle .NET-Programmiersprachen die gleiche Ausgangssprache erzeugen (die dann erst zur Laufzeit eines Programms in den eigentlichen Maschinencode umgewandelt wird – doch auch

---

Overflow (Puffer-Überlauf). Will man diesen Fehler eines Programms ausnutzen, um das System zu kompromittieren, dann schreibt man über den Puffer hinaus und Daten in den anschließenden Rücksprungbereich so hinein, dass die ursprüngliche Rücksprungadresse durch eine neue ersetzt wird. Will ein Programm nach einem Buffer-Overflow zum eigentlichen Hauptprogramm zurückspringen, landet es stattdessen an der Stelle, die ein Eingreifer dafür vorgesehen hat; er kann dann anschließend seinen Code ausführen lassen und auf diese Weise u. U. sogar das komplette System übernehmen.

[3] DCOM – distributed COM, Teil des veralteten COM+, ist übrigens essentiell auf den RPC (*Remote Procedure Call* – etwa »Aufruf von Prozeduren auf entfernten Systemen«) angewiesen.

[4] Etwa: Zwischensprache oder Mittelweg-Sprache – als »Intermediates« werden in der Formel 1 beispielsweise die Reifen bezeichnet, die zwischen Regenreifen und den gänzlich ohne Profil auskommenden Slicks angesiedelt sind.

[5] Es gibt Gerüchte über Überlegungen von Prozessorherstellern, Prozessoren zu entwickeln, die diese IML direkt ausführen können. Für .NET-Programme würde das einen ganz erheblichen Geschwindigkeitszuwachs bedeuten. Aber leider sind das bislang nur Gerüchte, und man weiß noch nichts Konkretes.

dazu später mehr), ist die erreichbare Performance nur noch von zwei Komponenten abhängig: Erstens: Wie effizient ist der erzeugte IML-Code? Zweitens: Wie viele zusätzliche Sicherheitsmechanismen – wie beispielsweise das Überprüfen von Grenzen bei Feldvariablen – werden vom jeweiligen Compiler in den IML-Code automatisch eingebaut.

Mit Visual Basic .NET haben seine Entwickler meiner Meinung nach einen perfekten Kompromiss gefunden: Sie als Softwareentwickler entwickeln mit Visual Basic .NET Programme in kürzester Zeit, die von Haus aus sicher dennoch mehr als ausreichend schnell sind – den Beweis dafür werde ich in ▶ Kapitel 3 antreten.

Dieses Konzept der Intermediate Language hat übrigens einen unschlagbaren Vorteil: Sie müssen sich für die verschiedenen Teile eines Softwareprojektes, die untereinander kommunizieren müssen, nicht auf eine bestimmte Programmiersprache festlegen. Jeder Entwickler eines Teams kann seine von ihm bevorzugte .NET-Programmiersprache verwenden – da jede der Sprachen ohnehin IML-Code erzeugt, spielt das »Worauf müssen wir uns einigen« keine Rolle mehr. So ist es also durchaus denkbar, dass eine Programmshell (der Teil eines Programms also, der die Hauptanwendung darstellt) in C#, eine DLL, die Funktionen für grafische Auswertungen enthält, in verwaltetem C++ und mehrere Benutzersteuerelemente zur Bedienung des Programms in Visual J# oder in Visual Basic .NET gehalten sind. Das bedeutet aber ebenfalls einen unschätzbaren Vorteil für die Wiederverwendung von sehr altem Code. Bestimmte Algorithmen, die vor Jahrzehnten beispielsweise in Fortran oder Cobol entstanden sind, können mit vergleichsweise geringem Aufwand zu .NET portiert und dann der Team-Allgemeinheit zugänglich gemacht werden.

Doch bevor Sie mit dem Programmieren beginnen, sollten Sie sich zunächst einen Überblick über die Umgebung verschaffen, mit der Sie in Zukunft wahrscheinlich viel Zeit verbringen werden. Und genau diese Tatsache bringt mich direkt zum nächsten Thema, das folgendes leisten soll:

- Es soll Ihnen einen Überblick über die IDE (*Integrated Developing Environment* –die integrierte Entwicklungsumgebung) von Visual Studio .NET geben.
- Es soll Ihnen Tipps und Tricks auch dann geben, wenn Sie schon einige Zeit mit Visual Basic .NET gearbeitet haben – denn Sie werden mit Sicherheit das eine oder andere Neue entdecken, über das Sie die Hilfe von Visual Studio .NET bisher im Unklaren gelassen hat.

## Übrigens: Die CD zum Buch

Sie finden in diesem Buch nicht nur das folgende Programmbeispiel, sondern auch eine Menge andere, die später im Buch vorgestellt werden. Um diese Beispiele nachvollziehen zu können, müssen Sie sie selbstverständlich nicht abtippen. Dieses Buch enthält eine CD, auf der alle in diesem Buch beschriebenen Beispielprogramme enthalten sind. Um die Beispiele auf der CD nutzen zu können, kopieren Sie die einzelnen Projekt-Verzeichnisse (sie befinden sich im Verzeichnis *Beispiele* auf der CD) am besten in einen bestimmten Unterordner, den Sie zuvor auf Ihrer Festplatte anlegen. Sie können das entweder mit dem Explorer machen, oder Sie verwenden das Setup-Programm, das Sie über die Benutzeroberfläche des CD-Installers unter dem Eintrag *Beispiele* erreichen. Der CD-Installer selbst wird automatisch gestartet, wenn Sie die CD einlegen. Falls Sie die *AutoPlay*-Funktion Ihres Computers abgeschaltet haben, starten Sie den CD-Installer mit Doppelklick auf *StartCD.Exe*.

*Einführung*

Als besonderes Schmankerl finden Sie übrigens auf der CD zum Buch das so genannte Visual Basic Resource Kit, das ebenfalls eine Menge nützlicher Dinge rund um Visual Basic .NET enthält. Mehr zu diesem Thema finden Sie in ▶ Anhang A.

# Die Entwicklungsumgebung von Visual Studio

Sie sind mit der IDE, der integrierten Entwicklungsumgebung, von Visual Studio .NET bereits bestens vertraut und kennen die genaue Bezeichnung all ihrer Elemente? Sie kennen ebenfalls die besten Tipps, um möglichst effektiv mit der IDE zu arbeiten? Dann können Sie diesen Abschnitt überspringen. Falls Sie vielleicht den einen oder anderen Tipp mitnehmen wollen oder sicher gehen möchten, dass die Bezeichnung eines Elements der IDE, die Sie im Hinterkopf haben, wirklich der offiziellen und hier verwendeten entspricht, dann empfehle ich Ihnen die folgenden Abschnitte zur Lektüre – selbst wenn Sie schon intensivere Erfahrungen mit der IDE gemacht haben.

## Die Startseite – Ausgangspunkt für Entwicklungen

Jedes Mal, wenn Sie Visual Studio.NET starten, begrüßt Sie die IDE mit der Startseite, etwa wie in Abbildung 1.1 zu sehen. Die Startseite zeigt Ihre zuletzt bearbeiteten Projekte, die Sie direkt per Mausklick auf den jeweiligen Eintrag in der IDE öffnen können.

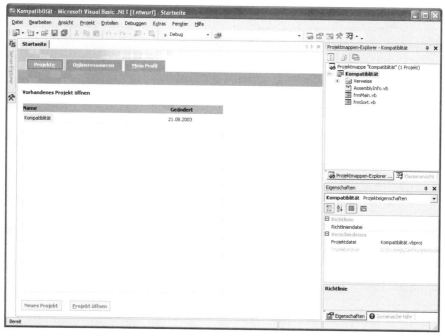

*Abbildung 1.1:* Nach dem Start von Visual Studio .NET begrüßt Sie die IDE mit der Startseite, auf der Sie die zuletzt bearbeiteten Projekte direkt per Mausklick öffnen können

**TIPP:** In einigen Fällen können sich ältere Projekte, die Sie nicht mehr bearbeiten, als störend in der Liste erweisen. Falls Sie mit dem *Registry Editor* von Windows vertraut sind, können

Sie unter *HKEY_CURRENT_USER\Software\Microsoft\VisualStudio\7.0\ProjectMRUList* die Liste der Projektdateien einsehen und gegebenenfalls ändern. Das Eintragsformat der Dateien gestaltet sich folgendermaßen:

```
File1:REG_SZ:C:\Pfad zur gewünschten Projektmappe\test1.sln
File3:REG_SZ:C:\Pfad zur gewünschten Projektmappe\test3.sln
File2:REG_SZ:C:\Pfad zur gewünschten Projektmappe\test2.sln
File4:REG_SZ:C:\Pfad zur gewünschten Projektmappe\test4.sln
```

Beachten Sie, dass die Einträge nicht notwendiger Weise in numerischer Reihenfolge aufgelistet sind. **Und ganz wichtig:** Die Einträge müssen lückenlos nummeriert sein, damit alle Projekte angezeigt werden. Es reicht also nicht aus, einen Eintrag aus der Liste zu entfernen, sie müssen auch dafür sorgen, dass die entstehende Lücke in der Nummerierung ausgeglichen wird. Am einfachsten ist es, die Angaben des letzten Eintrags der Liste in den des zu löschenden zu übertragen und dann den letzten Eintrag der Liste zu löschen[6].

Um sich mit allen Elementen in Visual Studio .NET vertraut machen zu können, benötigen Sie ein Projekt zum »Spielen«. Da Sie das in den folgenden Beispielen verwendete Projekt noch nie verwendet haben, steht es natürlich noch nicht in der Liste.

**HINWEIS:** Auf der CD zum Buch (die Dateien auf dieser sollten sich inzwischen auch auf der Festplatte Ihres Computers in einem entsprechenden Verzeichnis befinden) finden Sie ein Verzeichnis namens *Kompatibilität*. Gehen Sie wie folgt vor, um das Projekt zu laden:

- Wählen Sie aus dem Menü *Datei* den Menüpunkt *Projektmappe öffnen*.
- In der Datei-Auswahl, die jetzt erscheint, wählen Sie das Laufwerk und Verzeichnis, in dem Sie die Dateien der Buch-CD installiert haben. Wählen Sie dort den Ordner *Kompatibilität* und weiter den Ordner *VB.NET*.
- Doppelklicken Sie auf den Dateinamen *Kompatibilität.sln*, um das Programm zu laden.
- Wählen Sie anschließend im Menü *Erstellen* den Menüpunkt *Projektmappe neu erstellen*.

## Genereller Umgang mit Fenstern in der Entwicklungsumgebung

Dass die Benutzeroberfläche der Entwicklungsumgebung unwahrscheinlich viele Möglichkeiten bietet, werden Sie seit Ihren ersten Experimenten mit Visual Studio .NET bemerkt haben. Der Nachteil der Entwicklungsumgebung ist: Sie hält so viele Elemente parat, dass Sie leicht die Übersicht verlieren können. Der Vorteil: Die Entwicklungsumgebung können Sie auf Ihre eigenen Bedürfnisse zuschneiden, wie sonst kaum ein anderes Windowsprogramm. Schauen Sie sich die einzelnen Bereiche der Oberfläche ein wenig genauer an. Abbildung 1.2 zeigt Ihnen die wichtigsten Elemente der Visual-Studio-IDE auf einen Blick.

Die Fenster der Entwicklungsumgebung verwalten so genannte **Registerkartengruppen**. Davon gibt es zwei verschiedene Arten: Zum einen die, die den eigentlichen Inhalt Ihrer Projektdateien (Code, Formular-Designer) sowie die Startseite und Hilfetexte abbilden. Zum anderen gibt es Registerkartengruppen für alle anderen Toolfenster.

---

[6] Falls Sie des Englischen mächtig sind, finden Sie an der folgenden Adresse weitere Infos zur Konfiguration der Startseite: *http://www.bluevisionsoftware.com/WebSite/TipsAndTricksDetails.aspx?Name=VSStartPage*. Bitte beachten Sie, dass keine Garantie für das Funktionieren von Links übernommen werden kann, da sich Inhalte und Strukturen von Web-Seiten ohne Ankündigung ändern können.

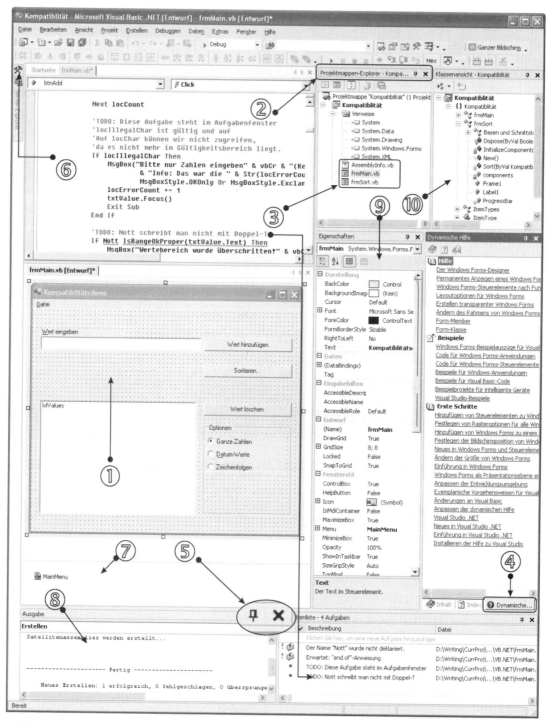

***Abbildung 1.2:*** *Die Benutzeroberfläche von Visual Studio .Net im Entwurfsmodus mit den wichtigsten Elementen, die Sie beim Entwickeln von Projekten benötigen*

Folgende Verfahrensweisen bei der Bedienung der IDE sollten Ihnen geläufig sein:

- Um ein Toolfenster, das sich in einer Registerkartengruppe befindet, in den Vordergrund zu holen, klicken Sie einfach auf seine Registerzunge (in Abbildung 1.2 mit »4« gekennzeichnet).

- Um ein Toolfenster ganz aus der Umgebung auszulösen und frei auf dem Desktop zu platzieren, »packen« Sie es mit der Maus an seiner Titelleiste (mit »2« gekennzeichnet), indem Sie die Maustaste gedrückt halten und es anschließend an eine andere Position auf dem Desktop ziehen.

- Um ein Toolfenster in eine andere Registerkartengruppe zu verschieben, ziehen Sie es an seiner Titelzeile mit der Maus aus der Gruppe heraus. Fahren Sie mit der Maus anschließend auf die Titelzeile des Fensters oder in den Registerkartenbereich der Registerkartengruppe, der Sie das Toolfenster hinzufügen möchten, und lassen Sie die Maustaste dort los. Sie erkennen an der Silhouette des Fensters, die beim Verschieben mit dem Mauszeiger »mitwandert«, dass es die richtige Position erreicht hat, etwa wie in Abbildung 1.3 zu sehen.

***Abbildung 1.3:*** *Wenn die Silhouette des zu verschiebenden Fensters diese Form annimmt, haben Sie den richtigen Zielort »getroffen«*

- Möchten Sie eine neue Registerkartengruppe für Toolfenster anlegen, ziehen Sie das Toolfenster, das anschließend das erste Fenster der Registerkartengruppe wird, an seiner Titelleiste aus seiner Umgebung und positionieren Sie die Maus auf einem Randelement (Symbolleistenbereich, linke oder rechte Hauptfensterabgrenzung bzw. Statuszeile) oder in die Mitte eines anderen Toolfensters. Sie können ein Toolfenster allerdings keiner Codefensterregisterkartengruppe zuordnen.

- Sie schließen ein Toolfenster, indem Sie auf das Symbol zum Schließen (das Symbol, das mit »5« in Abbildung 1.2 gekennzeichnet ist) klicken. Möchten Sie ein Fenster, das Sie versehentlich geschlossen haben, wieder anzeigen, wählen Sie aus dem Menü *Ansicht* das entsprechende Fenster aus. Einige Fenster sind hier im Untermenü *Andere Fenster* versteckt. Weitere lassen sich anzeigen, wenn Sie im Menü *Debuggen* den Menüpunkt *Fenster* auswählen und auf den entsprechenden Fensternamen klicken (von denen einige nur dann zugänglich sind, wenn Sie ein Programm gestartet haben). Alle Hilfefenster lassen sich über das Menü *Hilfe* einschalten.

- Sie können einer Registerkartengruppe den Status »automatisch im Hintergrund« zuweisen, wenn Sie auf das Heftzweckensymbol (das linke Symbol unter »5« in Abbildung 1.2) klicken. Die Toolbox beispielsweise ist standardmäßig so eingestellt. Ein Fenster mit diesem Status wird in den Vordergrund »geschoben«, wenn Sie sich mit der Maus seinem Symbol nähern. Ein solches Fenster verschwindet automatisch wieder in einer der Seiten des Hauptfensters (unter »6« Abbildung 1.2 sehen Sie die Toolbox, die diesen Status hat), nachdem Sie sich nicht mehr mit dem Mauszeiger darauf befinden.

Die IDE kennt grundsätzlich zwei Betriebszustände: Den **Laufzeitmodus** und den **Entwurfszeitmodus**. Während Sie ein Programm entwickeln, befindet sich die IDE im Entwurfszeitmodus. Sobald Sie ein Programm mit entsprechenden Funktionen aus dem Menü *Debuggen* oder des Startsymbols aus der Symbolleiste starten, kompiliert die IDE alle Quelldateien im Bedarfsfall und versetzt Ihr Projekt anschließend in den Laufzeitmodus. Der Laufzeitmodus bleibt solange bestehen, bis das Programm beendet wird. Eine Ausnahme gibt es jedoch, wenn das Programm, nachdem Sie es gestartet haben, entweder absichtlich (durch so genannte Haltepunkte) oder durch das Auftreten eines Fehlers in den **Einzelschrittmodus** versetzt wird. Sie können hier zum Beispiel durch entsprechende Toolfenster bestimmte Objekte (Variablen, Klasseninstanzen) mit geeigneten Werkzeugen (Autofenster, Aufrufliste, Lokalfenster) unter die Lupe nehmen.

**HINWEIS:** Visual Studio unterstützt in der vorliegenden Version nicht das so genannte *Edit and Continue* (etwa: *Bearbeiten und Fortfahren*). Im Einzelschrittmodus können Sie daher, anders als noch in VB6, keine Änderungen am Programm vornehmen und direkt mit dem geänderten Programm fortfahren. Das Programm muss komplett beendet, neu erstellt und neu gestartet werden. *Edit and Continue* wird es erst wieder mit Visual Studio 2005 (Codename Whidbey) geben.

**WICHTIG:** Die Anordnung von Fenstern gilt jeweils nur für den einen oder anderen Modus. Fensterzustände werden nach Beendigung eines Modus wieder in den Ausgangszustand zurückgesetzt. Was das anbelangt, entspricht die Fensteranordnung im Einzelschrittmodus allerdings dem Laufzeitmodus.

## Der Projektmappen-Explorer

Mit Hilfe des Projektmappen-Explorers navigieren Sie in Ihrem Projekt (in Abbildung 1.2 unter »2« zu sehen). Er zeigt eine Liste aller Dateien, aus denen Ihr Projekt bzw. Ihre Projektmappe besteht (»3« in der gleichen Abbildung) sowie eine Liste mit Verweisen auf alle Assemblies oder andere Projekte der Projektmappe, die ein Projekt verwendet. Die wichtigsten Funktionen zum Managen Ihres Projektes erreichen Sie, indem Sie das Kontextmenü aufrufen, wenn Sie sich mit dem Mauszeiger über dem Projektmappen-Explorer befinden.

### Projektmappen und Projekte

Eine Projektmappe kann verschiedene Projekte enthalten. Dabei ist es egal, ob diese Projekte sich gegenseitig benötigen und aufrufen oder ob sie von einander völlig unabhängig sind. Sie definieren eines der Projektmappe als Startprojekt, indem Sie den Projektnamen mit der rechten Maustaste anklicken und den Menüpunkt *als Startprojekt festlegen* anklicken.

**HINWEIS:** Bitte verwechseln Sie diese Funktion nicht mit der Funktion *Startobjekt*, die Sie über die Eigenschaftenseite eines Projektes erreichen (Kontextmenü eines Projektes im Projektmappenexplorer), und mit deren Hilfe Sie bestimmen, welches Objekt innerhalb Ihres *Startprojektes* das *Startobjekt* sein soll.

Über das Kontextmenü einer Projektmappe oder eines Projektes erreichen Sie Funktionen um ...

- ... die Projektmappe/das Projekt zu erstellen – dabei werden nur veränderte Dateien der Projektmappe/des Projektes neu kompiliert.
- ... die Projektmappe/das Projekt *neu* zu erstellen – dabei werden alle Dateien der Projektmappe neu kompiliert.
- ... den Konfigurationsmanager für eine Projektmappe aufzurufen, um Abhängigkeiten, Prioritäten, Plattformeigenarten und ähnliches festzulegen.
- ... ein neues oder vorhandenes Projekt oder Element der Projektmappe/dem Projekt hinzuzufügen.
- ... das Startprojekt der Projektmappe festzulegen.
- ... das Projekt im Debug-Modus oder im Einzelschrittmodus ablaufen zu lassen (dazu muss das Kontextmenü der Projektmappe ausgewählt worden sein).
- ... eine neue Instanz eines Projektes im Debug-Modus zu starten (dazu muss das Kontextmenü des Projektes ausgewählt worden sein).
- ... das (gesamte) Projekt zu speichern.
- ... die Projektmappe zur Quellcodeverwaltung (*Visual Source Safe*) hinzuzufügen.
- ... das Projekt (die Projektmappe) umzubenennen.
- ... die Eigenschaften für die Projektmappe abzurufen.

**Projektdateien**

Die wichtigsten Projektdateien in Visual Basic sind (ASP.Net-Projekte einmal außen vor gelassen):

| Symbol | Typ | Aufgabe |
|---|---|---|
|  | Projektmappe (Solution) | Beinhaltet die Zusammenstellung der Projektmappendateien sowie die globalen Einstellungen der Projektmappe. |
|  | Visual-Basic-Projekt | Beinhaltet die Zusammenstellung eines Visual-Basic-Projektes sowie die globalen Einstellungen für das Projekt. |
|  | Formulardatei | Stellt die Quellcode-Datei einer Klasse dar, die von *System.Windows.Forms* abgeleitet wurde, damit ein Formular verwaltet und mit dem Designer von Visual Studio .NET bearbeitet werden kann. |
|  | Visual-Basic-Klassendatei | Stellt die Quellcode-Datei einer Visual-Basic-Klasse, eines Moduls oder einer *AssemblyInfo* dar. |

*Tabelle 1.1: Die wichtigsten Projektdateien*

**TIPP:** Wenn Sie per Doppelklick auf eine Formulardatei nicht den Designer, sondern direkt das entsprechende Codefenster anzeigen lassen möchten, öffnen Sie das Kontextmenü, indem Sie mit der rechten Maustaste auf die betroffene Datei klicken, und wählen anschließend den Eintrag *Öffnen mit*. Im Dialog, der jetzt gezeigt wird, wählen Sie das Programm per Mausklick aus und klicken anschließend auf die Schaltfläche *Als Standard*.

*Einführung*

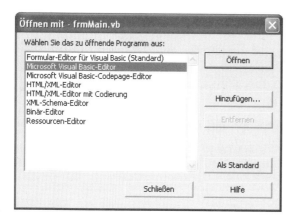

***Abbildung 1.4:*** *Mit diesem Dialog, den Sie durch Öffnen mit des Kontextmenüs einer Datei Ihres Projektes erhalten, bestimmen Sie, welcher Editor standardmäßig verwendet werden soll*

## Designer, Toolbox und das Komponentenfach

Mit Hilfe des **Designers** können Sie Formulare und Benutzersteuerelemente bearbeiten (Siehe Abbildung 1.2 mit »1« gekennzeichnet). Sie verwenden die **Toolbox** (mit »6« gekennzeichnet), um innerhalb eines Formulars oder Benutzersteuerelements neue Bedienungselemente hinzuzufügen.

Funktionen, die sich auf das Layouten von Steuerelementen beziehen, lassen sich über die Symbolleiste[7] abrufen. Unter Umständen müssen Sie dazu die entsprechende Symbolleiste einblenden; dazu wählen Sie aus dem Kontextmenü, das sich öffnet, wenn Sie die rechte Maustaste über dem freien Bereich neben einer Symbolleiste klicken, den Menüpunkt *Layout* – die Tooltips zu den einzelnen Symbolen geben Ihnen Auskunft über die Aufgabe einer Layoutfunktion. Viele der Layoutfunktionen beziehen sich auf Steuerelementegruppen innerhalb eines Formulars (oder Benutzersteuerelementes) und sind daher nur dann aktiviert, wenn mehrere Steuerelemente gleichzeitig markiert sind.

**HINWEIS:** Im Gegensatz zu Visual Basic 6.0 werden Steuerelemente, die zur Laufzeit nicht sichtbar sind, bei Visual Studio .NET im sogenannten **Komponentenfach** abgelegt (siehe Abbildung 1.2, mit »7« gekennzeichnet). Pulldown-Menüs sind dabei, ebenfalls im Unterschied zu VB6, eigene Steuerelemente und können in Visual Studio .NET direkt im Formular bearbeitet werden.

### Bearbeiten von Pulldown-Menüs in Visual Studio .NET

Das Bearbeiten von Pulldown-Menüs gestaltet sich in Visual Studio .NET denkbar einfach. Sie ziehen, um ein Formular mit einem Menü auszustatten, das *MainMenu*-Steuerelement aus der Toolbox in das Komponentenfach Ihres Formulars.

---

[7] Verwechseln Sie die Begriffe *Toolbox* und *Symbolleiste* (englisch: »Toolbar«) nicht. Die Symbolleiste ermöglicht Ihnen den schnellen Aufruf von Funktionen; die Toolbox dient ausschließlich zum Einfügen von Komponenten in Formulare oder Benutzersteuerelemente.

Falls noch kein Komponentenfach vorhanden ist, legt Visual Studio automatisch eines an, wenn Sie das erste, zur Laufzeit nicht sichtbare Steuerelement auf das Formular ziehen. Die Vorgabe für das erste Pulldown-Menü ist anschließend im Formular zu sehen (»Hier eingeben«). Klicken Sie auf den Vorgabetext, um den Menütext für das erste Pulldown-Menü zu ändern, etwa wie in Abbildung 1.5 zu sehen.

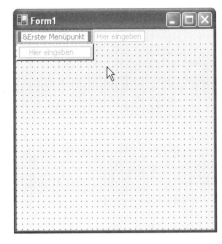

*Abbildung 1.5:* Menüs können Sie in Visual Studio .NET direkt im Formular erstellen

Klicken Sie in das jeweils nächste »Hier eingeben«-Feld, um entweder Einträge für das Pulldown-Menü hinzuzufügen (darunter) oder ein neues Pulldown-Menü zu erstellen (rechts daneben). Die Eigenschaften eines Menütextes oder Menüeintrages können Sie direkt im Eigenschaftenfenster ändern.

### Ändern der Tabulator-Reihenfolge im Designer-Fenster

Anders als beim Visual-Basic-6.0-Designer lässt sich die Tabulatorreihenfolge eines Formulars (welches Steuerelement wird als nächstes fokussiert, wenn der Anwender zur Laufzeit Ihres Programms die Tabulatortaste betätigt) nicht nur ausschließlich über die *TabIndex*-Eigenschaft im Eigenschaftenfenster einstellen. Eine viel elegantere und schnellere Möglichkeit bietet Ihnen die Funktion *Tabulator-Reihenfolge* aus dem Menü *Ansicht*.

Sobald Sie diese Funktion aufgerufen haben, ändert sich der Mauszeiger zu einem Fadenkreuz – parallel wird die Tabulatorreihenfolge der Steuerelemente mit kleinen Nummernschildchen kenntlich gemacht – etwa wie in Abbildung 1.6 zu sehen. Sie klicken nun in der Reihenfolge der späteren Fokussierung die Steuerelemente nacheinander an und können verfolgen, wie der Designer die Tabulatorreihenfolge verändert. Elemente, die Sie bearbeitet haben, sind mit blauer Schrift auf weißem Hintergrund, Elemente, die Sie bereits bearbeitet haben, mit weißer Schrift auf blauem Hintergrund gekennzeichnet.

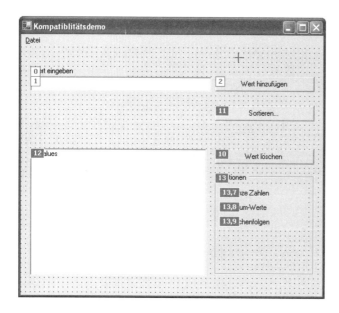

*Abbildung 1.6:* Mit der Funktion Tabulator-Reihenfolge bestimmen Sie die Fokussierungsreihenfolge der Steuerelemente einfach per Mausklick

Um den Tabulator-Reihenfolge-Modus zu verlassen, klicken Sie die Funktion im Menü abermals an, oder drücken Sie die Escape-Taste auf der Tastatur.

### Verschieben und Anordnen von Steuerelementen

Wenn Sie Steuerelemente mit dem Designer pixelweise verschieben wollen, markieren Sie zunächst das betroffene Steuerelement durch Mausklick. Halten Sie anschließend die Taste Strg gedrückt, und bewegen Sie das Steuerelement mit den Cursortasten in die entsprechende Richtung. Wenn Sie zusätzlich noch die Umschalt-Taste gedrückt halten, können Sie das Steuerelement pixelweise in die entsprechende Richtung vergrößern. Mit der Tabulator-Taste können Sie zum jeweils nächsten Steuerelement wechseln.

## Das Eigenschaftenfenster

Das **Eigenschaftenfenster** – in Abbildung 1.2 mit »9« gekennzeichnet – erlaubt Ihnen das Ändern von Eigenschaften selektierter Objekte. In den meisten Fällen sind das im Designer markierte Steuerelemente; das Eigenschaftenfenster kann aber auch die Eigenschaften von Projekten, Projektmappen und Dateien widerspiegeln.

## Das Codefenster

Das Codefenster wird neben dem Designer das Fenster sein, mit dem Sie am häufigsten arbeiten werden – deswegen sollten Sie diesem Abschnitt besonderes Augenmerk widmen. Mit Hilfe des Codefensters bearbeiten Sie den Quellcode einer Quellcodedatei – in Visual Basic .NET werden das in der Regel Klassen, Module oder der Code von Formularen sein. Das Codefenster stellt Ihnen eine Menge Funktionen zur Verfügung, mit denen Sie sich Ihre Arbeit erleichtern können.

Das Codefenster ist in drei vertikale Bereiche aufgeteilt; von links nach rechts gesehen sind das der so genannte **Indikatorrand** (der graue Bereich an der äußerst linken Seite), der **Aus-**

**wahlrand** (die weiße, recht schmale Spalte links daneben) sowie der eigentliche **Codebereich**, der den Programmtext enthält.

Der Indikatorrand dient dazu, Haltepunkte, Lesezeichen oder Verknüpfungen aufzunehmen. Möchten Sie beispielsweise, dass Ihr Programm zu Testzwecken an einer bestimmten Programmzeile unterbrochen wird, setzen Sie mit F9 einen Haltepunkt in der Zeile, vor der dann anschließend im Indikatorrand ein roter Haltepunkt zu sehen ist.

### Automatischen Zeilenumbruch aktivieren/deaktivieren

Mit der Tastenfolge (Achtung: Sie drücken die beiden Tastenkombinationen *nacheinander*) Strg+R, Strg+R können Sie Zeilen des Codes, die nicht in den sichtbaren Bereich passen, automatisch umbrechen lassen (siehe Abbildung 1.7).

Doch aufgepasst: Eine derart umgebrochene Zeile entspricht nicht dem Codezeilenumbruch von Visual Basic mit dem »_«-Zeichen am Zeilenende. Die Gefahr ist groß, eine durch den Editor umgebrochene Zeile mit Tabulatoren oder Leerzeichen bündig zu formatieren – Sie würden dadurch aber Leerzeilen in die eigentliche Codezeile einfügen. Sie schalten mit der gleichen Tastenkombination den automatischen Zeilenumbruch auch wieder aus.

```
            'Auf locChar können wir nicht zugreifen,
            'da es nicht mehr im Gültigkeitsbereich liegt.
            If locIllegalChar Then
                MsgBox("Bitte nur Zahlen eingeben" & vbCr & "
(Keine Zahlen, keine Trennzeichen)" & vbCr _
                        & "Info: Das war die " & Str(
locErrorCount + 1) & ". Fehleingabe", _
                        MsgBoxStyle.OKOnly Or MsgBoxStyle.
Exclamation, "Falsche Eingabe")
                locErrorCount += 1
                txtValue.Focus()
                Exit Sub
            End If

            'TODO: Nott schreibt man nicht mit Doppel-T
            If Not IsRangeOkProper(txtValue.Text) Then
                MsgBox("Wertebereich wurde überschritten!" &
vbCr & "(Nur im Integerbereich von 0 bis 32768)" & vbCr _
                        & "Info: Das war die " & Str(
locErrorCount + 1) & ". Fehleingabe", _
                        MsgBoxStyle.OKOnly Or MsgBoxStyle.
Exclamation, "Falsche Eingabe")
                locErrorCount += 1
```

***Abbildung 1.7:*** *Mit dem automatischen Zeilenumbruch werden auch lange Zeilen auf einen Blick erkennbar*

### Navigieren im Code

Um schnell zu vorherigen Positionen zu gelangen, können Sie die Navigationsschaltfläche der Symbolleiste verwenden, oder Sie verwenden alternativ die Tasten Strg + -, um rückwärts bzw. Strg + Shift + -, um vorwärts zu navigieren.

### Rechteckige Textmarkierung

Wenn Sie die Taste Alt auf der Tastatur gedrückt halten, können Sie mit dem Mauszeiger einen rechteckigen Textausschnitt markieren, etwa wie in Abbildung 1.8 zu sehen.

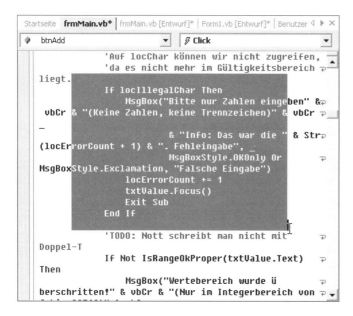

*Abbildung 1.8:* Der Editor von Visual Studio .NET erlaubt die rechteckige Ausschnittsmarkierung von Text bei gedrückter Alt-Taste

## Gliederungsansicht

Der Code-Editor erlaubt Ihnen, bestimmte Codeteile ein- und auszublenden. Standardmäßig sind in Visual Basic .NET Prozeduren (*Subs, Functions*), Klassen und Eigenschaften mit einem kleinen Gliederungszeichen versehen – mit einem Mausklick auf dieses Plus-Zeichen (siehe Abbildung 1.9) können Sie den Code ausblenden.

*Abbildung 1.9:* Dieser Code-Abschnitt demonstriert den Einsatz der Gliederungsfunktion im Code-Editor von Visual Basic .NET

Mit den Funktionen im Menü *Bearbeiten/Gliederung* können Sie die Gliederungsansicht steuern.

Möchten Sie Teile des Quellcodes ausblenden, die weniger Codezeilen als eines der Standardelemente umfassen, dann markieren den Codeteil, den Sie ausblenden wollen und wählen aus dem Menü *Bearbeiten* den Befehl *Gliedern/Aktuelles Element umschalten*.

Codeteile, die sich über mehrere Objekte erstrecken, können Sie auch mit den Direktiven

`#Region`

und

`#End Region`

(ebenfalls in Abbildung 1.9 zu sehen) gliedern.

## Suchen und Ersetzen

Suchen und Ersetzen hat sich gegenüber der Vorgängerversion in Visual Basic .NET stark verbessert. Die Suchfunktion arbeitet bei Bedarf mit regulären Ausdrücken; Sie können den zu durchsuchenden Bereich genauer spezifizieren; Sie können nach Sonderzeichen suchen und haben sogar die Möglichkeit, alle Stellen, an denen ihr Suchbegriff vorkommt, durch Lesezeichen zu markieren.

Das Suchfenster ist darüber hinaus ein Toolfenster und kann, wie jedes andere auch, beliebig an andere Fenster angedockt werden (siehe Abbildung 1.10).

> **HINWEIS:** Reguläre Ausdrücke sind leistungsfähige Werkzeuge – allerdings braucht man ein wenig Einarbeitungszeit, um sie nutzen zu können. In ▶ Kapitel 6 finden Sie ausführliche Beschreibungen zu diesem Thema. Auch wenn Sie nicht mit regulären Ausdrücken programmieren werden – allein für die reine Anwendung in Visual Studio .NET (oder auch in Word 2003, das diese Funktion ebenfalls bietet) lohnt sich die Lektüre dieses Kapitels.

## Inkrementelles Suchen

Mit der inkrementellen Suche brauchen Sie den Suchen-Dialog erst gar nicht zu bemühen. Durch die Tastenkombination Strg+I schalten Sie die inkrementelle Suche ein. Beginnen Sie anschließend direkt, die gesuchte Zeichenfolge einzutippen – während dessen springt die Einfügemarke automatisch an die erste Stelle, die dem bis dorthin eingetippten Suchtext entspricht. Den bis dahin eingegebenen Suchbegriff zeigt die Visual-Studio-IDE in der Statuszeile an.

Mit erneutem Drücken der Tastenkombination Strg+I finden Sie die nächste Stelle, die dem bisher eingegebenen Suchbegriff entspricht. Mit Esc beenden Sie die inkrementelle Suche.

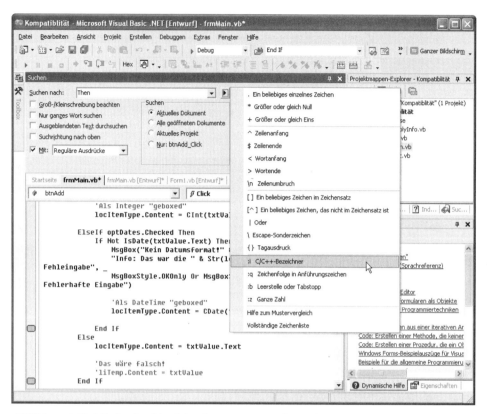

*Abbildung 1.10:* Mit der Suchfunktion können Sie nach regulären Ausdrücken suchen und alle Stellen, an denen der Suchbegriff vorkam, durch Lesezeichen markieren lassen

## Gehe zu Zeilennummern

Möchten Sie direkt zu einer bestimmten Zeile springen, deren Zeilennummer Ihnen bekannt ist, wählen Sie aus dem Menü *Bearbeiten* den Menüpunkt *Gehe zu*, oder Sie drücken einfach die Tastenkombination Strg+G. Im Dialog, der jetzt erscheint, tippen Sie die Nummer der Zeile ein, zu der Sie die Einfügemarke bewegen wollen.

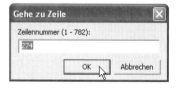

*Abbildung 1.11:* Mit diesem Dialog gelangen Sie zu jeder Zeile durch Eingabe der Zeilennummer – die aktuelle Zeilennummer wird vorgegeben. Zeilennummern brauchen nicht eingeschaltet zu sein

## Lesezeichen

Lesezeichen ermöglichen Ihnen, sich bestimmte Stellen zu merken, die Sie später noch überprüfen und bearbeiten wollen. Um ein Lesezeichen in einer Zeile zu setzen oder ein vorhandenes wieder zu löschen, verwenden Sie die Tastenreihenfolge Strg+K, Strg+K. Ein gesetztes Lesezeichen wird im Indikatorrand des Codefensters durch eine kleine blaue Marke angezeigt. Mit

Strg+K, Strg+N verschieben Sie die Einfügemarke zum nächsten Lesezeichen, mit Strg+K, Strg+P zum vorherigen. Strg+K, Strg+L löschen Sie alle Lesezeichen.

**WICHTIG:** Das Löschen geschieht ohne weiteres Nachfragen – seien Sie also vorsichtig mit dieser Tastenkombination!

Alternativ können Sie alle beschriebenen Funktionen auch aus dem Menü *Textmarken* aufrufen, das Sie im Menü *Bearbeiten* finden.

Sie können übrigens, wenn Sie mit der Suchfunktion nach Begriffen in Ihren Dateien suchen, alle Stellen, an denen der Suchbegriff vorkommt, mit Lesezeichen markieren. Dazu wählen Sie im Suchendialog einfach die Schaltfläche *Alle auswählen*.

**TIPP:** Alternativ zu Lesezeichen können Sie auch eine Zeile für die Anzeige zur Nachbearbeitung in der Aufgabenliste markieren. Zu diesem Zweck fahren Sie mit dem Cursor in die entsprechende Zeile, und wählen aus den Menüs *Bearbeiten/Textmarken* die Funktion *Verknüpfung für Aufgabenliste hinzufügen* aus. Im Indikatorrand wird anschließend ein entsprechendes Symbol aufgerufen. Um eine solche Kennzeichnung wieder zu löschen, rufen Sie die gleiche Funktion abermals auf.

## Die Aufgabenliste

Das Angenehme an Visual Basic .NET ist, dass Sie ein Programm mit Fehlern – im Gegensatz zur Vorgängerversion – überhaupt nicht starten können. Die IDE bemerkt nämlich bei der Eingabe nicht nur syntaktische Fehler, sondern auch, ob sich – Erzwingungen von Typsicherheit durch *Option Explicit On* und *Option Strict On* vorausgesetzt – alle Referenzen auch auflösen lassen und die richtigen Typ-Umwandlungen vorgenommen wurden. Offensichtliche Fehler werden im Code direkt blau unterschlängelt – ähnlich wie bei der Rechtschreibhilfe in Word für Windows oder anderen Office-Produkten. Darüber hinaus zeigt die Entwicklungsumgebung einen ausführlichen Fehlertext in der Aufgabenliste an – etwa wie in Abbildung 1.2 im Fenster rechts, unten zu sehen.

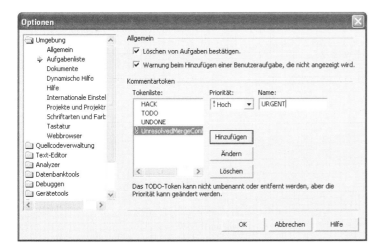

*Abbildung 1.12:* Zusätzliche Schlüsselwörter für die Aufnahme von Aufgaben in die Aufgabenliste durch Code-Kommentare lassen sich konfigurieren

Sie können die Aufgabenliste aber auch um eigene Aufgaben erweitern – dazu genügt es, Kommentarzeilen im Quellcode mit entsprechenden Schlüsselworten zu versehen. Möchten

Sie beispielsweise einen bestimmten Codeblock später noch nachbearbeiten, übernimmt die Anweisung

```
'TODO: Diese Aufgabe steht im Aufgabenfenster
```

den entsprechenden Text in das Aufgabenfenster. Die Schlüsselwörter selber lassen sich konfigurieren. Wählen Sie dazu aus dem Menü *Extras* den Menüpunkt *Optionen*. Sie können übrigens steuern, welche Aufgaben in der Aufgabenliste angezeigt werden und auf welche Weise das geschieht. Dazu öffnen Sie über der Aufgabenliste einfach das Kontextmenü. Mit den Funktionen im Untermenü *Aufgaben anzeigen* bestimmen Sie, welche Aufgabentypen angezeigt werden. Mit den Funktionen im Menü *Sortieren nach* bestimmen Sie deren Sortierung.

## Die dynamische Hilfe

Das Fenster »dynamische Hilfe« bietet Ihnen Schlagwörter zum aktuellen Kontext an, mit deren Hilfe Sie sich per Mausklick das entsprechende Thema in der Hilfe anzeigen lassen können.

**TIPP:** Wenn der Editor gegen Ende einer umfangreichen Quellcode-Datei auf nicht so leistungsfähigen Maschinen zu langsam wird, könnte die dynamische Hilfe der Grund dafür sein. Schließen Sie das Fenster der dynamischen Hilfe einfach, und Sie können anschließend Ihre Quellcode-Datei in der gewohnten Geschwindigkeit bearbeiten.

## Die Klassenansicht

Die Klassenansicht dient zur aufgeteilten Ansicht Ihres Projektes auf Klassenbasis und kann Ihnen auch bei der Navigation im Projekt behilflich sein. Die Klassenansicht teilt die Elemente eines Projektes hierarchisch ein – sie müssen nur auf das jeweilige Pluszeichen vor einem Element zu klicken, um eine Ebene zu öffnen. Ein Doppelklick auf das entsprechende Element bringt Sie anschließend zur entsprechenden Definition im Quellcode.

## Die wichtigsten Tastenkombinationen auf einen Blick

| Kurzbeschreibung | Tastenkomb. | Beschreibung | Befehlsname |
|---|---|---|---|
| Cursor zum nächsten Element | **F8** | Verschiebt den Cursor zum nächsten Element – beispielsweise einer Aufgabe oder einem Fehler im Aufgabenfenster. | Bearbeiten.GehezunächsterInstanz |
| Cursor zum vorherigen Element | **Umschalt+F8** | Verschiebt den Cursor zum vorherigen Element (Fehler, Aufgabe im Aufgabenfenster). | Bearbeiten._ GehezuvorherigerInstanz |
| Cursor zu Definition | **Umschalt+F12** | Verschiebt den Cursor zur Definition des Elementes, das sich derzeit unterhalb des Cursors befindet. | Bearbeiten.GehezuVerweis |
| Rückgängig | **Strg+Z** oder **Alt+Rücktaste** | Macht die letzte Aktion rückgängig. | Bearbeiten.Rückgängig |
| Rückgängig rückgängig machen | **Strg+Y** | Stellt die zuvor rückgängig gemachte Aktion wieder her | Bearbeiten.Wiederholen ▶ |

| Kurzbeschreibung | Tastenkomb. | Beschreibung | Befehlsname |
|---|---|---|---|
| Alles speichern | Strg+Umschalt+S | Speichert alle Dateien, an denen seit dem letzten Speichern Änderungen vorgenommen wurden | Datei.AllesSpeichern |
| Zur letzten Änderung springen | Strg + – | Setzt den Cursor auf die Position im Code, an der Sie die letzte Änderung vorgenommen haben. Sie können nicht nur einen Schritt zurücknavigieren | Ansicht.Rückwärtsnavigieren |
| Zur vorherigen Änderung springen | Strg+Umschalt + – | Nachdem Sie rückwärts navigiert haben (siehe vorherigen Eintrag), erreichen Sie damit wieder die ursprüngliche Position. | Ansicht.Vorwärtsnavigieren |
| Suchdialog öffnen | Strg+F | Öffnet den Suchen-Dialog. | Bearbeiten.Suchen |
| Inkrementelles Suchen | Strg+I | Startet das inkrementelle Suchen. Lesen Sie dazu auch die Hinweise im Abschnitt auf Seite 18. | Bearbeiten._ InkrementelleSuche |
| Zur Zeile mit Nummer springen | Strg+G | Öffnet den Dialog »Gehezu Zeilennummer« und erlaubt den Sprung zur Zeile mit angegebener Nummer | Bearbeiten.GeheZu |
| Automatischen Zeilenumbruch ein- und ausschalten | Strg+R, Strg+R | Schaltet den automatischen Zeilenumbruch ein und aus. Bitte lesen Sie hierzu auch die Hinweis im ▶ Abschnitt »Automatischen Zeilenumbruch aktivieren/deaktivieren« auf Seite 15. | Bearbeiten._ Zeilenumbruchumschalten |
| Lesezeichen einfügen/entfernen | Strg+K, Strg+K | Schaltet ein Lesezeichen in einer Zeile ein bzw. wieder aus, wenn bereits eines gesetzt war. | Bearbeiten._ Lesezeichenumschalten |
| Zum nächsten Lesezeichen | Strg+K, Strg+N | Setzt den Cursor in die Zeile, in der sich das nächste Lesezeichen befindet. | Bearbeiten._ NächstesLesezeichen |
| Zum vorherigen Lesezeichen | Strg+K, Strg+P | Setzt den Cursor in die Zeile, in der sich das vorherige Lesezeichen befindet. | Bearbeiten._ VorherigesLesezeichen |
| Aufgabeneintrag für aktuelle Codezeile hinzufügen/löschen | Strg+K, Strg+H | Fügt einen Aufgabeneintrag in die Aufgabenliste mit Verweis auf die aktuelle Zeile hinzu bzw. löscht den Eintrag wieder, wenn für die Zeile bereits einer vorhanden ist. | Bearbeiten._ Aufgabenverknüpfung_ umschalten |

*Tabelle 1.2: Die wichtigsten Tastaturkommandos. Bitte beachten Sie, dass die Kommandos zur Tastaturanpassung in VB-Manier mit dem Unterstrich getrennt sind und eigentlich eine Zeile bilden*

*Einführung*

# Tipps & Tricks zum Umgang mit Visual Studio

Visual Studio ist zwar schon sehr gut und bietet viele Funktionen, doch die Dokumentation schweigt sich an vielen Stellen aus, oder man ist schlichtweg nicht in der Lage, schnell an die notwendigen Informationen zu gelangen. Wenn Sie für die eine oder andere Unwegsamkeit ein kleines »Gewusst wie!« zur Hand haben, werden Sie viel produktiver mit der IDE arbeiten können:

## Paralleles Installieren mehrerer Visual-Studio-Versionen

Das parallele Installieren von Visual Studio 6.0 und Visual Studio .NET ist kein Problem. Sie können beide Versionen bedenkenlos auf einem System installieren. Auch über die Reihenfolge der Installationen brauchen Sie sich keine Gedanken zu machen. Dasselbe gilt für die Installation von Visual Studio .NET 2002 und Visual Studio .NET 2003.

Ein wenig aufpassen sollten Sie jedoch, wenn Sie mit Beta-Versionen (oder noch früheren Programmständen) des Visual-Studio-2003-Nachfolgers arbeiten (Visual Studio 2005, Codename Whidbey). Die parallele Installation ist zwar grundsätzlich möglich, jedoch ist im Usenet über einige Probleme mit der Hilfe berichtet worden. Bevor Sie die Installation einer Beta-Version des Nachfolgers in Erwägung ziehen, sollten Sie vielleicht über den Einsatz einer virtuellen Maschine[8] nachdenken, zumindest aber mit einem geeigneten Werkzeug ein Image[9] Ihres Entwicklungsrechners erstellen.

## Zurücksetzen der Toolfenster in den Ausgangszustand

Falls Sie viel mit den Fenstern der IDE herumgespielt und sich zum Schluss fenstertechnisch selbst schachmatt gesetzt haben, können Sie die Ausgangseinstellung der Fensterkonfiguration ganz einfach wiederherstellen:

- Wählen Sie aus dem Menü *Extras* den Menüpunkt *Optionen*.
- Im Ordner *Umgebung* werden Sie den Eintrag *Allgemein*.
- Klicken Sie auf die Schaltfläche *Fensterlayout zurücksetzen*.

## Arbeiten mit mehreren Monitoren

Visual Studio .NET unterstützt den so genannten Mehrmonitorbetrieb. Dabei haben Sie zwei oder mehr Monitore an einen Computer angeschlossen. Viele Grafikkartenhersteller unterstützen den Mehrmonitorbetrieb mit nur einer Grafikkarte. Sie haben in diesem Fall zwei voneinander unabhängige Desktops, die Sie aber beide mit dem Mauszeiger erreichen können. Sie fahren mit der Maus von einem Monitor in den anderen und können Fenster von einem in den anderen Monitor schieben. Einige Grafikkarten erlauben das sogar mit mehr als zwei Monitoren – in der Regel dann aber mit Einschränkungen in der Unabhängigkeit der Desktops (die

---

[8] Informieren Sie sich zu diesem Thema unter http://www.microsoft.com/germany/virtualpc/default.mspx.

[9] Geeignete Produkte dafür sind beispielsweise Symantecs Norton Ghost (nähere Informationen zu diesem Produkt finden Sie unter http://www.symantec.com/region/de/product/ghost/pe_index.html) oder die Produkte von Powerquest, die zwischenzeitlich ebenfalls von Symantec vertrieben werden (auch dazu gibt es nähere Informationen im Web unter http://www.symantec.com/region/de/product/sdi_index.html).

Matrox Grafikkarten der Parhelia-Serie[10] beispielsweise schalten dann alle drei Monitore zu einem Desktop von 3.840 x 1.024 Pixel zusammen).

In Visual Studio bringt mehr Platz auf dem Desktop einen sehr hohen Arbeitskomfort. Sie können Toolfenster ausdocken und beispielsweise auf dem rechten Monitor platzieren. Auf dem linken Monitor behalten Sie Ihre Übersicht im Codefenster und haben viel mehr Platz, Ihren Quellcode und Ihre Formulare zu bearbeiten.

### Mehr Platz auf dem Bildschirm im Vollbildmodus

Mit der Tastenkombination Umschalt+Alt+Eingabetaste können Sie die Visual-Studio-IDE in den Vollbildmodus bringen. Ihnen steht dann viel mehr Platz für die Tool- und Dokumentfenster zur Verfügung. Um den Vollbildmodus zu verlassen, wenden Sie die Tastenkombination abermals an.

### Tastenkombinationen wie Visual Basic 6.0 oder individuelle Kombinationen einrichten

Die Visual-Studio-IDE hält neben dem Standardtastaturlayout auch noch weitere bereit. Falls Sie sich an die neuen Tastenbelegungen nicht gewöhnen können oder wollen, schalten Sie einfach auf das Tastaturschema von VB6 um:

- Wählen Sie aus dem Menü *Extras* den Menüpunkt *Optionen*.
- Im Ordner *Umgebung* wählen Sie den Eintrag *Tastatur*.
- Um das gleiche Tastaturlayout wie unter VB6 zu verwenden, klappen Sie Liste *Tastaturzuordnungsschema* auf und wählen *Visual Basic 6*.

Sie können die Befehle für die Tastaturzuordnungen auch individuell anpassen. Zu diesem Zweck wählen Sie den Befehl, den Sie über die Tastatur auslösbar machen wollen, aus der Befehlsliste aus. Um Befehle in der Liste leichter zu finden, können Sie im darüber stehenden Eingabefeld auch ein Befehlsfragment eingeben, nach dem die Liste selektiert wird. In der darunter stehenden aufklappbaren Liste finden Sie das für einen bestimmten Befehl derzeit zugewiesene Tastenkürzel.

- Bestimmen Sie unter *Neue Tastenkomb. verwenden in* die Komponente der Visual-Studio- .NET-IDE, für die die neue Tastenkombination gelten soll.
- Klicken Sie mit der Maus in das Feld *Tastenkomb. drücken*, um es zu fokussieren.
- Drücken Sie jetzt die Taste, die Sie dem neuen Befehl zuweisen wollen. In der darunter stehenden aufklappbaren Liste zeigt Ihnen Visual Studio .NET an, wo diese neue Tastenkombination augenblicklich verwendet wird.
- Ein Mausklick auf die Schaltfläche *Zuweisen* übernimmt die neue Tastenkombination für den ausgewählten Befehl.

---

[10] Informationen zu diesen Karten finden Sie unter http://www.matrox.com/mga/deutsch/products/home.cfm.

*Einführung*

# 2 Von VB6 zu VB.NET

26 Das Beispielprogramm für die folgenden Kapitel
27 Generelle Variablenhandhabung
33 Ereignisbehandlung in .NET
38 Fehlerbehandlungen
39 Type versus Structure

Nachdem Sie jetzt viel Praktisches über die Bedienung von Visual Studio erfahren haben, lassen Sie uns mit dem Programmieren beginnen. Selbst wenn Sie schon eine Weile mit Visual Basic .NET gearbeitet haben, sollten Sie sich dieses Kapitel zu Gemüte führen, auf alle Fälle aber quer lesen. Ich habe lange mit mir gerungen, ob ich an dieser Stelle erst seitenlang theoretisch und staubtrocken über .NET und insbesondere das Framework referieren oder direkt ein erstes Praxisbeispiel vorstellen soll. Mein Problem: Das Praxisbeispiel lässt Sie bestimmte Zusammenhänge auf der einen Seite zwar sofort durchschauen, auf der anderen erfordert es das Wissen um Themen, die in diesem Kapitel eigentlich noch gar nichts zu suchen haben. Andererseits müssen sie aber vorweggenommen werden, da ohne sie kein Programm funktionierte. Gerade beim einführenden Kapitel steht man vor dem Dilemma, die sprichwörtliche »eierlegende Wollmilchsau« in Sachen Didaktik zu erschaffen, etwa: »arbeite aus Gründen der besseren Anschaulichkeit in jedem Fall mit einem Beispiel, aber verwende die im Beispiel vorhandenen Elemente in didaktisch sinnvoller Reihenfolge«. Das kann natürlich nicht immer perfekt funktionieren. Dennoch glaube ich, dass Ihnen ein anschauliches Beispiel am besten weiterhilft, Zusammenhänge besser zu verstehen, selbst wenn bestimmte Themen nicht immer aufeinander aufbauen und zunächst nur knapp beschrieben werden.

Um, wie im vergangenen Kapitel bereits angesprochen, alle Programmiersprachen der .NET-Familie unter einen Hut zu bekommen, musste sich Visual Basic hier und da ein wenig anpassen und an einigen Stellen fein geschliffen werden. Das heißt im Klartext: Es gibt einige Features seit der 6.0-Version nicht mehr, und einige, die es zwar noch gibt, sollten Sie nicht mehr verwenden, sondern stattdessen die neuen Technologieangebote nutzen.

**HINWEIS:** In vielen Fällen, werden Ihre Visual Basic 6.0-Programme aus diesem Grund nicht ohne Änderungen unter Visual Basic .NET funktionieren. Bei komplexen Projekten sollten Sie eine Neukonzeption Ihrer Entwicklungen auf jeden Fall in Erwägung ziehen.

Dieses Kapitel soll Ihnen aus diesem Grund zu folgendem dienen:

- Es soll Ihnen die wichtigsten Unterschiede zwischen altem und neuem Visual Basic verdeutlichen – gerade wenn Sie jetzt erst von VB6 auf VB.NET umgestiegen sind oder vorhaben, es in Kürze zu tun.
- Es soll Ihnen, falls Sie bisher noch gar nichts mit Visual Basic zu tun hatten, den möglichst kürzesten Weg präsentieren, ohne umfangreiches Vorwissen schnell brauchbare Ergebnis mit Visual Basic .NET zu erzielen.

Sie können nämlich nach dem Durcharbeiten dieses Abschnittes erste eigene Projekte angehen, ohne Angst haben zu müssen, einen komplett falschen Weg eingeschlagen zu haben. Behalten Sie stets folgenden Grundsatz im Hinterkopf, der wahrscheinlich für .NET mehr Geltung hat als für alles andere: »Viele Wege führen zum Ziel, aber nur einer ist der effizienteste.«

## Das Beispielprogramm für die folgenden Kapitel

Auf der CD zum Buch (bzw. in dem Verzeichnis, wo Sie die CD zum Buch installiert haben) finden Sie ein Unterverzeichnis namens *Kompatibilität*. Dieses Unterverzeichnis beinhaltet drei weitere Projektverzeichnisse mit jeweils verschiedenen Versionen des Portierungsbeispieles. Im Verzeichnis *VB6* finden Sie das zu portierende Ausgangsprogramm. Damit Sie dieses Beispiel nachvollziehen können, muss Visual Basic 6.0 auf Ihrem Computer installiert sein. Der Programm- beziehungsweise Projektname lautet ebenfalls *Kompatibilität*.

Im Verzeichnis *VB.NET* finden Sie die Projektmappe *Kompatibilität.sln*. Dabei handelt es sich um die portierte Version des VB6-Ausgangsbeispiels. Da ich auf den folgenden Seiten beide Programmversionen gegenüberstelle, können Sie – falls Sie beide Entwicklungssysteme parat haben – durchaus auch diese Projektmappe schon in Visual Studio .NET öffnen.

Das dritte Projekt zeigt, was der Konvertierungsassistent aus dem ursprünglichen VB6-Beispiel macht. Es befindet sich im Verzeichnis *VB.NET ConWizard*. Auf dieses Programm werde ich nicht näher eingehen, Sie sollten es sich aber dennoch nach dem Durcharbeiten dieses Kapitels einmal anschauen, um zu sehen, ob Visual Basic .NET Ihnen bei der Umstellung Ihrer VB6-Projekte *wirklich* hilfreich sein kann. Kleine Anmerkung am Rande: Lauffähig ist dieses Projekt nicht.

Wenn Sie dieses Programm gestartet haben – egal ob aus der Visual-Basic-6.0-Entwicklungsumgebung oder direkt über die EXE[1] von Ihrer Festplatte oder der Buch-CD – zeigt Ihnen das Programm einen Dialog, der es dem Anwender erlaubt, beliebige Zahlenreihen in einer Liste zu erfassen, etwa wie in Abbildung 2.1 zu sehen.

Kurz zur Bedienung des Beispielprogramms: Mit Hilfe dieses Dialoges haben Sie die Möglichkeit, im Textfeld *Wert eingeben* einen Wert zu erfassen, um ihn der Liste hinzuzufügen. Sie können auf diese Art und Weise nach und nach eine Wertetabelle aufbauen. Der Eintrag einer Wertetabelle besteht neben dem eigentlichen Wert aus einer Ordinalzahl sowie dem Datum und der Uhrzeit des Eintrags. Im Rahmen *Option* bestimmen Sie, welchen Typ von Datum (Ganzzahl, Zeichenkette oder Datum) Sie in der Werteliste erfassen möchten. Sie können einen Wert aus der Liste löschen, indem Sie den Eintrag in der Liste per Mausklick markieren

---

[1] Die Ausführung der EXE-Datei wird nur dann funktionieren, wenn Sie Visual Basic 6.0 auf Ihrem Computer installiert haben.

und anschließend auf die Schaltfläche *Wert löschen* klicken. Obendrein haben Sie die Möglichkeit, die Liste per Mausklick auf die Schaltfläche *Sortieren* der Reihenfolge nach zu ordnen. In diesem Fall blendet das Programm für die Dauer des Sortiervorgangs einen weiteren Dialog ein, der Sie über den Fortschritt des Vorgangs informiert und der nach Abschluss des Sortierens wieder automatisch vom Bildschirm verschwindet. Auf den ersten Blick scheint dieses Programm also nichts Besonderes zu sein. Interessant wird es erst, wenn wir einen Blick unter die Motorhaube werfen.

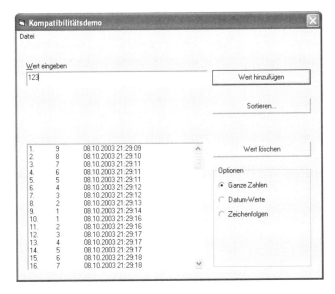

***Abbildung 2.1:*** *Mit Hilfe dieses Dialoges erfassen Sie Zahlenlisten, Datumslisten oder Listen mit Zeichenfolgen*

Dieses Programm ist nämlich bewusst so gestrickt, dass es viele Visual-Basic-6.0-Eigentümlichkeiten verwendet. Das hat natürlich nicht den Zweck, den in Visual Studio.NET eingebauten Konvertierungsassistenten später möglichst viel zu ärgern oder sogar scheitern zu lassen, sondern Ihnen ein Gefühl dafür zu geben, welche grundsätzlich anderen Vorgehensweisen Sie bei der Neuentwicklung einer Software unter .NET anwenden sollten. Dabei spreche ich an dieser Stelle nicht von richtig wüsten Dingen, wie beispielsweise *DirectX*-Programmierung, *XML*-Diensten oder Ähnlichem – die mit Visual Basic 6.0 ohnehin nicht so ohne weiteres möglich gewesen wären –, sondern eher von ganz alltäglichen Dingen, die Ihnen beim Programmieren immer wieder über den Weg laufen.

Am besten sind die Unterschiede zwischen den beiden Programmiersystemen im direkten Vergleich zu sehen. Aus diesem Grund werde ich nach folgendermaßen vorgehen: Sie finden zunächst jeweils immer einen bestimmten, mit dem alten Visual-Basic-System programmierten Codeausschnitt und direkt daran anschließend die Erklärung des .NET-Pendants.

## Generelle Variablenhandhabung

Beginnen wir mit dem Programmabschnitt, der nach dem Start des Programms als erstes verarbeitet wird: Da das Formular *frmMain* das Startobjekt des Programms ist, werden die Ereignisroutinen dieses Objektes bekanntermaßen als erstes nach dem Programmstart aufgerufen. Das *Initialize*-Ereignis wird für ein Formular als erstes aufgerufen. Es folgen das *Load*- und das *Activate*-Ereignis. Da das Formular über eine Member-Variable verfügt (also global im ganzen

Formular zu erreichen ist), mit Hilfe derer der aktuelle Zählstand festgehalten wird, bietet sich das *Initialize*-Ereignis an, um die Initialisierung dieser Variablen vorzunehmen.

Der Anfangscode von *frmMain* gestaltet sich damit wie folgt:

**Visual Basic 6.0:**
```
DefInt A-Z          ' Standardtyp ist Int

Option Explicit     ' Besser ist das.
Option Base 1       ' Arrays fangen bei 1 an.

Dim myItemCounter   ' auf Formularebene gültig

Private Sub Form_Initialize()

    'Am Anfang des Programms
    'fangen wir bei 1 zu zählen an.
    myItemCounter = 1

End Sub
```

Die *DefInt*-Anweisung ist eine, die im Grunde genommen schon länger in Vergessenheit geraten ist. Mit ihrer Hilfe bestimmen Sie, dass Variablennamen, die mit einem bestimmten Buchstaben beginnen, bei ihrer Deklaration automatisch einen bestimmten Typ annehmen, solange nicht ausdrücklich etwas anderes gesagt wird. In diesem Fall wird also bestimmt, dass *alle* Variablen, die ohne nähere Typenangabe deklariert wurden, automatisch vom Typ *Integer* sind.

Die Variable *myItemCounter* wird noch vor den ersten *Subs* oder *Functions* deklariert, und ist damit für das gesamte Formular gültig. Die einzige Aufgabe, die die anschließende Prozedur hat, ist es eben, diese Variable mit dem Startwert Eins zu initialisieren. So weit das alte Visual Basic. Wie sieht es mit .NET aus?

**Visual Basic .NET:**
```
Option Explicit On
Option Strict On

Public Class frmMain
    Inherits System.Windows.Forms.Form

    Private myItemCounter As Integer = 1

    Vom Windows Form Designer generierter Code
```

Erste Auffälligkeit: Es gibt keine *DefInt*-Anweisung. Und in der Tat haben die Visual-Basic-.NET-Entwickler der Anweisung *Defxxx* aus Gründen der Konformität zu anderen .NET-Programmiersprachen gekündigt.

Zweite Auffälligkeit: Hinter *Option Explicit* steht ein *On*. Dabei handelt es sich um reine Kosmetik, um den Quellcode leichter lesbar zu machen. Sie können wie bisher *Option Explicit* auch ohne das Schlüsselwort *On* verwenden, um eine Variablendefinition in der aktuellen Code-Datei zwingend erforderlich zu machen. Alternativ erreichen Sie das ebenfalls durch eine Optionseinstellung in der Visual-Studio-IDE. Dazu wählen Sie im Projektmappen-Explorer den Projektnamen mit der rechten Maustaste aus und wählen im Kontextmenü, das sich jetzt öffnet, den Menüpunkt *Eigenschaften*.

**HINWEIS:** Wenn sie den Projektmappen-Explorer in der IDE per Drag und Drop aus seiner Verankerung lösen und ihn irgendwo auf dem Bildschirm platzieren, hat er die Angewohnheit, hier und da etwas merkwürdig zu reagieren. So müssen Sie im ausgedockten Zustand beispielsweise zweimal den Kontextmenüpunkt *Eigenschaften* anklicken, damit sich das Eigenschaftenfenster auch wirklich öffnet.

Im Dialog, der anschließend erscheint, können Sie dann die gewünschten Optionen unter der Rubrik *Erstellen* ändern, etwa wie in Abbildung 2.2 zu sehen:

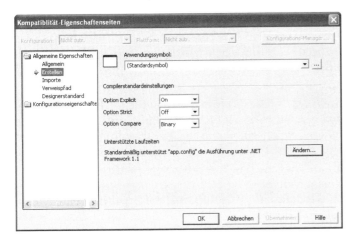

***Abbildung 2.2:*** *Auf den Projekt-Eigenschaftenseiten stellen Sie u.A. das Variablenverhalten ein*

**HINWEIS:** Sie stellen mit Hilfe dieses Dialogs das Variablenverhalten für das gesamte Projekt ein. Wenn Sie bestimmte Dateien beispielsweise von der Variablendeklarationserzwingung ausschließend wollen, verwenden Sie *Option Explicit Off*.

Zusätzlich zur *Option Explicit* finden Sie in diesem Zusammenhang auch die Anweisung *Option Strict On*. Mit diesem Befehl machen Sie ihr Programm typsicher. Das heißt, dass Sie keine impliziten Typkonvertierungen vornehmen können. Sie können also beispielsweise nicht, wie in Visual Basic 6.0 oft gesehen, mit der folgenden Anweisung

```
a%="123"
```

implizit eine Zeichenkette in eine – in diesem Fall – Integervariable konvertieren, sondern müssen das explizit mit entsprechenden Typkonvertierungsanweisung mitteilen, etwa:

```
a%=CInt("123")
```

Genau, wie *Option Explicit On* verhindert, dass Sie Variablen verwenden, die Sie eigentlich gar nicht hätten verwenden wollen,[2] dient *Option Strict On* – also die Erzwingung von gesteuerten Typkonvertierungen – dem gleichem Zweck: nämlich der Zuverlässigkeit Ihres Programms und der Sorgfalt Ihres Programmierstils.

---

[2] Solche Dinge passieren oft auf Grund eines simplen Tippfehlers. Sie nennen eine Variable beispielsweise *Kontosume*, und wundern sich, warum sie den Wert 0 zurückliefert; Sie hätten sie aber nur *Kontosumme* nennen müssen, damit sie den richtigen Wert zurückgeliefert hätte.

## Formulare sind Klasse(n)

Dritte Auffälligkeit des Programmausschnittes: Direkt nach den beiden *Option*-Anweisungen beginnt der Code des Formulars mit den Zeilen

```
Public Class frmMain
    Inherits System.Windows.Forms.Form
```

Was hat das zu bedeuten? Nun, in Visual Basic .NET sind Formulare nichts weiter als Klassen, die aus einer bestimmten Basisklasse hervorgegangen sind. Und anders als bei VB6 sind diese Klassen nicht untrennbar an die Klassendateien gebunden, das heißt: Sie können in einer Codedatei mehrere Klassendefinitionen unterbringen. Das bedeutet aber auch gleichzeitig: Sie müssen die Klassen voneinander abgrenzen. Und deswegen gibt es entsprechende Schlüsselwörter wie *Class*, mit denen Sie genau das erreichen können.

Die darauf folgende Zeile bestimmt übrigens, welche Ausgangsklasse diese Klasse beerbt. Visual Basic 6.0 kannte nur eine recht armselige Art der Vererbung (die meines Erachtens diese Bezeichnung gar nicht verdient), die so genannte *Vererbung durch Delegation*. Dabei musste die beerbte Klasse die vererbende Klasse komplett einbinden, im Bedarfsfall instanzieren und alle Methoden und Eigenschaften manuell quasi nach unten durchreichen. Doch darauf gehe ich im nächsten Kapitel genauer ein.

## Variablen, Gültigkeitsbereiche und der Unterschied zwischen Integer und Integer

Ein erstes schönes Beispiel für den Umgang mit Variablen zeigt uns die Ereignisbehandlungsroutine der Schaltfläche *btnAdd*, die dann aufgerufen wird, wenn der Anwender während des Programmablaufes auf *Hinzufügen* klickt. An dieser Stelle zunächst wieder der Visual Basic 6.0 Part:

**Visual Basic 6.0:**

```
Private Sub btnAdd_Click()

    'Count ist Integer, locChar ist String mit fester Länge.
    Dim locCount, locChar As String * 1
    Static locErrorCount As Integer
    Dim locItemType As ItemType
```

*ItemType* ist übrigens ein benutzerdefinierter Typ, auf den ich später noch eingehen werde – das nur nebenbei gesagt für den Fall, dass Sie sich wundern, weil Ihnen dieser Typ noch nie begegnet ist. Die Variable *locChar* wird hier als String mit fester Länge definiert. In Visual Basic .NET gibt es diese Sonderform des Datentyps String übrigens nicht mehr.

```
    'Wenn Integer, dann:
    If optOptions(ContentTypeEnum.Integer) Then
        'Überprüfen, ob Buchstaben vorkommen.

        'txtValue.Text wird dabei automatisch angesprochen.
        For locCount = 1 To Len(txtValue)

            locChar = Mid$(txtValue, locCount, 1)

            If locChar < "0" Or locChar > "9" Then
```

```
                    Dim locIllegalChar As Boolean
                    locIllegalChar = True
                    Exit For

            End If

    Next locCount
```

## Gültigkeitsbereiche in VB6

Auffällig in diesem Programmteil: eine *Dim*-Anweisung in der Mitte eines Blocks. In VB6 konnten Variablendeklarationen stehen, wo sie wollten. Sie galten für den gesamten Programmteil ab dem Zeitpunkt, an dem sie deklariert wurden. In VB.NET ist das anders, wie Sie gleich sehen werden.

Dieser gerade gezeigte Programmteil hat übrigens die Aufgabe, zu überprüfen, ob der Anwender falsche Zeichen eingegeben hat, gemäß den Regeln, die auf Grund der Einstellungen im Rahmen *Optionen* gelten. Hier wird überprüft, ob andere Zeichen als Ziffern eingegeben wurden.

```
    'locIllegalChar ist gültig, und auf
    'locChar könnten wir auf zugreifen,
    'wenn wir wollten.
    If locIllegalChar Then
        MsgBox "Bitte nur Zahlen eingeben" + vbCr + _
            "(Keine Zahlen, keine Trennzeichen)" + vbCr + _
            "Info: Das war die " + Str$(locErrorCount + 1) + ". Fehleingabe", _
            vbOKOnly + vbExclamation, "Falsche Eingabe"
        locErrorCount = locErrorCount + 1
        txtValue.SetFocus
        txtValue.SelStart = 0
        txtValue.SelLength = Len(txtValue)
        Exit Sub
    End If
```

Dieser Teil beweist, dass die Variable *locIllegalChar* trotz Definition in einem anderen Gültigkeitsbereich (der mit *For* und *Next* bzw. dem darin enthaltenen *If* und *End If* abgegrenzt wird) an dieser Stelle ansprechbar und damit für den gesamten Rest der Routine erreichbar ist.

```
    If Not IsRangeOk(txtValue) Then
        MsgBox "Wertebereich wurde überschritten!" + vbCr + _
            "(Nur im Integerbereich von 0 bis 32768)" + vbCr + _
            "Info: Das war die " + Str$(locErrorCount + 1) + ". Fehleingabe", _
            vbOKOnly + vbExclamation, "Falsche Eingabe"
        locErrorCount = locErrorCount + 1
        txtValue.SetFocus
        txtValue.SelStart = 0
        txtValue.SelLength = Len(txtValue)
        Exit Sub
    End If

    locItemType.Content = CInt(txtValue)
```

## Der Integer- und Long-Wertebereich in VB6 und VB.NET

Bemerkenswert und vor allen Dingen *sehr wichtig* an dieser Stelle: Integerzahlen in VB6 reichen von -32.768 bis 32.768; sie entsprechen also einem vorzeichenbehafteten ganzzahligen Datentyp mit 16 Bit Genauigkeit. In VB.NET umfasst der Datentyp Integer 32 Bit, ist ebenfalls vorzeichenbehaftet und sein maximal darstellbarer Wertbereich umfasst den von -2.147.483.648 bis 2.147.483.647. Das ist der Bereich, der in VB6 dem *Long*-Datentyp entspricht. *Long*-Variablen in VB.NET hingegen werden mit 64 Bit dargestellt und decken den dazugehörigen Wertebereich von –9.223.372.036.854.775.808 bis 9.223.372.036.854.775.807 ab. Das dazugehörige Pendant dazu in VB6 gibt es überhaupt nicht. Sie meinen, das sei unnötig, solche Zahlen kämen in der Praxis sowieso nicht vor? Doch, kommen sie. Die Funktion *GetDiskFreeSpaceEx* des Windows-Kernels (die Sie ja durchaus von Visual Basic aufrufen können) beispielsweise liefert den freien Speicherplatz eines Speichermediums in Byte (!!!) zurück. Die Boot-Platte meines Computers umfasst 40 GByte – für heutige Maschinen ein eher noch unterdurchschnittlicher Wert –, und das entspricht 42.949.672.960 Bytes. Mit einem 32-Bit-Wert können Sie diese Zahl nicht mehr darstellen, selbst wenn dieser nicht vorzeichenbehaftet ist.

```
'Wenn Datum-Werte, dann:
ElseIf optOptions(ContentTypeEnum.DateTime) Then
    If Not IsDate(txtValue) Then
        MsgBox "Kein Datumsformat!" + vbCr + _
        "Info: Das war die " + Str$(locErrorCount + 1) + ". Fehleingabe", _
        vbOKOnly + vbExclamation, "Falsche Eingabe"
        locErrorCount = locErrorCount + 1
        txtValue.SetFocus
        txtValue.SelStart = 0
        txtValue.SelLength = Len(txtValue)
        Exit Sub
    End If

    locItemType.Content = CDate(txtValue)
```

Der folgende Programmabschnitt behandelt die Überprüfung der Eingabe, wenn als zu verarbeitender Datentyp »Datum« ausgewählt wurde.

```
'Wenn Zeichenkette, dann werden alle Eingaben akzeptiert.
Else
    locItemType.Content = txtValue
End If

locItemType.Nr = myItemCounter
myItemCounter = myItemCounter + 1
locItemType.CreatedAt = Now

lstValues.AddItem ToString(locItemType)
txtValue.SetFocus
txtValue.SelStart = 0
txtValue.SelLength = Len(txtValue)

End Sub
```

Falls *Zeichenkette* als zu verarbeitender Datentyp gewählt wurde, nimmt die Eingaberoutine den eingegebenen Text »as is« entgegen. Kleiner Hinweis am Rande: Zur bequemeren Eingabe wird der eingegebene Text durch das entsprechende Setzen der Eigenschaften *SelStart* und *SelLength* der Textbox *txtValue* vorselektiert.

Jetzt schauen wir uns die .NET-Version im Vergleich an:

**Visual Basic .NET**

```
Private Sub btnAdd_Click(ByVal sender As System.Object, ByVal e As System.EventArgs) Handles btnAdd.Click

    'locCount wird an dieser Stelle
    'nicht mehr definiert.
    'Dim locCount As Integer
    Static locErrorCount As Long
```

# Ereignisbehandlung in .NET

Das erste, was hier ins Auge springt: Die *Click*-Routine hat zwei Übergabeargumente (*sender* und *e*), die der VB6-Version nicht. Soviel vorweg, bevor wir diese Dinge in späteren Kapiteln genauer unter die Lupe nehmen: Grundsätzlich erfahren Sie, wenn ein Ereignis ausgelöst wurde, *was* das Ereignis ausgelöst hat (*sender*), und es wird immer ein Objekt vom Typ *EventArgs* oder ein von diesem Typ abgeleitetes Objekt übergeben, das nähere Parameter zum ausgelösten Ereignis enthält.

Die zweite Auffälligkeit in diesem Zusammenhang: das Schlüsselwort *Handels*. Während bei Visual Basic 6.0 der Name eines Ereignisses fest durch die Kombination von Objekt- und Ereignisnamen vorgegeben war, können Ereignisroutinen in VB.NET heißen, wie sie wollen. Wichtig ist, dass Sie mit dem *Handels*-Schlüsselwort angeben, welche Ereignisroutine behandelt werden soll. In diesem Beispiel ist das *btnAdd.Click* – die Ereignisroutine der Schaltfläche, wenn der Anwender sie anklickt.

```
    Dim locItemType As ItemType

    'Muss hier deklariert werden,
    'da der Gültigkeitsbereich für
    'die gesamte Prozedur klar sein muss.
    Dim locIllegalChar As Boolean
```

## Gültigkeitsbereiche von Variablen in Codeblöcken

Und hier haben wir den ersten programmtechnischen Unterschied zwischen der neuen und der alten Version. Die Deklaration der Variablen *locIllegalChar* musste an diese Stelle verschoben werden. Sie muss nämlich außerhalb des *For/Next*-Codeblocks gültig sein, da die Variable noch verwendet wird, nachdem das Programm den Codeblock verlassen hat.

```
    'Wenn Integer, dann:
    If optInteger.Checked Then

        'Überprüfen, ob Buchstaben vorkommen.

        'Zählvariable wird in For-Struktur deklariert.
        'Achtung: Geht erst ab Visual Basic 2003!
        For locCount As Integer = 1 To txtValue.Text.Length
```

An dieser Stelle finden Sie etwas, das in VB6 und sogar in Visual Studio 2002 noch nicht funktioniert hat (und eigentlich bei C, C++ bzw. C# abgekupfert wurde): die Deklaration einer Zählvariablen in einer *For/Next*-Konstruktion direkt im *For*-Kopf. Auch hier gilt wieder: Wird eine Variable innerhalb eines Codeblocks definiert (*For/Next* schließt einen Codeblock ein), ist diese Variable ausschließlich dort existent.

```
'Deklaration und Definition "in einem Rutsch"
Dim locChar As Char = CChar(txtValue.Text.Substring(locCount - 1, 1))
```

Nächste Neuigkeit bei Variablen: Sie können Variablen in »einem Rutsch« deklarieren und initialisieren.

## Alles ist ein Objekt oder »let Set be«

Des Weiteren: Sie können anhand der Objektfolge *txtValue.Text.Substring(...)* schon vermuten, dass die *Text*-Eigenschaft nicht den Grunddatentypen *String* zurückliefert, wie man das von VB6 kennt, sondern dass das, was dort weiterverarbeitet wird, eher wie ein Objekt aussieht – denn was für ein Objekt auch immer zurückgeliefert wird, es verfügt über die *Substring*-Methode.

Die Wahrheit ist: In .NET »ist alles ein Objekt« oder zumindest von diesem abgeleitet. Buchstäblich, denn *Object* ist der grundlegendste aller Datentypen.

Grunddatentypen wie in Visual Basic 6.0 gibt es im Framework.NET oder genauer: in dessen BCL (Base Code Library) nur noch per Definition. Denn auch die primitiven Datentypen in .NET sind Objekte. Und da man, hätte man das alte Konzept zur Verarbeitung von Objekten weiterverfolgt, bei der Zuweisung von Inhalten *immer* das Schlüsselwort »Set« hätte verwenden müssen, haben die VB.NET-Entwickler es schlicht hinausgeworfen.

Diese Tatsache hat weitere (und wie ich finde sehr angenehme) Konsequenzen: Auch die primitiven Datentypen (*Integer*, *Double*, *String* und wie sie alle heißen) haben Eigenschaften und Methoden. Das String-Objekt beispielsweise lässt sich zwar nach wie vor noch mit *Left*, *Mid* und *Right* buchstäblich buchstäblich auseinander nehmen, aber das sollten Sie damit nicht mehr machen. Das String-Objekt in .NET bietet viel elegantere Möglichkeiten für seine Verarbeitung (die Methode *SubString* ist beispielsweise das *Mid*-Pendant), und wenn Softwareentwickler, die in anderen .NET-Sprachen entwickeln, Ihre Programme lesen, dann helfen Sie ihnen, indem Sie die sprachübergreifenden Methoden der Objekte verwenden und nicht die proprietären von Visual Basic.

## Keine Typenbezeichner für Funktionen

Typenbezeichner wie »$« sind bei Funktionen wie *Mid* oder *Left* nicht mehr erlaubt. Mal ganz abgesehen davor, dass Sie sowieso eher

```
irgendwas=myString.SubString(...)
```

als

```
irgendwas=Mid(myString...)
```

verwenden sollten, dürfen Sie kein »$«-Zeichen hinter das Schlüsselwort *Mid* setzen. Das gleiche gilt für alle anderen Typen und auch für selbstverfasste Funktionen, bei denen das bis VB6 möglich war.

# Kurzschlussauswertungen mit OrElse und AndNot

```
         'Kurzschlussauswertung beschleunigt den Vorgang.
         If locChar < "0" OrElse locChar > "9" Then
             locIllegalChar = True
             Exit For
         End If
```

Auch nicht verborgen bleibt das Schlüsselwort *OrElse* in diesem Codeblock. Es gibt ein weiteres, das nach dem gleichen Prinzip funktioniert: *AndNot*. Beide entsprechen den Befehlen *Or* bzw. *And*, und auch sie dienen dazu, boolesche Ausdrücke logisch miteinander zu verknüpfen und auszuwerten – nur viel schneller. Ein Beispiel aus dem täglichen Leben soll das verdeutlichen:

Wenn Sie sich selbst überlegen, dass Sie einen Regenschirm zu einem Spaziergang mitnehmen, wenn es regnet *oder auch (or else)* sehr verhangen ist, dann machen Sie sich – berechtigterweise – schon keine Gedanken mehr, wie der Himmel aussieht, wenn Sie bereits festgestellt haben, *dass* es regnet. Sie brauchen das zweite Kriterium also gar nicht zu prüfen. Genau das macht *OrElse* (bzw. *AndNot*), und man nennt diese Vorgehensweise Kurzschlussauswertung.

## Variablen und Argumente auch an Subs in Klammern!

```
         Next locCount
         'locIllegalChar ist gültig und auf
         'Auf locChar können wir nicht zugreifen,
         'da es nicht mehr im Gültigkeitsbereich liegt.
         If locIllegalChar Then
             MsgBox("Bitte nur Zahlen eingeben" & vbCr & "(Keine Zahlen, keine Trennzeichen)" & vbCr _
                    & "Info: Das war die " & Str(locErrorCount + 1) & ". Fehleingabe", _
                    MsgBoxStyle.OKOnly Or MsgBoxStyle.Exclamation, "Falsche Eingabe")
             locErrorCount = locErrorCount + 1
             txtValue.Focus()
             Exit Sub
         End If
```

Klammern bei Funktionen waren schon in VB6 Usus. Das gilt nunmehr auch für die Übergabe von Variablen an *Subs* – hier sehr schön bei *MsgBox* zu sehen. Es mag Ihnen am Anfang lästig erscheinen, aber der Codeeditor nimmt Ihnen die Klammerei sogar ab, falls Sie sie nicht selber durchführen wollen. Man hätte dieses Verhalten sicherlich beim Alten lassen können. Aber auf diese Weise nähert sich Visual Basic dem Standard. Sowohl in C++ als auch in C# als auch in J# werden Argumente an »Subs« nicht ohne Klammern übergeben. Es gibt dort nämlich gar keine Subs, sondern nur Funktionen ohne Rückgabewerte, die dort paradoxerweise obendrein noch einen Namen haben, nämlich *Void* (engl. etwa für »Hohlraum«, »Leere«, »Lücke«).

Streng genommen ist

```
Sub Methode(Übergabe as Irgendwas)
```

im Grunde also

```
'Das funktioniert natürlich nicht:
Function Methode(Übergabe as Irgendwas) as Void
```

damit eine Funktion und wird ergo auch in Klammern aufgerufen.

*Von VB6 zu VB.NET*

### Die Operatoren += und –= und ihre Verwandten

Mit += und –= ist Visual Basic um Operatoren für numerische Berechnungen und bei &= auch für Stringverkettungen reicher geworden – das folgende Beispiel verdeutlich ihre Verwendung.

```
If Not IsRangeOkProper(txtValue.Text) Then
    MsgBox("Wertebereich wurde überschritten!" & vbCr & "(Nur im Integerbereich von 0 bis 32768)" & vbCr _
        & "Info: Das war die " & Str(locErrorCount + 1) & ". Fehleingabe", _
        MsgBoxStyle.OKOnly Or MsgBoxStyle.Exclamation, "Falsche Eingabe")
    locErrorCount += 1
    txtValue.Focus()
    Exit Sub
End If
```

Es gibt andere Operatoren in VB.NET, die das ebenfalls können – die folgende Tabelle zeigt, welche das sind:

| Operation | Kurzform | Beschreibung |
|---|---|---|
| var = var + 1 | var += 1 | Den Variableninhalt um eins erhöhen. |
| var = var – 1 | var –= 1 | Den Variableninhalt um eins verringern. |
| var = var * 2 | var *= 2 | Den Variableninhalt verdoppeln (mal zwei nehmen). |
| var = var / 2 | var /= 2 | Den Variableninhalt halbieren (durch zwei teilen). |
| var = var \ 2 | var \= 2 | Den Variableninhalt ohne Rest halbieren (durch zwei teilen). |
| var = var ^ 3 | var ^= 3 | Den Variableninhalt mit 3 potenzieren |
| varString = VarString & "Uwe" | varString &= "Uwe" | An den Inhalt des String *varString* die Zeichenkette »Uwe« anhängen |

***Tabelle 2.1:*** *Kurzformen von Operatoren in Visual Basic*

**HINWEIS:** Auch wenn die Funktionen weniger Tipparbeit machen – schnellere Codeausführung bewirken sie nicht. Also ganz egal ob Sie

```
intvar=intvar+1
```

oder

```
intvar+=1
```

schreiben – der Compiler wird aus beiden Angaben den gleichen Code erzeugen.

## Boxing – wenn Datentypen andere Datentypen verstecken

Schauen Sie sich den folgenden Codeblock an:

```
'Als Integer "geboxed"
locItemType.Content = CInt(txtValue.Text)
ElseIf optDates.Checked Then
    If Not IsDate(txtValue.Text) Then
        MsgBox("Kein Datumsformat!" & vbCr & _
            "Info: Das war die " & Str(locErrorCount + 1) & ". Fehleingabe", _
            MsgBoxStyle.OKOnly Or MsgBoxStyle.Exclamation, "Fehlerhafte Eingabe")
```

```
            'Als DateTime "geboxed"
            locItemType.Content = CDate(txtValue.Text)

        End If
    Else
        locItemType.Content = txtValue.Text

        'Das wäre falsch!
        ' locItemType.Content = txtValue
    End If

    locItemType.Nr = myItemCounter
    locItemType.CreatedAt = DateTime.Now
    myItemCounter += 1

    lstValues.Items.Add(locItemType)

    txtValue.Focus()

End Sub
```

Sie sehen hier eine Besonderheit beim Umgang mit Variablen, die an dieser Stelle nur kurz angerissen werden soll. Es geht um das so genannte »Boxen« oder »Boxing« von Variablen (»Schachteln«, im wahrsten Sinne des Wortes, aber dieser Ausdruck hat sich auch in deutschen Entwicklerkreisen nicht durchsetzen können). Boxing meint – bildlich gesprochen – den Vorgang, einen Behälter in einen größeren Behälter zu stellen.

Da alle Typen und Objekte im Framework von *Object* abgeleitet wurden, kann jeder andere Objekt- und Variablentyp (Sie erinnern sich: es gibt *nur* noch Objekte) in einem *Object* gekapselt werden. Das ist am ehesten mit dem Typen *Variant* in Visual Basic 6.0 zu vergleichen, der ebenfalls primitive Datentypen kapseln konnte – aber eben auf ein paar Typen beschränkt war. Ausführlicheres zu diesem Thema erfahren Sie im nächsten Kapitel.

## ... und was ist mit Variant?

Den VB6-Datentyp *Variant* gibt es übrigens nicht mehr.[3] Aber auch das ist keine Schikane der BCL-Entwickler, damit Sie Ihre Programme, die Sie bisher in V6.0 entwickelt hatten, auch wirklich gründlich umschreiben müssen – dieser Datentyp entspricht in seiner jetzigen Funktionsweise einfach nicht dem Standard in Sachen Typsicherheit. In vielen Fällen können Sie aber *Object* verwenden, um den eigentlichen Datentypen zu kapseln. Doch zu diesem Thema erfahren Sie später mehr.

---

[3] Wobei das nicht ganz richtig ist, denn es gibt ihn BCL-intern noch, Sie können ihn nur nicht mehr verwenden. *Variant* wird intern aus Kompatibilitätsgründen zur Zusammenarbeit mit COM-Objekten verwendet. Kleine Randnotiz: In einer der ersten Betas von Visual Studio 2002 konnten Sie ihn sogar noch verwenden; da *Object* seine Funktionalität jedoch weitestgehend übernehmen kann, beschlossen die Entwickler des Frameworks, ihn für die Außenwelt unzugänglich zu machen, weil sie eine zu große Konfusion bei den Entwicklern zwischen *Variant* und *Object* befürchteten.

# Fehlerbehandlungen

Mir persönlich war die Fehlerbehandlung im alten Visual Basic immer ein Gräuel. Trat in einer sehr langen Routine im fertigen Programm ein Fehler auf, war es vergleichsweise schwierig oder mit großem Aufwand verbunden, die genaue Stelle des Fehlers zu lokalisieren. Zwar konnten Sie mit der Systemvariablen *Erl* die Zeile in der Fehlerbehandlungsroutine anzeigen lassen, in der der Fehler aufgetreten war, aber dazu mussten Sie manuell vor jede Zeile eine Zeilennummer setzen – selbst für »damalige« Verhältnisse war das doch eine eher vorsintflutliche Vorgehensweise.

Das geht heute viel, viel einfacher – auch wenn die VB.NET-Entwickler die ursprüngliche Verfahrensweise auch noch zulassen. Wahrscheinlich wollten sie nicht zu viele Inkompatibilitäten schaffen. Doch schauen wir uns abermals das Vorher und das Nachher an – hier am Beispiel der Funktion *IsRangeOk*, die in unserem Beispielprogramm überprüft, ob sich die vom Anwender eingegeben Zahl im zulässigen Bereich befindet:

**Visual Basic 6.0**

```
Private Function IsRangeOk(IntChars As String) As Boolean

    On Local Error GoTo 1000

    Dim locTemp As Integer
    locTemp = Val(IntChars)
    IsRangeOk = True
    Exit Function

    'Zeilennummern benötigen keinen Doppelpunkt in VB6!
1000 IsRangeOk = False
    Exit Function

End Function
```

Viel zu sagen gibt es dazu nicht – so war's zu VB6-Zeiten üblich.

Hier im Gegensatz dazu die gleiche Lösung mit dem neuen Visual Basic:

**Visual Basic .NET**

```
<Obsolete("Alte Verfahrensweise - wollen wir nicht mehr machen...", True)> _
Private Function IsRangeOk(ByRef IntChars As String) As Boolean

    On Error GoTo 1000

    Dim locTemp As Integer
    locTemp = CInt(IntChars)
    IsRangeOk = True
    Exit Function

    'Zeilennummern benötigen einen Doppelpunkt in VB.NET!
1000:  IsRangeOk = False
    Exit Function

End Function

Private Function IsRangeOkProper(ByRef IntChars As String) As Boolean
```

```
        Dim locTemp As Integer

        Try
            locTemp = CInt(IntChars)
            Return True
        Catch
            Return False
        End Try

    End Function
```

Wow, gleich zwei verschiedene Vorgehensweisen! Die erste kommt dem Original am nächsten, wenn auch mit einem kleinen Unterschied: Zeilennummern brauchten in VB6 nicht mit einem Doppelpunkt abgeschlossen zu werden, wenn ihnen ein Befehl folgte – das geht in VB.NET nicht mehr. Aber da diese ganze *On-Error*-Geschichte sowieso nicht die eleganteste ist, schauen wir uns besser eine viel modernere Alternative an:

## Try, Catch und Finally

Ein *Try/Catch/Finally*-Codeblock dient dazu, Fehler, die der Programmierer innerhalb eines bestimmten Codeblocks voraussieht und programmtechnisch möglicherweise nicht vermeiden kann (oder will), abzufangen, ohne dass sich das Programm mit einer Fehlermeldung verabschiedet. Übersetzt könnte ein solcher Codeblock also heißen:

```
'Geht natürlich nicht:
Versuche folgendes (Try)
        DasHier()
        UndDasHier()
        UndAuchDas()
FallsSchiefgegangenFangAb(Catch)
        UndMachdannDas()
        UndDasUndDas()
InJedemFallMachHinterher(Finally)
        DasHier()
        SoOderSo()
EndeVonVersuchFolgendes
```

Sie werden am Ende dieses Kapitels übrigens ein noch schöneres Beispiel für *Try/Catch/Finally* finden – das vor allen Dingen auch den Einsatz von *Finally* sehr anschaulich erklärt.

Diese Art der Fehlerbehandlung ist natürlich viel flexibler als es mit *On Error* möglich ist, denn: Während Sie bei *On Error* auf den einmaligen Einsatz innerhalb einer *Sub* oder *Function* beschränkt sind, können Sie *Try/Catch/Finally* einsetzen, wo Sie wollen – Sie können es sogar ineinander verschachteln.

## Type versus Structure

Für die Speicherung der Einträge in der Liste verwendet das Beispielprogramm einen benutzerdefinierten Datentypen – unter Visual Basic 6.0 konnten Sie diese mit *Type* definieren. Der entsprechende Auszug im Beispielprogramm schaut folgendermaßen aus:

```
Public Type ItemType
    Nr As Integer
    Content As Variant
    CreatedAt As Date
End Type
```

Benutzerdefinierte Typen konnten nicht in Formularen definiert werden – so mussten Sie also wohl oder übel ein Modul für sie anlegen, wenn Sie sie benötigten. Aus diesem Grund befindet sich die *Type*-Definition unseres Beispiels auch in einer Moduldatei namens *mdlMain.bas*.

Diese Beschränkungen können Sie in Visual Studio.NET vergessen. Und nicht nur das, auch *Type* selber vergessen Sie, das gibt es in VB.NET nämlich nicht mehr. Statt dessen gibt es nunmehr die so genannten Strukturen (*Structures*), die aber viel, viel mehr können. Viel mehr. Eine Struktur ist einer Klasse sehr ähnlich. Eine Struktur definiert aber einen so genannten Wertetyp in .NET, während es sich bei Klassen grundsätzlich um Verweistypen handelt. Was das genau heißt, lernen Sie im nächsten Kapitel kennen. Nur so viel: Wertetypen werden direkt gespeichert, bei Verweistypen wird nur ein 32-Bit-Zeiger auf die eigentlichen Daten abgelegt; dieser Zeiger verweist also in einen anderen Speicherbereich, den so genannten *Managed Heap*, in dem sich dann die eigentlichen Daten des Objektes befinden. »Verwirrend«, werden Sie jetzt sagen, »wenn alle Datentypen von *Object* abstammen, und *Object* bekanntermaßen ein Verweistyp ist, wie kann es dann überhaupt Wertetypen geben?« Ganz einfach: Wertetypen stammen vom BCL-Objekt *ValueType* ab, das selbst zwar von *Object*, also einem Verweistyp, abstammt, aber alle Methoden neu implementiert. Das macht es so geschickt, dass ein Wertetyp aus ihm wird. Doch wie gesagt, zu diesem Themenkomplex gibt's im nächsten Kapitel mehr.

Da Strukturen also nicht nur die »Container« für benutzerdefinierte Wertedatentypen sind, sondern auch, wie Klassen, Code zu deren Manipulation beitragen können, bietet es sich natürlich an, die Struktur der beiden Programme ganz anders aufzubauen. Ohne hier zunächst auf die detaillierte Vorgehensweise eingehen zu wollen (Kommentare sind dazu im Quelltext vorhanden – das soll für den Anfang reichen), schauen Sie sich doch einfach einmal die prinzipielle Vorgehensweise im Zusammenhang mit dem Datentyp an:

Der Datentyp soll drei kleinere Dateneinheiten kapseln, nämlich eine Ordinalzahl, das vom Anwender eingegebene »Datum« (Datum im Sinne von »Data« nicht von »Date«) und den Zeitpunkt der Erfassung. Da wir bereits die Liste an sich als programmübergreifenden Speicher für die erfassten Daten verwenden können, benötigen wie kein globales, dauerhaftes Array aus *ItemType*-Elementen, das zusätzlich Speicherplatz verschenkte. Vielmehr müssen wir zwei Routinen schaffen. Die erste macht aus einem *ItemType*-Element eine Zeichenkette, die zweite aus der Zeichenkette wieder ein *ItemType*.

**Visual Basic 6.0**

In Visual Basic selbst können *Types* – anders als Klassen – keinen Code aufnehmen, der sie manipuliert. Die Datenumwandlungsroutinen stehen also völlig unstrukturiert im Raum (OK, Modul), wie im Folgenden zu sehen.

```
Public Type ItemType
    Nr As Integer
    Content As Variant
    CreatedAt As Date
End Type
```

```
Public Function ToString(Item As ItemType) As String

    ToString = CStr(Item.Nr) + ". " + vbTab + CStr(Item.Content) + vbTab + CStr(Item.CreatedAt)

End Function

Public Function Parse(ItemText As String, CType As ContentTypeEnum) As ItemType

    Dim Item() As String
    Dim itBack As ItemType

    Item = Split(ItemText, vbTab)
    itBack.Nr = CInt(Item(0))

    Select Case CType

        Case ContentTypeEnum.Integer:
            itBack.Content = CInt(Item(1))

        Case ContentTypeEnum.String:
            itBack.Content = CStr(Item(1))

        Case ContentTypeEnum.DateTime:
            itBack.Content = CDate(Item(1))
    End Select

    itBack.CreatedAt = CDate(Item(2))

    Parse = itBack
End Function
```

Wenn ein Programmabschnitt mit diesen Routinen arbeiten will, macht er das beispielsweise auf folgende Weise (als Beispiel sehen Sie hier den Programmabschnitt, der die Liste aus einem Array an Elementen aufbaut – wie es beispielsweise nach dem Laden aus einer Datei geschehen muss):

```
Private Sub BuildList(Values() As ItemType)

    Dim i, locCount

    locCount = 1
    'Elemente der Liste löschen.
    lstValues.Clear

    'Neu nummeriert der Liste
    'wieder hinzufügen.
    For i = LBound(Values) To UBound(Values)
        Values(i).Nr = locCount
        locCount = locCount + 1
        lstValues.AddItem ToString(Values(i))
    Next

    'Damit es für die nächste Eingabe passt:
    myItemCounter = locCount

End Sub
```

*Von VB6 zu VB.NET*

Mein Kommentar dazu: Wie uncool! Viel eleganter sieht das Visual Basic .NET-Pendant aus:

```vbnet
Public Structure ItemType

    Private myNr As Integer
    Private myContent As Object
    Private myCreatedAt As Date

    Public Sub New(ByVal Nr As Integer, ByVal Content As Object, ByVal CreatedAt As Date)

        myNr = Nr
        myContent = Content
        myCreatedAt = CreatedAt

    End Sub

    Public Sub New(ByVal ToParse As String, ByVal DesType As ContentTypeEnum)

        Dim Item() As String

        Item = Split(ToParse, vbTab)
        myNr = CInt(Item(0))

        'in Abhängigkeit vom gewählten Typen
        Select Case DesType

            'in das...
        Case ContentTypeEnum.Integer
                myContent = CInt(Item(1))

                'jeweilige
            Case ContentTypeEnum.String
                myContent = CStr(Item(1))

                'Objekt "boxen"
            Case ContentTypeEnum.DateTime
                myContent = CDate(Item(1))

        End Select

        myCreatedAt = CDate(Item(2))

    End Sub

    Public Property Nr() As Integer

        Get
            Return myNr
        End Get

        Set(ByVal Value As Integer)
            myNr = Value
        End Set

    End Property
```

```vb
    Public Property Content() As Object
        Get
            Return myContent
        End Get
        Set(ByVal Value As Object)
            myContent = Value
        End Set
    End Property

    Public Property CreatedAt() As Date
        Get
            Return myCreatedAt
        End Get
        Set(ByVal Value As Date)
            myCreatedAt = Value
        End Set
    End Property

    Public Overrides Function ToString() As String

        Return Me.Nr.ToString() & ". " & vbTab & Me.Content.ToString & vbTab & Me.CreatedAt.ToString

    End Function

End Structure
```

Sie sehen: alle zur Typumwandlung notwendigen Programmteile sind in der Struktur mit enthalten. Zusätzlich zur *ItemType*-Struktur, die ein einzelnes Element speichert, schaffen wir noch eine weitere Klasse – von der System-Datenklasse *Array* abgeleitet – die speziell dazu da ist, Felder vom Typ *ItemType* zu verwalten. Diese Klasse nennen wir *ItemTypes*:

```vb
Public Class ItemTypes
    Inherits ArrayList

    Public Shadows Function Add(ByVal value As ItemType) As Integer

        Return MyBase.Add(value)

    End Function

    Default Public Shadows Property Item(ByVal index As Integer) As ItemType

        Get
            Return CType(MyBase.Item(index), ItemType)
        End Get

        Set(ByVal Value As ItemType)
            MyBase.Item(index) = Value
        End Set

    End Property
End Class
```

In aller Kürze zum hier gesehenen Vorgang der Vererbung in eine neue Klasse: Die Klasse kann alles, was die Klasse *ArrayList* auch kann (*Inherits ArrayList*). Zwei Funktionen aber tauschen wir aus (wir »blenden« die alten quasi aus, »überschatten« sie sozusagen), so dass diese nur noch *ItemType*-Werte verarbeiten können. Sie werden dadurch »typsicher«.

Dementsprechend eleganter sieht unsere *BuildList*-Routine anschließend auch aus:

```
Private Sub BuildList(ByRef Values As ItemTypes)

    Dim locCount As Integer = 1

    lstValues.Items.Clear()

    'Liste neu numerieren und aufbauen.
    For Each IType As ItemType In Values
        IType.Nr = locCount
        locCount += 1
        lstValues.Items.Add(IType)
    Next

End Sub
```

Es wird Sie vielleicht überraschen, dass das *Listbox*-Steuerelement unter .NET nicht nur ausschließlich Strings, sondern jedes Objekt entgegennehmen kann. »Wenn das der Fall ist«, werden Sie jetzt vielleicht sagen, »wie wird denn dann der Text für jeden Listeneintrag erzeugt?«

Sie haben ja schon gelernt, dass alle Klassen aus *Object* hervorgehen. Dieses Objekt implementiert eine Methode namens *ToString*, die den wie auch immer gearteten Inhalt des Objektes in eine Zeichenkette umwandeln kann (und wenn kein sinnvoller Text aus dem Inhalt gemacht werden kann, weil es keine Methode gibt, die diese Aufgabe übernimmt, liefert die Basisversion von *ToString* eben den Objektnamen zurück). *Da* aber nun jedes andere Objekt von *Object* abstammt, hat auch jedes andere Objekt die *ToString*-Methode automatisch implementiert. Und wenn das so ist, dann können Objekte, die andere Objekte einbinden (wie die Listbox ihre Listelemente) sich diese Tatsache zunutze machen. Das heißt: Wenn die Listbox mit ihrer Programmausführung soweit ist, dass sie den Text eines Elementes auf den Bildschirm schreiben soll, ermittelt sie den dafür erforderlichen String, indem sie dessen *ToString*-Methode aufruft. Damit übergibt sie Ihnen kurz die Kontrolle; Sie generieren sodann den String, den bekommt die *ListBox* zurück, sie schreibt ihn auf den Bildschirm, und das Ergebnis kann sich sehen lassen.

## Sub New in Klassen und Strukturen

Vielleicht haben Sie sich schon gefragt, unter welchen Umständen die *Sub New* in der Struktur *ItemType* eigentlich aufgerufen wird – im Quellcode selber wird eine *New*-Routine doch niemals direkt angesprungen? Wenn Sie sich den Quellcode in der Visual-Studio-Entwicklungsumgebung anschauen, wird Ihnen auffallen, dass der Name der *Sub* in blauer Schrift dort steht und es sich damit um ein Schlüsselwort handelt.

Anders als in Visual Basic 6.0 können Klassen und Strukturen einen so genannten »parametrisierten Konstruktor« haben. Sie können also eine Klasse oder Struktur instanzieren und dem Code, der für die Instanzierung durchlaufen werden soll, Parameter übergeben. Visual Basic 6.0 kannte Konstruktoren bzw. Destruktoren nur in »emulierter« Form über Event-Routinen (*Class_Initialize* und *Class_Terminate*). Den Destruktor einer Klasse oder einer Struktur erreichen Sie übrigens nur durch das Überschreiben der *Dispose*-Methode der Klasse – das ist aber unter Umständen eine heikle Angelegenheit und bedarf eines weitaus größeren Erklärungsrahmens, den Sie im nächsten Kapitel finden.

## Formulare in allen Instanzen

Auch wenn es die Überschrift vermuten lässt, wird dies keine Beschwerde an oder über die deutsche Bürokratie. Vielmehr geht es in diesem Abschnitt um die Handhabung von Formularen, bei denen es nämlich zwei große Unterschiede zwischen VB.NET und VB6 gibt.

1. Formulare und alle ihre Steuerelemente werden in VB.NET dynamisch von ihrem ureigenen Programm zur Laufzeit generiert, während bei VB6 die Laufzeitbibliothek zu 99% dafür zuständig ist.
2. Da Formulare in VB.NET nichts anderes als eine Form von Klassen sind, müssen Sie sie wie jedes andere Objekt instanzieren, bevor Sie sie auf dem Bildschirm darstellen können. In VB6 gab es mit jedem Formular auch automatisch dessen Instanz. Sie konnten also mit dem Formularnamen sowohl auf die Klasse selbst als auch auf die automatisch von der Laufzeitbibliothek erstellte Instanz dieser Klasse zugreifen.[4]

Als Beispiel lassen Sie uns den Code betrachten, der aufgerufen wird, wenn der Anwender unseres Beispielprogramms auf *Sortieren* klickt und damit einen weiteren Dialog für die Zeit des Sortiervorgangs auf dem Bildschirm anzeigen lässt:

**Visual Basic 6.0**

```
Private Sub btnSort_Click()

    'Formular ist bereits instanziert,
    'kann direkt aufgerufen werden.
    BuildList frmSort.Sort(GetItems)

End Sub
```

**Visual Basic .NET**

```
    Private Sub btnSort_Click(ByVal sender As System.Object, ByVal e As System.EventArgs) Handles btnSort.Click

        Dim locFrmSort As New frmSort

        BuildList(locFrmSort.Sort(GetItems))

    End Sub
```

Die Steuerung des Formulars geschieht übrigens in beiden Versionen über deren öffentliche Methode *Sort*, die Sie als jeweils einzige Methode in den Formularen finden können.

Um den Unterschied zwischen den beiden Versionen zu zeigen, finden Sie die im Folgenden beide Dateien vollständig abgedruckt. Das Visual-Basic-6.0-Listing der Formulardatei enthält dabei auch die Anweisungen für den Formularaufbau, den Sie in der VB6-Entwicklungsumgebung nicht sehen können, da sie durch den Visual-Basic-6.0-Editor ausgeblendet werden.

---

[4] In Visual Studio 2005 werden Sie übrigens mit der Nachfolgeversion des Frameworks (Version 2.0) durch einen besonderen Mechanismus wieder die Möglichkeit haben, Formulare ohne vorherige Instanzierung zu verwenden.

## Visual Basic 6.0

```
VERSION 5.00
Object = "{831FDD16-0C5C-11D2-A9FC-0000F8754DA1}#2.0#0"; "MSCOMCTL.OCX"
Begin VB.Form frmSort
   Caption         =   "Sortieren"
   ClientHeight    =   3030
   ClientLeft      =   60
   ClientTop       =   450
   ClientWidth     =   4680
   LinkTopic       =   "Form1"
   ScaleHeight     =   3030
   ScaleWidth      =   4680
   StartUpPosition =   2  'Bildschirmmitte
   Begin VB.Frame Frame1
      Height          =   1455
      Left            =   120
      TabIndex        =   1
      Top             =   360
      Width           =   4335
      Begin VB.Label Label1
         Alignment       =   2  'Zentriert
         Caption         =   "Liste wird sortiert. Bitte haben Sie einen Augenblick Geduld."
         BeginProperty Font
            Name            =   "MS Sans Serif"
            Size            =   12
            Charset         =   0
            Weight          =   700
            Underline       =   0   'False
            Italic          =   0   'False
            Strikethrough   =   0   'False
         EndProperty
         Height          =   615
         Left            =   240
         TabIndex        =   2
         Top             =   480
         Width           =   3855
      End
   End
   Begin MSComctlLib.ProgressBar ProgressBar
      Height          =   375
      Left            =   120
      TabIndex        =   0
      Top             =   2160
      Width           =   4335
      _ExtentX        =   7646
      _ExtentY        =   661
      _Version        =   393216
      Appearance      =   1
      Max             =   1000
   End
End
Attribute VB_Name = "frmSort"
Attribute VB_GlobalNameSpace = False
Attribute VB_Creatable = False
Attribute VB_PredeclaredId = True
```

```
Attribute VB_Exposed = False

Option Explicit

Friend Function Sort(Values() As ItemType) As ItemType()

    Dim locTemp As ItemType
    Dim locFlag As Boolean
    Dim count As Integer

    Me.Show 0
    Me.Refresh

    ProgressBar.Min = LBound(Values)
    ProgressBar.Max = UBound(Values)

    While Not locFlag
        locFlag = True

        For count = LBound(Values) To UBound(Values) - 1

            'Dreieckstausch
            If Values(count).Content > Values(count + 1).Content Then
                locTemp = Values(count)
                Values(count) = Values(count + 1)
                Values(count + 1) = locTemp
                locFlag = False
                Exit For
            End If

            If ProgressBar.Value < count Then
                ProgressBar.Value = count
                ProgressBar.Refresh
            End If
        Next
    Wend

    Me.Hide
    Unload Me

    Sort = Values

End Function
```

Sie sehen, dass der Visual-Basic-6.0-Designer den Aufbau des Formulars sehr wohl im Quelltext des Formulars speichert. Sie haben als Entwickler bloß keine Möglichkeit, in irgendeiner Form aktiv in das Geschehen einzugreifen. Das Formular wird auf Grund der vorhandenen Definition zur Laufzeit von der Visual-Basic-Laufzeitbibliothek erstellt, und anschließend ist Schluss. Ein Visual-Basic-Formular zur Laufzeit zu erstellen funktioniert nicht mit den Anweisungen, die in diesem Beispiel zu sehen sind.

**Visual Basic .NET**

Anders ist das bei Visual Basic .NET. Der Designer mischt sich in Ihre Arbeit hier aktiv ein, er schreibt nämlich den Code zum Aufbau des Formulars für Sie. Dieser Code ist aber keine Sonderform wie bei VB6 – es handelt sich dabei um ganz normale Anweisungen, Befehle, Methoden und Eigenschaften, die Ihnen das Framework.NET zur Verfügung stellt und die Sie auch »selbst« verwenden können und sollen. Er schreibt also Code, der Bestandteil der Formularklasse wird. Einzige Einschränkung: Sie sollten bestimmte Bereiche des Programms, die der Designer für Sie auf Grund Ihrer Vorgaben erstellt, nicht mit dem Texteditor ändern.

**HINWEIS:** Wenn Sie den folgenden Code selbst in der Visual-Studio-IDE genauer unter die Lupe nehmen wollen, öffnen Sie die Region *Vom Windows Form Designer generierter Code*, indem Sie auf das kleine, davor stehende Plus-Zeichen klicken.

```
Option Explicit On
Option Strict Off

Public Class frmSort
    Inherits System.Windows.Forms.Form

#Region " Vom Windows Form Designer generierter Code "

    Public Sub New()
        MyBase.New()

        ' Dieser Aufruf ist für den Windows Form-Designer erforderlich.
        InitializeComponent()

        ' Initialisierungen nach dem Aufruf InitializeComponent() hinzufügen.

    End Sub

    ' Die Form überschreibt den Löschvorgang der Basisklasse, um Komponenten zu bereinigen.
    Protected Overloads Overrides Sub Dispose(ByVal disposing As Boolean)
        If disposing Then
            If Not (components Is Nothing) Then
                components.Dispose()
            End If
        End If
        MyBase.Dispose(disposing)
    End Sub

    ' Für Windows Form-Designer erforderlich.
    Private components As System.ComponentModel.IContainer

    'HINWEIS: Die folgende Prozedur ist für den Windows Form-Designer erforderlich.
    'Sie kann mit dem Windows Form-Designer modifiziert werden.
    'Verwenden Sie nicht den Code-Editor zur Bearbeitung.
    Public WithEvents Frame1 As System.Windows.Forms.GroupBox
    Public WithEvents Label1 As System.Windows.Forms.Label
    Friend WithEvents ProgressBar As System.Windows.Forms.ProgressBar
    <System.Diagnostics.DebuggerStepThrough()> Private Sub InitializeComponent()
        Me.Frame1 = New System.Windows.Forms.GroupBox
        Me.Label1 = New System.Windows.Forms.Label
        Me.ProgressBar = New System.Windows.Forms.ProgressBar
        Me.Frame1.SuspendLayout()
        Me.SuspendLayout()
        '
        'Frame1
        '
        Me.Frame1.BackColor = System.Drawing.SystemColors.Control
```

```vb
        Me.Frame1.Controls.Add(Me.Label1)
        Me.Frame1.ForeColor = System.Drawing.SystemColors.ControlText
        Me.Frame1.Location = New System.Drawing.Point(8, 8)
        Me.Frame1.Name = "Frame1"
        Me.Frame1.RightToLeft = System.Windows.Forms.RightToLeft.No
        Me.Frame1.Size = New System.Drawing.Size(289, 97)
        Me.Frame1.TabIndex = 2
        Me.Frame1.TabStop = False
        '
        'Label1
        '
        Me.Label1.BackColor = System.Drawing.SystemColors.Control
        Me.Label1.Cursor = System.Windows.Forms.Cursors.Default
        Me.Label1.ForeColor = System.Drawing.SystemColors.ControlText
        Me.Label1.Location = New System.Drawing.Point(16, 32)
        Me.Label1.Name = "Label1"
        Me.Label1.RightToLeft = System.Windows.Forms.RightToLeft.No
        Me.Label1.Size = New System.Drawing.Size(257, 41)
        Me.Label1.TabIndex = 2
        Me.Label1.Text = "Liste wird sortiert. Bitte haben Sie einen Augenblick Geduld."
        Me.Label1.TextAlign = System.Drawing.ContentAlignment.TopCenter
        '
        'ProgressBar
        '
        Me.ProgressBar.Location = New System.Drawing.Point(8, 112)
        Me.ProgressBar.Name = "ProgressBar"
        Me.ProgressBar.Size = New System.Drawing.Size(288, 24)
        Me.ProgressBar.TabIndex = 3
        '
        'frmSort
        '
        Me.AutoScaleBaseSize = New System.Drawing.Size(5, 13)
        Me.ClientSize = New System.Drawing.Size(304, 150)
        Me.Controls.Add(Me.ProgressBar)
        Me.Controls.Add(Me.Frame1)
        Me.Name = "frmSort"
        Me.Text = "Sortieren"
        Me.Frame1.ResumeLayout(False)
        Me.ResumeLayout(False)

    End Sub

#End Region
    Friend Function Sort(ByVal Items As ItemTypes) As ItemTypes

        Dim locTemp As ItemType
        Dim locFlag As Boolean
        Dim locCount As Integer

        Me.Show()
        Me.Refresh()

        ProgressBar.Minimum = 0
        ProgressBar.Maximum = Items.Count

        While Not locFlag
```

```
        locFlag = True

        For locCount = 0 To Items.Count - 2

            'Dreieckstausch
            If Items(locCount).Content > Items(locCount + 1).Content Then
                locTemp = Items(locCount)
                Items(locCount) = Items(locCount + 1)
                Items(locCount + 1) = locTemp
                locFlag = False
                Exit For
            End If

            If ProgressBar.Value < locCount Then
                ProgressBar.Value = locCount
                ProgressBar.Refresh()
            End If

        Next

    End While

    Me.Dispose()
    Return Items

End Function
```

Neben den unterschiedlichen Vorgehensweisen beim Formularaufbau differieren die beiden Routinen zum Sortieren der Daten nur in einem weiteren Punkt – nämlich wie sie das Formular wieder »entladen«, wenn es nicht mehr benötigt wird. Visual Basic 6.0 macht das mit *Unload* – einer Anweisung, die Ihnen in VB.NET nicht mehr zur Verfügung steht. Stattdessen wenden Sie die Methode zum Entsorgen eines Objektes an – die *Dispose*-Methode.[5]

## Dateiein- und -ausgabe

In Sachen Dateiein- und -ausgabe hat sich ebenfalls eine Menge getan. Um beim Beispiel zu bleiben, betrachten wir im Folgenden jedoch nur die reine Ein- und Ausgabe von Text in Dateien. Starten wir dabei mit einem Element, das benötigt wird, bevor ein Programm etwas in eine Datei schreiben oder aus einer Datei lesen kann: Es muss nämlich vom Anwender den Dateinamen erfahren. Dieser wird, wie in fast allen Anwendungen, mit dem *FileOpen*-Dialog ermittelt. Die Vorgehensweisen in VB6 und .NET sind aber wieder unterschiedlich, wie Sie in den folgenden Abschnitten sehen werden.

---

[5] Die *Close*-Methode könnten Sie ebenfalls verwenden, und auch sie führt dazu, dass das Formular »aufgegeben« wird. Der Unterschied: Bei *Close* könnten Sie mit dem *Closing*-Ereignis jedoch noch intervenieren und das Entsorgen des Formulars verhindern. *Dispose* hingegen ist endgültig.

## FileOpen-Dialog

### Visual Basic 6.0

```
Private Sub mnuGetList_Click()

    On Local Error GoTo 10

    Dim locType As ContentTypeEnum

    With CommonDialog
        .DialogTitle = "Werteliste laden"
        .Filter = "Wertelisten (*.vls)|*.vls|Alle Dateien (*.*)|*.*"
        .DefaultExt = "*.vls"
        .InitDir = "C:\"
        .CancelError = True
        .ShowOpen

        BuildList GetListFromFile(.Filename, locType, True)
    End With

    Exit Sub

10  If Err.Number = cdlCancel Then
        Exit Sub
    Else
        MsgBox "Fehler beim Öffnen der Datei"
        Exit Sub
    End If

End Sub
```

Wenn Sie sich nicht nur diesen Listingausschnitt, sondern auch das entsprechende Formular im Designer der Visual-Basic-6.0-IDE anschauen, bemerken Sie ein *CommonDialog*-Steuerelement im Formular. Ohne wild in DLLs des Windows-Kernels herumzuwühlen, war dieses Steuerelement die einzige Möglichkeit, einen *FileOpen*-Dialog auf dem Bildschirm erscheinen zu lassen.

### Visual Basic .NET

In Visual Basic .NET gibt es ebenfalls ein Steuerelement, das Sie allerdings eigentlich überhaupt nicht benötigen. Da dieses Steuerelement zur Laufzeit sowieso nicht sichtbar ist, genügt es, sich der korrelierenden Klasse zu bedienen, um das Steuerelement anzeigen zu lassen – im folgenden Listingausschnitt mit *locOpenFile* umgesetzt.

```
Private Sub mnuGetList_Click(ByVal sender As System.Object, ByVal e As System.EventArgs) Handles mnuGetList.Click

    Dim locOpenFile As New OpenFileDialog
    Dim locBackType As ContentTypeEnum

    With locOpenFile
        .Filter = "Wertelisten (*.vls)|*.vls|Alle Dateien (*.*)|*.*"
        .InitialDirectory = "C:\"
        .DefaultExt = "*.LST"
        .CheckFileExists = True
        .AddExtension = True
        .Title = "Wertelisten laden"
```

```
            Dim locDr As DialogResult = .ShowDialog()

            If locDr = DialogResult.Cancel Then
                Exit Sub
            End If

            BuildList(GetListFromFile(.FileName, locBackType))

        End With
    End Sub
```

Vom Prinzip her funktionieren beide Versionen gleich. Lediglich das Abfangen des »Fehlers«, wenn der Anwender die *Abbrechen*-Schaltfläche gedrückt hat, funktioniert in VB.NET wesentlich eleganter. Dabei kommt die *DialogResult*-Klasse zum Einsatz, mit der Sie auswerten können, wie ein Dialog zum Ende gekommen ist – einen Fehler müssen Sie nicht abfangen.

## Textdateien laden

Beim Lesen und Schreiben von Textdateien gibt es eklatante Unterschiede zwischen den beiden Versionen. In Visual Basic 6.0 arbeitete man hier noch mit Relikten aus DOS-Zeiten – die sich ohnedies nicht an die File-Lock-Mechanismen des darunter liegenden Betriebssystem hielten. So war es durchaus möglich, eine Textdatei zum Schreiben zu öffnen, die durch eine andere Instanz bereits bearbeitet wurde.

### Visual Basic 6.0

```
Public Function GetListFromFile(Filename As String, BackType As ContentTypeEnum, _
                Optional ShowErrorMessages As Variant) As ItemType()

    Dim ff, i, locAmountDataSets
    Dim locItem As ItemType
    Dim locType As ContentTypeEnum
    Dim locItems() As ItemType
    Dim locString As String
    Dim locShowErrors As Boolean

    On Local Error GoTo getlistfromfile_error

    If Not IsMissing(ShowErrorMessages) Then
        locShowErrors = CBool(ShowErrorMessages)
    Else
        locShowErrors = False
    End If

    ff = FreeFile
    Open Filename For Input As ff
        Input #ff, locAmountDataSets
        Input #ff, BackType
        ReDim locItems(locAmountDataSets)
        For i = 1 To locAmountDataSets
            Line Input #ff, locString
            locItem.Nr = CInt(locString)

            Line Input #ff, locString
```

```
        Select Case BackType

            Case ContentTypeEnum.Integer:
                locItem.Content = CInt(locString)

            Case ContentTypeEnum.String:
                locItem.Content = CStr(locString)

            Case ContentTypeEnum.DateTime:
                locItem.Content = CDate(locString)

        End Select

        Line Input #ff, locString
        locItem.CreatedAt = CDate(locString)
        locItems(i) = locItem
    Next i

    Close ff
    GetListFromFile = locItems
    Exit Function

getlistfromfile_error:

    If locShowErrors Then
        MsgBox "Beim Laden der Datei" + vbCr + _
                Filename + vbCr + _
                "ist ein Fehler aufgetreten." + vbCr + _
                "Bitte wiederholen Sie den Vorgang", _
                vbOKOnly + vbExclamation, "Fehler beim Laden"
    End If

    BackType = ContentTypeEnum.Error
    Exit Function

End Function
```

Die .NET-Entwickler verpassten Visual Basic .NET einen neuen Satz Befehle – obwohl das gar nicht nötig (oder nur aus Gründen der Kompatibilität zum VB6 nötig) gewesen wäre. Sie arbeiten ähnlich wie Visual Basic 6.0, halten sich aber an die Sicherheitsrichtlinien des Betriebssystems. In diesem Beispiel habe ich sie nur der Einfachheit halber zu Demonstrationszwecken eingesetzt. Das Framework bietet viel leistungsfähigere Klassen, mit denen Sie Daten natürlich als Textdatei aber auch im Binärformat speichern, ja sogar ganze Objekt-Collections automatisch im SOAP-Format sichern können. Das ▶ Kapitel 10 (Serialisierung) gibt Ihnen dazu detailliert Auskunft.

**WICHTIG:** Nach Möglichkeit sollten Sie die Kompatibilitätsbefehle allerdings nicht mehr in neuen Projekten verwenden. Sie können nicht sicher sein, dass diese Befehle auch noch in zukünftigen Visual-Basic-Versionen vorhanden sind und müssten später u. U. umfangreiche Anpassungen an Ihrer Software durchführen.

## Visual Basic .Net

```vbnet
Public Function GetListFromFile(ByRef Filename As String, ByRef BackType As ContentTypeEnum, Optional ByRef
ShowErrorMessages As Boolean = True) As ItemTypes

    Dim i, ff, locAmountDataSets, locBackType As Integer
    Dim locItem As ItemType
    Dim Items As New ItemTypes
    Dim locString As String

    'Überflüssig, es gibt keine
    'Variant-Optionalen-Argumente mehr!
    'Dim locShowErrors As Boolean

    'Das Öffnen der Datei...
    Try
        ff = FreeFile()
        FileOpen(ff, Filename, OpenMode.Input)
    Catch ex As Exception

        If ShowErrorMessages Then
            MsgBox("Beim Öffnen der Datei" & vbCr & _
            Filename & vbCr & "ist ein Fehler aufgetreten." & vbCr _
            & "Bitte wiederholen Sie den Vorgang gegebenenfalls.", _
            MsgBoxStyle.OKOnly Or MsgBoxStyle.Exclamation, "Fehler beim Laden")
        End If

        BackType = ContentTypeEnum.Error
        Return Nothing

    End Try

    '...und das Auslesen ihrer Daten können unterschiedliche
    'Fehlerbehandlungen notwendig machen,
    'deswegen *je* ein Try/Catch-Block
    Try
        Input(ff, locAmountDataSets)
        Input(ff, locBackType) : BackType = CType(locBackType, ContentTypeEnum)

        'Achtung: Array-Grenze beginnt standardmäßig bei 0, nicht bei 1!
        For i = 0 To locAmountDataSets - 1
            locString = LineInput(ff)
            locItem.Nr = CInt(locString)

            locString = LineInput(ff)

            Select Case BackType

                Case ContentTypeEnum.Integer

                    locItem.Content = CInt(locString)

                Case ContentTypeEnum.String
                    locItem.Content = CStr(locString)
```

```vb
            Case ContentTypeEnum.DateTime
                locItem.Content = CDate(locString)

        End Select

        locString = LineInput(ff)
        locItem.CreatedAt = CDate(locString)
        Items.Add(locItem)
    Next i

    'Zähler für das nächste Element setzen.
    myItemCounter = i

    'Die Function ist hier noch nicht zu Ende, denn...
    Return Items

Catch ex As Exception

    If ShowErrorMessages Then
        MsgBox("Beim Lesen der Datei" & vbCr & _
        Filename & vbCr & "ist ein Fehler aufgetreten." & vbCr _
        & "Bitte wiederholen Sie den Vorgang gegebenenfalls.", _
        MsgBoxStyle.OKOnly Or MsgBoxStyle.Exclamation, "Fehler beim Laden")
        BackType = ContentTypeEnum.Error
    End If

    Return Nothing

Finally

    'Das hier wird in jedem Falle ausgeführt,
    'egal ob Fehler oder nicht - und damit
    'ist die geöffnete Datei garantiert zu!
    FileClose(ff)

End Try

End Function
```

Wie versprochen, möchte ich an dieser Stelle nochmals auf *Try/Catch* und *Finally* eingehen. Sie sehen an diesem Beispiel, dass das Abfangen von Fehlern nicht nur auf *Try* und *Catch* beschränkt ist. Sie können den Code, der den Fehler abfängt, um einen weiteren Part ergänzen, der in jedem Fall ausgeführt wird – also egal, ob der Fehler auftrat oder nicht. Wenn das Öffnen der Datei nicht fehlschlug, erreicht das Programm den nächsten *Try*-Block auf jeden Fall. Beim Lesen der Datei können natürlich ebenfalls Fehler auftreten. Doch egal, ob das Lesen erfolgreich war oder nicht – die Datei ist in jedem Falle geöffnet und sollte auch geschlossen werden. Das Schließen der Datei muss vom Programm also unbedingt sichergestellt werden, und zu genau diesem Zweck dient das *Finally*. Obwohl die *Return*-Anweisung als letzte auszuführende Anweisung vor dem letzten *Catch* im Programm zu finden ist, führt Visual Basic den Code zwischen *Finally* und *End Try* aus – für den Fall, dass kein Fehler aufgetreten ist. Aber auch für den Fall, dass ein Fehler aufgetreten ist, wird der *Finally*-Code ausgeführt. Trifft das Programm auf die *Return*-Anweisung, springt es zunächst in den *Finally*-Block und dann erst zurück in die aufrufende Programmroutine.

### FileSave-Dialog und Speichern von Dateien

Das Aufrufen vom *FileSave*-Dialog und das Speichern von Dateien möchte ich an dieser Stelle nicht erklären – es wäre redundant, denn es läuft nach dem gleichen Prinzip ab wie das bereits vorgestellte Öffnen von Dateien in diesem Abschnitt.

## Abschließende Anmerkungen

Die Lektüre dieses Kapitels hat Ihr Wissen auf einen Stand gebracht, der Ihnen die Entwicklung erster kleinerer Tools mit Visual Basic .NET erlaubt. Bevor Sie größere Projekte in Angriff nehmen, sollten Sie sich allerdings mit dem nächsten Kapitel intensiv vertraut machen, *gerade* wenn Sie bislang nur in Visual Basic 6.0 entwickelt haben. Die Beherrschung von Klassen und Schnittstellen ist das A und O in .NET – und das gilt nicht nur für Visual Basic oder andere .NET-Sprachen. Wenn Sie das Klassenkonzept im Framework verstanden haben, wird Ihnen die Erarbeitung weiterer Themen des Frameworks viel, viel leichter fallen. Und in einigen Fällen ist ein vollständiges Verständnis dieser Zusammenhänge sogar ein Muss.

# 3 Klassen und Schnittstellen

| | |
|---|---|
| 58 | Prozedurale Programmierung ade? |
| 64 | Auf zum Klassentreffen! |
| 98 | Wiederverwendbarkeit von Klassen durch Vererbung (Inheritance) |
| 139 | Wertetypen und Verweistypen |
| 161 | Die Methoden und Eigenschaften von Object |
| 162 | Typumwandlungen – Type Casting |
| 176 | Boxing genauer unter die Lupe genommen |
| 179 | Beerdigung eines Objektes: Dispose und Finalize |
| 197 | Projekte mit mehreren Assemblies |
| 213 | Was sonst noch wichtig ist |

Objekte sind das A und O in .NET – falls Sie schon Erfahrungen in .NET gesammelt haben, wissen Sie das längst. Gehören Sie zu denjenigen, die .NET erst im letzten Kapitel näher kennen gelernt haben, haben Sie auf alle Fälle schon eine Ahnung davon bekommen.

Objekte entstehen, wenn man sie aus Strukturen oder Klassen instanziert. Doch was genau sind Klassen eigentlich? Dieses Kapitel soll Ihnen zeigen, wie das Konzept der objektorientierten Programmierung funktioniert, was man unter Strukturen und Klassen zu verstehen hat, welche Unterschiede es gibt, und wie man ihren Einsatz mit der Verwendung so genannter Schnittstellen perfektionieren kann. Was, Sie müssen gähnen? OK, vielleicht sind Sie auf den ersten paar Seiten unterfordert, weil Sie Klassen aus dem Effeff kennen – wie sieht es aber mit Schnittstellen aus? Kennen Sie die Unterschiede zwischen Verweis- und Wertetypen? Können Sie erklären, wieso ein Objekt ein Referenztyp ist, alle primitiven Typen zwar von *Object* abgeleitet sind, diese aber dennoch zu Wertetypen werden? Wie steht's mit dem »Boxing« von Wertetypen – wissen Sie genau, was dabei wirklich passiert, und welche Tücken Ihnen hier und da begegnen? Kennen Sie alle Feinheiten der Polymorphie, und wissen Sie, wann Sie die Referenzierungen *Me*, *MyClass* und *MyBase* einsetzen müssen?

Sie sehen: Es gibt eine ganze Menge, was Sie über objektorientierte Programmierung und den Einsatz von Klassen wissen können (und sollten). Denken Sie daran: Je trittfester Sie beim Einsatz von Klassen werden, desto robuster, durchdachter und weniger fehleranfällig werden später Ihre Programme sein.

Und selbst wenn Sie die ersten Abschnitte ein wenig unterfordern – riskieren Sie dennoch einen Blick, um sich die Unterschiede zur prozeduralen Programmierung (»wie es früher war«) noch mal vor Augen zu führen.

**TIPP:** Die folgenden Abschnitte, so umfangreich sie auch sind, bauen schrittweise aufeinander auf. Deswegen möchte ich Ihnen empfehlen, dass Sie sich ein wenig Zeit nehmen und die folgenden Abschnitte am besten hintereinander durcharbeiten. Der ganze Zusammenhang von Klassen, Schnittstellen und allem, was sonst noch dazu gehört, wird Ihnen dann sicherlich leicht fallen, zu verstehen.

## Prozedurale Programmierung ade?

Stellen Sie sich vor, Sie arbeiten in einem Softwarehaus als Entwickler, und Sie werden mit der Aufgabe vertraut, eine Eingabemaske zu schaffen, mit der Daten von antiken Büchern erfasst werden können. In der Eingabemaske sollen

- der Datenerfasser
- der Titel des Buches
- und das Erscheinungsjahr des Buches erfasst werden.

Bei letzterem Punkt gibt es eine Besonderheit: Viele Bücher haben die Angabe Ihrer Erstveröffentlichung nur in römischen Zahlen aufgedruckt – um Umrechnungsfehler zu vermeiden, soll Ihr Programmteil in der Lage sein, sowohl arabische als auch römische Zahlen zu verarbeiten. Sie programmieren unter Visual Basic 6.0, haben von Klassenprogrammierung noch nie etwas gehört, und schon bei der Planung des Programms stoßen Sie auf die ersten Schwierigkeiten, denn:

Ihr Ziel ist es, anderen Programmierern eine möglichst flexible Benutzung Ihres Formulars zu ermöglichen. Es soll es mit nur einer Zeile Code aufzurufen sein, dem Anwender die Datenerfassung erlauben, und dem Programmteil, das Ihr Formular aufruft, die Daten zurückliefern.

Sie kümmern sich als erstes um eine Funktion, die eine normale Zahl – einen Integerwert beispielsweise – in einen String mit entsprechenden römischen Ziffern verwandelt. Der entsprechende Code dafür ist kompakt und einfach zu verstehen, etwa wie im folgenden Listing zu sehen.

**HINWEIS:** Falls Sie Visual Studio 6.0 bzw. Visual Basic 6.0 installiert haben, können Sie das Programm auch laden, starten und sich einen praktischen Eindruck verschaffen – Sie finden ihn im Ordner ..\Klassen\RomanVB6 im Buch-CD-Verzeichnis. Eigentlich ist es aber ausreichend, wenn Sie ihn nur kurz überfliegen – er dient in erster Linie zur Untermalung des Szenarios:

```
Private Function RomanNumeral(ByVal ArabicNumber As Integer) As String

    Dim locCount As Integer
    Dim locDigitValue As Integer
    Dim locRoman As String
    Dim locDigits As String

    'Diese römischen Numerale gibt es:
    locDigits = "IVXLCDM"
```

```
'Der maximal darstellbare Bereich - eine Null gibt es nicht.
If ArabicNumber < 1 Or ArabicNumber > 3999 Then
    RomanNumeral = "#N/A#"
    Exit Function
End If

locCount = 1
Do While ArabicNumber > 0
    locDigitValue = ArabicNumber Mod 10
    Select Case locDigitValue

        'Ziffern 1 bis 3 werden einfach hintereinander geschrieben (I, II, III).
        Case 1 To 3:
            locRoman = String$(locDigitValue, Mid$(locDigits, locCount, 1)) & locRoman

        'Die 4. Ziffer ist der "Einer-Wert" vor dem nächsten "fünfer-Wert" (IV).
        Case 4:
            locRoman = Mid$(locDigits, locCount, 2) & locRoman

        'Die 5. Ziffer hat ein eigenes Numeral (V).
        Case 5:
            locRoman = Mid$(locDigits, locCount + 1, 1) & locRoman

        'Kombination aus "Fünfer-Werten" und "Einer-Werten" (VI, VII, VIII):
        Case 6 To 8:
            locRoman = Mid$(locDigits, locCount + 1, 1) & _
                String$(locDigitValue - 5, Mid$(locDigits, locCount, 1)) & locRoman

        'Kombination aus "Einer-Wert" und "Zehner-Wert" (IX):
        Case 9:
            locRoman = Mid$(locDigits, locCount, 1) & Mid$(locDigits, locCount + 2, 1) & locRoman

    End Select
    locCount = locCount + 2
    ArabicNumber = ArabicNumber \ 10
Loop
RomanNumeral = locRoman
End Function
```

So weit, so einfach. Anschließend entwickeln Sie das Gegenstück zu dieser Funktion, nämlich einen String entgegennimmt und zurück in einen wirklichen Wert wandelt. Auch diese Routine ist vergleichsweise einfach für Sie in die Tat umzusetzen:

```
Private Function ValueFromRomanNumeral(ByVal RomanNumeral As String) As Integer

    On Local Error GoTo vfrn_error

    Static Table(0 To 6, 0 To 1) As String
    Dim locCount As Integer
    Dim locChar As String * 1
    Dim retValue As Integer
    Dim z1 As Integer, z2 As Integer

    If RomanNumeral = "" Then
        ValueFromRomanNumeral = ""
        Exit Function
```

```
        End If
        
        'Tabelle zum Nachschlagen
        Table(0, 0) = "I": Table(0, 1) = "1"
        Table(1, 0) = "V": Table(1, 1) = "5"
        Table(2, 0) = "X": Table(2, 1) = "10"
        Table(3, 0) = "L": Table(3, 1) = "50"
        Table(4, 0) = "C": Table(4, 1) = "100"
        Table(5, 0) = "D": Table(5, 1) = "500"
        Table(6, 0) = "M": Table(6, 1) = "1000"
        
        locCount = 1
        
        Do While locCount <= Len(RomanNumeral)
            locChar = Mid$(RomanNumeral, locCount, 1)
            
            If locCount < Len(RomanNumeral) Then
                For z1 = 0 To 7
                    If Table(z1, 0) = locChar Then Exit For
                Next z1
                For z2 = 0 To 7
                    If Table(z2, 0) = Mid$(RomanNumeral, locCount + 1, 1) Then
                        Exit For
                    End If
                Next z2
                If Val(Table(z1, 1)) < Val(Table(z2, 1)) Then
                    'Stringfragment entfernen.
                    RomanNumeral = Left$(RomanNumeral, locCount - 1) + Mid$(RomanNumeral, locCount + 2)
                    retValue = retValue + (Val(Table(z2, 1)) - Val(Table(z1, 1)))
                Else
                    For z2 = 0 To 7
                        If Table(z2, 0) = locChar Then Exit For
                    Next z2
                    retValue = retValue + Val(Table(z2, 1))
                    locCount = locCount + 1
                End If
            Else
                For z2 = 0 To 7
                    If Table(z2, 0) = locChar Then Exit For
                Next z2
                retValue = retValue + Val(Table(z2, 1))
                locCount = locCount + 1
            End If
        Loop
        
    ValueFromRomanNumeral = retValue
    Exit Function
    
vfrn_error:
    ValueFromRomanNumeral = 0
    Exit Function
End Function
```

Doch jetzt kommt das Entscheidende: Wie behandeln Sie die Datenermittlung im Formular und wie liefern Sie alle Daten zurück an das Programm, das Ihr Formular aufgerufen hat? Sie erledigen zunächst die Formularsteuerung:

```
'Überall im Formular zugänglich,
'wird gebraucht, sobald Abbrechen gedrückt wird.
Private myCancel As Boolean
Private Sub txtRömisch_Change()

    'Umwandeln, wenn sich der Text ändert.
    txtArabisch.Text = ValueFromRomanNumeral(txtRömisch)

End Sub

Private Sub txtArabisch_Change()

    'Umwandeln, wenn sich der Text ändert.
    If txtArabisch <> "" Then
        txtRömisch = RomanNumeral(txtArabisch.Text)
    End If

End Sub

Private Sub cmdAbbrechen_Click()

    'Bei Abbruch Flag setzen.
    myCancel = True
    Me.Hide

End Sub

Private Sub cmdOK_Click()

    'Eigentlich überflüssig...
    myCancel = False
    Me.Hide
End Sub
```

Bis hier hin ist Ihre Formularsteuerung ganz passabel. Die Routine, die den jeweils anderen Zahlentyp in das entsprechende Textfeld schreibt, könnte ein bisschen subtiler arbeiten, aber sonst sind Sie mit dem Ergebnis ganz zufrieden. Bis jetzt. Ohne die objektorientierte Programmierung bleiben Ihnen nicht viele Möglichkeiten, das nächste Problem zu lösen: den Datenfluss zwischen Ihrem Modul und dem aufrufenden Programm. Sie entscheiden sich für das Einfachste und lösen dieses Problem folgendermaßen: Sie haben sich dazu entschlossen, die Dialogeinträge in Variablen zurückzugeben, die Ihnen durch das aufrufende Programm per Referenz übergeben werden. Dass Ihnen diese Lösung in Zukunft noch richtig Stress bereiten wird, ist Ihnen zu diesem Zeitpunkt noch gar nicht bewusst. Ihre Funktion sieht so aus:

```
Public Function Erfassungsdialog(Erfasser As String, DokTitel As String, Jahrzahl As Date) As Boolean

    'Formular darstellen.
    'Bleibt bis zum nächsten Hide stehen,
    'da modaler Dialog.
    Me.Show 1

    'Überprüfen, ob Abbrechen gedrückt wurde,
    If myCancel = True Then
        'Variablen zurückliefern
        Erfasser = ""
```

*Klassen und Schnittstellen*

```
            DokTitel = ""
            Jahrzahl = ""
        Else
            'sonst die Inhalte des Dialoges zurückliefern.
            Erfasser = txtErfasser.Text
            DokTitel = txtDokumenttitel.Text
            Jahrzahl = Val(txtArabisch.Text)
        End If
        'Anzeigen, dass Dialog Daten "hatte".
        Erfassungsdialog = myCancel Xor True

End Function
```

Wenn Sie, wie hier im Listing zu sehen, die Variable ändern, die die Prozedur entgegennimmt, ändert sich die Variable auch im Programmteil, der Ihre Funktion aufruft (vorausgesetzt, Ihnen sind die Parameter als Variablen übergeben worden, und diese sind jeweils auch nicht eingeklammert gewesen).

Eine Woche, nachdem Sie jedem weiteren Entwickler erklärt haben, wie Ihr Modul zu handhaben ist, sagt Ihnen ihr Projektleiter, dass Sie allen anderen Entwicklern im Team auch die Funktionen zugänglich machen sollen, die die Konvertierung der Zahlen vornehmen. Damit haben Sie kein Problem. Sie machen aus dem

```
Private Function ValueFromRomanNumeral(ByVal RomanNumeral As String) As Integer
```

einfach ein

```
Public Function ValueFromRomanNumeral(ByVal RomanNumeral As String) As Integer
```

und erklären jedem einzelnen Entwickler des Teams wie zuvor schon beim Aufruf der Dialogsteuerungsroutine Erfassungsdialog, wie er die Routine zu verwenden hat. Mit der Routine *RomanNumeral* machen Sie das gleiche.

Eine weitere Woche kommt es aber knüppeldick. Ihr Projektleiter verrät Ihnen, dass sich die Planung geändert hat. Sie sollen die Funktionalität des Programms so überarbeiten, dass Ihr Programm das Erfassungsdatum ebenfalls zurückliefert. Sie machen sich sofort an die Arbeit, ändern Ihr Programm dahingehend ab,

```
Public Function Erfassungsdialog(Erfasser As String, DokTitel As String, Jahrzahl As Integer, Datum as Date) As Boolean
```

und bekommen am selben Nachmittag von Ihren Kollegen richtig Ärger, weil keiner ihrer Programmteile mehr läuft. Klar, denn Sie haben tief in die Konventionen des Projektes eingegriffen und Standards, die Sie selbst gesetzt haben, verändert. Ihre Routine erwartet nunmehr vier Parameter, doch allen Programmierern haben Sie die Routine mit drei Parametern erklärt.

Dieses Szenario ist sicherlich ein wenig gestelzt, aber aus vielen Betrieben, die ich regelmäßig besuche, weiß ich, dass es immer noch eine Vielzahl von Programmier- und Entwicklerteams gibt, die auf diese Weise arbeiten. Da VB6 weder echte Vererbung noch Methodenüberladung und Polymorphie auch nur durch Hintertürchen in Form von Schnittstellen erlaubte, bin ich der letzte, der hier den ersten Stein schmeißen will, und Teams verdammt, die bisher auf diese Weise entwickelt haben (und es häufig noch immer tun).

Doch die Zeiten haben sich geändert. Wenn Sie in .NET erfolgreich programmieren wollen, dann kommen Sie an Objekten nicht mehr vorbei. Jedes Programm, das Sie in Zukunft schreiben, verfügt über mindestens eine Klasse. In Visual Basic .NET sieht man das vielleicht nicht sofort, aber es ist definitiv so. Schreiten wir also zur nächsten Ebene.

## Namensgebung von Variablen

Sie werden bemerkt haben, dass ich Variablen in allen bisherigen Beispielen in der Regel nach einem bestimmten Schema benannt habe. Die Richtlinien von Microsoft besagen, dass man das eben nicht mehr machen soll. Da ein einfaches Zeigen mit der Maus auf eine Variable genügt, um ihren Typ zu erfahren, sei dieses Vorgehen überflüssig geworden.

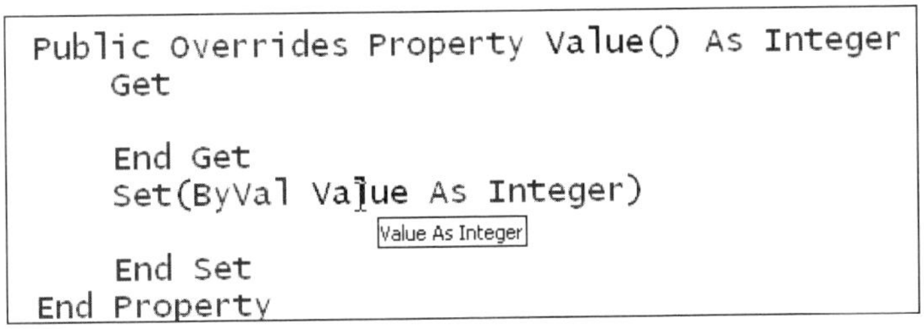

```
Public Overrides Property Value() As Integer
    Get

    End Get
    Set(ByVal Value As Integer)
        Value As Integer
    End Set
End Property
```

*Abbildung 3.1:* Ein einfaches »Daraufzeigen« mit der Maus reicht aus, um dem Codeeditor den Typ einer Variablen zu entlocken

Dennoch hat es sich in C#, J# und auch C++ durchgesetzt, dass Member-Variablen mit kleinen Buchstaben, Variablen, die an Prozeduren übergeben werden, und Prozeduren selbst mit großen Buchstaben beginnen. Zusammengesetzte Wörter werden durchgekoppelt, die einzelnen Wörter beginnen aber mit einem Großbuchstaben.

Nun berücksichtigt Visual Basic (leider?) die Groß-/Kleinschreibung nicht. Aus diesem Grund habe ich mich dazu entschlossen, Member-Variablen mit dem Präfix »my« beginnen zu lassen. Lokale Variablen (solche, die nur in Prozeduren oder Codeblöcken verwendet werden) beginnen mit »loc«. Ansonsten bezeichne ich die Variablen nicht mit ihrem Typ (also beispielsweise *intIrgendwas* oder *strEineZeichenkette*) – mit einer Ausnahme: Windows-Formularvariablen beginnen bei mir grundsätzlich mit dem Präfix »frm«; Windows-Steuerelementvariablen beginnen grundsätzlich mit drei Buchstaben, die sie ebenfalls eindeutig umschreiben (Ausnahme: bei *Frame*-Komponenten verwende ich den kompletten Namen als Präfix, um sie vom Formular unterscheiden zu können). Die genauen Konventionen dafür finden Sie in ▶ Kapitel 7.

Es gibt aber keine zwingende Vorschrift, Objektvariablen, Eigenschaften, Methoden oder Ereignisse zu benennen – Sie können das halten, wie Sie wollen. Denken Sie aber daran, dass es Intellisense bei ausgedruckten Listings nicht gibt!

## Und welche Sprache ist die beste?

Bei der Benennung von Klassen, Methoden, Variablen, Eigenschaften, etc. stellt sich schnell die Frage, welche Sprache (echte, nicht Programmiersprache) man am besten als Grundlage verwendet. Klar ist: Wenn Sie im Team mit internationalem Anspruch arbeiten, dann sollten Sie Englisch als Ihre Basissprache verwenden. Für die einfachere Verständlichkeit bei größeren Projekten könnte Deutsch die bessere Grundlage sein, gerade wenn Sie Entwickler in Ihrem Team haben, die des Englischen nicht so mächtig sind.

Allerdings: Wenn es darum geht, wieder verwendbare Komponenten wie beispielsweise Benutzersteuerelemente zu entwickeln, würde ich wiederum Englisch vorziehen. Es ergib keinen Sinn, mit einem Mischmasch an Sprachen zu arbeiten, wenn eine Basisklasse aus dem Framework beispielsweise auf der englischen Sprache basiert, Sie sie aber um Methoden und Eigenschaften ergänzen, deren Namen auf dem Deutschen basieren.

Hier im Buch werden Sie nur bei einfachen Beispielen, die der Demonstration dienen, deutsche Benennungen finden. Bei Komponenten, die Sie auch für andere Projekte wieder verwenden können, habe ich mich für die englische Sprache als Basis entschieden.

# Auf zum Klassentreffen!

Stellen Sie sich vor, Sie könnten dem Dilemma des Eingangsbeispiels entgehen, indem Sie eine Einheit, eine Entität schaffen, die in sich völlig geschlossen ist. »Moment mal«, werden Sie vielleicht einwenden, »das gibt es doch mit *Type* schon seit Visual Basic 1.0!« Was reine Datenstrukturen anbelangt, haben Sie Recht. Klassen verfolgen dennoch einen anderen Ansatz. Klassen beinhalten Daten *und* Programmcode, mit dem diese Daten manipuliert werden können. Ähnlich wie bei einem Typ speichert die eigentliche *Type*-Definition noch keine Daten, sondern legt einfach nur fest, *welche* Daten gespeichert werden können. Eine Klasse macht nichts anderes. Sie gibt vor, welche Daten später in Objekten, die aus ihr entstehen, gespeichert werden können und stellt Methoden, Eigenschaften und Ereignisroutinen bereit, die diese Daten verändern. Ganz einfach gedacht, ist eine Klasse eine Type-Struktur mit einem untrennbar verknüpften Code-Modul.

Klassen sind instanzierbar. Eine Klasse vom Typ *Sandkuchen* beispielsweise speichert noch keine Daten. Erst ein Objekt, das aus der Klasse *Sandkuchen* hervorgeht, kann Daten speichern. Die Klasse *Sandkuchen* ist praktisch ein Förmchen, mit dem Kinder im Sandkasten spielen und Sandkuchen backen. Einmal angenommen, das Speichern von Daten entspräche dem Hineinstecken von kleinen Stöckchen in den Sandkuchen, dann wird mit Hilfe dieser Analogie deutlich, wieso Sie eine Klasse instanzieren müssen, bevor Sie sie mit Daten füllen können. In das Förmchen selbst (die Klasse) können Sie keine Stöckchen stecken. In die Sandkuchen (die instanzierten Objekte) sehr wohl.

Mit diesem Wissen können Sie das Programmkonzept ändern und mit .NET eine Klasse schaffen, die auf der einen Seite die Daten für die Problemlösung speichert und auf der anderen Seite den Code zur Verfügung stellt, die Daten in Ihrem Sinne zu verwalten.

**HINWEIS:** Auf der CD zum Buch finden Sie im Verzeichnis ..\*Klassen* ein Unterverzeichnis \*RomanNET01*. Öffnen Sie die dort vorhandene Projektmappe, um die folgenden Beispiele nachvollziehen zu können. Bei diesem Beispielprogramm handelt es sich nicht um eine Windows-, sondern um eine so genannte Konsolenanwendung – eine Anwendung, die sich ausschließlich unter der Windows-Eingabeaufforderung verwenden lässt.

## Konsolenanwendungen in VB.NET

Im Gegensatz zu Visual Basic 6.0 können Sie in Visual Basic .NET auch ohne größeren Aufwand Kommandozeilen-Applikationen entwerfen. Das sind Programme, die über keine grafische Oberfläche verfügen, sondern nur im Kommandozeilenmodus unter der Windows-Eingabeaufforderung laufen und mit dem Anwender über reine Textein- und -ausgabe kommunizieren. Konsolenanwendungen sind für Programme sehr gut geeignet, die bei der reinen Stapelverarbeitung eingesetzt werden sollen und wenig oder keine Kommunikation mit dem Anwender erfordern. Aber gerade auch beim Debuggen – zum Beispiel, um ohne großen Aufwand neue Typen (Klassen, Strukturen) zu testen – leisten sie sehr gute Dienste.

Um eine neue Kommandozeilenapplikation zu erstellen, wählen Sie *Neues Projekt* und im Dialog, den Visual Studio anschließend zeigt, die Vorlage *Konsolenanwendung*.

Die Klasse, mit der Sie die Problemlösung beginnen, soll zunächst nur die Aufgabe haben, einen Wert vom Typ *RomanNumerals* zu speichern und die nötige Funktionalität zur Verfügung stellen, aus einem Integer einen String und umgekehrt zu produzieren. Zwei zusätzliche Funktionen sollen es erlauben, dem im Objekt gespeicherten Element einen Wert durch die Angabe eines römischen Numerales (Zahlwort) zuzuweisen oder das gespeicherte Element direkt wieder als römisches Numerale (dann als String) auszugeben. Vielleicht denken Sie nun, dass damit redundante Funktionalität im Programm vorhanden wäre, denn es sind im Grunde genommen ja nur zwei Funktionen, die vorhanden sein müssen, ich spreche hier aber von vieren. Gebraucht werden aber dennoch vier verschiedene, denn die augenscheinlich redundanten Funktionen unterscheiden sich wie folgt von den »festen« Funktionen:[1]

- *RomanNumeralFromValue* wandelt die angegebene arabische Zahl (ganz normales Integer) in einen String um, der dann das entsprechende römische Numerale enthält. Das war in der VB6-Version schon so.
- *ValueFromRomanNumeral* wandelt den angegebenen String, der das römische Numerale enthält, wieder zurück in einen Integerwert – die arabische Zahl. Auch das war so in VB6-Version.
- *FromRomanNumeral* weist den angegebenen String, der ein römisches Numerale enthält, dem »Klassenelement« zu. Das ist neu, denn in der VB6-Version dieses Beispiels gab es nichts, wohinein man das römische Numerale hätte speichern können.
- *ToRomanNumeral* hat gar keinen Parameter. Es wandelt das »Klassenelement« zurück in einen String, der das römische Numerale darstellt.

Es gibt im Übrigen sogar noch eine fünfte Funktion in dieser Klasse, nämlich:

- *FromInt* verhält sich prinzipiell wie *FromRomanNumeral*, nimmt allerdings kein römisches Numerale sondern einen normalen Integer-Wert als Parameter entgegen, um die Klasseninstanz mit einem Wert zu füllen.

Sie können also wahlweise nur die festen Funktionen der Klasse verwenden, um Elemente hin- und herzukonvertieren, ohne irgendetwas zu speichern. Sie können aus der Klasse aber auch ein »Klassenelement machen« - korrekt muss es heißen: sie instanzieren die Klasse und erhalten ein Objekt – um dann im *RomanNumeral*-Objekt selbst den Wert für die römische Darstellung zu speichern. Sie brauchen in diesem Fall keine spezielle Variable mehr (wie im VB6 Beispiel), die den »unterliegenden« Wert speichert.

Der folgende Abschnitt arbeitet die Unterschiede zwischen den beiden Funktionstypen heraus.

---

[1] »fest« in diesem Zusammenhang ist eigentlich die falsche Terminologie – es müsste »statisch« heißen. Doch ich will nicht zu viele Informationen vorwegnehmen. Mehr über den Unterschied zwischen statischen und nicht statischen Funktionen erfahren Sie im Abschnitt ▶ »Statische und nicht-statische Methoden und Variablen«.

## Statische und nicht-statische Methoden und Variablen

Im Prinzip unterscheidet sich der neue Datentyp *RomanNumerals* nicht von »normalen« primitiven Datentypen: Ein *Integer* speichert beispielsweise ganze Zahlen in einem bestimmten Wertebereich. Wenn Sie den Inhalt einer Integervariablen mit *Console.WriteLine* ausgeben, wird er in arabischen Ziffern dargestellt. Der Datentyp des Beispielprogramms speichert ganze Werte im Bereich von 1-3999; er liefert die Zahlen im Bedarfsfall aber in »römischer Schreibweise« aus.

Schauen Sie sich als nächstes den Inhalt der Klasse *RomanNumerals* an (doppelklicken Sie dazu im Projektmappen-Explorer auf *RomanNumerals.vb*):

```
Public Class RomanNumerals

    Private myUnderlyingValue As Integer

    Public Function ToRomanNumeral() As String
        'Statische Funktion aufrufen.
        Return Me.RomanNumeralFromValue(myUnderlyingValue)
    End Function

    Public Sub FromNumeral(ByVal RomanNumeral As String)
        'Statische Funktion aufrufen.
        myUnderlyingValue = ValueFromRomanNumeral(RomanNumeral)
    End Sub

    Public Sub FromInt(ByVal ArabicInt As Integer)
        'Einfach der Instanzvariable zuweisen.
        myUnderlyingValue = ArabicInt
    End Sub

    Public Shared Function RomanNumeralFromValue(ByVal ArabicNumber As Integer) As String
    ...'Zuviel Programmcode; dieser Part interessiert momentan nicht.
    End Function

    Public Shared Function ValueFromRomanNumeral(ByVal RomanNumeral As String) As Integer
    ...'Zuviel Programmcode; dieser Part interessiert momentan nicht.
    End Function

End Class
```

Den Inhalt der beiden Funktionen habe ich aus Platzgründen nicht komplett gezeigt, da er weitestgehend dem VB6-Pendant entspricht. Später innerhalb dieses Kapitels werde ich für die Demonstration anderer Konzepte nochmals auf die Beschreibung dieser Funktionen zurückkommen.

Betrachten Sie zunächst die Variable *myUnderlyingValue*. Auf diese Variable kann (fast) vom gesamten Klassencode aus zugegriffen werden, da sie direkt unter dem Klassenkopf definiert wurde. Variablen, die so deklariert werden, dass sie in der ganzen Klasse gültig sind, werden als Member-Variablen bezeichnet.

Die drei nächsten Funktionen sind Instanzmethoden der Klasse. Mit *FromNumeral* können Sie eine Instanz dieser Klasse mit einem Wert füllen und damit die Klasse z. B. folgendermaßen verwenden:

```
Dim Numerale as new RomanNumerals
Numerale.FromNumeral("IV")
```

Damit haben Sie den Wert 4 der Klasseninstanz von *RomanNumerals* zugewiesen. Wenn Sie den Wert abrufen wollen, verwenden Sie die Funktion *ToRomanNumeral*,

```
Dim strVar as String=Numerale.ToRomanNumeral()
```

die den Wert der Klasseninstanz als String zurückliefert.

Wenn Sie von den so genannten statischen Funktionen Gebrauch machen, rufen Sie sie mit dem Klassennamen selbst als Referenz auf. Etwa:

```
Dim strVar as String=RomanNumerals.RomanNumeralFromValue („IX")
```

Sie haben jetzt im Gegensatz zum vorherigen Beispiel den Inhalt der Klasseninstanz nicht berührt. Statische Methoden (Funktionen) werden als solche bezeichnet, da sie *immer* zur Verfügung stehen – sie müssen die Klasse nicht in ein Objekt instanzieren, um sie verwenden zu können. In Visual Basic werden statische Funktionen oder Variablen mit dem Schlüsselwort *Shared* definiert – was leider ein wenig verwirrend ist, denn das Schlüsselwort *Static* gibt es ebenfalls. *Static* im Gegensatz zum *Shared* bewirkt, dass eine Variable, die nur innerhalb einer Prozedur (*Sub* oder *Function*) verwendet wird, ihren Inhalt auch nach Verlassen der Unterroutine nicht verliert. Diese Verwendung von *Static* gibt es übrigens bei keiner anderen der mit Visual Studio ausgelieferten .NET-Programmiersprachen außer in Visual Basic. Im Prinzip ist eine mit *Static* definierte Variable eine, die als *Shared*-Member für die Klasse definiert und mit einem internen Attribut versehen wurde, das die Verwendung auf den Gültigkeitsbereich reglementiert, in dem sie deklariert wurde.

Um statische Methoden in der Framework Class Library[2] (FCL) zu finden, brauchen Sie gar nicht lange zu suchen – Sie finden sie schon bei den primitiven Typen. Ein Beispiel:

Mit

```
Dim intTemp as Integer=5
Dim strTemp as String=intTemp.ToString()
```

wandeln Sie den Wert 5 in eine Zeichenkette um und weisen sie der String-Variablen *strTemp* zu. Sie haben eine nicht-statische Methode der Klasseninstanz (des aus der Klasse hervorgegangenen Objektes) verwendet.

Mit

```
Dim intTemp As Integer
intTemp = Integer.Parse("1234")
```

hingegen verwenden Sie die statische Funktion der »Klasse«[3] Integer, die nichts weiter macht, als eine Zeichenkette in eine Integer-Variable umzuwandeln. Der Objektinhalt wird dabei nicht verändert oder auch nur in irgendeiner Form verwendet.

---

[2] Etwa: Framework Klassenbibliothek. Die FCL enthält sämtliche Klassen und Interfaces, die die Funktion des Framework.NET zur Verfügung stellen. Sie macht einen Großteil des gesamten Framework.NET aus. Ein Subset der FCL ist die so genannte BCL (Base Class Library), in der die primitiven Datentypen definiert sind.

[3] In Anführungszeichen geschrieben deswegen, da es sich bei *Integer* nicht wirklich um eine Klasse, sondern um etwas Ähnliches, nämlich eine Struktur handelt.

Nicht-statische Member-Variablen sind logischerweise nicht aus statischen Methoden zu erreichen (daher auch das »fast« bei der Ausführung über klassenglobale Member-Variablen in einem der vorherigen Absätze). Platzieren Sie beispielsweise die Zeile

```
myUnderlyingValue=5
```

in der statischen Funktion *RomandNumeralFromValue*, dann zeigt Ihnen Visual Basic sofort einen Fehler an, etwa wie in Abbildung 3.2 zu sehen.

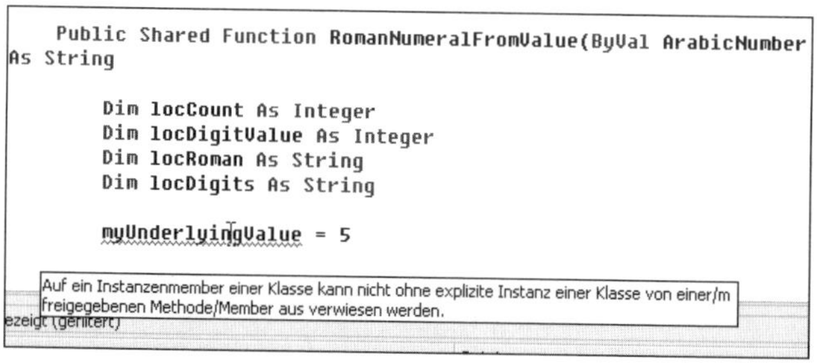

```
Public Shared Function RomanNumeralFromValue(ByVal ArabicNumber As String

    Dim locCount As Integer
    Dim locDigitValue As Integer
    Dim locRoman As String
    Dim locDigits As String

    myUnderlyingValue = 5
```
Auf ein Instanzenmember einer Klasse kann nicht ohne explizite Instanz einer Klasse von einer/m freigegebenen Methode/Member aus verwiesen werden.

*Abbildung 3.2: Was dieser Fehlerhinweis wirklich meint: In statischen Funktionen können Sie keine Instanz-Member-Variablen verwenden*

Ganz klar: Die statische Funktion *RomanNumeralsFromValue* kann den Klassen-Member auch gar nicht verwenden, denn wie sollte sich das auswirken? Sie können die Klasse *RomanNumerals* in 100 verschiedene Objekte instanziert haben, und jedes Objekt hat einen anderen Wert für *myUnderlyingValue*. Da *RomanNumeralFromValue* eine statische Klassenfunktion ist, könnte man, falls ein Verändern von *myUnderlyingValue* erlaubt wäre, vielleicht noch annehmen, dass sich dabei der Wert *aller* zu diesem Zeitpunkt instanzierten Klassen ändert, aber das ergibt letzten Endes überhaupt keinen Sinn.

Eine kleine Anmerkung zu einer Tatsache, die leicht verwirrt: Um die statischen Funktionen einer Klasse oder Struktur aufzurufen, können Sie übrigens nicht nur den Weg über den Klassen- bzw. Strukturnamen, sondern auch den über die Instanz der Klasse nehmen. Die Zeilen

```
Dim intTemp As Integer
intTemp = intTemp.Parse("1234")
```

bewirken exakt dasselbe, wie der Aufruf von *Integer.Parse*, also wie der Weg über den Klassennamen selbst.

Schauen Sie sich zum Abschluss das Hauptprogramm und dessen Verhalten in Aktion an. Wenn Sie das Programm starten, werden Sie aufgefordert, eine Zahl einzugeben. Das Programm nimmt die Zahl entgegen und zeigt Ihnen das entsprechende römische Numerale auf dem Bildschirm an. Die Klasse, die das Hauptprogramm enthält, befindet sich übrigens in der Klassendatei *Main.vb*, die Sie per Doppelklick im Projekt-Explorer zum Bearbeiten öffnen können.

```
Public Class Main

    Shared Sub Main()

        Dim locRomanNumeral As New RomanNumerals

        'Text ausgeben; Anwender zur Eingabe auffordern.
        Console.Write("Geben Sie eine Zahl zwischen 1 und 3.999 ein: ")
```

```
            'Zahl als Text einlesen, mit der statischen Methode Parse in Integer
            'umwandeln und das Ergebnis der Klasseninstanz zuweisen.
            locRomanNumeral.FromInt(Integer.Parse(Console.ReadLine()))

            'Das römische Literale ausgeben, das in der Klasseninstanz gespeichert ist...
            Console.WriteLine("Entspricht dem römischen Numerale " & locRomanNumeral.ToRomanNumeral)

            'Dies nur noch, damit nicht alles sofort wieder verschwindet...
            Console.WriteLine()
            Console.WriteLine("Return drücken zum Beenden...")
            Console.ReadLine()

        End Sub

End Class
```

Dieses Programm veranschaulicht noch mal das gerade Besprochene. Es legt mit *New* eine neue Instanz der Klasse *RomanNumerals* mit dem Objekt *locRomanNumeral* an. Es benutzt eine statische Funktion des Integer-Typs, um die von der Tastatur durch *ReadLine* eingelesene Zeichenkette in einen Integer-Wert umzuwandeln. Und es verwendet eine Instanzfunktion von *locRomanNumeral* (also der Klasse *RomanNumerals*), um den Wert des *RomanNumeral*-Objektes als römisches Numerale auszugeben.

## Kleiner Exkurs – womit startet ein Programm?

Wie Sie sicherlich unschwer bemerkt haben, startet das Programm mit der Prozedur *Sub Main*. Wenn Sie eine Windows-Applikation entwickeln, startet sie standardmäßig mit der Darstellung des als erstes dem Projekt hinzugefügten Formulars. Natürlich können Sie bestimmen, wie Ihr Programm starten soll. Und auch wenn Sie eine Windows-Applikation entwickeln, muss diese nicht notwendigerweise mit einem Formular »beginnen«.

Sie legen das Startobjekt der Anwendung fest, indem Sie den Eigenschaftendialog des Projektes anzeigen lassen. Diesen bringen Sie auf den Bildschirm, indem Sie mit der rechten Maustaste auf den Projektnamen im Projekt-Explorer klicken und im Menü, das sich jetzt öffnet, *Eigenschaften* auswählen. Im aufklappbaren Listenfeld *Startobjekt* wählen Sie aus, wie Ihr Programm starten soll.

## Mit Sub New bestimmen, was beim Instanzieren passiert – Programmieren des Klassenkonstruktors

Sie werden sicherlich bemerkt haben, dass die Klasse aus dem ersten Beispiel ein wenig unhandlich war. Sie musste erst instanziert werden, und anschließend konnten Sie dem aus ihr hervorgehenden Objekt durch die Benutzung einer Methode einen Wert zuweisen. Von Klassen, die Sie aus der FCL möglicherweise bereits schon verwendet haben, wissen Sie, dass die Instanzierung einer Klasse mit *New* und der Angabe eines Parameters die Initialisierung der Klasseninstanz einfach und unkompliziert macht. Die bisher verwendete Beispielklasse ist hinsichtlich dessen ein wenig armselig, doch das soll sich jetzt ändern.

Bisher instanzieren Sie die Klasse mit einer Codezeile und weisen der Klasseninstanz einen Wert mit einer weiteren Codezeile zu:

*Klassen und Schnittstellen*

```
Dim locRomanNumeral As New RomanNumerals
locRomanNumeral.FromInt(Integer.Parse(Console.ReadLine()))
```

Einfacher wäre es, wenn Sie schon beim *New* in der ersten Zeile bestimmen könnten, welchen Wert die Objektinstanz annehmen soll, etwa:

```
Dim locRomanNumeral As New RomanNumerals(Integer.Parse(Console.ReadLine))
```

In Visual Basic .NET ist das kein Problem. Im Gegensatz zu Visual Basic 6.0 kennt Visual Basic .NET die *Sub New* für Klassen. Eine solche Funktion nennt man den *Klassenkonstruktor*. Sie formulieren einen Klassenkonstruktor genau wie jede andere Prozedur, und damit ist seine Implementierung denkbar einfach.

**HINWEIS:** Auf der CD zum Buch finden Sie im Verzeichnis *..\Klassen* ein Unterverzeichnis *\RomanNET02*. Laden Sie die dort vorhandene Projektmappe, wenn Sie die nun folgenden Abschnitte direkt am Bildschirm nachvollziehen wollen.

Lassen Sie uns die veränderte Version der Klasse betrachten:

```
Public Class RomanNumerals

    Private myUnderlyingValue As Integer

    Public Function ToRomanNumeral() As String

        'Statische Funktion aufrufen.
        Return Me.RomanNumeralFromValue(myUnderlyingValue)

    End Function

    Public Sub New(ByVal RomanNumeral As String)

        'Statische Funktion aufrufen.
        myUnderlyingValue = ValueFromRomanNumeral(RomanNumeral)

    End Sub

    Public Sub New(ByVal ArabicInt As Integer)

        'Einfach der Instanzvariablen zuweisen.
        myUnderlyingValue = ArabicInt

    End Sub

    Public Shared Function RomanNumeralFromValue(ByVal ArabicNumber As Integer) As String
        ...'Zuviel Programmcode; dieser Part interessiert momentan nicht.
    End Function

    Public Shared Function ValueFromRomanNumeral(ByVal RomanNumeral As String) As Integer
        ...'Zuviel Programmcode; dieser Part interessiert momentan nicht.
    End Function

End Class
```

Whoops, was ist das? Nicht nur, dass zwei Funktionen fehlen, *Sub New* ist in dieser Programmversion sogar doppelt vorhanden!?

Die beiden veralteten Funktionen *FromNumeral* und *FromInt* dienten bislang lediglich der Initialisierung einer Klasseninstanz. Mit der überarbeiteten Version können Sie eine Klasseninstanz schon im Konstruktor definieren, und damit sind die beiden Funktionen hinfällig.

Wenn Sie möchten, dass Code im Konstruktor einer Ihrer Klassen ausgeführt wird, in dem Sie dann beispielsweise Member-Variablen initialisieren können, dann implementieren Sie eine *Sub New*. Der einzige Unterschied zu normalen Funktionen besteht darin, dass der Prozedurenname aus einem Schlüsselwort besteht, welches die Visual-Studio-IDE als ein solches erkennt und blau markiert. Konstruktoren können übrigens nur aus *Subs* und nicht aus *Functions* bestehen – was auch keinen Sinn ergäbe, da das Instanzieren einer Klasse mit *New* ja schon das instanzierte Objekt sozusagen als »Funktionsergebnis« von *New* zurückliefert.

Zurück zum Beispielprogramm: Um die Klasseninstanz zu deklarieren und ihr einen Wert zuzuweisen, benötigen Sie mit dieser Version des Beispielprogramms nur noch eine einzige Zeile. *Sub Main* des Beispielprogramms dieser Version sieht folgendermaßen aus:

```
Public Class Main

    Shared Sub Main()

        'Text ausgeben; Anwender zur Eingabe auffordern.
        Console.Write("Geben Sie eine Zahl zwischen 1 und 3.999 ein: ")

        'Instanz der Klasse RomanNumerals bilden UND
        'Zahl als Text einlesen, mit der statischen Methode Parse in Integer
        'umwandeln und das Ergebnis der Klasseninstanz zuweisen.
        Dim locRomanNumeral As New RomanNumerals(Integer.Parse(Console.ReadLine))

        'Das römische Literale ausgeben, das in der Klasseninstanz gespeichert ist.
        Console.WriteLine("Entspricht dem römischen Numerale " & locRomanNumeral.ToRomanNumeral)

        'Dies nur noch, damit nicht alles sofort wieder verschwindet.
        Console.WriteLine()
        Console.WriteLine("Return drücken zum Beenden...")
        Console.ReadLine()

    End Sub

End Class
```

Es stellt sich jetzt nur noch die Frage, worin der Sinn von zwei Konstruktoren in der Beispielklasse besteht. Die Antwort werde ich im nächsten Abschnitt geben. Zunächst ein kleiner Ausritt in Sachen Versionskonsistenz von Klassen und Programmen:

*Klassen und Schnittstellen*

## Überflüssige Funktionen mit dem Obsolete-Attribut markieren

Machen Sie das, was ich hier gemacht habe, bitte NIE in Ihren eigenen Klassen. Löschen Sie keine Funktionen oder sonstige Elemente. Sie riskieren dadurch, dass Anwendungen, die bereits mit einer älteren Version einer solchen Klasse arbeiten, nicht mehr funktionieren. Sie können das *Obsolete*-Attribut für ein Element verwenden, das nicht mehr benutzt werden soll. Das *Obsolete*-Attribut vor einem Funktionsnamen bewirkt, dass der Compiler, wenn er die Verwendung eines derart gekennzeichneten Elements entdeckt, eine Warnung oder einen Fehler ausgibt.

OK, zugegeben, ich hab's auch nicht gemacht. Die beiden Funktionen sind noch vorhanden – sie waren nur durch eine *Region*-Direktive ausgeblendet – Sie konnten das natürlich nur dann bemerken, wenn Sie sich den Quellcode nicht nur hier im Buch, sondern auch in der Visual-Studio-IDE angeschaut haben.

Hier sind die beiden versteckten Funktionen – die folgenden Zeilen demonstrieren Ihnen dabei gleich die korrekte Verwendung des *Obsolete*-Attributs:

```
#Region ""
    <Obsolete("Sie sollten nicht mehr diese Funktion, sondern den Klassenkonstruktor verwenden",False)> _
    Public Sub FromNumeral(ByVal RomanNumeral As String)

        'Statische Funktion aufrufen.
        myUnderlyingValue = ValueFromRomanNumeral(RomanNumeral)

    End Sub

    <Obsolete("Sie sollten nicht mehr diese Funktion, sondern den Klassenkonstruktor verwenden",False)> _
    Public Sub FromInt(ByVal ArabicInt As Integer)

        ''Einfach der Instanzvariable zuweisen.
        myUnderlyingValue = ArabicInt

    End Sub
#End Region
```

Wenn Sie eine der Funktionen nun spaßeshalber im Beispielprogramm verwenden, macht Sie die IDE in der Aufgabenliste darauf aufmerksam.

Falls Sie möchten, dass die Verwendung einer Funktion, die als obsolet gekennzeichnet ist, den Kompilierungsvorgang fehlschlagen lässt, geben Sie als zweiten Parameter des *Obsolete*-Attributs einfach *True* an. Das Programm lässt sich dann solange nicht mehr starten, bis der Entwickler die entsprechenden Maßnahmen ergriffen und seine Anwendung ohne die Verwendung der »alten« Funktion umgeschrieben hat.

## Überladen von Funktionen und Konstruktoren

Falls Sie zu den alten VB6-Hasen gehören, dann kennen Sie sicherlich den Vorteil von optionalen Argumenten. Das Überladen von Funktionen in .NET ist ein nur auf den ersten Blick ähnliches, aber letzten Endes dennoch völlig anderes Konzept. Gemeinsam haben beide Konzepte, dass sie eine Liberalisierung von Parameterübergaben an Funktionen ermöglichen. Das war es aber auch schon mit den Gemeinsamkeiten.

Mit dem Überladen von Funktionen geben Sie Ihren Klassen eine enorme Flexibilität und Anpassungsgabe. Überladen von Funktionen bedeutet: Sie erstellen verschiedene Funktionen mit gleichen Namen, die sich nur durch den Typ, die Typreihenfolge oder die Anzahl der übergebenden Parameter unterscheiden. Als Beispiel schauen Sie sich bitte den folgenden Codeausschnitt an:

```
Sub EineProzedur()
    'Tu was.
End Sub

Sub EineProzedur(ByVal ein_Parameter As Integer)
    'Tu was anderes.
End Sub

Sub EineProzedur(ByVal ein_anderer_Parameter As String)
    'Tu was anderes.
End Sub

Sub EineProzedur(ByVal ein_Parameter As Integer, ByVal ein_anderer_Parameter As String)
    'Tu was anderes.
End Sub

Sub EineProzedur(ByVal ein_ganz_anderer_Parameter As Integer)
    'Fehler: ein Integer als Parameter gab's schon mal.
    'Die Methode 'EineProzedur' wurde mehrfach mit identischen Signaturen definiert.
End Sub
```

Es ist, als würde die Signatur – so nennt man die Mischung aus Parametertypen und Parameterreihenfolge beim Aufrufen einer Funktion – Bestandteil des Namens werden, und daran wird dann erkennbar, welche der vorhandenen *EineProzedur* aufgerufen werden soll. Der Variablenname hat dabei übrigens überhaupt nichts zu tun – nur der übergebene Typ ist für die Identifizierung der Signatur entscheidend.

Aus diesem Grund bereitet die letzte *Sub* des Beispiels auch Probleme. Ihr wird, genau wie der ersten, eine Variable vom Typ Integer übergeben. Zwar ist der Variablenname ein anderer, aber darauf kommt es überhaupt nicht an – Namen sind hier tatsächlich nicht mehr als Schall und Rauch.

Wozu eignet sich die Funktionsüberladung in der Praxis? Nun, die Anwendung von Klassen wird dadurch ungleich flexibler. Schon bei unserem Beispiel kommen Sie spätestens beim Anwenden der Klasse *RomanNumerals* in den Genuss des Komforts von überladenen Funktionen. Sie müssen nicht wissen, welche Funktion beispielsweise für welche Teilaufgabe zuständig ist; sie können einfach die (eine) Funktion verwenden, und Intellisense[4] unterstützt Sie bei der Auswahl der richtigen Signatur sogar. Wenn Sie die Zeile in Ihr Programm eingeben, die die Klasse in ein Objekt instanziert, dann zeigt Ihnen Intellisense, nachdem Sie die geöffnete

---

[4] So nennt sich die Eingabehilfe des Codeeditors, mit deren Hilfe sich Elementenamen vervollständigen, alle Elemente eines Objektes in Listen anzeigen oder Funktions- und Eigenschaftenüberladungen sich schon bei der Codeeingabe sichtbar machen lassen. Abbildung 3.3 zeigt Intellisense in Aktion.

Klammer hinter *New* eingegeben haben, Ihre Optionen an, etwa wie in der folgenden Grafik zu sehen:

```
Shared Sub Main()

    'Instanz der Klasse RomanNumerals bilden UND
    'Zahl als Text einlesen, mit der statischen Methode Parse in Integer
    'umwandeln und das Ergebnis der Klasseninstanz zuweisen
    Dim locRomanNumeral As New RomanNumerals(Integer.Parse(Console.ReadLine))
                                             ▲ 1 von 2 ▼  New (RomanNumeral As String)
    'Text ausgeben; Anwender zur Eingabe auffordern
    Console.Write("Geben Sie eine Zahl zwischen 1 und 3.999 ein: ")
```

*Abbildung 3.3: Intellisense hilft Ihnen bei der Auswahl der richtigen Signatur bei überladenen Funktionen – hier sind Reihenfolge der beiden Programmzeilen übrigens noch nicht stimmig!*

Im Gegensatz zu optionalen Parametern können Sie also Methoden implementieren, deren Versionen völlig unterschiedliche Dinge tun. Natürlich haben beide Methodenversionen des Beispiels thematisch miteinander zu tun (sollten sie auch, anderenfalls sollten Sie ihnen komplett andere Namen geben). Wichtig ist: Die Funktionsweise der beiden überladenen Prozeduren kann im Gegensatz zu *einer* Prozedur mit optionalen Parametern nicht nur komplett anders implementiert werden (die erste initialisiert die Klasse mit einem Integer, die andere durch die Angabe eines römischen Numerales), die beiden Methoden sind auch visuell sauber voneinander getrennt.

Das Prinzip der Funktionsüberladung funktioniert für *Subs* genau so wie für *Functions*. Allerdings ist Folgendes bei der Verwendung von Funktionen wichtig zu wissen: Der Rückgabetyp kann nicht als Differenzierungskriterium von Signaturen verwendet werden. Das heißt im Klartext:

```
Function EineFunktion() As Integer
    'Tu was.
End Function

Function EineFunktion(ByVal AndereSignatur As Integer) As Integer
    'Das funktioniert.
End Function

Function EineFunktion() As String
    '"Public Function EineFunktion() As Integer" und "Public Function EineFunktion() As String" können sich
    ' nicht gegenseitig überladen, da sie sich nur durch Rückgabetypen unterscheiden.
End Function
```

Die ersten beiden Funktionen sind OK, da die Signaturen sich klar unterscheiden. Die letzte Funktion unterscheidet sich von der ersten nur durch den Rückgabetyp, und aus diesem Grund meldet der Visual-Basic-Compiler schon zur Entwurfszeit einen Fehler.

**TIPP:** Sie können – zur besseren Lesbarkeit – das *Overloads*-Schlüsselwort verwenden, um die Überladung einer Methode deutlich zu machen:

```
Overloads Function EineFunktion() As Integer
    'Wenn Overloads verwenden,...
End Function
```

```
Overloads Function EineFunktion(ByVal AndereSignatur As Integer) As Integer
    '...dann bei bei den Funktionen
End Function
```

Dabei sollten Sie berücksichtigen: Wenn Sie sich für das *Overloads*-Schlüsselwort entscheiden, müssen Sie es bei *allen* Methodenvariationen mit Überladungen verwenden.

## Methodenüberladung und optionale Parameter

Auch in der .NET-Version bietet Ihnen Visual Basic noch das Hilfsmittel der optionalen Parameter an. Optionale Parameter haben gegenüber überladenen Methoden entscheidende Nachteile:

- Sie werden von vielen anderen .NET-Programmiersprachen nicht unterstützt. Wenn Sie in Ihren Klassen optionale Parameter verwenden, haben ausschließlich Visual-Basic-Entwickler etwas davon. Weder C# noch J# unterstützen optionale Parameter.

- Die Verwendung von optionalen Parametern macht Ihren Code schwerer lesbar und kaum wiederverwendbar. Wenn Sie optionale Parameter verwenden, müssen Sie Fallunterscheidungen durchführen, indem Sie durch die Abfrage von Standardwerten herausfinden, welche Parameter vom Aufrufer übergeben wurden und welche nicht. Eine Methode, die nur aufgrund ihrer Parameter vielleicht zwei völlig verschiedene Dinge macht, trägt dann quasi den gequetschten Code in einem Funktionsrumpf. Mit überladenen Funktionen hingegen haben Sie zwei Problemlösungen auch optisch sauber voneinander getrennt.

- Sollten Sie ohne strikte Typbindung arbeiten (*Option Strict Off*) und gleichzeitig überladene Funktionen und optionale Parameter für die gleichen Methoden verwenden, bedeutet das einen unglaublichen Leistungsverzicht, da die Laufzeitbibliothek von Visual Basic unter Umständen erst herausfinden muss, welche der Routinen am ehesten zum angegebenen Parameter passt. Bei sehr flexiblen Parameterübergaben können das potenzielle Fehlerquellen werden, die ich – ganz ehrlich gesagt – niemals debuggen möchte.

**HINWEIS:** Visual Basic bietet die Möglichkeit, Programme zu entwickeln, die weder typsicher sind noch einen Variablendeklarationszwang verlangen (*Option Strict Off, Option Explicit Off*). Ich kann verstehen, dass Microsoft die Entscheidung, diese »Eigenarten« auch in der .NET-Version zu belassen, höchstwahrscheinlich aus Kompatibilitätsgründen getroffen hat. Meine Meinung zu diesem Thema ist allerdings sehr rigoros: Ich lehne diese »Features« absolut ab, denn sie kosten enorm viel Programmausführungszeit und führen zu schwer auffindbaren Fehlern. Zwar kann es sinnvoll sein, Objekte, deren Typ Sie nicht kennen, erst zur Laufzeit zu untersuchen und zu manipulieren, allerdings bietet das Framework dazu ein viel leistungsfähigeres Werkzeug mit der so genannten *Reflection* an. Über dieses Thema können Sie sich in ▶ Kapitel 12 informieren.

Aus diesen Gründen gehe ich auf die Eigenschaft, Parameter optional an Funktionen zu übergeben, auch nicht näher ein. Meine Empfehlung: Falls Sie optionale Parameter in früheren Visual-Basic-Versionen kennen gelernt haben, versuchen Sie sie am besten nicht mehr zu verwenden. Falls Sie das Konzept der optionalen Parameterübergabe gar nicht kennen: umso besser!

## Gegenseitiges Aufrufen von überladenen Methoden

Das Überladen von Funktionen begegnet Ihnen im Framework an jeder Ecke. In der Regel wird die Funktionsüberladung von der FCL verwendet, um dem Anwender die Handhabung so angenehm wie möglich zu machen. So werden ihm Signaturen für bestimmte Funktionen mit nur sehr wenigen Parametern angeboten, um Tipparbeit sparen, und gleichzeitig andere Versionen derselben Funktion mit sehr viel mehr Parametern für die größtmögliche Flexibilität.

Die *WriteLine*-Methode ist hier ein sehr anschauliches Beispiel, da sie mit nicht weniger als 18 Überladungen daher kommt. Wenn Sie im Code-Editor von Visual Basic die Anweisung *Console.Writeline* schreiben und anschließend die geöffnete Klammer eintippen, zeigt Ihnen Intellisense die Signaturen der 18 verschiedenen Überladungen an.

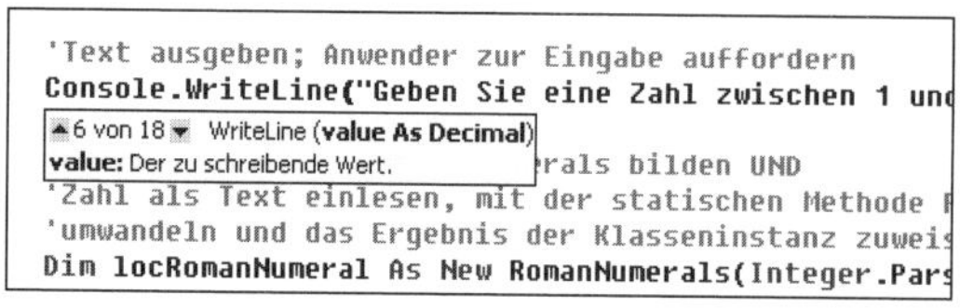

```
'Text ausgeben; Anwender zur Eingabe auffordern
Console.WriteLine("Geben Sie eine Zahl zwischen 1 un[
 ▲ 6 von 18 ▼ WriteLine (value As Decimal)
 value: Der zu schreibende Wert.    rals bilden UND
'Zahl als Text einlesen, mit der statischen Methode [
'umwandeln und das Ergebnis der Klasseninstanz zuweis
Dim locRomanNumeral As New RomanNumerals(Integer.Pars
```

***Abbildung 3.4:*** *Die* WriteLine-*Methode hat nicht weniger als 18 Überladungen vorzuweisen!*

Natürlich wäre das Überladen von Methoden keine wirkliche Arbeitserleichterung, wenn Entwickler die eigentliche Funktionalität für alle überladenen Methoden immer wieder implementieren müssten. Überladene Methoden können sich deswegen gegenseitig aufrufen – vom Sonderfall *Sub New* einmal abgesehen – ohne Einschränkungen.

Der übliche Weg, den Anwendern Ihrer Klassen (und damit meistens sich selbst) große Flexibilität in die Hand zu geben ist, eine universale Methode zu entwickeln, die alles kann und sie anschließend durch Überladungen »nach unten abzuspecken«.

Ein Beispiel: Angenommen, Sie haben eine Klasse entwickelt, die eine Methode zur Verfügung stellt, mit der man Kreise auf den Bildschirm malen kann. Sie nennen diese Methode *Circle*, und diese stellt in ihrer Universalversion folgende Fähigkeiten zur Verfügung:

```
Public Sub Circle(ByVal Xpos As Integer, ByVal YPos As Integer, ByVal XRadius As Integer, ByVal YRadius As Integer, _
        ByVal StartAngle As Integer, ByVal EndAngle As Integer)
    'Hier steht der Code für Circle.
End Sub
```

Nun benötigen Sie die komplette Flexibilität dieser Methode nur in den seltensten Fällen. Sie müssen nicht jedes Mal X-Radius und Y-Radius der Figur und noch seltener den Start- und Endwinkel des Kreises mit angeben. Eine abgespeckte Version könnte daher wie folgt aussehen:

```
Public Sub Circle(ByVal Xpos As Integer, ByVal YPos As Integer, ByVal Radius As Integer)
    Circle(Xpos, YPos, Radius, Radius, 0, 359)
End Sub
```

Auf den ersten Blick sieht es so aus, als würde sich die Funktion selber aufrufen. Macht sie aber nicht. Da die Signatur der verwendeten *Circle*-Methode nicht der eigenen Signatur entspricht, schaut der VB-Compiler, welche *Circle*-Methode in Frage kommt und verwendet in diesem Beispiel die zuerst verwendete.

**TIPP:** Aus Geschwindigkeitsgründen sollten Sie davon absehen, dass überladene Methoden quasi Treppchenweise die jeweils nächst flexiblere Methode aufrufen. Implementieren Sie eine universale Methode, die alles kann, und rufen Sie sie von jeder weiteren Version der Methode direkt auf – das spart Ausführungszeit.

**Schlechtes Beispiel:**

```
Public Sub Circle(ByVal Xpos As Integer, ByVal YPos As Integer, ByVal Radius As Integer)
    'Nicht so gut, wir "stolpern" quasi zum Ziel.
    Circle(Xpos, YPos, Radius, Radius)
End Sub

Public Sub Circle(ByVal Xpos As Integer, ByVal YPos As Integer, ByVal XRadius As Integer, ByVal YRadius As Integer)
    Circle(Xpos, YPos, XRadius, YRadius, 0, 359)
End Sub

Public Sub Circle(ByVal Xpos As Integer, ByVal YPos As Integer, ByVal XRadius As Integer, _
                  ByVal YRadius As Integer, ByVal StartAngle As Integer, ByVal EndAngle As Integer)
    'Hier steht der Code für Circle.
End Sub
```

**Gutes Beispiel:**

```
Public Sub Circle(ByVal Xpos As Integer, ByVal YPos As Integer, ByVal Radius As Integer)
    'Besser: direkter Sprung zur eigentlichen Methode.
    Circle(Xpos, YPos, Radius, Radius, 0, 359)
End Sub

Public Sub Circle(ByVal Xpos As Integer, ByVal YPos As Integer, ByVal XRadius As Integer, ByVal YRadius As Integer)
    Circle(Xpos, YPos, XRadius, YRadius, 0, 359)
End Sub

Public Sub Circle(ByVal Xpos As Integer, ByVal YPos As Integer, ByVal XRadius As Integer, _
                  ByVal YRadius As Integer, ByVal StartAngle As Integer, ByVal EndAngle As Integer)
    'Hier steht der Code für Circle.
End Sub
```

### Gegenseitiges Aufrufen von überladenen Konstruktoren

Problematischer wird es, wenn sich überladene Konstruktoren gegenseitig aufrufen sollen – betriebsbedingt gibt es dabei nämlich Einschränkungen. Mit dem Wissen des vorherigen Abschnittes starten Sie vielleicht rein aus dem Gefühl heraus den Versuch, das Beispiel auch bei den Konstruktoren folgendermaßen umzugestalten:

```
Public Sub New(ByVal RomanNumeral As String)

    'Statische Funktion aufrufen.
    Dim temp As Integer = ValueFromRomanNumeral(RomanNumeral)
    New(temp)

End Sub

Public Sub New(ByVal ArabicInt As Integer)

    'Einfach der Instanzvariablen zuweisen.
    myUnderlyingValue = ArabicInt

End Sub
```

*Klassen und Schnittstellen*

Visual Basic quittiert diesen Aufruf mit einem simplen Syntaxfehler[5] und lässt den Aufruf ganz einfach nicht zu. Mit einem kleinen Trick lässt sich der Fehler zwar nicht abstellen, uns aber dem Ziel ein klein wenig näher kommen. Denn tauschen Sie die zweite Zeile in der ersten *Sub New* aus gegen die folgende

```
Me.New(temp)
```

aus, dann lautet die Fehlermeldung in der Aufgabenliste:

```
Ein Aufruf an einen Konstruktor ist nur als erste Anweisung in einem Instanzenkonstruktor gültig.
```

Aha. Schauen wir einmal, was passiert, wenn wir die Zeilen zu einer zusammenfassen, etwa mit

```
Me.New(ValueFromRomanNumeral(RomanNumeral))
```

so dass sie dadurch in der ersten Zeile steht. Sie werden sehen, jetzt funktioniert es. Natürlich haben wir in diesem Fall nichts gewonnen – weder Programmierarbeit gespart noch die Ausführungsgeschwindigkeit erhöht. In anderen Fällen, bei komplexeren Klassen, kann das aber ganz anderes ausschauen.

Wichtig ist zu wissen, dass Sie genau spezifizieren, welches *New* Sie aufrufen. Prinzipiell gibt es bei jeder Klasse nämlich zwei Versionen von *New*, die aber nicht durch Überladen entstanden sind: Das *New* in Ihrer Klasse und das *New* der Klasse, von der Sie Ihre Klasse abgeleitet haben. Da Sie hier im Beispiel nicht explizit bestimmt haben, aus welcher Klasse Sie ableiten, haben Sie Ihre Klasse automatisch von *Object* erben lassen. Natürlich hat auch *Object* einen Konstruktor, und Sie können sowohl Methoden der Basisklasse als auch Methoden Ihrer Klasse aufrufen. Wenn Sie *Me* angeben, spezifizieren Sie Ihre Klasse; wenn Sie *MyBase* angäben, würden Sie damit die Basisklasse spezifizieren – in diesem Fall die Klasse *Object*. Mehr über das Vererben und über Aufrufe von Funktionen von Basisklassen erfahren Sie im ▶ Abschnitt »Wiederverwendbarkeit von Klassen durch Vererbung (Inheritance)« auf Seite 98.

### Hat jede Klasse einen Konstruktor?

Oh ja. Zwar gab es im ersten Beispiel dieses Kapitels eine Version, die nicht einmal über einen Standardkonstruktor[6] im Quellcode verfügte, aber für einen solchen Fall verlangt es das CTS,[7] dass der Compiler automatisch den Code generiert, um einen leeren Standardkonstruktor der Klasse hinzuzufügen. In diesem Standardkonstruktor wird auch der Code platziert, der bei der Initialisierung von Member-Variablen ausgeführt wird. Ein Beispiel. Lassen Sie uns noch einmal zu der ersten Version des Beispielprogramms zurückkehren, in der es noch keine Konstruktoren gab. Um die einzige Member-Variable mit einem Standardwert vorzuinitialisieren, könnten Sie die Zeile wie folgt abändern:

---

[5] Eine Fehlermeldung, die es schon beim Commodore 64 gab – der verfügte auch über ein Microsoft-Basic – und die sich bis heute gehalten hat!

[6] Als Standardkonstruktor bezeichnet man einen parameterlosen Konstruktor, für den Fall VB also eine *Sub New*, der keine Parameter übergeben werden.

[7] Zur Wiederholung: Das **C**ommon **T**ype **S**ystem ist ein System, das strikte Typbindung und Codekonsistenz erfordert und damit die Common Language Runtime (CLR) zur Coderobustheit zwingt.

```
Public Class RomanNumerals

    Private myUnderlyingValue As Integer = 1000
    .
    .
    .
```

Die Frage: Wann wird diese Initialisierung eigentlich ausgeführt. Zur Beantwortung dieser Frage muss ich ein komplexes Themengebiet teilweise vorwegnehmen, denn Sie müssen wissen, wie Programme unter .NET letzten Endes ablaufen.

Wenn Sie ein Visual-Basic-.NET-Projekt kompilieren, dann übersetzt der Compiler Ihr Programm nicht direkt in nativen Maschinencode, sondern in eine »Zwischensprache« namens *Intermediate Language* oder kurz *IML*. Die Rahmendaten Ihres Programms, beispielsweise Konstanten, definierte Attribute, aber auch Informationen über die Version werden in einem speziellen Datenbereich in der gleichen Datei abgelegt. Diese Daten nennt man in .NET großspurig *Metadaten*. Wenn Sie nun ein Programm starten, dann gibt es zu diesem Zeitpunkt natürlich noch nichts, was der Prozessor ausführen kann, denn er versteht ja – was Intel-Plattformen anbelangt – nur Pentium- bzw. x86-Code. Es muss also einen Mechanismus geben, der zwischen den Zeitpunkten von Programmstart und Programmausführung Ihr Programm in Maschinencode übersetzt – und dieses Werkzeug ist Bestandteil der CLR und nennt sich *JIT-ter*.[8] Den »vorläufigen« IML-Code können Sie sich mit einem speziellen Werkzeug aus der .NET-Werkzeugsammlung anschauen – er offenbart alle Wahrheiten, auch solche, die der Compiler ohne Ihr Zutun hinzugefügt hat.

Mit diesem Wissen bewaffnet, können Sie sich jedes kompilierte Visual-Basic-Programm in seinem »IML-Zustand« anschauen und herausfinden, was der VB-Compiler daraus gemacht hat. Dabei sind gar nicht so sehr die einzelnen Befehle entscheidend, sondern die Metadaten, die auch Auskunft darüber geben, aus welchen Komponenten, Typen, Signaturen, etc sich Ihr Programm zusammensetzt.

### Zusätzliche Werkzeuge für .NET

Das Framework-SDK, das selbstverständlich Bestandteil von Visual Studio .NET ist, beinhaltet ein paar zusätzliche Tools, die Sie nicht in der Programmgruppe von Visual Studio finden. Einige dieser zusätzlichen Werkzeuge lassen sich zudem nur als Konsolenanwendung verwenden. Eine Übersicht über die zusätzlichen Werkzeuge (und darüber, wo sie sich oft mit Erfolg vor Ihnen verstecken) finden Sie, indem Sie aus dem Startmenü *Alle Programme* auswählen und in der Programmgruppe *Microsoft .NET Framework SDK X.X* das HTML-Dokument *Tools* anklicken.

In der vorliegenden Framework .NET-SDK-Version 1.1 finden Sie die Tools im Verzeichnis »%windir%\Microsoft.NET\Framework\v1.1.xxxx« - die letzten »X« geben dabei die Build-Nummer an; »%windir%« bezeichnet das Basisverzeichnis von Windows.

---

[8] JIT als Abkürzung von »Just in time«, auf deutsch etwa »genau rechtzeitig«

*Klassen und Schnittstellen*

Andere Werkzeuge, die Bestandteil von Visual Studio .NET sind, wie beispielsweise der Intermediate Language Disassembler (*ILDASM*), den wir als nächstes verwenden werden, sind ebenfalls nicht direkt von der Visual-Studio-IDE aus zu erreichen (warum eigentlich?). Sie finden ihn für Visual Studio 2003 im Verzeichnis *C:\Programme\Microsoft Visual Studio .NET 2003\SDK\v1.1\Bin* unter dem Namen *ILDASM.Exe* (natürlich nur dann, wenn Sie den vorgeschlagenen Pfad bei der VS-Installation übernommen haben). Mein Vorschlag: Legen Sie eine Verknüpfung zu diesem Programm auf dem Desktop Ihres Computers an, weil Sie ihn später noch des Öfteren gebrauchen werden.

Übrigens: Wenn Sie den *Visual Studio 2003 .NET Command Prompt* verwenden, den Sie in der Programmgruppe *Visual Studio .NET 2003* des Startmenüs und dort in der Untergruppe *Visual Studio .NET Tools* finden, müssen Sie sich um das Finden der richtigen Pfade keine Gedanken machen, da die *Path*-Variable des Command Prompts entsprechend eingerichtet ist. Das alleinige Eingeben der Programmnamen führt dann in den meisten Fällen zum Ziel.

Nach diesem kurzen Exkurs in die Verzeichnistiefen des SDKs lassen Sie uns zurück zu unserem Vorhaben kommen. Es ist wichtig für das Nachvollziehen des folgenden Szenarios, dass Sie das erste Beispielprogramm (*RomanNet01*) nochmals geladen und erstellt haben, damit die Binärdateien (die eigentlich ausführbaren Programmdateien) vorhanden sind.

- Falls Sie sich nicht sicher sind, laden Sie das Projekt, und wählen Sie *Projektmappe neu erstellen* aus dem Menü *Erstellen*.

- Starten Sie anschließend den Intermediate Language Disassembler *ILDASM* (siehe letzter grauer Kasten).

- Wählen Sie *Öffnen* aus dem Menü *Datei* und im Dialog, der jetzt erscheint, die .EXE-Datei des Beispielprogramms. Sie finden die Programmdatei »RomanNET01.exe« im Projektverzeichnis und dort im Unterverzeichnis *\obj\Debug\*.

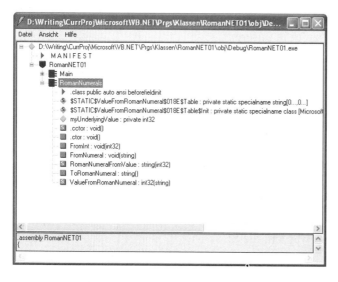

***Abbildung 3.5:*** *Die Metadaten der EXE-Datei erlauben die Ansicht der Programmstruktur im IL-Disassembler*

- Im Fenster, das anschließend erscheint, öffnen Sie den Zweig *RomanNET01* und den sich darunter befindlichen Zweig *RomanNumerals* ebenfalls.

- Aus dem Menü *Ansicht* wählen Sie die Option *Quellcodezeilen anzeigen*. Sie sollten anschließend ein Bild vor Augen haben, das etwa dem in Abbildung 3.5 entspricht.

In dieser Abbildung sehen Sie die Struktur des Programms. Sie finden Elemente wieder, die Sie selber bestimmt haben – beispielsweise die Funktionsnamen. Sie erkennen an den vorangestellten Symbolen, welche Strukturen statisch sind und welche nicht-statisch. Und sie erkennen ebenfalls zwei Methoden (jeweils eine statische und eine nicht-statische), für die Sie nicht der unmittelbare Urheber waren – die Methoden *.ctor* und *.cctor*.

**HINWEIS:** An dieser Stelle können Sie übrigens sehr schön erkennen, was für ein Aufwand intern betrieben werden muss, um statische Variablen im VB6-Sinne zu ermöglichen. Zuständig dafür sind die beiden Einträge »$STATIC$ ...«, die das Array als klassenglobalstatisch (im CTS-Sinne) deklarieren, die Verwendung aber auf *ValueFromRomanNumeral* limitieren.

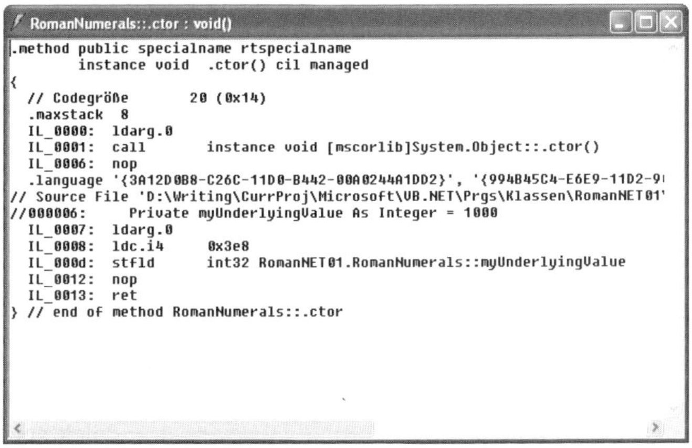

*Abbildung 3.6:* Der disassemblierte IML-Code des Standardkonstruktors

Fürs erste beschäftigen wir uns mit dem Standardkonstruktor der Klasse, *.ctor*. Obwohl Sie in der Klasse keinen Code für eine *Sub New* ohne Parameter platziert haben, ist er dennoch vorhanden. Ein Doppelklick offenbart, wozu er in unserem Beispiel dient (siehe Abbildung 3.7).

Auch ohne genau zu wissen, welche IML-Anweisung für welche Aufgabe zuständig ist, wird eines doch sofort deutlich: Im ersten Teil der Methode wird der Standardkonstruktor der Basisklasse aufgerufen. Anschließend wird die Variable *myUnderlyingValue* im zweiten Part der Methode mit dem Wert 1000 initialisiert.

Dieses Beispiel zeigt, dass Ihnen der Visual-Basic-Compiler eine ganze Menge an Arbeit abgenommen hat. Er hat dafür gesorgt,

- dass es einen Standardkonstruktor mit der Methode *.ctor* überhaupt gibt,
- dass innerhalb des Standardkonstruktors die Basisklasse *Object* (call instance void [mscorlib]System.Object::.ctor()) ausgerufen wird und
- dass alle Member-Variablen, falls erforderlich, innerhalb dieses Standardkonstruktors definiert – also mit den Werten »gefüllt« werden, die Sie bei deren Deklarierung angegeben haben.

*Klassen und Schnittstellen*

Schauen wir uns zum Vergleich den Konstruktor des zweiten Beispiels an, denn hier haben Sie mit *Sub New* eine Konstruktorlogik selbst implementiert.

Wählen Sie dazu im IML-Disassembler *Öffnen* aus dem Menü *Datei* und im Dialog, der jetzt erscheint, die .EXE-Datei des zweiten Beispielprogramms (auch die sollte neu erstellt sein, damit nicht nur alle Änderungen, sondern die erforderlichen Unterverzeichnisse überhaupt vorhanden sind). Sie finden die Programmdatei *RomanNET02.exe* im Projektverzeichnis und dort wieder im Unterverzeichnis \*obj*\*Debug*\.

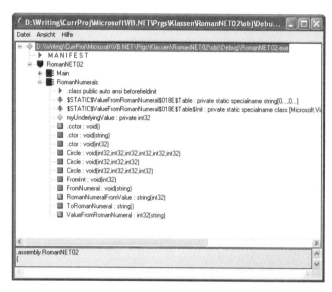

**Abbildung 3.7:** *Die Strukturansicht der zweiten Version des Beispielprogramms*

In Abbildung 3.7 können Sie erkennen, dass es keinen Standardkonstruktor, sondern nur die beiden Konstruktoren gibt, die als *Sub New* auch in der Klasse definiert waren.

Behalten Sie diese Tatsache bitte im Hinterkopf, denn sie wird uns zum Zeitpunkt der Klassenvererbung noch ein wenig beschäftigen.

**HINWEIS:** Schließen Sie Ihre Dateien, nachdem Sie sie im IML-Disassembler betrachtet haben; wenn Sie vergessen das Schließen der Dateien vergessen und anschließend eine neue Version kompilieren möchten, gibt Ihnen der Compiler eine Fehlermeldung aus, da die Dateien vom Disassembler gelocked sind und nicht durch neue Versionen ersetzt werden können.

**TIPP:** Es kann vorkommen, dass der IML-Disassembler die angezeigten Dateien nicht ordnungsgemäß freigibt bzw. Visual Studio die Freigabe der Dateien nicht registriert. Beim Versuch, das Projekt neu zu erstellen, zeigt Ihnen Visual Studio dann ungerechtfertigterweise eine Fehlermeldung an. Schließen Sie in diesem Fall IML-Disassembler und Visual Studio, und starten Sie Visual Studio erneut. Nach dem erneuten Laden des Projektes sollten Sie das betroffene Projekt wieder erstellen können.

## Statische Konstruktoren und Variablen

Ich finde, es ist nun an der Zeit, sich ein wenig mit den Prozeduren zu beschäftigen, die den eigentlichen Job in unserem Beispielprogramm erledigen. Insbesondere die Funktion *ValueFromRomanNumeral* bedarf einer genaueren Betrachtung – hier gibt es nämlich etwas, das unnötig Rechenzeit verschleudert.

**HINWEIS:** Auf der CD zum Buch finden Sie im Verzeichnis ..\*Klassen* ein Unterverzeichnis \*RomanNET03*. Laden Sie die dort vorhandene Projektmappe, wenn Sie die nun folgenden Abschnitte direkt am Bildschirm mit nachvollziehen wollen.

```
Public Shared Function ValueFromRomanNumeral(ByVal RomanNumeral As String) As Integer

    Static Table(6, 1) As String
    Dim locCount As Integer
    Dim locChar As Char
    Dim retValue As Integer
    Dim z1 As Integer, z2 As Integer

    If RomanNumeral = "" Then
        ValueFromRomanNumeral = 0
        Exit Function
    End If

    'Tabelle zum Nachschlagen
    'Das geht eleganter, aber in dieser Version
    'soll es reichen.
    Table(0, 0) = "I" : Table(0, 1) = "1"
    Table(1, 0) = "V" : Table(1, 1) = "5"
    Table(2, 0) = "X" : Table(2, 1) = "10"
    Table(3, 0) = "L" : Table(3, 1) = "50"
    Table(4, 0) = "C" : Table(4, 1) = "100"
    Table(5, 0) = "D" : Table(5, 1) = "500"
    Table(6, 0) = "M" : Table(6, 1) = "1000"

    'Eigentlich überflüssig, weil's VB macht,
    'aber Pflicht bei einigen anderen .NET-Sprachen!
    locCount = 0

    Do While locCount < Len(RomanNumeral)

        locChar = RomanNumeral.Chars(locCount)

        If locCount < Len(RomanNumeral) - 1 Then
            For z1 = 0 To 6
                If Table(z1, 0) = locChar Then Exit For
            Next z1
            For z2 = 0 To 6
                If Table(z2, 0) = Mid$(RomanNumeral, locCount + 1, 1) Then
                    Exit For
                End If
            Next z2
            If Val(Table(z1, 1)) < Val(Table(z2, 1)) Then

                'Stringfragment entfernen.
                RomanNumeral = Left$(RomanNumeral, locCount - 1) + Mid$(RomanNumeral, locCount + 2)
```

*Klassen und Schnittstellen*

```
                retValue = retValue + Convert.ToInt32((Val(Table(z2, 1)) - Val(Table(z1, 1))))
            Else
                For z2 = 0 To 6
                    If Table(z2, 0) = locChar Then Exit For
                Next z2
                retValue = retValue + Convert.ToInt32(Val(Table(z2, 1)))
                locCount = locCount + 1
            End If
        Else
            For z2 = 0 To 6
                If Table(z2, 0) = locChar Then Exit For
            Next z2
            retValue = retValue + Convert.ToInt32(Val(Table(z2, 1)))
            locCount = locCount + 1
        End If
    Loop

    ValueFromRomanNumeral = retValue
    Exit Function

End Function
```

Wie Sie aus dem Listing erkennen können, bedient sich die Routine einer Tabelle, um die Zuordnung von römischem Numerale und eigentlichem Wert vorzunehmen. Genau diese Tabelle ist aber Stein des Anstoßes, denn: Sie wird jedes Mal neu aufgebaut, wenn die Funktion aufgerufen wird. Da sie ohnehin nicht viel Speicher benötigt, wäre es ungleich besser, sie ein einziges Mal anzulegen und sie dann bis zum Ende des Programms im Speicher zu belassen.

Dazu bietet sich ein statisches Array an, das idealerweise im statischen Konstruktor der Klasse definiert wird. Der Umbau erfordert nur wenige Handgriffe (im Beispielprogramm auf der CD zum Buch bereits integriert):

```
Public Class RomanNumerals

    Private myUnderlyingValue As Integer
    Private Shared Table(6, 1) As String

    Shared Sub New()

        'Tabelle zum Nachschlagen
        'Diesmal static deklariert - das spart schon einmal Zeit.
        Table(0, 0) = "I" : Table(0, 1) = "1"
        Table(1, 0) = "V" : Table(1, 1) = "5"
        Table(2, 0) = "X" : Table(2, 1) = "10"
        Table(3, 0) = "L" : Table(3, 1) = "50"
        Table(4, 0) = "C" : Table(4, 1) = "100"
        Table(5, 0) = "D" : Table(5, 1) = "500"
        Table(6, 0) = "M" : Table(6, 1) = "1000"

    End Sub
```

Neben der Member-Variablen wird direkt unter der Klassendefinition auch das Array deklariert- und zwar als statisches (als *Shared* – also statisch auch im Sinne des CTS). Zusätzlich zu den schon vorhandenen Konstruktoren gibt es jetzt auch noch einen mit dem *Zugriffsmodifizierer Shared*, der bewirkt, dass aus dem Konstruktor ein statischer Konstruktor wird.

Die Frage, die sich aus dieser Modifizierung ergibt, lautet: Was ruft wann den statischen Konstruktor der Klasse auf? Der Zeitpunkt des Instanzierens der Klasse reicht ja bei weitem nicht aus, weil die statischen Funktionen *RomanNumeralFromValue* und *ValueFromRomanNumeral* nicht funktionierten, wenn nicht zuvor mindestens eine Klasseninstanz erstellt würde.

Um das Verhalten zu verdeutlichen, müssen wir die Debug-Fähigkeiten von Visual Studio bemühen. Visual Studio erlaubt das Setzen von Haltepunkten innerhalb des Programmcodes. Trifft das Programm bei seinem Ablauf auf einen solchen Haltepunkt, wird die Programmausführung unterbrochen, und die Visual-Studio-IDE wechselt in den Debug-Modus, in dem unter anderem Zeilen Schritt für Schritt ausgeführt werden können. Genau das ist der Plan für die nächsten Schritte.

Leider fallen Programmzeilen, die nur Variablendefinitionen durchführen, für statische Konstruktoren nicht unter die Kategorie »Programmcode, der debugged werden kann«. Deswegen fügen Sie zu Testzwecken einfach eine (inhaltlich natürlich sinnlose) *For/Next*-Schleife in den Konstruktor ein, etwa wie folgt:

```
Shared Sub New()

    'Tabelle zum Nachschlagen
    'Diesmal als static deklariert - das spart schon einmal Zeit.
    Table(0, 0) = "I" : Table(0, 1) = "1"
    Table(1, 0) = "V" : Table(1, 1) = "5"
    Table(2, 0) = "X" : Table(2, 1) = "10"
    Table(3, 0) = "L" : Table(3, 1) = "50"
    Table(4, 0) = "C" : Table(4, 1) = "100"
    Table(5, 0) = "D" : Table(5, 1) = "500"
    Table(6, 0) = "M" : Table(6, 1) = "1000"

    'Nur zu Testzwecken, damit "Fleisch" zum Debuggen vorhanden ist.
    For i As Integer = 1 To 2
        Dim j As Integer = i + 1
    Next

End Sub
```

Fahren Sie anschließend mit dem Cursor auf das *Next*, und drücken Sie die Taste F9, um einen Haltepunkt zu markieren.

In der Klasse *Main* fügen Sie eine weitere Instanzicrungsanweisung ein, um die Unterschiede beim Verhalten der Konstruktoren im Vergleich zueinander beobachten zu können:

```
Public Class Main

    Shared Sub Main()

        'Text ausgeben; Anwender zur Eingabe auffordern.
        Console.Write("Geben Sie eine Zahl zwischen 1 und 3.999 ein: ")

        'Instanz der Klasse RomanNumerals bilden UND
        'Zahl als Text einlesen, mit der statischen Methode Parse in Integer
        'umwandeln und das Ergebnis der Klasseninstanz zuweisen.
        Dim locRomanNumeral As New RomanNumerals(Integer.Parse(Console.ReadLine))
```

*Klassen und Schnittstellen*

```
        'Nur zum Testen.
        Dim locOtherRomanNumeral As New RomanNumerals("XXXIV")   ' < < < <
        ...
    End Sub
End Class
```

Starten Sie nun das Programm, indem Sie *Starten* aus dem Menü *Debuggen* anklicken. Sie sehen kurze Zeit später ein Bild, etwa wie in Abbildung 3.8 zu sehen.

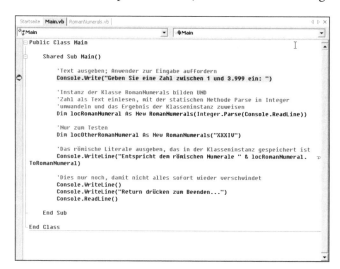

***Abbildung 3.8:*** *Ein Haltepunkt bringt das Programm in den Einzelschrittmodus*

Ihr Projekt befindet sich jetzt im so genannten Einzelschrittmodus, mit dem Sie die Codezeilen Schritt für Schritt ausführen und sofort nachvollziehen können, welchen »Weg« das Programm nimmt und was mit jedem Schritt passiert. Drücken Sie im Folgenden für jeden Programmschritt die Taste F11. Sie werden feststellen, dass das Programm, nachdem es die Zeile

```
Dim locRomanNumeral As New RomanNumerals(Integer.Parse(Console.ReadLine))
```

erreicht hat, zunächst in den statischen Konstruktor springt, dort – was leider nicht nachvollziehbar ist – die Arrayelemente initialisiert und, wieder nachvollziehbar, die *For/Next*-Schleife durchläuft, bevor es anschließend erst in den (nicht-statischen) Konstruktor

```
Public Sub New(ByVal ArabicInt As Integer)
```

gelangt.

Wenn Sie nun weiter durch das Programm »steppen«, gelangen Sie irgendwann zur zweiten Klasseninstanzierung, und Sie werden feststellen: Der statische Konstruktor der Klasse *RomanNumerals* wird dieses Mal nicht aufgerufen.

Der statische Konstruktor wird also nur ein einziges Mal aufgerufen, und zwar zu dem Zeitpunkt, zu dem die Klasse das erste Mal in Ihrer Applikation verwendet wird. Damit nutzen Sie statische Konstruktoren immer dann, wenn Sie grundlegende Dinge für eine Klasse vorzubereiten haben, die nur ein einziges Mal erledigt werden müssen.

**HINWEIS:** Der statische Konstruktor wird auch dann aufgerufen, bevor Sie das erste Mal eine *statische* Funktion der Klasse verwenden.

# Eigenschaften

Das Beispielprogramm ist durch die Konstruktoren ungleich flexibler und einfacher handhabbar geworden. Durch das Auflösen der vormals zwei Funktionen in Konstruktorroutinen gibt es allerdings jetzt einen Nachteil: In der aktuellen Version gibt es keine Möglichkeit, den Inhalt einer Klasseninstanz im Nachhinein zu verändern.

Es gäbe natürlich nun die Möglichkeit, die Funktionen wieder einzubauen. Funktionen sind allerdings auf eine Richtung des Datenflusses limitiert. Sie können entweder nur dazu herhalten, den Instanzwert zu verändern *oder* ihn abzufragen (OK, eine Funktion könnte ihn auch gleichzeitig verändern *und* abfragen, aber das wäre natürlich totaler Unfug, denn die Eingabe entspräche immer der Ausgabe).

Sie könnten sich in solchen Fällen dadurch helfen, dass Sie eine Funktion beispielsweise namens *GetValue* und eine weitere Funktion namens *SetValue* definieren. Moderne Programmiersprachen wie Visual Basic oder C# kennen dazu einen viel eleganteren Weg über so genannte Eigenschaftenprozeduren (*Property*-Prozeduren).

Wenn Sie schon längere Zeit mit Visual Basic (egal, ob mit .NET oder 6.0) programmiert haben, dann haben Sie Eigenschaften natürlich längst kennen gelernt. Mit Hilfe von Eigenschaften können Sie in der Regel bestimmte Zustände von Objekten abfragen *und* verändern. Möchten Sie beispielsweise wissen, ob die Schaltfläche eines Formulars anwählbar ist, verwenden Sie die Eigenschaft in Abfrageform, etwa wie hier:

```
If Schaltfläche.Enabled Then TuWas
```

Oder Sie legen die Eigenschaft eines Objektes fest, etwa wie mit der folgenden Zeile:

```
Schaltfläche.Enabled = false    ' Abschließen, kommt keiner mehr 'dran
```

Soweit die Funktionsweise aus der Sicht desjenigen, der das Objekt später verwendet. Die viel interessantere Frage lautet: Wie statten Sie Ihre eigenen Klassen mit Eigenschaften aus?

Visual Basic stellt Ihnen zu diesem Zweck, wie schon erwähnt, *Property*-Prozeduren zur Verfügung. Eine Eigenschaft wird in Visual Basic folgendermaßen definiert:

```
Property EineEigenschaft() As Datentyp

    Get
        Return New Datentyp
    End Get

    Set(ByVal Value As Datentyp)
        mach_irgendwas_mit = Value
    End Set

End Property
```

Wenn Sie diese Eigenschaft in einer Klasse implementieren, können Sie sie bei instanzierten Objekten dieser Klasse auf folgende Weise verwenden:

## Zuweisen von Eigenschaften

Mit der Anweisung

```
Object.EineEigenschaft = Irgendetwas
```

weisen Sie der Eigenschaft *EineEigenschaft* des Objektes einen Wert zu. Sie können im *Set*-Accessor[9] (*Set(ByVal Value as Datentyp)*) der Eigenschaftenprozedur mit *Value* auf das Objekt zugreifen, das sich in *Irgendetwas* befindet. Nur der Set-Teil der Eigenschaftenprozedur wird in diesem Fall ausgeführt.

## Ermitteln von Eigenschaften

Umgekehrt können Sie mit der Anweisung

```
Irgendetwas=Object.EineEigenschaft
```

den Inhalt der Eigenschaft wieder auslesen. In diesem Fall wird nur der Get-Accessor der Eigenschaftenprozedur ausgeführt, die das Ergebnis mit *Return* zurückliefert.

Damit haben Sie jetzt das erforderliche Rüstzeug, um eine Eigenschaftenprozedur in die nächste Version des Beispiels einzubauen. Fügen Sie folgenden Zeilen in den Klassencode von *RomanNumerals* ein (oder laden Sie das Beispiel *RomanNET04* von der Buch-CD):

```
Property UnderlyingValue() As Integer

    Get
        Return myUnderlyingValue
    End Get

    Set(ByVal Value As Integer)
        myUnderlyingValue = Value
    End Set

End Property
```

**TIPP:** Die Visual-Basic-Editor unterstützt Sie beim Erstellen von Eigenschaftenprozeduren. Wenn Sie die Eigenschaftendefinition der Eigenschaft in den Editor tippen und am Ende der Zeile die Eingabetaste drücken, fügt Visual Studio den vollständigen Codeblock für das Grundgerüst der Eigenschaftenprozedur für Sie ein.

In der *Main*-Klasse können Sie die neue Eigenschaft verwenden, etwa wie mit dem folgenden modifizierten Code von *Class Main*:

```
Shared Sub Main()

    'Text ausgeben; Anwender zur Eingabe auffordern.
    Console.Write("Geben Sie eine Zahl zwischen 1 und 3.999 ein: ")

    'Instanz der Klasse RomanNumerals bilden UND
    'Zahl als Text einlesen, mit der statischen Methode Parse in Integer
    'umwandeln und das Ergebnis der Klasseninstanz zuweisen.
    Dim locRomanNumeral As New RomanNumerals(Integer.Parse(Console.ReadLine))
```

---

[9] Etwa: »Zugreifer«

```
'Das römische Literale ausgeben, das in der Klasseninstanz gespeichert ist.
Console.WriteLine("Entspricht dem römischen Numerale " & locRomanNumeral.ToRomanNumeral)

'Nur für den Abstand.
Console.WriteLine()

'Wert mit der neuen Eigenschaft verändern.
locRomanNumeral.UnderlyingValue = 200

'und neues Ergebnis ausgeben
Console.WriteLine("und 200 entspricht dem römischen Numerale " & locRomanNumeral.ToRomanNumeral)

'Dies nur noch, damit nicht alles sofort wieder verschwindet.
Console.WriteLine()
Console.WriteLine("Return drücken zum Beenden...")
Console.ReadLine()

End Sub
```

Natürlich erkennt auch Intellisense in der Visual-Studio-IDE sofort, dass Sie eine Eigenschaft in der Klasse *RomanNumerals* eingebaut haben. Sobald Sie nach der Eingabe des Objektnamens *locRomanNumerals* den Punkt auf der Tastatur drücken, können Sie die neue Eigenschaft in der Liste erkennen (siehe Abbildung 3.9).

***Abbildung 3.9:*** *Intellisense »lernt« neue Eigenschaften sofort und bietet Sie Ihnen direkt an*

## Nur-Lesen und Nur-Schreiben-Eigenschaften

Sie haben die Möglichkeit, Eigenschaften auf den Datenfluss in nur eine Richtung zu begrenzen.

Falls Sie möchten, dass eine bestimmte Eigenschaft nur gelesen werden kann, ist Folgendes zu tun:

- Sie verwenden den Modifizierer *ReadOnly* vor der Property-Definition.
- Sie sorgen dafür, dass nur ein Get-Accessor in der Eigenschaftenprozedur implementiert wird.

**Beispiel für eine Nur-Lesen-Eigenschaft:**

```
ReadOnly Property NurLesen() As Integer

    Get
        Return 5
    End Get

End Property
```

**TIPP:** Beginnen Sie direkt mit dem *ReadOnly*-Schlüsselwort, wenn Sie die Eigenschaftendefinition der Eigenschaft in den Editor tippen. Sobald Sie am Ende der Zeile die Eingabetaste drücken, fügt Visual Studio den vollständigen Codeblock für das Grundgerüst der Nur-Lesen-Eigenschaft ein und verzichtet auf den Set-Accessor.

Falls Sie möchten, dass eine bestimmte Eigenschaft nur geschrieben werden kann, ist folgendes zu tun:

- Sie verwenden den Modifizierer *WriteOnly* vor der Property-Definition.
- Sie sorgen dafür, dass nur ein Set-Accessor in der Eigenschaftenprozedur implementiert wird.

**Beispiel für eine Nur-Schreiben-Eigenschaft:**

```
WriteOnly Property NurSchreiben() As Integer

    Set(ByVal Value As Integer)
        MachEtwasMit(Value)
    End Set

End Property
```

**TIPP:** Beginnen Sie direkt mit dem *WriteOnly*-Schlüsselwort, wenn Sie die Eigenschaftendefinition der Eigenschaft in den Editor tippen. Sobald Sie am Ende der Zeile die Eingabetaste drücken, fügt Visual Studio den vollständigen Codeblock für das Grundgerüst der Nur-Schreiben-Eigenschaft ein und verzichtet auf den Get-Accessor.

### Eigenschaften mit Parametern

In Visual Basic können Eigenschaften, wie Funktionen, beliebig viele Parameter übernehmen. Die Parameter werden in der Property-Prozedur genauso wie bei Funktionen eingebunden, und auf die Parameter lässt sich dann ebenfalls genauso Zugriff darauf nehmen.

Ein Beispiel. Angenommen Sie haben eine Property-Prozedur etwa wie die folgende definiert,

```
Property EigenschaftMitParametern(ByVal Par1 As Integer, ByVal Par2 As String) As Integer

    Get
        If Par1 = 0 Then
            Return 10
        Else
            Return 20
        End If
    End Get

    Set(ByVal Value As Integer)
        If Par2 = "Klaus" Then
            'MachIrgendEtwas
        ElseIf Par1 = 20 Then
            'MachIrgendetwasAnderes
        End If
    End Set

End Property
```

dann können Sie sie mit beispielsweise folgenden Anweisungen zuweisen bzw. abfragen:

```
'Eigenschaft mit Parametern setzen.
locRomanNumeral.EigenschaftMitParametern(10, "Klaus") = 5

'Eigenschaft mit Parametern abfragen.
If locRomanNumeral.EigenschaftMitParametern(20, "Test") = 20 Then
    'Mach Irgendetwas
End If
```

Im Gegensatz zu Visual Basic 6.0 werden Parameter als Wert und nicht als Referenz übergeben. Änderten Sie einen Wert innerhalb einer Property-Prozedur in Visual Basic 6.0, so veränderte sich auch der Wert der Variablen im aufrufenden Code (es sei denn, er war explizit durch Einklammern vor dem Überschreiben geschützt). In Visual Basic .NET übergeben Sie standardmäßig den Wert an eine Eigenschaft – Sie arbeiten also in jedem Fall mit einer Kopie der übergebenden Variablen.

Eine Differenzierung zwischen *Set* und *Let* wie in Visual Basic 6.0 gibt es übrigens in Visual Basic .NET nicht mehr. Da alles von *Object* abgeleitet ist und dadurch ausschließlich Objekte manipuliert werden, ist auch das *Let* überflüssig geworden.

**WICHTIG:** Eigenschaften mit Parametern sollten Sie nur in Ausnahmefällen verwenden, da sie eine besondere Eigenart von Visual Basic .NET sind. Im Gegensatz zu Visual Basic .NET kennt C# zwar auch Eigenschaften, kann aber auf nur auf parameterlose Eigenschaften oder Default-Eigenschaften zugreifen (mehr dazu im ▶ Abschnitt »Default-Eigenschaften« auf Seite 92). Wenn Sie also Klassen im Team oder für die »breite Öffentlichkeit« entwickeln, sollten Sie auf Eigenschaften mit Parametern nach Möglichkeit ganz verzichten.

### Überladen von Eigenschaften

Eigenschaften lassen sich wie Funktionen überladen. Zum Einsatz kommt dieses Prinzip fast ausschließlich bei Default-Eigenschaften (siehe nächster Abschnitt). Wie bei »normalen« Funktionen kann nur die Eigenschaftensignatur (die Reihenfolge, die Typen und die Anzahl der übergebenden Parameter), nicht aber der Rückgabetyp zur Unterscheidung herhalten – daher ist die Überladung von Eigenschaften auch nur dann möglich, wenn mindestens eine Eigenschaftenvariation Parameter entgegennimmt.

Ein Beispiel für das Überladen von Eigenschaften:

```
Property Überladung() As Integer
    Get
        'Hier der Code für die Ermittlung der Eigenschaft.
    End Get
    Set(ByVal Value As Integer)
        'Hier der Code für die Zuweisung.
    End Set
End Property

Property Überladung(ByVal Par1 As Integer) As Integer
    Get
        'Hier der Code für die Ermittlung der Eigenschaft.
    End Get
    Set(ByVal Value As Integer)
        'Hier der Code für die Zuweisung.
    End Set
End Property
```

```
Property Überladung() As String
    Get
        'Geht nicht, da sich diese Eigenschaft...
    End Get
    Set(ByVal Value As String)
        'nur durch den Rückgabetyp von der ersten unterscheidet.
    End Set
End Property
```

### Statische Eigenschaften

Visual Basic .NET sieht auch statische Eigenschaften vor. Genau wie bei statischen Funktionen sind statische Eigenschaften direkt über die Klasse und nicht über die Klasseninstanz definiert. Das bedeutet, dass statische Eigenschaften Funktionalitäten bereitstellen sollten, die für alle Objekte dieser Klasse gelten und nicht für eine bestimmte Objektinstanz.

Das beste Beispiel für eine statische Eigenschaft ist die *Now*-Eigenschaft von *DateTime*. Sie liefert die aktuelle Uhrzeit zurück und ist natürlich von den Eigenschaften einzelner *DateTime*-Instanzen völlig unabhängig. Statische Eigenschaften werden, ebenfalls wie statische Funktionen, mit dem *Shared*-Schlüsselwort deklariert. Ein Beispiel für eine statische Eigenschaft finden Sie im folgenden Abschnitt.

### Default-Eigenschaften

Default-Eigenschaften haben in Visual Basic 6.0 eine erleichternde Funktion für schreibfaule Entwickler gehabt. Mit Hilfe einer Default-Eigenschaft konnten sie bestimmen, welche Eigenschaft verwendet wird, wenn Sie beim Zugriff auf ein Objekt gar keine Eigenschaft verwendet haben. Das CTS erlaubt derartige Typunsicherheiten nicht – denn bei der Zuweisung beispielsweise von

```
Dim EineTextBox as TextBox
Dim einObjekt as Object
.
.
.
einObject = EineTextBox
```

ist natürlich nicht sichergestellt, ob Sie die Textbox selbst oder das Ergebnis der Default-Eigenschaft der Textbox an *einObjekt* zuweisen wollen. Ausnahmen bilden dabei parametrisierte Eigenschaften, da durch die Signatur der Eigenschaft deutlich wird, dass Sie nicht das Objekt selbst, sondern das Resultat einer parametrisierten Eigenschaft zurückliefern wollen.[10] In diesem Fall ergibt das auch Sinn, denn:

Stellen Sie sich vor, Sie entwickeln eine Array-Klasse, die verschiedene Elemente verwaltet. Gäbe es keine Default-Eigenschaft, müssten Sie ein Element auf folgende Weise abfragen:

```
'Index setzen.
ArrayKlasse.Index = 5
'Element abfragen.
MachEtwasMit = ArrayKlasse.Item
```

---

[10] Ähnlich wie bei Überladungen, bei denen auch nur durch die Signaturen unterschieden wird, welche der mehreren vorhandenen Funktionen gemeint ist.

Das wäre natürlich äußerst umständlich. Einfacher wird es so, wie es auch tatsächlich funktioniert, nämlich durch die Spezifizierung des Indexes und die Abfrage in einer Zeile. In Visual Basic ist das kein Problem durch eine Eigenschaft mit einem Parameter, etwa wie folgt:

```
MachEtwasMit = ArrayKlasse.Item(5)
```

Noch einfacher wird es, wenn die Eigenschaft *Item* in diesem Beispiel zur Default-Eigenschaft erklärt wird. Dann brauchen Sie den Eigenschaftennamen nämlich gar nicht mehr angeben, und die folgende Zeile wäre ausreichend:

```
MachEtwasMit = ArrayKlasse(5)
```

Die entsprechende Definition für die *Item*-Eigenschaft sähe in diesem Fall folgendermaßen aus:

```
Default Public Property Item(ByVal Index As Integer) As Integer

    Get
        Return InternesArray(Index)
    End Get

    Set(ByVal Value As Integer)
        InternesArray(Index) = Value
    End Set

End Property
```

**WICHTIG:** Im Gegensatz zu Visual Basic 6 gibt es in Visual Basic .NET keine parameterlosen Default-Eigenschaften. Ebenfalls gut zu wissen: Default-Eigenschaften können nicht als statisch deklariert werden. Das hindert Sie aber natürlich nicht daran, eine Eigenschaft zu implementieren, die sich statisch verhält. Die folgende Beispielimplementation macht das deutlich.

Mit diesem Wissen können wir das Beispielprogramm um eine weitere Eigenschaft ergänzen – ich nenne sie *BaseValues*. Mit der *BaseValues*-Eigenschaft können Sie die Elemente der Konvertierungstabelle abfragen. Sie übergeben ihr den Index als Wert zwischen 0 und 6, und die Eigenschaft liefert das entsprechende römische Numerale für eine Basiszahl (z.B. »I« oder »X«) zurück. Über den Sinn dieser Prozedur möchte ich nicht lamentieren – ich gebe zu, dass sie programmtechnisch keinen denkbaren Nutzen hat. Vielleicht benötigt aber einer Ihrer Team-Mitarbeiter diese Tabelle für das Implementieren einer eigenen Funktionalität, und auf diese Weise kann er ohne Probleme auf die benötigten Daten zurückgreifen.

Die entsprechenden Änderungen finden sich ebenfalls schon in der *RomanNET04*-Version, und die statische Default-Eigenschaft sieht folgendermaßen aus:

```
Default ReadOnly Property Item(ByVal Index As Integer) As String

    Get
        Return Table(Index,0)
    End Get

End Property
```

Diese kleine Eigenschaft verfügt nun über alle besprochenen Komponenten. Sie kann »nur lesen«, verfügt demzufolge auch nur über einen Get-Accessor. Sie greift auf eine statische Variable zu, obwohl sie selbst nicht als statisch definiert ist. Und sie ist die Default-Eigenschaft der Klasse, was bedeutet, dass Sie sie direkt mit dem Instanznamen abfragen können. Der einzige

Unterschied zu einer echten statischen Eigenschaft: Sie sind nicht in der Lage, auf die Elemente mit dem Klassennamen, sondern nur mit dem Instanznamen zuzugreifen – aber was soll's!

Die Verwendung dieser Eigenschaft im Hauptprogramm demonstriert ihren Umgang:

```
Public Class Main
    Shared Sub Main()
        'Text ausgeben; Anwender zur Eingabe auffordern.
        Console.Write("Geben Sie eine Zahl zwischen 1 und 3.999 ein: ")

        'Instanz der Klasse RomanNumerals bilden UND
        'Zahl als Text einlesen, mit der statischen Methode Parse in Integer
        'umwandeln und das Ergebnis der Klasseninstanz zuweisen.
        Dim locRomanNumeral As New RomanNumerals(Integer.Parse(Console.ReadLine))

        'Das römische Literale ausgeben, das in der Klasseninstanz gespeichert ist.
        Console.WriteLine("Entspricht dem römischen Numerale " & locRomanNumeral.ToRomanNumeral)

        'Nur für den Abstand.
        Console.WriteLine()

        'Wert mit der neuen Eigenschaft verändern
        locRomanNumeral.UnderlyingValue = 200

        'und neues Ergebnis ausgeben.
        Console.WriteLine("und 200 entspricht dem römischen Numerale " & locRomanNumeral.ToRomanNumeral)

        'Nur für den Abstand.
        Console.WriteLine()

        'Hier wird auf die Default-Eigenschaft zugegriffen.
        For locCount As Integer = 0 To 6
            Console.WriteLine("Element Nr. {0} entspricht römischen Numeral {1}", locCount, locRomanNumeral(locCount))
        Next

        'Dies nur noch, damit nicht alles sofort wieder verschwindet.
        Console.WriteLine()
        Console.WriteLine("Return drücken zum Beenden...")
        Console.ReadLine()


    End Sub

End Class
```

Wenn Sie das Programm starten, verhält sich das Programm wie folgt:

```
Geben Sie eine Zahl zwischen 1 und 3.999 ein: 2557
Entspricht dem römischen Numerale MMDLVII

und 200 entspricht dem römischen Numerale CC

Element Nr. 0 entspricht römischen Numeral I
Element Nr. 1 entspricht römischen Numeral V
Element Nr. 2 entspricht römischen Numeral X
Element Nr. 3 entspricht römischen Numeral L
Element Nr. 4 entspricht römischen Numeral C
Element Nr. 5 entspricht römischen Numeral D
Element Nr. 6 entspricht römischen Numeral M

Return drücken zum Beenden...
```

## Öffentliche Variablen oder Eigenschaften – eine Glaubensfrage?

Jetzt haben Sie schon so viel über Eigenschaften erfahren – vielleicht fragen Sie sich, wieso man sie anstelle von einfachen öffentlichen Member-Variablen einsetzen sollte. Solange, wie Sie Eigenschaften in einer Klasse nur benötigen, um irgendwelche Werte zu speichern, aber beim Abfragen oder Setzen dieser Werte nichts weiteres passieren muss, wären öffentliche Variablen eigentlich ausreichend.

Die Klasse

```
Class EineEigenschaft
    Public DieEigenschaft As Integer
End Class
```

erfüllt schließlich den gleichen Zweck wie die folgende Klasse,

```
Class EineWeitereEigenschaft

    Private myDieEigenschaft As Integer

    Public Property DieEigenschaft() As Integer

        Get
            Return myDieEigenschaft
        End Get

        Set(ByVal Value As Integer)
            myDieEigenschaft = Value
        End Set

    End Property

End Class
```

die natürlich sehr viel mehr Entwicklungsarbeit erfordert. Prinzipiell ist das richtig. Und dennoch ist die zweite Methode der ersten Methode vorzuziehen, denn es geht bei der objektorientierten Programmierung um Datenkapselung. *myDieEigenschaft* ist der eigentliche Datenträger dieser Klasse, und es gilt das Behalten seiner Verwaltung bis zum Äußersten zu verteidigen. Bei einfachen Sachen mag die erste Alternative noch die bessere, da schnellere sein. Aber wenn Ihre Programme komplexer werden, wird sich der zusätzliche Aufwand für die zweite Methode schnell bezahlt machen. Ihre Datenstruktur bleibt in jedem Fall integer, unberührt und jungfräulich, und diese Vorgehensweise garantiert, dass Sie die jederzeit die volle Kontrolle über Ihre Daten behalten.

Ein weitaus wichtigeres Argument ist das Ersetzen von Eigenschaften durch die so genannte Polymorphie beim Vererben von Klassen, das ich im nächsten großen Abschnitt beschreiben werde. Eine einmal als öffentlich deklarierte Variable bleibt für alle Zeiten öffentlich. Sie können in vererbten Klassen keine zusätzliche Steuerung hinzufügen. Haben Sie hingegen Ihre Daten nur durch Property-Prozeduren nach außen offen gelegt, können Sie zu einem späteren Zeitpunkt noch zusätzliche Regeln (Bereichsabfragen, Fehler abfangen) hinzufügen. Sie brauchen dazu die ursprüngliche Klasse kein bisschen zu verändern.

## Zugriffsmodifizierer von Klassen, Prozeduren und Variablen

Bevor wir uns der Vererbung widmen, möchte ich an dieser Stelle kurz ein paar Worte über die Zugriffsmodifizierer (englisch: *Accessor*) verlieren, mit denen Sie in Visual Basic .NET bestimmen können, von wo aus der Zugriff auf ein Element gestattet ist und von wo aus nicht. Die Zugriffsmodifizierer *Private* und *Public* haben Sie schon kennen gelernt. Sie bestimmen, ob auf ein Element nur innerhalb eines bestimmten Gültigkeitsbereiches zugegriffen werden kann (*Private*) oder von überall aus (*Public*). Welche weiteren es für Objekte, Klassen und Funktionen/Eigenschaften gibt, zeigen die folgenden Tabellen:

### Zugriffsmodifizierer bei Klassen

**HINWEIS:** Wenn nichts anderes gesagt wird, werden Klassen standardmäßig als *Friend* deklariert.

| Zugriffsmodifizierer | CTS-Bezeichnung | Beschreibung |
|---|---|---|
| Private | Private | Als Privat können Klassen nur dann definiert werden, wenn sie geschachtelt in einer anderen Klasse definiert sind. Beispiel:<br><br>Public Class A<br>    Private Class B<br>    End Class<br>End Class<br><br>Public Class C<br>    'Zugriff verweigert, Class B ist Private!<br>    Dim b as A.B<br>End Class<br><br>Mehr zum Schachteln von Klassen und der Organisation von Projekten in Namespaces erfahren Sie in den Abschnitten am Ende dieses Kapitels. |
| Public | Public | Sie können auf die Klasse uneingeschränkt von außen zugreifen, auch aus anderen Assemblies[11] heraus. |
| Friend | Assembly | Sie können innerhalb der Assembly auf die Klasse zugreifen, aber nicht aus einer anderen Assembly heraus. ▶ |

---

[11] Ganz vereinfacht ist eine Assembly das »Ergebnis« Ihres Projektes in Form einer DLL- oder EXE-Datei.

| Zugriffsmodifizierer | CTS-Bezeichnung | Beschreibung |
| --- | --- | --- |
| Protected | Family | Es gilt das für Private gesagte. Zusätzlich gilt: Auch aus der Klasse abgeleitete Klassen können auf die mit *Protected* gekennzeichneten und geschachtelten »inneren« Klassen zugreifen. |
| Protected Friend | FamilyOrAssembly | Der Zugriff auf die geschachtelte Klasse ist in abgeleiteten und von Klassen der gleichen Assembly aus möglich. |

*Tabelle 3.1:* *Mögliche Zugriffsmodifizierer für Klassen in Visual Basic .NET*

### Zugriffsmodifizierer bei Prozeduren (Subs, Functions, Properties)

**HINWEIS:** Wenn nichts anderes gesagt wird, werden *Subs*, *Functions* und *Properties* standardmäßig als *Public* deklariert. Sie sollten gerade bei diesen Elementen aber auf jeden Fall einen Zugriffsmodifizierer verwenden, damit beim Blättern durch den Quellcode schnell deutlich wird, welchen Zugriffsmodus ein Element innehat.

| Zugriffsmodifizierer | CTS-Bezeichnung | Beschreibung |
| --- | --- | --- |
| Private | Private | Nur innerhalb einer Klasse kann auf die Prozedur zugegriffen werden. |
| Public | Public | Sie können auf die Prozedur uneingeschränkt von außen zugreifen, auch aus anderen Assemblies heraus. |
| Friend | Assembly | Sie können innerhalb der Assembly auf die Prozedur zugreifen, aber nicht aus einer anderen Assembly heraus. |
| Protected | Family | Nur innerhalb der Klasse oder einer abgeleiteten Klasse kann auf die Prozedur zugegriffen werden |
| Protected Friend | FamilyOrAssembly | Nur innerhalb der Klasse, einer abgeleiteten Klasse oder innerhalb der Assembly kann auf die Prozedur zugegriffen werden |

*Tabelle 3.2:* *Mögliche Zugriffsmodifizierer für Prozeduren in Visual Basic .NET*

### Zugriffsmodifizierer bei Variablen

**HINWEIS:** Variablen, die auf Klassenebene nur mit *Dim* deklariert werden, gelten als *Private*, also nur von der Klasse aus zugreifbar. Variablen, die innerhalb eines Codeblocks oder auf Prozedurebene deklariert werden, gelten nur für den entsprechenden Codeblock. Innerhalb eines Codeblocks können Sie nur die *Dim*-Anweisung und keine anderen Zugriffsmodifizierer verwenden. Auf Prozedurenebene können Sie eine Variable zusätzlich als *Static* deklarieren. Mehr über den *Static*-Zugriffsmodifizierer erfahren Sie im ▶ Abschnitt »Statische und nicht-statische Methoden und Variablen« auf Seite 66.

| Zugriffsmodifizierer | CTS-Bezeichnung | Beschreibung |
| --- | --- | --- |
| Private | Private | Nur innerhalb einer Klasse kann auf die Variable zugegriffen werden. Variablen innerhalb von Prozeduren oder noch kleineren Gültigkeitsbereichen können nicht explizit als *Private* definiert werden, sind es aber standardmäßig. |
| Public | Public | Von außen kann auf die Klassenvariable uneingeschränkt zugegriffen werden. Sie sollten Variablen aber bestenfalls als *Protected* deklarieren und sie nur durch Eigenschaften nach außen offen legen. Mehr zu diesem Thema erfahren Sie im ▶ Abschnitt »Öffentliche Variablen oder Eigenschaften – eine Glaubensfrage?« auf Seite 95. |
| Friend | Assembly | Sie können innerhalb der Assembly auf die Klassenvariable zugreifen, aber nicht aus einer anderen Assembly heraus. Es gilt das für *Public* gesagte. |
| Protected | Family | Nur innerhalb derselben oder einer abgeleiteten Klasse kann auf die Variable zugegriffen werden. Variablen sollten in Klassen, bei denen Sie davon ausgehen, dass sie später des Öfteren vererbt werden, als *Protected* definiert werden, damit abgeleitete Klassen ebenfalls darauf zugreifen können. |
| Protected Friend | FamilyOrAssembly | Nur innerhalb der Klasse, einer abgeleiteten Klasse oder innerhalb der Assembly kann auf die Klassenvariable zugegriffen werden. Von dieser Kombination sollten Sie absehen. |
| Static | - - - | Sonderfall in Visual Basic .NET. Lesen Sie dazu bitte die Ausführungen im ▶ Abschnitt »Statische und nicht-statische Methoden und Variablen« auf Seite 66. |

*Tabelle 3.3:* Mögliche Zugriffsmodifizierer für Prozeduren in Visual Basic .NET

Diese Tabellen sollen Ihnen kompakt und auf einen Blick die Zugriffsmodifizierer von Variablen verdeutlichen. Die CTS-Bezeichnungen der Zugriffsmodifizierer benötigen Sie, wenn Sie sich den IML-Code einer Klasse anschauen, um zu erkennen, welchen Zugriffsmodus beispielsweise eine Methode hat.

# Wiederverwendbarkeit von Klassen durch Vererbung (Inheritance)

Vererbung und die Widerverwendbarkeit und Möglichkeit zur Erweiterung von Klassen sind der zentrale Bestandteil im Framework. Ich würde sogar soweit gehen zu sagen, dass ohne die Möglichkeit, Klassen zu vererben, .NET keinen Sinn machen würde.

Visual Basic 6.0 beherrschte die Polymorphie[12] – die Möglichkeit, über gleiche Methodennamen verschiedene Klassen anzusprechen – nur sehr unzulänglich. In Visual Basic 6.0 konnten Sie Klassen nur durch die so genannte Delegation vererben – bei der eine Klasse eine andere Klasse als Member-Variable eingebunden und deren Eigenschaften durch neue Funktionen und Eigenschaftenprozeduren nach außen offen gelegt hat. In VB6 war die reine Polymorphie auf

---

[12] Etwa: »Vielgestaltigkeit«

Schnittstellen beschränkt – mehr zu diesem Thema gibt's im ▶ Abschnitt »Schnittstellen (Interfaces)«

Bevor wir uns die Technik der Vererbung für das Beispiel zu nutze machen, möchte ich Ihnen anhand einfacher Codebeispiele den Vorgang des Vererbens erklären. Unser Beispiel möchte ich dazu nicht als erstes verwenden, da es bereits einer Sonderbehandlung bei der Vererbung bedarf, die am Anfang verwirren würde und dem Verständnis für einen Moment im Wege wäre.

**HINWEIS:** Sie finden das folgende Beispielprojekt auch auf der Buch-CD im Verzeichnis *..\Klassen\Vererbung* unter dem Namen *Vererbung.sln*, aber ich würde Sie bitten, es zur Übung und dem einfacheren Verständnis von Grund auf mit nachzustellen.

- Legen Sie ein neues Projekt an, indem Sie *Neues Projekt* aus dem Menü *Datei* wählen.
- Klicken Sie auf *Visual Basic-Projekte* in der Liste *Projekttypen*, wählen Sie *Konsolenanwendung* unter *Vorlagen* und bestimmen Sie »Vererbung« als Projektname.
- Klicken Sie auf *OK*, um das neue Projekt zu erstellen.
- Doppelklicken Sie auf *Module1.vb* im Projektmappen-Explorer, um den Code für das Projekt anzuzeigen. Lassen Sie sich zunächst nicht durch das Schlüsselwort *Module* irritieren. Auf das Thema Module (das aus Framework-Sicht betrachtet in Visual Basic wieder eine Sonderrolle spielt) werde ich im Laufe dieses Kapitels noch eingehen.
- Ändern Sie den Namen von *Module1* in *mdlMain*.
- Klicken Sie mit der rechten Maustaste auf *Module1.vb* im Projektmappen-Explorer und wählen Sie aus dem Kontextmenü *Umbennenen* aus. Ändern Sie den Namen des Moduls in »mdlMain.vb«.
- Klicken Sie mit der rechten Maustaste auf den Projektnamen im Projektmappen-Explorer und wählen Sie aus dem Kontextmenü *Eigenschaften* aus. Im Dialog, der jetzt erscheint, wählen Sie im Bereich *Allgemein* und Startobjekt *mdlMain* aus.
- Doppelklicken Sie im Projektexplorer auf *mdlMain.vb*, um das Codefenster zu öffnen.

Im Code-Editor unterhalb der Moduldefinition (also hinter *End Module*) geben Sie nun

```
Class ErsteKlasse
```

ein. Visual Basic erstellt automatisch die Zeile

```
End Class
```

darunter, um den Klassen-Codeblock abzuschließen. Diese erste Klasse soll eine Eigenschaft für die Wertezuweisung und eine Methode bekommen, mit der der Inhalt der Klasse ausgedruckt werden kann. Fügen Sie folgenden Code in die Klasse ein:

```
Class ErsteKlasse

    Protected myValue As Integer

    'Eigenschaft, um den Wert verändern zu können.
    Property Value() As Integer

        Get
            Return myValue
        End Get
```

```
        Set(ByVal Value As Integer)
            myValue = Value
        End Set

    End Property

    'Um die Funktion als String auszudrucken
    Function InString() As String

        Return myValue.ToString()

    End Function

End Class
```

Im Module *mdlMain* erstellen Sie nun ein kleines Rahmenprogramm, das diese neue Klasse zur Demonstrationszwecken verwendet:

```
Module mdlMain

    Sub Main()
        Dim klasse1 As New ErsteKlasse
        klasse1.Value = 5
        Console.WriteLine(klasse1.InString())

        Console.WriteLine()
        Console.WriteLine("Return drücken, zum Beenden")
        Console.ReadLine()
    End Sub

End Module
```

Sie können das Programm nun starten, und das Ergebnis wird dem entsprechen, was Sie sicherlich erwartet haben.

Für die nächsten Schritte stellen Sie sich einfach vor, dass Ihnen der Quelltext von *ErsterKlasse* nicht zur Verfügung steht. Unterhalb der Klassendefinition (die Sie natürlich im Geiste gar nicht sehen ...) fügen Sie nun eine weitere Klassendefinition ein:

```
Class ZweiteKlasse
    Inherits ErsteKlasse

End Class
```

Sie haben damit eine neue Klasse geschaffen, namens *ZweiteKlasse*. Diese Klasse hat keine Eigenschaften und keine Methoden, und sie hat sie doch. Wenn Sie den Cursor in die erste Prozedur der Codedatei platzieren, und unterhalb der Zeile

```
Console.WriteLine(klasse1.InString())
```

die Zeile

```
Dim klasse2 As New ZweiteKlasse
```

einfügen, darunter den Instanznamen zu einfügen und den Punkt eintippen, sehen Sie, wie Intellisense Ihnen die Elemente der neuen Klasse anbietet:

*Abbildung 3.10:* Obwohl es keine Elementdefinitionen für ZweiteKlasse gibt, zeigt Ihnen Intellisense dennoch eine Eigenschaft und zwei Methoden an

Was ist passiert?

Durch die Anweisung

```
Inhertis ErsteKlasse
```

haben Sie bestimmt, dass *ZweiteKlasse* alle Elemente von *ErsteKlasse* erbt. Alles, was *ErsteKlasse* kann, können Sie auch mit *ZweiteKlasse* machen.

**WICHTIG:** Genau darum geht es bei der objektorientierten Programmierung: Durch die Vererbung schreiben Sie wiederverwendbaren Code. Wenn Sie vorhandene Klassen verändern wollen, um sie an ein bestimmtes Problem anzupassen, dann können Sie die Originalklasse in dem Zustand belassen, den sie hat. Sie vererben sie einfach in eine neue Klasse (man sagt auch: Sie »leiten sie ab«), und verändern dann die vererbte Klasse, um Sie für Ihre neue Problemlösung anzupassen und zu erweitern.

Angenommen, Sie brauchen für ein bestimmtes Problem eine Klasse, die genau das kann, was *ErsteKlasse* kann, nur benötigen Sie zusätzlich eine weitere Eigenschaft, die den aktuellen Instanzwert um den Wert 10 erhöht ermittelt. In diesem Fall vererben Sie Klasse *ErsteKlasse*, so Sie es im Beispiel schon kennen gelernt haben, in *ZweiteKlasse* und fügen dann dort die neue Eigenschaftenprozedur hinzu:

```
Class ZweiteKlasse
    Inherits ErsteKlasse

    ReadOnly Property Value10Added() as Integer

        Get
            Return myValue + 10
        End Get

    End Property

End Class
```

Und das war es schon. Die gesamte Funktionalität, die *ErsteKlasse* hatte, hat *Zweite Klasse* auch, und sie hat obendrein noch eine Eigenschaft mehr.

Gegenprobe: Unterhalb der Zeile

```
Dim klasse2 As New ZweiteKlasse
```

fügen Sie den Text »Console.WriteLine(klasse1.« ein; sobald Sie den Punkt tippen, zeigt Ihnen Intellisense wieder die Elemente der Klasse an, und siehe da: Alle alten Elemente und die neue Eigenschaft sind in der Liste vorhanden!

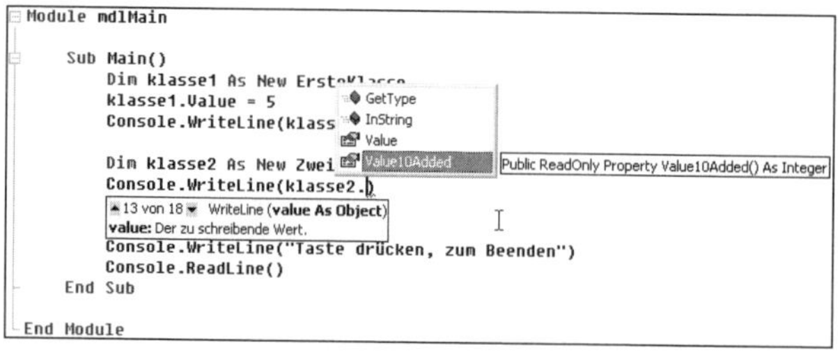

```
Module mdlMain
    Sub Main()
        Dim klasse1 As New ErsteKlasse
        klasse1.Value = 5
        Console.WriteLine(klasse...
        Dim klasse2 As New Zweite...
        Console.WriteLine(klasse2.)
        Console.WriteLine("Taste drücken, zum Beenden")
        Console.ReadLine()
    End Sub
End Module
```

**Abbildung 3.11:** *Die neue Eigenschaft ist jetzt zusammen mit den alten Elementen in* ZweiteKlasse *zu finden*

Komplettieren Sie die Zeile,

```
Console.WriteLine(klasse2.Value10Added)
```

starten Sie das Programm anschließend, und schauen Sie, was passiert:

```
5
10

Taste drücken, zum Beenden
```

Haben Sie erwartet, dass 15 als zweites Ergebnis ausgegeben wird? Natürlich nicht, denn die aus *ErsteKlasse* entstandene Instanz *klasse1* ist völlig unabhängig von der Instanz *klasse2*, die aus *ZweiteKlasse* entstanden ist. Sie haben sich von *ErsteKlasse* nur den Code als Vorlage »geborgt« – die Objekte, die aus beiden Klassen entstehen können, haben natürlich beide einen unterschiedlichen Datenbereich.

**HINWEIS:** Wichtig für das Verständnis von Klassen ist, wie sie intern verwaltet werden. Der Code einer Klasse ist immer nur ein einziges Mal vorhanden – auch wenn Sie mehrere Instanzen einer Klasse anlegen. Deswegen ist es natürlich auch Unsinn zu glauben, dass eine Klasse die zehnmal soviel Programmcode hat wie eine Klasse »X«, bei zehnfacher Instanzierung in zehn verschiedene Objekte hundertmal so viel Speicher benötigt wie Klasse X. Sie braucht für den Programmcode immer gleich viel Speicher, egal wie viele Instanzen aus ihr entstehen. Der Programmcode ist natürlich auch nicht doppelt vorhanden, wenn Sie eine Klasse aus einer anderen ableiten. Nur der zusätzliche Programmcode durch das Hinzufügen oder Verändern vorhandener Elemente belegt zusätzlichen Speicher. Ausschließlich die Member-Variablen einer Klasse sind dafür ausschlaggebend, wie viel zusätzlichen Speicher eine Klasse beim Instanzieren in Objekte benötigt.

Damit das erwartete Ergebnis eintritt, müssen Sie das Programm wie folgt abändern:

```
Module mdlMain

    Sub Main()
        Dim klasse1 As New ErsteKlasse
        klasse1.Value = 5
        Console.WriteLine(klasse1.InString())

        Dim klasse2 As New ZweiteKlasse
        klasse2.Value = 5
        Console.WriteLine(klasse2.Value10Added)
```

```
        Console.WriteLine()
        Console.WriteLine("Return drücken, zum Beenden")
        Console.ReadLine()
    End Sub
End Module
```

Jetzt betrachten wir die Klassen mit dem IML-Disassembler und schauen, ob uns Visual Basic wieder irgendetwas an Arbeit abgenommen hat.

- Starten Sie den IML-Disassembler, und öffnen Sie die Datei *Vererbung.Exe*, die Sie im Verzeichnis *..\Vererbung\obj\Debug\* finden.

- Öffnen Sie per Mausklick auf das davor stehende Pluszeichen den Zweig *ErsteKlasse* und den Zweig *ZweiteKlasse*. Anschließend sollten Sie ein Bild vor sich sehen, etwa wie in Abbildung 3.12 zu sehen.

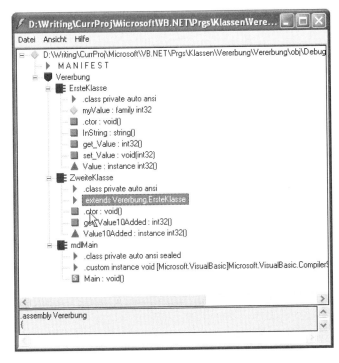

*Abbildung 3.12: Die beiden Testklassen im IML-Disassembler*

Genau wie in einem der vorherigen Beispiele hat Ihnen Visual Basic wieder Arbeit abgenommen und sowohl in der Basisklasse *ErsteKlasse* als auch in der abgeleiteten Klasse *ZweiteKlasse* entsprechende Konstruktorprozeduren (*.ctor*) eingefügt. In der Abbildung ebenfalls auf den ersten Blick erkennbar: Eigenschaften werden intern in Funktionen bzw. Methoden umgewandelt. Aus der *Value*-Eigenschaft der Basisklasse, die jeweils einen *Get*- und einen *Set*-Accessor hat, macht der Visual-Basic-Compiler die beiden Funktionen *get_Value* und *set_Value*. Die Eigenschaft selbst wird darunter definiert, und der IML-Code in ihr bestimmt lediglich, welche der in der Klasse vorhandenen Funktionen die Eigenschaft auflösen (per Doppelklick auf den Eigenschaftennamen können Sie sich den folgenden Code anzeigen lassen).

```
.property instance int32 Value()
{
  .get instance int32 Vererbung.ErsteKlasse::get_Value()
  .set instance void Vererbung.ErsteKlasse::set_Value(int32)
} // end of property ErsteKlasse::Value
```

Was noch auffällt: Genau wie vermutet, sind in *ZweiteKlasse* nur die zusätzlich vorhandenen Elemente als Code vorhanden. Dass die Klasse von der Basisklasse erbt und damit auch deren Elemente »mitnutzen« kann, wird – wie in Abbildung 3.12 gezeigt – durch *extends Vererbung.ErsteKlasse* geregelt. Da die einzige Eigenschaft nur einen Get-Accessor hat, gibt es übrigens auch nur eine Eigenschaftsfunktion in Form von *get_Value10Added*.

Ebenfalls erwähnenswert: die Member-Variable *myValue* habe ich vorausschauend als *Protected* deklariert. Laut Tabelle des letzten Abschnitts ist eine als *Protected* deklarierte Variable eine, »… [auf die nur] innerhalb derselben Klasse oder einer abgeleiteten Klasse zugegriffen werden kann«. Wäre die Variable nur als *Private* deklariert, könnte die abgeleitete Klasse *ZweiteKlasse* sie nicht manipulieren, die zusätzliche Eigenschaft, die sie implementiert, würde ergo nicht funktionieren. Member-Variablen, die Sie in Klassen verwenden, welche später durch das Vererben wieder verwendet werden sollen, deklarieren Sie deshalb nach Möglichkeit als *Protected*, es sei denn, Sie wünschen ausdrücklich, dass nur die Basisklasse die Variable manipulieren darf.

Nachdem nun bekannt ist, dass abgeleitete Klassen automatisch den Standardkonstruktor der Basisklasse aufrufen, wäre es interessant zu erfahren, was passiert, wenn die Basisklasse keinen Standardkonstruktor hat. Einen solchen Fall haben Sie mit der letzten Version der Klasse aus dem *RomanNumerals*-Beispiel nämlich kennen gelernt. Eine Klasse hat dann keinen automatisch generierten Standardkonstruktor, wenn sie einen parametrisierten Konstruktor hat.

Was passiert also, wenn wir der Klasse *ErsteKlasse* einen Konstruktor hinzufügen, der einen Parameter (zum Beispiel den Initialisierungswert für *myValue*) übernimmt? Probieren Sie es aus: Fügen Sie die Zeile

```
Sub New(ByVal Value As Integer)
```

in den Klassencode von *ErsteKlasse* ein. Sobald Sie die Änderungen eingefügt haben, sehen Sie diverse Fehlermarkierungen im Quelltext und die entsprechenden Beschreibungen dazu in der Aufgabenliste, etwa wie in Abbildung 3.13 zu sehen.

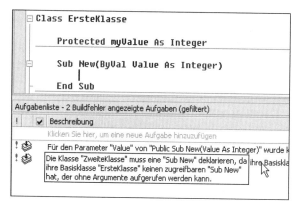

*Abbildung 3.13:* Nach dem Einfügen eines parametrisierten Konstruktors sehen Sie gleich zwei Fehler in der Aufgabenliste

Der Grund: Im Modul innerhalb von *Sub Main* kann *klasse1* nicht mehr instanziert werden, denn hinter

```
Dim klasse1 As New ErsteKlasse
```

steht kein Parameter. Da wir einen parametrisierten Konstruktor in die Klassendefinition eingefügt haben, gibt es keinen Standardkonstruktor mehr. Sobald Sie selbst irgendeinen Konstruktor (parametrisiert oder nicht) in eine Klasse einfügen, hört Visual Basic auf, Ihnen mit »Einkompilieren« eines Standardkonstruktors unter die Arme zu greifen. Kein Standardkonstruktor heißt: nehmen, was da ist. Und da ist nur einer, dem Parameter übergeben werden – der erste Fehler ist also erst erledigt, wenn Sie den Initialisierungswert für die Klasse mit angeben, etwa so:

```
Dim klasse1 As New ErsteKlasse(5)
Console.WriteLine(klasse1.InString())
.
.
.
```

Kein Standardkonstruktor bedeutet aber auch: Die abgeleitete Klasse weiß nicht, wie sie die Basisklasse instanzieren soll (was auf jeden Fall passieren muss). In diesem Fall müssen Sie also selbst dafür Sorge tragen, dass die Basisklasse aufgerufen wird. Sie erreichen das, indem Sie den Konstruktor der Basisklasse mit dem *MyBase*-Schlüsselwort aufrufen.

Das folgende Listing stellt die funktionierende Version dar (Änderungen sind fett hervorgehoben; einige unwichtige Teile sind durch »...« abgekürzt):

```
Module mdlMain

    Sub Main()
        Dim klasse1 As New ErsteKlasse(5)
        Console.WriteLine(klasse1.InString())

        Dim klasse2 As New ZweiteKlasse(5)
        Console.WriteLine(klasse2.Value10Added)

        Console.WriteLine()
        Console.WriteLine("Return drücken, zum Beenden")
        Console.ReadLine()
    End Sub

End Module

Class ErsteKlasse

    Protected myValue As Integer

    Sub New(ByVal Value As Integer)
        myValue = Value
    End Sub

    'Eigenschaft, um den Wert verändern zu können.
    Property Value() As Integer
        ...
    End Property
```

*Klassen und Schnittstellen*

```
    'Um die Funktion als String auszudrucken
    Function InString() As String
        ...
    End Function
End Class

Class ZweiteKlasse
    Inherits ErsteKlasse

    Sub New(ByVal Value As Integer)
        MyBase.New(Value)
    End Sub

    ReadOnly Property Value10Added() As Integer
        ...
    End Property
End Class
```

### Initialisierung von Member-Variablen bei Klassen ohne Standardkonstruktoren

Interessant ist zu sehen, was passiert, wenn Sie Member-Variablen schon bei ihrer Deklarierung definieren, etwa wie im folgenden Beispiel:

```
Class ErsteKlasse

    Protected myValue As Integer = 9

    Sub New(ByVal Value As Integer)
        myValue = Value
    End Sub

    Sub New(ByVal Value As Integer, ByVal NurZumTesten As Integer)
        myValue = Value
    End Sub
    .
    .
    .
```

In diesem Beispiel gibt es keinen Standardkonstruktor, aber dafür zwei parametrisierte. Da kein Code »außerhalb« einer Klasse ausgeführt werden kann, stellt sich die Frage: Wo findet die Zuweisung

```
    Protected myValue As Integer = 9
```

denn eigentlich statt? Die Antwort offenbart wieder ein Blick in den IML-Code der Klasse. Der Compiler treibt hier den größten Aufwand, denn da das Vorhandensein von Konstruktoren mit Parametern das Anlegen des Standardkonstruktors verbietet, muss er den Code für das Initialisieren der Member-Variablen in jedem Konstruktor einbauen (siehe Abbildung 3.14). Das gilt auch für den Fall, dass Sie einen Standardkonstruktor selbst und zusätzlich auch weitere parametrisierte Konstruktoren für die Klasse definiert haben. Nur so ist gewährleistet, dass alle erforderlichen Variableninitialisierungen *in jedem Fall* durchgeführt werden.

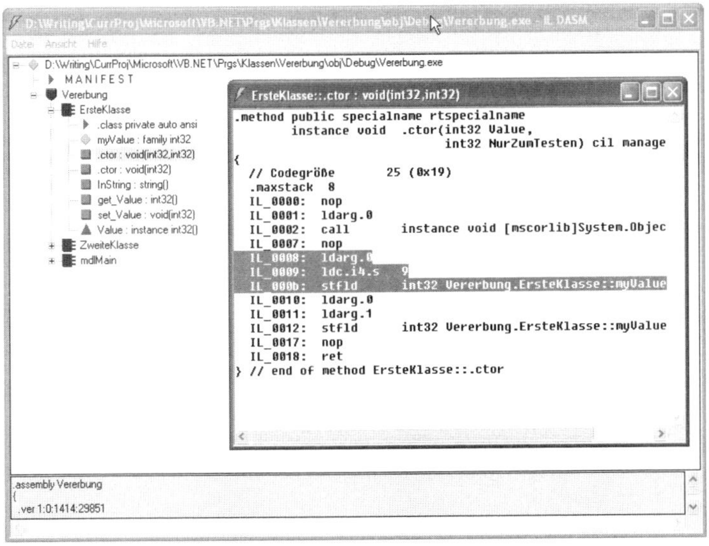

*Abbildung 3.14:* Initialisierungen von Member-Variablen werden im Bedarfsfall in jede Konstruktorprozedur eingebaut

## Überschreiben von Funktionen und Eigenschaften

Ich hoffe, Sie finden auch, dass das Ableiten von Klassen eine ziemlich dufte Sache ist. Es strukturiert, wie Sie später noch sehr oft sehen werden, Ihre Programme, macht sie leichter lesbar und hilft Ihnen insbesondere beim Strukturieren von größeren und komplexeren Projekten. Doch Klassen wären nicht evolutionär, und zwar im wahrsten Sinne des Wortes, wenn es nicht die Möglichkeit gäbe, bestimmte Funktionen einer Basisklasse durch eine andere der abgeleiteten auszutauschen. Klassen, die andere Klassen einbinden, werden dadurch unglaublich flexibel.

Das Ersetzen von Methoden oder Eigenschaften durch andere in einer abgeleiteten Basisklasse erfordert allerdings, dass die Basisklasse der Klasse, die sie ableitet, auch gestattet, bestimmte Funktionen zu überschreiben. Funktionen bzw. Methoden oder Eigenschaften müssen von Ihnen also explizit gekennzeichnet werden, damit sie später überschrieben werden dürfen. In Visual Basic geschieht die Kennzeichnung einer Prozedur einer Basisklasse zum Überschreiben mit dem Schlüsselwort *Overridable* (überschreibbar). Alle Funktionen und Eigenschaften, die mindestens als *Protected* gekennzeichnet sind, können den *Overridable*-Modifizierer tragen. Die Eigenschaften bzw. Methoden, die dann anschließend eine in der Basisklasse überschreiben, müssen wiederum mit dem Schlüsselwort *Overrides* (überschreibt) gekennzeichnet sein.

**HINWEIS:** Es ist übrigens wichtig, dass Sie Überschreiben und Überladen nicht in einen Topf werfen, kräftig drin rumrühren, und schauen, was anschließend dabei herauskommt: Visual Basic erlaubt es nämlich, dass eine abgeleitete Klasse die Prozedur einer Basisklasse überlädt. In diesem Fall ersetzen Sie die Basisfunktion nicht, Sie ergänzen diese nur um eine weitere Überladung. Das heißt im Klartext: Wenn Sie Prozeduren einer Basisklasse wirklich überschreiben (sie also ersetzen) wollen, dann grundsätzlich nur mit der gleichen Signatur wie die der Basisklasse.

Ein kleines Beispiel. Angenommen, in der abgeleiteten Klasse *ZweiteKlasse* passt Ihnen die Art und Weise nicht, wie der String durch die Funktion *InString* den Wert der Variable als Zeichenkette zurückliefert. Sie möchten beispielsweise, dass die *InString*-Funktion den Wert im Stil »der Wert lautet: xxx« ausgibt. In diesem Fall würden Sie die Klassen wie folgt verändern:

**HINWEIS:** Sie finden dieses Beispiel im Verzeichnis der Buch-CD und dort im Unterverzeichnis ..\\*Klassen\\Vererbung2*:

```
Module mdlMain

    Sub Main()
        Dim klasse1 As New ErsteKlasse(5)
        Console.WriteLine("Klasse1 ergibt durch InString: " & klasse1.InString())

        Dim klasse2 As New ZweiteKlasse(5)
        Console.WriteLine("Klasse2 ergibt durch InString: " & klasse2.InString())

        Console.WriteLine()
        Console.WriteLine("Return drücken, zum Beenden")
        Console.ReadLine()
    End Sub

End Module

Class ErsteKlasse

    Protected myValue As Integer = 9

    Sub New(ByVal Value As Integer)
        myValue = Value
    End Sub

    Sub New(ByVal Value As Integer, ByVal NurZumTesten As Integer)
        myValue = Value
    End Sub

    'Eigenschaft, um den Wert verändern zu können.
    Property Value() As Integer
    .
    .
    .
    End Property

    'Um die Funktion als String auszudrucken
    Public Overridable Function InString() As String

        Return myValue.ToString()

    End Function

End Class

Class ZweiteKlasse
    Inherits ErsteKlasse
```

```
Sub New(ByVal Value As Integer)
    MyBase.New(Value)
End Sub

ReadOnly Property Value10Added() As Integer
.
.
.
End Property

Public Overrides Function InString() As String
    Return "der Wert lautet: " & MyBase.InString()
End Function

End Class
```

Wenn Sie diese veränderte Version des Programms laufen lassen, sehen Sie das folgende Ergebnis auf dem Bildschirm:

```
Klasse1 ergibt durch InString: 5
Klasse2 ergibt durch InString: der Wert lautet: 5

Return drücken, zum Beenden
```

## Überschreiben vorhandener Methoden und Eigenschaften von Framework-Klassen

Nun ist der Name unserer Beispielfunktion nicht sonderlich glücklich gewählt – *InString* ist bestenfalls ein deutsches Ausdrucksfragment, und um die Umwandlung in eine Zeichenkette auf Englisch auszudrücken, müsste es eigentlich *ToString* heißen.

Wenn Sie allerdings die vorhandene Funktion *InString* in der ersten Klasse in *ToString* ändern, passiert etwas, was nicht unbedingt vorhersagbar ist (siehe Abbildung 3.15):

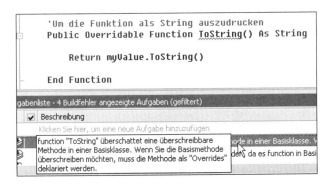

*Abbildung 3.15: Versuchen Sie ToString zu implementieren, sehen Sie diese Fehlermeldung*

Nur, welche Methode ist hier gemeint? Sie wissen inzwischen, dass in Visual Basic alle neuen Klassen automatisch von *Object* abgeleitet sind, wenn nichts anderes gesagt wird. Wenn wir nun aber zu Testzwecken irgendwo im Programm ein *Object*-Objekt definieren und uns die vorhandenen Elemente einer *Object*-Instanzvariablen mit Intellisense anschauen, dann bleibt die Elementliste dieses Objektes bis auf einen Eintrag leer, wie in der Abbildung 3.16 zu sehen.

*Klassen und Schnittstellen*

**Abbildung 3.16:** *Laut Intellisense hat* Object *nur eine einzige Methode*

Das erklärt die Fehlermeldung nicht wirklich. Die Wahrheit ist: .NET-Programmierer sollen wahrscheinlich nicht durch zu viele Klassen-Member in den Intellisense-Listen verwirrt werden – deswegen hat man ihnen standardmäßig den Blick auf einige, die »nur der Infrastruktur dienen«, verwehrt. Sie können das Ausblenden dieser Member aber abschalten. Dazu wählen Sie unter *Extras/Optionen* im Bereich *Texteditor* den Eintrag *Basic*. Entfernen Sie das Häkchen vor *Erweiterte Member ausblenden*, um alle Klassen-Member eines Objektes darzustellen. Wieso *ToString* als nicht anzeigewürdig ausgelegt ist – fragen Sie mich nicht. Die Hilfe lässt sich folgendermaßen darüber aus:

»**Erweiterte Member ausblenden:** Wenn diese Option aktiviert ist, werden bestimmte, intern als erweitert markierte Member in der Anweisungsabschlussliste ausgeblendet. Erweiterte Member werden nur für Infrastrukturzwecke verwendet, sie müssen jedoch für die Anzeige verfügbar sein. Mit dieser Option können Sie diese Member ausblenden, wenn eine Anzeige nicht erforderlich ist.«

Bilden Sie sich am besten selber eine Meinung darüber.

Der Gegenbeweis zeigt, dass es tatsächlich (unter vielen anderen Membern) eine *ToString*-Funktion am *Object*-Objekt gibt (siehe Abbildung 3.17):

**Abbildung 3.17:** *Jetzt sehen Sie alle Member der Object-Instanz*

Intellisense ist Ihnen an dieser Stelle von besonderem Nutzen, weil Sie die Modifizierer der *ToString*-Funktion auch gleich sehen können. Diese verraten Ihnen, dass die Funktion als *Overridable* deklariert wurde – Sie haben also selbst die Möglichkeit, die Ableitung dieser Klasse in *ErsteKlasse* mit *Overrides* zu überschreiben.

**HINWEIS:** Sie finden die so veränderte Version des Beispiels übrigens im Verzeichnis der Buch-CD im Unterverzeichnis ..\*Klassen\Vererbung3*.

## Polymorphie

Sie haben nun viel über Vererbung und über das Überschreiben von Klassen-Membern erfahren – jetzt lautet die große Frage, wie Ihnen diese Techniken von Nutzen sein können. Damit Vererbung und Funktionsüberschreibung richtig Sinn ergeben, fehlt ein großes Thema, das sich

»Polymorphie«[13] nennt. Polymorphie beschreibt die Möglichkeit, ein bestimmtes Objekt einer abgeleiteten Klasse in einer mit der Basis deklarierten Objektvariable referenzieren zu können.

Zur Verdeutlichung: Was würden Sie erwarten, wenn Sie im vorherigen Beispiel die Zeile des Moduls *mdlMain* von

```
Dim klasse2 As New ZweiteKlasse(5)
```

in die Zeilen

```
Dim klasse2 As ErsteKlasse
klasse2 = New ZweiteKlasse(5)
```

abändern? Glauben Sie, dass Visual Basic einen Fehler auslöst, da Sie *klasse2* als *ErsteKlasse* deklariert, dieser Objektvariablen anschließend aber eine Instanz von zweiter Klasse zugewiesen haben? Mitnichten! Diese Vorgehensweise ist nicht nur kein Fehler, Sie haben gerade sogar das wohl mächtigste Werkzeug der objektorientierten Programmierung kennen gelernt.

Ein etwas größeres Praxisbeispiel soll zur anschaulichen Demonstration der Polymorphie dienen. Stellen Sie sich vor, Sie arbeiten in der EDV-Abteilung eines größeren Versandhauses. Ihre Aufgabe besteht darin, eine Software zu entwickeln, die Textlisten mit Artikeln verarbeitet, sie formatiert und anschließend den Summenwert ausgibt. Dabei können die verarbeiteten Artikel im Programm Datentypen mit ganz unterschiedliche Eigenschaften sein: Video- und DVD-Artikeldatentypen speichern neben dem Titel auch die Lauflänge und den Hauptdarsteller; Bücher-Artikeldatentypen speichern stattdessen den Autoren und haben obendrein einen anderen Mehrwertsteuersatz.

Ohne Polymorphie wäre die Erstellung ein vergleichsweise schwieriges Unterfangen. Sie müssten eine Art »Superset« schaffen, das alle Eigenschaften beherrscht und für die jeweils geforderten Sonderfälle programmieren. Regelrechter Spaghetti-Code wäre dabei buchstäblich vorprogrammiert.

Die Listen haben ein bestimmtes Format – Ihr Hauptprogramm muss dieses Format berücksichtigen und intern die Daten entsprechend speichern. Eine typische Liste, wie Sie sie von anderen Mitarbeitern Ihrer Abteilung bekommen, sieht typischerweise wie folgt aus:

```
;Inventarliste, die durch das Programm Inventory ausgewertet werden kann
;Format:
;Typ (1=Buch, 2=Cd oder Video), Bestellnummer, Titel, Zusatz, Brutto in Cent, Zusatz2
1;0001;Die Nachwächter;Terry Pratchett und Andreas Brandhorst;1990;
1;0002;Kristall der Träume;Barbara Wood;2490;
1;0003;Volle Deckung - Mr. Bush: Dude where is my country;Michael Moore;1290;
1;0004;Du bist nie allein;Nicholas Sparks und Ulrike Thiesmeyer;1900;
2;0005;X-Men 2 - Special Edition;128;2299;Patrik Steward
2;0006;Sex and the City: Season 5;220;2999;Sarah Jessica Parka
2;0007;Indiana Jones (Box Set 4 DVDs);359;4499;Harrison Ford
2;0008;Die Akte;135;1499;Julia Roberts
```

Sie sehen: Die Liste enthält verschiedene Artikeltypen, und das muss berücksichtigt werden. Ihr Programm muss die einzelnen Artikel der Liste verarbeiten und sollte anschließend eine neue Liste mit folgendem Format ausspucken:

---

[13] Etwa »vielgestaltig«, »in verschiedenen Formen auftretend«

*Klassen und Schnittstellen*

```
0001    Die Nachwächter
18,60 Euro     1,30 Euro        18,60 Euro

0002    Kristall der Träume
23,27 Euro     1,63 Euro        23,27 Euro

0003    Volle Deckung - Mr. Bush: Dude where is my country
12,06 Euro     0,84 Euro        12,06 Euro

0004    Du bist nie allein
17,76 Euro     1,24 Euro        17,76 Euro

0005    X-Men 2 - Special Edition
19,82 Euro     3,17 Euro        19,82 Euro

0006    Sex and the City: Season 5
25,85 Euro     4,14 Euro        25,85 Euro

0007    Indiana Jones (Box Set 4 DVDs)
38,78 Euro     6,21 Euro        38,78 Euro

0008    Die Akte
12,92 Euro     2,07 Euro        12,92 Euro

-----------------------------
Gesamtsumme: 189,66 Euro
-----------------------------
-----------------------------
```

Die Artikeltypen unterscheiden sich dabei in zweierlei Hinsicht: Zum einen gibt es bei Büchern einen anderen Mehrwertsteuersatz. Zum anderen sind es bei Büchern die Autoren, die in die Artikelinfo einlaufen, bei Filmen ist es die Lauflänge. Das Programm muss obendrein die Möglichkeit bieten, kurze und ausführliche Listen zu erstellen. In der ausführlichen Liste sollen dann die erweiterten Eigenschaften der einzelnen Artikeltypen zu sehen sein. Eine ausführliche Liste sieht folgendermaßen aus:

```
0001    Die Nachwächter
Autor: Terry Pratchett und Andreas Brandhorst
18,60 Euro     1,30 Euro        18,60 Euro

0002    Kristall der Träume
Autor: Barbara Wood
23,27 Euro     1,63 Euro        23,27 Euro

0003    Volle Deckung - Mr. Bush: Dude where is my country
Autor: Michael Moore
12,06 Euro     0,84 Euro        12,06 Euro

0004    Du bist nie allein
Autor: Nicholas Sparks und Ulrike Thiesmeyer
17,76 Euro     1,24 Euro        17,76 Euro

0005    X-Men 2 - Special Edition
Laufzeit: 128 Min.
Hauptdarsteller: Patrik Steward
19,82 Euro     3,17 Euro        19,82 Euro
```

```
0006    Sex and the City: Season 5
Laufzeit: 220 Min.
Hauptdarsteller: Sarah Jessica Parka
25,85 Euro      4,14 Euro       25,85 Euro

0007    Indiana Jones (Box Set 4 DVDs)
Laufzeit: 359 Min.
Hauptdarsteller: Harrison Ford
38,78 Euro      6,21 Euro       38,78 Euro

0008    Die Akte
Laufzeit: 135 Min.
Hauptdarsteller: Julia Roberts
12,92 Euro      2,07 Euro       12,92 Euro


----------------------------

Gesamtsumme: 189,66 Euro
----------------------------
```

Zur Programmplanung: Da Sie vorher (also während der Entwurfszeit Ihres Programms) nicht wissen, wie viele Artikel Ihnen eine Datei zur Verfügung stellt, müssen Sie den Artikelspeicher dynamisch gestalten. Dazu gibt es zwei Möglichkeiten:

- Sie lesen die Datei komplett von vorne bis hinten durch und finden, noch bevor Sie einen Artikel verarbeitet haben, heraus, wie viele Artikel Sie verarbeiten müssen. Dann dimensionieren Sie ein Array in der Größe, die der Anzahl der Artikel entspricht, die Sie ja jetzt kennen. Anschließend lesen Sie in einem zweiten Durchgang die Artikel in das Array ein.

- Oder: Sie schaffen eine Klasse zum Speichern der Artikel, die sich dynamisch vergrößert. Die Klasse selbst könnte beispielsweise ein Array vordefinieren, mit einer Initialgröße von beispielsweise 4 Elementen. Wenn diese 4 Elemente nicht mehr ausreichen, legt sie ein neues temporäres Array an, dann beispielsweise mit 8 Elementen, kopiert die vorhandenen 4 Elemente des »alten« Arrays in das neue und tauscht anschließend die beiden Arrays aus, so dass das alte Member-Array der Klasse nun Platz für 8 Elemente hat. Zwar ist das Kopieren der Arrayelemente von einem zum anderen Array etwas zeitintensiv – aber dieser Vorgang geschieht im Arbeitsspeicher und läuft deswegen dennoch ausreichend schnell ab. Die Verwendung der ersten Option erfordert, dass die Datei ein zweites Mal eingelesen werden muss, was bei größeren Dateien natürlich viel zeitintensiver ist.

Die Artikel selbst werden ebenfalls in Klassen gespeichert. Da beide Artikel viele Gemeinsamkeiten aufweisen und sich nur marginal voneinander unterscheiden, liegt es nahe, eine Basisklasse zu entwerfen, die die Gemeinsamkeiten abdeckt und die Sonderfälle der jeweiligen Artikeltypen in zwei davon abgeleiteten Klassen zu implementieren. Wichtig für die Typsicherheit: Die »Listenklasse«, die die einzelnen Artikeldatentypen speichert, sollte nur Artikelklassen und von ihr abgeleitete Klassen aufnehmen.

Polymorphie ist in unserem Beispiel von unschätzbarem Wert. Die Artikelklassen, die von der Artikelbasisklasse abgeleitet sind, lassen sich nämlich über eine Objektvariable der Artikelbasisklasse steuern. Für die Entwicklung bedeutet das: Sie können ein Array verwalten, das nur den Typ »Artikelbasisklasse« aufnimmt, obwohl ganz andere (na ja, vielleicht nicht *ganz* andere, sondern nur erweiterte) Klasseninstanzen darin gespeichert werden. Der entscheidende Clou dabei ist, dass Sie im Code zwar beispielsweise eine Funktion der Artikelbasisklasse angeben, aber die einer abgeleiteten aufgerufen wird, wenn die Funktion der Basisklasse überschrieben wurde. Das mag zunächst ein wenig verwirrend klingen, wird aber klar, wenn Sie das Beispielprogramm zur Hilfe nehmen, das Sie unter dem Namen *Inventory* im Verzeichnis der Buch-CD und dort im Unterverzeichnis ..\*Klassen*\*Inventory* finden.

Bevor wir uns mit der Polymorphie dieses Beispiels beschäftigen, lassen Sie uns zunächst die Elemente klären, mit denen die Voraussetzungen zum Speichern der Daten geschaffen werden. Betrachten Sie dazu als erstes die Klasse *DynamicList* zur Speicherung der Artikel:

```
Class DynamicList

    Protected myStepIncreaser As Integer = 4
    Protected myCurrentArraySize As Integer
    Protected myCurrentCounter As Integer
    Protected myArray() As ShopItem

    Sub New()
        myCurrentArraySize = myStepIncreaser
        ReDim myArray(myCurrentArraySize)
    End Sub

    Sub Add(ByVal Item As ShopItem)

        'Prüfen, ob aktuelle Arraygrenze erreicht wurde.
        If myCurrentCounter = myCurrentArraySize - 1 Then
            'Neues Array mit mehr Speicher anlegen,
            'und Elemente hinüberkopieren. Dazu:

            'Neues Array wird größer:
            myCurrentArraySize += myStepIncreaser

            'temporäres Array erstellen
            Dim locTempArray(myCurrentArraySize - 1) As ShopItem

            'Elemente kopieren.
            'Wichtig: Um das Kopieren müssen Sie sich,
            'anders als bei VB6, selber kümmern!
            For locCount As Integer = 0 To myCurrentCounter
                locTempArray(locCount) = myArray(locCount)
            Next

            'Temporäres Array dem Memberarray zuweisen.
            myArray = locTempArray
        End If

        'Element im Array speichern.
        myArray(myCurrentCounter) = Item

        'Zeiger auf nächstes Element erhöhen.
        myCurrentCounter += 1

    End Sub
```

Die *Add*-Methode ist das Entscheidende. Sie überprüft, ob das Array noch ausreichend groß ist. Falls das nicht der Fall ist, führt sie den Tauschvorgang mit einer lokalen Arrayvariablen durch, die entsprechend größer definiert wurde und in die die Arrayelemente zuvor kopiert wurden.

Damit »zeigt« der Klassen-Member *myArray* jetzt auf die neuen Arrayelemente – die alten Array-Elemente werden buchstäblich »vergessen«. Übrigens: Den Arbeitsspeicher, der auf diese Weise unnötigerweise belegt wird, holt sich das Framework eigenständig mit Hilfe der so genannten Garbage Collection (»Müllabfuhr«) wieder. Der Garbage Collector (kurz »GC«) schaut sich – vereinfacht ausgedrückt – an, ob Objekte, die Speicher belegen, noch irgendeinen Bezug zu einer verwendeten Objektvariablen haben. Falls nicht, werden sie entsorgt. In diesem Beispiel haben die ursprünglichen Elemente, die im Member-Array *myArray* gespeichert waren, nach dem Kopieren keinen Bezug mehr zu irgendeinem Objekt: Der Objektname wurde mit der Zeile

```
'temporäres Array dem Memberarray zuweisen
myArray = locTempArray
```

auf die neuen Elemente »umgebogen«. Die ursprünglichen Elemente stehen anschließend bezugslos im Speicher und werden beim nächsten GC-Durchlauf entsorgt.

Die *Add*-Methode nimmt ausschließlich Objekte eines bestimmten Typs entgegen. In diesem Beispiel habe ich sie *ShopItem* (»Ladenartikel«) genannt. Diese Klasse stellt die Basis für die Artikelspeicherung dar und sieht folgendermaßen aus:

```
Class ShopItem

    Protected myTitle As String              ' Titel
    Protected myNetPrice As Double           ' Nettopreis
    Protected myOrderNumber As String        ' Artikelnummer
    Protected myPrintTypeSetting As PrintType ' Ausgabeform

    Public Sub New()
        myPrintTypeSetting = PrintType.Detailed
    End Sub

    Public Sub New(ByVal StringArray() As String)
        Title = StringArray(FieldOrder.Titel)
        GrossPrice = Double.Parse(StringArray(FieldOrder.GrossPrice)) / 100
        OrderNumber = StringArray(FieldOrder.OrderNumber)
        PrintTypeSetting = PrintType.Detailed
    End Sub

    Public Property Title() As String
        Get
            Return myTitle
        End Get
        Set(ByVal Value As String)
            myTitle = Value
        End Set
    End Property

    Public Property OrderNumber() As String
        Get
            Return myOrderNumber
        End Get
        Set(ByVal Value As String)
            myOrderNumber = Value
        End Set
    End Property
```

```vbnet
    Public Property NetPrice() As Double
        Get
            Return myNetPrice
        End Get

        Set(ByVal Value As Double)
            myNetPrice = Value
        End Set

    End Property

    Public ReadOnly Property NetPriceFormatted() As String
        Get
            Return NetPrice.ToString("#,##0.00") + " Euro"
        End Get
    End Property

    Public Overridable Property GrossPrice() As Double
        Get
            Return myNetPrice * 1.16
        End Get

        Set(ByVal Value As Double)
            myNetPrice = Value / 1.16
        End Set
    End Property

    Public ReadOnly Property GrossPriceFormatted() As String
        Get
            Return NetPrice.ToString("#,##0.00") + " Euro"
        End Get
    End Property

    Public ReadOnly Property VATAmountFormatted() As String
        Get
            Return (GrossPrice - myNetPrice).ToString("#,##0.00") + " Euro"
        End Get
    End Property

    Public Overridable ReadOnly Property Description() as String
        Get
            Return OrderNumber & vbTab & Title
        End Get
    End Property

    Public Property PrintTypeSetting() As PrintType
        Get
            Return myPrintTypeSetting
        End Get

        Set(ByVal Value As PrintType)
            myPrintTypeSetting = Value
        End Set
    End Property

End Class
```

Es ist nicht sonderlich schwer, diese Klasse zu begreifen, denn sie dient nur zwei Aufgaben: Dem Speichern von Daten, die durch Eigenschaften zugänglich gemacht werden, und der formatierten Ausgabe einiger dieser Daten. Einige der Eigenschaften sind obendrein nur als *Read-Only* definiert, da es keinen Sinn ergibt, sie zu beschreiben.

## Zahlen mit ToString formatiert in Zeichenketten umwandeln

Erwähnenswert an dieser Stelle ist die Eigenschaft der *ToString*-Funktion primitiver Datentypen (*Integer*, *Double*, etc.), Zahlen formatiert auszugeben. In diesem Fall verwenden Sie eine Überladung von *ToString*, die einen String als Parameter akzeptiert. In diesem Beispiel lautet der String »#,##0.00«, der bewirkt, dass Nachkommastellen unabhängig vom Wert grundsätzlich zweistellig, Vorkommastellen im Bedarfsfall mit Tausendertrennzeichen formatiert werden. Bitte beachten Sie, dass Sie hierbei die amerikanische/englische Schreibweise verwenden, bei der das Tausendertrennzeichen ein Komma und das Nachstellentrennzeichen ein Punkt ist. Mehr zu diesem Thema finden Sie übrigens in ▶ Kapitel 4.

Interessant ist es, als nächstes die aus der Basisklasse abgeleiteten Klassen zu erkunden, die Sie im Folgenden abgedruckt finden:

```
Class BookItem
    Inherits ShopItem

    Protected myAuthor As String

    Public Sub New(ByVal StringArray() As String)
        MyBase.New(StringArray)
        Author = StringArray(FieldOrder.AdditionalRemarks1)
    End Sub

    Public Overridable Property Author() As String
        Get
            Return myAuthor
        End Get
        Set(ByVal Value As String)
            myAuthor = Value
        End Set
    End Property

    Public Overrides Property GrossPrice() As Double
        Get
            Return myNetPrice * 1.07
        End Get

        Set(ByVal Value As Double)
            myNetPrice = Value / 1.07
        End Set
    End Property
```

*Klassen und Schnittstellen*

```
    Public Overrides ReadOnly Property Description() As String
        Get
            Return OrderNumber & vbTab & Title & vbCr & vbLf & "Autor: " & Author
        End Get
    End Property
End Class
```

Durch das *Inherits*-Schlüsselwort direkt nach dem *Class*-Schlüsselwort bestimmen Sie, dass die neue Klasse, die die Bücherartikel speichert, von der Basisklasse *ShopItem* abgeleitet wird. Das befähigt Objektvariablen, die als *ShopItem* definiert wurden, auch Instanzen von *BookItem* zu referenzieren, denn es gilt: Jede abgeleitete Klasse kann durch eine Objektvariable der Basisklasse »angesprochen« werden.

Dazu ein Beispiel: Wenn Sie eine Objektvariable namens *EinArtikel* auf folgende Weise deklariert

```
Dim EinArtikel as ShopItem
```

und entsprechend, etwa durch

```
EinArtikel=New ShopItem()
```

definiert haben, kann ihr Inhalt später im Programm durch die Anweisung

```
Console.WriteLine(EinArtikel.GrossPriceFormatted)
```

ausgegeben werden, und es wird, wie zu erwarten, *GrossPriceFormatted* (etwa: »Bruttopreis formatiert«) der Basisklasse *ShopItem* verwendet.

Wird hingegen – und jetzt wird es interessant – eine Instanz der abgeleiteten Klasse etwa durch die folgende Zeile

```
EinArtikel=New BookItem(…)
```

durch **dieselbe** Objektvariable *EinArtikel* angesprochen, und wird später die gleiche Funktion aufgerufen, etwa durch

```
Console.WriteLine(EinArtikel.GrossPriceFormatted)
```

so wird dieses Mal nicht die *GrossPriceFormatted*-Funktion der Basisklasse, sondern die der abgeleiteten Klasse *BookItem* verwendet. Und genau das sind die unschlagbaren Vorteile der Polymorphie: Sie haben ein Steuerprogramm, das in einer Basisklassenobjektvariablen die augenscheinlich gleiche Funktion aufruft und doch können Sie durch das Überschreiben genau dieser Funktion in einer abgeleiteten Klasse ein anderes Ergebnis erzielen.

Die Basisklasse unseres Beispiels stellt einen parametrisierten Konstruktor bereit, die ein String-Array übernimmt. Aus diesem String-Array werden die Daten für den Inhalt einer Klasseninstanz entnommen:

```
    Public Sub New(ByVal StringArray() As String)
        Title = StringArray(FieldOrder.Titel)
        GrossPrice = Double.Parse(StringArray(FieldOrder.GrossPrice)) / 100
        OrderNumber = StringArray(FieldOrder.OrderNumber)
        PrintTypeSetting = PrintType.Detailed
    End Sub
```

Das übergebende Array enthält die einzelnen Daten immer in Elementen mit dem gleichen Index, die zum einfacheren Verständnis des Quellcodes übrigens in einer *Enum*-Aufzählung festgehalten sind (mehr zum Thema *Enums* erfahren Sie am Ende von ▶ Kapitel 4):

```
Enum FieldOrder ' Reihenfolge der Felder
    Type
    OrderNumber
    Titel
    AdditionalRemarks1
    GrossPrice
    AdditionalRemarks2
End Enum
```

Die abgeleitete Klasse *BookItem* hat nun viel weniger Arbeit, eine Instanz zu definieren. Sie ruft einfach den Konstruktor der Basisklasse auf und ergänzt ihren eigenen Konstruktor nur noch um die Zuweisung eines bestimmten Array-Elementes des ihr übergebenen Parameters:

```
Public Sub New(ByVal StringArray() As String)
    MyBase.New(StringArray)
    Author = StringArray(FieldOrder.AdditionalRemarks1)
End Sub
```

Da Bücher im Gegensatz zu vielen anderen Artikeln mit einer anderen Mehrwertsteuer belegt sind, muss die Funktion, die den Bruttopreis berechnet, überschrieben werden:

```
Public Overrides Property GrossPrice() As Double
    Get
        Return myNetPrice * 1.07
    End Get

    Set(ByVal Value As Double)
        myNetPrice = Value / 1.07
    End Set
End Property
```

Und schon wieder sehen Sie Polymorphie in Aktion: Die abgeleitete Klasse muss jetzt die Methode, die den formatierten Bruttopreis als String zurückgibt, nicht noch zusätzlich überschreiben, denn wenn Sie sich die Funktion der Basisklasse betrachten

```
    Public ReadOnly Property GrossPriceFormatted() As String
        Get
            Return GrossPrice.ToString("#,##0.00") + " Euro"
        End Get
    End Property
```

stellen Sie fest, dass sie nicht direkt auf eine Member-Variable zurückgreift, sondern ihrerseits eine in der Klasse implementierte Eigenschaft bemüht. Aus der Sicht der abgeleiteten Klasse *BookItem* wird hier nicht *GrossPrice* der Basisklasse, sondern der (überschriebenen) abgeleiteten Klasse aufgerufen – der formatierte Bruttopreis eines Buches berücksichtigt also korrekt 7% Mehrwertsteuer und nicht die 16% der Basisklasse. *GrossPriceFormatted* ruft also die überschriebene Funktion der abgeleiteten Klasse auf, obwohl diese Funktion ausschließlich in der Basisklasse zu finden ist!

Eine ähnliche Vorgehensweise legen die Funktionen *Description* (für die Zusammensetzung des Beschreibungstextes) und *VATAmountFormatted* (für den Betrag der Mehrwertsteuer) an den Tag.

Und auch die zweite Klasse zur Speicherung von Artikeln – sie nennt sich *VideoOrDVD* – macht sich die Polymorphie zunutze:

```
Class VideoOrDVD
    Inherits ShopItem

    Protected myRunningTime As Integer
    Protected myActor As String

    Public Sub New(ByVal StringArray() As String)
        MyBase.New(StringArray)
        RunningTime = StringArray(FieldOrder.AdditionalRemarks1)
        Actor = StringArray(FieldOrder.AdditionalRemarks2)
    End Sub

    Public Overridable Property RunningTime() As Integer
        Get
            Return myRunningTime
        End Get
        Set(ByVal Value As Integer)
            myRunningTime = Value
        End Set
    End Property

    Public Overridable Property Actor() As String
        Get
            Return myActor
        End Get
        Set(ByVal Value As String)
            myActor = Value
        End Set
    End Property

    Public Overrides ReadOnly Property Description() As String
        Get
            Return OrderNumber & vbTab & Title & vbCr & vbLf & "Laufzeit: " & _
                myRunningTime & " Min." & vbCr & vbLf & "Hauptdarsteller: " & Actor
        End Get
    End Property

End Class
```

Sie sehen an diesem Beispiel wie sehr Sie die Polymorphie bei der Widerverwendbarkeit von Code unterstützt und enorm Arbeit spart. Und das gleich in doppeltem Sinne: Wenn die Basisklasse funktioniert, funktionieren die abgeleiteten Klassen bis auf ihre zusätzliche Funktionalität genau so reibungslos. Neben dem weniger vorhandenen Tippaufwand sparen Sie obendrein viel Zeit beim Suchen von Fehlern.

Die Klassen für unser Beispiel sind damit komplett fertiggestellt. Was jetzt noch zu tun bleibt, ist die Implementierung des Hauptprogramms, das die Ursprungstextdatei einliest, die Elemente aus jeder Textzeile erstellt, sie der Liste hinzufügt und die Ergebnisse schließlich ausgibt:

```vb
Sub Main()
    Dim locFs As New StreamReader(Filename, System.Text.Encoding.Default)
    Dim locList As New DynamicList
    Dim locElements() As String
    Dim locShopItem As ShopItem
    Dim locDisplayMode As PrintType

    Console.WriteLine("Wählen Sie (1) für kurze und (2) für ausführliche Darstellung")
    Dim locKey As String = Console.ReadLine()
    If locKey = "1" Then
        locDIsplayMode = PrintType.Brief
    Else
        locDIsplayMode = PrintType.Detailed
    End If

    Do
        Try
            'Zeile einlesen
            Dim locLine As String = locFs.ReadLine()

            If locLine Is Nothing Then
                locFs.Close()
                Exit Do
            End If

            'Semikolon überlesen
            If Not locLine.StartsWith(";") Then

                'So braucht man kein explizites Char-Array zu deklarieren
                'um die Zeile in die durch Komma getrennten Elemente zu zerlegen.
                locElements = locLine.Split(New Char() {";"})

                If locElements(FieldOrder.Type) = "1" Then
                    locShopItem = New BookItem(locElements)
                Else
                    locShopItem = New VideoOrDVD(locElements)
                End If
                locList.Add(locShopItem)
            End If

        Catch ex As Exception
            Console.WriteLine(New String("-"c, 80))
            Console.WriteLine(New String("!"c, 80))
            Console.WriteLine("Bei der Verarbeitung ist ein Fehler aufgetreten:")
            Console.WriteLine(ex.Message)
            locFs.Close()
            Exit Sub
        End Try

    Loop

    Dim locGrossAmount As Double = 0

    'Alle Elemente ausgeben.
    For count As Integer = 0 To locList.Count - 1
        locList(count).PrintTypeSetting = locDIsplayMode
```

```
            Console.WriteLine(locList(count).ToString())
            locGrossAmount += locList(count).GrossPrice
        Next

        Console.WriteLine()
        Console.WriteLine("----------------------------")
        Console.WriteLine("Gesamtsumme: " & locGrossAmount.ToString("#,##0.00") & " Euro")
        Console.WriteLine("----------------------------")
        Console.WriteLine("----------------------------")
        Console.WriteLine()
        Console.WriteLine("Return drücken, zum Beenden")
        Console.ReadLine()

    End Sub
```

Sie sehen: die meiste Arbeit machen die »Print«-Zeilen, die sich um die Ausgaben kümmern und die Artikel auf dem Bildschirm darstellen. Da die überwiegende Lösung des Problems bereits von den Artikelklassen bewältigt wird, beschränkt sich die eigentliche Aufgabe des Hauptprogramms darauf, die Datei zu öffnen, ein Element aus der Klasse zu lesen und zu speichern.

## Chars und deren Wertezuweisung im Quellcode

Im Gegensatz zu Visual Basic 6 kennt Visual Basic .NET auch den *Char*-Datentyp. Dieser speichert genau ein Zeichen. Genau so, wie Sie einen Wert einer Zahl oder eine Zeichenkette einem String zuordnen können, beispielsweise mit,

```
Dim i as Integer = 5
Dim s as String = "Eine Zeichenkette"
```

können Sie auch einer *Char*-Variablen einen Buchstaben zuordnen. Da die doppelten Anführungszeichen bereits für Strings reserviert sind, müssen Sie die Zuweisung an eine *Char*-Variable besonders kennzeichnen. Sie erreichen das, indem Sie ein kleines »c« hinter das eigentliche Zeichen stellen, etwa mit:

```
Dim c as Char = "A"c
```

Auch das Hauptprogramm bedient sich der Polymorphie, nämlich dann, wenn es die Liste auf dem Bildschirm ausgibt:

```
'Alle Elemente ausgeben.
For count As Integer = 0 To locList.Count - 1
    locList(count).PrintTypeSetting = locDIsplayMode
    Console.WriteLine(locList(count).ToString())
    locGrossAmount += locList(count).GrossPrice
Next
```

Es iteriert in einer Zählschleife durch die einzelnen Elemente der Klasse. Da die *Item*-Eigenschaft der *DynamicList*-Klasse die Default-Eigenschaft ist, muss der Eigenschaftenname *Item* an dieser Stelle noch nicht einmal angegeben werden – es reicht aus, das gewünschte Element durch eine direkt an den Objektnamen angefügte Klammer zu indizieren.

Mit *ToString* des indizierten Objektes erfolgt anschließend der Ausdruck auf dem Bildschirm. Welches *ToString* das Programm dabei verwendet, ist wieder abhängig von der Klasse, deren Instanz im Arrayelement gespeichert wird. Ist es ein *BookItem*-Objekt, wird *ToString* von *Book-*

*Item* aufgerufen; bei einem *VideoOrDVD*-Objekt wird die *ToString*-Funktion eben dieser Klasse aufgerufen. Gleiches gilt anschließend für die Berechnung der Mehrwertsteuer und die Funktion *GrossPrice*.

## Polymorphie und der Gebrauch von *Me*, *MyClass* und *MyBase*

Die Option dem Benutzer zur Verfügung zu stellen, entweder eine ausführliche Liste oder eine sehr kurz gehaltene Liste auszudrucken, ist eine der Anforderungen an das Programm. Nun gäbe es zwei theoretische Ansätze, die Lösung dieses Problems zu realisieren. Die erste Möglichkeit: Der Ausdruck wird komplett durch das steuernde Hauptprogramm durchgeführt. In diesem Fall müsste das Hauptprogramm dafür sorgen, dass die Sonderfälle unterschieden würden. Im Prinzip gäbe es dabei zwei verschiedene Druckroutinen, die jeweils einmal für den ausführlichen und einmal für den kompakten Ausdruck zuständig wären. Möglichkeit Nr. 2: Die Klassen selbst sorgen für die Aufbereitung der entsprechenden Texte. Zufälligerweise gibt es eine Eigenschaft in der Basisklasse, die einen recht kompakten, beschreibenden Text für den Inhalt einer Objektinstanz zurückliefert. Diese Eigenschaft hat den Namen *Description*. Diese Eigenschaft wird von den abgeleiteten Klassen überschrieben; sie erweitern die Eigenschaft dahingehend, dass auch die zusätzlichen gespeicherten Informationen bei der Ausgabe berücksichtigt werden.

Viel leichter wäre es jetzt also, wenn das Programm in Abhängigkeit von der Eingabe des Anwenders entweder die Eigenschaft der Basisklasse oder die der jeweiligen abgeleiteten Klasse für die Ausgabe auf den Bildschirm verwenden würde. Die Basisklasse müsste zu diesem Zweck eine weitere Eigenschaft bereitstellen, mit der sich steuern ließe, ob die kompakte oder die ausführliche Form bei der Ausgabe der Artikelbeschreibung zu berücksichtigen ist.

Aus diesem Grund gibt es bereits in der Basisklasse eine Eigenschaft namens *PrintType*, die nur zwei Zustände aufweisen kann, welche in einer *Enum* definiert sind:

```
Enum PrintType    ' Reportform
    Brief         ' kurz
    Detailed      ' ausführlich
End Enum
```

Bevor nun die eigentliche Ausgabe auf dem Bildschirm des Inhalts eines Artikelobjektes erfolgt, muss das die Ausgabe steuernde Programm dafür sorgen, dass die *PrintType*-Eigenschaft auf den korrespondierenden Wert gesetzt wird, den der Anwender beim Start des Programms definiert hat. Wenn diese Voraussetzung erfüllt ist, kann ein Artikelobjekt selber entscheiden, ob die Beschreibung der Basisklasse oder der eigenen Klasse zurückgeliefert werden soll. Da dieser »Entscheidungsalgorithmus« sowohl in der Basisklasse als auch in allen abgeleiteten Klassen derselbe ist, reicht es aus, ihn ausschließlich in der Basisklasse zu implementieren. Durch die Polymorphie ist es anschließend möglich, die »richtige« *Description*-Eigenschaft der jeweiligen Klasse abzufragen und daraus den Rückgabetext zusammenzubasteln.

Das letzte Problem ist die Realisierung der kompakten Form des Artikeldrucks. Hier müsste der *ToString*-Funktion die Möglichkeit gegeben sein, die Polymorphie außer Kraft zu setzen und gezielt die *Description*-Eigenschaft der Basisklasse aufzurufen, egal ob es sich bei dem gespeicherten Objekt um ein abgeleitetes oder um ein Original handelt. Genau das erreichen Sie mit dem Attribut *MyClass*. *MyClass* erlaubt, gezielt auf ein Element der Klasse zu zugreifen, in der *MyClass* verwendet wird. Sie heben damit quasi die Überschreibung einer Methode für die Dauer des Aufrufs auf und verwenden das Original der Klasse, in der *MyClass* eingesetzt wird. Die *ToString*-Funktion der Basisklasse macht sich genau diese Eigenschaft zunutze:

```
Public Overrides Function ToString() As String

    If PrintTypeSetting = PrintType.Brief Then
        'Kurzform: Es wird in jedem Fall
        'die Description-Eigenschaft des Objektes
        'verwendet.
        Return MyClass.Description & vbCr & vbLf & _
            Me.NetPriceFormatted & vbTab & Me.VATAmountFormatted & vbTab & _
            Me.GrossPriceFormatted & vbCr & vbLf
    Else
        'Langform: Die Description Eigenschaft des Objektes
        'selber wird verwendet.
        Return Me.Description & vbCr & vbLf & _
            Me.NetPriceFormatted & vbTab & Me.VATAmountFormatted & vbTab & _
            Me.GrossPriceFormatted & vbCr & vbLf
    End If
End Function
```

| Schlüsselwort | Beschreibung |
| --- | --- |
| Me | Das Element der eigenen Klasse wird verwendet. |
| MyClass | Das Element der Klassenableitung, die das *MyClass*-Schlüsselwort enthält, wird verwendet. |
| MyBase | Das Element der Basisklasse wird verwendet. |

*Tabelle 3.4:* *Schlüsselworte zur Bestimmung von überladenen Elementen unterschiedlichen Rangs in der Vererbungshierarchie*

## Abstrakte Klassen und virtuelle Prozeduren

Schreiben Sie Ihre Texte auch mit Microsoft Word? Kennen Sie dann auch Dokumentenvorlagen? Ja? Gut. Dann wissen Sie quasi auch, was abstrakte Klassen sind. Dokumentenvorlagen in Word dienen dazu, eine Formatierungsrichtlinie für Dokumente festzuschreiben. Wenn ich, wie in diesem Buch, einen »Standardabsatz« schreibe, dann bestimmt die Dokumentenvorlage, dass die Schrift dafür »Concorde« und die Schriftgröße 9 Punkt groß ist. Wenn ein Dokument auf Basis einer Dokumentenvorlage erstellt ist, übernimmt es alle ihre Eigenschaften. Nur so ist gewährleistet, dass die Kapitel eines Buches später auch alle im gleichen Stil formatiert sind.

Abstrakte Klassen funktionieren nach ähnlichem Konzept. Sie stellen Prototypen von Prozeduren bereit, aber sie dienen ausschließlich als Vorlage. Um Entwickler dabei – rabiat ausgedrückt – dazu zu zwingen, bestimmte Elemente neu zu implementieren, stellen sie zusätzlich virtuelle Prozeduren bereit. Eine virtuelle Prozedur hat zwei Aufgaben:

- Sie gibt dem Entwickler die Signatur (oder die Signaturen für überladene Prozeduren) einer Prozedur vor.

- Sie »zwingt« den Entwickler, in der Ableitung der Klasse die vorhandene Prozedur zu überschreiben und sie vor allen Dingen damit zu implementieren.

Ein Praxisbeispiel (und dazu muss ich gar nicht weit ausholen): Stellen Sie sich vor, das Beispielprogramm aus dem letzten Kapitel verrichtet seinen Dienst in einem großen Versandhaus wie Otto, Quelle oder Amazon. Hier sind natürlich wesentlich mehr Artikelgruppen zu berücksichtigen – bei Versendern wie Amazon, die auch im europäischen Ausland operieren, sind auch noch mehr Mehrwertsteuersätze zu berücksichtigen.

Es würde ziemlich viel Sinn ergeben, die vorhandene Artikelklasse *ShopItem* als abstrakte Klasse zu formulieren. Damit Teammitglieder bewusst die mehrwertsteuerbezogenen Funktionen neu implementieren (so dass sie nicht vergessen werden) hätten Sie dann die Möglichkeit, die betroffenen Funktionen als virtuelle Funktionen auszulegen. Sie stellen damit sicher, dass sich jeder Entwickler dessen bewusst wird, denn implementiert er die mehrwertsteuerbezogenen Funktionen nicht, wird seine Klasse nicht kompilierbar sein.

An dem Beispielprogramm müssen Sie dabei kaum Änderungen vornehmen. Sie können nach dem Umbau *ShopItem* auch weiterhin als Objektvariable verwenden. Sie können es nur nicht mehr direkt instanzieren – aber das haben wir im Beispielprogramm ohnehin nicht gemacht (als hätte ich es kommen sehen ...).

### Eine Klasse mit *MustInherit* als abstrakt deklarieren

Um eine abstrakte Klasse zu erstellen, verwenden Sie das Schlüsselwort *MustInherit*. Wenn Sie dieses Schlüsselwort vor das Schlüsselwort *Class* der Klasse *ShopItem* in unserem Beispiel stellen, passiert erst einmal gar nichts. Sie haben damit zunächst einmal erreicht, dass die Klasse nur noch in einer Ableitung instanziert werden kann. Da wir *ShopItem* selbst nicht instanzieren, bleibt alles beim Alten.

Was Sie allerdings nun nicht mehr können (aber vorher konnten), ist, die Klasse irgendwo im Programm zu instanzieren. Versuchen Sie es: Fügen Sie in der *Sub Main* folgende Zeile ein,

```
Dim locShopItemVersuchsInstanz As New ShopItem
```

erhalten Sie eine Fehlermeldung etwa wie in Abbildung 3.18 zu sehen:

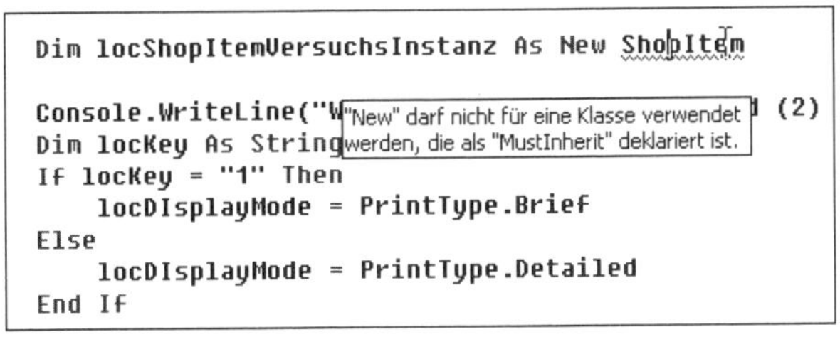

*Abbildung 3.18:* Eine mit MustInherit als abstrakt definierte Klasse kann nicht instanziert werden

### Eine Prozedur einer abstrakten Klasse mit *MustOverride* als virtuell deklarieren

Fehler wünschen Sie sich als Entwickler normalerweise eher weniger. Ist die Fehlerquelle jedoch eine virtuell definierte Prozedur, sieht das allerdings anders aus: Eine Fehlermeldung tritt in der Regel deswegen auf, weil sie in einer abgeleiteten Klasse nicht überschrieben, ergo: neu implementiert wurde. Aber genau das wollen Sie mit virtuellen Prozeduren erreichen.

In unserem Beispiel ist die Eigenschaft *GrossPrice*, die den Bruttopreis eines Artikels aus dem Nettopreis mit dem gültigen Mehrwertsteuersatz errechnet, eine willkommene Demonstration für eine virtuelle Prozedur, denn: Es ist wichtig, dass sich jeder Entwickler darüber im Klaren ist, dass er in einer Ableitung der Klasse *ShopItem* selbst für das korrekte Errechnen des Bruttopreises verantwortlich ist und eine Variante dieser Eigenschaft auf jeden Fall in seiner abgeleiteten Klasse implementiert.

Sie deklarieren eine Prozedur mit dem Schlüsselwort *MustOverride* als virtuell. Wenn Sie die vorhandene Eigenschaft *GrossPrice* der Klasse *ShopItem* folgendermaßen abändern,

```
Public MustOverride Property GrossPrice() as Double
```

bekommen Sie ein paar – in diesem Fall – »gewünschte« Fehlermeldungen, etwa wie in Abbildung 3.19 zu sehen:

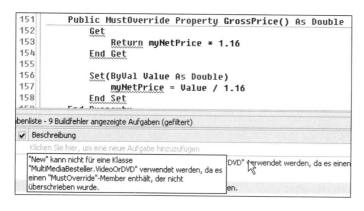

**Abbildung 3.19:** Mit MustOverride als virtuell gekennzeichnete Prozeduren dürfen keinen Code enthalten und müssen in abgeleiteten Klassen überschrieben werden

Ein Fehler liegt direkt in der Eigenschaftsprozedur, denn: virtuelle Prozeduren selbst dürfen keinen Code enthalten. Sie dienen nur dazu zu sagen: »Vergiss nicht, lieber Entwickler, du musst diese Prozedur in deiner abgeleiteten Klasse implementieren«. Und dass das gut funktioniert, zeigt die Fehlermeldung

"New" kann nicht für eine Klasse "Inventory.VideoOrDVD" verwendet werden, da es einen "MustOverride"-Member enthält, der nicht überschrieben wurde.

an, denn es ist in der Tat richtig, dass die Klasse *VideoOrDVD* diese Prozedur nicht implementiert. Stellen Sie sich vor, Videos und DVDs würden mit 15% Mwst. besteuert – wie leicht hätte dem Entwickler »durchrutschen« können, die Eigenschaft neu zu implementieren! Die betroffenen Artikel wären in diesem Fall fälschlicherweise mit 16% Mwst. besteuert worden.

Die Änderungen, die Sie am Programm durchführen müssen, halten sich in Grenzen:

- Sie entfernen den Code der Eigenschaftsprozedur *GrossPrice* in der Klasse *ShopItem*, so dass nur der Prototyp stehen bleibt (der Prozedurenkopf).
- Sie fügen eine Eigenschaftsprozedur *GrossPrice* in die Klasse *VideoOrDVD* ein – eigentlich genau den Code, der sich zuvor in der Klasse *ShopItem* befand.

Danach sind alle Fehler eliminiert, und Ihr Programm ist bereit für die kommende Mehrwertsteuererhöhung bzw. »Subventionsstreichung« ;-).

**HINWEIS:** Das Programmbeispiel mit den Änderungen für abstrakte Klassen finden Sie übrigens im Verzeichnis der Buch-CD und dort im Unterverzeichnis ..\*Klassen\Inventory2*.

## Schnittstellen (Interfaces)

Das Konzept von Schnittstellen bietet Ihnen eine weitere Möglichkeit; Klassen zu standardisieren. Schnittstellen dienen dazu – ähnlich wie abstrakte Klassen – Vorschriften zu erstellen, dass innerhalb der Klassen, die von einer Schnittstelle ableiten, bestimmte Elemente zwingend erforderlich sind. Im Gegensatz zu abstrakten Klassen enthalten Schnittstellen jedoch nur diese Vorschriften; sie enthalten überhaupt keinen Code.

Da Schnittstellen keinerlei Code enthalten, können sie, genau wie abstrakte Klassen, nicht direkt instanziert werden. Allerdings können Objektvariablen vom Typ einer Schnittstelle dazu verwendet werden, abgeleitete Klassen zu referenzieren. Dieses Verhalten erlaubt es, Klassenbibliotheken zu erstellen, die eine enorme Flexibilität aufweisen.

Durch die Eigenarten, die Schnittstellen aufweisen, werden sie gerade innerhalb des Frameworks zu zweierlei Zwecken verwendet:

- Sie dienen auf der einen Seite lediglich dazu, den Programmierer, der sie einbindet, an bestimmte Konventionen zu binden, ohne dass seine Klassen und die Objekte, die daraus entstehen, später durch Polymorphie vom Framework selber über diese Schnittstellen gesteuert würden. Man spricht in diesem Fall von einem so genannten »Interface Pattern« (Schnittstellenmuster).
- Sie dienen auf der anderen Seite dazu, allgemein gültige Verwalterklassen zu entwickeln, in der später alle die Objekte verwendet werden können, die die vorgegebenen Schnittstellen dafür implementieren.

Für den letzten Punkt gibt es dazu in der Regel eine Art Drei-Stufen-Konzept für Komponenten, die dem Entwickler zur Verfügung gestellt werden: Auf oberster Ebene gibt es eine Klasse, die die eigentliche Aufgabe übernimmt. Sie kann Objekte einbinden, die eine bestimmte Schnittstelle implementieren. Auf unterster Ebene stellt die Komponente dem Entwickler eben diese Schnittstelle(n) zur Verfügung. Damit der Entwickler, der die Komponente verwenden will, nicht die komplette Implementierung selber durchführen muss, sollte ihm die Komponente basierend auf den angebotenen Schnittstellen abstrakte Klassen zur Verfügung stellen, die eine gewisse Grundfunktionalität enthalten.

Ein Beispiel macht die Zusammenhänge klarer: Angenommen, Sie werden mit der Aufgabe betraut, eine Komponente zu entwickeln, die Daten tabellarisch auf dem Bildschirm darstellt. Diese Komponente – nennen wir Sie *Tabellensteuerelement* – ist prinzipiell aus zwei Unterkomponenten aufgebaut: Zum einen ist das die Komponente, die die Tabelle zeichnet, sie mit Gitternetzlinien versieht, dafür sorgt, dass der spätere Anwender einen Cursor in der Tabelle bewegen kann usw. Diese Komponente wird aber idealerweise nicht selbst dafür zuständig sein, den Inhalt einer Tabellezelle zu malen, sondern diese Aufgabe einer weiteren Klasse überlassen und bindet sie lediglich ein. Die Aufgabe der weiteren Komponente auf der anderen Seite ist es, den Inhalt einer einzigen Tabellezelle zu zeichnen. Diese zweite Komponente speichert also nicht nur die Daten für die einzelnen Tabellezellen, sie sorgt auch dafür, dass diese Daten zu gegebener Zeit in Form einer Tabellezelle auf den Bildschirm gemalt werden. Damit der spätere Entwickler, der das Tabellensteuerelement verwendet, die größtmögliche Flexibilität in seiner Verwendung hat, sollte die zweite Klasse – die Tabellenzelle – nach Möglichkeit nicht als festgeschriebene Klasse, sondern auf unterster Ebene auch als Schnittstelle zur Verfügung stellen. Auf der zweiten Ebene sollte das Tabellensteuerelement dem Entwickler auch mindestens eine auf der Schnittstelle basierende abstrakte Klasse zur Verfügung stellen, die die wichtigste Grundfunktionalität bereits enthält. Und schließlich stellt die Komponente auf oberster Ebene fix und fertige Tabellezellenkomponenten zur Verfügung, mit denen der Entwickler direkt loslegen und Tabellen mit Daten füllen kann.

Stellt der Entwickler dann nach geraumer Zeit fest, dass die vorhandenen Zellenkomponenten nicht die Möglichkeiten bieten, die er benötigt, kann er sich entscheiden:

- Er kann entweder die abstrakte Klasse ableiten und daraus eine Tabellenzellenkomponente entwickeln, die seinen Anforderungen genügt. Der Aufwand dafür hält sich in Grenzen, weil die abstrakte Klasse einen Großteil des notwendigen Verwaltungscodes bereits zur Verfügung stellt, den er lediglich ergänzen muss.

- Falls ihn diese Vorgehensweise immer noch zu sehr einschränkt, kann er die *vollständige* Implementierung der Zellenklasse übernehmen. Er muss in diesem Fall die von der Tabellenkomponente zur Verfügung gestellte Schnittstelle einbinden, um sicherzustellen, dass alles an Funktionalität innerhalb seiner Zellenklasse vorhanden ist, was die Tabellekomponente vorschreibt. Der Nachteil: Der Aufwand, dieses Vorhaben zu realisieren, ist logischerweise erheblich größer.

Das bislang verwendete Beispiel eignet sich ebenfalls, die Verwendung von Schnittstellen zu demonstrieren. Dazu wird eine Schnittstelle implementiert, die die Grundfunktionen vorschreibt, auf die das Hauptprogramm bislang über die Klasse *ShopItem* Zugriff hatte. Das Interface für das Beispielprogramm soll den Namen *IShopItem* bekommen (das Voranstellen des Buchstabens »I« ist eine gängige Konvention für die Benennung einer Schnittstellenklasse), und die Implementierung geschieht im Beispielprojekt noch vor dem Hauptmodul:

```
Interface IShopItem
    Property PrintTypeSetting() As PrintType
    ReadOnly Property ItemDescription() As String
    Function ToString() As String
    Property GrossPrice() As Double
End Interface
```

Als nächstes kümmern wir uns um das Hauptprogramm, das zur Steuerung jetzt nicht mehr die abstrakte Artikelbasisklasse, sondern die neue Schnittstelle verwenden soll: Dazu ist eine einzige Änderung notwendig, die Deklaration der abstrakten Artikelbasisklasse:

```
Sub Main()
    Dim locFs As New StreamReader(Filename, System.Text.Encoding.Default)
    Dim locList As New DynamicList
    Dim locElements() As String
    Dim locShopItem As IShopItem
    Dim locDisplayMode As PrintType
```

Da die Schnittstelle *IShopItem* alle Eigenschaften der ursprünglichen abstrakten Basisklasse *ShopItem* enthält, sind keine weiteren Änderungen erforderlich. Dennoch hat das Verändern der einen Zeile enorme Auswirkungen, und es hagelt gerade zu Fehler (siehe Abbildung 3.20):

*Abbildung 3.20: Da zum jetzigen Zeitpunkt noch keine der abgeleiteten Klassen die Schnittstelle implementiert, ist ein Referenzieren der verwendeten Klassen noch nicht möglich*

Das Hauptprogramm kann zwar nun alle Objekte verarbeiten, die die neue Schnittstelle implementiert haben. Da aber bislang keine der Klassen die Schnittstellen implementiert, ist das Programm zu diesem Zeitpunkt nicht lauffähig. Visual Basic beschwert sich zu diesem Zeitpunkt mit einem nicht so klar verständlichem Fehler: Da es keinen Zusammenhang zwischen *locShopItem* (das als *IShopItem* deklariert ist) und den Klassen *BookItem* und *VideoOrDBD* herstellen kann, macht es das Nächstliegende: Es versucht, die Typen implizit zu konvertieren. Da ein implizites Konvertieren von einem Typ zum anderen durch *Option Strict On* unterbunden ist, liefert es eine entsprechende Fehlermeldung, die zunächst ein wenig in die Irre führen kann.

Nun leiten sich aber alle Klassen, die wir im Programm tatsächlich verwenden, von der bisherigen Klasse *ShopItem* ab. Die Implementierung der Schnittstelle *IShopItem* in der Klasse *ShopItem* bewirkt, dass anschließend auch alle von *ShopItem* abgeleiteten Klassen automatisch *IShopItem* implementieren. Es reicht also aus, wenn Sie alle geforderten Prozeduren in der abstrakten Basisklasse einbauen, damit das Programm anschließend wieder lauffähig ist.

Bei der Implementierung einer Schnittstelle in eine Klasse müssen Sie in Visual Basic auf zwei Sachen achten:

- Sie geben bei der Definition der Klasse mit *Implements* an, welche Schnittstelle implementiert werden soll.
- Sie bestimmen für jede betroffene Prozedur der Klasse individuell, welche Schnittstellenprozedur sie implementieren soll. Auch das geschieht mit dem Schlüsselwort *Implements*.

Der erste Teil ist vergleichsweise einfach zu realisieren:

```
MustInherit Class ShopItem
    Implements IShopItem

    Protected myTitle As String             ' Titel
    Protected myNetPrice As Double          ' Nettopreis
    Protected myOrderNumber As String       ' Artikelnummer
    Protected myPrintTypeSetting As PrintType  ' Ausgabeform
    .
    .
    .
```

Sobald Sie das *Implements*-Schlüsselwort der Klassendefinition hinzugefügt haben, verschwinden die bisherigen Fehlermeldungen. Allerdings werden Sie in der nächsten Sekunde durch andere ersetzt, wie in Abbildung 3.21 zu sehen:

*Abbildung 3.21:* Wenn Sie eine Schnittstelle implementieren, müssen Sie auch für die Implementierung der einzelnen Prozeduren der Schnittstelle sorgen

Jetzt fragen Sie sich möglicherweise, wieso es nicht ausreicht, der Prozedur in der Klasse denselben Namen wie den der Schnittstellenprozeduren zu geben – beim Ableiten von Klassen reicht es schließlich aus. In C# beispielsweise funktioniert das ohne Probleme, die Frage ist also berechtigt. Sie haben in C# auf der anderen Seite auch nicht wie in Visual Basic die Möglichkeit, einen ganz anderen Namen in Ihrer Klassenprozedur zu definieren, der eben nicht dem Namen der Interface-Prozedur entspricht. Insofern bringt Ihnen dieses Feature von Visual Basic schon eine größere Flexibilität. Dazu kommt, dass Microsoft Intermediate Language, in die jede .NET-Anwendung zunächst kompiliert wird, ebenfalls so konzipiert ist, dass sie die explizite Angabe der zu implementierenden Schnittstellenprozedur erfordert.

Außerdem genießen Sie in Visual Basic dank Intellisense einen Vorteil in Form einer Eingabehilfe, auf die C#-Entwickler verzichten müssen. Sobald Sie am Ende einer Prozedur, der Sie ein Schnittstellenelement zuweisen wollen, das *Implements*-Schlüsselwort eingegeben haben, bietet Ihnen Intellisense die möglichen Implementierungen zur Auswahl in einer Liste an (siehe Abbildung 3.22):

*Klassen und Schnittstellen*

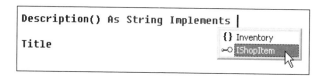

***Abbildung 3.22:*** *Intellisense unterstützt Sie bei der Auswahl der richtigen Schnittstellenimplementierung*

Um die Beispielanwendung wieder zum Laufen zu bewegen, müssen Sie die folgenden Prozeduren bearbeiten und ihnen die richtigen Schnittstellenprozeduren zuweisen:

```
Public MustOverride Property GrossPrice() As Double Implements IShopItem.GrossPrice
Public Property PrintTypeSetting() As PrintType Implements IShopItem.PrintTypeSetting
    Get
        Return myPrintTypeSetting
    End Get

    Set(ByVal Value As PrintType)
        myPrintTypeSetting = Value
    End Set
End Property

Public Overrides Function ToString() As String Implements IShopItem.ToString
    If PrintTypeSetting = PrintType.Brief Then
        'Kurzform: Es wird in jedem Fall
        'die Description-Eigenschaft des Objektes
        'verwendet.
        Return MyClass.Description & vbCr & vbLf & _
            Me.NetPriceFormatted & vbTab & Me.VATAmountFormatted & vbTab & _
            Me.GrossPriceFormatted & vbCr & vbLf
    Else
        'Langform: Die Description Eigenschaft des Objektes
        'selber wird verwendet.
        Return Me.Description & vbCr & vbLf & _
            Me.NetPriceFormatted & vbTab & Me.VATAmountFormatted & vbTab & _
            Me.GrossPriceFormatted & vbCr & vbLf
    End If
End Function

Public Overridable ReadOnly Property Description() As String Implements IShopItem.ItemDescription
    Get
        Return OrderNumber & vbTab & Title
    End Get
End Property
```

Die letzte Eigenschaft verdient hier besonderes Interesse, denn sie bindet eine Schnittstellenprozedur ein, die einen anderen Namen hat als die Prozedur, die sie einbindet.

Nachdem Sie diese Änderungen durchgeführt haben, werden Sie nur noch »Fehler« in der Klasse *DynamicList* finden. Diese Klasse akzeptierte bisher lediglich *ShopItem*-Objekte und verarbeitete auch ausschließlich diesen Typ. Wenn Sie die verwendeten *ShopItem*-Objekte durch solche vom Typ *IShopItem* ersetzen, ist das Programm wieder lauffähig (die geänderten Stellen sind wieder fett hervorgehoben).

```vb
Class DynamicList

    Protected myStepIncreaser As Integer = 4
    Protected myCurrentArraySize As Integer
    Protected myCurrentCounter As Integer
    Protected myArray() As IShopItem

    Sub New()
        myCurrentArraySize = myStepIncreaser
        ReDim myArray(myCurrentArraySize)
    End Sub

    Sub Add(ByVal Item As IShopItem)

        'Prüfen, ob aktuelle Arraygrenze erreicht wurde.
        If myCurrentCounter = myCurrentArraySize - 1 Then
            'Neues Array mit mehr Speicher anlegen,
            'und Elemente hinüberkopieren. Dazu:

            'Neues Array wird größer:
            myCurrentArraySize += myStepIncreaser

            'Temporäres Array erstellen.
            Dim locTempArray(myCurrentArraySize - 1) As IShopItem

            'Elemente kopieren.
            'Wichtig: Um das Kopieren müssen Sie sich,
            'anders als bei VB6, selber kümmern!
            For locCount As Integer = 0 To myCurrentCounter
                locTempArray(locCount) = myArray(locCount)
            Next

            'Temporäres Array dem Memberarray zuweisen.
            myArray = locTempArray
        End If

        'Element im Array speichern
        myArray(myCurrentCounter) = Item

        'Zeiger auf nächstes Element erhöhen.
        myCurrentCounter += 1

    End Sub

    'Liefert die Anzahl der vorhandenen Elemente zurück.
    Public Overridable ReadOnly Property Count() As Integer
        Get
            Return myCurrentCounter
        End Get
    End Property

    'Erlaubt das Zuweisen.
    Default Public Overridable Property Item(ByVal Index As Integer) As IShopItem
        Get
            Return myArray(Index)
        End Get
```

*Klassen und Schnittstellen*

```
            Set(ByVal Value As IShopItem)
                myArray(Index) = Value
            End Set
        End Property
End Class
```

**HINWEIS:** Das Programmbeispiel mit den Änderungen für Schnittstellen finden Sie übrigens im Verzeichnis der Buch-CD und dort im Unterverzeichnis ..\*Klassen\Inventory3*.

## Shadowing (Spiegeln) von Klassenprozeduren

Visual Basic kennt eine weitere Version des Ersetzens von Prozeduren in einer Basisklasse durch andere gleichen Namens einer abgeleiteten Klasse. Diesen Vorgang nennt man das so genannten »Shadowing« oder »Spiegeln« von Elementen.

Wenn Sie in einer Basisklasse eine Funktion definiert haben, dann kann eine Funktion gleichen Namens in einer abgeleiteten Klasse das Original schlichtweg ausblenden, wie im folgenden Beispiel.

**HINWEIS:** Sie finden dieses Beispiel im Verzeichnis der Buch-CD und dort im Unterverzeichnis ..\*Klassen\Shadowing*.

```
Module mdlMain

    Sub Main()
        Dim locBasisinstanz As New Basisklasse
        Console.WriteLine(locBasisinstanz.EineFunktion().ToString())

        locBasisinstanz = New AbgeleiteteKlasse
        Console.WriteLine(locBasisinstanz.EineFunktion().ToString())

        Console.WriteLine()
        Console.WriteLine("Return drücken zum Beenden!")
        Console.ReadLine()

    End Sub

End Module

Public Class Basisklasse

    Protected test As Integer

    Sub New()
        test = 10
    End Sub
    Public Function EineFunktion() As Integer
        Return test * 2
    End Function

End Class

Public Class AbgeleiteteKlasse
    Inherits Basisklasse
```

```
Public Function EineFunktion() As Integer
    Return test * 3
End Function
```
```
End Class
```

Ohne zunächst ganz genau auf die beiden Klassenimplementierungen zu achten, würden Sie wahrscheinlich annehmen, dass das Modul zunächst den Wert 20 und in der folgenden Zeile den Wert 30 ausgibt.

Doch bei diesem Beispiel handelt es sich nur augenscheinlich um die Anwendung von Polymorphie, denn die einzige Funktion der Basisklasse ist weder durch das Schlüsselwort *Overridable* als überschreibbar definiert, noch versucht die gleiche Funktion der abgeleiteten Klasse, diese Funktion mit *Overrides* zu überschreiben.

Bei genauerer Betrachtung zeigt Visual Basic für *EineFunktion* der abgeleiteten Klasse eine Warnmeldung an, etwa wie in Abbildung 3.23 zu sehen:

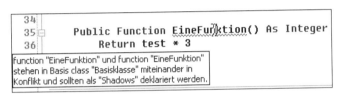

*Abbildung 3.23:* In diesem Beispiel blendet eine Funktion der abgeleiteten Klasse die der Basisklasse aus

Visual Basic gibt Ihnen hier eine Fehlermeldung aus, kompiliert das Programm aber dennoch. Die vermeintliche Fehlermeldung ist in diesem Fall nämlich nur eine Warnmeldung und macht Sie darauf aufmerksam, dass die Funktion von einer anderen überschattet wird.

Das hat Auswirkungen auf das Verhalten der Klasse. Denn obwohl die Objektvariable eine Instanz der abgeleiteten Instanz enthält, wird dennoch die Funktion der Basisklasse aufgerufen. *Shadows* unterbricht die Erbfolge der Klasse an dieser Stelle, und stellt sicher, dass eine Funktion, die nicht zum Überschreiben markiert ist, auch tatsächlich nicht überschrieben werden kann.

Sie werden diese Warnmeldung übrigens los, indem Sie das Schlüsselwort *Shadows* vor die Funktion in der abgeleiteten Klasse setzen.

### Shadows als Unterbrecher der Klassenhierarchie

**HINWEIS:** Das folgende Beispiel finden Sie im Verzeichnis der Buch-CD und dort im Unterverzeichnis ..\Klassen\Shadowing2.

```
Option Explicit On
Option Strict On

Module mdlMain

    Sub Main()
        Dim locVierteKlasse As New VierteKlasse
        Dim locErsteKlasse As ErsteKlasse = locVierteKlasse
        Dim locZweiteKlasse As ZweiteKlasse = locVierteKlasse
        Dim locDritteKlasse As DritteKlasse = locVierteKlasse
```

*Klassen und Schnittstellen*

```vbnet
        Console.WriteLine(locErsteKlasse.EineFunktion)
        Console.WriteLine(locZweiteKlasse.EineFunktion)
        Console.WriteLine(locDritteKlasse.EineFunktion)
        Console.WriteLine(locVierteKlasse.EineFunktion)

        Console.WriteLine()
        Console.WriteLine("Return drücken zum Beenden!")
        Console.ReadLine()

    End Sub
End Module

Public Class ErsteKlasse

    Public Overridable Function EineFunktion() As String
        Return "Erste Klasse"
    End Function

End Class

Public Class ZweiteKlasse
    Inherits ErsteKlasse

    Public Overrides Function EineFunktion() As String
        Return "Zweite Klasse"
    End Function
End Class

Public Class DritteKlasse
    Inherits ZweiteKlasse

    Public Overrides Function EineFunktion() As String
        Return "Dritte Klasse"
    End Function

End Class

Public Class VierteKlasse
    Inherits DritteKlasse
    Public Overrides Function EineFunktion() As String
        Return "Vierte Klasse"
    End Function

End Class
```

Was glauben Sie, kommt heraus, wenn Sie das Beispiel laufen lassen? Die verschiedenen Objektnamen und Klassennamen mögen anfangs ein wenig verwirren, aber das Ergebnis ist klar: Das Programm gibt viermal den Text »vierte Klasse« aus. Klar, denn vierte Klasse wird ein einziges Mal instanziert und durch jede andere Variable referenziert. Jede der anderen Objektvariablen ist über eine Klasse der Klassenerbfolge definiert und kann damit auch – wie Sie es an vielen Beispielen auf den vergangenen Seiten dieses Kapitels schon kennen gelernt haben – auf jede Instanz einer abgeleiteten Klasse verweisen.

Jetzt nehmen Sie eine kleine Veränderung an der zweiten Klasse vor,

```
Public Class DritteKlasse
    Inherits ZweiteKlasse

    '"Overrides" wurde gegen "Overridable Shadows" ausgetauscht:
    Public Overridable Shadows Function EineFunktion() As String
        Return "Dritte Klasse"
    End Function

End Class
```

und raten Sie, was beim erneuten Start des Programms passiert. Die Ausgabe lautet:

```
Zweite Klasse
Zweite Klasse
Vierte Klasse
Vierte Klasse

Return drücken zum Beenden!
```

Hätten Sie es gewusst? Dabei ist das Ergebnis gar nicht so schwer zu verstehen:

Im Prinzip hat *EineFunktion* der dritten und vierten Klasse überhaupt nichts mehr mit den ersten beiden Klassen zu tun. Durch *Shadows* in der dritten Klasse wird die Funktion komplett neu implementiert. Aus diesem Grund ist wie bei einer komplett anderen Funktion, die in *DritteKlasse* »dazukommt«, auch ein erneutes *Overridable* notwendig, denn anderenfalls könnte *VierteKlasse* die Funktion gar nicht mit *Overrides* überschreiben.

Verwirrend mag ein wenig sein, dass die erste Klasse den Text »Zweite Klasse« ausgibt. Doch welchen anderen Text soll sie sonst ausgeben? »Erste Klasse«, mag man auf den ersten Blick denken, doch das ist falsch, denn das würde gegen das Prinzip der Polymorphie verstoßen. »Vierte Klasse« kann nicht ausgegeben werden, denn diese Funktion ist aus Sicht von *ErsteKlasse* gesehen nicht erreichbar. In *DritteKlasse* wird diese Funktion schlicht und ergreifend durch eine komplett neue Version ersetzt. Das Framework rettet also, was zu retten ist, und versucht in der Erbfolge soweit wie möglich nach vorne zu gehen – und damit ist *ZweiteKlasse* die letzte Funktion, die durch Polymorphie erreichbar ist, bevor die Erbfolge durch *Shadows* in *DritteKlasse* unterbrochen wird.

Dieses Verhalten ist durchaus erwünscht, denn wenn Sie nicht wollen, dass ein Element einer Klasse überschrieben wird, dann lässt es sich auch nicht überschreiben. Die CLR garantiert immer, dass eine nicht überschreibbare Funktion seine ursprünglichen Fähigkeiten behält, selbst wenn sie andere Funktionen in abgeleiteten Klassen mit gleichem Namen überschatten.

Intern gibt es zwei verschiedene Versionen von *EineFunktion*, und wenn Sie das Beispielprogramm wie folgt abändern, wird klar, was eigentlich passiert (..\\*Shadowing3* – Sie wissen schon, Buch-CD ...):

```
Option Explicit On
Option Strict On

Module mdlMain
    Sub Main()
        Dim locVierteKlasse As New VierteKlasse
        Dim locErsteKlasse As ErsteKlasse = locVierteKlasse
        Dim locZweiteKlasse As ZweiteKlasse = locVierteKlasse
        Dim locDritteKlasse As DritteKlasse = locVierteKlasse
```

```vbnet
        Console.WriteLine(locErsteKlasse.EineFunktion_a)
        Console.WriteLine(locZweiteKlasse.EineFunktion_a)
        Console.WriteLine(locDritteKlasse.EineFunktion_b)
        Console.WriteLine(locVierteKlasse.EineFunktion_b)

        Console.WriteLine()
        Console.WriteLine("Return drücken zum Beenden!")
        Console.ReadLine()

    End Sub

End Module

Public Class ErsteKlasse

    Public Overridable Function EineFunktion_a() As String
        Return "Erste Klasse"
    End Function

End Class

Public Class ZweiteKlasse
    Inherits ErsteKlasse

    Public Overrides Function EineFunktion_a() As String
        Return "Zweite Klasse"
    End Function

End Class

Public Class DritteKlasse
    Inherits ZweiteKlasse

    Public Overridable Function EineFunktion_b() As String
        Return "Dritte Klasse"
    End Function
End Class

Public Class VierteKlasse
    Inherits DritteKlasse

    Public Overrides Function EineFunktion_b() As String
        Return "Vierte Klasse"
    End Function

End Class
```

## Sonderform »Modul« in Visual Basic

Module gibt es bei allen bislang existierenden .NET-Programmiersprachen nur in Visual Basic. Und auch hier ist ein Modul nichts weiter als eine Mogelpackung, denn das, was als Modul bezeichnet wird, ist im Grunde genommen nichts anderes als eine abstrakte Klasse mit statischen Prozeduren und Membern.

Halten wir fest:

- Ein Modul ist nicht instanzierbar. Eine abstrakte Klasse auch nicht.
- Ein Modul kann keine überschreibbaren Prozeduren zur Verfügung stellen. Die statischen Prozeduren einer Klasse können das auch nicht.
- Ein Modul kann nur Prozeduren zur Verfügung stellen, auf die aber nur ohne Instanzobjekt direkt zugegriffen werden kann. Das gleiche gilt für die statischen Prozeduren einer abstrakten Basisklasse.

Es gibt aber auch feine Unterschiede: So können Module beispielsweise keine Schnittstellen implementieren. Ein Modul kann auch nur auf oberster Ebene definiert und nicht in einem anderen geschachtelt werden.

Module setzen Sie vorschlagsweise so wenig wie möglich ein, denn sie widersprechen dem Anspruch von .NET, möglichst wieder verwendbaren Code zu schaffen.

Hier im Buch finden Sie aus diesem Grund Module nur, wenn es um »Quick-And-Dirty«-Projekte geht, bei denen beispielsweise eine Konsolen-Anwendung Tests durchzuführen hat oder »mal eben« etwas demonstrieren soll, genauso, wie Sie es in vergangenen Kapiteln bereits erlebt haben.

## Singleton-Klassen und Klassen, die sich selbst instanzieren

Stellen Sie sich vor, Sie möchten eine Klasse entwerfen, die beispielsweise die Funktionen eines Bildschirms oder eines Druckers steuert. Das Besondere daran ist, dass Sie eine Kontrolle über die Instanzierung dieser Klasse benötigen. Es reicht nicht aus, der Klasse selbst zu überlassen, wie oft sie sich instanziert – einen bestimmten Drucker gibt es nur ein einziges Mal, und nach einer Instanz sollte Schluss sein.

Eine abstrakte Klasse mit statischen Prozeduren (wegen mir auch ein Modul) könnte vielleicht eine Alternative dazu sein – doch das Problem dabei ist: Weder die Funktionen eines Moduls noch die statischen Funktionen einer abstrakten Klasse können Sie in anderen Klassen überschreiben.

Die Lösung dazu sind so genannte Singleton-Klassen. Singleton-Klasse sind, anders als die Klassenvarianten, die Sie bislang kennen gelernt haben, keine »eingebauten« Klassentypen der FCL. Sie müssen sie selber entwickeln – doch das ist einfacher, als Sie denken.

**HINWEIS:** Schauen Sie sich den folgenden Codeabschnitt an (im Verzeichnis der Buch-CD und dort im Unterverzeichnis ..\Klassen\Singleton zu finden):

```
Imports System.Threading

Module mdlMain

    Sub Main()
        Dim locSingleton As Singleton = Singleton.GetInstance()
        Dim locSingleton2 As Singleton = Singleton.GetInstance()

        Console.WriteLine(locSingleton Is locSingleton2)
    End Sub

End Module
```

```
Class Singleton

    Private Shared locSingleton As Singleton
    Private Shared locMutex As New Mutex

    'Konstruktor ist privat,
    'damit kann die Klasse nur von "sich selbst" instanziert werden.
    Private Sub New()
    End Sub

    'GetInstance gibt eine Singleton-Instanz zurück.
    'Nur durch diese Funktion kann die Klasse instanziert werden.
    Public Shared Function GetInstance() As Singleton
        'Vorgang Thread-sicher machen.
        'Wartet, bis ein anderer Thread, der diese Klasse
        'instanziert, damit fertig ist.
        locMutex.WaitOne()
        Try
            If locSingleton Is Nothing Then
                locSingleton = New Singleton
            End If
        Finally
            'Instanzieren abgeschlossen,
            '...kann weiter gehen...
            locMutex.ReleaseMutex()
        End Try

        'Instanz zurückliefern.
        Return locSingleton

    End Function

End Class
```

Ihnen wird als erstes auffallen, dass diese Klasse nicht direkt instanziert werden kann, denn ihr Konstruktor ist privat. Wie also kommen Sie dann an überhaupt an eine Instanz der Klasse?

Die Antwort auf diese Frage liegt in der statischen Funktion *GetInstance*. Sie sorgt dafür, dass die Klasse sich – sozusagen – selbst instanziert, wenn es erforderlich ist. Gleichzeitig achtet sie darauf, dass der Instanzierungsvorgang der Klasse thread-sicher ist: Unter dem Framework gibt es echtes Multitasking. Dieser Vorgang bezeichnet Zustände, bei denen mehrere Aufgaben innerhalb eines Programms (oder mehrere Programme) gleichzeitig ausgeführt werden können. Damit eine zweiter Instanzierungsversuch einer Singleton-Klasse nicht ausgerechnet dann passiert, wenn ein anderer Thread fast (aber eben noch nicht ganz) mit der Instanzierung fertig ist, – beide sich »mittendrin« treffen würden und es damit doch die zu verhindernden zwei Instanzen gäbe –, nutzt die Klasse eine Instanz von *Mutex*,[14] um dieses Auftreffen zu vermeiden.

Solange Sie keine Multithreading-Programmierung anwenden, brauchen Sie jedoch keinen Gedanken daran zu verschwenden. Mehr zu diesem Thema erfahren Sie im Threading-Kapitel später, in diesem Buch (in ▶ Kapitel 11).

---

[14] Mutex, abgeleitet von »**mut**ual **ex**clusion« etwa »gegenseitiger Ausschluss«.

Das Hauptprogramm prüft die Funktionalität der Singleton-Klasse. Es holt sich eine Instanz mit *GetInstance* und speichert sie in einer Objektvariablen. Den gleichen Vorgang wiederholt es anschließend mit einer weiteren Objektvariablen und vergleicht die beiden »Instanzen« anschließend mit *Is*.

*Is* kennen Sie vielleicht noch aus Visual Basic 6.0. Mit Hilfe von *Is* können Sie überprüfen, ob eine Objektvariable auf die gleichen Instanzen einer Klasse zeigt. Und in der Tat: Das Programm gibt »True« auf dem Bildschirm aus, denn die Singleton-Klasse hat nur eine Instanz ihrer selbst kreiert – beide Objektvariablen zeigen also auf die gleiche Instanz.

# Wertetypen und Verweistypen

Jetzt, wo Sie sich mit der Erstellung von Klassen schon recht intensiv auseinander gesetzt haben, wird es Zeit, sich mit einer Variation von Klassen auseinander zu setzen, die ebenfalls ein sehr zentraler Bestandteil des Frameworks ist: die so genannten Wertetypen. Zum genauen Verständnis werden wir einen etwas tieferen Einblick in die Verwaltung von Daten im Framework nehmen.

Lassen Sie uns aber zunächst an der Basis beginnen, mit den Fragen: Was ist ein Verweistyp, was ist ein Wertetyp und wie unterscheiden sich die beiden voneinander?

## Der Unterschied zwischen Verweistyp und Wertetyp

Das Framework ist so konzipiert, dass es zweierlei Speicherbereiche gibt, in dem Daten für eine Anwendung gespeichert werden:

- Zum einen gibt es den so genannten *Managed Heap*, auf dem die Daten von Verweistypinstanzen (also von Klassen) gespeichert werden.
- Zum anderen gibt es den Stack, auf dem Wertetypen gespeichert werden.

Der Unterschied zwischen den beiden wird vor allen Dingen in ihrem Verhalten beim Kopieren oder Übergeben an Prozeduren und der Verarbeitungsgeschwindigkeit deutlich, die dadurch resultieren kann.

Was bedeutet es nun eigentlich genau, wenn Sie eine Variable verwenden? Bei der Beantwortung dieser Frage möchte ich zunächst die primitiven Datentypen ausklammern, die eine Sonderbehandlung in der CLI aus Performance-Gründen genießen.

Wenn Sie eine Klasse instanzieren, dann referenzieren Sie sie für ihre Lebensdauer über eine Objektvariable. Die Objektvariable dient natürlich nur als Abstraktion für Entwickler und stellt das Repräsentativ für einen kleinen Speicherbereich dar, in den der »Wert« einer Variable hineingeschrieben wird. Und genau hier unterscheiden sich Wertetypen und Verweistypen entscheidend, denn: Während es für Wertetypen jeweils nur einen einzigen Speicherbereich auf dem Stack gibt, werden streng genommen zwei Speicherbereiche für Verweistypen reserviert: Die eigentlichen Daten landen auf dem Managed Heap, und zusätzlich sichert die CLI die korrespondierende Adresse (bei einer 32-Bit-Windows-Version) in weiteren vier Bytes auf dem Stack.

Diese Tatsache wiederum hat mehrere Auswirkungen:

- Ein Verweistyp kann *null* (»Nall«, englisch ausgesprochen) sein. Anders als der Wert 0 bedeutet *null*, dass kein Speicherbereich auf dem Managed Heap für das Objekt vorhanden ist. Die Objektvariable eines bestimmten Typs ist in diesem Fall zwar deklariert, es gibt allerdings keine konkreten Instanzdaten, auf die sie zeigen könnte. Ein Wertetyp kann niemals *null* sein (»0« aber schon), er ist grundsätzlich definiert, denn: Es ist überhaupt kein Zustand denkbar, bei dem eine Wertevariable ohne Daten auf dem Stack sein könnten (denn wenn es keine Daten auf dem Stack gibt, dann gibt es auch keine korrespondierende Variable dazu). In Visual Basic wird der Wert null übrigens durch das Schlüsselwort *Nothing* repräsentiert.

- Wenn Sie einen Wertetyp an einen anderen Wertetyp zuweisen, werden die Daten des entsprechenden Speicherbereiches in den Speicherbereich des anderen Wertetyps kopiert. Das Resultat: Wertetyp Nr. 2 hält ab sofort die gleichen Werte wie Wertetyp Nr. 1. Auch bei Verweistypen kopieren Sie die korrespondierenden Daten auf dem Stack, allerdings hat das ganz andere Auswirkungen: Verweistyp Nr. 2 zeigt anschließend auf Verweistyp Nr. 1, was bedeutet: Sie greifen mit beiden Objektvariablen auf dieselben Daten zu. Das »Gleiche« und das »Selbe« sind – auch wenn es laut aktuellem Duden keinen Unterschied zwischen den beiden Wörtern mehr gibt – in diesem Fall in ihrer ursprünglichen Bedeutung zu nehmen. Ändern Sie nämlich Wertetyp Nr. 2, zeigt sich Wertetyp Nr. 1 davon unbeeindruckt. Anders ist das bei den Verweistypen: Ändern Sie eine Eigenschaft von Verweistyp Nr. 2, dann ändert sich auch die Eigenschaft von Verweistyp Nr. 1 – und das muss auch so sein: Denn es gibt keine zwei verschiedenen Eigenschaften; da beide Objektvariablen auf den gleichen Speicherbereich im Managed Heap zeigen, gibt es auch nur ein Objekt, deren Eigenschaften Sie verändern können. Die Variablen bieten Ihnen nur zwei Möglichkeiten, es anzusprechen.

- Wenn Sie einen Wertetyp an eine *Sub* oder *Function* übergeben, dann legt die CLI – solange nichts anderes gesagt wird – eine Kopie des Wertetyps an. Ändern Sie die Variable innerhalb der Prozedur, so hat das keine Auswirkungen auf die Variable, die in dem Programmteil verwendet wurde, von dem aus die Prozedur angesprungen wurde. Bei einem Verweistyp verhält es sich im Gegensatz dazu ähnlich wie bei der Variablenzuweisung: Nur die Adresse des Speicherbereichs im Managed Heap wird der Prozedur übergeben; Änderung der Objekteigenschaften in der Prozedur wirken sich sehr wohl auf Ursprungsobjekt aus (das ja dasselbe ist).

Diese Dinge klingen in der Theorie recht kompliziert. Deswegen möchte ich Ihnen im Folgenden ein komplettes Beispiel präsentieren, das diese Zusammenhänge erläutern und klar machen sollen:

## Erstellen von Wertetypen mit Structure

Grundsätzlich gilt: Eine Klasse produziert einen Verweistyp; eine Struktur produziert einen Wertetyp. Prinzipiell erstellen Sie eine Struktur genau wie eine Klasse, und beide haben auch ähnliche Fähigkeiten, wie es durch das nächste Beispiel deutlich werden soll:

Gerade beim Programmieren kommt es immer wieder vor, dass Sie Zahlen von einem Zahlensystem ins andere konvertieren müssen.

Einige Konvertierungen werden vom Framework unterstützt – so können Sie beispielsweise hexadezimale Werte mit der statischen *Parse*-Funktion etwa so

```
EinInteger = Integer.Parse("FFFF", Globalization.NumberStyles.HexNumber)
```

in eine Dezimalzahl umwandeln; eine andere Möglichkeit besteht durch die Benutzung der *ToInt*-Funktion bzw. der *ToString*-Funktion der *Convert*-Klasse. Mit

```
EinInteger = Convert.ToInt32(AnderesZahlensystemString, ZahlenSystemInteger)
```

können Sie ebenfalls einen String, der eine Zahl eines anderen Systems beinhaltet, in einen Integer zurückverwandeln. Allerdings können Sie mit *ZahlenSystemInteger* nur eine Zahl des Dual- (Basis 2), des Oktal- (Basis 8), natürlich des Dezimal- (Basis 10) und des Hexadezimalsystems (Basis 16) umwandeln. Die gleichen Beschränkungen gelten für die Umwandlungen eines Integer-Wertes in ein anderes Zahlensystem, der dann in Form eines Strings abgebildet wird. Diese Aufgabe können Sie mit dem Gegenstück durchführen, etwa durch,

```
AnderesZahlensystemString = Convert.ToString(IntegerUmzuwandeln, ZahlenSystemInteger)
```

um die Integervariable *IntegerUmzuwandeln* in ein anderes Zahlensystem umzuwandeln, das durch *ZahlenSystemInteger* (nur 2, 8, 10 oder 16 sind auch hier wieder gültige Werte) definiert wird.

Zum Glück, denn einen Wertetyp zu schaffen, der beliebige Konvertierungen (nicht nur vom und ins Hexadezimalsystem) beherrscht, ist ein willkommenes, da brauchbares Beispiel.

**HINWEIS:** Ein Beispiel dazu finden Sie im Verzeichnis der Buch-CD und dort im Unterverzeichnis ..\*Klassen\Structure*.

So könnte Ihnen beispielsweise sogar das 32-Zahlensystem[15] von Nutzen sein: Sie meinen, Sie hätten das nie benutzt? Falsch: Denn wenn Sie Visual Studio selbst installiert haben, dann mussten Sie zur Installation einen Key eingeben, der natürlich mit Hilfe eines Algorithmus berechnet wurde. Der Algorithmus basiert wahrscheinlich weniger auf dem Hantieren mit Buchstaben, sondern wird – viel wahrscheinlicher – berechnet. Ein Long-Wert (64 Bit), der dieses Seriennummeralgorithmusergebnis speichert, könnte dann beispielsweise auf Basis des Duotrigesimalsystems (32er-System) in eine Zeichenkette umgewandelt werden. Die Zahl,

```
9.223.372.036.854.775.807
```

die übrigens den größten positiven in einem Long-Datentyp speicherbaren Wert darstellt, würde in diesem Zahlensystem wie folgt ausschauen

```
7VVVVVVVVVVV
```

---

[15] Bester Name dafür wäre das »Duotrigesimal-System«, für den es jedoch keine historische Absicherung gibt; ohne Gewähr, dass dieser Link zum Zeitpunkt der Drucklegung noch funktioniert, können Sie sich unter http://mathforum.org/library/drmath/view/60405.html über die Benennung von Zahlensystemen informieren. Kleines Kuriosum am Rande: Das Hexadezimalsystem ist eigentlich recht inkonsistent benannt, denn es wurde aus einem griechischem und einem lateinischem Wortstamm gebildet (»Hexa« griechisch; »decem« lateinisch). Streng genommen müsste es »sedezimal« oder »sexadezimal« heißen. Da die Kurzform für Hexadezimal kurz »Hex« lautet, können wir über den griechisch-lateinischen Mischmasch aber eher dankbar sein.

und die Zahl,

9.153.672.076.852.735.401

um ein anderes Beispiel zu zeigen, lautete wie folgt:

7U23085PJGBD9

Und hier das Listing der Struktur *NumberSystems*:

```
Public Structure NumberSystems

    Private myUnderlyingValue As Long
    Private myNumberSystem As Integer
    Private Shared myDigits As Char()

    Shared Sub New()
        myDigits = New Char() {"0"c, "1"c, "2"c, "3"c, "4"c, "5"c, "6"c, "7"c, "8"c, "9"c, "A"c, _
                               "B"c, "C"c, "D"c, "E"c, "F"c, "G"c, "H"c, "I"c, "J"c, "K"c, "L"c, _
                               "M"c, "N"c, "O"c, "P"c, "Q"c, "R"c, "S"c, "T"c, "U"c, "V"c, "W"c, _
                               "X"c, "Y"c, "Z"c}
    End Sub
```

Die Tabelle für die Umwandlung wird in einem statischen Array gespeichert, das im statischen Konstruktor der Struktur initialisiert wird. Der Konstruktor ist überladen: Ihm wird der Wert übergeben, den die Struktur speichert und im Bedarfsfall als String mit entsprechenden Numerale des gewünschten Zahlensystem zurückliefern kann. Sie können dem Konstruktor entweder nur einen *Integer*- oder einen *Long*-Wert übergeben oder einen *Long*-Wert und einen weiteren Parameter, der bestimmt, in welchem Zahlensystem Sie arbeiten möchten (bis maximal zum 33er-System).

```
    Sub New(ByVal Value As Integer)
        Me.New(CLng(Value), 16)
    End Sub

    Sub New(ByVal Value As Long)
        Me.New(Value, 16)
    End Sub

    Sub New(ByVal Value As Long, ByVal NumberSystem As Integer)
        myUnderlyingValue = Value
        If NumberSystem < 2 OrElse NumberSystem > 33 Then
            Dim Up As Exception = New OverflowException _
                ("Kennziffer des Zahlensystems außerhalb des gültigen Bereichs!")
            'Kleiner Scherz für die Englisch sprechenden:
            Throw Up
        End If
        myNumberSystem = NumberSystem
    End Sub

    Public Property Value() As Long
        Get
            Return myUnderlyingValue
        End Get
        Set(ByVal Value As Long)
            myUnderlyingValue = Value
        End Set
    End Property
```

Die *Value*-Eigenschaft dient lediglich dazu, den für die Konvertierung in das jeweilige Zahlensystem gespeicherten Wert neu zu bestimmen oder abzufragen.

```
Public Property NumberSystem() As Integer
    Get
        Return myNumberSystem
    End Get
    Set(ByVal Value As Integer)
        If Value < 2 OrElse Value > 33 Then
            Dim Up As Exception = New OverflowException _
                ("Kennziffer des Zahlensystems außerhalb des gültigen Bereichs!")
            Throw Up
        End If
        myNumberSystem = Value
    End Set
End Property
```

Die *NumberSystem*-Eigenschaft verwenden Sie, um das Zahlensystem, in das Sie später die Umwandlungen vornehmen wollen, neu zu bestimmen oder abzufragen.

```
Public Overrides Function ToString() As String

    Dim locResult As String
    Dim locValue As Long = myUnderlyingValue

    Do
        Dim digit As Integer = CInt(locValue Mod NumberSystem)
        locResult = CStr(myDigits(digit)) & locResult
        locValue \= NumberSystem
    Loop Until locValue = 0

    Return locResult

End Function
```

Die *ToString*-Funktion ist der erste Dienstleister für die eigentliche Aufgabe. Sie verfährt nach folgendem Algorithmus, um die Zeichen (die Numerale) für das eingestellte Zahlensystem zu ermitteln:

Zunächst kopiert sie den Ursprungswert in eine temporäre Variable, um die *Value*-Eigenschaft nicht zu »zerstören« – diese Variable wird im Folgenden nämlich verändert. Nun führt *ToString* eine Restwertdivision mit der *Mod*-Funktion durch. Diese liefert nicht das Ergebnis der Division, sondern den Restwert. Ein Beispiel im 10er System soll verdeutlichen, was gemeint ist: Wenn Sie den Wert 129 durch 10 teilen, kommt 12 dabei heraus, und es bleibt ein Rest von 9. Genau diese 9 ist aber in diesem Fall wichtig, denn sie entspricht der ersten gesuchten Ziffer der Ergebniszeichenkette (der äußerst rechts stehenden, um genau zu sein). Anschließend wird der Wert durch den Basiszahl des Zahlensystems geteilt – um bei diesem Beispiel zu bleiben also durch 10 – und als Ergebnis kommt 12 dabei raus. Da das Divisionsergebnis (dieses Mal das Ergebnis, nicht der Restwert) größer ist als 0, wiederholt sich der Vorgang. Wieder wird der Divisionsrestwert ermittelt, und der beträgt dieses Mal 2. Die 2 entspricht der zweiten ermittelten Ziffer. Die Schleife wird nun solange wiederholt, bis alle Ziffern (bzw. Numerale) bekannt sind. Die Numerale selbst werden übrigens aus dem *myDigits*-Array gelesen, dem statischen Array, das durch den statischen Konstruktor der Struktur bei ihrer ersten Verwendung angelegt wird.

```vbnet
Public Shared Function Parse(ByVal Value As String, ByVal NumberSystem As Integer) As NumberSystems

    'Hier wird der Value zusammengebaut.
    Dim locValue As Long
    Dim locLngTemp As Long
    Dim locValue2 As UInt64

    For count As Integer = 0 To Value.Length - 1
        Try
            'Aktuellen Zeichen im String, das verarbeitet wird.
            Dim locTmpChar As String = Value.Substring(count, 1)

            'Binäresuche anwenden, um das Zeichen im Array zu finden und damit die Ziffernummer.
            Dim locDigitValue As Integer = CInt(Array.BinarySearch(myDigits, CChar(locTmpChar)))

            'Prüfen, ob sich das Zeichen im Gültigkeitsbereich befindet.
            If locDigitValue >= NumberSystem OrElse locDigitValue < 0 Then
                Dim Up As Exception = New FormatException _
                    ("Ziffer '" & locTmpChar & "' ist nicht Bestandteil des Zahlensystems!")
                Throw Up
            End If

            'Aus der gefundenen Ziffernummer die Potenz bilden, und zum Gesamtwert addieren.
            locValue += CLng(Math.Pow(NumberSystem, Value.Length - count - 1) * locDigitValue)

        Catch ex As Exception
            'Für den Fall, dass zwischendurch was schiefgeht
            Dim Up As Exception = New InvalidCastException _
                ("Ziffer des Zahlensystems außerhalb des gültigen Bereichs!")
            Throw Up
        End Try

        'Nächstes Zeichen verarbeiten.
    Next

    Return New NumberSystems(locValue, NumberSystem)

End Function
End Structure
```

Die *Parse*-Funktion ist eine statische Funktion (genau wie die *Parse*-Funktionen vieler Datentypen in der CLR), und sie dient dazu, eine Zeichenkette, die dem Wert eines bestimmten Zahlensystems entspricht, in einen *NumberSystem*-Wert umzuwandeln. Prinzipiell arbeitet Sie nach der Formel

$$\text{NumeraleWert} = \text{Ziffernwert} \times \text{Zahlensystembasiswert}^{\text{Ziffernposition}-1}$$

Die Werte der Ziffern sind dabei durchnumeriert von 0–33 (Ziffern von 0–9, dann das großbuchstabige Alphabet von A–Z). Mit einer Schleife iteriert die Funktion dabei von vorne nach hinten durch die Zeichen des umzuwandelnden Strings. Mit der statischen *BinarySearch*-Funktion der Array-Klasse ermittelt sie dabei den Ziffernwert. Dieser stellt anschließend den Wert eines Multiplikators des Produkts dar. Der andere Multiplikator ergibt sich durch das Potenzieren des Basiswertes des Zahlensystems mit der Ziffernposition. Auch hier soll ein Beispiel helfen, den Algorithmus besser zu verstehen, dieses Mal jedoch mit einer Konvertierung aus dem Hexadezimalsystem: Gegeben sei die Zahl »F3E«. Um diese umzurechnen, ermittelt die Funktion den Ziffernwert für »F«, der dem Wert 15 entspricht. Da es das dritte Zeichen im String ist (von hinten gesehen), wird 16 mit 2 (es ist Ziffernposition 1) potenziert (ergibt 256) und mit 15 multipliziert – das Ergebnis lautet: 3840. Nun ist das mittlere Zeichen an der Reihe. Der Ziffernwert beträgt 3, der Exponent 1, denn es ist das 2. Zeichen der Zeichenkette. Zwischenergebnis: 48, addiert zum vorherigen Wert ergibt 3888. Was fehlt ist die letzte Ziffer. Der Exponent[16] ist 0, damit entspricht das Produkt dem Ziffernwert (Multiplikation mit eins verändert nichts), und dieser entspricht 14 für das »E«. Die letzte »14« zum Zwischenergebnis addiert, und wir haben das Ergebnis 3902.

Hauptprogramm und Struktur sind in dem Programmbeispiel in zwei verschiedenen Dateien untergebracht. Ein Doppelklick auf *NumberSystems.vb* im Projektexplorer öffnet den Quellcode der Struktur; *mdlMain.vb* enthält das Modul für das Hauptprogramm.

```
Module mdlMain

    Sub Main()

        Dim locLong As Long
        locLong = 65535
        Dim locNS As New NumberSystems(locLong)
        Console.WriteLine("{0} entspricht:", locLong)
        locNS.NumberSystem = 2 : Console.WriteLine("Binär: " & locNS.ToString)
        locNS.NumberSystem = 8 : Console.WriteLine("Oktal: " & locNS.ToString)
        locNS.NumberSystem = 10 : Console.WriteLine("Dezimal: " & locNS.ToString)
        locNS.NumberSystem = 16 : Console.WriteLine("Hexadezimal: " & locNS.ToString)
        locNS.NumberSystem = 32 : Console.WriteLine("Duotrigesimal: " & locNS.ToString)

        'Gegenbeispiel:
        Console.WriteLine()
        Console.WriteLine("Gegenbeispiel:")
        Console.Write("'7U23085PJGBD9' duotrigesimal entspricht dezimal: ")
        locNS = NumberSystems.Parse("7U23085PJGBD9", 32)
        Console.WriteLine(locNS.Value)

        Console.WriteLine()
        Console.WriteLine("Return drücken zum Beenden")
        Console.ReadLine()

    End Sub

End Module
```

## Wenn Sie das Programm starten, erhalten Sie folgende Ausgabe:

```
65535 entspricht:
Binär: 1111111111111111
Oktal: 177777
Dezimal: 65535
Hexadezimal: FFFF
Duotrigesimal: 1VVV
```

---

[16] Sie erinnern sich an die Schulzeit? – Jeder Wert potenziert mit 0 ergibt 1. Die Zahl wird dabei durch sich selbst geteilt.

Gegenbeispiel:
'7U23085PJGBD9' duotrigesimal entspricht dezimal: 9153672076852735401

Return drücken zum Beenden

## Unterschiedliche Verhaltensweisen von Werte- und Verweistypen

Nun haben Sie Ihre erste Struktur entwickelt, aber inwiefern unterscheidet die sich nun von einer Klasse? Nun, wie in der Einführung schon erklärt, speichern Wertetypen – wie die gerade entwickelte *NumberSystems*-Klasse – im Gegensatz zu Verweistypen ihren Inhalt direkt auf dem Stack und nicht auf dem Managed Heap. Bei der Zuweisung von einem Wertetyp an einen anderen werden die Inhalte (die Daten) also wirklich kopiert, und beide Wertetypen sind anschließend unabhängig voneinander, wie das folgende Beispiel zeigt:

```
'Neuen Wertetyp deklarieren und definieren.
Dim Wertetyp1 As New NumberSystems(10)

'Zweiter Wertetyp wird deklariert durch den ersten definiert.
Dim Wertetyp2 As NumberSystems = Wertetyp1

'Zweiter Wertetyp bekommt anderen Wert.
Wertetyp2.Value = 20

'Erster Wertetyp behält alten Wert.
Console.WriteLine(Wertetyp1.Value)
```

Die Ausgabe dieses Beispiels lautet »10«.

*Wertetyp1* wird *Wertetyp2* zugewiesen. Da es sich bei beiden Variablen um Wertetypen handelt (instanziert aus der Struktur des vorherigen Beispielprogramms), kopiert die CLR den Inhalt von *Wertetyp1* in *Wertetyp2*. Eine anschließende Änderung von *Wertetyp2* hat keine Auswirkungen auf *Wertetyp1*, da beide ihren unabhängigen Speicherbereich auf dem Stack beanspruchen.

Anders sieht das mit Verweistypen bei Klasseninstanzen aus. Im Beispielprogramm befindet sich ebenfalls eine Klasse, die nur Demonstrationszwecken dient und ebenfalls einen Long-Wert speichern kann. Wenn für das gleiche Beispiel ein Referenztyp verwendet wird, bekommen Sie ein völlig anderes Ergebnis, und zwar eines, das Sie vielleicht nicht unbedingt erwarten:

```
'Neuen Verweistyp deklarieren und definieren
Dim Referenztyp1 As New ReferenzTyp(10)
'Zweiter Verweistyp wird deklariert durch den ersten definiert
Dim Referenztyp2 As ReferenzTyp = Referenztyp1

'Zweiter Verweistyp bekommt anderen Wert
Referenztyp2.Value = 20

'Erster damit ebenfalls!!!
Console.WriteLine(Referenztyp1.Value)
```

Die Ausgabe dieses Beispiels lautet »20«.

Dieses Beispiel verwendet ausschließlich Referenztypen. Sie sehen, dass in diesem Beispiel nur eine einzige Instanz der Klasse erstellt und deswegen auch nur einmal der Speicherbereich für die Instanz auf dem Managed Heap reserviert wird. Die zweite Objektvariable wird zwar deklariert, aber die Zuweisung

```
Dim Referenztyp2 As ReferenzTyp = Referenztyp1
```

erstellt keine neue Instanz, sondern weist der Variablen lediglich einen Zeiger auf die schon vorhandene Instanz zu. Aus diesem Grund ändern Sie oberflächlich betrachtet mit dem ersten Objekt auch das zweite Objekt. Die Wahrheit ist aber, es gibt gar kein zweites Objekt. Mit der zweiten Variablen ändern Sie lediglich das einzig vorhandene Objekt, das jetzt durch die Objektvariablen *Referenztyp1* und *Referenztyp2* repräsentiert wird.

Das gleiche Verhalten lässt sich beim Übergeben von Wertetypen bzw. Referenztypen an Prozeduren beobachten. Wir fügen dem Modul zwei *Subs* hinzu, die folgende Form haben:

```
Sub NimmtWertetyp(ByVal Wertetyp As NumberSystems)
    Wertetyp.Value = 99
End Sub

Sub NimmtReferenzTyp(ByVal Referenztyp As ReferenzTyp)
     Referenztyp.Value = 99
End Sub
```

Beide *Subs* machen im Prinzip das gleiche – die eine arbeitet jedoch mit Verweis-, die andere mit Wertetypen. Betrachten Sie jetzt den folgenden Codeauszug, der mit Wertetypen arbeitet:

```
        Dim Wertetyp1 as New NumberSystems(10)
        NimmtWertetyp(Wertetyp1)
        Console.WriteLine(Wertetyp1.Value)

        Referenztyp1 as New ReferenzTyp(10)
        NimmtReferenzTyp(Referenztyp1)
        Console.WriteLine(Referenztyp1.Value)
```

Die erste Ausgabe lautet hier »10«, die zweite »99«. Wenn Sie einen Wertetyp einer Prozedur übergeben, legt die CLR eine Kopie der eigentlichen Daten der Struktur auf den Stack und übergibt sie der aufgerufenen Prozedur. Die Prozedur arbeitet mit der Datenkopie auf dem Stack, und das Verändern der Variablen hat keine Auswirkungen auf die Variable, mit der die Übergabe initiiert wurde.

Anders wiederum ist das bei Verweistypen. Hier übergibt das aufrufende Programm nur einen Verweis auf den Datenbereich im Managed Heap. Es gibt keine Kopie der Klasseninstanz; die Änderung der Daten erfolgt von beiden Objektvariablen und kann auch durch beide reflektiert werden.

### Verhalten der Parameterübergabe mit ByVal und ByRef steuern

Es kann wünschenswert sein, einen Wertetypen durch das Schlüsselwort *ByRef* als Referenz einer Prozedur zu übergeben. In diesem Fall wird beim Aufruf eine Instanz der Struktur auf dem Managed Heap erstellt, und die Originaldaten werden dort hineinkopiert. Beim Aufruf der Prozedur sorgt die CLR dafür, dass nur die Adresse – genau wie bei Referenzvariablen – übergeben wird. Beide Objektvariablen ändern anschließend die gleiche Instanz. Die Abänderung des Codes macht diesen Sachverhalt deutlich:

```
Dim Wertetyp1 as New NumberSystems(10)
NimmtWertetyp(Wertetyp1)
Console.WriteLine(Wertetyp1.Value)
Dim Wertetyp2 as NumberSystems = Wertetyp1
Wertetyp2.Value = 50
Console.WriteLine(Wertetyp1.Value)
.
.
.
Sub NimmtWertetyp(ByRef Wertetyp As NumberSystems)

    Wertetyp.Value = 99

End Sub
```

Dieses Beispiel zeigt auch, dass damit das Verhalten des Wertetyps nicht für alle Zeiten geändert ist. Wenn die Prozedur beendet ist, kopiert die CLR die geänderten Daten aus dem Managed Heap wieder zurück in den entsprechenden Speicherbereich auf den Stack, und die Variable ist wieder völlig unabhängig.

Da es keine Strukturinstanzen ohne Daten gibt, sorgt die CLR übrigens automatisch dafür, dass eine Instanz erstellt wird – ganz gleich, ob Sie *New* zur Instanzierung verwendet haben oder nicht. Auch hier zeigt ein Beispiel, was gemeint ist:

```
Dim EinWert As NumberSystems
Dim EineReferenz As ReferenzTyp

EinWert.Value = 10
EineReferenz.Value = 10
```

Diese Zeilen werden bis auf die letzte anstandslos verarbeitet. Bei der letzten tritt jedoch eine Ausnahme auf, weil Sie versuchen, die Eigenschaft eines Objektes zu verändern, das auf dem Managed Heap gar nicht existiert (siehe Abbildung 3.24).

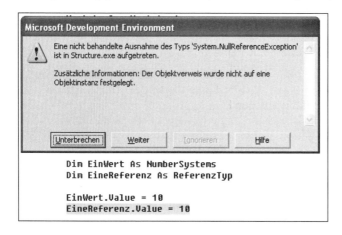

*Abbildung 3.24:* Versuchen Sie die Eigenschaft eines Objektes zu ändern, das nicht instanziiert wurde, erhalten Sie eine Ausnahme

*ByVal* und *ByRef* haben für die Übergabe von Verweistypen übrigens überhaupt keine Auswirkung. Verweistypen werden grundsätzlich als Referenz (als *ByRef*) übergeben.

## Gezieltes Zuweisen von Speicherbereichen für Struktur-Member

Aufmerksame Leser, die das Struktur-Beispiel aus den letzten Abschnitten getestet haben, wird möglicherweise eine Unzulänglichkeit aufgefallen sein, die in Release-Versionen von »echten Applikationen« – neudeutsch »Real-Word-Applikationen« genannt – selbstverständlich nicht auftreten dürfen. Das Programm schwächelt nämlich bei negativen Zahlen und hat bei deren Umsetzung in andere Zahlensysteme Probleme, obwohl die sich auch in andere Zahlensysteme umwandeln lassen können und müssen.

Beispiel: Der 64-Bit-Wert $FFFFFFFFFFFFFFFF (Hexadezimal-Darstellung) entspricht umgewandelt in einen vorzeichenbehafteten 64-Bit-Wert, also in einen Long-Datentyp, dem Wert –1. Das liegt schlicht und ergreifend daran, dass bei vorzeichenbehafteten Integerzahlen intern das höchstwertige Bit als Minuszeichen fungiert. Ist es gesetzt, gilt der Wert als negativ, ist es nicht gesetzt, gilt er als positiv. Nun errechnet die *ToString*-Funktion den Index für die Numerale aus dem gespeicherten Wert, und wenn der Ausgangswert für die Berechnung schon negativ ist, bleibt der Index auf das gesuchte Numerale auch negativ. Das wiederum führt zu einer Ausnahme, und die Routine schlägt fehl.

Im Grunde genommen liegt der Fehler also gar nicht darin, dass das Programm keine negativen Zahlen verarbeiten kann, sondern dass es negative Zahlen verarbeitet, dies aber gar nicht soll. Was es bräuchte, wäre ein Integer-Datentyp, der nur positive Zahlen darstellt und das höchstwertige Bit auch wirklich für den positiven Zahlenbereich nutzt. Das Problem: Visual Basic »versteht« nur vorzeichenbehaftete Integer-Werte; zwar gibt es im Framework auch Datentypen wie *UInt16*, *UInt32* oder *UInt64* (vorzeichenlose Integerwerte in 16, 32 und 64-Bit), doch kann Visual Basic diese nicht berechnen, und damit sind sie eigentlich unbrauchbar.[17]

Ein Ansatz wäre folgender: Wenn Sie sich die entscheidende Routine anschauen, werden Sie schnell feststellen, dass man die vollen 64 Bit für die Berechnung der letzten Ziffer gar nicht benötigt. Da das Programm in einem Numerale maximal Werte bis 33 bearbeitet, sind nur die unteren 6 Bits relevant, die den Wertebereich von 0–63 abdecken. Wenn wir also einen Weg finden würden, die oberen 32 Bit des Long-Wertes zu löschen, wären unsere Zahlen immer positiv, und wir könnten die Prozedur ohne Änderungen im Algorithmus weiterverwenden. Das Problem: Die booleschen Operatoren (*And*, *Or*, *Xor*) verarbeiten ausschließlich 32-Bit-Integerwerte. Also haben wir auf diese Weise auch keine Chance, zum Ziel zu kommen. Außerdem bliebe das Problem der Division im letzten Teil der Routine, die ja schlecht über zwei 32-Bit-Werte kombinierbar wäre.

Strukturen selbst können uns an dieser Stelle aus der Patsche helfen. Sie erlauben es nämlich, Member-Variablen zu definieren und gezielt zu bestimmen, ab welcher Stelle innerhalb des Strukturspeichers sie definiert sind. Zu abstrakt? OK, ein Beispiel:

Nehmen Sie einen Long-Datentyp, und weisen diesem einen Wert zu, beispielsweise mit

```
Dim EinLong as Long = &FFFF000000FF0000
```

Dieser Wert verwendet 64 Bits oder 8 Bytes. Um diesen Long nun vorzeichenunberücksichtigt beispielsweise in einen *Integer*-Datentyp umzuwandeln, wäre es doch schön, dem Visual-Basic-Compiler sagen zu können: »Definiere die Variable *EinInteger* so, dass sich die unteren Bytes

---

[17] Mit einer Ausnahme: Sie können dazu herhalten, Werte aus anderen Assemblies (Dlls), die beispielsweise in C# geschrieben wurden, aufzunehmen und zu speichern. Gleiches gilt für Aufrufe von Windows-API-Funktionen. In der nächsten Version von Visual Studio stehen diese Datentypen übrigens auch in Visual Basic zur Verfügung.

überlappen«. Würden Sie anschließend über die Integervariable auf den gleichen Speicherbereich zugreifen, hätten Sie die Konvertierung auf die schnellste nur denkbare Weise gelöst. Natürlich wäre auch dieser Integerwert wieder vorzeichenbehaftet, doch auf diese Weise könnten wir auch die vorzeichenlosen *UInt64*-Typen Frameworks verwenden, und wären dieses Problem ebenfalls los. Es bleibt das Problem der Division. Dazu können wir aber den *Decimal*-Wertetyp zweckentfremden, und die Division mit diesem Wertetyp durchführen. Er verarbeitet mit seinem 128 Bit großem Speicher zwar auch Fließkommawerte, aber durchaus den Wertebereich von *UInt64*.

Strukturen erlauben das gezielte Platzieren von Speicherbereichen für Member-Variablen. Wichtig dafür ist, dass Sie die Struktur mit einem speziellen Attribut markieren und dem Compiler damit »Bescheid geben«, was Sie zu tun gedenken. Die folgende Beispiel-Struktur zeigt, wie es geht:

```
Imports System.Runtime.InteropServices

'Mitteilen, dass die Reihenfolge der
'Bytedefinitionen strikt einzuhalten ist!
<StructLayout(LayoutKind.Explicit)> _
Public Structure LongEx

    <FieldOffset(0)> Private myLong As Long
    <FieldOffset(0)> Private myULong As UInt64
    <FieldOffset(0)> Private myUInt As UInt32
    <FieldOffset(0)> Private myLowDWord As Integer
    <FieldOffset(4)> Private myHighDWord As Integer
    <FieldOffset(0)> Private myLowWord As Short
    <FieldOffset(2)> Private myHighWord As Short
    <FieldOffset(4)> Private myHighDWordLowWord As Short
    <FieldOffset(6)> Private myHighDWordHighWord As Short
    <FieldOffset(0)> Private myLowByte As Byte
    <FieldOffset(1)> Private myHighByte As Byte
    <FieldOffset(0)> Private myWord As Short
    <FieldOffset(0)> Private myDWord As Integer
```

Mit dem *StructLayout*-Attribut am Anfang der Struktur teilen Sie mit, dass die Reihenfolge der Member-Definition oder besser: die Reihenfolge der Festlegung derer Speicherplätze strikt eingehalten werden soll. Mit dem *FieldOffset*-Attribut erreichen sie anschließend das »Überlappen« der Speicherbereiche für die entsprechenden Member-Variablen.

Die restlichen Eigenschaftenprozeduren dienen dann nur noch dem Auslesen der Member-Variablen auf die gewohnte Art und Weise:

```
    Sub New(ByVal a_Byte As Byte)
        myLong = a_Byte
    End Sub

    Sub New(ByVal a_Word As Short)
        myLong = a_Word
    End Sub

    Sub New(ByVal a_DWord As Integer)
        myLong = a_DWord
    End Sub
```

```vb
Sub New(ByVal a_Long As Long)
    myLong = a_Long
End Sub

Property [Long]() As Long
    Get
        Return myLong
    End Get

    Set(ByVal Value As Long)
        myLong = Value
    End Set
End Property

Property ULong() As UInt64
    Get
        Return myULong
    End Get

    Set(ByVal Value As UInt64)
        myULong = Value
    End Set
End Property

Property UInt() As UInt32
    Get
        Return myUInt
    End Get
    Set(ByVal Value As UInt32)
        myUInt = Value
    End Set
End Property


Property DWord() As Integer
    Get
        Return myDWord
    End Get

    Set(ByVal Value As Integer)
        Value = DWord
    End Set
End Property

Property Word() As Short
    Get
        Return myWord
    End Get

    Set(ByVal Value As Short)
        Value = Value
    End Set
End Property
```

```vb
'Ist redundant, da das gleiche wie DWord,
'aber die Konsistenz...!
Property LowDWord() As Integer
    Get
        Return myLowDWord
    End Get

    Set(ByVal Value As Integer)
        myLowDWord = Value
    End Set
End Property

Property HighDWord() As Integer
    Get
        Return myHighDWord
    End Get

    Set(ByVal Value As Integer)
        myHighDWord = Value
    End Set
End Property

Property LowWord() As Short
    Get
        Return myLowWord
    End Get

    Set(ByVal Value As Short)
        myLowWord = Value
    End Set
End Property

Property HighWord() As Short
    Get
        Return myHighWord
    End Get

    Set(ByVal Value As Short)
        myHighWord = Value
    End Set
End Property

Property HighDWordLowWord() As Short
    Get
        Return myHighDWordLowWord
    End Get

    Set(ByVal Value As Short)
        myHighDWordLowWord = Value
    End Set
End Property

Property HighDWordHighWord() As Short
    Get
        Return myHighDWordHighWord
    End Get
```

```
            Set(ByVal Value As Short)
                myHighDWordHighWord = Value
            End Set
        End Property

        Property LowByte() As Byte
            Get
                Return myLowByte
            End Get

            Set(ByVal Value As Byte)
                myLowByte = Value
            End Set
        End Property

        Property HighByte() As Byte
            Get
                Return myHighByte
            End Get

            Set(ByVal Value As Byte)
                Value = myHighByte
            End Set
        End Property

End Structure
```

Mit Hilfe dieser Struktur können Sie nun die Ausgangsanwendung so umstellen, dass sie in der Lage ist, den kompletten positiven Zahlenbereich von 64 Bit auch mit vorzeichenbehafteten Long-Datentypen zu verarbeiten. Änderungen sind dafür nur an der *ToString*-Funktion erforderlich:

```
    Public Overrides Function ToString() As String

        Dim locResult As String
        Dim locLongEx As LongEx

        'Temporäre LongEx-Variable, für die Umwandlungen
        locLongEx.Long = myUnderlyingValue

        'Temporäre LongEx-Variable für Emulation
        'der vorzeichenlosen 64-Bit-Integer-Division
        Dim locDec As Decimal

        Do
            'Vorzeichenbehaftetes Integer in Long konvertieren, damit die
            'richtige Ziffer berechnet werden kann.
            Dim digit As Integer = CInt(Convert.ToInt64(locLongEx.UInt) Mod NumberSystem)
            locResult = CStr(myDigits(digit)) & locResult

            'Für die Division vorbereiten; damit das Vorzeichen berücksichtigt wird
            'bleibt nur der dafür ausreichend große Decimal-Typ
            locDec = Convert.ToDecimal(locLongEx.ULong)

            'Integerdivision simulieren; erst dividieren, dann Nachkommastelle mit Truncate abschneiden.
            locDec = Decimal.Truncate(Decimal.Divide(locDec, Convert.ToDecimal(NumberSystem)))
```

*Klassen und Schnittstellen*

```
    'Ergebnis wieder zurückschreiben, damit am Schleifenanfang mit UInt
    '(vorzeichenloser Integer) auf die unteren 32 Bits zugegriffen werden kann.
    locLongEx.ULong = Convert.ToUInt64(locDec)
Loop Until locLongEx.Long = 0

Return locResult

End Function
```

Vielleicht wenden Sie jetzt ein, wieso ich nicht von vornherein den *Decimal*-Datentyp zur Berechnung verwendet habe. Dazu folgendes:

- In diesem Fall hätte man auf jeden Fall die Schwierigkeit gehabt, einen negativen Long-Wert in den entsprechenden vorzeichenlosen 64-Bit-Wert umzuwandeln, der dann im *Decimal*-Datentyp zu speichern gewesen wäre.

- Die Struktur hätte einen 8 Bytes größeren Speicherplatzbedarf gehabt, da *Decimal* eine Member-Variable gewesen wäre. Der *Decimal*-Datentyp verbraucht 16 Bytes Speicherplatz; wenn Sie größere Mengen (zum Beispiel in Arrays) zu speichern hätten, würden Sie beispielsweise für 500.000 Elemente nicht nur rund 6 MByte sondern rund 10 MByte Speicher benötigen.

- Und: Sie können mit der vorhandenen Methode ohne Probleme eine *LongEx*-Eigenschaft in die vorhandene Klasse einbauen, die Ihnen bei Bedarf auch weitere Konvertierungen ermöglicht, etwa folgendermaßen:

```
Public Property LongEx() As LongEx
    Get
        Return New LongEx(myUnderlyingValue)
    End Get
    Set(ByVal Value As LongEx)
        myUnderlyingValue = Value.Long
    End Set
End Property
```

- Zu guter Letzt hätten Sie die *LongEx*-Klasse und die Vorzüge der Speichersteuerung bei Strukturen nicht kennen gelernt ...

Die *NumberSystems*-Klasse können Sie natürlich für Ihre eigenen Projekte verwenden.

## Konstruktoren bei Wertetypen

Ein weiterer Unterschied von Werte- und Verweistypen wird bei der Verwendung von Konstruktoren deutlich. Wertetypen können keinen parameterlosen Konstruktor haben. Das gilt nicht für die Intermediate Language und damit auch nicht für Framework.NET generell – in verwaltetem C++ sind Wertetypenkonstruktoren beispielsweise möglich. Es gilt auf jeden Fall für Visual Basic und auch für C#. Über Gründe dafür kann man dafür nur spekulieren.

Tatsache ist: Jeder Wertetyp hat einen parameterlosen Konstruktor, Sie können ihn nur nicht durch einen anderen ersetzen. Konstruktoren mit Parametern sind hingegen genau so möglich, wie es bei Klassen (Verweistypen) kennen gelernt haben.

# Performance-Unterschiede zwischen Werte- und Verweistypen

Ein weiterer wichtiger Unterschied ist die Performance zwischen Werte- und Verweistypen. An die Daten der Wertetypen kommen Sie in der Regel schneller heran, weil ein zusätzlicher Dereferenzierungsschritt nicht erforderlich nicht. Erinnern wir uns:

- Wenn Sie mit den Daten eines Wertetyps arbeiten müssen, holt sich der Prozessor die Daten vom Stack – und fertig ist das Laden!

- Wenn Sie mit den Daten eines Verweistypen arbeiten wollen, holt sich der Prozessor zunächst die Adressdaten des Speicherbereichs für die eigentlichen Daten im Managed Heap vom Stack. Jetzt erst lädt er die Daten aus dem Managed Heap, indem er die Adresse dereferenziert; dieser Vorgang dauert natürlich entsprechend länger: Zum einen muss der Prozessor einen zusätzlichen Schritt durchführen – nämlich das Dereferenzieren der Adresse. Zum anderen teilt sich das Objekt seinen Datenbereich mit anderen Daten. Wenn Sie sehr große Mengen innerhalb Ihrer Anwendung speichern, ist die Wahrscheinlichkeit natürlich groß, dass der Zugriff auf die Daten physisch im Arbeitsspeicher erfolgt. Liegen die Daten auf dem Stack, ist die Wahrscheinlichkeit größer, dass sie sich im Second- oder sogar First-Levelcache Ihres Prozessors befinden; der Datenzugriff hier erfolgt wesentlich schneller, als auf den Arbeitsspeicher.

**HINWEIS:** Auf der CD zum Buch befindet sich ein Programm, das die Geschwindigkeitsunterschiede demonstriert. Sie finden es im CD-Pfad im Unterverzeichnis ..\*ValueAndReference*. Das Programm ist folgendermaßen aufgebaut:

Es definiert eine Struktur und eine Klasse, die jeweils identische Funktionen haben. Sie dienen nur zur Demonstration und haben keine spezielle Aufgabe:

```
Public Class ReferenzTyp

    'Private myValue As Double
    Private myValue As Double

    Sub New(ByVal Value As Double)
        myValue = Value
    End Sub

    Property Value() As Double
        Get
            Return myValue
        End Get
        Set(ByVal Value As Double)
            myValue = Value
        End Set
    End Property

    Sub CopyValue(ByVal ToCopy As ReferenzTyp)
        myValue = ToCopy.Value
    End Sub

End Class
```

```
Public Structure Wertetyp

    Private myValue As Double

    Sub New(ByVal Value As Double)
        myValue = Value
    End Sub

    Property Value() As Double
        Get
            Return myValue
        End Get
        Set(ByVal Value As Double)
            myValue = Value
        End Set
    End Property

    Sub CopyValue(ByVal ToCopy As Wertetyp)
        myValue = ToCopy.Value
    End Sub
End Structure
```

Das Testprogramm selbst verwendet den so genannten »Performance-Counter« des Windows-Kernels zur genauen Zeitmessung. Um nicht für jede Zeitmessung auf die Windows-API zugreifen zu müssen, gibt es – ebenfalls im Projekt vorhanden – die Klasse *HighSpeedTimeGauge*, die die API-Aufrufe kapselt.

### Wrapper-Klassen für Betriebssystemaufrufe

Es ist eine allgemein übliche Vorgehensweise, Aufrufe an das Windows-Betriebssystem durch so genannte Wrapper-Klasse zu realisieren. Eine Wrapper-Klasse kapselt[18] Betriebssystemaufrufe, so dass sie auf gewohnte »Framework«-Weise aufrufbar sein. Wrapper-Klassen stellen dazu ganze Funktionsbibliotheken zur Verfügung, die nur als Schnittstelle zu den dafür benötigten Betriebssystemen fungieren, die aber die eigentliche Aufgabe übernehmen. Viele Steuerelemente von Windows sind auf diese Weise im Framework integriert. Schon eine simple *TextBox* ist im Framework nicht von Grund auf neu entwickelt worden. Vielmehr bildet die *TextBox*-Klasse der FCL lediglich einen Wrapper um die Windows-TextBox und stellt entsprechende Bearbeitungsfunktionen FCL-konform zur Verfügung.

Die im Beispiel verwendeten Betriebssystemaufrufe steuern den Performance-Counter (etwa: Leistungsmesser), der durch den Windows-Kernel zur Verfügung gestellt wird. Er erlaubt eine viel genauere Zeitmessung, insbesondere von extrem kurz andauernden Operationen und liefert daher aussagekräftigere Zahlen, als Sie diese über die normalen *DateTime*-Funktionen ermitteln könnten. Das folgende Listing zeigt die Funktionsweise:

---

[18] Von engl. »to wrap«: einpacken (etwa in Geschenkpapier).

```vb
Option Explicit On
Option Strict On

Public Class HighSpeedTimeGauge
    'Die Routinen brauchen wir zum "Hochgeschwindigkeitsmessen" aus dem Kernel
    Declare Auto Function QueryPerformanceFrequency Lib "Kernel32" (ByRef lpFrequency As Long) As Boolean
    Declare Auto Function QueryPerformanceCounter Lib "Kernel32" (ByRef lpPerformanceCount As Long) As Boolean

    'So ginge es übrigens auch:
    '<System.Runtime.InteropServices.DllImport("KERNEL32")> _
    'Private Shared Function QueryPerformanceCounter(ByRef lpPerformanceCount As Long) As Boolean
    'End Function

    '<System.Runtime.InteropServices.DllImport("KERNEL32")> _
    'Private Shared Function QueryPerformanceFrequency(ByRef lpFrequency As Long) As Boolean
    'End Function

    Private myStartValue As Long = 0
    Private myEndValue As Long = 0
    Private myDuration As Long = 0
    Private myFrequency As Long = 0
    Public Sub New()

        QueryPerformanceFrequency(myFrequency)

    End Sub

    Public Sub Start()

        myStartValue = 0
        QueryPerformanceCounter(myStartValue)

    End Sub

    Public Sub [Stop]()

        myEndValue = 0
        QueryPerformanceCounter(myEndValue)
        myDuration = myEndValue - myStartValue
    End Sub

    Public Sub Reset()
        myStartValue = 0
        myEndValue = 0
        myDuration = 0
    End Sub
    Public ReadOnly Property DurationInSeconds() As Double
        Get
            Return CDbl(myDuration) / CDbl(myFrequency)
        End Get
    End Property
```

```vb
        Public ReadOnly Property DurationInMilliSeconds() As Long
            Get
                Return CLng(1000 * DurationInSeconds)
            End Get
        End Property

        Public ReadOnly Property Frequency() As Long
            Get
                Return myFrequency
            End Get
        End Property

        Public Overrides Function ToString() As String
            Return DurationInMilliSeconds & " Millisekunden"
        End Function

End Class
```

Der Einsatz dieser Klasse ist denkbar einfach. Mit einer Klasseninstanz haben Sie Zugriff auf die Funktionen *Start*, *Stop* und *Reset*, mit denen Sie den Performance-Counter starten anhalten und zurücksetzen können. Die Funktion *ToString* liefert Ihnen eine gemessene Zeitperiode in Millisekunden zurück.

Das Hauptprogramm nimmt die Zeitmessung anschließend vor. Es legt dazu nicht weniger als 2.500.000 Instanzen jeweils des Referenztyps und des Wertetyps an. Die ganze Prozedur wird in einer Schleife mit 10 Durchgängen durchgeführt, um auch Ausreißer sichtbar zu machen, die etwa durch verlangsamende Betriebssystemeingriffe entstehen. Das Programm schaut folgendermaßen aus:

```vb
Module mdlMain

    Sub Main()
        Dim locGauge As New HighSpeedTimeGauge
        Dim locLoops As Integer = 2500000

        For durchläufe As Integer = 1 To 10
            locGauge.Start()
            For z As Integer = 1 To locLoops
                Dim locWertTyp As Wertetyp = New Wertetyp(3.14)
                locWertTyp.CopyValue(New Wertetyp(3.15))
            Next
            locGauge.Stop()
            Console.WriteLine("{0} Funktionsaufrufe mit Wertetyp {1} Millisekunden.", _
                              locLoops, locGauge.DurationInMilliSeconds)
            locGauge.Reset()
            locGauge.Start()
            For z As Integer = 1 To locLoops
                Dim locRefTyp As ReferenzTyp = New ReferenzTyp(3.14)
                locRefTyp.CopyValue(New ReferenzTyp(3.15))
            Next
```

```
            locGauge.Stop()
            Console.WriteLine("{0} Funktionsaufrufe mit Referenztyp {1} Millisekunden.", _
                              locLoops, locGauge.DurationInMilliSeconds)

            locGauge.Reset()
        Next durchläufe

        Console.WriteLine()
        Console.WriteLine("Return drücken zum Beenden!")
        Console.ReadLine()

    End Sub

End Module
```

Sie sehen selbst: das Beispiel ist simpel. Es legt 2,5 Millionen Wertetypen an, die aus der Struktur entstehen. Anschließend legt es jeweils einen weiteren Wertetyp an, der durch die *Copy-Value*-Methode in die erste Wertetypinstanz übernommen wird. Das gleiche passiert anschließend mit dem Referenztyp, dessen Klasse sich nur dadurch von der Struktur unterscheidet, dass es sich eben um eine Klasse und nicht um eine Struktur handelt.

Beim Start des Programms werden anschließend Messungen erzeugt, die auf meinem Computer extreme Unterschiede in der Laufzeit deutlich machen (im Debug-Modus sind Wertetypen nahezu dreimal so schnell wie Verweistypen).[19]

```
25000000 Funktionsaufrufe mit Wertetyp 1235 Millisekunden.
25000000 Funktionsaufrufe mit Referenztyp 3191 Millisekunden.
25000000 Funktionsaufrufe mit Wertetyp 1298 Millisekunden.
25000000 Funktionsaufrufe mit Referenztyp 3233 Millisekunden.
25000000 Funktionsaufrufe mit Wertetyp 1611 Millisekunden.
25000000 Funktionsaufrufe mit Referenztyp 4181 Millisekunden.
25000000 Funktionsaufrufe mit Wertetyp 1315 Millisekunden.
25000000 Funktionsaufrufe mit Referenztyp 3656 Millisekunden.
25000000 Funktionsaufrufe mit Wertetyp 1411 Millisekunden.
25000000 Funktionsaufrufe mit Referenztyp 3420 Millisekunden.
25000000 Funktionsaufrufe mit Wertetyp 1337 Millisekunden.
25000000 Funktionsaufrufe mit Referenztyp 3475 Millisekunden.
25000000 Funktionsaufrufe mit Wertetyp 1499 Millisekunden.
25000000 Funktionsaufrufe mit Referenztyp 3576 Millisekunden.
25000000 Funktionsaufrufe mit Wertetyp 1231 Millisekunden.
25000000 Funktionsaufrufe mit Referenztyp 3443 Millisekunden.
25000000 Funktionsaufrufe mit Wertetyp 1208 Millisekunden.
25000000 Funktionsaufrufe mit Referenztyp 3450 Millisekunden.
25000000 Funktionsaufrufe mit Wertetyp 1309 Millisekunden.
25000000 Funktionsaufrufe mit Referenztyp 3504 Millisekunden.

Return drücken zum Beenden!
```

Aber diese Messwerte sind mit Vorsicht zu interpretieren – denn es kommt auf die Implementierung in einer echten Anwendung darauf an, wie weit der Visual-Basic-Compiler (und später

---

[19] Messwerte jeweils für Werte- und Verweistypen mit einem Pentium IV, 3.06 GHz im Debug-Modus (1.415 und 3.544 ms), im Release-Modus (Starten ohne Debuggen; 670 und 1.168 ms).

der JITter) sie optimieren kann und damit, wie groß der Geschwindigkeitsvorteil tatsächlich ist. Ändern Sie beispielsweise nur eine Kleinigkeit, indem Sie aus den Anweisungen:

```
For z As Integer = 1 To locLoops
    Dim locWertTyp As Wertetyp = New Wertetyp(3.14)
    locWertTyp.CopyValue(New Wertetyp(3.15))
Next
```

(jeweils, natürlich, bei den Referenztypen und Wertetypen) folgende Anweisungen machen,

```
For z As Integer = 1 To locLoops
    Dim locWertTyp As Wertetyp = New Wertetyp(3.14)
    Dim locWertTyp2 As Wertetyp = New Wertetyp(3.15)
    locWertTyp.CopyValue(New Wertetyp(3.15))
Next
```

dann ist der Geschwindigkeitsvorteil der Wertetypen schon dahin. In diesem Fall liegt es vermutlich an einer – nennen wir sie: – »Optimierungsunzulänglichkeit« des Visual-Basic-Compilers, der im erzeugten IML-Code eine weitere (dritte) Wertetypvariable generiert, in der er temporär (und, ich möchte ergänzen, unnötigerweise) den zu verarbeitenden Wert zwischenspeichert. Dieser Vorgang frisst den gesamten Performance-Überhang wieder auf. In einer vergleichbaren C#-Anwendung bleibt der Geschwindigkeitsvorteil hingegen erhalten.

**HINWEIS:** Da man schlecht voraussehen kann, wie genau Visual-Basic-Compiler und JITter optimieren, sollten Sie bei zeitkritischen Funktionen ausgiebige Tests durchführen, welcher Typ für Sie in Frage kommt. Denken Sie bitte dabei aber daran, den Test auf Rechnern unterschiedlicher Leistungsstärke durchzuführen. Die Größe von First- und Second-Level-Cache, Hyperthreading-Fähigkeit und verwendeter Speicher können nicht nur die Endgeschwindigkeit beider Methoden sondern vor allen auch das Geschwindigkeitsverhältnis beider Methoden enorm beeinflussen.

## Wieso kann durch Vererbung aus einem Object-Referenztyp ein Wertetyp werden?

Berechtigte Frage. Sie haben seit Beginn des Buches diese Tatsache schon fast als eine Art Dogma kennen gelernt, dass jedes im Framework verwendete Objekt, sei es ein primitiver Datentyp, eine Formular-Komponente, ein Datenbankobjekt, ein Thread etc. von *Object* abgeleitet ist. Dass sich Wertetypen anders verhalten, liegt an der Implementierung der Klasse *ValueType* in der Base Class Library von Windows. Diese wird zwar ebenfalls von *Object* abgeleitet – man könnte aber fast schon sagen »nur pro forma«, denn sie sorgt dafür, das ursprüngliche Objektverhalten völlig umzukrempeln. Allerdings geschieht dies nur zum Teil durch Methoden, auf die Sie oder ich ebenfalls zurückgreifen könnten, denn vieles davon geschieht quasi »unter der Motorhaube« durch die *Common Language Runtime*. Das heißt im Klartext: Wenn Sie eine Struktur in Visual Basic erstellen, dann heißt das für Ihr Objekt das es implizit von *ValueType* abgeleitet ist und all seine Fähigkeiten erbt. Neben einer neuen Vorgehensweise, das Objekt anhand seines Inhaltes möglichst eindeutig zu erkennen – die so genannte *GetHashCode*-Funktion wird dabei durch einen neuen Algorithmus ersetzt – ändert sich auch die *Equals*-Methode, die zwei Objekte miteinander vergleicht.

Da *ValueType* eine abstrakte Klasse ist, können Sie sie nicht instanzieren. Sie dient also quasi nur als »Vorlage« für Wertetypen, die Sie aber nicht in eine andere Klasse ableiten, sondern eben mit *Structure* kreieren. Dafür, dass sie innerhalb der CLR einer anderen Speicherverwaltung unterliegt, sorgt dann die CLR intern. Wir »Anwender« haben darauf keinen Einfluss.

# Die Methoden und Eigenschaften von Object

*Object* selber stellt einige Grundmethoden und -eigenschaften zur Verfügung, die jedes Objekt erbt. Sie sollten aus diesem Grund wenigstens in groben Zügen verstehen, wozu die einzelnen Methoden und Eigenschaften zu gebrauchen sind.

**HINWEIS:** Wenn Ihnen Intellisense in der Visual-Studio-IDE nicht alle Member einer *Object*-Variable anzeigt, sobald Sie den auf Punkt hinter dem Objektnamen innerhalb einer Prozedur getippt haben, so liegt das daran, dass die so genannten »Erweiterten Member« für die Auflistung in der Intellisense-Auswahl ausgeschaltet wurden. Wählen Sie, um diese Einstellung zu ändern, unter *Extras/Optionen* im Bereich *Texteditor* den Eintrag *Basic*. Entfernen Sie das Häkchen vor *Erweiterte Member ausblenden*, um alle Klassen-Member eines Objektes darzustellen.

| Member | Beschreibung |
|---|---|
| Equals | Stellt fest, ob das aktuelle Objekt, dessen *Equals*-Member verwendet wird, mit dem angegebenen *Object* identisch ist. Zwei Objekte sind dann identisch, wenn ihre Instanzen (das heißt der Datenbereich, auf den sie zeigen) übereinstimmen. *ValueType* überschreibt diese Methode, und vergleicht die einzelnen Member. Da Strukturen automatisch von *ValueType* ableiten, gilt dieses Verhalten für alle Strukturen. |
| GetHashCode | Produziert einen Hashcode (eine Art Identifizierungsschlüssel) auf Grund des Objektinhaltes. Dieser Hashcode wird beispielsweise dann verwendet, wenn ein Objekt in einer Tabelle (einem Array) gesucht werden muss. Daher sollte *GetHashCode* nach Möglichkeit eindeutige Werte liefern, aber gleichzeitig auch vom Inhalt abhängige Werte als Grundlage der Hashcode-Berechnung mit einbeziehen. Der in *Object* implementierte Algorithmus garantiert weder Eindeutigkeit noch Konsistenz – Sie sind also angehalten, nach Möglichkeit eigene Hashcode-Algorithmen für abgeleitete Objekte zu entwickeln und diese Methode zu überschreiben, wenn Sie Ihr Objekt des Öfteren in Hash-Tabellen speichern wollen. |
| GetType | Ruft den aktuellen Typ der Instanz als Type-Objekt ab. |
| (Shared) ReferenceEquals | Diese statische Methode entspricht der *Equals*-Methode, übernimmt die beiden zu vergleichenden Objekte aber als Parameter. Da diese Methode statischer Natur ist, können Sie sie nur über den Typnamen aufrufen (*Object.ReferenceEquals*). |
| ToString() | Liefert eine Zeichenkette zurück, die das aktuelle Objekt beschreibt. In der ursprünglichen Version ist das wörtlich zu nehmen; *ToString* liefert nämlich den Klassennamen zurück, wenn Sie diese Funktion nicht überschreiben. *ToString* sollte nach Möglichkeit den Inhalt des Objektes – wenigstens teilweise – als Zeichenkette zurückliefern. |
| Finalize | Wenn die *Finalize*-Methode eines Objektes aufgerufen wird, ist die Quelle des Aufrufs der Garbage Collector. Er signalisiert dem Objekt durch diesen Aufruf, dass es im Rahmen der »Müllabfuhr« im Begriff ist, entsorgt zu werden, und das Objekt hat in diesem Rahmen die Möglichkeit, Ressource freizugeben, die es nicht mehr benötigt. |
| MemberwiseClone | Erstellt eine so genannte »flache Kopie« von dem Objekt, das die Methode beherbergt. Wenn Sie *MemberwiseClone* aufrufen, dann legt diese Methode eine Kopie aller Wertetyp-Member an und stellt diese in einer weiteren Objektinstanz zur Verfügung. Für Verweistypen werden nur Adresskopien erstellt – sie zeigen anschließend also auf dieselben Objekte im Managed Heap, auf die auch die Verweistypen des Originals zeigen. |

*Tabelle 3.5:* Die Beschreibung der Object-Member

# Typumwandlungen – Type Casting

Typen können in vielen Fällen andere Typen umgewandelt werden; diesen Vorgang, einen Typen in einen anderen umzuwandeln, nennt man neudeutsch auch »Type Casting«[20] oder einfach nur »Casting« oder, eingedeutscht, »Casten«. Dabei werden drei Verfahren unterschieden:

- Das physische Umwandeln eines konkreten Werts in einen anderen Typ – dabei werden Daten verarbeitet, analysiert und an anderer Stelle neu gespeichert.
- Das Zuweisen des Zeigers auf eine Klasseninstanz an eine andere Objektvariable anderen Typs, die aber ebenfalls Teil der Klassenerbfolge ist. Eine Objektvariable der Basisklasse *ErsteKlasse* referenziert dabei beispielsweise eine Instanz von *ZweiterKlasse*; Eine Objektvariable der abgeleiteten Klasse *ZweiteKlasse* soll die Instanz nach der Umwandlung referenzieren.
- Den Vorgang des Boxings (Schachtelns) oder Unboxings (»Entpackens«). Dabei wird ein Wertetyp in einen Referenztyp umgewandelt, so dass dieser anschließend auch durch eine Objektvariable einer Klasse der Klassenerbfolge referenziert werden kann.

**HINWEIS:** Sie finden alle Codeschnippsel der folgenden Beispiele zusammengefasst in einem Projekt, und zwar im Buch-CD-Pfad und dort im Unterverzeichnis ..\*Casting*.

## Konvertieren von primitiven Typen

In Visual Basic gibt es mehrere Möglichkeiten, einen primitiven Datentyp in einen anderen umzuwandeln. Die einfachste Vorgehensweise ist die einer direkten Zuweisung, die, *Option Strict On* vorausgesetzt, nicht mit allen Datentypen funktionieren kann. Ein Beispiel:

```
Dim EinInt as Integer=1000
Dim EinLong as Long
'Int kann verlustfrei konvertiert werden; implizite Konvertierung ist möglich!
EinLong=EinInt
```

Bei diesem Vorgang wird eine implizite Konvertierung des Wertes einer *Integer*-Variablen in eine *Long*-Variable vorgenommen. Das ist implizit möglich, da bei diesem Vorgang niemals ein Verlust auftreten kann. *Long* speichert nämlich einen weit größeren Zahlenbereich als *Integer*; alle denkbaren *Integer*-Werte sind locker vom *Long* speicherbar. Andersherum sieht es hingegen schon schlechter aus:

```
Dim EinInt As Integer
Dim EinLong As Long = Integer.MaxValue + 1L
'Long kann nicht verlustfrei konvertiert werden; implizite Konvertierung ist nicht möglich!
EinInt = EinLong
```

Wenn Sie diesen Code eingeben, meckert Visual Basic nach der Eingabe der letzten Zeile. Der Grund: Visual Basic kann eine verlustfreie Konvertierung nicht gewährleisten und nimmt Sie in die Verantwortung. Sie müssen jetzt selbst Hand anlegen, und Ihnen stehen dazu jetzt mehrere Optionen zur Verfügung, um dennoch zum gewünschten Ziel zu gelangen:

---

[20] Von engl. »to cast«, »auswerfen«, »abgießen« (aus einer Form). Aber auch »eine Rolle besetzen«.

- Sie verwenden *CInt*, um den Long-Wert in einen Integer-Typ umzuwandeln. Das sähe dann folgendermaßen aus.

  ```
  'Int kann nicht verlustfrei konvertiert werden, explizite Konvertierung ist nötig!
  EinInt = CInt(EinLong)
  ```

- Sie verwenden *CType* für den gleichen Vorgang. *CType* arbeitet prinzipiell wie *CInt*, ist allerdings nicht auf *Integer* als Zieltyp beschränkt. Deswegen bestimmen Sie als zweiten Parameter, in welchen Typ Sie das angegebene Objekt umwandeln möchten:

  ```
  'Int kann nicht verlustfrei konvertiert werden; explizite Konvertierung ist nötig!
  EinInt = CType(EinLong, Integer)
  ```

- Als letzte Option können Sie die *Convert*-Klasse verwenden. Dies sollte Ihr bevorzugte Methode für alle Wertetypen außer den primitiven Datentypen werden, denn: *CInt* und *CType* sind Visual-Basic-typisch. Programmierer anderer .NET-Programmiersprachen müssen diese Konvertierungsanweisungen nicht unbedingt kennen und haben größere Schwierigkeiten, Ihren Code zu lesen. Darüber hinaus gibt es keinen Geschwindigkeitsvorteil – eher im Gegenteil: in der Regel funktioniert die Konvertierung mit Hilfe der *Convert*-Klasse selbst schneller. In Wahrheit wandelt der Visual-Basic-Compiler *CType*, *CInt* und dessen Pendants in IML-Anweisungen zum Gebrauch der *Convert*-Klasse um. Der Aufruf mit der *Convert*-Klasse gestaltet sich folgendermaßen:

  ```
  'Int kann nicht verlustfrei konvertiert werden; explizite Konvertierung ist nötig!
  EinInt = Convert.ToInt32(EinLong)
  ```

Die Verwendung der *Convert*-Klasse hat übrigens einen weiteren Vorteil. Da sie über statische Methoden verfügt, die im Code-Editor durch Intellisense gelistet werden, bekommen Sie obendrein noch Unterstützung beim Suchen der richtigen Konvertierungsmethode. Auch aus diesem Grund sollte die *Convert*-Methode Ihre bevorzugte sein.

Rein theoretisch gäbe es noch folgende Möglichkeit, die Konvertierung durchzuführen: Sie wählen *Option Strict Off*. In diesem Fall kümmert sich Visual Basic zur Laufzeit um die Konvertierung in den richtigen Datentyp. Da Ihnen der Code-Editor in diesem Fall aber nicht einmal eine Warnung im Falle einer verlustmöglichen Konvertierung meldet, rate ich (schon wieder) dringend, von dieser Möglichkeit keinen Gebrauch zu machen!

Übrigens: Wenn Sie dieses kleine Beispielprogramm starten, erhalten Sie eine Ausnahme. Das liegt daran, dass Sie versuchen, einen Wert zu konvertieren, der sich schlicht und ergreifend nicht konvertieren lässt. Der zu konvertierende Wert wird mit

```
Dim EinLong As Long = Integer.MaxValue + 1L
```

auf den größtmöglichen mit dem Integer-Datentyp speicherbaren Wert plus eins festgelegt. Damit überschreitet er die zulässige »Wertekapazität« eines *Integers*, und das Framework präsentiert Ihnen die Ausnahme.

### Konvertieren von und in Strings

Eine Konvertierung von primitiven Datentypen ist natürlich nicht nur auf numerische Typen beschränkt. Viel interessanter ist die Konvertierung von einer Zeichenkette in einen numerischen Wert oder in einen Datumswert oder umgekehrt.

Grundsätzlich besteht auch hierbei die Möglichkeit, mit den bislang vorgestellten Verfahren eine Konvertierung durchzuführen. Sie haben Sie die Möglichkeit, beispielsweise einen String, der ein Datum als Zeichenkette speichert, in einen echten Datumswert umzuwandeln. Die Möglichkeiten dafür sind:

```
Dim EinStringMitDatum As String = "24.12.2003"
Dim EinDatum As DateTime

EinDatum = CDate(EinStringMitDatum)
EinDatum = CType(EinStringMitDatum, DateTime)
EinDatum = Convert.ToDateTime(EinStringMitDatum)
```

### Konvertieren von Strings mit den Parse- und ParseExact-Methoden

Allerdings gibt es eine weitere Möglichkeit, die Ihnen eine größere Flexibilität zur Verfügung stellt. Das *DateTime*-Objekt verfügt über die statische Methode *Parse*, die ebenfalls eine Zeichenkette, die ein Datum enthält, in einen *DateTime*-Wert umwandeln kann; Sie bietet Ihnen aber eine wesentlich größere Flexibilität: Die *Parse*-Funktion enthält mehrere Überladungen. Von der »einfachen« Version angefangen, können Sie einen so genannten »Format-Provider« angeben, mit dem Sie bestimmen können, wie die Datumsvorgabe auszusehen hat, damit die Umwandlung gelingen kann. Zusätzlich können Sie mit einem optionalen dritten Parameter ein gewisses Toleranzverhalten bei der Zeichenkettenanalyse bestimmen.

Noch mehr Kontrolle erhalten Sie, wenn Sie die *ParseExact*-Methode verwenden. Diese erlaubt Ihnen auch zusätzlich noch, ein String-Array mit Eingabemustern als Richtlinie für die String-Analyse zu geben. Möchten Sie beispielsweise ein Eingabefeld in einem Programm schaffen, in dem das Datum nicht starr im Format »dd.MM.yy« eingegeben werden muss, sondern – ergonomisch für den Anwender – auch Eingabeformate wie »ddMMyy« oder »ddMM« möglich sind, verwenden Sie die *ParseExact*-Methode, um den Datumswert umzuwandeln. Die BCL nimmt Ihnen dabei alle Analysearbeit ab und wandelt den String nach Ihren Vorgaben in einen Datumswert um.

Das für die Strings Gesagte gilt in gleichem Maße auch für die numerischen Datentypen. Auch sie verfügen über eine *Parse*-Methode zur Zahlenumwandlung, die wesentlich flexibler als die bisher vorgestellten Alternativen sind. Eine *ParseExact*-Methode stellen sie allerdings nicht zur Verfügung.

### Konvertieren in Strings mit der ToString-Methode

Das Gegenstück zu *Parse* bildet die *ToString*-Methode. Da kein einziges Objekt etwas taugt, ohne seinen Inhalt in irgendeiner Form sichtbar zu machen, hat ausnahmslos jedes Objekt eine *ToString*-Methode. Allerdings können diese sich völlig unterschiedlich verhalten und auch ganz unterschiedliche Überladungssignaturen aufweisen. Grundsätzlich können Sie – was primitive Datentypen anbelangt – jeden Inhalt mit der *ToString*-Methode in eine Zeichenkette umwandeln. Gerade die Formatierung von Zahlen und Datumswerten wird aber durch die BCL besonders unterstützt – ein Blick in die Hilfe eines jeweiligen Objektes für die aktuelle Funktionsweise ist auf jeden Fall hilfreich und angebracht. ▶ Kapitel 4 liefert Ihnen zu diesem Thema ebenfalls noch viele zusätzliche Informationen.

Die folgenden kleinen Programmauszüge zeigen Ihnen im Schnellüberblick, wie der Einsatz der Parse-, der *ParseExact*- und der *ToString*-Methode aussehen können. Sie werden sie aber nicht nur hier, sondern auch an vielen anderen Stellen in diesem Buch noch zu sehen bekommen!

```
Dim EinStringMitDatum As String = "24122003"
Dim EinAndererStringMitDatum As String = "2412"
Dim EinStringMitDouble As String = "1.123,23   "
Dim EinDatum As DateTime
Dim EinDouble As Double
Dim FormatierungsFormate() As String = New String() {"ddMMyyyy", "ddMM"}

'Datums-Beispiele
EinDatum = DateTime.ParseExact(EinStringMitDatum, _
                               FormatierungsFormate, _
                               Nothing, _
                               Globalization.DateTimeStyles.AllowWhiteSpaces)
Console.WriteLine("Datum " & EinDatum.ToString("ddd, dd.MMM.yyyy"))

EinDatum = DateTime.ParseExact(EinAndererStringMitDatum, _
                               FormatierungsFormate, _
                               Nothing, _
                               Globalization.DateTimeStyles.AllowWhiteSpaces)
Console.WriteLine("Datum " & EinDatum.ToString("ddd, dd.MMM.yyyy"))

'Zahlenbeispiele
EinDouble = Double.Parse(EinStringMitDouble, Globalization.NumberStyles.Currency)
Console.WriteLine("Wert " & EinDouble.ToString("#,###.## Euro"))

Console.WriteLine()
Console.WriteLine("Return drücken zum Beenden!")
```

## Konvertieren von Verweistypen mit DirectCast

Wenn Sie sehr viel mit Polymorphie arbeiten, dann müssen Sie vergleichsweise häufig Verweistypen konvertieren, die in einer Erbfolge stehen. Ein Beispiel: Sie haben eine Klasse *AbgeleiteteKlasse* die von *EineKlasse* erbt. Sie definieren eine Objektvariable vom Typ *EineKlasse*, die Sie aber mit der Instanz von *AbgeleiteteKlasse* belegen. Die Gründe, das zu tun, haben mit der Nutzung von Polymorphie zu tun – Beispiele dafür haben Sie schon kennen gelernt.

Nun brauchen Sie im Laufe des Programms aber eine Funktion, die nur von *AbgeleiteteKlasse* zur Verfügung gestellt wird. Da es sich zwar um eine Instanz dieser Klasse handelt, steht diese Funktion, die Sie brauchen, zwar prinzipiell zur Verfügung, doch Sie kommen über die verwendete Objektvariable nicht an die Funktion heran. *DirectCast* bietet Ihnen hier die Möglichkeit, den Verweis auf die Objektinstanz auf eine Objektvariablen vom »richtigen« Typ einzurichten; die Funktion lässt sich anschließend aufrufen.

Ein weiteres Beispiel soll diesen Sachverhalt verdeutlichen:

```
'Klassen-Casting
Dim locEineKlasse As EineKlasse
Dim locAbgeleiteteKlasse As AbgeleiteteKlasse = New AbgeleiteteKlasse

'Implizites Casting möglich, denn es geht in der Erbhierachie nach oben
locEineKlasse = locAbgeleiteteKlasse

'Geht nicht, Funktion nicht vorhanden.
'locEineKlasse.AddValues()
```

```
'Geht auch nicht; es geht in der Erbhierachie nach unten, und dann
'kann implizit kann nicht konvertiert werden:
'locAbgeleiteteKlasse = locEineKlasse

'So gehts:
locAbgeleiteteKlasse = DirectCast(locEineKlasse, AbgeleiteteKlasse)
locAbgeleiteteKlasse.AddValues()

Console.WriteLine("KAbgeleitet: " & locAbgeleiteteKlasse.ToString())
Console.WriteLine("KWertepaar: " & locEineKlasse.ToString())
```

Sie könnten übrigens in diesem Beispiel ebenfalls wieder *CType* einsetzen, indem Sie die Zeile

```
locAbgeleiteteKlasse = DirectCast(locEineKlasse, AbgeleiteteKlasse)
```

durch diese

```
locAbgeleiteteKlasse = CType(locEineKlasse, AbgeleiteteKlasse)
```

ersetzen. Allerdings sollten Sie bei Verweistypen grundsätzlich *DirectCast* verwenden; *CType* verwendet ebenfalls *DirectCast* zur Umwandlung; da geht es schneller, *DirectCast* direkt aufzurufen.

## Boxing von Wertetypen und primitiven Typen

Wenn Sie mit Wertetypen arbeiten, ganz gleich ob mit primitiven Datentypen wie beispielsweise Integer, Long oder Double oder mit selbst gestrickten Strukturen, werden Sie niemals in Verlegenheit kommen, Probleme wie im vorherigen Beispiel lösen zu müssen, denn Wertetypen können Sie nicht vererben.

Allerdings gibt es eine Ausnahme. Dass alle Wertetypen von *Object* abgeleitet sind, gilt für Wertetypen gleichermaßen. Das hat aber zur Folge, dass Sie zwar keine eigene Erbfolge auf einem Wertetyp basierend erstellen können, aber *Object* und *ValueType* an sich bereits in der Erbfolge vorhanden sind, heißt: Eine *Object*-Objektvariable müsste in der Lage sein, auf einen Wertetyp zu verweisen – doch das klingt schon wie ein Gegensatz in sich.

Die Base Class Library löst dieses Problem durch eine Sonderregel des Common Type Systems, die mit »Boxing«[21] oder – eingedeutscht – »Boxen« bezeichnet wird.

Dazu ein kleines Beispiel: Nehmen wir an, Sie haben eine Struktur entwickelt und ihr den Namen *Matrjoschka* gegeben. Dieser Wertetyp dient als Träger einer bestimmten Datenstruktur, von der Sie mehrere Elemente erstellen wollen und diese in einem Array speichern. Nun soll dieses Array nicht nur *Matrjoschka*-Werte aufnehmen, sondern soll für zukünftige Erweiterungen vorbereitet sein und deswegen auch andere Typen aufnehmen können. Also definieren Sie das Array nicht vom Typ *Matrjoschka*, sondern vom Typ *Object* und können die verschiedensten Elementtypen darin speichern. Das folgende Beispiel demonstriert diesen Vorgang, und verwendet dazu den Wertetyp *Matrjoschka*, der – um das Beispiel simpel zu halten – nichts weiter macht, als eine Generationsnummer zu speichern:

---

[21] Von engl. »to box« etwa »einpacken«, »verpacken«; »the box«: »der Behälter«, »die Box«. Kann aber auch (hat nichts mit dem Thema zu tun, ist aber dennoch interessant) »Anhieb« bedeuten. Das ist die Einkerbung in einen zu fällenden Baum, um dessen Fallrichtung zu bestimmen und den Stamm vor dem Splittern zu bewahren...

```
Structure Matrjoschka
    Private myGeneration As Integer

    Sub New(ByVal Generation As Integer)
        myGeneration = Generation
    End Sub

    Property Generation() As Integer
        Get
            Return myGeneration
        End Get
        Set(ByVal Value As Integer)
            myGeneration = Value
        End Set
    End Property

End Structure
```

## Zufallszahlen mit der Random-Klasse

In Visual Basic 6.0 war es üblich, Zufallszahlen mit der *RND*-Funktion zu erzeugen. Die Framework Class Library bietet zu diesem Zweck eine spezielle Klasse an, die die alte Funktion ersetzt. Wenn Sie diese Klasse instanzieren, geben Sie in ihrem Konstruktor einen Ausgangswert an, auf Grund dessen die Zufallszahlenfolge ermittelt werden soll. Damit schon dieser Wert zufällig ist, ergibt es Sinn, hier wirklich »zufällige« Werte, wie beispielsweise die aktuelle Millisekunde (sie werden mit großer Wahrscheinlichkeit immer eine andere »treffen«) oder eine Mauszeigerposition zu verwenden.

Wenn Sie die Klasse instanziert haben, können Sie ihre Instanz verwenden. Sie haben mehrere Methoden, mit denen Sie Zufallszahlen ermitteln können, nämlich die *Next*-, die *NextBytes*- und die *NextDouble*-Methode.

Die *Next*-Methode liefert den jeweils nächsten zufälligen Integer-Wert zurück. Im Bedarfsfall können Sie bei dieser Methode auch noch die Grenzen angeben, innerhalb derer sich die Zufallszahlen bewegen dürfen.

Mit der *NextDouble*-Methode erhalten Sie eine Zufallszahl zwischen 0 und 1, also einen Bruch. Diese Methode kommt der ursprünglichen *RND*-Funktion am nächsten.

Die *NextBytes*-Methode liefert Ihnen definierbar großes *Byte*-Array mit Zufallszahlen zurück.

Die wirklich einfache Verwendung dieser Klasse demonstriert ebenfalls das folgende Beispiel.

Im Hauptprogramm des Beispiels findet anschließend erst das eigentlich interessante Geschehen statt. Das Programm erstellt 10 Elemente vom Typ *Matrjoschka* und weist ihnen als Generationsnummer mit Hilfe der *Random*-Klasse zufällige Werte im Integer-Wertebereich zu. Anschließend findet es heraus, welches *Matrjoschka*-Element des Arrays die größte Generationsnummer hatte.

```
Module Module1
    Sub Main()

        'Boxing von ValueTypes
        Dim locObjectArray(9) As Object
        Dim locRandom As New Random(Now.Millisecond)
        Dim locMaxValue As Integer

        For locCount As Integer = 0 To 9
            'Implizites Casting ist möglich, es geht in der Erbhierachie nach oben
            'aber Deckung! - Hier wird geboxed!
            locObjectArray(locCount) = New Matrjoschka(locRandom.Next)
        Next

        'Rausfinden, welches das mit der höchsten Generationsnummer war.
        For locCount As Integer = 0 To 9
            'Zwar sind nur Matrjoschka-Werte im Array drinn, doch das Array
            '"kann" nur Objects. Die Generation-Eigenschaft steht nicht zur
            'Verfügung, deswegen funktioniert diese Zeile nicht:
            'locMaxValue = locObjectArray(locCount).Generation
            Dim locMatrjoschka As Matrjoschka

            'Entboxen - aus dem Referenzierten Wertetyp wird wieder ein "echter" Wertetyp
            locMatrjoschka = DirectCast(locObjectArray(locCount), Matrjoschka)

            'Jetzt kommen wir an die Generation-Eigenschaft heran:
            If locMaxValue < locMatrjoschka.Generation Then
                locMaxValue = locMatrjoschka.Generation
            End If
        Next

        Console.WriteLine("Die höchste Generationsnummer war: " & locMaxValue.ToString())

        Console.WriteLine()
        Console.WriteLine("Return drücken zum Beenden!")
        Console.ReadLine()

    End Sub
End Module
```

Was passiert hier genau? Mit einer einfachen »Umreferenzierung« von Verweisen in einen Speicherbereich wie bei Klassen ist es bei Wertetypen nicht getan, denn: Es gibt nichts, das auf etwas zeigen könnte. Sie erinnern sich: Die Daten von Wertetypen befinden sich für die direkte Verwendung bereits auf dem Stack. Beim Boxing von Wertetypen werden diese deshalb kopiert und dabei wie bei einem Verweistyp in einen Speicherblock auf den Managed Heap geschrieben. Die Objektvariable kann jetzt auf diesen Speicherbereich zeigen und obwohl es sich um die Daten eines Wertetyps handelt, diese doch referenzieren.

Beim »Entboxen« passiert genau das Gegenteil: Die Wertetypvariable nimmt jetzt die Daten entgegen, die sich auf dem Managed Heap befinden, und auf die die Objektvariable zeigt, die zum Boxing verwendet wurde. Die Daten werden also aus dem Managed Heap wieder zurück auf den Stack kopiert.

Übrigens geschieht der Vorgang des Boxing grundsätzlich, wenn Wertetypen in einem Array gespeichert werden, auch wenn das Array auf dem gleichen Typ basiert. Das letzte Beispiel hat durch die Verwendung eines Objektarrays, das mit

```
Dim locObjectArray(9) As Object
```

eingerichtet wurde, keine Leistungseinbuße hinnehmen müssen. Die Verwendung eines Arrays, das auf dem *Matrjoschka*-Typ basiert hätte

```
Dim locObjectArray(9) As Matrjoschka
```

wäre genau so schnell gewesen.

### Was DirectCast nicht kann

*DirectCast* kann zwar Verweistypen, die einen Wertetyp boxen, zurück in den Wertetyp casten, es kann allerdings keine Wertetypen casten. Wenn Sie beispielsweise versuchen, diese Zeile

```
'Implizites Casting ist möglich, es geht in der Erbhierachie nach oben
'aber Deckung! Hier wird geboxed!
locObjectArray(locCount) = New Matrjoschka(locRandom.Next)
```

durch diese zu ersetzen,

```
locObjectArray(locCount) = DirectCast(New Matrjoschka(locRandom.Next), Object)
```

zeigt Ihnen Visual Basic eine Fehlermeldung, etwa wie in Abbildung 3.25 zu sehen:

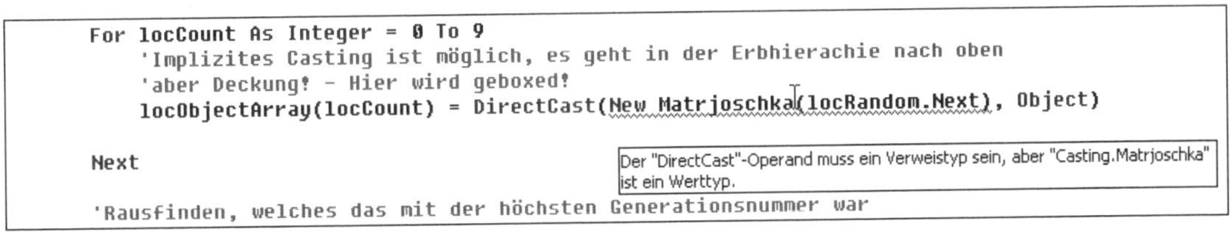

```
For locCount As Integer = 0 To 9
    'Implizites Casting ist möglich, es geht in der Erbhierachie nach oben
    'aber Deckung! - Hier wird geboxed!
    locObjectArray(locCount) = DirectCast(New Matrjoschka(locRandom.Next), Object)
Next
    Der "DirectCast"-Operand muss ein Verweistyp sein, aber "Casting.Matrjoschka"
    ist ein Werttyp.
'Rausfinden, welches das mit der höchsten Generationsnummer war
```

***Abbildung 3.25:*** *Mit DirectCast können Sie keine Wertetypen casten – Sie können aber geboxte Wertetypen aus einer Referenzvariablen zurück in einen Wertetyp casten*

In den meisten Fällen können Sie hier aber ohnehin implizites Casten verwenden, so, wie es auch ursprünglich im Beispielcode zu sehen war.

*DirectCast* kann aus diesem Grund natürlich auch keine primitiven Datentypen in andere primitive Datentypen konvertieren; hier verwenden Sie, wie schon gesagt, die *Convert*-Klasse.

## Performance-Regel: Die BCL-Konverter zuerst!

Da *CType* und *Cxxxx* (also *CInt*, *CLng*, *CDate*, etc.) sowieso durch die *Convert*-Klasse im letztendlichen IML-Code ersetzt werden, ergibt die Verwendung dieser Konvertierungsanweisungen keinen Sinn. Nicht nur, dass sie schlechter lesbar sind, sie bringen auch keinen Geschwindigkeitsvorteil. Doch ich kann Ihnen viel erzählen, wie sieht's mit Beweisen aus? Kein Problem, die bekommen Sie.

**HINWEIS:** *CastPerformance* heißt das folgende Beispiel, und Sie finden es auf der Buch-CD unter gleichem Namen im *Klassen*-Verzeichnis.

```vb
Module mdlMain
    Sub Main()

        Dim locGauge As New HighSpeedTimeGauge
        Dim locLoops As Integer = 1000000
        Dim locRandom As New Random(Now.Millisecond)

        Dim locDouble As Double
        Dim locDecimal As Decimal
        Dim locInt As Integer
        Dim loop1 As Integer
        Dim loop2 As Integer
        Dim charArray(7) As Char
        Dim locString As String

        For Durchläufe As Integer = 1 To 5
            locGauge.Start()
            For loop1 = 1 To locLoops
                locDouble = locRandom.Next(1, Integer.MaxValue \ 2)

                'Geht schneller als Convert.ToDecimal!
                locDecimal = New Decimal(locDouble)
                locDecimal *= 2

                'Damit der Compiler nichts wegoptimiert.
                If locDecimal = 0 Then Exit For
                locInt = Convert.ToInt32(locDecimal)

                'Wieder damit der Compiler nichts wegoptimiert.
                If locInt = 0 Then Exit For
                If locDouble = locInt Then Exit For

                'Eine Zeichenkette aus Zufallszeichen erstellen
                'und in einen String packen; den String
                'anschließend in eine Zahl wandeln.
                For loop2 = 0 To 7
                    charArray(loop2) = Convert.ToChar(locRandom.Next(8) + 49)
                Next

                locString = New String(charArray)
                locDouble = Double.Parse(locString)
                If locDouble = 0 Then Exit Sub

            Next
            locGauge.Stop()
            Console.WriteLine("{0} Programmdurchläufe mit Convert {1} Millisekunden.", _
                              locLoops, locGauge.DurationInMilliSeconds)
            locGauge.Reset()

            locGauge.Start()
            For loop1 = 1 To locLoops
                locDouble = locRandom.Next(1, Integer.MaxValue \ 2)
```

```vbnet
            'Geht schneller als Convert.ToDecimal!
            locDecimal = CDec(locDouble)
            locDecimal *= 2

            'Damit der Compiler nichts wegoptimiert.
            If locDecimal = 0 Then Exit For
            locInt = CInt(locDecimal)

            'Wieder damit der Compiler nichts wegoptimiert.
            If locInt = 0 Then Exit For
            If locDouble = locInt Then Exit For

            'Eine Zeichenkette aus Zufallszeichen erstellen
            'und in einen String packen; den String
            'anschließend in eine Zahl wandeln.
            For loop2 = 0 To 7
                charArray(loop2) = ChrW(locRandom.Next(8) + 49)
            Next

            locString = CStr(charArray)
            locDouble = CDbl(locString)
            If locDouble = 0 Then Exit Sub

        Next
        locGauge.Stop()
        Console.WriteLine("{0} Programmdurchläufe mit CType {1} Millisekunden.", _
                          locLoops, locGauge.DurationInMilliSeconds)
        locGauge.Reset()
    Next Durchläufe

    Console.WriteLine()
    Console.WriteLine("Return drücken zum Beenden!")
    Console.ReadLine()

  End Sub
End Module
```

Wenn Sie dieses Beispiel laufen lassen, generiert es eine Liste, etwa wie die im Folgenden abgedruckte:

```
1000000 Programmdurchläufe mit Convert 1314 Millisekunden.
1000000 Programmdurchläufe mit CType 1543 Millisekunden.
1000000 Programmdurchläufe mit Convert 1296 Millisekunden.
1000000 Programmdurchläufe mit CType 1709 Millisekunden.
1000000 Programmdurchläufe mit Convert 1227 Millisekunden.
1000000 Programmdurchläufe mit CType 1572 Millisekunden.
1000000 Programmdurchläufe mit Convert 1267 Millisekunden.
1000000 Programmdurchläufe mit CType 1538 Millisekunden.
1000000 Programmdurchläufe mit Convert 1285 Millisekunden.
1000000 Programmdurchläufe mit CType 1574 Millisekunden.

Return drücken zum Beenden!
```

Sie sehen: Wenn Sie sich auf die Möglichkeiten des Frameworks beschränken, können Sie in vielen Fällen schnellere Algorithmen erzielen als bei der Verwendung der Visual-Basic-Äquivalente. Kurz zur Funktionsweise des Programms. Wirklich Sinnvolles macht es natürlich nicht – es soll ja auch nur Geschwindigkeitsunterschiede beim unterschiedlichen Herangehen beim Type-Casting aufzeigen.

Das Programm iteriert durch zwei Schleifen. Die erste dient dazu, Messungen zu wiederholen, die zweite hat die Aufgabe, bestimmte Konvertierungsvorgänge immer und immer zu wiederholen. Dabei spielt das Programm am Anfang ein wenig mit Konvertierungen von Zahlen, bevor es in der dritten inneren Schleife aus Zufallszeichen zwischen 1 und 9 einen String zusammenbaut, der dann anschließend wiederum selbst in einen Double-Wert – also eine Zahl – zurückgewandelt wird. Die Geschwindigkeitsausbeute durch die Verwendung der FCL-Konverter ist zwar nicht umwerfend; das Programm zeigt aber, dass sich auch durch manuelles Handanlegen viele Dinge optimieren lassen und vor allen Dingen: wie viel es bringt, wenn man versteht, was im Hintergrund passiert.

Apropos Hintergrund: Ein Blick in den IML-Output ist gerade hierbei sehr interessant, offenbart er doch, was der Visual-Basic-Compiler aus den Visual-Basic-eigenen Anweisungen eigentlich macht. Die interessanten Stellen sind dabei das Innere der Schleifen:

```
//000017:          For Durchläufe As Integer = 1 To 5
  IL_002a:  ldc.i4.1
  IL_002b:  stloc.s    'Durchläufe'
//000018:          locGauge.Start()
  IL_002d:  ldloc.3
  IL_002e:  callvirt   instance void CastPerformance.HighSpeedTimeGauge::Start()
  IL_0033:  nop
//000019:          For loop1 = 1 To locLoops
  IL_0034:  ldc.i4.1
  IL_0035:  ldloc.s    locLoops
  IL_0037:  stloc.s    _Vb_t_i4_0
  IL_0039:  stloc.s    loop1
  IL_003b:  br         IL_00e7
//000020:             locDouble = locRandom.Next(1, Integer.MaxValue \ 2)
  IL_0040:  ldloc.s    locRandom
  IL_0042:  ldc.i4.1
  IL_0043:  ldc.i4     0x3fffffff
  IL_0048:  callvirt   instance int32 [mscorlib]System.Random::Next(int32, int32)
  IL_004d:  conv.r8
  IL_004e:  stloc.2
//000021:
//000022:             'Geht schneller als Convert.ToDecimal!
//000023:             locDecimal = New Decimal(locDouble)
  IL_004f:  ldloca.s   _Vb_t_decimal_0
  IL_0051:  ldloc.2
  IL_0052:  call       instance void [mscorlib]System.Decimal::.ctor(float64)
  IL_0057:  nop
  IL_0058:  ldloc.s    _Vb_t_decimal_0
  IL_005a:  stloc.1
//000024:             locDecimal *= 2
  IL_005b:  ldloc.1
  IL_005c:  ldc.i8     0x2
  IL_0065:  newobj     instance void [mscorlib]System.Decimal::.ctor(int64)
  IL_006a:  nop
  IL_006b:  call       valuetype [mscorlib]System.Decimal [mscorlib]System.Decimal::Multiply(valuetype
                           [mscorlib]System.Decimal,valuetype [mscorlib]System.Decimal)
  IL_0070:  stloc.1
//000025:
```

```
//000026:                  'Damit der Compiler nichts wegoptimiert
//000027:                  If locDecimal = 0 Then Exit For
  IL_0071:  ldloc.1
  IL_0072:  ldsfld    valuetype [mscorlib]System.Decimal [mscorlib]System.Decimal::Zero
  IL_0077:  call      int32 [mscorlib]System.Decimal::Compare(valuetype [mscorlib]System.Decimal,
                                                              valuetype [mscorlib]System.Decimal)
  IL_007c:  ldc.i4.0
  IL_007d:  bne.un.s  IL_0082
  IL_007f:  nop
  IL_0080:  br.s      IL_00f0
//000028:                  locInt = Convert.ToInt32(locDecimal)
  IL_0082:  ldloc.1
  IL_0083:  call      int32 [mscorlib]System.Convert::ToInt32(valuetype [mscorlib]System.Decimal)
  IL_0088:  stloc.s   locInt
```

An dieser Stelle befindet sich die erste entscheidende Anweisung zur Konvertierung des *Decimal*-Datentyps in den *Integer*-Datentyp.

```
//000029:
//000030:                  'Wieder damit der Compiler nichts wegoptimiert.
//000031:                  If locInt = 0 Then Exit For
  IL_008a:  ldloc.s   locInt
  IL_008c:  ldc.i4.0
  IL_008d:  bne.un.s  IL_0092
  IL_008f:  nop
  IL_0090:  br.s      IL_00f0
//000032:                  If locDouble = locInt Then Exit For
  IL_0092:  ldloc.2
  IL_0093:  ldloc.s   locInt
  IL_0095:  conv.r8
  IL_0096:  bne.un.s  IL_009b
  IL_0098:  nop
  IL_0099:  br.s      IL_00f0
//000033:
//000034:                  'Eine Zeichenkette aus Zufallszeichen erstellen
//000035:                  'und in einen String packen; den String
//000036:                  'anschließend in eine Zahl wandeln.
//000037:                  For loop2 = 0 To 7
  IL_009b:  ldc.i4.0
  IL_009c:  stloc.s   loop2
//000038:                  charArray(loop2) = Convert.ToChar(locRandom.Next(8) + 49)
```

Das Innere der Schleife, die die Zeichenkette für die anschließende Umwandlung in einen Double-Wert vorbereitet, befindet sich an dieser Stelle. Hier ist sehr schön zu erkennen, dass die ursprüngliche *ToChar*-Konvertierung der Basic-Zeile ...

```
  IL_009e:  ldloc.0
  IL_009f:  ldloc.s   loop2
  IL_00a1:  ldloc.s   locRandom
  IL_00a3:  ldc.i4.8
  IL_00a4:  callvirt  instance int32 [mscorlib]System.Random::Next(int32)
  IL_00a9:  ldc.i4.s  49
  IL_00ab:  add.ovf
  IL_00ac:  call      char [mscorlib]System.Convert::ToChar(int32)
```

... im IML-Code nahezu unverändert erhalten bleibt – von der leicht anderen Syntax der Intermediate Language mal ganz abgesehen.

*Klassen und Schnittstellen*

```
IL_00b1:   stelem.i2
//000039:              Next
IL_00b2:   nop
IL_00b3:   ldloc.s     loop2
IL_00b5:   ldc.i4.1
IL_00b6:   add.ovf
IL_00b7:   stloc.s     loop2
IL_00b9:   ldloc.s     loop2
IL_00bb:   ldc.i4.7
IL_00bc:   ble.s       IL_009e
//000040:
//000041:              locString = New String(charArray)
IL_00be:   ldloc.0
IL_00bf:   newobj      instance void [mscorlib]System.String::.ctor(char[])
IL_00c4:   stloc.s     locString
//000042:              locDouble = Double.Parse(locString)
```

Das gleiche gilt für das Gegenstück bei der anschließenden Umwandlung der durch Zufallszeichen erzeugten Zeichenkette zurück in einen *Double*-Wertetypen ...

```
IL_00c6:   ldloc.s     locString
IL_00c8:   call        float64 [mscorlib]System.Double::Parse(string)
```

... durch die *Parse*-Methode: Aus dem ursprünglichen Basicaufruf wird der nahezu identische IML-Aufruf der Methode.

Die restlichen Zeilen für den ersten Teil der Schleife sind in diesem Zusammenhang von weniger Interesse, da sie keine Typenkonvertierung enthalten; sie sind hier deshalb nicht zu sehen.

```
          .
          .
          .
//000052:              For loop1 = 1 To locLoops
IL_0122:   ldc.i4.1
IL_0123:   ldloc.s     locLoops
IL_0125:   stloc.s     _Vb_t_i4_1
IL_0127:   stloc.s     loop1
IL_0129:   br          IL_01cf
//000053:              locDouble = locRandom.Next(1, Integer.MaxValue \ 2)
IL_012e:   ldloc.s     locRandom
IL_0130:   ldc.i4.1
IL_0131:   ldc.i4      0x3fffffff
IL_0136:   callvirt    instance int32 [mscorlib]System.Random::Next(int32,
                                                                    int32)
IL_013b:   conv.r8
IL_013c:   stloc.2
//000054:
//000055:              'Geht schneller als Convert.ToDecimal!
//000056:              locDecimal = CDec(locDouble)
```

Interessant wird erst wieder an dieser Stelle, wenn die erste Typenumwandlung des Hauptprogramms stattfindet. Der Kommentar im originalen Basic-Listing trifft in der Tat auch für *CDec* zu, denn der Visual-Basic-Compiler leistet hier wirklich ganze Optimierungsarbeit: Anstatt »einfach« nur die *Convert*-Klasse zu bemühen ...

```
IL_013d:   ldloc.2
IL_013e:   newobj      instance void [mscorlib]System.Decimal::.ctor(float64)
```

... erstellt er einen neuen *Decimal*-Wert (hier zu sehen) und übergibt – genau wie wir es im ersten Teil der inneren Schleife »zu Fuß« gemacht haben – den umzuwandelnden *Double*-Wert (*float64*) im Konstruktor.

```
   IL_0143:   nop
   IL_0144:   stloc.1
//000057:                  locDecimal *= 2
   IL_0145:   ldloc.1
   IL_0146:   ldc.i8      0x2
   IL_014f:   newobj      instance void [mscorlib]System.Decimal::.ctor(int64)
   IL_0154:   nop
   IL_0155:   call        valuetype [mscorlib]System.Decimal [mscorlib]System.Decimal::Multiply(valuetype
                          [mscorlib]System.Decimal, valuetype [mscorlib]System.Decimal)
   IL_015a:   stloc.1
//000058:
//000059:                  'Damit der Compiler nichts wegoptimiert
//000060:                  If locDecimal = 0 Then Exit For
   IL_015b:   ldloc.1
   IL_015c:   ldsfld      valuetype [mscorlib]System.Decimal [mscorlib]System.Decimal::Zero
   IL_0161:   call        int32 [mscorlib]System.Decimal::Compare(valuetype [mscorlib]System.Decimal,
                          valuetype [mscorlib]System.Decimal)
   IL_0166:   ldc.i4.0
   IL_0167:   bne.un.s    IL_016c
   IL_0169:   nop
   IL_016a:   br.s        IL_01d8
//000061:                  locInt = CInt(locDecimal)
   IL_016c:   ldloc.1
   IL_016d:   call        int32 [mscorlib]System.Convert::ToInt32(valuetype [mscorlib]System.Decimal)
```

Hier ist der versprochene Beweis, und einfacher konnte ich ihn nicht antreten: Sie sehen die Ursprungszeile mit *CInt* und dass der Visual-Basic-Compiler einen *ToInt32*-Aufruf der *Convert*-Klasse daraus gemacht hat.

```
   IL_0172:   stloc.s     locInt
//000062:
//000063:                  'Wieder damit der Compiler nichts wegoptimiert.
//000064:                  If locInt = 0 Then Exit For
   IL_0174:   ldloc.s     locInt
   IL_0176:   ldc.i4.0
   IL_0177:   bne.un.s    IL_017c
   IL_0179:   nop
   IL_017a:   br.s        IL_01d8
//000065:                  If locDouble = locInt Then Exit For
   IL_017c:   ldloc.2
   IL_017d:   ldloc.s     locInt
   IL_017f:   conv.r8
   IL_0180:   bne.un.s    IL_0185
   IL_0182:   nop
   IL_0183:   br.s        IL_01d8
//000066:
//000067:                  'Eine Zeichenkette aus Zufallszeichen erstellen
//000068:                  'und in einen String packen; den String
//000069:                  'anschließend in eine Zahl wandeln.
//000070:                  For loop2 = 0 To 7
```

```
IL_0185:   ldc.i4.0
IL_0186:   stloc.s    loop2
//000071:             charArray(loop2) = ChrW(locRandom.Next(8) + 49)
IL_0188:   ldloc.0
IL_0189:   ldloc.s    loop2
IL_018b:   ldloc.s    locRandom
IL_018d:   ldc.i4.8
IL_018e:   callvirt   instance int32 [mscorlib]System.Random::Next(int32)
IL_0193:   ldc.i4.s   49
IL_0195:   add.ovf
IL_0196:   call       char [Microsoft.VisualBasic]Microsoft.VisualBasic.Strings::ChrW(int32)
```

Für die Konvertierung eines Zeichenwertes in ein Zeichen kann Visual Basic nur eine interne eigene Routine verwenden ...

```
IL_019b:   stelem.i2
//000072:             Next
IL_019c:   nop
IL_019d:   ldloc.s    loop2
IL_019f:   ldc.i4.1
IL_01a0:   add.ovf
IL_01a1:   stloc.s    loop2
IL_01a3:   ldloc.s    loop2
IL_01a5:   ldc.i4.7
IL_01a6:   ble.s      IL_0188
//000073:
//000074:             locString = CStr(charArray)
IL_01a8:   ldloc.0
IL_01a9:   newobj     instance void [mscorlib]System.String::.ctor(char[])
IL_01ae:   nop
IL_01af:   stloc.s    locString
//000075:             locDouble = CDbl(locString)
IL_01b1:   ldloc.s    locString
IL_01b3:   call       float64
[Microsoft.VisualBasic]Microsoft.VisualBasic.CompilerServices.DoubleType::FromString(string)
```

.
.
.

... und das gleiche gilt für die anschließende Umwandlung der Zeichenkette in einen String (in den letzten Zeilen des anschließend gekürzten Listings zu sehen). Beide Routinen bedienen sich letzten Endes ebenfalls der *Convert*-Klasse. Der größere Overhead der Visual-Basic-Methoden bewirkt übrigens, dass der zweite Teil des Beispielcodes langsamer ist als der erste, denn: Als erstes wird die spezielle Methode *FromString* der Klasse *DoubleType* aus der System-Assembly *Microsoft.VisualBasic.CompilerServices* aufgerufen. Diese verarbeitet den Wert und bereitet ihn weiter auf, und erst anschließend wird (hier nicht zu sehen) die *Convert*-Klasse für die eigentliche Umwandlung mit einbezogen.

## Boxing genauer unter die Lupe genommen

Beim Boxing und dem anschließenden Unboxing von Wertetypen kann es mitunter zu Verhaltensweisen kommen, die auf den ersten Blick nicht wirklich nachzuvollziehen sind.

**HINWEIS:** Betrachten Sie dazu das folgende Beispiel, das Sie im CD-Verzeichnis im Ordner *..\Klassen\Boxing* finden:

```vbnet
Interface IMussValueHaben
    Property Value() As Integer
End Interface

Module mdlMain

    Sub Main()
        Dim EinWertetyp As New Wertetyp(10)
        Dim EinVerweistyp As New Verweistyp(10)

        EinWertetyp.Value = 20
        Console.WriteLine(EinWertetyp.Value) ' 20 -> direkt geändert!
        WertetypÄndern(EinWertetyp)
        Console.WriteLine(EinWertetyp.Value) ' 20 -> in der Stackkopie geändert
        VerweistypÄndern(EinVerweistyp)
        Console.WriteLine(EinVerweistyp.Value) ' 30 -> auf dem Managed Heap geändert

        Dim EinInterface As IMussValueHaben = EinWertetyp
        ÜberInterfaceÄndern(EinInterface)
        Console.WriteLine(EinInterface.Value) ' 40, wird auf dem Managed Heap geändert
        Console.WriteLine(EinWertetyp.Value) ' 20, haben nichts miteinander zu tun

        Console.WriteLine()
        Console.WriteLine("Taste drücken zum Beenden")
        Console.ReadLine()

    End Sub

    'Ändert die Eigenschaft des Wertetyps.
    Sub WertetypÄndern(ByVal EinWertetyp As Wertetyp)
        EinWertetyp.Value = 30
    End Sub

    'Ändert die Eigenschaft des Verweistyps.
    Sub VerweistypÄndern(ByVal EinVerweistyp As Verweistyp)
        EinVerweistyp.Value = 30
    End Sub

    'Ändert die Eigenschaft über das Interface.
    Sub ÜberInterfaceÄndern(ByVal EinInterface As IMussValueHaben)
        EinInterface.Value = 40
    End Sub

End Module

'Testklasse des Wertetyps
Structure Wertetyp
    Implements IMussValueHaben

    Dim myValue As Integer

    Sub New(ByVal Value As Integer)
        myValue = Value
    End Sub

    Property Value() As Integer Implements IMussValueHaben.Value
```

*Klassen und Schnittstellen*

```
        Get
            Return myValue
        End Get
        Set(ByVal Value As Integer)
            myValue = Value
        End Set
    End Property
End Structure

'Testklasse des Verweistyps
Class Verweistyp
    Implements IMussValueHaben

    Dim myValue As Integer

    Sub New(ByVal Value As Integer)
        myValue = Value
    End Sub

    Property Value() As Integer Implements IMussValueHaben.Value
        Get
            Return myValue
        End Get
        Set(ByVal Value As Integer)
            myValue = Value
        End Set
    End Property
End Class
```

Dieses Beispiel definiert eine Schnittstelle, einen Referenztyp und einen Wertetyp. Beide Typen binden die ganz am Anfang definierte Schnittstelle ein. Insgesamt drei Prozeduren dienen dazu, die Inhalte der übergebenen Objekte auf sehr einfache Weise zu ändern.

Die erste Werteänderung ist klar: Die Eigenschaft des Wertetyps wird hier direkt geändert, folglich spiegelt sich der geänderte Wert der Eigenschaft auch beim Ausgeben wider.

Die zweite Werteänderung ist hingegen schon nicht mehr so offensichtlich – aber ein Fall, den wir bereits besprochen haben. Hier wird eine Kopie des Wertes auf dem Stack abgelegt; Änderungen auf dem Stack sind nur temporär. Es gibt keine Verbindung zum Objekt, also wird der ursprünglich zugewiesene Wert beibehalten.

Anders ist das bei der Werteänderung des Referenztyps durch die Prozedur *VerweistypÄndern*. Es gibt keine Kopie des Objektes, sondern nur verschiedene Zeiger auf die Daten im Managed Heap. Ergo: Eine Änderung in der Prozedur spiegelt die Änderung der Objektvariablen auch im die Prozedur aufrufenden Programmteil wieder.

Interessant wird es wenn die Verwendung einer Schnittstellenvariable ins Spiel kommt, die einen Wertetyp aufnimmt. Hier wird der Wertetyp nämlich von vorne herein in einen Referenztyp umgewandelt; seine Daten landen in Kopie auf dem Managed Heap. Die Änderungen erfolgen durch die Unterroutine genau dort, und spiegeln sich deshalb auch durch den Ursprungsverweis auf das Objekt des Managed Heaps wider – durch die Objekt-(Interface-) Variable *EinInterface*. Aber: Nur durch diese Variable greifen Sie auf die »Version« auf dem Managed Heap zu. Die Ursprungsvariable, aus der die Kopie auf dem Managed Heap entstanden ist, steht in keiner Verbindung zur Objektvariablen. Die Ursprungsvariable *EinWertetyp* behält deswegen auch ihren ursprünglichen Wert.

# Beerdigung eines Objektes: Dispose und Finalize

Für das nächste Thema möchte ich noch einmal auf ein Beispiel zu sprechen kommen, dass ursprünglich der Demonstration eines ganz anderen Themas diente. Sie erinnern sich noch an die Klasse im Abschnitt zur Polymorphie, die die Beispielanwendung nutzte, um die Artikeldatensätze zu speichern? Neben der eigentlichen Fähigkeit, eine Methode zu implementieren, die eine dynamische Vergrößerung des benötigten Speichers demonstriert, zeigt dieses Beispiel noch was anderes – was allerdings mehr eine Fähigkeit des .NET-Framework selbst ist: den nicht benötigten Speicher nämlich wieder freizugeben.

Rufen Sie sich die *Add*-Methode dieser Klasse noch mal in Erinnerung:

```
Sub Add(ByVal Item As ShopItem)

    'Prüfen, ob aktuelle Arraygrenze erreicht wurde
    If myCurrentCounter = myCurrentArraySize - 1 Then
        'Neues Array mit mehr Speicher anlegen,
        'und Elemente hinüberkopieren. Dazu:

        'Neues Array wird größer:
        myCurrentArraySize += myStepIncreaser

        'Temporäres Array erstellen.
        Dim locTempArray(myCurrentArraySize - 1) As ShopItem

        'Elemente kopieren
        'Wichtig: Um das Kopieren müssen Sie sich,
        'anders als bei VB6, selber kümmern!
        For locCount As Integer = 0 To myCurrentCounter
            locTempArray(locCount) = myArray(locCount)
        Next

        'Temporäres Array dem Memberarray zuweisen.
        myArray = locTempArray
    End If

    'Element im Array speichern.
    myArray(myCurrentCounter) = Item

    'Zeiger auf nächstes Element erhöhen.
    myCurrentCounter += 1

End Sub
```

Schauen Sie sich diesen Codeblock noch einmal an, aber dieses Mal unter einem anderen Aspekt. Dieses Mal stehen nicht der Speicherplatz im Vordergrund, der benötigt wird, und die Art und Weise, wie Arrays wachsen können, sondern der Speicher, der durch denselben Vorgang überflüssig wird.

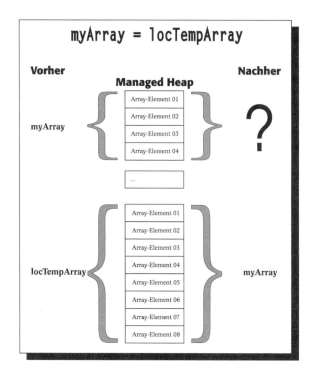

**Abbildung 3.26:** *Was passiert mit den nach der Zuweisung im leeren Raum stehenden Array-Elementen?*

Arrays in .NET sind keine Werte, sondern Verweistypen. Benötigter Speicher für alles, was von *System.Array* abgeleitet ist – und dazu zählen auch Arrays, die Sie durch *Dim* deklarieren – wird also auf dem Managed Heap reserviert. Im Codeauszug des Beispielprogramms gibt es zwei entscheidende Zeilen, die eigentlich ein »Speicherleck«, besser bekannt unter dem neudeutschen Begriff »Memory Leak«, verursachen würden, programmierten wir nicht im .NET-Framework. Abbildung 3.26 macht das Problem deutlich. Zunächst gibt es das Array und den auf dem Managed Heap dafür reservierten Speicherbereich, aber das Array ist nunmehr zu klein geworden. Also definiert die Prozedur ein neues Array und nimmt dafür die Variable *locTempArray* zu Hilfe. Nun passiert das Entscheidende: *locTempArray* wird *myArray* zugewiesen, der Zeiger auf den Speicherbereich der entsprechenden Elemente wird dabei quasi »verbogen«. *myArray* zeigt anschließend auf die Arrayelemente, auf die kurz zuvor noch *locTempArray* zeigte. Die Elemente, auf die von *myArray* verwiesen wurde, liegen nun unbrauchbar, da nicht mehr referenziert, irgendwo im Speicher – was passiert jetzt mit ihnen?

Erinnern wir uns, wie das bei COM geregelt war. Bei COM gab es für jedes Objekt einen Referenzzähler. Bei der ersten Zuweisung an eine Objektvariable wurde der Zähler auf Eins gesetzt. Mit jeder weiteren Zuweisung an eine Variable – also mit jeder weiteren Referenzierung – wurde dieser Zähler um eins erhöht. Nun trat der umgekehrte Fall ein: Einer Variablen, die zuvor das Objekt referenzierte, wurde ein anderes Objekt oder *Nothing* zugewiesen, oder das Programm verließ den Gültigkeitsbereich der Variablen, so dass sie aus diesem Grund das Objekt nicht mehr referenzieren konnte. In diesem Fall wurde der Referenzzähler um eins vermindert. Wurde er null, dann konnte das Objekt entsorgt werden. Es wurde zu diesem Zeitpunkt nicht länger benötigt, da von keiner Stelle des Programms aus mehr referenziert.

Dieses Verfahren hatte allerdings zwei Nachteile: Zum einen kostete des Prinzip des Referenzzählers wertvolle Rechenzeit. Der anderer Nachteil war das Problem der so genannten Zirkelverweise: Ein Objekt, dass auf ein Objekt zeigte, was seinerseits wieder auf das Ausgangsobjekt zeigte, führte dazu, dass der Referenzzähler niemals null werden konnte. Selbst wenn es in diesem Fall keine Referenzierung mehr durch das eigentliche Programm gab, so referenzierten sich die Objekte dennoch selbst. Ein Speicherleck war oft genug die Folge.

Das .NET-Framework – oder, um genau zu sein – die Common Language Runtime, löst dieses Problem, indem sie ein komplett anderes Verfahren anwendet, Objekte zu entsorgen.

## Der Garbage Collector – die Müllabfuhr in .NET

Den vorhandenen Speicher des Managed Heap teilen sich alle Assemblies, die in einer so genannten *Application Domain* (»Anwendungsdomäne«, kurz »AppDomain«) laufen. Normale Windows-Anwendungen, die man parallel startet, werden durch verschiedene, streng voneinander abgeschottete Prozesse isoliert. Ein Prozess kann unter normalen Umständen nicht auf einen anderen Prozess zugreifen, auch die Daten verschiedener Prozesse sind integer und können bestenfalls durch so genannte Proxys untereinander ausgetauscht werden.

AppDomains in .NET, die durch die Common Language Runtime verwaltet werden, erlauben das gleichzeitige Ausführen mehrerer Anwendungen in *einem* Prozess. Die CLR garantiert dabei, dass die Anwendungen ebenso isoliert und ungestört laufen können, wie das bei einem Windows-Prozess der Fall wäre. Jede AppDomain verwaltet einen Speicherbereich, in dem die notwendigen Daten der Assemblies und Programme,[22] die innerhalb der AppDomain laufen, abgelegt werden. Dieser Speicherbereich ist der Managed Heap. Wenn der Speicher im Managed Heap knapp wird, dann startet ein Prozess, der im wahrsten Sinne des Wortes der Müllabfuhr im echten Leben entspricht: Die Garbage Collection findet statt.

Der Garbage Collector läuft in einem eigenen Thread,[23] der die Objekte des Managed Heap dahingehend untersucht, ob sie noch in irgendeiner Form referenziert werden. Objekte, denen eine noch gültige Referenzquelle zugeordnet werden kann, markiert der Garbage Collector. Im zweiten Teil sammelt der Garbage Collector alle markierten Objekte ein, und ordnet sie im oberen Teil des Managed Heap an. Objekte, die nicht markiert waren, gibt der GC frei.

Der Algorithmus, mit dem der GC die verwendeten Objekte markiert, ist sehr hoch entwickelt. So erkennt der GC auch Objekte, die nur indirekt durch andere Objekte referenziert sind, und markiert sie. Bei dieser Vorgehensweise löst sich das COM-Problem der Zirkelverweise wie von selbst: Objekte, die von einer Anwendung der AppDomain aus nicht erreichbar sind, werden auch nicht markiert – selbst wenn sie sich untereinander referenzieren. Sie werden im zweiten Durchlauf des GC ebenfalls entsorgt.

Die Geschwindigkeit, mit der der GC seine Arbeit erledigt, ist erstaunlich hoch. Der GC weist im Vergleich zu COM eine deutlich gesteigerte Leistung auf.[24]

---

[22] Streng genommen ist auch ein Programm eine Assembly.

[23] Grob erklärt: Ein Thread ist ein Programmteil, der die Eigenschaft hat, neben anderen Programmteilen quasi gleichzeitig laufen zu können. Ein Anwendungsprogramm besteht mindestens aus einem Thread. Bei einem Windows-Programm wird der Thread, der die Benutzereingaben überwacht und als Ereignisse weiterleitet, übrigens *UI-Thread* genannt (»UI« als Abkürzung von **U**ser **I**nterface = Benutzeroberfläche). Mehr zu Threads finden Sie in ▶ Kapitel 11.

[24] Übrigens: Das Grundprinzip des Garbage Collectors ist gar nichts Neues. Schon das alte Commodore-Basic (C64, VC20 – meines Wissens auch das Apple-II-Basic) kannte den Garbage Collector für die Entsorgung nicht mehr benötigter Variablen.

## Generationen

Die hohe Geschwindigkeit, mit der der GC arbeitet, bedingt sich insbesondere auch dadurch, dass der GC die zu testenden Objekte in Generationen klassifiziert. Bei der Entwicklung des GC-Algorithmus nahm man an, dass Objekte, die beim Start einer Applikation erzeugt werden, länger im Speicher verbleiben, als solche, die irgendwann zwischendurch oder lokal in Prozeduren generiert werden. Diese Annahme führt zu dem Schluss, dass es Sinn ergibt, bei der Objektentsorgung eine Klassifizierung der Objekte in eben diese Generationen zur Optimierung des GC-Algorithmus vorzunehmen. Der Garbage Collector markiert Objekte nicht nur für die weitere Instandhaltung, er stattet sie auch mit einem Zähler aus, der aussagt, wie oft ein Objekt für die Entsorgung durch den Garbage Collection getestet wurde. Je öfter der Garbage Collector das Objekt bereits »besucht« und nicht entsorgt hat, desto älter ist logischerweise das Objekt (und umso höher ist demzufolge auch seine Generationsnummer), aber desto unwahrscheinlicher ist es auch, dass das Objekt in einem erneuten GC-Lauf entsorgt werden wird.

Wenn der Speicherplatz knapp wird, reicht es deshalb in der Regel aus, Objekte älterer Generationen zunächst außen vorzulassen, denn die Wahrscheinlichkeit, dass sie entsorgt werden können, ist, wie gesagt, eher gering. Der GC kümmert sich in der Regel also nur um Generation-0-Objekte und versucht diese zu entsorgen. Erst wenn diese Vorgehensweise nicht geholfen hat, für genügend neuen freien Speicher zu sorgen, schaut der GC-Prozess, ob nicht auch bei Objekten älterer Generationen etwas zu holen ist.

Leider wirft diese Vorgehensweise wieder ein Problem ganz anderer Art auf. Objekte können nicht wissen, wann sie entsorgt werden – denn nur die CLR entscheidet, wann ein GC-Durchlauf stattfindet (mit einer Ausnahme):

- Die Common Language Runtime fährt herunter. Das passiert in der Regel dann, wenn eine .NET-Applikation beendet wird.

- Der Speicher wird knapp, weil es zu viele Generation-0-Objekte gibt. Der Garbage Collector startet, um zu sehen, ob Generation-0-Objekte entsorgt werden können, und entsorgt sie im Bedarfsfall.

- Der Garbage Collector ist in der AppDomain gezwungenermaßen durch die Anweisung *GC.Collect()* gestartet worden.

Hier hatte COM einen eindeutigen Vorteil. Wurde die letzte Referenz aufgelöst, und der Referenzzähler stand auf 0, dann trat das *Terminate*-Ereignis ein, und das Objekt konnte zur »richtigen« Zeit die notwendigen Schritte einleiten, um sich zu entsorgen.

Normalerweise ist es gar kein Problem, dass ein Objekt nicht weiß, dass es entsorgt wird. Wenn es weg ist, dann ist es eben weg. Wichtig wird dies für ein Objekt erst dann, wenn es Aufräumarbeiten erledigen muss, und zwar nicht hinsichtlich der eigenen Speicherverwaltung (denn wenn es andere Objekte referenziert, sorgt der Garbage Collector ja ebenfalls für deren Entsorgung), sondern hinsichtlich der Freigabe von Ressourcen, auf die der Garbage Collector keinen Zugriff hat.

Das sind beispielsweise Fälle, in denen das Objekt ein Handle[25] auf eine bestimmte Geräte- oder Betriebssystemressource erhalten hat. Damit dieses Handle wieder freigegeben werden kann – eine geöffnete Datei beispielsweise sollte geschlossen werden – muss das Objekt die

---

[25] Eine vom Betriebssystem erteilte Kennung zur Nutzung einer bestimmten Ressource (Datei, Bildschirm, Schnittstellen, spezielle Windows-Betriebssystemobjekte, etc.).

dafür erforderlichen Aktionen spätestens kurz, bevor es vom Garbage Collector zerstört wird, durchführen.

Genau das geht nicht mehr in .NET. Objekte können nicht voraussehen oder den genauen Zeitpunkt erfahren, wann sie entsorgt werden. Es gibt allerdings die Möglichkeit, dass Objekte erfahren, *dass* sie entsorgt werden, und dann die notwendigen Schritte einleiten, um Ressourcen, die sie belegen, freizugeben.

## Finalize

Wenn ein Objekt vom Garbage Collector zur Entsorgung markiert wurde, dann ruft der Garbage Collector in der Regel die *Finalize*-Methode des Objektes auf, bevor er den Speicher des Objektes endgültig freigibt. Schon das *Object*-Objekt hat *Finalize* implementiert, und da alle Objekte von *Object* abgeleitet sind, hat jedes Objekt in .NET eine *Finalize*-Methode.[26]

Die *Finalize*-Methode in ihrer Grundimplementierung von *Object* macht überhaupt nichts. Sie ist in erster Linie einfach nur vorhanden, und das bedeutet, dass ein Objekt die *Finalize*-Methode überschreiben muss, wenn es eine eigene Funktionalität für seine »Entsorgungsvorbereitung« implementieren will.

> **HINWEIS:** Das folgende Beispiel (im Buch-CD-Verzeichnis unter ..\Klassen\Finalize) verdeutlich den Einsatz von *Finalize*.

```
Module mdlMain

    Sub Main()
        Dim locTest As New Testklasse("Erste Testklasse")
        Dim locTest2 As New Testklasse("Zweite Testklasse")
        locTest = Nothing
        locTest2 = Nothing
        'GC.Collect()
        Console.WriteLine("Beide Objekte sind nun nicht mehr in Verwendung!")
    End Sub

End Module

Class Testklasse

    Private myName As String

    Sub New(ByVal Name As String)
        myName = Name
    End Sub

    Protected Overrides Sub Finalize()
        MyBase.Finalize()
        Console.WriteLine(Me.myName & " wurde entsorgt")
    End Sub
End Class
```

---

[26] Wobei Finalize von *Object* streng genommen gar nicht im Rahmen des GCs aufgerufen wird, da es ohnedies nichts macht; der GC-Algorithmus findet heraus, ob ein »neues« Finalize implementiert wurde, und Finalize wird nur dann aufgerufen, wenn die Finalize-Methode überschrieben wurde.

*Klassen und Schnittstellen*

**TIPP:** Starten Sie dieses Programm mit der Tastenkombination Strg+F5, also ohne Debuggen, damit das Konsolenfenster nach dem Beenden des Programms nicht einfach wieder verschwindet. Sie würden das Ergebnis nicht sehen können.

Wenn Sie dieses Programm starten, dann stellen Sie fest, dass die Meldung »Beide Objekte sind nun nicht mehr in Verwendung!« zuerst ausgegeben wird. Erst anschließend erscheinen die Texte, die anzeigen, dass die beiden verwendeten Objekte finalisiert worden sind:

```
Beide Objekte sind nun nicht mehr in Verwendung!
Zweite Testklasse wurde entsorgt.
Erste Testklasse wurde entsorgt
```

Die Ursache dafür liegt schon fast auf der Hand: Der Garbage Collector arbeitet in diesem Programm nicht, während es läuft, und bei einem Speicheraufkommen von nur ein paar Bytes hat er dafür auch gar keinen Grund. Das Finalisieren der Objekte findet dennoch statt, und zwar beim Beenden der Anwendung. Zu diesem Zeitpunkt ist die letzte Zeile des eigentlichen Programms aber längst verarbeitet worden; in diesem Fall war es die Codezeile, die den Meldungstext auf den Bildschirm ausgegeben hat.

Eine andere Ausgabe erscheint, wenn Sie das Kommentarzeichen vor der Zeile

```
'GC.Collect()
```

weglassen. Starten Sie das Programm anschließend, ändert sich die Ausgabe in:

```
Zweite Testklasse wurde entsorgt
Erste Testklasse wurde entsorgt
Beide Objekte sind nun nicht mehr in Verwendung!
```

**WICHTIG:** Im Beispielprogramm habe ich die *Console*-Klasse in der *Finalize*-Methode wie selbstverständlich verwendet. Machen Sie das nicht. Mal ganz davon abgesehen, dass Sie in der *Finalize*-Methode keine wie auch immer gearteten Bildschirmausgaben mehr machen sollten, um sie so schnell wie möglich hinter sich zu bringen, können Sie sich auch nicht sicher sein, ob Objekte, die Sie verwenden, zu diesem Zeitpunkt noch bestehen.

## Wann Finalize nicht stattfindet

Unter Umständen verursachen Sie beim Verwenden bestimmter Objekte in *Finalize*, dass neue Objekte während des Vorgangs entstehen, die ihrerseits wiederum neue Objekte anlegen, usw. Diese Objekte müssen natürlich anschließend ebenfalls finalisiert werden. Im schlimmsten Fall lösen Sie damit eine solch enorme Kaskade von neuen Objekten aus, die alle niemals finalisiert werden könnten. Doch ihre Anwendung hängt sich deshalb nicht auf, denn das Framework hat zu diesem Zweck ein paar Sicherheitsmaßnahmen vorgesehen.

**HINWEIS:** Das folgende Beispiel (im Buch-CD-Verzeichnis unter *..\Klassen\FinalizeNoNo01*) verdeutlich, was Sie in echten Applikationen niemals machen sollten:

```
Module mdlMain

    Sub Main()
        Dim locTest As New Testklasse("Testklasse")
    End Sub

End Module
```

```
Class Testklasse

    Private myName As String

    Sub New(ByVal Name As String)
        myName = Name
    End Sub

    Sub WriteText()
        Console.Write(myName)
    End Sub

    Protected Overrides Sub Finalize()
        MyBase.Finalize()
        Dim locTemp As New Testklasse("locTemp")
        WriteText()
        Console.WriteLine(" wurde entsorgt")
    End Sub
End Class
```

Wenn Sie dieses Programm starten, wird eine Reihe von Meldungen ausgegeben. *Finalize* selbst legt dabei dummerweise eine neue Instanz von *Testklasse* an, um eine Meldung auszugeben. Diese Instanz muss natürlich ebenfalls finalisiert werden, und sie legt ihrerseits wieder eine neue Testklasse-Instanz an usw. Der GC erkennt nach einer Weile, dass der Finalisierungsprozess genau das Gegenteil von dem bewirkt, was er eigentlich bewirken sollte, es entstehen nämlich immer mehr Objekte, und der Speicherbedarf wächst und wächst. Er bricht das Finalisieren nach ein paar Sekunden schlicht und ergreifend ab.

Ein anderes schlechtes Beispiel ist das folgende (wenn Sie es unbedingt selbst probieren wollen: Sie finden es im Buch-CD-Verzeichnis unter ..\*Klassen\FinalizeNoNo02*). Es legt zwar keine Unmengen von neuem Speicher an, verbraucht für den Finalisierungsprozess aber einfach zu viel Zeit. Der GC wird nach vergleichsweise kurzer Zeit ungeduldig und bricht den gesamten Finalisierungsprozess ab. Das im Beispielprogramm zuerst deklarierte Objekt bekommt keine Chance mehr, finalisiert zu werden.

```
Module mdlMain

    Sub Main()
        '"Normales" Objekt, könnte problemlos finalisiert werden.
        Dim locTest1 As New Testklasse(False, "Erstes Testobjekt")
        'Der Störenfried, da Warteschleifenflag gesetzt.
        Dim locTest2 As New Testklasse(True, "Zweites Testobjekt")
    End Sub

End Module

Class Testklasse

    'Dieses Flag steuert den Einstieg in die Warteschleife.
    Private myWaitInFinalize As Boolean
    'Eine Eigenschaft zum Unterscheiden von Klasseninstanzen
    Private myName As String
```

*Klassen und Schnittstellen*

```vb
'Flag fürs Warten und den Namen definieren.
Sub New(ByVal WaitInFinalize As Boolean, ByVal Name As String)
    myWaitInFinalize = WaitInFinalize
    myName = Name
End Sub

Protected Overrides Sub Finalize()
    MyBase.Finalize()

    'Nur wenn das Flag bei New gesetzt
    'wurde, in die Warteschleife springen.
    If myWaitInFinalize Then

        Dim locSecs As Integer
        Dim lastSec As Integer
        lastSec = Now.Second
        Do
            'Jede Sekunde eine Meldung ausgeben.
            If lastSec <> Now.Second Then
                lastSec = Now.Second
                locSecs += 1
                Console.WriteLine("Warte bereits {0} Sekunden", locSecs)
                'Nach 60 Sekunden wäre Schluss.
                If locSecs = 60 Then Exit Do
            End If
        Loop

    End If
    'Erfolgreich finalisiert --> Meldung ausgeben
    Console.WriteLine("Objekt {0} wurde finalisiert!", myName)
End Sub
End Class
```

Folgende Punkte sind also wichtig, wenn Sie eine eigene Finalisierungslogik in Ihren Klassen implementieren müssen:

- Achten Sie darauf, dass der Prozess so schnell wie möglich erledigt ist.
- Sorgen Sie dafür, dass Sie keine neuen Instanzen von irgendwelchen Objekten erstellen.

Wenn Sie diese Punkte beherzigen, tragen Sie enorm zum einwandfreien Funktionieren Ihrer Klassen bei.

Es gibt übrigens Objekte im Framework deren Vorhandensein die CLR auch noch zum Finalisierungszeitpunkt garantiert. Da Sie Ausgaben bei der Finalisierung wahrscheinlich nur zu Testzwecken machen werden, verwenden Sie dafür besser die *Debug*-Klasse. Diese Klasse stellt ebenfalls eine *Write*- bzw. *WriteLine*-Methode zur Verfügung, hat aber gegenüber *Console* entscheidende Vorteile: Das Vorhandensein der Klasse zum Finalisierungszeitpunkt ist garantiert, Ausgaben erfolgen darüber hinaus nur in einen so genannten Trace-Listener,[27] und die Methoden werden in einer Release-Version der Anwendung komplett ignoriert.

---

[27] Ein speicherresidentes Programm, dass spezielle Debug-Ausgaben »abhört« und in eigenen Fenstern ausgibt oder sonst wie protokolliert.

Falls Sie Programme in der Entwicklungsumgebung von Visual Studio laufen lassen, dann ist das Ausgabefenster der vorinstallierte Trace-Listener. Alle Ausgaben, die Sie mit *Debug* durchführen, gelangen dann ins Ausgabefenster. Die Verwendung der *Debug*-Klasse hat weitere Vorteile:

- Sie können *Debug* auch bei Windows-Anwendungen einsetzen; hier versagt *Console.Writeline* völlig, denn es gibt keine Konsole, die die Nachrichten anzeigen lassen könnte.
- Die Ausgaben durch *Debug.Write* oder *Debug.Writeline* bleiben auch nach Beendigung der Anwendung im Ausgabenfenster vorhanden.

Soweit zur Finalisierung von Objekten durch das Framework. *Finalize* ist allerdings eine Methode, die ausschließlich durch das Framework aufgerufen werden darf. Was ist aber, wenn Sie Objekte erstellen wollen, die der Anwender selber – quasi – schließen oder freigeben will?

Das Framework bietet dazu ein Schnittstellenmuster über die so genannte *IDisposable*-Schnittstelle an. Der nächste Abschnitt verrät mehr über dieses Thema.

## Dispose

Mit der *IDisposable*-Schnittstelle stellt das Framework ein Interface-Pattern bereit, mit dessen Hilfe Sie eine Methode implementieren können, die, anders als *Finalize*, auch aus Ihrem Code heraus aufgerufen werden darf, um das Projekt zu entsorgen. Wenn Sie die Schnittstelle per *Implements* in Ihrer Klasse implementieren, müssen Sie die *Dispose*-Methode einfügen, die dann für das notwendige Aufräumen die Verantwortung trägt.

Diese Aufräumarbeiten sind prinzipiell die gleichen Arbeiten, die auch eine *Finalize*-Methode durchführt. Doch *Dispose* hat ein wenig mehr Arbeit. Denn wenn Sie Aufräumarbeiten mit *Dispose* durchgeführt haben, dann müssen Sie dafür sorgen, dass der GC ihr Objekt nicht mehr entsorgt. Zu diesem Zweck gibt es die *SuppressFinalize*-Methode des Garbage Collectors. Rufen Sie diese Methode auf, und übergeben Sie ihr Ihre Klasse als Argument, schließt der Garbage Collector sie für alle folgenden GC-Durchläufe von der Garbage Collection aus.

Nun besteht die eigentliche Aufgabe der *Dispose*-Methode darin, zu unterscheiden, ob ein Aufruf durch das eigene Programm eben über *Dispose* (üblich ist bei bestimmten Klassen auch *Close*, das nichts anderes machen als *Dispose*, nur dass es einen anderen Namen trägt) oder durch den Garbage-Collector über *Finalize* erfolgt ist. Ihr *Dispose* muss ebenfalls dafür sorgen, dass erkannt wird, ob ein Objekt schon entsorgt wurde, und im Bedarfsfall eine Ausnahme auslösen.

Ein Beispiel für die Implementierung einer vollständigen *Finalize/Dispose*-Lösung finden Sie in der folgenden Anwendung. Es stellt der Hauptanwendung eine Klasse namens *SoapSerializer* zur Verfügung. Mit Hilfe dieser Klasse können Sie beliebige Objekte im SOAP-Format in einer Datei speichern (mehr zum Serialisieren von Objekte erfahren Sie im ▶ Kapitel 10 dieses Buches). Umgekehrt kann die Klasse aus einer Datei die ursprünglichen Objekte wieder automatisch herstellen.

Das Hauptprogramm, das Sie im Folgenden finden, ist dabei sehr einfach gehalten, selbst von eher untergeordnetem Interesse und auch wieder eine Konsolenanwendung. Es fragt den Anwender nach dem Programmstart, ob er eine SOAP-Datei laden und deren Daten anzeigen oder Daten erfassen und abspeichern möchte. Es bedient sich dabei zur Speicherung der Daten einer Klasse, die lediglich Namen und Vornamen einer Person aufnimmt:

```
Möchten Sie Daten erfassen und speichern (1)
oder Daten laden und anzeigen (2)?
Ihr Auswahl   :1
Wieviele Daten möchten Sie eingeben?  :4

---------------------------------

Eingabe der 1. Person
Nachname: Heckhuis
Vorname: Jürgen

---------------------------------

Eingabe der 2. Person
Nachname: Thiemann
Vorname: Uwe

---------------------------------

Eingabe der 3. Person
Nachname: Ademmer
Vorname: Ute

---------------------------------

Eingabe der 4. Person
Nachname: löffelmann
Vorname: Klaus
```

Wenn Sie den letzten Namen eingegeben haben, wird das Programm auch schon beendet. Die Daten befinden sich anschließend in der Datei »Test.xml« auf Laufwerk »C:«, und sie sieht folgendermaßen aus:

```
<SOAP-ENV:Envelope xmlns:xsi="http://www.w3.org/2001/XMLSchema-instance" xmlns:xsd="http://www.w3.org/2001/XMLSchema"
xmlns:SOAP-ENC="http://schemas.xmlsoap.org/soap/encoding/" xmlns:SOAP-ENV="http://schemas.xmlsoap.org/soap/envelope/"
xmlns:clr="http://schemas.microsoft.com/soap/encoding/clr/1.0" SOAP-
ENV:encodingStyle="http://schemas.xmlsoap.org/soap/encoding/">
<SOAP-ENV:Body>
<xsd:int id="ref-1">
<m_value>4</m_value>
</xsd:int>
</SOAP-ENV:Body>
</SOAP-ENV:Envelope>
<SOAP-ENV:Envelope xmlns:xsi="http://www.w3.org/2001/XMLSchema-instance" xmlns:xsd="http://www.w3.org/2001/XMLSchema"
xmlns:SOAP-ENC="http://schemas.xmlsoap.org/soap/encoding/" xmlns:SOAP-ENV="http://schemas.xmlsoap.org/soap/envelope/"
xmlns:clr="http://schemas.microsoft.com/soap/encoding/clr/1.0" SOAP-
ENV:encodingStyle="http://schemas.xmlsoap.org/soap/encoding/">
<SOAP-ENV:Body>
<a1:Dataset id="ref-1"
xmlns:a1="http://schemas.microsoft.com/clr/nsassem/Dispose/Dispose%2C%20Version%3D1.0.1431.30420%2C%20Culture%3Dneutral
%2C%20PublicKeyToken%3Dnull">
<myFirstName id="ref-3">Jürgen</myFirstName>
<myLastName id="ref-4">Heckhuis</myLastName>
</a1:Dataset>
</SOAP-ENV:Body>
</SOAP-ENV:Envelope>
<SOAP-ENV:Envelope xmlns:xsi="http://www.w3.org/2001/XMLSchema-instance" xmlns:xsd="http://www.w3.org/2001/XMLSchema"
xmlns:SOAP-ENC="http://schemas.xmlsoap.org/soap/encoding/" xmlns:SOAP-ENV="http://schemas.xmlsoap.org/soap/envelope/"
xmlns:clr="http://schemas.microsoft.com/soap/encoding/clr/1.0" SOAP-
ENV:encodingStyle="http://schemas.xmlsoap.org/soap/encoding/">
```

```
<SOAP-ENV:Body>
<a1:Dataset id="ref-1"
xmlns:a1="http://schemas.microsoft.com/clr/nsassem/Dispose/Dispose%2C%20Version%3D1.0.1431.30420%2C%20Culture%3Dneutral
%2C%20PublicKeyToken%3Dnull">
<myFirstName id="ref-3">Uwe</myFirstName>
<myLastName id="ref-4">Thiemann</myLastName>
</a1:Dataset>
</SOAP-ENV:Body>
</SOAP-ENV:Envelope>
<SOAP-ENV:Envelope xmlns:xsi="http://www.w3.org/2001/XMLSchema-instance" xmlns:xsd="http://www.w3.org/2001/XMLSchema"
xmlns:SOAP-ENC="http://schemas.xmlsoap.org/soap/encoding/" xmlns:SOAP-ENV="http://schemas.xmlsoap.org/soap/envelope/"
xmlns:clr="http://schemas.microsoft.com/soap/encoding/clr/1.0" SOAP-
ENV:encodingStyle="http://schemas.xmlsoap.org/soap/encoding/">
<SOAP-ENV:Body>
<a1:Dataset id="ref-1"
xmlns:a1="http://schemas.microsoft.com/clr/nsassem/Dispose/Dispose%2C%20Version%3D1.0.1431.30420%2C%20Culture%3Dneutral
%2C%20PublicKeyToken%3Dnull">
<myFirstName id="ref-3">Ute</myFirstName>
<myLastName id="ref-4">Ademmer</myLastName>
</a1:Dataset>
</SOAP-ENV:Body>
</SOAP-ENV:Envelope>
<SOAP-ENV:Envelope xmlns:xsi="http://www.w3.org/2001/XMLSchema-instance" xmlns:xsd="http://www.w3.org/2001/XMLSchema"
xmlns:SOAP-ENC="http://schemas.xmlsoap.org/soap/encoding/" xmlns:SOAP-ENV="http://schemas.xmlsoap.org/soap/envelope/"
xmlns:clr="http://schemas.microsoft.com/soap/encoding/clr/1.0" SOAP-
ENV:encodingStyle="http://schemas.xmlsoap.org/soap/encoding/">
<SOAP-ENV:Body>
<a1:Dataset id="ref-1"
xmlns:a1="http://schemas.microsoft.com/clr/nsassem/Dispose/Dispose%2C%20Version%3D1.0.1431.30420%2C%20Culture%3Dneutral
%2C%20PublicKeyToken%3Dnull">
<myFirstName id="ref-3">Klaus</myFirstName>
<myLastName id="ref-4">Löffelmann</myLastName>
</a1:Dataset>
</SOAP-ENV:Body>
</SOAP-ENV:Envelope>
```

Man möchte sagen: Ein ziemlicher Overhead für diese paar Daten, aber was soll's: Es ist nur ein Demo und Speicher ist billig! Viel wichtiger ist, dass das Programm auch funktioniert, und das finden Sie heraus, indem Sie das Programm abermals starten und anschließend die Funktion zum Anzeigen der Daten auswählen:

```
Möchten Sie Daten erfassen und speichern (1)
oder Daten laden und anzeigen (2)?
Ihr Auswahl   :2
Heckhuis, Jürgen
Thiemann, Uwe
Ademmer, Ute
Löffelmann, Klaus
```

Wie arbeitet das Programm nun? Bevor ich zur Erklärung schreite, eine kleine Warnung vorweg: Die Funktionsweise des Programms ist recht wichtig für das spätere Verständnis von *Dispose* und *Finalize*. Wundern Sie sich also bitte nicht, wenn ich zunächst auf den folgenden Seiten ein paar andere Themen aufgreife, bevor wir uns dann dem eigentlichen Gegenstand der Erklärung widmen.

Zurück zum Programm: Zunächst gibt es eine Klasse, die die Daten speichert. Wichtig dabei: Wenn Sie eine Klasse serialisieren, dann müssen folgende Voraussetzungen gegeben sein:

- Alle Datentypen, die die Klasse verwendet, müssen serialisierbar sein.
- Die Klasse selbst muss serialisierbar sein und dazu mit einem besonderem Attribut gekennzeichnet werden:

```
<Serializable()> _
Class Dataset

    Private myFirstName As String
    Private myLastName As String

    Sub New(ByVal FirstName As String, ByVal LastName As String)
        myFirstName = FirstName
        myLastName = LastName
    End Sub

    Overrides Function ToString() As String
        Return myLastName & ", " & myFirstName
    End Function

End Class
```

Das Hauptmodul ist dafür zuständig, die Daten zu erfassen und abzuspeichern bzw. zu laden und auf dem Bildschirm anzuzeigen. Sie werden überrascht sein, wie wenig Aufwand für das Sichern bzw. das Wiederherstellen der erforderlich ist:

```
Module mdlMain
    Sub Main()
        '"Menü" auf den Bildschirm zaubern:
        Console.WriteLine("Möchten Sie Daten erfassen und speichern (1)")
        Console.WriteLine("oder Daten laden und anzeigen (2)?  ")
        Console.Write("Ihr Auswahl  :")

        'Auswahl einlesen
        Dim locKey As String = Console.ReadLine()

        'Daten sollen erfasst werden.
        If locKey = "1" Then

            Dim locAnzPersonen As Integer
            Dim locName, locVorname As String
            Dim locSoapWriter As SoapSerializer

            Console.Write("Wieviele Daten möchten Sie eingeben?  :")
            locAnzPersonen = Integer.Parse(Console.ReadLine())
            If locAnzPersonen = 0 Then
                Exit Sub
            End If

            'Serializer vorbereiten.
            locSoapWriter = New SoapSerializer

            'Zum Schreiben öffnen.
            locSoapWriter.OpenForWriting("C:\Test.XML", True)
```

```vb
            'Anzahl der Datensätze abspeichern.
            locSoapWriter.SaveObject(locAnzPersonen)

            'Soviele Personen einlesen, wie zuvor eingegeben.
            For locCount As Integer = 1 To locAnzPersonen
                Console.WriteLine()
                Console.WriteLine("---------------------------------")
                Console.WriteLine("Eingabe der {0}. Person", locCount)
                Console.Write("Nachname: ")
                locName = Console.ReadLine
                Console.Write("Vorname: ")
                locVorname = Console.ReadLine

                'In das Objekt übertragen und abspeichern.
                Dim locData As New Dataset(locVorname, locName)
                locSoapWriter.SaveObject(locData)
            Next

            'Das kann man schon mal vergessen!!!
            locSoapWriter.Close()

            'Der umgekehrte Weg: Die Daten werden geladen.
        Else

            Dim locAnzPersonen As Integer
            Dim locData As Dataset
            Dim locSoapReader As SoapSerializer

            'Deserializer vorbereiten.
            locSoapReader = New SoapSerializer

            'Zum Lesen öffnen.
            locSoapReader.OpenForReading("C:\Test.XML")

            'Anzahl der Datensätze lesen und
            'zurückboxen von Object zu Wertetyp Integer.
            locAnzPersonen = Convert.ToInt32(locSoapReader.LoadObject())

            'Soviele Personen-Datensätze lesen, wie ursprünglich erfasst.
            For locCount As Integer = 1 To locAnzPersonen
                'Deserialisieren und in den alten Objekttyp zurückwandeln.
                locData = DirectCast(locSoapReader.LoadObject(), Dataset)
                'Daten ausgeben.
                Console.WriteLine(locData.ToString)
            Next

            'So geht es auch:
            locSoapReader.Dispose()

        End If
    End Sub

End Module
```

Sie sehen: Womit das Programm am meisten zu tun hat, ist das Ausgeben der »Menü-Texte« auf dem Bildschirm. Die eigentliche Arbeit erledigt die *SoapSerializer*-Klasse, der wir uns als nächstes und erklärungstechnisch ein wenig intensiver widmen wollen.

Die Klasse befindet sich in einer eigenen Datei im Projekt (namens »SoapSerializer.vb«). Doppelklicken Sie auf den Dateinamen im Projektmappen-Explorer, um sie im Code-Editor betrachten zu können.

Der Programmcode beginnt mit einer Reihe von Imports-Anweisungen, die verschiedene, so genannte Namensbereiche (neudeutsch: »Namespace«) einbinden. Diese Namensbereiche vereinfachen die Referenzierung von Klassen. Sie sind es gewohnt, beispielsweise

```
Console.WriteLine()
```

schreiben zu können. Die *Console*-Klasse wurde im Framework dem *System*-Namensbereich zugeordnet, so dass die volle Klassifizierung der *WriteLine*-Methode eigentlich

```
System.Console.WriteLine()
```

lauten müsste. Mit dem Imports-Befehl können einer Codedatei andere Namensbereiche zugewiesen werden, um den Umgang mit den Befehlen zu vereinfachen. Mehr zum Thema Namespaces finden Sie am Ende dieses Kapitels.

```
Imports System.IO
Imports System.Runtime.Serialization
Imports System.Runtime.Serialization.Formatters.Soap
```

Da das Programm sowohl die *FileStream*-Klasse (wird in einem späterem Kapitel ausführlich behandelt) als auch die Serialisierung auf *Soap*-Basis verwendet, steht die Imports-Anweisung für die Namensbereiche, denen diese Klassen zugeordnet sind, an erster Stelle in der Codedatei.

```
Public Enum SoapSerializerMode
    Close
    OpenForWriting
    OpenForReading
End Enum
```

Die *Enum* benötigen wir lediglich, um das Programm leichter lesbar zu machen (mehr zum Thema *Enum* finden Sie im anschließenden Kapitel).

```
Public Class SoapSerializer
    Implements IDisposable
```

Mit der *Implements*-Anweisung bindet die Klasse das *IDisposable*-Pattern ein. Zur Wiederholung: Bei einem Pattern, in diesem Zusammenhang, wird eine Schnittstelle in erster Linie zur Standardisierung verwendet. Erst in zweiter Linie dient sie (wenn überhaupt) zur Realisierung von polymorphen Aufrufen von Methoden in abgeleiteten Klassen. Die *IDisposable*-Schnittstelle zwingt den Entwickler einer Klasse, die *Dispose*-Methode in einer bestimmten Form zu implementieren. Das Framework selbst ruft, wie ebenfalls bereits erwähnt, *Dispose* nie auf.

```
    Protected myFilename As String
    Protected myFileStream As FileStream
    Protected mySoapFormatter As SoapFormatter
    Protected mySerializerMode As SoapSerializerMode
    Protected myDisposed As Boolean
```

```
Sub New()
    mySoapFormatter = New SoapFormatter(Nothing, _
                    New StreamingContext(StreamingContextStates.File))
    mySerializerMode = SoapSerializerMode.Close
End Sub
```

Der *SoapFormatter* wird für die Serialisierung der Objekte verwendet. Er steuert quasi »das Aussehen« der Daten, wenn Objekte serialisiert werden. In diesem Zusammenhang möchte ich nicht näher darauf eingehen (im ▶ Kapitel 10 erfahren Sie mehr darüber).

```
Function OpenForWriting(ByVal Filename As String) As Boolean
    Return OpenForWriting(Filename, False)
End Function

Function OpenForWriting(ByVal Filename As String, ByVal OverwriteIfExist As Boolean) As Boolean

    Dim locFile As New FileInfo(Filename)

    If (Not OverwriteIfExist) And locFile.Exists Then
        Return True
    End If

    Try
        mySerializerMode = SoapSerializerMode.OpenForWriting
        myFileStream = New FileStream(Filename, FileMode.Create)
    Catch ex As Exception
        mySerializerMode = SoapSerializerMode.Close
    End Try
End Function

Function OpenForReading(ByVal Filename As String) As Boolean

    Dim locFile As New FileInfo(Filename)

    If Not locFile.Exists Then
        Return True
    End If

    Try
        mySerializerMode = SoapSerializerMode.OpenForReading
        myFileStream = New FileStream(Filename, FileMode.Open)
    Catch ex As Exception
        mySerializerMode = SoapSerializerMode.Close
    End Try

End Function
```

Diese Funktionen erstellen, je nach Anforderung, einen so genannten FileStream, mit denen Daten aus einer Datei gelesen oder in eine Datei geschrieben werden können. Die Vorgehensweise beim Serialisieren ist einfach:

- *FileStream* zum Schreiben öffnen
- Objekt »hineinserialisieren«
- *FileStream* schließen, dabei dafür sorgen, dass alle Daten aus dem Strom auch tatsächlich in die Datei übertragen wurden.

*Klassen und Schnittstellen*

Analog funktioniert das Deserialisieren, bei dem aus den Daten einer Datei, die in einem bestimmten Format vorliegen, wieder das Objekt generiert wird.

```
Sub SaveObject(ByVal Data As Object)

    'Serialisierung geht nur, wenn SoapSerializer
    'zum Schreiben geöffnet wurde.
    If mySerializerMode <> SoapSerializerMode.OpenForWriting Then
        Dim Up As New IOException("SoapSerializer nicht zum Schreiben geöffnet!")
        Throw Up
    End If

    mySoapFormatter.Serialize(myFileStream, Data)

End Sub

Function LoadObject() As Object

    'Deserialisierung geht nur, wenn SoapSerializer
    'zum Schreiben geöffnet wurde.
    If mySerializerMode <> SoapSerializerMode.OpenForReading Then
        Dim Up As New IOException("SoapSerializer nicht zum Lesen geöffnet!")
        Throw Up
    End If
    Return mySoapFormatter.Deserialize(myFileStream)

End Function
```

Sie sehen, wie einfach das Serialisieren und Deserialisieren von Objekten im Grunde genommen ist. Mit jeweils einem einzigen Befehl können Sie aus einem Objekt einen Datenstrom oder aus einem Datenstrom wieder ein Objekt machen. Beim Deserialisieren lässt die CLR das Objekt in seiner ursprünglichen Gestalt wiederauferstehen. Am einfachsten zu vergleichen ist das mit dem Vorgang des Beamens in StarTrek. Wenn Sie eine Person an einen anderen Platz beamen, wird sie zunächst serialisiert, dann in einen Strom (Strahl, OK) ans Ziel geschickt und dort wieder deserialisiert. Der Unterschied: Im Framework funktioniert das »zum Leben erwecken« von Objekten tatsächlich ...

```
'Nur eine andere Form von Disposed
Sub Close()
    Debug.WriteLine("Close() wurde aufgerufen!")
    Dispose()
End Sub

'Hier wird das Entsorgen delegiert.
Public Sub Dispose() Implements IDisposable.Dispose
    'Wir kümmern uns um die Entsorgung,
    'der Garbage Collector wird informiert,
    'dass er nichts mehr damit zu tun hat.
    Debug.WriteLine("Dispose() wurde aufgerufen!")
    GC.SuppressFinalize(Me)
    Dispose(True)
End Sub

Public Sub Dispose(ByVal Disposing As Boolean)

    Debug.WriteLine("Dispose(Disposing) wurde aufgerufen...")
```

```
            'Falls der Aufruf nicht durch die GC kam
            If Disposing Then
                Debug.WriteLine("...kam von der Applikation")
                'prüfen, ob nicht schon entsorgt
                If myDisposed Then
                    'Übergründlich geht nicht, dann --> Exception
                    Dim up As New ObjectDisposedException("SoapSerializer")
                    Throw up
                End If
            Else
                Debug.WriteLine("...kam vom Garbage Collector")
            End If


            'Nur beim Sch...reiben...
            If mySerializerMode = SoapSerializerMode.OpenForWriting Then
                '...abziehen nicht vergessen...
                myFileStream.Flush()
                Debug.WriteLine("FileStream geflushed!")
            End If
            '...und Hände waschen in jedem Fall ;-)
            myFileStream.Close()
            'frei zur Entsorgung
            myFileStream = Nothing
            Debug.WriteLine("FileStream closed - Datei ist sicher!")
            mySerializerMode = SoapSerializerMode.Close
            myDisposed = True
        End Sub

        Protected Overrides Sub Finalize()
            'Falls myFileStream schon durch den GC entsorgt wurde
            'könnte ein Fehler auftreten, den es abzufangen gilt.
            Try
                Debug.WriteLine("Me.Finalize ruft Me.Dispose auf!")
                Dispose(False)
            Finally
                Debug.WriteLine("Base.Finalize aufrufen!")
                MyBase.Finalize()
            End Try
        End Sub

End Class
```

Diese letzten Zeilen der Klasse haben es in sich, und nach dem ganzen Vorgeplänkel sind wir leider erst jetzt beim eigentlichen Thema.

Klären wir zunächst die Frage: Wozu braucht diese Klasse überhaupt ein *Finalize* und ein *Dispose*? Die Frage ist einfach: Die Klasse verwendet ein *FileStream*-Objekt. Und: Die Klasse schreibt in diesen »Dateistrom«. Wenn Sie Daten in einen Datenstrom hineinschreiben, dann müssen Sie sicherstellen, dass die Daten, die in die Datei geschrieben werden, sich anschließend auch wirklich bis aufs letzte Byte darin befinden. Sie gewährleisten das, indem Sie den

Dateistrom am Ende des Datenschreibens »flushen«[28] und den Datenstrom schließen. Machen Sie das nicht, riskieren Sie Datenverlust.

Nun öffnet unsere Klasse ein *FileStream*-Objekt automatisch, wenn der Entwickler, der die Klasse verwendet, eine der beiden Methoden *OpenForWriting* oder *OpenForReading* verwendet. Er kann nun mit *SaveObject* bzw. *LoadObject* den Datenstrom verwenden. Er muss anschließend aber auch – und jetzt kommt der *IDisposable*-Pattern ins Spiel – dafür sorgen, dass alles wieder geschlossen wird. Macht er es nicht, dann sollte unsere Klasse intelligent genug sein, um zu retten, was zu retten ist. So schließt die Klasse also ein noch geöffnetes *FileStream*-Objekt dann, wenn ...

- ... der Entwickler die *Dispose*-Methode (oder die *Close*-Methode – das ist in diesem Fall dasselbe), so wie es sein sollte, selbst aufruft, oder
- ... der Entwickler es vergessen hat, aber der Garbage Collector uns durch den Aufruf von *Finalize* anzeigt, dass die Klasse zur Entsorgung ansteht, und spätestens jetzt alle verwendeten Ressourcen möglichst schnell aufgeräumt und freigegeben werden sollten.

In beiden Fällen muss ein *Close*-Aufruf des *FileStream*-Objektes erfolgen; wenn der Datenstrom zuvor zum Schreiben geöffnet war, auch noch ein *Flush*.

Nun könnte man meinen, es reiche aus, *Finalize* einfach *Dispose* oder umgekehrt aufrufen zu lassen und die Implementierung zum korrekten Freigeben der Ressourcen einfach in einer der beiden Routinen zu verstecken. Das geht aber leider nicht, denn es gibt die drei folgenden Einschränkungen:

- *Finalize* darf nur vom Garbage Collector aufgerufen werden; *Finalize* der Basisklasse muss dabei obendrein grundsätzlich, immer und um jeden Preis aufgerufen werden.
- *Dispose* darf maximal einmal aufgerufen werden, denn ein einmal entsorgtes Objekt kann nicht noch einmal entsorgt werden. Wird *Dispose* ein zweites Mal aufgerufen, sollte die Klasse eine *ObjectDisposedException* ausgeben.
- Der Garbage Collector darf *Finalize* nicht aufrufen, wenn das Objekt bereits quasi »durch sich selbst« (also durch *Dispose*) entsorgt wurde.

Genau diese drei Fälle werden im Code berücksichtigt:

Sobald der Anwender die Klasse schließen will, ruft er entweder die Methode *Close* oder *Dispose* auf. Ruft er *Close* auf wird er an *Dispose* (ohne Parameter) weitergeleitet. Diese Version von *Dispose* sorgt als erstes mit *GC.SuppressFinalize(Me)* dafür, dass der Garbage Collector, falls eine Garbage Collection ansteht, *Finalize* für dieses (Me) Objekt nicht mehr aufrufen wird – *Dispose* ist ja schließlich gerade dabei, die Finalisierung durchzuführen, und einmal reicht!

**HINWEIS:** Aufgepasst dabei: *GC.SuppressFinalize(Me)* bedeutet nicht, dass der Garbage Collector das Objekt nicht mehr entsorgen wird – er wird während der Entsorgung lediglich nicht die *Finalize*-Methode des Objektes aufrufen; die Entsorgung findet immer statt; ein Objekt kann sich nicht dagegen wehren und die Entsorgung auch nicht verzögern oder die Reihenfolge in irgendeiner Form beeinflussen. Wenn es seine Lebensberechtigung verloren hat, ist es fällig, so oder so.

*Dispose* ruft nun seinerseits die *Dispose*-Überladung (mit Parameter) auf und übergibt ihr *True* als Argument und zum Zeichen, dass der Aufruf nicht durch den *Finalize*-Prozess bedingt war.

---

[28] Von engl. »to flush«, »abziehen« im Sinne von »die Spülung betätigen«.

Die überladene *Dispose*-Methode kann nun anhand der booleschen Variable feststellen, ob sie von *Finalize* oder manuell durch das Programm ins Leben gerufen wurde.

Falls das Programm der Grund für den Aufruf war, stellt Dispose sicher, dass das Objekt nicht schon entsorgt wurde – zu diesem Zweck gibt es die Member-Variable *myDisposed*, die quasi Buch darüber führt. Sollte dies jedoch der Fall gewesen sein, bringt *Dispose* die geforderte *ObjectDisposedException*-Ausnahme.

Anschließend erfolgen die eigentlichen Aufräumarbeiten. Der Dateistrom wird ordnungsgemäß geschlossen; war er zuvor zum Schreiben geöffnet, findet ein *Flush* statt, um auch wirklich alle Daten, die noch in irgendwelchen Puffern stehen, den Dateistrom hinunter zu spülen. Zu guter letzt wird noch das Flag gesetzt, das das Objekt nunmehr als entsorgt kennzeichnet, damit ein zweites, versehentliches *Dispose* nicht mehr stattfinden kann. Und das ist auch wichtig, denn das *FileStream*-Objekt gibt es bei einem möglichen zweiten *Dispose*-Aufruf nicht mehr. Eine Ausnahme wäre die unvermeidliche Folge.

Sollte der Entwickler, der das Objekt verwendet, vergessen, *Dispose* oder *Close* aufzurufen, dann erfolgt kein *GC.SuppressFinalize(Me)* und der Garbage Collector ruft beim Entsorgen des Objektes die *Finalize*-Methode auf. Damit beim Finalisierungsendspurt keine Fehler zu einer Ausnahme führen, wird mit der Konstruktion *Try/Finally* dafür gesorgt, dass der Aufräumprozess soweit wie möglich gelingt, das Basisobjekt aber – ganz gleich ob Ausnahme oder nicht – noch in jedem Fall aufgerufen wird. *Finalize* des Objektes selbst ruft *Dispose* auf, jetzt aber mit *Disposing = False*. Für dieses Beispiel macht das keinen großen Unterschied; der Test auf ein bereits stattgefundenes *Dispose* findet lediglich nicht statt. Andere Objekte müssen aber möglicherweise diesen Unterschied kennen, um entsprechend auf die verschiedenen Auslöser (manuelles *Dispose* oder *Finalize*) reagieren zu können.

Ein Problem gibt es leider in diesem Programmbeispiel, das auch nicht zu lösen ist: Die Klasse bemüht sich zwar redlich, das Feld sauber zu hinterlassen, selbst wenn der Entwickler vergessen hat, es mit *Close* oder *Dispose* ordnungsgemäß zu schließen. Dennoch kann es passieren, dass eine Entsorgung durch den GC des *FileStream*-Objektes bereits stattgefunden hat, wenn *Finalize* für die *SoapSerializer*-Klasse läuft. Der Versuch, die Datei zu »flushen« und sie anschließend zu schließen, schlägt dabei natürlich fehl; eine Ausnahme ist unausweichlich. Im schlimmsten Falle kann das zu Datenverlust führen.[29]

Sie können das Verhalten dieser Klasse übrigens sehr einfach nachvollziehen, indem Sie mit dem Programm experimentieren und das Ausgabefenster (nicht das Konsolenfenster) dabei beobachten. Es informiert Sie stets über die gerade durchgeführte Aufgabe, und durch das Verändern einiger Eigenschaften bzw. Aufrufe der *SoapSerializer*-Klasse im Hauptprogramm können Sie die unterschiedlichen Reaktionen des Finalisierungsprozesses testen.

# Projekte mit mehreren Assemblies

In vielen Beispielen dieses zugegebenermaßen nicht ganz so kleinen Kapitels haben Sie schon viel über die Microsoft Intermediate Language erfahren, in die jede .NET-konforme Sprache zunächst übersetzt wird. Dadurch werden Programmmodule auf mittlerer Ebene (also bevor

---

[29] Eine ähnliche Gefahr gehen Sie übrigens ein, wenn Sie den BinaryWriter verwenden, um Daten zu speichern. Bei diesem geht Microsoft wissentlich das Risiko ein, bei nicht ordnungsgemäßem Schließen Daten zu verlieren, und die Gründe dafür sind ähnlich zu den hier genannten.

*Klassen und Schnittstellen*

Sie durch den JITter nach dem Programmstart in nativen Assembler-Code übersetzt werden, den der Prozessor dann wirklich versteht) standardisiert. Das bedeutet, dass Sie auch andere Sprachen verwenden können, wenn Sie ein Projekt aus mehreren Modulen zusammenbauen.

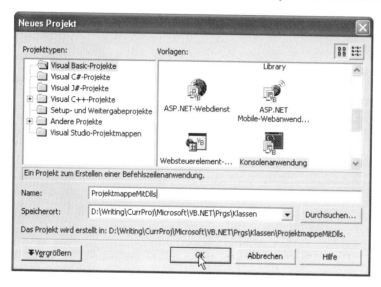

*Abbildung 3.27:* Ein Projekt, das später mehrere Assemblies enthalten soll, legen Sie zunächst wie gewohnt an

»Modul« ist nicht der Fachausdruck für den einzelnen Baustein eines Projektes, sondern »Assembly«. Vereinfacht ausgedrückt ist eine Assembly nichts weiter, als ein von .NET verwaltetes Programm oder eine von .NET verwaltete Klassenbibliothek. Und genau wie nicht verwaltete Programme und Bibliotheken, werden diese Assemblies in .NET mit besonderen Dateiendungen bedacht: Ausführbare Dateien tragen die Endung ».EXE«, Klassenbibliotheken die Endung ».DLL«. Der Unterschied: Das Handling von Bibliotheken aus Entwicklersicht ist gegenüber herkömmlichen Windows-Anwendungen wesentlich einfacher.

Ein Beispiel. Um ein Projekt zu erstellen, das in einer DLL gespeicherte Klassen verwendet, verfahren Sie anfangs genauso, als würden Sie ein allein stehendes Projekt erstellen. Sie legen es erstmal mit *Datei/Neues Projekt* an (siehe Abbildung 3.27). Dabei entsteht eine Projektmappe, die den gleichen Namen wie das Projekt trägt.

Möchten Sie anschließend eine Klassenbibliothek hinzufügen, die später in eine Assembly kompiliert wird, klicken Sie im Projektmappenexplorer die Projektmappe mit der rechten Maustaste an und wählen *Projekt hinzufügen*. Sie bestimmen nun den Namen des neuen Projekts (und damit der DLL) – für dieses Beispiel wählen Sie bitte den Namen »MeineDLL« – und klicken anschließend auf *OK*. In der Projektmappe befinden sich anschließend zwei unterschiedliche Projekte, etwa wie in Abbildung 3.28 zu sehen.

*Abbildung 3.28:* Sowohl die Klassenbibliothek als auch die ausführbare .EXE-Datei befinden sich nun in der Projektmappe

Sie können nun Entwicklungen an beiden Projekten vornehmen und den Code ausarbeiten. Um das Beispiel einfach zu halten, belassen wir den vorgegebenen Klassennamen in der Klassenbibliothek bei »Class1« und ergänzen nur ein wenig Code, mit dem dann anschließend herumexperimentiert werden kann:

```
Public Class Class1

    Protected myValue As Integer

    Sub New(ByVal Value As Integer)
        myValue = Value
    End Sub

    Property Value() As Integer
        Get
            Return myValue
        End Get
        Set(ByVal Value As Integer)
            myValue = Value
        End Set
    End Property

    Public Overrides Function ToString() As String
        Return myValue.ToString()
    End Function

End Class
```

Wechseln Sie jetzt per Doppelklick auf die Datei *mdlMain.vb* im Projektmappen-Explorer zum Programmcode des Hauptmoduls. Versuchen Sie die Klasse, die Sie gerade entwickelt haben, zu verwenden, etwa mit:

```
Module mdlMain
    Sub Main()
        Dim myClass1 As New Class1(5)
    End Sub
End Module
```

Sie sehen: Der Code-Editor kennt die Klasse nicht und meldet den Fehler: »Der Typ *Class1* ist nicht definiert«. Wichtig ist: Ihr Projekt muss wissen, welche anderen Assemblies es verwenden kann. Es kennt standardmäßig nur die eigenen und ein paar weitere des Frameworks, auf die beim Erstellen eines neuen Projektes automatisch verwiesen wird.

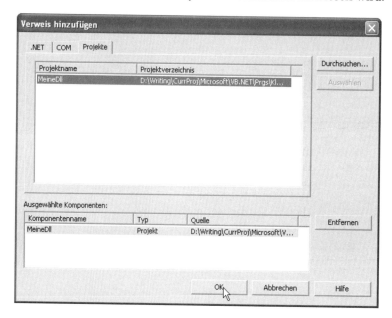

***Abbildung 3.29:*** *Mit diesem Dialog richten Sie projektmappeninterne Verweise ein*

Um einen Verweis auf eine Assembly nachträglich hinzuzufügen, öffnen Sie das Kontextmenü des Verweise-Ordners des Hauptprogramms *ProjektmappeMitDlls* im Projektmappen-Explorer. Wählen Sie dort *Verweis hinzufügen*. Klicken Sie auf die Registerkarte *Projekte*, um sich die Projekte anzeigen zu lassen, die in Ihrer Projektmappe vorhanden sind und auf die zusätzliche Verweise eingerichtet werden können (siehe Abbildung 3.29).

Wählen Sie den Projektnamen aus der Liste per Doppelklick aus, oder markieren Sie mehrere Projektnamen und wählen dann *Auswählen*. Die Komponenten, auf die verwiesen wird, stehen anschließend in der Liste *Ausgewählte Komponenten*. Klicken Sie auf *OK*, um die Verweise einzurichten. Nun wäre eigentlich zu erwarten gewesen, dass der ursprünglich aufgetretene Fehler durch das Einfügen des Verweises verschwunden wäre. Ist er aber nicht. Das Problem: Zwar haben Sie rein theoretisch Zugang zur gerade eingebundenen Klasse, doch haben Sie nicht den vollständigen Namen der Klassen verwendet.

Ändern Sie die Deklarationsanweisung hingegen in

```
Dim myClass1 As New MeineDll.Class1(5)
```

dann ist der Fehler behoben. Doch was ist der Hintergrund dafür?

# Organisation von Projekten durch Namespaces

Wenn Sie ein großes Buchprojekt in Angriff nehmen würde, kämen Sie wahrscheinlich niemals auf die Idee, einen Text über mehrere hundert Seiten ohne Überschrift, geschweige denn ohne Absatz hintereinander hinweg zu schreiben. Damit Sie sich beim Schreiben und der Leser sich später beim Lesen im Text zurechtfinden, teilen Sie Ihren Text thematisch in mehrere Kapitel auf – bei noch umfangreicheren Texten auch in Unterkapitel, also Überschriften untergeordneter Ebenen.

Die Bibliotheken des Frameworks sind ebenfalls thematisch gegliedert und in »Kapitel« aufgeteilt. Diese heißen dort nur nicht Kapitel sondern »Namespaces« (Namensbereiche). So finden Sie beispielsweise die elementaren Elemente, wie beispielsweise alle primitiven Datentypen, im Namespace »System«. Auch die Funktionen der Klasse *Console*, mit denen Sie in den vergangenen Beispielen Text auf dem Bildschirm (oder vielmehr: im Textfenster) ausgegeben haben, finden Sie in diesem Namespace.

Korrekt ausgeschrieben müssten Sie eigentlich den Namespace (das Kapitel) bestimmt haben, aus dem Sie eine Klasse oder eine ihrer Methoden verwendet haben. Bleiben wir beim Beispiel der *Console*-Klasse. Um einen Text in das Fenster einer Konsolenanwendung auszugeben, müssten Sie eigentlich schreiben

```
System.Console.WriteLine("Irgendein Text")
```

Probieren Sie es ruhig aus, es wird funktionieren. Dass Sie auf das Präfix »System.« verzichten können, liegt einfach daran, dass Visual Basic, wenn Sie ein neues Projekt anlegen, Ihnen Tipparbeit abnehmen möchte und einige Namespaces verfügbar macht, ohne dass Sie den eigentlichen Namen vor ein Objekt stellen müssten. Welche Namespaces das sind, können Sie einfach in Erfahrung bringen. Im Projektexplorer klicken Sie mit der rechten Maustaste auf das Projekt (nicht die Projektmappe) und wählen *Eigenschaften*. Im Dialog, der jetzt erscheint, wählen Sie die Option *Importe* – etwa wie in Abbildung 3.30 zu sehen.

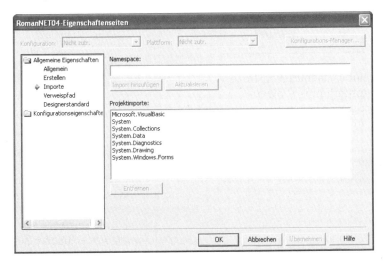

***Abbildung 3.30:*** *In diesem Dialog bestimmen Sie, welche Namespaces Ihr Projekt einbindet*

In der Rubrik sind alle Namensbereichimporte aufgeführt, die Sie ohne Referenzierung verwenden können (natürlich nur dann, wenn auch die entsprechenden Verweise auf beherbergenden Assemblies eingetragen sind).

Zurück zu unserem Beispiel. Der vorgegebene Namensbereich der Assembly »MeineDll« lautet ebenfalls »MeineDll«. Im oben gezeigten Dialog könnten Sie jetzt einfach die Referenz auf *MeineDll* hinzufügen, und

```
Dim myClass1 As New Class1(5)
```

würde wieder funktionieren. Stattdessen können Sie aber auch direkt im Quellcode den Namensbereich mit Hilfe der Imports-Anweisung bestimmen, etwa wie in Abbildung 3.31 zu sehen.

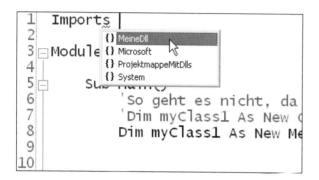

*Abbildung 3.31: Intellisense hilft Ihnen einmal mehr bei der Wahl des gesuchten Namensbereichs*

Übrigens: Assembly-Name und verwendeter Namensbereich eines Projektes müssen nichts mit dem Projektnamen zu tun haben. Sie können beides unabhängig voneinander in den Projekteigenschaften einstellen.

Möchten Sie den Namensbereich einer DLL beispielsweise auf eine Kombination von Firmennamen und Kategorie umstellen, dann öffnen Sie einfach den Eigenschaftendialog Ihres Projektes (rechte Maustaste über dem Projektnamen im Projektmappen-Explorer, *Eigenschaften* im Kontextmenü), das die DLL enthält, wie in Abbildung 3.32 zu sehen.

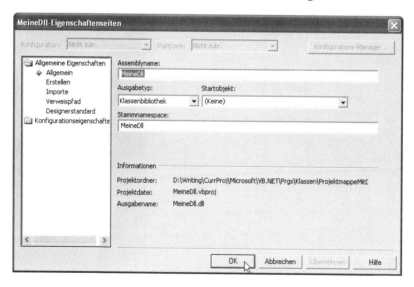

*Abbildung 3.32: Assemblyname und Namensbereich lassen sich in diesem Dialog unabhängig voneinander einstellen*

Unter *Assemblyname* bestimmen Sie, wie die kompilierte Assembly heißen soll, also beispielsweise später »MeineAnwendung.Exe« oder »MeineKlassenbibliothek.Dll« – die verwendeten Dateinamenerweiterungen hängen dabei natürlich vom Ausgabetyp ab.

Unter *Stammnamespace* geben Sie an, in welchen Namensbereich Ihr Programm »liegen« soll. Dieser hat keinerlei Auswirkungen auf den Namen der Assembly, und auch keine Auswirkung darauf, in welchem Verzeichnis Ihre Assembly liegen muss. Der Namensbereich ist nur eine virtuelle Struktur, und sie hilft nicht zuletzt, gleiche Namen von Klassen, die sich in verschiedenen Assemblies befinden, zu unterscheiden.

Angenommen, Sie binden zwei Assemblies in Ihr Programm ein, die beide jeweils über eine Klasse *AddressBase* verfügen. Die eine Klasse dient also als Vorlage für Adressendatensätze in einer Adressenkartei, die andere als Klasse, die Funktionsadressen speichert. In diesem Fall helfen Ihnen Namensbereiche, die Klassen gezielt auseinander zu halten, indem Sie sie über ihren voll klassifizierten Namen verwenden.

## Geschwindigkeitsvergleiche zu anderen .NET-Sprachen

Sie können innerhalb eines Projektes (innerhalb einer Assembly[30]) keine unterschiedlichen .NET-Programmiersprachen einsetzen. Da Sie aber, wie gerade gesehen, ohne große Mühe eine Anwendung mit verschiedenen Assemblies erstellen können, spricht überhaupt nichts dagegen, die einzelnen Assemblies eines größeren Projektes in verschiedenen .NET-Sprachen zu entwickeln.

In diesem Zusammenhang fällt mir ein, dass ich Ihnen noch einen Beweis schuldig geblieben bin: Im Einführungskapitel dieses Buches habe ich versprochen, einen Geschwindigkeitstest zu demonstrieren, der beweist, dass sich Visual Basic .NET nicht hinter anderen Sprachen zu verstecken braucht.

Dieser Abschnitt beschreibt das Projekt in groben Zügen, mit dem dieser Beweis erbracht werden soll. Das Projekt selbst ist nichts Wildes: Mit der schon bekannten Performance-Counter-Klasse misst das Programm, wie schnell die jeweilige Sprache ein Array aus Integerzahlen und eines aus Strings (die selbst aus zufälligen Zeichen zusammengebastelt werden) erstellen und anschließend sortieren kann.

Das Projekt dazu besteht aus insgesamt sechs verschiedenen Assemblies. Eine davon ist das Hauptprogramm, die andere stellt die Klasse *HighSpeedTimeGauge* mit ihrem Performance-Counter zur Zeitmessung zur Verfügung. Alle anderen Assemblies enthalten die Klassen mit dem möglichst gleichen Programmcode, nur jeweils in unterschiedlichen Sprachen ausgeführt.

**HINWEIS:** Sie finden das Programm im Buch-CD-Verzeichnis und dort im Unterverzeichnis ..\Klassen\Benchmarks. Der Start des Programms – übrigens eine Konsolenanwendung – fördert in etwa die folgenden Ergebnisse zu Tage:

---

[30] Am Rande erwähnt: Ein Projekt ergibt immer eine Assembly; im Umkehrschluss heißt das aber nicht, dass eine Assembly immer einem Projekt entspringt: Eine Assembly kann durchaus aus mehreren Projekten zusammengesetzt sein; die einzelnen Assemblies, die daraus entstehen, können dann später mit dem so genannten Assembly-Linker zu einer großen vereinigt werden.

```
Return drücken zum Beginnen der Benchmarks...

Erzeugen von 500000 Integerelementen mit C++ - Klasse...
Dauer: 46 Millisekunden

Sortieren von 500000 Integerelementen; C++ - Shell Sort...
Dauer: 279 Millisekunden

Erzeugen von 500000 Stringelementen mit C++ - Klasse...
Dauer: 858 Millisekunden

Sortieren von 500000 Stringelementen; C++ - Shell Sort...
Dauer: 13478 Millisekunden

Erzeugen von 500000 Integerelementen mit Visual-Basic-Klasse...
Dauer: 63 Millisekunden

Sortieren von 500000 Integerelementen; Visual-Basic-Shell-Sort...
Dauer: 236 Millisekunden

Erzeugen von 500000 Stringelementen mit Visual-Basic-Klasse...
Dauer: 3228 Millisekunden

Sortieren von 500000 Stringelementen; Visual-Basic-Shell-Sort...
Dauer: 8917 Millisekunden

Erzeugen von 500000 Integerelementen mit J# - Klasse...
Dauer: 580 Millisekunden

Sortieren von 500000 Integerelementen; J# - Shell Sort...
Dauer: 332 Millisekunden

Erzeugen von 500000 Stringelementen mit J# - Klasse...
Dauer: 1626 Millisekunden

Sortieren von 500000 Stringelementen; J# - Shell Sort...
Dauer: 13742 Millisekunden
Erzeugen von 500000 Integerelementen mit C# - Klasse...
Dauer: 76 Millisekunden

Sortieren von 500000 Integerelementen; C# - Shell Sort...
Dauer: 256 Millisekunden

Erzeugen von 500000 Stringelementen mit C# - Klasse...
Dauer: 2743 Millisekunden

Sortieren von 500000 Stringelementen; C# - Shell Sort...
Dauer: 14061 Millisekunden

Return drücken zum Beenden des Programms...
```

Wenn Sie, wie ich, schon zu 64er-Zeiten programmiert haben, dann sind Sie sicherlich auch immer wieder aufs Neue erstaunt, wie viel Rechenleistung in modernen Computern steckt und wie viele Schleifendurchläufe bzw. zu sortierende Elemente benötigt werden, um überhaupt in einen messbaren Bereich zu gelangen.

Hier sind es nicht weniger als 500.000 Elemente gewesen – alleine der String-Test hatte hier einen Speicherbedarf von über 5 MByte pro Test!

Auffällig ist auch, dass Visual Basic schon ein wenig aus dem Rahmen fällt. In einer Kategorie ist es leicht langsamer als alle anderen; beim Sortieren der Strings auf der anderen Seite kann es wieder Boden gut machen.

## Die VB-Assembly

Schauen wir uns den Code des Visual-Basic-Klasse an (sie ist enthalten in der Datei *VBElements.vb* des Projektes *VBElements* im Projektmappen-Explorer):

```vb
Public Class VBIntElements

    Private myIntElements() As Integer

    Sub New(ByVal AmountOfElements As Integer)

        ReDim myIntElements(AmountOfElements - 1)
        Dim locRandom As New Random(DateTime.Now.Millisecond)

        For locCount As Integer = 0 To AmountOfElements - 1
            myIntElements(locCount) = locRandom.Next
        Next

    End Sub

    Sub ShellSort()

        Dim locOutCount, locInCount As Integer
        Dim locDelta As Integer
        Dim locIntTemp As Integer

        locDelta = 1

        'Größten Wert der Distanzfolge ermitteln.
        Do
            locDelta = 3 * locDelta + 1
        Loop Until locDelta > myIntElements.Length

        Do
            'War eins zu groß, also wieder teilen.
            locDelta /= 3

            'Shellsort's Kernalgorithmus
            For locOutCount = locDelta To myIntElements.Length - 1
                locIntTemp = myIntElements(locOutCount)
                locInCount = locOutCount
                Do While (myIntElements(locInCount - locDelta) > locIntTemp)
                    myIntElements(locInCount) = myIntElements(locInCount - locDelta)
                    locInCount = locInCount - locDelta
                    If (locInCount <= locDelta) Then Exit Do
                Loop
                myIntElements(locInCount) = locIntTemp
            Next
        Loop Until locDelta = 0
```

```vbnet
    End Sub

    'Die ersten 'AmountElements' auf dem Bildschirm ausgeben.
    Sub PrintOut(ByVal AmountElements As Integer)

        For locCount As Integer = 0 To AmountElements - 1
            Console.WriteLine(myIntElements(locCount).ToString)
        Next

    End Sub

End Class

Public Class VBStrElements

    Private Const cChars = 10
    Private myStrElements() As String

    Sub New(ByVal AmountOfElements As Integer)

        ReDim myStrElements(AmountOfElements - 1)
        Dim locRandom As New Random(DatcTime.Now.Millisecond)
        Dim locChars(cChars) As Char

        For locOutCount As Integer = 0 To AmountOfElements - 1
            For locInCount As Integer = 0 To cChars - 1
                Dim locIntTemp As Integer = CInt(locRandom.NextDouble * 52)
                If locIntTemp > 26 Then
                    locIntTemp += 97 - 26
                Else
                    locIntTemp += 65
                End If
                locChars(locInCount) = Convert.ToChar(locIntTemp)
            Next
            myStrElements(locOutCount) = New String(locChars)
        Next
    End Sub

    Sub ShellSort()

        Dim locOutCount, locInCount As Integer
        Dim locDelta As Integer
        Dim locStrTemp As String

        locDelta = 1

        'Größten Wert der Distanzfolge ermitteln
        Do
            locDelta = 3 * locDelta + 1
        Loop Until locDelta > myStrElements.Length

        Do
            'War einen zu groß, also wieder teilen
            locDelta /= 3
```

```
        'Shellsort's Kernalgorithmus
        For locOutCount = locDelta To myStrElements.Length - 1
            locStrTemp = myStrElements(locOutCount)
            locInCount = locOutCount
            Do While (myStrElements(locInCount - locDelta) > locStrTemp)
                myStrElements(locInCount) = myStrElements(locInCount - locDelta)
                locInCount = locInCount - locDelta
                If (locInCount <= locDelta) Then Exit Do
            Loop
            myStrElements(locInCount) = locStrTemp
        Next
    Loop Until locDelta = 0

    End Sub
End Class
```

Größter Unterschied zu allen anderen Sprachen ist, wie Sie noch sehen werden, die Dimensionierung der Arrays. In Visual Basic bestimmen Sie bei der Dimensionierung von Arrays die höchste Ordnungszahl des Elements und nicht die Anzahl der Elemente, wie bei allen anderen Programmiersprachen.

Das ist ein Relikt aus alten Basic-Zeiten, zu denen der Bereich der Indizes im Format »von-bis« angegeben werden konnte. Bei den schwerwiegenden Eingriffen, die in Visual Basic ohnehin nötig waren, ist mir unverständlich, wieso man das Verhalten Visual Basics nicht an alle anderen Sprache angepasst hat.

Ein weiterer Nachteil in Visual Basic ist die Tatsache, dass es keine »richtigen« Casting-Operatoren bei der Typumwandlung unterstützt, sondern sich mit Befehlen behelfen muss. Hier liegt übrigens auch der Grund für die schlechte Leistung in der Disziplin »String-Array erstellen«. Aufmerksame Leser werden bereits festgestellt haben, dass ich mich im Beispiel nicht an meine eigenen Empfehlungen gehalten habe und statt der *Convert*-Klasse *CInt* zur Konvertierung eines Doubles in einen Integer-Wert verwendet habe. Ersetzen Sie die Anweisung

```
        For locOutCount As Integer = 0 To AmountOfElements - 1
            For locInCount As Integer = 0 To cChars - 1
                Dim locIntTemp As Integer = CInt(locRandom.NextDouble * 52)
```

durch

```
                Dim locIntTemp As Integer = Convert.ToInt32(locRandom.NextDouble * 52)
```

werden Sie feststellen, dass Visual Basic wieder einiges an Boden gut machen kann.

### Die C#-Assembly

Zum direkten Vergleich finden Sie im Folgenden die C#-Variante:

```
using System;

namespace CSElements
{
    /// <summary>
    /// Zusammenfassung für Class1.
    /// </summary>
    public class CSIntElements
    {
        private   int[] myIntElements;
```

```csharp
        public CSIntElements(int AmountOfElements)
        {
                myIntElements = new int[AmountOfElements];
                Random locRandom = new Random(DateTime.Now.Millisecond);

                for (int locCount=0; locCount<AmountOfElements; locCount++)
                        myIntElements[locCount]= locRandom.Next();
        }

        public void ShellSort()
        {
                int locOutCount, locInCount;
                int locDelta;
                int locIntTemp;

                locDelta = 1;

                // Größten Wert der Distanzfolge ermitteln.
                do
                        locDelta = 3 * locDelta + 1;
                while (locDelta <= myIntElements.Length);

                do
                {
                        //War einen zu groß, also wieder teilen.
                        locDelta /= 3;

                        //Shellsorts Kernalgorithmus
                        for (locOutCount = locDelta; locOutCount<myIntElements.Length;locOutCount++)
                        {
                                locIntTemp = myIntElements[locOutCount];
                                locInCount = locOutCount;
                                while (myIntElements[locInCount - locDelta] < locIntTemp)
                                {
                                        myIntElements[locInCount] = myIntElements[locInCount - locDelta];
                                        locInCount = locInCount - locDelta;
                                        if (locInCount <= locDelta) break;
                                }

                                myIntElements[locInCount] = locIntTemp;
                        }
                }
                while (locDelta != 0);
        }
}

public class CSStrElements
{
        const int cChars=10;
        private   string[] myStrElements;

        public CSStrElements(int AmountOfElements)
        {
                char[] locChars=new char[cChars];
```

```csharp
            myStrElements = new String[AmountOfElements];
            Random locRandom = new Random(DateTime.Now.Millisecond);

            for (int locOutCount = 0; locOutCount<AmountOfElements; locOutCount++)
            {
                for (int locInCount=0; locInCount<cChars; locInCount++)
                {
                    int locIntTemp = (int) (locRandom.NextDouble() * 52);
                    if (locIntTemp > 26)
                        locIntTemp += 97 - 26;
                    else
                        locIntTemp += 65;

                    // Einziger Vorteil bislang: einen Wert über Byte nach Char casten,
                    // um damit den ASCII in das eigentliche Zeichen zu wandeln.
                    locChars[locInCount] = (char) (byte) locIntTemp;
                }

                myStrElements[locOutCount] = new String(locChars);
            }
        }
        public void ShellSort()
        {
            int locOutCount, locInCount;
            int locDelta;
            string locStrTemp;
            locDelta = 1;

            // Größten Wert der Distanzfolge ermitteln.
            do
                locDelta = 3 * locDelta + 1;
            while (locDelta <= myStrElements.Length);
            do
            {
                //War einen zu groß, also wieder teilen.
                locDelta /= 3;

                //Shellsorts Kernalgorithmus
                for (locOutCount = locDelta; locOutCount<myStrElements.Length;locOutCount++)
                {
                    locStrTemp = myStrElements[locOutCount];
                    locInCount = locOutCount;
                    while (String.Compare(myStrElements[locInCount - locDelta],locStrTemp)<0)
                    {
                        myStrElements[locInCount] = myStrElements[locInCount - locDelta];
                        locInCount = locInCount - locDelta;
                        if (locInCount <= locDelta) break;
                    }

                    myStrElements[locInCount] = locStrTemp;
                }
            }
            while (locDelta != 0);
        }
    }
}
```

## Die J#-Assembly

Ebenfalls interessant, aber aus Platzgründen an dieser Stelle nicht vollständig gezeigt: Die J#-Variante unterscheidet sich insofern von C# und Visual Basic, als sie keine Eigenschaften unterstützt. Genau wie direkt in IML müssen Referenzen auf Property-Prozeduren durch entsprechende Funktionsaufrufe mit »Get_«- und »Set_«-Präfix aufgelöst werden, wie im Folgenden ausschnittweise gezeigt:

```
public void ShellSort()
{
        int locOutCount, locInCount;
        int locDelta;
        int locIntTemp;

        locDelta = 1;

        // Größten Wert der Distanzfolge ermitteln.
        do
                locDelta = 3 * locDelta + 1;
        while (locDelta <= myIntElements.get_Length());
        .
        .
        .
```

## Die managed C++-Assembly

Noch »schlimmer« wird es bei verwaltetem C++. Um C++ an die verwaltete Umgebung von .NET zu gewöhnen, mussten die Entwickler dieser Programmiersprache in einigen Verrenkungen erst einige neue Sprachelemente beibringen. Ohne näher auf die Code eingehen zu wollen, ist es dennoch interessant, mal bei den Mitbewerbern in Sachen Programmiersprachen unter .NET einige Eindrücke zu sammeln, um anschließend wieder zufrieden und beruhigt zum guten, alten Visual Basic zurückzukehren ...

```
{
        public __gc class CPPStrElements
        {
        private:
                String* myStrElements __gc[];
                const static cChars=10;
        public:
                CPPStrElements(int AmountOfElements)
                {
                        Char locChars __gc[]=new Char __gc[cChars];

                        myStrElements= new String* __gc[AmountOfElements];
                        System::Random *locRandom = new System::Random(System::DateTime::Now.Millisecond);

                        for (int locOutCount = 0; locOutCount<AmountOfElements-1; locOutCount++)
                        {
                                for (int locInCount=0; locInCount<cChars; locInCount++)
                                {
                                        int locIntTemp = (int) (locRandom->NextDouble() * 52);
```

```
                                    if (locIntTemp > 26)
                                            locIntTemp += 97 - 26;
                                    else
                                            locIntTemp += 65;

                                    locChars[locInCount] = System::Convert::ToChar(locIntTemp);
                            }

                            myStrElements[locOutCount] = new String(locChars);
                    }
            }
            System::Void ShellSort()
            {
                    int locOutCount, locInCount;
                    int locDelta;
                    String* locStrTemp;

                    locDelta = 1;

                    // Größten Wert der Distanzfolge ermitteln.
                    do
                            locDelta = 3 * locDelta + 1;
                    while (locDelta <= myStrElements->Length);

                    do
                    {
                            //War einen zu groß, also wieder teilen.
                            locDelta /= 3;

                            //Shellsorts Kernalgorithmus
                            for (locOutCount = locDelta; locOutCount<myStrElements->Length;locOutCount++)
                            {
                                    locStrTemp = myStrElements[locOutCount];
                                    locInCount = locOutCount;

                                    // Strings können nur über 'Compare' miteinander verglichen werden.
                                    while (myStrElements[locInCount - locDelta]->CompareTo(locStrTemp)<0)
                                    {
                                            myStrElements[locInCount] = myStrElements[locInCount - locDelta];
                                            locInCount = locInCount - locDelta;
                                            if (locInCount <= locDelta) break;
                                    }

                                    myStrElements[locInCount] = locStrTemp;
                            }
                    }
            while (locDelta != 0);
            }
        };
}
```

# Einbetten von Klassen in Klassen

Zur besseren Strukturierung von Projekten können Sie in Visual Basic Klassen auch verschachteln (man nennt dieses Verfahren auch »Nesting«). Erst beim Verschachteln von Klassen ergibt übrigens der *Privat*-Modifizierer (auf Klassen angewendet) erst richtig Sinn.

Angenommen, Sie stellen fest, dass Sie beim Entwickeln einer Klasse eigentlich noch eine weitere Hilfsklasse benötigten, die Sie aber ausschließlich in der Ausgangsklasse verwenden werden. In diesem Fall ergibt es Sinn, diese Hilfsklasse in der eigentlichen Klasse quasi »einzupacken«. Ein Beispiel:

```
Module mdlMain
    Sub Main()
        'Funktioniert nicht, ist in der äußeren Klasse gekapselt.
        Dim ÖffentlicheInnereKlasseninstanz As New ÖffentlicheInnereKlasse(10)

        'Funktioniert, wird über Äußere Klasse referenziert.
        Dim ÖffentlicheInnereKlasseninstanz2 As New ÄußereKlasse.ÖffentlicheInnereKlasse(10)

        'Funktioniert sowieso nicht, ist privat.
        Dim PrivateInnereKlasseninstanz2 As New ÄußereKlasse.PrivateInnereKlasse(10)

    End Sub

End Module

Class ÄußereKlasse

    Dim myValue As Integer

    Private Class PrivateInnereKlasse

        Dim myValue As Integer

        Sub New(ByVal Value As Integer)
            myValue = Value

        End Sub
    End Class

    Public Class ÖffentlicheInnereKlasse

        Dim myValue As Integer

        Sub New(ByVal Value As Integer)
            myValue = Value

            'Funktioniert, ist der richtige Gültigkeitsbereich.
            Dim PrivateInnereKlasseninstanz As New PrivateInnereKlasse(10)

            'Funktioniert sowieso, ist öffentlich.
            Dim ÖffentlicheInnereKlasseninstanz As New ÖffentlicheInnereKlasse(10)

        End Sub
    End Class
```

```
Sub New(ByVal Value As Integer)
    myValue = Value
End Sub
```
End Class

Sie sehen, mit dem Schachteln von Klassen können Sie die Struktur Ihrer Programme und Klassenbibliotheken noch weiter gliedern. Allerdings sollten Sie es nicht übertreiben, denn zu tiefe Verschachtelungen, insbesondere wenn Sie sie obendrein noch in stark unterteilte Namensbereiche legen, bewirken das genaue Gegenteil – am Ende schachteln Sie sich »zu Tode«, und niemand blickt mehr durch Ihre Struktur durch.

# Was sonst noch wichtig ist

Der letzte größere Abschnitt dieses zugegebenermaßen recht mächtig gewordenen Kapitels setzt sich mit allen Dingen auseinander, die mir im Zusammenhang mit Klassen noch wichtig erscheinen und die bisher nicht beschrieben wurden.

## So unterstützt Sie die IDE beim Überschreiben von Prozeduren

Beim Arbeiten mit Interfaces haben Sie es sicherlich schon bemerkt: Der VB-Code-Editor von Visual Studio 2003 unterstützt Sie durch das Einfügen aller erforderlichen Prozedurenrümpfe, sobald Sie den oder die Schnittstellennamen hinter die *Implements*-Anweisung geschrieben und die Zeile mit der Eingabetaste abgeschlossen haben.

Der Code-Editor zeigt dieses Verhalten nicht nur bei Schnittstellen; auch bei ganz normalen Klassen können Sie sich diese Eigenschaft zunutze machen.

Wenn Sie eine Prozedur einer vererbten Klasse überschreiben möchten, suchen Sie aus der linken Aufklappliste des VB-Code-Editors die entsprechende Klasse. Darunter finden Sie den Eintrag *Überschreibungen*, den Sie anschließend anklicken. Aus der rechten Aufklappliste (*Deklarationen* wird dort standardmäßig angezeigt) wählen Sie anschließend die Prozedur aus, die Sie überschreiben möchten. Sobald Sie die Auswahl getroffen haben, fügt der Code-Editor den gewünschten Funktionsrumpf ein.

*Finalize* erfährt in diesem Zusammenhang eine Sonderbehandlung. Wenn Sie *Finalize* einer Basisklasse überschreiben wollen, finden Sie den Eintrag *Überschreibungen* nicht. In diesem Fall wählen Sie nur den Klassennamen aus, um in der rechten Liste die *Finalize*-Methode dennoch finden zu können. Wenn Sie die Methode anschließend auswählen, fügt der Code-Editor nicht nur den Funktionsrumpf ein, sondern auch die Zeile

```
MyBase.Finalize
```

und unterstützt Sie damit einmal mehr, damit Sie in der Methode diesen wichtigen Aufruf nicht vergessen.

## So verwenden Sie die Klassenansicht

Die Klassenansicht befindet sich standardmäßig im rechten, oberen Teil der Visual-Studio-IDE. Im Gegensatz zum Projektmappen-Explorer können Sie über die Klassenansicht nicht nur eine Datei zum Bearbeiten öffnen; Sie können vielmehr per Doppelklick direkt in die Datei springen, die die Klasse oder Klassenelement enthält; der Cursor wird dabei automatisch auf den Anfang des Elementes gestellt.

***Abbildung* 3.33:** *Die Klassenansicht hilft Ihnen, sich im Code Ihres Projektes besser zurechtzufinden: Ein Doppelklick auf das Element bringt Sie an die gewünschte Stelle im Code*

Der Klassenbaum eines Projekts ist unterteilt in Projekt, Namensbereich, Klasse und Klassen-Member. Jeden Zweig können Sie durch das davor stehende Pluszeichen öffnen.

# 4 Primitive Datentypen

| | |
|---|---|
| 216 | Einführung |
| 216 | .NET-Äquivalente primitiver Datentypen |
| 217 | Numerische Datentypen |
| 231 | Der Datentyp Char |
| 232 | Der Datentyp String |
| 252 | Der Datentyp Boolean |
| 257 | Der Datentyp Date |
| 262 | Formatieren von Zahlen und Datumswerten |
| 295 | Enums – Aufzählungen |

Nun wissen Sie spätestens seit dem Durcharbeiten des letzten Kapitels, was Klassen sind, wie Sie sie entwickeln, wie Sie eigene Datentypen entwerfen können und dass alle Klassen von *Object* abgeleitet sind. Sie haben auch schon die meisten der .NET-Datentypen kennen gelernt. Allerdings fehlen bislang immer noch genaue Informationen über das Konzept einiger spezieller Datentypen, die in .NET fest integriert sind und die Sie nahezu ständig beim Entwickeln eigener Applikationen verwenden (müssen).

Das sind vor allen die schon erwähnten primitiven Datentypen, wie *Integer*, *Double*, *Date*, *String*, etc. Sie sind in den .NET-Sprachen von C# oder Visual Basic fest verankert, was Sie im Übrigen auch daran feststellen können, dass der Editor sie blau markiert, wenn Sie die Schlüsselworte ausgeschrieben haben.

Aus Framework-Sicht sind die primitiven Datentypen ebenfalls von *Object* abgeleitet, einigen von ihnen kommt jedoch durch das Framework zur Laufzeit eine Sonderbehandlung zu: Es wäre natürlich unsinnig, beispielsweise einen Additionsbefehl für den *Integer*-Typen durch neuen Framework-Code zu programmieren, bietet doch jeder Prozessor eigene Befehle an, um eine 16, 32 oder sogar 64 Bit breite Integer-Addition selbst durchzuführen.

Sie sehen, dass es sich alleine aus diesem Grund schon lohnt, Genaueres über die .NET-Datentypen zu erfahren.

# Einführung

Unter primitive Datentypen fallen alle Typen, die in einer Programmiersprache unter .NET fest im Sprachschatz verankert sind. Das heißt genauer:

- Der Wert jedes primitiven Datentyps kann in Schriftform angegeben werden. Die Angabe 123.324D bezeichnet so beispielsweise einen Wert bestimmter Größe vom Typ *Decimal*.
- Es ist möglich, einen primitiven Datentyp als Konstante zu deklarieren. Wenn ein bestimmter Ausdruck ausschließlich als Konstante definiert wird (also beispielsweise beim Ausdruck 123.32D*2+100.23D), kann er schon beim Kompilieren ausgewertet werden.
- Viele Operationen und Funktionen bestimmter primitiver Datentypen können vom Framework zur Ausführung direkt an den Prozessor delegiert werden. Dazu gehören die meisten der Operationen der Datentypen *Byte*, *Short*, *Integer*, *Long*, *Single*, *Double* und *Boolean*.

# .NET-Äquivalente primitiver Datentypen

Trotz ihrer festen Verankerung in der Sprache gibt es für jeden der primitiven Datentypen ein .NET-Äquivalent. Die folgende Tabelle gibt Ihnen Auskunft darüber:

| Primitiver Datentyp in VB | .NET-Datentyp Äquivalent |
|---|---|
| Byte | System.Byte |
| Short | System.Int16 |
| Integer | System.Int32 |
| Long | System.Int64 |
| Single | System.Single |
| Double | System.Double |
| Decimal | System.Decimal |
| Boolean | System.Boolean |
| Date | System.DateTime |
| Char | System.Char |
| String | System.String |

***Tabelle 4.1:*** *Primitive Visual-Basic-Datentypen und ihre .NET-Äquivalente*

Das bedeutet: Es ist vollkommen egal, ob Sie beispielsweise einen 32-Bit-Integer mit

```
Dim loc32BitInteger as Integer
```

oder mit

```
Dim loc32BitInteger as Systen.Int32
```

deklarieren. Die Objektvariable *loc32BitInteger* ist in beiden Fällen nicht nur vom gleichen, sondern vom selben[1] Typ. Wenn Sie sich den erzeugten IML-Code aus dem kleinen Programm

```
Public Shared Sub main()

    Dim locDate As Date = #12/14/2003#
    Dim locDate2 As DateTime = #12/14/2003 12:13:22 PM#
    If locDate > locDate2 Then
        Console.WriteLine("locDate ist größer als locDate2")
    Else
        Console.WriteLine("locDate2 ist größer als locDate")
    End If
```

anschauen, werden Sie anhand der generierten Codezeilen

```
.method public static void  main() cil managed
{
  .entrypoint
  .custom instance void [mscorlib]System.STAThreadAttribute::.ctor() = ( 01 00 00 00 )
  // Codegröße       71 (0x47)
  .maxstack  2
  .locals init ([0] valuetype [mscorlib]System.DateTime locDate,
           [1] valuetype [mscorlib]System.DateTime locDate2)
  IL_0000:  nop
  IL_0001:  ldc.i8     0x8c58fec59f98000
  IL_000a:  newobj     instance void [mscorlib]System.DateTime::.ctor(int64)
  IL_000f:  nop
  IL_0010:  stloc.0
  IL_0011:  ldc.i8     0x8c59052cd35dd00
  IL_001a:  newobj     instance void [mscorlib]System.DateTime::.ctor(int64)
  IL_001f:  nop
  .
  .
  .
```

feststellen, dass diese Tatsache zutrifft. Beide lokalen Variablen sind, wie in den fett markierten Zeilen zu sehen, als *System.DateTime*-Typ deklariert worden.

# Numerische Datentypen

Für die Verarbeitung von Zahlen bietet Ihnen Visual Basic die primitiven Datentypen *Byte*, *Short*, *Integer*, *Long*, *Single*, *Double* und *Decimal* an. Sie unterscheiden sich durch den Wertebereich, den sie abdecken können, die Präzision, mit der sie rechnen (Anzahl Nachkommastellen – auch Skalierung genannt) und den Speicherbedarf, den sie benötigen.

## Numerische Datentypen deklarieren und definieren

Alle numerischen Datentypen werden wie alle primitiven Datentypen ohne das Schlüsselwort *New* deklariert; Zuweisungen von konstanten Werte können direkt im Programm erfolgen, wobei es bestimmte Markierungszeichen gibt, von welchem Typ ein konstanter Wert ist, der

---

[1] Und zwar in der ursprünglichen Bedeutung des Unterschiedes von »selber« und »gleicher«, die es nach der Rechtschreibreform ja nicht mehr gibt.

durch eine Ziffernfolge angegeben wird. Eine Variable vom Typ *Double* kann beispielsweise mit der Anweisung

```
Dim locDouble As Double
```

deklariert und sofort verwendet werden. Die Instanzbildung des *Double*-Objektes geschieht auf IML- bzw. BCL-Ebene.

Numerische Datentypen werden mit im Programmcode verankerten Konstanten definiert, indem Sie ihnen eine Ziffernfolge zuweisen, der im Bedarfsfall das Typmarkierungszeichen folgt, wie im folgenden Beispiel:

```
locDouble = 123.3D
```

Genau wie andere primitive Datentypen können Deklaration und Zuweisung in einer Anweisung erfolgen. So könnten Sie natürlich die beiden oben stehenden einzelnen Anweisungen durch die folgende ersetzen:

```
Dim locDouble As Double = 123.3D
```

Das hier gezeigte Beispiel gilt für alle anderen numerischen Datentypen äquivalent – wobei sich die Typmarkierungszeichen natürlich von Typ zu Typ unterscheiden können.

## Delegation numerischer Funktionen an den Prozessor

Die Eigenschaft, einige mathematische Operationen dem Prozessor direkt zu überlassen, zeigt das folgende Beispiel eindrucksvoll. Dazu müssen Sie wissen: Der *Decimal*-Typ wird, anders als *Double* oder *Single*, auf Grund seiner Rechengenauigkeit nicht alleine durch die Fließkommaeinheit des Prozessors, sondern durch entsprechenden Programmcode der Base Class Library berechnet.

Bevor Sie den folgenden Beispielcode (zu finden unter ..\\*DataTypes\\Primitives01* im Verzeichnis zur CD zum Buch) ausführen, setzen Sie mit der Taste F9 einen Haltepunkt in der folgenden, fett markierten Codezeile:

```
Public Class Primitives
    Public Shared Sub main()
        Dim locDouble1, locDouble2 As Double
        Dim locDec1, locDec2 As Decimal

        locDouble1 = 123.434D
        locDouble2 = 321.121D
        locDouble2 += 1
        locDouble1 += locDouble2
        Console.WriteLine("Ergebnis der Double-Berechnung: {0}", locDouble1)

        locDec1 = 123.434D
        locDec2 = 321.121D
        locDec2 += 1
        locDec1 += locDec2
        Console.WriteLine("Ergebnis der Double-Berechnung: {0}", locDec1)

    End Sub
End Class
```

Wenn Sie dieses Programm anschließend starten, unterbricht das Programm in der Zeile, in der Sie zuvor den Haltepunkt gesetzt haben. Wählen Sie aus dem Menüs *Debuggen/Fenster* den

Punkt *Disassembly*. Mit Hilfe dieses Fensters können Sie sehen, was der Jitter[2] aus dem zunächst in die IML kompilierten Programm gemacht hat:

```
locDouble2 += 1
0000003c   fld1
0000003e   fadd        qword ptr [ebp-30h]
00000041   fstp        qword ptr [ebp-30h]
           locDouble1 += locDouble2
00000044   fld         qword ptr [ebp-30h]
00000047   fadd        qword ptr [ebp-28h]
0000004a   fstp        qword ptr [ebp-28h]
```

Hier werden, entgegen der Erwartung, keine weiteren Methoden der *Double*-Struktur aufgerufen; die Addition wird vielmehr durch die Fließkommafunktionalität des Prozessors (*fadd*, im Listing fett markiert) selbst erledigt. Ganz anders ist das weiter unten in der Disassembly, wenn die gleichen Operationen mit dem *Decimal*-Datentyp ausgeführt werden:

```
locDec2 += 1
000000b8   lea         eax,[ebp-20h]
000000bb   push        dword ptr [eax+0Ch]
000000be   push        dword ptr [eax+8]
000000c1   push        dword ptr [eax+4]
000000c4   push        dword ptr [eax]
000000c6   mov         eax,dword ptr ds:[060621A4h]
000000cb   add         eax,4
000000ce   cmp         ecx,dword ptr [eax]
000000d0   push        dword ptr [eax+0Ch]
000000d3   push        dword ptr [eax+8]
000000d6   push        dword ptr [eax+4]
000000d9   push        dword ptr [eax]
000000db   lea         ecx,[ebp-60h]
000000de   call        dword ptr ds:[79C21D54h]
000000e4   lea         edi,[ebp-20h]
000000e7   lea         esi,[ebp-60h]
000000ea   movs        dword ptr [edi],dword ptr [esi]
000000eb   movs        dword ptr [edi],dword ptr [esi]
000000ec   movs        dword ptr [edi],dword ptr [esi]
000000ed   movs        dword ptr [edi],dword ptr [esi]
           locDec1 += locDec2
000000ee   lea         eax,[ebp-10h]
000000f1   push        dword ptr [eax+0Ch]
000000f4   push        dword ptr [eax+8]
000000f7   push        dword ptr [eax+4]
000000fa   push        dword ptr [eax]
000000fc   lea         eax,[ebp-20h]
000000ff   push        dword ptr [eax+0Ch]
00000102   push        dword ptr [eax+8]
00000105   push        dword ptr [eax+4]
00000108   push        dword ptr [eax]
0000010a   lea         ecx,[ebp-70h]
0000010d   call        dword ptr ds:[79C21D54h]
```

---

[2] Das Disassembly-Fenster kann übrigens nur Debug-Assembler-Code anzeigen, der so gut wie gar nicht optimiert ist. Selbst wenn Sie die Option *Starten ohne Debuggen* auswählen, sehen Sie immer nur den Debug- und nicht den optimierten Code.

```
00000113   lea    edi,[ebp-10h]
00000116   lea    esi,[ebp-70h]
00000119   movs   dword ptr [edi],dword ptr [esi]
0000011a   movs   dword ptr [edi],dword ptr [esi]
0000011b   movs   dword ptr [edi],dword ptr [esi]
0000011c   movs   dword ptr [edi],dword ptr [esi]
```

Ungleich mehr Vorbereitungen zur Addition sind hier nötig, da die notwendigen Operanden zunächst auf den Stack kopiert werden müssen. Und hier wird die eigentliche Addition auch nicht durch den Prozessor selbst erledigt, sondern durch entsprechende Routinen der BCL, die, im Disassembly zu sehen, mit *Call* aufgerufen werden (im Listing fett markiert).

**TIPP:** Das ist übrigens auch der Grund, weshalb die Performance des *Decimal*-Datentyps auch nur höchstens einem Zehntel der Performance des *Double*-Datentyps entspricht. *Decimal* sollten Sie nur dann einsetzen, wenn Sie absolut genaue Berechnungen durchführen müssen und sich keine Rundungsfehler erlauben können (lesen Sie dazu bitte auch die Ausführungen im ▶ Abschnitt »Rechenfehler bei der Verwendung von Single und Double« auf Seite 224.

## Die numerischen Datentypen auf einen Blick

Die Verwendung numerischer Datentypen und ihre darstellbaren Wertebereiche finden Sie in den folgenden kurzen Abschnitten beschrieben.

**HINWEIS:** Der Punkt *Arithmetik durch den Prozessor* in der folgenden Aufstellung sagt aus, dass bestimmte arithmetische oder boolesche Operationen nicht durch Prozeduren des Frameworks, sondern durch den Prozessor ausgeführt werden; das äußert sich in einer äußerst schnellen Verarbeitung.[3]

### Byte

**.NET-Datentyp:** *System.Byte*

**Stellt dar:** Integer-Werte (Zahlen ohne Nachkommastellen) im angegebenen Wertebereich

**Wertebereich:** 0 bis 255

**Typmarkierungszeichen:** nicht vorhanden

**Speicherbedarf:** 1 Byte

**Arithmetik durch den Prozessor:** ja

**Deklaration und Beispielzuweisung:**

```
Dim einByte As Byte
einByte = 123
```

**Anmerkung:** Dieser Datentyp speichert nur vorzeichenlose, positive Zahlen im angegebenen Zahlenbereich. Da dieses der Datentyp mit dem kleinsten Bereich ist, können Sie ihn ohne zu erwartende Ausnahmen in jeden anderen primitiven numerischen Datentyp konvertieren.

---

[3] Diese Aussage gilt unter Umständen *nicht* für andere als die Intel Pentium Plattform. Auf Pocket-PCs beispielsweise, auf denen Applikationen unter .NET ebenfalls entwickelt werden können, kann sich das unter Umständen anders verhalten.

**Konvertierung von anderen Zahlentypen:** *CByte(objVar)* oder *Convert.ToByte(objVar)*

```
einByte = CByte(123.45D)
einByte = Convert.ToByte(123.45D)
```

## Short

**.NET-Datentyp:** *System.Int16*

**Stellt dar:** Integer-Werte (Zahlen ohne Nachkommastellen) im angegebenen Wertebereich

**Wertebereich:** -32.768 bis 32.767

**Typmarkierungszeichen:** S

**Speicherbedarf:** 2 Byte

**Delegation an den Prozessor:** ja

**Deklaration und Beispielzuweisung:**

```
Dim einShort As Short
einShort = 123S
```

**Anmerkung:** Dieser Datentyp speichert vorzeichenbehaftete, also negative und positive Zahlen im angegebenen Zahlenbereich. Bei der Konvertierung in den Datentyp *Byte* kann durch den größeren Wertebereich von *Short* eine *OutOfRangeException* erzeugt werden.

**Konvertierung von anderen Zahlentypen:** *CShort(objVar)* oder *Convert.ToInt16(objVar)*

```
'Nachkommastellen werden abgeschnitten
einShort = CShort(123.45D)
einShort = Convert.ToInt16(123.45D)
```

## Integer

**.NET-Datentyp:** *System.Int32*

**Stellt dar:** Integer-Werte (Zahlen ohne Nachkommastellen) im angegebenen Wertebereich

**Wertebereich:** –2.147.483.648 bis 2.147.483.647

**Typmarkierungszeichen:** I

**Speicherbedarf:** 4 Byte

**Delegation an den Prozessor:** ja

**Deklaration und Beispielzuweisung:**

```
Dim einInteger As Integer
Dim einAndererInteger%      ' auch als Integer deklariert
einInteger = 123I
```

**Anmerkung:** Dieser Datentyp speichert vorzeichenbehaftete, also negative und positive Zahlen im angegebenen Zahlenbereich. Bei der Konvertierung in die Datentypen *Byte* und *Short* kann durch den größeren Wertebereich von *Integer* eine *OutOfRangeException* erzeugt werden. Durch Anhängen des Zeichens »%« an eine Variable kann der *Integer*-Typ für die Variable erzwungen werden (darauf sollten Sie allerdings zugunsten eines besseren Programmierstils lieber verzichten).

**Konvertierung von anderen Zahlentypen:** *CInt(objVar)* oder *Convert.ToInt32(objVar)*

```
einInteger = CInt(123.45D)
einInteger = Convert.ToInt32(123.45D)
```

## Long

**.NET-Datentyp:** *System.Int64*

**Stellt dar:** Integer-Werte (Zahlen ohne Nachkommastellen) im angegebenen Wertebereich

**Wertebereich:** -9.223.372.036.854.775.808 bis 9.223.372.036.854.775.807

**Typmarkierungszeichen:** L

**Speicherbedarf:** 8 Byte

**Delegation an den Prozessor:** ja

**Deklaration und Beispielzuweisung:**

```
Dim einLong As Long
Dim einAndererLong& ' auch als Long definiert
einLong = 123L
```

**Anmerkung:** Dieser Datentyp speichert vorzeichenbehaftete, also negative und positive Zahlen im angegebenen Zahlenbereich. Bei der Konvertierung in die Datentypen *Byte*, *Short* und *Integer* kann durch den größeren Wertebereich von *Long* eine *OutOfRangeException* erzeugt werden. Durch Anhängen des Zeichens »&« an eine Variable kann der *Long*-Typ für die Variable erzwungen werden (darauf sollten Sie allerdings zugunsten eines besseren Programmierstils lieber verzichten).

**Konvertierung von anderen Zahlentypen:** *CLng(objVar)* oder *Convert.ToInt64(objVar)*

```
einLong = CLng(123.45D)
einLong = Convert.ToInt64(123.45D)
```

## Single

**.NET-Datentyp:** *System.Single*

**Stellt dar:** Fließkommawerte (Zahlen mit Nachkommastellen, deren Skalierung[4] mit Anwachsen des Wertes kleiner wird) im angegebenen Wertebereich

**Wertebereich:** Die Werte reichen von $-3{,}4028235*10^{38}$ bis $-1{,}401298*10^{-45}$ für negative Werte und von $1{,}401298*10^{-45}$ bis $3{,}4028235*10^{38}$ für positive Werte.

**Typmarkierungszeichen:** F

**Speicherbedarf:** 4 Byte

**Delegation an den Prozessor:** ja

---

[4] Skalierung in diesem Zusammenhang bezeichnet die Anzahl der Nachkommastellen einer Fließkommazahl.

**Deklaration und Beispielzuweisung:**

```
Dim einSingle As Single
Dim einAndererSingle! ' auch als Single definiert
einSingle = 123.0F
```

**Anmerkung:** Dieser Datentyp speichert vorzeichenbehaftete, also negative und positive Zahlen im angegebenen Zahlenbereich. Durch Anhängen des Zeichens »!« an eine Variable kann der Single-Typ für die Variable erzwungen werden (darauf sollten Sie allerdings zugunsten eines besseren Programmierstils lieber verzichten).

**Konvertierung von anderen Zahlentypen:** *CSng(objVar)* oder *Convert.ToSingle(objVar)*

```
einSingle = CSng(123.45D)
einSingle = Convert.ToSingle(123.45D)
```

## Double

**.NET-Datentyp:** *System.Double*

**Stellt dar:** Fließkomma-Werte (Zahlen mit Nachkommastellen, deren Skalierung mit Anwachsen des Wertes kleiner wird) im angegebenen Wertebereich

**Wertebereich:** Die Werte reichen von $-1{,}79769313486231570 \cdot 10^{308}$ bis $-4{,}94065645841246544 \cdot 10^{-324}$ für negative Werte und von $4{,}94065645841246544 \cdot 10^{-324}$ bis $1{,}79769313486231570^{308}$ für positive Werte

**Typmarkierungszeichen:** R

**Speicherbedarf:** 8 Byte

**Delegation an den Prozessor:** ja

**Deklaration und Beispielzuweisung:**

```
Dim einDouble As Double
Dim einAndererDouble# ' auch als Double definiert
einDouble = 123.0R
```

**Anmerkung:** Dieser Datentyp speichert vorzeichenbehaftete, also negative und positive Zahlen im angegebenen Zahlenbereich. Durch Anhängen des Zeichens »#« an eine Variable kann der *Double*-Typ für die Variable erzwungen werden (darauf sollten Sie allerdings zugunsten eines besseren Programmierstils lieber verzichten).

**Konvertierung von anderen Zahlentypen:** *CDbl(objVar)* oder *Convert.ToDouble(objVar)*

```
einDouble = CDbl(123.45D)
einDouble = Convert.ToDouble(123.45D)
```

## Decimal

**.NET-Datentyp:** *System.Decimal*

**Stellt dar:** Fließkomma-Werte (Zahlen mit Nachkommastellen, deren Skalierung mit Anwachsen des Wertes kleiner wird) im angegebenen Wertebereich

**Wertebereich:** Der Wertebereich hängt von der Anzahl der verwendeten Dezimalstellen ab. Werden keine Dezimalstellen verwendet – man spricht dabei von einer Skalierung von 0 –, liegen die maximalen/minimalen Werte zwischen +–79.228.162.514.264.337.593.543.950.335. Bei der Verwendung einer maximalen Skalierung (28 Stellen hinter dem Komma – es können dann nur noch Werte zwischen >-1 und <+1 dargestellt werden) liegen die maximalen/minimalen Werte zwischen +-0,99999999999999999999999999.

**Typmarkierungszeichen:** D

**Speicherbedarf:** 16 Byte

**Delegation an den Prozessor:** nein

**Deklaration und Beispielzuweisung:**

```
Dim einDecimal As Decimal
Dim einAndererDouble@ ' auch als Decimal definiert
einDecimal = 123.23D
```

**Anmerkung:** Dieser Datentyp speichert vorzeichenbehaftete, also negative und positive Zahlen im angegebenen Zahlenbereich. Durch Anhängen des Zeichens »@« an eine Variable kann der *Decimal*-Typ für die Variable erzwungen werden (darauf sollten Sie allerdings zugunsten eines besseren Programmierstils lieber verzichten). **Wichtig:** Bei sehr hohen Werten müssen Sie das Typmarkierungszeichen an eine Literalkonstante anhängen, um eine *Overflow*-Fehlermeldung zu vermeiden.

**HINWEIS:** Bitte beachten Sie ebenfalls, dass beim *Decimal*-Datentyp keine Delegation arithmetischer Funktionen an den Prozessor erfolgt, dieser Datentyp also im Vergleich zu den Fließkommadatentypen *Single* und *Double* sehr viel langsamer verarbeitet wird. Gleichzeitig treten aber keine Rundungsfehler durch die interne Darstellung von Werten im Binärsystem auf. Darüber erfahren Sie im folgenden Abschnitt Näheres.

**Konvertierung von anderen Zahlentypen:** *CDec(objVar)* oder *Convert.ToDecimal(objVar)*

```
einDecimal = CDec(123.45F)
einDecimal = Convert.ToDecimal(123.45F)
```

## Rechenfehler bei der Verwendung von Single und Double

Es ist eigentlich eine ganz normale Sache, dass ein bestimmtes Zahlensystem einige Brüche nicht genau darstellen kann. Dennoch gibt es immer wieder Programmierer, die glauben, einen Fehler in einer Programmiersprache gefunden zu haben, oder behaupten, der Computer könne nicht richtig rechnen. Dabei kennen Sie Rundungs- bzw. Konvertierungsfehler von einem Zahlensystem in das andere aus dem täglichen Leben auch beim 10er-System: Wenn Sie die Zahl 1 durch 3 teilen, erhalten Sie eine Zahl mit unendlichen Nachkommastellen, nämlich 0.333333333333. Im Dreiersystem ein Drittel darzustellen, benötigt wesentlich weniger Ziffern. Es ist schlicht 0.1.

Nun ist es ganz gleich, wie viele Ziffern Sie für die Darstellung eines für ein Zahlensystem problematischen Bruches verwenden; solange Sie eine endliche Anzahl von Ziffern in einem Zahlensystem verwenden, das einen Bruch nur periodisch darstellen kann, erhalten Sie beim Addieren dieser Zahlen Rundungsfehler.

Ein Beispiel: 3*1/3 im Dreiersystem führt zur Berechnung von:

```
 0.1
+0.1
+0,1
========================================
+1,0
```

*Kapitel 4*

Und das entspricht im Dezimalsystem ebenfalls 1.0. Das Ausrechnen dieser Addition im Dezimalsystem ist ungenau, denn selbst wenn Sie über 60 Nachkommastellen für die Darstellung der Zahlen verwenden, so erreichen Sie in der Addition dennoch niemals den Wert 1:

```
 0,333333333333333333333333333333333333333333333333333333333333
+0,333333333333333333333333333333333333333333333333333333333333
+0,333333333333333333333333333333333333333333333333333333333333
==============================================================
 0,999999999999999999999999999999999999999999999999999999999999
```

Dieser Wert ist zwar verdammt nah dran an 1, aber eben nicht ganz 1. Und wenn Sie mehrere Ergebnisse im Laufe einer Berechnung haben, können sich diese Darstellungsfehler schnell zu größeren Fehlern summieren, die auch irgendwann relevant werden.

Das gleiche Problem hat der Computer bei bestimmten Zahlen, wenn er im Binärsystem rechnet. Während wir beispielsweise die Zahl 69,82 im Dezimalsystem ganz genau mit einer endlichen Anzahl von Ziffern darstellen können, bekommt der Computer mit dem Binärsystem Probleme:

Die Umwandlung von 69 funktioniert noch einwandfrei, aber bei der 0,82 wird es schwierig:

Wenn Sie wissen, dass Nachkommastellen durch negative Potenzen der Basiszahl dargestellt werden, dann ergibt sich folgende Rechnung:

```
0,5             1*2^-1      Zwischenergebnis: 0,5
0,25            1*2^-2      Zwischenergebnis: 0,75
0,125           1*2^-3      Zwischenergebnis: 0,8125
0,0625          0*2^-4      Zwischenergebnis: 0,8125
0,03125         0*2^-5      Zwischenergebnis: 0,8125
0,015625        0*2^-6      Zwischenergebnis: 0,8125
0,0078125       0*2^-7      Zwischenergebnis: 0,8125
0,00390625      1*2^-8      Zwischenergebnis: 0,81640625
0,001953125     1*2^-9      Zwischenergebnis: 0,818359375
0,0009765625    1*2^-10     Zwischenergebnis: 0,8193359375
0,00048828125   1*2^-11     Zwischenergebnis: 0,81982421875
```

Wir sind inzwischen bei der Zahl 0,11100001111 angelangt und haben das gewünschte Ziel immer noch nicht erreicht. Die Wahrheit ist: Sie können dieses Spielchen bis in alle Ewigkeit weiterspielen. Sie werden die Zahl 0,82 des Dezimalsystems mit einer endlichen Anzahl an Ziffern im Binärsystem niemals darstellen können.

Was hat das für Auswirkungen auf die Programmierung unter Visual Basic? Nun, schauen Sie sich dazu einmal das folgende kleine Beispielprogramm an, das Sie im Verzeichnis *..\DataTypes\Primitives02* finden können:

```vb
Public Class Primitives
    Public Shared Sub main()

        Dim locDouble1, locDouble2 As Double
        Dim locDec1, locDec2 As Decimal

        locDouble1 = 69.82
        locDouble2 = 69.2
        locDouble2 += 0.62

        Console.WriteLine("Die Aussage locDOuble1=locDouble2 ist {0}", locDouble1 = locDouble2)
        'Console.WriteLine("locDouble1 lautet {0}; locDouble2 lautet {1}", locDouble1, locDouble2)
```

*Primitive Datentypen*

```
        locDec1 = 69.82D
        locDec2 = 69.2D
        locDec2 += 0.62D
        Console.WriteLine("Die Aussage locDec1=locDec2 ist {0}", locDec1 = locDec2)
    End Sub
End Class
```

Auf den ersten Blick sollte man meinen, dass beide *WriteLine*-Methoden den gleichen Text ausgeben. Sie brauchen keinen Taschenrechner zu bemühen, um zu sehen, dass der erste Wert und damit die erste Variable innerhalb des Programms die Addition des zweiten und dritten Wertes darstellt und die beiden Variablenwerte aus diesem Grund gleich sein sollten. Leider ist dem nicht so. Während Sie mit dem *Decimal*-Datentyp im zweiten Teil des Programms den richtigen Wert herausbekommen, versagt der *Double*-Typ im ersten Part des Programms. Der Grund dafür ist genau der zuvor beschriebene.

Noch verwirrender wird es, wenn Sie die zweite, auskommentierte *WriteLine*-Methode wieder ins Programm nehmen: Beide Variablen enthalten nämlich augenscheinlich den gleichen Wert, bis auf die letzte Nachkommastelle genau. Das Geheimnis darum ist aber schnell gelüftet: Bei der Umwandlung in eine Zeichenkette findet eine Rundung statt, die über das wahre Ergebnis hinwegtäuscht.

Aus dieser Tatsache leiten sich folgende Grundsätze ab:

- Vermeiden Sie es nach Möglichkeit, innerhalb von Schleifen gebrochene *Double*- oder *Single*-Werte zu verwenden. Sie laufen sonst Gefahr, dass sich Ihr Programm auf Grund der beschriebenen Ungenauigkeiten in Endlosschleifen verrennt.

- Verwenden Sie *Single*- und *Double*-Datentypen nur dort, wo es nicht auf die x-te Stelle hinter dem Komma ankommt. Bei der Berechnung von Grafiken beispielsweise, wo Rundungsfehler durch eine zu geringe Bildschirmauflösung ohnehin keine Rolle spielen, sollten Sie immer die schnelleren, prozessorberechneten Datentypen *Single* und *Double* dem manuell berechneten *Decimal*-Datentyp vorziehen.

- Bei finanztechnischen Anwendungen sollten Sie in jedem Fall den *Decimal*-Datentyp einsetzen. Nur mit ihm ist gewährleistet, dass Additionen und andere Berechnungen von nicht exakt darstellbaren Zahlen nicht in größere Fehler münden.

- Verwenden Sie andererseits den *Decimal*-Datentyp, wenn es eben geht, nie in Schleifen und setzen Sie ihn schon gar nicht als Zählvariable ein. Er erfährt nämlich keine Unterstützung durch den Prozessor und bremst ihr Programm extrem aus!

- Wenn Sie – aus Geschwindigkeitsgründen – dennoch *Double*- oder *Single*-Typen auf Gleichheit testen müssen, arbeiten Sie besser mit einer Abfrage des Deltas, etwa:

```
If Math.Abs(locDouble1 - locDouble2) < 0.0001 then
    'Werte sind annähernd dieselben, also quasi gleich.
End If
```

## Besondere Funktionen, die für alle numerischen Datentypen gelten

Alle numerischen Datentypen verfügen über Methoden, die bei allen Typen nach der gleichen Vorgehensweise verwendet werden. Sie dienen zur Umwandlung einer Zeichenkette (eine Ziffernfolge) in den entsprechenden Wert sowie zur Umwandlung des Wertes in eine Zeichenkette. Mit anderen Funktionen können Sie den größten oder kleinsten Wert ermitteln, den ein Datentyp darstellen kann.

## Zeichenketten in Werte wandeln und Vermeiden von kulturabhängigen Fehlern

Zum Umwandeln einer Zeichenkette in einen Wert dient die statische Funktion *Parse*, die jedem numerischen Datentyp zur Verfügung steht. Um beispielsweise die Ziffernfolge »123« in den Integerwert 123 umzuwandeln, genügen die folgenden Anweisungen:

```
Dim locInteger As Integer
locInteger = Integer.Parse("123")
```

Alternativ könnten Sie auch

```
locInteger = locInteger.Parse("123")    ' Ginge auch.
```

verwenden, denn *Parse* ist eine statische Funktion und lässt sich damit auch über eine Objektvariable ansprechen.

Auch das Framework-Äquivalent von *Integer* ermöglicht die Umwandlung durch

```
locInteger = System.Int32.Parse("123") ' Und auch das ginge.
```

und um die Liste komplett zu machen, geht es natürlich auch über die *Convert*-Klasse im Framework-Stil mit

```
locInteger = Convert.ToInt32("123")    ' Und das ginge.
```

und in alter Visual-Basic-Manier täte es die Anweisung

```
locInteger = CInt("123")              ' Letzte Möglichkeit, mehr fallen mir nicht ein.
```

ebenfalls.

Aber aufgefasst: Wenn Sie das folgende Programm auf einem deutschen System starten, passiert möglicherweise nicht das, was Sie erwarten:

```
Dim locString As String = "123.23"
Dim locdouble As Double = Double.Parse(locString)
Console.WriteLine(locdouble.ToString)
```

Sie rechnen vielleicht damit, dass die Ziffernfolge korrekt in den Wert 123,23 umgewandelt wird. Anstelle dessen gibt das Programm

12323

aus – definitiv nicht das Ergebnis, das Sie erwartet haben.

Starten Sie das Programm auf einem englischen System, ist das Ergebnis korrekt und wie erwartet:[5]

123.23

Naja, vielleicht nicht ganz. Wir Deutschen haben uns angewöhnt, die Nachkommastellen von den Vorkommastellen mit einem Komma zu trennen (vermutlich heißen sie auch deshalb

---

[5] Wobei dieses Verhalten streng genommen nicht dadurch bedingt wird, dass es sich um ein englisches System handelt, sondern dass ein englisches Betriebssystem voreingestellt andere Ländereinstellungen aufweist als ein deutsches. Natürlich könnten Sie auch ein deutsches Betriebssystem so konfigurieren, dass es das gleiche Ergebnis liefert.

Nach*komma*stellen). Englischsprachige Länder machen das allerdings mit einem Punkt, und die Ausgabe, die Sie über diesem Absatz sehen, ist eine korrekte englische Formatierung.

Welche Auswirkungen hat dieses Verhalten auf Ihre Programme? Nun, zunächst einmal sollten Sie es unbedingt vermeiden, im Programmcode selbst numerische Konstanten als String zu speichern, wenn Sie sie später in einen numerischen Typ wandeln wollen (wie im letzten Beispiel gezeigt). Wenn Sie numerische Datentypen innerhalb Ihres Programms definieren, dann machen Sie es bitte grundsätzlich nur im Code direkt, nicht mit Zeichenketten (in Anführungszeichen) und deren Umwandlungsfunktionen. Sie haben sicherlich schon festgestellt, dass im Code abgelegte Ziffernfolgen (ohne Anführungszeichen) zur Zuweisung eines Wertes grundsätzlich nur im englischen Format abgelegt werden.

Solange Sie keine Dateien mit als Text gespeicherten Informationen, aus denen Ihr Programm Werte generieren muss, über Kulturgrenzen hinweg austauschen müssen, haben Sie nichts zu befürchten: Läuft Ihre Anwendung auf einem englischen System, werden Zahlen mit Punkt als Trennzeichen in die Datei geschrieben, hier im deutschsprachigen Raum eben als Komma. Da die Kultureinstellungen beim Einlesen äquivalent berücksichtigt werden, kann Ihre Anwendung auch die richtigen Werte aus der Textdatei zurückgenerieren.

Problematisch wird es dann, wenn auch die Dateien mit den Texten über Kulturgrenzen hinweg ausgetauscht werden sollen. Dann würde eine USA-Plattform die Datei mit Punkt als Trennzeichen exportieren und hier in Deutschland würde die *Parse*-Funktion den Punkt als Tausenderpunkt ansehen, damit unter den Tisch fallen lassen und so fälschlicherweise den Wert verhundertfachen. In diesem Fall müssen Sie dafür sorgen, dass der Export in eine Textdatei kulturneutral erfolgt, und das können Sie auf folgende Weise erreichen:

Sowohl die *Parse*-Funktion als auch die *ToString*-Funktion aller numerischen Typen können bei der Umwandlung durch einen so genannten *Format Provider* (etwa: Formatanbieter) spezifisch gesteuert werden. Es gibt die unterschiedlichsten Format Provider in .NET für numerische Typen, nämlich auf der einen Seite solche, mit denen Sie Formate in Abhängigkeit von der Anwendung (finanztechnisch, wissenschaftlich, etc) oder in Abhängigkeit von der Kultur steuern können. Dazu dienen die Klassen *NumberFormatInfo* und *CultureInfo*. Beiden lassen sich, zuvor entsprechend instanziert und aufbereitet, als Parameter sowohl der *ToString*- als auch der *Parse*-Funktion übergeben. Genaueres über den Umgang mit diesen Klassen erfahren Sie im ▶ Abschnitt »Formatieren von Zahlen und Datumswerten« auf Seite 262; für den Moment soll das folgende Beispiel genügen, das demonstriert, wie Sie erzwingen, dass Umwandlungen nicht von der aktuellen Kultur abhängig gemacht werden, sondern kulturneutral erfolgen:

```
Dim locString As String = "123.23"
Dim locdouble As Double

locdouble = Double.Parse(locString, CultureInfo.InvariantCulture)
Console.WriteLine(locdouble.ToString(CultureInfo.InvariantCulture))
Console.ReadLine()
```

**HINWEIS:** Damit Sie auf kulturbezogene Klassen und Funktionen zugreifen können, müssen Sie am Anfang des Programms den entsprechenden Namensbereich *System.Globalization* mit *Imports* eingebunden haben, etwa so:

```
Imports System.Globalization
```

Die statische Eigenschaft *InvariantCulture* liefert direkt eine Instanz einer *CultureInfo*-Klasse zurück, die mit den entsprechenden Eigenschaften bestückt wurde.

**HINWEIS:** Wenn der Umwandlungsversuch fehlschlägt, da die Zeichenkette schlicht und ergreifend kein konvertierbares Format enthält und sich deswegen nicht in einen Wert umwandeln lässt, generiert das Framework eine Ausnahme. Sie können die Ausnahme entweder mit *Try/Catch* abfangen oder alternativ die statische Funktion *TryParse* (siehe unten) verwenden, die grundsätzlich keine Ausnahme beim Konvertierungsversuch erzeugt.

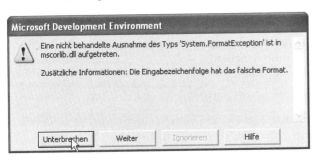

***Abbildung 4.1:*** *Falls die Zeichenkette zur Umwandlung auf Grund ihres Formates nicht umgewandelt werden kann, generiert das Framework eine Ausnahme*

## Ermitteln von minimal und maximal darstellbaren Wert eines numerischen Typs

Die numerischen Datentypen kennen zwei spezielle statische Eigenschaften, mit denen Sie jeweils den größten und kleinsten darstellbaren Wert ermitteln lassen können. Die Eigenschaften lauten *MinValue* und *MaxValue*, und Sie können sie wie jede statische Funktion entweder durch den Typennamen selbst oder durch eine Objektvariable des Typs aufrufen. Beispiel:

```
Dim locInteger As Integer
Dim locdouble As Double
Dim locDecimal As System.Decimal

Console.WriteLine(locInteger.MaxValue)
Console.WriteLine(Double.MinValue)
Console.WriteLine(locDecimal.MaxValue)
```

## Spezielle Funktionen der Wertetypen Single und Double

Die Fließkommatypen *Single* und *Double* verfügen über einige besondere Eigenschaften zur Darstellung von speziellen Werten, auf deren Zustand Sie eine Objektvariable mit entsprechenden Funktionen überprüfen können.

### Unendlich (Infinity)

Wenn Sie einen Wert vom Typ *Single* oder *Double* durch 0 teilen, dann erzeugen Sie damit keine Ausnahme (Fehlermeldung). Vielmehr ist das Ergebnis *unendlich* (*infinity*), und sowohl *Single* als auch *Double* können dieses Ergebnis darstellen, wie das folgende kleine Beispiel demonstriert:

```
Dim locdouble As Double
locdouble = 20
locdouble /= 0
Console.WriteLine(locdouble)
Console.WriteLine("Die Aussage locDouble ist +unendlich ist {0}.", locdouble = Double.PositiveInfinity)
```

*Primitive Datentypen*

Wenn Sie dieses Beispiel ausführen, erzeugt es keine Fehlermeldung in Form einer Ausnahme, sondern das Programm schreibt vielmehr ein Ergebnis auf den Bildschirm:

```
+unendlich
Die Aussage locDouble ist +unendlich ist True.
```

Anstatt den Vergleich auf Unendlichkeit durch den Vergleichsoperator durchzuführen, können Sie auch die statische Funktion *IsInfinity* verwenden:

```
Console.WriteLine("Die Aussage locDouble ist +unendlich ist {0}.", locdouble.IsInfinity(locdouble))
```

Das hat den Vorteil, dass Sie im Vorfeld nicht wissen müssen, ob ein Ergebnis positiv oder negativ unendlich ist. Mit den Funktionen *IsPositiveInfinity* und *IsNegativeInfinity* können Sie dennoch die Differenzierung innerhalb einer Abfrage vornehmen.

Um einer Variable gezielt den Wert unendlich zuzuweisen, verwenden Sie die statischen Funktionen *PositiveInfinity* und *NegativeInfinity*, die entsprechende Konstanten zurückliefern.

### Keine Zahl (NaN, Not a Number)

Einige Operationen haben auch Ergebnisse zur Folge, die keine Zahlen sind – wie beispielsweise das Teilen von 0 durch 0. In diesem Fall nimmt die Objektvariable den Zustand *NaN* (»Not a Number«, etwa: »keine Zahl«) an, der mit der statischen Funktion *IsNaN* abgefragt werden kann.

Um einer Variablen gezielt den »Wert« *NaN* zuzuweisen, verwenden Sie die statische Eigenschaft *NaN*, die eine entsprechende Konstante zurückliefert.

### Versuchte Umwandlungen mit TryParse

Im Gegensatz zu den Ganzzahldatentypen kennen *Double* und *Single* auch die statische Funktion *TryParse*, die versucht, eine Zeichenkette in ein Wert umzuwandeln. Im Gegensatz zu *Parse* erzeugt sie allerdings keine Ausnahme, wenn die Umwandlung nicht gelingt. Vielmehr übergeben Sie ihr eine Variable als Referenz zur Speicherung des Rückgabewertes, und das Funktionsergebnis informiert Sie darüber, ob die Konvertierung gelang (*True*) oder nicht (*False*):

```
Dim locdouble As Double
Dim locString As String = "Einhundertdreiundzwanzig"

'locdouble = Double.Parse(locString) ' Ausnahme
'Keine Ausnahme:
Console.WriteLine("Konvertierung erfolgreich? {0}", _
        Double.TryParse(locString, NumberStyles.Any, New CultureInfo("de-DE"), locdouble))
```

## Spezielle Funktionen des Wertetyps Decimal

Der Wertetyp *Decimal* verfügt ebenfalls über spezielle Funktionen, von denen viele allerdings in Visual Basic nicht zur Anwendung kommen (nichtsdestotrotz können Sie sie verwenden, aber es ergibt wenig Sinn). Nehmen wir als Beispiel die statische *Add*-Funktion, die zwei Zahlen vom Typ *Decimal* addiert. Sie liefert als Ergebnis ein *Decimal* zurück. Stattdessen können Sie aber auch auf den +-Operator von Visual Basic zurückgreifen, der ebenfalls zwei Zahlen vom Typ *Decimal* addieren kann – und das natürlich für die spätere Nacharbeitung in einem viel leichter lesbaren Code. Lediglich die Funktionen der folgenden Tabelle sind sinnvoll im Gebrauch:

| Funktionsname | Ist statisch | Aufgabe |
| --- | --- | --- |
| Remainder(Dec1, Dec2) | Ja | Ermittelt den Rest der Division der beiden *Decimal*-Werte. |
| Round(Dec, Integer) | Ja | Rundet einen *Decimal*-Wert auf die angegebene Anzahl Nachkommastellen. |
| Truncate(Dec) | Ja | Gibt den Vorkommateil des angegebenen *Decimal*-Wertes zurück. |
| Floor(Dec) | Ja | Rundet den *Decimal*-Wert auf die nächste kleinere ganze Zahl. |
| Negate(Decimal) | Ja | Multipliziert den *Decimal*-Wert mit −1. |

*Tabelle 4.2:* Die wichtigsten Funktionen des Decimal-Typs

# Der Datentyp Char

Der *Char*-Datentyp ist ein Datentyp, den es erst seit Visual Basic .NET 2002 gibt. Er speichert ein Zeichen im Unicode-Format (siehe ▶ Abschnitt »Speicherbedarf von Strings« auf Seite 235) und belegt damit 16 Bit, bzw. 2 Byte. Anders als String ist der *Char*-Datentyp ein Wertetyp. Die folgende Kurzübersicht klärt mehr Details:

**.NET-Datentyp:** *System.Char*

**Stellt dar:** Ein einzelnes Zeichen.

**Wertebereich:** Die Wertebereich beträgt 0-65535, damit Unicode-Zeichen dargestellt werden können.

**Typmarkierungszeichen:** c

**Speicherbedarf:** 2 Byte

**Delegation an den Prozessor:** ja

**Anmerkungen:** *Chars* werden häufig in Arrays verwendet, da ihre Verarbeitung in vielen Fällen praktischer ist als die Verarbeitung von *Strings*. Sie können *Char*-Arrays wie jeden anderen Datentyp mit Konstanten definieren; ein Beispiel dafür finden Sie unter dem nächsten Punkt.

Weitere Beispiele, wie Sie *Char*-Arrays anstelle von *Strings* beispielsweise zum Verarbeiten Buchstabe für Buchstabe verwenden, finden Sie im Abschnitt über Strings.

Auch wenn *Char* intern als vorzeichenloser 16-Bit-Wert und damit wie ein *Short* gespeichert wird, können Sie keine impliziten Konvertierungen in einen numerischen Typ vornehmen. Sie können aber, in Ergänzung zur in der Online-Hilfe beschriebenen Möglichkeit (MSDN Stand 1.1.1), nicht nur die Funktionen *AscW* und *ChrW* zur Umwandlung von *Char* in einen numerischen Datentyp und umgekehrt, sondern auch die *Convert*-Klasse verwenden. Beispiel:

```
'Normale Deklaration und Definition
Dim locChar As Char
locChar = "1"c
Dim locInteger As Integer = Convert.ToInt32(locChar)
Console.WriteLine("Der Wert von '{0}' lautet {1}", locChar, locInteger)
```

Wenn Sie dieses Beispiel laufen lassen, sehen Sie folgende Ausgabe auf dem Bildschirm:

```
Der Wert von '1' lautet 49
```

*Primitive Datentypen*

Die Funktionen *Chr* und *Asc* können Sie ebenfalls verwenden; sie funktionieren, aber nur für Nicht-Unicode-Zeichen (ASCII 0-255). Außerdem haben sie durch etliche interne Bereichsüberprüfungen einen enormen Overhead und sind deswegen lange nicht so schnell wie *AscW*, *ChrW* (die am schnellsten sind, weil eine direkte interne Typumwandlung von *Char* in *Integer* und umgekehrt stattfindet) oder die *Convert*-Klasse (die den Vorteil hat, auch von Nicht-Visual-Basic-Entwicklern verstanden zu werden).

**Deklaration und Beispielzuweisung (auch als Array):**

```
'Normale Deklaration und Definition
Dim locChar As Char
locChar = "K"c

'Ein Char-Array mit Konstanten deklarieren und definieren.
Dim locCharArray() As Char = {"A"c, "B"c, "C"c}

'Ein Char-Array in einen String umwandeln.
Dim locStringAusCharArray As String = New String(locCharArray)

'Einen String in ein Char-Array umwandeln.
'Das geht natürlich auch mit einer Stringvariablen.
locCharArray = "Dies ist ein String".ToCharArray
```

# Der Datentyp String

Mit Strings speichern Sie Zeichenketten. Anders als bei Visual Basic 6 gibt es für den Umgang mit Strings einen objektorientierten Ansatz, mit dem die Programmierung der Verarbeitung von Strings viel einfacher wird. Man wird Ihre Programme viel leichter lesen können, wenn Sie das neue Konzept verwenden.

Im Laufe der vergangenen Kapitel haben Sie Strings schon an vielen Stellen kennen gelernt. Dennoch lohnt es sich, einen weiteren Blick hinter die Kulissen zu werfen, und nicht zuletzt durch die Klasse *Regex* (Abkürzung von »Regular Expressions« – etwa: »regelmäßige Ausdrücke«) gibt Ihnen das Framework eine Unterstützung in Sachen Zeichenketten an die Hand, wie sie besser eigentlich nicht mehr sein kann.

Anders als andere primitive Typen handelt es sich bei Strings um Referenztypen. Dennoch ist es nicht notwendig, eine neue String-Instanz mit dem Schlüsselwort *New* zu definieren.

Erreicht wird das durch das Eingreifen des Compilers, der ohnehin anderen Code generieren muss als bei anderen Objekten: Die IML kennt nämlich Befehle zur String-Behandlung, und der folgende kleine Beispielcode

```
Sub Main()
    Dim locString As String

    locString = "Miriam Sonntag"
    Console.WriteLine(locString)
End Sub
```

sieht in der IML folgendermaßen aus:

```
.method public static void  Main() cil managed
{
  .entrypoint
  .custom instance void [mscorlib]System.STAThreadAttribute::.ctor() = ( 01 00 00 00 )
  // Codegröße       16 (0x10)
  .maxstack 1
  .locals init ([0] string locString)
  IL_0000:  nop
  IL_0001:  ldstr      "Miriam Sonntag"
  IL_0006:  stloc.0
  IL_0007:  ldloc.0
  IL_0008:  call       void [mscorlib]System.Console::WriteLine(string)
  IL_000d:  nop
  IL_000e:  nop
  IL_000f:  ret
} // end of method Strings::Main
```

Die folgenden Abschnitte geben Ihnen eine Übersicht über die besonderen Eigenarten der Strings der Base Class Library. Am Ende dieses Abschnittes finden Sie im Referenzstil die Anwendung der wichtigsten String-Funktionen beschrieben.

## Strings – gestern und heute

Durch die neue Implementierung des Datentyps *String*, der ebenso wie andere Objekte durch Instanzierung seiner Klasse entsteht, gibt es seit Visual Studio .NET und dem Framework 1.0 eine völlig neue Herangehensweise bei der Arbeit mit Zeichenketten.

Fast alle Befehle und Funktionen, die es in Visual Basic noch »allein stehend« gab, gibt es auch noch in den Framework-Versionen von Visual Basic. Allerdings sind sie nicht nur überflüssig, da es sich mit den vorhandenen Methoden und Eigenschaften des *String*-Objektes viel eleganter zum Ziel kommen lässt, sondern sie bremsen Programme auch unnötig aus, da sie letzten Endes selbst die *String*-Objektfunktionen aufrufen.

Für jede der alten *String*-Funktionen gibt es eine entsprechende Klassenfunktion, die Sie statt ihrer verwenden sollten. Die folgenden Abschnitte demonstrieren Ihnen den Umgang mit Strings anhand kurzer Beispiele.

## Strings deklarieren und definieren

Strings werden, wie alle primitiven Datentypen, ohne das Schlüsselwort *New* deklariert; Zuweisungen können direkt im Programm erfolgen. Eine Zeichenkette kann also beispielsweise mit der Anweisung

```
Dim locString As String
```

deklariert und sofort verwendet werden. Die Instanzbildung des String-Objektes geschieht auf IML-Ebene.

Strings werden definiert, indem Sie ihnen eine Zeichenkette zuweisen, die Sie in Anführungszeichen setzen, wie im folgenden Beispiel:

```
locString = "Miriam Sonntag"
```

*Primitive Datentypen*

Genau wie andere primitive Datentypen können Deklaration und Zuweisung in einer Anweisung erfolgen. So könnten Sie natürlich die beiden oben stehenden einzelnen Anweisungen durch die folgende ersetzen:

```
Dim locString As String = "Miriam Sonntag"
```

## Der String-Konstruktor als Ersatz von String$

Obwohl Sie Strings wie primitive Datentypen ohne Konstruktor erstellen, haben Sie dennoch die Möglichkeit, einen Konstruktor zu verwenden. Jedoch verwenden Sie den Konstruktor nicht ausschließlich zur Neuinstanzierung eines leeren String-Objektes (der parameterlose Konstruktor ist auch gar nicht erlaubt), sondern emulieren (unter anderem) eigentlich die alte *String$*-Funktion aus Visual Basic 6.0.

Mit ihrer Hilfe war es möglich, eine Zeichenfolge programmgesteuert zu wiederholen und in einem String abzuspeichern. Übrigens: Während viele der alten Visual-Basic-6.0-Befehle auch noch in den Framework Versionen 1.0 und 1.1 vorhanden sind, gibt es die *String*-Funktion – wohl wegen der Verwendung ihres Schlüsselwortes als Typenbezeichner – in Visual Basic .NET nicht mehr.

Um den String-Konstruktor als *String$*-Funktionsersatz zu verwenden, verfahren Sie folgendermaßen:

```
Dim locString As String = New String("A"c, 40)
```

Sie sehen am Typerkennungszeichen »c«, dass Sie im Konstruktor einen Wert vom Typ *Char* übergeben müssen. Damit beschränkt sich die Wiederholungsfunktion dummerweise auf ein Zeichen, was bei *String$* nicht der Fall war. Eine eigene *Repeat*-Funktion zu implementieren ist aber kein wirkliches Problem:

```
Public Function Repeat(ByVal s As String, ByVal repetitions As Integer) As String

    Dim locString As String

    For count As Integer = 1 To repetitions
        locString &= s
    Next

    Return locString
End Function
```

Neben der Fähigkeit des Konstruktors, Strings aus einem sich wiederholenden Zeichen zu generieren, können Sie ihn ebenfalls dazu verwenden, einen String aus einem *Char*-Array oder einem Teil eines *Char*-Arrays zu erstellen, wie das folgende Beispiel zeigt:

```
Dim locCharArray() As Char = {"K"c, "."c, " "c, "L"c, "ö"c, "f"c, "f"c, "e"c, "l"c, "m"c, "a"c, "n"c, "n"c}
Dim locString As String = New String(locCharArray)
Console.WriteLine(locString)
locString = New String(locCharArray, 3, 6)
Console.WriteLine(locString)
```

Wenn Sie dieses Programm laufen lassen, erscheint im Konsolenfenster folgende Ausgabe:

```
K. Löffelmann
Löffel
```

# Einem String Zeichenketten mit Sonderzeichen zuweisen

Wenn Sie Anführungszeichen im String selbst verwenden wollen, dann bedienen Sie sich doppelter Anführungszeichen. Um die Zeichenkette

```
Miri sagte, "es ist erst 13.00 Uhr, ich schlafe noch ein wenig".
```

im Programm zu definieren, würde die Zuweisungsanweisung lauten:

```
locString = "Miriam sagte, ""ich schlafe noch ein wenig!""."
```

Möchten Sie andere Sonderzeichen in Strings einbauen, bedienen Sie sich im Basic-Sprachschatz vorhandener Konstanten. Um beispielsweise einen Absatz in einen String einzubauen, müssen Sie die ASCIIs für *Linefeed* (Zeilenvorschub) und *Carriage Return* (Wagenrücklauf) in den String einfügen. Sie erreichen das durch die Verwendung der Konstanten, wie im folgenden Beispiel zu sehen:

```
locAndererString = "Miriam sagte ""ich schlafe noch ein wenig!""" + vbCr + vbLf + "Sie schlief direkt wieder ein."
```

Weniger Schreibarbeit haben Sie mit der folgenden Version, die exakt das gleiche Resultat liefert:

```
locAndererString = "Miriam sagte ""ich schlafe noch ein wenig!""" + vbNewLine + "Sie schlief direkt wieder ein."
```

Ihnen stehen zum Einfügen von Sonderzeichen die folgenden Konstanten in Visual Basic zur Verfügung:

| Konstante | ASCII | Beschreibung |
|---|---|---|
| vbCrLf oder vbNewLine | 13; 10 | Wagenrücklaufzeichen/ Zeilenvorschubzeichen |
| vbCr | 13 | Wagenrücklaufzeichen |
| vbLf | 10 | Zeilenvorschubzeichen |
| vbNullChar | 0 | Zeichen mit dem Wert 0 |
| vbNullString | Zeichenfolge "" | Zeichenfolge mit dem Wert 0. Entspricht nicht einer Zeichenfolge mit 0-Länge (""); diese Konstante ist für den Aufruf externer Prozeduren gedacht (COM-Interop). |
| vbTab | 9 | Tabulatorzeichen |
| vbBack | 8 | Rückschrittzeichen |
| vbFormFeed | 12 | Wird in Microsoft Windows nicht verwendet. |
| vbVerticalTab | 11 | Steuerzeichen für den vertikalen Tabulator, der in Microsoft Windows aber nicht verwendet wird. |

*Tabelle 4.3: Die einfachsten Möglichkeiten, Sonderzeichen in Strings einzubauen*

# Speicherbedarf von Strings

Jedes Zeichen, das in einem String gespeichert wird, belegt zwei Bytes Arbeitsspeicher. Auch wenn Strings in Buchstabenform ausgegeben werden, so hat im Speicher selbst natürlich jedes Zeichen einen bestimmten Wert. Die Codewerte von Strings entsprechen bis 255 dem *American Standard Code for Information Interchange* – kurz ASCII –, wobei nur Werte bis 127 bei jedem verwendeten Ausgabezeichensatz einheitlich sind. Sonderzeichen spezieller Länder sind, abhängig vom verwendeten Zeichensatz, in den Bereichen 128 - 255 definiert, wobei auch hier in der Regel die Codes für die in europäischen Ländern verwendeten Sonderzeichen wie »öäüÖÄÜâéè« in jedem Font dieselben Codes haben (Ausnahmen bestätigen wie immer die Regel). Werte über 255 stellen Sonderzeichen dar, die beispielsweise für arabische oder asiatische Zeichen verwendet werden. Die Codierungskonvention, nach der ein Zeichen Werte über 255 annehmen darf, und die die Codierung einer größeren Anzahl von Zeichen erlaubt, nennt man übrigens *Unicode*. .NET-Framework-Strings speichern Zeichenketten generell im *Unicode*-Format.

## Strings sind unveränderlich

Strings sind generell Referenztypen und grundsätzlich konstant, also unveränderlich. Aber keine Angst: Das bedeutet für Sie in der Praxis keine Einschränkung, denn: Wenn es eigentlich so aussieht, als hätten Sie einen String verändert, dann haben Sie in Wahrheit einen neuen erzeugt, der die Veränderungen widerspiegelt. Wissen müssen Sie das nur bei Anwendungen, die sehr viele Stringoperationen beanspruchen. In diesem Fall sollten Sie die so genannte *StringBuilder*-Klasse verwenden, da diese zwar nicht die Flexibilität von Strings und auch nicht den Vorteil von primitiven Datentypen mit sich bringt, aber für diese Fälle deutlich leistungsfähiger ist (der ▶ Abschnitt »Stringbuilder vs. String – wenn es auf Geschwindigkeit ankommt« ab Seite 248 verrät mehr darüber).

Viel wichtiger ist die Auswirkung dieser Unveränderlichkeit von Strings beim Einsatz in Ihren Programmen: Obwohl Strings als Referenztypen gelten, haben sie letzten Endes das Verhalten von Wertetypen, eben dadurch, dass sie unveränderlich sind. Wenn zwei Stringvariablen auf denselben Speicherbereich verweisen und Sie den Inhalt eines Strings verändern, dann sieht es nämlich nur so aus, als würden Sie ihn verändern. In Wirklichkeit legen Sie ja ein komplett neues String-Objekt im Speicher ab und lassen die vorhandene Variable darauf verweisen. Damit kommen Sie nie in die Situation, die Sie von Referenztypen kennen: Das Verändern eines Objektinhaltes durch die eine Objektvariable führt bei Strings nie dazu, dass eine andere Objektvariable, die auf den gleichen Speicherbereich zeigte, den Stringinhalt verändert wiedergibt, denn Strings werden ja nicht verändert. Diese Tatsache erklärt, dass Strings zwar Referenztypen sind, sich aber wie Wertetypen »anfühlen«.

Mehr Informationen dazu erhalten Sie auch im nächsten Abschnitt und den programmtechnischen Beweis dafür im ▶ Abschnitt »Trimmen von Strings« auf Seite 241.

## Speicheroptimierung von Strings durch das Framework

Für die Speicherung von Strings gibt es einen so genannten *internen Pool*, der dazu verwendet wird, Redundanzen bei der Zeichenkettenspeicherung zu vermeiden. Wenn Sie innerhalb Ihres Programms zwei Strings mit der gleichen Konstante definieren, erkennt der Visual-Basic-Compiler das und legt den String im Speicher nur ein einziges Mal ab, lässt beide Objektvariablen aber auf denselben Speicherbereich zeigen, wie das folgende Beispiel eindrucksvoll beweist:

```
Dim locString As String
Dim locAndererString As String

locString = "Miriam" & " Sonntag"
locAndererString = "Miriam Sonntag"
Console.WriteLine(locString Is locAndererString)
```

Wenn Sie dieses Programm starten, gibt es *True* aus – beide Strings verweisen also auf den gleichen Speicherbereich.

Diese Tatsache gilt aber nur so lange, wie die der Compiler die Gleichheit der Strings erkennen kann, und dafür müssen die Konstanten in der gleichen Zeile zusammengesetzt werden. Schon bei der Veränderung in die folgende Version kann der Compiler die Gleichheit der Strings nicht mehr erkennen, und das Ergebnis wird *False*:

```
Dim locString As String
Dim locAndererString As String

locString = "Miriam"
locString &= " Sonntag"
locAndererString = "Miriam Sonntag"
Console.WriteLine(locString Is locAndererString)
```

Es liegt auf der Hand, dass dieses Verhalten zur Laufzeit zu viel Zeit kosten würde, um es sinnvoll anzuwenden. Bei sehr hohem String-Aufkommen würde die BCL zu viel Zeit nach der Suche bereits vorhandener Strings verschwenden. Allerdings haben Sie die Möglichkeit, einen String, den Sie zur Laufzeit erstellen, gezielt dem Pool hinzuzufügen. Gleichen sich mehrere Strings, die Sie dem internen Pool hinzufügen, werden die Speicherbereiche wieder nichtredundant zugewiesen – mehrere, gleichlautende Strings teilen sich dann den Speicher. Sinnvoll ist das natürlich nur dann, wenn vorauszusehen ist, dass es viele gleichlautende Strings innerhalb eines Programms geben wird. Ein Beispiel zeigt, wie das Hinzufügen eines Strings mit der statischen Funktion *Intern* zum internen Pool prinzipiell funktioniert:

```
Dim locString As String = New String(locCharArray)
Dim locAndererString As String

locString = "Miriam"
locString &= " Sonntag"
locString = String.Intern(locString)
locAndererString = String.Intern("Miriam Sonntag")
Console.WriteLine(locString Is locAndererString)
```

Wenn Sie dieses Programm starten, lautet die Ausgabe wieder *True*.

## Ermitteln der String-Länge

**Visual Basic 6 kompatibler Befehl:** *Len*

**Visual Basic .NET:** *strVar.Length*

**Anmerkung:** Mit diesem Befehl ermitteln Sie die Länge eines Strings in Zeichen (nicht in Bytes!).

**Beispiel:** Das folgende Beispiel liest eine Zeichenkette von der Tastatur ein und gibt die Zeichen in umgekehrter Reihenfolge aus:

```
Dim locString As String
Console.Write("Geben Sie einen Text ein: ")
locString = Console.ReadLine()
For count As Integer = locString.Length - 1 To 0 Step -1
   Console.Write(locString.Substring(count, 1))
Next
```

Das gleiche Beispiel mit den VB6-Kompatiblitätsbefehlen finden Sie im nächsten Abschnitt.

## Ermitteln von Teilen eines Strings oder eines einzelnen Zeichens

**Visual Basic 6 kompatible(r) Befehl(e):** *Left, Right, Mid*

**Visual Basic .NET:** *strVar.SubString*

**Anmerkung:** Mit diesem Befehl können Sie einen bestimmten Teil eines Strings als String zurückgeben lassen.

**Beispiel:** Das folgende Beispiel liest eine Zeichenkette von der Tastatur ein und gibt die Zeichen in umgekehrter Reihenfolge aus. Das gleiche Beispiel finden Sie im vorherigen Abschnitt mit den Funktionen des *String*-Objektes.

```
Dim locString As String
Console.Write("Geben Sie einen Text ein: ")
locString = Console.ReadLine()
For count As Integer = Len(locString) To 1 Step -1
    Console.Write(Mid(locString, count, 1))
Next
```

**HINWEIS:** Bitte achten Sie darauf, dass die VB6-Kompatiblitätsfunktionen die Zeichenzählung eines Strings, durch *Left*, *Right* oder *Mid* bei 1 beginnen lassen, die Funktion *SubString* jedoch bei 0 beginnen lässt.

## Angleichen von String-Längen

**Visual Basic 6 kompatible(r) Befehl(e):** *RSet, LSet*

**Visual Basic .NET:** *strVar.PadLeft; strVar.PadRight*

**Anmerkung:** Mit diesen Befehlen können Sie die Länge eines Strings auf eine bestimmte Zeichenanzahl erweitern; der String wird dabei entweder vorne oder am Ende mit Leerzeichen aufgefüllt.

**Beispiel:** Das folgende Beispiel demonstriert den Umgang mit der *PadLeft*- und der *PadRight*-Methode.

```
Dim locString As String = "Dieser String ist so lang"
Dim locString2 As String = "Dieser nicht"
Dim locString3 As String = "Dieser"
Len(locString)

locString2 = locString2.PadLeft(locString.Length)
locString3 = locString3.PadRight(locString.Length)

Console.WriteLine(locString + ":")
Console.WriteLine(locString2 + ":")
Console.WriteLine(locString3 + ":")
```

Wenn Sie dieses Programm laufen lassen, generiert es die folgende Ausgabe:

```
Dieser String ist so lang:
             Dieser nicht:
Dieser                   :
```

# Suchen und Ersetzen

**Visual Basic 6 kompatible(r) Befehl(e):** *Instr; InstrRev; Replace*

**Visual Basic .NET:** *strVar.IndexOf; strVar.IndexOfAny; strVar.Replace; strVar.Remove*

**Anmerkung:** Mit dem VB6-kompatiblen Befehl *Instr* können Sie nach dem Vorkommen eines Zeichens oder einer Zeichenfolge in einem String suchen. *InstrRev* macht das gleiche, beginnt die Suche aber von hinten. *Replace* erlaubt Ihnen, eine Zeichenfolge im String durch eine andere zu ersetzen.

Mit der String-Funktion *IndexOf* suchen Sie nach dem Vorkommen eines Zeichens oder einer Zeichenfolge im aktuellen String. *IndexOfAny* erlaubt Ihnen darüber hinaus, das Vorhandensein verschiedener Zeichen, die in einem *Char*-Array übergeben werden, im String zu finden. *Replace* ersetzt einzelne Zeichen oder Zeichenfolgen durch andere im aktuellen String und mit *Remove* haben Sie die Möglichkeit, eine bestimmte Zeichenfolge ganz aus dem String zu entfernen.

**Beispiel:** Das folgende Beispiel (..\\*DataTypes\Strings – Suchen und Ersetzen*) demonstriert den Umgang mit den Suchen- und Ersetzen-Methoden des *String*-Objektes:

```
Module Strings
    Sub Main()
        Dim locString As String = _
            "Weisheiten:" + vbNewLine + _
            "* Wenn man 8 Jahre, 7 Monate und 6 Tage schreien würde," + vbNewLine + _
            "  hätte man genug Energie produziert, um eine Tasse Kaffee heiß zu machen." + vbNewLine + _
            "* Wenn man seinen Kopf gegen die Wand schlägt, verbraucht man 150 Kalorien." + vbNewLine + _
            "* Elefanten sind die einzigen Tiere, die nicht springen können." + vbNewLine + _
            "* Eine Kakerlake kann 9 Tage ohne Kopf überleben, bevor sie verhungert." + vbNewLine + _
            "* Gold und andere Metalle entstehen ausschließlich in" + vbNewLine + _
            "  Supernovae (Sternenexplosionen)." + vbNewLine + _
            "* Der Mond besteht aus den Trümmern der Kollision eines Mars-großen" + vbNewLine + _
            "  Planeten mit der Erde." + vbNewLine + _
            "* New York wird ""Big Apple genannt"", weil ""Big Apple"" in der Sprache" + vbNewLine + _
            "  der Jazz-Musiker.""das große Los ziehen"" bedeutete. In New York Karriere" + vbNewLine + _
            "  zu machen war ihr großes Los." + vbNewLine + _
            "* Der Ausdruck ""08/15"" für etwas Unorginelles war ursprünglich " + vbNewLine + _
            "  die Typenbezeichnung für das Maschinengewehr LMG 08/15;" + vbNewLine + _
            "  er wurde Metapher für geistlosen, militärischen Drill." + vbNewLine + _
            "* ""Durch die Lappen gehen"" ist ein Begriff aus der Jagd:" + vbNewLine + _
            "  Hirsche liefen nicht durch eine aus Lappen bestehende," + vbNewLine + _
            "  flatternde Umzäunung - aus Angst. Außer manchmal."

        'Zahlenkombi durch Buchstaben ersetzen.
        locString = locString.Replace("08/15", "Null-Acht-Fünfzehn")

        'Satzzeichen zählen.
        Dim locPosition, locCount As Integer

        Do
            locPosition = locString.IndexOfAny(New Char() {"."c, ","c, ":"c, "?"c}, locPosition)
            If locPosition = -1 Then
                Exit Do
            Else
                locCount += 1
```

```
            End If
            locPosition += 1
        Loop

        Console.WriteLine("Der folgende Text...")
        Console.WriteLine(New String("="c, 79))
        Console.WriteLine(locString)
        Console.WriteLine(New String("="c, 79))
        Console.WriteLine("...verfügt über {0} Satzzeichen.", locCount)
        Console.WriteLine()
        Console.WriteLine("Und sieht nach dem Ersetzen von 'Big Apple' durch 'Großer Apfel' so aus:")
        Console.WriteLine(New String("="c, 79))

        'Noch eine Ersetzung
        locString = locString.Replace("Big Apple", "Großer Apfel")
        Console.WriteLine(locString)
        Console.ReadLine()

    End Sub

End Module
```

## Dieses Beispiel gibt folgendes auf dem Bildschirm aus:

```
Der folgende Text...
===============================================================================
Weisheiten:
* Wenn man 8 Jahre, 7 Monate und 6 Tage schreien würde,
  hätte man genug Energie produziert, um eine Tasse Kaffee heiß zu machen.
* Wenn man seinen Kopf gegen die Wand schlägt, verbraucht man 150 Kalorien.
* Elefanten sind die einzigen Tiere, die nicht springen können.
* Eine Kakerlake kann 9 Tage ohne Kopf überleben, bevor sie verhungert.
* Gold und andere Metalle entstehen ausschließlich in
  Supernovae (Sternenexplosionen).
* Der Mond besteht aus den Trümmern der Kollision eines Mars-großen
  Planeten mit der Erde.
* New York wird "Big Apple genannt", weil "Big Apple" in der Sprache
  der Jazz-Musiker."das große Los ziehen" bedeutete. In New York Karriere
  zu machen war ihr großes Los.
* Der Ausdruck "Null-Acht-Fünfzehn" für etwas Unoriginelles war ursprünglich
  die Typenbezeichnung für das Maschinengewehr LMG Null-Acht-Fünfzehn;
  er wurde Metapher für geistlosen, militärischen Drill.
* "Durch die Lappen gehen" ist ein Begriff aus der Jagd:
  Hirsche liefen nicht durch eine aus Lappen bestehende,
  flatternde Umzäunung - aus Angst. Außer manchmal.
===============================================================================
...verfügt über 23 Satzzeichen.

Und sieht nach dem Ersetzen von 'Big Apple' durch 'Großer Apfel' so aus:
===============================================================================
Weisheiten:
* Wenn man 8 Jahre, 7 Monate und 6 Tage schreien würde,
  hätte man genug Energie produziert, um eine Tasse Kaffee heiß zu machen.
* Wenn man seinen Kopf gegen die Wand schlägt, verbraucht man 150 Kalorien.
* Elefanten sind die einzigen Tiere, die nicht springen können.
* Eine Kakerlake kann 9 Tage ohne Kopf überleben, bevor sie verhungert.
```

* Gold und andere Metalle entstehen ausschließlich in
  Supernovae (Sternenexplosionen).
* Der Mond besteht aus den Trümmern der Kollision eines Mars-großen
  Planeten mit der Erde.
* New York wird "Großer Apfel genannt", weil "Großer Apfel" in der Sprache
  der Jazz-Musiker."das große Los ziehen" bedeutete. In New York Karriere
  zu machen war ihr großes Los.
* Der Ausdruck "Null-Acht-Fünfzehn" für etwas Unorginelles war ursprünglich
  die Typenbezeichnung für das Maschinengewehr LMG Null-Acht-Fünfzehn;
  er wurde Metapher für geistlosen, militärischen Drill.
* "Durch die Lappen gehen" ist ein Begriff aus der Jagd:
  Hirsche liefen nicht durch eine aus Lappen bestehende,
  flatternde Umzäunung - aus Angst. Außer manchmal.

**TIPP:** Das Beispiel zu ▶ »Algorithmisches Auflösen eines Strings in Teile« auf Seite 242 enthält eine weitere, selbst geschriebene Funktion, die ich *ReplaceEx* genannt habe, und mit der Sie nach mehreren Zeichen suchen und, falls eines von ihnen dem durchsuchten Zeichen entsprach, es durch ein angebbares Zeichen ersetzen können.

## Trimmen von Strings

**Visual Basic 6 kompatible(r) Befehl(e):** *Trim; RTrim; LTrim*

**Visual Basic .NET:** *strVar.Trim; strVar.TrimEnd; strVarTrimStart*

**Anmerkung:** Mit diesen Befehlen können Sie überflüssige Zeichen am Anfang, am Ende oder an beiden Seiten eines Strings entfernen. Die Objektmethoden des Strings sind dabei den Kompatibilitätsfunktionen vorzuziehen, da Sie bei ersteren auch bestimmen können, welche Zeichen getrimmt werden sollen, wie das unten stehende Beispiel zeigt. Die VB6-Kompatibilitätsfunktionen beschränken ihre Trimmfähigkeit auf Leerzeichen.

**Beispiel:** Das folgende Beispiel generiert ein String-Array, dessen einzelne Elemente am Anfang und am Ende unerwünschte Zeichen (nicht nur Leerzeichen) haben, die durch die *Trim*-Funktion entfernt werden.

**HINWEIS:** Dieses Beispiel zeigt dabei ebenfalls, dass Strings, obwohl sie als Referenztypen gelten, sich durch die Tatsache, dass sie an sich unveränderlich sind, anders verhalten als herkömmliche Objekte. Wenn Sie ein Objekt zwei Objektvariablen zuweisen und den Inhalt eines Objektes über eine Variable verändern, dann spiegelt die zweite Objektvariable ebenfalls den geänderten Inhalt des Objektes wider. Obwohl Strings Referenzvariablen sind, zeigen sie dennoch dieses Verhalten nicht, da Sie den String-Inhalt nicht verändern können. Strings werden immer nur neu erstellt, nie verändert (lesen Sie weiteres zu diesem Thema im ▶ Abschnitt »Strings sind unveränderlich« auf Seite 236).

```
Dim locStringArray() As String = { _
    " - Hier geht der eigentliche Text los!", _
    "Dieser Text endet mit komischen Zeichen! .-   ", _
    " - Hier sind beide Seiten problematisch -  "}

For Each locString As String In locStringArray
    locString = locString.Trim(New Char() {" "c, "."c, "-"c})
    Console.WriteLine("Sauber und ordentlich: " + locString)
Next
```

*Primitive Datentypen*

```
'Wichtig: String ist zwar ein Referenztyp, am Array hat sich dennoch nichts verändert.
'Das liegt daran, dass Strings nicht direkt verändert, sondern immer neu - dabei verändert - angelegt werden.
For Each locString As String In locStringArray
    Console.WriteLine("Immer noch unordentlich: " + locString)
Next
```

Wenn Sie dieses Programm laufen lassen, generiert es die folgende Ausgabe:

```
Sauber und ordentlich: Hier geht der eigentliche Text los!
Sauber und ordentlich: Dieser Text endet mit komischen Zeichen!
Sauber und ordentlich: Hier sind beide Seiten problematisch
Immer noch unordentlich:   - Hier geht der eigentliche Text los!
Immer noch unordentlich: Dieser Text endet mit komischen Zeichen! .-
Immer noch unordentlich:   - Hier sind beide Seiten problematisch -
```

## Algorithmisches Auflösen eines Strings in Teile

**Visual Basic 6 kompatible(r) Befehl(e):** *Split*

**Visual Basic .NET:** *strVar.Split*

**Anmerkung:** Die .NET-*Split*-Funktion des String-Objektes ist der Kompatibilitätsfunktion insofern überlegen, als sie erlaubt, mehrere Seperatorzeichen in einem *Char*-Array anzugeben. Damit werden Ihre Programme ungleich flexibler bei der Analyse und dem Neuaufbau von Texten.

**Beispiel:** Das folgende Beispiel zerlegt die einzelnen, durch verschiedene Seperatorzeichen getrennten Begriffe oder Abschnitte eines Strings in Teilstrings, die anschließend als Elemente eines String-Arrays vorliegen und durch weitere Funktionen noch besser aufbereitet werden. Sie finden dieses Programm im Verzeichnis ..\*DataTypes\Strings – Split*.

```
Module Strings
    Sub Main()
        Dim locString As String = _
            "Einzelne, Elemente; durch, die , verschiedensten - Zeichen , getrennt."
        Console.WriteLine("Aus der Zeile:")
        Console.WriteLine(locString)
        Console.WriteLine()
        Console.WriteLine("Wird ein String-Array mit folgenden Elementen:")
        Dim locStringArray As String()
        locStringArray = locString.Split(New Char() {","c, ";"c, "-"c, "."c})
        For Each locStr As String In locStringArray
            Console.WriteLine(ReplaceEx(locStr, New Char() {","c, ";"c, "-"c, "."c}, Convert.ToChar(vbNullChar)).Trim)
        Next
        Console.ReadLine()
    End Sub

    Public Function ReplaceEx(ByVal str As String, ByVal SearchChars As Char(), ByVal ReplaceChar As Char) As String
        Dim locPos As Integer
        Do
            locPos = str.IndexOfAny(SearchChars)
            If locPos = -1 Then Exit Do
            If AscW(ReplaceChar) = 0 Then
                str = str.Remove(locPos, 1)
            Else
                str = str.Remove(locPos, 1).Insert(locPos, ReplaceChar.ToString)
            End If
        Loop
```

```
        Return str
    End Function
End Module
```

Wenn Sie dieses Programm laufen lassen, generiert es die folgende Ausgabe:

```
Aus der Zeile:
Einzelne, Elemente; durch, die , verschiedensten - Zeichen , getrennt.

Wird ein String-Array mit folgenden Elementen:
Einzelne
Elemente
durch
die
verschiedensten
Zeichen
Getrennt
```

## Ein String-Schmankerl zum Schluss

Ich muss gestehen, ich habe ein Faible für bestimmte Fernsehserien. Besonders angetan haben es mir *Emergency Room* und *Star Trek Enterprise*. Mein Faible geht soweit, dass ich – natürlich nur für den eigenen, privaten Bedarf – nicht nur keine Folge verpassen will, sondern sie mir auch gerne noch mal anschaue. Aus dem Grund habe ich einen DVD-Rekorder, mit dem ich die Folgen aufzeichne und anschließend auf meinem Computer ins DivX-Format umrechne – natürlich nur für mich privat – damit ich sie mir auch auf meinem Notebook anschauen kann, wenn ich auf Reisen bin. Manchmal jedoch vergesse ich, eine Folge aufzuzeichnen, und dann kommt mein guter Freund Christian ins Spiel. Auch er hat ein Faible für Enterprise und ER[6] und springt beim Aufnehmen manchmal für mich ein – er macht dies übrigens nur für den privaten Bedarf – wenn ich einmal vergessen habe, den Rekorder zu programmieren. Nur leider benennt er die für ausschließlich seinen eigenen Bedarf ins DivX-Format umgewandelten Videodateien nach einem anderen System. Er verwendet anstelle von Leerzeichen häufig den Unterstrich. Außerdem kennzeichnet er Staffelnummer und Episode nicht – so wie ich – im Format »sxee«, sondern setzt noch jeweils ein »S« und ein »E« davor. Aber er macht das auch nicht immer. So passiert es immer wieder, dass ich eine Staffel komplett auf der Platte gespeichert habe, aber die Dateinamen irgendwie unschön unregelmäßig benannt sind, etwa so:

```
F:\Video\ER\ER - 9x01 - chaos theory.mpg
F:\Video\ER\ER - 9x02 - dead again.mpg
F:\Video\ER\ER - 9x03 - insurrection.mpg
F:\Video\ER\ER - 9x04 - walk like a man.mpg
F:\Video\ER\ER - 9x05 - a hopeless wound.mpg
F:\Video\ER\ER_-_S09E11_-_A_Little_Help_from_My_Friends.von_Christian.mpg
F:\Video\ER\ER_-_S09E14_-_No_strings_Attached.von_Christian.mpg
F:\Video\ER\ER_-_S09E15_-_A_Boy_Falling_out_of_the_Sky.von_Christian.mpg
F:\Video\ER\ER_-_S09E19_-_Things_Change.von_Christian.mpg
F:\Video\ER\ER_-_S09E20_-_Foreign.Affairs.von_Christian.mpg
```

Sie sehen an der Liste, dass das manuelle Umbenennen dieser Dateien eine Ewigkeit benötigen würde, um die Dateinamen in ein einheitliches Format zu bringen. Aus diesem Grund habe ich ein kleines Programm geschrieben, das das Umbenennen enorm erleichtert. Mit ihm können

---

[6] Dass sich Dr. Romanos Helikopterphobie bis ins Endstadium entwickeln wird – wer hätte das gedacht?

Sie nicht nur die Nummerierung von Episodendateien in mein bevorzugtes[7] Format durchführen lassen – Sie können sogar in den Dateinamen ein Suchen und Ersetzen ausführen, um – in meinem Fall – das nervige ».von_Christian«[8] zu entfernen.

Sie können dieses Tool natürlich auch für andere Aufgaben einsetzen. Es hat mir bei diesem Buch beispielsweise mehrfach geholfen, die Bilder, die Kapitelnummerpräfixe trugen, auf neue Kapitelnummern anzupassen – Anwendungen für das Tool gibt es viele.

**HINWEIS:** Sie finden das Programm im Verzeichnis der Buch-CD und dort im Verzeichnis *..\DataTypes\FilenameEnumerator*.

Wenn Sie das Programm starten, sehen Sie einen Dialog, der in seiner Größe beliebig veränderbar ist, etwa wie in Abbildung 4.2 zu sehen.

In der linken Spalte sehen Sie die Originaldateinamen. In der rechten Spalte sehen Sie die durch Ihre Eingriffe veränderten. Wichtig: Das Programm benennt die Dateinamen erst dann um, wenn Sie die Schaltfläche *Markierte Dateien umbenennen* anklicken – Sie können also beruhigt mit den Dateinamen experimentieren, ohne Angst haben zu müssen, dass Sie sich Dateinamen »zerschießen«.

Sie finden in den Unterverzeichnissen *Testfiles* und *Backup Testfiles* Dateien (leere Testdateien), mit denen Sie experimentieren können. Die Liste dieser Dateien ist übrigens auch in der Abbildung zu sehen. Um das angezeigte Verzeichnis zu wechseln, klicken Sie auf die Schaltfläche *Verzeichnis*. Die Dateinamenliste wird dann eingelesen und dargestellt.

Möchten Sie den Algorithmus zum Ausgleichen des Dateinamens für Seriennamen nicht anwenden, entfernen Sie einfach das Häkchen vor *Seriennamen-Filter*.

Die anderen Funktionen lassen Sie sich am besten durch das Programm erklären: Hinter jeder Schaltfläche verbirgt sich ein Tooltip, der Sie über die jeweilige Funktion aufklärt.

Erst, wenn Sie alle Veränderungen vorgenommen haben, klicken Sie auf die Schaltfläche *Markierte Dateien umbenennen*, um Ihre Änderungen zu übernehmen.

---

[7] Mit ein paar Handgriffen können Sie natürlich das Programm so abändern, dass Ihr bevorzugtes Format dargestellt wird.

[8] No offense, Kricke!

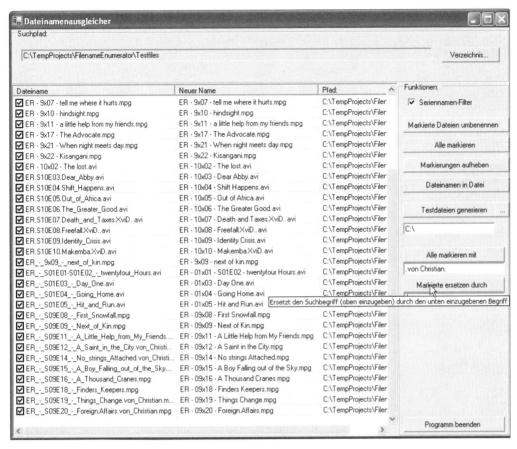

***Abbildung 4.2:*** *Mit dem Dateinamenausgleicher können Sie Dateinamen algorithmisch umbenennen; auch das Suchen und Ersetzen in Dateinamen ist damit möglich*

Und jetzt, nachdem Sie wissen, wie Sie das Programm anwenden, werden Sie eine ungefähre Vorstellung davon haben, dass String-Funktionen bei seiner Programmierung nicht zu kurz kamen. Allerdings werde ich mich in diesem Zusammenhang – aus Platzgründen – bei der Erklärung des Programms auf die String-relevanten Funktionen beschränken.

Nur soviel zur generellen Funktion des Programms: Es verwendet keine eigenen Klassen zur Speicherung der Daten, sondern erweitert die vorhandenen Klassen *ListView*, für die Darstellung der Dateien, und *ListViewItem*, für einen einzelnen darzustellenden Eintrag innerhalb der *ListView*. Durch diese Vorgehensweise wird es extrem kompakt.

Die für die String-Verarbeitung interessanten Punkte befinden sich im Seriennamen-Algorithmus, der über die Eigenschaft *NewFilename* der aus *ListViewItem* abgeleiteten Klasse *FilenameEnumeratorItem* realisiert wird:

```
Public Overridable ReadOnly Property NewFilename() As FileInfo
    Get
        Dim locFilename As String = myFilename.Name
        Dim locParts As New ArrayList
        Dim blnCharTypesChanged As Boolean
```

*Primitive Datentypen*

```vb
Dim locChar, locPrevChar As Char
Dim locCurrentPart As String
Dim locNumberStartPart, locNumberEndPart As Integer
Dim locProhibitFurtherCharTypeChanges As Boolean
Dim locPräfix, locNumPart, locPostfix As String
If Not myEpisodeNameFilter Then
    Return myFilename
End If

'Finden des Nummern-Parts und Ersetzen aller Unterstriche
'durch Leerzeichen.
For count As Integer = 0 To locFilename.Length - 1
    locChar = locFilename.Chars(count)
    If locChar = "_"c Then locChar = " "c

    'Den Nummernpart des Dateinamens suchen.
    If Not locProhibitFurtherCharTypeChanges Then
        If locChar.IsDigit(locChar) And Not blnCharTypesChanged Then
            blnCharTypesChanged = True
            'Falls "S" oder "s" davor stand, Buchstaben mit einbeziehen.
            If locPrevChar = "S"c Or locPrevChar = "s"c Then
                locNumberStartPart = count - 1
            Else
                locNumberStartPart = count
            End If
        End If
    End If

    If Not locProhibitFurtherCharTypeChanges Then
        'Wenn Nummernpart schon vorbei, und wieder ein Buchstabe...
        If Char.IsLetter(locChar) And blnCharTypesChanged Then
            If count < locFilename.Length - 2 Then
                Dim locNextChar As Char = locFilename.Chars(count + 1)
                '...aber nur wenn der Buchstabe kein Episodenkennzeichner ist...
                If Not ((Char.IsLetter(locChar) And Char.IsDigit(locNextChar)) And _
                    (locChar = "E"c Or locChar = "e"c Or locChar = "x" Or locChar = "X")) Then
                    '...ist der Nummernpart vorbei, und es folgt wieder Text.
                    locNumberEndPart = count
                    locProhibitFurtherCharTypeChanges = True
                End If
            End If
        End If
    End If
    locCurrentPart += locChar.ToString
    locPrevChar = locChar
Next

'Sonderfall: Dateiname endet mit Nummer.
If locNumberEndPart = 0 Then
    locNumberEndPart = locFilenameLength
End If

'Dateinamen auseinander bauen.
locPräfix = locCurrentPart.Substring(0, locNumberStartPart)
locNumPart = locCurrentPart.Substring(locNumberStartPart, locNumberEndPart - locNumberStartPart)
locPostfix = locCurrentPart.Substring(locNumberEndPart)
```

```vb
            'Alle denkbaren "Umbauten" im Dateinamen durchführen.
            locPräfix = locPräfix.Replace("."c, " "c)
            locPräfix = locPräfix.Trim(New Char() {" "c, "-"c})
            locNumPart = locNumPart.Replace("."c, "")
            locNumPart = locNumPart.Replace("S"c, "")
            locNumPart = locNumPart.Replace("s"c, "")
            locNumPart = locNumPart.Replace("E"c, "x"c)
            locNumPart = locNumPart.Replace("e"c, "x"c)
            locNumPart = locNumPart.Replace("X"c, "x"c)
            locNumPart = locNumPart.Trim(New Char() {" "c, "-"c})
            locPostfix = locPostfix.Trim(New Char() {" "c, "-"c})

            'Und neuen Dateinamen zurückliefern.
            Return New FileInfo(Filename.DirectoryName + "\" + locPräfix + " - " + locNumPart + " - " + locPostfix)
        End Get
    End Property
```

## Iterieren durch einen String

Sie sehen, dass diese Routine für das Iterieren durch die einzelnen Buchstaben eine weitere Variation verwendet: Mit der *Chars*-Eigenschaft eines String-Objekts greifen Sie auf ein *Char*-Array zu, dass die einzelnen Zeichen des Strings repräsentiert. Da das String-Objekt auch die Funktion *GetEnumerator* anbietet, gäbe es auch die folgende Möglichkeit, durch einen String zu iterieren:

```vb
For Each locChar As Char In "Dies ist ein String"
    'Tu irgendwas.
Next
```

Durch die Mächtigkeit des String-Objektes sind die Funktionen Suchen und Ersetzen des Programms erschreckend einfach zu realisieren, wie der folgende Code-Ausschnitt eindrucksvoll zeigt:

```vb
Private Sub btnCheckFound_Click(ByVal sender As System.Object, ByVal e As System.EventArgs) Handles btnCheckFound.Click
    For Each locFEI As FilenameEnumeratorItem In fneFiles.Items
        Dim locFilename As String = locFEI.Filename.Name
        If locFilename.IndexOf(txtSearch.Text) > -1 Then
            locFEI.Checked = True
        Else
            locFEI.Checked = False
        End If
    Next
End Sub

Private Sub btnReplaceChecked_Click(ByVal sender As System.Object,ByVal e As System.EventArgs) _
    Handles btnReplaceChecked.Click
    For Each locFEI As FilenameEnumeratorItem In fneFiles.Items
        Dim locFilename As String = locFEI.SubItems(1).Text
        If locFEI.Checked Then
            If locFilename.IndexOf(txtSearch.Text) > -1 Then
                locFilename = locFilename.Replace(txtSearch.Text, txtReplace.Text)
                locFEI.SubItems(1).Text = locFilename
            End If
        End If
    Next
End Sub
```

## Stringbuilder vs. String – wenn es auf Geschwindigkeit ankommt

Sie haben im Laufe des String-Abschnittes gesehen, dass Ihnen .NET mit dem Datentyp String ein mächtiges Werkzeug für die Bearbeitung von Zeichenketten in die Hände legt. Wenn Sie den Abschnitt über die Speicherverwaltung gelesen haben, dann werden Sie aber auch bemerkt haben, dass es um die Geschwindigkeit bei der Verarbeitung von Strings in bestimmten Szenarien nicht so gut bestellt ist. Der Grund dafür ist einfach: Strings sind unveränderlich. Wenn Sie mit Algorithmen hantieren, die Strings im Laufe ihrer Entstehungsgeschichte zeichenweise zusammensetzen, dann wird für jedes Zeichen, das zum String hinzukommt, ein komplett neuer String erstellt. Und das kostet Zeit.

Eine Alternative dazu bildet die *StringBuilder*-Klasse. Sie hat bei weitem nicht die Funktionsvielfalt eines Strings, aber sie hat einen entscheidenden Vorteil: Sie wird dynamisch verwaltet und ist damit ungleich schneller. Das heißt für Sie: Wann immer es darum geht, Strings zusammenzusetzen (indem Sie Zeichen anhängen, einfügen oder löschen), sollten Sie ein *StringBuilder*-Objekt einsetzen – gerade wenn große Datenmengen im Spiel sind.

Der Umgang mit einem *StringBuilder*-Objekt ist denkbar einfach. Um auf das Objekt zurückgreifen zu können, benötigen Sie Zugriff auf den Namensbereich *Text*, den Sie mit der Anweisung

```
Imports System.Text
```

in Ihre Klassen- oder Moduldatei einbinden.

Sie deklarieren eine Variable einfach vom Typ *StringBuilder* und definieren sie mit einer der folgenden Anweisungen:

```
'Deklaration ohne Parameter:
Dim locSB As New StringBuilder
'Deklaration mit Kapazitätsreservierung
locSB = New StringBuilder(1000)
'Deklaration aus einem vorhandenen String
locSB = New StringBuilder("Aus einem neuen String entstanden")
'Deklaration aus String mit der Angabe einer zu reservierenden Kapazität
locSB = New StringBuilder("Aus String entstanden mit Kapazität für weitere", 1000)
```

Sie können, falls Sie das möchten, eine Ausgangskapazität bei der Definition eines *StringBuilder*-Objektes angeben. Damit wird der Platz, den Ihr *StringBuilder*-Objekt voraussichtlich benötigen wird, direkt reserviert – zusätzlicher Speicher muss zur Laufzeit nicht angefordert werden, und das spart zusätzlich Zeit.

Um den String um Zeichen zu erweitern, verwenden Sie die *Append*-Methode. Mit *Insert* können Sie weitere Zeichen in ein *StringBuilder*-Objekt einfügen. *Replace* erlaubt Ihnen das Ersetzen einer Zeichenkette durch eine andere. Und mit *Remove* haben Sie die Möglichkeit, eine bestimmbare Anzahl von Zeichen ab einer bestimmten Zeichenposition entfernen.

Beispiel:

```
locSB.Append(" - und das wird an den String angefügt")
locSB.Insert(20, ">>das kommt irgendwo in die Mitte<<")
locSB.Replace("String", "StringBuilder")
locSB.Remove(0, 4)
```

Wenn der String komplett zusammengesetzt wurde, können Sie ihn mit der *ToString*-Funktion in einen »echten« String umwandeln:

```
'StringBuilder hat den String fertig zusammengesetzt,
'in String umwandeln.
Dim locString As String = locSB.ToString
Console.WriteLine(locString)
```

Würden Sie dieses Beispiel ausführen lassen, würde es folgenden Text im Konsolenfenster anzeigen:

```
StringBuilder entstande>>das kommt irgendwo in die Mitte<<n mit Kapazität für we
itere - und das wird an den StringBuilder angefügt
```

## Performance-Vergleich: String gegen StringBuilder

**HINWEIS:** Im Verzeichnis zur CD zum Buch und dort im Unterverzeichnis *..\DataTypes\StringVsStringBuilder* finden Sie ein Projekt, mit der die Performance-Unterschiede zwischen der Verarbeitungsgeschwindigkeit von *String*- und *StringBuilder*-Objekten deutlich werden.

Das Programm kreiert eine bestimmbare Anzahl von String-Elementen, die jeweils aus einer ebenfalls bestimmbaren Menge aus zufälligen Zeichen bestehen. Wenn Sie das Programm starten, bestimmen Sie diese Parameter:

```
Geben Sie die String-Länge eines Elementes ein: 100
Geben die Anzahl der zu erzeugenden Elemente ein: 100000

Erzeugen von 100000 Stringelementen mit der String-Klasse...
Dauer: 3439 Millisekunden

Erzeugen von 100000 Stringelementen mit der StringBuilder-Klasse...
Dauer: 1812 Millisekunden
```

Sie sehen, dass bei einer Elementlänge von *100* Zeichen die Verwendung der *StringBuilder*-Klasse bereits eine Verdopplung der Geschwindigkeit mit sich bringt.

Starten Sie anschließend das Programm erneut. Geben Sie für die Elementlänge *1000* ein, und bestimmen Sie für die Anzahl der zu erzeugenden Elemente den Wert *10000*. Die Geschwindigkeitsausbeute ist jetzt noch beeindruckender:

```
Geben Sie die String-Länge eines Elementes ein: 1000
Geben die Anzahl der zu erzeugenden Elemente ein: 10000

Erzeugen von 10000 Stringelementen mit der String-Klasse...
Dauer: 9793 Millisekunden

Erzeugen von 10000 Stringelementen mit der StringBuilder-Klasse...
Dauer: 1678 Millisekunden
```

Mit diesen Parametern ist der *StringBuilder* nahezu um den Faktor 6 schneller – im Vergleich zum normalen String-Objekt!

Je mehr Zeichen für einen String zur Laufzeit generiert werden müssen, desto mehr lohnt sich der Einsatz des *StringBuilder*-Objektes.

Das Programm selbst greift für die Messungen übrigens auf die Klasse *HighSpeedTimeGauge* zurück, die Sie im Klassen-Kapitel schon kennen gelernt haben. Das folgende Listing zeigt seine Funktionsweise:

```vb
Imports System.Text

Module StringsVsStringBuilder

    Sub Main()
        Dim locTimeGauge As New HighSpeedTimeGauge
        Dim locAmountElements As Integer
        Dim locAmountCharsPerElement As Integer
        Dim locVBStringElements As VBStringElements
        Dim locVBStringBuilderElements As VBStringBuilderElements

        'StringBuilderBeispiele()
        'Return

        Console.Write("Geben Sie die String-Länge eines Elementes ein: ")
        locAmountCharsPerElement = Integer.Parse(Console.ReadLine)
        Console.Write("Geben die Anzahl der zu erzeugenden Elemente ein: ")
        locAmountElements = Integer.Parse(Console.ReadLine)
        Console.WriteLine()
        Console.WriteLine("Erzeugen von " & locAmountElements & " Stringelementen mit der String-Klasse...")
        locTimeGauge.Start()
        locVBStringElements = New VBStringElements(locAmountElements, locAmountCharsPerElement)
        locTimeGauge.Stop()
        Console.WriteLine("Dauer: " & locTimeGauge.ToString())
        locTimeGauge.Reset()
        Console.WriteLine()
        locTimeGauge.Reset()
        Console.WriteLine("Erzeugen von " & locAmountElements & " Stringelementen mit der StringBuilder-Klasse...")
        locTimeGauge.Start()
        locVBStringBuilderElements = New VBStringBuilderElements(locAmountElements, locAmountCharsPerElement)
        locTimeGauge.Stop()
        Console.WriteLine("Dauer: " & locTimeGauge.ToString())
        locTimeGauge.Reset()
        Console.WriteLine()
        Console.ReadLine()
    End Sub

    Sub StringBuilderBeispiele()

        'Deklaration ohne Parameter:
        Dim locSB As New StringBuilder
        'Deklaration mit Kapazitätsreservierung
        locSB = New StringBuilder(1000)
        'Deklaration aus einem vorhandenen String
        locSB = New StringBuilder("Aus einem neuen String entstanden")
        'Deklaration aus String mit der Angabe einer zu reservierenden Kapazität
        locSB = New StringBuilder("Aus String entstanden mit Kapazität für weitere", 1000)

        locSB.Append(" - und das wird an den String angefügt")
        locSB.Insert(20, ">>das kommt irgendwo in die Mitte<<")
        locSB.Replace("String", "StringBuilder")
        locSB.Remove(0, 4)

        'StrinBuilder hat den String fertig zusammengesetzt,
        'in String umwandeln
        Dim locString As String = locSB.ToString
```

```vbnet
            Console.WriteLine(locString)
            Console.ReadLine()
        End Sub
End Module

Public Class VBStringElements
    Private myStrElements() As String

    Sub New(ByVal AmountOfElements As Integer, ByVal AmountChars As Integer)

        ReDim myStrElements(AmountOfElements - 1)
        Dim locRandom As New Random(DateTime.Now.Millisecond)
        Dim locString As String

        For locOutCount As Integer = 0 To AmountOfElements - 1
            locString = ""
            For locInCount As Integer = 0 To AmountChars - 1
                Dim locIntTemp As Integer = Convert.ToInt32(locRandom.NextDouble * 52)
                If locIntTemp > 26 Then
                    locIntTemp += 97 - 26
                Else
                    locIntTemp += 65
                End If
                locString += Convert.ToChar(locIntTemp).ToString
            Next
            myStrElements(locOutCount) = locString
        Next
    End Sub

End Class

Public Class VBStringBuilderElements

    Private myStrElements() As String

    Sub New(ByVal AmountOfElements As Integer, ByVal AmountChars As Integer)

        ReDim myStrElements(AmountOfElements - 1)
        Dim locRandom As New Random(DateTime.Now.Millisecond)
        Dim locStringBuilder As StringBuilder

        For locOutCount As Integer = 0 To AmountOfElements - 1
            locStringBuilder = New StringBuilder(AmountChars)
            For locInCount As Integer = 0 To AmountChars - 1
                Dim locIntTemp As Integer = Convert.ToInt32(locRandom.NextDouble * 52)
                If locIntTemp > 26 Then
                    locIntTemp += 97 - 26
                Else
                    locIntTemp += 65
                End If
                locStringBuilder.Append(Convert.ToChar(locIntTemp))
            Next
            myStrElements(locOutCount) = locStringBuilder.ToString
        Next
    End Sub
End Class
```

# Der Datentyp Boolean

Der *Boolean*-Datentyp speichert binäre Zustände, also eigentlich nicht viel: Sein Wert kann entweder *falsch* oder *wahr* sein – etwas anderes kann er nicht speichern. Dieser Datentyp wird am häufigsten bei der Ausführung von bedingtem Programmcode verwendet; zu diesem Thema erfahren Sie mehr im ▶ Abschnitt »Anweisungen, die bedingten Programmcode ausführen« auf Seite 254.

**.NET-Datentyp:** *System.Boolean*

**Stellt dar:** Einen von zwei Zuständen – *True* oder *False*.

**Typmarkierungszeichen:** keins vorhanden

**Speicherbedarf:** 2 Byte

**Delegation an den Prozessor:** ja, als *Integer*

**Anmerkungen:**

Wenn Sie eine boolesche Variable definieren wollen, verwenden Sie dazu die Schlüsselwörter *True* und *False* direkt und ohne Anführungszeichen im Programmtext, etwa wie im folgenden Beispiel:

```
Dim locBoolean As Boolean
locBoolean = True  ' Ausdruck ist 'wahr'.
locBoolean = False ' Ausdruck ist 'falsch'.
```

## Konvertieren von und in numerische Datentypen

Sie können einen booleschen Typ in einen numerischen Datentyp umwandeln.

**WICHTIG:** Beachten Sie, dass Visual Basic .NET bei der internen Darstellung des primitiven Datentyps *Boolean* vom Framework abweicht. Wenn Sie mit Visual-Basic-.NET-Befehlen einen *Boolean*- in beispielsweise einen *Integer*-Datentyp umwandeln, wird der Wert *True* in *–1* umgewandelt. Wenn Sie mit Framework-Konvertierungen – also beispielsweise der Convert-Klasse – arbeiten, wird *True* zu *+1* umgewandelt.

Das folgende Beispiel verdeutlicht, was gemeint ist:

```
Dim locInt As Integer = CInt(locBoolean)     ' locInt ist -1
locInt = Convert.ToInt32(locBoolean)          ' locInt ist jetzt +1!!!
Dim locLong As Long = CLng(locBoolean)        ' locLong ist -1
locLong = Convert.ToInt64(locBoolean)         ' locLong ist +1
```

Bei der umgekehrten Konvertierung ist das Verhalten von *Convert*-Klasse des Frameworks und den Konvertierungsanweisungen von Visual Basic .NET einerlei. Nur der Zahlenwert 0 ergibt das boolesche Ergebnis *False*, alle anderen Werte ergeben *True*, wie das folgende Beispiel zeigt (zu finden mit anderen Beispielen zusammen im Verzeichnis *..\DataTypes\Primitives03*):

```
locBoolean = CBool(-1)                ' locBoolean ist True.
locBoolean = CBool(0)                 ' locBoolean ist False.
locBoolean = CBool(1)                 ' locBoolean ist True.
locBoolean = Convert.ToBoolean(-1)    ' locBoolean ist True.
locBoolean = Convert.ToBoolean(+1)    ' locBoolean ist True.
locBoolean = CBool(100)               ' locBoolean ist True.
locBoolean = Convert.ToBoolean(100)   ' locBoolean ist True.
```

## Konvertierung von und in Strings

Wenn Sie einen booleschen Datentyp in eine Zeichenkette konvertieren – beispielsweise um ihren Status in einer Datei abzuspeichern –, wird der jeweilige Wert in eine Zeichenkette umgewandelt, die durch die statischen Nur-Lese-Eigenschaften *TrueString* und *FalseString* der *Boolean*-Struktur festgehalten sind. Sie ergeben in der aktuellen Framework-Version (1.1) »True« und »False«, egal, welche Kultureinstellungen für das jeweilige Framework gelten.

Bei der Konvertierung von String in *Boolean* ergibt jede Zeichenkette außer »True« den Wert *False*.

## Vergleichsoperatoren, die boolesche Ergebnisse zurückliefern

Visual Basic kennt die folgenden so genannten Vergleichsoperatoren, die zwei Ausdrücke miteinander vergleichen und ein boolesches Ergebnis zurückliefern:

- *Ausdruck1 = Ausdruck2*: Prüft auf gleich; Liefert *True* zurück, wenn beide Ausdrücke gleich sind.
- *Ausdruck1 > Ausdruck2*: Prüft auf größer; Liefert *True* zurück, wenn *Ausdruck1* größer als *Ausdruck2* ist.
- *Ausdruck1 < Ausdruck2*: Prüft auf kleiner; Liefert *True*, wenn *Ausdruck1* kleiner als *Ausdruck2* ist.
- *Ausdruck1 >= Ausdruck2*: Prüft auf größer/gleich; Liefert *True* zurück, wenn *Ausdruck1* größer oder gleich *Ausdruck2* ist.
- *Ausdruck1 <= Ausdruck2*: Prüft auf kleiner/gleich; Liefert *True*, wenn *Ausdruck1* größer oder gleich *Ausdruck2* ist.
- *Ausdruck1 <> Ausdruck2*: Prüft auf ungleich; Liefert *True*, wenn *Ausdruck1* *Ausdruck2* nicht entspricht.
- *Ausdruck1 Is [Ausdruck2|Nothing]*: Prüft auf Gleichheit eines Objektverweises (nur auf Referenztypen anwendbar); Liefert *True* zurück, wenn *Ausdruck1* auf den gleichen Datenspeicherbereich wie *Ausdruck2* zeigt. Wenn *Ausdruck1* keinem Speicherbereich zugewiesen ist, liefert der Vergleich durch *Is* mit *Nothing* den booleschen Wert *True* zurück.
- *String1 Like String2*: Prüft auf Ähnlichkeit zweier Strings; ein Mustervergleich kann den Vergleich flexibilisieren. Bei vorliegender Gleichheit der beiden Strings nach bestimmten Regeln[9] wird *True* zurückgeliefert, anderenfalls *False*.

Die folgenden Codezeilen demonstrieren den Einsatz der Vergleichsoperatoren:

```
Dim locString1 As String = "Uwe"
Dim locString2 As String = "Klaus"

locBoolean = (locString1 = locString2)     ' Ergibt False.
locBoolean = (locString1 > locString2)     ' Ergibt True.
locBoolean = (locString1 < locString2)     ' Ergibt False.
locBoolean = (locString1 >= locString2)    ' Ergibt True.
locBoolean = (locString1 <= locString2)    ' Ergibt False.
locBoolean = (locString1 <> locString2)    ' Ergibt True.
```

---

[9] Genaueres erfahren Sie in der MSDN unter dem Schlagwort *Like-Operator*.

```
locBoolean = (locString1 Is locString2)        ' Ergibt False.

locString2 = "Uwe"
String.Intern(locString2)                      ' Ergibt jetzt True, da beide
locBoolean = (locString1 Is locString2)        ' Stringobjekte auf einen Bereich zeigen.

locString1 = "Klau's, und lass Dich nicht erwischen"
locString2 = "Klau*"
locBoolean = (locString1 Like locString2)      ' Ergibt True.
```

## Anweisungen, die bedingten Programmcode ausführen

Der *Boolean*-Datentyp wird in der Regel bei der Auswertung von Entscheidungen benötigt. Mit ihm können Sie in Abhängigkeit seines Wertes steuern, ob Programmcode ausgeführt wird. Dafür verwenden Sie die *If*-, *Case*- [*Is*], *While*- oder *Until*-Anweisungen.

Die *IIf*-Funktion steuert zwar nicht den Programmablauf, sollte aber auf Grund ihrer Ähnlichkeit zur *If*-Anweisung, ebenfalls in diesem Zusammenhang erwähnt werden. Sie liefert ein Funktionsergebnis auf Grund des booleschen Wertes, der ihr übergeben wird. Ist der übergebene Wert *True*, wird das erste mögliche Funktionsergebnis zurückgeliefert, ist er *False*, das zweite.

### If ... Then ... Else ... ElseIf ... EndIf

Die *If*-Anweisung haben Sie höchstwahrscheinlich schon hunderte Male angewendet und wissen deshalb aus dem Effeff, wie sie funktioniert. Der Vollständigkeit halber möchte ich sie dennoch ein wenig genauer unter die Lupe nehmen:

In der einfachsten Form wird bei der *If*-Anweisung der Code ausgeführt, der zwischen *If* und *End If* positioniert wird, wenn der hinter *If* stehende boolesche Ausdruck *True* wird. Obwohl Basic seit Jahren im Einsatz ist, gibt es immer noch Entwickler, die das Konzept von Vergleichen mit booleschen Ausdrücken nicht verinnerlicht und Schwierigkeiten beim Verständnis folgender Konstrukte haben:

```
locBoolean = True
If locBoolean Then
     'Wird nur ausgeführt, wenn locBoolean True ist.
End If
```

Sie verstehen nicht, wieso hier nicht der folgende Ausdruck zum Einsatz kommen muss:

```
locBoolean = True
If locBoolean = True Then
     'Wird nur ausgeführt, wenn locBoolean True ist.
End If
```

Tatsache ist, das der Ausdruck

```
locBoolean = True
```

in diesem Ausdruck keine Besonderheit der *If*-Anweisung ist, sondern im Prinzip eine ganz normale Funktion. Wenn *locBoolean* den Wert *True* hat, ist der gesamte Ausdruck natürlich ebenfalls wieder *True*. *If* macht nichts weiter, als den dahinter stehenden booleschen Wert zu untersuchen und die nachstehenden Anweisungen nur dann auszuführen, wenn der Wert *True* war. Aus diesem Grund braucht der Wert nicht noch zusätzlich durch Eingreifen des Programmierers überprüft zu werden; das wäre redundant.

Es ist in Basic (nicht nur in Visual Basic) aber in der Tat verwirrend, dass Zuweisungsoperator und Vergleichsoperator mit denselben Zeichen angewandt werden. Der Ausdruck:

```
Dim locBoolean = "Klaus" = "Uwe"
```

ist aber natürlich gültig. Das erste Gleichheitszeichen fungiert hier als Zuweisungsoperator, das zweite als boolescher Vergleichsoperator. In diesem Beispiel nimmt *locBoolean* den Wert *False* an, weil die Zeichenkette »Klaus« nicht »Uwe« entspricht. Der Vergleichsoperator hat vor dem Zuweisungsoperator die höhere Priorität. Anderenfalls käme es bei diesem Beispiel auch zu einem Typkonvertierungsfehler.

Dem *If*-Codeblock kann auch ein *Else*-Codeblock folgen, der ausgeführt wird, wenn der boolesche Ausdruck hinter *If* den Wert *False* annahm. Darüber hinaus können Sie mit *ElseIf* weitere Auswertungen in das *If*-Konstrukt einschieben. Der Codeblock hinter letzten *Else*-Codeblock wird, falls vorhanden, nur dann ausgeführt, wenn keine der Bedingungen der einzelnen *If*- bzw. *ElseIf*-Sektionen *True* war.

Ein Beispiel:

```
locString1 = "Klau's, und lass Dich nicht erwischen"
locString2 = "Klaus*"
locBoolean = (locString1 Like locString2)    ' ergibt False

If locBoolean Then
    'Schachteln geht natürlich auch:
    If locString2 = "Klaus" Then
        Console.WriteLine("Namen gefunden!")
    Else
        Console.WriteLine("Keinen Namen gefunden!")
    End If
ElseIf Now = #12:00:00 PM# Then
    Console.WriteLine("Mittag!")
ElseIf Now = #12:00:00 AM# Then
    Console.WriteLine("So spät noch auf?")
Else
    Console.WriteLine("Es ist irgendwann sonst oder locString1 war nicht wie locString1...")
End If
```

## Select ... Case ... End Select

Sie können, wie im vorherigen Abschnitt zu sehen war, *ElseIf* zur Optionsanalyse verwenden, wenn Sie mehrere boolesche Ausdrücke in einem Rutsch prüfen und darauf mit der Ausführung entsprechenden Programmcodes reagieren müssen. Mit einem *Select*-Konstrukt geht das allerdings sehr viel eleganter. *Select* bereitet einen Ausdruck für einen Vergleich mit boolschem Ergebnis vor; der eigentliche Vergleich findet dann durch verschiedene *Case*-Anweisungen, aber mindestens eine *Case*-Anweisung statt, hinter denen jeweils ein entsprechendes Vergleichsargument vom gleichen Typ (oder implizit konvertierbar) folgen muss. *Case Else* kann optional für die Ausführung von Anweisungen herangezogen werden, wenn keine der hinter *Case* angegebenen Bedingungen zutraf. *End Select* schließt das Konstrukt ab. Andererseits führt *Select* auch keine weiteren Überprüfungen durch, wenn eine Bedingungsprüfung positiv verlief.

Bei der Bedingungsprüfung prüft *Case* ohne Zusatz auf Gleichheit. Durch Verwenden des *Is*-Schlüsselwortes können Sie auch andere Vergleichsoperatoren verwenden. Das folgende Beispiel soll den Umgang verdeutlichen:

```
Dim locString1 as String = "Miriam"

Select Case locString1

    Case "Miriam"
        Console.WriteLine("Treffer")

    Case Is > "M"
        Console.WriteLine("Name kommt nach 'M' im Alphabet")

    Case Is < "M"
        Console.WriteLine("Name kommt vor 'M' im Alphabet")

    Case Else
        Console.WriteLine("Name beginnt mir 'M'")

    'case like "Miri"
        'Das funktioniert nicht!!!

End Select
```

Allerdings werden hier Vergleichsoperation und bedingte Ausführung in einem Abwasch gemacht, so dass das folgende Konstrukt nicht funktioniert:

```
'Das funktioniert so nicht!!!
Select Case locBoolean

    case: Console.WriteLine("War wahr!")

End Select
```

Der Compiler meckert hier zu Recht.

## Schleifenabbruchbedingungen

Nur der Vollständigkeit halber sei der Einsatz von booleschen Variablen auch für Schleifenabbruchbedingungen erwähnt. Sowohl bei *While/End While* als auch bei *Do/Loop* dienen boolesche Werte als Abbruchbedingungen.

```
Dim locCount As Integer

'Raufzählen.
Do While locCount < 10
    locCount += 1
Loop

'locCount ist jetzt 10; wieder runterzählen.
Do
    locCount -= 1
Loop Until locCount = 0

'locCount ist jetzt 0; wieder raufzählen.
While locCount < 10
    locCount += 1
End While
```

```
'locCount ist wieder 10; und wieder bis 0 runterzählen.
Do Until locCount = 0
    locCount -= 1
Loop
```

## Der Datentyp Date

Mit dem *Date*-Datentyp speichern Sie Datumswerte. Er hilft Ihnen, Zeitdifferenzen zu berechnen, Datumswerte aus Zeichenketten einzulesen (zu parsen) und wieder formatiert in Zeichenketten zurückzuverwandeln.

**.NET-Datentyp:** *System.DateTime*

**Stellt dar:** Zeiten und Uhrzeiten im Bereich vom 1.1.0001 (0 Uhr) bis 31.12.9999 (23:59:59 Uhr) mit einer Auflösung von 100 Nanosekunden (diese Einheit wird als *Tick* bezeichnet).

**Typmarkierungszeichen:** keins vorhanden

**Speicherbedarf:** 8 Byte

**Delegation an den Prozessor:** ja, als *Long*

**Anmerkungen:** Da *Date*-Datentypen ebenfalls zu den primitiven Datentypen zählen, sind sie direkt durch Literale im Programmcode definierbar. Allerdings gilt hier das gleiche wie bei numerischen Werten: Das englische bzw. amerikanische Darstellungsformat zählt. Falls Sie mit dieser Kultur – was die Zeitmessung und Schreibweise anbelangt – nicht so sehr vertraut sind, lassen Sie mich kurz die Besonderheiten erklären.

Datums-Werte werden in der Reihenfolge Monat/Tag/Jahr vorgenommen und durch Schrägstrich und nicht durch Punkt von einander getrennt. Diese Schreibweise kann leicht für Verwirrung sorgen (und zu totalen Fehlbuchungen führen), wenn Sie nicht darüber Bescheid wissen. Beim Datum

```
12/17/2004
```

ahnen Sie noch, dass etwas nicht stimmt, da es keinen 17. Monat im Jahr gibt.

Aber es macht schon einen Unterschied, ob Sie das Datum

```
12/06/2004
```

als 12. Juni oder 6. Dezember interpretieren.

Ähnliches gilt für die Uhrzeit. Die 24-Stunden-Anzeige finden Sie in den USA vielleicht auf dem einen oder anderen Busfahrplan oder beim Militär. Ansonsten wird durch die Postfixe »AM« (für »ante meridiem«, etwa »am Vormittag«) und »PM« (»post meridiem«, etwa »am Nachmittag«) definiert, welches 3:00 Uhr beispielsweise gemeint ist. Kritisch wird es bei 12:00 (0:00 gibt es nicht!) – vielleicht haben Sie selbst schon mal die Erfahrung gemacht, ein amerikanisches Videorekordermodell zu programmieren, das nicht die gewünschte Sendung, sondern eine andere, 12 Stunden später ausgestrahlte aufgenommen hat.

12:00 AM entspricht unseren 0:00 Uhr, also Mitternacht; 12:00 PM entspricht Mittag.

Wertzuweisungen an einen *Date*-Datentyp im Programmcode werden durch Einklammern in das Nummernzeichen (»#«) realisiert. Die folgenden Beispiele zeigen, wie es geht:

```
Dim Mitternacht As Date = #12:00:00 AM#
Dim Mittag As Date = #12:00:00 PM#
Dim Silvester As System.DateTime = #12/31/2004#
Dim ZeitFürSekt As System.DateTime = #12/31/2004 11:58:00 PM#
Dim ZeitFürAsperin As System.DateTime = #1/1/2005 11:58:00 AM#
```

Der halbwegs intelligente Editor hilft Ihnen dabei ein wenig, das korrekte Format zu finden. Den Ausdruck

```
#0:00#
```

wandelt er beispielsweise selbstständig in

```
#12:00:00 AM#
```

um. Er ergänzt ebenfalls fehlende Sekundeneingaben oder Nullen, wenn die Eingabe eines Bereichs nur einstellig erfolgte. Sie können Uhrzeiten auch im 24-Stunden-Format eingeben; der Editor wandelt diese Zeit dann automatisch ins 12-Stunden-Format um.

## Rechnen mit Zeiten und Datumswerten - TimeSpan

Das Besondere am *Date*-Datentyp ist, dass er das Errechnen von Zeitdifferenzen erlaubt. Um jedoch sinnvolle Ergebnisse, beispielsweise die Differenz zweier Datumswerte oder Zeitwerte dazustellen, ist der *Date*-Datentyp selbst nicht sonderlich geeignet. Aus diesem Grund gibt es einen weiteren Datentyp – *TimeSpan* – der Ergebnisse von Zeitberechnungen aufnimmt. Er selbst zählt allerdings nicht zu den primitiven Datentypen von .NET.

Der Umgang mit diesem Datentyp ist sehr einfach: Sie können entweder einen Datumswert von einem anderen subtrahieren, um die dazwischenlegende Zeitspanne zu ermitteln. Oder Sie erstellen einen *TimeSpan*-Datentyp und verwenden ihn, um einen bestimmten Zeitabschnitt auf ein Datum zu addieren oder es von ihm abzuziehen. Ein paar Beispielcodezeilen sollen das verdeutlichen (zu finden im Verzeichnis ..\*DataTypes\DateTime*).

```
Dim locDate1 As Date = #3:15:00 PM#
Dim locDate2 As Date = #4:23:32 PM#
Dim locTimeSpan As TimeSpan = locDate2.Subtract(locDate1)
Console.WriteLine("Der Zeitunterschied zwischen {0} und {1} beträgt", _
            locDate1.ToString("HH:mm:ss"), _
            locDate2.ToString("HH:mm:ss"))
Console.WriteLine("{0} Sekunde(n) oder", locTimeSpan.TotalSeconds)
Console.WriteLine("{0} Minute(n) und {1} Sekunde(n) oder", _
            Math.Floor(locTimeSpan.TotalMinutes), _
            locTimeSpan.Seconds)
Console.WriteLine("{0} Stunde(n), {1} Minute(n) und {2} Sekunde(n) oder", _
            Math.Floor(locTimeSpan.TotalHours), _
            locTimeSpan.Minutes, locTimeSpan.Seconds)
Console.WriteLine("{0} Ticks", _
            locTimeSpan.Ticks)
```

# Zeichenketten in Datumswerte wandeln

Genau wie die numerischen primitiven Datentypen können Sie Zeichenketten auch in einen *Date*-Datentyp umwandeln lassen. Allerdings stellt Ihnen der *Date*-Datentyp zwei Funktionen zur Verfügung, die eine Zeichenkette analysieren und den eigentlichen Datumswert daraus bilden: *Parse* und *ParseExact*.

## Umwandlungen mit Parse

Wenn Sie *Parse* verwenden, versucht der Parser jeden Trick, den er kennt, um ein Datum, eine Zeit oder eine Kombination aus beiden in einen Zeitwert umzuwandeln, wie das folgende Beispiel zeigt:

```
Dim locToParse As Date
locToParse = Date.Parse("13.12.04")    ' OK, deutsche Grundeinstellung wird verarbeitet.
locToParse = Date.Parse("6/7/04")      ' OK, aber deutsch trotz "/" wird angewendet.
locToParse = Date.Parse("13/12/04")    ' OK, wie oben.
locToParse = Date.Parse("06.07")       ' OK, wird um Jahreszahl erweitert.
locToParse = Date.Parse("06,07,04")    ' OK, Komma ist akzeptabel.
locToParse = Date.Parse("06,07")       ' OK, Komma ist akzeptabel; Jahreszahl wird ergänzt.
'locToParse = Date.Parse("06072004")   ' --> Exception: wurde nicht als gültiges Datum erkannt!
'locToParse = Date.Parse("060705")     ' --> Exception: wurde nicht als gültiges Datum erkannt!
locToParse = Date.Parse("6,7,4")       ' OK, Komma wird akzeptiert; führende Nullen werden ergänzt.

locToParse = Date.Parse("14:00")       ' OK, 24-Stunden-Darstellung wird akzeptiert.
locToParse = Date.Parse("PM 11:00")    ' OK, PM darf vorne...
locToParse = Date.Parse("11:00 PM")    ' ...und auch hinter der Zeitangabe stehen.
'locToParse = Date.Parse("12,00 PM")   ' --> Exception: wurde nicht als gültiges Datum erkannt!
'Beide Datum- Zeitkombinationen funktionieren:
locToParse = Date.Parse("6.7.04 13:12")
locToParse = Date.Parse("6,7,04 11:13 PM")
```

Sie sehen hier aber auch, dass ein in Deutschland sehr übliches Eingabeformat nicht erkannt wird – wenn Sie nämlich die einzelnen Wertegruppen des Datums ohne irgendein Trennzeichen hintereinander schreiben. Doch auch dafür gibt es eine Lösung.

## Umwandlungen mit ParseExact

Wenn *Parse* – so flexibel es auch sein mag – versagt, haben Sie die Möglichkeit, ein Erkennungsmuster für die Eingabe vorzugeben, indem Sie die Methode *ParseExact* benutzen, um die Zeichenkettenumwandlung vorzunehmen. *ParseExact* sollten Sie auch dann verwenden, wenn Sie die Eingabe eben nicht so flexibel gestalten möchten, wie Parse es vorsieht.

Insbesondere wenn es Zeitwerte und Datumswerte zu unterscheiden gilt, ist *ParseExact* der richtige Kandidat. In einem Feld, in dem vom Anwender Ihres Programms eine Zeiteingabe verlangt wird, weiß Ihr Programm genau, dass die Eingabe

```
23,12
```

die Uhrzeit 23:12:00 meint, und nicht den 23.12.2004. Parse kann den Kontext natürlich nicht erkennen und wird in diesem Fall nicht funktionieren.

*ParseExact* benötigt, neben dem zu analysierenden String, mindestens zwei weitere Parameter. Zum einen ist dies eine Zeichenkette, die das spezifische Erkennungsmuster enthält, und einen so genannten *Format Provider*, der weitere Formatierungsvorschriften vorgibt.

Es gibt verschiedene Format Provider, die Sie dafür verwenden können. Wichtig ist, dass Sie auf diese nur zugreifen können, wenn Sie zuvor folgende Zeile zur Einbindung des erforderlichen Namensbereichs am Anfang Ihres Moduls oder Ihrer Klassendatei eingefügt haben:

```
Imports System.Globalization
```

Die einfachste Version, um eine Uhrzeit als Uhrzeit zu erkennen, wenn sie im oben stehenden Format eingegeben würde, sähe beispielsweise folgendermaßen aus:

```
locToParse = Date.ParseExact("12,00", "HH,mm", CultureInfo.CurrentCulture)
```

Du Zeichenfolge »HH« besagt, dass Uhrzeiten (Hour = Stunde) im 24-Stunden-Format akzeptiert werden. Gäben Sie hier zwei kleine »h« ein, akzeptierte der Parser nur das englische 12-Stunden-Format. Mit dem anschließenden Komma geben Sie das Trennzeichen vor und anschließend die Minuten mit der Zeichenfolge »mm«.

Nun passiert es in der Praxis recht selten, dass sich Anwender an bestimmte Vorgaben halten, und darum sollte ihr Programm in der Lage sein, mehrere Versionen von Zeiteingabeformaten zu erkennen. Aus diesem Grund können Sie mit der *ParseExact*-Funktion gleich eine ganze Reihe von möglichen Formaten vorgeben, anhand derer der Parser die Umwandlung vornehmen kann. In diesem Fall definieren Sie einfach ein String-Array mit den zugelassenen Formaten und übergeben es anschließend der *ParseExact*-Methode zusammen mit der zu analysierenden Zeichenfolge. Wenn Sie sich zu dieser Methode des Parsens entschließen, müssen Sie jedoch noch einen weiteren Parameter bestimmen, der die Flexibilität des Parsens regelt (beispielsweise ob Leerzeichen im zu analysierenden String enthalten sein dürfen, die aber ignoriert werden sollen). Diese Angabe wird durch einen Parameter vom Typ *DateTimeStyles* geregelt, der folgende Einstellungen zulässt:

| Member-Name | Beschreibung | Wert |
| --- | --- | --- |
| AdjustToUniversal | Bestimmt, dass das Datum und die Zeit in koordinierte Weltzeit bzw. Greenwich Mean Time[10] (GMT) (Deutschland −1 Stunde) konvertiert werden müssen. | 16 |
| AllowInnerWhite | Bestimmt, dass zusätzliche Leerzeichen innerhalb der Zeichenfolge beim Analysieren ignoriert werden, es sei denn, die *DateTimeFormatInfo*-Formatmuster enthalten Leerzeichen. | 4 |
| AllowLeadingWhite | Bestimmt, dass vorangestellte Leerzeichen während der Analyse ignoriert werden, es sei denn, die *DateTimeFormatInfo*-Formatmuster enthalten Leerzeichen. | 1 |
| AllowTrailingWhite | Bestimmt, dass nachgestellte Leerzeichen während der Analyse ignoriert werden, es sei denn, die *DateTimeFormatInfo*-Formatmuster enthalten Leerzeichen. | 2 |
| AllowWhiteSpaces | Bestimmt, dass zusätzliche Leerzeichen, die sich an einer beliebigen Stelle in der Zeichenfolge befinden, während der Analyse ignoriert werden müssen, es sei denn, die *DateTimeFormatInfo*-Formatmuster enthalten Leerzeichen. Dieser Wert stellt eine Kombination aus dem *AllowLeadingWhite*-Wert, dem *AllowTrailingWhite*-Wert und dem AllowInnerWhite-Wert dar. | 7 |

---

[10] Zum besseren Mitreden: Die korrekte Aussprache lautet »Gränntsch Miehn Teim« ;-)

| Member-Name | Beschreibung | Wert |
|---|---|---|
| NoCurrentDateDefault | Datum und Zeit sind untrennbar im *Date*-Datentyp vereint. Auch wenn Sie nur eine Zeit zuweisen, spiegelt ein *Date*-Wert immer auch ein gültiges Datum wider. Diese Einstellung bestimmt, dass die *DateTime.Parse*-Methode und die *DateTime.ParseExact*-Methode das Datum nach dem gregorianische Kalender mit Jahr = 1, Monat = 1 und Tag = 1 zugrunde legen, wenn die analysierte Zeichenfolge nur die Uhrzeit und nicht das Datum enthält. Wenn dieser Wert nicht verwendet wird, wird vom gerade aktuellen Datum ausgegangen. | 8 |
| None | Bestimmt, dass die Standardformatierungsoptionen verwendet werden müssen. Dies ist das Standardformat für *DateTime.Parse* und *DateTime.ParseExact*. | 0 |

*Tabelle 4.4:* Diese erweiterten Einstellungen können Sie mit ParseExact anwenden

Die folgenden Codezeilen zeigen, wie Sie *ParseExact* für die Umwandlung von Zeichenketten in Datumswerte mit geregelten Vorgaben für zugelassene Datums-Formate einsetzen können.

```
Imports System.Globalization

Module Module1

    Sub Main()

        Dim locToParseExact As Date
        Dim locZeitenMuster As String() = {"H,m", "H.m", "ddMMyy", "MM\/dd\/yy"}

        'Funktioniert, ist im Uhrzeitenmuster.
        locToParseExact = Date.ParseExact("12,00", _
                        locZeitenMuster, _
                        CultureInfo.CurrentCulture, _
                        DateTimeStyles.AllowWhiteSpaces)

        'Funktioniert, ist im Uhrzeitenmuster, und "Whitespaces" sind erlaubt.
        locToParseExact = Date.ParseExact(" 12 , 00 ", _
                        locZeitenMuster, _
                        CultureInfo.CurrentCulture, _
                        DateTimeStyles.AllowWhiteSpaces)

        'Funktioniert nicht, ist zwar im Uhrzeitenmuster, es sind aber keine "Whitespaces" erlaubt.
        'locToParseExact = Date.ParseExact(" 12 , 00 ", _
        '                locZeitenMuster, _
        '                CultureInfo.CurrentCulture, _
        '                DateTimeStyles.None)

        'Funktioniert, ist im Uhrzeitenmuster.
        locToParseExact = Date.ParseExact("1,2", _
                        locZeitenMuster, _
                        CultureInfo.CurrentCulture, _
                        DateTimeStyles.None)

        'Funktioniert, ist im Uhrzeitenmuster.
        'Das Datum entspricht aber dem 1.1.0001 und wird
        'als Tooltip deswegen nicht mitangezeigt, im Gegensatz
        'zu allen anderen hier gezeigten Beispielen.
        locToParseExact = Date.ParseExact("12.2", _
                        locZeitenMuster, _
```

*Primitive Datentypen*

```
                    CultureInfo.CurrentCulture, _
                    DateTimeStyles.NoCurrentDateDefault)

        'Funktioniert, ist nicht im Uhrzeitenmuster, da hier Sekunden mit im Spiel sind
        'locToParseExact = Date.ParseExact("12,2,00", _
        '                   locZeitenMuster, _
        '                   CultureInfo.CurrentCulture, _
        '                   DateTimeStyles.NoCurrentDateDefault)

        'Funktioniert nicht, ist mit Doppelpunkt nicht im Uhrzeitenmuster.
        'locToParseExact = Date.ParseExact("1:20", _
        '                   locZeitenMuster, _
        '                   CultureInfo.CurrentCulture, _
        '                   DateTimeStyles.None)

        'Funktioniert jetzt, da im Zeitmuster als Datum hinterlegt.
        '(drittes Element im String-Array)
        locToParseExact = Date.ParseExact("241205", _
                    locZeitenMuster, _
                    CultureInfo.CurrentCulture, _
                    DateTimeStyles.AllowWhiteSpaces)

        'Funktioniert mit Übernahme im englisch-amerikanischen Format,
        'da durch die Schrägstriche und der vorgegebenen Reihenfolge der Gruppen definiert.
        '(viertes Element im String-Array).
        locToParseExact = Date.ParseExact("12/24/05", _
                    locZeitenMuster, _
                    CultureInfo.CurrentCulture, _
                    DateTimeStyles.AllowWhiteSpaces)
    End Sub

End Module
```

Beachten Sie bei der Definition von Schrägstrichen als Gruppentrennzeichen, dass Sie ihnen jeweils ein Backslash voransetzen, damit der einfache Schrägstrich nicht als Steuerzeichen behandelt wird.

Eine Liste mit den entsprechenden Steuerzeichen und Datenformatierung finden Sie im nächsten Abschnitt. Der nächste Abschnitt gibt Ihnen ebenfalls einen tieferen Einblick in den Umgang mit Format Providern.

# Formatieren von Zahlen und Datumswerten

Wenn Sie die vergangenen Abschnitte komplett durchgearbeitet haben, dann sind Sie bereits auf die eine oder andere Funktionalität von .NET gestoßen, Zahlen oder Zeitwerte aufzubereiten, um sie in bestimmten Darstellungsformaten auszugeben. Auch die Vorgehensweise zur Vorgabe von Zeichenmustern für das Parsen von Zeichenketten, um sie in entsprechende Datentypen umzuwandeln, konnten Sie schon in einigen Beispielen kennen lernen. Doch glauben Sie mir: Sie haben bislang nur die Spitze des Eisberges gesehen.

Die folgenden Abschnitte beschäftigen sich intensiver mit der textlichen Aufbereitung von Daten, und insbesondere der Umgang mit den verfügbaren Format Providern bis hin zur Realisierung eigener Format Provider wird für Sie sicherlich von großen Interesse sein.

# Allgemeines über Format Provider in .NET

Wenn Sie einen Zahlenwert in eine Zeichenkette umwandeln möchten, dann machen Sie das in der Regel mit der *ToString*-Funktion, da sie Ihnen die flexibelste Steuerung der Umwandlung bietet. Für numerische Werte stehen Ihnen folgende Möglichkeiten zur Verfügung:

- *DoubleVariable.ToString()*: Der Wert der Zeichenkette wird mit den aktuellen Kultureinstellungen ausgegeben, die von Ihren Betriebssystemeinstellungen abhängig sind.
- *DoubleVariable.ToString("formatzeichenfolge")*: Die Formatzeichenfolge bestimmt, wie der Zahlenwert in eine Zeichenkette umgewandelt werden soll.
- *DoubleVariable.ToString(IFormatProvider)*: Ein so genannter Format Provider (etwa: Formatierungsanbieter) bestimmt, wie die Zeichenfolge formatiert werden soll.
- *DoubleVariable.ToString("formatzeichenfolge", IFormatProvider)*: Eine Formatzeichenfolge bestimmt, wie der Zahlenwert in eine Zeichenkette umgewandelt werden soll; der zusätzlich angegebene Format Provider regelt nähere Konventionen zusätzlich.

Das gleiche gilt bei der Ausgabe von Datums- bzw. Zeitwerten, wenn also der Datentyp *Date* in eine Zeichenkette umgewandelt werden soll.

Von der ersten Möglichkeit haben Sie sicherlich schon oft Gebrauch gemacht. Wichtig zu wissen: Die kulturabhängigen Besonderheiten werden bei der Umwandlung berücksichtigt. Wenn Sie auf einem deutschen .NET-System den Code

```
Module FormatDemos

    Sub Main()

        Dim locDouble As Double = 1234.56789
        Dim locDate As Date = #12/24/2003 10:33:00 PM#

        Console.WriteLine(locDouble.ToString())
        Console.WriteLine(locDate.ToString())
        Console.ReadLine()

    End Sub

End Module
```

ablaufen lassen, erhalten Sie die folgende Ausgabe:

```
1234,56789
24.12.2003 22:33:00
```

Wenn Sie das Programm kompilieren und auf einem englischem oder amerikanischen Computer[11] laufen lassen (und das, ohne es neu zu kompilieren), sieht die Ausgabe schon ganz anders aus:

```
1234.56789
12/24/2003 10:33:00 PM
```

Der Hintergrund: Auch wenn Sie keinen zusätzlichen Parameter bei der Verwendung von *ToString* angegeben haben, muss es irgendein Regelwerk in .NET geben, dass bestimmt, wann

---

[11] Es gilt das zuvor Gesagte: Die Ländereinstellungen des Betriebssystems sind dafür verantwortlich.

eine Dezimalkomma wirklich ein Komma und wann ein Punkt ist, so wie auf englischen oder amerikanischen Systemen. Diese Bestimmungen werden von den Format Providern geregelt. Sie können auch auf einem deutschen System so tun, als würden Sie englisch formatieren.

## Kulturabhängige Formatierungen mit CultureInfo

Um länderspezifische Formatierungen bei der Umwandlung vorzunehmen, verwenden Sie einen Format Provider namens *CultureInfo*. Auf diese Klasse können Sie zugreifen, wenn Sie den Namensbereich *System.Globalization* in Ihr Programm eingebunden haben. Verändern Sie das vorherige Programm wie folgt (Änderungen sind fett hervorgehoben):

```
Module FormatDemosCultureInfo

    Sub Main()

        Dim locDate As Date = #12/24/2003 10:33:00 PM#
        Dim locDouble As Double = 1234.56789
        Dim locCultureInfo As New CultureInfo("en-US")

        Console.WriteLine(locDouble.ToString(locCultureInfo))
        Console.WriteLine(locDate.ToString(locCultureInfo))
        Console.ReadLine()

    End Sub

End Module
```

Wenn Sie dieses Programm starten, werden Sie sehen, dass die Ausgabe exakt dem entspricht, was auf dem US-Computer bei der Verwendung des vorherigen Programms ausgegeben wurde.

Wenn Sie keinen Format Provider bei der *ToString*-Methode eines primitiven Datentyps angeben, verwendet .NET automatisch den, der der eingestellten Kultur entspricht. Sie können den Format Provider der aktuellen Kultureinstellung mit der statischen Funktion *CurrentCulture* der *CultureInfo*-Klasse ermitteln. Wenn Sie die beiden Zeilen

```
Console.WriteLine(locDouble.ToString(locCultureInfo))
Console.WriteLine(locDate.ToString(locCultureInfo))
```

gegen die Zeilen

```
Console.WriteLine(locDouble.ToString(CultureInfo.CurrentCulture))
Console.WriteLine(locDate.ToString(CultureInfo.CurrentCulture))
```

austauschen und wieder einmal auf einem deutschen und einmal auf einem amerikanischen System laufen lassen, bekommen Sie exakt das Ergebnis, das Sie auch beim Beispiel beobachten konnten, bei dem *ToString* gar kein Parameter übergeben wurde.

Wie Sie im vorherigen Beispiel sehen konnten, erstellen Sie eine neue *CultureInfo*-Klasseninstanz, indem Sie eine Buchstabenkombination angeben, die die entsprechende Kultur bezeichnet. Die folgende Tabelle zeigt Ihnen die wichtigsten Einstellungen. Eine vollständige Tabelle können Sie aus der Visual-Studio-Online-Hilfe erhalten.

| Kulturkürzel | Kulturcode | Sprache-Land/Region |
|---|---|---|
| ""(leere Zeichenfolge) | 0x007F | Invariante Kultur |
| nl | 0x0013 | Niederländisch |
| nl-BE | 0x0813 | Niederländisch – Belgien |
| nl-NL | 0x0413 | Niederländisch – Niederlande |
| en | 0x0009 | Englisch |
| en-AU | 0x0C09 | Englisch – Australien |
| en-CB | 0x2409 | Englisch – Karibik |
| **en-IE** | **0x1809** | **Englisch – Irland** |
| **en-GB** | **0x0809** | **Englisch – Großbritannien** |
| **en-US** | **0x0409** | **Englisch – USA** |
| fr | 0x000C | Französisch |
| fr-BE | 0x080C | Französisch – Belgien |
| fr-CA | 0x0C0C | Französisch – Kanada |
| fr-FR | 0x040C | Französisch – Frankreich |
| fr-LU | 0x140C | Französisch – Luxemburg |
| fr-MC | 0x180C | Französisch – Monaco |
| fr-CH | 0x100C | Französisch – Schweiz |
| de | 0x0007 | Deutsch |
| **de-AT** | **0x0C07** | **Deutsch - Österreich** |
| **de-DE** | **0x0407** | **Deutsch – Deutschland** |
| **de-LI** | **0x1407** | **Deutsch – Liechtenstein** |
| **de-LU** | **0x1007** | **Deutsch – Luxemburg** |
| **de-CH** | **0x0807** | **Deutsch – Schweiz** |
| it | 0x0010 | Italienisch |
| **it-IT** | **0x0410** | **Italienisch – Italien** |
| it-CH | 0x0810 | Italienisch – Schweiz |
| es | 0x000A | Spanisch |
| es-AR | 0x2C0A | Spanisch – Argentinien |
| es-PR | 0x500A | Spanisch – Puerto Rico |
| **es-ES** | **0x0C0A** | **Spanisch – Spanien** |
| es-VE | 0x200A | Spanisch – Venezuela |

*Tabelle 4.5: Diese Einstellungen verwenden Sie für CulturInfo-Objekte*

### Vermeiden von kulturabhängigen Programmfehlern

Auf Programmentwicklungen hat das unter Umständen Auswirkungen, nämlich dann, wenn Sie numerische Daten oder Zeitdaten in Textdateien speichern und diese kulturübergreifend ausgetauscht werden müssen. Und: Das Definieren von konstanten Werten sollte im Programm nur direkt mit Literalen und nie durch Zeichenketten und entsprechende Konvertierungsfunktionen erfolgen. Dazu ein Beispiel:

Die Codezeilen

```
Dim locDoubleTest As Double = CDbl("1.234")
Console.WriteLine(locDoubleTest)
```

ergeben auf einem deutschen System den Wert 1234; auf einem englischsprachigen System jedoch den Wert 1,234 (aber 1.234 angezeigt), da hier der Punkt nicht als Trausendergruppierung, sondern eben als Dezimalkomma (Decimal Point) angesehen wird. Mehr Überlegungen zu diesem Thema finden Sie in diesem Kapitel auch auf Seite 227. Das dort Gesagte gilt gleichermaßen auch für Datumswerte.

Wenn Sie Formatierungen für das Serialisieren (Speichern) vornehmen müssen, verwenden Sie dazu am besten ein so genanntes *invariantes CultureInfo-Objekt*, das Sie mit folgender Anweisung ermitteln können:

```
Dim locCultureInfo As CultureInfo = CultureInfo.InvariantCulture
```

Wenn Sie alle Konvertierungen innerhalb Ihres Programms (also sowohl das Parsen eines Strings, um ihn in einen entsprechenden Datentyp umzuwandeln, als auch das Konvertieren eines Datentyps in einen String) damit durchführen, sind Sie auf der sicheren Seite.

## Formatierung durch Formatzeichenfolgen

Sowohl die *ToString*-Methode als auch die *Parse*- bzw. die *ParseExact*-Methode unterstützen neben dem Einsatz von Format Providern auch die Formatierung durch direkte Mustervorlagen, die durch Strings oder String-Arrays übergeben werden. Sie haben schon an einigen Beispielen gesehen, dass bestimmte Buchstaben, zu Gruppen zusammengeführt, bestimmte Formatierungen eines Datenblocks (Tage, Monate oder Jahre beispielsweise) bewirken. Die folgenden Abschnitte demonstrieren den Einsatz von Formatzeichenfolgen.

### Formatierung von numerischen Ausdrücken durch Formatzeichenfolgen

**HINWEIS:** Im Verzeichnis *..\DataTypes\FormatProvider – Nums* finden Sie die Beispiele, die in diesem Abschnitt behandelt werden.

Wenn Sie die Codezeilen,

```
Dim locDouble As Double
locDouble = Math.PI + 10000 * Math.PI
Console.WriteLine("locDouble hat den Wert:" + locDouble.ToString())
```

ausführen, erhalten Sie die Ausgabe

```
locDouble hat den Wert: 31419,0681285515
```

In vielen Fällen ist es aber erwünscht, beispielsweise den Tausendergruppierungspunkt ebenfalls anzeigen zu lassen oder nur eine bestimmte Anzahl von Nachkommastellen auszugeben. Dann können Sie die Ausgabe durch Formatzeichenfolgen reglementieren.

Wenn Sie beispielsweise die Zeile

```
Console.WriteLine("locDouble hat den Wert:" + locDouble.ToString())
```

des obigen Beispiels durch die folgende ersetzen,

```
Console.WriteLine("locDouble hat den Wert: " + locDouble.ToString("#,###.00"))
```

Sieht die Ausgabe schon sehr viel ordentlicher aus:

```
locDouble hat den Wert: 31.419,07
```

In diesem Fall ist der der *ToString*-Methode übergebene Parameter als Regelvorgabe für die Formatierung übergeben worden. Jedes »#«-Zeichen stellt dabei eine mögliche Ziffer dar, jede 0 eine Muss-Ziffer. Das bedeutet: Die Zahl 304 würde keine zusätzliche führende 0 bei der Ausgabe bekommen, da die Formatzeichenfolge zwar vier Zeichen (»#,###«) vorgibt, durch die Verwendung des »#«-Zeichens aber keine zwingende Verwendung aller Ziffern vorgeschrieben wird.

Anders sieht es bei dem gleichen Wert und seinen Nachkommastellen nach der Formatierung aus: Da hier »0« und nicht »#« angegeben wird, lauten die Nachkommastellen nach der Formatierung ».00«, obwohl zur Wertdarstellung eigentlich keine Nachkommastellen nötig wären.

Die folgende Tabelle zeigt, welche Formatzeichen Sie bei der Zusammenstellung von Formatzeichenfolgen für numerische Werte verwenden können:

| Formatzeichen | Name | Beschreibung |
|---|---|---|
| 0 | 0-Platzhalter | Gibt es an der Stelle des 0-Platzhalters eine korrelierende Ziffer im aufzubereitenden Wert, dann wird die Ziffer des Wertes an der Stelle platziert, die der 0-Platzhalter durch seine Position vorgibt. |
| | | Wenn der zu formatierende Wert die vorgegebene Ziffernposition nicht hergibt (bei »000,00« als Vorgabe gebe es für den Wert 34,1 nicht alle vorgegebenen Position), wird eine 0 angezeigt. |
| | | Die Positionen der »0«, die am weitesten links vor dem Dezimaltrennzeichen steht, und der »0«, die am weitesten rechts hinter dem Dezimaltrennzeichen steht, bestimmen also den Bereich der Ziffern, die immer in der Ergebniszeichenfolge enthalten sind. |
| | | Falls im zu formatierenden Wert mehr Nachkommastellen vorhanden sind, als Nullen Positionen vorgeben, wird auf die entsprechende Anzahl auf Stellen gerundet. |
| # | Ziffernplatzhalter | Verfügt der zu formatierende Wert über eine Ziffer an der Stelle, an der »#« in der Formatzeichenfolge steht, wird diese Ziffer in der Ergebniszeichenfolge angezeigt, anderenfalls nicht. |
| | | Beachten Sie, dass dieses Formatzeichen nie die Anzeige von 0 bewirkt, wenn es sich nicht um eine signifikante Ziffer handelt, selbst wenn 0 die einzige Ziffer in der Zeichenfolge ist. 0 wird jedoch angezeigt, wenn es sich um eine signifikante Ziffer in der angezeigten Zahl handelt (bei 0304,030 beispielsweise sind die äußeren Nullen nicht signifikant, d. h. Weglassen verändert den Wert nicht) |
| . | Dezimaltrennzeichen | Das erste ».«-Zeichen in der Formatzeichenfolge bestimmt die Position des Dezimaltrennzeichens im formatierten Wert. Weitere ».«-Zeichen werden ignoriert. Das für das Dezimaltrennzeichen verwendete Zeichen wird durch die *NumberDecimalSeparator*-Eigenschaft der *NumberFormatInfo* bestimmt, die die Formatierung steuert, allerdings nur für die ▶ |

| Formatzeichen | Name | Beschreibung |
|---|---|---|
| | | Ausgabe, nie für die Vorgabe! **WICHTIG:** Verwechseln Sie »,« und ».« nicht bei der Erstellung der Formatzeichenfolge. Die amerikanisch/englische Formatvorgabe ist hier maßgeblich – beispielsweise »1,000,000.23« für *Einemillionkommazweidrei*. |
| , | Tausendertrennzeichen und Zahlenskalierung | Das »,«-Zeichen erfüllt zwei Aufgaben. Erstens: Wenn die Formatzeichenfolge ein »,«-Zeichen zwischen zwei Ziffernplatzhaltern enthält (»0« oder »#«) und einer der Platzhalter links neben dem Dezimaltrennzeichen steht, werden in der Ausgabe Tausendertrennzeichen zwischen jeder Gruppe von drei Ziffern links neben dem Dezimaltrennzeichen eingefügt. Das in der Ergebniszeichenfolge als Dezimaltrennzeichen verwendete Zeichen wird durch die *NumberGroupSeparator*-Eigenschaft der aktuellen *NumberFormatInfo* bestimmt, die die Formatierung steuert. Zweitens: Wenn die Formatzeichenfolge ein oder mehr »,«-Zeichen direkt links neben dem Dezimaltrennzeichen enthält, wird die Zahl durch die Anzahl der »,«-Zeichen multipliziert mit 1000 dividiert, bevor sie formatiert wird. Die Formatzeichenfolge »0,« stellt 100 Millionen z. B. als 100 dar. Verwenden Sie das »,«-Zeichen, um anzugeben, dass die Skalierung keine Tausendertrennzeichen in der formatierten Zahl enthält. Um also eine Zahl um 1 Million zu skalieren und Tausendertrennzeichen einzufügen, verwenden Sie die Formatzeichenfolge »#,##0,,«. **WICHTIG:** Verwechseln Sie »,« und ».« nicht bei der Erstellung der Formatzeichenfolge. Die amerikanisch/englische Formatvorgabe ist hier maßgeblich – beispielsweise »1,000,000.23« für *Einemillionkommazweidrei*. |
| % | Prozentplatzhalter | Enthält eine Formatzeichenfolge ein »%«-Zeichen, wird die Zahl vor dem Formatieren mit 100 multipliziert. Das entsprechende Symbol wird in der Zahl an der Stelle eingefügt, an der »%« in der Formatzeichenfolge steht. Das verwendete Prozentzeichen ist von der aktuellen *NumberFormatInfo*-Klasse abhängig. |
| E0<br>E+0<br>E-0<br>e0<br>e+0<br>e-0 | Wissenschaftliche Notation | Enthält die Formatzeichenfolge die Zeichenfolgen »E«, »E+«, »E-«, »e«, »e+« oder »e-« und folgt direkt danach mindestens ein »0«-Zeichen, wird die Zahl mit der wissenschaftlichen Notation formatiert und ein »E« bzw. »e« zwischen der Zahl und dem Exponenten eingefügt. Die Anzahl der »0«-Zeichen nach dem entsprechenden Formatzeichen für die wissenschaftliche Notation bestimmt die Mindestanzahl von Ziffern, die für den Exponenten ausgegeben werden. Das »E+«-Format und das »e+«-Format geben an, dass immer ein Vorzeichen (Plus oder Minus) vor dem Exponenten steht. Die Formate »E«, »E-«, »e« oder »e-« geben an, dass nur vor negativen Exponenten ein Vorzeichen steht. |
| 'ABC'<br>"ABC" | Zeichenfolgenliteral | Zeichen, die in einfachen bzw. doppelten Anführungszeichen stehen, werden direkt in die Ergebniszeichenfolge kopiert, ohne die Formatierung zu beeinflussen. |
| ; | Abschnittstrennzeichen | Mit dem »;«-Zeichen werden Abschnitte für positive und negative Zahlen sowie Nullen in der Formatzeichenfolge voneinander getrennt. Lesen Sie dazu auch die Anmerkung am Ende der Tabelle. |
| Sonstige | Alle anderen Zeichen | Alle anderen Zeichen werden als Literale an der angegebenen Position in die Ergebniszeichenfolge kopiert. |

*Tabelle 4.6: Für numerische Formatzeichenfolgen verwenden Sie diese Formatzeichen*

**HINWEIS:** Bitte beachten Sie, dass Sie für negative und positive Wert sowie für den Wert 0 jeweils eine individuelle Zeichenfolge bestimmen können, die durch das Semikolon getrennt werden. Das folgende Beispiel verdeutlicht ihre Anwendung:

```
Dim locDouble As Double
Dim locFormat As String = "#,###.00;-#,###.0000;+-0.00000"
locDouble = Math.PI + 10000 * Math.PI
Console.WriteLine("locDouble hat den Wert: " + locDouble.ToString(locFormat))
locDouble *= -1
Console.WriteLine("locDouble hat den Wert: " + locDouble.ToString(locFormat))
locDouble = 0
Console.WriteLine("locDouble hat den Wert: " + locDouble.ToString(locFormat))
```

Dieser Codeausschnitt würde das folgende Ergebnis auf dem Bildschirm produzieren:

```
locDouble hat den Wert: 31.419,07
locDouble hat den Wert: -31.419,0681
locDouble hat den Wert: +-0,00000
```

## Formatierung von numerischen Ausdrücken durch vereinfachte Formatzeichenfolgen

Für den einfachen Einsatz gibt es in .NET einige vereinfachte Formatzeichenfolgen, die in der Regel nur aus einem einzigen Zeichen bestehen und einen Typ von Formatierung bezeichnen. Anstatt z.B. eine Formatzeichenfolge zu erstellen, die eine Währungsformatierung vorgibt, können Sie einfach das »C«-Zeichen als Formatzeichenfolge verwenden. In Kombination mit dem entsprechenden *CultureInfo*-Format-Provider brauchen Sie sich obendrein noch nicht einmal um das Finden des entsprechenden Währungssymbols zu kümmern:

```
Dim locDouble As Double

locDouble = 12234.346
Console.WriteLine("Sie bekommen {0} aus einem Lottogewinn.", locDouble.ToString("$#,###.00"))
Console.WriteLine("Sie bekommen {0} aus einem Lottogewinn.", locDouble.ToString("C", New CultureInfo("en-US")))
```

Beide *Console.Write*-Anweisungen zeigen in diesem Beispiel das exakt gleiche Ergebnis im Konsolenfenster an, nämlich:[12]

```
Sie bekommen $12.234,35 aus einem Lottogewinn.
Sie bekommen $12,234.35 aus einem Lottogewinn.
```

Die folgende Tabelle zeigt Ihnen, welche Kurzformen für Formatzeichenfolgen .NET für die Formatierung von numerischen Werten kennt. Bitte beachten Sie, dass, wie im Beispiel gezeigt, die Resultate unter Umständen kulturabhängig sind und sich deswegen mit einem *CulturInfo*-Objekt entsprechend steuern lassen.

---

[12] Ich habe bei Währungsangaben bewusst auf die Euro-Währung verzichtet, da Konsolenanwendungen das Euro-Zeichen nicht ohne weiteres darstellen können.

| Formatzeichen | Beschreibung |
|---|---|
| c, C | Währungsformat. |
| d, D | Dezimales Format. |
| e, E | Wissenschaftliches Format (Exponentialformat). |
| f, F | Festkommaformat. |
| g, G | Allgemeines Format. |
| n, N | Zahlenformat. |
| r, R | Schleifenformat, das sicherstellt, dass in Zeichenfolgen konvertierte Zahlen denselben Wert haben, wenn wieder in Zahlen konvertiert werden. |
| x, X | Hexadezimales Format. |

*Tabelle 4.7: Für vereinfachte numerische Formatzeichenfolgen verwenden Sie diese Formatzeichen*

### Formatierung von Zeitausdrücken durch Formatzeichenfolgen

**HINWEIS:** Im Verzeichnis *..\DataTypes\FormatProvider – Dates* finden Sie die Beispiele, die in diesem Abschnitt behandelt werden.

Was für numerische Datentypen gilt, ist auch auf den Datumstyp *Date* anwendbar: Es gibt eine umfangreiche Unterstützung durch bestimmte Formatzeichenfolgen, die bestimmen, wie ein Datumswert in eine Zeichenkette umgewandelt werden kann.

Wenn Sie die Codezeilen,

```
Dim locDate As Date
locDate = #12/24/2003 10:33:00 PM#
Console.WriteLine("locDate hat den Wert: " + locDate.ToString())
```

ausführen, erhalten Sie die Ausgabe

```
locDate hat den Wert: 24.12.2003 22:33:00
```

In den meisten Fällen benötigen Sie aber keine kombinierte Ausgabe des Zeitwertes von Uhrzeit und Datum sondern nur eine von beiden. Außerdem verlangen viele Anwendungen, dass Datum etwas ausführlicher darzustellen – beispielsweise indem die ersten Buchstaben des Monats dargestellt werden oder der Wochentag des Datums mit ausgegeben wird.

Wenn Sie beispielsweise die Zeile

```
Console.WriteLine("locDate hat den Wert: " + locDate.ToString())
```

des obigen Beispiels durch die folgende ersetzen,

```
Console.WriteLine("locDate hat den Wert: " + locDate.ToString("dddd, dd. MMM yyyy - HH:mm"))
```

erkennen Sie, dass Sie durch den Einsatz einer Datums-Formatzeichenfolgen sehr viel mehr Einfluss auf die Art der Umwandlung des Datumswertes in eine Zeichenkette genommen haben, denn die Ausgabe sieht nun folgendermaßen aus:

```
locDate hat den Wert: Mittwoch, 24. Dez 2003 - 22:33
```

In diesem Fall haben Sie der *ToString*-Methode eine Zeichenkette mit Formatanweisungen für die Formatierung übergeben. Jedes der verwendeten Zeichen der Formatzeichenfolge spiegelt dabei eine Datengruppe innerhalb eines *Date*-Datentyps wider.

Die folgende Tabelle zeigt, welche Formatzeichen Sie bei der Zusammenstellung von Formatzeichenfolgen für numerische Werte verwenden können.

**WICHTIG:** Einige Formatzeichen der folgenden Tabelle können auch den Kurzformatzeichen der übernächsten Tabelle entsprechen. Achten Sie deswegen darauf, dass Sie die folgenden Zeichen im beschriebenen Kontext nicht alleine verwenden. Und: Je nach zusätzlich verwendeter *CultureInfo* produzieren die verwendeten Formatzeichenkombinationen unterschiedliche Resultate.

| Formatzeichen | Beschreibung |
| --- | --- |
| d | Zeigt den aktuellen Tag des Monats als Zahl zwischen 1 und 31 an. Wenn die Nummer des Tages nur einstellig ist, wird diese nicht mit einer führenden Null versehen. |
| dd | Zeigt den aktuellen Tag des Monats als Zahl zwischen 1 und 31 an. Wenn die Nummer des Tages nur einstellig ist, wird ihr eine 0 vorangestellt. |
| ddd | Zeigt den abgekürzten Namen des Tages für den angegebenen *Date*-Wert an. |
| dddd | Zeigt den vollständigen Namen des Tages für den angegebenen *Date*-Wert an. |
| f | Zeigt die Bruchteile von Sekunden als eine Ziffer an. |
| ff | Zeigt die Bruchteile von Sekunden als zwei Ziffern an. |
| fff | Zeigt die Bruchteile von Sekunden als drei Ziffern an. |
| ffff | Zeigt die Bruchteile von Sekunden als vier Ziffern an. |
| Fffff | Zeigt die Bruchteile von Sekunden als fünf Ziffern an. |
| ffffff | Zeigt die Bruchteile von Sekunden als sechs Ziffern an. |
| fffffff | Zeigt die Bruchteile von Sekunden als sieben Ziffern an. |
| g oder gg | Zeigt den Zeitraum für den angegebenen *Date*-Wert an. Wenn Sie mit einer deutschen Kultureinstellung (durch *CultureInfo* bestimmt) arbeiten, ist das beispielsweise der Vermerk »n. Christ.«. |
| H | Zeigt die Stunde des angegebenen *Date*-Wertes im Bereich 1–12 an. Die Stunde stellt die ganzen Stunden dar, die seit Mitternacht (als 12 dargestellt) oder Mittag (ebenfalls als 12 dargestellt) vergangen sind. Wenn dieses Format einzeln verwendet wird, können die jeweils gleichen Stunden vor und nach Mittag nicht unterschieden werden. Wenn die Stundenzahl nur einstellig ist, wird diese auch als einzelne Ziffer angezeigt. **Wichtig:** Für das 24-Stunden-Format wählen Sie das große »H«. |
| Hh | Zeigt die Stunde des angegebenen *Date*-Wertes im Bereich 1–12 an. Die Stunde stellt die ganzen Stunden dar, die seit Mitternacht (als 12 dargestellt) oder Mittag (ebenfalls als 12 dargestellt) vergangen sind. Wenn dieses Format einzeln verwendet wird, können die jeweils gleichen Stunden vor und nach Mittag nicht unterschieden werden. Wenn die Stundenzahl nur einstellig ist, wird eine führende Null vorangestellt. **Wichtig:** Für das 24-Stunden-Format wählen Sie das große »H«. |
| H | Zeigt die Stunde des angegebenen *Date*-Wertes im Bereich 0–23 an. Die Stunde stellt die seit Mitternacht (als 0 angezeigt) vergangenen Stunden dar. Wenn die Stundenzahl nur einstellig ist, wird sie auch nur als einzelne Ziffer angezeigt. |
| HH | Zeigt die Stunde des angegebenen *Date*-Wertes im Bereich 0–23 an. Die Stunde stellt die seit Mitternacht (als 0 angezeigt) vergangenen Stunden dar. Wenn die Stundenzahl einstellig ist, wird dieser Ziffer eine führende 0 vorangestellt. |
| m | Zeigt die Minute des angegebenen *Date*-Wertes im Bereich 0–59 an. Die Minute stellt die seit der letzten Stunde vergangenen ganzen Minuten dar. Wenn die Minute nur einstellig ist, wird diese auch nur als einzelne Ziffer angezeigt. ▶ |

| Formatzeichen | Beschreibung |
| --- | --- |
| mm | Zeigt die Minute des angegebenen *Date*-Wertes im Bereich 0–59 an. Die Minute stellt die seit der letzten Stunde vergangenen ganzen Minuten dar. Wenn die Minute nur eine einzelne Ziffer ist (0–9), wird dieser Ziffer bei der Formatierung eine 0 (01–09) vorangestellt. |
| M | Zeigt den Monat als Zahl zwischen 1 und 12 an. Die Ausgabe erfolgt bei einstelligen Werten ohne Führungsnull. **Wichtig:** Denken Sie daran, hier Großbuchstaben zu verwenden, da Sie sonst eine Minutenausgabe erwirken. |
| MM | Zeigt den Monat als Zahl zwischen 1 und 12 an. Die Ausgabe erfolgt bei einstelligen Werten mit Führungsnull. **Wichtig:** Denken Sie daran, hier Großbuchstaben zu verwenden, da Sie sonst eine Minutenausgabe erwirken. |
| MMM | Zeigt den abgekürzten Namen des Monats für den angegebenen *Date*-Wert an. **Wichtig:** Denken Sie daran, hier Großbuchstaben zu verwenden, da Sie sonst eine Minutenausgabe erwirken. |
| MMMM | Zeigt den vollständigen Namen des Monats für den angegebenen *Date*-Wert an. **Wichtig:** Denken Sie daran, hier Großbuchstaben zu verwenden, da Sie sonst eine Minutenausgabe erwirken. |
| s | Zeigt die Sekunden im Bereich 0–59 an. Die Sekunde stellt die seit der letzten Minute vergangenen ganzen Sekunden dar. Die Ausgabe erfolgt bei einstelligen Werten ohne Führungsnull. |
| ss | Zeigt die Sekunden im Bereich 0–59 an. Die Sekunde stellt die seit der letzten Minute vergangenen ganzen Sekunden dar. Die Ausgabe erfolgt bei einstelligen Werten mit Führungsnull. |
| t | Zeigt das erste Zeichen des A.M./P.M.-Bezeichners für den angegebenen *Date*-Wert an. **Wichtig:** Beim deutschen *CultureInfo*-Format-Provider (entspricht auf deutschen .NET-Systemen der Standardeinstellung, wenn kein Format Provider angegeben wurde), bleibt dieses Formatzeichen unberücksichtigt – wird also ignoriert. |
| tt | Zeigt den vollständigen A.M./P.M.-Bezeichner für den angegebenen *Date*-Wert an. **Wichtig:** Beim deutschen *CultureInfo*-Format-Provider (entspricht auf deutschen .NET-Systemen der Standardeinstellung, wenn kein Format Provider angegeben wurde), bleibt dieses Formatzeichen unberücksichtigt – wird also ignoriert. |
| y | Zeigt das Jahr an. Die ersten beiden Ziffern des Jahres werden ausgelassen. Die Ausgabe erfolgt bei einstelligen Werten ohne Führungsnull. |
| yy | Zeigt das Jahr an. Die ersten beiden Ziffern des Jahres werden ausgelassen. Die Ausgabe erfolgt bei einstelligen Werten mit Führungsnull. |
| yyyy | Zeigt das Jahr an. Wenn das Jahr aus weniger als vier Ziffern besteht, werden diesem Nullen vorangestellt, damit es vier Ziffern enthält. |
| z | Zeigt das Offset der aktuellen Zeitzone des Systems in ganzen Stunden an. Das Offset wird immer mit einem vorangestellten Plus- bzw. Minuszeichen angezeigt (Null wird als »+0« angezeigt), das die Stunden vor (+) GMT (Greenwich Mean Time) bzw. nach (-) GMT angibt. Der Wertebereich liegt zwischen −12 und +13 Stunden. Ist das Offset einstellig, erfolgt die Anzeige ebenfalls nur einstellig; es werden keine führenden Nullen vorangestellt Die Einstellung für die Zeitzone wird als +X oder −X angegeben, wobei X der Offset zur GMT in Stunden ist. Das angezeigte Offset kann durch die Sommer-/Winterzeitumstellungen beeinflusst. werden. |
| zz | Wie vorher; das Offset wird bei einstelligen Werten jedoch mit führende Null angezeigt. |
| zzz | Wie vorher; das Offset wird aber in Stunden und Minuten angezeigt. |
| : | Trennzeichen für Zeitangaben ▶ |

| Formatzeichen | Beschreibung |
|---|---|
| / | Trennzeichen für Datumsangaben. **Wichtig:** Wenn Sie für das Parsen eines Datumswertes einen Schrägstrich verlangen, müssen Sie »\/« verwenden, um den Schrägstrich als Gruppentrennzeichen zu bestimmen. |
| " | Zeichenfolge in Anführungszeichen. Zeigt den literalen Wert einer Zeichenfolge zwischen zwei Anführungszeichen an, denen ein Escapezeichen (/) vorangestellt ist. |
| ' | Zeichenfolge in Anführungszeichen. Zeigt den literalen Wert einer Zeichenfolge zwischen zwei »'«-Zeichen an. |
| Jedes andere Zeichen | Andere Zeichen werden als Literale direkt in die Ergebniszeichenfolge geschrieben. |

***Tabelle 4.8:*** *Für Formatzeichenfolgen zur Aufbereitung von Datums- und Zeitwerten verwenden Sie diese Formatzeichen*

Die folgenden Beispiele sollen den Umgang mit den Formatzeichenfolgen verdeutlichen:

```
Module FormatDemosFormatzeichenfolgen
    Sub Main()
        Dim locDate As Date = #12/24/2005 10:32:22 PM#
        Dim locFormat As String

        'Normale Datumsausgabe; große Ms ergeben den Monat.
        locFormat = "dd.MM.yyyy"
        Console.WriteLine("'{0}' : {1}", _
                          locFormat, _
                          locDate.ToString(locFormat, CultureInfo.CurrentCulture))

        'Falsche Ausgabe; anstelle des Monats werden Minuten ausgegeben.
        locFormat = "dd.mm.yyyy"
        Console.WriteLine("'{0}' : {1}", _
                          locFormat, _
                          locDate.ToString(locFormat, CultureInfo.CurrentCulture))

        'Komplette Ausgabe, ausführlicher geht's nicht.
        locFormat = "dddd, dd.MMMM.yyyy - HH:mm:ss:fffffff ""(Offset:"" zzz)"
        Console.WriteLine("'{0}' : {1}", _
                          locFormat, _
                          locDate.ToString(locFormat, CultureInfo.CurrentCulture))

        'Falsche Ausgabe; der Text "Uhrzeit" steht nicht in Anführungszeichen.
        locFormat = "Uhrzeit: HH:mm:ss"
        Console.WriteLine("'{0}' : {1}", _
                          locFormat, _
                          locDate.ToString(locFormat, CultureInfo.CurrentCulture))

        'So geht es richtig:
        locFormat = """Uhrzeit:"" HH:mm:ss"
        Console.WriteLine("'{0}' : {1}", _
                          locFormat, _
                          locDate.ToString(locFormat, CultureInfo.CurrentCulture))

        'PM-Anzeige funktioniert nicht bei deutscher...
        locFormat = """Uhrzeit:"" hh:mm:ss tt"
```

```
            Console.WriteLine("'{0}' : {1}", _
                              locFormat, _
                              locDate.ToString(locFormat, New CultureInfo("de-DE")))

            '...aber beispielsweise bei amerikanischer Kultureinstellung
            locFormat = """Uhrzeit:"" hh:mm:ss tt"
            Console.WriteLine("'{0}' : {1}", _
                              locFormat, _
                              locDate.ToString(locFormat, New CultureInfo("en-US")))

            'Englisches Datumsformat trotz deutscher Kultureinstellung
            locFormat = """Date:"" MM\/dd\/yyyy"
            Console.WriteLine("'{0}' : {1}", _
                              locFormat, _
                              locDate.ToString(locFormat, New CultureInfo("de-DE")))

            'Backslash davor nicht vergessen, sonst:
            locFormat = """Date:"" MM/dd/yyyy"
            Console.WriteLine("'{0}' : {1}", _
                              locFormat, _
                              locDate.ToString(locFormat, New CultureInfo("de-DE")))

            'Aber nur so mit englischen Texten:
            locFormat = """Date:"" MMMM, ""the"" dd. yyyy"
            Console.WriteLine("'{0}' : {1}", _
                              locFormat, _
                              locDate.ToString(locFormat, New CultureInfo("en-US")))

            Console.ReadLine()
        End Sub
End Module
```

Lassen Sie dieses Programm laufen, ergibt sich folgende Ausgabe im Konsolenfenster:

```
'dd.MM.yyyy' : 24.12.2005
'dd.mm.yyyy' : 24.32.2005
'dddd, dd.MMMM.yyyy - HH:mm:ss:ffffff "(Offset:" zzz)' : Samstag, 24.Dezember.2005 - 22:32:22:0000000 (Offset: +01:00)
'Uhrzeit: HH:mm:ss' : U10r+1ei: 22:32:22
'"Uhrzeit:" HH:mm:ss' : Uhrzeit: 22:32:22
'"Uhrzeit:" hh:mm:ss tt' : Uhrzeit: 10:32:22
'"Uhrzeit:" hh:mm:ss tt' : Uhrzeit: 10:32:22 PM
'"Date:" MM\/dd\/yyyy' : Date: 12/24/2005
'"Date:" MM/dd/yyyy' : Date: 12.24.2005
'"Date:" MMMM, "the" dd. yyyy' : Date: December, the 24. 2005
```

### Formatierung von Zeitausdrücken durch vereinfachte Formatzeichenfolgen

Für die bequeme Realisierung von Zeit- und Datumsformatierungen gibt es in .NET einige vereinfachte Formatzeichenfolgen, die in der Regel nur aus einem einzigen Zeichen bestehen und einen Formatierungsstil bezeichnen. Anstatt beispielsweise gezielt die Formatzeichenkombinationen zusammenzustellen, die ein Datum in Langform formatieren, reicht das Zurückgreifen auf ein bestimmtes vereinfachtes Formatzeichen. In Kombination mit dem entsprechenden *CultureInfo*-Format-Provider brauchen Sie sich obendrein noch nicht einmal um die in der Kultur übliche Darstellung zu kümmern:

```
Sub main()
    Dim locDate As Date = #12/24/2005 10:32:22 PM#
    Dim locFormat As String

    locFormat = "dddd, dd. MMMM yyyy"
    Console.WriteLine("Datumsformatierung mit Formatzeichen:" + locDate.ToString(locFormat))
    Console.WriteLine("...und mit vereinfachten Formatzeichen:" + locDate.ToString("D"))
    Console.ReadLine()
End Sub
```

Die folgende Tabelle zeigt, welche vereinfachten Formatzeichenfolgen Sie verwenden können, um Datums- und Zeitformatierungen durchzuführen. Viele der vereinfachten Formatzeichen haben äquivalente Formatzeichenfolgen, die mit entsprechenden (in der Tabelle angegebenen) Eigenschaften mit Hilfe eines *DateTimeFormatInfo*-Objektes ermittelt werden können.

| Formatzeichen | Zugeordnete Eigenschaft/Beschreibung |
|---|---|
| d | Kurzform des Datums. Entspricht der Formatzeichenfolge, die die Eigenschaft *ShortDatePattern* zurückliefert. |
| D | Langform des Datums. Entspricht der Formatzeichenfolge, die die Eigenschaft *LongDatePattern* zurückliefert. |
| f | Vollständiges Datum und Uhrzeit (Langform des Datums und 24-Stunden-Zeitformat) |
| F | Langform des Datums und der Uhrzeit. Entspricht der Formatzeichenfolge, die die Eigenschaft *FullDateTimePattern* zurückliefert. |
| g | Allgemein (Kurzform des Datums sowie 24-Stunden-Zeitformat) |
| G | Allgemein (Kurzform des Datums und Langform der Zeit) |
| m, M | Ergibt den Tag und den ausgeschriebenen Monatsnamen (beispielsweise 24. Dezember). Entspricht der Formatzeichenfolge, die die Eigenschaft *MonthDayPattern* zurückliefert. |
| r, R | Ergibt Datum und Zeit in der so genannten RFC1123-Norm. Dabei hat die Zeiteingabe das Format beispielsweise von »Sat, 24 Dec 2005 22:32:22 GMT«. Entspricht der Formatzeichenfolge, die die Eigenschaft *RFC1123Pattern* zurückliefert. Diese Form wird bei der Kommunikation über das Internet verwendet, beispielsweise bei der *Header*-Dokumentierung von Mail-Dateien. |
| s | Ergibt ein auf der Grundlage von ISO 8601 unter Verwendung der Ortszeit formatiertes sortierbares Datum (beispielsweise » 2005-12-24T22:32:22«). Entspricht der Formatzeichenfolge, die die Eigenschaft *SortableDateTimePattern* zurückliefert. |
| t | Kurzform der Zeit. Entspricht der Formatzeichenfolge, die die Eigenschaft *ShortTimePattern* zurückliefert. |
| T | Langform der Zeit. Entspricht der Formatzeichenfolge, die die Eigenschaft *LongTimePattern* zurückliefert. |
| u | Ergibt ein unter Verwendung des Formats zur Anzeige der koordinierten Weltzeit formatiertes sortierbares Datum (beispielsweise »2005-12-24 22:32:22Z«). Entspricht der Formatzeichenfolge, die die Eigenschaft *UniversalSortableDateTimePattern* zurückliefert. |
| U | Vollständiges Datum und Uhrzeit (langes Datumsformat und langes Zeitformat) unter Verwendung der koordinierten Weltzeit |
| y, Y | Monat und Jahreszahl (etwa »Dezember 2005«). Entspricht der Formatzeichenfolge, die die Eigenschaft *YearMonthPattern* zurückliefert. |

***Tabelle 4.9:*** *Für vereinfachte Formatzeichen zur Aufbereitung von Datums- und Zeitwerten verwenden Sie diese Tabelle*

# Gezielte Formatierungen mit Format Providern

Das Ziel bei der Implementierung von Format Providern in .NET war es, dem Entwickler ein möglichst universelles Werkzeug zum Aufbereiten von Daten zum Zweck der übersichtlichen Ausgabe auf Bildschirmen oder in Dateien zu bieten. Gleichzeitig sollten kulturabhängige Formatierungseigenarten berücksichtigt werden.

Letzteres haben Sie bereits in Form des *CulturInfo*-Objektes kennen gelernt. Wenn Sie der *ToString*-Funktion eines primitiven Datentyps ein *CultureInfo*-Objekt übergeben, das unter Angabe eines bestimmten Kulturkennzeichens instanziert wurde, passt sich die Ausgabe an die in der Kultur übliche Datendarstellungsweise an.

Neben dem *CulturInfo*-Objekt kennt das Framework zwei weitere Format Provider, die die Formatierung von numerischen Werten (*NumberFormatInfo*) und Datums- und Zeitwerten (*DateTimeFormatInfo*) genauer spezifizieren. Diese Format Provider arbeiten in Zusammenarbeit mit den vereinfachten Formatzeichen.

## Gezielte Formatierungen von Zahlenwerten mit NumberFormatInfo

Angenommen, Sie möchten eine Reihe von Zahlen als Währung formatiert untereinander ausgeben. Sie möchten dabei, dass die Ziffern der einzelnen Zahlen zwar als Tausender gruppiert werden (also 1.000.000 und nicht 1000000), aber Sie möchten nicht den Punkt, sondern das Leerzeichen als Gruppierungstrennzeichen verwenden. In diesem Fall verwenden Sie eine *NumberFormatInfo*-Instanz, um die Formatierungsregel genauer zu spezifizieren:

```
Sub main()
    'Den zu verwendenden Wert definieren.
    Dim locDouble As Double = 1234567.23
    'Kultureinstellungen sind englisch/britisch.
    Dim locCultureInfo As New CultureInfo("en-GB")
    'Die Einstellungen, die CultureInfo auf Grund der Kultur schon
    'geleistet hat, über nehmen wir in ein NumberFormatInfo…
    Dim locNumFormatInfo As NumberFormatInfo = locCultureInfo.NumberFormat

    '...dessen anzuwendende Regeln wir nun genauer spezifizieren können:
    locNumFormatInfo.CurrencyGroupSeparator = " "
    Console.WriteLine("Als Währung formatiert: " + locDouble.ToString("C", locNumFormatInfo))

    'Auf die normale Fließkommadarstellung hat diese Einstellung keinen Einfluss:
    Console.WriteLine("Als Fließkommazahl formatiert: " + locDouble.ToString("n", locNumFormatInfo))

    'Jetzt schon!
    locNumFormatInfo.NumberGroupSeparator = " "
    Console.WriteLine("Als Fließkommazahl formatiert: " + locDouble.ToString("n", locNumFormatInfo))
End Sub
```

Wenn Sie diese kleine Prozedur laufen lassen, produziert sie folgende Ausgabe:

```
Als Währung formatiert: £1 234 567.23
Als Fließkommazahl formatiert: 1,234,567.23
Als Fließkommazahl formatiert: 1 234 567.23
```

*NumberFormatInfo* stellt Ihnen für die Spezialisierung von Formatierungen im hier gezeigten Stil eine ganze Reihe von Eigenschaften zur Verfügung, die Sie nach Belieben vor dem Einsatz in *ToString* einstellen können. Welche Eigenschaften welche Änderung bewirken, entnehmen Sie bitte der Online-Hilfe von Visual Studio.

### Gezielte Formatierungen von Zeitwerten mit DateTimeFormatInfo

Was für die Spezialisierung von numerischen Formatierungen gilt, ist auch für die Datums- und Zeitenformatierung gültig. Sie verwenden die *DateTimeFormatInfo*-Klasse, um Formatierungen dieses Datentyps zu spezialisieren.

Auch hier soll ein Beispiel dem besseren Verständnis dienen. Normalerweise gibt es keine AM/PM-Designatoren (Tagesbereichsbezeichner beim englisch/amerikanischem Datumsformat) für die deutschen Kultureinstellungen. Das folgende kleine Beispielprogramm richtet die Designatoren mit einem *DateTimeFormatInfo*-Objekt gezielt mit deutschen Bezeichnungen ein, und sie werden anschließend durch die Angabe der entsprechenden Formatzeichen in der Formatzeichenkette mit *ToString* bei der Umwandlung des Datums ausgegeben.

```
Sub main()

    'Zu verwendenden Wert definieren.
    Dim locDate As Date = #12/24/2005 1:12:23 PM#
    'Kultureinstellungen sind deutsch.
    Dim locCultureInfo As New CultureInfo("de-DE")
    'Die Einstellungen, die CultureInfo auf Grund der Kultur schon
    'geleistet hat, übernehmen wir in ein DateTimeFormatInfo…
    Dim locDateTimeFormatInfo As DateTimeFormatInfo = locCultureInfo.DateTimeFormat

    '...dessen anzuwendende Regeln wir nun genauer spezifizieren können:
    locDateTimeFormatInfo.AMDesignator = "Vormittag"
    locDateTimeFormatInfo.PMDesignator = "Nachmittag"
    Console.WriteLine("Mit deutschen AM/PM-Designatoren: " _
        + locDate.ToString("dd.MM.yyyy hh:mm:ss - tt", locDateTimeFormatInfo))

    '12 Stunden dazu addieren:
    locDate = locDate.AddHours(12)
    Console.WriteLine("Mit deutschen AM/PM-Designatoren: " _
        + locDate.ToString("dd.MM.yyyy hh:mm:ss - tt", locDateTimeFormatInfo))
End Sub
```

## Kombinierte Formatierungen

Kombinierte Formatierungen sind ein spezielles Feature von .NET, das die Einbindung von zu formatierenden bzw. umzuwandeln Text gezielt an bestimmte Stellen innerhalb einer Zeichenkette ermöglicht. Dazu ein Beispiel:

Das folgende kleine Programm definiert einen bestimmten Ausgangszeitpunkt. Es addiert anschließend 15 Mal in Folge eine zufällige Zeitspanne zwischen 0 Minuten und 23 Stunden und 59 Minuten zum Ausgangsdatum und zeigt das entsprechende Ergebnis an. Das Programm dafür sieht folgendermaßen aus:

**HINWEIS:** Im Verzeichnis *..\DataTypes\CompositeFormating* finden Sie die anschließenden Beispiele.

```
Sub Main()

    Dim locBasisDatum As Date = #12/30/2005 1:12:32 PM#
    Dim locOffset As TimeSpan
    Dim locRandom As New Random(Now.Millisecond)

    'Backslash vor ', damit es gedruckt und nicht als Steuerzeichen interpretiert wird!
```

```
Console.WriteLine("Es ist " + _
    locBasisDatum.ToString("dddd, ""der"" d. MMMM \'yy, HH:mm") + _
    "...")

'15 Wiederholungen
For count As Integer = 1 To 15
    locOffset = New TimeSpan(locRandom.Next(23), locRandom.Next(59), 0)
    locBasisDatum = locBasisDatum.Add(locOffset)
    Console.WriteLine("...und " + Math.Floor(locOffset.TotalHours).ToString() + _
        " Std. und " + locOffset.Minutes.ToString() + _
        " Min. später ist " _
        + locBasisDatum.ToString("dddd, ""der"" d. MMMM \'yy, HH:mm"))
Next
End Sub
```

Es produziert etwa folgende Ausgabe:

```
Es ist Freitag, der 30. Dezember '05, 13:12...
...und 10 Std. und 21 Min. später ist Freitag, der 30. Dezember '05, 23:33
...und 2 Std. und 29 Min. später ist Samstag, der 31. Dezember '05, 02:02
...und 15 Std. und 16 Min. später ist Samstag, der 31. Dezember '05, 17:18
...und 20 Std. und 10 Min. später ist Sonntag, der 1. Januar '06, 13:28
...und 21 Std. und 43 Min. später ist Montag, der 2. Januar '06, 11:11
...und 2 Std. und 39 Min. später ist Montag, der 2. Januar '06, 13:50
...und 7 Std. und 53 Min. später ist Montag, der 2. Januar '06, 21:43
...und 10 Std. und 34 Min. später ist Dienstag, der 3. Januar '06, 08:17
...und 18 Std. und 52 Min. später ist Mittwoch, der 4. Januar '06, 03:09
...und 13 Std. und 27 Min. später ist Mittwoch, der 4. Januar '06, 16:36
...und 1 Std. und 24 Min. später ist Mittwoch, der 4. Januar '06, 18:00
...und 11 Std. und 40 Min. später ist Donnerstag, der 5. Januar '06, 05:40
...und 20 Std. und 46 Min. später ist Freitag, der 6. Januar '06, 02:26
...und 13 Std. und 31 Min. später ist Freitag, der 6. Januar '06, 15:57
...und 13 Std. und 50 Min. später ist Samstag, der 7. Januar '06, 05:47
```

Zwei Dinge fallen auf: Zum einen ist der Programmtext ein einziges Chaos. Man muss sich Buchstabe für Buchstabe durch das Listing hangeln, um erst nach geraumer Zeit festzustellen, was die Zeilen überhaupt bewirken. Das zweite Problem: Auch die Ausgabe ist nicht wirklich sauber formatiert.

Schauen Sie sich jetzt die folgende Version des Programms an, das die exakt gleiche Ausgabe produziert:

```
Sub ZweiteVersion()

    Dim locBasisDatum As Date = #12/30/2005 1:12:32 PM#
    Dim locOffset As TimeSpan
    Dim locRandom As New Random(Now.Millisecond)

    With locBasisDatum
        Console.WriteLine("Es ist {0}, der {1}...", _
            .ToString("dddd"), _
            .ToString("d. MMMM \'yy, HH:mm"))

        '15 Wiederholungen
        For count As Integer = 1 To 15
            locOffset = New TimeSpan(locRandom.Next(23), locRandom.Next(59), 0)
            locBasisDatum = locBasisDatum.Add(locOffset)
```

```
            Console.WriteLine("...und {0} Std. und {1} Min. später ist {2}", _
                Math.Floor(locOffset.TotalHours).ToString(), _
                locOffset.Minutes.ToString(), _
                locBasisDatum.ToString("dddd, ""der"" d. MMMM \'yy, HH:mm"))
        Next
    End With

End Sub
```

Was ist passiert? Sie haben durch Platzhalter in geschweiften Klammern bestimmt, an welche Positionen innerhalb des angegebenen Textes, der die Platzhalter enthält, die folgenden Parameter eingesetzt werden sollen. Das Ergebnis kann sich sehen lassen: Das Listing ist leicht lesbar, und man versteht fast auf Anhieb, welchem Zweck es dient.

Sie können kombinierte Formatierungen nicht nur in der *Console.WriteLine*-Anweisung einsetzen. Alle Ableitungen des *TextWriter*-Objektes verstehen mit ihrer *WriteLine*-Anweisung ebenfalls kombinierte Formatierungen. Und zu guter Letzt haben Sie mit der statischen *String.Format*-Methode die Möglichkeit, einen neuen String zu produzieren, der durch die Möglichkeiten der kombinierten Formatierung aufbereitet werden kann.

## Ausrichtungen in kombinierten Formatierungen

Die Funktionalität von kombinierten Formatierungen geht noch weiter. Sie können in den so genannten Indexkomponenten – so nennen sich die in geschweiften Klammern eingefügten Platzhalter – angeben, wie der Text mit führenden Leerzeichen ausgerichtet werden soll. Dazu geben Sie mit Komma getrennt die Anzahl der Zeichen ein, auf die der Text durch das Einfügen von führenden Leerzeichen verlängert werden soll, so dass die einzufügenden Zeichen auf einer bestimmten Position enden. Angewendet auf das schon vorhandene Beispiel, ergibt sich folgende Version des Programms:

```
Sub DritteVersion()

    Dim locBasisDatum As Date = #12/30/2005 1:12:32 PM#
    Dim locOffset As TimeSpan
    Dim locRandom As New Random(Now.Millisecond)

    With locBasisDatum
        Console.WriteLine("Es ist {0}, der {1}...", _
            .ToString("dddd"), _
            .ToString("d. MMMM \'yy, HH:mm"))

        '15 Wiederholungen
        For count As Integer = 1 To 15
            locOffset = New TimeSpan(locRandom.Next(23), locRandom.Next(59), 0)
            locBasisDatum = locBasisDatum.Add(locOffset)
            Console.WriteLine("...und {0,2} Std. und {1,2} Min. später ist {2,11}, der {3}", _
                Math.Floor(locOffset.TotalHours).ToString(), _
                locOffset.Minutes.ToString(), _
                .ToString("dddd"), _
                .ToString("dd. MMMM \'yy, HH:mm") _
                )
        Next
    End With
End Sub
```

Wenn Sie diese Prozedur laufen lassen, ergibt sich die folgende Ausgabe auf dem Konsolenfenster:

```
Es ist Freitag, der 30. Dezember '05, 13:12...
...und  4 Std. und 14 Min. später ist     Freitag, der 30. Dezember '05, 17:26
...und 13 Std. und 43 Min. später ist     Samstag, der 31. Dezember '05, 07:09
...und 11 Std. und 11 Min. später ist     Samstag, der 31. Dezember '05, 18:20
...und  2 Std. und 26 Min. später ist     Samstag, der 31. Dezember '05, 20:46
...und  4 Std. und 49 Min. später ist     Sonntag, der 01. Januar '06, 01:35
...und 16 Std. und  4 Min. später ist     Sonntag, der 01. Januar '06, 17:39
...und  3 Std. und  1 Min. später ist     Sonntag, der 01. Januar '06, 20:40
...und 15 Std. und 28 Min. später ist     Montag, der 02. Januar '06, 12:08
...und  9 Std. und 24 Min. später ist     Montag, der 02. Januar '06, 21:32
...und 18 Std. und 18 Min. später ist     Dienstag, der 03. Januar '06, 15:50
...und  4 Std. und 26 Min. später ist     Dienstag, der 03. Januar '06, 20:16
...und 13 Std. und 17 Min. später ist     Mittwoch, der 04. Januar '06, 09:33
...und  0 Std. und 35 Min. später ist     Mittwoch, der 04. Januar '06, 10:08
...und 22 Std. und 44 Min. später ist   Donnerstag, der 05. Januar '06, 08:52
...und 15 Std. und 38 Min. später ist     Freitag, der 06. Januar '06, 00:30
```

Zugegeben: Schöner ist nur die Formatierung der ersten beiden Parameter geworden. Ob das Einrücken der Wochentage wirklich zur Lesbarkeit beiträgt, ist strittig. Zur Demonstration der Funktion ist es allemal ein brauchbares Ergebnis, denn: Sie können leicht erkennen, wie sich die Erweiterung der Indexkomponenten um die Angabe der Gesamtlänge der Buchstaben (die entsprechende Zeilen im Listing ist fett markiert) auf das Ergebnis auswirken.

### Angeben von Formatzeichenfolgen in den Indexkomponenten

Zu guter Letzt gibt es eine weitere Möglichkeit, die Indexkomponenten zu parametrisieren. Sie können die Formatzeichenfolge, die sich in den bisherigen Versionen bei den zu formatierenden Parametern selbst befand, ebenfalls in jeder Indexkomponente angeben. Dazu trennen Sie die Formatzeichen per Doppelpunkt von den weiteren Parametern. Das folgende Listing zeigt die letzte Version der Prozedur, bei der sie von dieser Möglichkeit Gebrauch macht:

```
Sub VierteVersion()

    Dim locBasisDatum As Date = #12/30/2005 1:12:32 PM#
    Dim locOffset As TimeSpan
    Dim locRandom As New Random(Now.Millisecond)

    Console.WriteLine("Es ist {0:dddd}, der {1:d. MMMM \'yy, HH:mm}...", _
        locBasisDatum, _
        locBasisDatum)

    '15 Wiederholungen
    For count As Integer = 1 To 15
        locOffset = New TimeSpan(locRandom.Next(23), locRandom.Next(59), 0)
        locBasisDatum = locBasisDatum.Add(locOffset)
        Console.WriteLine("...und {0,2} Std. und {1,2} Min. später ist {2,11:dddd}, der {3:dd. MMMM \'yy, HH:mm}", _
            Math.Floor(locOffset.TotalHours).ToString(), _
            locOffset.Minutes.ToString(), _
            locBasisDatum, _
            locBasisDatum _
            )
    Next
End Sub
```

**WICHTIG:** Achten Sie bei dieser Version auf zwei wesentliche Änderungen. Da zum einen die Formatierungsanweisungen in die Indexkomponenten verschoben wurden, dürfen Sie jetzt nicht mehr die *ToString*-Funktion der einzelnen zu formatierenden Daten verwenden, da diese zuvor für die korrekte Formatierung zuständig war. Würden Sie die *ToString*-Funktion beibehalten, so würde die Formatierungsfunktion, die durch *WriteLine* ins Leben gerufen wird (der so genannte *Formatter*), versuchen, die Formatzeichen auf eine Zeichenkette und nicht auf den *Date*-Typ anzuwenden. Er würde natürlich ins Leere laufen, da Zeichenketten selbst nicht mit den Formatzeichen für den *Date*-Typ zu formatieren sind.

Beachten Sie auch, dass das bündige Ausrichten durch Leerzeichen nur mit nicht-proportionalen Zeichensätzen möglich ist. Bei proportionalen Zeichensätzen, bei denen Buchstaben nicht gleich groß sind (»wwww« ist viel länger als »iiii«) schlägt das Formatieren mit Leerzeichen natürlich fehl.

## So helfen Ihnen benutzerdefinierte Format Provider, Ihre Programme zu internationalisieren

.NET erlaubt das Erstellen von benutzerdefinierten Format Providern. Um zu verstehen, wie Sie Format Provider in .NET entwickeln, lassen Sie mich das Pferd anhand des Ergebnisses eines Beispiels von hinten aufzäumen: Stellen Sie sich vor, Sie müssten ein Programm entwickeln, dass nicht nur die Konvertierung von Maßeinheiten vornehmen kann, sondern den Entwickler seiner Klasse auch bei der Aufbereitung der Werte unterstützt.

Ein Programm soll folgendes Problem lösen: Es erlaubt seinem Anwender, einen Wert in Meter einzugeben; das Programm wird anschließend die Werte in die in deutsch- und englischsprachigen Kulturen üblichen Maßeinheiten umrechnen, etwa wie im folgenden Beispiel zu sehen:

```
Geben Sie einen Wert in Metern zur Umrechnung ein: 550
        mm      |       cm      |       m       |       km      |
550.000,00000   |  55.000,00000 |    550,00000  |      0,55000  |

       lines    |     inches    |     yards     |      miles    |
   259.820,00000|   21.653,50000|     601,70000 |      0,34177  |
```

Soweit ist das Programm absolut nichts Besonderes – jeder Basic-Neueinsteiger programmierte so etwas schon vor Jahrzehnten nach ein paar Stunden.

Allerdings ist der Weg dorthin schon bemerkenswerter. Das folgende Programm zeigt, wie die einzelnen Zeilen zustande gekommen sind.

**HINWEIS:** Sie finden dieses Programm im Buch-CD-Verzeichnis und dort im Ordner ..\*DataTypes\CustomFormatProvider*):

```
Module CustomFormatProvider

    Sub Main()

        Dim locEngKultur As New CultureInfo("en-US")

        Console.Write("Geben Sie einen Wert in Metern zur Umrechnung ein: ")
        Dim locLaenge As New Laengen(Decimal.Parse(Console.ReadLine))

        'Umgerechneten Wert anzeigen:
        Console.WriteLine("      mm      |      cm      |      m      |      km      |")
        Console.WriteLine("{0,17} |{1,17} |{2,17} |{3,17} |", _
```

```
            locLaenge.ToString("s-d;#,##0.00000"), _
            locLaenge.ToString("k-d;#,##0.00000"), _
            locLaenge.ToString("m-d;#,##0.00000"), _
            locLaenge.ToString("g-d;#,##0.00000"))

        Console.WriteLine()
        'Umgerechneten Wert anzeigen:
        Console.WriteLine("      lines    |    inches    |    yards    |    miles    |")
        Console.WriteLine("{0,17} |{1,17} |{2,17} |{3,17} |", _
            locLaenge.ToString("s;#,##0.00000", locEngKultur), _
            locLaenge.ToString("k-e;#,##0.00000"), _
            locLaenge.ToString("m;#,##0.00000", _
                New LaengenFormatInfo(LaengenKultur.EnglischAmerikanisch, LaengenAufloesung.Mittel)), _
            locLaenge.ToString("g;#,##0.00000", locEngKultur))
        Console.ReadLine()

    End Sub

End Module
```

Sie können leicht erkennen, dass Sie in diesem Programm quasi keine einzige Berechnung finden können. Es werden auch keine Eigenschaften oder Funktionen einer speziellen Klasse aufgerufen – alle Konvertierungen finden ausschließlich über die Steuerung entweder von Formatzeichenfolgen oder – was auf den ersten Blick noch nicht offensichtlich ist – über mehr oder weniger spezielle Format Provider statt.

Die Konvertierungen werden aber nichtsdestotrotz durch eine spezielle Klasse realisiert – sie nennt sich für dieses Beispiel schlicht und einfach *Laengen*. Sie stellt auf der einen Seite die wirklich simplen Konvertierungsfunktionen zur Verfügung (mit Methoden wie *ToMile*, *ToInch*, etc.). Auf der anderen Seite erweitert sie die *ToString*-Funktion der Basisklasse (sie ist direkt von *Object* abgeleitet). *ToString* nimmt wahlweise einen oder zwei Parameter entgegen, und zwar in dem Stil, den Sie in den vergangenen Abschnitten schon kennen gelernt haben. Sie verarbeitet Formatzeichenfolgen – wahlweise in Kombination mit einem Format Provider.

Die Formatzeichenfolgen akzeptieren Formatzeichenfolgen, die eigentlich Kombinationen aus zweien sind – oder zumindest sein können. Der erste Teil einer Formatzeichenfolge steuert, welche Maßeinheit bei der Ausgabe verwendet werden soll; der zweite Teil – und jetzt kommt der internationalisierende Part – bestimmt, welche Kulturvorgaben dabei verwendet werden sollen. Aus diesem Grund bestimmen Sie mit der Angabe von den Formatzeichenfolgen auch nicht direkt »Zentimeter« oder »Inch« (die englische Einheit für Zoll), sondern geben vielmehr eine Skalierungsbezeichnung an, wahlweise in Kombination mit einem Kulturbuchstaben. Die Skalierung habe ich der Einfachheit halber in *sehr klein*, *klein*, *mittel* und *groß* festgelegt. Diese Version der Klasse unterscheidet ferner die beiden Kulturen *deutsch* und *amerikanisch-englisch*.

Damit haben Sie, ohne direkte Bezeichnungen definieren zu müssen, kulturabhängig die Möglichkeit, verschiedene Skalierungen zu verwenden. Mit den folgenden Anweisungen lassen Sie beispielsweise eine Zeile ausgeben, die die *sehr kleine* Skalierung mit einem Wert für die Klasse *Laenge* von 1 verwenden:[13]

---

[13] Die einzelnen Testroutinen befinden sich alle innerhalb des Moduls. Wenn Sie sie selber ausprobieren wollen, brauchen Sie am Anfang des Moduls lediglich die Kommentare der ersten beiden Zeilen zu entfernen und den Aufruf der jeweils vorgestellten Prozedur dort einzusetzen.

```
Sub Spielchen()

    'Definiert eine Laengen-Instanz mit 1 (einem Meter).
    Dim locLaenge As New Laengen(1)
    'Gibt auf einem deutschen System den Klasseninstanzwert in Millimeter aus.
    Console.WriteLine(locLaenge.ToString("s"))

    'Auf einem englischen oder amerikanischen System würde die vorherige Zeile
    'die gleiche Ausgabe, wie die folgende bewirken:
    Console.WriteLine(locLaenge.ToString("s", New CultureInfo("en-US")))
    Console.ReadLine()
End Sub
```

Dieses Programm gibt die folgenden Zeilen aus:

```
1000
472,4
```

*Sehr klein* im Deutschen bedeutet bei diesem Beispiel *Millimeter*. Da die Klasse in der Einheit *Metern* definiert wird, druckt die entsprechende Programmzeile korrekt 1000 (für 1000 Millimeter) aus und in der englischen Version, in der *sehr klein* die Einheit *Lines* bedeutet, korrekt 472,4.

Welche Kultur Sie bei der Ausgabe berücksichtigen, lässt sich bei der *Laengen*-Klasse nicht nur mit dem *CultureInfo*-Objekt steuern, wie im letzten Beispiel gesehen. Sie haben nämlich auch die Möglichkeit, die Kultur in einer Erweiterung der Formatzeichenfolge zu bestimmen, etwa wie im folgenden Beispiel, das kein *CultureInfo*-Objekt verwendet:

```
Sub Spielchen2()

    'Definiert eine Laengen-Instanz mit 1 (einem Meter).
    Dim locLaenge As New Laengen(1)
    'Gibt auf jedem System den Klasseninstanzwert in Millimeter aus.
    Console.WriteLine(locLaenge.ToString("s-d"))
    'Gibt auf jedem System den Klasseninstanzwert in Lines aus.
    Console.WriteLine(locLaenge.ToString("s-e"))

    Console.ReadLine()
End Sub
```

Die Ausgabe ist dieselbe wie im vorherigen Beispiel.

Die Steuerung mit Formatzeichen erlaubt aber noch mehr. Mit Semikolon getrennt können Sie eine Formatierung für die Werte an sich bestimmen, wie Sie es im ▶ Abschnitt »Formatierung von numerischen Ausdrücken durch Formatzeichenfolgen« ab Seite 266 schon kennen gelernt haben. Ein weiteres Beispiel zeigt diese Verwendung der Formatzeichen:

```
Sub Spielchen3()

    'Definiert eine Laengen-Instanz mit 1 (einem Meter).
    Dim locLaenge As New Laengen(1)
    'Gibt auf jedem System den Klasseninstanzwert in Millimeter aus.
    Console.WriteLine(locLaenge.ToString("s-d;#,##0.00"))
    'Gibt auf jedem System den Klasseninstanzwert in Lines aus.
    Console.WriteLine(locLaenge.ToString("s-e;#,##0.00"))

    Console.ReadLine()
End Sub
```

Die Ausgabe lautet jetzt:

```
1.000,00
472,40
```

die Zahlen wurden den Formatzeichen entsprechend formatiert.

Die folgende Tabelle zeigt Ihnen, welche Zeichenkombinationen die *ToString*-Funktion der *Laengen*-Klasse auswerten kann:

| Formatzeichen | Bedeutung | deutsche Maßeinheit (-d) | englisch-amerikanische Maßeinheit (-e) |
|---|---|---|---|
| s | sehr klein | Millimeter | Lines |
| k | klein | Zentimeter | Inches |
| m | mittel | Meter | Yard |
| g | groß | Kilometer | Miles |

*Tabelle 4.10: Die Laengen-Klasse versteht diese Formatzeichen*

Bislang haben Sie vom eigentlichen benutzerdefinierten Format Providern noch nichts gesehen. Die Formatsteuerung mit Formatzeichen in Kombination mit dem *CultureInfo*-Objekt schien zwar schon ganz gut zu funktionieren, aber die Ausgabeform eines *Laengen*-Klassenwertes konnten Sie nur auf Kulturseite beeinflussen.

Zusätzlich zur *Laengen*-Klasse gibt es im Beispielprogramm aber auch einen richtigen Format Provider – er nennt sich passenderweise *LaengenFormatInfo*. Seine Funktionsweise demonstriert das folgende Beispiel:

```
Sub Spielchen4()

    'Definiert eine Laengen-Instanz mit 1 (einem Meter).
    Dim locLaenge As New Laengen(1)
    Dim locLaengenFormatInfo As New LaengenFormatInfo

    locLaengenFormatInfo.Aufloesung = LaengenAufloesung.SehrKlein
    locLaengenFormatInfo.Kultur = LaengenKultur.Deutsch

    'Gibt auf jedem System den Klasseninstanzwert in Millimeter aus.
    Console.WriteLine(locLaenge.ToString(locLaengenFormatInfo))
    'Gibt auf jedem System den Klasseninstanzwert in Lines aus.
    locLaengenFormatInfo.Kultur = LaengenKultur.EnglischAmerikanisch
    Console.WriteLine(locLaenge.ToString(locLaengenFormatInfo))

    Console.ReadLine()

End Sub
```

Die Verwendungsweise lehnt sich an die bekannten Format Provider *NumberFormatInfo* und *DateTimeFormatInfo* an. Sie instanzieren die Klasse, setzen bestimmte Eigenschaften (im Beispiellisting fett gekennzeichnet), und wenn Sie die Klasseninstanz der *ToString*-Funktion der *Laengen*-Klasse übergeben, passt sie die Formatierung des Ausgabetextes entsprechend an.

Das Ergebnis dieses Beispiels ist wieder das des vorherigen.

Nachdem Sie die *Laengen*-Klasse nun umfassend anzuwenden gelernt haben, will ich Ihnen die genaue Funktionsweise nicht vorenthalten.

Die Klasse besteht zunächst einmal aus dem Konstruktor, und einer ganzen Menge einfacher Umrechnungsfunktionen die folgendermaßen implementiert sind:

```
Public Class Laengen

    'Speichert die Länge in Meter.
    Private myLaenge As Decimal

    Sub New(ByVal Meter As Decimal)
        myLaenge = Meter
    End Sub

    Public Function FromMile(ByVal Mile As Decimal) As Laengen
        Return New Laengen(Mile * 1609D)
    End Function

    Public Shared Function FromYard(ByVal Yard As Decimal) As Laengen
        Return New Laengen(Yard * 0.9144D)
    End Function

    Public Shared Function FromInch(ByVal Inch As Decimal) As Laengen
        Return New Laengen(Inch * 0.0254D)
    End Function

    Public Shared Function FromLine(ByVal Line As Decimal) As Laengen
        Return New Laengen(Line * 0.002117D)
    End Function

    Public Shared Function FromKilometer(ByVal Kilometer As Decimal) As Laengen
        Return New Laengen(Kilometer * 1000D)
    End Function

    Public Shared Function FromCentimeter(ByVal Centimeter As Decimal) As Laengen
        Return New Laengen(Centimeter * 0.01D)
    End Function

    Public Shared Function FromMillimeter(ByVal Millimeter As Decimal) As Laengen
        Return New Laengen(Millimeter * 0.001D)
    End Function

    Public Function ToMeter() As Decimal
        Return myLaenge
    End Function

    Public Function ToKilometer() As Decimal
        Return myLaenge * 0.001D
    End Function

    Public Function ToCentimeter() As Decimal
        Return myLaenge * 100D
    End Function

    Public Function ToMillimeter() As Decimal
        Return myLaenge * 1000D
    End Function
```

```
Public Function ToMile() As Decimal
    Return myLaenge * 0.0006214D
End Function

Public Function ToYard() As Decimal
    Return myLaenge * 1.094D
End Function

Public Function ToInch() As Decimal
    Return myLaenge * 39.37D
End Function

Public Function ToLine() As Decimal
    Return myLaenge * 472.4D
End Function
```

Das Interessante sind anschließend die verschiedenen Überladungen der *ToString*-Funktionen, mit denen der Inhalt der Klasseninstanz in Zeichenketten umgewandelt werden kann:

```
Public Overloads Function ToString(ByVal format As String) As String
    Return ToString(format, Nothing)
End Function

Public Overloads Function ToString(ByVal formatProvider As System.IFormatProvider) As String
    Return ToString(Nothing, formatProvider)
End Function

Public Overloads Function ToString(ByVal formatChars As String, _
        ByVal formatProvider As System.IFormatProvider) As String

    Trace.WriteLine("ToString (Formattable-Signatur) wurde aufgerufen!")

    If (TypeOf formatProvider Is CultureInfo) Or formatProvider Is Nothing Then
        formatProvider = LaengenFormatInfo.FromFormatProvider(formatProvider)
    ElseIf Not (TypeOf formatProvider Is LaengenFormatInfo) Then
        Dim up As New FormatException("Der Format Provider wird für die Klasse Laengen nicht unterstützt!")
        Throw up
    End If

    'LaengenFormatInfo-Provider enthält die Format-Aufbereitungsroutine
    Return DirectCast(formatProvider, LaengenFormatInfo).Format(formatChars, Me, formatProvider)

End Function

End Class
```

Erwähnenswert an dieser Stelle ist die Vorgehensweise zum Erkennen des Typs des übergebenen Format Providers am Anfang des Listings. Hier wird nämlich kein fester Typ als Parameter übernommen, sondern eine Schnittstelle. Ein Schnittstelle deswegen, damit wahlweise ein *CultureInfo*-Objekt, ein *LaengenFormatInfo*-Objekt oder *Nothing* übergeben werden kann. Mit *Type Of* überprüft *ToString* dabei, um welchen Typ es sich bei der Schnittstelle genau handelt (die relevanten Stellen sind im Listing wieder fett markiert). Sollte *Nothing* oder eine *CultureInfo* übegeben worden sein, dann kümmert sich die statische Methode *FromFormatProvider* der *LaengenFormatInfo*-Klasse, darum dass im Anschluss nur mit eben diesem Format Provider gearbeitet wird. Und eigentlich macht genau diese Funktionsweise die Internationalisierung des

Programms aus: Wenn kein Format Provider übergeben wurde, dann legt – wie wir später noch sehen werden – die statische Funktion nicht etwa direkt ein *LaengenFormatInfo*-Objekt an, sondern zunächst ein *CultureInfo*-Objekt. Dieses *CultureInfo*-Objekt ist aber nicht irgendeins, sondern es spiegelt die voreingestellte Kultur des aktuellen Threads wider – und damit die Grundeinstellung des Rechners. Erst jetzt passiert die Konvertierung in ein *LaengenFormatInfo*-Objekt – mit dem Ergebnis, dass auf einem englischen System automatisch englische und auf einem deutschen System automatisch deutsche Maßeinheiten verwendet werden.

Die Formatierungsroutine selbst befindet sich ebenfalls in unserem *LaengenFormatInfo*-Objekt. Da das zu diesem Zeitpunkt, zu dem wir es zum Aufruf von *Format* benötigen, aber unbedingt vorhanden ist (alle anderen möglicherweise artfremden Format Provider sind zu diesem Zeitpunkt entweder konvertiert worden oder haben eine Ausnahme ausgelöst), können wir die Schnittstellenvariable *formatProvider*, ohne eine Ausnahme zu riskieren, in ein *LaengenFormatInfo*-Objekt casten, um uns den Zugang zu dessen *Format*-Methode zu erschließen.

Die komplette Aufbereitungsfunktionalität an sich findet anschließend in der *LaengenFormatInfo*-Klasse in eben dieser Funktion statt. Diese Klasse ist im folgenden Listing zu sehen.

```
Public Enum LaengenAufloesung
    SehrKlein   ' Millimeter oder Line
    Klein       ' Zentimeter oder Inch
    Mittel      ' Meter oder Yard
    Groß        ' Kilometer oder Mile
End Enum

Public Enum LaengenKultur
    EnglischAmerikanisch
    Deutsch
End Enum
```

Diese beiden *Enums* (mehr zu *Enums* im letzten, größeren Abschnitt dieses Kapitels) dienen lediglich dazu, dem Entwickler den Umgang mit der im Anschluss besprochenen *LaengenFormatInfo*-Klasse zu erleichtern; er muss sich dann keine Nummern für Parametereinstellungen merken, sondern kann per Namen darauf zugreifen. Die eigentliche *LaengenFormatInfo*-Klasse verwendet die *Enums* an verschiedenen Stellen.

```
Public Class LaengenFormatInfo
    Implements IFormatProvider
    Private myKultur As LaengenKultur
    Private myAufloesung As LaengenAufloesung

    Sub New()
        myKultur = LaengenKultur.Deutsch
        myAufloesung = LaengenAufloesung.Mittel
    End Sub

    Sub New(ByVal Kultur As LaengenKultur)
        myKultur = Kultur
        myAufloesung = LaengenAufloesung.Mittel
    End Sub

    Sub New(ByVal Kultur As LaengenKultur, ByVal Aufloesung As LaengenAufloesung)
        myKultur = Kultur
        myAufloesung = Aufloesung
    End Sub
```

```vb
Public Shared Function FromFormatProvider(ByVal formatProvider As IFormatProvider) As LaengenFormatInfo

    Dim retLaengenFormatInfo As LaengenFormatInfo

    If formatProvider Is Nothing Then
        formatProvider = CultureInfo.CurrentCulture
    End If

    If DirectCast(formatProvider, CultureInfo).ThreeLetterISOLanguageName = "deu" Then
        retLaengenFormatInfo = _
            New LaengenFormatInfo(LaengenKultur.Deutsch, LaengenAufloesung.Mittel)
    Else
        retLaengenFormatInfo = _
            New LaengenFormatInfo(LaengenKultur.EnglischAmerikanisch, LaengenAufloesung.Mittel)
    End If
    Return retLaengenFormatInfo

End Function
```

Erste Station: die schon angesprochene statische Funktion *FromFormatProvider*, die dafür sorgt, dass jeder ankommende Format Provider automatisch in einen *LaengenFormatInfo*-Format-Provider umgewandelt wird. Sie sorgt dafür – wie schon gesagt –, dass die Klasse *Laengen* sich ohne weiteres Eingreifen durch den Entwickler automatisch internationalisiert.

```vb
Public Function GetFormat(ByVal formatType As System.Type) As Object Implements System.IFormatProvider.GetFormat
    Trace.WriteLine("Ausgabe von GetFormat:" + formatType.Name)
End Function
```

Da durch die *Implements*-Anweisung am Anfang der Klasse die *IFormatProvider*-Schnittstelle eingebunden wird, muss diese Funktion *GetFormat* ebenfalls vorhanden sein. Momentan enthält sie nur eine einzelne Anweisung, die – sollte sie von wem oder was auch immer aufgerufen werden – uns darüber im Ausgabefenster (nicht Konsolenfenster!) informieren wird. Dadurch, dass wir die *IFormatProvider*-Schnittstelle einbinden, ermöglichen wir, sie auch als Parameter für *ToString* der *Laengen*-Klasse zuzulassen. Auf diese Weise schaffen wir die Möglichkeit, die Schnittstelle zu übergeben, ohne uns bei der Parameterübergabe ausschließlich auf ein *LaengenInfoFormat*-Objekt festlegen zu müssen.

```vb
Public Function Format(ByVal formatChars As String, _
            ByVal arg As Object, _
            ByVal formatProvider As System.IFormatProvider) As String _

    Dim locLaengen As Laengen

    Trace.WriteLine("Format (CustomFormatter-Signatur) wurde aufgerufen!")
    'Dafür sorgen, dass das zu formatierende Element und der Format Provider übereinstimmen.
    If Not TypeOf arg Is Laengen Then
        Return String.Format(formatProvider, formatChars, arg)
    End If

    locLaengen = DirectCast(arg, Laengen)

    'Dafür sorgen, dass die Formatzeichenfolge nie "nichts" ist.
    If formatChars Is Nothing Then
        formatChars = ""
    End If
```

```vbnet
'Mit Semikolon können Formatzeichen für die Formatierung des eigentlichen Wertes folgen.
Dim locSemikolonPos As Integer = formatChars.IndexOf(";"c)

'Standardzeichen für die Formatzeichen zur Werteformatierung vorgeben.
Dim locNumFormat As String = "G"

'Doppelpunkt gefunden.
If locSemikolonPos > -1 Then
    'Das ist die Formatzeichenfolge für die Werteformatierung
    locNumFormat = formatChars.Substring(locSemikolonPos + 1)

    'Das für die Wahl der Längeneinheit
    formatChars = formatChars.Substring(0, locSemikolonPos)

    'Leerstring kommt nicht in Frage.
    If locNumFormat = "" Then
        locNumFormat = "G"
    End If
End If

'Nur noch kein, ein oder drei Zeichen kommen in Frage.
If formatChars.Length <> 0 And formatChars.Length <> 1 And formatChars.Length <> 3 Then
    Dim up As New FormatException("Ungültige(s) Formatzeichen für die Kulturbestimmung!")
    Throw up
End If

'Wenn drei Zeichen, dann wird die Einstellung des FormatProviders ignoriert;
'das Formatzeichen ist der Bestimmer!
If formatChars.Length = 3 Then
    If formatChars.ToUpper.EndsWith("-D") Then
        formatProvider = New LaengenFormatInfo(LaengenKultur.Deutsch)
        formatChars = formatChars.Substring(0, 1)
    ElseIf formatChars.ToUpper.EndsWith("-E") Then
        formatProvider = New LaengenFormatInfo(LaengenKultur.EnglischAmerikanisch)
        formatChars = formatChars.Substring(0, 1)
    Else
        Dim up As New FormatException("Ungültiges Formatzeichen für die Kulturbestimmung!")
        Throw up
    End If
End If

'Zu diesem Zeitpunkt ist formatProvider unbedingt eine LaengenformatInfo,
'Das folgende Casting kann also nicht schiefgehen:
Dim locLaengenFormatInfo As LaengenFormatInfo = DirectCast(formatProvider, LaengenFormatInfo)

'formatChars besteht aus (jetzt noch) nur einem Zeichen.

If formatChars.Length = 1 Then
    'S' für 'Sehr klein'
    If formatChars.ToUpper.StartsWith("S") Then
        locLaengenFormatInfo.Aufloesung = LaengenAufloesung.SehrKlein
    End If
```

```vb
            'K' für 'klein'
            If formatChars.ToUpper.StartsWith("K") Then
                locLaengenFormatInfo.Aufloesung = LaengenAufloesung.Klein
            End If

            'M' für 'Mittel'
            If formatChars.ToUpper.StartsWith("M") Then
                locLaengenFormatInfo.Aufloesung = LaengenAufloesung.Mittel
            End If

            'G' für 'groß'
            If formatChars.ToUpper.StartsWith("G") Then
                locLaengenFormatInfo.Aufloesung = LaengenAufloesung.Groß
            End If
        End If

        With locLaengenFormatInfo
            'Und alle Stringausgaben anhand des Providers durchführen
            If .Kultur = LaengenKultur.Deutsch Then
                If .Aufloesung = LaengenAufloesung.SehrKlein Then
                    Return locLaengen.ToMillimeter.ToString(locNumFormat)
                ElseIf .Aufloesung = LaengenAufloesung.Klein Then
                    Return locLaengen.ToCentimeter.ToString(locNumFormat)
                ElseIf .Aufloesung = LaengenAufloesung.Mittel Then
                    Return locLaengen.ToMeter.ToString(locNumFormat)
                ElseIf .Aufloesung = LaengenAufloesung.Groß Then
                    Return locLaengen.ToKilometer.ToString(locNumFormat)
                End If
            Else
                If .Aufloesung = LaengenAufloesung.SehrKlein Then
                    Return locLaengen.ToLine.ToString(locNumFormat)
                ElseIf .Aufloesung = LaengenAufloesung.Klein Then
                    Return locLaengen.ToInch.ToString(locNumFormat)
                ElseIf .Aufloesung = LaengenAufloesung.Mittel Then
                    Return locLaengen.ToYard.ToString(locNumFormat)
                ElseIf .Aufloesung = LaengenAufloesung.Groß Then
                    Return locLaengen.ToMile.ToString(locNumFormat)
                End If
            End If
        End With
    End Function
```

Und hier findet sie nun statt, die Aufbereitung der Zeichenkette für die formatierte Ausgabe. Sie macht unseren Format Provider erst wirklich zu einem *Format* Provider. Doch im Grunde genommen sind die knapp 100 Zeilen, in denen die Aufbereitung des Wertes und die Auswertung der Formatzeichenfolgen stattfindet, nichts Besonderes. Die eine oder andere Zeichenkettenanalyse, ein paar Bedingungsauswertungen – das war es schon.

```vb
    Public Property Kultur() As LaengenKultur
        Get
            Return myKultur
        End Get
        Set(ByVal Value As LaengenKultur)
            myKultur = Value
        End Set
    End Property
```

```vb
    Public Property Aufloesung() As LaengenAufloesung
        Get
            Return myAufloesung
        End Get
        Set(ByVal Value As LaengenAufloesung)
            myAufloesung = Value
        End Set
    End Property
End Class
```

Und damit ist das Geheimnis der Funktionsweise unserer *Laengen*-Klasse und ihres eigenen Format Providers auch schon gelüftet. Eine Sache fehlt allerdings noch, und die hat es in sich:

## Benutzerdefinierte Format Provider durch IFormatProvider und ICustomFormatter

Was bislang kein Beispielprogramm gezeigt hat, ist ein Feature, auf das Sie bei der Formatierung von Datumswerten und numerischen Daten zurückgreifen können: die direkte Einbindung von Formatzeichenfolgen beispielsweise in *WriteLine* oder *String.Format*. Da wir im jetzigen Stand einen Format Provider implementiert haben, schauen wir, was passiert, wenn wir diesen Format Provider zusammen mit unserem Datentyp in einer solchen Kombination einsetzen:

```vb
Sub FormatterTest()

    'Definiert eine Laengen-Instanz mit 1 (einem Meter).
    Dim locLaenge As New Laengen(1)
    Dim locLaengenFormatInfo As New LaengenFormatInfo

    locLaengenFormatInfo.Aufloesung = LaengenAufloesung.SehrKlein
    locLaengenFormatInfo.Kultur = LaengenKultur.EnglischAmerikanisch

    'Testen der Format-Funktion.
    Dim locStr As String = String.Format(locLaengenFormatInfo, _
        "Testausgabe {0:; #.##0.00} eines Laengen-Objektes", _
        locLaenge)
    Console.WriteLine(locStr)

    'Testen des Formatters.
    Console.WriteLine("Testausgabe {0:g-d; #.##0.00} eines Laengen-Objektes", locLaenge)

    Console.ReadLine()

End Sub
```

Doch leider passiert nach dem Programmstart nicht das, was wir eigentlich erwarten. Die Ausgabe lautet schlicht:

```
Testausgabe CustomFormatProvider.Laengen eines Laengen-Objektes
Testausgabe CustomFormatProvider.Laengen eines Laengen-Objektes
```

Anstatt die formatierten Werte auszugeben, haben beide Zeile lediglich den Namen des Objektes in das Konsolenfenster geschrieben. Allerdings: Im Ausgabefenster (nicht im Konsolenfenster!) erscheint ein Hinweis, der uns bei der Lösung dieses Problems einen Schritt weiter bringt.

*Primitive Datentypen*

Dort ist nämlich

```
GetFormat (IFormatProvider-Signatur) wurde aufgerufen:ICustomFormatter
```

zu lesen, und genau diese Zeile drucken wir durch die Anweisung

```
Trace.WriteLine("GetFormat (IFormatProvider-Signatur) wurde aufgerufen:" + formatType.Name)
```

in der *GetFormat*-Methode der *LaengenFormatInfo*-Klasse aus. Die Frage, die sich jetzt stellt: *Was* hat diese Funktion aufgerufen und *warum*?

Um genau zu sein: Die *AppendFormat*-Methode des *StringBuilder*-Objektes, die .NET-intern für die Aufbereitung einer zu formatierenden Zeichenfolge mit Hilfe eines Format Providers zuständig ist, war für den Aufruf von *GetFormat* verantwortlich. Sie selbst wurde über den Umweg *String.Format* aufgerufen und fragt uns, welcher benutzerdefinierte Format Provider die eigentliche Formatierung vornehmen soll. Da unsere Routine *GetFormat* z.Z. noch *Nothing* zurückgibt (genau genommen gibt sie gar nichts zurück – aber das entspricht ja buchstäblich *Nothing* ...), interpretiert sie das als Antwort »keiner«. Sie greift deswegen auf ein Notprogramm zurück und ruft die parameterlose *ToString*-Funktion des aufzubereitenden Objektes (Instanz von *Laengen*) auf. Wir haben diese aber nicht überschrieben, und deswegen liefert sie – da von *Object* abgeleitet und somit unverändert übernommen – nur den Namen der Klasse zurück, und genau das haben wir als Ausgabe im Konsolenfenster sehen können.

Nur wenn wir innerhalb von *GetFormat* einen für unseren Datentyp gültigen *Formatter* zurückliefern, wird *AppendFormat* diesen verwenden und anschließend dessen *Format*-Routine aufrufen. Unsere Aufgabe ist es also lediglich, einen Formatter zu implementieren und eine Instanz als Funktionsergebnis von *GetFormat* an *AppendFormat* zurückzuliefern. *AppendFormat* weiß dann, wen es zur Formatierung heranziehen soll. Die einzige sinnvolle Instanz, die *GetFormat* zu dieser Zeit kennt, ist aber die eigene. Das bedeutet, dass die *LaengenFormatInfo*-Klasse auch die *ICustomFormatter*-Schnittstelle implementieren muss, damit sie zum Formatter wird und ein erlaubtes Funktionsergebnis zurückliefern kann.

Einige Handgriffe reichen, um zum Ziel zu gelangen: Am Anfang des Codes der *LaengenFormatInfo*-Klasse muss die *Implements*-Anweisung um die *IFormatProvider*-Schnittstelle ergänzt werden:

```
Public Class Laengen
    Implements IFormatProvider

    'Speichert die Länge in Meter.
    Private myLaenge As Decimal        .
    .
    .
```

Die *IFormatProvider*-Schnittstelle verlangt, dass eine *Format*-Funktion in der Klasse existiert, die die Formatierung durchführt. Sie muss als Signatur einen String mit Formatzeichen und das zu formatierende Objekt sowie ein weiteres Objekt entgegennehmen, das die *IFormatProvider*-Schnittstelle implementiert. Zufälligerweise[14] haben wir genau so eine Version von *Format* schon im Programm. Es reicht, diese Funktion mit der *Implements*-Anweisung zu versehen, damit das Implementieren der *IFormattable*-Schnittstelle abgeschlossen ist:

---

[14] ;-) – vielleicht nicht ganz so zufällig...

```vb
Public Function Format(ByVal formatChars As String, _
        ByVal arg As Object, _
        ByVal formatProvider As System.IFormatProvider) As String _
        Implements ICustomFormatter.Format

    Trace.WriteLine("Format (CustomFormatter-Signatur) wurde aufgerufen!")
    'Dafür sorgen, dass das zu formatierende Element und der FormatProvider übereinstimmen
    If Not TypeOf arg Is Laengen Then
        Return String.Format(formatProvider, formatChars, arg)
    End If
    .
    .
    .
```

Und zu guter Letzt teilen wir der *AppendFormat*-Methode, die *GetFormat* der *LaengenFormatInfo* aufruft, noch mit, dass sie unsere *LaengenFormatInfo*-Klasse als Formatter verwenden kann. Das machen wir folgendermaßen:

```vb
Public Function GetFormat(ByVal formatType As System.Type) As Object Implements System.IFormatProvider.GetFormat
    Trace.WriteLine("Ausgabe von GetFormat:" + formatType.Name)
    'Wird mein Typ verlangt?
    If formatType.Name = "ICustomFormatter" Then
        'Ja, diese Instanz ist erlaubt zu handeln!
        Return Me
    Else
        'Falscher Typ, diese Instanz darf nichts machen, denn
        'wenn sie als Provider einem nicht kompatiblen Typ
        'übergeben wird, geht's in die Hose.
        Return Nothing
    End If
End Function
```

Wenn wir das Programm nun abermals starten, sieht das Ergebnis viel besser aus:

```
Testausgabe  472,40000 eines Laengen-Objektes
Testausgabe CustomFormatProvider.Laengen eines Laengen-Objektes
```

*String.Format* liefert jetzt brauchbare Ergebnisse – *WriteLine* direkt allerdings noch nicht.

Wir haben im vergangenen Abschnitt gesehen, dass *AppendFormat* sich richtig Mühe gibt, korrekte Formatierungen auch mit Objekten durchzuführen, die dem Framework fremd sind. Und diese Bemühungen gehen noch einen Schritt weiter. Denn bevor alle Stricke reißen und *AppendFormat* auf die parameterlose *ToString*-Funktion eines Objektes zurückgreift, sucht es automatisch nach einer weiteren Schnittstelle, die das Objekt implementieren könnte. Ihr Name: *IFormattable*

## Automatisch formatierbare Objekten durch Einbinden von IFormattable

Die *IFormattable*-Schnittstelle ist in ihrer Handhabung eigentlich sogar noch einfacher als die Format-Provider-Methode – leider auch nicht ganz so flexibel, denn sie muss auf eine korrelierende Format-Provider-Klasse beim Aufbereiten des Strings verzichten und sich ganz auf Formatzeichenfolgen verlassen.

Für unser Beispiel ist der Aufwand umso geringer, als wir eine Formatierungs-Engine, die Formatzeichen auswerten kann, von vornherein implementiert haben.

*Primitive Datentypen*

Damit *AppendFormat*, das in letzter Instanz auch von *Console.WriteLine* für das Zusammenbauen einer Parameterzeichenfolge (»text {0} text {1} ...«) verwendet wird, auf diese Formatierungs-Engine unserer Beispielklasse zurückgreift, brauchen wir lediglich die *IFormattable*-Schnittstelle in unsere *Laengen*-Klasse einzubinden:

```
Public Class Laengen
    Implements IFormattable

    'Speichert die Länge in Meter.
    Private myLaenge As Decimal

    Sub New(ByVal Meter As Decimal)
        myLaenge = Meter
    End Sub
    .
    .
    .
```

*IFormattable* verlangt, dass es eine *ToString*-Funktion mit entsprechender Signatur in der sie einbindenden Klasse gibt. Die Signatur verlangt, dass ein Formatzeichenfolge und ein *IFormatProvider* übergeben werden können. Aber auch eine solche *ToString*-Version gibt es in unserer Klasse bereits:

```
Public Overloads Function ToString(ByVal formatChars As String, _
         ByVal formatProvider As System.IFormatProvider) As String Implements IFormattable.ToString

    Trace.WriteLine("ToString (Formattable-Signatur) wurde aufgerufen!")

    If (TypeOf formatProvider Is CultureInfo) Or formatProvider Is Nothing Then
    .
    .
    .
```

Wir waren gut vorbereitet, was? Denn das war es auch schon. Wenn Sie die Formatierungs-Prozedur

```
Sub FormatterTest()

    'Definiert eine Laengen-Instanz mit 1 (einem Meter).
    Dim locLaenge As New Laengen(1)
    Dim locLaengenFormatInfo As New LaengenFormatInfo

    locLaengenFormatInfo.Aufloesung = LaengenAufloesung.SehrKlein
    locLaengenFormatInfo.Kultur = LaengenKultur.EnglischAmerikanisch

    'Testen der Format-Funktion.
    Dim locStr As String = String.Format(locLaengenFormatInfo, _
        "Testausgabe {0:; #.##0.00} eines Laengen-Objektes", _
        locLaenge)
    Console.WriteLine(locStr)
    'Testen des Formatters.
    Console.WriteLine("Testausgabe {0:g-d; #.##0.00} eines Laengen-Objektes", locLaenge)

    Console.ReadLine()
End Sub
```

anschließend abermals starten, sehen Sie folgendes Ergebnis auf dem Bildschirm:

```
Testausgabe  472,40000 eines Laengen-Objektes
Testausgabe  ,00100 eines Laengen-Objektes
```

Sie sehen: Sowohl *String.Format* mit Unterstützung eines eigenen Format Providers als auch *WriteLine* funktionieren jetzt perfekt!

# Enums – Aufzählungen

*Enums* dienen in erster Linie dazu, Programmierern das Leben zu erleichtern. Programmierer müssen sich gerade in den Zeiten von .NET schon eine ganze Menge merken und sind für jede Unterstützung in dieser Richtung dankbar.

Mit *Enums* rufen Sie konstante Werte, die thematisch zu einer Gruppe gehören, per Namen ab. Angenommen, Sie haben eine kleine Kontaktverwaltung auf die Beine gestellt, und diese Datenbankanwendung erlaubt es Ihnen, Ihre Kontakte zu kategorisieren. Sie können also einstellen, ob ein Kontakt ein Kunde, ein Bekannter, ein Geschäftskollege ist oder sonst einer Gruppierung angehört. Für jede dieser Kategorien haben Sie eine bestimmte Nummer vergeben. Und in Abhängigkeit bestimmter Kategorien (Nummern) können Sie nun spezielle Funktionen in Ihrer Datenbankanwendung aufrufen oder auch nicht (Ansprechpartner-Kontakte lassen sich beispielsweise Firmenkontakten zuordnen, Lieferanten aber nicht, da diese Kontakte je selbst eine Firma darstellen – nur als Beispiel).

Nun können Sie eine eigene Liste erstellen und die Zuordnung Kontaktkategorie/Nummer sozusagen im Kopf durchführen. Oder Sie legen praktischerweise eine *Enum* an, die Ihnen die Arbeit erleichtert:

```
Public Enum KontaktKategorie
    Familie
    Freund
    Bekannter
    Kollege
    Geschäftspartner
    Kunde
    Lieferant
    ZuMeiden
    Firma
    AnsprechpartnerBeiFirmenKontakt
End Enum
```

Wie setzen Sie diese *Enum*-Elemente nun ein? Ganz einfache Geschichte: Wenn nichts anderes gesagt wird, vergibt .NET den *Enums* Werte, und zwar von oben nach unten bei 0 angefangen in aufsteigender Reihenfolge. Sie können Variablen vom Typ der Aufzählung definieren und anstatt eine Nummer zu verwenden, einfach den *Enum*-Typ angeben:

```
Sub main()

    Dim locKontakte As KontaktKategorie

    locKontakte = KontaktKategorie.Geschäftspartner
    Console.WriteLine(locKontakte)
    Console.ReadLine()

End Sub
```

*Primitive Datentypen*

Wenn Sie dieses Programm ausführen (Sie finden es übrigens unter ..\*DataTypes\Enums* im Verzeichnis der Buch-CD), gibt es Ihnen im Konsolenfenster den Wert *4* aus.

## Bestimmung der Werte der Aufzählungselemente

Falls Sie mit der vorgegebenen Durchnummerierung nicht einverstanden sind, legen Sie bei der Aufzählungsdefinition eben selbst Hand an, wie im folgenden Beispiel:

```
Public Enum KontaktKategorie
    Familie = 10
    Freund
    Bekannter
    Kollege
    Geschäftspartner
    Kunde = 20
    Lieferant
    ZuMeiden = 30
    Firma
    AnsprechpartnerBeiFirmenKontakt
End Enum
```

Das gleiche Programm, abermals ausgeführt, liefert anschließend den Wert *14*.

### Dubletten sind erlaubt!

Dubletten sind bei den Aufzählungselementen übrigens erlaubt. So haben in der Aufzählungsdefinition

```
Public Enum Kontaktkategorie
    Familie = 10
    Freund
    Bekannter
    Kollege
    Geschäftspartner = 20
    Kunde
    Lieferant = 19
    ZuMeiden
    Firma
    AnsprechpartnerBeiFirmenKontakt
End Enum
```

sowohl *Geschäftspartner* als auch *ZuMeiden* den Wert *20*.

## Bestimmung der Typen der Aufzählungselemente

Solange nichts anderes gesagt wird, werden die Elemente einer Aufzählung intern als Integer angelegt. Sie können allerdings bestimmen, ob die Aufzählungselemente darüber hinaus als *Byte*, *Short* oder *Long* deklariert werden sollen. Eine entsprechende Typen-Angabe bei der *Enum*-Definition reicht aus:

```
Public Enum KontaktKategorie As Short
    Familie
    Freund
    Bekannter
    ...
End Enum
```

### Ermitteln des Elementtyps zur Laufzeit

Wenn Sie zur Laufzeit ermitteln müssen, welcher primitive Datentyp sich hinter einem Aufzählungselement verbirgt, machen Sie das einfach mit der *GetUnderlyingType*-Eigenschaft:

```
'Ermittelt den Namen des zu Grunde liegenden primitiven Datentyps einer Aufzählung.
Console.WriteLine([Enum].GetUnderlyingType(GetType(KontaktKategorie)).Name)

'Ermittelt den Typnamen anhand einer Aufzählungsvariablen.
Console.WriteLine([Enum].GetUnderlyingType(locKontakte.GetType).Name)
```

Auf unser bisheriges Beispiel angewendet, würden diese beiden Zeilen folgende Ausgabe im Konsolenfenster erscheinen lassen:

```
Int16
Int16
```

**WICHTIG:** Wenn Sie auf den *Enum*-Typbezeichner im Quelltext zugreifen, müssen Sie, wie hier im Beispiel, das Schlüsselwort in eckige Klammern setzen, damit es vom Visual-Basic-Editor korrekt als Ausdruck verarbeitet werden kann.

## Konvertieren von Enums

In vielen Fällen kann es sinnvoll sein, ein Aufzählungselement in seinen zu Grunde liegenden Typ umzuwandeln – beispielsweise um den Wert einer *Enum*-Variablen in eine Datenbank zu schreiben. Einige Fälle machen es auch nötig, einen Aufzählungswert auf Grund des als Zeichenkette vorliegenden Namens eines Aufzählungselementes entstehen zu lassen oder ein Aufzählungselement in seinen Elementnamen (also in einen String) umzuwandeln.

### In Zahlenwerte umwandeln und aus Werten definieren

Um ein Aufzählungselement in seinen Wert umzuwandeln (und im Bedarfsfall auch zurück), verfahren Sie folgendermaßen (das folgende Beispiel geht immer noch von einer Aufzählungstyp-Definition als *Short* aus):

```
Dim locKontakte As KontaktKategorie
Dim locShort As Short

locKontakte = KontaktKategorie.Geschäftspartner
'Typumwandlung von Aufzählung zu zu Grunde liegenden Datentyp...
locShort = locKontakte
locShort = KontaktKategorie.Firma

'...und umgekehrt, was sich schon ein wenig kniffliger darstellt:
locKontakte = DirectCast([Enum].ToObject(GetType(KontaktKategorie), locShort), KontaktKategorie)
```

Sie sehen: Während die Umwandlung in den zu Grunde liegenden Typ recht trivial ist, wird es das genaue Gegenteil bei der anderen Umwandlungsrichtung. Die statische Funktion *ToObject* der *Enum*-Klasse erlaubt das Generieren eines Aufzählungselementes zur Laufzeit. *ToObject* erwartet dabei den Typ der Aufzählung, den Sie zunächst mit *GetType* ermitteln müssen. Da *ToObject* ein Objekt erzeugt, das ein geboxtes Aufzählungselement enthält, müssen Sie dieses zu guter Letzt mit *DirectCast* aus dem *Object* wieder entboxen.

### In Strings umwandeln und aus Strings definieren

Falls Sie wissen wollen, welcher Elementname sich hinter dem Wert einer Aufzählungsvariablen verbirgt, verfahren Sie folgendermaßen:

```
Dim locKontakte As KontaktKategorie = KontaktKategorie.Firma
Console.WriteLine(locKontakte.ToString())
```

Die Ausgabe lautet:

```
Firma
```

Beim umgekehrten Verfahren wird es wieder ein wenig aufwändiger:

```
'Umwandlung zurück in ein Enum-Element aus einem String.
Dim locString As String = "Geschäftspartner"
locKontakte = DirectCast([Enum].Parse(GetType(KontaktKategorie), locString), KontaktKategorie)
```

Auch hier gilt: Die statische Funktion *Parse* der *Enum*-Klasse erlaubt das Generieren eines Aufzählungselementes zur Laufzeit. *Parse* erwartet dabei den Typ der Aufzählung, den Sie zunächst mit *GetType* ermitteln müssen. Da *Parse* ein Objekt erzeugt, das ein geboxtes Aufzählungselement enthält, müssen Sie dieses zu guter Letzt mit *DirectCast* aus dem *Object* wieder entboxen.

## Flags-Enum (Flags-Aufzählungen)

*Flags*-Aufzählungen sind eine ideale Einrichtung, wenn Sie Aufzählungen mit Elementen verwenden müssen, die untereinander kombinierbar sind. So kann es durchaus sein, dass – um bei unserem Beispiel zu bleiben – ein Kontakt in Ihrer Datenbank sowohl ein *Freund* als auch ein *Geschäftskollege* ist. Das Framework unterstützt solche Szenarien auf ideale Weise.

Bei der Definition einer *Flags*-Aufzählung müssen Sie drei Dinge beachten: Sie sollten eine Aufzählungsbenennung für keine der Kombinationen definieren (beispielsweise in Form von *Keine* oder *None*). Dieser Eintrag hat den Wert 0. Zweitens: Sie müssen Werte vergeben, die sich bitweise kombinieren lassen – und dazu zählen Sie die einzelnen Werte als Zweierpotenzen hoch. Und drittens: Sie statten die Aufzählung mit dem *Flags*-Attribut aus.

Das folgende Beispiel zeigt, wie es geht:

```
<Flags()> _
Public Enum KontaktKategorien
    Keine = 0
    Familie = 1
    Freund = 2
    Bekannter = 4
    Kollege = 8
    Geschäftspartner = 16
    Kunde = 32
    Lieferant = 64
    ZuMeiden = 128
    Firma = 256
    AnsprechpartnerBeiFirmenKontakt = 512
End Enum
```

Wenn Sie anschließend kombinierte Zuweisungen an eine Variable vom Typ *KontaktKategorien* vornehmen wollen, nehmen Sie den logischen *Or*-Operator zu Hilfe, wie das folgende Beispiel zeigt:

```
Sub EnumFlags()

    Dim locKontakte As KontaktKategorien
    locKontakte = KontaktKategorien.Freund Or KontaktKategorien.Geschäftspartner
    Console.WriteLine(locKontakte)
    Console.WriteLine(locKontakte.ToString())

    Console.ReadLine()

End Sub
```

Dieses Beispiel erzeugt die folgende Ausgabe:

```
18
Freund, Geschäftspartner
```

## Abfrage von Flags-Aufzählungen

Bei der Abfrage von *Flags*-Aufzählungen müssen Sie ein wenig aufpassen, da Kombinationen Werte ergeben, die keinem bestimmten Wert eines Elementes entsprechen. Erst ein so genanntes Ausmaskieren (Ermitteln eines einzelnen Bitwertes) mit dem *And*-Operator ergibt einen richtigen Wert. Auch hier demonstriert ein Beispiel, wie es geht:

```
Dim locKontakte As KontaktKategorien
locKontakte = KontaktKategorien.Freund Or KontaktKategorien.Geschäftspartner

'Achtung bei Flags! Bits müssen ausmaskiert werden!
'Diese Abfrage liefert das falsche Ergebnis!
If locKontakte = KontaktKategorien.Geschäftspartner Then
    Console.WriteLine("Du bist ein Geschäftspartner")
Else
    Console.WriteLine("Du bist kein Geschäftspartner")
End If

'So ist's richtig; diese Abfrage liefert das richtige Ergebnis:
If (locKontakte And KontaktKategorien.Freund) = KontaktKategorien.Freund Then
    Console.WriteLine("Du bist ein Freund")
Else
    Console.WriteLine("Du bist kein Freund")
End If

'Und so funktionieren Kombiabfragen:
If locKontakte = (KontaktKategorien.Freund Or KontaktKategorien.Geschäftspartner) Then
    Console.WriteLine("Du bist ein Freund und ein Geschäftspartner")
End If
```

Wenn Sie dieses Beispiel laufen lassen, erhalten Sie das folgende Ergebnis:

```
Du bist kein Geschäftspartner
Du bist ein Freund
Du bist ein Freund und ein Geschäftspartner
```

Die erste Zeile wird falsch ausgegeben, da der Wert der *Enum*-Variablen *locKontakte* nicht ausmaskiert und dann verglichen, sondern direkt verglichen wird.

# 5 Arrays und Collections

| | |
|---|---|
| 302 | Grundsätzliches zu Arrays |
| 319 | Enumeratoren |
| 323 | Grundsätzliches zu Collections |
| 325 | Die Collections der Base Class Library |
| 331 | Hashtables – für das Nachschlagen von Objekten |
| 347 | Queue – Warteschlangen im FIFO-Prinzip |
| 348 | Stack – Stapelverarbeitung im LIFO-Prinzip |
| 349 | SortedList – Elemente ständig sortiert halten |
| 354 | KeyedCollection – Hybrid aus ArrayList und Hashtable |

Arrays kennt fast jedes Basic-Derivat seit Jahrzehnten – und natürlich können Sie auch in Visual Basic .NET auf diese Datenfelder (so der deutsche Ausdruck) zurückgreifen. Doch .NET wäre nicht .NET, wenn nicht auch Arrays viel mehr Möglichkeiten bieten würden, als auf Daten indiziert zuzugreifen.

Arrays basieren in .NET letzten Endes wie alle anderen .NET-Klassen auf dem grundlegenden aller Datentypen, auf *Object*, und man kann sie deswegen auch als ein solches behandeln. Arrays sind also nicht nur ein simples Sprachelement in Visual Basic selbst, sondern sie gehören zur Basis des Frameworks – zur Base Class Library.

Das bedeutet, dass die Leistung von Arrays weit über das reine Zurverfügungstellen von Containern für die Speicherung verschiedener Elemente eines Datentyps hinausreicht. Da Arrays auf *Object* basieren und damit eine eigene Klasse darstellen (*System.Array* nämlich), bietet die BCL über Array-Objekte weit reichende Funktionen zur Verwaltung ihrer Elemente an.

So können Arrays beispielsweise quasi auf Knopfdruck sortiert werden. Liegen sie in sortierter Form vor, können Sie auch binär nach ihren Elementen suchen und viele weitere Dinge mit ihnen anstellen, ohne selbst den entsprechenden Code dafür entwickeln zu müssen.

Zu guter Letzt bildet der Typ *System.Array* aber auch die Basis für weitere Datentypen – zum Beispiel *Collection* – die Datenelemente in einer bestimmten Form verwalten können.

Dieses Kapitel zeigt Ihnen, was Sie mit Arrays und den von ihnen abgeleiteten Klassen alles anstellen können.

# Grundsätzliches zu Arrays

Arrays im ursprünglichen Basic-Sinne dienen dazu, *mehrere* Elemente desselben Datentyps unter einem bestimmten Namen verfügbar zu machen. Um die einzelnen Elemente zu unterscheiden, bedient man sich eines Indexes (ganz einfach ausgedrückt: einer Nummerierung der Elemente), damit man auf die verschiedenen Array-Elemente zugreifen kann.

**HINWEIS:** Viele der größeren nun folgenden Beispiele sind im Projekt *Arrays* in verschiedenen *Subs* zusammengefasst. Das Projekt befindet sich im Verzeichnis ..\\*DataTypes*\\*Arrays* im Verzeichnis der CD zum Buch. Sie können dieses Projekt verwenden, um die Beispiele an Ihrem eigenen Rechner nachzuvollziehen oder um eigene Experimente mit Arrays durchzuführen

Ein Beispiel:

```
Sub Beispiel1()

    'Array mit 10 Elementen fest deklarieren.
    'Wichtig: Anders als in C# oder C++ wird der Index
    'des letzten Elementes, nicht die Anzahl der Elemente
    'festgelegt! Elementzählung beginnt bei 0.
    'Die folgende Anweisung definiert also 10 Elemente:
    Dim locIntArray(9) As Integer
    'Zufallsgenerator initialisieren.
    Dim locRandom As New Random(Now.Millisecond)

    For count As Integer = 0 To 9
        locIntArray(count) = locRandom.Next
    Next

    For count As Integer = 0 To 9
        Console.WriteLine("Element Nr. {0} hat den Wert {1}", count, locIntArray(count))
    Next

    Console.ReadLine()

End Sub
```

Wenn Sie dieses Beispiel ausführen, erscheint im Konsolenfenster eine Liste mit Werten, etwa wie im nachstehenden Bildschirmauszug zu sehen (die Werte sollten sich natürlich von Ihren unterscheiden, da es zufällige sind).[1]

```
Element Nr. 0 hat den Wert 1074554181
Element Nr. 1 hat den Wert 632329388
Element Nr. 2 hat den Wert 1312197477
Element Nr. 3 hat den Wert 458430355
Element Nr. 4 hat den Wert 1970029554
```

---

[1] Kleine Anmerkung am Rande: Ganz so zufällig sind die Werte nicht – *Random* stellt nur sicher, dass generierte Zahlenfolgenden zufällig *verteilt* sind. Bei gleicher Ausgangsbasis (definiert durch den Parameter *Seed*, den Sie der *Random*-Klasse beim Instanzieren übergeben) produziert *Random* auch gleiche Zahlenfolgen. Da wir hier die Millisekunde als Basis übergeben, und eine Sekunde aus 1000 Millisekunden besteht, gibt es eine Wahrscheinlichkeit von 1:1000, dass Sie dieselbe wie die hier abgedruckte Zahlenfolge generieren lassen.

```
Element Nr. 5 hat den Wert 503465071
Element Nr. 6 hat den Wert 112607304
Element Nr. 7 hat den Wert 1507772275
Element Nr. 8 hat den Wert 1111627006
Element Nr. 9 hat den Wert 213729371
```

Dieses Beispiel demonstriert die grundsätzliche Anwendung von Arrays. Natürlich sind Sie bei der Definition des Elementtyps nicht auf *Integer* festgelegt. Es gilt der Grundsatz: Jedes Objekt in .NET kann Element eines Arrays sein.

## Arrays als Parameter und Funktionsergebnis

Da Arrays in .NET ganz normale Objekte sind, können sie natürlich auch als Parameter in Funktionsaufrufen und als Funktionsergebnis verwendet werden. Das folgende Beispiel definiert ein Array mit String-Objekten und ruft eine Funktion auf, die das Array mit zufällig generierten Strings füllt. Eine weitere Funktion gibt das Ergebnis im Konsolenfenster aus:

```
Sub Beispiel2()
    Dim locAnzahlStrings As Integer = 15
    Dim locStringArray(locAnzahlStrings) As String
    locStringArray = GeneriereStrings(locAnzahlStrings, 30)
    DruckeStrings(locStringArray)
    Console.ReadLine()
End Sub

Function GeneriereStrings(ByVal AnzahlStrings As Integer, ByVal LaengeStrings As Integer) As String()
    Dim locRandom As New Random(Now.Millisecond)
    Dim locChars(LaengeStrings - 1) As Char
    Dim locStrings(AnzahlStrings - 1) As String

    For locOutCount As Integer = 0 To AnzahlStrings - 1
        For locInCount As Integer = 0 To LaengeStrings - 1
            Dim locIntTemp As Integer = Convert.ToInt32(locRandom.NextDouble * 52)
            If locIntTemp > 26 Then
                locIntTemp += 97 - 26
            Else
                locIntTemp += 65
            End If
            locChars(locInCount) = Convert.ToChar(locIntTemp)
        Next
        locStrings(locOutCount) = New String(locChars)
    Next

    Return locStrings
End Function

Sub DruckeStrings(ByVal locStringArray As String())
    For count As Integer = 0 To locStringArray.Length - 1
        If Not (locStringArray(count) Is Nothing) Then
            Console.WriteLine(locStringArray(count))
        Else
            Console.WriteLine("--- NOTHING ---")
        End If
    Next
End Sub
```

Wenn Sie dieses Beispiel laufen lassen, sehen Sie im Konsolenfenster eine Reihe von Zeichenketten, die in etwa den Folgenden entsprechen:

```
SfwMyCKJJckzKpOsPJXHPxZfRwXqxB
[DKZJpJGIuLRiAKLhhmfdThqBUGRvC
fTMIBhplg[jKBdwyQZVGQqFSYHWUXp
jrLGPsF[zdVvBMwUSEuEFhxpmpPuju
LVOrrrzwOEsq[rlUosWFqS[TkCvWUb
dLrETAiLVFVWqqLPHFESAXYfFtvvHp
xdcnbizWZlneXRkUckIVvqSC[GnM{[
FnEgIsuDPeQlgTfX{HvlRLnmvHL[NV
vnWzg{[rJsZYVeFJJzXEHgROJuATlB
hUqujcPingxJyCMtpJglyMDJOPWIpm
{HFIMFicvdubMrHyhPCRFsnADURhgU
GHsBgqEqrHKONDrXBMCQiHFZhIUFFr
oBwcXnjKLRurYwGrejJgUEfPmzCUUY
Wym{TJSmgEorBmWrjKSrelwYXkXhqY
lPqnvwFYdxZsDFtdDttvQtBeukCOdj
```

Sie sehen an diesem Beispiel, dass Sie Arrays als Parameter wie ganz normale andere Objekte in .NET verwenden können – doch dazu mehr in einem der nächsten Abschnitte.

Sie sehen an diesem Beispiel auch, dass sich Arrays dynamisch dimensionieren lassen – die Größe eincs Arrays muss Ihnen also nicht schon zur Entwurfszeit Ihres Programms bekannt sein. Sie können – und das macht den Einsatz von Arrays unter .NET so flexibel – Arrays mit variablen Werten (im wahrsten Sinne des Wortes) zur Laufzeit anlegen.

## Änderung der Array-Dimensionen zur Laufzeit

Das Definieren der Arraygröße mit variablen Werten macht Arrays – wie im Beispiel des letzten Abschnittes gezeigt – zu einem sehr flexiblen Werkzeug bei der Verarbeitung von großen Datenmengen. Doch Arrays sind noch flexibler: Mit der *ReDim*-Anweisung gibt Ihnen Visual Basic die Möglichkeit, ein Array noch nach seiner ersten Deklaration neu zu dimensionieren. Damit werden selbst einfache Arrays zu dynamischen Datencontainern. Auch hier soll ein Beispiel den Umgang demonstrieren und verdeutlichen:

```
Sub Beispiel3()

    Dim locAnzahlStrings As Integer = 15
    Dim locStringArray As String()
    locStringArray = GeneriereStrings(locAnzahlStrings, 30)
    Console.WriteLine("Ausgangsgröße: {0} Elemente. Es folgt der Inhalt:", locStringArray.Length)
    Console.WriteLine(New String("="c, 40))
    DruckeStrings(locStringArray)

    'Wir brauchen 10 weitere, die alten sollen aber erhalten bleiben!
    ReDim Preserve locStringArray(locStringArray.Length + 9)
    'Bleiben die alten wirklich erhalten?
    Console.WriteLine()
    Console.WriteLine("Inhaltsüberprüfung:", locStringArray.Length)
    Console.WriteLine(New String("="c, 40))
    DruckeStrings(locStringArray)

    '10 weitere Elemente generieren.
    Dim locTempStrings(9) As String
```

```
        '10 Zeichen mehr pro Element, so dass wir die neuen leicht erkennen können.
        locTempStrings = GeneriereStrings(10, 40)
        'In das "alte" Array kopieren, aber ab Index 15,
        locTempStrings.CopyTo(locStringArray, 15)

        'und nachschauen, was nun wirklich drinsteht!
        Console.WriteLine()
        Console.WriteLine("Inhaltsüberprüfung:", locStringArray.Length)
        Console.WriteLine(New String("="c, 40))
        DruckeStrings(locStringArray)

        Console.ReadLine()
    End Sub
```

Dieses Beispiel macht sich die Möglichkeit zunutze (direkt in der ersten Codezeile), die Dimensionierung und Deklaration eines Arrays zeitlich voneinander trennen zu können. Das Array *locStringArray* wird zunächst nur als Array deklariert – wie groß es sein soll, wird zu diesem Zeitpunkt noch nicht bestimmt. Dabei spielt es in Visual Basic übrigens keine Rolle, ob Sie eine Variable in diesem

```
        Dim locStringArray As String()
```

oder diesem

```
        Dim locStringArray() As String
```

Stil als Array deklarieren.

Die Größe des Arrays wird das erste Mal von der Prozedur *GeneriereString* festgelegt. Hier erfolgt zwar die Dimensionierung eines zunächst völlig anderen Arrays (*locStrings*); da dieses Array aber als Rückgabewert der aufrufenden Instanz überlassen wird, lebt der hier erstellte Array-Inhalt unter anderem Namen (*locStringArray*) weiter. Das durch beide Objektvariablen referenzierte Array ist dasselbe (im ursprünglichen Sinne des Wortes).

Übrigens: Diese Vorgehensweise entspricht eigentlich schon einem typsicheren Neudimensionieren eines Arrays. Wie Sie beim ersten Array-Beispiel gesehen haben, spielt es natürlich keine Rolle, ob Sie eine Array-Variable zur Aufnahme eines Array-Rückgabeparameters verwenden, die zuvor mit einer festen Anzahl an Elementen oder ohne die Angabe der Arraygröße dimensioniert wurde. Allerdings: Sie verlieren bei dieser Vorgehensweise den Inhalt des ursprünglichen Arrays, denn die Unterroutine erstellt ein neues Array, und mit der Zuweisung an die Objektvariable *locStringArray* wird intern nur ein Zeiger umgebogen. Der Speicherbereich der alten Elemente ist nicht mehr referenzierbar.

**WICHTIG:** Diese Tatsache hat Konsequenzen, denn: Anders, als es bei Visual Basic 6.0 noch der Fall war, werden Arrays bei einer Zuweisung an eine andere Objektvariable *nicht* automatisch kopiert. Arrayvariablen verhalten sich so wie jeder andere Referenztyp auch unter .NET: Ein Zuweisen einer Arrayvariablen an eine andere biegt nur ihren Zeiger auf den Speicherbereich der eigentlichen Daten im Managead Heap um. Die Elemente bleiben an ihrem Platz im Managed Heap, und es wird kein neuer Speicherbereich mit einer Kopie der Arrayelemente für die neue Objektvariable erzeugt!

Das Umdimensionieren kann nicht nur über Zuweisungen, sondern – wie im Beispielcode zu sehen – auch mit der *ReDim*-Anweisung erfolgen. Mit dem zusätzlichen Schlüsselwort *Preserve* haben Sie darüber hinaus auch die Möglichkeit zu bestimmen, dass die alten Elemente dabei erhalten bleiben. Man möchte meinen, dass diese Verhaltensweise die Regel sein sollte, doch mit dem Wissen im Hinterkopf, was beim Neudimensionieren mit *ReDim* genau passiert, sieht die Sache schon anders aus:

- Wird *ReDim* für eine Objektvariable aufgerufen, wird eine komplett neue Klasseninstanz eines Arrays erstellt. Ein entsprechender Speicherbereich wird dafür reserviert.
- Der Zeiger für die Objektvariable auf den Bereich für die zuvor zugeordneten Arrayelemente wird auf den neuen Speicherbereich umgebogen.
- Der Speicherbereich, der die alten Array-Elemente enthielt, fällt dem nächsten Garbage-Collector-Durchlauf zum Opfer.
- Wenn *Preserve* hinter der *ReDim*-Anweisung platziert wird, bleiben die alten Array-Elemente erhalten. Doch das entspricht nicht der vollständigen Erklärung des Vorgangs. In Wirklichkeit wird auch hier ein neuer Speicherbereich erstellt, der den Platz für die neu angegebene Anzahl an Array-Elementen bereithält. Auch bei *Preserve* wird der Zeiger auf den Speicherbereich mit den alten Elementen für die betroffene Objektvariable auf den neuen Speicherbereich umgebogen. Doch bevor der alte Speicherbereich freigegeben wird und sich der Garbage Collector über die alten Elemente hermachen kann, werden die vorhandenen Elemente (soweit wie möglich, falls das neue Array weniger Elemente verfügt) in den neuen Bereich kopiert.

Aus diesem Grund können Sie mit *Preserve* nur Elemente retten, die in eindimensionalen Arrays gespeichert sind oder die durch die letzte Dimension eines mehrdimensionalen Arrays angesprochen werden.

### Arrays sind .NET-Objekte – das hat den einen oder anderen Vorteil!

Jedes typdefinierte[2] Array in .NET ist von *System.Array* abgeleitet. Eine Objektvariable vom Typ *System.Array* kann also ebenfalls als Zeiger auf ein Array dienen. Auf den ersten Blick bringt das nicht viel, denn ein *System.Array* hat keinen *Indexer* (keine parametrisierte *Default*-Eigenschaft), so dass es zunächst so scheint, dass Sie an die Elemente nicht mehr herankommen. Aber: *System.Array* verfügt über einen *Enumerator* (eine Funktionalität, die es gestattet, mit *For/Each* auf die Elemente zuzugreifen). Und: *GetValue* und *SetValue* erlauben das Zugreifen auf die Array-Elemente. Mit ein paar Handgriffen und Tricks kann man sich dem cleveren Konzept der generischen[3] Programmierung wenigstens bis auf ein paar Meter nähern.

Mal angenommen, Sie verarbeiten alle möglichen numerischen Daten in einem Anwendungsprogramm – lassen wir dies beispielsweise eine Statistik-Anwendung sein – und Sie benötigen für die verschiedensten Datentypen eine Routine, die das Maximum aus einer Reihe von Zahlen ermittelt. Sie möchten das Rad aber nicht ständig neu erfinden und für jeden Datentyp, den Sie benötigen, eine *Max*-Funktion entwerfen. Idealerweise sollten Sie über eine Funktion verfügen, die folgenden Beispielcode erlaubt:

---

[2] Typdefiniert in diesem Zusammenhang bedeutet: Jedes Element eines Arrays ist vom selben Typ, und dieser Typ wird bei der Definition des Arrays festgelegt. Das Gegenteil dazu wären Arrays, bei denen jedes Element eines Arrays ein anderes sein kann und in einem Objekt geboxed ist.

[3] Diese so genannten *Generics* wird es unter .NET das erste Mal im Framework 2.0 mit der Visual-Studio-Version geben, die z.Z. den Codenamen *Whidbey* trägt. Ganz allgemein formuliert: Dabei können Sie typsicheren Code erstellen, obwohl der Typ selbst zur Entwurfszeit nicht bekannt sein muss.

```
Sub Beispiel4()
    Dim locDoubels(100) As Double
    Dim locIntegers(100) As Integer
    Dim locDecimals(100) As Decimal
    Dim locRandom As New Random(Now.Millisecond)

    'Jedes Array mit 101 Zufallszahlen füllen.
    '(Nicht vergessen: 100 ist das höchste Element, nicht die Länge ;-)
    For count As Integer = 0 To 100
        locDoubels(count) = locRandom.NextDouble * locRandom.Next
        locDecimals(count) = Convert.ToDecimal(locRandom.NextDouble * locRandom.Next)
        locIntegers(count) = locRandom.Next
    Next

    Console.WriteLine("Das größte Element des Double-Arrays war {0}", CDbl(Max(locDoubels)))
    Console.WriteLine("Das größte Element des Integer-Arrays war {0}", CInt(Max(locIntegers)))
    Console.WriteLine("Das größte Element des Decimal-Arrays war {0}", CDec(Max(locDecimals)))
    Console.ReadLine()
End Sub
```

Sie sehen: Die *Max*-Funktion gibt es nur einmal, und sie nimmt beliebige Arrays entgegen, ganz gleich, welchen speziellen, typdefinierten Array-Datentyp sie besitzen.

Möglich wird das, weil wir uns in der aufgerufenen Funktion nicht auf ein Array eines näher spezifizierten Typs fixiert haben, sondern uns ganz allgemein der Basisklasse aller typdefinierten Arrays bedienen, nämlich *System.Array*[4]:

```
Enum Vergleich
    Kleiner = -1
    Gleich = 0
    Größer = 1
End Enum

Function Max(ByVal Array As System.Array) As IComparable

    'Leeres Array-Objekt, dann beenden.
    If Array.Length = 0 Then
        Return Nothing
    End If

    'Kann nur vergleichbare Elemente vergleichen,
    'aber alle primitiven Datentypen sind glücklicherweise
    'vergleichbar, und sie implementieren IComparable.
    Dim locICElement As IComparable

    'Erstes Element als Basis holen.
    locICElement = DirectCast(Array.GetValue(0), IComparable)
    If locICElement Is Nothing Then
        'Implementiert nicht IComparable, dann Abbrechen.
        Return Nothing
    End If
```

---

[4] Ich füge hier bewusst den *Namespace*-Namen *System* in die Bezeichnung ein, um den Typ *System.Array* vom Begriff *Array* zu unterscheiden.

```
        For Each locICSchleifenElement As IComparable In Array
            If locICSchleifenElement Is Nothing Then
                Return Nothing
            End If

            If locICSchleifenElement.CompareTo(locICElement) = Vergleich.Größer Then
                locICElement = locICSchleifenElement
            End If
        Next
        Return locICElement

    End Function
```

Die *Enum* am Anfang der Prozedur hilft lediglich, den Code leichter zu lesen, und sie dient als Parameter für die später folgende *CompareTo*-Methode.

Interessant wird es erst in der Funktion *Max*, die das eigentliche Maximum des Arrays ermittelt. Sie nimmt – wie schon gesagt – ein *System.Array* entgegen, und damit wird der Weg für alle beliebigen Arrays frei. Zurück – und das ist das Interessante bei dieser Funktion – liefert sie einen Wert vom Typ *IComparable*. Und da alle primitiven Datentypen diese Schnittstelle implementieren, kann die Funktion indirekt auch jeden Datentyp zurückliefern. Die aufrufende Instanz muss den *IComparable*-Rückgabewert lediglich mit einer Umwandlungsanweisung (*DirectCast* für Objekte oder *CType* bzw. *Cxxx* für Wertetypen) wieder in den ihr bekannten Typ zurückwandeln.

Um den größten Wert in einem Array aus Elementen zu finden, muss die Prozedur die verschiedenen Werte miteinander vergleichen können. Idealerweise ist die Vergleichsfunktion genau die Funktion, die *IComparable* den sie einbindenden Klassen vorschreibt. Die *Max*-Prozedur kann sich also blind darauf verlassen, dass ein gültiges *IComparable*-Objekt auch die Vergleichsmethode *CompareTo* anbietet. Genau diese Tatsache macht sie sich zunutze, wenn sie mit *For/Each* durch die Schleife iteriert. Es interessiert sie gar nicht, *welche* Objekttypen sie vergleicht. Sind es *Decimals*, dann wird eben *CompareTo* eines *Decimal*-Datentyps aufgerufen, bei Integer die *CompareTo*-Methode des *Integer*-Datentyps. Schnittstellen machen es möglich!

Kleiner Hinweis: Sollte das Array-Element, das gerade verarbeitet wird, die *IComparable*-Schnittstelle nicht einbinden, dann wird die Objektvariable, die das Element hält, zu *Nothing*. In diesem Fall bricht die *Max*-Funktion die Verarbeitung ab und liefert auch *Nothing* als Funktionsergebnis zurück. Die aufrufende Instanz des Beispielprogramms prüft aber nicht auf *Nothing* als Rückgabeergebnis, weil sie ja weiß, dass alle übergebenden Arrays *IComparable*-Elemente aufweisen und der *Nothing*-Fall niemals eintreten kann.

## Wertevorbelegung von Array-Elementen im Code

Alle Arrays, die in den vorangegangenen Beispielen verwendet wurden, sind zur Laufzeit mit Daten gefüllt worden. In vielen Fällen möchten Sie aber Arrays erstellen, die Sie quasi zu Fuß mit Daten vorbelegen, die das Programm fest vorgibt.

Im Gegensatz zu Visual Basic 6.0, bei der diese Prozedur eine endlose Quälerei des Codehackens war, indem Sie jedem einzelnen Element mit dem Zuweisungsoperator den entsprechenden Wert zuweisen mussten, geht es in Visual Basic .NET viel eleganter und schneller, wie das folgende Beispiel zeigt:

```
Sub Beispiel5()

    'Deklaration und Definition von Elementen mit Double-Werten
    Dim locDoubleArray As Double() = {123.45F, 5435.45F, 3.14159274F}

    'Deklaration und spätere Definition von Elementen mit Integer-Werten
    Dim locIntegerArray As Integer()
    locIntegerArray = New Integer() {1I, 2I, 3I, 3I, 4I}
    'Deklaration und spätere Definition von Elementen mit Date-Werten
    Dim locDateArray As Date()
    locDateArray = New Date() {#12/24/2005#, #12/31/2005#, #3/31/2006#}

    'Deklaration und Definition von Elementen im Char-Array:
    Dim locCharArray As Char() = {"V"c, "B"c, "."c, "N"c, "E"c, "T"c, " "c, _
                                  "r"c, "u"c, "l"c, "e"c, "s"c, "!"c}

    'Zweidimensionales Array
    Dim locZweiDimensional As Integer(,)
    locZweiDimensional = New Integer(,) {{10, 10}, {20, 20}, {30, 30}}

    'Oder verschachtelt (das ist nicht zwei-Dimensional)!
    Dim locVerschachtelt As Date()()
    locVerschachtelt = New Date()() {New Date() {#12/24/2004#, #12/31/2004#}, _
                                     New Date() {#12/24/2005#, #12/31/2005#}}
End Sub
```

Häufigste Fehlerquelle bei dieser Definitionsvorgehensweise: Der Zuweisungsoperator wird falsch gesetzt. Bei der kombinierten Deklaration/Definition wird er benötigt; definieren Sie nur neu, lassen Sie ihn weg. Beachten Sie auch den Unterschied zwischen mehrdimensionalen und verschachtelten Arrays, auf den ich im nächsten Abschnitt genauer eingehen möchte.

## Mehrdimensionale und verschachtelte Arrays

Bei der Definition von Arrays sind Sie nicht auf eine Dimension beschränkt – das ist ein Feature, das schon bei Jahrzehnte alten Basic-Dialekten zu finden ist. Sie können ein mehrdimensionales Array erstellen, indem Sie bei der Deklaration des Arrays die Anzahl der zu verwaltenden Elemente jeder Dimension durch Komma getrennt angeben:

```
Dim DreiDimensional(5, 10, 3) As Integer
```

Möchten Sie die Anzahl der zu verwaltenden Elemente pro Dimension bei der Deklaration des Arrays nicht festlegen, verwenden Sie die folgende Deklarationsanweisung:

```
Dim AuchDreiDimensional As Integer(,,)
```

Mit *ReDim* oder dem Aufruf von Funktionen, die ein entsprechend dimensioniertes Array zurückliefern, können Sie anschließend das Array definieren.

### Verschachtelte Arrays

Verschachtelte Arrays sind etwas anders konzipiert als mehrdimensionale Arrays. Bei verschachtelten Arrays ist ein Array-Element selbst ein Array (welches auch wieder Arrays beinhalten kann usw.). Anders als bei mehrdimensionalen Arrays können die einzelnen Elemente unterschiedlich dimensionierte Arrays halten, und diese Zuordnung lässt sich auch im Nachhinein noch ändern.

Verschachtelte Arrays definieren Sie, indem Sie die Klammernpaare mit der entsprechenden Array-Dimension hintereinander schreiben – anders als bei mehrdimensionalen Arrays, bei denen die Dimensionen in einem Klammerpaar mit Komma getrennt angegeben werden.

Die folgenden Beispiel-Codezeilen (aus der *Sub Beispiel6*) zeigen, wie Sie verschachtelte Arrays definieren, deklarieren und ihre einzelnen Elemente abrufen können:

```
'Einfach verschachtelt; Tiefe wird nicht definiert.
Dim EinfachVerschachtelt(10)() As Integer

'Erstes Element hält ein Integer-Array mit drei Elementen.
EinfachVerschachtelt(0) = New Integer() {10, 20, 30}

'Zweites Element hält ein Integer-Array mit acht Elementen.
EinfachVerschachtelt(1) = New Integer() {10, 20, 30, 40, 50, 60, 70, 80}

'Druckt das dritte Element des zweiten Elementes (30) des Arrays.
Console.WriteLine(EinfachVerschachtelt(1)(2))

'In einem Rutsch alles neu zuweisen.
EinfachVerschachtelt = New Integer()() {New Integer() {30, 20, 10}, _
                       New Integer() {80, 70, 60, 50, 40, 30, 20, 10}}

'Druckt das dritte Element des zweiten Elementes (jetzt 60) des Arrays.
Console.WriteLine(EinfachVerschachtelt(1)(2))
Console.ReadLine()
```

## Die wichtigsten Eigenschaften und Methoden von Arrays

In den vorangegangenen Beispielprogrammen ließ es sich nicht vermeiden, die eine oder andere Eigenschaft oder Methode des Array-Objektes bereits anzuwenden. Dieser Abschnitt soll sich ein wenig genauer mit den zusätzlichen Möglichkeiten dieses Objektes beschäftigen – denn sie sind mächtig und können Ihnen, richtig angewendet, eine Menge Entwicklungszeit ersparen.

### Anzahl der Elemente eines Arrays ermitteln mit Length

Wenn Sie wissen wollen, wie viele Elemente ein Array beherbergt, bedienen Sie sich seiner *Length*-Eigenschaft. Bei zwei- und mehrdimensionalen Arrays ermittelt *Length* ebenfalls die Anzahl aller Elemente.

Aufgepasst bei verschachtelten Arrays: Hier ermittelt *Length* nämlich nur die Elementanzahl des umgebenden Arrays. Sie können die Array-Länge eines Elementes des umgebenden Arrays etwa so ermitteln:

```
'Verschachtelte Arrays
Dim locVerschachtelt As Date()()
locVerschachtelt = New Date()() {New Date() {#12/24/2004#, #12/31/2004#}, _
                    New Date() {#12/24/2005#, #12/31/2005#}}

Console.WriteLine("Äußeres Array hat {0} Elemente.", locVerschachtelt.Length)
Console.WriteLine("Array des 1. Elements hat {0} Elemente.", locVerschachtelt(0).Length)
```

## Sortieren von Arrays mit Array.Sort

Array lassen sich durch eine ganz simple Methode sortieren, und das folgende Beispiel soll demonstrieren, wie es geht:

```
Sub Beispiel7()

    'Array-Erstellen:
    Dim locNamen As String() = {"Jürgen", "Martina", "Hanna", "Gaby", "Michaela", "Miriam", "Ute", _
                                "Leonie-Gundula", "Melanie", "Uwe", "Andrea", "Klaus", "Anja", _
                                "Myriam", "Daja", "Thomas", "José", "Kricke", "Flori", "Katrin", "Momo", _
                                "Gareth", "Anne"}
    System.Array.Sort(locNamen)
    DruckeStrings(locNamen)
    Console.ReadLine()
End Sub
```

Wenn Sie dieses Beispiel starten, produziert es folgendes Ergebnis im Konsolenfenster:

```
Andrea
Anja
Anne
Daja
Flori
Gaby
Gareth
Hanna
José
Jürgen
Katrin
Klaus
Kricke
Leonie-Gundula
Martina
Melanie
Michaela
Miriam
Momo
Myriam
Thomas
Ute
Uwe
```

Die *Sort*-Methode ist eine statische Methode von *System.Array*, und sie kann noch eine ganze Menge mehr. So haben Sie beispielsweise die Möglichkeit, einen korrelierenden Index mitsortieren zu lassen, oder Sie können bestimmen, zwischen welchen Indizes eines Arrays die Sortierung stattfinden soll. Die Online-Hilfe zum Framework verrät Ihnen, welche Überladungen die *Sort*-Methode genau anbietet.

## Umdrehen der Array-Anordnung mit Array.Reverse

Wichtig in diesem Zusammenhang ist eine weitere statische Methode von *System.Array* namens *Reverse*, die die Reihenfolge der einzelnen Array-Elemente umkehrt. Im Zusammenhang mit der *Sort*-Methode erreichen Sie durch den anschließenden Einsatz von *Reverse* die Sortierung eines Arrays in absteigender Reihenfolge. Wenn Sie das vorherige Beispiel um diese Zeilen

```
            Console.WriteLine()
            Console.WriteLine("Absteigend sortiert:")
            Array.Reverse(locNamen)
            DruckeStrings(locNamen)
            Console.ReadLine()
```

ergänzen, sehen Sie schließlich die Namen in umgekehrter Reihenfolge im Konsolenfenster, etwa:

```
Absteigend sortiert:
Uwe
Ute
Thomas
.
.
.
Anja
Andrea
```

### Durchsuchen eines sortierten Arrays mit Array.BinarySearch

Auch bei der Suche nach bestimmten Elementen eines Arrays ist Ihnen das Framework behilflich. Dazu stellt die Array-Klasse die statische Funktion *BinarySearch* zur Verfügung.

**WICHTIG:** Damit eine binäre Suche in einem Array durchgeführt werden kann, muss das Array in sortierter Form vorliegen – ansonsten kann die Funktion falsche Ergebnisse zurückliefern. Wirklich brauchbar ist die Funktion überdies nur dann, wenn Sie sicherstellen, dass es keine Dubletten in den Elementen gibt. Da eine *binäre* Suche erfolgt, ist nicht gewährleistet, ob die Funktion das *erste* zutreffende Objekt findet oder ein beliebiges, das dem Gesuchten entsprach.

Beispiel:

```
Sub Beispiel8()

        'Array-Erstellen:
        Dim locNamen As String() = {"Jürgen", "Martina", "Hanna", "Gaby", "Michaela", "Miriam", "Ute", _
                                    "Leonie-Gundula", "Melanie", "Uwe", "Andrea", "Klaus", "Anja", _
                                    "Myriam", "Daja", "Thomas", "José", "Kricke", "Flori", "Katrin", "Momo", _
                                    "Gareth", "Anne", "Jürgen", "Gaby"}
        System.Array.Sort(locNamen)
        Console.WriteLine("Jürgen wurde gefunden an Position {0}", _
                System.Array.BinarySearch(locNamen, "Jürgen"))
        Console.ReadLine()
End Sub
```

Wie *Sort* ist auch *BinarySearch* eine überladene Funktion und bietet weitere Optionen, die die Suche beispielsweise auf bestimmte Indexbereiche beschränkt. Intellisense und die Online-Hilfe geben hier genauere Hinweise für die Verwendung.

## Implementierung von Sort und BinarySearch für eigene Klassen

Das Framework erlaubt es, Arrays von beliebigen Typen zu erstellen, auch von solchen, die Sie selbst erstellt haben. Bei der Erstellung einer Klasse, die als Element eines Arrays fungieren soll, brauchen Sie dabei nichts Besonderes zu beachten.

Anders wird das allerdings, wenn Sie eine Funktion auf das Array anwenden wollen, die einen Elementvergleich erfordert, oder wenn Sie sogar steuern wollen, nach welchen Kriterien Ihr Array beispielsweise sortiert werden soll oder auch nach welchem Kriterium Sie es mit *Binary-Search* durchsuchen lassen möchten. Dazu ein Beispiel:

Sie haben eine Klasse entwickelt, die die Adressen einer Kontaktdatenbank speichert. Der nachfolgend gezeigte Code demonstriert, wie sie funktioniert und wie man sie anwendet:

Zunächst der Code der Klasse, die einen Adresseneintrag verwaltet (dieses Projekt finden Sie im Verzeichnis *..\DataTypes\IComparer* der CD zum Buch):

```
Public Class Adresse

    Protected myName As String
    Protected myVorname As String
    Protected myPLZ As String
    Protected myOrt As String

    Sub New(ByVal Name As String, ByVal Vorname As String, ByVal Plz As String, ByVal Ort As String)
        myName = Name
        myVorname = Vorname
        myPLZ = Plz
        myOrt = Ort
    End Sub

    Public Property Name() As String
        Get
            Return myName
        End Get
        Set(ByVal Value As String)
            myName = Value
        End Set
    End Property

    Public Property Vorname() As String
        Get
            Return myVorname
        End Get
        Set(ByVal Value As String)
            myVorname = Value
        End Set
    End Property

    Public Property PLZ() As String
        Get
            Return myPLZ
        End Get
        Set(ByVal Value As String)
            myPLZ = Value
        End Set
    End Property

    Public Property Ort() As String
        Get
            Return myOrt
        End Get
```

```
        Set(ByVal Value As String)
            myOrt = Value
        End Set
    End Property

    Public Overrides Function ToString() As String
        Return Name + ", " + Vorname + ", " + PLZ + " " + Ort
    End Function
End Class
```

Sie sehen selbst: einfachstes Basic. Die Klasse stellt ein paar Eigenschaften für die von ihr verwalteten Daten zur Verfügung, und sie überschreibt die *ToString*-Funktion der Basis-Klasse, damit sie eine Adresse als kompletten String zurückliefern kann.

Das folgende kleine Beispielprogramm definiert ein Array aus dieser Klasse, richtet ein paar Adressen zum Experimentieren ein und druckt diese anschließend in einer eigenen Unterroutine aus:

```
Module ComparerBeispiel

    Sub Main()
        Dim locAdressen(5) As Adresse

        locAdressen(0) = New Adresse("Löffelmann", "Klaus", "11111", "Soest")
        locAdressen(1) = New Adresse("Heckhuis", "Jürgen", "99999", "Gut Uhlenbusch")
        locAdressen(2) = New Adresse("Sonntag", "Miriam", "22222", "Dortmund")
        locAdressen(3) = New Adresse("Sonntag", "Christian", "33333", "Wuppertal")
        locAdressen(4) = New Adresse("Ademmer", "Uta", "55555", "Bad Waldholz")
        locAdressen(5) = New Adresse("Kaiser", "Wilhelm", "12121", "Ostenwesten")

        Console.WriteLine("Adressenliste:")
        Console.WriteLine(New String("="c, 40))
        DruckeAdressen(locAdressen)
        'Array.Sort(locAdressen)
        Console.ReadLine()
    End Sub

    Sub DruckeAdressen(ByVal Adressen As Adresse())
        For Each locString As Adresse In Adressen
            Console.WriteLine(locString)
        Next
    End Sub

End Module
```

Auch hier werden Sie erkennen: Es passiert nichts wirklich Aufregendes. Wenn Sie das Programm starten, produziert es, wie zu erwarten, folgende Ausgabe im Konsolenfenster:

```
Adressenliste:
========================================
Löffelmann, Klaus, 11111 Soest
Heckhuis, Jürgen, 99999 Gut Uhlenbusch
Sonntag, Miriam, 22222 Dortmund
Sonntag, Christian, 33333 Wuppertal
Ademmer, Uta, 55555 Bad Waldholz
Kaiser, Wilhelm, 12121 Ostenwesten
```

Die Liste, wie wir Sie anzeigen lassen, ist allerdings ein ziemliches Durcheinander. Beobachten Sie, was passiert, wenn wir das Programm um eine *Sort*-Anweisung ergänzen und wie die Liste anschließend ausschaut. Dazu nehmen Sie die Auskommentierung der *Sort*-Methode im Listing einfach zurück.

Nach dem Start des Programms warten Sie vergeblich auf die zweite, sortierte Ausgabe der Liste. Stattdessen löst das Framework eine Ausnahme aus, etwa wie in Abbildung 5.1 zu sehen.

Der Grund dafür: Die *Sort*-Methode der Array-Klasse versucht, die einzelnen Elemente des Arrays miteinander zu vergleichen. Dazu benötigt es einen so genannten *Comparer* (etwa: *Vergleicher*). Da wir nicht explizit angegeben, dass wir einen speziellen *Comparer* verwenden wollen (Welchen auch? – Wir haben noch keinen!) erzeugt es einen Standard-*Comparer*, der aber wiederum die Einbindung einer bestimmten Schnittstelle in der Klasse verlangt, deren Elemente er miteinander vergleichen soll. Diese Schnittstelle nennt sich *IComparable*. Leider haben wir auch diese Schnittstelle nicht implementiert, und die Ausnahme ist die Folge.

Wir haben nun drei Möglichkeiten. Wir binden die *IComparable*-Schnittstelle ein, dann können Elemente unserer Klasse auch ohne die Nennung eines expliziten *Comparers* verglichen und im Endeffekt sortiert werden.

***Abbildung 5.1:*** *Wenn Sie das Programm starten, löst es eine Ausnahme aus, sobald die* Sort*-Methode der Array-Klasse erreicht ist*

Oder wir stellen der Klasse einen expliziten *Comparer* zur Verfügung; in diesem Fall müssen wir ihn beim Einsatz von *Sort* (oder auch *BinarySearch*) benennen. Dieser *Comparer* hätte den Vorteil, dass sich durch ihn steuern ließe, nach welchem Kriterium die Klasse durchsucht bzw. sortiert werden soll.

Die dritte Möglichkeit: Wir machen beides. Damit wird unserer Klasse universell nutzbar und läuft nicht in Gefahr, eine Ausnahme auslösen zu können. Und genau das werden wir in den nächsten beiden Abschnitten in die Tat umsetzen.

## Implementieren der Vergleichsfähigkeit einer Klasse durch IComparable

Die Implementierung der *IComparable*-Schnittstelle, damit Instanzen der Klasse miteinander verglichen werden können, ist vergleichsweise simpel. Das Einbinden erfordert zusätzlich lediglich das Vorhandensein einer *CompareTo*-Methode, die die aktuelle Instanz der Klasse mit einer weiteren vergleicht. Da durch den Einsatz von *IComparable* keine Möglichkeit besteht festzulegen, welches Datenfeld das Vergleichskriterium sein soll, wird unser Kriterium eine Zeichenkette sein, die aus Name, Vorname, Postleitzahl und Ort besteht – genau die Zeichenkette also, die *ToString* in der jetzigen Version bereits zurückliefert. Deswegen brauchen wir den eigentlichen Vergleich noch nicht einmal selbst durchzuführen, sondern können ihn an die *CompareTo*-Funktion des String-Objektes, das wir von *ToString* zurückerhalten, weiterreichen. Die Modifizierungen an der Klasse sind also denkbar gering (aus Platzgründen nur gekürzter Code, der die Änderungen widerspiegelt):

```
Public Class Adresse
    Implements IComparable
    .
    .
    .
    Public Function CompareTo(ByVal obj As Object) As Integer Implements System.IComparable.CompareTo

        Dim locAdresse As Adresse

        Try
            locAdresse = DirectCast(obj, Adresse)
        Catch ex As InvalidCastException
            Dim up As New InvalidCastException("'CompareTo' der Klasse 'Adresse' kann keine Vergleiche " + _
                                "mit Objekten anderen Typs durchführen!")
            Throw up
        End Try
        Return ToString.CompareTo(locAdresse.ToString)
    End Function
End Class
```

An dieser Stelle vielleicht erwähnenswert ist der fett gekennzeichnete Bereich im Programm. Auf den ersten Blick mag es unsinnig erscheinen, einen möglichen Fehler abzufangen und ihn anschließend mehr oder weniger unverändert wieder auszulösen. Aber: Der Fehlertext ist entscheidend, und Sie tun sich selbst einen Gefallen, wenn Sie den Fehlertext einer Ausnahme, die Sie generieren, so formulieren, dass Sie eindeutig wissen, wer oder was sie ausgelöst hat. Die Fehlermeldung, die wir in der Ursprungsversion unseres Beispiels in Abbildung 5.1 gesehen habe, leistete das beispielsweise nicht. Die Fehlermeldung verwirrt mehr, als sie den Zusammenhang aufklärt.

Wenn Sie das Programm anschließend starten, liefert es das gewünschte Ergebnis, wie im Folgenden zu sehen:

```
Adressenliste:
======================================
Löffelmann, Klaus, 11111 Soest
Heckhuis, Jürgen, 99999 Gut Uhlenbusch
Sonntag, Miriam, 22222 Dortmund
Sonntag, Christian, 33333 Wuppertal
Ademmer, Uta, 55555 Bad Waldholz
Kaiser, Wilhelm, 12121 Ostenwesten
```

```
Adressenliste (sortiert):
========================================
Ademmer, Uta, 55555 Bad Waldholz
Heckhuis, Jürgen, 99999 Gut Uhlenbusch
Kaiser, Wilhelm, 12121 Ostenwesten
Löffelmann, Klaus, 11111 Soest
Sonntag, Christian, 33333 Wuppertal
Sonntag, Miriam, 22222 Dortmund
```

## Implementieren einer gesteuerten Vergleichsfähigkeit durch IComparer

Soweit, so gut – unser Beispielprogramm läuft immerhin schon, und die Elemente des Arrays lassen sich sortieren. Aber: Das Programm sortiert stumpf nach dem Nachnamen – und diese Verhaltensweise können wir ihm ohne weitere Maßnahmen auch nicht abgewöhnen.

Was die *Adresse*-Klasse braucht, ist eine Art Steuerungseinheit, die durch Setzen bestimmter Eigenschaften bestimmt, wie Vergleiche stattfinden sollen. Wenn Sie sich zum Beispiel die *Sort*-Funktion von *System.Array* ein wenig genauer anschauen, werden Sie feststellen, dass sie als optionalen Parameter eine Variable vom Typ *IComparer* entgegennimmt.

Eine Klasse, die *IComparer* einbindet, macht genau das Verlangte. Sie kann den Vergleichsvorgang beeinflussen. Wenn Sie *IComparer* in einer Klasse implementieren, müssen Sie auch die Funktion *Compare* in dieser Klasse zur Verfügung stellen. Dieser Funktion werden zwei Objekte übergeben, die die Funktion miteinander vergleichen soll. Ist eines der Objekte größer (was auch immer das heißt, denn es ist bis dahin ein abstraktes Attribut), liefert sie den Wert 1, ist es kleiner, den Wert –1, und ist es gleich, liefert sie den Wert 0 zurück.

Ein *Comparer* steht in keinem direkten Verhältnis zu den Klassen, die er vergleichen soll; er wird also nicht durch weitere Schnittstellen reglementiert. Aus diesem Grund muss der *Comparer* selber dafür Sorge tragen, dass ihm nur die Objekte zum Vergleichen angeliefert werden, die er verarbeiten will. Bekommt er andere, muss er eine Ausnahme auslösen.

In unserem Fall muss der *Comparer* noch ein bisschen mehr können. Er muss die Funktionalität zur Verfügung stellen, durch die der Entwickler steuern kann, nach *welchem* Kriterium der *Adresse*-Klasse er vergleichen will. Aus diesen Gründen ergibt sich folgender Code für einen *Comparer* unseres Beispiels (Sie finden das erweiterte Projekt übrigens im Verzeichnis ..\*DataTypes\IComparer2*):

```
'Nur fürs einfachere Arbeiten mit dem Comparer
Public Enum ZuVergleichen
    Name
    PLZ
    Ort
End Enum

Public Class AdressenVergleicher
    Implements IComparer

    'Speichert die Einstellung, nach welchem Kriterium verglichen wird.
    Protected myZuVergleichenMit As ZuVergleichen

    Sub New(ByVal ZuVergleichenMit As ZuVergleichen)
        myZuVergleichenMit = ZuVergleichenMit
    End Sub
```

```vb
    Public Function Compare(ByVal x As Object, ByVal y As Object) As Integer _
                       Implements System.Collections.IComparer.Compare
        'Nur erlaubte Typen durchlassen:
        If (Not (TypeOf x Is Adresse)) Or (Not (TypeOf y Is Adresse)) Then
            Dim up As New InvalidCastException("'Compare' der Klasse 'Adressenvergleicher' kann nur " + _
                        "Vergleiche vom Typ 'Adresse' durchführen!")
            Throw up
        End If

        'Beide Objekte in den richtigen Typ casten, damit das Handling einfacher wird:
        Dim locAdr1 As Adresse = DirectCast(x, Adresse)
        Dim locAdr2 As Adresse = DirectCast(y, Adresse)

        'Hier passiert die eigentliche Steuerung,
        'nach welchem Kriterium verglichen wird:
        If myZuVergleichenMit = ZuVergleichen.Name Then
            Return locAdr1.Name.CompareTo(locAdr2.Name)
        ElseIf myZuVergleichenMit = ZuVergleichen.Ort Then
            Return locAdr1.Ort.CompareTo(locAdr2.Ort)
        Else
            Return locAdr1.PLZ.CompareTo(locAdr2.PLZ)
        End If

    End Function

    'Legt die Vergleichseinstellung offen.
    Public Property ZuVergleichenMit() As ZuVergleichen
        Get
            Return myZuVergleichenMit
        End Get
        Set(ByVal Value As ZuVergleichen)
            myZuVergleichenMit = Value
        End Set
    End Property

End Class
```

Zum Beweis, dass alles wie gewünscht läuft, ergänzen Sie das Hauptprogramm um folgende Zeilen (fettgedruckt im folgenden Listing):

```vb
Module ComparerBeispiel

    Sub Main()
        Dim locAdressen(5) As Adresse

        locAdressen(0) = New Adresse("Löffelmann", "Klaus", "11111", "Soest")
        locAdressen(1) = New Adresse("Heckhuis", "Jürgen", "99999", "Gut Uhlenbusch")
        locAdressen(2) = New Adresse("Sonntag", "Miriam", "22222", "Dortmund")
        locAdressen(3) = New Adresse("Sonntag", "Christian", "33333", "Wuppertal")
        locAdressen(4) = New Adresse("Ademmer", "Uta", "55555", "Bad Waldholz")
        locAdressen(5) = New Adresse("Kaiser", "Wilhelm", "12121", "Ostenwesten")

        Console.WriteLine("Adressenliste:")
        Console.WriteLine(New String("="c, 40))
        DruckeAdressen(locAdressen)

        Console.WriteLine()
```

```
        Console.WriteLine("Adressenliste (sortiert nach Postleitzahl):")
        Console.WriteLine(New String("="c, 40))
        Array.Sort(locAdressen, New AdressenVergleicher(ZuVergleichen.PLZ))
        DruckeAdressen(locAdressen)
        Console.ReadLine()
    End Sub
    .
    .
    .
End Module
```

Wenn Sie das Programm nun starten, erhalten Sie folgende Ausgabe auf dem Bildschirm:

```
Adressenliste:
========================================
Löffelmann, Klaus, 11111 Soest
Heckhuis, Jürgen, 99999 Gut Uhlenbusch
Sonntag, Miriam, 22222 Dortmund
Sonntag, Christian, 33333 Wuppertal
Ademmer, Uta, 55555 Bad Waldholz
Kaiser, Wilhelm, 12121 Ostenwesten

Adressenliste (sortiert nach Postleitzahl):
========================================
Löffelmann, Klaus, 11111 Soest
Kaiser, Wilhelm, 12121 Ostenwesten
Sonntag, Miriam, 22222 Dortmund
Sonntag, Christian, 33333 Wuppertal
Ademmer, Uta, 55555 Bad Waldholz
Heckhuis, Jürgen, 99999 Gut Uhlenbusch
```

# Enumeratoren

Wenn Sie Arrays oder – wie Sie später sehen werden – Collections für die Speicherung von Daten verwenden, dann müssen Sie in der Lage sein, diese Daten abzurufen. Mit Indexern gibt Ihnen .NET eine einfache Möglichkeit. Sie verwenden eine Objektvariable und versehen sie mit einem Index, der auch durch eine andere Variable repräsentiert werden kann. Ändern Sie diese Variable, die als Index dient, können Sie dadurch programmtechnisch bestimmen, welches Element eines Arrays sie gerade verarbeiten wollen. Typische Zählschleifen, mit der Sie durch die Elemente eines Arrays iterieren, sind die Folge – etwa im folgenden Stil:

```
For count As Integer = 0 To Array.Length - 1
    TuWasMit(Array(count))
Next
```

**HINWEIS:** Enumeratoren haben nichts mit *Enums* zu tun. Lediglich die Namen sind sich etwas ähnlich. *Enums* sind aufgezählte Benennungen von bestimmten Werten im Programmlisting, während Enumeratoren die Unterstützung von *For/Each* zur Verfügung stellen!

Wenn ein Objekt allerdings die Schnittstelle *IEnumarable* implementiert, gibt es eine elegantere Methode die verschiedenen Elemente, die das Objekt zur Verfügung stellt, zu durchlaufen. Glücklicherweise implementiert *System.Array* die Schnittstelle *IEnumarable*, so dass Sie auf Array-Elemente mit dieser eleganten Methode – namentlich mit *For/Each* – zugreifen können. Ein Beispiel:

```
'Deklaration und Definition von Elementen im Char-Array
Dim locCharArray As Char() = {"V"c, "B"c, "."c, "N"c, "E"c, "T"c, " "c, _
                              "r"c, "u"c, "l"c, "e"c, "s"c, "!"c}
For Each c As Char In locCharArray
    Console.Write(c)
Next
Console.WriteLine()
Console.ReadLine()
```

Wenn Sie dieses Beispiel laufen lassen, sehen Sie im Konsolenfenster den folgenden Text.

```
VB.NET rules!
```

Enumeratoren werden von allen typdefinierten Arrays unterstützt und ebenso von den meisten Collections. Enumeratoren können Sie aber auch in Ihren eigenen Klassen einsetzen, wenn Sie erlauben möchten, dass der Entwickler, der mit Ihrer Klasse arbeitet, durch Elemente mit *For/Each* iterieren kann.

## Benutzerdefinierte Enumeratoren mit IEnumerable

Enumeratoren können allerdings nicht nur für die Aufzählung von gespeicherten Elementen in Arrays oder Collections eingesetzt werden. Sie können Enumeratoren auch dann einsetzen, wenn eine Klasse ihre Enumerations-Elemente durch Algorithmen zurückliefert.

Als Beispiel dafür möchte ich Ihnen zunächst einen Codeausschnitt zeigen, der nicht funktioniert – bei dem es aber in einigen Fällen wünschenswert wäre, wenn er funktionierte:

```
'DAS GEHT NICHT!
For d as Date=#24/12/2004# To #31/12/2004
    Console.WriteLine("Datum in Aufzählung: {0}", d)
Next d
```

Dennoch könnte es für bestimmte Anwendungen sinnvoll sein, tageweise einen bestimmten Datumsbereich zu durchlaufen. Etwa wenn Ihre Anwendung herausfinden muss, wie viele Mitarbeiter, deren Daten Ihre Anwendung speichert, in einem bestimmten Monat Geburtstag haben.

Wenn das, was wir vorhaben, nicht mit *For/Next* funktioniert, vielleicht können wir dann aber eine Klasse schaffen, die einen Enumerator zur Verfügung stellt, so dass das Vorhaben mit *For/Each* gelingt. Diese Klasse sollte beim Instanzieren Parameter übernehmen, mit denen wir bestimmen können, welcher Datumsbereich in welcher Schrittweite durchlaufen werden soll. Damit Sie mit *For/Each* durch die Elemente einer Klasse iterieren können, muss die Klasse die Schnittstelle *IEnumarable* einbinden. Das kann sie nur, wenn sie gleichzeitig eine Funktion *GetEnumerator* zur Verfügung stellt, die erst das Objekt mit dem eigentlichen Enumerator liefert. Doch eines nach dem anderen.

Schauen wir uns zunächst die Basisklasse an, die die Grundfunktionalität zur Verfügung stellt (Sie finden das Projekt übrigens im Verzeichnis ..\\*DataTypes\\Enumerators*):

```
Public Class Datumsaufzählung
    Implements IEnumerable
    Dim locDatumsaufzähler As Datumsaufzähler

    Sub New(ByVal StartDatum As Date, ByVal EndDatum As Date, ByVal Schrittweite As TimeSpan)
        locDatumsaufzähler = New Datumsaufzähler(StartDatum, EndDatum, Schrittweite)
    End Sub
```

```vb
    Public Function GetEnumerator() As System.Collections.IEnumerator _
                Implements System.Collections.IEnumerable.GetEnumerator
        Return locDatumsaufzähler
    End Function
End Class
```

Sie sehen, dass diese Klasse selbst nichts Großartiges macht – sie schafft durch die ihr übergebenen Parameter lediglich die Rahmenbedingungen und stellt die von *IEnumarable* verlangte Funktion *GetEnumerator* zur Verfügung. Die eigentliche Aufgabe wird von der Klasse *Datumsaufzähler* erledigt, die auch als Rückgabewert von *GetEnumerator* zurückgegeben wird.

Eine Instanz dieser Klasse wird bei der Instanzierung von *Datumsaufzählung* erstellt. Was in dieser Klasse genau passiert, zeigt der folgende Code:

```vb
Public Class Datumsaufzähler
    Implements IEnumerator

    Private myStartDatum As Date
    Private myEndDatum As Date
    Private mySchrittweite As TimeSpan
    Private myAktuellesDatum As Date

    Sub New(ByVal StartDatum As Date, ByVal EndDatum As Date, ByVal Schrittweite As TimeSpan)
        myStartDatum = StartDatum
        myAktuellesDatum = StartDatum
        myEndDatum = EndDatum
        mySchrittweite = Schrittweite
    End Sub

    Public Property StartDatum() As Date
        Get
            Return myStartDatum
        End Get
        Set(ByVal Value As Date)
            myStartDatum = Value
        End Set
    End Property

    Public Property EndDatum() As Date
        Get
            Return myEndDatum
        End Get
        Set(ByVal Value As Date)
            myEndDatum = Value
        End Set
    End Property

    Public Property Schrittweite() As TimeSpan
        Get
            Return mySchrittweite
        End Get
        Set(ByVal Value As TimeSpan)
            mySchrittweite = Value
        End Set
    End Property
```

```
Public ReadOnly Property Current() As Object Implements System.Collections.IEnumerator.Current
    Get
        Return myAktuellesDatum
    End Get
End Property

Public Function MoveNext() As Boolean Implements System.Collections.IEnumerator.MoveNext
    myAktuellesDatum = myAktuellesDatum.Add(Schrittweite)
    If myAktuellesDatum > myEndDatum Then
        Return False
    Else
        Return True
    End If
End Function

Public Sub Reset() Implements System.Collections.IEnumerator.Reset
    myAktuellesDatum = myStartDatum
End Sub
End Class
```

Der Konstruktor und die beiden Eigenschaftsprozeduren sollen hier nicht so sehr interessieren. Vielmehr von Interesse ist, dass diese Klasse eine weitere Schnittstelle namens *IEnumerator* einbindet, und sie stellt die eigentliche Aufzählungsfunktionalität zur Verfügung. Sie muss dazu die Eigenschaft *Current*, die Funktion *MoveNext* sowie die Methode *Reset* implementieren.

Wenn eine *For/Each*-Schleife durchlaufen wird, dann wird das aktuell bearbeitete Objekt der Klasse durch die *Current*-Eigenschaft des eigentlichen Enumerators ermittelt. Anschließend zeigt *For/Each* mit dem Aufruf der Funktion *MoveNext* dem Enumerator an, dass es auf das nächste Objekt zugreifen möchte. Erst wenn *MoveNext* mit *False* als Rückgabewert anzeigt, dass es keine weiteren Objekte mehr zur Verfügung stellen kann (oder will), ist die umgebende *For/Each*-Schleife beendet.

In unserem Beispiel müssen wir bei *MoveNext* nur dafür sorgen, dass unsere interne Datums-Zähl-Variable um den Wert erhöht wird, den wir bei ihrer Instanzierung als Schrittweite bestimmt haben. Hat die Addition der Schrittweite auf diesen Datumszähler den Endwert noch nicht überschritten, liefern wir *True* als Funktionsergebnis zurück – *For/Each* darf mit seiner Arbeit fortfahren. Ist das Datum allerdings größer als der Datums-Endwert, wird die Schleife abgebrochen – der Vorgang wird beendet.

Das Programm, das von dieser Klasse Gebrauch machen kann, lässt sich nun sehr elegant einsetzen, wie die folgenden Beispielcodezeilen zeigen:

```
Module Enumerators
    Sub Main()
        Dim locDatumsaufzählung As New Datumsaufzählung(#12/24/2004#, _
                                        #12/31/2004#, _
                                        New TimeSpan(1, 0, 0, 0))
        For Each d As Date In locDatumsaufzählung
            Console.WriteLine("Datum in Aufzählung: {0}", d)
        Next

    End Sub
End Module
```

Das Ergebnis sehen Sie anschließend in Form einer Datumsfolge im Konsolenfenster.

# Grundsätzliches zu Collections

Arrays haben in .NET einen entscheidenden Nachteil. Sie können zwar dynamisch zur Laufzeit vergrößert oder verkleinert werden, aber der Programmieraufwand dazu ist doch eigentlich recht aufwändig. Wenn Sie sich schon früher mit Visual Basic beschäftigt haben, dann ist Ihnen »Collection« sicherlich ein Begriff.

Collections erlauben es dem Entwickler, Elemente genau wie Arrays zu verwalten. Im Unterschied zu Arrays wachsen Collections jedoch mit Ihren Speicherbedürfnissen.

Damit ist aber auch klar, dass das Indizieren mit Nummern zum Abrufen der Elemente nur bedingt funktionieren kann. Wenn ein Array 20 Elemente hat, und Sie möchten das 21. Element hinzufügen, dann können Sie das dem Array nicht einfach so mitteilen. Ganz anders bei Collections: Hier fügen Sie ein Element mit der *Add*-Methode hinzu.

Intern werden Collections ebenfalls wie (oder besser: als) Arrays verwaltet. Rufen Sie eine neue Collection ins Leben, dann hat dieses Array, wenn nichts anderes gesagt wird, eine Größe von 16 Elementen. Wenn die Collection-Klasse später, sobald Ihr Programm richtig in Action ist, »merkt«, dass ihr die Puste mengentechnisch ausgeht, dann legt sie ein Array nunmehr mit 32 Elementen an, kopiert die vorhandenen Elemente in das neue Array, arbeitet fortan mit dem neuen Array und tut ansonsten so, als wäre nichts gewesen.

In etwa entspricht also die Grundfunktionsweise einer Collection stark vereinfacht der folgenden Klasse:

```
Class DynamicList
    Implements IEnumerable

    Protected myStepIncreaser As Integer
    Protected myCurrentArraySize As Integer
    Protected myCurrentCounter As Integer
    Protected myArray() As Object

    Sub New()
        MyClass.New(16)
    End Sub

    Sub New(ByVal StepIncreaser As Integer)
        myStepIncreaser = StepIncreaser
        myCurrentArraySize = myStepIncreaser
        ReDim myArray(myCurrentArraySize)
    End Sub

    Sub Add(ByVal Item As Object)

        'Prüfen, ob aktuelle Arraygrenze erreicht wurde.
        If myCurrentCounter = myCurrentArraySize - 1 Then
            'Neues Array mit mehr Speicher anlegen,
            'und Elemente hinüberkopieren. Dazu:

            'Neues Array wird größer:
            myCurrentArraySize += myStepIncreaser

            'Temporäres Array erstellen.
            Dim locTempArray(myCurrentArraySize - 1) As Object
```

```
        'Elemente kopieren.
        'Wichtig: Um das Kopieren müssen Sie sich,
        'anders als bei VB6, selber kümmern!
        Array.Copy(myArray, locTempArray, myArray.Length)

            'Temporäres Array dem Member-Array zuweisen.
            myArray = locTempArray
        End If

        'Element im Array  speichern.
        myArray(myCurrentCounter) = Item

        'Zeiger auf nächstes Element erhöhen.
        myCurrentCounter += 1

    End Sub

    'Liefert die Anzahl der vorhandenen Elemente zurück.
    Public Overridable ReadOnly Property Count() As Integer
        Get
            Return myCurrentCounter
        End Get
    End Property

    'Erlaubt das Zuweisen und Abfragen.
    Default Public Overridable Property Item(ByVal Index As Integer) As Object
        Get
            Return myArray(Index)
        End Get

        Set(ByVal Value As Object)
            myArray(Index) = Value
        End Set
    End Property

    'Liefert den Enumerator der Basis (dem Array) zurück.
    Public Function GetEnumerator() As System.Collections.IEnumerator _
                    Implements System.Collections.IEnumerable.GetEnumerator
        Return myArray.GetEnumerator
    End Function
End Class
```

Nun könnte man meinen, diese Vorgehensweise könnte sich zu einer Leistungsproblematik entwickeln, da alle paar Elemente der komplette Arrayinhalt kopiert werden muss. Im Verzeichnis ..\*DataTypes\DynamicList* des Verzeichnisses zur CD zum Buch finden Sie das Projekt *DynamicList*, das Ihnen das Gegenteil beweist:

Wie lange, glauben Sie, dauert es, ein Array mit 50.000 Zufallszahlen (mit Nachkommastellen) auf diese Weise anzulegen? 30 Sekunden? 15 Sekunden? Finden Sie es selbst heraus, indem Sie das Programm starten:

```
Anlegen von 50000 zufälligen Double-Elementen...
...in 1.312 Millisekunden!
```

Knapp über eine Sekunde benötigt das Programm für diese Operation[5] – beeindruckend, wie schnell Visual Basic dieser Tage ist, finden Sie nicht?

Nun muss ich Ihnen leider verraten: Die Klasse *DynamicList* werden Sie nie benötigen. Bestandteil der FCL ist nämlich eine Klasse, die das auch kann. Nur viel schneller. Und: Sie hat zusätzlich noch andere Möglichkeiten, die Ihnen die selbstgestrickte Klasse nicht bietet.

Bestandteil des Projekts ist *Sub Beispiel2*, die Ihnen die gleiche Prozedur mit der Klasse *ArrayList* demonstriert:

```
Sub Beispiel2()
    Dim locZeitmesser As New HighSpeedTimeGauge
    Dim locAnzahlElemente As Integer = 50000
    Dim locDynamicList As New ArrayList
    Dim locRandom As New Random(Now.Millisecond)

    Console.WriteLine("Anlegen von {0} zufälligen Double-Elementen...", locAnzahlElemente)
    locZeitmesser.Start()
    For count As Integer = 1 To locAnzahlElemente
        locDynamicList.Add(locRandom.NextDouble * locRandom.Next)
    Next
    locZeitmesser.Stop()
    Console.WriteLine("...in {0:#,##0} Millisekunden!", locZeitmesser.DurationInMilliSeconds)
    Console.ReadLine()

End Sub
```

Dessen Geschwindigkeit ist schlicht umwerfend:

```
Anlegen von 50000 zufälligen Double-Elementen...
...in 8 Millisekunden!
```

Im Prinzip arbeitet *ArrayList* nach dem gleichen Verfahren, das Sie in *DynamicList* kennen gelernt haben. Doch *ArrayList* verfährt mit einem Trick, um möglichst viel Leistung herauszuholen. Es verdoppelt die jeweils nächste Größe des neuen Arrays im Vergleich zu der vorherigen Größe des Arrays. Damit reduziert sich der Gesamtaufwand des Kopierens erheblich. Im übrigen werden die Daten der einzelnen Elemente ja nicht wirklich bewegt. Lediglich die Zeiger auf die Daten werden kopiert – vorhandene Elemente bleiben im Managed Heap an ihrem Platz.

# Die Collections der Base Class Library

Die BCL des Frameworks enthält eine ganze Reihe von Collection-Typen, von denen Sie die wichtigste – *ArrayList* – schon im Einsatz gesehen haben. In diesem Abschnitt möchte ich Ihnen diese Collections kurz vorstellen und darauf hinweisen, für welchen Einsatz sie am besten geeignet sind oder welche Besonderheiten Sie bei ihrem Gebrauch beachten sollten. Für eine genauere Beschreibung ihrer Eigenschaften und Methoden verwenden Sie bitte die Online-Hilfe von Visual Studio.

---

[5] Auf einem 3 GHz Pentium 4 (noch Northwood; FSB 800.)

## ArrayList – universelle Ablage für Objekte

*ArrayList* können Sie als Container für Objekte aller Art verwenden. Sie instanzieren ein *ArrayList*-Objekt und weisen ihm mit Hilfe seiner *Add*-Funktion das jeweils nächste Element zu. Mit der *Default*-Eigenschaft *Item* können Sie schon vorhandene Elemente abrufen oder neu definieren. *AddRange* erlaubt Ihnen, die Elemente einer vorhandenen *ArrayList* einer anderen *ArrayList* hinzuzufügen.

Mit der *Count*-Eigenschaft eines *ArrayList*-Objektes finden Sie heraus, wie viele Elemente es beherbergt.

*Clear* löscht alle Elemente einer *ArrayList*. Mit *Remove* löschen Sie ein Objekt aus der Arraylist, das Sie der *Remove*-Methode als Parameter übergeben. Wenn mehrere gleiche Objekte (die *Equals*-Methode jedes Objektes wird dabei verwendet) existieren, wird das erste gefundene Objekt gelöscht. Mit *RemoveAt* löschen Sie ein Element an einer bestimmten Position. *RemoveRange* erlaubt Ihnen schließlich, einen ganzen Bereich von Array-Elementen ab einer bestimmten Position im *ArrayList*-Objekt zu löschen.

*ArrayList*-Objekte können in einfache Arrays umgewandelt werden. Dabei ist jedoch einiges zu beachten: Die Elemente der *ArrayList* müssen ausnahmslos alle dem Typ des Arrays entsprechen, in den sie umgewandelt werden sollen. Die Konvertierung nehmen Sie mit der *ToArray*-Methode des entsprechenden *ArrayList*-Objektes vor. Dabei bestimmen Sie, wenn Sie in ein typdefiniertes Array (wie *Integer()* oder *String()*) umwandeln, den Grundtyp (nicht den Arraytyp!) als zusätzlichen Parameter. Wenn Sie ein Array in eine *ArrayList* umwandeln wollen, verwenden Sie den entsprechenden Konstruktor der *ArrayList* – die entsprechende Konstruktorroutine nimmt die Konvertierung in eine *ArrayList* anschließend vor.

**HINWEIS:** Bitte schauen Sie sich dazu auch das weiter unten gezeigte Listing an, insbesondere was die Konvertierungshinweise von *ArrayList*-Objekte in Arrays betrifft.

*ArrayList* implementiert die Schnittstelle *IEnumerable*. Aus diesem Grund stellt die Klasse einen Enumerator zur Verfügung, mit dem Sie mit Hilfe von *For/Each* durch die Elemente der *ArrayList* iterieren können. Beachten Sie dabei, den richtigen Typ für die Schleifenvariable zu verwenden. *ArrayList*-Elemente sind nicht typsicher, und eine Typ-Verletzung ist nur dann ausgeschlossen, wenn Sie genau wissen, welche Typen gespeichert sind (das nachfolgende Beispiel demonstriert diesen Fehler recht anschaulich):

Hier die Beispiele, die das Gerade gesagte näher erläutern und den Code dazu dokumentieren:

**HINWEIS:** Sie finden die im folgenden besprochenen Codeauszüge im Verzeichnis *..\DataTypes\CollectionsDemo* im Verzeichnis der CD zum Buch.

```
Sub ArrayListDemo()
    Dim locMännerNamen As String() = {"Jürgen", "Uwe", "Klaus", "Christian", "José"}
    Dim locFrauenNamen As New ArrayList
    Dim locNamen As New ArrayList

    'ArrayList aus vorhandenem Array/Arraylist erstellen.
    locNamen = New ArrayList(locMännerNamen)

    'ArrayList mit Add definieren.
    locFrauenNamen.Add("Ute") : locFrauenNamen.Add("Miriam")
    locFrauenNamen.Add("Melanie") : locFrauenNamen.Add("Anja")
    locFrauenNamen.Add("Stephanie") : locFrauenNamen.Add("Heidrun")
```

```vb
'Arraylist einer anderen Arraylist hinzufügen:
locNamen.AddRange(locFrauenNamen)

'Arraylist in eine Arraylist einfügen.
Dim locHundenamen As String() = {"Hasso", "Bello", "Wauzi", "Wuffi", "Basko", "Franz"}
'Einfügen *vor* dem 6. Element
locNamen.InsertRange(5, locHundenamen)

'ArrayList ein Array zurückwandeln.
Dim locAlleNamen As String()

'Vorsicht: Fehler!
'locAlleNamen = DirectCast(locNamen.ToArray, String())

'Vorsicht: Ebenfalls Fehler!
'locAlleNamen = DirectCast(locNamen.ToArray(GetType(String())), String())

'So ist es richtig.
locAlleNamen = DirectCast(locNamen.ToArray(GetType(String)), String())

'Repeat legt eine Arraylist aus wiederholten Items an.
locNamen.AddRange(ArrayList.Repeat("Dublettenname", 10))

'Ein Element im Array mit der Item-Eigenschaft ändern.
locNamen(10) = "Fiffi"

'Mit der Item-Eigenschaft geht es auch:
locNamen.Item(13) = "Miriam"

'Löschen des ersten zutreffenden Elementes aus der Liste.
locNamen.Remove("Basko")

'Löschen eines Elementes an einer bestimmten Position.
locNamen.RemoveAt(4)

'Löschen eines bestimmten Bereichs aus der ArrayList mit RemoveRange.
'Count ermittelt die Anzahl der Elemente in der ArrayList
locNamen.RemoveRange(locNamen.Count - 6, 5)

'Ausgeben der Elemente über die Default-Eigenschaft der ArrayList (Item).
For i As Integer = 0 To locNamen.Count - 1
    Console.WriteLine("Der Name Nr. {0} lautet {1}", i, locNamen(i).ToString)
Next

'Anderes als ein String-Objekt der ArrayList hinzufügen,
'um den folgenden Fehler "vorzubereiten".
locNamen.Add(New FileInfo("C:\TEST.TXT"))
```

```
'Diese Schleife kann nicht bis zum Ende ausgeführt werden,
'da ein Objekt nicht vom Typ String mit von der Partie ist!
For Each einString As String In locNamen
    'Hier passiert irgendetwas mit dem String,
    'nicht von Interesse, deswegen kein Rückgabewert.
    einString.EndsWith("Peter")
Next
Console.ReadLine()
End Sub
```

Wenn Sie dieses Beispiel laufen lassen, dann sehen Sie zunächst die erwarteten Ausgaben auf dem Bildschirm. Doch der Programmcode erreicht nie die Anweisung *Console.ReadLine*, um auf Ihre letzte Bestätigung zu warten. Stattdessen löst er eine Ausnahme aus, etwa wie in Abbildung 5.2 zu sehen.

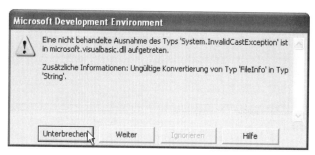

***Abbildung 5.2:*** *Achten Sie beim Iterieren mit For/Each durch eine Collection darauf, dass die Elemente dem Schleifenvariablentyp entsprechen, um solche Ausnahmen zu vermeiden!*

Der Grund dafür: Das letzte Element in der *ArrayList* ist kein String. Aus diesem Grund wird die Ausnahme ausgelöst. Achten Sie deshalb stets darauf, dass die Schleifenvariable eines *For/Each*-Konstrukts immer den Typen entspricht, die in einer Collection gespeichert sind.

## Typsichere Collections auf Basis von CollectionBase

Um den im vorherigen Abschnitt aufgetretenen Fehler definitiv zu vermeiden, sollte eine Collection in der Lage sein, nur Elemente bestimmten Typs zu definieren und zurückzuliefern. Die *ArrayList*-Klasse kann diese Arbeit nicht leisten, weil sie – beispielsweise mit der *Add*-Methode – *Objects* entgegennimmt und damit für alle Objekttypen zugänglich ist.

Gerade wenn Sie Softwareentwicklung im Team betreiben, ist es sicherer, dass Sie den Entwicklern, die mit Ihren Klassen arbeiten, nur solche zur Verfügung stellen, die narrensicher zu bedienen sind. Haben Sie beispielsweise einen Klassensatz entwickelt, die Adressendetails in einer *Adresse*-Klasse und mehrere Adressen in einer *Adressen*-Collection verwaltet, dann sollte letztere auch nur Daten vom Typ *Adresse* entgegennehmen. Sie sollte damit typsicher sein.

Das Framework bietet zu diesem Zweck eine abstrakte Klasse namens *CollectionBase* als Vorlage an, die Sie für diese Zwecke ableiten und erweitern können.

**HINWEIS:** Sie finden die im folgenden besprochenen Codeauszüge im Verzeichnis *..\DataTypes\TypesafeCollections* im Verzeichnis der CD zum Buch.

Der folgende Code zeigt, wie die *Item*-Methode und die *Add*-Methode in einer benutzerdefinierten Collection realisiert sind:

```vb
Public Class Adressen
    Inherits CollectionBase

    Public Overridable Function Add(ByVal Adr As Adresse) As Integer
        Return MyBase.List.Add(Adr)
    End Function

    Default Public Overridable Property Item(ByVal Index As Integer) As Adresse
        Get
            Return DirectCast(MyBase.List(Index), Adresse)
        End Get
        Set(ByVal Value As Adresse)
            MyBase.List(Index) = Value
        End Set
    End Property
End Class
```

Das entsprechende Beispielprogramm, das die Klasse testet, sieht folgendermaßen aus:

```vb
Module TypesafeCollections

    Sub Main()
        Dim locAdressen As New Adressen
        Dim locAdresse As New Adresse("Christian", "Sonntag", "99999", "Trinken")
        Dim locAndererTyp As New FileInfo("C:\Test.txt")

        'Kein Problem:
        locAdressen.Add(locAdresse)

        'Schon der Editor mault!
        'locAdressen.Add(locAndererTyp)

        'Auch kein Problem.
        locAdresse = locAdressen(0)

        For Each eineAdresse As Adresse In locAdressen
            Console.WriteLine(eineAdresse)
        Next
        Console.ReadLine()
    End Sub

End Module
```

Sie sehen anhand des Testprogramms, dass Typsicherheit in dieser Collection gewährleistet ist. Allerdings sollte dieses Programm, wenn Sie das Klassen-Kapitel dieses Buches aufmerksam studiert haben, auch Fragen aufwerfen: Wenn Sie sich die Beschreibung zu *CollectionBase* in der Online-Hilfe ansehen, finden Sie dort folgenden Prototyp:

```vb
<Serializable>
MustInherit Public Class CollectionBase
    Implements IList, ICollection, IEnumerable
```

*CollectionBase* bindet unter anderem die Schnittstelle *IList* ein. Die Schnittstelle *IList* schreibt vor, dass eine *Add*-Funktion mit der folgenden Signatur in der Klasse implementiert sein muss, die sie implementiert:

```vb
Function Add(ByVal value As Object) As Integer
```

Erkennen Sie die Unregelmäßigkeit? Unsere Klasse erbt von *CollectionBase*, *CollectionBase* bindet *IList* ein, *IList* verlangt die Methode *Add*, in unserer Klasse müsste demzufolge eine *Add*-Methode vorhanden sein, die wir zu überschreiben hätten! Aber sie ist es nicht, und das ist auch gut so, denn: Wäre sie vorhanden, dann müssten wir ihre Signatur zum Überschreiben übernehmen. Als Parameter nimmt sie aber ein *Object* entgegen – unsere Typsicherheit wäre dahin. Alternativ könnten wir sie überladen, aber in diesem Fall könnte man ihr dennoch ein *Object* übergeben – wieder wäre es aus mit der Typsicherheit.

Wir kommen dem Geheimnis auf die Spur, wenn wir uns die *Add*-Funktion unserer neuen *Adressen*-Collection ein wenig genauer anschauen. Dort heißt es:

```
Public Overridable Function Add(ByVal Adr As Adresse) As Integer
    Return MyBase.List.Add(Adr)
End Function
```

*MyBase* greift auf die Basisklasse zurück und verwendet letzten Endes die *Add*-Funktion des Objektes, das die *List*-Eigenschaft zurückliefert, um das hinzuzufügende Element weiterzureichen. Was aber macht *List*? Welches Objekt liefert es zurück? Um Sie vielleicht zunächst komplett zu verwirren: *List* liefert die Instanz unserer Klasse zurück[6] – und wir betreiben hier Polymorphie in Vollendung!

Schauen wir, was die Online-Hilfe von Visual Studio zur Beschreibung von *List* zu sagen hat: »Ruft eine *IList* mit der Liste der Elemente in der *CollectionBase*-Instanz ab.« – Wow, das ist informativ!

Der ganze Umstand wird klar, wenn Sie sich das folgende Konstrukt anschauen. Behalten Sie dabei im Hinterkopf, dass eine Möglichkeit gefunden werden muss, die *Add*-Funktion einer Schnittstelle in einer Klasse zu implementieren, ohne einer sie einbindenden Klasse die Möglichkeit zu nehmen, eine *Add*-Funktion mit einer ganz anderen Signatur zur Verfügung zu stellen:

```
Interface ITest
    Function Add(ByVal obj As Object) As Integer
End Interface

MustInherit Class ITestKlasse
    Implements ITest

    Private Function ITestAdd(ByVal obj As Object) As Integer Implements ITest.Add
        Trace.WriteLine("ITestAdd:" + obj.ToString)
    End Function

End Class
```

---

[6] Dieses Konstrukt erinnerte mich spontan an eine Star-Trek-Voyager-Episode, in der Tom Paris mit B'Elanna Torres das Holodeck besucht, um mit ihr in einem holografisch projiziertem Kino einen »altertümlichen« Film mit 3D-Brille zu sehen. Ihr Kommentar dazu: „Lass mich das mal klarstellen. Du hast diesen Aufwand betrieben, um eine dreidimensionale Umgebung so zu programmieren, das sie ein zweidimensionales Bild projiziert, und nun bittest Du mich, diese Brille zu tragen, damit es wieder dreidimensional ausschaut?« ...

```
Class ITestKlasseAbleitung
    Inherits ITestKlasse

    Public ReadOnly Property Test() As ITest
        Get
            Return DirectCast(Me, ITest)
        End Get
    End Property

    Public Sub Add(ByVal TypeSafe As Adresse)
        Test.Add(TypeSafe)
    End Sub
End Class
```

Die Schnittstelle dieser Klasse schreibt vor, dass eine Klasse, die diese Schnittstelle einbindet, eine *Add*-Funktion implementieren muss. Die abstrakte Klasse *ITestKlasse* bindet diese Schnittstelle auch ordnungsgemäß ein – allerdings stellt sie die Funktion nicht der Öffentlichkeit zur Verfügung; die Funktion ist dort nämlich als *privat* definiert. Außerdem – und das ist der springende Punkt – nennt sich die Funktion nicht *Add*, sondern *ITestAdd* – möglich wird das, da Schnittstelleneinbindungen in Visual Basic grundsätzlich explizit funktionieren, genauer gesagt durch das Schlüsselwort *Implements* am Ende der Funktionsdeklaration.

Halten wir fest: Wir haben nun eine saubere Schnittstellenimplementierung, und wir können die der Schnittstelle zugeordnete Funktion von außen nicht sehen. Wie rufen wir die Funktion *IListAdd* der Basisklasse *ITestKlasse* dann überhaupt auf? Der Rätsels Lösung ist: Die Funktion ist nicht ganz so privat, wie sie scheint. Denn wir können über eine Schnittstellenvariable auf sie zugreifen. Wenn wir die eigene Instanz der Klasse in eine Schnittstellenvariable vom Typ *ITest* casten, dann können wir über die Schnittstellenfunktion *ITest.Add* dennoch auf die private Funktion *ITestAdd* der Klasse *ITestKlasse* zugreifen – und wir sind am Ziel!

Zu unserer Bequemlichkeit stellt die Klasse *ITestKlasse* bereits eine Eigenschaft (*Property Test*) zur Verfügung, die die aktuelle Klasseninstanz als *ITest*-Schnittstelle zurückliefert. Wir können uns dieser also direkt bedienen.

Genau das gleiche haben wir in unserer aus *CollectionBase* entstandenen Klasse *Adressen* gemacht – um zum alten Beispiel zurück zu kommen. Die *List*-Eigenschaft der Klasse *CollectionBase* entspricht der *Test*-Eigenschaft der Klasse *ITestKlasse* unseres Erklärungsbeispiels.

# Hashtables – für das Nachschlagen von Objekten

*Hashtable*-Objekte sind das ideale Werkzeug, wenn Sie eine Datensammlung aufbauen wollen, aber die einzelnen Objekte nicht durch einen numerischen Index, sondern durch einen Schlüssel abrufen wollen. Ein Beispiel soll das verdeutlichen.

Angenommen, Sie haben eine Adressenverwaltung programmiert, bei der Sie einzelne Adressen durch eine Art Matchcode abrufen wollen (Kundennummer, Lieferantennummer, was auch immer). Bei der Verwendung einer *ArrayList* müssten Sie schon einigen Aufwand betreiben, um an ein Arrayelement auf Basis des Matchcode-Namens zu gelangen: Sie müssten zum Finden eines Elements in der Liste für die verwendete Adressklasse eine *CompareTo*-Methode implementieren, damit die Liste mittels *Sort* sortiert werden könnte. Anschließend könnten Sie mit *BinarySearch* das Element finden – vorausgesetzt, die *CompareTo*-Methode würde eine Instanz der Adressklasse über ihren Matchcode-Wert vergleichen.

*Hashtable*-Objekte vereinfachen ein solches Szenario ungemein: Wenn Sie einer *Hashtable* ein Objekt hinzufügen, dann nimmt dessen *Add*-Methode nicht nur das zu speichernde Objekt (den hinzuzufügenden Wert) entgegen, sondern auch ein weiteres. Dieses zusätzliche Objekt (das genau genommen als erster Parameter übergeben wird) stellt den Schlüssel – den Key – zum Wiederauffinden des Objektes dar. Sie rufen ein Objekt aus einer *Hashtable* anschließend nicht wie bei der *ArrayList* mit

```
Element = eineArrayList(5)
```

ab, sondern mit dem entsprechenden Schlüssel, etwa:

```
Element = eineHashTable("ElementKey")
```

Voraussetzung bei diesem Beispiel ist natürlich, dass der Key zuvor ein entsprechender String gewesen ist.

## Anwenden von HashTables

Im Verzeichnis ..\\*DataTypes\\HashtableDemo* des Verzeichnisses der CD zum Buch finden Sie ein Beispielprojekt, das den Einsatz der *Hashtable*-Klasse demonstrieren soll. Es enthält eine Klasse, die eine Datenstruktur – eine Adresse – abbildet. Eine statische Funktion erlaubt darüber hinaus, eine beliebige Anzahl von Zufallsadressen zu erstellen, die zunächst in einer *ArrayList* gespeichert werden. Eine solche mit zufälligen Daten gefüllte *ArrayList* soll zum Experimentieren mit der *Hashtable*-Klasse dienen. Der Vollständigkeit halber (und des späteren einfacheren Verständnisses) möchte ich Ihnen diese *Adresse*-Klasse kurz vorstellen – wenn auch in verkürzter Form):

```
Public Class Adresse

    'Member-Variablen, die die Daten halten:
    Protected myMatchcode As String
    Protected myName As String
    Protected myVorname As String
    Protected myPLZ As String
    Protected myOrt As String

    'Konstruktor - legt eine neue Instanz an.
    Sub New(ByVal Matchcode As String, ByVal Name As String, ByVal Vorname As String, ByVal Plz As String, ByVal Ort As String)
        myMatchcode = Matchcode
        myName = Name
        myVorname = Vorname
        myPLZ = Plz
        myOrt = Ort
    End Sub

    'Mit Region ausgeblendet:
    'die Eigenschaften der Klasse, um die Daten offen zu legen.
#Region "Eigenschaften"
    .
    .
    .
#End Region
```

```vb
    Public Overrides Function ToString() As String
        Return Matchcode + ": " + Name + ", " + Vorname + ", " + PLZ + " " + Ort
    End Function

    Public Shared Function ZufallsAdressen(ByVal Anzahl As Integer) As ArrayList

        Dim locArrayList As New ArrayList(Anzahl)
        Dim locRandom As New Random(Now.Millisecond)

        Dim locNachnamen As String() = {"Heckhuis", "Löffelmann", "Thiemann", "Müller", _
                    "Meier", "Tiemann", "Sonntag", "Ademmer", "Westermann", "Vüllers", _
                    "Hollmann", "Vielstedde", "Weigel", "Weichel", "Weichelt", "Hoffmann", _
                    "Rode", "Trouw", "Schindler", "Neumann", "Jungemann", "Hörstmann", _
                    "Tinoco", "Albrecht", "Langenbach", "Braun", "Plenge", "Englisch", _
                    "Clarke"}

        Dim locVornamen As String() = {"Jürgen", "Gabriele", "Uwe", "Katrin", "Hans", _
                    "Rainer", "Christian", "Uta", "Michaela", "Franz", "Anne", "Anja", _
                    "Theo", "Momo", "Katrin", "Guido", "Barbara", "Bernhard", "Margarete", _
                    "Alfred", "Melanie", "Britta", "José", "Thomas", "Daja", "Klaus", "Axel", _
                    "Lothar", "Gareth"}
        Dim locStädte As String() = {"Wuppertal", "Dortmund", "Lippstadt", "Soest", _
                    "Liebenburg", "Hildesheim", "München", "Berlin", "Rheda", "Bielefeld", _
                    "Braunschweig", "Unterschleißheim", "Wiesbaden", "Straubing", _
                    "Bad Waldliesborn", "Lippetal", "Stirpe", "Erwitte"}

        For i As Integer = 1 To Anzahl
            Dim locName, locVorname, locMatchcode As String
            locName = locNachnamen(locRandom.Next(locNachnamen.Length - 1))
            locVorname = locVornamen(locRandom.Next(locNachnamen.Length - 1))
            locMatchcode = locName.Substring(0, 2)
            locMatchcode += locVorname.Substring(0, 2)
            locMatchcode += i.ToString("00000000")
            locArrayList.Add(New Adresse( _
                        locMatchcode, _
                        locName, _
                        locVorname, _
                        locRandom.Next(99999).ToString("00000"), _
                        locStädte(locRandom.Next(locStädte.Length - 1))))

        Next
        Return locArrayList
    End Function

    Shared Sub AdressenAusgeben(ByVal Adressen As ArrayList)
        For Each Item As Object In Adressen
            Console.WriteLine(Item)
        Next
    End Sub

End Class
```

Die eigentliche Klasse zum Speichern einer Adresse ist Kinderkram. Wichtig ist, dass Sie wissen, welche besondere Bewandtnis es mit dem Matchcode einer Adresse hat. Ein Matchcode ist in einem Satz von Adressen immer eindeutig. Die Prozedur in diesem Beispiel, die zufällige Adressen erzeugt, stellt das sicher. Der Matchcode setzt sich aus den ersten beiden Buchstaben des Nachnamens, den ersten beiden Buchstaben des Vornamens und einer fortlaufenden Nummer zusammen. Würden Sie 15 verschiedene Zufallsadressen mit diesem Code

```
Sub AdressenTesten()

    '15 zufällige Adressen erzeugen.
    Dim locDemoAdressen As ArrayList = Adresse.ZufallsAdressen(15)

    'Adressen im Konsolenfenster ausgeben.
    Console.WriteLine("Liste mit zufällig erzeugten Personendaten")
    Console.WriteLine(New String("="c, 30))
    Adresse.AdressenAusgeben(locDemoAdressen)

End Sub
```

erstellen und ausgeben, sähen Sie etwa folgendes Ergebnis im Konsolenfenster:

```
Liste mit zufällig erzeugten Personendaten
==============================
HeMo00000001: Heckhuis, Momo, 06549 Straubing
SoGu00000002: Sonntag, Guido, 21498 Liebenburg
ThAl00000003: Thiemann, Alfred, 51920 Bielefeld
HöJü00000004: Hörstmann, Jürgen, 05984 Liebenburg
TiMa00000005: Tiemann, Margarete, 14399 München
TiAn00000006: Tiemann, Anja, 01287 Dortmund
ViGu00000007: Vielstedde, Guido, 72762 Wuppertal
RoMe00000008: Rode, Melanie, 94506 Hildesheim
TiDa00000009: Tiemann, Daja, 54134 Lippstadt
BrJo00000010: Braun, José, 14590 Soest
WeJü00000011: Westermann, Jürgen, 83128 Wuppertal
HeKa00000012: Heckhuis, Katrin, 13267 Bad Waldliesborn
TrJü00000013: Trouw, Jürgen, 54030 Lippstadt
PlGa00000014: Plenge, Gabriele, 97702 Braunschweig
WeJü00000015: Weichel, Jürgen, 39992 Unterschleißheim
```

Fragen Sie sich, wieso ich Ihnen all das erzähle? Ganz einfach. Es ist wichtig für die richtige Anwendung von *Hashtable*-Objekten und das richtige Verständnis, wie Elemente in *Hashtables* gespeichert werden. Denn wenn Sie ein Objekt in einer *Hashtable* speichern, muss der Key eindeutig sein – anderenfalls hätten Sie nicht die Möglichkeit, wieder an alle Elemente heranzukommen (Welches von zwei Elementen sollte die *Hashtable* schließlich durch einen Key indiziert zurückliefern, wenn die Keys die gleichen wären?).

### Verarbeitungsgeschwindigkeiten von Hashtables

Jetzt lassen Sie uns eine *Hashtable* in Aktion sehen und schauen, was sie zu leisten vermag. Aus den Elementen der *ArrayList*, die uns die *ZufallsAdressen*-Funktion liefert, bauen wir eine *Hashtable* mit nicht weniger als 500.000 Elementen auf. Gleichzeitig erzeugen wir ein weiteres Array mit 50 zufälligen Elementen der *ArrayList* und merken uns deren Matchcode. Diese Matchcodes verwenden wir anschließend, um uns Elemente aus der Liste herauszupicken und messen dabei die Zeit, die das Zugreifen benötigt. Das Programm dazu sieht folgendermaßen aus:

```vb
Module HashtableDemo

    Sub Main()

        'AdressenTesten()
        'Console.ReadLine()
        'Return

        Dim locAnzahlAdressen As Integer = 1000000
        Dim locZugriffsElemente As Integer = 2
        Dim locMessungen As Integer = 3
        Dim locZugriffe As Integer = 1000000
        Dim locVorlageAdressen As ArrayList
        Dim locAdressen As New Hashtable
        Dim locTestKeys(locZugriffsElemente) As String
        Dim locZeitmesser As New HighSpeedTimeGauge
        Dim locRandom As New Random(Now.Millisecond)

        'Warten auf Startschuss.
        Console.WriteLine("Drücken Sie Return, um zu beginnen", locZeitmesser.DurationInMilliSeconds)
        Console.ReadLine()

        'Viele Adressen erzeugen:
        Console.Write("Erzeugen von {0} zufäligen Adresseneinträgen...", locAnzahlAdressen)
        locZeitmesser.Start()
        locVorlageAdressen = adresse.ZufallsAdressen(locAnzahlAdressen)
        locZeitmesser.Stop()
        Console.WriteLine("fertig nach {0} ms", locZeitmesser.DurationInMilliSeconds)
        locZeitmesser.Reset()

        'Aufbauen der Hashtable.
        Console.Write("Aufbauen der Hashtable mit zufäligen Adresseneinträgen...", locAnzahlAdressen)
        locZeitmesser.Start()
        For Each adresse As Adresse In locVorlageAdressen
            locAdressen.Add(adresse.Matchcode, adresse)
        Next
        locZeitmesser.Stop()
        Console.WriteLine("fertig nach {0} ms", locZeitmesser.DurationInMilliSeconds)
        locZeitmesser.Reset()

        '51 zufällige Adressen rauspicken.
        For i As Integer = 0 To locZugriffsElemente
            locTestKeys(i) = DirectCast(locVorlageAdressen(locRandom.Next(locAnzahlAdressen)), Adresse).Matchcode
        Next

        Dim locTemp As Object
        Dim locTemp2 As Object

        'Zugreifen und Messen, wie lange das dauert,
        'das ganze 5 Mal, um die Messung zu bestätigen.
        For z As Integer = 1 To locMessungen
            Console.WriteLine()
            Console.WriteLine("{0}. Messung:", z)
            For i As Integer = 0 To locZugriffsElemente
                Console.Write("{0} Zugriffe auf: {1} in ", locZugriffe, locTestKeys(i))
                locTemp = locTestKeys(i)
```

```
            locZeitmesser.Start()
            For j As Integer = 1 To locZugriffe
                locTemp2 = locAdressen(locTemp)
            Next j
            locZeitmesser.Stop()
            locTemp = locTemp2.GetType
            Console.WriteLine("{0} ms", locZeitmesser.DurationInMilliSeconds)
        Next

        'Zugriff auf Arraylist für Vergleich
        For i As Integer = 0 To locZugriffsElemente
            Console.Write("{0} Zugriffe auf ArrayList-Element in ", locZugriffe)
            locZeitmesser.Start()
            For j As Integer = 1 To locZugriffe
                locTemp2 = locVorlageAdressen(0)
            Next j
            locZeitmesser.Stop()
            locTemp = locTemp2.GetType
            Console.WriteLine("{0} ms", locZeitmesser.DurationInMilliSeconds)
        Next
    Next

    Console.ReadLine()
End Sub
```

Wenn Sie das Programm starten, erzeugt es eine Ausgabe, etwa wie im folgenden Bildschirmauszug:

```
Drücken Sie Return, um zu beginnen

Erzeugen von 1000000 zufäligen Adresseneinträgen...fertig nach 3594 ms
Aufbauen der Hashtable mit zufäligen Adresseneinträgen...fertig nach 869 ms

1. Messung:
1000000 Zugriffe auf: NeAx00563508 in 212 ms
1000000 Zugriffe auf: PlCh00288965 in 213 ms
1000000 Zugriffe auf: VüBe00917935 in 208 ms
1000000 Zugriffe auf ArrayList-Element in 15 ms
1000000 Zugriffe auf ArrayList-Element in 14 ms
1000000 Zugriffe auf ArrayList-Element in 14 ms

2. Messung:
1000000 Zugriffe auf: NeAx00563508 in 209 ms
1000000 Zugriffe auf: PlCh00288965 in 214 ms
1000000 Zugriffe auf: VüBe00917935 in 224 ms
1000000 Zugriffe auf ArrayList-Element in 16 ms
1000000 Zugriffe auf ArrayList-Element in 18 ms
1000000 Zugriffe auf ArrayList-Element in 18 ms

3. Messung:
1000000 Zugriffe auf: NeAx00563508 in 209 ms
1000000 Zugriffe auf: PlCh00288965 in 208 ms
1000000 Zugriffe auf: VüBe00917935 in 211 ms
1000000 Zugriffe auf ArrayList-Element in 15 ms
1000000 Zugriffe auf ArrayList-Element in 15 ms
1000000 Zugriffe auf ArrayList-Element in 14 ms
```

Nach dem Programmstart legt das Programm hier im Beispiel 1.000.000 Testelemente an und baut daraus die *Hashtable* auf. Anschließend pickt es sich drei Beispieleinträge heraus und misst die Zeit, die es für 1.000.000 Zugriffe auf jeweils diese Elemente der *Hashtable* benötigt. Das ganze macht es dreimal, um eine Konstanz in den Verarbeitungsgeschwindigkeiten sicherzustellen. Um im Gegenzug nachzuweisen, wie schnell ein Zugriff auf ein *ArrayList*-Element erfolgt, führt es eine Messung dazu anschließend durch.

## Wieso die Zugriffszeit auf Hashtable-Elemente nahezu konstant ist ...

Sie können die Parameter am Anfang des Programms verändern, um weitere Eindrücke der unglaublichen Geschwindigkeit von .NET zu sammeln. Sie werden bei allen Experimenten jedoch eines herausfinden: Ganz gleich, wie Sie auch an den Schrauben drehen, die Zugriffsgeschwindigkeit auf ein einzelnes Element bleibt nahezu konstant. In den seltensten Fällen benötigt der Zugriff auf ein Element das Doppelte der Durchschnittszeit – und diese Ausreißer sind vergleichsweise selten.

Das Geheimnis für die auf der einen Seite sehr hohe, auf der anderen Seite durchschnittlich gleich bleibende Geschwindigkeit beim Zugriff liegt am Aufbau der *Hashtable* und an der Behandlung der Keys. Die schnellste Art und Weise, auf ein Element eines Arrays zuzugreifen, ist das direkte Auslesen des Elementes über seinen Index (auch das hat das vorherige Beispiel mit dem Zugriff auf die *ArrayList*-Elemente gezeigt). Daraus folgt, dass es am günstigsten ist, die Elemente der *Hashtable* nicht nach einem Key durchsuchen zu müssen, sondern die Positionsnummer eines Elementes der *Hashtable* irgendwie zu berechnen. Und genau hier setzt das *Hashing*-Konzept an. *Hashing* bedeutet eigentlich »zerhacken«. Das klingt sehr negativ, doch das Zerhacken des Keys, das auf eine bestimmte Weise tatsächlich stattfindet, dient hier einem konstruktiven Zweck: Wenn der Schlüssel, der beispielsweise in Form einer Zeichenkette vorliegt, *gehashed* wird, geht daraus eine Kennzahl hervor, die Aufschluss über die Wertigkeit der Zeichenkette gibt. *Wertigkeit* in diesem Zusammenhang bedeutet, dass gleiche Zeichenketten nicht nur gleiche *Hash*-Werte ausweisen, sondern auch, dass größere Zeichenketten größere *Hash*-Werte bedeuten.

Ein einfaches Beispiel soll diese Zusammenhänger klarstellen: Angenommen, Sie haben 26 Wörter, die alle mit einem anderen Buchstaben beginnen. Diese Wörter liegen in unsortierter Reihenfolge vor. Nehmen wir weiter an, dass Ihr *Hash*-Algorithmus ganz einfach gestrickt ist: Der *Hashcode* einer Zeichenfolge entspricht der Nummer des Anfangsbuchstabens jedes Wortes. In dieser vereinfachten Konstellation haben Sie das Problem des Positionsberechnens bereits gelöst. Ihr *Hashcode* ist die Indexnummer im Array; sowohl das Einsortieren als auch das spätere Auslesen funktioniert in Windeseile über die Zeichenfolge selbst (genauer über seinen Anfangsbuchstaben).

Das Problem gestaltet sich in der Praxis natürlich nicht ganz so einfach. Mehr Zeichen (um beim Beispiel Zeichenfolgen für Keys zu bleiben) müssen berücksichtigt werden, um den *Hash* zu berechnen, und bei langen Zeichenketten und begrenzter *Hashcode*-Präzision kann man nicht ausschließen, dass unterschiedliche Zeichenketten gleiche *Hashcodes* ergeben. In diesem Fall müssen Kollisionen bei der Indexberechnung berücksichtigt werden. So groß gestaltet sich das Problem aber gar nicht, denn wenn beispielsweise beim Einsortieren der Elemente der sich durch den *Hashcode* des Keys ergebende Index bereits belegt ist, nimmt man eben den nächsten freien.

Um beim Beispiel zu bleiben: Sie haben nun 26 Elemente, von denen alle mit einem anderen Anfangsbuchstaben beginnen, mit einer Unregelmäßigkeit: Sie haben zwei A-Wörter, ein B-

Wort und kein C-Wort. Der *Hash*-Algorithmus bleibt der gleiche. Sie sortieren das B-Wort in Slot 2, anschließend das erste A-Wort in Slot 1. Nun bekommen Sie das zweite A-Wort zum Einsortieren, und laut *Hashcode* zeigt es auch auf Slot 1. In diesem Fall fangen sie an zu suchen, und testen Slot 2, der durch das B-Wort schon belegt ist, aber sie finden anschließend einen freien Slot 3. Der gehört eigentlich zu C, aber in diesem Fall ist er momentan nicht nur frei, sondern wird auch nie beansprucht werden, da es kein C-Wort in der einzusortierenden Liste gibt.

Im ungünstigsten Fall gibt es in diesem Beispiel zwar ein C-Wort, dafür aber kein Z-Wort, und das zweite A-Wort wird als letztes Element einsortiert. Jetzt verläuft die Suche über alle Elemente und landet schließlich auf dem letzten Elemente für das Z.

### ... und wieso Sie das wissen sollten!

Sie können sich die Verminderung solcher Fälle mit zusätzlichem Speicherplatz erkaufen. Angenommen, Sie reservieren in unserem Beispiel doppelt so viel Speicher für die Keys, dann sind zwar ganz viele Slots leer, aber das zweite A-Wort muss nicht den ganzen Weg bis zum Z-Index antreten.

Was ganz wichtig ist: Sie wissen jetzt, was ein *Load*-Faktor ist. So nennt man nämlich den Faktor, der das Verhältnis zwischen Wahrscheinlichkeiten von Zuordnungskollisionen und benötigtem Speicher angibt. Weniger Kollisionswahrscheinlichkeit erfordert höheren Speicher und umgekehrt. Und Sie können diesen Zusammenhang auch am Beispielprogramm austesten.

**WICHTIG:** Um dieses Beispiel mit plausiblen Ergebnissen nachvollziehen zu können, benötigen Sie mindestens 1 Gbyte-Hauptspeicher. Anderenfalls beginnt Ihr Computer während des Programmlaufs Speicher auf die Festplatte auszulagern, und dieser Vorgang kann die Messergebnisse natürlich eklatant verfälschen!

Am Anfang des Moduls in der *Sub Main* des Beispielprogramms finden Sie einen Block mit auskommentierten Deklarationsanweisungen. Tauschen Sie die Auskommentierung der beiden Blöcke, um folgende Parameter für den nächsten Versuch zu Grunde zu legen:

```
Dim locAnzahlAdressen As Integer = 1000000
Dim locZugriffsElemente As Integer = 25
Dim locMessungen As Integer = 3
Dim locZugriffe As Integer = 1000000
Dim locVorlageAdressen As ArrayList
Dim locAdressen As New Hashtable(100000, 1)
Dim locTestKeys(locZugriffsElemente) As String
Dim locZeitmesser As New HighSpeedTimeGauge
Dim locRandom As New Random(Now.Millisecond)
```

Mit diesem Block erhöhen wir die Anzahl der Elemente, die es zu testen gilt, auf 50, und damit erhöhen wir natürlich auch die Wahrscheinlichkeit, Elemente zu finden, die kollidieren. Gleichzeitig verändern wir – im Codelisting fett markiert – den *Load*-Faktor der *Hashtable*. Bei der Instanzierung einer Hashtable können Sie, neben der Anfangskapazität, als zweiten Parameter den *Load*-Faktor bestimmen. Gültig sind dabei Werte zwischen 0.1 und 1. Für den ersten Durchlauf bestimmen wir einen *Load*-Faktor von 1. Dabei wird auf Speicherplatz auf Kosten von vielen zu erwartenden Kollisionen und damit auf Kosten von Geschwindigkeit verzichtet (dieser Wert entspricht übrigens der Voreinstellung, die dann verwendet wird, wenn Sie keinen Parameter für den *Load*-Faktor angeben).

Starten Sie das Programm mit diesen Einstellungen, und beenden Sie es zunächst *nicht*, nachdem der Messdurchlauf abgeschlossen wurde! Je nach Leistungsfähigkeit Ihres Rechners sehen Sie bei der Ausgabe der Testergebnisse Messungen, von denen ich nur einige ausschnittweise im Folgenden zeigen möchte:

```
1000000 Zugriffe auf: HoGa00919471 in 308 ms
1000000 Zugriffe auf: RoMi00603881 in 250 ms
1000000 Zugriffe auf: HeUw00854353 in 302 ms
1000000 Zugriffe auf: LaTh00018037 in 479 ms
1000000 Zugriffe auf: HeGu00415902 in 227 ms
1000000 Zugriffe auf: ViKl00627961 in 329 ms
1000000 Zugriffe auf: NeJo00414018 in 232 ms
1000000 Zugriffe auf: JuKl00179451 in 344 ms
1000000 Zugriffe auf: VüJo00984374 in 301 ms
1000000 Zugriffe auf: HoUw00216841 in 224 ms
1000000 Zugriffe auf: AlJo00275939 in 249 ms
1000000 Zugriffe auf: AlHa00486261 in 251 ms
1000000 Zugriffe auf: WeKa00572480 in 249 ms
1000000 Zugriffe auf: HeAl00400375 in 229 ms
1000000 Zugriffe auf: SoKl00216384 in 298 ms
```

Sie erkennen, dass die Zugriffsdauer auf die Elemente in dieser Liste erheblich streut. Die Zugriffszeit auf einige Elemente liegt teilweise doppelt so hoch wie im Durchschnitt.

Rufen Sie nun, ohne das Programm zu beenden, den Task-Manager Ihres Betriebssystems auf. Dazu klicken Sie mit der rechten Maustaste auf die Task-Leiste (auf einen freien Bereich neben dem Startmenü) und wählen den entsprechenden Menüeintrag aus.

Wenn der Task-Manager-Dialog dargestellt ist, wählen Sie die Registerkarte *Prozesse*. Suchen Sie den Eintrag *HashtableDemo*, und merken Sie sich zunächst den Wert, der dort als Speicherauslastung angegeben wurde (etwa wie in Abbildung 5.3 zu sehen).

***Abbildung 5.3:*** *Bei einem großen Wert für den Parameter Load-Faktor einer Hashtable hält sich der Speicherbedarf in Grenzen, dafür gibt es mehr Zuordnungskollisionen, die Zeit kosten ...*

Beenden Sie das Programm anschließend.

Jetzt verändern Sie den *Load*-Faktor der Hashtable auf den Wert 0.1 und wiederholen die Prozedur:

```
Dim locAdressen As New Hashtable(100000, 0.1)
```

Wenn Sie nicht gerade über mindestens 1.5 GByte Speicher in Ihrem Rechner verfügen, werden Sie den ersten deutlichen Unterschied bereits beim Aufbauen der Hashtable bemerken, das sehr viel mehr Zeit in Anspruch nimmt. Schuld daran ist in diesem Fall auch das Betriebssystem, das Teile des Hauptspeichers zunächst auf die Platte auslagern muss.

Beobachten Sie anschließend, wie sich der kleinere *Load*-Faktor auf die Zugriffsgeschwindigkeit der Elemente ausgewirkt hat:

```
1000000 Zugriffe auf: MüGa00374433 in 243 ms
1000000 Zugriffe auf: HeBe00168505 in 227 ms
1000000 Zugriffe auf: WeLo00343022 in 225 ms
1000000 Zugriffe auf: ScKa00611039 in 232 ms
1000000 Zugriffe auf: HoDa00523323 in 225 ms
1000000 Zugriffe auf: LöUw00353805 in 231 ms
1000000 Zugriffe auf: WeKa00855227 in 223 ms
1000000 Zugriffe auf: LöUt00696865 in 230 ms
1000000 Zugriffe auf: WeBr00146001 in 226 ms
1000000 Zugriffe auf: JuJü00334704 in 242 ms
1000000 Zugriffe auf: JuKl00583541 in 226 ms
1000000 Zugriffe auf: BrUw00869665 in 229 ms
1000000 Zugriffe auf: ViBr00974013 in 226 ms
1000000 Zugriffe auf: ScMi00635272 in 224 ms
1000000 Zugriffe auf: WeMi00729698 in 230 ms
```

***Abbildung 5.4:*** *... auf der anderen Seite bedeutet an kleiner Load-Faktor zwar konstantere Zugriffszeiten aber auf Kosten des Speichers*

Sie sehen, dass im Gegensatz zum vorherigen Beispiel die Zugriffszeiten nahezu konstant sind. Natürlich kann es bei einer sehr unglücklichen Verteilung immer noch vorkommen, dass es den einen oder anderen Ausreißer gibt. Aber die Anzahl der Ausreißer ist deutlich gesunken.

Betrachten Sie anschließend den Speicherbedarf im Task-Manager, dann sehen Sie sofort, auf wessen Kosten die konstantere Zugriffsgeschwindigkeit erkauft wurde (Abbildung 5.4).

Der Speicherbedarf der Beispielapplikation hat sich nahezu verdreifacht!

Es gibt allerdings noch weiteres Beachtenswertes, das Sie im Hinterkopf behalten sollten, wenn Sie mit *Hashtable*-Objekten programmieren. Diese Dinge zu beachten wird Ihnen jetzt, da Sie wissen, wie *Hashtables* prinzipiell funktionieren, abermals leichter fallen.

## Verwenden eigener Klassen als Key

In allen bisherigen Beispielen zur *Hashtable* wurde eine Zeichenkette als Key eingesetzt. Der Index auf die Tabelle hat sich dabei aus dem *Hashcode* der als Key verwendeten Zeichenkette ergeben.

In unserem konkreten Beispiel ist das Ermitteln des *Hashcodes* des Strings eigentlich ein zu komplizierter und damit zu lange dauernder Algorithmus. Da wir eine eindeutige »Kundennummer« im Matchcode versteckt haben, können wir rein theoretisch auch diese Nummer als *Hashcode* verwenden, und der Zugriff auf die Elemente sollte damit – unabhängig vom *Load*-Faktor – gleich bleibend sein, denn die Kundennummer ist immer eindeutig (im Gegensatz zum *Hashcode* des Matchcodes, bei dem leicht Dubletten und damit Kollisionen beim Einsortieren in die Hashtable auftreten können).

Wenn Sie Objekte eigener Klassen als Key verwenden wollen, müssen Sie die beiden folgenden Punkte beherzigen:

- Die Klasse muss die *Equals*-Funktionen überschreiben, damit die *Hashtable*-Klasse die Gleichheit zweier Keys prüfen kann.
- Die Klasse muss die *GetHashcode*-Funktion überschreiben, damit die *Hashtable*-Klasse überhaupt einen *Hashcode* ermitteln kann.

**WICHTIG:** Wenn Sie die *Equals*-Funktion überschreiben, achten Sie bitte darauf, die richtige Überladungsversion dieser Funktion zu überschreiben. Da die Basisfunktion (die *Equals*-Funktion von *Object*) sowohl als nicht statische als auch als statische Funktion implementiert ist, müssen Sie das *Overloads*-Schlüsselwort anwenden. Da Sie die Funktion überschreiben wollen, müssen Sie *Overrides* ebenfalls verwenden. *Overrides* alleine lässt der Compiler nicht zu, da die Funktion schon in die Basisklasse überladen ist. Allerdings – und das ist das Gefährliche – lässt er ein einzelnes *Overloads* zu, und das führt zu einer Überschattung der Basisfunktion, **ohne** sie zu überschreiben. Das Ergebnis: Der Compiler zeigt Ihnen keine Fehlermeldung (nicht einmal eine Warnung, obwohl er das sollte!), doch Ihre Funktion wird nicht polymorph behandelt und damit nie aufgerufen.

Mit diesem Wissen können wir nun unsere eigene *Key*-Klasse in Angriff nehmen. Bei unserem stark vereinfachten Beispiel bietet sich ein Teil der Matchcode-Zeichenkette an, direkt als *Hashcode* zu fungieren. Da die laufende Nummer einer Adresse Teil des Matchcodes ist, können wir genau diese als *Hashcode* verwenden. Der Code für eine eigene *Key*-Klasse könnte sich folgendermaßen gestalten:

```
Public Class AdressenKey

    Private myMatchcode As String
    Private myKeyValue As Integer

    Sub New(ByVal Matchcode As String)
        myKeyValue = Integer.Parse(Matchcode.Substring(4))
        myMatchcode = Matchcode
    End Sub

    'Wird benötigt, um bei Kollisionen den richtigen
    'Schlüssel zu finden.
    Public Overloads Function Equals(ByVal obj As Object) As Boolean
        'If Not (TypeOf obj Is AdressenKey) Then
        '    Dim up As New InvalidCastException("AdressenKey kann nur mit Objekten gleichen Typs verglichen werden")
        '    Throw up
        'End If
        Return myKeyValue.Equals(DirectCast(obj, AdressenKey).KeyValue)
    End Function

    'Wird benötigt, um den Index zu "berechnen".
    Public Overrides Function GetHashcode() As Integer
        Return myKeyValue
    End Function

    Public Overrides Function ToString() As String
        Return myKeyValue.ToString
    End Function

    Public Property KeyValue() As Integer
        Get
            Return myKeyValue
        End Get
        Set(ByVal Value As Integer)
            myKeyValue = Value
        End Set
    End Property

End Class
```

Am ursprünglichen Testprogramm selbst sind nur einige kleinere Änderungen notwendig, um die neue *Key*-Klasse zu implementieren. Die *Adresse*-Klasse muss dabei überhaupt keine Änderung erfahren. Lediglich am Hauptprogramm müssen einige Zeilen geändert werden, um die Änderung wirksam werden zu lassen.

**HINWEIS:** Sie finden das veränderte Beispielprogramm unter *..\DataTypes\HashtableDemo2* im Verzeichnis der CD zum Buch. Veränderungen in Beispielcode sind im Folgenden fett markiert.

```
Module HashtableDemo

    Sub Main()

        Dim locAnzahlAdressen As Integer = 1000000
        Dim locZugriffsElemente As Integer = 50
        Dim locMessungen As Integer = 5
```

```vbnet
        Dim locZugriffe As Integer = 1000000
        Dim locVorlageAdressen As ArrayList
        Dim locAdressen As New Hashtable(100000, 0.1)
        Dim locTestKeys(locZugriffsElemente) As AdressenKey
        Dim locZeitmesser As New HighSpeedTimeGauge
        Dim locRandom As New Random(Now.Millisecond)
        .
        . ' Aus Platzgründen weggelassen.
        .

        'Aufbauen der Hashtable
        Console.Write("Aufbauen der Hashtable mit zufäligen Adresseneinträgen...", locAnzahlAdressen)
        locZeitmesser.Start()
        For Each adresse As Adresse In locVorlageAdressen
            'Änderung: Nicht den String, sondern ein Key-Objekt verwenden
            locAdressen.Add(New AdressenKey(adresse.Matchcode), adresse)
        Next
        locZeitmesser.Stop()
        Console.WriteLine("fertig nach {0} ms", locZeitmesser.DurationInMilliSeconds)
        locZeitmesser.Reset()

        '51 zufällige Adressen rauspicken.
        'Anderung: Die Keys werden abgespeichert, nicht der Matchcode.
        For i As Integer = 0 To locZugriffsElemente
            locTestKeys(i) = New AdressenKey( _
                DirectCast(locVorlageAdressen(locRandom.Next(locAnzahlAdressen)), Adresse).Matchcode)
        Next

        'Änderung: Kein Object mehr, sondern direkt ein AdressenKey.
        Dim locTemp As AdressenKey
        Dim locTemp2, locTemp3 As Object

        'Zugreifen und messen, wie lange das dauert,
        'Das ganze fünfmal, um die Messung zu bestätigen.
        For z As Integer = 1 To locMessungen
            Console.WriteLine()
            Console.WriteLine("{0}. Messung:", z)
            For i As Integer = 0 To locZugriffsElemente
                Console.Write("{0} Zugriffe auf: {1} in ", locZugriffe, locTestKeys(i))
                locTemp = locTestKeys(i)
                locZeitmesser.Start()
                For j As Integer = 1 To locZugriffe
                    locTemp2 = locAdressen(locTemp)
                Next j
                locZeitmesser.Stop()
                locTemp3 = locTemp2.GetType
                Console.WriteLine("{0} ms", locZeitmesser.DurationInMilliSeconds)
            Next

            'Zugriff auf Arraylist für Vergleich
            .
            . ' Aus Platzgründen ebenfalls weggelassen.
            .
        Next
        Console.ReadLine()
    End Sub
```

Die entscheidende Zeile im Beispielcode hat übrigens gar keine Änderung erfahren müssen. *locTemp* dient nach wie vor als Objektvariable für den Key, nur ist sie nicht mehr vom Typ *String* definiert, sondern als *AdressenKey*. *locTemp3* (und ehemals *locTemp*) dienen übrigens nur dazu, dass der Compiler die innere Schleife nicht wegoptimiert[7] und damit Messergebnisse verfälscht.

Wenn Sie dieses Programm starten, werden sie zwei Dinge feststellen. Der Zugriff auf die Daten ist spürbar schneller geworden, und: Der Zugriff auf die Daten erfolgt unabhängig vom *Load*-Faktor immer gleich schnell. Da der Key auf die Daten nun eindeutig ist, braucht sich die *Hashtable* nicht mehr um Kollisionen zu kümmern – es gibt nämlich keine mehr. Folglich bringt die Reservierung zusätzlicher Elemente auch keinen nennenswerten Vorteil mehr. Ganz im Gegenteil: Sie würden Speicher verschwenden, der gar nicht benötigt würde.

In diesem Beispiel sind die zu verwaltenden Datensätze nicht sonderlich groß gewesen. Wenn Sie überlegen, wie viele Zugriffe auf die Objekte der Hashtable tatsächlich notwendig gewesen sind, um überhaupt in einen messbaren Bereich zu gelangen, dann wird deutlich, dass sich der betriebene Aufwand für dieses Beispiel eigentlich nicht gelohnt hat. Dennoch: Denken Sie immer daran, dass Maschinen, auf denen Ihre Software später läuft, in der Regel nicht so leistungsfähig sind wie die Maschinen, auf denen sie entwickelt wird.

### Keys müssen unveränderlich sein!

Wenn Sie sich dazu entschlossen haben, eigene Klassen für die Verwaltung von Keys in einer *Hashtable* zu entwickeln, sollten Sie zusätzlich zum Gesagten Folgendes unbedingt beherzigen: Keys müssen unveränderlich sein. Achten Sie darauf, dass Sie den Inhalt eines *Key*-Objektes nicht von außen verändern, solange er einer *Hashtable* zugeordnet ist. In diesem Fall würden Sie riskieren, dass die *GetHashcode*-Funktion unter Umständen einen falschen *Hashcode* für ein *Key*-Objekt zurückliefert. Der Nachschlagealgorithmus der *Hashtable* hätte dann keine Chance mehr, das Objekt in der Datentabelle wiederzufinden.

## Enumerieren von Datenelementen in einer Hashtable

Die Enumeration einer *Hashtable* (das Iterieren durch sie mit *For/Each*) ist prinzipiell möglich. Allerdings müssen sie zwei Dinge dabei beachten:

- Datenelemente werden in einer *Hashtable* nicht in sequentieller Reihenfolge gespeichert. Da der *Hashcode* eines zu speichernden Objektes ausschlaggebend für die Position des Objektes innerhalb der Datentabelle ist, kann die wirkliche Position eines Objektes nur bei ganz einfachen *Hashcode*-Algorithmen vorausgesagt werden. Wenn Sie – und das wird wahrscheinlich am häufigsten der Fall sein – ein *String*-Objekt als Key verwenden, wirken die zu speichernden Objekte schon mehr oder weniger zufällig in der Tabelle verteilt.

- Objekte werden innerhalb einer *Hashtable* in so genannten *Bucket*-Strukturen gespeichert. Ein Key gehört untrennbar zu seinem eigentlichen Objekt, und beide werden in einem *Bucket*-Element in der Tabelle abgelegt. Eine Iteration durch die Datentabelle kann aus diesem Grund nur mit einem speziellen Objekt erfolgen – nämlich vom Typ *DictionaryEntry* (etwa: Wörterbucheintrag).

---

[7] Dieser Handgriff dient nur als Vorsichtsmaßnahme. Ich gebe zu, nicht wirklich überprüft zu haben, ob die Zeile wegoptimiert werden würde. Bei der Intelligenz moderner Compiler (oder JITter) ist das aber stark anzunehmen.

Eine Iteration durch eine *Hashtable* könnte für unser Beispiel folgendermaßen aussehen:

```
'Iterieren durch die Hashtable
For Each locDE As DictionaryEntry In locAdressen
    'in unserem Beispiel für den Key
    Dim locAdressenKey As AdressenKey = DirectCast(locDE.Key, AdressenKey)
    'in unserem Beispiel für das Objekt
    Dim locAdresse As Adresse = DirectCast(locDE.Value, Adresse)
Next
```

## Typsichere Hashtable

Bei der Entwicklung einer typsicheren *Hashtable* stehen wir vor ähnlichen Problemen, wie bei einer typsicheren *Arraylist*. Da ich aus Platzgründen die komplette Theorie nicht wiederholen möchte, gehe ich einfach davon aus, dass Sie den Abschnitt ▶ »Typsichere Collections auf Basis von CollectionBase« ab Seite 328 durchgearbeitet haben.

Das folgende Beispiel demonstriert den Einsatz einer typsicheren *Hashtable* an der Erweiterung des vorherigen Beispiels.

**HINWEIS:** Im Ordner ..\DataTypes\HashtableDemo3 finden Sie das veränderte Beispielprogramm im Verzeichnis der CD zum Buch. Veränderungen im Beispielcode sind fett markiert.

Zunächst finden Sie in der Klassendatei *Daten.vb* des Projektes zusätzlich zu der vorhandenen Klasse die Klasse *Adressen*. Sie ist aus der abstrakten Klasse *DictionaryBase* abgeleitet, die die Grundfunktionalität der Hashtable beinhaltet:

```
'Typsichere Adressen-Collection auf Wörterbuchbasies
Public Class Adressen
    Inherits DictionaryBase

    'Default-Eigenschaft erlaubt das Auslesen der typsicheren Hashtable.
    Default Public Property Item(ByVal key As AdressenKey) As Adresse
        Get
            Return DirectCast(Dictionary(key), Adresse)
        End Get
        Set(ByVal Value As Adresse)
            Dictionary(key) = Value
        End Set
    End Property

    'Liefert eine ICollection aller Keys zurück.
    Public ReadOnly Property Keys() As ICollection
        Get
            Return Dictionary.Keys
        End Get
    End Property

    'Liefert eine ICollection aller Werte zurück.
    Public ReadOnly Property Values() As ICollection
        Get
            Return Dictionary.Values
        End Get
    End Property

    'Erlaubt das Hinzufügen eines Eintrags typsicher.
```

```vbnet
        Public Sub Add(ByVal key As AdressenKey, ByVal value As Adresse)
            Dictionary.Add(key, value)
        End Sub
        'Überprüft, ob ein bestimmter Key in der Liste enthalten ist.
        Public Function Contains(ByVal key As AdressenKey) As Boolean
            Return Dictionary.Contains(key)
        End Function
        'Entfernt ein Element aus der Liste mit Hilfe seines Keys.
        Public Sub Remove(ByVal key As AdressenKey)
            Dictionary.Remove(key)
        End Sub
End Class
```

Anstelle der *Hashtable* setzen wir anschließend im Hauptprogramm diese Klasse ein. Die Änderungen dafür sind minimal:

```vbnet
Dim locAnzahlAdressen As Integer = 1000000
Dim locZugriffsElemente As Integer = 50
Dim locMessungen As Integer = 5
Dim locZugriffe As Integer = 1000000
Dim locVorlageAdressen As ArrayList
Dim locAdressen As New Adressen
Dim locTestKeys(locZugriffsElemente) As AdressenKey
Dim locZeitmesser As New HighSpeedTimeGauge
Dim locRandom As New Random(Now.Millisecond)
```

Die erste Änderung betrifft die Deklaration der *Hashtable* am Anfang des Programms (siehe fett markierte Zeile). Sie wird hier nicht mehr als *Hashtable*-Objekt, sondern als Objekt vom Typ *Adressen* deklariert – damit wird die verwendete Hashtable typsicher.

```vbnet
Dim locTemp As AdressenKey
'Typsichere Hashtable: Indexer liefert direkt Adresse-Objekt zurück
Dim locTemp2 As Adresse
Dim locTemp3 As Object

'Zugreifen und Messen, wie lange das dauert,
'Das ganze fünfmal, um die Messung zu bestätigen.
For z As Integer = 1 To locMessungen
    Console.WriteLine()
    Console.WriteLine("{0}. Messung:", z)
    For i As Integer = 0 To locZugriffsElemente
        Console.Write("{0} Zugriffe auf: {1} in ", locZugriffe, locTestKeys(i))
        locTemp = locTestKeys(i)
        locZeitmesser.Start()
        For j As Integer = 1 To locZugriffe
            locTemp2 = locAdressen(locTemp)
        Next j
        locZeitmesser.Stop()
        locTemp3 = locTemp2.GetType
        Console.WriteLine("{0} ms", locZeitmesser.DurationInMilliSeconds)
    Next
    .
    . ' Aus Platzgründen ausgelassen
    .
Next
Console.ReadLine()
```

Die zweite Änderung betrifft den Rückgabewerttyp, der zurückgeliefert wird, wenn die typsichere *Hashtable* per Index ausgelesen wird. *locTemp2* ist nunmehr direkt vom Typ *Adresse* definiert, und die Zuweisung aus einem Element der Hashtable läuft – dank Typsicherheit – ohne Casting ab.

**HINWEIS:** Wie Sie selbst anhand der ermittelten Zeiten erkennen können, geht der Einbau der Typsicherheit auf Kosten der Geschwindigkeit.

## Queue – Warteschlangen im FIFO-Prinzip

»First in first Out« (als erstes rein, als erstes raus) – nach diesem Muster arbeitet die Queue-Klasse der BCL. Angewendet haben Sie dieses Prinzip selbst schon sicherlich einige Male in der Praxis – und zwar immer dann, wenn Sie unter Windows mehrere Dokumente hintereinander gedruckt haben. Das Drucken unter Windows funktioniert gemäß dem Warteschlangenprinzip. Das Dokument, das als erstes in die Warteschlage eingereiht (*enqueue* – einreihen) wurde, wird als erstes verarbeitet und anschließend wieder aus ihr entfernt (*dequeue* – ausreihen). Aus diesem Grund verwenden Sie die Methoden *Enqueue*, um Elemente der Queue hinzuzufügen und *Dequeue*, um sie zurückzubekommen und gleichzeitig aus der Warteschlage zu entfernen.

**HINWEIS:** Falls Sie mit der *Queue*-Klasse experimentieren möchten, verwenden Sie dazu am besten das *CollectionsDemo*-Projekt, dass Sie unter ..\\*DataTypes\\CollectionDemo* im Verzeichnis der CD zum Buch finden. Verändern Sie das Programm so, dass es die *Sub Queue-Demo* aufruft, um das folgende Beispiel nachzuvollziehen:

```
Sub QueueDemo()

    Dim locQueue As New Queue
    Dim locString As String

    locQueue.Enqueue("Erstes Element")
    locQueue.Enqueue("Zweites Element")
    locQueue.Enqueue("Drittes Element")
    locQueue.Enqueue("Viertes Element")

    'Nachschauen, was am Anfang steht, ohne es zu entfernen.
    Console.WriteLine("Element am Queue-Anfang:" + locQueue.Peek().ToString)
    Console.WriteLine()

    'Iterieren funktioniert auch.
    For Each locString In locQueue
        Console.WriteLine(locString)
    Next
    Console.WriteLine()

    'Alle Elemente aus Queue entfernen und Ergebnis im Konsolenfenster anzeigen.
    Do
        locString = CStr(locQueue.Dequeue)
        Console.WriteLine(locString)
    Loop Until locQueue.Count = 0
    Console.ReadLine()
End Sub
```

*Arrays und Collections*

Wenn Sie dieses Programm ablaufen lassen, produziert es folgende Ausgabe im Konsolenfenster:

```
Element am Queue-Anfang:Erstes Element

Erstes Element
Zweites Element
Drittes Element
Viertes Element

Erstes Element
Zweites Element
Drittes Element
Viertes Element
```

## Stack – Stapelverarbeitung im LIFO-Prinzip

Die *Stack*-Klasse arbeitet nach dem Prinzip »Last in First Out« (»als letztes rein, als erstes 'raus«), arbeitet also genau umgekehrt zum *Queue*-Prinzip. Mit der *Push*-Methode schieben Sie ein Element auf den Stapel, mit *Pull* ziehen Sie es wieder herunter und erhalten es damit zurück. Das Element, das Sie zuletzt auf den Stapel geschoben haben, wird also mit *Pull* auch als erstes wieder entfernt.

**HINWEIS:** Falls Sie mit der *Stack*-Klasse experimentieren möchten, verwenden Sie das *CollectionsDemo*-Projekt, das Sie unter ..\*DataTypes\CollectionDemo* im Verzeichnis der CD zum Buch finden. Verändern Sie das Programm, so dass es die *Sub StackDemo* aufruft, um das folgende Beispiel nachzuvollziehen:

```
Sub StackDemo()
    Dim locStack As New Stack
    Dim locString As String

    locStack.Push("Erstes Element")
    locStack.Push("Zweites Element")
    locStack.Push("Drittes Element")
    locStack.Push("Viertes Element")

    'Nachschauen, was oben auf dem Stapel liegt, ohne das Element zu entfernen.
    Console.WriteLine("Element zu oberst auf dem Stapel: " + locStack.Peek.ToString)
    Console.WriteLine()

    'Iterieren funktioniert auch.
    For Each locString In locStack
        Console.WriteLine(locString)
    Next
    Console.WriteLine()

    'Alle Elemente vom Stack ziehen und Ergebnis im Konsolenfenster anzeigen.
    Do
        locString = CStr(locStack.Pop)
        Console.WriteLine(locString)
    Loop Until locStack.Count = 0
    Console.ReadLine()
End Sub
```

Wenn Sie dieses Programm ablaufen lassen, produziert es folgende Ausgabe im Konsolenfenster:

```
Element zu oberst auf dem Stapel: Viertes Element

Viertes Element
Drittes Element
Zweites Element
Erstes Element

Viertes Element
Drittes Element
Zweites Element
Erstes Element
```

## SortedList – Elemente ständig sortiert halten

Wenn Sie Elemente schon direkt nach dem Einfügen in der richtigen Reihenfolge in einer Collection halten wollen, dann ist die *SortedList*-Klasse das richtige Werkzeug für diesen Zweck. Allerdings sollten Sie beachten: Von allen Collection-Klassen ist die *SortedList*-Klasse diejenige, die die meisten Ressourcen verschlingt. Für zeitkritische Applikationen sollten Sie überlegen, ob Sie Ihre Daten auch anders organisieren und stattdessen lieber auf eine unsortierte Hashtable oder gar auf eine ArrayList zurückgreifen können.

Der Vorteil einer *SortedList* ist, dass sie quasi aus einer Mischung von *ArrayList*- und *Hashtable*-Funktionen besteht (obwohl sie algorithmisch gesehen, überhaupt nichts mit *Hashtable* zu tun hat). Sie können auf der einen Seite über einen Key, auf der anderen Seite aber auch über einen Index auf die Elemente der *SortedList* zugreifen.

Das folgende erste Beispiel zeigt den generellen Umgang mit der *SortedList*.

**HINWEIS:** Sie finden dieses Projekt unter ..\\*DataTypes\\SortedList* im Verzeichnis der CD zum Buch. Es besteht aus zwei Codedateien. In der Datei *Daten.vb* finden Sie die schon bekannte *Adresse*-Klasse (bekannt, falls Sie die vorherigen Abschnitte ebenfalls durchgearbeitet haben) – allerdings in leicht veränderte Form. Der Matchcode der Zufallsadressen beginnt in dieser Version mit einer laufenden Nummer und endet mit der Buchstabenkombination des Nach- und Vornamens. Damit wird vermieden, dass eine Sortierung des Matchcodes grob auch die Adressen nach Namen und Vornamen sortiert und etwaige Nachweise eines bestimmten Programmverhaltens nicht geführt werden können.

```vb
Module SortedListDemo
    Sub Main()
        Dim locZufallsAdressen As ArrayList = Adresse.ZufallsAdressen(6)
        Dim locAdressen As New SortedList

        Console.WriteLine("Ursprungsanordnung:")
        For Each locAdresse As Adresse In locZufallsAdressen
            Console.WriteLine(locAdresse)
            locAdressen.Add(locAdresse.Matchcode, locAdresse)
        Next

        'Zugriff per Index:
        Console.WriteLine()
        Console.WriteLine("Zugriff per Index:")
```

```
        For i As Integer = 0 To locAdressen.Count - 1
            Console.WriteLine(locAdressen.GetByIndex(i).ToString)
        Next

        Console.WriteLine()
        Console.WriteLine("Zugriff per Index:")
        'Zugriff per Enumerator
        For Each locDE As DictionaryEntry In locAdressen
            Console.WriteLine(locDE.Value.ToString)
        Next
        Console.ReadLine()
    End Sub
End Module
```

Wenn Sie dieses Programm starten, generiert es in etwa die folgenden Ausgaben im Konsolenfenster (die Adressen werden zufällig generiert, deswegen kann die Darstellung in Ihrem Konsolenfenster natürlich wieder von der hier gezeigten abweichen).

```
Ursprungsanordnung:
00000005PlKa: Plenge, Katrin, 26201 Liebenburg
00000004PlKa: Plenge, Katrin, 93436 Liebenburg
00000003AlMa: Albrecht, Margarete, 65716 Bad Waldliesborn
00000002HoBa: Hollmann, Barbara, 96807 Liebenburg
00000001LöLo: Löffelmann, Lothar, 21237 Lippetal
00000000AdKa: Ademmer, Katrin, 49440 Unterschleißheim

Zugriff per Index:
00000000AdKa: Ademmer, Katrin, 49440 Unterschleißheim
00000001LöLo: Löffelmann, Lothar, 21237 Lippetal
00000002HoBa: Hollmann, Barbara, 96807 Liebenburg
00000003AlMa: Albrecht, Margarete, 65716 Bad Waldliesborn
00000004PlKa: Plenge, Katrin, 93436 Liebenburg
00000005PlKa: Plenge, Katrin, 26201 Liebenburg

Zugriff per Index:
00000000AdKa: Ademmer, Katrin, 49440 Unterschleißheim
00000001LöLo: Löffelmann, Lothar, 21237 Lippetal
00000002HoBa: Hollmann, Barbara, 96807 Liebenburg
00000003AlMa: Albrecht, Margarete, 65716 Bad Waldliesborn
00000004PlKa: Plenge, Katrin, 93436 Liebenburg
00000005PlKa: Plenge, Katrin, 26201 Liebenburg
```

Sie erkennen, dass die Liste in der Tat nach dem Key umsortiert wurde. Dies gilt sowohl für den Zugriff über den Index als auch über den Enumerator mit *For/Each*.

### Zugriff auf Elemente der SortedList per Indexer

Wenn Sie per Index auf die Elemente der *SortedList* zugreifen, verwenden Sie dazu deren *GetByIndex*-Eigenschaft, so wie in der fett markierten Zeile im Listing zu sehen. Möchten Sie ein Element in der *SortedList* verändern und dabei nicht einen Schlüssel zur Positionsbestimmung, sondern seinen Index verwenden, verwenden Sie die Methode *SetByIndex*.

HINWEIS: Wenn Sie eine bestimmte Synchronisation zwischen Ihrem Key und dem eigentlichen Objekt einhalten müssen, sollten Sie diese letzte Methode allerdings nicht verwenden. Da Sie in diesem Fall nur das eigentliche Datenobjekt in der Liste, nicht aber dessen Key verändern, könnte unter Umständen Ihre eigene Datenstruktur bei der Datenverwaltung verletzt werden.

## Sortierung einer SortedList nach beliebigen Datenkriterien

Beim Hinzufügen eines Key-/Wertepaares zu einem *SortedList*-Objekt ist dessen Key ausschlaggebend für die Sortierreihenfolge – es ist eigentlich nicht möglich, die Liste nach bestimmten Eigenschaften des hinzugefügten Objektes sortieren zu lassen, auch nicht mit speziellen *IComparer*-eingebundenen Klassen. Da doppelte Werte innerhalb der von *SortedList* verwalteten Liste vorkommen können, können Sie auch nicht jede beliebige Eigenschaft des einzusortierenden Objektes als Key verwenden, da die Keys eindeutig sein müssen. Dummerweise ist das genau der Knackpunkt, denn: *CompareTo* der jeweils verwendeten *Key*-Klasse wird ja ebenfalls dazu verwendet, damit *SortedList* herausfinden kann, ob es bereits einen Key in der Liste gibt.

Allerdings: Sie können den folgenden Trick anwenden, um eine *SortedList* dennoch nach beliebigen Eigenschaften der zu speichernden Klasse zu sortieren, auch wenn das erheblich auf Kosten der Performance geht!

WARNUNG: Deswegen die dringende Warnung an dieser Stelle: Mit dem folgenden Kniff tricksen wir den Algorithmus zur Platzierung der Elemente einer *SortedList* komplett aus – und zwar auf die Kosten seiner Effektivität. Wenden Sie diesen Algorithmus nur an, wenn Sie wenige Elemente sortieren müssen.

Schauen Sie sich den folgenden Code der Klasse *AdressenKey* an, deren instanzierte Objekte als Key der Daten fungieren sollen:

```
Public Class AdressenKey
    Implements IComparable

    Private myMatchcode As String
    Private myKeyValue As Integer
    Private myDataToSort As String

    Sub New(ByVal Matchcode As String, ByVal DataToSort As String)
        myKeyValue = Integer.Parse(Matchcode.Substring(0, 8))
        myMatchcode = Matchcode
        myDataToSort = DataToSort
    End Sub

    'Wird benötigt, um bei Kollisionen den richtigen
    'Schlüssel zu finden.
    Public Overloads Overrides Function Equals(ByVal obj As Object) As Boolean
        Return myKeyValue.Equals(DirectCast(obj, AdressenKey).KeyValue)
    End Function

    'Wird benötigt, um den Index zu "berechnen".
    Public Overrides Function GetHashcode() As Integer
        Return myKeyValue
    End Function
```

```
Public Overrides Function ToString() As String
    Return myKeyValue.ToString
End Function

Public Property KeyValue() As Integer
    Get
        Return myKeyValue
    End Get
    Set(ByVal Value As Integer)
        myKeyValue = Value
    End Set
End Property

Public Property DataToSort() As String
    Get
        Return myDataToSort
    End Get
    Set(ByVal Value As String)
        myDataToSort = Value
    End Set
End Property

Public Function CompareTo(ByVal obj As Object) As Integer Implements System.IComparable.CompareTo
    If myMatchcode = DirectCast(obj, AdressenKey).myMatchcode Then
        Return 0
    End If
    If DataToSort.CompareTo(DirectCast(obj, AdressenKey).DataToSort) = 0 Then
        Return -1
    Else
        Return DataToSort.CompareTo(DirectCast(obj, AdressenKey).DataToSort)
    End If
End Function
End Class
```

Sie stellen fest, dass der Konstruktor der Klasse nicht nur den eigentlichen als Key fungierenden Wert, sondern ein weiteres Datenfeld aufnimmt. Dieses weitere Datenfeld ist – um das Beispiel einfach zu halten – ein String, könnte rein theoretisch aber auch jedes andere Objekt sein.

Der Trick funktioniert nun folgendermaßen: Die *CompareTo*-Methode muss primär so funktionieren, dass doppelte Keys ermittelt und durch eine Ausnahme, die *SortedList* im Bedarfsfall erzeugt, ausgeschlossen werden können. *CompareTo* liefert also dann 0 zurück, wenn es sich bei den zu vergleichenden *AdressenKey*-Instanzen um gleiche Keys handelt. Wenn das nicht der Fall ist, werden allerdings nicht die wirklichen Keys der Größe nach verglichen, sondern die Sortierfelder. Natürlich können diese ebenfalls gleich sein, doch sind dieses Mal Dubletten gestattet. *SortedList* darf davon aber nichts mitbekommen, weil *SortedList* sonst wiederum von der Gleichheit der Keys ausgehen würde – eine Ausnahme wäre die Folge. Also liefern wir, selbst wenn die beiden Sortierfelder gleich sind, den Wert für *kleiner* als Ergebnis zurück. Da es sowieso egal ist, wenn beispielsweise ausschließlich nach Nachnamen sortiert wird, welcher der doppelten »Thiemänner« an erster Stelle kommt, hat das Zurückliefern des »falschen« Vergleichsergebnisses in der Praxis keine Auswirkungen.

Diesen Trick sehen Sie im oben gezeigten Listing in den fettgedruckten Zeilen umgesetzt. Der Wert 0 für *gleich* wird nur bei gleichen Matchcodes (den Keys) zurückgeliefert. Gleiche Matchcodes sind also auch in unserer Auflistung nicht gestattet, damit eine eindeutige Auflösung von Matchcodes zu eigentlichen Datensätzen gewährleistet bleibt. Wenn die Matchcodes ungleich gewesen sind, liefert der nächste Teil der *CompareTo*-Methode aber das Vergleichsergebnis der Werte zurück, nach denen sortiert werden soll – es sei denn, sie wären gleich. Sind sie es, wird gemogelterweise der Wert –1 für *kleiner* zurückgeliefert, und dass diese kleine Mogelei in der Praxis keine Auswirkungen hat, zeigt das Testprogramm in Form von *Sub SortedByFieldDemo*, das sie laufen lassen können, wenn Sie die Auskommentierung der beiden Zeilen am Anfang des Moduls zurücknehmen:

```
Sub SortedByFieldDemo()
    Dim locZufallsAdressen As ArrayList = Adresse.ZufallsAdressen(20)
    Dim locAdressen As New SortedList
    Dim locAdressenKey As AdressenKey

    Console.WriteLine("Ursprungsanordnung:")
    For Each locAdresse As Adresse In locZufallsAdressen
        locAdressenKey = New AdressenKey(locAdresse.Matchcode, locAdresse.Name)
        locAdressen.Add(locAdressenKey, locAdresse)
    Next

    Console.WriteLine()
    Console.WriteLine("Zugriff per Index:")
    'Zugriff per Enumerator
    For Each locDE As DictionaryEntry In locAdressen
        Console.WriteLine(locDE.Key.ToString + ":: " + locDE.Value.ToString)
        'Console.WriteLine(locDE.Value.ToString)
    Next
    Console.ReadLine()
End Sub
```

Wenn Sie dieses Programm laufen lassen, sehen Sie in etwa folgende Zeilen im Konsolenfenster:

```
Ursprungsanordnung:
00000014WeUt: Weichelt, Uta, 18364 Bielefeld
00000013ThKa: Thiemann, Katrin, 80995 Berlin
00000012JuDa: Jungemann, Daja, 31318 Bad Waldliesborn
00000011TiMa: Tinoco, Margarete, 67423 Rheda
00000010EnCh: Englisch, Christian, 28395 Lippstadt
00000009MeJo: Meier, José, 48230 Soest
00000008SoUt: Sonntag, Uta, 52796 Straubing
00000007MeAn: Meier, Anne, 92606 Rheda
00000006WeJü: Westermann, Jürgen, 76188 Lippetal
00000005TiDa: Tinoco, Daja, 46492 Rheda
00000004SoBr: Sonntag, Britta, 89217 Dortmund
00000003LöUt: Löffelmann, Uta, 93934 Bad Waldliesborn
00000002RoAn: Rode, Anne, 05647 München
00000001AlMe: Albrecht, Melanie, 45944 Wiesbaden
00000000HöLo: Hörstmann, Lothar, 29607 Straubing
```

```
Zugriff per Index:
00000001AlMe: Albrecht, Melanie, 45944 Wiesbaden
00000010EnCh: Englisch, Christian, 28395 Lippstadt
00000000HöLo: Hörstmann, Lothar, 29607 Straubing
00000012JuDa: Jungemann, Daja, 31318 Bad Waldliesborn
00000003LöUt: Löffelmann, Uta, 93934 Bad Waldliesborn
00000009MeJo: Meier, José, 48230 Soest
00000007MeAn: Meier, Anne, 92606 Rheda
00000002RoAn: Rode, Anne, 05647 München
00000008SoUt: Sonntag, Uta, 52796 Straubing
00000004SoBr: Sonntag, Britta, 89217 Dortmund
00000013ThKa: Thiemann, Katrin, 80995 Berlin
00000011TiMa: Tinoco, Margarete, 67423 Rheda
00000005TiDa: Tinoco, Daja, 46492 Rheda
00000014WeUt: Weichelt, Uta, 18364 Bielefeld
00000006WeJü: Westermann, Jürgen, 76188 Lippetal
```

## KeyedCollection – Hybrid aus ArrayList und Hashtable

Der letzte wichtige *Collection*-Typ, den Sie als *Collection* schon in Visual Basic 6.0 kennen lernen konnten, stellt eine Mischung zwischen *ArrayList* und *Hashtable* dar. Sein Name: *KeyedCollection*. Seine Funktion: Elemente zu verwalten, die wahlweise über Indexnummer oder Key angesprochen werden können. Sein Problem: Es gibt ihn nicht in der aktuellen Framework-Version 1.1. Es ist eigentlich unverständlich, wieso dieser wichtige Typ nicht standardmäßig schon in der ersten Framework-Version dabei war, und es gibt es nur eine Möglichkeit, etwas dagegen zu tun: Wir müssen ihn selbst entwickeln.

Dabei gibt es folgende Dinge zu beachten: Werte, die der *KeyedCollection* hinzugefügt werden sollen, *können*, aber *müssen* nicht über einen Key verfügen. Der Enumerator sollte die Elemente, anders als bei der Hashtable, direkt und nicht über den Umweg eines *DirectoryEntry* wiedergeben können. Eine *Item*-Eigenschaft sollte ebenfalls vorhanden sein, und Elemente sollten sich über sie sowohl über einen Key als auch über eine Indexnummer abrufen bzw. verändern lassen. Das gleiche sollte für die Methoden zum Entfernen oder Hinzufügen von Elementen gelten.

Damit aus der *KeyedCollection* auch typsichere Collections erstellt werden können, ist die beste Vorgehensweise, eine Schnittstelle (*IKeyedCollection*) und eine abstrakte Basisklasse (*KeyedCollectionBase*) zur Verfügung zu stellen, die die Methoden nicht direkt zum Überschreiben anbietet, sondern über den Umweg eben dieser Schnittstelle. Und zu guter Letzt sollte die Klasse auch die Schnittstellen *ICollection* und *IList* implementieren, damit sie mit anderen Komponenten des Frameworks zusammenarbeiten kann (zum Beispiel dem *DataGrid* oder den *Listbox*-Komponenten).

**HINWEIS:** Sie finden die Code-Dateien unter *..\DataTypes\KeyedCollectionDemo* im Verzeichnis der CD zum Buch. Die Projektmappe bindet zwei unabhängige Projekte ein, eines namens *KeyCollectionDemo*, das den Umgang mit der Klasse an einfachen Beispielen demonstriert und ein weiteres namens *KeyedCollection*, das die Code-Daten für die eigentliche Assembly darstellt. Letztere enthält drei Codedateien namens *IKeyedCollection.vb* (die Schnittstellendefinition), *KeyedCollectionBase.vb* (die abstrakte Basisklasse) und *KeyedCollection.vb* (die direkt verwendbare Ableitung aus *KeyedCollectionBase*).

Die Implementierung der Schnittstelle für *IKeyedCollection* ist der einfachste Part im ganzen Projekt:

```
Public Interface IKeyedCollection
    Inherits ICollection, IList, IEnumerable

    Overloads Function Add(ByVal value As Object, ByVal key As Object) As Integer
    Function ContainsKey(ByVal key As Object) As Boolean
    Function GetValue(ByVal key As Object) As Object
    Function IndexOfKey(ByVal key As Object) As Integer
    Overloads Sub Insert(ByVal index As Integer, ByVal value As Object, ByVal key As Object)
    Sub InsertAfter(ByVal afterKey As Object, ByVal value As Object, ByVal key As Object)
    Sub InsertBefore(ByVal beforeKey As Object, ByVal value As Object, ByVal key As Object)
    Sub RemoveByKey(ByVal key As Object)
    Sub SetValue(ByVal value As Object, ByVal key As Object)

End Interface
```

Beachten Sie, dass *IKeyedCollection* die Schnittstellen *IList* und *IEnumerable* bereits implementiert, so dass jede Klasse, die *IKeyedCollection* einbindet, auch die Funktionalitäten von *IList* und *IEnumerable* implementieren muss.

Für das Verständnis der abstrakten Basisklasse, die die eigentliche Funktionalität zur Verfügung stellt, sollten Sie den Abschnitt »Typsichere Collections auf Basis von CollectionBase« ab Seite 328 gelesen und verinnerlicht haben. Nur dann haben Sie die Voraussetzung nachzuvollziehen, wie die Zusammenarbeit zwischen einer typsicheren Ableitung und *KeyedCollectionBase* erfolgen kann, denn das Prinzip ist hier genau das gleiche.

Zu generellen Vorgehensweise: Intern verwaltet *KeyedCollectionBase* zwei Tabellen – eine *ArrayList* und eine *Hashtable*. Die *Hashtable* speichert die eigentlichen Daten, während die *ArrayList* nur sequentiell gespeicherte Verweise der Keys auf die *Hashtable*-Elemente enthält.

Nun soll der Entwickler, der die Klasse verwendet, auch die Möglichkeit haben, Elemente der Collection hinzuzufügen, ohne einen Key angeben zu müssen. Für diese Fälle muss die Klasse einen Key erfinden. Dieser Key bleibt zwar im Verborgenen – der Entwickler hat bei solchen Elementen nur die Möglichkeit, sie über ihren Index abzurufen – muss aber dennoch vorhanden sein, da die Hashtable einen Key zwingend braucht, um Elemente ihrer Liste überhaupt hinzufügen zu können. Zu diesem Zweck gibt es – gekapselt in der eigentlichen *KeyedCollectionBase*-Klasse – eine private Struktur namens *KeyedCollectionKey*, die folgendermaßen aussieht:

```
<StructLayout(LayoutKind.Explicit)> _
Private Structure KeyedCollectionKey

    <FieldOffset(0)> Private myKey As Long
    <FieldOffset(0)> Private myMainKey As Integer
    <FieldOffset(2)> Private mySubKey As Integer

    Sub New(ByVal MainKey As Integer)
        myMainKey = MainKey
        mySubKey = 0
    End Sub

    'Wird benötigt, um bei Kollisionen den richtigen
    'Schlüssel zu finden.
    Public Overloads Overrides Function Equals(ByVal obj As Object) As Boolean
```

```
            If Not (TypeOf obj Is KeyedCollectionKey) Then
                Return False
            End If
            Return myKey.Equals(CType(obj, KeyedCollectionKey).Key)
        End Function

        'Wird benötigt, um den Index zu "berechnen".
        Public Overrides Function GetHashcode() As Integer
            Return myKey.GetHashCode
        End Function

        Public ReadOnly Property Key() As Long
            Get
                Return myKey
            End Get
        End Property

        Public Sub IncSubKey()
            mySubKey += 1
        End Sub
    End Structure
```

Sie sehen, dass ein neuer Wert der *KeyedCollectionKey*-Struktur intern als *Long* gespeichert wird. Durch die Festlegung der Speicheradressen der Member-Variablen überschneiden sich die acht Speicheradressen des *Long*-Wertes *myKey* mit zwei weiteren Variablen namens *myMainKey* und *mySubKey*, die vom Typ *Integer* und deswegen nur vier Bytes lang sind. Wenn ein neuer Key angelegt wird, wandert er automatisch in die höherwertigen Bytes des *Long*-Wertes, da diese an den exakt gleichen Positionen wie die Bytes der Variablen *myMainKey* abgelegt sind.

Wenn die Klasse *KeyedCollectionBase* nun einen Key erfinden muss, verfährt sie folgendermaßen: Sie verwendet den *Hashcode* (einen Integer-Wert, und der ist damit genau so lang wie *myMainKey*) des Objektes zunächst selbst als Wert für den Key. Sie überprüft anschließend, ob der Key schon in der Hashtable vorhanden ist. Dieser Vorgang geht relativ zügig vonstatten, da sich nicht nur Elementposition, sondern auch die Key-Position aus dem Wert des Hashes errechnen. Wenn der Key bereits vorhanden ist, wird der Wert von *mySubKey*, der durch die unteren vier Bytes dargestellt wird, um eins erhöht. Dadurch ändert sich der gesamte Key-Wert, und dieser kann nun abermals auf Vorhandensein in der Hashtable überprüft werden.

Durch diese Vorgehensweise erhalten wir in kürzester Zeit einen eindeutigen Key für die Speicherung eines Elementes in der internen Hashtable. Und der Hashcode des Keys erfüllt überdies noch die geforderten Bedingungen, die an einen Hash gestellt werden: Er soll die Größe seines umgebenden Wertes möglichst gut als Integer-Wert wiedergeben. Um die eigentliche Hashcode-Berechnung brauchen wir uns aber durch diese Verfahrensweise überhaupt keine Gedanken machen, denn wir verwenden einfach die *GetHashCode*-Funktion von *Long*, um den Hashcode vom Framework berechnen zu lassen.

Damit das *For/Each*-Konstrukt auf *KeyedCollection* anwendbar wird, brauchen wir schließlich noch eine *Enumerator*-Klasse, die diese Aufgabe übernimmt (mehr zu Enumeratoren erfahren Sie im Abschnitt »Enumeratoren« ab Seite 319). Diese Klasse sieht folgendermaßen aus:

```
Public Class KeyedCollectionEnumerator
    Implements IEnumerator

    Private myKeyedCollection As IKeyedCollection
```

```vbnet
    Private myIndex As Integer

    Sub New(ByVal KeyedCollection As IKeyedCollection)
        myKeyedCollection = KeyedCollection
        myIndex = -1
    End Sub

    Public ReadOnly Property Current() As Object Implements System.Collections.IEnumerator.Current
        Get
            Return myKeyedCollection.Item(myIndex)
        End Get
    End Property

    Public Function MoveNext() As Boolean Implements System.Collections.IEnumerator.MoveNext
        myIndex += 1
        If myIndex < myKeyedCollection.Count Then
            Return True
        Else
            Return False
        End If

    End Function

    Public Sub Reset() Implements System.Collections.IEnumerator.Reset
        myIndex = -1
    End Sub
End Class
```

## Das Codelisting von KeyedCollectionBase

Mit diesen Voraussetzungen ausgerüstet, können wir die Realisierung von *KeyedCollectionBase* vornehmen. Sie ist etwas umfangreicher als die meisten anderen Beispiele hier im Buch – ihr Abdruck lohnt sich aber dennoch, da Sie Ihnen bei der Implementierung eigener Klassen die auf *IList* oder *ICollection* basieren, auch als Nachschlagewerk nützlich sein kann:

```vbnet
Public MustInherit Class KeyedCollectionBase
    Implements IKeyedCollection

    Private myIndexTable As ArrayList
    Private myKeyValueTable As Hashtable
    Private myEnumeratorIndex As Integer

    <StructLayout(LayoutKind.Explicit)> _
    Private Structure KeyedCollectionKey
    'Aus Platzgründen ausgelassen.
    End Structure

    Sub New()
        myIndexTable = New ArrayList
        myKeyValueTable = New Hashtable
    End Sub

    Sub New(ByVal capacity As Integer)
        myIndexTable = New ArrayList(capacity)
        myKeyValueTable = New Hashtable(capacity)
    End Sub
```

*Arrays und Collections*

```vb
    Protected Overridable Function GenerateKeyForValue(ByVal value As Object) As Object
        Dim locKey As New KeyedCollectionKey(value.GetHashCode)
        Do While myKeyValueTable.ContainsKey(locKey)
            locKey.IncSubKey()
        Loop
        Return locKey
    End Function

    Private Overloads Function Add(ByVal value As Object) As Integer Implements System.Collections.IList.Add
        Add(value, GenerateKeyForValue(value))
    End Function

    Private Overloads Function Add(ByVal value As Object, ByVal key As Object) As Integer Implements IKeyedCollection.Add
        myKeyValueTable.Add(key, value)
        myIndexTable.Add(key)
    End Function

    Private Function ContainsKey(ByVal key As Object) As Boolean Implements IKeyedCollection.ContainsKey
        Return myKeyValueTable.ContainsKey(key)
    End Function

    Private Function GetValue(ByVal key As Object) As Object Implements IKeyedCollection.GetValue
        Return myKeyValueTable(key)
    End Function

    Private Function IndexOfKey(ByVal key As Object) As Integer Implements IKeyedCollection.IndexOfKey
        Return myIndexTable.IndexOf(key)
    End Function

    Private Function CheckKey(ByVal key As Object, _
                              ByVal ThrowExceptionIfNotExist As Boolean, _
                              ByVal ThrowExceptionIfExist As Boolean) As Integer
        If Not myKeyValueTable.ContainsKey(key) Then
            If ThrowExceptionIfNotExist Then
                Dim up As New ArgumentException("Es ist kein Key mit diesem Wert vorhanden!")
                Throw up
            End If
        Else
            If ThrowExceptionIfExist Then
                Dim up As New ArgumentException("Ein Key mit diesem Wert ist bereits vorhanden!")
                Throw up
            End If
        End If
        Return myIndexTable.IndexOf(key)
    End Function

    Private Overloads Sub Insert(ByVal index As Integer, ByVal value As Object, ByVal key As Object) Implements IKeyedCollection.Insert
        CheckKey(key, False, True)
        myIndexTable.Insert(index, key)
        myKeyValueTable.Add(key, value)
    End Sub
```

```vb
    Private Overloads Sub Insert(ByVal index As Integer, ByVal value As Object) Implements
System.Collections.IList.Insert
        Insert(index, value, GenerateKeyForValue(value))
    End Sub

    Private Sub InsertAfter(ByVal afterKey As Object, ByVal value As Object, ByVal key As Object) Implements
IKeyedCollection.InsertAfter
        CheckKey(key, False, True)
        Dim locPos As Integer = CheckKey(afterKey, True, False) + 1
        myIndexTable.Insert(locPos, key)
        myKeyValueTable.Add(key, value)
    End Sub

    Private Sub InsertBefore(ByVal beforeKey As Object, ByVal value As Object, ByVal key As Object) Implements
IKeyedCollection.InsertBefore
        CheckKey(key, False, True)
        Dim locPos As Integer = CheckKey(beforeKey, True, False)
        myIndexTable.Insert(locPos, key)
        myKeyValueTable.Add(key, value)
    End Sub

    Private Sub RemoveByKey(ByVal key As Object) Implements IKeyedCollection.RemoveByKey
        Dim locPos As Integer = CheckKey(key, True, False)
        myIndexTable.RemoveAt(locPos)
        myKeyValueTable.Remove(key)
    End Sub

    Private Sub SetValue(ByVal value As Object, ByVal key As Object) Implements IKeyedCollection.SetValue
        myKeyValueTable(key) = value
    End Sub

    Public Sub CopyTo(ByVal array As System.Array, ByVal index As Integer) Implements
System.Collections.ICollection.CopyTo
        myKeyValueTable.CopyTo(array, index)
    End Sub

    Public ReadOnly Property Count() As Integer Implements System.Collections.ICollection.Count
        Get
            Return myKeyValueTable.Count
        End Get
    End Property

    Public ReadOnly Property IsSynchronized() As Boolean Implements System.Collections.ICollection.IsSynchronized
        Get
            Return myKeyValueTable.IsSynchronized Or myIndexTable.IsSynchronized
        End Get
    End Property

    Public ReadOnly Property SyncRoot() As Object Implements System.Collections.ICollection.SyncRoot
        Get
            Return Me
        End Get
    End Property

    Public Function GetEnumerator() As System.Collections.IEnumerator Implements
System.Collections.IEnumerable.GetEnumerator
```

```vb
            Return New KeyedCollectionEnumerator(Me)
        End Function

        Public Sub Clear() Implements System.Collections.IList.Clear
            myKeyValueTable.Clear()
            myIndexTable.Clear()
        End Sub

        Private Function Contains(ByVal value As Object) As Boolean Implements System.Collections.IList.Contains
            Return myKeyValueTable.ContainsValue(value)
        End Function

        Private Function IndexOf(ByVal value As Object) As Integer Implements System.Collections.IList.IndexOf
            For Each locDE As DictionaryEntry In myKeyValueTable
                If locDE.Value.Equals(value) Then
                    Return myIndexTable.IndexOf(locDE.Key)
                End If
            Next
            Return -1
        End Function

        Public ReadOnly Property IsFixedSize() As Boolean Implements System.Collections.IList.IsFixedSize
            Get
                Return myKeyValueTable.IsFixedSize
            End Get
        End Property

        Public ReadOnly Property IsReadOnly() As Boolean Implements System.Collections.IList.IsReadOnly
            Get
                Return myKeyValueTable.IsFixedSize
            End Get
        End Property

        Private Property Item(ByVal index As Integer) As Object Implements System.Collections.IList.Item
            Get
                Return myKeyValueTable(myIndexTable(index))
            End Get
            Set(ByVal Value As Object)
                myKeyValueTable(myIndexTable(index)) = Value
            End Set
        End Property

        Private Sub Remove(ByVal value As Object) Implements System.Collections.IList.Remove
            For Each locDE As DictionaryEntry In myKeyValueTable
                If locDE.Value.Equals(value) Then
                    RemoveAt(myIndexTable.IndexOf(locDE.Key))
                    Return
                End If
            Next
        End Sub

        Private Sub RemoveAt(ByVal index As Integer) Implements System.Collections.IList.RemoveAt
            myKeyValueTable.Remove(myIndexTable(index))
            myIndexTable.RemoveAt(index)
        End Sub
```

```
    Public ReadOnly Property List() As IKeyedCollection
        Get
            Return DirectCast(Me, IKeyedCollection)
        End Get
    End Property
End Class
```

## Das Codelisting von KeyedCollection

Um die Klasse *KeyedCollection* aus ihrer Basisklasse abzuleiten, bedarf es nun eigentlich nur noch Delegationsaufrufen. Wichtig dabei: Die Funktionen werden – wie schon gesagt – nicht direkt überschrieben, sondern über die *IKeyedCollection*-Schnittstelle aufgerufen, die die Basisklasse durch die *List*-Eigenschaft zur Verfügung stellt. Kurz zur Wiederholung: Die Funktionen der Klasse, die beim Überschreiben eine Typenänderung nötig machen würden (was nicht funktioniert), sind in der Basisklasse als *Private* deklariert. Damit stören sie nicht, wenn Funktionen gleichen Namens der ableitenden Klassen implementiert werden, sie sind von ihnen aber auch erst einmal nicht mehr zu erreichen. Da alle Funktionen aber die Schnittstelle *IKeyedCollection* implementieren, können wir sie über diesen Umweg aber doch erreichen, und die *List*-Eigenschaft der Basisklasse liefert uns dazu die Voraussetzung:

```
Public Class KeyedCollection
    Inherits KeyedCollectionBase

    Public Function Add(ByVal Value As Object) As Integer
        Return List.Add(Value)
    End Function

    Public Function Add(ByVal Value As Object, ByVal key As String) As Integer
        Return List.Add(Value, key)
    End Function

    Default Public Property Item(ByVal Index As Integer) As Object
        Get
            Return List.Item(Index)
        End Get
        Set(ByVal Value As Object)
            List.Item(Index) = Value
        End Set
    End Property

    Default Public Property Item(ByVal Key As String) As Object
        Get
            Return List.GetValue(Key)
        End Get
        Set(ByVal Value As Object)
            List.SetValue(Value, Key)
        End Set
    End Property

    Public Sub Remove(ByVal Value As Object)
        List.Remove(Value)
    End Sub

    Public Sub RemoveAt(ByVal index As Integer)
        List.RemoveAt(index)
```

```
    End Sub

    Public Sub RemoveByKey(ByVal key As String)
        List.RemoveByKey(key)
    End Sub

    Public Sub Insert(ByVal index As Integer, ByVal value As Object, ByVal key As String)
        List.Insert(index, value, key)
    End Sub

    Public Sub Insert(ByVal index As Integer, ByVal value As Object)
        List.Insert(index, value)
    End Sub

    Public Sub InsertAfter(ByVal afterkey As String, ByVal value As Object, ByVal key As String)
        List.InsertAfter(afterkey, value, key)
    End Sub

    Public Sub InsertBefore(ByVal beforekey As String, ByVal value As Object, ByVal key As String)
        List.InsertBefore(beforekey, value, key)
    End Sub

    Public Function IndexOf(ByVal value As Objcct) As Integer
        Return List.IndexOf(value)
    End Function

    Public Function IndexOfKey(ByVal key As String) As Integer
        Return List.IndexOfKey(key)
    End Function

    Public Function Contains(ByVal value As Object) As Boolean
        Return List.Contains(value)
    End Function

    Public Function ContainsKey(ByVal key As String) As Boolean
        Return List.ContainsKey(key)
    End Function

End Class
```

Das folgende Beispielprogramm demonstriert den Umgang mit der Klasse:

```
Module mdlMain

    Sub Main()
        SimpleTest()
    End Sub

    Sub SimpleTest()

        Dim locKC As New KeyedCollection
        'Hinzufügen ohne Key
        locKC.Add("A Klaus Löffelmann")
        'Hinzufügen mit Key
        locKC.Add("B Uwe Thiemann", "BUT")
        locKC.Add("C Ute Adcmmer", "CUA")
        locKC.Add("A Klaus Löffelmann")
```

```vb
        locKC.Add("E Klaus Löffelmann", "EKL")
        'Einfügen vor und hinter einem Objekt
        locKC.InsertBefore("BUT", "Before BUT", "BUTBefore")
        locKC.InsertAfter("BUT", "After BUT", "BUTAfter")
        'Einfügen über Index
        locKC.Insert(locKC.Count, "Last Item", "LIT")
        'Entfernen mit Key
        locKC.RemoveByKey("BUT")
        'Entfernen mit Index
        locKC.RemoveAt(0)
        'Entfernen mit Value (Vergleich über EQuals)
        locKC.Remove("A Klaus Löffelmann")
        PrintItems(locKC)

        'Positions- und Elementsuche
        Console.WriteLine(locKC.IndexOf("C Ute Ademmer"))
        Console.WriteLine(locKC.IndexOfKey("CUA"))
        'Einträge suchen, die nicht vorhanden sind.
        Console.WriteLine(locKC.IndexOf("C Klaus Löffelmann"))
        Console.WriteLine(locKC.IndexOfKey("ZZZ"))

        'Elemente ändern:
        locKC(1) = "geänderter Eintrag"
        locKC("EKL") = "geänderter Eintrag"
        Console.WriteLine(New String("="c, 50))
        PrintItems(locKC)

        Console.ReadLine()
    End Sub

    Sub PrintItems(ByVal keyedCollection As KeyedCollection)
        For Each Item As Object In keyedCollection
            Console.WriteLine(Item.ToString)
        Next
    End Sub
End Module
```

**TIPP:** Ein weiteres Beispiel für den typsicheren Einsatz der *KeyedCollection*-Klasse finden Sie in Kapitel in ▶ Kapitel 7.

# 6 Regular Expressions (Reguläre Ausdrücke)

| | |
|---|---|
| 366 | RegExperimente mit dem RegExplorer |
| 368 | Erste Gehversuche mit Regular Expressions |
| 380 | Programmieren von Regular Expressions |
| 385 | Regex am Beispiel: Beliebige Formeln berechnen |

*Regular Expressions* (etwa: Reguläre Ausdrücke, aber die englische Bezeichnung ist geläufiger) sind eine unglaublich mächtige Erweiterung der String-Verarbeitung in Visual Basic (eigentlich im Framework). Fast genauso unglaublich wie die Geschichte, die sich dahinter verbirgt, nämlich wie *Regular Expressions* ihren Weg in das Framework gefunden haben. Sie müssen wissen: Die verschiedenen Themengebiete innerhalb des Frameworks werden von eigenen, sehr unabhängigen Entwicklungsteams bei Microsoft entwickelt. *Regular Expressions* war ursprünglich »nur« eine Erweiterung bzw. ein Werkzeug, die bzw. das im ASP.NET-Team gebraucht wurde. Erst in teamübergreifenden Meetings erkannten auch andere Teams das Vorhandensein von *Regular Expressions*, und nun begann ein Tauziehen darum, in welchem Namensbereich die *Regex*-Klasse, mit der Sie *Regular Expressions* anwenden, letzten Endes ihr zu Hause fand.

Das Ergebnis kennen Sie: Sie finden die *Regex*-Klasse im Bereich *Systems.Text.RegularExpressions*. Das bedeutet: Sie müssen die Anweisung

```
Imports System.Text.RegularExpressions
```

an den Anfang einer Klassen-Quellcodedatei setzen, damit Sie auf die Klassen zugreifen können.

Die große Frage, die sich vielen stellt: Was genau sind *Regular Expressions*? Die Wurzeln von *Regular Expressions* gehen zurück auf die Arbeiten eines gewissen Stephen Kleene. Stephen Kleene war ein amerikanischer Mathematiker und darüber hinaus einer derjenigen, die die Entwicklung der theoretische Informatik maßgeblich beeinflusst und vorangetrieben haben. Er erfand eine Schreibweise für die, wie er sie nannte, »Algebra regelmäßiger Mengen«. Im Kontext von Suchaufgaben mit dem Computer war das »*«-Zeichen deshalb bis vor einiger Zeit auch unter dem Namen »Kleene-Star« bekannt.

Und damit sind wir auch schon beim Thema, denn das »*«-Zeichen als *Joker* oder *Wildcard* hat jeder von Ihnen sicherlich schon einmal unter DOS, zumindest aber in der Konsole verwendet. Wenn Sie in der Konsole beispielsweise alle Dateien anzeigen lassen möchten, die mit ».TXT« enden, geben Sie den Befehl

```
dir *.txt
```

ein. Sie können also bestimmte Sonderzeichen verwenden, um Zeichenfolgen zu finden, welche Regeln unterliegen, die von diesen Sonderzeichen definiert werden. Genau dazu dienen *Regular Expressions*. Dummerweise ist das Demonstrieren von Regular Expressions mit simplen Konsolen-Anwendungen nicht sehr anschaulich, vor allen Dingen auch recht mühsam. Denn bei aller Leistungsfähigkeit von Regular Expressions haben diese doch einen Nachteil: Sie sind vergleichsweise schwer zu lesen. Wenn Sie sich an die Zusammensetzung von Regular Expressions gewöhnt haben, dann wird Ihnen beim zeichenweisen Analysieren klar, wieso die Zeichenfolge

[\d,.]+[S]*

alle Zahlenkonstanten in einer Formel finden kann. Doch wenn Sie sie anschauen, werden Sie auch mit einiger Übung nicht direkt auf den ersten Blick ihre Funktionsweise durchschauen.

# RegExperimente mit dem RegExplorer

Aus diesem Grund finden Sie auf der Buch-CD (respektive im entsprechenden Verzeichnis Ihrer Festplatte) ein Projekt, mit dem Sie Regular Expressions testen können. Sie finden dieses Projekt unter dem Namen *RegExplorer* im Verzeichnis ..\*RegularExpressions\RegExplorer*. Wenn Sie dieses Projekt laden und starten, sehen Sie einen Dialog, wie auch in Abbildung 6.1 zu sehen.

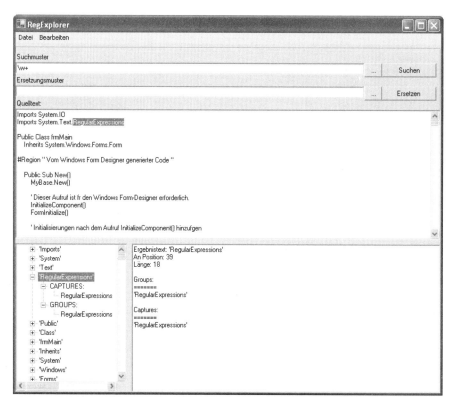

***Abbildung 6.1:*** *Mit dem RegExplorer können Sie sich mit Regular Expressions nach Herzenslust austoben, ohne eine Zeile Code schreiben zu müssen!*

Kurz zur Beschreibung: Nach dem Start des Programms können Sie Texte unter *Quelltext* erfassen, oder Sie können einen Text mit *Datei/Quelltextdatei laden* aus einer beliebigen Datei laden und in der Textbox *Quelltext* anzeigen lassen.

Unter *Suchmuster* können Sie eine *Regular Expression* eingeben; ein Mausklick auf die Schaltfläche *Suchen* löst dann die Suche mit dem angegebenen Suchbegriff aus.

Die verschiedenen Suchergebnisse zeigt Ihnen die *TreeView*, die Sie in der linken, unteren Ecke des Programmfensters sehen. Ein Klick auf den Wurzeleintrag bringt die komplette Datei in das rechts daneben stehende Ergebnisfenster.

Ein Mausklick auf einen der untergeordneten Zweige (nur 2. Ebene) zeigt Ihnen Informationen über den gefundenen Begriff an. Gleichzeitig wird der Suchbegriff im Quelltext markiert.

Der RegExplorer hat eine Bibliothek mit häufig verwendeten *Regular Expressions*. Sie können einen Ausdruck aus der Bibliothek auswählen, indem Sie auf die Schaltfläche mit der Aufschrift »...« klicken, die sich neben der Schaltfläche *Suchen* befindet.

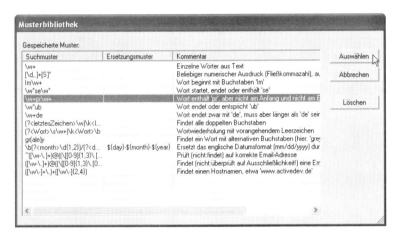

*Abbildung 6.2:* Damit das Experimentieren leichter wird, können Sie sich Anregungen in der Regex-Bibliothek holen

Möchten Sie einen neuen Bibliothekseintrag anlegen, klicken Sie auf die darunter stehende Schaltfläche. Der RegExplorer zeigt Ihnen einen weiteren Dialog an, mit dem Sie den neuen Bibliothekseintrag erfassen können (siehe Abbildung 6.3).

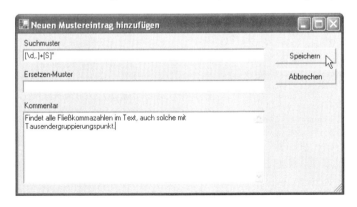

*Abbildung 6.3:* Mit diesem Dialog fügen Sie eine Regular Expression zur Bibliothek hinzu. Dabei müssen mindestens Suchmuster und Kommentar müssen angegeben sein

Klicken Sie auf *Speichern*, um den neuen Eintrag in die Bibliothek aufzunehmen.

*Regular Expressions (Reguläre Ausdrücke)*

Sie können das Programmfenster übrigens nach Belieben in der Größe anpassen und auch die verschiedenen Bereiche innerhalb des Fensters mit den *Splitter*-Komponenten sowohl horizontal (oberer Parameter- und unterer Ergebnisbereich) als auch vertikal (Verhältnis zwischen linker, unterer Ergebnis-*TreeView* und rechter, unterer Ergebnis-*TextBox*) verändern.

## Erste Gehversuche mit Regular Expressions

Für die ersten Gehversuche laden Sie am besten den Quellcode des Programms selbst in den Quelltextbereich, um damit experimentieren zu können. Wählen Sie dazu *Quelltext laden* aus dem Menü *Datei*. Im Dateiauswahldialog wählen Sie anschließend den Dateityp *VB-Quelldateien*. Öffnen Sie anschließend die Datei *frmMain.vb*.

### Einfache Suchvorgänge

Zunächst einmal können Sie einfache Zeichenfolgen verwenden, wenn Sie eine exakte Entsprechung für diese im Quelltext finden wollen. Geben Sie beispielsweise

```
Imports
```

als Suchbegriff ein und klicken anschließend auf die Schaltfläche *Suchen*, finden Sie in der darunter stehenden Ergebnisliste ausschließlich die Entsprechungen dieses Worts. Bis hierhin ist die Suchfunktion noch nichts Besonderes. *Regular Expressions* werden erst dann interessant, wenn mit Steuerzeichen bestimmte Funktionen beim Suchen (und später auch beim Ersetzen) mit einbezogen werden können.

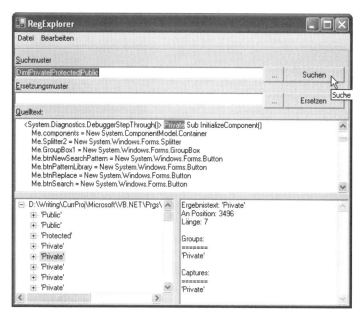

***Abbildung 6.4:*** *Wenn Sie nach alternativen Begriffen suchen, trennen Sie durch das »|«-Zeichen. Ein Klick auf den Begriff in der linken, unteren Ergebnisliste markiert übrigens das Wort im Quelltext*

Dazu ein simples Beispiel. Mit Hilfe des Oder-Zeichens (»|«) können Sie aus einer Alternative von Zeichenketten Treffer generieren. Suchen Sie beispielsweise nach Wörtern, die wahlweise *Dim*, *Private*, *Protected* oder *Public* heißen sollen, dann formulieren Sie den Suchbegriff folgenderweise:

`Dim|Private|Protected|Public`

Wenn Sie anschließend auf *Suchen* klicken, sehen Sie ein Ergebnis, etwa wie in Abbildung 6.4 zu sehen.

## Einfache Suche nach Sonderzeichen

Nicht alle Zeichen lassen sich über die Tastatur eingeben. Möchten Sie beispielsweise nach doppelten Absätzen suchen, bekommen Sie bei der Eingabe über die Tastatur schon Probleme.

| Escape-Zeichen | Beschreibung |
|---|---|
| Normale Zeichen | Andere Zeichen als $ ^ { [ ( | ) * + ? \ stehen für sich selbst. |
| \a | Entspricht einem Klingelzeichen (Warnsignal) \u0007. (Bell) |
| \b | Entspricht in einer [ ]-Zeichenklasse einem Rücktastenzeichen \u0008 (Backspace). **Wichtig:** Das Escape-Zeichen \b ist ein Sonderfall: In einem regulären Ausdruck markiert \b eine Wortbegrenzung (zwischen \w and \W-Zeichen), ausgenommen innerhalb einer [ ]-Zeichenklasse, bei der \b das Rücktastenzeichen darstellt. In einem Ersetzungsmuster kennzeichnet \b immer ein Rücktastenzeichen. |
| \t | Entspricht einem Tabulator \u0009. |
| \r | Entspricht dem Wagenrücklaufzeichen \u000D (Carriage Return). |
| \v | Entspricht dem vertikalen Tabstoppzeichen \u000B, das aber in der Windows-Welt in der Regel keine Anwendung findet. |
| \f | Entspricht einem Seitenwechselzeichen \u000C (Form Feed). |
| \n | Entspricht einem Zeilenvorschub \u000A (Line Feed). |
| \e | Entspricht einem Escape-Zeichen \u001B. |
| \040 | Entspricht einem beliebigen ASCII-Zeichen, das durch eine Oktalzahl (bis zu drei Stellen) repräsentiert wird. Zahlen ohne voran stehende Null sind Rückverweise, wenn sie nur eine Ziffer enthalten oder einer Aufzeichnungsgruppennummer entsprechen. Beispielsweise stellt das Zeichen \040 ein Leerzeichen dar. |
| \x20 | Entspricht einem ASCII-Zeichen in hexadezimaler Darstellung (genau zwei Stellen). |
| \cC | Entspricht einem ASCII-Steuerzeichen. Beispiel: \cC ist Control-C. |
| \u0020 | Entspricht einem Unicode-Zeichen in hexadezimaler Darstellung (genau vier Stellen). |
| \ | Wird dieses Zeichen von einem Zeichen gefolgt, das nicht als Escape-Zeichen erkannt wird, entspricht es diesem Zeichen. So stellt \. Beispielsweise den Punkt oder \\ den Backslash dar. |

*Tabelle 6.1: Gültige Sonderzeichen für Regular Expressions*

Mit Sonderzeichen, die Sie der Tabelle entnehmen, können Sie das Problem recht simpel lösen:

`\r\n\r\n`

Diese Sonderzeichen weisen die *Regular-Expressions-Engine* an, nach dem fortlaufenden Vorkommen von *Carriage Return*, *Line Feed*, *Carriage Return* und *LineFeed* zu suchen – und diese Folge entspricht zwei aufeinander folgenden Absätzen.

# Komplexere Suche mit speziellen Steuerzeichen

Noch flexibler können Sie Ihre Suchvorgänge gestalten, wenn Sie von Steuerzeichen Gebrauch machen, wie sie die folgende Tabelle darstellt:

| Zeichenklasse | Beschreibung |
|---|---|
| . | Entspricht allen Zeichen mit Ausnahme von \n. Bei Modifikation durch die Singleline-Option entspricht ein Punkt einem beliebigen Zeichen. Weitere Informationen hierzu finden Sie unter Optionen für reguläre Ausdrücke. |
| [aeiou] | Entspricht einem beliebigen einzelnen Zeichen, das in dem angegebenen Satz von Zeichen enthalten ist. |
| [^aeiou] | Entspricht einem beliebigen einzelnen Zeichen, das nicht in dem angegebenen Satz von Zeichen enthalten ist. |
| [0-9a-fA-F] | Durch die Verwendung eines Bindestrichs (–) können aneinander grenzende Zeichenbereiche angegeben werden. |
| \p{name} | Entspricht einem beliebigen Zeichen in der durch {name} angegebenen benannten Zeichenklasse. Unterstützte Namen sind Unicodegruppen und Blockbereiche. Beispielsweise Ll, Nd, Z, IsGreek, IsBoxDrawing. |
| \P{name} | Entspricht Text, der nicht in Gruppen und Blockbereichen enthalten ist, die in {name} angegeben werden. |
| \w | Entspricht einem beliebigen Wortzeichen. Entspricht den Unicode-Zeichenkategorien [\p{Ll}\p{Lu}\p{Lt}\p{Lo}\p{Nd}\p{Pc}]. Wenn mit der ECMAScript-Option ECMAScript-konformes Verhalten angegeben wurde, ist \w gleichbedeutend mit [a-zA-Z_0-9]. |
| \W | Entspricht einem beliebigen Nichtwortzeichen. Entspricht den Unicodekategorien [^\p{Ll}\p{Lu}\p{Lt}\p{Lo}\p{Nd}\p{Pc}]. Wenn mit der ECMAScript-Option ECMAScript-konformes Verhalten angegeben wurde, ist \W gleichbedeutend mit [^a-zA-Z_0-9]. |
| \s | Entspricht einem beliebigen Leerraumzeichen. Entspricht den Unicode-Zeichenkategorien [\f\n\r\t\v\x85\p{Z}]. Wenn mit der ECMAScript-Option ECMAScript-konformes Verhalten angegeben wurde, ist \s gleichbedeutend mit [ \f\n\r\t\v]. |
| \S | Entspricht einem beliebigen Nicht-Leerraumzeichen. Entspricht den Unicode-Zeichenkategorien [^\f\n\r\t\v\x85\p{Z}]. Wenn mit der ECMAScript-Option ECMAScript-konformes Verhalten angegeben wurde, ist \S gleichbedeutend mit [^ \f\n\r\t\v]. |
| \d | Entspricht einer beliebigen Dezimalziffer. Gleichbedeutend mit \p{Nd} für Unicode und [0–9] für Nicht-Unicode mit ECMAScript-Verhalten. |
| \D | Entspricht einer beliebigen Nichtziffer. Gleichbedeutend mit \P{Nd} für Unicode und [^0–9] für Nicht-Unicode mit ECMAScript-Verhalten. |
| ^ | Bestimmt, dass der Vergleich am Anfang der Zeichenfolge oder der Zeile erfolgen muss. |
| $ | Bestimmt, dass der Vergleich am Ende der Zeichenfolge, vor einem \n am Ende der Zeichenfolge oder am Ende der Zeile erfolgen muss. |
| \A | Bestimmt, dass der Vergleich am Anfang der Zeichenfolge erfolgen muss (die Multiline-Option wird ignoriert). |
| \Z | Bestimmt, dass der Vergleich am Ende der Zeichenfolge oder vor einem \n am Ende der Zeichenfolge erfolgen muss (die Multiline-Option wird ignoriert). |
| \z | Bestimmt, dass der Vergleich am Ende der Zeichenfolge erfolgen muss (die Multiline-Option wird ignoriert). ▶ |

| Zeichenklasse | Beschreibung |
|---|---|
| \G | Bestimmt, dass der Vergleich an dem Punkt erfolgen muss, an dem der vorherige Vergleich beendet wurde. Beim Verwenden mit Match.NextMatch() wird sichergestellt, dass alle Übereinstimmungen aneinander grenzend sind. |
| \b | Bestimmt, dass der Vergleich an einer Begrenzung zwischen \w (alphanumerischen) und \W (nicht alphanumerischen) Zeichen erfolgen muss. Der Vergleich muss bei Wortbegrenzungen erfolgen, d. h. beim ersten oder letzten Zeichen von Wörtern, die durch beliebige nicht alphanumerische Zeichen voneinander getrennt sind. |
| \B | Bestimmt, dass der Vergleich nicht bei einer \b-Begrenzung erfolgen darf. |

*Tabelle 6.2: Steuer- bzw. Befehlszeichen für Regular Expressions*

Angenommen, Sie möchten alle Begriffe finden, die mit der Zeichenfolge »Me.« beginnen und anschließend vier Buchstaben aufweisen, dann wäre, wenn Sie nach der oben stehenden Tabelle logisch vorgingen, die Suchzeichenfolge

Me\.\w\w\w\w

auf den ersten Blick die richtige Vorgehensweise. Aber die Ergebnisliste entspricht wahrscheinlich mit dem Ergebnis, wie es auch in Abbildung 6.5 zu sehen ist, nicht dem, was Sie im Hinterkopf hatten.

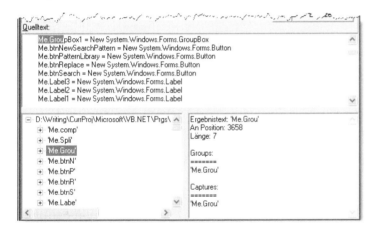

*Abbildung 6.5: Beim ersten Versuch entspricht die Ergebnisliste oft nicht dem, was Sie sich vorgestellt haben*

Ihre Vorstellung ist es eher gewesen, dass das Wort nach den vier Buchstaben auch zu Ende ist. Aber auch diese Vorstellung müssen Sie dem Computer mitteilen.

Ergänzen Sie die Suchabfrage um das Steuerzeichen »\s«, und verwenden damit den Suchbegriff

Me\.\w\w\w\w\s

entspricht das Ergebnis vermutlich schon eher Ihren Vorstellungen.

## Verwendung von Quantifizierern

Nun ist es vermutlich nicht gerade praxisnah, nach Begriffen zu suchen, deren Zeichenanzahl Sie vorher schon kennen. Oder, um beim vorherigen Beispiel zu bleiben: Sie möchten schon eher nach einem Wort suchen, dass mit »Me.« anfängt, dessen Buchstabenzahl Sie aber nicht wissen. Sie möchten also der Such-Engine mitteilen, dass sie im Anschluss an »Me.« nach mindestens einem beliebigem weiteren Zeichen suchen soll, das unter die Kategorie »\w« fällt. Die Lösung zu diesem Problem sind die so genannten Quantifizierer, die Sie in der folgenden Tabelle aufgelistet finden:

| Quantifizierer | Funktion |
| --- | --- |
| * | Setzt keine oder mehr Übereinstimmungen voraus. Beispiel: Entsprechendes Vorhandensein vorausgesetzt, findet »Me\.\w*« sowohl die Zeichenfolge »Me.« als auch »Me.Close«. Dieser Quantifizierer ist gleichbedeutend mit {0,}. |
| + | Setzt eine oder mehr Übereinstimmungen voraus. Beispiel: »Me.\w+« findet sowohl die Zeichenfolge »Me.Close« als auch »Me.Panel1« aber nicht »Me.« oder »Mehl«. |
| ? | Setzt keine oder eine Übereinstimmung voraus. |
| {n} | Setzt exakt n Übereinstimmungen voraus. Beispiel: »(\w+\.){2}« findet in dem String<br>`Me.components = New System.ComponentModel.Container`<br>`Me.Splitter2 = New System.Windows.Forms.Splitter`<br>die Begriffe »System.ComponentModel.« und »System.Windows.« |
| {n,} | Setzt mindestens n Übereinstimmungen voraus. Beispiel: |
| {n,m} | Setzt mindestens n, jedoch höchstens m Übereinstimmungen voraus. |
| *? | Setzt die erste Übereinstimmung voraus, die so wenige Wiederholungen wie möglich verwendet. Dieser Befehle wird auch »faules *« (lazy *) genannt. |
| +? | »Faules +«: Setzt so wenige Wiederholungen wie möglich voraus, jedoch mindestens eine. |
| ?? | »Faules ?«: Setzt keine Wiederholungen voraus, falls möglich, oder eine Wiederholung. |
| {n}? | Gleichbedeutend mit {n}. |
| {n,}? | Setzt so wenige Wiederholungen wie möglich voraus, jedoch mindestens n Wiederholungen. |
| {n,m}? | Setzt so wenige Wiederholungen wie möglich zwischen n und m voraus. |

*Tabelle 6.3: Mit diesen Quantifizierern steuern Sie Anweisungen für Zeichenwiederholungen*

Sic können als Suchbegriff beispielsweise

`Me\.\w+`

eingeben, um zum gewünschten Ziel zu gelangen. Warum? Analysieren wir den Suchbegriff Zeichen für Zeichen. »Me« bestimmt zunächst die ersten beiden Zeichen des Präfixes der gesuchten Begriffe. Den Punkt können wir nicht im Klartext schreiben, da er selbst ein Steuerzeichen darstellt. Damit wird der vorangestellte Backslash nötig, um die Such-Engine den Punkt als bloßes Suchzeichen betrachten zu lassen. Mit »\w« teilen wir der Engine anschließend mit, dass wir nach einem weiteren Buchstabenzeichen suchen. Das Plus schließlich erweitert die Anweisung: Die Engine sucht damit nicht nach einem Buchstabenzeichen sondern nach mindestens einem Buchstabenzeichen. Das Ergebnis lässt nicht lange auf sich warten. Klicken Sie nach Eingabe dieses Suchstrings auf die Schaltfläche *Suchen*, sehen Sie ein Ergebnis, etwa wie in Abbildung 6.6 zu sehen.

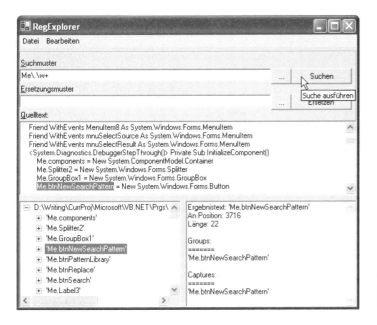

*Abbildung 6.6: Dieser Suchbegriff ist geeignet, mit den Quantisierern herum zu experimentieren*

Verändern Sie den Suchbegriff beispielsweise in

Me\.\w*

dann zählt auch »kein Zeichen« als Kriterium für die Begriffserkennung. Das mag zunächst verwirrend sein, denn wie kann »kein Zeichen« als Kriterium gelten?

Wenn Sie alle Zeichenfolgen finden wollen, die mit »Me.« beginnen und weitere Zeichen haben, die aber auch nur aus »Me.« selbst bestehen dürfen, müssen Sie der Such-Engine mitteilen, dass nach dem Suchbegriff Zeichen folgen *dürfen*, aber nicht *müssen*. Und das Mitteilen des »nicht müssen« entspricht dem Kriterium »kein Zeichen«.

## Gruppen

Gruppen bilden Sie, wenn Sie einen großen Suchbegriff in mehrere kleine Gruppen unterteilen möchten und die Ergebnisse der kleinen Gruppen auch einzeln abrufen wollen. Sie verwenden zur Gruppenbildung runde Klammern. Dazu ein Beispiel:

Angenommen, Sie möchten den Quelltext eines Programms nach allen Prozeduren durchsuchen lassen, ganz gleich ob es sich um *Properties*, *Subs* oder *Functions* handelt. Sie suchen aber nach bestimmten, nämlich solchen die entweder als *Private*, *Public* oder *Protected* deklariert sind. Und: Sie möchten ohne große Umschweife die Ergebnisse der beiden Gruppen wissen, nämlich um welchen Gültigkeitsbereich es sich handelt und was Sie deklariert haben.

Dazu entwickeln Sie einen Suchbegriff, der die Entscheidungskriterien für den Gültigkeitsbereich in der ersten Gruppe

(Private|Public|Protected)

ein Trennzeichen dazwischen und die Prozedurart mit

(Sub|Property|Function)

*Regular Expressions (Reguläre Ausdrücke)*

in der zweiten Gruppe enthält. Fügen Sie diese einzelnen Komponenten zu einem Gesamtsuchbegriff zusammen, etwa mit

```
(Private|Public|Protected)\s(Sub|Property|Function)
```

dann erhalten Sie, angewendet auf den Beispiel-Quellcode, ein Ergebnis, etwa wie in Abbildung 6.7 zu sehen.

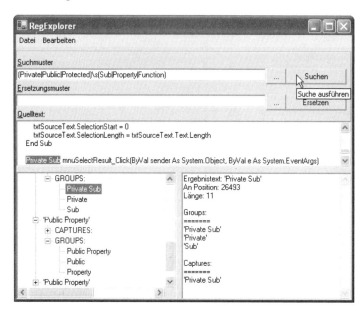

***Abbildung 6.7:*** *Durch das Gruppieren von Suchbegriffen können Sie auch programmtechnisch elegant auf Teilergebnisse zugreifen*

Das Tolle daran: Sie haben mit Gruppen Zugriff auf – in diesem Beispiel – alle drei Gruppen. Drei? Genau. Mit einer (der ersten) Gruppe arbeiten Sie grundsätzlich – denn sobald Sie einen Suchbegriff eingeben, erstellen Sie bereits die erste Gruppe. Das gesamte Suchergebnis entspricht deswegen auch immer dem Ergebnis der 1. Gruppe. In diesem Beispiel haben wir explizit zwei weitere Gruppen definiert – die entsprechenden Ergebnisse spiegeln sich in Gruppe 2 und 3 wider, was Sie in der Abbildung auch sehr schön erkennen können.

Gruppen eignen sich nicht sehr nur dazu, beim Programmieren mit Regular Expressions elegant auf Teilergebnisse zugreifen zu können. Insbesondere beim Ersetzen von Begriffen leisten sie hervorragende Dienste. Durch Gruppen, die Sie im Übrigen auch benennen können, lassen sich Ersetzungen individualisieren. Dazu benötigen Sie allerdings weitere Informationen über Steuerzeichen, die Sie im *Ersetzen*-Ausdruck für Regular Expressions verwenden können.

## Suchen und Ersetzen

Diese speziellen Steuerzeichen können Sie ausschließlich beim Ersetzen einsetzen. Die nachstehende Tabelle zeigt, welche Steuerzeichen die Regular-Expression-Engine für das Ersetzen von Ausdrücken versteht:

| Zeichen | Beschreibung |
|---|---|
| $number | Ersetzt die letzte untergeordnete Zeichenfolge, die der Gruppennummer number (dezimal) entspricht. |
| ${name} | Ersetzt die letzte untergeordnete Zeichenfolge, die einer (?<name> )-Gruppe entspricht. |
| $$ | Ersetzt ein einzelnes "$"-Literal. |
| $& | Ersetzt eine Kopie der gesamten Entsprechung. |
| $` | Ersetzt den gesamten Text der Eingabezeichenfolge vor der Entsprechung. |
| $' | Ersetzt den gesamten Text der Eingabezeichenfolge nach der Entsprechung. |
| $+ | Ersetzt die zuletzt erfasste Gruppe. |
| $_ | Ersetzt die gesamte Eingabezeichenfolge. |

*Tabelle 6.4: Ersetzungs-Steuerzeichen für Regular Expressions*

Um beim vorhandenen Beispiel zu bleiben: Wenn Sie alle Prozeduren, ganz gleich, wie Sie sie zuvor definiert haben, durch den Gültigkeitsbereichsbezeichner *Private* ersetzen wollen, verwenden Sie als Suchbegriff den bereits bekannten

```
(Private|Public|Protected)\s(Sub|Property|Function)
```

und als Ersetzungsbegriff folgenden:

```
Private $2
```

Mit »$2« greifen Sie auf das Ergebnis der zweiten Gruppe zu – in diesem Beispiel die Prozedurenart, denn sie ist an zweiter Stelle definiert worden. Das Ergebnis der ersten Gruppe interessiert Sie nicht, denn Sie ersetzen es ohnehin durch die Zeichenfolge »Private«.

Das gleiche Beispiel mit benannten Gruppen sähe folgendermaßen aus:

```
(?<GBereich>Private|Public|Protected)\s(?<Prozedur>Sub|Property|Function)
```

würden Sie hierbei als Suchstring und

```
Private ${Prozedur}
```

als Ersetzungszeichenfolge verwenden.

Nun könnten wir dieses Beispiel noch weiter spinnen und eine Ersetzungsroutine entwickeln, die den vormals vorhandenen Gültigkeitsbereich als Kommentar hinter die Definition setzt. Dazu müssen wir den Suchbegriff um eine weitere Gruppe erweitern, die den Rest der Zeile als insgesamt zu findende Zeichenfolge mit einschließt, etwa folgendermaßen:

Die Suchzeichenfolge:

```
(?<GBereich>Private|Public|Protected)\s(?<Prozedur>Sub|Property|Function)(?<Rest>[^\r^\n]*)
```

Die Ersetzenzeichenfolge:

```
Private ${Prozedur}${Rest} ' Vormals: ${GBereich}
```

Und das Ergebnis sehen Sie in Abbildung 6.8.

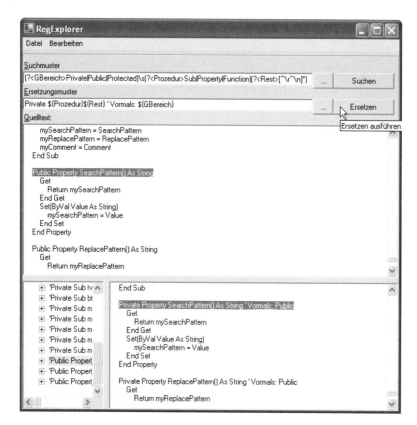

**Abbildung 6.8:** Das Ersetzen von Text mit Regular Expressions macht Programmieren fast überflüssig!

## Captures

*Captures* sind dann interessant, wenn Quantisierer bei Gruppenoperationen ins Spiel kommen. Um auch hier wieder beim Beispiel zu bleiben: Sie möchten wissen, aus welchen Variablen – so vorhanden – die einzelnen Prozedurenaufrufe bestehen. In diesem Fall legen Sie eine Regel an, die die einzelnen Variablen erfassen kann – und zwar so, dass ein Quantifizierer auf den gesamten Ausdruck anwendbar wird. Zum Beispiel:

\((([\w|\x20|\.])+[\,|\)])+

Schauen wir uns den Ausdruck einmal genauer an. Erste Regel: (»\(«) – er muss mit einer Klammer beginnen. Dann beginnt der eigentliche zu wiederholende Ausdruck:

(([\w|\x20|\.])+[\,|\)])+

Dieser besteht wiederum aus zwei Ausdrücken, nämlich

([\w|\x20|\.])+

und

[\,|\)]

Ausdruck Nummer eins legt alle nach der Klammer vorkommenden Zeichen so fest, dass sie aus Buchstaben, Leerzeichen oder dem Punkt bestehen dürfen. Das anschließende Quantifizierungszeichen »+« definiert, dass diese Zeichen sich beliebig wiederholen dürfen, aber mindestens einmal vorhanden sein müssen.

Der zweite Ausdruck regelt das Ende eines Parameterblocks, der mit einem Komma oder einer schließenden Klammer enden kann. Beide Ausdrücke zusammengefügt ergeben die komplette Parameterregel innerhalb der Klammer. Und jetzt kommt der Trick: Da wir nicht wissen, wie viele Parameter innerhalb eines Prozedurenprototypen definiert sind, setzen wir den »+«-Quantifizierer ans Ende, und schon kann uns egal sein, wie viele Parameter folgen – der Quantifizierer sorgt dafür, dass entsprechend viele gefunden werden.

Anschließend schnappen wir uns den Suchstring aus dem vorherigen Beispiel und modifizieren ihn so, dass eine weitere Gruppe für den Funktionsnamen gefunden werden kann. Das ist vergleichsweise einfach: lediglich der Ausdruck

```
\s(\w+)
```

muss noch eingefügt werden. Das »\s« regelt die Trennung zwischen Prozedurentypnamen und Funktionsnamen; die Gruppe »(\w+)« deckt den Funktionsnamen ab. Packen wir alles zusammen, erhalten wir folgenden Gesamtsuchstring:

```
(?<GBereich>Private|Public|Protected)\s(?<Prozedur>Sub|Property|Function)\s(\w+)\(((([\w|\x20|\.])+[\,|\)])+
```

Eindrucksvoll, oder nicht? Ganz ehrlich: So einfach, wie ich diese Beschreibung hier herunter geschrieben habe, war das Austüfteln dieses Strings nicht – es hat mich immerhin 3 Stunden gekostet. Nichtsdestotrotz hat sich der Aufwand gelohnt, denn: Spätestens an dieser Stelle werden Sie den Nutzen der *Captures* kennen lernen.

Um die *Captures* der einzelnen Gruppen auch sichtbar zu machen, wählen Sie aus dem Menü *Datei* die Option *GroupCaptures anzeigen*.

Wenn Sie diesen String auf die zuvor geladene Visual-Basic-Datei anwenden (keine Angst, Sie können diese Mammutkonstruktion aus der Bibliothek holen), können Sie sich die *Captures* der einzelnen Gruppen ebenfalls in der Ergebnisliste betrachten – etwa wie in Abbildung 6.9 zu sehen.

Da wir die Parameterfindung so allgemeingültig gehalten haben, dass wir einen Quantifizierer einsetzen konnten, kommen wir über die Captures an jede einzelne Zeichenfolge, die durch die Quantifizierer in Kombination mit dem eigentlichen Gruppensuchstring gefunden wurde. Und das sind bei der 3. Gruppe eben die einzelnen Parameter.

Sie sehen, dass wir nur durch die Anwendung von *Regular Expressions* schon auf dem besten Wege sind, einen kompletten Cross-Referenzer zu kreieren – und bislang haben wir noch nicht eine einzige Zeile Code dafür schreiben müssen!

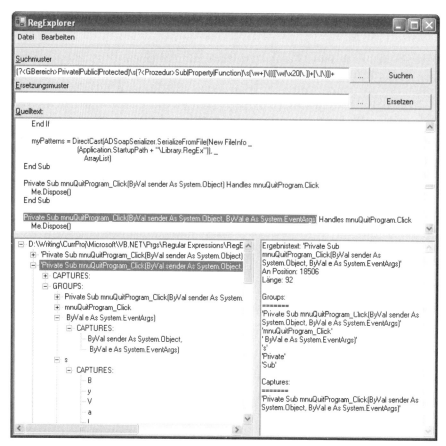

***Abbildung 6.9:*** *Richtig angewendet entlocken Sie der Regular-Expression-Engine mit Captures die durch die Quantifizierer entstandenen Suchergebnisse*

Doch das wird sich gleich ändern. Im Abschnitt ▶ »Programmieren von Regular Expressions« ab Seite 380 erfahren Sie mehr darüber, wie Sie *Regular Expressions* in Ihren eigenen Programmen einsetzen können.

Um die Tabellen zum Nachschlagen komplett zu halten, habe ich zuvor aber noch zwei für Sie.

## Optionen bei der Suche

Optionen für die Suche können Sie später, bei der Programmierung von *Regular Expressions*, bequem über die Klassenparameter einstellen. Allerdings können Sie diese Parameter auch mit Steuerzeichen direkt in den Suchstring einbauen. Die folgende Tabelle gibt Ihnen Auskunft darüber, mit welchem Steuerzeichen Sie welchen Parameter aktivieren bzw. deaktivieren können.

| RegexOption-Member | Inline-Zeichen | Beschreibung |
| --- | --- | --- |
| None | Nicht vorhanden | Gibt an, dass keine Optionen festgelegt wurden. |
| IgnoreCase | i | Gibt an, dass bei Übereinstimmungen die Groß-/Kleinschreibung berücksichtigt werden soll. |
| Multiline | m | Bestimmt den Mehrzeilenmodus. Das ändert die Bedeutung von ^ und $, so dass sie jeweils dem Anfang und dem Ende einer beliebigen Zeile innerhalb des zu durchsuchenden Strings und nicht nur dem Anfang und dem Ende der gesamten Zeichenfolge entsprechen. |
| ExplicitCapture | n | Gibt an, dass die einzigen gültigen Aufzeichnungen ausdrücklich benannte oder nummerierte Gruppen in der Form (?<name>...) sind. Dadurch können Klammern als nicht aufzeichnende Gruppen eingesetzt werden, ohne dass die umständliche Syntax des Ausdrucks (?:...) benötigt wird. |
| Compiled | c | Gibt an, dass der reguläre Ausdruck in eine Assembly kompiliert wird. Generiert MSIL (Microsoft Intermediate Language)-Code für den regulären Ausdruck und ermöglicht eine schnellere Ausführung, jedoch auf Kosten der kurzen Startdauer. |
| Singleline | s | Gibt den Einzelnenmodus an. Ändert die Bedeutung des Punktes (.), so dass dieser jedem Zeichen entspricht (und nicht jedem Zeichen mit Ausnahme von \n). |
| IgnorePatternWhitespace | x | Gibt an, dass Leerraum ohne Escape-Zeichen aus dem Muster ausgeschlossen wird und ermöglicht Kommentare hinter einem Nummernzeichen (#). Beachten Sie, dass niemals Leerraum aus einer Zeichenklasse eliminiert wird. |
| RightToLeft | r | Gibt an, dass die Suche von rechts nach links und nicht, wie standardmäßig, von links nach rechts durchgeführt wird. Ein regulärer Ausdruck mit dieser Option steht links von der Anfangsposition und nicht rechts davon. (Daher sollte die Anfangsposition als das Ende der Zeichenfolge angegeben werden.) Diese Option kann nicht mitten in der Suchmusterzeichenfolge angegeben werden, um zu verhindern, dass reguläre Ausdrücke mit Endlosschleifen auftreten. Die (?<)-Lookbehind-Konstrukte bieten jedoch eine ähnliche Funktionalität, die als Teilausdruck verwendet werden können. *RightToLeft* ändert lediglich die Suchrichtung. Die gesuchte untergeordnete Zeichenfolge an sich wird nicht umgekehrt. |
| ECMAScript | Nicht vorhanden | Gibt an, dass für den Ausdruck so genanntes ECMAScript-konformes Verhalten aktiviert ist (bestimmtes, standardisiertes *RegEx*-Verhalten). Diese Option kann nur in Verbindung mit dem *IgnoreCase*- und dem *Multiline*-Flag verwendet werden. Bei Verwendung dieser Option mit anderen Flags wird eine Ausnahme ausgelöst. |
| CultureInvariant | Nicht vorhanden | Gibt an, dass kulturelle Unterschiede bei der Sprache ignoriert werden. |

*Tabelle 6.5: Options-Steuerzeichen für Regular Expressions*

## Steuerzeichen zu Gruppendefinitionen

Auch bei der Definition von Gruppen gibt es weitere Kombinationsmöglichkeiten. Die folgende Tabelle verrät Ihnen, welche es gibt:

| Gruppenkonstruktor | Beschreibung |
|---|---|
| ( ) | Zeichnet die übereinstimmende Teilzeichenfolge auf (oder die nicht aufzeichnende Gruppe). Aufzeichnungen mit () werden gemäß der Reihenfolge der öffnenden Klammern automatisch nummeriert, beginnend mit 1. Die erste Aufzeichnung, Aufzeichnungselement Nummer 0, ist der Text, dem das gesamte Muster für den regulären Ausdruck entspricht. Auch wenn Sie also keine Gruppe mit einer Klammer gebildet haben, gibt es immer mindestens Gruppe 1. |
| (?<name> ) | Zeichnet die übereinstimmende Teilzeichenfolge in einem Gruppennamen oder einem Nummernnamen auf. Die Zeichenfolge für »name« darf keine Satzzeichen enthalten und nicht mit einer Zahl beginnen. Sie können anstelle von spitzen Klammern einfache Anführungszeichen verwenden. Beispiel: »(?'name')«. |
| (?<name1-name2> ) | Ausgleichsgruppendefinition. Löscht die Definition der zuvor definierten Gruppe »name2« und speichert in Gruppe »name1« das Intervall zwischen der zuvor definierten Gruppe »name2« und der aktuellen Gruppe. Wenn keine Gruppe »name2« definiert ist, wird die Übereinstimmung rückwärts verarbeitet. Da durch Löschen der letzten Definition von »name2« die vorherige Definition von »name2« angezeigt wird, kann mit Hilfe dieses Konstrukts der Aufzeichnungsstapel für die Gruppe »name2« als Zähler für die Aufzeichnung von geschachtelten Konstrukten, z. B. Klammern, verwendet werden. In diesem Konstrukt ist »name1« optional. Sie können anstelle von spitzen Klammern einfache Anführungszeichen verwenden. Beispiel: »(?'name1-name2')«. |
| (?: ) | Nicht aufzeichnende Gruppe. |
| (?imnsx-imnsx: ) | Aktiviert oder deaktiviert die angegebenen Optionen innerhalb des Teilausdrucks. Beispielsweise aktiviert »(?i-s: )« die Einstellung, dass Groß-/Kleinschreibung nicht beachtet wird, und deaktiviert den Einzeilenmodus. Weitere Informationen hierzu finden Sie unter Optionen für reguläre Ausdrücke. |
| (?= ) | Positive Lookahead-Anweisung mit einer Breite von Null. Der Vergleich wird nur dann fortgesetzt, wenn der Teilausdruck rechts von dieser Position übereinstimmt. Beispiel: »\w+(?=\d)« entspricht einem Wort, gefolgt von einer Ziffer, wobei für die Ziffer keine Übereinstimmung gesucht wird. Dieses Konstrukt wird nicht rückwärts verarbeitet. |
| (?! ) | Negative Lookahead-Anweisung mit einer Breite von Null. Der Vergleich wird nur dann fortgesetzt, wenn der Teilausdruck rechts von dieser Position nicht übereinstimmt. Beispiel: »\b(?!un)\w+\b« entspricht Wörtern, die nicht mit »un« beginnen. |
| (?<= ) | Positive Lookbehind-Anweisung mit einer Breite von Null. Der Vergleich wird nur dann fortgesetzt, wenn der Teilausdruck links von dieser Position übereinstimmt. Beispiel: »(?<=19)99« entspricht Instanzen von 99, die auf 19 folgen. Dieses Konstrukt wird nicht rückwärts verarbeitet. |
| (?<! ) | Negative Lookbehind-Anweisung mit einer Breite von Null. Der Vergleich wird nur dann fortgesetzt, wenn der Teilausdruck links von dieser Position nicht übereinstimmt. |
| (?> ) | Nicht zurückverfolgende Teilausdrücke (so genannte »gierige« Teilausdrücke). Für den Teilausdruck wird einmal eine volle Übereinstimmung gesucht, dann wird der Teilausdruck nicht stückweise in der Rückwärtsverarbeitung einbezogen. (D. h. der Teilausdruck entspricht nur Zeichenfolgen, für die durch den Teilausdruck allein eine Übereinstimmung gesucht werden würde.) |

*Tabelle 6.6: Spezielle Gruppensteuerzeichen bei Regular Expressions*

# Programmieren von Regular Expressions

Alle Grundlagen zu Regular Expressions sind jetzt an vielen Beispielen geklärt, und damit liegt die aufwändigste Lernarbeit bereits hinter Ihnen. Sich das Programmieren selbst anzueignen ist jetzt nur noch ein Klacks, und die Beispiele, die nun folgen, sind direkt aus dem Programm entnommen, mit dem Sie die ganze Zeit gearbeitet haben.

Die Klasse *Regex* bildet den Schlüssel zu den Funktionen von Regular Expressions. Sie können Sie auf zwei verschiedene Weisen verwenden: Entweder Sie instanzieren sie und nutzen ihre Member-Funktionen. Oder Sie nutzen Sie ausschließlich als Träger für statische Funktionen.

**HINWEIS:** Aufgepasst jedoch, wenn Sie die statischen Funktionen der *Regex*-Klasse verwenden. Fehler, die zum Beispiel in Ausdrücken vorkommen, führen nicht zu Ausnahmen (*Exceptions*)! Ich habe keine Ahnung, was sich die Entwickler der Klassen dabei gedacht haben, aber ob Sie es glauben oder nicht: Wenn Sie die statischen Funktionen verwenden und Fehler dabei auftreten, zeigen die entsprechenden Funktionen lediglich eine *MessageBox* (!!!) – Ihr Programm bekommt davon aber nichts mit, es wird nicht durch eine Ausnahme unterbrochen und läuft weiter, als wäre nichts passiert. Deswegen gilt der Grundsatz: Instanzieren Sie grundsätzlich die *Regex*-Klasse, und vermeiden Sie die Nutzung der statischen Funktionen, wo Sie können, den Sie können sonst auf mögliche Fehler keinen Einfluss nehmen!

Zur Demonstrationszwecken (die statischen Funktionen wollen dennoch gezeigt werden) habe ich mich an diesen Grundsatz in den folgenden Beispielen übrigens ein paar Mal nicht gehalten.

## Ergebnisse im Match-Objekt

Beginnen wir direkt mit einer statischen Funktion: Sie möchten nach einer Regular Expression in einem String suchen. Nichts leichter als das, Sie schreiben einfach:

```
Dim match As Match = Regex.Match("Dieser wird durchsucht", "hiernach")
```

Das *Match*-Objekt selber wird durch die *Match*-Funktion zurückgeliefert. Möchten Sie auf die nicht statischen Member-Funktionen der *Regex*-Klasse zugreifen, müssen Sie das *Regex*-Objekt zunächst – wie jede andere Klasse auch – instanzieren. Das gleiche Ergebnis würden Sie folgendermaßen erzielen:

```
Dim RegexInstanz As New Regex("Hiernach")
Dim match As Match = RegexInstanz.Match("Dieser wird durchsucht")
```

Da das Suchmuster bereits bei der Klasseninstanzierung bestimmt wird, geben Sie es im Unterschied zur Verwendung der statischen Version nicht mehr als Parameter an, wenn Sie nach Übereinstimmungen mit der *Match*-Methode suchen. Nun liegt es in der Natur der Regular Expressions, dass ein String höchstens ausreichen würde, den ersten Treffer im Text widerzuspiegeln. Sie benötigen allerdings mehr Informationen, um wirklich Brauchbares mit dem Treffer – oder vielmehr: den Treffern – anstellen zu können. Deswegen hält das *Match*-Objekt einige Eigenschaften parat, die diese Informationen liefern:

| Eigenschaft des Match-Objektes | Funktion |
| --- | --- |
| NextMatch | Liefert ein neues Match-Objekt zurück, das Informationen über den nächsten Treffer enthält. |
| Value | Gibt den String zurück, der den Treffer darstellt |
| Index | Gibt die Position innerhalb des Suchstrings an, an dem der Treffer aufgetreten ist. Die Positionszählung beginnt dabei, wie bei allen Strings, an der Position 0. |
| Length | Gibt an, aus wie vielen Zeichen der Treffer-String besteht. ▶ |

| Eigenschaft des Match-Objektes | Funktion |
| --- | --- |
| Success | Ermittelt, ob der Treffer erfolgreich war. |
| Groups | Liefert eine *Collection* aus *Group*-Objekten zurück, die die Teilergebnisse der einzelnen Gruppen enthalten. |
| Captures | Liefert eine *Collection* aus *Capture*-Objekten zurück, die *Captures* enthalten, etwa wie die in den vorangegangenen Suchbegriff-Beispielen beschriebenen. |

***Tabelle 6.7:*** *Die wichtigsten Eigenschaften des Match-Objektes*

## Die Matches-Collection

Nun wäre es nicht des schönen Programmierstils, den .NET ermöglicht, würdig, müsste man den jeweils nächsten Treffer einer *Regex.Match*-Abfrage in einer *Do/Loop*-Schleife ermitteln, bis *NextMatch* schließlich *Nothing* zurückliefert, weil es keine weiteren Treffer mehr gibt. Aus diesem Grund bietet die *Regex*-Klasse die so genannte *Matches*-Collection an, die alle Treffer als Array von *Match*-Objekten erhält, und durch die sich vor allen Dingen elegant mit *For/Each* iterieren lässt.

Der Programmcode bis zur äußeren Schleife, die anschließend die *TreeView* im RegExplorer aufbaut, sieht aus diesem Grund folgendermaßen aus:

```
Private Sub btnSearch_Click(ByVal sender As System.Object, ByVal e As System.EventArgs) Handles btnSearch.Click

    Dim locRegEx As Regex

    Try
        locRegEx = New Regex(txtSearchPattern.Text)
    Catch ex As Exception
        MessageBox.Show("Fehler beim Anlegen des RegEx-Objektes!" + ex.Message, _
                "Fehler in Ausdruck:", MessageBoxButtons.OK, MessageBoxIcon.Exclamation)
        Return
    End Try

    Dim locRootNode As TreeNode

    tvwResults.Nodes.Clear()
    With tvwResults.Nodes
        locRootNode = .Add(myFilename)

        For Each locMatch As Match In locRegEx.Matches(txtSourceText.Text).

        Next
```

Wenn der Anwender auf die *Suchen*-Schaltfläche klickt, verzweigt das Programm in die *Sub btnSearch_Click* (warum, erfahren Sie im nächsten Kapitel). Die Variable *locRegEx* wird anschließend als Typ *Regex* definiert. Da wir die *Regex*-Klasse instanzieren, ergibt es Sinn, die Instanzierungsanweisung in einen *Try/Catch*-Block zu packen, da genau hier der Zeitpunkt sein kann, zu dem die Regular-Expression-Engine eine Ausnahme auslösen kann, die ein anwenderfreundliches Programm natürlich abfangen muss. Die eigentliche Auswertung erfolgt mit dem Abruf von *locRegEx.Matches(txtSourceText.Text)* in der Schleifendefinition. Die Textbox *txtSourceText* enthält den Quelltext; den Suchbegriff, der aus der Textbox *txtSearchPattern* stammt, haben wir beim Instanzieren des *Regex*-Objektes Zeilen zuvor schon definiert. Die *Matches*-Eigenschaft liefert nun alle Treffer als *Match-Collection* zurück, durch die mit *For/Each* wunderbar iteriert werden kann. *locMatch* enthält dabei wieder alle Informationen über einen Treffer.

## Abrufen von Captures und Groups eines Match-Objektes

Das Abrufen von vorhandenen Captures und Gruppen eines *Match*-Objektes gestaltet sich ebenfalls recht simpel: Für Captures verwenden Sie die *Captures*-Eigenschaft, die eine *Captures*-Collection zurückliefert, die wiederum aus einzelnen *Capture*-Objekten aufgebaut ist.

Für Gruppen verwenden Sie die *Groups*-Eigenschaft, die eine *Groups*-Collection aus *Group*-Objekten zurückliefert.

Das Iterieren durch diese Elemente ist ebenfalls recht einfach, wie der erste Teil der inneren Schleife des Programmteils zum Aufbau der *TreeView* zeigt:

```
For Each locMatch As Match In locRegEx.Matches(txtSourceText.Text)
    Dim locMainNode As New TreeNode("'" + locMatch.Value + "'")
    locMainNode.Tag = locMatch
    locRootNode.Nodes.Add(locMainNode)

    If locMatch.Captures.Count > 0 Then
        Dim locCaptureNode As TreeNode = locMainNode.Nodes.Add("CAPTURES:")
        For Each locCC As Capture In locMatch.Captures
            Dim locNode As TreeNode = locCaptureNode.Nodes.Add(locCC.Value)
            locNode.Tag = locCC
        Next
    End If

    If locMatch.Groups.Count > 0 Then
        Dim locGroupNode As TreeNode = locMainNode.Nodes.Add("GROUPS:")
        For Each locGroup As Group In locMatch.Groups
            Dim locNode As TreeNode = locGroupNode.Nodes.Add(locGroup.Value)
            locNode.Tag = locGroup

            'Captures der einzelnen Gruppen nur im Bedarfsfall zeigen
            .
            .
            .
        Next
    End If
```

Damit die *Captures* der einzelnen *Groups* nur im Bedarfsfall angezeigt werden, gibt es ein Flag, das die Anzeige steuert. Dieses Flag wird gesetzt in Abhängigkeit der Einstellung, die der Anwender des Programms mit der Option *Groupcaptures anzeigen* in Menü *Datei* festlegt:

```
Private Sub mnuShowGroupCaptures_Click(ByVal sender As System.Object, ByVal e As System.EventArgs) _
        Handles mnuShowGroupCaptures.Click
    myGroupCaptures = myGroupCaptures Xor True
    mnuShowGroupCaptures.Checked = myGroupCaptures
End Sub
```

Um die *Groupcaptures* letzten Endes darzustellen, wenn der Anwender diese Option gewählt hat, verfährt das Programm folgendermaßen:

```
'Captures der einzelnen Gruppen nur im Bedarfsfall zeigen.
If myGroupCaptures Then
    If locGroup.Captures.Count > 0 Then
        Dim locCaptureNode As TreeNode = locNode.Nodes.Add("CAPTURES:")
        For Each locCC As Capture In locGroup.Captures
            Dim locGCNode As TreeNode = locCaptureNode.Nodes.Add(locCC.Value)
            locGCNode.Tag = locCC
        Next
    End If
End If
```

Sowohl die *Group*- als auch die *Capture*-Objekte, die dabei verwendet werden, sind dem *Match*-Objekt in ihrer Anwendung sehr ähnlich. Das *Capture*-Objekt verfügt über die folgenden wichtige Eigenschaften:

| Wichtige Eigenschaften des Capture-Objektes | Funktion |
|---|---|
| Value | Gibt den String zurück, der das Capture darstellt. |
| Index | Gibt die Position innerhalb des Suchstrings an, an dem das Capture aufgetreten ist. Die Positionszählung beginnt dabei, wie bei allen Strings, an der Position 0. |
| Length | Gibt an, aus wie vielen Zeichen der Capture-String besteht. |

*Tabelle 6.8: Die wichtigsten Eigenschaften des Capture-Objektes*

Noch ähnlicher zum *Match*-Objekt ist das *Group*-Objekt, das quasi die gleiche Funktionalität wie das *Match*-Objekt aufweist, nur dass es – logischerweise – keine *Groups*-Eigenschaft besitzt und auch die *NextMatch*-Eigenschaft vermissen lässt.

| Eigenschaft des Group-Objektes | Funktion |
|---|---|
| Value | Gibt den String zurück, der den Treffer der Gruppe darstellt. |
| Index | Gibt die Position innerhalb des Suchstrings an, an dem der Treffer der Gruppe aufgetreten ist. Die Positionszählung beginnt dabei, wie bei allen Strings, an der Position 0. |
| Length | Gibt an, aus wie vielen Zeichen der Gruppentreffer-String besteht. |
| Success | Ermittelt, ob der Gruppentreffer erfolgreich war. |
| Captures | Liefert eine *Collection* aus *Capture*-Objekten zurück, die *Captures* enthalten, etwa wie die in den vorangegangenen Suchbegriff-Beispielen beschriebenen. |

*Tabelle 6.9: Die wichtigsten Eigenschaften des Match-Objektes*

Mit diesen Infos sind Sie für die Programmierung von Regular Expressions bestens gerüstet. Sie sehen selbst, dass sich die eigentliche Problemlösung mit Regular Expressions nicht in der Anwendung der Klassen verbirgt – das ist der weitaus weniger aufwendigere Teil. Das eigentliche Problem – oder besser: die eigentliche Übung, die Sie benötigen – liegt in der Anwendung der Regular Expressions selbst, also: Wie müssen Sie Ihre Such- bzw. Ersetzungsstrings gestalten, damit Sie die nötigen Informationen innerhalb einer Zeichenkette finden, um beispielsweise Benutzereingaben zu strukturieren und entsprechend auszuwerten?

Ein gutes Beispiel für den Einsatz von Regular Expressions zeigt das folgende Beispiel.

# Regex am Beispiel: Beliebige Formeln berechnen

Es gibt hunderte von denkbaren Anwendungen, bei der Sie Formeln innerhalb eines Programms auswerten müssen. Denken Sie beispielsweise an Aufmaßprogramme, die die Bausubstanz eines Hauses berechnen. Oder einen Funktionsplotter, der den Graphen einer Funktion darstellen kann. Überhaupt kann es immer nur von Vorteil sein, wenn Sie dem Anwender an geeigneten Stellen die Möglichkeit geben, eine beliebige Formel zu berechnen. Er braucht dann nämlich nicht für jede Kleinigkeit seinen Taschenrechner zu bemühen (den er, wenn es ihm so geht wie mir, sowieso ausschließlich dann findet, wenn er nach Kaffeefiltern sucht ...).

Leider ist das Parsen – also das Analysieren und Berechnen – eines mathematischen Ausdrucks keine wirklich triviale Sache, denn es gibt einige Dinge zu berücksichtigen:

Da sind zunächst mal Klammern, die die Priorität der Berechnungsreihenfolge ändern. Der Ausdruck

`2*2+2`

ergibt natürlich was völlig anderes als

`2*(2+2)`

Im ersten Fall lautet das Ergebnis 6, im zweiten 8. Noch komplizierter wird es, wenn man die Hierarchie der Operatoren berücksichtigt. Sie können eine Formel nicht einfach von links nach rechts auseinander nehmen, sondern müssen die Operatorprioritäten berücksichtigen:

Der Ausdruck

`2+2*2^2`

ist dafür ein gutes Beispiel. Hier werden erst die Potenz, anschließend das Produkt und schließlich die Summe berechnet, nicht umgekehrt.

Ebenfalls nicht trivial sind Funktionen, am besten mit unterschiedlich langen Funktionsnamen und beliebig vielen Parametern. Denken Sie beispielsweise an einen Ausdruck wie

`2+2*(2+Max(123;234;345;456))`

In dieser Formel muss nicht nur der Funktionsname, sondern auch die Anzahl der Parameter bestimmt werden, die innerhalb des Funktionsnamens auftreten.

Und dann gibt es zu guter Letzt auch noch das Problem der negativen Vorzeichen. Der Parser muss so clever sein, dass er den Ausdruck

`-2*-1^(-2 1)`

in den Ausdruck

`((0-1)*2)*((0-1)*1)^(((0-1)*2)-((0-1)*1)`

umwandeln kann, wenn er nicht eine komplizierte Funktionalität zum Erkennen von negativen Zahlen bereitstellen will.

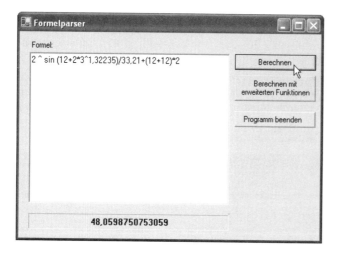

**Abbildung 6.10:** *Mit dem Formelparser können Sie in Ihren eigenen Programmen beliebige Formeln errechnen*

Im Verzeichnis der Buch-CD und dort im Verzeichnis ..\*Regular Expressions\FormularParser* finden Sie das Projekt *FormularParser*. Dieses Programm enthält die Klasse *ADFormularParser*, die in der Lage ist, genau diese Auswertungen durchzuführen. Das einzige Formular des Projektes ist nur das Drumherum, damit Sie die Klasse ohne umständliche Kommandozeilenparameter austesten können.

## Der Formelparser

Wenn Sie dieses Programm starten, sehen Sie einen Dialog, wie er auch in Abbildung 6.10 zu sehen ist. Eine Testformel ist bereits vorgegeben. Sie können unter *Formel* einen beliebigen Ausdruck eingeben und durch Mausklick auf *Berechnen* berechnen lassen. Das Ergebnis zeigt das Programm anschließend im Label unterhalb des Eingabefensters an.

Der Programmcode selber dazu ist denkbar gering und lautet wie folgt:

```
Private Sub btnCalculate_Click(ByVal sender As System.Object, ByVal e As System.EventArgs) _
                Handles btnCalculate.Click

    Dim locFormPars As New ADFormularParser(txtFormular.Text)
    lblResult.Text = locFormPars.Result.ToString

End Sub
```

Sobald der Anwender die Schaltfläche betätigt, instanziert das Programm die Klasse *ADFormularParser* in *locFormPars*. Der eigentliche Ausdruck liegt dabei als String aus dem Textfeld *txtFormular* vor und wird dem Konstruktor dieser Klasse übergeben. Für das Berechnen dieses Ausdrucks ist nur ein einziger Methodenaufruf erforderlich: *Result*. Sie liefert das Ergebnis als *Double* zurück; damit das Ergebnis im Label angezeigt werden kann, wird es mit *ToString* in eine Zeichenkette umgewandelt.

## Die Klasse ADFormularParser

Interessant zu sehen ist es, wie die Klasse an sich arbeitet. Obwohl sie einen recht großen Funktionsumfang besitzt, ist die eigentliche Auswertungslogik durch die konsequente Anwendung von Regular Expressions recht klein gehalten.

Bevor Sie sich das dokumentierte Listing dieser Klasse anschauen, vielleicht noch ein paar Worte zur generellen Funktionsweise:

Bei der Entwicklung dieser Klasse stand ihre beliebige Erweiterbarkeit im Vordergrund. Das heißt im Klartext: Ein Entwickler, der diese Klasse benutzt, sollte durch Vererbung die Möglichkeit haben, auf einfache Weise den Funktionsvorrat zu erweitern. Diese Möglichkeit sollte aber nicht nur für normale Funktionen, sondern auch für Operatoren gelten. Aus diesem Grund besteht die Klasse eigentlich aus zwei wichtigen Klassen. Die erste Klasse speichert Operatoren in einem bestimmten Format; und die zweite Klasse ist schließlich für die eigentliche Funktionsauswertung verantwortlich.

Die Klasse zur Speicherung der Operatoren und Funktionen finden Sie im Folgenden.

```vbnet
Imports System.Text.RegularExpressions

Public Class ADFunction
    Implements IComparable

    Public Delegate Function ADFunctionDelegate(ByVal parArray As Double()) As Double
    Protected myFunctionname As String       ' Name
    Protected myParameters As Integer        ' Anzahl Parameter
    Protected myFunctionProc As ADFunctionDelegate
    Protected myConsts As ArrayList
    Protected myIsOperator As Boolean
    Protected myPriority As Byte

    Sub New(ByVal Functionname As Char, ByVal FunctionProc As ADFunctionDelegate, ByVal Priority As Byte)

        If Priority < 1 Then
            Dim Up As New ArgumentException("Priority kann für Operatoren nicht kleiner 1 sein.")
            Throw Up
        End If

        myFunctionname = Functionname.ToString
        myParameters = 2
        myFunctionProc = FunctionProc
        myIsOperator = True
        myPriority = Priority
    End Sub

    Sub New(ByVal FunctionName As String, ByVal FunctionProc As ADFunctionDelegate, ByVal Parameters As Integer)
        myFunctionname = FunctionName
        myFunctionProc = FunctionProc
        myParameters = Parameters
        myIsOperator = False
        myPriority = 0
    End Sub

    Public ReadOnly Property FunctionName() As String
        Get
            Return myFunctionname
        End Get
    End Property

    Public ReadOnly Property Parameters() As Integer
        Get
```

```
            Return myParameters
        End Get
    End Property

    Public ReadOnly Property IsOperator() As Boolean
        Get
            Return myIsOperator
        End Get
    End Property

    Public ReadOnly Property Priority() As Byte
        Get
            Return myPriority
        End Get
    End Property

    Public ReadOnly Property FunctionProc() As ADFunctionDelegate
        Get
            Return myFunctionProc
        End Get
    End Property

    Public Function Operate(ByVal parArray As Double()) As Double
        If Parameters > -1 Then
            If parArray.Length <> Parameters Then
                Dim Up As New ArgumentException _
                    ("Anzahl Parameter entspricht nicht der Vorschrift der Funktion " & FunctionName)
                Throw Up
            End If
        End If
        Return myFunctionProc(parArray)
    End Function

    Public Function CompareTo(ByVal obj As Object) As Integer Implements System.IComparable.CompareTo
        If obj.GetType.FullName = "ActiveDev.ADFunction" Then
            Return myPriority.CompareTo(DirectCast(obj, ActiveDev.ADFunction).Priority) * -1
        Else
            Dim up As New ArgumentException("Nur ActiveDev.Function-Objekte können verglichen/sortiert werden")
            Throw up
        End If
    End Function

End Class
```

Wichtig zu wissen: Da Funktionen sich von Entwicklern, die die Klasse verwenden möchten, zu späterer Zeit hinzufügen lassen sollen, ohne dabei den Quellcode verändern zu müssen, arbeitet die Klasse *ADFormularParser* nicht mit fest »verdrahteten« Funktionen. Sie benutzt vielmehr Delegaten, um die Funktionsaufrufe durchzuführen. Dazu der Hintergrund:

# Verwendung von Delegate für das Definieren von Delegaten

Bei der Anwendung von Delegaten werden Funktionen nicht als feste Ziele durch Funktionsnamen angegeben. Funktionen selbst können in Variablen gespeichert werden (natürlich nicht die Funktionen selbst – intern werden lediglich die Zeiger auf die Adressen der Funktionen gespeichert). Sie definieren einen Delegaten mit einer Deklarationsanweisung ähnlich wie die Prozedur einer Klasse. Im Gegensatz zu einer solchen Prozedur erreichen Sie durch das Schlüsselwort *Delegate*, dass sich eine Prozedur, die über die gleiche Signatur wie der Delegat verfügt, in einer Delegaten-Variable speichern lässt. Im Beispiel wird der Delegat namens *ADFunctionDelegate* mit der folgenden Anweisung deklariert:

```
Public Delegate Function ADFunctionDelegate(ByVal parArray As Double()) As Double
```

Sie können nun eine Objektvariable vom Typ *ADFunctionDelegate* erstellen und ihr eine Funktion zuweisen. Der Zeiger auf die Funktion wird dabei in dieser Objektvariablen gespeichert. Angenommen, es gibt, wie im Beispiel, irgendwo die folgende Prozedur:

```
Public Shared Function Addition(ByVal Args() As Double) As Double
    Return Args(0) + Args(1)
End Function
```

Dann können Sie sie, da sie über die gleiche Signatur wie der Delegat verfügt, in einer Delegatenvariablen speichern – etwa wie im folgenden Beispiel:

```
Dim locDelegate As ADFunctionDelegate
locDelegate = New ADFunctionDelegate(AddressOf Addition)
```

## Funktionszeiger mit AddressOf ermitteln

Die Verwendung von *AddressOf* (etwa: *Adresse von*) macht deutlich, dass hier die Adresse (also ein Zeiger) der Funktion in der Delegatenvariable gespeichert wird.

Es gibt anschließend zwei Möglichkeit, die Funktion *Addition* aufzurufen: einmal direkt über den Funktionsnamen und über den Delegaten. Der direkte Aufruf mit

```
Dim locErgebnis As Double = Addition(New Double() {10, 10})
```

bewirkt also das gleiche wie der Umweg über den Delegaten mit

```
Dim locErgebnis As Double = locDelegate(New Double() {10, 10})
```

bloß mit einem zusätzlichen Vorteil: Sie können erst zur Laufzeit durch entsprechende Variablenzuweisung bestimmen, *welche* Funktion aufgerufen werden soll, wenn es mehrere Funktionen gleicher Signatur gibt.

Um beim Beispiel zu bleiben: Genau das ist der Grund, wieso den Funktionen, die das Programm berechnen kann, die Argumente als *Double*-Array und als fortlaufende Parameter übergeben werden. So kann gewährleistet werden, dass alle Funktionen die gleichen Signaturen haben. Damit kann jede Funktion in einer Delegatenvariablen gespeichert werden (vordefiniert in einer *ArrayList*, im nachfolgenden Listing fett markiert). Die Auswertungsroutine kann dann mit Hilfe der *Arraylist* nicht nur den Funktionsnamen finden, sondern die zugeordnete mathematische Funktion auch direkt über ihren Delegaten aufrufen.

*Regular Expressions (Reguläre Ausdrücke)*

Ansonsten hat die Klasse lediglich die Aufgabe, die Rahmendaten einer Funktion (oder eines Operators) zu speichern. Für Operatoren gibt es eine besondere Eigenschaft namens *Priority*, die es erlaubt, die Stellung eines Operators in der Hierarchieliste aller Operatoren zu bestimmen. Diese Priorität ermöglicht, die Regel »Potenz-vor-Klammer-vor-Punkt-vor-Strich« einzuhalten. Bestimmte Operatoren (wie beispielsweise »^« für die Potenz) haben eine höhere Priorität als andere (wie beispielsweise »+« für die Addition).

Da die Prioritäten von der eigentlichen Parser-Klasse in eine bestimmte Reihenfolge gebracht werden müssen, bindet die Klasse *ADFunction* darüber hinaus die Schnittstelle *IComparable* ein. Die Funktion *CompareTo* behandelt diese Schnittstelle, und sie vergleicht zwei Instanzen anhand ihrer Operatorenpriorität. Auf diese Weise hat die Klasse *ADFormularParser* später die Möglichkeit, die Liste mit den zur Verfügung stehenden Operatoren nach Priorität zu sortieren.

```
Public Class ADFormularParser

    Protected myFormular As String
    Protected myFunctions As ArrayList
    Protected myOperators As ArrayList
    Protected Shared myPredefinedFunctions As ArrayList
    Protected myResult As Double
    Protected myIsCalculated As Boolean
    Protected myConsts As ArrayList
    Private myConstEnumCounter As Integer

    Protected Shared myXVariable As Double
    Protected Shared myYVariable As Double
    Protected Shared myZVariable As Double

    Shared Sub New()

        myPredefinedFunctions = New ArrayList

    With myPredefinedFunctions
        .Add(New ADFunction("+"c, AddressOf Addition, CByte(1)))
        .Add(New ADFunction("-"c, AddressOf Substraction, CByte(1)))
        .Add(New ADFunction("*"c, AddressOf Multiplication, CByte(2)))
        .Add(New ADFunction("/"c, AddressOf Division, CByte(2)))
        .Add(New ADFunction("\"c, AddressOf Remainder, CByte(2)))
        .Add(New ADFunction("^"c, AddressOf Power, CByte(3)))
        .Add(New ADFunction("PI", AddressOf PI, 1))
        .Add(New ADFunction("Sin", AddressOf Sin, 1))
        .Add(New ADFunction("Cos", AddressOf Cos, 1))
        .Add(New ADFunction("Tan", AddressOf Tan, 1))
        .Add(New ADFunction("Max", AddressOf Max, -1))
        .Add(New ADFunction("Min", AddressOf Min, -1))
        .Add(New ADFunction("Sqrt", AddressOf Sqrt, 1))
        .Add(New ADFunction("Tanh", AddressOf Tanh, 1))
        .Add(New ADFunction("LogDec", AddressOf LogDec, 1))
        .Add(New ADFunction("XVar", AddressOf XVar, 1))
        .Add(New ADFunction("YVar", AddressOf YVar, 1))
        .Add(New ADFunction("ZVar", AddressOf ZVar, 1))
    End With
End Sub
```

```vb
Sub New(ByVal Formular As String)

    'Vordefinierte Funktionen übertragen.
    myFunctions = DirectCast(myPredefinedFunctions.Clone, ArrayList)
    myFormular = Formular
    OnAddFunctions()

End Sub
```

Die Parser-Klasse hat zwei Konstruktoren – einen statischen und einen nicht statischen. Im statischen Konstruktor, der dann aufgerufen, wenn die Klasse innerhalb einer Assembly das erste Mal verwendet wird, werden die Basisfunktionen der Klasse definiert, deren Code sich am Ende der Klasse befindet.

Bei der eigentlichen Instanzierung der Klasse werden die so schon vorhandenen Funktionen der Klasseninstanz zugewiesen. Indem der Anwender die Klasse vererbt und die Funktion *OnAddFunction* überschreibt, kann er im gleichen Stil weitere Funktionen der Klasse hinzufügen. Ein Beispiel dafür folgt am Ende der Codebeschreibung.

```vb
'Mit dem Überschreiben dieser Funktion kann der Entwickler eigene Funktionen hinzufügen.
Public Overridable Sub OnAddFunctions()
    'Nichts zu tun in der Basisfunktion.
    Return
End Sub

Private Sub Calculate()
    Dim locFormular As String = myFormular
    Dim locOpStr As String

    'Operatorenliste sortieren.
    myOperators = New ArrayList
    For Each adf As ADFunction In myFunctions
        If adf.IsOperator Then
            myOperators.Add(adf)
        End If
    Next
    myOperators.Sort()

    'Operatorenzeichenkette zusammenbauen.
    For Each ops As ADFunction In myFunctions
        If ops.IsOperator Then
            locOpStr += "\" + ops.FunctionName
        End If
    Next

    'Whitespaces entfernen.
    'Syntax-Check für Klammern.
    'Negativ-Vorzeichen verarbeiten.
    locFormular = PrepareFormular(locFormular, locOpStr)

    'Konstanten rausparsen.
    locFormular = GetConsts(locFormular)
    myResult = ParseSimpleTerm(Parse(locFormular, locOpStr))
    IsCalculated = True
End Sub
```

Diese Routine ist die Zentrale der Parser-Klasse. Hier werden alle weiteren Funktionen aufgerufen, die benötigt werden, um einen Ausdruck korrekt auszuwerten.

Die folgenden Ausschnitte möchte ich nicht näher kommentieren, weil die entsprechenden Zeilen im folgenden Listing ausreichend im Code kommentiert sind.

```
Protected Overridable Function Parse(ByVal Formular As String, ByVal OperatorRegEx As String) As String

    Dim locTemp As String
    Dim locTerm As Match
    Dim locFuncName As Match
    Dim locMoreInnerTerms As MatchCollection
    Dim locPreliminaryResult As New ArrayList
    Dim locFuncFound As Boolean
    Dim locOperatorRegEx As String = "\([\d\;" + OperatorRegEx + "]*\)"

    Dim adf As ADFunction

    locTerm = Regex.Match(Formular, locOperatorRegEx)
    If locTerm.Value <> "" Then
        locTemp = Formular.Substring(0, locTerm.Index)

        'Befindet sich ein Funktionsname davor?
        locFuncName = Regex.Match(locTemp, "[a-zA-Z]*", RegexOptions.RightToLeft)

        'Gibt es mehrere, durch ; getrennte Parameter?
        locMoreInnerTerms = Regex.Matches(locTerm.Value, "[\d" + OperatorRegEx + "]*[;|\)]")

        'Jeden Parameterterm auswerten und zum Parameter-Array hinzufügen.
        For Each locMatch As Match In locMoreInnerTerms
            locTemp = locMatch.Value
            locTemp = locTemp.Replace(";", "").Replace(")", "")
            locPreliminaryResult.Add(ParseSimpleTerm(locTemp))
        Next

        'Möglicher Syntaxfehler: Mehrere Parameter, aber keine Funktion.
        If locFuncName.Value = "" And locMoreInnerTerms.Count > 1 Then
            Dim up As New SyntaxErrorException _
                ("Mehrere Klammerparameter aber kein Funktionsname angegeben!")
            Throw up
        End If

        If locFuncName.Value <> "" Then
            'Funktionsnamen suchen.
            locFuncFound = False
            For Each adf In myFunctions
                If adf.FunctionName.ToUpper = locFuncName.Value.ToUpper Then
                    locFuncFound = True
                    Exit For
                End If
            Next

            If locFuncFound = False Then
                Dim up As New SyntaxErrorException("Der Funktionsname wurde nicht gefunden")
                Throw up
```

```vbnet
            Else
                Formular = Formular.Replace(locFuncName.Value + locTerm.Value, myConstEnumCounter.ToString("000"))
                Dim locArgs(locPreliminaryResult.Count - 1) As Double
                locPreliminaryResult.CopyTo(locArgs)
                myConsts.Add(adf.Operate(locArgs))
                myConstEnumCounter += 1
            End If
        Else
            Formular = Formular.Replace(locTerm.Value, myConstEnumCounter.ToString("000"))
            myConsts.Add(CDbl(locPreliminaryResult(0)))
            myConstEnumCounter += 1
        End If
    Else
        Return Formular
    End If
    Formular = Parse(Formular, OperatorRegEx)
    Return Formular
End Function

Protected Overridable Function ParseSimpleTerm(ByVal Formular As String) As Double
    Dim locPos As Integer
    Dim locResult As Double

    'Klammern entfernen.
    If Formular.IndexOfAny(New Char() {"("c, ")"c}) > -1 Then
        Formular = Formular.Remove(0, 1)
        Formular = Formular.Remove(Formular.Length - 1, 1)
    End If

    For Each adf As ADFunction In myOperators
        Do
            'Schauen, ob "nur" ein Wert.
            If Formular.Length = 3 Then
                Return CDbl(myConsts(Integer.Parse(Formular)))
            End If

            locPos = Formular.IndexOf(adf.FunctionName.ToCharArray()(0))
            If locPos = -1 Then
                Exit Do
            Else
                Dim locDblArr(1) As Double
                'Operator gefunden - Teilterm ausrechnen.
                locDblArr(0) = CDbl(myConsts(Integer.Parse(Formular.Substring(locPos - 3, 3))))
                locDblArr(1) = CDbl(myConsts(Integer.Parse(Formular.Substring(locPos + 1, 3))))

                'Die entsprechende Funktion aufrufen…
                locResult = adf.Operate(locDblArr)
                '…und den kompletten Ausdruck durch eine neue Konstante ersetzen.
                myConsts.Add(locResult)
                Formular = Formular.Remove(locPos - 3, 7)
                Formular = Formular.Insert(locPos - 3, myConstEnumCounter.ToString("000"))
                myConstEnumCounter += 1
            End If
        Loop
    Next
End Function
```

Die folgende Routine nutzt die Text-Analyse-Fähigkeit von Regular Expressions, um einen konstanten Ausdruck in der zu analysierenden Formel zu ermitteln. An diesem Beispiel wird einmal mehr deutlich, wie das geschickte Verwenden von Regular Expressions eine ganze Menge Programmieraufwand ersparen kann.

```
Protected Overridable Function GetConsts(ByVal Formular As String) As String

    Dim locRegEx As New Regex("[\d,.]+[S]*")
    'Alle Ziffern mit Komma oder Punkt, aber keine Whitespaces.
    myConstEnumCounter = 0
    myConsts = New ArrayList
    Return locRegEx.Replace(Formular, AddressOf EnumConstsProc)

End Function

Protected Overridable Function EnumConstsProc(ByVal m As Match) As String

    Try
        myConsts.Add(Double.Parse(m.Value))
        Dim locString As String = myConstEnumCounter.ToString("000")
        myConstEnumCounter += 1
        Return locString
    Catch ex As Exception
        myConsts.Add(Double.NaN)
        Return "ERR"
    End Try
End Function

Protected Overridable Function PrepareFormular(ByVal Formular As String, ByVal OperatorRegEx As String) As String

    Dim locBracketCounter As Integer

    'Klammern überprüfen.
    For Each locChar As Char In Formular.ToCharArray
        If locChar = "("c Then
            locBracketCounter += 1
        End If

        If locChar = ")"c Then
            locBracketCounter -= 1
            If locBracketCounter < 0 Then
                Dim up As New SyntaxErrorException _
                    ("Zu viele Klammer-Zu-Zeichen.")
                Throw up
            End If
        End If
    Next
    If locBracketCounter > 0 Then
        Dim up As New SyntaxErrorException _
            ("Eine offene Klammer wurde nicht ordnungsgemäß geschlossen.")
        Throw up
    End If

    'Whitespaces entfernen.
    Formular = Regex.Replace(Formular, "\s", "")
```

```
'Vorzeichen verarbeiten.
If Formular.StartsWith("-") Or Formular.StartsWith("+") Then
    Formular = Formular.Insert(0, "0")
End If

Return Regex.Replace(Formular, _
        "(?<operator>[" + OperatorRegEx + "])-(?<zahl>[\d\.\,]*)", _
        "${operator}((0-1)*${zahl})")
```

```
    End Function
```

Und auch für die Auswertung von Vorzeichen verwendet das Programm wieder die Hilfe von Regular Expressions (im oben stehenden Listingauszug fett dargestellt).

Dabei wird, wie schon eingangs erwähnt, beispielsweise der Ausdruck

`-2*-1^(-2 1)`

in den Ausdruck

`((0-1)*2)*((0-1)*1)^(((0-1)*2)-((0-1)*1)`

umgewandelt – mit diesem kleinen Trick sind negative Vorzeichen berücksichtigt. Die Routine nutzt dazu die Suchen-und-Ersetzen-Funktion *Replace* der *Regex*-Klasse.

```
    Public Property Formular() As String
        Get
            Return myFormular
        End Get
        Set(ByVal Value As String)
            IsCalculated = False
            myFormular = Value
        End Set
    End Property

    Public ReadOnly Property Result() As Double
        Get
            If Not IsCalculated Then
                Calculate()
            End If
            Return myResult
        End Get
    End Property

    Public Property IsCalculated() As Boolean
        Get
            Return myIsCalculated
        End Get
        Set(ByVal Value As Boolean)
            myIsCalculated = Value
        End Set
    End Property

    Public Property Functions() As ArrayList
        Get
            Return myFunctions
        End Get
        Set(ByVal Value As ArrayList)
```

```
            myFunctions = Value
        End Set
    End Property
```

Alle fest implementierten mathematischen Operatoren und Funktionen folgen ab diesem Punkt. Beachten Sie, dass auch die hier implementierten Funktionen die Signatur des Delegaten *ADFunctionDelegate* voll erfüllen. Falls Sie den Formel Parser um eigene Operatoren oder Funktionen ergänzen wollen, können Sie diese prinzipiell hier entlehnen.

Wie Sie genau vorgehen, um den Formel Parser um eigene Funktionen zu erweitern, erfahren Sie im letzten Abschnitt dieses Kapitels.

```
#Region "Mathematische Funktionen"
    Public Shared Function Addition(ByVal Args() As Double) As Double
        Return Args(0) + Args(1)
    End Function

    Public Shared Function Substraction(ByVal Args() As Double) As Double
        Return Args(0) - Args(1)
    End Function

    Public Shared Function Multiplication(ByVal Args() As Double) As Double
        Return Args(0) * Args(1)
    End Function

    Public Shared Function Division(ByVal Args() As Double) As Double
        Return Args(0) / Args(1)
    End Function

    Public Shared Function Remainder(ByVal Args() As Double) As Double
        Return Decimal.Remainder(New Decimal(Args(0)), New Decimal(Args(1)))
    End Function

    Public Shared Function Power(ByVal Args() As Double) As Double
        Return Args(0) ^ Args(1)
    End Function

    Public Shared Function Sin(ByVal Args() As Double) As Double
        Return Math.Sin(Args(0))
    End Function

    Public Shared Function Cos(ByVal Args() As Double) As Double
        Return Math.Cos(Args(0))
    End Function

    Public Shared Function Tan(ByVal Args() As Double) As Double
        Return Math.Tan(Args(0))
    End Function

    Public Shared Function Sqrt(ByVal Args() As Double) As Double
        Return Math.Sqrt(Args(0))
    End Function

    Public Shared Function PI(ByVal Args() As Double) As Double
        Return Math.PI
    End Function
```

```
Public Shared Function Tanh(ByVal Args() As Double) As Double
    Return Math.Tanh(Args(0))
End Function

Public Shared Function LogDec(ByVal Args() As Double) As Double
    Return Math.Log10(Args(0))
End Function

Public Shared Function XVar(ByVal Args() As Double) As Double
    Return XVariable
End Function

Public Shared Function YVar(ByVal Args() As Double) As Double
    Return YVariable
End Function

Public Shared Function ZVar(ByVal Args() As Double) As Double
    Return ZVariable
End Function

Public Shared Function Max(ByVal Args() As Double) As Double

    Dim retDouble As Double

    If Args.Length = 0 Then
        Return 0
    Else
        retDouble = Args(0)
        For Each locDouble As Double In Args
            If retDouble < locDouble Then
                retDouble = locDouble
            End If
        Next
    End If
    Return retDouble
End Function

Public Shared Function Min(ByVal Args() As Double) As Double

    Dim retDouble As Double

    If Args.Length = 0 Then
        Return 0
    Else
        retDouble = Args(0)
        For Each locDouble As Double In Args
            If retDouble > locDouble Then
                retDouble = locDouble
            End If
        Next
    End If
    Return retDouble

End Function
```

```vb
        Public Shared Property XVariable() As Double
            Get
                Return myXVariable
            End Get
            Set(ByVal Value As Double)
                myXVariable = Value
            End Set
        End Property

        Public Shared Property YVariable() As Double
            Get
                Return myYVariable
            End Get
            Set(ByVal Value As Double)
                myYVariable = Value
            End Set
        End Property

        Public Shared Property ZVariable() As Double
            Get
                Return myZVariable
            End Get
            Set(ByVal Value As Double)
                myZVariable = Value
            End Set
        End Property
#End Region
End Class
```

## Vererben der Klasse ADFormularParser, um eigene Funktionen hinzuzufügen

Sie können die Klasse vererben, um auf einfache Weise eigene Funktionen zum Auswerten in Formeln hinzuzufügen. Das umgebende Beispielprogramm demonstriert das anhand einer einfachen Funktion, die Sie dann im Ausdruck verwenden können, wenn Sie die zweite Schaltfläche zum Auswerten verwenden:

```vb
    Private Sub btnCalculateEx_Click(ByVal sender As System.Object, ByVal e As System.EventArgs) _
                          Handles btnCalculateEx.Click
        Dim locFormPars As New ModifiedFormularParser(txtFormular.Text)
        lblResult.Text = locFormPars.Result.ToString
    End Sub
End Class

Public Class ModifiedFormularParser
    Inherits ADFormularParser

    Sub New(ByVal Formular As String)
        MyBase.New(Formular)
    End Sub

    Public Overrides Sub OnAddFunctions()
        'Benutzerdefinierte Funktion hinzufügen.
        Functions.Add(New ADFunction("Double", AddressOf [Double], 1))
    End Sub

    Public Shared Function [Double](ByVal Args() As Double) As Double
```

```
        Return Args(0) * 2
    End Function
```

End Class

Die Klasse *ModifiedFormularParser* ist, wie hier im Code gezeigt, aus der *ADFormularParser*-Klasse hervorgegangen. Durch Überschreiben der Funktion *OnAddFunctions* können Sie eigene Funktionen der Klasse hinzufügen.

Beim Überschreiben der Klasse müssen Sie nur zwei Punkte beachten:

- Funktionen, die die Klasse zusätzlich behandeln sollen, müssen, wie hier im Beispiel zu sehen, als statische Funktionen eingebunden werden (sie müssen also mit dem Attribut *Shared* definiert werden).
- In *OnAddFunctions*, die Sie überschreiben müssen, können Sie die Funktionsvorschriften durch das Instanzieren zusätzlicher *ADFunction*-Klasse der *Functions*-Collection hinzufügen.

# 7 Windows-Forms-Anwendungen

| | |
|---|---|
| 402 | Erstellen einer neuen Windows-Anwendung |
| 411 | Aufbau von Formularen mit Steuerelementen |
| 420 | Die Geheimnisse des Designer-Codes |
| 424 | Behandeln von Ereignissen |
| 469 | Datenaustausch zwischen Formularen |
| 478 | Visuelles Vererben von Formularen |
| 500 | Schließen von Formularen |

Viele Entwickler, die sich noch nicht oder nicht ausreichend intensiv mit .NET beschäftigt haben, sehen in .NET in erster Linie eine Plattform zur Entwicklung von Web-Applikationen. Es ist sicherlich richtig, dass .NET zur Entwicklung solcher Anwendungen mehr als nur geeignet ist. Es stimmt aber ganz und gar nicht, dass sich unter .NET nicht auch herkömmliche Windows-Applikationen erstellen ließen – ganz im Gegenteil: Mit .NET lassen sich auf einfache Weise die Vorteile von hochaktuellen Web-Applikationen und die der schnellen und flexiblen Windows-Anwendungen in so genannten Smart-Client-Applikationen miteinander vereinen.

Die Basis für Smart-Client-Applikationen stellen auch Windows-Anwendungen. Dieses Kapitel gibt Ihnen einen Blick hinter die Kulissen von Windows-Anwendungen. Denn ein genaues Verständnis ihrer Funktionsweise nützt Ihnen einmal mehr beim Entwickeln von sicheren, zuverlässigen und damit professionell einsetzbaren Softwarelösungen.

Für die kommenden Experimente empfehle ich Ihnen, dass Sie das folgende Programm von Grund auf anhand der Beschreibungen miterstellen, um sich das notwendige Wissen beim Umgang mit dem Formular-Designer, dem Eigenschaftenfenster und dem Code-Editor aneignen zu können. Sie finden die Beispielanwendung dennoch im Installationspfad der CD zum Buch und dort im Unterverzeichnis ..\*WinForms\SimpleForm* unter dem Namen *SimpleForm.sln*.

# Erstellen einer neuen Windows-Anwendung

Um eine neue Visual-Basic-.NET-Windows-Anwendung zu erstellen, gehen Sie folgendermaßen vor:

- Wählen Sie entweder von der Startseite die Schaltfläche *Neues Projekt* oder wählen Sie *Neu/Neues Projekt* aus dem Menü *Datei*. Visual Studio zeigt Ihnen anschließend einen Dialog, wie Sie ihn auch in Abbildung 7.1 erkennen können:

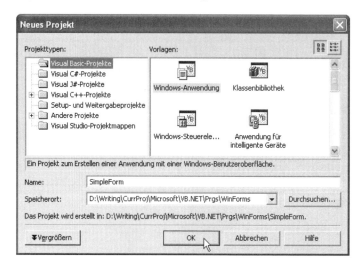

***Abbildung 7.1:*** *Wählen Sie in diesem Dialog* Windows-Anwendung, *um eine entsprechende Anwendung zu erstellen*

- Klicken Sie anschließend auf *OK*. Visual Studio legt jetzt ein neues Projekt an, und zeigt Ihnen im Designer anschließend das Formular zur Bearbeitung. Der vorgegebene Name des Formulars lautet dabei *Form1* (also der Klassenname, s.u.), ebenso wie der dazugehörige Dateiname.

**HINWEIS:** Sie möchten in den meisten Fällen den vorgegebenen Formular- und Formulardateinamen ändern. Um den Dateinamen einer Formular- oder Klassendatei zu ändern, bedienen Sie sich des Projektmappen-Explorers:

- Klicken Sie mit der rechten Maustaste auf den Namen der Datei (in unserem Beispiel *Form1.vb*), die Sie ändern möchten, und wählen Sie im Kontextmenü *Umbenennen*.

- Bestimmen Sie anschließend den neuen Dateinamen (*frmMain.vb* für dieses Beispiel). Wichtig: Sie haben mit dieser Aktion lediglich den Formulardateinamen (bzw. Klassendateinamen) geändert – der Klassenname ist immer noch derselbe. Um den Klassennamen zu ändern, können Sie den Code-Editor bemühen oder den Formularnamen im Eigenschaftenfenster ändern.

- Klicken Sie dazu die Formulardatei im Projektmappen-Explorer an, und öffnen Sie mit einem Klick auf das entsprechende Symbol am oberen Rand des Explorers das Code-Fenster.

*Abbildung 7.2:* Sie ändern den Namen des Formulars, indem Sie den Klassennamen im Code-Editor ändern

o Ändern Sie den Namen des Formulars, indem Sie seinen Klassennamen abändern. Für dieses Beispiel ändern Sie ihn in *frmMain* (siehe Abbildung 7.2).

Da wir uns sowieso schon mal an dieser Stelle im Code befinden, möchte ich die Gelegenheit nutzen, ein paar grundsätzliche Dinge über Formulare in .NET loszuwerden: Die Tatsache, dass jedes Element, mit dem Sie im Framework arbeiten, von *Object* abgeleitet ist, gilt gleichermaßen auch für Formulare. Das Formular, das beim Erstellen des Projektes von Visual Studio angelegt wurde, ist im Grunde genommen nichts weiter als eine neue Klasse, die von einer anderen Klasse abgeleitet wurde. Der Name dieser Ausgangsklasse lautet *Form*: Die Klasse *Form* kapselt die komplette Funktionalität, die ein Formular benötigt. Sie stellt die Eigenschaften und Methoden zur Verfügung, mit denen Sie Formulargröße und Aussehen festlegen können; sie stellt aber auch so genannte Container bereit, die weitere Objekte aufnehmen können, und die anschließend in Form von Steuerelementen auf dem Formular sichtbar gemacht werden können.

Wenn Sie das Programm jetzt zu starten versuchen, präsentiert Ihnen Visual Studio die Fehlermeldung »Fehlermeldung beim Erstellen. Möchten Sie trotzdem fortfahren?«. Bestätigen Sie den Dialog mit *Nein*, finden Sie eine etwas genauere Begründung in der Aufgabenliste:

*Abbildung 7.3:* Die Aufgabenliste verrät Ihnen schnell, wieso das Programm nicht startet

Der Grund dafür: Wenn Sie ein neues Projekt vom Typ Windows-Anwendung erstellen, wird das standardmäßig angelegte Formular *Form1* automatisch zum Startobjekt auserkoren. Sie haben jetzt den Namen geändert, also war das ursprünglich vorhandene Startobjekt *Form1* nicht mehr zu finden – daraus resultierte der Fehler.

## Wieso kann ein Programm mit einer Klasse starten?

Mal ganz abgesehen davon, dass sich der im letzten Abschnitt erwähnte Fehler durch einen Doppelklick auf den Fehlertext im Aufgabenfenster und die Auswahl des richtigen Startobjektes (Abbildung 7.4) leicht beheben lässt, stellt sich die Frage: Wenn ein Formular nichts weiter als eine Klasse ist, wer oder was instanziert denn eigentlich beim Programmstart die Klasse *Form1* bzw. *frmMain* und sorgt dafür, dass sie in Aktion tritt?

Ist hier die bisher fast schon beruhigende Konsequenz bei der Umsetzung von objektorientierter Programmierung gebrochen? Geschehen an dieser Stelle irgendwelche komischen Ausnahmen, die Visual Basic durch Flickwerk und mit Sonderbehandlungen in Kauf nimmt, um uns faulen Programmierern auf Kosten der bisher so eleganten Konsistenz Dinge zu erleichtern? Die Antwort lautet: Jein.

*Abbildung 7.4: Mit diesem Dialog bestimmen Sie, mit welchem Objekt Ihr Projekt starten soll*

Zur exakten Beantwortung dieser Frage sollten Sie ein weiteres Mal den Intermediate-Language-Disassembler (*Ildasm.exe*) bemühen, der uns in ▶ Kapitel 3 schon so oft hilfreich zur Seite stand, um an die Offenbarung von Geheimnissen zu gelangen, die Visual Basic der »Einfachheit halber« verschleiert. Damit Sie nicht blättern müssen:

## Intermediate Language disassemblieren mit dem Tool Ildasm

Wenn Sie ein Visual-Basic-.NET-Projekt kompilieren, dann übersetzt der Compiler Ihr Programm nicht direkt in nativen Maschinencode, sondern in eine »Zwischensprache« namens Intermediate Language, oder kurz IML. Wenn Sie nun ein Programm starten, dann gibt es zu diesem Zeitpunkt natürlich noch nichts, was der Prozessor ausführen kann, denn er versteht ja – was Intel-Plattformen anbelangt – nur Pentium- bzw. x86-Code. Es muss also einen Mechanismus geben, der zwischen Zeitpunkt von Programmstart und Programmausführung Ihr Programm in Maschinencode übersetzt – und dieses Werkzeug ist Bestandteil der CLR und nennt sich JITter.[1] Den »vorläufigen« IML-Code können Sie sich mit einem speziellen Werkzeug aus der .NET-Werkzeugsammlung anschauen – er offenbart alle Wahrheiten, auch solche, die der Compiler ohne Ihr Zutun hinzugefügt hat.

Viele Werkzeuge, die Bestandteil von Visual Studio .NET sind, wie beispielsweise der Intermediate Language Disassembler, sind nicht direkt von der Visual-Studio-IDE aus zu erreichen. Sie finden ihn für Visual Studio 2003 im Verzeichnis *C:\Programme\Microsoft Visual Studio .NET 2003\SDK\v1.1\Bin* (natürlich nur dann, wenn Sie den vorgeschlagenen Pfad bei der VS-Installation übernommen haben).

---

[1] JIT als Abkürzung von »Just in time«, auf deutsch etwa »genau rechtzeitig«.

Wenn Sie den Fehler aus dem Programm wie beschrieben eliminiert haben, wählen Sie bitte den Menüpunkt *Projektmappe neu erstellen* aus dem Menü *Erstellen*. Damit garantieren Sie, dass das IML-Kompilat den aktuellsten Stand und genau den Quellcode zur Basis hat, den Sie gerade korrigiert haben.

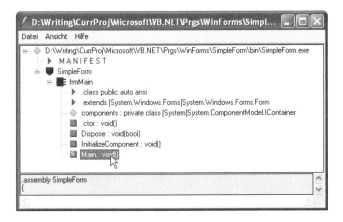

*Abbildung 7.5:* Visual Basic hat eine weitere statische Routine namens Main Ihrem Projekt »untergeschoben«, die Sie selbst gar nicht programmiert haben

Starten Sie das Tool *Ildasm*, und öffnen Sie im Pfad zur Buch-CD und dort im Unterverzeichnis ..\*WinForms\SimpleForm\bin* die Datei *SimpleForm.exe*. Öffnen Sie in der Baumansicht den Zweig *SimpleForm* und auch *frmMain*, und Sie sehen, dass es im Programm ein entscheidendes Element gibt, über das Sie Visual Basic selbst ganz im Unklaren lässt (zu sehen in Abbildung 7.5). Der entsprechende IML-Code dazu gestaltet sich folgendermaßen:

```
.method public hidebysig static void  Main() cil managed
{
  .entrypoint
  .custom instance void [mscorlib]System.STAThreadAttribute::.ctor() = ( 01 00 00 00 )
  // Codegröße      14 (0xe)
  .maxstack  8
  IL_0000:  nop
  IL_0001:  newobj      instance void SimpleForm.frmMain::.ctor()
  IL_0006:  call        void [System.Windows.Forms]System.Windows.Forms.Application::Run(class
[System.Windows.Forms]System.Windows.Forms.Form)
  IL_000b:  nop
  IL_000c:  nop
  IL_000d:  ret
} // end of method frmMain::Main
```

Mit der Anweisung *.entrypoint* wird definiert, dass das Programm an der so bezeichneten Stelle beginnen muss. Das kann grundsätzlich nur eine statische Prozedur sein, also eine, die auch vorhanden ist, wenn ein Objekt (eine Klasse) noch nicht instanziert wurde. Diese erste Prozedur, die innerhalb eines Programms aufgerufen wird, muss nämlich erst dazu bemüht werden, die im Programm benötigten Objekte zu instanzieren, und genau das geschieht innerhalb dieser statischen Prozedur mit der einzigen im Projekt vorhandenen Klasse – mit unserem Formular. Visual Basic lässt uns also im Glauben, das Formular selbst sei das Startobjekt. Das wäre rein technisch (und logisch) aber gar nicht möglich, wie Sie sich selber durch den Code überzeugen konnten.

Wechseln Sie zurück zur Visual-Studio-IDE, damit wir im Folgenden zur Verdeutlichung exakt die Modifizierungen selbst vornehmen können, die uns der Visual-Basic-Compiler in diesem Falle abgenommen hat (schließen Sie bitte zuvor die geöffneten Fenster des Disassemblers).

Zurück im Code-Editor fügen Sie bitte innerhalb der Klasse *frmMain* die folgenden Zeilen ein, so dass sich die Codezeilen ergeben, wie in Abbildung 7.6 zu sehen.

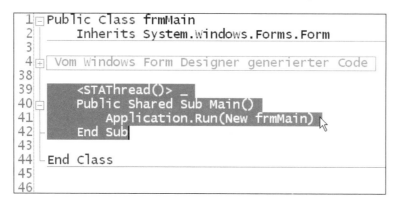

**Abbildung 7.6:** *Ergänzen Sie den Klassencode des Formulars um die hinterlegten Codezeilen*

Klicken Sie mit der rechten Maustaste im Projektmappen-Explorer auf den Projektnamen *SimpleForm*, um das Kontextmenü zu öffnen, und wählen Sie den Menüpunkt *Eigenschaften* aus. Im Dialog, den Ihnen die IDE anschließend anzeigt, wählen Sie unter *Startobjekt* den Eintrag *Sub Main* aus (siehe Abbildung 7.7).

**Abbildung 7.7:** *Wählen Sie die statische Prozedur* Main *des Formulars als Startobjekt aus.*

Sie können anschließend das Programm neu erstellen und mit dem IML-Disassembler untersuchen: Das Ergebnis entspricht exakt dem durch Visual Basic modifizierten ersten Beispiel. In dieser Version haben Sie jedoch im Unterschied dazu sozusagen die Zügel selbst in der Hand.

Wenn Sie sich noch nicht gerade sehr intensiv mit Windows-Anwendungen unter .NET beschäftigt haben, dann haben Sie jetzt zwar ein Geheimnis (nämlich das Geheimnis »Wo geschieht das Instanziieren der Formularklasse?«) gelüftet; mit der Antwort auf diese Fragen haben sich aber gleichzeitig zwei neue Fragen aufgetan:

- Wieso müssen Sie die Instanz des Formulars an die *Run*-Methode des *Application*-Objektes übergeben?
- Wieso muss die Start-Prozedur mit dem Attribut *STAThread* markiert werden?

Die nächsten beiden Abschnitte sollen ein wenig Licht ins Dunkel bringen:

# Das Geheimnis der Application.Run-Methode

Das *Application*-Objekt ist aus Entwicklersicht eine Sammlung statischer Methoden, mit denen sich eine Anwendung und insbesondere eine Windows-Anwendung steuern lässt. Der *Run*-Methode kommt dabei gerade für Windows-Anwendungen eine besondere Bedeutung zu.

Um die Notwendigkeit dieser Methode besser zu verstehen, halten Sie sich einen Moment vor Augen, wie eine Windows-Anwendung auf unterer Ebene funktioniert. In einfache, deutsche Befehle umgesetzt, besteht eine simple Windows-Anwendung, die nur eine Schaltfläche zum Beenden besitzt, aus folgendem (wirklich nur grob umrissenem) Programmrumpf:

```
InitialisiereProgramm
MaleFenster
MaleButton
Tue
    TesteAufBenutzerOderAndereAktion

    Wenn SchaltflächeAngeklickt Dann
        VerlasseSchleife
    EndeWenn
SpringeZuTue
ProgrammAufräumen
```

Wenn Sie hingegen das Beispielprogramm der letzten Abschnitte starten, dann können Sie nirgendwo in Ihrem Programm eine Schleife entdecken, die die Benutzeraktionen auswertet. »Ja schön«, werden Sie nun sagen, »ich brauche die Schleife ja nicht, denn ich erhalte ja Ereignisse, die ich auswerten kann«. OK, ein Argument. Aber meine Gegenfrage lautet dann: »Und wer löst die Ereignisse für Sie aus?«. Tatsache ist: Sie müssen sich in Ihrer Anwendung darum kümmern, eine ordentliche Ereignisverarbeitung für Formularinteraktionen einzurichten. Wenn Sie es nicht machen, wird Ihr Programm prinzipiell immer noch funktionieren, aber leider nicht so lange. Probieren Sie es aus.

Starten Sie zunächst das Beispielprogramm in seiner aktuellen Konfiguration. Nach dem Programmstart zeigt sich Ihnen der Dialog, der, auch wenn er momentan noch keine Funktionen hat, solange auf dem Bildschirm bleibt, bis Sie ihn durch die *Schließen*-Schaltfläche der Fenstersteuerung vom Bildschirm verbannen. Anschließend ist auch der so genannte UI-Thread[2] beendet (mehr dazu in ▶ Kapitel 11) – mit dem Ergebnis, dass Visual Studio in den Entwurfsmodus zurückkehrt.

Nun ersetzen Sie die Zeile

```
Application.Run(New frmMain)
```

durch die folgenden Zeilen:

```
'Application.Run(New frmMain)
Dim frmMainInstanz As New frmMain
frmMainInstanz.Show()
```

---

[2] UI als Abkürzung für **U**ser **I**nterface. In aller Kürze: Der UI-Thread ist der Thread, der die Benutzerabfragen mit Hilfe einer Nachrichtenwarteschlange auswertet. Diese wird durch *Application.Run* ins Leben gerufen.

Sie verwenden also nicht mehr die *Application*-Klasse, um das Formular darzustellen, sondern ersetzen sie durch ein augenscheinlich ganz normales Vorgehen ohne irgendwelchen Schnickschnack. Starten Sie jetzt aber das Programm, erleben Sie eine Überraschung – wenn auch keine lange: Sie sehen, wie sich das Formular aufbaut, um sofort wieder zu verschwinden. Und das muss es auch, denn Sie haben es versäumt, eine Nachrichtenwarteschlange einzurichten, die das Formular solange auf dem Bildschirm hält und überwacht, bis es programmtechnisch oder durch den Anwender (durch Klicken der Schließen-Schaltfläche) geschlossen wird.

Nun könnten Sie entgegnen: »Dann stelle ich das Fenster eben modal[3] dar und rufe den Dialog mit *ShowDialog* auf«. OK, auch ein Plan, aber kein guter. Sie möchten das Hauptfenster des Programms als eigenständige Dialogbox und nicht als Fenster darstellen, um es am Bildschirm zu fesseln. Wenn Sie Ihren Plan in die Tat umsetzen, und den Aufruf des Formulars von

```
frmMainInstanz.Show()
```

in

```
frmMainInstanz.ShowDialog()
```

ändern, dann richten Sie in der Tat eine Nachrichtenwarteschlange ein. Aber nur für dieses Formular, und Sie machen das Formular dadurch zur alles beherrschenden Dialogbox. Was ist, wenn ein zweites Formular ins Spiel kommt, etwa durch die Abänderung des Programms, wie sie nun folgt?

```
Public Shared Sub Main()

    'Application.Run(New frmMain)
    Dim frmMainInstanz1 As New frmMain
    Dim frmMainInstanz2 As New frmMain

    frmMainInstanz1.Text = "Erstes Formular"
    frmMainInstanz2.Text = "Zweites Formular"

    'Formular anzeigen.
    frmMainInstanz1.Show()

    'Formular modal anzeigen - hält die Anwendung oben.
    frmMainInstanz2.ShowDialog()
End Sub
```

Beide Formulare stehen jetzt am Bildschirm – aber nur das obere lässt sich bedienen. Das untere steht im Hintergrund und bleibt für den Anwender unerreichbar.

Sie kommen nicht umhin, eine Nachrichtenwarteschlange für Ihr Programm einzurichten, die für *alle* Elemente Ihrer Anwendung gültig ist (und nicht, wie gerade gesehen, nur für einen Dialog). Genau das geschieht aber mit der Methode *Application.Run*. Für Ihre Bequemlichkeit müssen Sie obendrein eine durch diese Methode eingerichtete Warteschlange noch nicht einmal programmtechnisch durchbrechen, wenn es an der Zeit ist, die Anwendung zu beenden. Sie

---

[3] »Modal« in diesem Zusammenhang bedeutet, dass Sie außer dem oben liegenden Formular kein weiteres darstellen können. Ihr Programm verharrt solange in diesem Formular, bis das Formular durch *Hide*, *Close* oder *Dispose* wieder geschlossen wird. Ein derart dargestelltes Formular wird auch als Dialog bezeichnet. Einen modalen Dialog stellen Sie mit *ShowDialog* und nicht mit *Show* dar.

binden einfach Ihr Hauptformular an die Methode. Sie sorgt dann eigenständig dafür, dass dieses erste Formular Ihrer Anwendung nicht nur dargestellt wird, sondern dass die Nachrichtenwarteschlange auch dann sauber beendet wird, wenn dieses erste Formular der Anwendung geschlossen wird.

Wenn ich im vorherigen Absatz »erstes Formular« geschrieben habe, meine ich damit jedoch nicht, dass dieses Formular als erstes instanziert oder dargestellt werden muss. Sie können vielmehr den Zeitpunkt des Eröffnens der Nachrichtenwarteschlange ganz beliebig wählen und zuvor noch andere Dinge machen – wie spezielle Initialisierungen Ihres Programms.

## Splash-Dialoge eröffnen ein Programm – und so wird's gemacht

Eine beliebte Vorgehensweise bei der unter Umständen etwas länger dauernden Initialisierung eines Programms ist dabei beispielsweise das Darstellen eines so genannten Splash[4]-Dialoges. Das ist ein Dialog, der für die Dauer der Programminitialisierung dargestellt wird, beispielsweise eine nette Grafik, und der ein paar Informationen über den Release-Stand und das Copyright verrät und, wenn es mit der Hauptanwendung richtig losgeht, automatisch wieder vom Bildschirm verschwindet. Das bisher verwendete Beispiel lässt sich mit ein paar Zeilen ganz leicht abändern, um ein solches Programmmuster zu demonstrieren:

```
<STAThread()> _
Public Shared Sub Main()

    Dim frmSplash As New frmMain
    frmSplash.Text = "Dies ist der Splash"
    frmSplash.Show()

    'Hier beginnt die Programminitialisierung.
    Dim frmMainInstanz1 As New frmMain
    Dim frmMainInstanz2 As New frmMain
    frmMainInstanz1.Text = "Erstes Formular"
    frmMainInstanz2.Text = "Zweites Formular"

    'Hier gibt's noch was anderes zu initialisieren.
    'Wir halten den aktuellen Thread das simulierend
    'einfach für 1000 Millisekunden an.
    System.Threading.Thread.CurrentThread.Sleep(1000)

    'Initialisierung ist vorbei,
    'Splash schließen und verwerfen.
    frmSplash.Dispose()

    'So können beide Dialoge (fast) gleichberechtigt
    'nebeneinander leben.
    frmMainInstanz2.Show()
    Application.Run(frmMainInstanz1)

End Sub
```

---

[4] Wieso genau es »Splash« in diesem Zusammenhang heißt, darüber streiten sich die Besserwisser im Web. Die sprachliche Bedeutung ist »Spritzer«, »Schwall« aber auch »Furore«. In allen Fällen ist es etwas, was Aufmerksamkeit erregt oder das Erregen von Aufmerksamkeit beschreibt.

*Application.Run* sorgt übrigens beim Binden an ein Formular für einen weiteren angenehmen Nebeneffekt: Sie müssen sich nicht darum kümmern – was in VB6 oft genug dazu führte, dass ein Programm nicht ordnungsgemäß beendet wurde – ob alle Formulare manuell geschlossen wurden. Wenn das gebundene Formular geschlossen wird, beendet die *Application.Run*-Methode die Warteschlange, alle geöffneten Formulare werden geschlossen, und wenn die Applikation beendet wird, sorgt der Garbage Collector dafür, dass die von den Formularen beanspruchten Ressourcen wieder freigegeben werden.

## Das Geheimnis des STAThread-Attributes

Attribute sind Ihnen im Laufe der vorherigen Kapitel hier und da schon mal begegnet, und bestimmt haben Sie schon eine ungefähre Vorstellung davon bekommen, wozu sie dienen. Ihnen ist ein eigenes Kapitel gewidmet, und sie stellen für viele Zwecke ein mächtiges Werkzeug – doch dazu später mehr.

Eine lange Geschichte kurz erzählt: Attribute machen nichts Konkretes, Sie zeichnen einen bestimmten Programmteil Ihres Programms lediglich mit einer bestimmten Eigenschaft aus. Das ist eine sehr abstrakte Beschreibung, zugegebenermaßen. Aber es ist, wie mit diesem **Wort**. Sie sehen, dass es fett markiert ist, und ohne dass es was an seiner Bedeutung ändert, schenken Sie ihm durch sein Attribut »Fettschrift« besondere Aufmerksamkeit. Das gleiche gilt für Attribute und Programmprozeduren – nur sind nicht Sie derjenige, der Aufmerksamkeit schenkt, sondern ein anderes Programm oder der VB-Compiler. Mehr zu diesem Thema erfahren Sie in ▶ Kapitel 12.

Mit dem *STAThread*-Attribut markieren Sie, ganz grob umrissen, eine Applikation als zugehörig zu einem so genannten »single-threaded Apartment«. Wow, noch mehr Verwirrung. »Apartment« in diesem Zusammenhang ist ein Begriff vom alten COM. »single-threaded« bedeutet, dass das Apartment nur in einem Thread operieren darf. Und damit haben wir noch mehr neue Begriffe.

Beginnen wir von vorne mit COM: COM bildet den Vorläufer von .NET, .NET sollte ursprünglich sogar COM+ 2.0 heißen – seine Verwandtschaft zu COM ist also nicht zu leugnen. Auf eine einzelne Kernaussage herunter gebrochen, dienen beide Modelle (.NET und COM) zum Entwickeln von applikationsunabhängigen Komponenten, die sich gegenseitig aufrufen können. Auf diese Weise können Sie beispielsweise ein Word-Dokument aus Excel öffnen oder eine Excel-Tabelle in Word einbinden. So weit, so gut.

Kommen wir zum nächsten Begriff, dem Apartment: Im richtigen Leben versteht man unter einem Apartment eine Unterteilung von einem großen Haus in der mehrere Wohnparteien leben. Damit dieses Leben reibungslos abläuft, haben sich alle Bewohner an eine Hausordnung zu halten. Ein COM-Apartment ist eine Unterteilung eines Prozesses, in dem mehrere Objekte beherbergt sein können. Und auch sie haben sich an bestimmte Regeln zu halten. Der letzte erklärungswürdige Begriff in diesem Zusammenhang lautet Thread: Ein Thread ist ein in sich geschlossener Teil eines Programms und hat die Eigenschaft, parallel zu einem anderen Teil des Programms ausgeführt zu werden. Im einfachsten Fall besteht ein Programm aus nur einem Thread.

Und nun, da alle Begriffe grob erklärt sind, lassen Sie mich versuchen, den Drahtseilakt zu begehen und alle Puzzleteile zu einem Gesamtbild zusammenzufügen: Sie markieren die Einstiegsroutine Ihrer Windows-Applikation mit dem *STAThread*-Attribut, um mit anderen COM-Komponenten, die unter Windows ablaufen, kompatibel zu werden. Ihr Programm wird, auch wenn es unter .NET läuft, nämlich von einem COM-Server gekapselt – aus Windows-Sicht ist es, vereinfacht ausgedrückt, auch nur ein COM-Server. Daran wird sich auch in Zukunft solange nichts ändern, bis es ein Betriebssystem gibt, das komplett auf .NET basiert. Solange beide Welten aber zusammenleben müssen, sind .NET-Applikationen und COM-Applikationen gezwungen, an einem Strang zu ziehen, und .NET-Applikationen sollten deswegen mit dem *STAThread*-Attribut in ein kompatibles Apartmentmodell gezwungen werden.

Reine .NET-Applikationen ohne COM-Komponenten sind zurzeit noch nicht denkbar. Zwar verwenden Sie keine COM-Komponenten bewusst, wenn Sie »nur« in .NET programmieren, aber Sie tun es doch: Denken Sie beispielsweise daran, was passiert, wenn per OLE Drag & Drop von einer anderen Anwendung ein Objekt auf eines Ihrer Anwendungsfenster gezogen wird und Sie es (programmtechnisch) empfangen müssen. Oder wenn Sie, wenn auch durch .NET gekapselt, einen so genannten *Common Dialog* aufrufen, wie beispielsweise den Dateiöffnen-Dialog. Immer ist COM automatisch mit von der Partie. Damit dieses Spiel reibungslos abläuft, muss sich Ihre Anwendung an die COM-Umgebung und das erforderliche Apartmentmodell anpassen. Und genau dazu dient das *STAThread*-Attribut. Lassen Sie es weg, kann Ihre Anwendung unter Umständen zunächst noch funktionieren. Sobald aber COM ins Spiel kommt (und das passiert schneller, als Sie denken), können Sie Pech haben, und es knallt!

Und das liegt dann daran: COM-Objekte, die in einem Apartmentmodell laufen, das als *single-threaded* angelegt ist, arbeiten wie eine Windows-Anwendung mit einem nicht sichtbaren Fenster. Auch hier gibt es, wie bei einer Windows-Anwendung, eine zentrale Nachrichtenwarteschlange, von der aus nacheinander alle COM-Objekte, die sich dafür registriert haben, bedient werden. Ein Thread hingegen, der als MTA (als multi-threaded Apartment) registriert wurde, ist vollkommen auf sich alleine gestellt. Es gibt keine Nachrichtenwarteschlange, die Methodenaufrufe verarbeitet. Die Synchronisation in diesem Modell zwischen COM-Objekten ist keine einfache Aufgabe und funktioniert nicht oder nicht sicher zwischen Apartmentmodellen unterschiedlichen Typs.

Wenn nichts anderes gesagt wird, läuft eine .NET-Applikation im multi-threaded Apartmentmodell. Im Zusammenspiel mit Windows-COM-Objekten ist also eine »Umstellung« auf das single-threaded Apartment durch *STAThread* erforderlich.

# Aufbau von Formularen mit Steuerelementen

Schon wenn Sie ein Windows-Programm erst gerade neu erstellt haben, finden Sie einen Region-Abschnitt im Code des entsprechenden Formulars, den Sie selbst nicht erstellt haben.

Anders als bei Visual Basic 6.0 wird der Aufbau des Formulars nämlich nicht komplett vor den Augen des Entwicklers verborgen. Im Gegenteil: Während wir beim alten Visual Basic lange darauf warten mussten, Steuerelemente programmtechnisch einem Formular hinzuzufügen, geht es unter .NET nur noch so.

Damit Sie ein grundsätzliches Verständnis dafür bekommen, sollten wir allerdings unsere kleine Beispielanwendung mit einigen dieser Steuerelemente ausstatten und ihr auch eine Existenzberechtigung geben. Um möglichst viele formularorientierte Features behandeln zu können, bietet sich ein Bilddateibetrachter als Beispielprogramm geradezu an.

Auch bei den folgenden Schritten empfehle ich Ihnen wieder, die beschriebenen Schritte direkt mit nachzuvollziehen, um sich mit der Arbeit mit dem Designer und dem Setzen der entsprechenden Eigenschaften vertraut zu machen. Dennoch finden Sie das Programm selbst im CD-Verzeichnis und dort im Unterverzeichnis ..\\*WinForms*\\*PictureViewer*.

- Für das Neuanlegen des Projektes verfahren Sie, wie im letzten Beispiel beschrieben (Sie können natürlich auch Ihr aktuell geöffnetes Projekt verwenden, es heißt dann später nur anders). Wählen Sie *Neu/Projekt* aus dem Menü *Datei*, und im Dialog, der jetzt erscheint, wählen Sie *Windows-Anwendung* als Projekttyp.

- Wählen Sie das Verzeichnis, in dem Sie das Projekt anlegen möchten, und nennen Sie das Projekt *PictureViewer*. Orientieren Sie sich im Zweifelsfall an Abbildung 7.8.

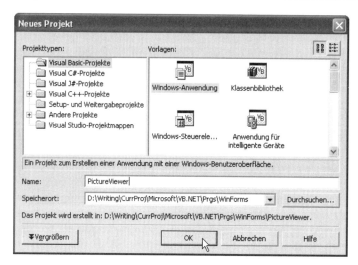

*Abbildung 7.8:* Mit diesen Einstellungen legen Sie das Picture-Viewer-Projekt an

- Benennen Sie die Formularklasse mithilfe des Projektmappen-Explorers in *frmMain.vb* um.
- Öffnen Sie den Code-Editor für die Formularklasse und ändern Sie auch den Klassennamen in *frmMain*.
- Fügen Sie, wie schon im vorherigen Beispiel, folgenden Codeblock in die Klasse *frmMain* ein, so dass sich folgender Klassencode ergibt:

```
Public Class frmMain
    Inherits System.Windows.Forms.Form

>> Vom Windows Form Designer generierter Code <<

    <STAThread()> _
    Public Shared Sub Main()
        Application.Run(New frmMain)
    End Sub

End Class
```

- Rufen Sie die Projekteigenschaften über das Kontextmenü des Projektmappen-Explorers auf, und stellen Sie das Startobjekt auf *Sub Main*.
- Holen Sie den Formulardesigner in den Vordergrund, indem Sie auf die Registerkarte *frmMain [Entwurf]\** klicken (das Sternchen weist Sie übrigens darauf hin, dass Sie seit dem letzten Speichern Änderungen an der Datei vorgenommen haben).

- Klicken Sie das Formular einmal an, um es zu fokussieren. Wechseln Sie anschließend in das Eigenschaftenfenster, suchen Sie die *Text*-Eigenschaft, und ändern Sie sie in *PictureViewer*. Sie können sich an Abbildung 7.9 orientieren.

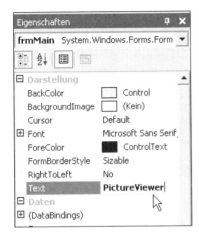

*Abbildung 7.9:* Mit diesen Einstellungen legen Sie das PictureViewer-Projekt an

**HINWEIS:** Im Gegensatz zu Visual Basic 6.0 ändern Sie die Titelzeile eines Formulars mit der *Text*- und nicht mehr mit der *Caption*-Eigenschaft. Das gilt ebenfalls für alle weiteren Steuerelemente, die sonst über eine *Caption*-Eigenschaft verfügten.

Bevor wir uns in diesem Kapitel mit dem beschäftigen, was sozusagen unter der Haube bei der Programmierung von Windows-Anwendungen passiert, benötigt das Formular, das wir untersuchen werden, ein wenig »Fleisch« – Elemente also, die sich auf ihm befinden, mit denen man herumexperimentieren kann, so dass überhaupt was zu sehen ist. Da das Beispielprogramm ohne Bedienungselemente nicht funktioniert, gilt es sowieso zunächst, die Benutzeroberfläche des Beispielprogramms zu entwickeln. In den nächsten Abschnitten lernen Sie in diesem Kontext die Funktionen des Designers genauer kennen:

## Anordnen von Steuerelementen im Formular

Um ein Formular bedienbar zu machen, statten Sie es mit bedienbaren Komponenten, den so genannten Steuerelementen aus. Das Anordnen von Steuerelementen geschieht immer auf die gleiche Weise: Sie wählen aus der Toolbox (standardmäßig an der linken Fensterseite der Visual-Studio-IDE zu finden) das Steuerelement per Mausklick aus und fügen es durch Aufziehen im Formular ein. Per Doppelklick auf das Steuerelement in der Toolbox können Sie es ebenfalls im Formular einfügen – allerdings an einer willkürlichen Position.

Standardmäßig ist die Toolbox mit dem Status *Automatisch im Hintergrund versehen*. Sie müssen erst mit der Maus nach links auf das Toolboxsymbol fahren, um sie in den Vordergrund zu holen. Mit dem kleinen Heftzweckensymbol an der oberen Seite der Toolbox können Sie die Toolbox so einstellen, dass sie immer zu sehen ist.

Mit den folgenden Schritten statten Sie das Formular des Beispielprogramms mit den notwendigen Steuerelementen aus:

- Wählen Sie mit einfachem Mausklick das *Panel*-Steuerelement aus der Toolbox aus.

- Ziehen Sie das Steuerelement im Formular auf. Klicken Sie dazu den oberen, linken Eckpunkt an, und halten Sie die Maustaste im Folgenden gedrückt. Ziehen Sie die den Rahmen in die linke, untere Ecke, und lassen Sie die Maustaste wieder los, wenn Sie am Endpunkt angekommen sind (siehe Abbildung 7.10).

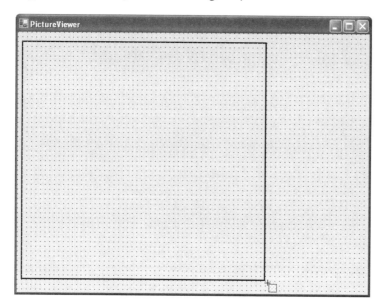

*Abbildung 7.10:* So ziehen Sie eine sichtbare Komponente im Designer-Fenster eines Formulars auf

o Wählen Sie in der Toolbox das *PictureBox*-Steuerelement aus und ordnen Sie es innerhalb des *Panels* an. Dabei genügt es, wenn sich die *PictureBox*-Komponente irgendwo innerhalb des *Panels* befindet (siehe Abbildung 7.11).

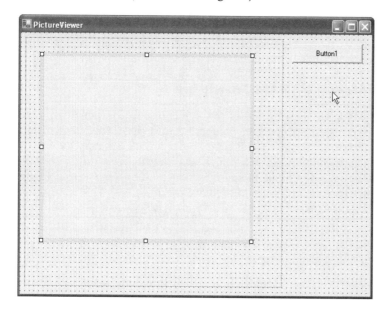

*Abbildung 7.11:* Das Beispielprogramm nimmt Gestalt an

**HINWEIS:** Einige Steuerelemente können als Container dienen – das heißt: andere Steuerelemente aufnehmen. Das *Panel* gehört mit zu den Steuerelementen, die als Container für andere Steuerelemente dienen können. Es gibt mehrere Gründe, Steuerelemente in Containern zu gruppieren – das visuelle Abheben verschiedener Steuerelemente ist dabei noch der geringste Grund. Beispiele gibt es viele: Steuerelemente, die die Einstellung einer von vielen Optionen erlauben, müssen in einem Container gruppiert werden; Registerkarten dienen ebenfalls als Container für Steuerelemente – die einzelnen Steuerelementgruppen können so in verschiedenen Karteireitern organisiert werden; Container können mit einer Scrollfunktion ausgestattet werden, die es gestattet, weitaus größere Bereiche als auf dem Formular selbst verfügbar zur Verfügung zu stellen, etc. (die *AutoScroll*-Eigenschaft eines Formulars regelt dieses Verhalten).

- Wählen Sie anschließend aus der Toolbox das *Button*-Steuerelement aus, und erstellen Sie damit eine Schaltfläche direkt neben dem *Panel*-Steuerelement.
- Erstellen Sie drei weitere Schaltflächen, die Sie direkt unterhalb des ersten *Button* anordnen.

## Verschieben von Steuerelementen durch manuelle Positionsangaben

Damit das Beispiel später einwandfrei läuft, ist es wichtig, dass das *PictureBox*-Steuerelement genau bündig mit dem *Panel* abschließt. Sie könnten die *PictureBox* mit der Maus in der linken, oberen Ecke anordnen – aber es geht viel einfacher. Setzen Sie einfach die *Location*-Eigenschaft des *PictureBox*-Steuerelements im Eigenschaftenfenster auf den Wert *(0;0)* und schon haben Sie das gewünschte Ergebnis.

Im Gegensatz zur Visual-Studio-Dokumentation müssen Sie die Werte der *Location*-Eigenschaft im Eigenschaftenfenster nicht durch ein Komma, sondern durch ein Semikolon trennen (das gilt im Übrigen für alle zusammengesetzten Eigenschaften, also solche, die sich aus mehreren, einzelnen zusammensetzen[5]). Eine andere Möglichkeit besteht darin, die *Location*-Eigenschaft mit einem Klick auf das davor stehende Pluszeichen aufzuklappen und die Werte für die X- und Y-Position des Steuerelementes nacheinander einzugeben.

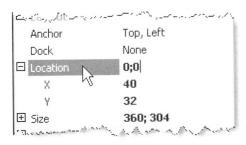

*Abbildung 7.12:* Mit der Location-*Eigenschaft stellen Sie die Position eines Steuerelements auf dem es einbindenden Container ein*

## Benennen und Beschriften von Steuerelementen

Sie legen den Namen eines Steuerelements mit seiner *Name*-Eigenschaft fest. Es gibt keine offizielle Regel für das Benennen von Steuerelementen – Sie können sie grundsätzlich nennen, wie Sie wollen. Dennoch hat es sich bei vielen Entwicklern eingebürgert, das schon die Namen

---

[5] Wobei sich das Listentrennzeichen wieder in den Ländereinstellungen des Betriebssystems definieren lässt. Standardmäßig ist es aber auf einem deutschen Windows-Betriebssystem das Semikolon.

von Steuerelementen Auskunft darüber geben, um was für eine Komponente es sich handelt. Ich habe es bislang so gemacht und werde es innerhalb der Beispielprogramme dieses Buches auch zukünftig ebenfalls so halten.[6] Anhand des Formularnamens haben Sie es schon gesehen: dem eigentlichen Formularnamen steht das Präfix *frm* voran – als Kennzeichen für ein Formular. Folgende Tabelle kann Ihnen als Richtlinie für die Benennung der am häufigsten verwendeten Steuerelemente dienen – ob Sie sie letzten Endes anwenden, liegt ganz in Ihrem Ermessen:

| Komponente | Präfix-/Namenkombination |
|---|---|
| Label | lblName |
| Button | btnName oder cmdName[7] |
| TextBox | txtName |
| CheckBox | chkName |
| RadioButton | optName[8] oder rbtName |
| GroupBox | grbName |
| PictureBox | picName |
| Panel | pnlName |
| ListBox | lstName |
| ComboBox | cmbName |
| ListView | lvwName |
| TreeView | tvwName |

*Tabelle 7.1: Vorschlag zur Benennung von Komponenten*

**HINWEIS:** Der Name eines Steuerelementes hat nichts mit seiner Beschriftung zu tun. Die Beschriftung definieren Sie über die *Text*-Eigenschaft (sofern im Eigenschaftenfenster sichtbar).

Legen Sie für das Beispielprojekt bitte die folgenden *Name*- und *Text*-Eigenschaften für die verwendeten Komponenten fest.

---

[6] ...obwohl Microsofts offizieller Vorschlag zur Benennung von Objekten klar definiert ist, Abkürzungen von Objektnamen eben nicht in Variablennamen mit einzubauen, weiche ich bei der Benennung von Steuerelementen von dieser Empfehlung ab, damit Steuerelemente und andere Objekte schon auf den ersten Blick zu unterscheiden und zu identifizieren sind.

[7] Von *CommandButton* – so hieß eine Schaltfläche offiziell unter VB6. Unter .NET ist dies aber nicht mehr üblich; man sieht es nur noch hier und da von VB6-Portierungen.

[8] Von *OptionButton*, der Name der Optionsschaltfläche unter VB6.

| Komponente | Name-Eigenschaft | Text-Eigenschaft |
|---|---|---|
| Formular | frmMain | PictureViewer |
| Button1 | btnOpenBitmap | Grafik öf&fnen... |
| Button2 | btnSaveBitmap | Grafik &speichern unter... |
| Button3 | btnNextBitmap | &Nächste Grafik |
| Button4 | btnQuitProgram | Programm be&enden |
| Panel1 | pnlPicture | --- |
| PictureBox | picViewArea | --- |

*Tabelle 7.2: So benennen Sie die Komponenten des Beispielprogramms*

Wenn Sie alle Änderungen durchgeführt haben, sollte Ihr Ergebnis dem in Abbildung 7.13 in etwa entsprechen:

**TIPP:** Wenn ein Steuerelement im einbindenden Container so ungünstig liegt, dass die äußeren Anfasspunkte nicht mehr sichtbar sind, blendet der Designer[9] ein kleines Fadenkreuz (ebenfalls in Abbildung 7.13 zu sehen, dort in der linken, oberen Ecke) ein, das Ihnen den Zugriff mit der Maus auch ohne die Anfasspunkte erlaubt.

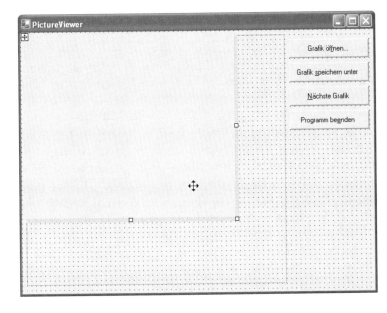

*Abbildung 7.13: So sieht die fast fertige Benutzeroberfläche des PictureViewer-Beispiels aus*

---

[9] Es ist tatsächlich so, dass jedes Steuerelement in .NET seinen eigenen Designer mitbringt. Es gibt kein zentrales Programm, was ausschließlich für die interaktive Erstellung von Komponenten zuständig ist. Die Visual-Studio-IDE kapselt lediglich die vorhandenen Designer jeder einbindbaren Komponente. Die IDE agiert in diesem Fall als so genannter *Designer-Host* (etwa: »Designer-Gastgeber«).

*Windows-Forms-Anwendungen*

## Automatisches Positionieren von Steuerelementen

Ein deutlicher Fortschritt in Sachen RAD[10] macht das .NET-Framework bei der Formulargestaltung durch ein Feature, das unter Visual Basic 6 (und auch in jedem anderen Entwicklungssystem) stets für viel Arbeit gesorgt hat: Das automatische Anpassen von Bedienungselementen beim Vergrößern oder Verkleinern des Formulars durch den Anwender.

Während Sie in Visual Basic 6 beispielsweise noch selbst durch Ihr Programm dafür sorgen mussten, dass Schaltflächen, Listen und Bildfelder zur Laufzeit an die neue Größe eines Formulars angepasst wurden, können Sie die Erledigung dieser Aufgabe zwei Eigenschaften (*Dock* und *Anchor*) bzw. einem extra dafür geschaffenen Steuerelement – *dem Splitter* – überlassen:

- Die *Anchor*-Eigenschaft bindet bestimmte Seiten von Steuerelementen an ihre aktuelle Position. Um genau zu sein: Sie schreibt den Abstand zur entsprechenden Formularseite fest. Wird das Formular an der entsprechenden Seite vergrößert, wandert die Seite des Steuerelementes im stets gleich bleibenden Abstand mit. Die Funktion dieser Eigenschaft werden Sie im Laufe dieses Abschnittes noch genauer kennen lernen.

- Die *Dock*-Eigenschaft dockt alle Seiten oder eine bestimmte Seite an den Fensterrand. Verschiebt der Anwender zur Laufzeit eine Seite des Formulars, wandert das gedockte Steuerelement ebenfalls mit.

- Mit dem *Splitter*-Steuerelement können Sie das Formular visuell aufteilen. Der *Splitter* lässt sich zur Laufzeit nach oben und unten bzw. links und rechts verschieben, um dem Anwender die Möglichkeit zu geben, verschiedene Bereiche des Formulars größentechnisch zu verändern.

Wenn Sie das Beispielformular in seinem jetzigen Zustand betrachten, erahnen Sie sicherlich, zu welchem Zweck welche Steuerelemente dienen. Mit den vier Schaltflächen werden Sie das Programm steuern; das *Panel*- und das *PictureBox*-Steuerelement dienen zur Darstellung des eigentlichen Bildes.

Nun liegt es in der Natur der Sache, dass Bilder unterschiedlich groß sind. Während eines noch locker in den Bildbereich passt, müsste ein sehr viel größeres Bild entweder verkleinert werden, oder das Programm könnte nur einen Ausschnitt des Bildes anzeigen.

Unser Programm sollte aus diesem Grund dem Anwender die Möglichkeit geben, den Bildbereich nicht nur zur Laufzeit dynamisch vergrößern und verkleinern zu können, sondern – falls das Bild auch durch Vergrößern des Formulars nicht in den Ausschnitt passt – den darstellbaren Bereich des Bildes mit Scrollbalken wählen zu können.

Diese Möglichkeit bedeutet aber auch, dass die Schaltflächen zurzeit an der falschen Seite verankert sind. Wenn Sie das Programm in seinem jetzigen Zustand starten, werden Sie feststellen, dass die Schaltflächen an ihrer Position bleiben, wenn Sie das Formular durch Ziehen der rechten Formularseite vergrößern. Die Schaltflächen sind bislang an der linken und an der oberen Ecke verankert. Das Verhalten ändert sich erst, wenn Sie die Schaltflächen an der rechten und der oberen Ecke verankern. Und das erreichen Sie folgendermaßen:

---

[10] Abkürzung von **R**apid **A**pplication **D**evelopment – etwa: »zügige Anwendungsentwicklung«.

*Abbildung 7.14:* So markieren Sie Komponenten im Designer mit der Gummibandfunktion

- Markieren Sie alle Schaltflächen entweder, indem Sie sie sozusagen mit einem Gummiband umspannen. Dazu fahren Sie zur linken, oberen Ecke der obersten Schaltfläche und platzieren den Mauszeiger in einem freien Bereich direkt darüber. Halten Sie im Folgenden die linke Maustaste gedrückt, und umspannen Sie alle mit dem Rechteck, das quasi wie ein aufgespanntes Gummiband hinter der Maus herläuft.

- Wenn Sie alle Schaltflächen umschlossen haben, lassen Sie die Maustaste wieder los – die Schaltflächen sind jetzt selektiert. Alternativ halten Sie die Taste Strg auf Ihrer Tastatur gedrückt und klicken alle Schaltflächen nacheinander an. Auch dabei werden alle Schaltflächen markiert.

- Wählen Sie anschließend, etwa wie in Abbildung 7.15 zu sehen, im Eigenschaftenfenster die *Anchor*-Eigenschaft aus und stellen Sie sie auf *Top, Right*. Dazu klappen Sie die aufklappbare Liste neben dem Eigenschaftennamen auf und markieren das obere und das rechte kleine Kästchen, so dass sie grau unterlegt sind. Wenn Sie anschließend das Formular (auch schon im Entwurfsmodus) nach rechts vergrößern, erkennen Sie, dass die Schaltflächen quasi hinter dem Fensterrand herwandern.

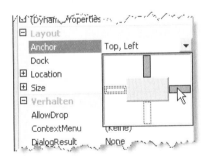

*Abbildung 7.15:* Mit den kleinen Kästchen bestimmen Sie, welche Seite einer Komponente an der aktuellen Position auf dem Formular verankert werden soll

- Damit der Bereich des Formulars, der später das Bild enthält, sich ebenfalls dynamisch anpasst, stellen Sie für das *Panel*-Steuerelement ebenfalls die *Anchor*-Eigenschaft ein. Hier verknüpfen Sie jedoch alle Seiten mit dem Formular; das hat zur Folge, dass sich das *Panel* mit dem Formular vergrößert oder verkleinert, ganz gleich, in welche Richtung das Formular größenmäßig verändert wird.

- Um das Formular grafisch ein wenig anspruchsvoller zu machen, setzen Sie – sie ist ohnehin gerade selektiert – die *BorderStyle*-Eigenschaft des *Panels* auf *Fixed3D*.

# Die Geheimnisse des Designer-Codes

Ohne dass Sie selber (von der statischen Startroutine mal ganz abgesehen) eine Zeile selbst programmiert haben, beträgt der Umfang Ihrer Formularklasse zu diesem Zeitpunkt schon weit über 100 Zeilen.

In dem *Region*-Abschnitt *Vom Windows Form Designer generierter Code* befinden sich die Code-Zeilen, die der Windows-Designer (eigentlich: *die* Designer, denn jedes Steuerelement verfügt streng genommen über seinen eigenen) beim Anlegen des Projektes und bei jedem Hinzufügen der Komponenten und dem dazugehörigen Einstellen der Eigenschaften produziert hat.

## Geburt und Tod eines Formulars – New und Dispose

Wenn Sie Ihrem Formular ein neues Formular hinzufügen, dann bekommt es automatisch vom Designer einen Konstruktor (*Sub New*) und eine *Dispose*-Methode verpasst.

### Sub New des Formulars

Die *Sub New* des Formulars gestaltet sich folgendermaßen:

```
Public Sub New()
    MyBase.New()

    ' Dieser Aufruf ist für den Windows Form-Designer erforderlich.
    InitializeComponent()

    ' Initialisierungen nach dem Aufruf InitializeComponent() hinzufügen.
End Sub
```

Der Konstruktor – repräsentiert durch *Sub New* – ist existenziell für das saubere Funktionieren des Formulars. Der Formularkonstruktor wird nicht nur aufgerufen, wenn Sie das Formular zur Entwurfszeit bearbeiten, er wird natürlich auch von der statischen Routine *Main* Ihres Projektes benötigt, wenn das Programm gestartet wird.

Im Konstruktor wird mit *MyBase.New* zunächst der Konstruktor der zu Grunde liegenden Basisklasse *Form* aufgerufen. Damit ist das Programm aber in der Aufrufhierarchie noch lange nicht oben angekommen, denn die Klasse *Form* ist wiederum von der Klasse *ContainerControl* abgeleitet, die ihrerseits wieder von *ScrollableControl* abgeleitet ist, welche von *Control* abgeleitet ist, während *Control* schließlich von *Component* abgeleitet ist. All diese Klassen rufen ihrerseits ihre Basiskonstruktoren auf, und ohne mich zu sehr in Details verlieren zu wollen, soll die folgende Tabelle grob Auskunft darüber geben, was dabei passiert:

| Konstruktor der Klasse | Ist zuständig für | Ist abgeleitet von |
| --- | --- | --- |
| frmMain | Den Aufruf der Basisklasse *Form* und das Initialisieren der Komponenten, mit denen es gestaltet ist | Form |
| Form | Aufrufen der Basisklasse *ContainerControl* und Setzen des Status, die es beim Erstellen als Windows im herkömmlichen Sinne qualifizieren | ContainerControl |
| ContainerControl | Aufheben von *AllPaintingInWmPaint* mit *SetStyle*, um das Flimmern beim Neuzeichnen des Steuerelementes zu verringern | ScrollableControl |

| Konstruktor der Klasse | Ist zuständig für | Ist abgeleitet von |
|---|---|---|
| ScrollableControl | Aufheben von *AllPaintingInWmPaint*; Definition des Steuerelementes als Container-Control durch Anwenden von *ContainerControl* in *SetStyle* | Control |
| Control | Vorbereiten des internen Eigenschaftenspeichers; Erstellen des nativen Windows-Fensters; Einrichten der Mausradunterstützung; Festlegen der Fenstergröße | Component |

***Tabelle 7.3:*** *Nur, um es zu wissen: Das passiert, wenn die einzelnen Konstruktoren der Basisklassen eines Formulars aufgerufen werden*

Um Windows-Anwendungen zu programmieren, ist es natürlich nicht notwendig, im letzten Detail zu wissen, was in den Konstruktoren vor sich geht – interessant ist es aber, so finde ich, allemal. Außerdem gilt der Grundsatz: Jede kleine Informationen kann Ihnen später dienlich sein, um einen Fehler aufzuspüren, wenn ein Programm einmal nicht macht, was es eigentlich soll.

Um eine solche Klassenhierarchie besser durchblicken zu können, bedient man sich übrigens in der Regel einer Schaugrafik, die die Erbrangfolge verdeutlicht:

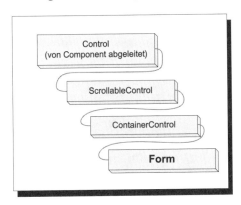

***Abbildung 7.16:*** *Das Klassenhierarchiediagramm macht deutlich, in welcher Erbfolge* Form *zu seinen Vorfahren steht*

## InitializeComponent des Formulars

Nachdem alle Konstruktoren des Formulars aufgerufen wurden, ruft der Konstruktor des eigenen Formulars die Prozedur *InitializeComponent* auf. Und hier wird es interessant, denn während die Konstruktoren der einzelnen Klassen nur Vorbereitungen getroffen haben, um das Formular als Windows-Fenster (im Windows-Betriebssystem-Sinn) auf den Bildschirm zu bringen, erledigt *InitializeComponent* den Job, das Formular mit sinnvollen Inhalten zu füllen.

Um das zu tun, müssen die Komponenten, mit denen der Anwender später das Formular bedient, für den Gebrauch im Formular vorbereitet werden. Wenn Sie sich die Klassenhierarchie in der vorherigen Grafik angeschaut haben, dann ahnen Sie es bereits: Steuerelemente sind – wie alle anderen Elemente in .NET – Objekte. Und Objekte entstehen aus Klassen. Das heißt: Für jedes Steuerelement, das Sie zur Entwurfszeit auf das Formular gezogen haben, hat der Designer eine Objektvariable bereitgestellt. Die Deklaration dieser Objektvariablen finden Sie im Beispiel direkt unter der *Dispose*-Methode, auf die ich später noch eingehen werde:

```
' Für Windows Form-Designer erforderlich.
Private components As System.ComponentModel.IContainer

'HINWEIS: Die folgende Prozedur ist für den Windows Form-Designer erforderlich
'Sie kann mit dem Windows Form-Designer modifiziert werden.
'Verwenden Sie nicht den Code-Editor zur Bearbeitung.
Friend WithEvents pnlPicture As System.Windows.Forms.Panel
Friend WithEvents picViewArea As System.Windows.Forms.PictureBox
Friend WithEvents btnOpenBitmap As System.Windows.Forms.Button
Friend WithEvents btnSaveBitmap As System.Windows.Forms.Button
Friend WithEvents btnNextBitmap As System.Windows.Forms.Button
Friend WithEvents btnQuitProgram As System.Windows.Forms.Button
```

Sie werden feststellen, dass die Namensgebung der Objektvariablen genau der entspricht, die Sie im Eigenschaftenfenster mit den *Name*-Eigenschaften vorgenommen haben. Sie stellen aber ebenfalls fest, dass die Komponentenvariablen mit dem Schlüsselwort *WithEvents* deklariert wurden. Diese Deklaration zeigt an, dass das jeweilige Objekt in der Lage ist, Ereignisse zu empfangen, die an eine zum Ereignis kompatible Prozedur delegiert werden kann. Auf Ereignisse werde ich im Laufe dieses Kapitels näher eingehen.

Schauen wir uns als nächstes den ersten Teil von *InitializeComponent* genauer an:

```
<System.Diagnostics.DebuggerStepThrough()> _
Private Sub InitializeComponent()
    Me.pnlPicture = New System.Windows.Forms.Panel
    Me.picViewArea = New System.Windows.Forms.PictureBox
    Me.btnOpenBitmap = New System.Windows.Forms.Button
    Me.btnSaveBitmap = New System.Windows.Forms.Button
    Me.btnNextBitmap = New System.Windows.Forms.Button
    Me.btnQuitProgram = New System.Windows.Forms.Button
```

Alle innerhalb des Formulars verwendeten Komponenten werden in diesem Teil instanziert. Das Attribut *DebuggerStepThrough*[11] gibt dem .NET-Debugger an, dass er nicht in diesen Teil des Programms schrittweise eintreten darf (auch, wenn Sie das Programm im Einzelschrittmodus debuggen und er dies eigentlich sollte).

### Aussetzen der Layout-Logik – Suspend Layout und ResumeLayout

Um die nächsten beiden Codezeilen ranken sich in der Entwicklergemeinde mehr Mythen als Wahrheiten. Es geht um die Methode *SuspendLayout*, und Sie finden sie im besprochenen Beispielcode in den folgenden Codezeilen:

```
Me.pnlPicture.SuspendLayout()
Me.SuspendLayout()
```

Viele Entwickler glauben, dass sie mit *SuspendLayout* verhindern können, dass ein Steuerelement, das einem Container zugeordnet ist, gezeichnet wird, während es sich im *Suspend*-Zustand befindet. Das ist falsch. *SuspendLayout*, angewendet auf einen Container, der andere Steuerelemente enthält, sorgt lediglich dafür, dass das Layout-Ereignis[12] des Steuerelementes

---

[11] Sinngemäß übersetzt: »Debugger, überspring dies«.

[12] Mehr Informationen zu Ereignissen erfahren Sie zu einem späteren Zeitpunkt in diesem Kapitel. Fürs Erste reicht es zu wissen, dass Ereignisse dazu da sind, automatisch bestimmte Prozeduren auszuführen, wenn ein

nicht ausgelöst wird. Das *Layout*-Ereignis tritt dann ein, wenn einem Steuerelement, das als Container fungiert, weitere Steuerelemente hinzugefügt werden, wenn Steuerelemente aus ihm entfernt werden oder wenn sich die Begrenzungen eines Steuerelementes ändern.

Wieso ist es aber so wichtig, das *Layout*-Ereignis zu unterdrücken? Aus zweierlei Gründen. Zum einen ergibt es gerade beim Initialisieren eines Steuerelementes aus Geschwindigkeitsgründen keinen Sinn, auf jede Eigenschaft zu reagieren, die das Layout verändert. Es reicht, wenn sich ein Steuerelement an das neue Layout anpasst, wenn alle seine Eigenschaften vollständig gesetzt sind. Zum anderen kann es gerade beim Initialisieren zum Dilemma kommen, wenn bestimmte Eigenschaften sich gegenseitig beeinflussen, und eine das Layout beeinflussende Eigenschaft, die weiter hinten im Programmcode ausgeführt wird, durch das *Layout*-Ereignis indirekt eine Eigenschaft verändert, die bereits gesetzt wurde.

Die restlichen Zeilen im *InitializeComponent*-Code sind übrigens lediglich dafür verantwortlich, die geänderten Eigenschaften für die Steuerelemente so zu setzen, wie Sie sie im Eigenschaftenfenster zur Entwurfszeit definiert haben. Teilweise holpert der Code dabei ein wenig, wie beispielsweise beim Setzen der *Anchor*-Eigenschaft, dessen umständliche Formulierung

```
Me.pnlPicture.Anchor = CType((((System.Windows.Forms.AnchorStyles.Top Or System.Windows.Forms.AnchorStyles.Bottom) _
                Or System.Windows.Forms.AnchorStyles.Left) _
                Or System.Windows.Forms.AnchorStyles.Right), System.Windows.Forms.AnchorStyles)
```

auch einfach nur mit der Zeile

```
Me.pnlPicture.Anchor = AnchorStyles.Top Or AnchorStyles.Left Or AnchorStyles.Right Or AnchorStyles.Top
```

funktionieren würde; aber natürlich wurde diese Zeile nicht von Menschenhand, sondern durch eine Maschine erzeugt. Und vermutlich, um allgemeingültige Algorithmen bei der Codegenerierung einsetzen zu können, gibt es hier und da schon einmal Type-Castings, wo keine nötig wären.

### Steuerelemente auf dem Formular mit der ControlCollection sichtbar machen

Ungleich interessanter sind die letzten Zeilen von *InitializeComponent*, die dafür sorgen, dass die zu dieser Zeit bereits instanzierten Steuerelemente auch auf dem Formular sichtbar werden. Jedes *ContainerControl*-Objekt verfügt über eine so genannte *ControlCollection*, die die Steuerelemente enthält. Ein Formular ist nichts weiter als ein erweitertes *ContainerControl*-Objekt, also gilt das für ein Formular gleichermaßen. In dem Moment, in dem ein Objekt mit einer instanzierten *Control*-Klasse (oder einer von *Control* abgeleiteten) der *ControlCollection* eines *ContainerControl* mit *Add* hinzugefügt wurde, wird das Steuerelement auch im Container (im Beispiel also dem Formular) sichtbar. Voraussetzung dafür ist natürlich, dass es sich um eine sichtbare Komponente handelt und seine *Visible*-Eigenschaft auf *True* gesetzt ist. Mal abgesehen von den nicht in diesem Zusammenhang passenden Zeilen

```
Me.AutoScaleBaseSize = New System.Drawing.Size(5, 13)
Me.ClientSize = New System.Drawing.Size(608, 422)
```

die kurz vorher noch die Größeneinstellungen des Formulars vornehmen, dienen die folgenden Codezeilen schließlich dazu, die Komponenten im Formular sichtbar zu machen.

---

bestimmter Zustand eintritt. Die dem *Click*-Ereignis zugewiesene Prozedur beispielsweise wird also dann automatisch aufgerufen, wenn der Zustand »Anwender hat Schaltfläche angeklickt« eintritt.

```
Me.Controls.Add(Me.btnQuitProgram)
Me.Controls.Add(Me.btnNextBitmap)
Me.Controls.Add(Me.btnSaveBitmap)
Me.Controls.Add(Me.btnOpenBitmap)
Me.Controls.Add(Me.pnlPicture)
Me.Name = "frmMain"
Me.Text = "PictureViewer"
Me.pnlPicture.ResumeLayout(False)
Me.ResumeLayout(False)
```

Die beiden letzten Zeilen schließlich sorgen dafür, dass die *Layout*-Ereignisse für das *Panel* und das gesamte Formular wieder in der gewohnten Weise stattfinden können.

Die *ControlCollection* selbst ist einer *ArrayList* im Umgang recht ähnlich, hat aber lange nicht ihren Funktionsumfang. Allerdings verfügt sie über eine besondere Eigenschaft, denn sie sorgt für die Visualisierung ihrer Elemente. Wenn Sie der *ControlCollection* eine auf *Control* basierende Klasseninstanz hinzufügen, sehen Sie das Element im Formular – vorausgesetzt, bei der *Control*-Instanz handelt es sich um ein sichtbares Steuerelement. Um das am Beispiel zu verdeutlichen: Wenn Sie beispielsweise der *ControlCollection* eines Formulars eine Instanz einer *TextBox*-Komponente mit *Add* hinzufügen, ist die *TextBox* (entsprechend eingestellte Eigenschaften vorausgesetzt) direkt nach dem Ausführen der *Add*-Methode im Formular sichtbar und einsatzbereit.

# Behandeln von Ereignissen

Ereignisse haben gerade bei der Programmierung von Windows-Anwendungen eine ganz zentrale Bedeutung. Wann immer der Anwender Ihres Programms im weitesten Sinne etwas macht, löst er damit ein Ereignis aus, auf das Sie reagieren können.

Das wohl einfachste Beispiel ist der Klick auf eine Schaltfläche, und es mag Ihnen als erfahrenem Entwickler ein wenig überflüssig vorkommen, etwas über die Funktionsweise des *Click*-Ereignisses zu erfahren, doch wissen Sie genau, was unter der Haube passiert?

**HINWEIS:** Für die folgenden Abschnitte können Sie die zweite Version des PictureViewers verwenden, den Sie unter *..\WinForms\PictureViewer02* im Buch-CD-Verzeichnis finden.

## Implementieren von Ereigniscode

Beginnen wir an der Benutzeroberfläche, genauer: mit dem Reagieren auf ein Ereignis. Um beim Beispielprogramm zu bleiben, implementieren wir die Funktion, die durch ein Ereignis aufgerufen wird, wenn der Anwender die Schaltfläche *Grafik öffnen* anklickt.

Um den Ereigniscode im Programm hinzuzufügen, gibt es zwei Möglichkeiten. Die einfachste:

- Sie doppelklicken im Formular-Designer auf die entsprechende Schaltfläche. Visual Basic öffnet daraufhin den Code-Editor, und Sie sehen, dass der Rumpf der Funktion bereits fix und fertig in den Code eingefügt wurde. Sie brauchen nur noch die Logik zur Behandlung des Ereignisses zu implementieren, und das war's.

- Die zweite Möglichkeit: Sie wechseln mit dem Projektmappen-Explorer in die Codeansicht des Formulars. Über dem eigentlichen Code finden Sie zwei Aufklapplisten. In der linken befinden sich die Objekte der Klasse, die rechte Liste enthält Elemente zum links ausgewählten Objekt, die der Code-Editor durch Einfügen ihrer Funktionsrümpfe unterstützt. Das können unterschiedliche Dinge sein: Wenn Sie beispielsweise Überschreibungen in der linken Liste auswählen, zeigt die rechte Liste überschreibbare Prozeduren an, deren Funktionsrümpfe beim Auswählen in den Code eingefügt werden (so sie noch nicht existieren). Wählen Sie in der linken Liste eine verwendete Komponente – beispielsweise die Schaltfläche *btnOpenBitmap* – dann zeigt die rechte Liste unter anderem alle Ereignisse an, die diese Komponente zur Verfügung stellt. Beim Auswählen wird wiederum der entsprechende Funktionsrumpf in den Code eingefügt.

Die Grafik, die Sie auch in Abbildung 7.17 erkennen können, zeigt Ihnen, wie der Ablauf genau funktioniert, wenn Sie wie hier für das Beispiel den Funktionsrumpf zur Behandlung des Ereigniscodes für das *Click*-Ereignis einfügen wollen.

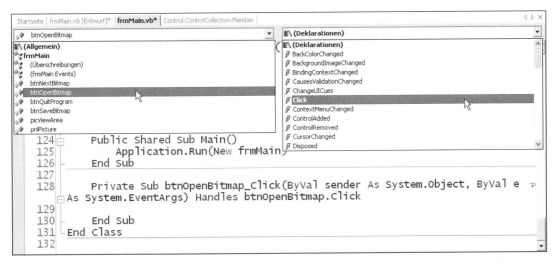

**Abbildung 7.17:** *So verwenden Sie den Code-Editor von Visual Basic, um den Ereigniscoderumpf eines Ereignisses automatisch einfügen zu lassen*

Was zu tun bleibt, ist, den Code zu ergänzen, der die Dateiauswahl darstellt, dem Anwender erlaubt, damit die Datei auszuwählen und die Grafik letzten Endes in der *PictureBox* darstellt. Der Code dazu sieht folgendermaßen aus:

```
Private Sub btnOpenBitmap_Click(ByVal sender As System.Object, ByVal e As System.EventArgs) _
        Handles btnOpenBitmap.Click

    Dim locFileOpen As New OpenFileDialog
    With locFileOpen
        'Nur Formate, die von Image.FromFile unterstützt.
        Dim locFilter As String = "Bitmapdateien (*.bmp)|*.bmp|"
        locFilter += "JPeg-Dateien (*.jpg)|*.jpg|"
        locFilter += "Tif-Dateien (*.tif)|*.tif|"
        locFilter += "Gif-Dateien (*.gif)|*.gif|"
        locFilter += "Png-Dateien (*.png)|*.png|"
        locFilter += "Alle Dateien (*.*)|*.*"
        .Filter = locFilter
        .Title = "Grafik öffnen"

        'Ordner 'Eigene Bilder' vorgeben.
```

```
            .InitialDirectory = Environment.GetFolderPath(Environment.SpecialFolder.MyPictures)

            Dim dr As DialogResult = .ShowDialog
            If dr = DialogResult.Cancel Then
                Exit Sub
            End If
        End With

        'Datei öffnen und in der PictureBox darstellen.
        Try
            picViewArea.Image = Image.FromFile(locFileOpen.FileName)
        Catch ex As Exception
            MessageBox.Show("Beim Öffnen des Bildes ist ein Fehler aufgetreten" + vbNewLine + _
                            "Die genaue Fehlermeldung lautete:" + vbNewLine + ex.Message, _
                            "Fehler beim Öffnen!", _
                            MessageBoxButtons.OK, MessageBoxIcon.Exclamation)
        End Try
    End Sub
```

## Ergebnisse eines Formulars mit DialogResult

Jede auf *Form* basierende Klasse verfügt über eine so genannte *DialogResult*-Eigenschaft. Wenn Sie ein Formular mit *ShowDialog* als modalen Dialog aufrufen, können Sie diese Methode als Funktion einsetzen, die einen Wert vom Typ *DialogResult* zurückliefert. Durch entsprechendes Setzen der *DialogResult*-Eigenschaft im Formular bestimmen Sie, welcher Wert der *DialogResult*-Enum letzten Endes beim Schließen des Formulars an *ShowDialog* zurückgeliefert wird. Wenn der Anwender den Dialog durch die Schließen-Schaltfläche in der Titelzeile des Fensters schließt, wird automatisch *DialogResult.Cancel* als Wert an die aufrufende Instanz zurückgegeben.

Die Abfrage von Dialogergebnissen funktioniert übrigens nicht nur mit eigenen Formularen sondern natürlich auch mit Systemdialogen, wie den Datei-Dialogen des Betriebssystems oder des Nachrichtenfeldes, das Sie mit *MessageBox.Show* ins Leben rufen. Die entsprechenden Rückgabewerte werden dabei vom System gesetzt. Ein Anwendungsbeispiel dafür sehen Sie auch in dem hier besprochenen Programm.

Wenn Sie das Programm in diesem Stadium starten, können Sie mit der Schaltfläche *Grafik öffnen* eine Bilddatei auswählen und sie in der *PictureBox* anzeigen lassen.

Die entscheidende Frage ist jetzt: Was passiert genau, wenn Sie auf die Schaltfläche klicken?

## Von der Benutzeraktion zur Ereignisauslösung

Es fängt alles mit der Einrichtung der Warteschlage beim Programmstart an, indem Sie der *Application.Run*-Methode das Hauptfenster Ihrer Applikation übergeben. Alle Ereignisse, die Windows überwacht, werden als Nachrichten (*Messages*) an die Warteschlage weitergegeben, die Sie mit dieser Anweisung eingerichtet haben.

Das Hauptformular spielt in der Warteschlage dabei eigentlich gar keine besondere Rolle – jedenfalls was die Verarbeitung der Warteschlage an sich anbelangt. Es wird mit seiner *Dispose*-Methode nur an den so genannten *Application Context* gebunden, der bewirkt, dass die Warteschlangenroutine den laufenden *Thread* (und damit letzten Endes auch die Anwendung) beendet, wenn das Formular geschlossen wird.

Der Schlüssel der ganzen Ereignissteuerung für Windows-Nachrichten liegt eigentlich in dem Zusammenspiel zwischen der *Control*-Klasse und einer Klasse, die sich *NativeWindow* nennt.

Sobald die *Visible*-Eigenschaft eines *Control*-Objektes oder einer von *Control* abgeleiteten Klasse auf *True* gesetzt wird und damit das erste Mal die Notwendigkeit besteht, ein Windows im Sinne vom Windows-Betriebssystem ins Leben zu rufen, legt die *Control*-Klasse eine Member-Variable auf Basis der Klasse *NativeWindow* (etwa: »grundlegendes Windows«) an. *NativeWindow* wird dabei die eigene Instanz von *Control* übergeben – es gibt damit einen Zirkelverweis zwischen der *Control*-Instanz (unserer Schaltfläche *Grafik öffnen*, um beim Beispiel zu bleiben) und ihrem *NativeWindow*-Member. Zirkelverweis in diesem Zusammenhang bedeutet: Das *Control*-Objekt kann nicht nur auf die *NativeWindow*-Instanz zugreifen, sondern die *NativeWindow*-Instanz weiß auch, zu welchem *Control*-Objekt sie gehört.

*NativeWindow* ist deswegen so wichtig für *Control*, weil es die Schnittstelle zur Warteschlage bildet und zwar auf eine ganz raffinierte Art und Weise: *NativeWindow* selbst erstellt bei seiner Instanzierung ein Objekt der so genannten *WindowClass*-Klasse. Diese Klasse können Sie selbst nicht verwenden, sie steht nur dem Framework zur Verfügung und bildet eine Art Verwalter zwischen dem Windows-Subsystem und dem darüber liegenden .NET-Framework. Wenn eine *WindowClass*-Klasse instanziert wird, dann zu dem Zweck, ein *Window* im Windows-Betriebssystemsinne zu erstellen. Dazu legt sie zunächst durch spezielle Betriebssystemaufrufe ein so genanntes *Window-Handle*[13] an (jede Schaltfläche, jedes Fenster, jede Liste – ja sogar jeder Auswahlbereich *unterhalb* einer aufklappbaren Liste unter Windows ist ein Window im Betriebssystemsinne). Anschließend trägt sie sowohl dieses *Window-Handle* als auch das *NativeWindow*-Objekt (das sie kennt, da es ihr als Konstruktorparameter übergeben wurde) in eine Tabelle ein. Auf diese Tabelle kann die Warteschlage Zugriff nehmen, die mit *Application.Run* beim Start der Applikation eingerichtet worden ist.

Die Warteschlange ist, stark vereinfacht ausgedrückt, eine Endlosschleife, die zunächst nichts weiter macht, als zu überprüfen, ob es irgendwelche neue Meldungen vom Windows-System gibt, die an den Thread gerichtet sind, in dem sie ausgeführt werden. Irgendwann bekommt die Warteschlange eine für sie bestimmte Nachricht, beispielsweise wenn der Anwender unseres Beispielprogramms auf die Schaltfläche *Grafik öffnen* klickt. Sie prüft nun, welches spezielle *Window-Handle* in der Nachricht als Kennung gespeichert ist und durchforstet die Tabelle mit der Zuordnung *Window-Handle/NativeWindow*-Klasse nach diesem. Auf diese Weise findet sie das entsprechende *NativeWindow*-Objekt, ruft dessen *Callback*[14]-Funktion auf und übergibt der Funktion dabei die Nachricht. *Callback* macht seinerseits wiederum ein *Message*-Objekt daraus, das für die Nachrichtenverarbeitung in .NET verwendet wird, und ruft die *WndProc*-Routine seiner Instanz auf.

---

[13] Eine eindeutige ID, die jedes Windows-Element unter Windows zugewiesen bekommt, wenn es ins Leben gerufen wird.

[14] Es ist nicht nur eine Callback-Funktion im klassischen C-Sinne, die Funktion heißt tatsächlich so. Kleine Randnotiz: Wenn sich das .NET-Programm im Debug-Modus befindet, ruft sie eine andere Funktion namens *DebuggableCallback* auf.

---

*Windows-Forms-Anwendungen*

Nun wird es Zeit für eine weitere Information, die ich Ihnen bisher verschwiegen habe, um die bisherigen Zusammenhänge nicht zu undurchschaubar werden zu lassen. *Control* arbeitet nämlich eigentlich gar nicht mit einer Instanz von *NativeWindow*, sondern mit einer davon abgeleiteten Klasse namens *ControlNativeWindow*. *ControlNativeWindow* überschreibt die *WndProc*-Routine seiner Basisklasse *NativeWindow* und leitet damit den Aufruf zur *OnMessage*-Funktion um (das Programm befindet sich zu diesem Zeitpunkt immer noch in der *ControlNativWindow*-Instanz). *OnMessage* greift anschließend auf die zuvor gespeicherte Instanz des *Controls* zurück und ruft schließlich die *WndProc*-Routine des *Controls* auf – die Nachricht ist bei der richtigen Komponente angekommen.

Die Aufgabe des *Controls* ist es nun nur noch, die Nachricht zu filtern, und das daraus resultierende Ereignis auszulösen. Das bedeutet aber auch, dass *WndProc* die unterste Basis jedes *Controls* (und Formulars) darstellt, sich in die Ereigniskette hinein zu hängen.

In unserem Beispiel war das *Control* die Schaltfläche *Grafik öffnen*. Dessen *Click*-Ereignis haben wir in unserem Programm eingebunden, mit einer entsprechenden Auswertungslogik versehen, und dass das Ergebnis tadellos funktioniert können Sie sehen, wenn Sie das Programm starten und auf die Schaltfläche klicken.

Vielleicht haben Sie sich die Mühe gemacht und sich den Code des Programms schon ein wenig angesehen. Falls ja, dann haben Sie festgestellt, dass ich das Programm etwas frisiert habe – und zwar entgegen den Anweisungen, die der Formular-Designer in einer Kommentarzeile in das von ihm erzeugte Code-Listing schreibt:

Am Ende des Formularcodes finden Sie eine Klasse namens *TestButton*, die folgendermaßen aussieht:

```
Public Class TestButton
    Inherits Button

    Private Const WM_RBUTTONDOWN As Integer = &H204
    Private Const WM_RBUTTONUP As Integer = &H205
    Private myDownFlag As Boolean
    Public Event RightClick(ByVal Sender As Object, ByVal E As EventArgs)

    Protected Overrides Sub WndProc(ByRef m As System.Windows.Forms.Message)
        If m.Msg = WM_RBUTTONDOWN Then
            myDownFlag = True
        End If
        If m.Msg = WM_RBUTTONUP And myDownFlag Then
            myDownFlag = False
            OnRightClick(Me, EventArgs.Empty)
        End If
        MyBase.WndProc(m)
    End Sub

    Protected Overridable Sub OnRightClick(ByVal Sender As Object, ByVal e As EventArgs)
        RaiseEvent RightClick(Sender, e)
    End Sub
End Class
```

Sie erkennen, dass *TestButton* von der Klasse *Button* erbt. Da jede Objektvariable auch seine abgeleiteten Klassen referenzieren kann, können wir den Designer-Code manipulieren, damit nicht die im Framework vorhandene, sondern diese neue *Button*-Klasse verwendet wird. Dem

Programm tut das keinen Abbruch, und Sie haben so die Möglichkeit zu überprüfen, ob das gerade Gesagte wirklich der Wahrheit entspricht.

Neben dem Implementieren der neuen Klasse (wie oben abgedruckt), brauchen Sie lediglich eine Zeile im Designer-Code zu verändern, um den *TestButton* an die Stelle seines Elternteils treten zu lassen.

```
'HINWEIS: Die folgende Prozedur ist für den Windows Form-Designer erforderlich.
'Sie kann mit dem Windows Form-Designer modifiziert werden.
'Verwenden Sie nicht den Code-Editor zur Bearbeitung - außer manchmal...
Friend WithEvents pnlPicture As System.Windows.Forms.Panel
.
.
.
    Me.btnOpenBitmap = New System.Windows.Forms.Button
    Me.btnSaveBitmap = New TestButton
    Me.btnNextBitmap = New System.Windows.Forms.Button
    Me.btnQuitProgram = New System.Windows.Forms.Button
.
.
.
```

Gegenstand der Änderung war hier übrigens nicht die Schaltfläche *Grafik öffnen*, sondern *Grafik speichern unter*, und zwar aus dem Grund, weil es für letztere noch keinen Ereigniscode gibt, der uns beim Testen in irgendeiner Form ins Gehege kommen könnte.

Schauen wir, was passiert, wenn das Programm nach dieser Änderung gestartet wird: Fahren Sie nach dem Programmstart mit dem Mauszeiger über die Schaltfläche *Grafik speichern unter*, und beobachten Sie, was im Ausgabefenster passiert.

**Abbildung 7.18:** *Die Ereignisse, die für die Schaltfläche bestimmt waren, zeigt das Ausgabefenster in aller Ausführlichkeit an*

Klicken Sie anschließend auf *Grafik speichern unter*, wird das Programm unterbrochen, sobald Sie die Maustaste wieder losgelassen haben.

Sie können im Ausgabefenster nun in aller Ruhe die Nachrichtenhistorie der Schaltfläche betrachten (siehe Abbildung 7.18). *hwnd* im Fenster bezeichnet übrigens das *Window-Handle*, von dem in den vorherigen Erklärungen die Rede war und das die Warteschlangenroutine verwendet hat, um die .NET-Schaltfläche wieder zu finden. Der Debugger bietet Ihnen die Möglichkeit, die Aufruf-Hierarchie der aktuellen Funktion aufzulisten, in der das Programm gerade »steckt«. Um die Aufrufliste darzustellen, drücken Sie einfach die Tastenkombination Strg+Alt+C (alternativ wählen Sie aus dem Menü *Debuggen*, den Menüpunkt *Fenster* und weiter den Untermenüpunkt *Aufrufliste*).

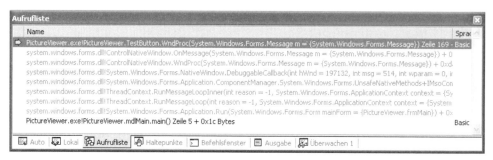

***Abbildung 7.19:*** *Die Aufrufliste zeigt die Quelle des Funktionsaufrufs*

Die Aufrufliste verifiziert die vorhin geschilderte Erklärung. Fast lückenlos sind die verschiedenen Funktionsaufrufe in der Kette zu verfolgen, die letzten Endes zum Ausführen der Routine *WndProc* des jeweiligen Steuerelementes oder Formulars führen.

**HINWEIS:** In der Standardeinstellung von Visual Studio werden die Aufrufe, die nicht von Ihrer Applikation stammen, im Fenster nicht angezeigt. In diesem Fall öffnen Sie das Kontextmenü der Aufrufliste mit der rechten Maustaste und wählen den Eintrag *Nichtbenutzerseitigen Code anzeigen* aus.

## Auswerten der Warteschlange, um Ereignisse auszulösen

Nun wissen Sie, wie Nachrichten des Windows-Betriebssystems in .NET-WinForms-Anwendungen verarbeitet werden. Dieses Wissen können Sie sich zunutze machen, um vorhandene Steuerelemente um eigene Ereignisse zu erweitern.

So könnte es für den Entwickler beispielsweise von Vorteil sein, ein *RightClick*-Ereignis zu erhalten, wenn der Anwender über der Schaltfläche die rechte Maustaste drückt. Mir ist klar, dass es mehrere Möglichkeiten gibt, ein solches Ereignis zur Verfügung zu stellen. Alternativ zum Abfangen der Windows-Nachrichten in *WndProc* ließe sich auch *PreProcessMessage* überschreiben – eine Funktion, die den Vorteil hat, bereits fix und fertig aufbereitete Windows-Nachrichten im .NET-üblichen *Message*-Format zu empfangen. Auch das Überschreiben von *OnMouseDown* und *OnMouseUp* wäre denkbar – aber: Es geht an dieser Stelle mehr um die Demonstration der grundlegenden Verfahren als um die beste Form der Implementierung. Die schnellste ist die *WndProc* -Methode allemal, denn alle anderen Funktionen werden mehr oder weniger direkt aus *WndProc* heraus aufgerufen. Schreiten wir also zur Tat.

Wenn ein Mausklickereignis ein bestimmtes Objekt erreichen soll, dann reicht es nicht aus, die Nachrichtenwarteschlange von Windows daraufhin abzufragen. Eine Klick-Nachricht gibt es nämlich in dieser Form überhaupt nicht. Ein Klick besteht aus einer direkten Folge aus Nachrichten vom Nachrichtentyp *WM_LMOUSEDOWN*[15] und *WM_LMOUSEUP* – jedenfalls soweit das die linke Maustaste betrifft.

In der Routine *WndProc*, die die Windows-Nachrichten schon gefiltert für die eigene Instanz der Klasse (*TestButton* im Beispiel) bekommt, sollte es deswegen eine Member-Variable geben, die sich merkt, ob die rechte Maustaste bereits gedrückt wurde. Dann kann der Auswertungsabschnitt für die Nachricht des Loslassens der rechten Maustaste beide Aktionen als »Mausklick rechts« interpretieren und das *RightClick*-Ereignis auslösen.

Doch was ist nun programmtechnisch der richtige Weg, um ein Ereignis auszulösen, das alle diese Klasse als Member einbindenden Instanzen verarbeiten kann?

## Ereignisfähigkeit mit RaiseEvent und Polymorphie bereitstellen

Ereignisse in Visual Basic .NET werden auf eine ganz simple Art und Weise zur Verfügung gestellt: Die Klasse, die ein Ereignis für alle Instanzen anbietet, die diese Klasse einbinden, muss mit der Anweisung *Event* die Signatur des Ereignisses definieren. Framework-Stil dabei ist, dass im Ereignis zwei Parameter übergeben werden – nämlich die Quelle des Ereignisses als *Object* und ein Container, der über alle näheren Umstände des Ereignisses informiert, als *EventArg* (Abkürzung von *Event Arguments* etwa *Ereignisparameter*). Die Definition der Ereignissignatur selbst löst aber noch kein Ereignis aus.

Das eigentliche Ereignis wird mit einer besonderen Visual-Basic.NET-Anweisung zu gegebener Zeit ausgelöst. Diese Anweisung lautet *RaiseEvent*. Ihr werden die Parameter übergeben, die zuvor in der Ereignisdefinition mit *Event* als Signatur festgelegt worden sind. Mit dem Parameter vom Typ *Object* können Ereignis empfangende Instanzen prüfen, vom wem der Aufruf ausging. Damit hat die Instanz zum Beispiel die Möglichkeit zu prüfen, ob ein Ereignis vom Anwender oder durch eine andere Instanz programmtechnisch ausgelöst wurde. Der Parameter vom Typ *EventArgs* (oder einer Ableitung) kann dann auf weitere Informationen zum Ereignis abgefragt werden. *EventArgs* selbst übermittelt zwar keine näheren Angaben, aber andere Ableitungen von *EventArgs* übergeben hier in zusätzlichen Membern weitere Informationen – *MouseDown* beispielsweise übergibt ein *MouseEventArgs*-Objekt, das Informationen über Mausposition, verwendeten Mausknopf und Mausradzustand enthält.

Mit diesen Informationen alleine hätten Sie jetzt bereits das nötige Handwerkszeug, um all Ihre Klassen mit entsprechenden Ereignissen auszustatten. Doch Sie sollten Folgendes beachten: Im .NET-Framework hat es sich eingebürgert, Ereignisse in abgeleiteten Klasse nicht durch eine eingebundene Ereignis-Prozedur zu empfangen, sondern durch das Überschreiben der Funktion, die das Ereignis auslöst. Das hat einen deutlichen Optimierungsvorteil, auch wenn das Konzept gerade vielen Neulingen der objektorientierten Programmierung anfangs ein wenig schwer zu durchschauen fällt. Die Umsetzung dieses Konzeptes am bisherigen Beispiel mag ein wenig Licht ins Dunkel bringen:

---

[15] Die Bezeichnung von Ereignissen in Form von Konstanten hat eine lange Geschichte und reicht zurück bis zur Programmierung von Windows 2.11 unter C. In .NET sind diese Konstanten leider nicht vordefiniert, aber spätere Beispiele zeigen, wie Sie an die entsprechenden Definitionen gelangen.

Die modifizierte Version der *TestButton*-Klasse sieht folgendermaßen aus:

```
Public Class TestButton
   Inherits Button

     Private Const WM_RBUTTONDOWN As Integer = &H204
     Private Const WM_RBUTTONUP As Integer = &H205
     Private myDownFlag As Boolean
     Public Event RightClick(ByVal Sender As Object, ByVal E As EventArgs)

     Protected Overrides Sub WndProc(ByRef m As System.Windows.Forms.Message)
         If m.Msg = WM_RBUTTONDOWN Then
             myDownFlag = True
         End If
         If m.Msg = WM_RBUTTONUP And myDownFlag Then
             myDownFlag = False
             OnRightClick(Me, EventArgs.Empty)
         End If
         MyBase.WndProc(m)
     End Sub

     Protected Overridable Sub OnRightClick(ByVal Sender As Object, ByVal e As EventArgs)
         RaiseEvent RightClick(Sender, e)
     End Sub
End Class
```

Die *WndProc*-Routine löst das Ereignis nicht direkt aus. Vielmehr ruft sie die überschreibbare Methode *OnRightClick* auf, die jetzt erst das Ereignis auslöst. Wenn nun eine weitere Klasse von *TestButton* abgeleitet wird, braucht sie überhaupt kein Ereignis einzubinden. Es reicht, wenn sie *OnRightClick* überschreibt, um durch diesen Funktionsaufruf der Basisklasse vom Auftreten des Ereignisses informiert zu werden.

Natürlich können von dieser Vorgehensweise nur abgeleitete Klassen profitieren – nicht die Klassen, die eine solche Klasse als Member-Variable einbinden. Letztere müssen nach wie vor das Ereignis einbinden – etwa wie die Formularklasse *frmMain* unseres Beispielprogramms, die *TestButton* ebenfalls nur als Member-Variable einbindet und deswegen keine ihrer Member überschreiben kann.

**WICHTIG:** Wenn Sie sich dazu entscheiden, in einer abgeleiteten Klasse eine Funktion der Basisklasse zu überschreiben, damit Sie über ein Ereignis informiert werden, denken Sie unbedingt daran, die Basisfunktion mit *MyBase.Basisfunktion* aufzurufen! Die Basisfunktion könnte nämlich weiteren, wichtigen Code für das saubere Funktionieren des Objektes enthalten.

Damit das Formular die Möglichkeiten des neuen *TestButtons* nutzen kann, sind auch an ihr ein paar kleine Modifizierungen notwendig. Die erste betrifft die Deklaration der Member-Variable, damit das Formular überhaupt die Möglichkeit hat, das neue Ereignis zu empfangen.

## Auf Ereignisse hören – Deklaration mit WithEvents

Damit eine Objektvariable in Visual Basic sozusagen als Nachrichtenübermittler von Ereignissen fungieren kann, muss sie mit dem Zusatz *WithEvents* deklariert werden. In der bisher besprochenen Beispielanwendung haben wir die alte *Button*-Variable *btnSaveBitmap* so belassen, wie sie ursprünglich vom Formular-Designer eingerichtet wurde. Zwar konnte die alte Objektvariable die veränderte Klasse aufnehmen, aber durch die Deklaration der Variablen vom Typ

*Button* (und nicht vom Typ *TestButton*) konnte sie nur auf die ursprünglich vom Framework implementierten Ereignisse reagieren.

Wenn wir wollen, dass auch das neue Ereignis in der Ereignisliste vorhanden sein soll, müssen wir die Deklaration der Variablen entsprechend ändern. Der Deklarationsblock der Member-Variablen unseres Formulars sieht damit folgendermaßen aus:

```
' Für Windows Form-Designer erforderlich.
Private components As System.ComponentModel.IContainer

'HINWEIS: Die folgende Prozedur ist für den Windows Form-Designer erforderlich.
'Sie kann mit dem Windows Form-Designer modifiziert werden.
'Verwenden Sie nicht den Code-Editor zur Bearbeitung.
'Außer manchmal... :-)
Friend WithEvents pnlPicture As System.Windows.Forms.Panel
Friend WithEvents picViewArea As System.Windows.Forms.PictureBox
Friend WithEvents btnOpenBitmap As System.Windows.Forms.Button

'Jetzt muss auch die Objektvariable nicht vom Typ der Basisklasse,
'sondern der abgeleiteten Klasse definiert werden, damit
'das neue Ereignis sichtbar wird.
Friend WithEvents btnSaveBitmap As TestButton

Friend WithEvents btnNextBitmap As System.Windows.Forms.Button
Friend WithEvents btnQuitProgram As System.Windows.Forms.Button
<System.Diagnostics.DebuggerStepThrough()> _
Private Sub InitializeComponent()
```

*btnSaveBitmap* ist jetzt vom Typ *TestButton* definiert, und damit stehen alle Ereignisse von *TestButton* im Formular *frmMain* zur Verfügung. Das weiß auch der Code-Editor, und wenn Sie die Ereignisse zur Member-Variablen *btnSaveBitmap* abrufen, werden Sie das neue Ereignis auch in der Ereignisliste finden, wie in Abbildung 7.20 zu sehen.

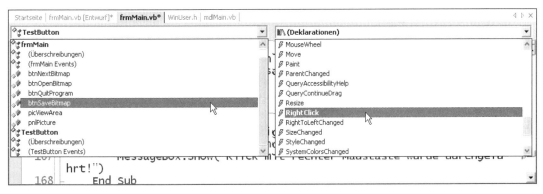

**Abbildung 7.20:** *Nach Änderung des Typs der Variablen befindet sich das neue Ereignis auch in der Ereignisliste des Editors*

In der vorliegenden Programmversion bewirkt der rechte Mausklick auf diese Schaltfläche noch nicht viel: Klicken Sie mit der rechten Maustaste auf die Schaltfläche, wird lediglich eine *MessageBox* angezeigt, die über das Auftreten des Ereignisses informiert.

Änderungen am Programm, die dieses neue Ereignis sinnvoll verwenden, finden Sie in der nächsten Version, die im folgenden Abschnitt behandelt wird. Dieser Abschnitt informiert Sie auch darüber, wie Sie Polymorphie verwenden können, um auf Ereignisse der *Control*-Klasse und der aus ihr abgeleiteten Klassen zu reagieren.

## Auf Ereignisse durch Überschreiben von OnXXX reagieren

Wenn Sie durch die Hilfetexte einer auf *Control* basierenden Klasse stöbern, werden Sie feststellen, dass auch die Entwickler des Frameworks von der Methode zum Empfangen von Ereignissen durch Überschreiben von Basisklassenfunktionen intensiv Gebrauch machen. Zu jedem Ereignis einer *Control*-basierten Klasse finden Sie auch eine *Onxxx*-Methode, die im Rahmen des Auslösens eines Ereignisses aufgerufen wird. Die meisten dieser Methoden sind mit dem Gültigkeitsbereichsbezeichner *Protected* und *Overridable* deklariert, was bedeutet, dass solche Funktionen in Klassen überschrieben werden können, die sich aus der Basisklasse ableiten.

In unserem Beispielprogramm fehlt noch einiges an Funktionalität. Bilder können noch nicht in ihrer vollen Größe dargestellt werden, kleine Bilder, die den Darstellungsrahmen nicht voll ausschöpfen, werden nicht zentriert. Auch das Speichern von Bildern (damit Bilder in einem anderen als dem ursprünglichen Grafikformat gespeichert werden können) ist bislang noch nicht in die Tat umgesetzt worden. Und zu guter Letzt soll es eine Funktion geben, mit der Sie per Knopfdruck das jeweils nächste Bild im Verzeichnis automatisch laden und anzeigen lassen können.

Die Implementierung dieser Funktionen sollten wir an dieser Stelle nachholen. Und in diesem Zusammenhang lernen Sie auch gleichzeitig die andere Technik kennen, Ereignisse zu empfangen – nämlich durch das Überschreiben von *Onxxx*-Basisfunktionen.

Möglichkeit dazu bietet uns eine von *Control* abgeleitete Klasse, die wir längst verwenden – *frmMain*. *frmMain* wurde von *Form* abgeleitet (und *Form* in letzter Konsequenz von *Control*), und diese Klasse stellt damit zahlreiche Möglichkeiten zur Verfügung, diese Art der Ereignisbehandlung in der Praxis kennen zu lernen.

> **HINWEIS:** Für die folgenden Abschnitte können Sie die zweite Version des PictureViewers verwenden, den Sie unter ..\*WinForms\PictureViewer03* im Buch-CD-Verzeichnis finden.

Wann immer ein Steuerelement oder ein Formular, durch welchen Einfluss auch immer, vergrößert oder verkleinert wird, ruft die *Control*-Klasse die überschreibbare Funktion *OnSizeChanged* auf. Wenn unser Formular *OnSizeChange* nun überschreibt, wird diese überschriebene Methode von der Basisklasse immer dann aufgerufen, wenn eine Größenänderung beim Formular erfolgt. Unser Formular kann dann herausfinden, ob das anzuzeigende Bild kleiner als das umgebende Panel ist, und die *PictureBox* im Bedarfsfall mittig ausrichten. Ist es jedoch größer, wird es in der oberen, linken Ecke positioniert. Die Rollbalken des Panels, die in diesem Fall automatisch erscheinen[16], erlauben es dann dem Anwender, den gewünschten Bildausschnitt einzustellen.

---

[16] Die *AutoScroll*-Eigenschaft des Panels wurde auf *True* gesetzt, deswegen erscheinen die Rollbalken automatisch, falls eingebundene Komponenten sich außerhalb des sichtbaren Bereichs im Panel befinden.

Die Implementierung dieses Algorithmus finden Sie im folgenden Beispielcode (im fett abgedruckten Part). Auch andere Teile des Programms finden sicherlich Ihr Interesse. Alles Wesentliche ist dokumentiert, so dass Sie keine Verständnisprobleme haben sollten. Am Ende des Listings finden Sie darüber hinaus einen Fragen-und-Antworten-Abschnitt, der mögliche grundlegende Fragen zum Programm aufklären kann.

```vb
'Wird benötigt für die Bildformate.
Imports System.Drawing.Imaging
'Wird benötigt für die FileInfo
Imports System.IO

Public Class frmMain
    Inherits System.Windows.Forms.Form

    'Member-Array vom Typ FileInfo, das verwendet wird,
    'alle Bilddateien eines Verzeichnisses einzulesen.
    Private myFiles As FileInfo()
    'Zeiger auf das jeweils nächste Bild
    Private myNextFile As Integer

#Region " Vom Windows Form Designer generierter Code "

    Public Sub New()
        MyBase.New()

        ' Dieser Aufruf ist für den Windows Form-Designer erforderlich.
        InitializeComponent()
        'Application.AddMessageFilter(New NachrichtenFänger)

        ' Initialisierungen nach dem Aufruf InitializeComponent() hinzufügen.

    End Sub

    ' Die Form überschreibt den Löschvorgang der Basisklasse, um Komponenten zu bereinigen.
    Protected Overloads Overrides Sub Dispose(ByVal disposing As Boolean)
        If disposing Then
            If Not (components Is Nothing) Then
                components.Dispose()
            End If
        End If
        MyBase.Dispose(disposing)
    End Sub

    ' Für Windows Form-Designer erforderlich.
    Private components As System.ComponentModel.IContainer

    'HINWEIS: Die folgende Prozedur ist für den Windows Form-Designer erforderlich.
    'Sie kann mit dem Windows Form-Designer modifiziert werden..
    'Verwenden Sie nicht den Code-Editor zur Bearbeitung.
    Friend WithEvents pnlPicture As System.Windows.Forms.Panel
    Friend WithEvents picViewArea As System.Windows.Forms.PictureBox
    'btnOpenBitmap bindet jetzt den Rechts-Klick ein.
    Friend WithEvents btnOpenBitmap As PictureViewer.TestButton
    Friend WithEvents btnSaveBitmap As System.Windows.Forms.Button
    Friend WithEvents btnNextBitmap As New PictureViewer.TestButton
    Friend WithEvents btnQuitProgram As System.Windows.Forms.Button
```

```vb
<System.Diagnostics.DebuggerStepThrough()> _
Private Sub InitializeComponent()
    Me.pnlPicture = New System.Windows.Forms.Panel
    Me.picViewArea = New System.Windows.Forms.PictureBox
    Me.btnOpenBitmap = New PictureViewer.TestButton
    Me.btnSaveBitmap = New System.Windows.Forms.Button
    Me.btnNextBitmap = New PictureViewer.TestButton
    Me.btnQuitProgram = New System.Windows.Forms.Button
    Me.pnlPicture.SuspendLayout()
.
.  ' Ausgelassen, aus Platzgründen.
.
End Sub

#End Region

Protected Overrides Sub OnSizeChanged(ByVal e As System.EventArgs)
    '!!!GANZ WICHTIG BEIM ÜBERSCHREIBEN: BASIS AUFRUFEN!!!
    MyBase.OnSizeChanged(e)

    'Wenn das Formular vergrößert oder verkleinert wird,
    'ändert sich automatisch auch die Bildgröße.
    AlignPicViewArea()
End Sub

Private Sub AlignPicViewArea()

    Dim locXPos, locYPos As Integer

    If picViewArea.Bounds.Width < pnlPicture.Bounds.Width Then
        locXPos = CInt(pnlPicture.Bounds.Width / 2 - picViewArea.Bounds.Width / 2)
    Else
        locXPos = 0
    End If

    If picViewArea.Bounds.Height < pnlPicture.Bounds.Height Then
        locYPos = CInt(pnlPicture.Bounds.Height / 2 - picViewArea.Bounds.Height / 2)
    Else
        locYPos = 0
    End If

    picViewArea.Location = New Point(locXPos, locYPos)
End Sub

Private Sub btnOpenBitmap_Click(ByVal sender As System.Object, ByVal e As System.EventArgs) _
        Handles btnOpenBitmap.Click
    'Mit linker Maustaste: letzten Ordner anzeigen.
    '(Dazu muss nichts eingestellt werden, NT-basierende Betriebssysteme
    ' machen das bei OpenFileDialog und SaveFileDialog selbständig!)
    OpenWithOpenFileDialog(False)
End Sub

Private Sub btnOpenBitmap_RightClick(ByVal Sender As Object, ByVal E As System.EventArgs) _
        Handles btnOpenBitmap.RightClick
    'Mit rechter Maustaste: Ordner eigene Bilder anzeigen
    OpenWithOpenFileDialog(True)
```

```vb
End Sub

Private Sub OpenWithOpenFileDialog(ByVal SetPathToMyPictures As Boolean)
    Dim locFileOpen As New OpenFileDialog

    With locFileOpen
        Dim locFilter As String = "Alle Grafikdateien (*.bmp; *.jpg; *.tif; *.gif; *.png)|"
        locFilter += "*.bmp;*.jpg;*.tif;*.gif;*.png|"
        locFilter += "Bitmapdateien (*.bmp)|*.bmp|"
        locFilter += "JPeg-Dateien (*.jpg)|*.jpg|"
        locFilter += "Tif-Dateien (*.tif)|*.tif|"
        locFilter += "Gif-Dateien (*.gif)|*.gif|"
        locFilter += "Png-Dateien (*.png)|*.png|"
        locFilter += "Alle Dateien (*.*)|*.*"
        .Filter = locFilter
        .Title = "Grafik öffnen"

        If SetPathToMyPictures Then
            'Ordner 'Eigene Bilder' vorgeben, wenn verlangt.
            .InitialDirectory = Environment.GetFolderPath(Environment.SpecialFolder.MyPictures)
        End If

        Dim dr As DialogResult = .ShowDialog
        If dr = DialogResult.Cancel Then
            Exit Sub
        End If
    End With
    'Bild darstellen und Liste laden
    LoadAndShowPicture(New FileInfo(locFileOpen.FileName), False)

End Sub

'Versucht eine Bilddatei zu laden und darzustellen.
Private Sub LoadAndShowPicture(ByVal PictureFile As FileInfo, ByVal SuppressGettingPictures As Boolean)
    Dim test As New NativeWindow
    Dim locImage As Image
    Dim locRf As RectangleF

    'Datei öffnen und in der PictureBox darstellen.
    Try
        'Versuchen, das Bild aus der Datei zu laden
        locImage = Image.FromFile(PictureFile.FullName)
    Catch ex As Exception
        'Wenn was schief geht, Meldung ausgeben...
        MessageBox.Show("Beim Öffnen des Bildes ist ein Fehler aufgetreten" + vbNewLine + _
                        "Die genaue Fehlermeldung lautete:" + vbNewLine + ex.Message, _
                        "Fehler beim Öffnen!", _
                        MessageBoxButtons.OK, MessageBoxIcon.Exclamation)
        '...und tschüs!
        Return
    End Try

    'Alles gut gegangen: Bildgröße in Pixeln ermitteln.
    locRf = locImage.GetBounds(GraphicsUnit.Pixel)
    'Anzeigebereich (PictureBox) ist so groß wie Bild.
    picViewArea.ClientSize = New Size(CInt(locRf.Width), CInt(locRf.Height))
```

```vb
        'Paint für das Image wird von PictureBox durchgeführt.
        picViewArea.Image = locImage
        'Dateiname in die Titelzeile
        Me.Text = "PictureViewer - " + PictureFile.FullName
        'Bildbereich positionieren.
        AlignPicViewArea()
        'Eine Liste mit allen Dateinamen anfordern für die Funktion
        'der Schaltfläche 'Nächste Grafik'.
        If Not SuppressGettingPictures Then
            myFiles = GetAllPicturesInDirFromFilename(PictureFile)
        End If

    End Sub

    Private Function GetAllPicturesInDirFromFilename(ByVal Filename As FileInfo) As FileInfo()

        'Verzeichnis, in dem sich die Bilder befanden.
        Dim locDir As DirectoryInfo = Filename.Directory
        Dim locArrayList As New ArrayList
        myNextFile = 0

        'Besten Beispiel für das Zusammenspiel von FileInfo,
        'ArrayList und Array. GetFiles ermittelt alle Dateien
        'in einem Verzeichnis, für die das Suchmuster passte.
        locArrayList.AddRange(locDir.GetFiles("*.bmp"))
        locArrayList.AddRange(locDir.GetFiles("*.jpg"))
        locArrayList.AddRange(locDir.GetFiles("*.tif"))
        locArrayList.AddRange(locDir.GetFiles("*.gif"))
        locArrayList.AddRange(locDir.GetFiles("*.png"))
        Return DirectCast(locArrayList.ToArray(GetType(FileInfo)), FileInfo())

    End Function

    Private Sub btnQuitProgram_Click(ByVal sender As System.Object, ByVal e As System.EventArgs) _
                Handles btnQuitProgram.Click
        'Weg mit der Form; ist an ApplicationContext gebunden,
        'damit endet das Programm.
        Me.Dispose()
    End Sub

    Private Sub btnSaveBitmap_Click(ByVal sender As System.Object, ByVal e As System.EventArgs) _
                Handles btnSaveBitmap.Click
        Dim locFileSave As New SaveFileDialog
        Dim locImgFormat As ImageFormat

        With locFileSave
            Dim locFilter As String = "Bitmapdateien (*.bmp)|*.bmp|"
            locFilter += "JPeg-Dateien (*.jpg)|*.jpg|"
            locFilter += "Tif-Dateien (*.tif)|*.tif|"
            locFilter += "Gif-Dateien (*.gif)|*.gif|"
            locFilter += "Png-Dateien (*.png)|*.png|"
            locFilter += "Alle Dateien (*.*)|*.*"
            .Filter = locFilter
            .Title = "Grafik speichern unter"
            .OverwritePrompt = True
```

```vb
            Dim dr As DialogResult = .ShowDialog
            If dr = DialogResult.Cancel Then
                Exit Sub
            End If

            'Richtiges Dateiformat anhand der Extension herausfinden.
            Dim locExt As String = New FileInfo(.FileName).Extension

            Select Case locExt.ToUpper

                Case ".BMP" : locImgFormat = ImageFormat.Bmp
                Case ".TIF" : locImgFormat = ImageFormat.Tiff
                Case ".JPG" : locImgFormat = ImageFormat.Jpeg
                Case ".GIF" : locImgFormat = ImageFormat.Gif
                Case ".PNG" : locImgFormat = ImageFormat.Png

                Case Else
                    MessageBox.Show("Leider wird das durch die Dateinamen-Extension" + vbNewLine + _
                                    "angegebene Bildformat nicht unterstützt!", _
                                    "Nicht unterstütztes Bildformat", MessageBoxButtons.OK, _
                                    MessageBoxIcon.Exclamation)
                    Return
            End Select

        End With

        'Datei speichern
        Try
            'Versuchen, das Bild in die Datei zu speichern.
            picViewArea.Image.Save(locFileSave.FileName)
        Catch ex As Exception
            'Wenn was schief geht, Meldung ausgeben.
            MessageBox.Show("Beim Speichern des Bildes ist ein Fehler aufgetreten" + vbNewLine + _
                            "Die genaue Fehlermeldung lautet:" + vbNewLine + ex.Message, _
                            "Fehler beim Öffnen!", _
                            MessageBoxButtons.OK, MessageBoxIcon.Exclamation)
        End Try

End Sub

'Nächstes Bild in der Liste zeigen.
Private Sub btnNextBitmap_Click(ByVal sender As System.Object, ByVal e As System.EventArgs) _
                    Handles btnNextBitmap.Click

    If myFiles Is Nothing Then
        Return
    End If
    'Letzter Dateinamen in Liste erreicht?
    If myNextFile > myFiles.Length - 1 Then
        myNextFile = 0
    End If
    'Bild laden und darstellen, aber verhindern, dass neue
    'Bildliste eingelesen wird!
    LoadAndShowPicture(myFiles(myNextFile), True)
    myNextFile += 1
End Sub
```

```
        'Falls mit rechter Maustaste geklickt wurde, dann
        'am Anfang der Liste neu beginnen.
        Private Sub btnNextBitmap_RightClick(ByVal Sender As Object, ByVal E As System.EventArgs) _
                                            Handles btnNextBitmap.RightClick
            myNextFile = 0
            btnNextBitmap_Click(Sender, E)
        End Sub
End Class

Public Class TestButton
    Inherits Button

    Private Const WM_RBUTTONDOWN As Integer = &H204
    Private Const WM_RBUTTONUP As Integer = &H205
    Private myDownFlag As Boolean
    Public Event RightClick(ByVal Sender As Object, ByVal E As EventArgs)

    Protected Overrides Sub WndProc(ByRef m As System.Windows.Forms.Message)
        If m.Msg = WM_RBUTTONDOWN Then
            myDownFlag = True
        End If
        If m.Msg = WM_RBUTTONUP And myDownFlag Then
            myDownFlag = False
            OnRightClick(Me, EventArgs.Empty)
        End If
        MyBase.WndProc(m)
    End Sub

    Protected Overridable Sub OnRightClick(ByVal Sender As Object, ByVal e As EventArgs)
        RaiseEvent RightClick(Sender, e)
    End Sub
End Class
```

## Fragen und Antworten zum Beispielprogramm

**Frage:** Wieso braucht das Beispielprogramm ein Panel *und* eine *PictureBox*-Komponente. Hätte nur eine *PictureBox* nicht genügt?

**Antwort:** Für die Darstellung des Bildes schon. Aber wenn das Bild so groß wird, dass es gescrollt werden muss, hätte es Probleme gegeben. Die Antwort auf die nächste Frage klärt den Zusammenhang.

**Frage:** Wenn ich ein Bild im Programm lade, das über den sichtbaren Darstellungsbereich hinausgeht, erscheinen Scrollbalken, mit denen der Ausschnitt dargestellt wird. Wo ist denn der Programmcode dafür zu finden?

**Antwort:** Das Framework übernimmt diese Aufgabe automatisch für Steuerelemente, die eine *AutoScroll*-Eigenschaft anbieten (für *ScrollableControl*- und *ContainerControl*-Ableitungen, denn nur bei Komponenten, die andere visuelle Komponenten einbinden, ergibt dieses Verhalten Sinn). Sobald eine eingebundene Komponente einen größeren als den eigentlich sichtbaren Darstellungsbereich verlangt (durch ihre Position oder Ausmaße bedingt), legt das Framework Scrollbalken an und kümmert sich automatisch um die richtige Positionierung der eingebundenen Komponenten in Abhängigkeit zur Scrollbalkeneinstellung zur Laufzeit.

**Frage:** Den Part zur Generierung eigener Ereignisse fand ich interessant, und ich würde gerne eigene, ähnliche Implementierungen vornehmen. Aber woher kenne ich die Nummer der Nachrichten, die die Nachrichtenwarteschlage verschickt, und die sich hinter den mit »WM_« beginnenden Konstanten verbergen?

**Antwort:** Wenn Sie mit Visual Studio entwickeln, dann verfügen Sie auch über die so genannten *Include*-Dateien für den C++-Compiler. Es gibt eine Datei namens *WinUser.h*, und die ist im Verzeichnis *C:\Programme\Microsoft Visual Studio .NET 2003\Vc7\PlatformSDK\Include* zu finden – jedenfalls wenn Sie den Standardpfad für die Installation von Visual Studio verwendet haben. Dort sind die *WM_XXX*-Konstanten mit *#define*-Anweisungen als entsprechender Hexwert definiert.

**Frage:** Das Prinzip zum Empfangen von Ereignissen durch Polymorphie/Überschreibungen von Basisfunktionen habe ich verstanden. Nur – woher soll ich wissen, welche Routine ich überschreiben muss, um auf ein bestimmtes Ereignis zu reagieren?

**Antwort:** Gut, dass Sie diese Frage stellen. Der folgende Abschnitt beschäftigt sich mit genau diesem Thema und zeigt, über welche wichtigen möglichen Ereignisse Sie bei der Programmierung Bescheid wissen sollten.

## Was oder wer löst welche Ereignisse wann aus?

Es gibt eine Vielzahl von Ereignissen, die durch Benutzeraktionen bei Formularen (und den Schaltflächen, die sie beherbergen) ausgelöst werden können. Auch, wenn Sie sich schon eine Weile mit diesem Thema beschäftigt haben, bleibt es immer noch aufwändig herauszufinden, welche Aktion des Benutzers welches Ereignis wann auslöst.

Ich habe mir lange Gedanken darüber gemacht, was Ihnen beim Finden des richtigen Ereignisses und beim Verstehen der richtigen Zusammenhänge bei Ereignissen am besten helfen kann. Das Ergebnis ist das folgende Programm, das die Geheimnisse um Ereignisse sowohl für Formulare als auch für Komponenten auf seine Weise löst.

**HINWEIS:** Sie finden dieses Programm unter ..\*WinForms\FormEventChain* im Buch-CD-Verzeichnis.

Dieses Programm soll gleich zweierlei Zwecke erfüllen. Auf der einen Seite soll es Ihnen als eine Art Nachschlagewerk dienen. Sämtliche Methoden, die es überschreibt, sind dokumentiert, und sie beschreiben sozusagen direkt vor Ort, welche Überschreibung welchen Zweck erfüllt. Wenn Sie dennoch nicht sicher sind, in welchem Zusammenhang die verschiedenen Ereignisse stehen, können Sie es auf der anderen Seite auch als Testprogramm verwenden, um mit den Ereignissen zu experimentieren. Die wichtigsten Ereignisse sind nämlich überschrieben, und wenn Sie das Programm starten, generiert es ein Testformular, das auch eine Testkomponente enthält. Durch Verschieben, Vergrößern, Verkleinern, Darüberfahren mit der Maus, Daraufklicken und das Ausführen anderer Aktionen sehen Sie im Ausgabefenster, welches Ereignis zu welcher Zeit aufgerufen wird.

Wenn Sie dieses Programm starten, sehen Sie zunächst einen Dialog, etwa wie in Abbildung 7.21 auf dem Bildschirm:

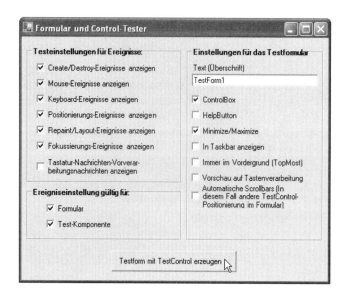

*Abbildung 7.21:* Im Hauptdialog der Anwendung nehmen Sie die Einstellungen für die Elemente und Ereignisse vor, die Sie nachverfolgen bzw. testen möchten

Dieser Dialog erlaubt Ihnen zu bestimmen, welche Ereigniskategorie im Ausgabefenster protokolliert werden soll. Die verschiedenen Ereignisse sind dabei in Gruppen eingeteilt. Durch die Kontrollkästchen im Bereich *Testeinstellungen für Ereignisse* wählen Sie die zu protokollierenden aus. Im darunter liegenden Bereich bestimmen Sie, ob die Ereignisse nur für das Formular, nur für die Testkomponente oder für beide ausgegeben werden sollen.

In der Rubrik *Einstellungen für das Testformular* bestimmen Sie, mit welchen Attributen Sie das Testformular ausstatten möchten. Diese Optionen repräsentieren die wichtigsten Eigenschaften, die Sie auch zur Entwurfszeit für ein Formular einstellen können.

Wählen Sie nun bitte die Einstellungen so aus, wie Sie sie auch in Abbildung 7.21 sehen können. Klicken Sie anschließend auf die Schaltfläche *Testform mit TestControl* erzeugen.

Sie sehen anschließend ein Formular mit einer wunderschönen, selbst gestrickten Komponente, wie Sie auch in Abbildung 7.22 zu sehen ist.

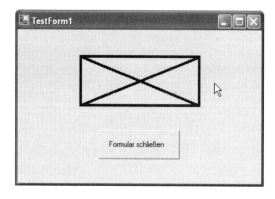

*Abbildung 7.22:* Mit diesem Testformular und seiner benutzerdefinierten Komponente können Sie Ihre Experimente durchführen

Und jetzt toben Sie sich aus! Bewegen Sie das Formular über den Bildschirm. Fahren Sie mit dem Mauszeiger über Formular und Komponenten. Vergrößern und verkleinern Sie das Formular. Wechseln Sie mit der Tabulator-Taste den Fokus der beiden Komponenten. Klicken Sie in das Formular. Halten Sie den Mausknopf über dem Formular gedrückt, und bewegen Sie dabei die Maus.

Wann immer Sie Aktionen durchführen, sehen Sie im Ausgabefenster eine entsprechende Kommentierung dazu, wie etwa in folgendem Protokollauszug zu sehen:

```
'FormEventChain.exe': 'c:\windows\assembly\gac\system.xml\1.0.5000.0__b77a5c561934e089\system.xml.dll' geladen, keine
Symbole geladen.
FormEventChain.frmTest, Text: frmTest: OnLayout: AffectedControl=FormEventChain.frmTest, Text: frmTest;
AffectedProperty=Bounds
FormEventChain.frmTest, Text: frmTest: OnLayout: AffectedControl=FormEventChain.frmTest, Text: frmTest;
AffectedProperty=Bounds
FormEventChain.frmTest, Text: TestForm1: OnLayout: AffectedControl=; AffectedProperty=
FormEventChain.TestControl: OnLayout: AffectedControl=FormEventChain.TestControl; AffectedProperty=Bounds
FormEventChain.TestControl: OnLayout: AffectedControl=FormEventChain.TestControl; AffectedProperty=Bounds
FormEventChain.frmTest, Text: TestForm1: OnLayout: AffectedControl=FormEventChain.TestControl; AffectedProperty=Parent
FormEventChain.frmTest, Text: TestForm1: OnLayout: AffectedControl=System.Windows.Forms.Button, Text: Formular
&schließen; AffectedProperty=Parent
FormEventChain.frmTest, Text: TestForm1: OnHandleCreated
FormEventChain.frmTest, Text: TestForm1: OnActivated
FormEventChain.frmTest, Text: TestForm1: OnInvalidated: InvalidRect={X=0,Y=0,Width=390,Height=236}
FormEventChain.TestControl: OnHandleCreated
FormEventChain.TestControl: OnCreateControl
FormEventChain.frmTest, Text: TestForm1: OnLoad
FormEventChain.frmTest, Text: TestForm1: OnCreateControl
FormEventChain.frmTest, Text: TestForm1: OnLayout: AffectedControl=; AffectedProperty=
FormEventChain.frmTest, Text: TestForm1: OnPaintBackground:{X=0,Y=0,Width=390,Height=236}
FormEventChain.TestControl: OnInvalidated: InvalidRect={X=0,Y=0,Width=195,Height=79}
FormEventChain.TestControl: SetVisibleCore: value=True
FormEventChain.frmTest, Text: TestForm1: OnPaint:{X=0,Y=0,Width=390,Height=236}
FormEventChain.TestControl: OnPaintBackground:{X=0,Y=0,Width=195,Height=79}
FormEventChain.TestControl: OnPaint:{X=0,Y=0,Width=195,Height=79}
FormEventChain.TestControl: OnInvalidated: InvalidRect={X=0,Y=0,Width=195,Height=79}
FormEventChain.TestControl: OnPaintBackground:{X=0,Y=0,Width=195,Height=79}
FormEventChain.TestControl: OnPaint:{X=0,Y=0,Width=195,Height=79}
'FormEventChain.exe':
'c:\windows\assembly\gac\microsoft.visualbasic\7.0.5000.0__b03f5f7f11d50a3a\microsoft.visualbasic.dll' geladen, keine
Symbole geladen.
FormEventChain.frmTest, Text: TestForm1: OnDeactivate
FormEventChain.frmTest, Text: TestForm1: OnHandleDestroyed
FormEventChain.TestControl: OnHandleDestroyed
FormEventChain.TestControl: Dispose
FormEventChain.frmTest, Text: : Dispose
```

Es ist interessant zu sehen, wie die einzelnen Ereignisse sich gegenseitig bedingen, finden Sie nicht?

Noch interessanter ist, welche Ereignisse mit welchen Prozeduren abgefangen werden können. Prinzipiell spielt es natürlich keine Rolle, ob Sie ein Ereignis als Event im Sinne eines .NET-Framework-Events behandeln oder, wenn es im Kontext möglich ist, eine entsprechende Prozedur durch Überschreiben verwenden. Zu diesem Zweck sollen Ihnen die folgenden Seiten dienen, die das kommentierte Listing enthalten. Es ist gemäß den Kategorien der Ereignisse in verschiedene Sektionen unterteilt, die auch mit entsprechenden Überschriften versehen sind. Dadurch können Sie dieses Listing auch als Nachschlagewerk verwenden, wenn Sie später, beim Entwickeln Ihrer eigenen Komponenten und Anwendungen, schnell eine geeignete Ereignisroutine finden müssen.

**HINWEIS:** Die Definitionszeilen der einzelnen Prozeduren sind fett formatiert, damit Sie sie leichter im Listing erkennen können. Darüber hinaus sind die Prozeduren – soweit möglich – nach der Reihenfolge ihres Auftretens innerhalb der einzelnen Kategorien sortiert.

Auch wenn das Abdrucken beider Teile – der des Formulars und der der *Control*-Klasse – auf den ersten Blick doppelt und damit überflüssig erscheint: Formulare und *Controls* lösen in gleichen Situationen oft verschiedene Ereignisse aus – das ist der Grund.

Die Kommentare sind zu Gunsten der leichteren Lesbarkeit im folgenden Listing in normalen Fließtext umgewandelt worden. Im Code selbst finden Sie die Kommentare in gleichem Wortlaut als Kommentarzeilen.

### Kategorie Erstellen und Zerstören des Formulars

```
'*****************************************************
'Erstellen, Aktivieren, Deaktivieren und Zerstören
'*****************************************************
```

**OnHandleCreated:** Wird aufgerufen, nachdem das *Window-Handle* für die Formular-Instanz erstellt wurde. Ab diesem Zeitpunkt ist das Formular von der Nachrichtenwarteschlange erkennbar.

```
Protected Overrides Sub OnHandleCreated(ByVal e As System.EventArgs)
    MyBase.OnHandleCreated(e)
    If myShowCreationDestroy Then
        Debug.WriteLine(Me.ToString + ": OnHandleCreated")
    End If
End Sub
```

**OnLoad:** Tritt ein, kurz bevor die Formular-Instanz das erste Mal sichtbar wird. Sie haben hier die Möglichkeit, Initialisierungen für das Formular vorzunehmen. Beachten Sie, dass das Fokussieren von Steuerelementen zu dieser Zeit noch nicht funktioniert und eine Ausnahme auslösen würde.

```
Protected Overrides Sub OnLoad(ByVal e As System.EventArgs)
    MyBase.OnLoad(e)
    If myShowCreationDestroy Then
        Debug.WriteLine(Me.ToString + ": OnLoad")
    End If
End Sub
```

**OnCreateControl:** Tritt ein, nachdem die Framework-seitigen Ressourcen für das Formular erstellt wurden. Die Basisfunktion muss in den Framework-Versionen 1.0 und 1.1 nicht notwendigerweise aufgerufen werden; aus Aufwärtskompatibilitätsgründen sollte es aber dennoch passieren.

```
Protected Overrides Sub OnCreateControl()
    MyBase.OnCreateControl()
    If myShowCreationDestroy Then
        Debug.WriteLine(Me.ToString + ": OnCreateControl")
    End If
End Sub
```

**OnActivated:** Wird aufgerufen, wenn das Formular aktiviert wurde. Bei einem Formular wird diese Funktion aufgerufen, wenn es zum zuoberst liegenden wird – entweder durch Benutzerklick auf das Formular, oder, da es das Hauptfenster der Anwendung ist, dadurch, dass die Anwendung gestartet oder aktiviert wurde.

```
Protected Overrides Sub OnActivated(ByVal e As System.EventArgs)
    MyBase.OnActivated(e)
    If myShowCreationDestroy Then
        Debug.WriteLine(Me.ToString + ": OnActivated")
    End If
End Sub
```

**SetVisibleCore:** Wird aufgerufen, um einer ableitenden Klasse beim Initialisierungsvorgang die Möglichkeit zu geben, die Sichtbarkeit (durch die *Visible*-Eigenschaft gesteuert) zu ändern. Eigentlich ist diese Routine kein richtiges Ereignis, sondern nur die ausführende Unterfunktion einer Eigenschaft.

```
Protected Overrides Sub SetVisibleCore(ByVal value As Boolean)
    MyBase.SetVisibleCore(value)
    If myShowCreationDestroy Then
        Debug.WriteLine(String.Format(Me.ToString + ": SetVisibleCore: value={0}", value))
    End If
End Sub
```

**OnClosing:** Wird aufgerufen, wenn der Schließen-Vorgang des Formulars beginnt. Sie können das Schließen verhindern, indem Sie die *Cancel*-Eigenschaft von *e* auf *True* setzen.

```
Protected Overrides Sub OnClosing(ByVal e As System.ComponentModel.CancelEventArgs)
    MyBase.OnClosing(e)
    If myShowCreationDestroy Then
        Debug.WriteLine(Me.ToString + ": OnClosing")
    End If
End Sub
```

**OnClosed:** Wird aufgerufen, wenn das Formular geschlossen wurde.

```
Protected Overrides Sub OnClosed(ByVal e As System.EventArgs)
    MyBase.OnClosed(e)
    If myShowCreationDestroy Then
        Debug.WriteLine(Me.ToString + ": OnClosed")
    End If
End Sub
```

**OnDeactivate:** Wird aufgerufen, wenn das Formular deaktiviert wurde.

```
Protected Overrides Sub OnDeactivate(ByVal e As System.EventArgs)
    MyBase.OnDeactivate(e)
    If myShowCreationDestroy Then
        Debug.WriteLine(Me.ToString + ": OnDeactivate")
    End If
End Sub
```

**OnHandleDestroyed:** Wird aufgerufen, wenn das *Window-Handle* des Formulars zerstört wurde.

```
Protected Overrides Sub OnHandleDestroyed(ByVal e As System.EventArgs)
    MyBase.OnHandleDestroyed(e)
    If myShowCreationDestroy Then
        Debug.WriteLine(Me.ToString + ": OnHandleDestroyed")
    End If
End Sub
```

**Dispose:** Das Formular überschreibt den Löschvorgang der Basisklasse, um Komponenten zu bereinigen. Diese Routine wird in der Regel durch den Formular-Designer implementiert.

```
Protected Overloads Overrides Sub Dispose(ByVal disposing As Boolean)
    If disposing Then
        If Not (components Is Nothing) Then
            components.Dispose()
        End If
    End If
    MyBase.Dispose(disposing)
    If myShowCreationDestroy Then
        Debug.WriteLine(Me.ToString + ": Dispose")
    End If
End Sub
```

### Kategorie Mausereignisse des Formulars

```
'********************************************************
'Mausereignisse
'********************************************************
```

**OnMouseDown:** Wird aufgerufen, wenn ein Mausbutton gedrückt wird und sich die Maus über einem Bereich des Formulars, aber nicht über einem *ChildWindow*-Bereich (andere Komponente) befindet.

```
Protected Overrides Sub OnMouseDown(ByVal e As System.Windows.Forms.MouseEventArgs)
    MyBase.OnMouseDown(e)
    If myShowMouse Then
        Debug.WriteLine(String.Format( _
            Me.ToString + ": OnMouseDown: x={0}; y={1}; delta={2}; button={3}; clicks={4}" _
            , e.X, e.Y, e.Delta, e.Button, e.Clicks))
    End If
End Sub
```

**OnClick:** Wird aufgerufen, wenn ein Mausklick mit der linken Maustaste über einem Bereich des Formulars, aber nicht über einem *ChildWindow*-Bereich (andere Komponente) durchgeführt wird.

```
Protected Overrides Sub OnClick(ByVal e As System.EventArgs)
    MyBase.OnClick(e)
    If myShowMouse Then
        Debug.WriteLine(Me.ToString + ": OnClick")
    End If
End Sub
```

**OnDoubleClick:** Wird aufgerufen, wenn ein Doppelklick mit der linken Maustaste über einem Bereich des Formulars, aber nicht über einem *ChildWindow*-Bereich (andere Komponente) durchgeführt wird.

```
Protected Overrides Sub OnDoubleClick(ByVal e As System.EventArgs)
    MyBase.OnDoubleClick(e)
    If myShowMouse Then
        Debug.WriteLine(Me.ToString + ": OnDoubleClick")
    End If
End Sub
```

**OnMouseUp:** Wird aufgerufen, wenn ein Mausbutton losgelassen wird und sich die Maus über einem Bereich des Formulars, aber nicht über einem *ChildWindow*-Bereich (andere Komponente) befindet.

```
Protected Overrides Sub OnMouseUp(ByVal e As System.Windows.Forms.MouseEventArgs)
    MyBase.OnMouseUp(e)
    If myShowMouse Then
        Debug.WriteLine(String.Format( _
            Me.ToString + ": OnMouseUp: x={0}; y={1}; delta={2}; button={3}; clicks={4}" _
            , e.X, e.Y, e.Delta, e.Button, e.Clicks))
    End If
End Sub
```

**OnMouseEnter:** Wird aufgerufen, wenn der Mauszeiger den Bereich des Formulars, aber nicht einen *ChildWindow*-Bereich (andere Komponente) betritt.

```
Protected Overrides Sub OnMouseEnter(ByVal e As System.EventArgs)
    MyBase.OnMouseEnter(e)
    If myShowMouse Then
        Debug.WriteLine(Me.ToString + ": OnMouseEnter:" + e.ToString)
    End If
End Sub
```

**OnMouseHover:** Wird aufgerufen, wenn der Mauszeiger das erste Mal nach dem Betreten des Formularbereichs zur Ruhe gekommen ist.

```
Protected Overrides Sub OnMouseHover(ByVal e As System.EventArgs)
    MyBase.OnMouseHover(e)
    If myShowMouse Then
        Debug.WriteLine(Me.ToString + ": OnMouseHover:" + e.ToString)
    End If
End Sub
```

**OnMouseMove:** Wird aufgerufen, wenn der Mauszeiger über dem Bereich des Formulars, aber nicht über einem *ChildWindow*-Bereich (andere Komponente) bewegt wird.

```
Protected Overrides Sub OnMouseMove(ByVal e As System.Windows.Forms.MouseEventArgs)
    MyBase.OnMouseMove(e)
    If myShowMouse Then
        Debug.WriteLine(String.Format( _
            Me.ToString + ": OnMouseMove: x={0}; y={1}; delta={2}; button={3}; clicks={4}" _
            , e.X, e.Y, e.Delta, e.Button, e.Clicks))
    End If
End Sub
```

**OnMouseLeave:** Wird aufgerufen, wenn der Mauszeiger den Bereich des Formulars verlässt.

```
Protected Overrides Sub OnMouseLeave(ByVal e As System.EventArgs)
    MyBase.OnMouseLeave(e)
    If myShowMouse Then
        Debug.WriteLine(Me.ToString + ": OnMouseLeave:" + e.ToString)
    End If
End Sub
```

**OnMouseWheel:** Wird aufgerufen, wenn das Mausrad über dem Bereich des Formulars bewegt wird. Dieses Ereignis wird für alle untergeordneten Komponenten (*ChildWindows*) ebenfalls ausgelöst!

```
Protected Overrides Sub OnMouseWheel(ByVal e As System.Windows.Forms.MouseEventArgs)
    MyBase.OnMouseWheel(e)
    If myShowMouse Then
        Debug.WriteLine(String.Format( _
            Me.ToString + ": OnMouseWheel: x={0}; y={1}; delta={2}; button={3}; clicks={4}" _
            , e.X, e.Y, e.Delta, e.Button, e.Clicks))
    End If
End Sub
```

## Kategorie Tastaturereignisse des Formulars

```
'*******************************************************
'Tastatur
'*******************************************************
```

**OnKeyDown:** Wird aufgerufen, wenn eine Taste gedrückt wird. Wird allerdings nicht aufgerufen, wenn es eine weitere, fokussierte Komponente im Formular gibt und die *KeyPreview*-Eigenschaft auf *False* gesetzt wurde bzw. die überschriebene *ProcessKeyPreview*-Methode (s.u.) das Ereignis schon verarbeitet hat.

```
Protected Overrides Sub OnKeyDown(ByVal e As System.Windows.Forms.KeyEventArgs)
    MyBase.OnKeyDown(e)
    If myShowKeyboard Then
        Debug.WriteLine(String.Format( _
            Me.ToString + ": OnkeyDown: KeyCode={0}; KeyData={1}; KeyValue={2}; Modifiers={3}", _
            e.KeyCode, e.KeyData, e.KeyValue, e.Modifiers))
    End If
End Sub
```

**OnKeyPress:** Wird aufgerufen, wenn eine Taste gedrückt wird; wird nicht aufgerufen, wenn eine Steuerungstaste (wie Strg oder Shift) alleine oder in Kombination mit einer anderen gedrückt wird. Diese Prozedur wird auch dann nicht aufgerufen, wenn es eine weitere, fokussierte Komponente im Formular gibt und die *KeyPreview*-Eigenschaft auf *False* gesetzt wurde bzw. die überschriebene *ProcessKeyPreview*-Methode (s.u.) das Ereignis schon verarbeitet hat.

```
Protected Overrides Sub OnKeyPress(ByVal e As System.Windows.Forms.KeyPressEventArgs)
    MyBase.OnKeyPress(e)
    If myShowKeyboard Then
        Debug.WriteLine(String.Format( _
            Me.ToString + ": OnKeyPress: KeyChar={0}", _
            e.KeyChar))
    End If
End Sub
```

**OnKeyUp:** Wird aufgerufen, wenn eine Taste wieder losgelassen wird. Diese Prozedur wird nicht aufgerufen, wenn es eine weitere, fokussierte Komponente im Formular gibt und die *KeyPreview*-Eigenschaft auf *False* gesetzt wurde bzw. die überschriebene *ProcessKeyPreview*-Methode (s.u) das Ereignis schon verarbeitet hat.

```
Protected Overrides Sub OnKeyUp(ByVal e As System.Windows.Forms.KeyEventArgs)
    MyBase.OnKeyUp(e)
    If myShowKeyboard Then
        Debug.WriteLine(String.Format( _
            Me.ToString + ": OnKeyUp: KeyCode={0}; KeyData={1}; KeyValue={2}; Modifiers={3}", _
            e.KeyCode, e.KeyData, e.KeyValue, e.Modifiers))
    End If
End Sub
```

## Kategorie Position und Größe des Formulars

```
'*******************************************************
'Größe und Position
'*******************************************************
```

**OnMove:** Wird aufgerufen, wenn die Formularposition verändert wird. Diese Methode wird kontinuierlich aufgerufen, während der Anwender das Formular verschiebt und die Anzeigeneinstellung so vorgenommen wurde, dass der Fensterinhalt beim Ziehen mit verschoben wird.

```
Protected Overrides Sub OnMove(ByVal e As System.EventArgs)
    MyBase.OnMove(e)
    If myShowPositioning Then
        Debug.WriteLine(Me.ToString + ": OnMove:" + e.ToString)
    End If
End Sub
```

**OnLocationChanged:** Wird aufgerufen, wenn sich die Position des Formulars verändert hat. Diese Methode wird leider ebenfalls kontinuierlich aufgerufen, wenn die Anzeigeneinstellung so vorgenommen wurde, dass der Fensterinhalt beim Ziehen mit verschoben wird, so dass ein Ende der Verschiebeaktion hiermit nicht festgestellt werden kann. Um das zu erreichen, müssten Sie *WndProc* überschreiben und die empfangene Nachricht dort auf *WM_EXITSIZEMOVE* überprüfen. Ein Beispiel dazu finden Sie in ▶ Kapitel 8.

```
Protected Overrides Sub OnLocationChanged(ByVal e As System.EventArgs)
    MyBase.OnLocationChanged(e)
    If myShowPositioning Then
        Debug.WriteLine(Me.ToString + ": OnLocationChanged:" + e.ToString)
    End If
End Sub
```

**OnResize:** Wird aufgerufen, wenn die Formulargröße verändert wird. Diese Methode wird kontinuierlich aufgerufen, während der Anwender das Formular vergrößert oder verkleinert und die Anzeigeneinstellung so vorgenommen wurde, dass der Fensterinhalt beim Ziehen mit verschoben wird.

```
Protected Overrides Sub OnResize(ByVal e As System.EventArgs)
    MyBase.OnResize(e)
    If myShowPositioning Then
        Debug.WriteLine(Me.ToString + ": OnResize:" + e.ToString)
    End If
End Sub
```

**OnSizeChanged:** Wird aufgerufen, wenn sich die Größe des Formulars verändert hat. Diese Methode wird leider ebenfalls kontinuierlich aufgerufen, wenn die Anzeigeneinstellung so vorgenommen wurde, dass der Fensterinhalt beim Ziehen mit verschoben wird, so dass ein Abschluss der Größenänderung hiermit nicht festgestellt werden kann. Um das zu erreichen, müssten Sie *WndProc* überschreiben und die empfangene Nachricht dort auf den Wert *WM_EXITSIZEMOVE* überprüfen. Ein Beispiel dazu finden Sie in ▶ Kapitel 8.

```
Protected Overrides Sub OnSizeChanged(ByVal e As System.EventArgs)
    MyBase.OnSizeChanged(e)
    If myShowPositioning Then
        Debug.WriteLine(Me.ToString + ": OnSizeChanged:" + e.ToString)
    End If
End Sub
```

## Kategorie Anordnen der Komponenten und Neuzeichnen des Formulars

```
'********************************************************
'Anordnen und Neuzeichnen
'********************************************************
```

**OnInvalidated:** Wird aufgerufen, wenn eine Entität das Neuzeichnen des Formularinhalts mit *Invalidate* anfordert. *Invalidate* sollte in der Regel von *OnResize* aufgerufen werden, wenn der Inhalt des Fensters in Abhängigkeit von der Fenstergröße komplett neu gezeichnet werden muss. Ausgenommen sind Änderungen am Verhalten durch *SetStyle* (▶ Kapitel 8).

```
Protected Overrides Sub OnInvalidated(ByVal e As System.Windows.Forms.InvalidateEventArgs)
    MyBase.OnInvalidated(e)
    If myShowRepaintAndLayout Then
        Debug.WriteLine(String.Format( _
            Me.ToString + ": OnInvalidated: InvalidRect={0}", _
            e.InvalidRect))
    End If
End Sub
```

**OnLayout:** Wird aufgerufen, wenn das Formular anzeigt, dass seine beinhaltenden Steuerelemente aus irgendwelchen Gründen neu angeordnet werden müssen.

**HINWEIS:** Für Änderungen an einem Steuerelement, z. B. Größenänderungen, Ein- oder Ausblenden sowie Hinzufügen oder Entfernen untergeordneter Steuerelemente ist es notwendig, dass das Layout der untergeordneten Steuerelemente vom Steuerelement festgelegt wird. Der diesem Ereignis mitgegebene Parameter *LayoutEventArgs* gibt das geänderte untergeordnete Steuerelement und die davon betroffene Eigenschaft an. Wenn z. B. ein Steuerelement seit dem letzten Layoutvorgang sichtbar gemacht wurde, ist davon die *Visible*-Eigenschaft betroffen. Die *AffectedControl*- und *AffectedProperty*-Eigenschaften werden auf *Nothing* festgelegt, wenn beim Aufruf der *PerformLayout*-Methode keine Werte bereitgestellt wurden. Dieses Ereignis erfolgt nicht, wenn das Formular das Layout-Ereignis mit *SuspendLayout* außer Kraft gesetzt hat.

```
Protected Overrides Sub OnLayout(ByVal levent As System.Windows.Forms.LayoutEventArgs)
    MyBase.OnLayout(levent)
    If myShowRepaintAndLayout Then
        Debug.WriteLine(String.Format( _
            Me.ToString + ": OnLayout: AffectedControl={0}; AffectedProperty={1}", _
            levent.AffectedControl, levent.AffectedProperty))
    End If
End Sub
```

**OnPaintBackground:** Wird aufgerufen, wenn der Hintergrund des Formulars neu gezeichnet werden muss. Das *Graphics*-Objekt, das mit dem Parameter vom Typ *PaintEventArgs* dem Ereignis übergeben wird, ist ausschließlich auf den Bereich geclipped, der neu gezeichnet werden muss. Wenn durch die Vergrößerung des Fensters der Fensterinhalt komplett neu gezeichnet werden muss, dann sollte *OnResize* bzw. das *Resize*-Ereignis die Methode *Invalidate* aufrufen, damit den Paint-Ereignissen ein ungeclippter Bereich für das Neuzeichnen des kompletten Inhalts übergeben wird. Beispiele dafür gibt es auch in ▶ Kapitel 8.

```
Protected Overrides Sub OnPaintBackground(ByVal pevent As System.Windows.Forms.PaintEventArgs)
    MyBase.OnPaintBackground(pevent)
    If myShowRepaintAndLayout Then
        Debug.WriteLine(Me.ToString + ": OnPaintBackground:" + pevent.ClipRectangle.ToString)
    End If
End Sub
```

**OnPaint:** Wird aufgerufen, wenn der Fensterinhalt neu gezeichnet werden muss. Das *Graphics*-Objekt, das mit dem Parameter vom Typ *PaintEventArgs* dem Ereignis übergeben wird, ist ausschließlich auf den Bereich *geclipped*, der neu gezeichnet werden muss. Wenn durch die Vergrößerung des Fensters der Fensterinhalt komplett neu gezeichnet werden muss, dann sollte *OnResize* bzw. das *Resize*-Ereignis die Methode *Invalidate* aufrufen, damit den *Paint*-Ereignissen ein ungeclippter Bereich für das Neuzeichnen des kompletten Inhalts übergeben wird. Beispiele dafür gibt es auch in ▶ Kapitel 8.

```
Protected Overrides Sub OnPaint(ByVal e As System.Windows.Forms.PaintEventArgs)
    MyBase.OnPaint(e)
    If myShowRepaintAndLayout Then
        Debug.WriteLine(Me.ToString + ": OnPaint:" + e.ClipRectangle.ToString)
    End If
End Sub
```

## Kategorie Fokussierung des Formulars

```
'********************************************************
'Fokussierung
'********************************************************
```

**OnEnter:** Wird aufgerufen, wenn das Formular aktiviert wird, aber nur, wenn es mindestens eine weitere Komponente beinhaltet, die den Fokus beim Aktivieren bekommen kann.

```
Protected Overrides Sub OnEnter(ByVal e As System.EventArgs)
    MyBase.OnEnter(e)
    If myShowFocussing Then
        Debug.WriteLine(Me.ToString + ": OnEnter:" + e.ToString)
    End If
End Sub
```

**OnGotFocus:** Wird aufgerufen, wenn das Formular aktiviert wird, aber nur, wenn es kein weiteres *Control* beinhaltet, das den Fokus beim Aktivieren bekommen könnte.

```
Protected Overrides Sub OnGotFocus(ByVal e As System.EventArgs)
    MyBase.OnLostFocus(e)
    If myShowFocussing Then
        Debug.WriteLine(Me.ToString + ": OnGotFocus:" + e.ToString)
    End If
End Sub
```

**OnLostFocus:** Wird aufgerufen, wenn das Formular deaktiviert wird (zum Beispiel, weil ein anderes Fenster in den Vordergrund geklickt wurde), aber nur, wenn es keine weitere Komponente beinhaltet, die den Fokus beim Deaktivieren verlieren könnte.

```
Protected Overrides Sub OnLostFocus(ByVal e As System.EventArgs)
    MyBase.OnLostFocus(e)
    If myShowFocussing Then
        Debug.WriteLine(Me.ToString + ": OnLostFocus:" + e.ToString)
    End If
End Sub
```

**OnLeave:** Wird aufgerufen, wenn das Formular deaktiviert wird, aber nur, wenn es mindestens eine weitere Komponente beinhaltet, die den Fokus beim Deaktivieren verlieren kann.

```
Protected Overrides Sub OnLeave(ByVal e As System.EventArgs)
    MyBase.OnLeave(e)
    If myShowFocussing Then
        Debug.WriteLine(Me.ToString + ": OnLeave:" + e.ToString)
    End If
End Sub
```

## Kategorie Tastaturvorverarbeitungsnachrichten des Formulars

```
'********************************************************
'Nachrichtenverarbeitung
'********************************************************
```

**ProcessCmdKey:** Wird ausgelöst, wenn eine Befehlstaste (z.B. ALT+Anfangsbuchstabe) gedrückt wurde.

```
Protected Overrides Function ProcessCmdKey(ByRef msg As System.Windows.Forms.Message, _
                        ByVal keyData As System.Windows.Forms.Keys) As Boolean
    If myShowPreProcessing Then
        Debug.WriteLine(Me.ToString + ": ProcessCmdKey:" + _
            msg.ToString + ": KeyData: " + keyData.ToString)
    End If
    'Wenn Ihre Instanz eine Nachricht verarbeitet hat, dann geben Sie
    'True als Funtionsergebnis zurück, sonst False. Die Basis rufen Sie nur
    'auf (dann aber auf jeden Fall!), wenn die Nachricht NICHT verarbeitet wurde.
    Return MyBase.ProcessCmdKey(msg, keyData)
End Function
```

**ProcessDialogChar:** Wird ausgelöst, wenn eine Dialogtaste (auch Steuerungstaste) gedrückt wurde.

```
Protected Overrides Function ProcessDialogChar(ByVal charCode As Char) As Boolean
    If myShowPreProcessing Then
        Debug.WriteLine(Me.ToString + ": ProcessDialogChar: " + charCode)
    End If
    'Wenn Ihre Instanz eine Nachricht verarbeitet hat, dann geben Sie
    'True als Funtionsergebnis zurück, sonst False. Die Basis rufen Sie nur
    'auf (dann aber auf jeden Fall!), wenn die Nachricht NICHT verarbeitet wurde.
    Return MyBase.ProcessDialogChar(charCode)
End Function
```

**ProcessDialogKey:** Wird ausgelöst, wenn eine Dialog-Taste (aber keine Steuerungstaste) gedrückt wurde.

```
Protected Overrides Function ProcessDialogKey(ByVal keyData As System.Windows.Forms.Keys) As Boolean
    If myShowPreProcessing Then
        Debug.WriteLine(Me.ToString + ": ProcessDialogKey:" + _
            ": KeyData: " + keyData.ToString)
    End If
    'Wenn Ihre Instanz eine Nachricht verarbeitet hat, dann geben Sie
    'True als Funtionsergebnis zurück, sonst False. Die Basis rufen Sie nur
    'auf (dann aber auf jeden Fall!), wenn die Nachricht NICHT verarbeitet wurde.
    Return MyBase.ProcessDialogKey(keyData)
End Function
```

**ProcessKeyPreview:** Wird bei jedem Tastenereignis des Formulars ausgelöst und regelt bei Formularen, ob in Abhängigkeit der *KeyPreview*-Eigenschaft Tastatur-Ereignis-Prozeduren aufgerufen werden.

```
Protected Overrides Function ProcessKeyPreview(ByRef m As System.Windows.Forms.Message) As Boolean
    If myShowPreProcessing Then
        Debug.WriteLine(Me.ToString + ": ProcessKeyPreview:" + m.ToString)
    End If
    'Wenn Ihre Instanz eine Nachricht verarbeitet hat, dann geben Sie
    'True als Funtionsergebnis zurück, sonst False. Die Basis rufen Sie nur
    'auf (dann aber auf jeden Fall!), wenn die Nachricht NICHT verarbeitet wurde
    Return False
End Function
```

**WndProc:** Wird bei jeder Nachricht aufgerufen, die das Fenster in irgendeiner Form betreffen. Um erweiterte Ereignisse selbst auszulösen, überschreiben Sie diese Prozedur. Rufen Sie die Basisfunktion im Anschluss nur dann auf, wenn Sie möchten, dass die Nachrichten, die Sie bereits verarbeitet haben, von der Basisklasse auch verarbeitet werden sollen.

```
Protected Overrides Sub WndProc(ByRef m As System.Windows.Forms.Message)
    If myShowWndProcMessages Then
        Console.WriteLine(m)
    End If
    MyBase.WndProc(m)
End Sub
```

## Kategorie Erstellen/Zerstören des Controls (des Steuerelementes)

**OnHandleCreated:** Wird aufgerufen, nachdem das *Window-Handle* für die *Control*-Instanz erstellt wurde.

```
Protected Overrides Sub OnHandleCreated(ByVal e As System.EventArgs)
    MyBase.OnHandleCreated(e)
    If myShowCreationDestroy Then
        Debug.WriteLine(Me.ToString + ": OnHandleCreated")
    End If
End Sub
```

**OnCreateControl:** Tritt ein, nachdem die Framework-seitigen Ressourcen für das *Control* erstellt wurden. Die Basisfunktion muss in den Framework-Versionen 1.0 und 1.1 nicht notwendigerweise aufgerufen werden; aus Aufwärtskompatibilitätsgründen sollte das aber dennoch passieren.

```
Protected Overrides Sub OnCreateControl()
    MyBase.OnCreateControl()
    If myShowCreationDestroy Then
        Debug.WriteLine(Me.ToString + ": OnCreateControl")
    End If
End Sub
```

**OnHandleDestroyed:** Wird aufgerufen, wenn das *Window-Handle* zerstört wurde.

```
Protected Overrides Sub OnHandleDestroyed(ByVal e As System.EventArgs)
    MyBase.OnHandleDestroyed(e)
    If myShowCreationDestroy Then
        Debug.WriteLine(Me.ToString + ": OnHandleDestroyed")
    End If
End Sub
```

**Dispose:** Wird aufgerufen, wenn das *Control* entweder durch den Garbage Collector oder durch *Dispose* des einbindenden *Controls*/Formulars entsorgt wird.

```
Protected Overloads Overrides Sub Dispose(ByVal disposing As Boolean)
    MyBase.Dispose(disposing)
    If myShowCreationDestroy Then
        Debug.WriteLine(Me.ToString + ": Dispose")
    End If
End Sub
```

## Kategorie Mausereignisse des Controls

```
'*******************************************************
'Mausereignisse
'*******************************************************
```

**OnMouseDown:** Wird aufgerufen, wenn ein Mausbutton gedrückt wird und sich die Maus über einem Bereich des *Controls*, aber nicht über einem *ChildWindow*-Bereich (andere Komponente) befindet.

```
Protected Overrides Sub OnMouseDown(ByVal e As System.Windows.Forms.MouseEventArgs)
    MyBase.OnMouseDown(e)
    If myShowMouse Then
        Debug.WriteLine(String.Format( _
            Me.ToString + ": OnMouseDown: x={0}; y={1}; delta={2}; button={3}; clicks={4}" _
            , e.X, e.Y, e.Delta, e.Button, e.Clicks))
    End If
End Sub
```

**OnClick:** Wird aufgerufen, wenn ein Mausklick mit der linken Maustaste über einem Bereich des *Controls*, aber nicht über einem *ChildWindow*-Bereich (andere Komponente) durchgeführt wird.

```
Protected Overrides Sub OnClick(ByVal e As System.EventArgs)
    MyBase.OnClick(e)
    If myShowMouse Then
        Debug.WriteLine(Me.ToString + ": OnClick")
    End If
End Sub
```

**OnDoubleClick:** Wird aufgerufen, wenn ein Doppelklick mit der linken Maustaste über einem Bereich des *Controls*, aber nicht über einem *ChildWindow*-Bereich (andere Komponente) durchgeführt wird.

```
Protected Overrides Sub OnDoubleClick(ByVal e As System.EventArgs)
    MyBase.OnDoubleClick(e)
    If myShowMouse Then
        Debug.WriteLine(Me.ToString + ": OnDoubleClick")
    End If
End Sub
```

**OnMouseUp:** Wird aufgerufen, wenn ein Mausbutton losgelassen wird und sich die Maus über einem Bereich des *Controls*, aber nicht über einem *ChildWindow*-Bereich (andere Komponente) befindet.

```
Protected Overrides Sub OnMouseUp(ByVal e As System.Windows.Forms.MouseEventArgs)
    MyBase.OnMouseUp(e)
    If myShowMouse Then
        Debug.WriteLine(String.Format( _
            Me.ToString + ": OnMouseUp: x={0}; y={1}; delta={2}; button={3}; clicks={4}" _
                         , e.X, e.Y, e.Delta, e.Button, e.Clicks))
    End If
End Sub
```

**OnMouseEnter:** Wird aufgerufen, wenn der Mauszeiger den Bereich des *Controls*, aber nicht einen *ChildWindow*-Bereich (andere Komponente) betritt.

```
Protected Overrides Sub OnMouseEnter(ByVal e As System.EventArgs)
    MyBase.OnMouseEnter(e)
    If myShowMouse Then
        Debug.WriteLine(Me.ToString + ": OnMouseEnter:" + e.ToString)
    End If
End Sub
```

**OnMouseHover:** Wird aufgerufen, wenn der Mauszeiger das erste Mal nach dem Betreten des *Control*-Bereichs zur Ruhe gekommen ist.

```
Protected Overrides Sub OnMouseHover(ByVal e As System.EventArgs)
    MyBase.OnMouseHover(e)
    If myShowMouse Then
        Debug.WriteLine(Me.ToString + ": OnMouseHover:" + e.ToString)
    End If
End Sub
```

**OnMouseMove:** Wird aufgerufen, wenn der Mauszeiger über dem Bereich des *Controls*, aber nicht über einem *ChildWindow*-Bereich (andere Komponente) bewegt wird.

```
Protected Overrides Sub OnMouseMove(ByVal e As System.Windows.Forms.MouseEventArgs)
    MyBase.OnMouseMove(e)
    If myShowMouse Then
        Debug.WriteLine(String.Format( _
            Me.ToString + ": OnMouseMove: x={0}; y={1}; delta={2}; button={3}; clicks={4}" _
            , e.X, e.Y, e.Delta, e.Button, e.Clicks))
    End If
End Sub
```

**OnMouseLeave:** Wird aufgerufen, wenn der Mauszeiger den Bereich des *Controls* verlässt.

```
Protected Overrides Sub OnMouseLeave(ByVal e As System.EventArgs)
    MyBase.OnMouseLeave(e)
    If myShowMouse Then
        Debug.WriteLine(Me.ToString + ": OnMouseLeave:" + e.ToString)
    End If
End Sub
```

**OnMouseWheel:** Wird aufgerufen, wenn das Mausrad bewegt wird. Wichtig: Alle Komponenten des Formulars empfangen dieses Ereignis!

```
Protected Overrides Sub OnMouseWheel(ByVal e As System.Windows.Forms.MouseEventArgs)
    MyBase.OnMouseWheel(e)
    If myShowMouse Then
        Debug.WriteLine(String.Format( _
            Me.ToString + ": OnMouseWheel: x={0}; y={1}; delta={2}; button={3}; clicks={4}" _
            , e.X, e.Y, e.Delta, e.Button, e.Clicks))
    End If
End Sub
```

### Kategorie Tastaturereignisse des Controls

```
'*********************************************************
'Tastatur
'*********************************************************
```

**OnKeyDown:** Wird aufgerufen, wenn eine Taste gedrückt wird und das *Control* den Fokus hat. Fungiert das *Control* als Container (von *Scrollable-* oder *ContainerControl* abgeleitet), verwenden Sie die Tastaturvorverarbeitungsnachrichten-Ereignisse, um die Tastaturereignisse auszuwerten, da sie selbst in diesem Fall nicht ausgelöst werden.

```
Protected Overrides Sub OnKeyDown(ByVal e As System.Windows.Forms.KeyEventArgs)
    MyBase.OnKeyDown(e)
    If myShowKeyboard Then
        Debug.WriteLine(String.Format( _
            Me.ToString + ": OnkeyDown: KeyCode={0}; KeyData={1}; KeyValue={2}; Modifiers={3}", _
            e.KeyCode, e.KeyData, e.KeyValue, e.Modifiers))
    End If
End Sub
```

**OnKeyPress:** Wird aufgerufen, wenn eine Taste gedrückt wird und das *Control* fokussiert ist; wird nicht aufgerufen, wenn eine Steuerungstaste (wie Strg oder Shift) alleine oder in Kombination mit einer anderen gedrückt wird. Fungiert das *Control* als Container (von *Scrollable*- oder *ContainerControl* abgeleitet), verwenden Sie die Tastaturvorverarbeitungsnachrichten-Ereignisse, um die Tastaturereignisse auszuwerten, da sie selbst in diesem Fall nicht ausgelöst werden.

```
Protected Overrides Sub OnKeyPress(ByVal e As System.Windows.Forms.KeyPressEventArgs)
    MyBase.OnKeyPress(e)
    If myShowKeyboard Then
        Debug.WriteLine(String.Format( _
                Me.ToString + ": OnKeyPress: KeyChar={0}", _
                e.KeyChar))
    End If
End Sub
```

**OnKeyUp:** Wird ausgerufen, wenn eine Taste wieder losgelassen wird und das *Control* den Fokus hat. Fungiert das *Control* als Container (von *Scrollable*- oder *ContainerControl* abgeleitet), verwenden Sie die Tastaturvorverarbeitungsnachrichten-Ereignisse, um die Tastaturereignisse auszuwerten, da sie selbst in diesem Fall nicht ausgelöst werden.

```
Protected Overrides Sub OnKeyUp(ByVal e As System.Windows.Forms.KeyEventArgs)
    MyBase.OnKeyUp(e)
    If myShowKeyboard Then
        Debug.WriteLine(String.Format( _
                Me.ToString + ": OnKeyUp: KeyCode={0}; KeyData={1}; KeyValue={2}; Modifiers={3}", _
                e.KeyCode, e.KeyData, e.KeyValue, e.Modifiers))
    End If
End Sub
```

## Kategorie Größe und Position des Controls

```
'*********************************************************
'Größe und Position
'*********************************************************
```

**OnMove:** Wird aufgerufen, wenn die *Control*-Position verändert wird.

```
Protected Overrides Sub OnMove(ByVal e As System.EventArgs)
    MyBase.OnMove(e)
    If myShowPositioning Then
        Debug.WriteLine(Me.ToString + ": OnMove:" + e.ToString)
    End If
End Sub
```

**OnLocationChanged:** Wird aufgerufen, wenn sich die Position des *Controls* verändert hat.

```
Protected Overrides Sub OnLocationChanged(ByVal e As System.EventArgs)
    MyBase.OnLocationChanged(e)
    If myShowPositioning Then
        Debug.WriteLine(Me.ToString + ": OnLocationChanged:" + e.ToString)
    End If
End Sub
```

**OnResize:** Wird aufgerufen, wenn sich die Ausmaße des *Controls* ändern. Wenn das *Control* seinen Inhalt in Abhängigkeit seiner Größe verändert, sollte an dieser Stelle ein Aufruf an *Invalidate* erfolgen, damit das parallel automatisch ausgelöste *Paint*-Ereignis (nur beim Vergrößern) verhindert wird und stattdessen ein neues *Paint*-Ereignis ausgelöst wird, das dann aber in der Lage ist, den Neuaufbau des *gesamten* Client-Bereichs durchzuführen. Hintergrund: Das Standard-*Paint*-Ereignis kann nur die neu zu zeichnenden Bereiche verarbeiten und wird gar nicht ausgelöst, wenn das *Control* nur verkleinert wird (siehe auch ▶ Kapitel 8 und Kapitel 9)

```
Protected Overrides Sub OnResize(ByVal e As System.EventArgs)
    MyBase.OnResize(e)
    If myShowPositioning Then
        Debug.WriteLine(Me.ToString + ": OnResize:" + e.ToString)
    End If
    Invalidate()
End Sub
```

**OnSizeChanged:** Wird aufgerufen, wenn sich die Ausmaße eines *Controls* geändert haben. (siehe auch ▶ Kapitel 8 und Kapitel 9).

```
Protected Overrides Sub OnSizeChanged(ByVal e As System.EventArgs)
    MyBase.OnSizeChanged(e)
    If myShowPositioning Then
        Debug.WriteLine(Me.ToString + ": OnSizeChanged:" + e.ToString)
    End If
End Sub
```

**SetBoundsCore:** Diese Prozedur dient zweierlei Dingen: Zum einen wird sie von der Basisklasse bei jedem Ereignis aufgerufen, das durch das Ändern der Größe oder der Position des *Controls* aufgerufen wird. Klassen, die diese Routine überschreiben, können die Position und Ausmaße des *Controls* durch das Verändern der Parameter auf der anderen Seite reglementieren. Wenn Sie also beispielsweise nicht wollen, dass die Ausmaße des *Controls* eine bestimmte Größe überschreiten, definieren Sie in dieser Funktion für den entsprechenden Parameter einen neuen Wert, bevor Sie die Basisfunktion mit den geänderten Werten aufrufen. Der Parameter *BoundsSpecified* informiert Sie darüber, welcher Parameter durch ein Ereignis geändert wurde. Ein richtiges Beispiel dafür finden Sie in ▶ Kapitel 9.

```
Protected Overrides Sub SetBoundsCore(ByVal x As Integer, ByVal y As Integer, ByVal width As Integer, _
    ByVal height As Integer, ByVal specified As System.Windows.Forms.BoundsSpecified)
    MyBase.SetBoundsCore(x, y, width, height, specified)
    If myShowPositioning Then
        Debug.WriteLine(String.Format( _
            Me.ToString + ": SetBoundsCore: X={0}; y={1}; width={2}; height={3}; specified={4}" _
            , x, y, width, height, specified))
    End If
End Sub
```

**SetClientSize:** Wird aufgerufen, wenn sich die Größe des *Controls* durch das Setzen der *ClientSize*-Eigenschaft ändern soll.

```
Protected Overrides Sub SetClientSizeCore(ByVal x As Integer, ByVal y As Integer)
    MyBase.SetClientSizeCore(x, y)
    If myShowPositioning Then
        Debug.WriteLine(String.Format(Me.ToString + ": SetClientSizeCore: X={0}; y={1}", x, y))
    End If
End Sub
```

## Kategorie Neuzeichnen des Controls und Anordnen untergeordneter Komponenten

```
'*****************************************
'Anordnen und Neuzeichnen
'*****************************************
```

**OnInvalidated:** Wird aufgerufen, wenn eine Entität das Neuzeichnen des *Control*-Inhalts durch *Invalidate* anfordert. Hier im Beispielprogramm geschieht das durch *Resize*, *GotFocus* und *LostFocus*.

```
Protected Overrides Sub OnInvalidated(ByVal e As System.Windows.Forms.InvalidateEventArgs)
    MyBase.OnInvalidated(e)
    If myShowRepaintAndLayout Then
        Debug.WriteLine(String.Format( _
                Me.ToString + ": OnInvalidated: InvalidRect={0}", _
                e.InvalidRect))
    End If
End Sub
```

**OnLayout:** Wird aufgerufen, wenn das *Control* anzeigt, dass seine beinhaltenden Steuerelemente aus irgendwelchen Gründen neu angeordnet werden müssen.

```
Protected Overrides Sub OnLayout(ByVal levent As System.Windows.Forms.LayoutEventArgs)
    MyBase.OnLayout(levent)
    If myShowRepaintAndLayout Then
        Debug.WriteLine(String.Format( _
                Me.ToString + ": OnLayout: AffectedControl={0}; AffectedProperty={1}", _
                levent.AffectedControl, levent.AffectedProperty))
    End If
End Sub
```

**OnPaintBackground:** Wird aufgerufen, wenn der Hintergrund des *Controls* neu gezeichnet werden muss.

```
Protected Overrides Sub OnPaintBackground(ByVal pevent As System.Windows.Forms.PaintEventArgs)
    MyBase.OnPaintBackground(pevent)
    If myShowRepaintAndLayout Then
        Debug.WriteLine(Me.ToString + ": OnPaintBackground:" + pevent.ClipRectangle.ToString)
    End If
    DrawControlBackground(pevent.Graphics)
End Sub
```

**OnPaint:** Wird aufgerufen, wenn der Fensterinhalt neu gezeichnet werden muss.

```
Protected Overrides Sub OnPaint(ByVal e As System.Windows.Forms.PaintEventArgs)
    MyBase.OnPaint(e)
    If myShowRepaintAndLayout Then
        Debug.WriteLine(Me.ToString + ": OnPaint:" + e.ClipRectangle.ToString)
    End If
    DrawControl(e.Graphics)
End Sub
```

## Kategorie Fokussierung des Controls

```
'********************************************************
'Fokussierung
'********************************************************
```

**OnEnter:** Wird aufgerufen, wenn das *Control* dabei ist, den Fokus zu erhalten.

```
Protected Overrides Sub OnEnter(ByVal e As System.EventArgs)
    MyBase.OnEnter(e)
    If myShowFocussing Then
        Debug.WriteLine(Me.ToString + ": OnEnter:" + e.ToString)
    End If
End Sub
```

**OnGotFocus:** Wird aufgerufen, wenn das *Control* fokussiert wird, aber nicht, wenn es ein *ContainerControl* ist, das weitere Komponenten enthält! (In diesem Fall verwenden Sie *OnEnter*, um das Ereignis zu empfangen).

```
Protected Overrides Sub OnGotFocus(ByVal e As System.EventArgs)
    MyBase.OnLostFocus(e)
    If myShowFocussing Then
        Debug.WriteLine(Me.ToString + ": OnGotFocus:" + e.ToString)
    End If
    'Das fokussierte Control sieht anders aus als das nicht-fokussierte;
    'deswegen: alles NeuZeichnen
    Invalidate()
End Sub
```

**OnLeave:** Wird aufgerufen, wenn das *Control* dabei ist, den Fokus zu verlieren.

```
Protected Overrides Sub OnLeave(ByVal e As System.EventArgs)
    MyBase.OnLeave(e)
    If myShowFocussing Then
        Debug.WriteLine(Me.ToString + ": OnLeave:" + e.ToString)
    End If
End Sub
```

**OnLostFocus:** Wird aufgerufen, wenn das *Control* den Fokus verloren hat, aber nicht, wenn es ein *ContainerControl* ist, das weitere Komponenten enthält! (In diesem Fall verwenden Sie *OnLeave*, um das Ereignis zu empfangen).

```
Protected Overrides Sub OnLostFocus(ByVal e As System.EventArgs)
    MyBase.OnLostFocus(e)
    If myShowFocussing Then
        Debug.WriteLine(Me.ToString + ": OnLostFocus:" + e.ToString)
    End If
    'Das fokussierte Control sieht anders aus als das nicht fokussierte;
    'deswegen: alles neu zeichnen.
    Invalidate()
End Sub
```

## Kategorie Tastaturnachrichtenvorverarbeitung des Controls

```
'*******************************************
'Tastatur-Vorverarbeitung
'*******************************************
```

**ProcessCmdKey:** Wird ausgelöst, wenn eine Befehlstaste (z.B. ALT+Anfangsbuchstabe) gedrückt wurde.

```
Protected Overrides Function ProcessCmdKey(ByRef msg As System.Windows.Forms.Message, _
                            ByVal keyData As System.Windows.Forms.Keys) As Boolean
    If myShowPreProcessing Then
        Debug.WriteLine(Me.ToString + ": ProcessCmdKey:" + _
            msg.ToString + ": KeyData: " + keyData.ToString)
    End If
    'Wenn Ihre Instanz eine Nachricht verarbeitet hat, dann geben Sie
    'True als Funtionsergebnis zurück, sonst False. Die Basis rufen Sie nur
    'auf (dann aber auf jeden Fall!), wenn die Nachricht NICHT verarbeitet wurde.
    Return MyBase.ProcessCmdKey(msg, keyData)
End Function
```

**ProcessDialogChar:** Wird ausgelöst, wenn eine Dialogtaste (auch Steuerungstaste) gedrückt wurde.

```
Protected Overrides Function ProcessDialogChar(ByVal charCode As Char) As Boolean
    If myShowPreProcessing Then
        Debug.WriteLine(Me.ToString + ": ProcessDialogChar: " + charCode)
    End If
    'Wenn Ihre Instanz eine Nachricht verarbeitet hat, dann geben Sie
    'True als Funtionsergebnis zurück, sonst False. Die Basis rufen Sie nur
    'auf (dann aber auf jeden Fall!), wenn die Nachricht NICHT verarbeitet wurde.
    Return MyBase.ProcessDialogChar(charCode)
End Function
```

**ProcessDialogKey:** Wird ausgelöst, wenn eine Dialogtaste (aber keine Steuerungstaste) gedrückt wurde.

```
Protected Overrides Function ProcessDialogKey(ByVal keyData As System.Windows.Forms.Keys) As Boolean
    If myShowPreProcessing Then
        Debug.WriteLine(Me.ToString + ": ProcessDialogKey:" + _
            ": KeyData: " + keyData.ToString)
    End If
    'Wenn Ihre Instanz eine Nachricht verarbeitet hat, dann geben Sie
    'True als Funtionsergebnis zurück, sonst False. Die Basis rufen Sie nur
    'auf (dann aber auf jeden Fall!), wenn die Nachricht NICHT verarbeitet wurde.
    Return MyBase.ProcessDialogKey(keyData)
End Function
```

## Die Steuerungsroutinen des Beispielprogramms

Der Vollständigkeit halber finden Sie an dieser Stelle auch die Listings der Programmabschnitte, die das Testformular ins Leben rufen, den Code des Testformulars selbst und auch den Code der *TestControl*-Klasse, deren Instanz die Anwendung zur Laufzeit erstellt.

Soviel an Information vorweg: Sowohl *TestControl* als auch das Testformular haben zwei zusätzliche Konstruktoren, denen eine Sammlung mit Flags übergeben wird. Diese Flags steuern, welche der Kategorien im Ausgabefenster von Visual Studio protokolliert werden.

Am Ende der Listings finden Sie weiter einen Fragen-und-Antworten-Abschnitt, der Ihnen bei möglichen Problemen mit dem Testprogramm hilft.

**Programmcode von frmTest:**

```
Public Class frmTest
    Inherits System.Windows.Forms.Form

    Private myShowCreationDestroy As Boolean
    Private myShowMouse As Boolean
    Private myShowKeyboard As Boolean
    Private myShowPositioning As Boolean
    Private myShowRepaintAndLayout As Boolean
    Private myShowFocussing As Boolean
    Private myShowPreProcessing As Boolean
    Private myShowWndProcMessages As Boolean

    '<Vom Windows Form Designer generierter Code (ausgeblendet)>

    Public Sub New(ByVal ShowCreationDestroy As Boolean, _
               ByVal ShowMouse As Boolean, _
               ByVal ShowKeyboard As Boolean, _
               ByVal ShowPositioning As Boolean, _
               ByVal ShowRepaintAndLayout As Boolean, _
               ByVal ShowFocussing As Boolean, _
               ByVal ShowPreProcessing As Boolean, _
               ByVal ShowWndProcMessages As Boolean)
        MyBase.New()
        myShowCreationDestroy = ShowCreationDestroy
        myShowMouse = ShowMouse
        myShowKeyboard = ShowKeyboard
        myShowPositioning = ShowPositioning
        myShowRepaintAndLayout = ShowRepaintAndLayout
        myShowFocussing = ShowFocussing
        myShowPreProcessing = ShowPreProcessing
        myShowWndProcMessages = ShowWndProcMessages
        InitializeComponent()
    End Sub
```

**Steuerungscode von TestControl:**

```
Public Class TestControl
    Inherits Control

    Private myShowCreationDestroy As Boolean
    Private myShowMouse As Boolean
    Private myShowKeyboard As Boolean
    Private myShowPositioning As Boolean
    Private myShowRepaintAndLayout As Boolean
    Private myShowFocussing As Boolean
    Private myShowPreProcessing As Boolean

    'Standardkonstruktor: Basiskonstruktor aufrufen
```

```vbnet
Public Sub New()
    MyBase.new()
End Sub


'Erweiterter Konstruktor: Parameter für die Debug-Ausgaben setzen.
Public Sub New(ByVal ShowCreationDestroy As Boolean, _
               ByVal ShowMouse As Boolean, _
               ByVal ShowKeyboard As Boolean, _
               ByVal ShowPositioning As Boolean, _
               ByVal ShowRepaintAndLayout As Boolean, _
               ByVal ShowFocussing As Boolean, _
               ByVal ShowPreProcessing As Boolean)
    MyBase.New()
    myShowCreationDestroy = ShowCreationDestroy
    myShowMouse = ShowMouse
    myShowKeyboard = ShowKeyboard
    myShowPositioning = ShowPositioning
    myShowRepaintAndLayout = ShowRepaintAndLayout
    myShowFocussing = ShowFocussing
    myShowPreProcessing = ShowPreProcessing
End Sub

'Wird von OnBackgroundPaint aufgerufen, damit der Hintergrund
'des Controls gelöscht wird. Zeichnet hier im Beispiel
'einen gelben Hintergrund.
Protected Overridable Sub DrawControlBackground(ByVal g As Graphics)
    Dim locBrush As New SolidBrush(Color.Yellow)
    g.SetClip(Me.ClientRectangle, Drawing2D.CombineMode.Replace)
    g.FillRectangle(locBrush, Me.ClientRectangle)
End Sub

'Wird von OnPaint aufgerufen, damit das TestControl einen sichtbaren Inhalt hat.
'Zeichnet hier im Beispiel ein umrandetes Kreuz mit einer bestimmten Stiftdicke,
'die von der Fokussierung der Komponente abhängig ist.
Protected Overridable Sub DrawControl(ByVal g As Graphics)
    Dim locPenWidth As Integer
    Dim locClientRecPenWidthIncluded As Rectangle

    'Wenn das Control fokussiert ist,
    If Me.Focused Then
        locPenWidth = 4
    Else
        locPenWidth = 2
    End If

    'Die Dicke des Pens bei den Koordinaten berücksichtigen!
    locClientRecPenWidthIncluded = New Rectangle( _
        Me.ClientRectangle.X + locPenWidth \ 2, _
        Me.ClientRectangle.Y + locPenWidth \ 2, _
        Me.ClientRectangle.Width - locPenWidth, _
        Me.ClientRectangle.Height - locPenWidth)

    'Pen zum Malen.
    Dim locPen As New Pen(Color.Black, locPenWidth)

    'Rahmen zeichnen.
```

```
            g.DrawRectangle(locPen, locClientRecPenWidthIncluded)

            'Kreuz malen.
            g.DrawLine(locPen, locClientRecPenWidthIncluded.X, locClientRecPenWidthIncluded.Y, _
                        locClientRecPenWidthIncluded.Right, locClientRecPenWidthIncluded.Bottom)

            g.DrawLine(locPen, locClientRecPenWidthIncluded.Right, locClientRecPenWidthIncluded.Y, _
                        locClientRecPenWidthIncluded.X, locClientRecPenWidthIncluded.Bottom)

        End Sub
```

## Programmcode von frmMain:

```
Public Class frmMain
    Inherits System.Windows.Forms.Form

    '<Vom Windows Form Designer generierter Code (ausgeblendet)>

    Private Sub btnCreateWithTestControl_Click(ByVal sender As System.Object, ByVal e As System.EventArgs) _
                                        Handles btnCreateWithTestControl.Click
        Dim locfrmTest As frmTest
        Dim locTestControl As TestControl
        Dim locButton As Button

        'Einstellungen gelten für das Formular...
        If chkFormular.Checked Then
            locfrmTest = New frmTest( _
                        chkCreateDestroy.Checked, chkMouse.Checked, chkKeyboard.Checked, _
                        chkPositioning.Checked, chkRepaintLayout.Checked, chkFocussing.Checked, _
                        chkPreProcessing.Checked, chkWndProcMessages.Checked)
        Else
            locfrmTest = New frmTest
        End If

        '...und/oder für die TestButton-Komponente.
        If chkSchaltfläche.Checked Then
            locTestControl = New TestControl( _
                        chkCreateDestroy.Checked, chkMouse.Checked, chkKeyboard.Checked, _
                        chkPositioning.Checked, chkRepaintLayout.Checked, chkFocussing.Checked, _
                        chkPreProcessing.Checked)
        Else
            locTestControl = New TestControl
        End If

        'Einstellungen für das Formular durchführen.

        'Das Formular hat ein Viertel der Bildschirmgröße
        'und soll in der Bildschirmmitte des primären Bildschirms erscheinen.
        Dim locBounds As Rectangle = Screen.PrimaryScreen.Bounds
        locfrmTest.Width = locBounds.Width \ 4
        locfrmTest.Height = locBounds.Height \ 4
        locfrmTest.StartPosition = FormStartPosition.CenterScreen
        locfrmTest.Text = txtFormText.Text

        'Einstellungen entsprechend der CheckBox-Controls im Formular
        locfrmTest.ControlBox = chkControlBox.Checked
        locfrmTest.MinimizeBox = chkMinMax.Checked
```

```vb
        locfrmTest.MaximizeBox = chkMinMax.Checked
        locfrmTest.HelpButton = chkHelpButton.Checked
        locfrmTest.ShowInTaskbar = chkShowInTaskbar.Checked
        locfrmTest.TopMost = chkTopMost.Checked
        locfrmTest.KeyPreview = chkKeyPreview.Checked
        locfrmTest.AutoScroll = chkScrollBars.Checked

        'TestControl mittig und im oberneren Drittel Formular platzieren
        '- nicht zu klein oder zu groß.
        locTestControl.Width = CInt(locfrmTest.ClientSize.Width / 2)
        locTestControl.Height = CInt(locfrmTest.ClientSize.Height / 3)
        locTestControl.Location = _
            New Point(CInt(locfrmTest.ClientSize.Width / 2 - locTestControl.Width / 2), _
                CInt(locfrmTest.ClientSize.Height / 3 - locTestControl.Height / 2))

        'TestControl verankern, wenn die AutoScroll-Funktion des Formulars nicht gewünscht wird
        If Not chkScrollBars.Checked Then
            locTestControl.Anchor = AnchorStyles.Bottom Or AnchorStyles.Top Or _
                            AnchorStyles.Left Or AnchorStyles.Right
        End If

        'Schließschaltfläche im unteren Drittel positionieren.
        locButton = New Button
        locButton.Width = CInt(locfrmTest.ClientSize.Width / 3)
        locButton.Height = CInt(locfrmTest.Height / 6)
        locButton.Location = _
            New Point(CInt(locfrmTest.ClientSize.Width / 2 - locButton.Width / 2), _
                CInt(locfrmTest.ClientSize.Height / 4 * 3 - locButton.Height / 2))

        locButton.Text = "Formular &schließen"
        'Schließschaltfläche verankern, wenn die AutoScroll-Funktion des Formulars nicht gewünscht wird.
        If Not chkScrollBars.Checked Then
            locButton.Anchor = AnchorStyles.Bottom Or _
                            AnchorStyles.Left Or AnchorStyles.Right
        End If

        'Return und Escape lösen Click-Ereignis des Buttons aus.
        Me.AcceptButton = locButton
        Me.CancelButton = locButton

        'Zur Laufzeit einstellen, dass das Click-Ereignis der Schließschaltfläche
        'von TestButton-Click behandelt wird.
        AddHandler locButton.Click, AddressOf TestButton_Click

        'Beide Controls der Formular-ControlCollection hinzufügen;
        'damit werden die beiden Komponenten windowstechnisch angelegt und dargestellt.
        locfrmTest.Controls.Add(locTestControl)
        locfrmTest.Controls.Add(locButton)

        locfrmTest.Show()
End Sub

'Ereignis-Routine des Buttons; wird zur Laufzeit eingebunden (s.o.).
Sub TestButton_Click(ByVal Sender As Object, ByVal e As EventArgs)

    Dim locButton As Button
```

```
            'Könnte schief gehen, wenn Sender nicht die Schaltfläche ist,
            'deswegen sichergehen durch Try/Catch.
            Try
                'Das sendende Objekt herausfinden
                locButton = DirectCast(Sender, Button)
            Catch ex As Exception
                Return
            End Try
            'Sendendes Objekt war der Button selbst, dann dessen Parent (das Formular) entsorgen.
            'Damit wird das Formular, das den Button enthält, geschlossen.
            locButton.Parent.Dispose()
    End Sub
End Class
```

**Fragen und Antworten zum Beispielprogramm**

**Frage:** Mir ist nicht ganz klar, wie der Inhalt des *TestControls* letzten Endes auf den Bildschirm gelangt. Die Zeichenroutinen sind ja offensichtlich die, die sich in *OnPaint* befinden. Das würde ja bedeuten, dass das *Control* sich jedes Mal neu zeichnen muss, wenn es durch ein anderes Fenster zuvor verdeckt würde – dauert das nicht sehr lange? Gibt es keinen Weg, den Inhalt nur einmal zeichnen zu müssen, und der bleibt dann bestehen?

**Antwort:** Genau das ist aber die Vorgehensweise, wenn Sie benutzerdefinierte Inhalte in Formularen oder sichtbaren Komponenten (Steuerelementen) anzeigen lassen wollen. Wenn Sie – wie in einem vorherigen Beispiel zu sehen war – beispielsweise die *Image*-Eigenschaft der *PictureBox* bestimmen, brauchen Sie sich um das ständige Neuzeichnen nicht selbst zu kümmern. Dafür muss das die *PictureBox* in ihrer *OnPaint*-Prozedur machen. Es gibt unter Windows keine festen Inhalte in *der* Form. Wenn ein Fenster von einem anderen überdeckt wird und dann wieder sichtbar wird, muss es sich neu zeichnen – diese Vorgehensweise muss jedes Windows-Programm anwenden, egal in welcher Sprache es entwickelt wurde. Selbst wenn es so aussieht, als sei der Inhalt fest, gibt es dennoch irgendwo eine Routine, die dafür sorgt, dass er »nur fest wirkt«. Das nächste Kapitel und ▶ Kapitel 9 verraten Ihnen mehr zu diesem Thema.

**Frage:** Ich habe bemerkt, dass das Programm die Schaltfläche im Testformular zum Beenden des Programms erst nach seiner Instanzierung, erst zur Laufzeit des Programms hinzufügt und dann offensichtlich *AddHandler* verwendet, um die Ereignis-Routine zu definieren. Wieso diese Vorgehensweise?

**Antwort:** Sehr gute Frage! Die Erklärung ist so wichtig, dass ich ihr den folgenden Abschnitt gewidmet habe.

## Hinzufügen von Ereignisbehandlungen mit AddHandler

Wenn Sie Objekte wie Schaltflächen oder andere Steuerelemente in einer Prozedur erstellen, können Sie *WithEvents* nicht verwenden, um eine Ereignisprozedur festzulegen. *WithEvents* funktioniert nur im Deklarationsabschnitt einer Klasse, also für deren Member-Variablen. Aus diesem Grund müssen Sie in solchen Fällen die Routine für die Behandlung des Ereignisses – den so genannten *Event Handler* – zur Laufzeit einstellen, und dazu verwenden Sie die Anweisung *AddHandler*. *AddHandler* übernimmt seine Parameter auf eine etwas ungewöhnliche Weise: Parameter, die *AddHandler* benötigt, werden ohne Klammern mit Komma getrennt angegeben:

```
'Zur Laufzeit einstellen, dass das Click-Ereignis der Schließschaltfläche
'von TestButton-Click behandelt wird.
AddHandler locButton.Click, AddressOf TestButton_Click
```

Als ersten Parameter übergeben Sie *AddHandler* das Ereignis, das behandelt werden soll und als zweiten Parameter einen Zeiger auf die Funktion (mit *AddressOf*), die das Ereignis behandeln soll. (Mehr zum Thema Delegaten und *AddressOf* finden Sie in ▶ Kapitel 6 unter »Verwendung von Delegate für das Definieren von Delegaten«.)

### Unterschiede zwischen WithEvents und AddHandler

Prinzipiell kommen Sie bei der Festlegung der Ereignisbehandlungsroutine mit *WithEvents* und *AddHandler* zum gleichen Ziel. Dennoch gibt es einen entscheidenden Unterschied zwischen beiden Vorgehensweisen: Während *WithEvents* das Ereignis an den Objektzeiger bindet, verknüpft ihn *AddHandler* mit dem Objekt direkt. Was das in der Praxis genau bedeutet, zeigt das folgende Beispiel.

**HINWEIS:** Sie finden das folgende Projekt unter ..\WinForms\EventsAddHandler im Verzeichnis der Buch-CD.

```
Class EreignisKlasse

    Event Ereignis(ByVal sender As Object, ByVal e As EreignisArgs)

    Sub EventAuslösen(ByVal Nachricht As String)
        'Löst das Ereignis aus.
        RaiseEvent Ereignis(Me, New EreignisArgs(Nachricht))
    End Sub

End Class

Class EreignisArgs
    Inherits EventArgs

    Private myNachricht As String

    Sub New(ByVal Nachricht As String)
        myNachricht = Nachricht
    End Sub

    Public ReadOnly Property Nachricht() As String
        Get
            Return myNachricht
        End Get
    End Property
End Class
```

Diese beiden Klassen kümmern sich um ein Beispielereignis. Die erste Klasse, *EreignisKlasse*, kann ein Ereignis generieren. Die zweite Klasse, *EreignisArgs*, stellt einen Parameter für das Ereignis zur Verfügung, der – nach den Konventionen vom Framework – von der Prozedur empfangen wird, die das Ereignis empfängt. Dadurch kann das Beispielprogramm später beim Auslösen des Ereignisses eine Nachricht mit übergeben, und Sie haben so die Möglichkeit, die Geschehnisse besser nachverfolgen zu können.

```
Module mdlMain

    Dim WithEvents myWithEvents As New EreignisKlasse
    Dim myAddedHandler As New EreignisKlasse

    Sub Main()

        VerhaltenAddHandler()
        Console.WriteLine()
        VerhaltenWithEvents()
        Console.ReadLine()

    End Sub

    Sub VerhaltenAddHandler()

        Dim locReferenzAufAddedHandler As EreignisKlasse

        AddHandler myAddedHandler.Ereignis, AddressOf AddHandlerEreignisHandler
        locReferenzAufAddedHandler = myAddedHandler

        locReferenzAufAddedHandler.EventAuslösen("ausgelöst durch locReferenzAufAddedHandler")
        myAddedHandler.EventAuslösen("ausgelöst durch myAddedHandler")
        myAddedHandler = Nothing
        locReferenzAufAddedHandler.EventAuslösen("ausgelöst durch ausgelöst durch locReferenzAufAddedHandler")
    End Sub

    Sub VerhaltenWithEvents()

        Dim locReferenzAufWithEvents As EreignisKlasse

        locReferenzAufWithEvents = myWithEvents

        locReferenzAufWithEvents.EventAuslösen("ausgelöst durch locReferenzAufWithEvents")
        myWithEvents.EventAuslösen("ausgelöst durch myWithEvents")
        myWithEvents = Nothing
        locReferenzAufWithEvents.EventAuslösen("ausgelöst durch locReferenzAufWithEvents")

    End Sub
    Sub WithEventsEreignisHandler(ByVal sender As Object, ByVal e As EreignisArgs) _
                                        Handles myWithEvents.Ereignis
        Console.WriteLine("WithEvents-Ereignis: " + e.Nachricht)
    End Sub

    Sub AddHandlerEreignisHandler(ByVal sender As Object, ByVal e As EreignisArgs)
        Console.WriteLine("AddHandler-Ereignis: " + e.Nachricht)
    End Sub
End Module
```

Das eigentlich Interessante passiert in den Routinen *VerhaltenWithEvents* und *VerhaltenAddHandler*. Beide Routinen lösen das Ereignis aus, die von den *Subs WithEventsEreignisHandler* und *AddHandlerEreignisHandler* behandelt werden – einmal gesteuert durch einen Objektvariable, die mit *WithEvents* deklariert wurde, ein anderes Mal durch eine Variable, denen ihr Ereignis-Handler mit *AddHandler* hinzugefügt wurde.

Das erste, was beide Routinen gleichermaßen demonstrieren: Das Auslösen eines Ereignisses kann nicht nur ausschließlich durch die Variablen erfolgen, die entweder durch *WithEvents* oder durch *AddHandler* den Zeiger auf das Ereignis beinhalten, sondern auch durch eine Variable, die auf das gleiche Objekt zeigt. In beiden *Verhalten*-Prozeduren gibt es nämlich eine Variable jeweils gleichen Typs, die auf die Ereignis auslösenden Objekte verweist – einmal ist das die Variable *locReferenzAufAddedHandler*, das andere Mal *locReferenzAufWithEvents*. Die Stellen, an der beide Variablen Ereignisse auslösen, sind im Listing fett markiert.

Der eigentliche Unterschied zwischen beiden Vorgehensweisen wird deutlich, wenn Sie das Programm starten und beobachten, welche Kommentare es ausgibt:

```
AddHandler-Ereignis: ausgelöst durch locReferenzAufAddedHandler
AddHandler-Ereignis: ausgelöst durch myAddedHandler
AddHandler-Ereignis: ausgelöst durch locAddedHandler

WithEvents-Ereignis: ausgelöst durch locReferenzAufWithEvents
WithEvents-Ereignis: ausgelöst durch myWithEvents
```

Obwohl es in jeder Routine drei Anweisungen gibt, die Ereignisse auslösen sollten, werden in der zweiten dennoch nur zwei Ereignisse tatsächlich ausgelöst. Die Ursache:

*WithEvents* bindet den Ereignis-Handler an den Zeiger auf ein Objekt. Diesen Zeiger bildet in *VerhaltenMitEvents* die Variable *myWithEvents*. Wird sie auf *Nothing* gesetzt, verschwindet auch der Zeiger auf das Objekt und mit ihm die Referenz auf die Ereignisroutine. Zwar existiert das Objekt selbst zu diesem Zeitpunkt noch (es wird ja von *locReferenzAufWithEvents* nach wie vor referenziert), hat aber keinen Zugriff mehr auf die Ereignisroutine.

Gegensätzlich dazu verhält sich *myAddedHandler* in der Prozedur *VerhaltenAddedHandler*. Durch *AddHandler* wird das Ereignis an das Objekt gebunden, und selbst wenn das Objekt nicht mehr durch die Variable (*myAddedHandler*), die es ursprünglich instanziert hat, referenziert wird, bleibt die Bindung des Ereignisses an das Objekt dennoch bestehen – die gelungene Auslösung des Ereignisses durch die Zeile

```
myAddedHandler = Nothing
locReferenzAufAddedHandler.EventAuslösen("ausgelöst durch locAddedHandler")
```

beweist dies.

*AddHandler* bietet also durchweg die flexibleren Einsatzmöglichkeiten. Durch die Bindung von Ereignissen an Objekte zur Laufzeit haben Sie sogar die Möglichkeit, Arrays zu erstellen, die ereignisgebundene Objekte speichern.

# Datenaustausch zwischen Formularen

Eigentlich könnte dieser Abschnitt auch Austausch von Daten zwischen Objektinstanzen heißen, denn: Formulare sind nichts anderes als Objekte. Dennoch möchte ich auf dieses Thema ein wenig formularspezifisch eingehen, weil der Austausch von Daten zwischen Formularen wohl am häufigsten vorkommt – letzten Endes dienen Formulare dazu, Daten zu erfassen, und diese müssen in irgendeiner Form weiterverarbeitet werden.

Wenn man aber durch das Usenet stöbert, wird klar, dass viele Entwickler, gerade wenn sie von Visual Basic 6.0 kommen, Probleme beim Kapseln von Daten und noch mehr beim gezielten Offenlegen derselben haben. Sie haben sich an eine Fülle von anwendungsweiten globalen Variablen gewöhnt, die es in der Form in .NET nicht mehr gibt (und das ist auch gut so).

Die größten Probleme gibt es immer noch mit dem Faktum, dass, im Gegensatz zu VB6, Formulare instanziert werden müssen, bevor Sie sie darstellen können[17]. Wenn Sie also ein Formular mit dem Namen *Form1* erstellt haben, dann funktioniert die folgende Anweisung *nicht*.

```
'Das funktioniert nicht!
Form1.Show
```

Stattdessen müssen Sie ein Formular, wie jede andere Klasse auch, instanzieren und können es erst anschließend verwenden:

```
'Das funktioniert
Dim frmForm1 as New Form1
frmForm1.Show
```

**HINWEIS:** Behalten Sie immer im Hinterkopf, dass ein Formular nichts weiter als eine Klasse ist. Im Zweifelsfall arbeiten Sie die entsprechenden Stellen in ▶ Kapitel 3 nach, um ein besseres Gefühl für den Umgang mit Klassen zu erlangen.

Das gleiche gilt, wenn Sie ein Formular aus einem Formular aufrufen. Angenommen, Sie möchten ein weiteres Formular aus einem Formular aufrufen, das bereits angezeigt wird – zum Beispiel wenn der Anwender eine Schaltfläche anklickt. Dann machen Sie prinzipiell nichts anderes als zuvor:

```
'Dieses Ereignis fangen Sie im Formular-Code ab:
Private Sub btnNeueAdresse_Click(ByVal sender As System.Object, ByVal e As System.EventArgs) _
                                Handles btnNeueAdresse.Click
    Dim frmForm2 as New Form2
    frmForm2.ShowDialog
End Sub
```

An dieser Stelle habe ich übrigens *ShowDialog* verwendet, damit das neue Formular als modaler Dialog dargestellt wird. Die Programmsteuerung wird in diesem Fall komplett an den neuen Dialog abgegeben. Das Programm »hängt« sozusagen zwischen den beiden fett markierten Zeilen, bis der zweite Dialog *frmForm2* wieder von der Bildfläche verschwindet. Dies zu tun ist aber Aufgabe der Instanz von *Form2*.

Wenn Sie nun Daten an den Dialog übergeben wollen, nachdem Sie ihn instanziert aber bevor Sie ihn haben darstellen lassen, dann gibt es dafür prinzipiell mehrere Möglichkeiten.

- Sie definieren im Formularcode des Formulars, dem Sie Parameter übergeben möchten, einfach neue, öffentliche Eigenschaftsprozeduren. Nachdem Sie die Formularklasse instanziert haben, weisen Sie die Eigenschaften zu, etwa:

```
'Dieses Ereignis fangen Sie im Formular-Code ab:
Private Sub btnNeueAdresse_Click(ByVal sender As System.Object, ByVal e As System.EventArgs) _
                                Handles btnNeueAdresse.Click
    Dim frmForm2 as New Form2
    frmForm2.NeueEigenschaftString = "Dieser Text wird übergeben"
    frmForm2.ShowDialog
End Sub
```

---

[17] In Visual Basic wird sich das übrigens aller Wahrscheinlichkeit nach mit der Nachfolgerversion von Visual Studio wieder ändern.

- Sie ergänzen das Formular um einen parametrisierten Konstruktor. Dabei müssen Sie aber darauf achten, dass Sie im Konstruktor den parameterlosen Konstruktor mit

  ```
  Me.New()
  ```

  auch aufrufen, damit *InitializeComponents* ablaufen kann und die Steuerelemente, die das Formular beherbergt, entsprechend instanziert, initialisiert und damit dargestellt werden können. Das könnte folgendermaßen ausschauen:

```
Public Class frmMain
    Inherits System.Windows.Forms.Form

#Region " Vom Windows Form Designer generierter Code "
#End Region

    Private myParam1 As String
    Private myParam2 As Integer

    Public Sub New(ByVal Param1 As String, ByVal Param2 As Integer)
        Me.New()   'WICHTIG!
        myParam1 = Param1
        myParam2 = Param2
    End Sub
```

Sie können ein so gestaltetes Formular anschließend folgender Maßen aufrufen, um ihm Parameter übergeben.

```
'Dieses Ereignis fangen Sie im Formular-Code ab:
Private Sub btnNeueAdresse_Click(ByVal sender As System.Object, ByVal e As System.EventArgs) _
                Handles btnNeueAdresse.Click
    Dim frmForm2 as New Form2("Dieser Text wird übergeben", 123)
    frmForm2.ShowDialog
End Sub
```

**WICHTIG:** Wenn Sie Daten aus dem Formular anschließend noch benötigen, dann achten Sie darauf, dass Sie das Formular nicht mit *Dispose* oder *Close* schließen, da Sie damit auch die Daten des Formulars zur Entsorgung freigeben. Wenn das Formular Daten zurückliefern soll, dürfen Sie es nur mit *Hide* wieder von der Bildfläche verschwinden lassen.

Eine dritte Möglichkeit stellt das folgende Programm vor, das dieses Problem am praktischen Beispiel demonstriert. Die wichtigen Stellen sind im Listing fett markiert und entsprechend dokumentiert.

**HINWEIS:** Um dieses Beispiel nachzuvollziehen, verwenden Sie das Beispielprojekt im Verzeichnis *..\Winforms\Adresso01* des Buch-CD-Verzeichnisses, das Sie dort unter dem Namen *FormDataExchange* finden.

Wenn Sie das Programm starten, zeigt es Ihnen zunächst einen Dialog etwa wie in Abbildung 7.23 zu sehen. In diesem Dialog werden zufällig generierte Adressen angezeigt, die aber nicht im Dialog (also der Formularklasse) sondern zentral im Hauptmodul des Programms gespeichert und durch eine Eigenschaft zur Verfügung gestellt werden.

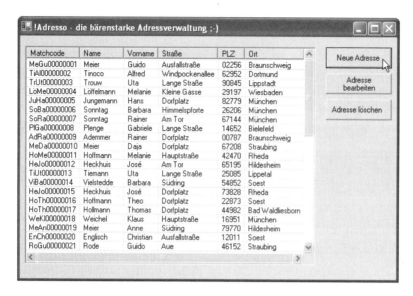

**Abbildung 7.23:** Der Ausgangsdialog der Demo: Von hier aus können Sie weitere Dialoge aufrufen, denen Daten übergeben werden und von denen Sie Daten erhalten

Vom Hauptdialog aus können Sie weitere Adressen erfassen oder vorhandene Adressen der Liste bearbeiten. Um diese Vorgänge durchführen zu können, gibt es im Projekt ein weiteres Formular zu genau diesem Zweck. Wenn Sie beispielsweise eine Adresse der Liste anklicken und anschließend die Schaltfläche *Adresse bearbeiten* wählen, zeigt das Programm diesen Dialog, der die Adressdaten übernimmt und zum Bearbeiten anbietet:

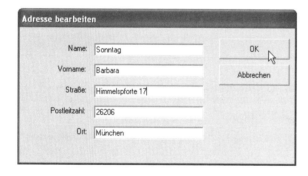

**Abbildung 7.24:** Zum Bearbeiten oder Neuanlegen einer Adresse müssen die Formulare Daten untereinander austauschen

Sie sehen: Die Daten werden formularübergreifend ausgetauscht, und selbst wenn dieses Beispiel nur ein relativ simples ist, sollten Sie diese Vorgehensweise beim Programmieren bei vielen Dialogen beherzigen. Zum Programm:

Das Programm startet mit der *Sub Main* des Hauptmoduls *AdrMain* (in den Projekteigenschaften entsprechend festgelegt), das die Zufallsadressen generiert und eine statische, öffentliche Eigenschaft namens *Adressen* anbietet, mit der andere Programmteile auf die Adressenliste zugreifen können:

```
Public Class AdrMain
    Private Shared myAdressen As Adressen
    <STAThread()> _
    Shared Sub Main()
```

```
        'Hier finden in Ihrem Programm die Initialisierungen statt.
        myAdressen = Adresse.ZufallsAdressen(50)
        Application.Run(New frmMain)
    End Sub

    Public Shared ReadOnly Property Adressen() As Adressen
        Get
            Return myAdressen
        End Get
    End Property
End Class
```

Die Adressen selbst werden in einer gleichnamigen Collection gespeichert, die von *KeyedCollection* (mehr darüber in ▶ Kapitel 5) abgeleitet wurde, so dass der Zugriff auf ihre Elemente sowohl durch einen Key als auch durch einen Index möglich ist. Eine Adresse selbst wird ebenfalls in einer eigenen Klasse namens Adresse gekapselt – wenn Sie das Kapitel 5 gelesen haben, haben Sie diese Klasse schon kennen gelernt. Beide Klassen befinden sich im Modul *Daten.vb*, und sie sehen folgendermaßen aus:

```
Public Class Adresse
    'Member-Variablen, die die Daten halten:
    Protected myMatchcode As String
    Protected myName As String
    Protected myVorname As String
    Protected myStraße As String
    Protected myPLZ As String
    Protected myOrt As String

    'Konstruktoren - erstellen eine neue Instanz an
    Sub New()
        MyBase.New()
    End Sub

    Sub New(ByVal Name As String, ByVal Vorname As String, ByVal Straße As String, _
            ByVal Plz As String, ByVal Ort As String)
        myName = Name
        myVorname = Vorname
        myStraße = Straße
        myPLZ = Plz
        myOrt = Ort
    End Sub

    Sub New(ByVal Matchcode As String, ByVal Name As String, ByVal Vorname As String, _
            ByVal Straße As String, ByVal Plz As String, ByVal Ort As String)
        Me.New(Name, Vorname, Straße, Plz, Ort)
        myMatchcode = Matchcode
    End Sub

    'Mit Region ausgeblendet:
    'Die Eigenschaften der Klasse, um die Daten offen zu legen
    .
    .          ' Rest ausgeblendet aus Platzgründen
    .
End Class
```

Im 5. Kapitel hatte ich es angekündigt: An dieser Stelle sehen Sie *KeyedCollection* im praktischen Einsatz. Sie dient in diesem Beispiel dazu, die verschiedenen Adressen zu speichern. Auf die Elemente der *KeyedCollection* kann sowohl mit einem Index als auch mit einem Key zugegriffen werden. Wenn Sie mehr über die genaue Funktionsweise der *KeyedCollection* erfahren wollen, lesen Sie, wie bereits erwähnt, in ▶ Kapitel 5 nach.

```
'Typsichere Adressen-Collection auf KeyedCollection-Basis
Public Class Adressen
    Inherits KeyedCollectionBase

    Private myID As Integer

    Sub New()
        myID = 1
    End Sub

    Public Sub Add(ByVal Adr As Adresse, ByVal Matchcode As String)
        myID += 1
        List.Add(Adr, Matchcode)
    End Sub

    Default Public Property Item(ByVal Index As Integer) As Adresse
        Get
            Return DirectCast(MyBase.List(Index), Adresse)
        End Get
        Set(ByVal Value As Adresse)
            MyBase.List(Index) = Value
        End Set
    End Property

    Default Public Property Item(ByVal Matchcode As String) As Adresse
        Get
            Return DirectCast(MyBase.List.GetValue(Matchcode), Adresse)
        End Get
        Set(ByVal Value As Adresse)
            MyBase.List.SetValue(Value, Matchcode)
        End Set
    End Property

    Sub RemoveByKey(ByVal Matchcode As String)
        MyBase.List.RemoveByKey(Matchcode)
    End Sub

    Sub RemoveAt(ByVal Index As Integer)
        MyBase.List.RemoveAt(Index)
    End Sub

    Public ReadOnly Property ID() As Integer
        Get
            Return myID
        End Get
    End Property
```

```vb
    Public Sub FillListView(ByVal listview As ListView)
        listview.Items.Clear()
        For Each locAdresse As Adresse In AdrMain.Adressen
            Dim locStrings(5) As String
            Dim locListViewItem As ListViewItem
            locStrings(0) = locAdresse.Matchcode
            locStrings(1) = locAdresse.Name
            locStrings(2) = locAdresse.Vorname
            locStrings(3) = locAdresse.Straße
            locStrings(4) = locAdresse.PLZ
            locStrings(5) = locAdresse.Ort
            locListViewItem = New ListViewItem(locStrings)
            locListViewItem.Tag = locAdresse.Matchcode
            listview.Items.Add(locListViewItem)
        Next
    End Sub
End Class
```

Im Gegensatz zu den Beispielen aus dem 5. Kapitel hat die *Adresse*-Klasse ein paar Eigenschaften mehr – einfach nur der Vollständigkeit halber erwähnt. Schon eher interessant ist die *Adressen*-Collection, und das aus zwei Gründen: Zum einen demonstriert sie einmal mehr, wie typsichere Collections entwickelt werden, und zum anderen basiert sie auf der Klasse *KeyedCollection*. Mit diesen Vorbereitungen ist die Programmierung des Hauptformulars eine Kleinigkeit, wie das folgende, vergleichsweise kurze Listing von *frmMain* demonstriert:

```vb
Public Class frmMain
    Inherits System.Windows.Forms.Form

#Region " Vom Windows Form Designer generierter Code "
        'Aus Platzgründen ausgelassen
#End Region

    'Wird aufgerufen, wenn der Dialog geladen wird. Die einzelnen
    'Adressen werden in einer ListView gepspeichert, die
    'in die Detail-Ansicht geschaltet ist und damit als Tabelle
    'fungiert.
    Protected Overrides Sub OnLoad(ByVal e As System.EventArgs)
        MyBase.OnLoad(e)
        lvwAdressen.Columns.Add("Matchcode", -2, HorizontalAlignment.Left)
        lvwAdressen.Columns.Add("Name", -2, HorizontalAlignment.Left)
        lvwAdressen.Columns.Add("Vorname", -2, HorizontalAlignment.Left)
        lvwAdressen.Columns.Add("Straße", -2, HorizontalAlignment.Left)
        lvwAdressen.Columns.Add("PLZ", -2, HorizontalAlignment.Left)
        lvwAdressen.Columns.Add("Ort", -2, HorizontalAlignment.Left)
        'Das eigentliche Füllen der Adressen in die Liste
        'übernimmt die Adressen-Klasse selbst, der die
        'ListView-Instanzt übergeben wird!
        AdrMain.Adressen.FillListView(lvwAdressen)
    End Sub

    'Wird überschrieben, um die Spaltenbreiten der ListView anzupassen.
    Protected Overrides Sub OnLayout(ByVal levent As System.Windows.Forms.LayoutEventArgs)
        For Each locCol As ColumnHeader In lvwAdressen.Columns
            locCol.Width = -2
        Next
```

```vb
        MyBase.OnLayout(levent)
    End Sub


    'Event-Handler für die Schaltfläche Neue Adresse
    Private Sub btnNewAddress_Click(ByVal sender As System.Object, ByVal e As System.EventArgs) _
                        Handles btnNewAddress.Click
        'Formularinstanz erstellen.
        Dim locfrmNewEditAddress As New frmNewEditAddress
        'Formular darstellen und Adresse "holen" mit [New].
        'Die eckigen Klammern dienen nur der Vermeidung von
        'Problemen mit der Konstruktur-Anweisung New.
        Dim locAdresse As Adresse = locfrmNewEditAddress.[New]
        If Not (locAdresse Is Nothing) Then
            'Matchcode hinzudichten.
            locAdresse.Matchcode = Adresse.GenMatchcode(locAdresse.Name, _
                                        locAdresse.Vorname, _
                                        AdrMain.Adressen.ID)
            AdrMain.Adressen.Add(locAdresse, locAdresse.Matchcode)
            AdrMain.Adressen.FillListView(lvwAdressen)
        End If

    End Sub

    'Event-Handler für die Schaltfläche Adresse bearbeiten.
    Private Sub btnEditAddress_Click(ByVal sender As System.Object, ByVal e As System.EventArgs) _
                        Handles btnEditAddress.Click

        'Für das Editieren wird der gleiche Dialog verwendet
        'wie beim Anlegen einer neuen Adresse - es wird nur eine
        'andere Funktion für die Darstellung des Dialogs
        'und das Bearbeiten der Adresse verwendet.
        Dim locfrmNewEditAddress As New frmNewEditAddress
        Dim locAdresse As Adresse
        Dim locMatchcode As String

        'Nur bearbeiten, wenn ein Eintrag der Liste ausgewählt ist.
        If lvwAdressen.SelectedIndices.Count = 1 Then
            'Der Matchcode ist in der Tag-Eigenschaft der Liste gespeichert,
            'und dank KeyedCollection können wir direkt über den Matchcode
            'auf die Liste zugreifen.
            locMatchcode = lvwAdressen.SelectedItems(0).Tag.ToString
            locAdresse = AdrMain.Adressen(locMatchcode)
            **locAdresse = locfrmNewEditAddress.Edit(locAdresse)**
            If Not (locAdresse Is Nothing) Then
                'Bearbeitete Adresse gegen die alte austauschen.
                locAdresse.Matchcode = locMatchcode
                AdrMain.Adressen(locMatchcode) = locAdresse
                'Liste neu aufbauen.
                AdrMain.Adressen.FillListView(lvwAdressen)
            End If
        End If
    End Sub
```

Oben sehen Sie jetzt die dritte Methode im Einsatz, und sie ist die wohl beste Möglichkeit, wenn es darum geht, Parameter an ein Formular zu übergeben, das Ergebnisse auch wieder zurückliefern soll. Das Formular *frmNewEditAddress* implementiert eine *Edit*-Methode, der ein Parameter übergeben wird. Die *Edit*-Methode dieses Formulars sorgt aber selber dafür, dass das Formular dargestellt wird. Wie das funktioniert, sehen Sie anschließend.

```
'Event-Handler für Adresse löschen.
Private Sub btnDeleteAddress_Click(ByVal sender As System.Object, ByVal e As System.EventArgs) _
                           Handles btnDeleteAddress.Click
    Dim locfrmNewEditAddress As New frmNewEditAddress
    Dim locMatchcode As String

    'Nur löschen, wenn Eintrag ausgewählt.
    If lvwAdressen.SelectedIndices.Count = 1 Then
        locMatchcode = lvwAdressen.SelectedItems(0).Tag.ToString
        lvwAdressen.Items.RemoveAt(lvwAdressen.SelectedIndices(0))
        AdrMain.Adressen.RemoveByKey(locMatchcode)
    End If
End Sub
End Class
```

Was nun noch fehlt, ist der Code von *frmNewEditAddress.vb*, der den Dialog zum Bearbeiten und zum Neuanlegen der Adresse zur Verfügung stellt.

```
Public Class frmNewEditAddress
    Inherits System.Windows.Forms.Form

#Region " Vom Windows Form Designer generierter Code "
         ' Aus Platzgründen ausgelassen.
#End Region

    'Öffnetliche Funktion, die den Dialog für
    'das Editieren der Adresse vorbereitet.
    Public Function Edit(ByVal Adr As Adresse) As Adresse
        'Formulartitel anpassen
        Me.Text = "Adresse bearbeiten"
        'Übregebene Adresse in die TextBox-Komponente schreiben.
        txtName.Text = Adr.Name
        txtVorname.Text = Adr.Vorname
        txtStraße.Text = Adr.Straße
        txtPLZ.Text = Adr.PLZ
        txtOrt.Text = Adr.Ort
        'Dialog modal darstellen. Damit wird eine eigene Nachrichtenwarteschlange eingerichtet,
        'und die Ausführung wartet an dieser Stelle, bis der Dialog wieder verschwindet.
        'Andere Funktionen der Formular-Klasse können natürlich in dieser Zeit noch
        'ausgeführt werden (wie beispielsweise die Funktionen, die die Click-Ereignisse auswerten).
        Me.ShowDialog()
        If Me.DialogResult = DialogResult.Cancel Then
            'Abbrechen wurde geklickt --> Dialog abbrechen
            Return Nothing
        Else
            'Sonst Adresse an die aufrufende Instanz zurückliefern.
            Return GetDataFromFields()
        End If
    End Function
```

Sie sehen, dass die *Edit*-Methode des Formulars die Daten entgegen nimmt und die Steuerelemente mit diesen Daten füllt. Anschließend stellt es sich selbst dar. Die Programmkontrolle gibt es jetzt, da es sich durch *ShowDialog* modal darstellt, sozusagen »an sich selber ab«. Die Ausführung der *Edit*-Methode stoppt an der fett markierten Stelle; ab jetzt werden nur noch die Ereignisroutinen des Formulars verarbeitet.

```
'Es gilt prinzipiell das gleiche, das zu Edit gesagt wurde.
Public Function [New]() As Adresse
    Me.Text = "Neue Adresse erfassen"
    Me.ShowDialog()
    If Me.DialogResult = DialogResult.Cancel Then
        Return Nothing
    Else
        Return GetDataFromFields()
    End If
End Function

'Generiert ein Adresse-Objekt aus den Textfeldern.
Public Function GetDataFromFields() As Adresse

    'Die eingegebenen Daten befinden sich in den Text-Eigenschaften
    'der TextBox-Komponenten des Formulars.
    Dim locAdr As New Adresse(txtName.Text, txtVorname.Text, txtStraße.Text, _
                    txtPLZ.Text, txtOrt.Text)
    Return locAdr

End Function

'Event-Handler für OK
Private Sub btnOK_Click(ByVal sender As System.Object, ByVal e As System.EventArgs) _
                    Handles btnOK.Click
    Me.DialogResult = DialogResult.OK
    Me.Hide()
End Sub

'Event-Handler für Abbrechen
Private Sub btnCancel_Click(ByVal sender As System.Object, ByVal e As System.EventArgs) _
                    Handles btnCancel.Click
    Me.DialogResult = DialogResult.Cancel
    Me.Hide()
End Sub
End Class
```

Wenn der Anwender anschließend auf eine der beiden Schaltflächen klickt, sorgt es durch *Hide* dafür, dass es wieder von der Bildfläche verschwindet. Gleichzeitig geht es mit der zuvor angehaltenen *Edit*-Methode weiter, sobald der Code von *btnOK_Click* bzw. *btnCancel_Click* komplett (!) abgearbeitet wurde.

## Visuelles Vererben von Formularen

Da Formulare nichts anderes sind als Klassen, können Sie sie natürlich auch vererben. Im Prinzip machen Sie das automatisch, sobald Sie eine neue WinForms-Applikation anlegen: Das Formular, das Ihrer Anwendung automatisch hinzugefügt wird, erbt aus der Basisklasse *Form*.

Allerdings gibt es eine besondere Möglichkeit, Formulare zu vererben; in Visual Studio .NET spricht man dabei von der visuellen Vererbung von Formularen. Die IDE bezeichnet solche Formulare schlicht als *geerbte Formulare*.

**HINWEIS:** Wenn Sie, anstatt die folgenden Schritte selbst durchzuführen, lieber auf das fertige Projekt zurückgreifen wollen, finden Sie es unter ..\*WinForms\FormVererbung* im Buch-CD-Verzeichnis.

Die Vorgehensweise dazu ist denkbar einfach:

- Erstellen Sie ein neues *WinForms*-Projekt, beispielsweise unter dem Namen *FormVererbung*.
- Platzieren Sie ein paar Steuerelemente auf dem Formular, etwa wie in Abbildung 7.25 zu sehen.

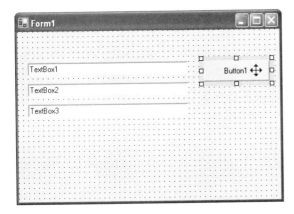

*Abbildung 7.25:* Dieses Formular dient als Basis für die visuelle Vererbung

- Doppelklicken Sie auf die Schaltfläche *OK*, um den Code-Editor zu öffnen, und fügen Sie den folgenden Programmcode ein:

```
Private Sub Button1_Click(ByVal sender As System.Object, ByVal e As System.EventArgs) _
                Handles Button1.Click

    Dim locString As String

    For Each locControl As Control In Me.Controls
        If TypeOf locControl Is TextBox Then
            locString += "Inhalt von " + locControl.Name + ": "
            locString += DirectCast(locControl, TextBox).Text + vbNewLine
        End If
    Next
    locString = "Inhalt der TextBox-Komponenten im Formular:" + _
                vbNewLine + vbNewLine + locString
    MessageBox.Show(locString, "Hinweis:")
End Sub
```

- Starten Sie das Programm anschließend, geben Sie ein paar Zeichen in das *TextBox*-Steuerelement ein, und beobachten Sie, welche Aktion ein Mausklick auf *OK* anschließend auslöst (siehe Abbildung 7.26).

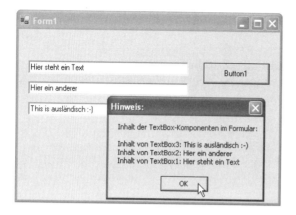

**Abbildung 7.26:** *Formulare kommen auch ohne Steuerelemente-Arrays aus. Das hat zwar nichts mit dem aktuellen Thema zu tun, ergibt sich aber durch das Demo für die visuelle Vererbung so ganz nebenbei*

## ControlCollection vs. Steuerelemente-Array aus VB6

Auch wenn es nichts mit dem eigentlichen Thema dieses Abschnittes zu tun hat, so zeigt dieses Beispielprogramm dennoch auf einfachste Weise, wie unnötig Steuerelemente-Arrays in .NET sind und wieso es sie aus diesem Grund auch nicht mehr gibt (Vorläufig jedenfalls, es sieht nämlich so aus, als seien sie in der nächsten Version von Visual Studio wieder vorhanden). Denn auch die *ControlCollection*, die vordergründig dazu dient, das Formular mit Steuerelementen auszustatten, lässt sich wie jede andere Collection, die über einen Enumerator verfügt, mit *For/Each* durchlaufen. Anhand des Typen, den Sie wie im Beispiel mit *Type Of* ermitteln können, haben Sie die Möglichkeit, durch eine entsprechende Typkonvertierung auf die gewünschte Eigenschaft des Steuerelementes zuzugreifen. Kleiner Tipp am Rande: Falls Sie weitere, spezifische Informationen in einem Steuerelement abspeichern möchten, die nur der Identifizierung dienen, verwenden Sie die *Tag*[18]-Eigenschaft, die jedes auf *Control* basierende Steuerelement zur Verfügung stellt. Anders als in Visual Basic 6.0 können Sie in der *Tag*-Eigenschaft nicht nur Strings, sondern beliebige Objekte speichern.

Für die eigentliche visuelle Vererbung dieses Formulars beenden Sie bitte das Programm, indem Sie auf die Schließschaltfläche des Formulars klicken. Um ein geerbtes Formular dem Projekt hinzuzufügen, verfahren Sie folgendermaßen:

- Fahren Sie mit der Maus in den Projektmappen-Explorer, klicken Sie mit der rechten Maustaste über dem Projektnamen, und wählen Sie aus dem Kontextmenü, das sich jetzt öffnet, den Eintrag *Hinzufügen* und *geerbtes Formular hinzufügen*.
- Geben Sie im Dialog, der jetzt erscheint, *GeerbtesFormular* als neuen Formularnamen ein.
- Klicken Sie anschließend auf *Öffnen*.

Visual Studio zeigt Ihnen anschließend einen Dialog, wie Sie ihn auch in Abbildung 7.27 sehen können. In diesem Dialog werden alle Formulare der Projektmappe angezeigt, die sie visuell

---

[18] Engl. Tag (ausgesprochen: »Tähg«), auf deutsch etwa: *Markierung, Kennzeichnung*.

vererben können. Wählen Sie für dieses Beispiel den einzig vorhandenen Eintrag aus, und klicken Sie abschließend auf OK.

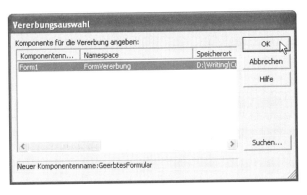

*Abbildung 7.27: In dieser Liste, die alle Formulare der Projektmappe zeigt, wählen Sie das Formular, aus dem das neue Formular abgeleitet werden soll*

Wenn Sie diesen Vorgang ausgeführt haben, gibt es anschließend einen zweiten Dialog in Ihrer Projektmappe mit dem Namen *GeerbtesFormular.vb*. Klicken Sie ihn doppelt an, um ihn darzustellen und sich davon zu überzeugen, dass er seine äußerliche Ähnlichkeit von seinem Vater-Dialog geerbt hat (siehe Abbildung 7.28).

Wenn Sie Ihre ersten Experimente mit dem vererbten Steuerelement unternehmen, wird Ihnen eines gleich auffallen: Zwar sind alle Steuerelemente im Formular vorhanden, doch lassen sie sich nicht verändern. Weder können Sie ihre Eigenschaften editieren, noch lassen sie sich umpositionieren oder in ihrer Größe verändern (was letzten Endes auch nichts anderes ist als ein Verändern der Eigenschaften).

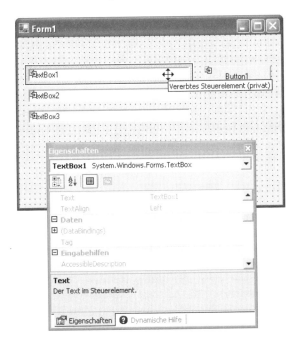

*Abbildung 7.28: Die Steuerelemente des Basisdialogs sind zwar alle vorhanden, aber ihre Eigenschaften lassen sich in diesem Zustand nicht verändern, da sie standardmäßig als* Friend *deklariert, damit nicht überschreibbar und somit aus dem vererbten Formular heraus nicht manipulierbar sind*

Fürs Erste behalten Sie diese Erkenntnis einfach nur im Hinterkopf – ich werde später darauf zurückkommen.

Lassen Sie uns vorerst herausfinden, wie wir aus dem Vererben des Formulars nun einen Nutzen ziehen können. Zu diesem Zweck fügen Sie unter den vorhandenen *TextBox*-Steuerelementen zwei weitere ein – denn das ist durchaus möglich!

Öffnen Sie anschließend die Projekteigenschaften (rechte Maustaste für das Kontextmenü im Projektmappen-Explorer über dem Projektnamen), und wählen Sie als Startobjekt das neue, vererbte Formular *GeerbtesFormular* aus. Starten Sie das Programm anschließend.

Geben Sie in alle Eingabefelder einen beliebigen Text ein, und beobachten Sie, was geschieht, wenn Sie auf die Schaltfläche klicken (siehe Abbildung 7.29).

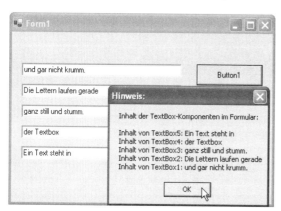

*Abbildung 7.29: Keine Zeile Code ist hinzugekommen, und dennoch funktioniert das Programm automatisch auch mit den neu hinzugefügten Komponenten im abgeleiteten Formular!*

Überrascht? Sie haben nicht eine einzige Zeile am Code geändert und dennoch – dank Polymorphie – hat der ursprünglich in *Form1* implementierte Code auch in dieser Ableitung seine volle Gültigkeit.

Vielleicht sind Sie sogar ein weiteres Mal überrascht, wenn Sie sich jetzt, nachdem Sie das Programm beendet haben, auf die Suche nach dem Code in der abgeleiteten Klasse begeben. Wechseln Sie mit dem Projektmappen-Explorer in die Codeansicht von *GeerbtesFormular.vb*, und bestaunen Sie, was der Visual-Studio-Designer aus dem Code gemacht hat:

```
Public Class GeerbtesFormular
    Inherits FormVererbung.Form1

<Vom Windows Form Designer generierter Code>

End Class
```

Nichts, absolut gar nichts an zusätzlichem Code ist hier zu sehen. Und glauben Sie mir: Auch in der ausgeblendeten Region werden Sie keine Zeile Code finden, die Hinweis auf unser *Click*-Ereignis gibt. Das heißt: nicht ganz. Denn im Gegensatz zu einem normalen Formular, das sich von *System.Windows.Forms.Form* ableitet, wird unser vererbtes Formular von *FormVererbung.Form1* abgeleitet – und genau hier liegt des Rätsels Lösung. Der Code für das *Click*-Ereignis befindet sich bereits fix und fertig ausformuliert in der Basisklasse – und damit ist er in der abgeleiteten Klasse natürlich auch nicht mehr sichtbar, aber dennoch voll aktiv!

Ein Formular ist ja nichts weiter als eine ganz normale Klasse, und wenn Sie sie aus einer Basisklasse ableiten, erbt sie alle Eigenschaften dieser – und damit natürlich auch die Ereignisbehandlungsmethode des *Click*-Ereignisses.

Das abgeleitete Formular verfügt über einen Unterschied zur Basisklasse, den allerdings nicht wir, sondern der Designer als Code in das Listing eingefügt hat:

```
#Region " Vom Windows Form Designer generierter Code "

   Public Sub New()
      MyBase.New()

      ' Dieser Aufruf ist für den Windows Form-Designer erforderlich.
      InitializeComponent()

      ' Initialisierungen nach dem Aufruf InitializeComponent() hinzufügen.

   End Sub

   ' Die Form überschreibt den Löschvorgang der Basisklasse, um Komponenten zu bereinigen.
   Protected Overloads Overrides Sub Dispose(ByVal disposing As Boolean)
      If disposing Then
         If Not (components Is Nothing) Then
            components.Dispose()
         End If
      End If
      MyBase.Dispose(disposing)
   End Sub

   ' Für Windows Form-Designer erforderlich.
   Private components As System.ComponentModel.IContainer

   'HINWEIS: Die folgende Prozedur ist für den Windows Form-Designer erforderlich.
   'Sie kann mit dem Windows Form-Designer modifiziert werden.
   'Verwenden Sie nicht den Code-Editor zur Bearbeitung.
   Friend WithEvents TextBox4 As System.Windows.Forms.TextBox
   Friend WithEvents TextBox5 As System.Windows.Forms.TextBox
   <System.Diagnostics.DebuggerStepThrough()> Private Sub InitializeComponent()
      Me.TextBox4 = New System.Windows.Forms.TextBox
      Me.TextBox5 = New System.Windows.Forms.TextBox
      Me.SuspendLayout()
      '
      'TextBox4
      '
      Me.TextBox4.Location = New System.Drawing.Point(16, 144)
      Me.TextBox4.Name = "TextBox4"
      Me.TextBox4.Size = New System.Drawing.Size(256, 20)
      Me.TextBox4.TabIndex = 5
      Me.TextBox4.Text = "TextBox4"
      '
      'TextBox5
      '
      Me.TextBox5.Location = New System.Drawing.Point(16, 176)
      Me.TextBox5.Name = "TextBox5"
      Me.TextBox5.Size = New System.Drawing.Size(256, 20)
      Me.TextBox5.TabIndex = 6
```

```
        Me.TextBox5.Text = "TextBox5"
        '
        'GeerbtesFormular
        '
        Me.AutoScaleBaseSize = New System.Drawing.Size(5, 13)
        Me.ClientSize = New System.Drawing.Size(416, 262)
        Me.Controls.Add(Me.TextBox5)
        Me.Controls.Add(Me.TextBox4)
        Me.Name = "GeerbtesFormular"
        Me.Controls.SetChildIndex(Me.TextBox4, 0)
        Me.Controls.SetChildIndex(Me.TextBox5, 0)
        Me.ResumeLayout(False)
    End Sub
```

Es sind dies, wie Sie hier sehen können, die zusätzlichen Definitionen der beiden *TextBox*-Steuerelemente. Was passiert nun genau, wenn Sie das Programm starten und im vererbten Formular auf die Schaltfläche klicken? Die nachstehende Abfolgenbeschreibung macht das deutlich:

- Wenn Sie das Programm starten, wird der Konstruktor der abgeleiteten Klasse aufgerufen. Dieser ruft zunächst den Konstruktor der Basisklasse auf, der seinerseits *InitializeComponent* der Basisklasse aufruft. Damit sind die ursprünglichen drei *TextBox*-Steuerelemente im Formular vorhanden.

- Anschließend ruft der Konstruktor *InitializeComponent* seiner eigenen Klasse auf. Da es nur eine *ControlCollection* gibt (sie ist aus der Basisklasse entstanden), werden die beiden neuen *TextBox*-Steuerelemente zu den bereits vorhandenen in der Collection hinzugefügt.

- Klickt der Anwender zur Laufzeit auf die Schaltfläche, werden alle Texte aus den in der *ControlCollection* vorhandenen *TextBox*-Steuerelemente ausgelesen – dazu gehören jetzt auch die beiden neuen *TextBox*-Steuerelemente.

- Das Ergebnis: Die Texte aller fünf Steuerelemente werden im Nachrichtenfeld dargestellt – Polymorphie ist eine feine Sache, finden Sie nicht?

## Modifizierer von Steuerelementen in geerbten Formularen

Wenn Sie sich das zuvor abgedruckte Listing des Code-Designers genau anschauen, dann werden Sie feststellen, dass die Variablen, die die *TextBox*-Steuerelemente instanzieren, mit dem *Friend*-Modifizierer ausgestattet sind. Nun eignet sich der *Friend*-Modifizierer genau wie *Protected*, *Public* oder *Protected Friend* gleichermaßen, einer geerbten Klasse in der gleichen Assembly (in der gleichen DLL oder der gleichen EXE-Datei) Zugriff auf derart deklarierte Member der Basisklasse zu verschaffen. Dennoch sieht es so aus, als wenn dem Designer der Zugriff verwehrt wäre – denn Sie können Steuerelemente, die als *Friend* deklariert sind, offensichtlich nicht in der abgeleiteten Klasse verändern. Das liegt daran, dass der Designer, der die Klasse zur Darstellung auf seine eigene Weise verwendet, sich in einer anderen Assembly befindet als das Formular, das Sie ableiten: Er instanziert es nicht nur, sondern leitet es auf seiner Basis neu ab – durch den *Friend*-Zugriffsmodifizierer kann er dann natürlich nicht mehr auf die Eigenschaften der Steuerelemente (die nunmehr versteckte Member der Ursprungsklasse sind) zugreifen. Anders ist das, wenn Sie die *Modifiers*-Eigenschaft eines Steuerelementes in *Protected*, *Protected Friend* oder *Public* ändern. Jetzt kann der Designer auch auf die so definierten Steuerelemente des abgeleiteten Formulars zugreifen, und Sie können die Eigenschaften dieser Steuerelemente verändern und sie damit auch beispielsweise positionstechnisch verändern.

Probieren Sie es aus:

- Klicken Sie auf die Registerkarte *Form1.vb [Entwurf]*, um das Basisformular in der Entwurfsansicht anzeigen zu lassen.
- Klicken Sie die erste *TextBox* an, und ändern Sie im Eigenschaftenfenster ihre *Modifiers*-Eigenschaft auf *Protected*. Sobald Sie diese Änderung vorgenommen haben, zeigt Ihnen die Aufgabenliste einen Hinweis an, etwa wie in Abbildung 7.30 zu sehen.

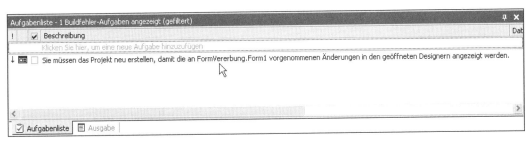

***Abbildung 7.30:*** *Wenn Sie Änderungen am Basisformular vorgenommen haben, müssen Sie die Anwendung neu erstellen, damit sich die Änderungen auf die Ableitungen auswirken*

- Erstellen Sie die Anwendung neu, indem Sie aus dem Menü *Erstellen* den Menüpunkt *Projektmappe neu erstellen* wählen.
- Lassen Sie anschließend den Designer zum vererbten Form *GeerbtesForm.vb [Entwurf]* anzeigen.

Sie sehen, dass Sie die erste *TextBox* jetzt nach Belieben verändern können. Sowohl die Position lässt sich beliebig anpassen als auch andere Eigenschaften der *TextBox*. Der Name des Steuerelements ist natürlich nach wie vor unveränderlich.

## Das Praxisbeispiel für Formularvererbungen: Assistentendialoge

Eine geeignete Idee für die Anwendung von vererbten Formularen sind Assistentendialoge. Sie kennen diese Art der Benutzerführung, wenn Sie beispielsweise unter Windows XP einen Drucker eingerichtet haben. Nacheinander erscheinen Dialoge im gleichen Stil, mit deren Hilfe Sie nacheinander die Parameter bestimmen, um eine bestimmte Aufgabe zu erledigen. Dabei haben Sie die Möglichkeit, mit entsprechenden Schaltflächen zum vorherigen Dialog und zum nächsten Dialog zu springen. Ist die Dialogserie komplett durchlaufen, hat der Anwender in der Regel auch die Aufgabe erledigt.

**HINWEIS:** Die Verwendung des *TabControl*-Steuerelementes ist für Assistentendialoge vielleicht eine einfachere Alternative. Für die Demonstration der Programmierung von Formularen und insbesondere von geerbten Formularen hätte sich dieses Verfahren aber sicherlich nicht geeignet.

Diese Art der Benutzerführung ist sehr ergonomisch, weil der Anwender regelrecht an die Hand genommen und durch eine komplexere Aufgabe hindurchgeführt wird. Fehler zu machen ist dabei relativ unwahrscheinlich. Aus diesem Grund ergibt es sicherlich Sinn, Assistentendialoge für bestimmte Aufgaben auch in eigene Programme einzubauen. Da jeder Dialog eines Assistenten auf einer Vorlage aufbaut, bietet sich die Vererbung von Formularen hier geradezu an.

Doch leider ist es mit dem bloßen Bauen der Dialoge nicht getan. Vielmehr gilt es, parallel einen Steuerungsmechanismus zu implementieren, der das Vor- und Zurückblättern in den Dialogen erlaubt. Nun gibt es eigentlich zwei mögliche Herangehensweisen an dieses Problem: Sie können sämtliche Assistenzschritte in *einem* Dialog darstellen und das Formular für jeden nächsten Schritt mehr oder weniger komplett umbauen. Oder Sie stellen jeden Schritt in einem einzelnen Dialog dar. In diesem Fall lässt sich die Gestaltung der Schrittedialoge viel einfacher vollziehen, allerdings müssen Sie dann das Flimmern der Dialoge beim Umschalten zwischen den Schritten entweder hinnehmen oder sich etwas ganz Besonderes einfallen, um es zu übertünchen.

Für dieses Beispiel habe ich mich für die letztere Methode entschieden; hier ist zwar einmalig vergleichsweise viel Aufwand zu betreiben, aber dafür hat man es später beim Arbeiten mit dem Werkzeug sehr viel leichter. Außerdem ist das Vermeiden des Flimmerns schon eine kleine Herausforderung – und das Entwickeln von Werkzeugen soll ja schließlich auch Spaß machen und Erfolgserlebnisse bringen! Welche Dinge brauchen wir also, um die Voraussetzungen für solch ein Werkzeug zu schaffen?

Glücklicherweise ist ein Formular nichts weiter als eine Objektinstanz eines bestimmten Typs. Aus diesem Grund spricht auch nichts dagegen, auch Formulare in einer Collection zu speichern. Diese Collection sollte dann die Möglichkeit bieten, ihre einzelnen Elemente nicht nur per Index sondern auch mit Hilfe einer Art Datensatzzeiger abzurufen, der das Vor- und Zurückbewegen in der Objektliste und damit – visualisiert gedacht – das Vor- und Zurückblättern der einzelnen Assistentenschritte erlaubt.

Um diese Klasse möglichst universal einsetzen zu können, sollte jedes Formular des Assistenten eine Schnittstelle implementieren, die die Grundfunktionalität vorschreibt. So muss die Steuerungseinheit für den Assistenten beispielsweise erkennen können, ob der Anwender die *Zurück*- oder die *Weiter*-Schaltfläche betätigt hat, damit sie entweder den vorherigen oder den nächsten Dialog aus der Collection entnehmen und darstellen kann. Außerdem muss die Schnittstelle, mit deren Hilfe die Steuerungseinheit die Formulare steuert, weitere Funktionen zur Verfügung stellen, mit denen das Dialogflimmern beim Umschalten der Assistentenschritte verhindert werden kann.

Ferner muss es die eigentliche Steuerungsklasse geben, die all diese einzelnen Funktionalitäten in einer Klasse kapselt und damit dafür sorgt, dass die richtigen Assistentenschritte in der richtigen Reihenfolge angezeigt werden.

Und schließlich gibt es noch einen Basisdialog, der die Grundfunktionalität jedes Assistentenschrittes beinhaltet und auch dazu beiträgt, dass der Wechsel von Schritt zur Schritt möglichst flimmerfrei vonstatten geht.

Das Flimmern selbst können wir übrigens durch einen kleinen, simplen Trick vermeiden: Bevor das Formular, das einen Schritt des Assistenten behandelt, geschlossen wird, setzen wir seine *TopMost*-Eigenschaft auf *True*. Damit wird es immer an oberster Stelle angezeigt, und ein anderes Formular, das man nun an der gleichen Position öffnet, liegt anschließend direkt unter dem Formular. Da dieses Formular aus dem Basisformular eines jeden Assistentenschrittes besteht, verändern sich beim Umschalten auf den nächsten Schrittdialog lediglich die Steuerelemente. Das Flimmern ist damit gebannt, denn der Basisdialog als Hintergrund dämpft es sozusagen ab.

**HINWEIS:** Sie finden das Beispielprogramm, das diese Technik implementiert, im Buch-CD-Verzeichnis unter ..\WinForms\Wizards. Wenn Sie eigene Assistenten in Ihren Programmen verwenden wollen, kopieren Sie das Verzeichnis *ADWizard*[19] aus diesem Projektverzeichnis in das Ihre, fügen Sie das Projekt Ihrer Projektmappe hinzu, und legen Sie einen Verweis auf dieses Projekt in jedem Ihrer Projekte der Projektmappe an, die darauf zugreifen sollen.

## IADWizard-Schnittstelle

Die Schnittstelle bildet die Basis für die Assistentendialoge, und ihre Aufgabe ist festzulegen, welche Funktionen ein Dialog (denkbar ist auch ein anderes grafisches Element, das diese Schnittstelle einbindet) zur Verfügung stellen muss, damit er von der Steuerungseinheit *ADWizardHandler* (s.u.) als Assistentenschritt behandelt werden kann. Die vorgeschaltete *Enum* dient wiederum nur der einfacheren Bedienung der Assistentenfunktionen; sie bestimmt, welchen Wert ein Schrittdialog zurückgeben kann.

```
Public Interface IADWizard

    'Methoden, die ein Wizard-Formular implementieren muss:

    'Dialog darstellen.
    Function ShowWDialog() As WizardDialogResult
    'Diese zweite Version wird benötigt, damit die Instanz, die dargestellt wird.
    'dafür sorgen kann, dass eine zweite Instanz, die "unter" ihr liegt,
    'wieder verschwindet (siehe folgende, längere Erklärung).
    Function ShowWDialog(ByVal InstanceToHide As IADWizard) As WizardDialogResult

    'Spezielle Wizard-Einstellungen durchführen.
    Sub SetWizardProperties(ByVal DialogCaption As String, ByVal StepNo As Integer)

    'Ist es der erste Schritt?
    Property FirstStep() As Boolean
    'Ist es der letzte Schritt?
    Property LastStep() As Boolean
    'Die aktuelle Schrittnummer
    Property StepNo() As Integer

    'Die folgenden Eigenschaften und Methoden dienen dazu,
    'das Flimmern beim Schrittwechsel zu verhindern.
    'Der Basisdialog wird dabei vor dem Wechsel
    '"unter" den aktuell angezeigten Dialog geschoben,
    'damit flimmert der Desktop-Hintergrund nicht durch,
    'da der Basisdialog - bis auf die zusätzlichen Elemente der
    'individuellen Schritte - genau so aussieht, wie jeder Schrittdialog.

    'Einbindende Klasse muss dafür sorgen können,
    'dass ihr visuelles Equivalent ganz zuoberst liegen kann.
    Property TopMost() As Boolean
    'Einbindende Klasse muss dafür sorgen können,
    'dass ihr visuelles Equivalent "verschwinden" kann.
```

---

[19] Falls Sie sich fragen, wofür AD steht: Schauen Sie auf meine Website unter http://loeffelmann.de, dort erfahren Sie die Antwort!

```
    Sub Hide()
    'Einbindende Klasse muss dafür sorgen können,
    'dass ihr visuelles Equivalent dargestellt werden kann,
    '*ohne* die Programmsteuerung an sich zu reißen.
    'Die Show-Methode muss die Shown-Eigenschaft setzen,
    'Die Hide-Methode muss die Shown-Eigenschaft löschen!
    Sub Show()
    ReadOnly Property Shown() As Boolean

    'Ereignisse
    'Wird ausgelöst, wenn ein neuer Schritt nach
    'vorne oder zurück durchgeführt wurde.
    Event DifferentWizardStep(ByVal sender As Object, ByVal e As DifferentWizardStepEventArgs)
End Interface
```

**HINWEIS:** Vielleicht fragen Sie sich, wieso schon das Assistentenschritt-Frontend (also ein später auf der Schnittstelle basierender Assistentendialog), und nicht die Assistentenverwaltungsklasse ein Ereignis zum Wechseln des Schritts auslösen muss. Das Rätsel ist leicht zu lösen: Dialogdaten können unter Umständen vom Anwender falsch eingegeben worden sein, und vielleicht kann erst der Assistentverwalter (*ADWizardHandler*) und nicht der Dialog selbst eine falsche Eingabe feststellen (sie könnte vom vorherigen Schrittkontext abhängig sein, den der eigentliche aktuelle Schritt u.U. nicht kennt). In diesem Fall muss die Assistentverwaltungsklasse die Möglichkeit haben, den Sprung zum nächsten oder zum vorherigen Schritt zu unterbinden, noch *bevor* der aktuelle Schritt vom Bildschirm verschwunden ist. Aus diesem Grund definiert die Schnittstelle das entsprechende Ereignis, das schon der Dialog (der die Schnittstelle einbindet) auslöst. Durch spezielle Ereignisargumente empfängt die Assistentverwaltungsklasse das Ereignis vor dem Wechsel mit entsprechenden Parametern und kann durch Setzen eines entsprechenden Kennzeichens innerhalb dieser Parameter den Schrittwechsel unterdrücken. Das ginge nicht, wenn der Assistenzverwalter selbst erst *nach* Beenden des Dialoges informiert wird, dass ein Schrittwechsel stattgefunden hat. Außerdem muss der Basisdialog zum Vermeiden des Flimmerns noch vor dem Schließen des eigentlichen Formulars, das einen Assistentenschritt darstellt, geöffnet werden. Dazu ist es natürlich auch erforderlich, dass das Ereignis rechtzeitig ausgelöst und von der Verwalterklasse behandelt wird.

Die Klasse, die von *EventArgs* erbt und über das Schrittwechsel-Ereignis (*DifferentWizardStep-Event*) informiert, finden Sie im folgenden Abschnitt besprochen:

### DifferentWizardStepEventArgs

Diese Klasse, von *EventArgs* abgeleitet, informiert alle »Zuhörer« des Ereignisses über nähere Umstände des Ereignisses. Welche Eigenschaften dabei welche Aufgabe haben, finden Sie im nachstehenden Listing dokumentiert.

Bemerkenswert an dieser Stelle ist, dass das Ereignis einen Informationsfluss auch zurück zum Ereignisauslöser erlaubt, oder besser: erforderlich macht. Durch Setzen der *Cancel*-Eigenschaft in einer Prozedur, die das Ereignis verarbeitet, kann der Assistentenschrittwechsel nämlich unterbunden werden und zwar – wie im vorherigen Hinweis beschrieben – noch bevor der aktuelle Schritt wieder vom Bildschirm verschwunden ist. Das Beispielprogramm wird später zeigen, wie Sie diese Eigenschaft genau verwenden können.

```
Public Class DifferentWizardStepEventArgs
    Inherits EventArgs

    Protected myWdr As WizardDialogResult
    Protected myStepNr As Integer
    Protected myCancel As Boolean

    Public Sub New(ByVal DialogResult As WizardDialogResult, ByVal StepNr As Integer, ByVal Cancel As Boolean)
        myWdr = DialogResult
        myStepNr = StepNr
        myCancel = Cancel
    End Sub

    'Informiert im Schritt-Wechsel-Ereignis über die
    'vom Benutzer gewünschte Aktion (vor, zurück, fertig, abbrechen).
    Public Overridable Property DialogResult() As WizardDialogResult
        Get
            Return myWdr
        End Get
        Set(ByVal Value As WizardDialogResult)
            myWdr = Value
        End Set
    End Property

    'Informiert im Schritt-Wechsel-Ereignis über die aktuelle
    '(noch nicht gewechselte) Schritt-Nr.
    Public Overridable Property StepNr() As Integer
        Get
            Return myStepNr
        End Get
        Set(ByVal Value As Integer)
            myStepNr = Value
        End Set
    End Property

    'Hat eine Art Zurück-Info-Status. Setzt der Entwickler im
    'Ereignis dieses Flag auf True, weiß der Dialog, dass er
    'sich nicht beenden darf. Der Schrittwechsel wird abgebrochen.
    Public Overridable Property Cancel() As Boolean
        Get
            Return myCancel
        End Get
        Set(ByVal Value As Boolean)
            myCancel = Value
        End Set
    End Property
End Class
```

## ADNavigationableArrayList

Diese Klasse dient zweierlei Zwecken. Sie speichert zum einen die Dialoge als Formularobjekte. Auf der anderen Seite erweitert Sie *ArrayList*, auf der sie basiert, um »Blätterfunktionen«. Durch *MoveNext* und *MovePrevious* kann ein *Indexer* auf das jeweils nächste bzw. vorherige Element positioniert werden; *CurrentItem* ermöglicht dann das Auslesen des eigentlichen Objektes. Die Klasse ist der Einfachheit halber nicht typsicher; mit dem Wissen aus dem 5. Kapitel sollten Sie aber keine Probleme haben, eine abstrakte Basisklasse daraus zu machen, sie damit in typsichere Ableitungen vererben und so auch für andere Zwecke verwenden zu können.

```vb
Public Class ADNavigationableArrayList
    Inherits ArrayList

    Protected myItemPointer As Integer

    Public Sub New()
        myItemPointer = -1
    End Sub

    'Liefert das aktuelle Element der Collection zurück, oder bestimmt es.
    'Wenn die ArrayList beim Setzen noch leer ist, wird ein Element angelegt.
    Public Overridable Property CurrentItem() As Object
        Get
            If myItemPointer = -1 Then
                Throw New IndexOutOfRangeException("NavigationableArrayList ist leer")
            End If
            Return Me(myItemPointer)
        End Get
        Set(ByVal Value As Object)
            If myItemPointer = -1 Then
                Me.Add(Value)
                myItemPointer = 0
            Else
                Me(myItemPointer) = Value
            End If
        End Set
    End Property

    'Springt zum nächsten Element des Arrays, das dann mit CurrentItem ermittelt werden kann.
    'true, wenn es ein weiteres Element gibt, sonst false</returns>.
    Public Overridable Function MoveNext() As Boolean
        If IsLast Then
            Return False
        End If

        If (myItemPointer < Me.Count - 1) Then
            myItemPointer += 1
            Return Not IsLast
        End If

    End Function

    'Springt zum vorherigen Element des Arrays, das dann mit CurrentItem ermittelt werden kann
    'true, wenn es noch ein vorheriges Element gibt</returns>.
    Public Overridable Function MovePrevious() As Boolean
        If IsFirst Then
            Return False
        End If

        If (myItemPointer > 0) Then
            myItemPointer -= 1
            Return Not IsFirst
        End If
```

```vb
End Function

'Springt zum ersten Element.
Public Overridable Sub MoveFirst()

    If myItemPointer > -1 Then
        myItemPointer = 0
    End If

End Sub

'Springt zum letzten Element.
Public Overridable Sub MoveLast()

    If myItemPointer > -1 Then
        myItemPointer = Me.Count - 1
    End If

End Sub

'Hängt der Liste ein Element an, aber ohne CurrentItem zu verändern,
'es sei denn, es gab zuvor keine Elemente im Array.
Public Overrides Function Add(ByVal [object] As Object) As Integer

    If myItemPointer = -1 Then
        myItemPointer = 0
    End If
    Return MyBase.Add([object])

End Function

'Stellt fest, ob der Indexer auf das letzte Element der Liste zeigt.
Public ReadOnly Property IsLast() As Boolean
    Get
        If myItemPointer = -1 Then Return True
        If myItemPointer = Me.Count - 1 Then Return True
        Return False
    End Get
End Property

'Stellt fest, ob der Indexer auf das erste Element der Liste zeigt.
Public ReadOnly Property IsFirst() As Boolean
    Get
        If myItemPointer = -1 Then Return True
        If myItemPointer = 0 Then Return True
        Return False
    End Get
End Property

End Class
```

Der Vollständigkeit halber sind in dieser Klasse auch die Funktionen *MoveFirst* und *MoveLast* implementiert, die ein Positionieren des *Indexers* auf das erste bzw. letzte Element der Liste erlauben. Mit diesen Funktionen lässt sich die Klasse wesentlich universeller einsetzen.

## ADWizardHandler

Nach allem Vorgeplänkel ist diese Klasse nun die eigentliche, die die Steuerung und Verwaltung der Assistentenschritte vornimmt. Durch entsprechende Vorbereitungen und Funktionalitätskapselung in anderen Klassen ist sie vergleichsweise kompakt. Längere Kommentare im Beispielcode sind hier übrigens im Fließtext zu sehen – der einfacheren Lesbarkeit wegen.

```
Public Class ADWizardHandler

    Protected mywizardDialogs As ADNavigationableArrayList
    Protected myWizardBaseDialog As IADWizard
    Protected myWizardBaseShown As Boolean
    Public Event DifferentWizardStep(ByVal sender As Object, ByVal e As DifferentWizardStepEventArgs)
```

Der folgende Konstruktor legt eine neue *ADWizardHandler*-Klasse an; die darzustellenden Formulare werden als *IADWizard*-Schnittstellen-Objekte übergeben. Damit können Sie dem Assistenten jedes Objekt zum »Assistieren« übergeben, das diese Schnittstelle einbindet. Zusätzlich benötigt der Konstruktor eine Instanz des Basisformulars, das er zum Verhindern des Flimmerns benötigt. Dazu definiert er das obere Formular als *TopMost* und schiebt das Basisformular durch simples Öffnen unter den aktuellen Schrittdialog. Beim Schließen eines Schrittformulars scheint dann nicht der Desktop, sondern das untergeschobene Assistenten-Basisformular durch. Da es stilähnlich gestaltet ist, verhindert es das Flimmern.

```
    Public Sub New(ByVal WizardTitel As String, ByVal WizardBaseDialog As IADWizard, _
            ByVal ParamArray WizardDialogs As IADWizard())

        myWizardBaseDialog = WizardBaseDialog
        mywizardDialogs = New ADNavigationableArrayList
        Dim currentDialog As IADWizard

        'Dialoge der NavigationableArrayList hinzufügen.
        For count As Integer = 0 To WizardDialogs.Length - 1
            currentDialog = WizardDialogs(count)

            'Festhalten, welcher Dialog dem ersten...
            currentDialog.FirstStep = (count = 0)
            '...und welcher dem letzten Schritt entspricht.
            currentDialog.LastStep = (count = (WizardDialogs.Length - 1))
            'Dialog der Collection hinzufügen.
            mywizardDialogs.Add(currentDialog)
            'Den Ereignisbehandler einbinden.
            AddHandler currentDialog.DifferentWizardStep, AddressOf OnDifferentWizardStep
            'Titel und Schrittnummer definieren.
            currentDialog.SetWizardProperties(WizardTitel & " Schritt:" & count + 1, count + 1)
        Next

    End Sub

    'Diese Funktion rufen Sie auf, um den Wizard zu aktivieren.
    Public Overridable Function PerformWizard() As WizardDialogResult

        Dim myCurrentDialog As IADWizard
        Dim myWizardTemplate As Form = New ADFormWizardTemplate
        Dim myDialogResult As WizardDialogResult
```

```
'Keine Assistentenschritte vorhanden -> Fehler!
If (mywizardDialogs Is Nothing) Then
    Throw New ArgumentException("Die Collection, die die Assistentenformulare enthält, darf nicht null sein!")
End If

'Auf ersten Assistentenschritt positionieren.
mywizardDialogs.MoveFirst()

Do
    myCurrentDialog = DirectCast(mywizardDialogs.CurrentItem, IADWizard)
```

Falls eine untergeschobene Instanz existiert, um das Flimmern beim Wechseln von Schritt zu Schritt zu verhindern, wird diese Instanz dem Schrittdialog übergeben, damit er sie im *On-Paint*-Ereignis schließen kann. Zu diesem Zeitpunkt ist der Schrittdialog bereits vollständig dargestellt, und er verdeckt, da *TopMost*, die »untergeschobene« Instanz vollständig, die deswegen zu diesem Zeitpunkt entfernt werden kann, ohne dabei zu flimmern.

```
    If myWizardBaseDialog.Shown Then
        myDialogResult = myCurrentDialog.ShowWDialog(myWizardBaseDialog)
    Else
        'Falls es kein "Flimmerverhinderungsdialog" gab,
        'Darstellungsroutine normal aufrufen.
        myDialogResult = myCurrentDialog.ShowWDialog()
    End If

    'Auswerten, welcher Schritt durchgeführt wurde.
    Select Case myDialogResult
        Case WizardDialogResult.Next
            mywizardDialogs.MoveNext()

        Case WizardDialogResult.Previous
            mywizardDialogs.MovePrevious()

            'Schleife abbrechen bei Abbrechen
        Case WizardDialogResult.Cancel
            Return WizardDialogResult.Cancel

            'oder Fertig (OK).
        Case WizardDialogResult.OK
            Return WizardDialogResult.OK

    End Select

Loop

End Function

Public Overridable Sub OnDifferentWizardStep(ByVal sender As Object, ByVal e As DifferentWizardStepEventArgs)
    RaiseEvent DifferentWizardStep(sender, e)
    If Not e.Cancel Then
        'Nur, falls der Empfänger das Schrittwechseln nicht unterbricht...
        If e.DialogResult = WizardDialogResult.Next Or _
           e.DialogResult = WizardDialogResult.Previous Then
            'Im Sender steckt das ereignisauslösende Objekt.
            'Das auf TopMost setzen, damit eine "untergeschobene"...
            DirectCast(sender, IADWizard).TopMost = True
```

```
                '...Instanz das Flimmern verhindern kann!
                'Diese Instanz wird im OnPaint-Event eines jeden
                'Assistentendialoges wieder geschlossen (siehe dort).
                myWizardBaseDialog.Show()
            End If
        End If
    End Sub

End Class
```

## Die Assistent-Formular-Basisklasse ADFormWizardTemplate

Dieses Formular ist es, das Sie in Ihren eigenen Programmen ableiten müssen – und zwar für jeden Schritt des Assistenten – um einen eigenen Assistenten in Ihrem Programm zu realisieren.

Das Wichtigste: Es bindet die Schnittstelle *IADWizard* ein und implementiert deren komplette Funktionalität. Damit dient die Klasse für die Assistentenverwaltungsklasse *ADWizardHandler* als Objektvorlage für jedes Element in der Collection, die auf diese Weise jeden Schritt des Assistenten speichert.

**HINWEIS:** Wenn Sie dieses Formular in eigenen Projekten als Basis für geerbte Formulare verwenden, sollten Sie Folgendes beachten: Sorgen Sie dafür, dass Sie dieses Projekt nicht zentral an einer bestimmten Stelle Ihres Entwicklungsordners speichern und es von dort aus in mehreren Projekten einsetzen. Vielmehr kopieren Sie das komplette *ADWizard*-Projekt in das Verzeichnis Ihres Projektes. Falls Sie nämlich diesen Basisdialog verändern sollten (beispielsweise, weil er für einen bestimmten Assistenten zu klein geraten ist oder sie ihn schon in der Basis mit zusätzlichen Elementen wie beispielsweise Bilddateien ausstatten möchten), hätte das natürlich auch Auswirkungen auf andere Projekte, die das *ADWizard*-Projekt referenzieren.

Das folgende Listing dokumentiert die Funktionsweise der Klasse. Sie können Sie als Vorlage verwenden, wenn Sie andere, ähnliche Assistentenlösungen entwickeln oder die vorhandene Klasse um sinnvolle Funktionen erweitern möchten.

```
Public Class ADFormWizardTemplate
    Inherits System.Windows.Forms.Form
    'Vorschriften für Assistenten-Funktionen implementieren.
    Implements IADWizard

    Protected myLastStep As Boolean = False
    Protected myFirstStep As Boolean = False
    Protected myStepNo As Integer = 0
    Protected myWizardDialogResult As WizardDialogResult = wizardDialogResult.Cancel
    Protected propertyBag As Hashtable
    Protected myInstanceToHide As IADWizard
    Protected myShown As Boolean

#Region " Vom Windows Form Designer generierter Code "

#End Region
```

```vb
Public Event DifferentWizardStep(ByVal sender As Object, ByVal e As DifferentWizardStepEventArgs) _
                            Implements IADWizard.DifferentWizardStep
'Kümmert sich um die Eigenschaft FirstStep;
'sie hat nicht nur informative Funktion, sondern
'bestimmt auch das Ein-/Ausschalten
'der Zurück-Schaltfläche.
Public Overridable Property FirstStep() As Boolean Implements IADWizard.FirstStep

    Get
        Return myFirstStep
    End Get

    Set(ByVal Value As Boolean)
        myFirstStep = Value
        If Value Then
            btnPrev.Enabled = False
        Else
            btnPrev.Enabled = True
        End If
    End Set
End Property

'Kümmert sich um die Eigenschaft FirstStep;
'sie hat nicht nur informative Funktion, sondern
'bestimmt auch die Beschriftung
'der Weiter/Fertig-Schaltfläche.
Public Overridable Property LastStep() As Boolean Implements IADWizard.LastStep
    Get
        Return myLastStep
    End Get
    Set(ByVal Value As Boolean)
        myLastStep = Value
        If Value Then
            btnNext.Text = "Fertig!"
        Else
            btnNext.Text = "Weiter >"
        End If
    End Set
End Property

'Setzt Überschrift und Schrittnummer im Formular-Titel.
Public Overridable Sub SetWizardProperties(ByVal DialogCaption As String, ByVal StepNo As Integer) _
                            Implements IADWizard.SetWizardProperties
    myStepNo = StepNo
    Me.Text = DialogCaption
End Sub

'Setzt oder ermittelt die aktuelle Schrittnummer.
Public Overridable Property StepNo() As Integer Implements IADWizard.StepNo
    Get
        Return myStepNo
    End Get
    Set(ByVal Value As Integer)
        myStepNo = Value
    End Set
End Property
```

```vbnet
'Behandelt die Zurück-Schaltfläche und löst das Ereignis aus.
Private Sub btnPrev_Click(ByVal sender As System.Object, ByVal e As System.EventArgs) Handles btnPrev.Click
    Dim locDiffWizStepEventArgs As DifferentWizardStepEventArgs

    myWizardDialogResult = WizardDialogResult.Previous
    locDiffWizStepEventArgs = New DifferentWizardStepEventArgs(myWizardDialogResult, Me.StepNo, False)
    'Ereignis auslösen.
    OnDifferentWizardStep(locDiffWizStepEventArgs)

    'Falls der Empfänger den Schrittwechsel nicht abgebrochen hat...
    If Not locDiffWizStepEventArgs.Cancel Then
        'Dialog schließen.
        Me.Hide()
    End If

End Sub

'Macht prinzipiell das gleiche wie btn_Previous_Click.
Private Sub btnNext_Click(ByVal sender As System.Object, ByVal e As System.EventArgs) Handles btnNext.Click
    Dim locDiffWizStepEventArgs As DifferentWizardStepEventArgs

    If Me.LastStep Then
        myWizardDialogResult = WizardDialogResult.OK
    Else
        myWizardDialogResult = WizardDialogResult.Next
    End If

    locDiffWizStepEventArgs = New DifferentWizardStepEventArgs(myWizardDialogResult, Me.StepNo, False)
    OnDifferentWizardStep(locDiffWizStepEventArgs)

    If Not locDiffWizStepEventArgs.Cancel Then
        Me.Hide()
    End If
End Sub

'Dasselbe hier.
Private Sub btnCancel_Click(ByVal sender As System.Object, ByVal e As System.EventArgs) Handles btnCancel.Click

    Dim locDiffWizStepEventArgs As DifferentWizardStepEventArgs

    myWizardDialogResult = WizardDialogResult.Cancel
    locDiffWizStepEventArgs = New DifferentWizardStepEventArgs(myWizardDialogResult, Me.StepNo, False)
    OnDifferentWizardStep(locDiffWizStepEventArgs)

    If Not locDiffWizStepEventArgs.Cancel Then
        Me.Hide()
    End If
End Sub

'Löst das eigentliche Ereignis aus, damit einbindende Klassen "mithören" können.
Public Overridable Sub OnDifferentWizardStep(ByVal e As DifferentWizardStepEventArgs)
    RaiseEvent DifferentWizardStep(Me, e)
End Sub
```

```vb
'Bindet die TopMost-Eigenschaft der Schnittstelle ein.
'Da TopMost der Basisklasse Form nicht als overridable markiert ist,
'muss der Eigenschaftenname ein anderer sein.
Public Property IADWizardTopMost() As Boolean Implements IADWizard.TopMost
    Get
        Return Me.TopMost
    End Get
    Set(ByVal Value As Boolean)
        Me.TopMost = Value
    End Set
End Property

'Bindet die Hide-Methode der Schnittstelle ein.
'Da Hide der Basisklasse Form nicht als overridable markiert ist,
'muss der Methodenname ein anderer sein.
Public Sub IADWizardHide() Implements IADWizard.Hide
    myShown = False
    Me.Hide()
End Sub

'Bindet die Show-Methode der Schnittstelle ein.
'Da Show der Basisklasse Form nicht als overridable markiert ist,
'muss der Methodenname ein anderer sein.
'Sie sorgt zusätzlich mit Refresh dafür, dass das Formular vollständig
'dargestellt wird.
Public Sub IADWizardShow() Implements IADWizard.Show
    myShown = True
    Me.Show()
    Me.Refresh()
End Sub

'Stellt den Dialog modal dar. Damit bekommt er eine eigene Ereignis-Warteschlange.
Public Overridable Function ShowWDialog() As WizardDialogResult Implements IADWizard.ShowWDialog
    Me.ShowDialog()
    Return myWizardDialogResult
End Function

'Überladene Routine, der eine IADWizard-Instanz übergeben wird.
'Dies ist notwendig, damit diese Instanz in OnPaint die Instanz,
'die zum Vermeiden des Flimmerns dargestellt wird, wieder vom
'Bildschirm entfernen kann.
Public Overloads Function ShowWDialogOverloads(ByVal InstanceToHide As IADWizard) As WizardDialogResult Implements IADWizard.ShowWDialog
    myInstanceToHide = InstanceToHide
    Return Me.ShowWDialog
End Function

'Ermittelt, ob das Formular nicht-modal dargestellt wird oder nicht.
'(Wird durch IADWizard.Hide und IADWizard.Show gesteuert).
Public ReadOnly Property Shown() As Boolean Implements IADWizard.Shown
    Get
        Return myShown
    End Get
End Property
```

```
'Wird überschrieben, damit eine unter dem Formular aus "Flimmergründen" liegende
'IADWizard-Instanz (in diesem Beispiel immer die Basis-Klasse ADFormWizardTemplate)
'wieder entfernt werden kann. Zu diesem Zeitpunkt verdeckt das Formular vollständig
'den Hintergrund, so dass der Hilfsuntergrund (das Basis-Formular) nicht mehr benötigt wird.
Protected Overrides Sub OnPaint(ByVal e As System.Windows.Forms.PaintEventArgs)
    MyBase.OnPaint(e)
    Me.TopMost = False
    If Not (myInstanceToHide Is Nothing) Then
        If myInstanceToHide.Shown Then
            myInstanceToHide.Hide()
            Debug.WriteLine("myInstance Hidden")
        End If
    End If

End Sub
End Class
```

### Die Funktionsweise des Demoprogramms WizardDemo

Wenn Sie das Beispielprojekt starten, können Sie einen Assistenten in Aktion erleben. Im Dialog, der nach dem Starten des Programms auf dem Bildschirm erscheint, wählen Sie die obere Schaltfläche *Assistenten aufrufen*. Daraufhin wird der erste Schritt des Assistenten auf dem Bildschirm dargestellt, wie in Abbildung 7.31 zu sehen.

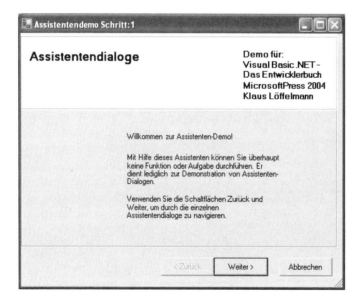

*Abbildung 7.31:* Ein Schrittdialog, wie er typischerweise in der Benutzerführung mit Assistenten verwendet wird

Mit der Schaltfläche *Weiter* gelangen Sie zum nächsten Schritt. Im folgenden Schrittdialog können Sie dann mit der Schaltfläche *Zurück* wieder zu diesem Dialog zurückkehren oder den Assistenten mit *Fertig* beenden.

Die eigentliche Prozedur, die den Assistentendialog steuert, sieht folgendermaßen aus:

```
Private Sub btnCallWizard_Click(ByVal sender As System.Object, ByVal e As System.EventArgs) _
    Handles btnCallWizard.Click

    Dim locWizardHandler As New ADWizardHandler("Assistentendemo", _
                                    New ADFormWizardTemplate, _
                                    New frmStep1, _
                                    New frmStep2)
    Dim locWR As WizardDialogResult = locWizardHandler.PerformWizard
    MessageBox.Show("Der Assistent hat '" + locWR.ToString + "' zurückgeliefert.")

End Sub
```

Im *Click*-Ereignis der Schaltfläche *btnCallWizard* wird zunächst eine neue Instanz der *ADWizardHandler*-Klasse erstellt. Dabei werden dem Konstruktor als Parameter die Assistentendialogtitelzeile (die in jedem Schrittdialog hinter der Schrittnummer erscheint), eine Instanz der Assistentenbasisklasse (für das flimmerfreie Umschalten zwischen den Schritten) sowie nacheinander die verschiedenen Schrittdialoginstanzen für jeden Schritt des Assistenten übergeben. Wie viele Instanzen eines Schrittdialogs Sie dem Konstruktor übergeben, ist übrigens völlig egal. Da er die Formulare als Parameter-Array empfängt, ist die Anzahl nicht limitiert. Das eigentliche Inkrafttreten des Assistenten löst die nächste Zeile mit einer einzigen, parameterlosen Methode aus: *PerformWizard*.

### Ergänzen der Assistentenbenutzerführung um weitere Schrittdialoge

Um diesem Assistenten einen weiteren Dialog hinzuzufügen, wählen Sie aus dem Kontextmenü des Projektes *WizardDemo* den Menüpunkt *Hinzufügen* und *Geerbtes Formular hinzufügen*. Bestimmen Sie den Namen des neuen Formulars – beispielsweise *frmStep3* – und im Dialog, der sich anschließend öffnet, wählen Sie aus der Formularliste *ADFormWizardTemplate* – etwa wie in Abbildung 7.32 zu sehen.

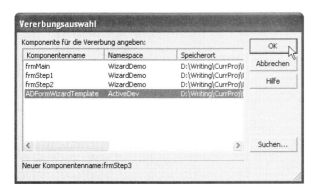

***Abbildung 7.32:*** *Wählen Sie das Assistentenvorlage-Formular als Basis für den neuen Schrittdialog*

Klicken Sie anschließend auf *OK*, um den Vorgang zu beenden.

Öffnen Sie das Formular anschließend, und gestalten Sie es um, so dass es ungefähr Abbildung 7.33 entspricht.

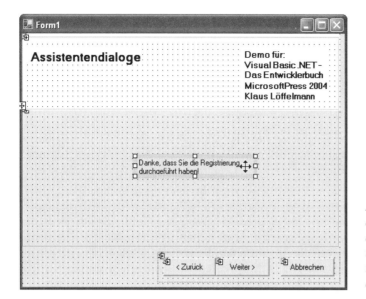

**Abbildung 7.33:** *Dieses Formular dient als dritter Schritt im Beispielassistenten. Um Dinge zu beschleunigen, kopieren Sie die Überschriften mit Kopieren/Einfügen aus einem der anderen Schrittdialoge*

Um den zusätzlichen Schritt im Programm sichtbar zu machen, brauchen Sie lediglich eine Zeile im aufrufenden Programm zu ändern:

```
Private Sub btnCallWizard_Click(ByVal sender As System.Object, ByVal e As System.EventArgs) _
                Handles btnCallWizard.Click

    Dim locWizardHandler As New ADWizardHandler("Assistentendemo", _
                                    New ADFormWizardTemplate, _
                                    New frmStep1, _
                                    New frmStep2, _
                                    New frmStep3)
    Dim locWR As WizardDialogResult = locWizardHandler.PerformWizard
    MessageBox.Show("Der Assistent hat '" + locWR.ToString + "' zurückgeliefert.")

End Sub
```

Sie sehen: Beim Instanzieren des Assistentenverwalters brauchen Sie lediglich eine Instanz des dritten Formulars hinzuzufügen (im Listing fett markiert).

# Schließen von Formularen

Es mag auf den ersten Blick nicht eines ganzen Abschnittes wert sein, besorgte Nachfragen im Usenet machen mich aber glauben, dass ein paar Sätze über das richtige Schließen eines Formulars nicht schaden können.

Um ein Formular programmtechnisch zu schließen, gibt es drei Möglichkeiten:

- *formInstance.Hide*
- *formInstance.Close*
- *formInstance.Dispose*

## Unsichtbarmachen eines Formulars mit Hide

Die *Hide*-Methode macht nichts weiter, als die *Visible*-Eigenschaft eines Formulars auf *False* zu setzen. Damit gibt es die eigentliche Instanz eines Formulars zwar noch, das Formular befindet sich nur nicht mehr sichtbar auf dem Bildschirm.

Allerdings gibt es etwas zu beachten, wenn Formulare auf eine bestimmte Art und Weise dargestellt werden, die als modale Darstellung bezeichnet wird.

### Modale Darstellung von Formularen

Wenn Sie ein Formular mit seiner *Show*-Methode aufrufen, dann werden seine Ereignisse durch die Warteschlage der einbindenden Applikation überwacht. Das bedeutet, dass der Code nach *Show* weiter ausgeführt wird, und der Anwender das Formular, das sozusagen unter dem gerade dargestellten liegt, weiter bedienen kann. Beide Formulare lassen sich gegenseitig mit gleicher Priorität vom Anwender bedienen.

Im Unterschied dazu gibt es so genannte modale Formulare. Ein Formular, das modal dargestellt werden soll, wird mit der *ShowDialog*-Methode ins Leben gerufen. In diesem Fall wird eine neue Nachrichtenwarteschlage eingerichtet, und die Programmausführung der aufrufenden Instanz stoppt an der Stelle, an der *ShowDialog* verwendet wurde. Was die Applikation anbelangt, hat der Anwender bei der Darstellung eines modalen Formulars keinen Zugriff auf die darunter liegenden Dialoge – bis er selbst dafür sorgt, dass das Formular wieder geschlossen wird.

Das Entscheidende dabei ist, dass die Nachrichtenwarteschlage dann aufgelöst wird, wenn das Formular unsichtbar gemacht wird – nicht erst, wenn das Formular mit *Dispose* entsorgt wird.

Das bedeutet für das Anwenden der *Hide*-Methode (oder auch für das Setzen der *Visible*-Eigenschaft des Formulars auf *False*): Wenn die Darstellung des Formulars zuvor modal erfolgte, wird in diesem Moment die Warteschlage beendet und die Kontrolle an die aufrufende Instanz zurückgegeben.

## Schließen des Formulars mit Close

Das Schließen des Formulars mit *Close*, »emuliert« sozusagen das Schließen des Formulars durch den Anwender. Dabei hat die das Fomular einbindende Instanz (oder das Formular selbst) die Möglichkeit, den Vorgang des Schließens zu verhindern.

Entweder durch Überschreiben von *OnClosing* (soweit es das Formular selbst betrifft) oder durch Einbinden des *Closing*-Ereignisses (soweit es die das Formular einbindende Instanz betrifft) besteht die Möglichkeit, durch die *CancelEventArgs* des Ereignisses den kompletten Schließenvorgang abzubrechen:

```
Private Sub frmMain_Closing(ByVal sender As Object, ByVal e As System.ComponentModel.CancelEventArgs) _
                           Handles MyBase.Closing
    'Formular soll nicht geschlossen werden
    e.Cancel = True
End Sub
```

Allerdings: Wenn nicht programmtechnisch interveniert wurde, das Formular zu schließen, ist es nicht nur unsichtbar geworden, sondern wird durch den Garbage Collector bei der nächsten Gelegenheit entsorgt. Die *Close*-Methode entspricht also einem intervenierbaren *Dispose* (siehe nächster Abschnitt).

### Was passiert bei Form.Close intern:

Für die Puristen unter Ihnen, hier eine Ereignisabfolge, die beschreibt, in welcher Reihenfolge Dinge beim Schließen eines *Forms* mit *Close* passieren:

- *Close* wird aufgerufen, Formular sendet *WM_Close* mit seinem eigenen *Window-Handle* an die Nachrichtenwarteschlange.
- Wenn die Nachrichtenschlange verarbeitet wird, schickt diese die Nachricht weiter an *WndProc* des Formulars.
- *WndProc* ruft die Formular-interne Methode *WMClose* auf.
- *WMClose* ruft die Dispose-Methode des Formulars auf, nachdem sie *OnClosing* und *OnClose* verarbeitet hat und auch die entsprechenden Ereignisse ausgelöst hat. *Dispose* wird aber nur dann aufgerufen, wenn *OnClosing* den Schließvorgang nicht abgebrochen hat.
- **TIPP:** Wenn sich Ihr Formular selbst schließt, es aber dies in einer Methode macht, die einen Rückgabewert an die aufrufende Instanz zurückliefern muss, der aus einem Member hervorgeht, schließen Sie es mit *Close*, und wenden Sie dann *Return* an. Nur damit ist gewährleistet, dass es den zurückzugebenden Member noch gibt, wenn *Return* ausgeführt wird. *Dispose* würde das Formular sofort zur Entsorgung freigeben; Sie könnten nicht sicher sein, dass es den zurückzugebenden Wert beim *Return* noch gibt. Beispiel:

```
...
Me.Close ' Nicht Dispose!
Return Me.EinMember ' Sonst könnte der Inhalt von EinMember schon verloren gegangen sein!
End Function
```

## Entsorgen des Formulars mit Dispose

*Dispose* macht mit einem Formular, was es auch mit jedem anderen Objekt macht: es zur Entsorgung durch den Garbage Collector freigeben. Das bedeutet: *Dispose* lässt ein Formular unaufhaltsam und für immer verschwinden. Das *Closing*-Ereignis wird nicht aufgerufen, und weder die das Formular einbindende Instanz noch das Formular selbst haben die Möglichkeit, etwas dagegen zu tun. Das gilt natürlich auch für alle Member des Formulars. Lesen Sie deswegen bitte auch die Ausführungen des vorherigen Abschnittes.

# 8 GDI+ zum Zeichnen von Inhalten verwenden

| | |
|---|---|
| 504 | Einführung in GDI+ |
| 518 | Flimmerfreie, fehlerfreie und schnelle Darstellungen von GDI+-Zeichnungen |

GDI+ ist eine Klassenbibliothek, die das Zeichnen verschiedener Elemente in Windows (Windows im Sinne vom Windows-Betriebssystem) erlaubt. GDI steht als Abkürzung von *Graphic Device Interface* – etwa *grafische Geräteschnittstelle* – und das Pluszeichen hinter dem Akronym lässt schon vermuten, dass es sich um etwas Weiterentwickeltes handeln muss.

Allerdings ist das im Grunde genommen nur halb richtig – jedenfalls in der gegenwärtigen Version des GDI+. GDI+ ist der von Microsoft erklärte Nachfolger des GDI, der, wenn auch in ständig weiterentwickelter Form, schon zu 16-Bit-Windows-Zeiten sozusagen den ausführenden Produzenten für alles bildete, was in irgendeiner Form auf dem Bildschirm erscheinen sollte. Aus diesem Grund erfuhren viele Grundfunktionen des GDI eine umfangreiche Unterstützung durch die Treiber von Grafikkarten der verschiedensten Hersteller. Das heißt im Klartext: Wenn Sie eine Linie von einem zum anderen Punkt auf dem Bildschirm mit GDI zeichnen, dann ist es nicht eine bestimmte Prozedur im GDI, die die eigentlichen Punkte setzt, sondern die Grafikkarte selbst, die diese Aufgabe übernimmt. Das GDI teilt dem Treiber lediglich mit, dass es eine Linie gezeichnet haben möchte. Und genau das ist zurzeit noch der Unterschied zum GDI+. Es bietet viel umfassendere und vor allen Dingen auch einfacher zu handhabende Zeichenfunktionen, doch viele davon sind momentan noch nicht hardwareunterstützt. Und das ist der Grund, weswegen Microsoft mit GDI+ grundsätzlich auf dem richtigen Weg ist, es sich für einige wenige Anwendungen unter Windows aus Geschwindigkeitsgründen aber einfach noch nicht hundertprozentig zur Verwendung eignet.

Nun ist das Framework für die Zukunft konzipiert, und in zukünftigen .NET- und Windows-Betriebssystemversionen werden sich definitiv leistungsfähigere Versionen des GDI+ befinden. Aus diesem Grund hat es wohl für die Entwickler des Frameworks bislang keinen Sinn ergeben, die ältere Version des GDI (ohne Plus) als Klassenlibrary in .NET zu implementieren.[1]

---

[1] Kleine Randnotiz: In der kommenden Version von Visual Studio (2005, Codename Whidbey) und dem dazugehörigen Framework 2.0 wird es nach aktuellem Stand eine komplette, verwaltete GDI-Unterstützung geben (also durch das Framework gekapselt). Sämtliche Steuerelemente, über die sich Anwender wegen fehlerhaftem oder unschönem Text-Rendering bzw. zu langsamen Aufbau beklagt haben (Label, Button, etc.), werden dann nicht mehr auf GDI+ sondern wieder auf herkömmlichem GDI basieren. Für geschwindigkeitskritische Anwendungen ist das ein deutliches Plus.

Außer Acht gelassen, was die wirklichen Gründe für die Entscheidung zu diesem Schritt waren, gilt: Es ist jedenfalls derzeitig nicht vorhanden. Für den Moment müssen wir für den Inhalt der Dokumente unserer .NET-Programme mit der aktuellen Version des GDI+ vorlieb nehmen.[2]

**HINWEIS:** Das GDI+ liefert genug Stoff, um ein eigenes Buch damit zu füllen. Charles Petzold hat das mit seiner Core-Reference[3], die ein wenig GDI+-lastig geworden ist, eindrucksvoll unter Beweis gestellt. Aus diesem Grund möchte ich mich an dieser Stelle nur auf grundlegendste Erklärungen zum GDI+ beschränken – gerade auf so viel, dass es für andere Projekte ausreicht – um beispielsweise Benutzersteuerelemente mit sinnvollen Inhalten zu füllen. In den nächsten Abschnitten finden Sie deswegen zunächst die wichtigsten Informationen, die Sie als Grundlagen benötigen, um die ersten Gehversuche mit dem GDI+ bewältigen zu können, in sehr kompakter Form. Aus Platzgründen möchte ich mich nicht in endlos langen Beschreibungen von einzelnen Funktionen des GDI+ verlieren. Vielmehr möchte ich mich auf die *Anwendung* des GDI+ zur Lösung bestimmter Probleme beim Entwickeln von Komponenten und Anwendungen konzentrieren. Ersatzweise verwenden Sie für Fragen, die die korrekte Anwendung einer Methode oder eines Konstruktors betreffen, die Online-Hilfe von Visual Studio. Sie leistet gerade beim GDI+ als Referenz ausgezeichnete Arbeit. Durch die Intellisense-Funktion des Editors werden selbst viele Blicke in die Online-Hilfe überflüssig.

# Einführung in GDI+

Wie schon an mehreren Stellen in diesem Buch beschrieben, ist alles, was Sie in ein Windows zeichnen, hoch volatil. Es hält genau so lange, wie sie etwas anderes über das Fenster schieben. Dann ist sein Inhalt verschwunden. Das gilt sogar für das Fenster selbst, das den Inhalt darstellt: Wenn Sie ein Fenster in einer bestimmten Größe auf den Bildschirm gebracht haben, seinen Inhalt zeichnen, es anschließend verkleinern und wieder auf seine alte Größe bringen, ist der Ursprungsinhalt verloren.

Das liegt am Prinzip, wie Windows-Inhalte gemanagt werden: Jedes Fenster ist für das Zeichnen seines Inhaltes selbst verantwortlich. Alle auf *Control* basierenden Komponenten (dazu gehören auch Formulare) müssen deswegen ihr *Paint*-Ereignis behandeln oder noch besser, da schneller, die *OnPaint*-Basisroutine überschreiben. In beiden Fällen wird den Prozeduren das so genannte *Graphics*-Objekt mit dem *PaintEventArgs*-Objekt übergeben, das den Dreh- und Angelpunkt für alle Grafikoperationen bildet.

Die Zeichenroutinen, die dieses *Graphics*-Objekt nun zur Verfügung stellt, beziehen sich auf den so genannten *Client-Bereich* des Fensters. Das ist das Innere des Fensters, also der Bereich, ohne Rahmen, Titel oder Rollbalken.

---

[2] Natürlich gibt es auch die Möglichkeit, direkte Betriebssystemaufrufe an das herkömmliche GDI aus .NET heraus durchzuführen – doch das sind dann grundsätzlich so genannte *Unsafe Calls* (unsichere Aufrufe). Unsicher deswegen, weil das Programm das behütete, sichere .NET-Zuhause verlässt. Und solche Schritte sind nur in einer voll vertrauenswürdigen Umgebung erlaubt. Das heißt, dass alle Programme, die unsichere Aufrufe durchführen oder sonst irgendeinen unsicheren Code ausführen, mit den Standardsicherheitseinstellungen nur auf dem Computer selbst ausgeführt werden können. Starten Sie ein solches Programm beispielsweise von einer Netzwerk-Ressource, löst es beim Erreichen des unsicheren Codes eine Sicherheitsausnahme aus.

[3] Ein sehr empfehlenswertes Buch, gerade wenn es um GDI+ und native Textausgabe/ -formatierung geht. Englische Ausgabe, ISBN: 0-7356-1799-6. Deutsche Ausgabe: Windows-Programmierung mit Visual Basic NET, ISBN: 3-86063-691-x.

Sie können ein *Graphics*-Objekt übrigens nicht selbst direkt durch seinen Konstruktor erstellen; sie können es nur durch bestimmte Funktionen ermitteln – der *Graphics*-Parameter, der Ihnen durch *OnPaint* mit *PaintEventArgs* geliefert wird, ist nur ein (wenn auch das am häufigsten auftretende) Beispiel dafür.

Sie haben zwar auch die Möglichkeit, das für eine *Control*-Ableitung gültige *Graphics*-Objekt auch ohne die *OnPaint*-Ereignisparameter zu bekommen, doch ist das Anwenden dieser Vorgehensweise eher selten der Fall. Außerdem führt es oft zu einer falschen Vorgehensweise, wie das folgende Beispiel zeigt:

**HINWEIS:** Sie finden dieses Projekt unter ..\*GDIPlus\GDIPlus01* im Verzeichnis zur CD zum Buch; es trägt den Projektnamen *SimpleGDI*.

```
Public Class frmMain
    Inherits System.Windows.Forms.Form

#Region " Vom Windows Form Designer generierter Code "
    ' Aus Platzgründen ausgelassen.
#End Region

    Private Sub btnLinieZeichnen_Click(ByVal sender As System.Object, ByVal e As System.EventArgs) Handles btnLinieZeichnen.Click

        Dim g As Graphics

        'Ermittelt das Graphics-Objekt, das zu einem bestimmten
        'Window gehört, dessen Handle (ID) zur Identifizierung dient.
        g = Graphics.FromHwnd(Me.Handle)

        'Schwarze, ein Pixel dünne Linie zeichnen von (0,0) zu (500,500).
        'Koordinaten werden standardmäßig in Pixel angegeben;
        '(0,0) liegt in der linken, oberen Ecke des Client-Bereichs.
        g.DrawLine(New Pen(Color.Black), 0, 0, 500, 500)

    End Sub
End Class
```

Wenn Sie dieses Programm starten, werden Sie nach dem Anklicken der einzigen Schaltfläche zweierlei Dinge feststellen: a) Das ermittelte *Graphics*-Objekt bezieht sich tatsächlich nur auf das Fenster, für das es ermittelt wurde. Denn obwohl der Linienpfad die Schaltfläche kreuzt, zeichnet der Befehl die Linie im Bereich der Schaltfläche nicht (siehe Abbildung 8.1). Und b) Wenn Sie irgendetwas über das Formular bewegen (der Windows-Taschenrechner eignet sich für solche Experimente am besten), ist die Linie verschwunden.

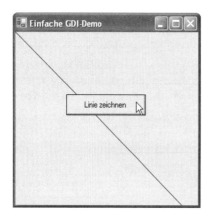

***Abbildung 8.1:*** *Zeichenoperationen mit einem Graphics-Objekt beziehen sich nur auf das Fenster, für das das Graphics-Objekt ermittelt wurde*

Wenn Sie wollen, dass die Linie auch noch vorhanden ist, *nachdem* sich ein anderes Objekt über dem Formular befunden hat, müssen Sie ein anderes Verfahren verwenden, das grob skizziert folgendermaßen funktioniert:

- Alle Zeichenroutinen finden in der *Paint*-Ereignisbehandlungsroutine des Formulars statt. Dazu können Sie – wie schon gesagt – entweder das Ereignis im Formular einbinden oder, der zu empfehlende Weg, die Basisprozedur *OnPaint* überschreiben, die das Zeichnen der Linie vornimmt.
- Damit die Linie nur dann gezeichnet wird, wenn die Schaltfläche vom Anwender angeklickt wurde, muss es eine Art Informationsspeicher geben (ein Flag, das von überall im Formular zugänglich ist – also einen Klassen-Member), der *OnPaint* darüber informiert, ob die Linie im Falle eines Neuzeichnenmüssens überhaupt gemalt werden soll.
- Damit die Linie auch dann gezeichnet wird, wenn der Anwender die Schaltfläche angeklickt hat, muss der Code zur Behandlung des Klickereignisses für die Schaltfläche nicht nur das Flag setzen, sondern auch den kompletten *Client*-Bereich des Formulars für ungültig erklären. Geschieht das mit einer bestimmten Methode namens *Invalidate*, wird automatisch das *Paint*-Ereignis ausgelöst, damit *OnPaint* aufgerufen und die Linie gezeichnet werden.

**HINWEIS:** Sie finden das Projekt, das diese Modifizierungen enthält, unter dem Ordner *..\GDIPlus\GDIPlus02* im Verzeichnis zur CD zum Buch; es trägt den Projektnamen *SimpleGDI*.

Der dazugehörende Formularcode sieht folgendermaßen aus:

```
Public Class frmMain
    Inherits System.Windows.Forms.Form
    Private myDrawLineFlag As Boolean

    'Klassenweiter Member, der von Click und OnPaint aus zugänglich ist.
    Private myDrawLineFlag As Boolean

    Private Sub btnLinieZeichnen_Click(ByVal sender As System.Object, ByVal e As System.EventArgs) Handles btnLinieZeichnen.Click
```

```
    'Ab sofort darf gezeichnet werden!
    myDrawLineFlag = True
    'Client-Bereich für ungültig erklären --> OnPaint wird ausgelöst,
    'und damit, da myDrawLineFlag jetzt true ist, die Linie gezeichnet.
    Me.Invalidate()

End Sub

Protected Overrides Sub OnPaint(ByVal e As System.Windows.Forms.PaintEventArgs)

    If myDrawLineFlag Then
        Dim g As Graphics = e.Graphics

        'Ermittelt das Graphics-Objekt, das zu einem bestimmten
        'Window gehört, dessen Handle (ID) zur Identifizierung dient.
        g = Graphics.FromHwnd(Me.Handle)

        'Schwarze, ein Pixel dünne Linie zeichnen von (0,0) zu (500,500).
        'Koordinaten werden standardmäßig in Pixel angegeben;
        '(0,0) liegt in der linken, oberen Ecke des Client-Bereichs.
        g.DrawLine(New Pen(Color.Black), 0, 0, 500, 500)
    End If
    End Sub
End Class
```

Wenn Sie diese Version des Programms starten, funktioniert es auf den ersten Blick wie die erste Version des Programms, mit einem entscheidenden Unterschied: Das Formular zeichnet sich in den entscheidenden Schritten neu, und das ist schließlich auch genau das, was es muss.

Sie sollten dieses einfache Prinzip in Ihren eigenen Anwendungen berücksichtigen, wenn Sie selbst gezeichnete Inhalte in Formularen darstellen müssen.

## Linien, Flächen, Pens und Brushes

Im Beispiel des letzten Abschnittes haben Sie bereits teilweise sehen können, dass für alle Zeichenoperationen gilt: Sie benötigen entweder ein *Pen*-Objekt (einen Stift) oder ein *Brush*-Objekt (einen Pinsel), um Linien oder Flächen zu zeichnen.

Für Linienfiguren benötigen Sie ein *Pen*-Objekt. Ein *Pen* bestimmt, wie ein Linienzug gezeichnet werden soll – oder genauer: in welcher Farbe oder welcher Stärke das geschehen soll. Wie die Anwendung des *Pen*-Objektes generell funktioniert, konnten Sie bereits im vergangenen Beispiel sehen. Der *Pen*-Konstruktor verfügt über mehrere Überladungen. Neben Farbe und Linienstärke haben Sie die Möglichkeit, ein *Pen*-Objekt auch aus einem *Brush*-Objekt zu erstellen und so dickere Linien oder Umrisse bestimmter geometrischer Figuren mit einer spezifischen Füllung zu versehen.

*Brush*-Objekte in GDI+ sind vielseitig. Sie dienen der Bestimmung der Eigenschaften von Flächenfüllungen. Das *Brush*-Objekt selbst ist, anders als ein *Pen*, eine abstrakte Basisklasse, es kann also nicht direkt instanziert und verwendet werden. Stattdessen gibt es in GDI+ fünf verschiedene *Brush*-Ableitungen, die unterschiedliche Aufgaben beim Erstellen von Füllfarben bzw. -mustern für Flächen erfüllen:

- **SolidBrush:** Definiert einen simplen, einfarbigen Pinsel. Flächen, die Sie mit einem *SolidBrush* füllen, werden mit der durch den *Brush* bestimmten Farbe ausgefüllt.
- **HatchBrush:** Definiert einen rechteckigen Pinsel mit einer Schraffurart; Vorder- und Hintergrundfarbe der Schraffur sind dabei getrennt einstellbar.
- **TextureBrush:** Definiert einen Pinsel aus einer Bitmap. In welcher Form die Bitmap als Zeichenvorlage für eine Füllung verwendet wird, stellen Sie über den Konstruktor ein. Interessantes hierzu finden Sie in der VS.NET-Onlinehilfe unter dem *ImageAttributes*-Objekt und der *WrapMode*-Enum.
- **LinearGradientBrush:** Definiert ein *Brush*-Objekt mit einem linearen Farbverlauf.
- **PathGradientBrush:** Definiert ein *Brush*-Objekt mit einem Farbverlauf, der durch einen beliebigen Kurvenverlauf (*GraphicsPath*) bestimmt wird. Ein solcher Pinsel entsteht entweder aus einem *GraphicsPath*-Objekt oder einem *Points*- bzw. *PointF*-Array, das die Eckpunkte des Kurvenverlaufs bestimmt.

Grundsätzlich gilt: Wenn Sie eine Linie, einen Linienzug ein Polygonumriss oder einen Kreisumriss zeichnen möchten, verwenden Sie eine der *DrawXXX*-Methoden des *Graphics*-Objektes. Sie benötigen zum Zeichnen in diesen Fall ein *Pen*-Objekt, das die Eigenschaften des verwendeten Stiftes bestimmt.

Möchten Sie eine Fläche füllen, verwenden Sie eine der *FillXXX*-Methoden des *Graphics*-Objektes. Sie benötigen zum Zeichnen dann eines der von *Brush* abgeleiteten Objekte, das die Eigenschaften der Füllung bestimmt.

## Angabe von Koordinaten

Die meisten Zeichenfunktionen, die Ihnen das *Graphics*-Objekt zur Verfügung stellt, arbeiten mit der Angabe von Koordinaten, die ihnen entweder als Single- oder als Integerwerte übergeben werden. Der Koordinatenursprung liegt in der linken, oberen Ecke des Bildschirms. Neben der Bestimmung von Koordinaten durch einzelne *Single*- oder *Integer*-Werte hält das Framework einige Strukturen bereit, um Sie bei der Angabe von Positionen, Umrissen oder Größen zu unterstützen. Die wichtigsten sind:

- **Point:** Die *Point*-Struktur dient zur Angabe einer Koordinate. Sie übergeben ihr im Konstruktor den X- und Y-Wert als Integerwert.
- **PointF:** Die *PointF*-Struktur dient zur Angabe einer Koordinate mit Fließkommawerten. Sie übergeben ihr im Konstruktor den X- und Y-Wert jeweils als Wert vom Typ *Single*.
- **Size:** Die *Size*-Struktur dient zur Angabe des Ausmaßes eines rechteckigen Objektes. Sie übergeben ihr im Konstruktor die Breite und Höhe als Integerwert.
- **SizeF:** Die *SizeF*-Struktur dient zur Angabe des Ausmaßes eines rechteckigen Objektes mit Fließkommawerten. Sie übergeben ihr im Konstruktor die Breite und Höhe jeweils als Wert vom Typ *Single*.
- **Rectangle:** Diese Struktur dient zur Angabe von Position und Ausmaßen eines Rechtecks. Ein *Rectangle* definiert sich durch einen Startpunkt, der als Koordinate angegeben wird, sowie durch die Höhe und die Breite.
- **RectangleF:** Es gilt das zu *Rectangle* Gesagte, nur dass die Werte als Fließkommawert vom Typ *Single* angegeben werden.

## Wieso Integer- *und* Fließkommaangaben für Positionen und Ausmaße?

Das *Graphics*-Objekt ist nicht auf Pixel als feste Maßeinheit für die Positions- bzw. Größenangaben festgelegt. Vielmehr erlauben die *PageUnit*-Eigenschaft, die *PageScale*-Eigenschaft sowie verschiedene Transformationsmethoden eine individuelle Skalierung des Koordinatensystems. Integerwerte sind dann natürlich nicht mehr ausreichend, wenn Sie beispielsweise *Inches* (englische Bezeichnung für die Maßeinheit Zoll, entspricht 2,54 cm) als Maßeinheit bestimmt haben. Auf dem Bildschirm liegen zwischen zwei Pixel, die einen Inch auseinanderliegen, natürlich viele weitere Pixel. Die dazwischen liegenden Punkte ließen sich nicht erreichen, könnte man keine gebrochenen Werte für Koordinaten angeben.

Beide Verfahren haben Vor- und Nachteile: Wenn Sie sich für Pixel als Maßeinheit entscheiden (das ist die Standardeinstellung, die durch *PageUnit* bestimmt wird), können Sie *Integer*-Werte verwenden; interne Skalierungsumrechnungen entfallen dabei, allerdings können Sie damit nur bestimmte Anwendungen realisieren, wie beispielsweise die Begrenzungen eigener Steuerelemente zeichnen, deren Ausmaße ohnehin in Pixel angegeben werden.

Entscheiden Sie sich für eine andere Maßeinheit, wie beispielsweise Millimeter oder Inch, müssen Sie Fließkommawerte verwenden, um alle Pixel im Koordinatensystem ansteuern zu können. Intern finden natürlich wieder Umrechnungen auf die eigentlichen, physischen Pixelkoordinaten statt, und das kostet einen wenig Rechenzeit. Allerdings ist die Anwendung von Maßeinheiten, die Sie aus der »echten« Welt kennen, für die Umsetzung vieler Anwendungen leichter und flexibler.

## Wie viel Platz habe ich zum Zeichnen?

Um die zur Verfügung stehenden Ausmaße eines Formulars (oder einer von Control abgeleiteten Klasse) zu ermitteln, gibt es zwei Möglichkeiten.

- Wenn Ihnen das *Graphics*-Objekt bekannt ist, verwenden Sie die Nur-Lesen-Eigenschaft *VisibleClipbounds* des Grafikobjektes. Der Vorteil: Wenn Sie mit der *PageUnit*-Eigenschaft eine andere Maßeinheit für das Koordinatensystem eingestellt haben, liefert *VisibleClipbounds* die Ausmaße in den Einheiten zurück, die durch *PageUnit* eingestellt sind.

- Mit *ClientArea* des Formulars oder der verwendeten *Control*-Klasse (oder deren Ableitung) ermitteln Sie den sichtbaren Zeichenbereich in Pixel. Sie benötigen dazu kein Graphics-Objekt.

## Das gute, alte Testbild und GDI+ im Einsatz sehen!

Nach so viel grauer Theorie sind Sie sicherlich gespannt, GDI+-Funktionen in der Praxis zu sehen. Seit der Einführung von Kabel- und Satellitenfernsehen Mitte der 80er Jahre können wir uns über eine Unterversorgung mit farbigen Bildern nicht mehr beklagen. Allerdings: Ein bestimmtes Programm ist fast gänzlich von unseren Mattscheiben verschwunden – gemeint ist das gute, alte Testbild. Die Älteren unter Ihnen werden sich sicherlich noch erinnern können, wie es uns erging, wenn wir morgens nicht zur Schule wollten, weil dort entweder eine nicht zu packende Klassenarbeit oder der Kerl aus der 4. Klasse auf uns wartete. Diesem hatten wir tags zuvor sein Pausenbrot »frisiert«, gleichzeitig aber nicht bedacht, dass wir zwar der Held des Tages aber auch ein potentieller Kandidat für die Notaufnahme am nächsten Tag waren. Also hieß es: Fieberthermometer in den Tee, Seifenwasser in die Augen (zwei Minuten mit aufgerissenen Lidern ohne zu blinzeln reichten meist auch aus, um die notwendige Augenrötung herbeizuführen) und nach einigen, Oscar-verdächtigen Jammereinlagen ging's ab aufs elterliche Sofa, wo die Flimmerkiste – gerade in Farbe – schon auf ein gut sortiertes Programm wartete: Telekolleg im Dritten, Testbild im Zweiten und Testbild im Ersten.

Und dann hieß es: Sehnsüchtig auf die Sesamstraße um halb zehn warten. Das Testbild, geben Sie es zu, hassten Sie damals sicherlich, wie ich es tat. Und jetzt? Jetzt verbinden wir alle wahrscheinlich kindliche Unbeschwertheit mit exakt dieser Grafik, und wäre es nicht schön, solche Momente nochmals erleben zu können?

Aber: Warum jammern? Wir haben Rechenpower, wir haben Visual Basic und wir haben GDI+! Holen wir es uns zurück!

**HINWEIS:** Sie finden das folgende Projekt unter *..\GDIPlus\GDIPlus03 - Testbild* im Verzeichnis zur CD zum Buch; es trägt den Projektnamen *Testscreen*, und wenn Sie ungefähr meiner Generation (so 1966 - 1972) angehören, werden Sie es noch kennen und lieben!

Wenn Sie dieses Programm starten, sehen Sie das Testbild, etwa wie in Abbildung 8.2 gezeigt. Sie können dieses Bild vergrößern und verkleinern, und Sie werden feststellen, dass sich sein Inhalt immer an die aktuelle Größe anpasst. Mal ganz abgesehen davon, dass es heftigst flimmert (jedenfalls in dieser Version), ist das der Beweis, dass es sich bei der Grafik nicht um eine simple, im Internet geklaute Bitmap handelt, sondern jeder einzelne Strich, jede einzelne Fläche und jedes Polygon farbig und bunt zur Laufzeit gezeichnet wird. Und glauben Sie mir: Salopp gesagt, war das Kreieren dieses Programms eine tierische Fuckelei, aber ich finde, der Aufwand hat sich gelohnt.

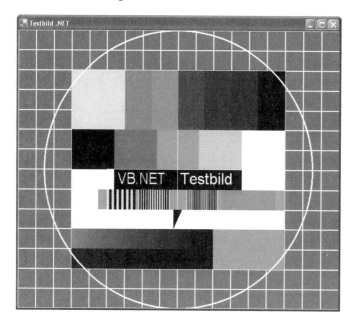

*Abbildung 8.2: Für Erinnerungen an die kindliche Unbeschwertheit – das Testbild*

Gelohnt, im Übrigen, nicht nur wegen des Ergebnisses, sondern auch, weil das alte Testbild der Öffentlichen-Rechtlichen (ob man damals schon so weit gedacht hat?) viele unterschiedliche Elemente enthält, die den Einsatz von vielen verschiedenen GDI+-Funktionen erforderlich machen – Sie werden das gleich sehen.

Einige Worte zur Funktionsweise vorweg: Ich habe das Formular so gestaltet, dass es eher als Komponente denn als Formular fungiert. Aus diesem Grund gibt es einige Member-Variablen, zu denen auch Äquivalente als öffentliche Eigenschaften existieren. Das gibt uns zum einen die Möglichkeit, das komplette Formular später abzuleiten und bestimmte Verhaltensweisen durch gezieltes Überschreiben von Eigenschaftenprozeduren zu beeinflussen. Zum anderen können wir aus dem Formular auch ein Steuerelement machen, dessen Verhalten sich durch die öffentlichen Eigenschaften gezielt von außen steuern lässt. Aus Platzgründen finden Sie die meisten dieser Eigenschaften in der vorliegenden Version nicht abgedruckt, da sie die Inhalte der geschützten Member-Variablen, die das Zeichnen eigentlich steuern, nur nach oben durchreichen.

Das Codelisting:

```
Imports System.Drawing.Drawing2D

Public Class frmMain
    Inherits System.Windows.Forms.Form
```

Einige Funktionen des Formulars zum Zeichnen werden aus dem Namensbereich *Drawing2D* benötigt; deswegen die entsprechende *Imports*-Anweisung am Anfang des Codes. Die Formularklasse wird aus *Form* abgeleitet.

```
    'Legt fest, ob das Gitter gezeichnet werden soll oder nicht.
    Private myDrawGrid As Boolean
    'Bestimmt, wie das Gitter gezeichnet werden soll.
    Private myGridStyle As GridStyle
    'Bestimmt die Stiftbreite für das Zeichnen des Gitters/Rasters.
    Private myGridLineWidth As Integer
    'Bestimmt die Stiftfarbe für das Zeichnen des Gitters/Rasters.
    Private myGridColor As Color
    'Bestimmt die Hintergrundfarbe.
    Private myBackground As Color
    'Bestimmt die Farben der oberen Balkenreihe.
    Private myBarColors As Color()
    'Bestimmt die Grauschattierungen der darunterliegenden Balkenreihe.
    Private myBarShades As Color()
    'Bestimmt die Grauschattierungen der Balkenreihe, in der sich die Beschriftung befindet.
    Private myBarTitleShades As Color()
    'Definiert die Anzahl der Gitter-/Rasterspalten.
    Private myGridCols As Integer
    'Definiert die Anzahl der Gitter-/Rasterzeilen.
    Private myGridRows As Integer
    'Definiert, in Rasterzeilen gerechnet, den Abstand des "Bildes" von oben.
    Private myUpperOffset As Integer
    'Definiert den Zeichenmodus.
    Private mySmoothingMode As SmoothingMode
```

Die Member-Variablen der Klasse folgen anschließend. Sie bestimmen, in welcher Weise Gitter/Raster und eigentliches Bild gemalt werden sollen. Die Variablen selbst werden im Konstruktor des Programms initialisiert:

```
    Public Sub New()
        MyBase.New()

        ' Dieser Aufruf ist für den Windows Form-Designer erforderlich.
        InitializeComponent()
```

```
' Initialisierungen nach dem Aufruf InitializeComponent() hinzufügen.
DrawGrid = True
GridStyle = GridStyle.Lines
GridLineWidth = 2
GridColor = Color.White

'18 Spalten und 14 Zeilen
GridCols = 18
GridRows = 14

'Bild beginnt in der 3. Reihe.
UpperOffset = 2

'Hintergrund ca. 70% grau
Background = Color.FromArgb(90, 90, 90)

'Farben für die Farbbalken
BarColors = New Color() {Color.Pink, Color.GreenYellow, Color.Magenta, Color.Olive, _
                        Color.DarkMagenta, Color.DarkRed, Color.Indigo, Color.Black}
'Farben für die darunterliegenden Grauflächen
BarShades = New Color() {Color.FromArgb(0, 0, 0), _
                        Color.FromArgb(90, 90, 90), _
                        Color.FromArgb(130, 130, 130), _
                        Color.FromArgb(180, 180, 180), _
                        Color.FromArgb(255, 255, 255)}
'Farben für die darunterliegenden Grauflächen der Titelzeile
BarTitleShades = New Color() {Color.White, _
                              Color.Black, _
                              Color.Black, _
                              Color.Black, _
                              Color.White}

'Fenstertitel
Text = "Testbild .NET"
End Sub
```

Einige Anmerkungen zur Angabe von Farben bei der Verwendung des *Graphics*-Objektes: Die *Color*-Struktur bietet eine elegante und einfache Möglichkeit, Farben zu definieren. Sie verfügt über zahlreiche, statische Funktionen, um Farbwerte anhand von Farbnamen zu ermitteln. Die Farb- und Graubalken, die Sie im Testbild sehen, haben zwar feste Ausmaße, aber Sie können die Anzahl der Balken, die sich in dieser Größenvorgabe befinden, variieren, indem Sie den entsprechenden Arrays Elemente hinzufügen oder aus ihnen entfernen.

```
'Wird aufgerufen, wenn das Bild aus irgendeinem Grund neu gezeichnet werden muss.
Protected Overrides Sub OnPaint(ByVal e As System.Windows.Forms.PaintEventArgs)
    paintBackground(e.Graphics)
    paintContent(e.Graphics)
End Sub
```

Diese Routine wird automatisch aufgerufen, wenn ein Neuzeichnen des Bildes erforderlich wird. Sie zeichnet zunächst den Hintergrund des Bildes und anschließend das eigentliche Testbild. Diese Routinen sehen folgendermaßen aus:

```vb
'Hier wird der eigentliche Inhalt gezeichnet.
Private Sub paintContent(ByVal g As Graphics)

    Dim locPen As Pen
    Dim locBrush As Brush
    Dim locBarWidth As Single
    Dim locX As Single
    Dim locRectF As RectangleF

    g.SmoothingMode = mySmoothingMode

    'Raster malen im Bedarfsfall
    If DrawGrid Then
        paintGrid(g)
    End If

    'Figuren malen:

    'obere Balkenreihe mit Farbblöcken...
    locRectF = New RectangleF(GridSize.Width * 3, GridSize.Height * myUpperOffset, _
                        GridSize.Width * 12, GridSize.Height * 3)
    locBarWidth = locRectF.Width / BarColors.Length / 1
    For i As Integer = 0 To BarColors.Length - 1
        locBrush = New SolidBrush(myBarColors(i))
        locRectF.Width = locBarWidth
        g.FillRectangle(locBrush, locRectF)
        locRectF.X += locBarWidth
    Next

    'darunter liegende Balkenreihe mit Grauschattierungen...
    locRectF = New RectangleF(GridSize.Width * 3, GridSize.Height * (UpperOffset + 3), _
                        GridSize.Width * 12, GridSize.Height * 2)
    locBarWidth = locRectF.Width / BarShades.Length / 1
    For i As Integer = 0 To BarShades.Length - 1
        locBrush = New SolidBrush(myBarShades(i))
        locRectF.Width = locBarWidth
        g.FillRectangle(locBrush, locRectF)
        locRectF.X += locBarWidth
    Next

    'darunter liegende Balkenreihe mit Titel...
    locRectF = New RectangleF(GridSize.Width * 3, GridSize.Height * (UpperOffset + 5), _
                        GridSize.Width * 12, GridSize.Height)
    locBarWidth = locRectF.Width / BarShades.Length / 1
    For i As Integer = 0 To BarTitleShades.Length - 1
        locBrush = New SolidBrush(myBarTitleShades(i))
        locRectF.Width = locBarWidth
        g.FillRectangle(locBrush, locRectF)
        locRectF.X += locBarWidth
    Next

    'darunter komplette zwei Reihen zunächst weiß...
    locBrush = New SolidBrush(Color.White)
    g.FillRectangle(locBrush, GridSize.Width * 3, GridSize.Height * (UpperOffset + 6), _
                GridSize.Width * 12, GridSize.Height * 2)
```

```vbnet
'jeweils zwei Farbverlaufsstreifen...
locRectF = New RectangleF(GridSize.Width * 3, GridSize.Height * (UpperOffset + 8), _
                          GridSize.Width * 8, GridSize.Height)
locBrush = New LinearGradientBrush(locRectF, Color.Magenta, Color.Black, LinearGradientMode.Horizontal)
g.FillRectangle(locBrush, locRectF)

'der zweite Farbverlaufsstreifen...
locRectF = New RectangleF(GridSize.Width * 3, GridSize.Height * (UpperOffset + 9), _
                          GridSize.Width * 8, GridSize.Height)
locBrush = New LinearGradientBrush(locRectF, Color.Blue, Color.Black, LinearGradientMode.Horizontal)
g.FillRectangle(locBrush, locRectF)

'grauer Kasten neben die Farbverläufe...
locBrush = New SolidBrush(Color.FromArgb(130, 130, 130))
g.FillRectangle(locBrush, GridSize.Width * 11, GridSize.Height * (UpperOffset + 8), _
                GridSize.Width * 4, GridSize.Height * 2)

'Geriffele malen...
'Zuerst grauer Kasten als Unterlage
g.FillRectangle(locBrush, GridSize.Width * 4.5F, GridSize.Height * (UpperOffset + 6), _
                GridSize.Width * 10.5F, GridSize.Height)

'dann das linke, größere Geriffele malen...
locRectF = New RectangleF(GridSize.Width * 5, GridSize.Height * (UpperOffset + 6), _
                          GridSize.Width * 1.5F, GridSize.Height)

drawAreaCorrugated(g, locRectF, Color.Black, Color.LightGray, 2, GridSize.Width)

'das kleinere Geriffele rechts daneben malen...
locRectF.X = GridSize.Width * 6.75F
locRectF.Width = GridSize.Width * 1.75F
drawAreaCorrugated(g, locRectF, Color.Black, Color.LightGray, 1, GridSize.Width)

'das noch kleinere Geriffele rechts daneben malen...
locRectF.X = GridSize.Width * 9.5F
locRectF.Width = GridSize.Width * 1.75F
drawAreaCorrugated(g, locRectF, Color.Black, Color.LightGray, 0.5F, GridSize.Width)

'das Olivenfarbene daneben...
locRectF.X = GridSize.Width * 11.5F
locRectF.Width = GridSize.Width * 3
locBrush = New SolidBrush(Color.Olive)
g.FillRectangle(locBrush, locRectF)

'Zielkreuz Kreis in die Mitte...
locPen = New Pen(Color.White, 3)
g.DrawEllipse(locPen, ClientSize.Width \ 2 - ClientSize.Height \ 2, 0, ClientSize.Height, ClientSize.Height)
locPen.Width = 1
g.DrawLine(locPen, GridSize.Width * 9, GridSize.Height * (UpperOffset + 3), _
                   GridSize.Width * 9, GridSize.Height * (UpperOffset + 7))
g.DrawLine(locPen, GridSize.Width * 5, GridSize.Height * (UpperOffset + 5), _
                   GridSize.Width * 13, GridSize.Height * (UpperOffset + 5))

'das kleine Dreieck in den weißen Zwischenraum...
Dim locPoints(2) As PointF
locPoints(0) = New PointF(GridSize.Width * 8.75F, GridSize.Height * (UpperOffset + 7))
```

```
        locPoints(1) = New PointF(locPoints(0).X, GridSize.Height * (UpperOffset + 8))
        locPoints(2) = New PointF(GridSize.Width * 9.25F, locPoints(0).Y)
        g.FillPolygon(New SolidBrush(Color.Black), locPoints)

        'Texte hineinschreiben.
        drawStringInFrame(g, New SolidBrush(Color.White), "VB.NET", "Arial", _
                    New RectangleF(GridSize.Width * 5.5F, GridSize.Height * (UpperOffset + 5), _
                        GridSize.Width * 3, GridSize.Height))

        drawStringInFrame(g, New SolidBrush(Color.White), "Testbild", "Arial", _
                    New RectangleF(GridSize.Width * 9, GridSize.Height * (UpperOffset + 5), _
                        GridSize.Width * 3.5F, GridSize.Height))

    End Sub
```

Diese Prozedur bildet den Kern des Programms – sie sorgt dafür, dass das Bild auch tatsächlich auf dem Bildschirm erscheint. Anhand dieser Routine können Sie sehen, wie Füllungen und Linienfiguren mit dem GDI+ gezeichnet werden, und Sie können ebenfalls erkennen, wie einfach die Handhabung von Grafikfunktionen mit dem GDI+ im Grunde genommen ist.

Komplexe Grafikfunktionen, wie beispielsweise das Zeichnen des »geriffelten« Bereiches oder das Platzieren des Textes in der richtigen Größe, sind in verschiedene Unterroutinen ausgelagert, die Sie im Folgenden beschrieben finden:

```
    'Geriffelten Bereich malen.
    Private Sub drawAreaCorrugated(ByVal g As Graphics, ByVal rectF As RectangleF, _
                    ByVal col1 As Color, ByVal col2 As Color, _
                    ByVal relCellStepWidth As Single, ByVal relCellWidth As Single)

        Dim locPCol1 As New SolidBrush(col1)
        Dim locPCol2 As New SolidBrush(col2)
        Dim locCurrentBrush As Brush
        Dim locAltFlag As Boolean = False
        Dim locStep As Single = relCellWidth / (1 / relCellStepWidth * 15)

        For x As Single = rectF.X To rectF.Right Step locStep
            locCurrentBrush = DirectCast(IIf(locAltFlag, locPCol1, locPCol2), SolidBrush)
            g.FillRectangle(locCurrentBrush, x, rectF.Y, locStep, rectF.Height)
            locAltFlag = Not locAltFlag
        Next

    End Sub

    'Zeichnet den Text so, dass er genau in ein Rechteck passt.
    Private Sub drawStringInFrame(ByVal g As Graphics, ByVal brush As Brush, ByVal text As String, _
                    ByVal fontName As String, ByVal rectF As RectangleF)

        'Skalierungseinstellungen zum Wiederherstellen speichern.
        Dim locGState As GraphicsState = g.Save
        'Font mit 12 Pt. Höhe aus Fontnamen anlegen.
        Dim locFont As New Font(fontName, 12, FontStyle.Regular)
        'Ausmaße des Strings messen.
        Dim locSize As SizeF = g.MeasureString(text, locFont)
        'Faktoren für die Skalierung ermitteln, so dass der String...
        Dim locScaleV As Single = rectF.Height / locSize.Height
        '...genau in das angegebene Rechteck passt.
```

```
    Dim locScaleH As Single = rectF.Width / locSize.Width
    'Koordinatensystem verschieben
    g.TranslateTransform(rectF.X, rectF.Y)
    'KoordinatenSystem neu skalieren
    g.ScaleTransform(locScaleH, locScaleV)
    'String im skalierten Koordinatensystem ausgeben.
    g.DrawString(text, locFont, brush, 0, 0)
    'Alte Skalierungs- und Transformationseinstellungen wiederherstellen.
    g.Restore(locGState)

End Sub
```

Diese letzte Prozedur demonstriert den Einsatz von Text- und Skalierungsfunktionen. Für deren genaues Verständnis ist allerdings ein klein wenig mehr Hintergrundwissen erforderlich, das Ihnen der folgende kurze Exkurs liefert.

## Exaktes Einpassen von Text mit GDI+-Skalierungsfunktionen

Um eine Zeichenkette in ein *Graphics*-Objekt auszugeben, benötigen Sie neben einem *Font*-Objekt, das den zu verwendenden Zeichensatz bestimmt, auch ein *Brush*-Objekt, das die Pinseleigenschaften darstellt und damit Farbe und Füllung definiert, mit denen der Text gezeichnet wird. Für die Größenbestimmung der auszugebenden Zeichenkette ist normalerweise ausschließlich die Größe des Zeichensatzes verantwortlich; GDI+ bietet Ihnen standardmäßig keine Möglichkeit, einen auszugebenden Text automatisch auf eine bestimmte Höhe oder Breite zu skalieren. Wenn Sie einen Text mit der *DrawString*-Funktion in ein *Graphics*-Objekt hineinschreiben, hat er damit genau die Größe, die sich durch das angegebene Font-Objekt und die Breite der im auszugebenden Text enthaltenen Buchstaben ergibt.

Allerdings bietet das GDI+ eine Reihe von Skalierungsfunktionen, mit denen das Koordinatensystem in beide Richtungen gedehnt oder gestaucht werden kann. In Zusammenarbeit mit der *MeasureString*-Funktion, die die Ausmaße eines Textes ermitteln kann, *ohne* ihn dabei wirklich zu auszugeben, erlaubt das die genaue Dehnung/Stauchung des Koordinatensystems, so dass der Text – egal mit welchen Fonteinstellungen gezeichnet – exakt in die Ausmaße eines bestimmbaren rechteckigen Bereichs eingepasst werden kann. Die Verfahrensweise dabei ist relativ einfach:

Der Text wird zunächst mit *MeasureString* vermessen; dabei werden seine Höhe und seine Breite in Pixel[4] ermittelt. Die Skalierungsfaktoren für den Text ergeben sich jetzt aus einer simplen Division der Ausmaße des Zielrechteckes durch die Ausmaße des den Text tatsächlich umschließenden Rechtecks.

Damit die Skalierung für das *Graphics*-Objekt später wieder auf seine Ursprungseinstellung zurückgestellt werden kann, kann die aktuelle Skalierungseinstellung mit der *Save*-Methode in einem so genannten *GraphicsState*-Objekt gespeichert werden. Erst jetzt werden die errechneten Skalierungsfaktoren mit Hilfe der Methode *TranslateTransform* für das aktuelle *Graphics*-Objekt bestimmt.

---

[4] Vorausgesetzt, Sie haben die verwendete Maßeinheit für das aktuelle *Graphics*-Objekt nicht zuvor mit seiner *PageUnit*-Eigenschaft auf einen anderen Wert gesetzt.

Da der zuvor gemessene Text derselbe ist, der nun mit *DrawString* in das *Graphics*-Objekt ausgegeben wird, und die Skalierung durch Anwenden von *TranslateTransform* umgestellt wurde, passt er exakt in das Zielrechteck.

Damit alle weiteren Zeichenfunktionen unskaliert stattfinden können, wird die ursprüngliche Skalierung durch die *Restore*-Methode zu guter Letzt wieder in den Ausgangszustand zurückversetzt.

Die einzige Zeichenroutine, die jetzt noch fehlt, ist die zum Zeichnen des Gitters. Im folgende Codelisting werden Sie feststellen: Die *paintGrid*-Methode ist so ausgelegt, dass sie wahlweise ein Raster oder ein Gitter zeichnen kann. Ein Rasterpunkt besteht dabei allerdings nicht aus einem einzelnen Pixel, sondern aus einem kleinen Rechteck. Das GDI+ stellt keine Funktion zur Verfügung, mit der ein einzelner Punkt gezeichnet werden kann – das ist der Hintergrund. Alternativ könnten Sie auch eine Linie mit gleichem Anfangs- und Endpunkt zeichnen, das Ergebnis wäre ähnlich:

```
'Zeichnet das Raster oder das Gitter.
Private Sub paintGrid(ByVal g As Graphics)

    Dim locPen As New Pen(GridColor, GridLineWidth)
    Dim locBrush As New SolidBrush(GridColor)

    If GridStyle = GridStyle.Dots Then
        For x As Single = 0 To ClientSize.Width Step GridSize.Width
            For y As Single = 0 To ClientSize.Height Step GridSize.Height
                g.FillRectangle(locBrush, x, y, GridLineWidth, GridLineWidth)
            Next
        Next

    Else
        For x As Single = 0 To ClientSize.Width Step GridSize.Width
            g.DrawLine(locPen, x, 0, x, ClientSize.Height)
        Next

        For y As Single = 0 To ClientSize.Height Step GridSize.Height
            g.DrawLine(locPen, 0, y, ClientSize.Width, y)
        Next
    End If
End Sub
```

Übrigens: Wenn Sie das Formular vergrößern oder verkleinern, löst das nicht notwendigerweise ein *Paint*-Ereignis aus. Das *Paint*-Ereignis wird nur beim Vergrößern des Formulars ausgelöst, und Sie können mit dem *Graphics*-Objekt, das jetzt übergeben wird, nur den Bereich erneuern, der durch das Vergrößern auch wirklich neu gezeichnet werden müsste. Das ergibt Sinn bei Inhalten, die statisch sind – also nicht durch die Größe des Formulars beeinflusst werden. Bei einer Tabellenkalkulation beispielsweise ist der dargestellte Inhalte eines Fensters nicht von seiner Größe abhängig; nur der dargestellte Ausschnitt verändert sich mit dem Vergrößern des Fensters.

In unserem Beispiel ist das anders. Wenn das Formular vergrößert oder verkleinert wird, muss der *komplette* Formularinhalt neu gezeichnet werden. Aus diesem Grund schaut die Prozedur, die dieses Ereignis verarbeitet, folgendermaßen aus:

```
'Wird aufgerufen, wenn das Formular in seiner Größe verändert wird.
Protected Overrides Sub OnResize(ByVal e As System.EventArgs)
    Me.Invalidate()
End Sub
```

*Invalidate* bewirkt, dass das *Paint*-Ereignis ausgelöst wird und für den kompletten Client-Bereich gilt. Der Formularinhalt wird also komplett neu gezeichnet.

Und jetzt, nachdem Sie wissen, wie das Programm funktioniert: Stürzen Sie sich hinein in den Quellcode, und experimentieren Sie mit den Einstellungen, die im Konstruktor des Formulars vorgenommen werden. Sie werden sehen, dass Sie durch Ausprobieren der verschiedenen Einstellungen der Objekte, die *Graphics* anbietet, am besten den Umgang mit dem GDI+ lernen können!

## Flimmerfreie, fehlerfreie und schnelle Darstellungen von GDI+-Zeichnungen

Das Beispielprogramm aus dem vorherigen Abschnitt hat die Leistungsfähigkeit des GDI+ eindrucksvoll demonstriert. Allerdings hat es ebenso gezeigt, dass noch einige Handgriffe notwendig sind, um die Darstellung wirklich zu perfektionieren, denn:

- Die Bilddarstellung flimmert heftig, wenn der Anwender das Testbild vergrößert oder verkleinert.
- Das Formular sollte sich nur proportional vergrößern lassen (Festes Seitenverhältnis in X- und Y-Richtung), damit man feststellen kann, ob der Monitor einen Kreis auch wirklich rund darstellt. Das Seitenverhältnis sollte sich durch eine Eigenschaft einstellen lassen.
- Der Bildaufbau ist gerade beim Vergrößern und Verkleinern des Formulars vergleichsweise langsam.
- Und falls Sie ganz genau hingeschaut haben, werden Sie bemerkt haben, dass die Linienstärke bei den äußeren Linien und bei den Berührungspunkten des Kreises mit den Formularrändern berücksichtigt werden sollte.

Diese Liste von Unzulänglichkeiten ist typisch für grafische Inhalte, die in Fenstern unter Windows dargestellt werden. Selbst ein Programm wie der Windows-Explorer, von dem man meinen könnte, es sei nach Jahren wirklich ausgereift, flimmert beim Vergrößern oder Verkleinern munter vor sich hin.[5] Die nächsten Abschnitte sollen Ihnen helfen, die richtige Vorgehensweise zu finden, um Ihren Formularen und (später auch) Steuerelementen ein professionelles Aussehen zu verleihen.

### Zeichnen ohne Flimmern

Bei dem ersten Problem hilft das Framework mit einem Prinzip, nach dem man schon seit Jahren und nicht erst seit Windows verfährt, um Flimmern bei der Darstellung von bewegten Bildern zu vermeiden. Die Technik ist so simpel wie genial: Anstatt ein Bild zu löschen und es verändert neu zu zeichnen, komplettiert man es zunächst in einer unsichtbaren Bitmap im Speicher. Wenn das Bild komplett gezeichnet wurde, kopiert man es als Ganzes in den sichtba-

---

[5] Achten Sie mal beim Vergrößern oder Verkleinern auf das *TreeView*-Steuerelement des Explorers, das die Laufwerke darstellt.

ren Anzeigebereich. So ist das eigentliche Entstehen des Bildes unsichtbar und damit flimmerfrei. Darüber hinaus muss das Bild für das Neuzeichnen nicht gelöscht werden (was ein Großteil des Flimmerns verursacht), denn wenn eine entsprechende Instanz das komplett fertige Bild in das zu überschreibende, sichtbare Bild kopiert, wird sowieso jeder einzelne Pixel des alten Bildes gelöscht. Ein Löschen des Hintergrunds wäre also total überflüssig.

Wie schon angedeutet, müssen Sie diese Funktionalität nicht selber implementieren, da sie das Framework schon fix und fertig bereithält. Sie müssen dem Framework lediglich mitteilen, dass Sie die Sonderbehandlung des »Hintergrund-Löschen-Ereignisses«, das von Windows ausgelöst wird, nicht wünschen, sondern die gerade beschriebene Methode – sie nennt sich auf neudeutsch *Double Buffering* (Doppelpufferung) – anwenden möchten.

**HINWEIS:** Sie finden das modifizierte Testbild-Projekt unter ..\*GDIPlus\GDIPlus04 Testbild V2* im Verzeichnis zur CD zum Buch; es trägt ebenfalls den Projektnamen *Testscreen*.

Sie erreichen das mit zwei simplen Zeilen, die Sie im Konstruktor hinterlegen:

```
Public Sub New()
    MyBase.New()

    ' Dieser Aufruf ist für den Windows Form-Designer erforderlich.
    InitializeComponent()

    Me.SetStyle(ControlStyles.DoubleBuffer, True)
    Me.SetStyle(ControlStyles.AllPaintingInWmPaint, True)
```

Wenn Sie das Programm nach dieser Modifizierung starten, ist es vorbei mit dem Flimmern. Sie können das Formular nach Belieben vergrößern oder verkleinern, ohne beim Neuaufbau zuschauen zu müssen.

### Eigenschaften von Formularen und Control-Ableitungen mit SetStyle definieren

*SetStyle* dient übrigens nicht nur dazu, das *Double Buffering* ein- und auszuschalten. Auch andere Verhaltensweisen einer von Control abgeleiteten Klasse (dazu gehört auch ein Formular) lassen sich mit dieser Methode steuern.

Die grundsätzliche Verwendung von *SetStyle* funktioniert folgendermaßen:

```
Me.SetStyle(ControlStyles.Style1 or ControlStyle2 or ..., True|False)
```

Als ersten Parameter übergeben Sie *SetStyle* eine Kombination aus Elementen der *ControlStyles*-Enum. Der zweite Parameter bestimmt, ob die entsprechenden Flags ein- bzw. ausgeschaltet werden sollen. Welche Flags dabei welche Aufgaben übernehmen, zeigt die folgende Tabelle. Bitte verwenden Sie in diesem Falle nicht die Visual-Studio-Online-Hilfe, da sie die Aufgaben der einzelnen Flags recht schwammig, teilweise sogar missverständlich erklärt.

| Member-Name | Wert | Beschreibung |
| --- | --- | --- |
| ContainerControl | 1 | Die auf Control basierende Komponente ist ein *Container*-Control. Dieses Flag ist automatisch gesetzt, wenn Sie eine Klasse aus *ScrollableControl* ableiten. |
| UserPaint | 2 | Definiert, dass die Ereignisse *OnPaint* und *OnBackgroundPaint* von *WndProc* ausgelöst werden. Dieses Flag ist standardmäßig gesetzt. Wenn Sie dieses Flag löschen, müssen Sie *WndProc* überschreiben und die entsprechenden Nachrichten auswerten, um die notwendigen Maßnahmen zum Zeichnen des Fensterinhaltes zu ergreifen. |
| Opaque | 4 | Wenn Sie dieses Flag setzen, wird *OnPaintBackground* nicht ausgelöst und der Hintergrund damit nicht gezeichnet. |
| ResizeRedraw | 16 | Bestimmt, dass *OnResize*, das bei Größenveränderung des Controls/Formulars automatisch aufgerufen wird, ein *Invalidate* auslöst und damit automatisch das Neuzeichnen des Client-Bereichs erzwingt. |
| FixedWidth | 32 | Formulare lassen sich durch die *AutoScale*-Eigenschaft so einrichten, dass sie sich automatisch an eine neue Schriftart anpassen, die ihnen durch die *Font*-Eigenschaft zugewiesen wird. Dadurch wird das Formular selbst und auch alle in ihm enthaltenen Steuerelemente entsprechend der Größe des verwendeten Fonts vergrößert oder verkleinert.[6] Möchten Sie verhindern, dass die Skalierung der Formularbreite stattfindet, setzen Sie dieses Flag. Mit diesem Flag können Sie *nicht* festlegen, dass ein Formular oder Control in seiner Breite nicht verändert werden darf. |
| FixedHeight | 64 | Es gilt das für *FixedWidth* Gesagte, nur für die Höhe des Formulars. |
| StandardClick | 256 | Dieses Flag ist standardmäßig gesetzt. Wenn Sie möchten, dass das Control oder das Formular kein *Click*-Ereignis auslösen soll, löschen Sie dieses Flag. WICHTIG: Wenn Sie dieses Flag löschen, löst das Control/Formular auch kein *DoubleClick*-Ereignis mehr aus. |
| Selectable | 512 | Dieses Flag ist für Formulare und Controls standardmäßig gesetzt. Es bestimmt, ob entsprechende Ereignisse von Windows überhaupt zur Fokussierung des Controls/Formulars führen können. Beachten Sie, dass *Container Controls* (*ScrollableControl*, *ContainerControl*) den Fokus nicht erhalten können, wenn sie andere Controls beinhalten. Das gilt unabhängig von der Einstellung dieses Flags. Beachten Sie auch, dass von Control abgeleitete Klasseninstanzen standardmäßig die *Fokusbenachrichtigung durch Mausklickaktivierung nicht erhalten*, wenn das folgende *UserMouse*-Flag nicht gesetzt ist. |
| UserMouse | 1024 | Dieses Flag muss gesetzt werden, damit eine von Control abgeleitete Instanz Fokussierungsnachrichten erhalten kann, wenn diese durch Mausklick ausgelöst wurden. Bitte beachten Sie, dass entgegen den Angaben in der Online-Hilfe das Setzen dieses Flags nicht dazu führt, dass Sie Mausereignisse von Grund auf neu implementieren müssen! *OnMouseXXX*, *OnClick* und *OnDoubleClick* werden nach wie vor ausgeführt! ▶ |

---

[6] Beachten Sie, dass dieses Verhalten nur beim Erstellen des Formulars funktioniert, also wenn der Font noch im Konstruktor verändert wird.

| Member-Name | Wert | Beschreibung |
|---|---|---|
| SupportsTransparentBackColor | 2048 | Direkte Ableitungen von *Control* unterstützen normalerweise keine transparenten Hintergrundfarben. Mit Hilfe dieses Flags können Sie die Unterstützung explizit einschalten. Anschließend akzeptiert die *Control*-Ableitung zum Simulieren von Transparenz eine Hintergrundfarbe mit einer Alpha[7]-Komponente, die kleiner als 255 ist. Für Formulare ist dieses Flag standardmäßig gesetzt; Sie können die Farbe, die die Transparenz bestimmt, mit der *TransparencyKey*-Eigenschaft definieren. |
| StandardDoubleClick | 4096 | Dieses Flag ist standardmäßig gesetzt. Wenn Sie möchten, dass das Control oder das Formular kein *DoubleClick*-Ereignis auslösen sollen, löschen Sie dieses Flag. Auch wenn Sie das *StandardClick*-Flag löschen, erhält das Control/Formular kein *DoubleClick*-Ereignis mehr. |
| AllPaintingInWmPaint | 8192 | Normalerweise löst Windows für Controls und Formulare eine *WM_ERASEBKGND*-Nachricht bei der Notwendigkeit des Neuzeichnens eines Client-Bereichs aus. Die Behandlung dieser Nachricht führt dazu, dass der Client-Bereich gelöscht – also mit einer bestimmten Farbe komplett ausgefüllt wird. In vielen Fällen führt dies zu unerwünschten Flimmereffekten beim Neuzeichnen des Client-Bereichs. Setzen Sie dieses Flag, ignoriert das Steuerelement die *WM_ERASEBKGND*-Fenstermeldung, um das Flimmern zu verringern. |
| CacheText | 16384 | Setzen Sie dieses Flag, bewahrt das Steuerelement eine Kopie des Textes auf, so dass dieser nicht jedes Mal, wenn er benötigt wird, aus dem Windows-Fenster abgerufen werden muss. Dieses Flag ist standardmäßig nicht gesetzt. Dieses Verhalten verbessert die Leistung, erschwert jedoch die Textsynchronisierung. |
| EnableNotifyMessage | 32768 | Setzen Sie dieses Flag, wird *OnNotifyMessage* für jede Meldung aufgerufen, die aus der Nachrichtenwarteschlage an *WndProc* des Controls bzw. Formulars gesendet wird. Dieses Flag ist standardmäßig nicht gesetzt. |
| DoubleBuffer | 65536 | Schaltet das DoubleBuffering ein. Parallel dazu sollten Sie *AllPaintingInWmPaint* ebenfalls setzen, damit das *Double Buffering* in Kraft treten kann. |

*Tabelle 8.1: Die Einstellungen der ControlStyles-Enum*

Mit dem Wissen um die Funktionsweisen dieser Flags können wir mit einem kleinen Handgriff das Programm weiter optimieren. Durch das Setzen des Flags *ResizeRedraw* kümmert sich schon die Basisklasse um den Aufruf von *Invalidate* beim Vergrößern oder Verkleinern des Formulars. Durch Einfügen einer weiteren Zeile

```
Me.SetStyle(ControlStyles.ResizeRedraw, True)
```

im Konstruktor des Programms wird damit die Behandlung des kompletten *Resize*-Ereignisses überflüssig. Es ist in dieser Version des Programms auch nicht mehr vorhanden.

Was das Thema Geschwindigkeit anbelangt: Wenn Sie das Programm in dieser Version starten, bemerken Sie, dass es gar nicht so langsam läuft, wie es ursprünglich den Anschein hatte. Durch das Eliminieren des Flimmerns erkennen Sie die wahre Geschwindigkeit, mit der man auch auf langsameren Maschinen durchaus leben kann.

---

[7] Die Alpha-Komponente bei einer Farbangabe bestimmt die »Durchscheinstärke«. 255 entspricht »voll deckend«, 0 entspricht »voll durchscheinend«.

## Programmtechnisches Bestimmen der Formulargröße

Es gibt zahlreiche Anwendungen, bei denen es notwendig ist, ein Formular oder ein Steuerelement zur Laufzeit auf eine bestimmte Breite oder eine bestimmte Höhe zu beschränken. In unserem Beispiel ergibt es beispielsweise Sinn, eine Eigenschaft einzuführen, die das Seitenverhältnis reglementiert. Nur wenn das Seitenverhältnis des Formulars auch dem Seitenverhältnis des verwendeten Monitors entspricht, können Sie beurteilen, ob der Monitor einen Kreis auch wirklich als Kreis darstellt.

Mit der *SetBoundsCore*-Methode eines Formulars oder eines *Control*-Derivats bestimmen Sie dessen Ausmaße. Allerdings können Sie die Größeneinstellungen nicht im *Resize*-Ereignis vornehmen, da das Neupositionieren des Fensters schon vor dem Auslösen des Ereignisses geschieht. Das Ergebnis wäre ein heftiges Flimmern. Was wir bräuchten, wären weitere Ereignisse, mit denen wir erkennen könnten, wann ein bestimmter Vorgang wie das Verschieben oder das Vergrößern bzw. Verkleinern eines Fensters beginnt und wann er abgeschlossen ist.

In der nächsten Version des Frameworks wird es zwei Ereignisse geben, die Sie dabei unterstützen. Beim Kenntnisstand zum Zeitpunkt, zu dem diese Zeilen entstehen, heißen diese Ereignisse *ResizeBegin* und *ResizeEnd*. Doch was haben wir jetzt davon? Wir können entweder warten oder selbst Hand anlegen. Wie wir an die notwendigen Ereignisse kommen, zeigt der folgende Exkurs:

### Formulare mit ResizeBegin-/ResizeEnd- und MoveBegin-/MoveEnd-Ereignissen

Wie im vergangenen Kapitel schon erwähnt, erlaubt es jede auf Control basierte Klasse, sich in die Nachrichtenwarteschlange einzuklinken. Das heißt im Klartext: Wenn eine Benutzeraktionsnachricht zu dem Control von Windows gesendet wird, können wir sie auch mitbekommen, unabhängig davon, ob es ein Ereignis im Sinne des Frameworks dazu gibt oder nicht. Gibt es kein Ereignis im Frameworksinne, generieren wir eben selber eins.

Schlüssel zu den Ereignissen, die wir benötigen, sind die *WM_ENTERSIZEMOVE*- und *WM_EXITSIZEMOVE*-Nachrichten. Sie werden von Windows im *Message*-Objekt verpackt an die *WndProc*-Methode des Formulars geschickt, sobald der Anwender entweder beginnt, das Formular zu verschieben bzw. in der Größe zu verändern, oder wenn er diesen Vorgang beendet hat. Leider gibt die Nachricht keine Information darüber, *welcher* der beiden Vorgänge nun eingeleitet wurde – das Verschieben oder die Größenänderung. Allerdings: Direkt im Anschluss an den Startschuss sendet Windows entweder die Nachrichten *WM_SIZING* (Vergrößern/Verkleinern) oder *WM_MOVING* (Verschieben). Wir müssen uns also in der Prozedur *WndProc* lediglich merken, ob der Startschuss für eine der Aktion gefallen ist und das entsprechende Ereignis erst mit dem Auftreten der *nächsten* Nachricht auszulösen, also erst wenn klar ist, für *welche* Aktion der Startschuss fiel.

Mit dieser Theorie im Hinterkopf sind wir jetzt in der Lage, eine neue Formularbasisklasse zu erstellen, die diese Ereignisse anbietet. Sie sieht folgendermaßen aus:

```
Public Class ADFormResizableEx
    Inherits System.Windows.Forms.Form
    'Damit wir wissen, welches Ereignis
    'gerade stattfindet.
    Private Enum SizeMoveMode
```

```vb
        None
        Sizing
        Moving
End Enum

'Aus Platzgründen ausgelassen.

'Diese Ereignisse gibt es
Event ResizeBegin(ByVal sender As Object, ByVal e As EventArgs)
Event ResizeEnd(ByVal sender As Object, ByVal e As EventArgs)
Event MoveBegin(ByVal sender As Object, ByVal e As EventArgs)
Event MoveEnd(ByVal sender As Object, ByVal e As EventArgs)
'Nachrichtennamen verbergen die nüchternen Nummern
'(geklaut aus der WinUser.H der C++-Include-Dateien).
Private Const WM_ENTERSIZEMOVE As Integer = &H231
Private Const WM_EXITSIZEMOVE As Integer = &H232
Private Const WM_SIZING As Integer = &H214
Private Const WM_MOVING As Integer = &H216

'Dieser Member merkt sich den gerade stattfindenden Vorgang.
Private myCurrentSizeMoveMode As SizeMoveMode
'Dieser Member merkt sich, ob der Startschuss bereits fiel.
Private mySizingMovingInProgress As Boolean

Protected Overridable Sub OnResizeBegin(ByVal e As EventArgs)
    RaiseEvent ResizeBegin(Me, e)
End Sub

Protected Overridable Sub OnResizeEnd(ByVal e As EventArgs)
    RaiseEvent ResizeBegin(Me, e)
End Sub

Protected Overridable Sub OnMoveBegin(ByVal e As EventArgs)
    RaiseEvent MoveBegin(Me, e)
End Sub

Protected Overridable Sub OnMoveEnd(ByVal e As EventArgs)
    RaiseEvent MoveBegin(Me, e)
End Sub

Protected Overrides Sub WndProc(ByRef m As System.Windows.Forms.Message)
    'Startschuss für eine der Aktionen gefallen?
    If m.Msg = WM_ENTERSIZEMOVE Then
        'Ja, merken!
        mySizingMovingInProgress = True
        'Aktion abgebrochen?
    ElseIf m.Msg = WM_EXITSIZEMOVE Then
        'Ist gerade am Vergrößern/Verkleinern?
        If myCurrentSizeMoveMode = SizeMoveMode.Sizing Then
            '--> ResizeEnd
            OnResizeEnd(EventArgs.Empty)
```

```vb
            ElseIf myCurrentSizeMoveMode = SizeMoveMode.Moving Then
                'sonst --> MoveEnd
                OnMoveEnd(EventArgs.Empty)
            End If
            'Keine Aktion mehr "unterwegs".
            mySizingMovingInProgress = False
            myCurrentSizeMoveMode = SizeMoveMode.None
        Else
            'Alle anderen Ereignisse behandeln.
            'Startschuss schon gefallen?
            If mySizingMovingInProgress Then
                'Ereignis schon mal ausgelöst?
                If myCurrentSizeMoveMode = SizeMoveMode.None Then
                    'Vergrößern gestartet?
                    If m.Msg = WM_SIZING Then
                        'Nein --> Feuer frei für Vergrößern/Verkleinern.
                        myCurrentSizeMoveMode = SizeMoveMode.Sizing
                        OnResizeBegin(EventArgs.Empty)
                    ElseIf m.Msg = WM_MOVING Then
                        'Nein --> Feuer frei für Verschieben.
                        myCurrentSizeMoveMode = SizeMoveMode.Moving
                        OnMoveBegin(EventArgs.Empty)
                    End If
                End If
            End If
        End If
        'WICHTIG, WICHTIG, WICHTIG!!!
        'Basis aufrufen, sonst geht gar nix!
        MyBase.WndProc(m)
    End Sub
End Class
```

Sie finden diese Klasse im Beispielprojekt unter dem Namen *ADFormResizableEX.vb*. Wann immer Sie die Ereignisse, die sie zur Verfügung stellt, in eigenen Klassen benötigen, fügen Sie die Datei einfach Ihrem Projekt hinzu. Das Formular, das diese Ereignisse einbinden soll, leiten Sie anschließend nicht von *System.Windows.Forms.Form*, sondern von dieser Klasse namens *ADFormResizableEx* ab.

Genauso übrigens, wie es im Beispielprogramm gemacht wurde. Die ersten drei Zeilen des Hauptformulars der Anwendung sehen nämlich folgendermaßen aus:

```vb
Imports System.Drawing.Drawing2D

Public Class frmMain
    Inherits ADFormResizableEx
```

Mit dieser Änderung können wir die Möglichkeit zur Einstellung des Seitenverhältnisses nun als Eigenschaft in die neue Programmversion einbauen und im nunmehr vorhandenen *ResizeEnd*-Ereignis dafür sorgen, dass das Formular nach Abschluss des Größenveränderungsvorgangs richtig positioniert wird:

```
Public Property XYRatio() As Single
    Get
        Return myXYRatio
    End Get
    Set(ByVal Value As Single)
        myXYRatio = Value
    End Set
End Property
```

Diese Eigenschaft wird im Konstruktor auf ein Seitenverhältnis von 4 : 3 gesetzt – wie es den meisten Monitoren entspricht:[8]

```
Public Sub New()
    MyBase.New()

    ' Dieser Aufruf ist für den Windows Form-Designer erforderlich.
    InitializeComponent()

    Me.SetStyle(ControlStyles.DoubleBuffer, True)
    Me.SetStyle(ControlStyles.AllPaintingInWmPaint, True)
    Me.SetStyle(ControlStyles.ResizeRedraw, True)

    'Seitenverhältnis definieren
    XYRatio = 4 / 3

    'für 19"-TFTs mit 1280x1024:
    'XYRatio = 5 / 4
    .
    .
    .
```

Und nun fehlt lediglich noch die Behandlung des Ereignisses, das das Verhältnis nach einem Vergrößerungsvorgang auch sicherstellt:

```
'Wird aufgerufen, wenn eine Größenänderung abgeschlossen wurde.
Protected Overrides Sub OnResizeEnd(ByVal e As System.EventArgs)
    'Nach Abschluss des Resize-Vorgangs Seitenverhältnis berücksichtigen:
    MyBase.SetBoundsCore(Location.X, Location.Y, _
                        Size.Width, CInt(Size.Width * XYRatio), BoundsSpecified.Width)
End Sub
```

## Was Sie beim Zeichnen von breiten Linienzügen beachten sollten

Wenn Sie das Testbild in Abbildung 8.2 genauer betrachten, werden Sie feststellen, dass die äußeren Linien nicht richtig zu sehen sind. Das gilt für die Linien des Rasters genau so wie für die Berührungspunkte des Kreises. Die Gründe dafür soll das folgende kleine Projekt demonstrieren.

---

[8] Ausnahmen bilden moderne 19" und 20"-TFT-Displays mit einer Auflösung von 1280 x 1024 Pixel, die ein Seitenverhältnis von 5 : 4 aufweisen.

**HINWEIS:** Sie finden dieses Projekt unter ..\GDIPlus\PenWidthDemo im Verzeichnis zur CD zum Buch.

Wenn Sie das Programm starten, sehen Sie im Formular eine Grafik, die in etwa der Abbildung 8.3 entspricht.

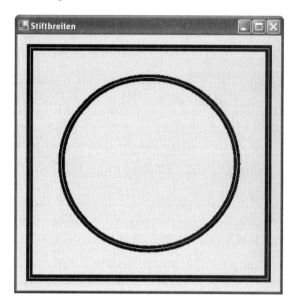

*Abbildung 8.3:* Wenn Sie Stiftstärken größer als ein Pixel verwenden, dann müssen Sie davon ausgehen, dass die weiteren Pixel einer Linie gleichmäßig um den eigentlich Pixel herum verteilt sind. In dieser Grafik haben die gelben und schwarzen Figuren die gleichen Ausmaße, aber andere Stiftstärken

Die Abbildung zeigt es deutlich: Die Pixel des breiteren Stiftes der schwarzen Figuren verteilen sich um die ein Pixel breiten Linien des gelben Stiftes, und zwar auf allen Seiten zu genau gleichen Teilen. Wenn Sie also beispielsweise einen Rahmen voll sichtbar in den Client-Bereich eines Formulars zeichnen wollen, dann müssen Sie im Falle des Rechtecks die Hälfte der Linienstärke in die Koordinaten mit einrechnen. Zur Verdeutlichung: Der Code, der diese Figuren ins Formular malt, sieht folgendermaßen aus:

```
'Zeichnet jeweils ein Rechteck in einer dicken, schwarzen und einer dünnen, gelben Umrandung.
Protected Overrides Sub OnPaint(ByVal e As System.Windows.Forms.PaintEventArgs)
    Dim locSchwarzerStift As New Pen(Color.Black, 10)
    Dim locGelberStift As New Pen(Color.Yellow, 1)
    Dim locFürRechteck As New Rectangle(20, 20, _
                        ClientSize.Width - 40, ClientSize.Height - 40)
    Dim locOffsetDrittel As New Size(ClientSize.Width \ 6, ClientSize.Height \ 6)
    Dim locFürKreis As New Rectangle(locOffsetDrittel.Width, _
                        locOffsetDrittel.Height, _
                        ClientSize.Width - 2 * locOffsetDrittel.Width, _
                        ClientSize.Height - 2 * locOffsetDrittel.Height)
    e.Graphics.DrawRectangle(locSchwarzerStift, _
                        locFürRechteck)
    e.Graphics.DrawRectangle(locGelberStift, _
                        locFürRechteck)
    e.Graphics.DrawEllipse(locSchwarzerStift, _
                        locFürKreis)
    e.Graphics.DrawEllipse(locGelberStift, _
                        locFürKreis)
End Sub
```

Noch problematischer wird es, wenn Sie Linienzüge aufbauen wollen – beispielsweise, wenn Sie ein zu einer Seite offenes Dreieck aus drei verschiedenen Linien zusammensetzen müssen; beim Zeichnen von breiten Linienzügen gibt es nämlich unschöne Überschneidungen, wenn diese aus einzelnen Linien aufgebaut sind, wie das folgende Beispiel zeigt:

**HINWEIS:** Sie finden dieses Projekt unter ..\*GDIPlus\PenWidthDemo2* im Verzeichnis zur CD zum Buch.

*Abbildung 8.4: Bei unabhängigen Linien, die Linienzüge bilden sollen, ist das Verhalten bei großen Stiftstärken umso störender*

In diesem Beispiel sollen drei Linien zu einer Figur – in diesem Falle zu einer Seite offenen Dreieck – verbunden werden; leider klappt das nur ansatzweise: Während es bei den inneren, ein Pixel breiten Linien keine Probleme gibt, sind die äußeren Linien als nicht wirklich miteinander verbunden erkennbar. Der Grund: Die jeweils nächste Linie weiß nichts davon, dass eine weitere Linie folgt, und dass die offenen Zwischenräume mit der Stiftfarbe (oder dem Muster, falls der Stift aus einem Pinsel entstanden ist) aufgefüllt werden sollten.

## Geschlossene Figuren mit Polygon und GraphicsPath

Um dieses Manko zu beheben, bietet das GDI+ das so genannte *GraphicsPath*-Objekt an. Das *GraphicsPath*-Objekt erlaubt das Erstellen von Linienzügen, die wirklich miteinander verbunden sind, und seine Verwendung ist denkbar einfach. Zu jeder herkömmlichen Malmethode des GDI+ gibt es ein Äquivalent, mit dem Sie einem *GraphicsPath* einen Linienzug hinzufügen können.

Angenommen, Sie haben mit der Anweisung

```
Dim locLinienverbund As New GraphicsPath
```

ein neues *GraphicsPath*-Objekt erstellt. In diesem Fall verwenden Sie zum Zeichnen einer Linie nicht die *DrawLine*-Methode, die Sie direkt auf das *Graphics*-Objekt anwenden, sondern die *AddLine*-Methode, die Sie auf das *GraphicsPath*-Objekt beziehen. Für andere Malmethoden gibt es ähnliche *AddXXX*-Äquivalente. Auf diese Weise erstellen Sie den Linienzug zunächst, ohne ihn konkret zu zeichnen.

Haben Sie den Linienzug komplett aufgebaut, entscheiden Sie sich, ob Sie die Anweisung

`locLinienverbund.CloseFigure()`

anwenden, die den letzten Punkt des Linienzugs automatisch mit dem Anfangspunkt des Linienzugs verbände (für unser Beispiel nicht erwünscht).

Das eigentliche Zeichnen des Linienzugs passiert erst jetzt mit der Anweisung

`g.DrawPath(locPen, locLinienverbund)`

Auf diese Weise können Sie die Linienzüge schließen, die wirklich geschlossen werden sollen. Ein Doppelklick in das Formular demonstriert diese Vorgehensweise. Das Ergebnis sehen Sie in Abbildung 8.5:

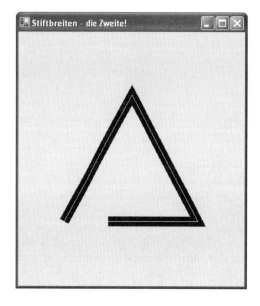

***Abbildung 8.5:*** *Mit dem GraphicsPath-Objekt erstellen Sie Linienzüge, bei denen die einzelnen Komponenten wirklich miteinander verbunden sind*

Der Code, der beide Figuren in das Formular zaubert, sieht dabei auszugsweise folgendermaßen aus:

```
'Zeichnet jeweils ein Rechteck in einer dicken, schwarzen und einer
'dünnen, gelben Umrandung.
Protected Overrides Sub OnPaint(ByVal e As System.Windows.Forms.PaintEventArgs)
    'Nur um Tipparbeit zu sparen,
    Dim g As Graphics = e.Graphics
    'Hier werden die Eckpunkte des offenen Dreiecks gespeichert,
    Dim locDreiecksPunkte(3) As Point
    'Diese Variable dient nur dem Sparen der Tipparbeit,
    Dim locCB As Size = Me.ClientSize
    'Hier werden die Eckpunkte des Dreiecks definiert,
    Dim c As Integer
    'Zählvariable für die Schleife zum Zeichnen der Linien
    locDreiecksPunkte(0) = New Point(locCB.Width \ 5, (locCB.Height \ 4) * 3)
    locDreiecksPunkte(1) = New Point(locCB.Width \ 2, locCB.Height \ 4)
    locDreiecksPunkte(2) = New Point((locCB.Width \ 5) * 4, (locCB.Height \ 4) * 3)
    locDreiecksPunkte(3) = New Point((locCB.Width \ 5) * 2, (locCB.Height \ 4) * 3)
```

```vb
'Zwei mögliche Malverfahren. Das ändert sich bei jedem Doppelklick:
If Not myDoppelklickTrigger Then
    'Einzelne Linien malen.
    Dim locPen As New Pen(Color.Black, 15)
    'Alle Eckpunkte per Linie miteinander verbinden.
    For c = 0 To locDreiecksPunkte.Length - 2
        g.DrawLine(locPen, locDreiecksPunkte(c).X, locDreiecksPunkte(c).Y, _
                   locDreiecksPunkte(c + 1).X, locDreiecksPunkte(c + 1).Y)
    Next

    'Das Gleiche nochmal in gelb und dünn.
    locPen = New Pen(Color.Yellow, 1)
    For c = 0 To locDreiecksPunkte.Length - 2
        g.DrawLine(locPen, locDreiecksPunkte(c).X, locDreiecksPunkte(c).Y, _
                   locDreiecksPunkte(c + 1).X, locDreiecksPunkte(c + 1).Y)
    Next

Else
    '...oder als Linienzug mit Hilfe des GraphicPaths-Objektes:
    Dim locPen As New Pen(Color.Black, 15)
    Dim locLinienverbund As New GraphicsPath
    For c = 0 To locDreiecksPunkte.Length - 2
        locLinienverbund.AddLine(locDreiecksPunkte(c).X, locDreiecksPunkte(c).Y, _
                   locDreiecksPunkte(c + 1).X, locDreiecksPunkte(c + 1).Y)
    Next

    'Mit dieser Anweisung würden Sie den Endpunkt des Linienzuges
    'mit dem Startpunkt verbinden und so die Figur schließen.
    'locFigur.CloseFigure()
    e.Graphics.DrawPath(locPen, locLinienverbund)
    locPen = New Pen(Color.Yellow, 1)
    e.Graphics.DrawPath(locPen, locLinienverbund)
    e.Graphics.DrawPath(locPen, locLinienverbund)
End If

End Sub

Protected Overrides Sub OnDoubleClick(ByVal e As System.EventArgs)
    myDoppelklickTrigger = Not myDoppelklickTrigger
    Invalidate()
End Sub
```

**HINWEIS:** Wenn Sie ein *GraphicsPath*-Objekt erstellen, dann ist dieses nicht auf nur eine Figur beschränkt. Mit Hilfe der Methode *StartFigure* können Sie innerhalb desselben *GraphicPaths* einen neuen Linienzug beginnen, ohne dass der alte zunächst geschlossen wird. *CloseFigure* hingegen schließt den aktuellen Linienzug (verknüpft also den letzten mit dem ersten Punkt). Einige Methoden, wie beispielsweise *AddEllipse*, fügen dem *GraphicsPath* einen geschlossenen Linienzug direkt hinzu.

### Abschließende Änderungen am Testbild

Mit diesem Wissen lassen Sie uns nun noch die letzten Feinschliffe am Testbild-Programm vornehmen. Zwei Dinge sind hier noch zu tun.

- Bei der Berechnung des Kreises muss die verwendete Stiftgröße so einkalkuliert werden, dass der komplette Kreiszug zu sehen ist.

- Beim Zeichnen des Rasters gilt dasselbe. Die entsprechenden Änderungen finden Sie in den folgenden Codezeilen wieder. Die geänderten Codezeilen befinden sich zum besseren Vergleich auskommentiert im Codelisting.

**HINWEIS:** Sie finden dieses Projekt unter *..\GDIPlus\GDIPlus05 – Testbild V3* im Verzeichnis zur CD zum Buch; es trägt den Projektnamen *SimpleGDI*.

**Platzierung des Kreises:**

```
'Zielkreuz und Kreis in die Mitte
locPen = New Pen(Color.White, GridLineWidth)

'Alte Version:
'g.DrawEllipse(locPen, ClientSize.Width \ 2 - ClientSize.Height \ 2, _
'              0, _
'              ClientSize.Height, _
'              ClientSize.Height)

'Linienstärke bei der Umfangberechnung des Kreises mit einbeziehen.
locRectF = New RectangleF((ClientSize.Width / 2.0! - ClientSize.Height / 2.0!) + GridLineWidth / 2, _
                          GridLineWidth / 2.0!, _
                          ClientSize.Height - GridLineWidth / 2, _
                          ClientSize.Height - (GridLineWidth))
g.DrawEllipse(locPen, locRectF)
```

**Berechnung der Rastergröße:**

```
Public ReadOnly Property GridSize() As SizeF
    Get
        'So sah es vorher aus:
        'Return New SizeF(CSng(ClientSize.Width / GridCols), _
        '                 CSng(ClientSize.Height / GridRows))

        'Bei der Berechnung der Zellenausmaße die Linienbreite
        'mit in die Verhältnisrechnung einbeziehen.
        Return New SizeF(CSng((ClientSize.Width - GridLineWidth) / GridCols), _
                         CSng((ClientSize.Height - GridLineWidth) / GridRows))
    End Get
End Property
```

**Zeichnen des Gitters:**

```
Private Sub paintGrid(ByVal g As Graphics)

    Dim locPen As New Pen(GridColor, GridLineWidth)
    Dim locBrush As New SolidBrush(GridColor)

    If GridStyle = GridStyle.Dots Then
        For x As Single = 0 To ClientSize.Width Step GridSize.Width
            For y As Single = 0 To ClientSize.Height Step GridSize.Height
                g.FillRectangle(locBrush, x, y, GridLineWidth, GridLineWidth)
            Next
        Next

    Else:
        'Alte Version
        'For x As Single = 0 To ClientSize.Width Step GridSize.Width
        '    g.DrawLine(locPen, x, 0, x, ClientSize.Height)
```

```
'Next

'For y As Single = 0 To ClientSize.Height Step GridSize.Height
'    g.DrawLine(locPen, 0, y, ClientSize.Width, y)
'Next

'Aufgepasst: Dieses Konstrukt funktioniert nicht, wegen Rundungsfehlern!
'Dim locStart, locEnd As Single
'locStart = GridLineWidth / 2
'locEnd = ClientSize.Width

'For x As Single = locStart To locEnd Step GridSize.Width
'    Problem: locEnd würde niemals genau gleich x sein, wg. Rundungsfehler,
'    die letzte Linie damit nie an die richtige Stelle gemalt.
'    If x = locStart Or x = locEnd Then
'        g.DrawLine(locPen, x, GridLineWidth / 2, x, ClientSize.Height)
'    Else
'        g.DrawLine(locPen, x - GridLineWidth / 2, GridLineWidth / 2, x - GridLineWidth / 2, _
'                   ClientSize.Height)
'    End If
'Next

'locStart = GridLineWidth / 2
'locEnd = ClientSize.Height
'For y As Single = locStart To locEnd Step GridSize.Height
'    If y = locStart Or y = locEnd Then
'        g.DrawLine(locPen, GridLineWidth / 2, y, ClientSize.Width, y)
'    Else
'        g.DrawLine(locPen, GridLineWidth / 2, y - GridLineWidth / 2, _
'                   ClientSize.Width, y - GridLineWidth / 2)
'    End If
'Next
```

Zu diesem, auskommentierten Teil des Listings vielleicht noch ein paar Anmerkungen, damit Sie diese typischen Fehler beim Arbeiten mit Grafikkoordinaten, die Sie mit *Single*-Werten bestimmen, in Projekten von vornherein vermeiden können. Hier startete der Programmierer den Versuch, das Zeichnen der jeweils ersten und letzten Linie des Gitters durch Koordinatenvergleich zu entdecken – doch dieser Vorgang ist bei vielen *Single*-Werten grundsätzlich zum Scheitern verurteilt: Beim Vergleichen der aktuell verarbeiteten Koordinate mit dem bekannten Wert der jeweils letzten Koordinaten mit dem Gleichheitsoperator wird der Ausdruck

```
x = locEnd
```

bzw.

```
y = locEnd
```

niemals *wahr*. Zwar entspricht *locEnd* dem Wert $x$ bzw. $y$ fast, durch die Umwandlung vom Dezimal- in das Binärsystem und die sich daraus kumulierenden Rundungsfehler aber eben nur *fast*. Da bedeutet:

**HINWEIS:** Vermeiden Sie es grundsätzlich, Programmzustände auf Grund von Fließkommavergleichen festzustellen. Sie können mit *Double*- bzw. *Single*-Werten gefahrlos rechnen und die errechneten Ergebnisse zur Bestimmung von Koordinaten verwenden. Durch kumulierte Rundungsfehler schlagen Vergleiche aber in den meisten Fällen fehl, und Ihr Programm arbeitet nicht wie erwartet. Im hier gezeigten Beispiel könnte *locEnd* beispielsweise den Wert

477,5 innehaben; *x* ist durch kumulierte Rundungsfehler im entscheidenden Moment aber nicht 477,5, sondern 477,500001 – und das ist zwar *fast* 477,5 aber nicht ausreichend, um im Vergleichsausdruck *True* zurückzuliefern und die Sonderbehandlung für die als zuletzt gemalt erkannte Linie einzuleiten.

```
Dim locStart, locEnd As Single
locStart = GridLineWidth / 2
locEnd = ClientSize.Width - GridSize.Width

'Erste Linie Sonderfall:
g.DrawLine(locPen, GridLineWidth / 2, 0, GridLineWidth / 2, ClientSize.Height)

'Mittlere Linien malen.
For x As Single = locStart To locEnd Step GridSize.Width
    g.DrawLine(locPen, x - GridLineWidth / 2, GridLineWidth / 2, _
            x - GridLineWidth / 2, ClientSize.Height)
Next
'Letzte Linie Sonderfall.
g.DrawLine(locPen, ClientSize.Width - GridLineWidth / 2, 0, _
            ClientSize.Width - GridLineWidth / 2, ClientSize.Height)


'Horizontale Linien:
locStart = GridLineWidth / 2
locEnd = ClientSize.Height - GridSize.Height

'Erste Linie Sonderfall:
g.DrawLine(locPen, 0, GridLineWidth / 2, _
        ClientSize.Width, GridLineWidth / 2)

For y As Single = locStart To locEnd Step GridSize.Height
    g.DrawLine(locPen, GridLineWidth / 2, y - GridLineWidth / 2, _
            ClientSize.Width, y - GridLineWidth / 2)
Next

'Letzte Linie Sonderfall:
g.DrawLine(locPen, 0, ClientSize.Height - GridLineWidth / 2, _
        ClientSize.Width - GridLineWidth / 2, ClientSize.Height - GridLineWidth / 2)

End If

End Sub
```

Stattdessen machen Sie es besser wie in dieser Version der Gitter-Mal-Prozedur gezeigt. Die Behandlung der Sonderfälle ist absolut codiert, und ihre Ausführung obliegt keiner bedingten Programmverzweigung.

# 9 Entwickeln von Steuerelementen

| | |
|---|---|
| 534 | Steuerelemente auf Basis vorhandener implementieren |
| 544 | Konstituierende Steuerelemente entwickeln |
| 557 | Erstellen von Steuerelementen von Grund auf |

Die konsequente Einhaltung der objektorientierten Programmierung prädestiniert Entwickler geradezu zur Entwicklung von wieder verwendbaren Komponenten. Sie haben im Verlauf der letzten Kapitel schon mehrfach Komponenten entwickelt – denken Sie nur einmal an die *KeyedCollection* aus ▶ Kapitel 5 (Arrays und Collections) – doch diesen fehlten bislang zwei entscheidende Eigenschaften: Die einfache Implementierung in die Entwicklungsumgebung auf der einen und eine visuelle Unterstützung auf der anderen Seite.

Sobald Sie Windows-Formular-Anwendungen entwickeln, arbeiten Sie automatisch mit visualisierten Komponenten oder einfach ausgedrückt: mit Steuerelementen. Steuerelemente sind in Sachen RAD eine wichtiges Werkzeug, um Anwendungen mit grafischem Frontend tatsächlich schnell fertig stellen zu können. Aus diesem Grund bietet es sich für wiederkehrende Aufgaben an, eigene Steuerelemente zu entwickeln, und wie das funktioniert, mag Ihnen dieses Kapitel zeigen.

Die Anwendung von Steuerelementen selbst beschränkt sich dabei nicht nur auf eine simple Erweiterung von Bedienungselementen einer Programmoberfläche. Sie können ganze Geschäftslogiken in Steuerelementen zusammenfassen und diese in mehreren Ihrer Anwendungen wieder verwenden. In vielen Anwendungen müssen beispielsweise Kontaktdaten bestimmter Personen erfasst und verwaltet werden. Sie könnten also beispielsweise ein Kontakte-Steuerelement entwickeln, das dem Anwender die Verwaltung und das Neuanlegen von Adressen ermöglicht. Dieses Steuerelement entwickeln Sie nur ein einziges Mal, und Sie verwenden es wieder, indem Sie es wie jedes andere Steuerelement in ein Formular einer neuen Anwendung einfügen, in der Sie diese Funktionalität benötigen.

Um neue Steuerelemente zu entwickeln, stehen Ihnen grundsätzlich drei Wege zur Verfügung:

- Sie erweitern ein vorhandenes Steuerelement. Möchten Sie beispielsweise das *ComboBox*-Steuerelement um zusätzliche Funktionalitäten ergänzen, leiten Sie es in eine neue Klasse ab und implementieren lediglich die Erweiterungen.
- Sie erstellen Steuerelemente auf Basis anderer Steuerelemente, fassen also die Funktionalität verschiedener vorhandener Steuerelemente zu einem neuen Steuerelement zusammen. Solche Steuerelemente werden auch als konstituierende Steuerelemente bezeichnet. Um Steuer-

elemente dieser Art zu entwerfen, greifen Sie entweder auf Visual Studio selbst zurück und nutzen dessen Designer-Unterstützung, um neue Steuerelemente genau so einfach wie Formulare zu erstellen.[1] Oder Sie leiten Ihre neue Steuerelementklasse von *ContainerControl* ab und implementieren die Funktionalität ausschließlich über Code.

- Sie implementieren ein Steuerelement komplett neu von Grund auf. In diesem Fall leiten Sie Ihre neue Steuerelementklasse von der *Control*-Klasse ab. Sie müssen sich dann aber auch um das Zeichnen seiner sichtbaren Komponenten kümmern – feste Trittsicherheit im Umgang mit den Funktionen des GDI+ ist dabei eine wichtige Voraussetzung.

## Steuerelemente auf Basis vorhandener implementieren

Die einfachste Weise, ein neues Steuerelement zu erstellen, ist, es auf Basis eines bereits vorhandenen Steuerelementes zu implementieren. Durch simples Vererben einer vorhandenen Steuerelementklasse schaffen Sie bereits ein neues Steuerelement, das über die gesamte Funktionalität seines Ahnen verfügt. Ihre Aufgabe beschränkt sich anschließend darauf, durch Ergänzen von Funktionen oder Überschreiben von schon vorhandenen Prozeduren die Funktionalität des ursprünglichen Steuerelementes zu verändern oder zu ergänzen.

### Anlegen einer Projektmappe, mit der einfache, vererbte Steuerelemente entwickelt und getestet werden können

Ganz gleich, welche Vorgehensweise Sie verwenden, um ein neues Steuerelement zu erstellen, Sie müssen immer eine Möglichkeit haben, seine neue Funktionalität auch zu testen. Damit Sie ein Steuerelement z. B. in einem Formular platzieren können, muss es zuvor der Toolbox hinzugefügt werden. Damit Sie ein Element der Toolbox hinzufügen können, muss es wiederum in einer autonomen Assembly, sprich: DLL, vorhanden sein. Um das zu erreichen, erstellen Sie eine Projektmappe, die mindestens aus zwei Projekten besteht. Das erste enthält ihre Steuerelementklasse; das zweite ist das Projekt, das Ihr Steuerelement einbindet. Die folgenden Schritte demonstrieren die Vorgehensweise, um eine solche Projektkonfiguration auf die Beine zu stellen.

> **HINWEIS:** Das fertige Projekt befindet sich natürlich, wie alle anderen Beispiele auch, im Verzeichnis der CD zum Buch – und zwar im Ordner ..\Controls\ADComboBox unter dem Projektmappennamen *ADComboBoxDemo*. Anstatt die nächsten Seiten schrittweise durchzuexerzieren, können Sie sich das fertige Ergebnis auch direkt anschauen. Allerdings sollten Sie das folgende Beispiel nichtsdestotrotz nachvollziehen, damit Sie später für die Entwicklung eigener Steuerelemente gewappnet sind.

Im Beispiel werden wir ein Steuerelement auf Basis des *ComboBox*-Steuerelementes erstellen, das die Vorselektierung eines entsprechenden Eintrags in der Liste auf Grund der vom Anwender durchgeführten Eingabe bewirkt (siehe Abbildung 9.1).

---

[1] Steuerelemente dieser Art werden in Visual Studio *Benutzersteuerelemente* genannt.

*Abbildung 9.1:* Mit dem ADComboBox-Steuerelement können Eingaben in Abhängigkeit von der Liste automatisch komplettiert werden

o Um ein neues Projekt zu erstellen, wählen Sie aus dem Menü *Datei* die Menüpunkte *Neu/Neues Projekt*. Im Dialog, den Visual Studio anschließend anzeigt, klicken Sie auf die Schaltfläche *Vergrößern*, um an die zusätzlichen Optionen zu gelangen.

o Im Bereich *Vorlagen* wählen Sie die Vorlage *Klassenbibliothek* aus.

o Geben Sie unter *Name* den Namen des Steuerelementes an, etwa *ADComboBox* für dieses Beispiel.

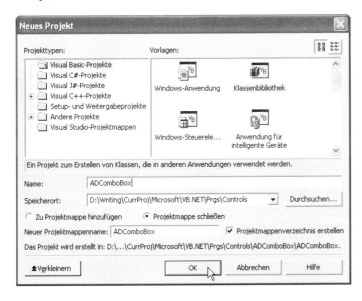

*Abbildung 9.2:* Wählen Sie die Option *Projektmappenverzeichnis erstellen*, dann kreiert Visual Studio ein zusätzliches Verzeichnis im Projektmappenverzeichnis für das eigentliche Projekt

o Aktivieren Sie die Option *Projektmappenverzeichnis erstellen*, damit nicht nur eine Projektmappe unter dem angegebenen Namen erstellt, sondern das eigentliche Steuerelementprojekt auch in einem separaten, untergeordneten Verzeichnis angelegt wird.

o Wenn Sie alle Einstellungen vorgenommen haben, klicken Sie auf *OK*, um die Projektmappe mit dem Projekt zu erstellen.

o Im Projektmappen-Explorer ist die Struktur Ihres Projektes anschließend sichtbar. Damit die Projektmappe nicht genauso wie das eigentliche Steuerelement heißt, benennen Sie sie um (das ist kein notwendiger Schritt, aber ein empfohlener, damit Sie später, beim Browsen durch Verzeichnisse, das Projektmappenverzeichnis nicht mit dem Verzeichnis des eigentlichen Steuerelements verwechseln). Klicken Sie dazu über dem Projektmappennamen im

Projektmappen-Explorer mit der rechten Maustaste, um das Kontextmenü zu öffnen, und wählen Sie anschließend den Menüpunkt *Umbenennen*.

o Benennen Sie die Projektmappe um, zum Beispiel in *ADComboBoxDemo*.

o Öffnen Sie abermals das Kontextmenü der Projektmappe, und wählen Sie dieses Mal die Menüpunkte *Hinzufügen/Neues Projekt*.

o Wählen Sie unter *Vorlagen* den Eintrag *Windows-Anwendung*, und vergeben Sie einen Projektnamen – beispielsweise *ADComboBoxTest*.

o Bestätigen Sie den Dialog mit *OK*, um die Windows-Anwendung der Projektmappe hinzuzufügen.

o Klicken Sie mit der rechten Maustaste über dem gerade hinzugefügten Projekt im Projektmappen-Explorer, und wählen Sie den Eintrag *als Startprojekt festlegen*.

o Klicken Sie mit der rechten Maustaste über der Klassencodedatei *Class1.vb* des Projekts *ADComboBox*, und benennen Sie sie in *ADComboBox.vb* um. Das ist zwar nicht unbedingt notwendig, da der Name dieser Datei keinerlei Auswirkungen auf den späteren Namen der Assembly hat, trägt aber zur Übersicht bei.

### Ergänzen benötigter Verweise

o Um auf die formularspezifischen Funktionen des Frameworks zugreifen zu können, ergänzen Sie bitte den entsprechenden Verweis auf die dafür benötigte Assembly. Klicken Sie dazu bitte mit der rechten Maustaste auf den *Verweise*-Zweig des Projektes *ADComboBox*, und wählen Sie aus dem Kontextmenü, das jetzt erscheint, den Menüpunkt *Verweis hinzufügen* aus.

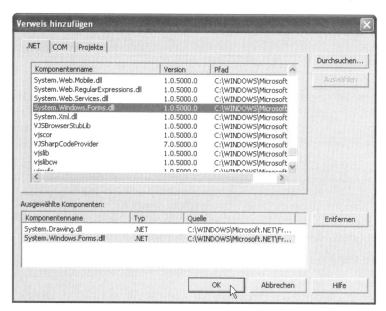

*Abbildung 9.3:* Damit Sie auf die benötigten Assemblies des Frameworks zurückgreifen können, vergessen Sie nicht, auf diese verweisen zu lassen

o Suchen Sie in der Liste nach der Assembly *System.Windows.Forms.dll*, und doppelklicken Sie auf diesen Eintrag. Falls Sie eigene Zeichenroutinen in Ihrem Steuerelement programmieren wollen, fügen Sie dem Projekt auf diese Weise ebenfalls die Assembly *System.Drawing.dll* hinzu. Orientieren Sie sich zur Hilfe an Abbildung 9.3.

o Klicken Sie auf *OK*, wenn Sie alle Verweise hinzugefügt haben.

**Festlegen von Namespace- und Assembly-Einstellungen**

o Als nächstes geht es darum, den Namen des Namespaces festzulegen, unter dem das Steuerelement abrufbar wird, sowie den Assembly-Namen der Assembly zu überprüfen und gegebenenfalls zu verändern, die das Steuerelement beinhalten wird. Dazu klicken Sie mit der rechten Maustaste auf den Projektnamen *ADComboBox* und wählen im sich jetzt öffnenden Kontextmenü den Menüpunkt *Eigenschaften*.

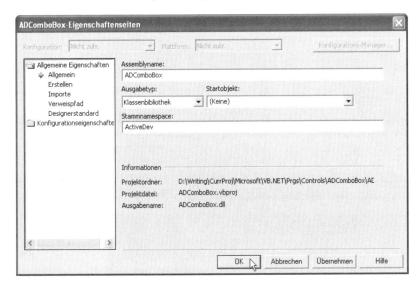

*Abbildung 9.4:* Der Assembly-Name ist auch der Name der späteren DLL; Über den Stammnamespace-Namen greifen Sie auf die Klasse(n) selbst zu

o Unter *Assemblyname* bestimmen Sie den Namen der Assembly, die später die Klasse Ihres Steuerelementes beinhalten soll. Diesen Namen wird auch die DLL-Datei tragen, die die Assembly Ihres Steuerelements darstellt. Für dieses Beispiel belassen Sie den Namen *ADComboBox*.

o Unter *Stammnamespace* bestimmen Sie, unter welchem Namespace die Klasse (oder die Klassen, falls mehrere Klassen dem Projekt hinzugefügt werden) abrufbar ist (bzw. sind). Für dieses Beispiel wählen Sie bitte den Namespace-Namen *ActiveDev*. Genauso, wie Sie beispielsweise die Zeile

```
Imports System.IO
```

vor eine Klassencodedatei einfügen, um auf die I/O-Funktionen des Frameworks zugreifen zu können, benötigen Sie später im *ADComboBoxTest*-Programm die folgende Anweisung

```
Imports ActiveDev
```

um auf die Klasse zugreifen zu können, die das *ADComboBox*-Steuerelement darstellt.

o Die *Imports*-Anweisung alleine reicht allerdings nicht. Damit die Funktionsnamen, die Sie erst über die Einbindung des Namespaces *ActiveDev* für den Compiler erkennbar machen, auch später tatsächlich im IML-Code gefunden bzw. aufgelöst werden können, müssen Sie dem Projekt zusätzlich einen Verweis auf die eigentliche Assembly hinzufügen. Dazu öffnen Sie das Kontextmenü des *Verweise*-Zweigs des Projektes *ADComboBoxTest* und wählen dort den Eintrag *Verweise*.

o Wechseln Sie im Dialog, der jetzt erscheint (siehe Abbildung 9.5), zur Registerkarte *Projekte*, doppelklicken Sie auf den Eintrag *ADComboBox* und klicken Sie anschließend auf *OK*.

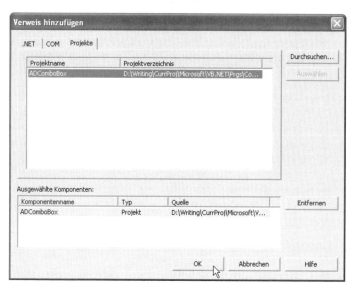

**Abbildung 9.5:** *Wenn Sie mit Klassen anderer Projekte Ihrer Projektmappe arbeiten wollen, müssen Sie ebenfalls Verweise auf die benötigten Projekte hinzufügen*

o Wenn Sie ein Steuerelement in einem Formular verwenden wollen, dann benutzen Sie in der Regel die Toolbox in der Visual-Studio-Umgebung dazu, es dort einzufügen. Das gilt für Steuerelemente, die Sie selber erstellen, genauso wie für Steuerelemente, die bereits im Framework enthalten sind. Nun haben wir das Projekt gerade erst kreiert, und die Toolbox weiß natürlich noch nichts davon, dass es ein neues gibt. Dazu benötigt sie den Pfad zur entsprechenden Assembly. Bevor wir aber das Projekt das erste Mal erstellen und damit die eigentliche Assembly (die DLL) erzeugen, sollten wir die Grundeinstellungen am Klassencode vornehmen: Die Klasse (und nicht nur die Klassendatei) sollte den richtigen Namen erhalten, und wir sollten ebenfalls festlegen, aus welchem Steuerelement unsere neue Klasse erben soll. Dazu öffnen Sie das Codefenster der Klassendatei *ADComboBox.vb* des Projektes *ADComboBox* per Doppelklick auf den Dateinamen im Projektmappen-Explorer.

o Fügen Sie die drei folgenden Zeilen am Anfang des Codes ein:

```
Imports System.Windows.Forms     ' Notwendig, wenn auf andere Steuerelemente zugegriffen werden soll.
Imports System.Drawing           ' Notwendig, wenn eigene Grafikausgaben vorgenommen werden müssen.
Imports System.ComponentModel    ' Notwendig, um auf alle notwendigen Attribute zugreifen zu können.
```

o Ändern Sie Klassennamen von *Class1* in *ADComboBox*.

o Ergänzen Sie unterhalb der Klassendefinition die Zeile

```
Inherits ComboBox
```

**HINWEIS:** Sobald Sie die Zeile eingefügt haben, geschieht etwas Unerwartetes. Der Code-Editor fügt nämlich den Rumpf zweier Prozeduren (*RefreshItem* und *SetItemsCore*) ein, obwohl er dies gar nicht sollte (siehe Abbildung 9.6). Die Gründe für diese Vorgehensweisen bleiben im Verborgenen;[2] löschen Sie die beiden Funktionsrümpfe einfach wieder aus der Klassendefinition heraus.

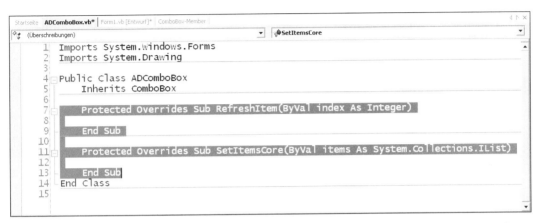

*Abbildung 9.6: Nach dem Einfügen der* Inherits*-Anweisung fügt der Editor unverständlicherweise die Rümpfe zweier Funktionen ein – löschen Sie diese einfach wieder aus dem Code heraus*

o Sie sind nun so weit, dass Sie das Projekt komplett erstellen können, um die erste Version der Steuerelement-Assembly zu produzieren. Wählen Sie dazu aus dem Menü *Erstellen* den Menüpunkt *Neu Erstellen*.

### Einfügen des neuen Steuerelementes in die Toolbox

o Nachdem die Steuerelement-Assembly nun als DLL-Datei vorhanden ist, können Sie sie in die Toolbox aufnehmen. Wechseln Sie, damit die Toolbox überhaupt angezeigt werden kann, zur Designer-Ansicht von *Form1* des Projektes *ADComboBoxTest*.

o Sie können nun entscheiden, ob Sie das Symbol für das neue Steuerelement unter *Windows-Forms* oder *Eigene Benutzersteuerelemente*[3] hinzufügen wollen. In jedem Fall sollte die entsprechende Ebene angezeigt sein. In diesem Beispiel fügen wir das Steuerelement der Ebene *Eigene Steuerelemente* hinzu, weil es übersichtlicher ist, benutzerdefinierte Steuerelemente von den vorhandenen zu trennen. Klicken Sie auf den Ebenentitel *Eigene Benutzersteuerelemente*, um die Ebene in den Vordergrund zu schieben.

---

[2] Dass der Code-Editor überhaupt Funktionsrümpfe beim Vererben von Klassen einfügt, ist natürlich kein seltsames Verhalten – allerdings gilt das nur für abstrakte Klassen und Schnittstellen. Wieso er es bei einer »normalen« Klasse wie *ComboBox* macht, ist schleierhaft und von den Entwicklern offensichtlich nicht beabsichtigt gewesen.

[3] Der Schieber »Eigene Benutzersteuerelemente« taucht erst dann auf, wenn Sie schon einmal ein *Windows-Steuerelement-Projekt* erstellt haben. Sie können in diesem Fall den Schieber entweder selber anlegen (entsprechende Funktion aus dem Kontextmenü des Schiebers wählen) oder zum Test ein leeres Steuerelement-Projekt anlegen.

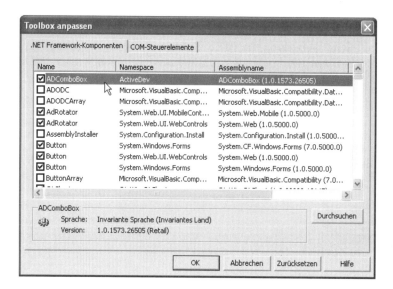

*Abbildung 9.7:* Nach der Auswahl der Assembly steht sie in der Komponentenliste der Toolbox

- Klicken Sie in der Toolbox mit der rechten Maustaste, um das Kontextmenü zu öffnen, und wählen Sie den Menüpunkt *Elemente hinzufügen/entfernen*, um den Konfigurationsdialog der Toolbox darstellen zu lassen.

- Im Dialog, der jetzt angezeigt wird, klicken Sie auf die Schaltfläche *Durchsuchen*.

*Abbildung 9.8:* Nach der Auswahl der Assembly steht sie in der Komponentenliste der Toolbox

- Die Visual-Studio-IDE zeigt Ihnen jetzt eine Dateiauswahl, aus der Sie die soeben erstellte Assembly-Datei auswählen können, die das neue Steuerelement beinhaltet. Sie finden die Datei im Projektverzeichnis und dort im Unterordner *ADComboBox\bin*.

- Das Steuerelement der Assembly finden Sie anschließend in der Komponentenliste. Sie bestätigen den Dialog mit *OK*, um es zur Toolbox hinzuzufügen.

- Es ist anschließend zum Einsatz bereit, und Sie können es im vorerst letzten Schritt testweise im Formular des *ADComboBoxTest*-Projektes platzieren.

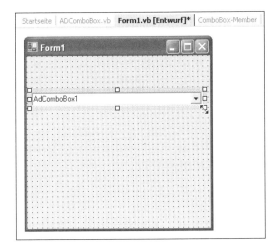

*Abbildung 9.9:* Das neue Steuerelement ist zum Einsatz bereit – natürlich kann es zu diesem Zeitpunkt nur das exakt Gleiche wie die ursprüngliche ComboBox

Die Einrichtung des Projektes ist damit vollständig abgeschlossen.

Um die Implementierung beschreibungsmäßig abzukürzen, möchte ich für die nächsten Erklärungen auf das bereits fertige Projekt verweisen, das Sie, wie schon eingangs erwähnt, im Verzeichnis der CD zum Buch im Ordner ..\Controls\ADComboBox unter dem Projektmappennamen *ADComboBoxDemo* finden.

## Testen des Steuerelementes

Wenn Sie das Projekt geladen haben, wechseln Sie zur Designer-Ansicht des Formulars. Markieren Sie das dort vorhandene *ADComboBox*-Steuerelement per Mausklick. Im Eigenschaftenfenster können Sie im Abschnitt *Verhalten* eine neue Eigenschaft namens *AutoComplete* erkennen, etwa wie in Abbildung 9.10 zu sehen. Diese Eigenschaft steuert, ob das automatische Vervollständigen auf Grund der zugewiesenen Einträge durchgeführt werden soll oder nicht. Standardmäßig ist diese Eigenschaft eingeschaltet.

*Abbildung 9.10:* Sie finden die neue Eigenschaft im Eigenschaftenfenster unter der Rubrik Verhalten

Wenn Sie das Programm jetzt starten, können Sie die erweiterte Funktionsweise des Steuerelementes genauer unter die Lupe nehmen. Klicken Sie als erstes auf die lange Schaltfläche, um

*Entwickeln von Steuerelementen*

die *ADComboBox* mit Einträgen zu füllen. Öffnen Sie die Liste, um sich eine Übersicht über die vorhandenen Einträge zu verschaffen. Schließen Sie die Liste anschließend wieder.

Wenn Sie nun die ersten Buchstaben des Nachnamens »Meier« zu tippen beginnen, vervollständigt die *ADComboBox* die geschriebenen Buchstaben zum ersten dazu passenden Namen in der Liste. Mit jedem weiteren Buchstaben verändert sich der automatisch ergänzte Bereich entsprechend.

Neben der Fähigkeit des Autokomplettierens hat die *ADComboBox* einen weiteren Vorteil gegenüber dem herkömmlichen *ComboBox*-Steuerelement: Mit der *Cursor-nach-unten*-Taste können Sie die Liste öffnen, ohne auf die Maus zurückgreifen zu müssen. Dabei wird direkt der Eintrag ausgewählt, der zu den bisher eingegebenen Buchstaben passt.

## Die Implementierung der Funktionslogik

Die Implementierung der Funktionslogik ist keine aufwändige Angelegenheit: Durch Überschreiben der *OnTextChange*-Prozedur wird das vererbte Steuerelement benachrichtigt, wenn sich der Inhalt des Textfeldes geändert hat. Ist das der Fall, versucht die Prozedur, einen Eintrag in der Elementliste zu finden, der den bereits eingegebenen Zeichen entspricht. Die Basisklasse *ComboBox* stellt dazu eine Funktion namens *FindString* bereit, die die Nummer des Eintrages zurückliefert, dessen erste Zeichen mit dem Suchtext übereinstimmen.

```
Imports System.Windows.Forms ' Notwendig, wenn auf andere Steuerelemente zugegriffen werden soll.
Imports System.Drawing    ' Notwendig, wenn eigene Grafikausgaben vorgenommen werden müssen.
Imports System.ComponentModel ' Notwendig, um auf alle notwendigen Attribute zugreifen zu können.

Public Class ADComboBox
    Inherits ComboBox

    Private myAutoComplete As Boolean
    Private mySenderIsThis As Boolean

    Sub New()
        myAutoComplete = True
    End Sub

    'Wird aufgerufen, sobald irgendeine Veränderung im Eingabefeld vorgenommen wird
    '(ganz gleich, ob programmtechnisch oder durch den Anwender).
    Protected Overrides Sub OnTextChanged(ByVal e As System.EventArgs)
        'Dieses Flag wird benötigt, damit eine Eingabebereichsveränderung, die
        'programmtechisch durch das Steuerelement selbst vorgenommen wird, das Ereignis
        'nicht erneut auslöst und das Programm in einer Endlosschleife hängen bleibt.
        If Not mySenderIsThis Then
            'Verhindern, dass das Ereignis durch eigene Manipulation erneut ausgelöst wird.
            mySenderIsThis = True
            'Auto-Vervollständigen durchführen.
            PerfAutoCompletion()
            mySenderIsThis = False
        End If
        'Basis-Funktion aufrufen nicht vergessen!
        MyBase.OnTextChanged(e)
    End Sub
```

```
Private Sub PerfAutoCompletion()

    'Nur wenn AutoComplete eingeschaltet ist überhaupt etwas machen.
    If AutoComplete Then
        'Zwischenspeichern, damit die Originaleingabe erhalten bleibt.
        Dim locTemp As String = Me.Text
        'Index des Eintrags finden, der der bisherigen Texteingabe entspricht.
        Dim locIndex As Integer = Me.FindString(locTemp)
        If locIndex > -1 Then
            'Eintrag gefunden, zum einfacheren Handling in Variable kopieren.
            Dim locFoundEntry As String = Me.Items(locIndex).ToString
            If locIndex > -1 Then
                'Eintrag ins Eingabefeld kopieren.
                Me.Text = locFoundEntry
                'Den noch nicht eingegebenen Teil markieren, damit
                'er einfach überschrieben werden kann.
                Me.Select(locTemp.Length, locFoundEntry.Length - locTemp.Length)
            End If
        End If
    End If
End Sub

'Wird ausgelöst, wenn eine Taste nach unten gedrückt wird.
Protected Overrides Sub OnKeyDown(ByVal e As System.Windows.Forms.KeyEventArgs)
    'Cursor-nach-unten, dann...
    If e.KeyCode = Keys.Down Then
        If Not Me.DroppedDown Then
            '...Dropdown-Bereich öffnen
            Me.DroppedDown = True
            e.Handled = True
        End If
    Else
        'Wenn Delete oder Backspace gedrückt wird, dann keine Modifizierungen vornehmen.
        mySenderIsThis = (e.KeyCode = Keys.Delete) Or (e.KeyCode = Keys.Back)
    End If
    MyBase.OnKeyDown(e)
End Sub
```

## Implementierung von Eigenschaften

Das neue Steuerelement implementiert nur eine weitere Eigenschaft: *AutoComplete*. Sie ist standardmäßig eingeschaltet und bewirkt, dass eine Autokomplettierung einer Eingabe versucht wird, wenn Listeneinträge in der *ADComboBox* vorhanden sind. Damit die Eigenschaft zur Entwurfszeit im Eigenschaftenfenster in der richtigen Kategorie und mit der richtigen Beschreibung dargestellt wird, gibt es zur Eigenschaftenprozedur einige Attributdefinitionen, die dieses Verhalten bestimmen (im folgenden Codelisting fett markiert).

```
'Die einzige neue Eigenschaft:
<Description("Bestimmt oder ermittelt, ob die Auto-Ergänzen-Funktion verwendet wird."), _
Category("Verhalten"), _
DefaultValue(GetType(Boolean), "True"), _
Browsable(True)> _
Public Property AutoComplete() As Boolean
    Get
        Return myAutoComplete
```

```
        End Get
        Set(ByVal Value As Boolean)
            myAutoComplete = Value
        End Set
    End Property
End Class
```

Die folgende Tabelle beschreibt die wichtigsten Attribute, die Sie für die Erstellung von Steuerelementen benötigen (mehr über Attribute finden Sie im ▶ Kapitel 12).

| Attribute | Beschreibung |
|---|---|
| Browsable | Bestimmt, ob die Eigenschaft, der dieses Attribut zugeordnet ist, zur Entwurfszeit im Eigenschaftenfenster sichtbar ist oder nicht. |
| Description | Definiert den Beschreibungstext, der unterhalb des Eigenschaftenfensters zur Entwurfszeit angezeigt wird, wenn die Eigenschaft ausgewählt ist. |
| DefaultValue | Bestimmt, welchen Typ und Wert der Standardwert der Eigenschaft aufweist. Wenn der Standardwert der Eigenschaft zur Entwurfszeit definiert ist, wird kein Serialisierungscode vom Designer erzeugt. Aus diesem Grund muss die Steuerelementklasse dafür Sorge tragen, dass während der Initialisierung des Steuerelementes (am besten schon im Konstruktor) der entsprechende Wert gesetzt ist. Im Eigenschaftenfenster wird eine Eigenschaft, die ihren Standardwert besitzt, in Normalschrift angezeigt; veränderte Werte werden in Fettschrift angezeigt.<br><br>Falls es – durch komplexere Datentypen oder Auswertungslogiken – nicht möglich ist, einen Standardwert mit diesem Attribut zu bestimmen, implementieren Sie eine Funktion mit dem Namen der Eigenschaft und dem Präfix »ShouldSerialize«, die True zurückgibt, wenn die Eigenschaft im aktuellen Zustand nicht den Standardwert zurückliefert (*ShouldSerializeAutoComplete* sollte also *True* zurückliefern, wenn die Eigenschaft selbst *False* ist). |
| Category | Legt fest, unter welcher Kategorie im Eigenschaftenfenster die Eigenschaft einsortiert werden soll. Wenn Sie dieses Attribut nicht definieren, wird die Eigenschaft automatisch unter einer neuen Kategorie namens *Sonstiges* eingeordnet. |

***Tabelle 9.1:*** *Diese Attribute sind wichtig für die Steuerung der Anzeige im Eigenschaftenfenster*

# Konstituierende Steuerelemente entwickeln

Bei konstituierenden Steuerelementen handelt es sich, wie eingangs bereits erwähnt, um solche, die aus mehreren vorhandenen ein neues mit erweiterter Funktionalität bilden. Wenn Sie mit Visual Studio .NET konstituierende Steuerelemente entwickeln, haben Sie generell zwei Möglichkeiten:

- Sie gehen so vor, wie Sie es im vorangegangenen Abschnitt kennen gelernt haben, leiten Ihr Steuerelement allerdings von *ContainerControl*[4] ab. Um das Steuerelement auf mehreren vorhandenen Steuerelementklassen basieren zu lassen, fügen Sie der *ControlCollection* im Konstruktor neue Instanzen der vorhandenen Steuerelementklassen hinzu. Die Positionie-

---

[4] Theoretisch könnten Sie ein konstituierendes Steuerelement auch von *Control* ableiten, da es ebenfalls über die erforderliche *ControlCollection* verfügt. Allerdings hat *ContainerControl* einige weitere Vorzüge – so kann es beispielsweise für eingebundene Steuerelemente, die nicht in den Anzeigebereich passen, automatisch eine Rollbalkenfunktionalität zur Verfügung stellen, mit der der Anwender den sichtbaren Ausschnitt darstellen lassen kann (die *AutoScroll*-Eigenschaft ist dafür zuständig).

rung der Controls definieren Sie durch das Setzen der *Location*-, *Size*-, *Dock*- bzw. *Anchor*-Eigenschaften im Code.

- Sie nehmen den Visual-Studio-Designer zu Hilfe und definieren das neue Steuerelement wie ein Formular. Der Vorteil: Sie sparen wertvolle Zeit des Codeschreibens und können sich auf die eigentliche Funktionalitätsimplementierung des Steuerelementes konzentrieren.

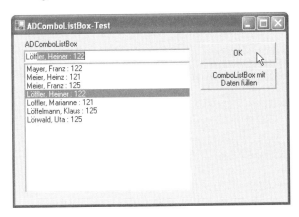

*Abbildung 9.11:* Mit der ComboListBox vereinen Sie die Funktionalität von TextBox und ListBox

Im folgenden Beispiel verwenden wir die letzte der beiden angesprochenen Vorgehensweisen, um ein Steuerelement zu erstellen, das ähnlich wie die *ADComboBox* arbeitet. In diesem Fall handelt es sich jedoch um die Kombination einer *TextBox* und einer *ListBox*. Die Liste kann wie eine herkömmliche *ListBox* mit entsprechenden Einträgen ausgestattet werden. Wenn der Anwender in der *TextBox* einen Text eingibt, versucht das Steuerelement auf Grund der vorhandenen Listeneinträge den eingegebenen Text zu komplettieren (siehe Abbildung 9.11).

Der Aufwand bei der Erstellung eines konstituierenden Steuerelementes ist ein wenig intensiver, weil .NET die so genannte Mehrfachvererbung nicht zulässt: Eine Klasse kann nicht aus zwei Klassen erben. Aus diesem Grund werden die bestehenden Steuerelemente als Klassen-Member angelegt und das Offenlegen entsprechender Eigenschaften, Ereignisse und Methoden kann nur durch »Delegierung« (zu den eingebundenen Klassen) erfolgen. Das heißt im Klartext: Im Gegensatz zur echten Vererbung müssen Elemente komplett neu implementiert werden, die sich bei Anwendung der richtigen Vererbung in der neuen Klasse ergeben würden.

Natürlich finden Sie auch das folgende Beispiel wieder auf der CD zum Buch (oder besser: im entsprechenden Verzeichnis). Dennoch an dieser Stelle wieder der Hinweis, dass es durchaus Sinn ergibt, die Erstellung des folgenden Projektes nachzuvollziehen, um für spätere, eigene Entwicklungen vorbereitet zu sein.

**HINWEIS:** Sie finden die Projektmappe zu diesem Beispiel unter dem Namen *ADCombo-ListBoxDemo* im Ordner ..\Controls\ADComboListBox im Verzeichnis der CD zum Buch.

## Anlegen einer Projektmappe zum Entwickeln von konstituierenden Steuerelementen

Wundern Sie sich nicht bei der Lektüre der folgenden Absätze: Die Vorgehensweise zum Erstellen eines Projektes ähnelt zwar auf den ersten Blick in vielen Schritten der Vorgehensweise zur Erstellung eines abgeleiteten Steuerelementes, unterscheidet sich aber in entscheidenden Punkten.

- Um eine neue Projektmappe zu erstellen, die sowohl das Projekt für die Steuerelement-Assembly als auch das dafür notwendige Testprojekt enthält, wählen Sie aus dem Menü *Datei* die Menüpunkte *Neu/Neues Projekt*. Im Dialog, den Visual Studio anschließend anzeigt, klicken Sie auf die Schaltfläche *Vergrößern*, um an die zusätzlichen Optionen zu gelangen.
- Im Bereich *Vorlagen* wählen Sie die Vorlage *Windows-Steuerelementbibliothek* aus.
- Geben Sie unter *Name* den Namen des Steuerelementes an, etwa *ADComboListBox* für dieses Beispiel.
- Aktivieren Sie die Option *Projektmappenverzeichnis erstellen*, damit nicht nur eine Projektmappe unter dem angegebenen Namen erstellt, sondern das eigentliche Steuerelementprojekt auch in einem separaten, untergeordneten Verzeichnis angelegt wird.
- Wenn Sie alle Einstellungen vorgenommen haben, klicken Sie auf *OK*, um die Projektmappe zusammen mit dem Steuerelementprojekt anzulegen.
- Im Projektmappen-Explorer ist die Struktur Ihres Projektes anschließend sichtbar. Damit die Projektmappe nicht genauso wie das eigentliche Steuerelement heißt, benennen Sie sie um (das ist kein notwendiger Schritt, aber ein empfohlener, damit Sie später, beim Browsen durch Verzeichnisse, das Projektmappenverzeichnis nicht mit dem Verzeichnis des eigentlichen Steuerelements verwechseln). Klicken Sie dazu über dem Projektmappennamen im Projektmappen-Explorer mit der rechten Maustaste, um das Kontextmenü zu öffnen, und wählen Sie anschließend den Menüpunkt *Umbenennen*.

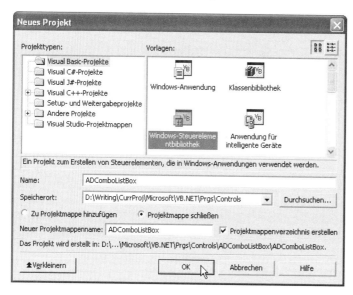

**Abbildung 9.12:** *Für das Entwickeln von konstituierenden Steuerelementen mit Designerunterstützung* wählen Sie diese Vorlage beim Projektanlegen aus

- Benennen Sie die Projektmappe um, zum Beispiel in *ADComboListBoxDemo*.
- Öffnen Sie abermals das Kontextmenü der Projektmappe, und wählen Sie dieses Mal die Menüpunkte *Hinzufügen/Neues Projekt*.
- Wählen Sie unter *Vorlagen* den Eintrag *Windows-Anwendung*, und vergeben Sie einen Projektnamen – beispielsweise *ADComboListBoxTest*.

- Bestätigen Sie den Dialog mit *OK*, um die Windows-Anwendung der Projektmappe hinzuzufügen.
- Klicken Sie mit der rechten Maustaste über dem gerade hinzugefügten Projekt im Projektmappen-Explorer, und wählen Sie den Eintrag *als Startprojekt festlegen*.
- Klicken Sie mit der rechten Maustaste über der Klassencodedatei *UserControl1.vb* des Projekts *ADComboListBox*, und benennen Sie sie in *ADComboListBox.vb* um. Das ist zwar nicht unbedingt notwendig, da der Name dieser Datei keinerlei Auswirkungen auf den späteren Namen der Assembly hat, trägt aber zur Übersicht bei.

### Festlegen von Namespace-, Assembly-Einstellungen und Projektverweisen

- Im folgenden Schritt bestimmen Sie den Namespace, unter dem das Steuerelement abrufbar wird.

**WICHTIG:** Dazu ist es allerdings notwendig, dass Sie das Steuerelement-Entwurfsfenster (*ADComboListBox.vb* befindet sich im Entwurfsmodus), das Visual Studio beim Anlegen des Projekts automatisch geöffnet hat, zuvor schließen.

- Klicken Sie anschließend mit der rechten Maustaste auf den Projektnamen *ADComboListBox*, und wählen Sie im sich jetzt öffnenden Kontextmenü den Menüpunkt *Eigenschaften*.

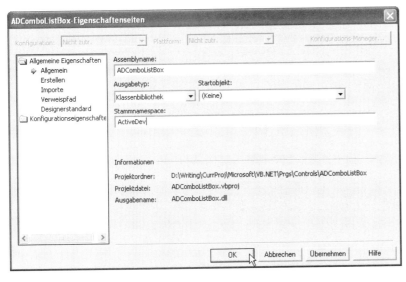

*Abbildung 9.13:* Der Assembly-Name ist auch der Name der späteren DLL; Über den Stammnamespace-Namen greifen Sie auf die Klasse(n) selbst zu

- Unter *Assemblyname* bestimmen Sie den Namen der Assembly, die später die Klasse Ihres Steuerelementes beinhalten soll. Diesen Namen wird auch die DLL-Datei tragen, die die Assembly mit Ihrem Steuerelement darstellt. Für dieses Beispiel belassen Sie den Namen *ADComboListBox*.

- Unter *Stammnamespace* bestimmen Sie, unter welchem Namespace die Klasse (oder die Klassen, falls mehrere Klassen dem Projekt hinzugefügt werden) abrufbar ist (bzw. sind). Für dieses Beispiel wählen Sie bitte wieder den *Namespace*-Namen *ActiveDev*. Dazu ein wenig mehr Hintergrundinformationen: Genau so, wie Sie beispielsweise die Zeile

```
Imports System.IO
```

*Entwickeln von Steuerelementen*

vor eine Klassencodedatei einfügen, um auf die I/O-Funktionen des Frameworks zugreifen zu können, benötigen Sie später, im *ADComboListBoxTest*-Programm die folgende Anweisung

```
Imports ActiveDev
```

um auf die Klasse zugreifen zu können, die das *ADComboBox*-Steuerelement darstellt.

- Die *Imports*-Anweisung alleine reicht allerdings nicht. Damit die eigentlichen Funktionsnamen, die Sie erst über die Einbindung des Namespaces *ActiveDev* für den Compiler erkennbar machen, auch später tatsächlich im IML-Code gefunden und aufgelöst werden können, müssen Sie zusätzlich einen Verweis auf die eigentliche Assembly (das Projekt) vornehmen. Dazu öffnen Sie das Kontextmenü des *Verweise*-Zweig des Projektes *ADComboListBoxTest* und wählen dort den Eintrag *Verweise*.

- Wechseln Sie im Dialog, der jetzt erscheint (siehe Abbildung 9.14), auf die Registerkarte *Projekte*, doppelklicken Sie auf den Eintrag *ADComboListBox*, und klicken Sie anschließend auf *OK*.

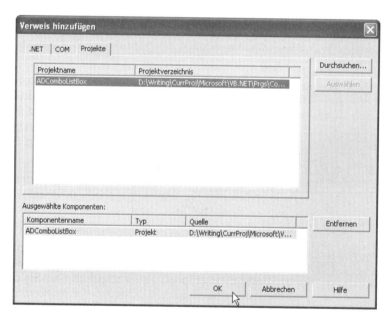

*Abbildung 9.14: Wenn Sie mit Klassen anderer Projekte Ihrer Projektmappe arbeiten wollen, müssen Sie ebenfalls Verweise auf die benötigten Projekte hinzufügen*

### Anordnen von Steuerelementen im benutzerdefinierten Steuerelement

Das Steuerelement, das wir in diesem Beispiel entwickeln, besteht aus zwei vorhandenen Steuerelementen: Einer *TextBox* und einer *ListBox*. Sie können diese beiden Steuerelemente im Benutzersteuerelement genau wie in einem Formular anordnen und mit den entsprechenden Eigenschaften ausstatten.

- Öffnen Sie dazu den Designer zur Klassendatei *ADComboListBox.vb* aus dem Projekt *ADComboListBox* per Doppelklick auf den entsprechenden Eintrag im Projektmappen-Explorer.

- Ziehen Sie jetzt jeweils ein *TextBox* - und ein *ListBox* -Steuerelement im Steuerelementcontainer auf, etwa wie in Abbildung 9.15 zu sehen (bitte in dieser Reihenfolge, da es sonst Probleme mit der *Dock*-Eigenschaft geben kann).

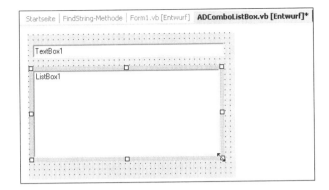

*Abbildung 9.15: In einem Benutzersteuerelement können Sie Steuerelemente genau wie in einem Formular einfügen*

- Setzen Sie die *Dock*-Eigenschaft der *TextBox* auf *Top* und die *Dock*-Eigenschaft der *ListBox* auf *Fill*. Die *Dock*-Eigenschaft bewirkt, dass sich Ränder eines Steuerelementes an die entsprechenden Innenseiten ihres Containers fügen. Wird der Container vergrößert oder verkleinert, passen sich die gedockten Steuerelemente innerhalb des Containers an. So gesehen funktioniert die *Dock*-Eigenschaft fast wie die *Anchor*-Eigenschaft, mit dem Unterschied, dass gedockte Steuerelemente immer am äußersten Rand des sie umgebenden Containers verankert werden.

**TIPP:** Die so genannte Z-Reihenfolge der Steuerelemente ist wichtig, wenn Sie mit umfangreichen, gedockten Steuerelementen arbeiten. Die Z-Reihenfolge bestimmt, welches Steuerelement über oder unter einem anderen liegt. Durch das Öffnen des Kontextmenüs eines Steuerelementes im Designer können Sie dessen Position in der Z-Reihenfolge mit den Funktionen *In den Hintergrund* oder *In den Vordergrund* verändern. Auf diese Weise ändern Sie auch deren Docking-Verhalten untereinander.[5]

- Benennen Sie die Steuerelemente um, damit sie den bisherigen Standards der Namensvergebung von Klassen-Membern entsprechen: Nennen Sie das *ListBox*-Steuerelement *myListBox* und das *TextBox*-Steuerelement *myTextBox*. Die *Text*-Eigenschaft der *TextBox* löschen Sie obendrein, damit das Feld standardmäßig leer angezeigt wird.

**HINWEIS:** Sobald Sie Änderungen an den Eigenschaften eines Steuerelementes im Designer vorgenommen haben und das Steuerelementprojekt bereits erstellt wurde, zeigt Visual Studio eine Warnmeldung in der Aufgabenliste und weist sie mit dieser darauf hin, dass Sie das Projekt neu erstellen müssen, damit sich die Änderungen auf alle Instanzen auswirken, die das Steuerelement einbinden.

- Damit das Steuerelement unter dem richtigen Namen in der Toolbox erscheint (bei konstituierenden Benutzersteuerelementen erscheint es nach dem Erstellen ohne Ihr Zutun in der Toolbox, doch dazu später mehr), sollten Sie schließlich noch den Klassennamen im Code bestimmen. Dazu öffnen Sie das Codefenster der Klassendatei *ADComboListBox.vb* und ändern den vorhandenen Klassennamen *UserControl1* in *ADComboListBox* ab.

---

[5] Das kann in einigen Fällen in eine ziemliche Fummelei ausarten. Sie sollten daher sich überlegen, ob Sie mehrere Steuerelemente in solchen Fällen nicht in weiteren Containern zusammenfassen können und nur die Container docken. In vielen Fällen könnte auch die Verwendung der *Anchor*-Eigenschaft die bessere Alternative darstellen.

- Außerdem sollten Sie die Konstruktorprozedur aus der Region *Vom Windows Form Designer generierter Code* herauslösen, da Sie während der Entwicklung häufiger darauf zugreifen werden und das Editieren leichter fällt, wenn sich der Konstruktor nicht in der standardmäßig ausgeblendeten Region befindet. Dazu klicken Sie auf das kleine Pluszeichen vor der ausgeblendeten Region, um den Codebereich zu erweitern.
- Verschieben Sie den gesamten Code der Prozedur *Public Sub New* hinter die *End-Region*-Anweisung.
- Verkleinern Sie den Codebereich anschließend wieder.

Die Grundeinstellungen für das Steuerelementprojekt sind damit abgeschlossen. Sie können jetzt das Projekt das erste Mal erstellen lassen und so die Assembly für das Steuerelement generieren.

**WICHTIG:** Wenn Sie konstituierende Benutzersteuerelemente in der Visual-Studio-Umgebung erstellen, wird ein entsprechendes Toolbox-Symbol automatisch in der Toolbox-Ebene *Eigene Benutzersteuerelemente* eingefügt. Sie können auf das neue Steuerelement ohne weitere Maßnahmen direkt zugreifen. Das Steuerelementprojekt muss dazu allerdings mindestens einmal erstellt und die Steuerelemente-Klasse mindestens einmal im Designer angezeigt worden sein. Sollten Sie zu einem späteren Zeitpunkt Änderungen am Klassennamen vornehmen müssen, erstellen Sie das Projekt bitte sofort nach der Änderung neu. Wechseln Sie anschließend zum Designer des Steuerelementes, damit sich die Namensänderung auf die Darstellung in der Toolbox auswirkt.

- Das neue Steuerelement ist nun zum Einsatz bereit, und Sie können es im vorerst letzten Schritt testweise im Formular des *ADComboListBoxTest*-Projektes platzieren.

Um die Implementierung beschreibungsmäßig abzukürzen, möchte ich für die nächsten Erklärungen auf das bereits fertige Projekt verweisen, das Sie, wie schon eingangs erwähnt, im Verzeichnis der CD zum Buch und zwar im Ordner *..\Controls\ADComboListBox* unter dem Projektmappennamen *ADComboListBoxDemo* finden.

## Initialisieren des Steuerelementes

Im Gegensatz zum vorherigen Beispiel, bei dem das neue Steuerelement aus einem vorhandenen erbte, müssen Sie bei diesem Beispielprojekt viele Eigenschaften erneut implementieren. Das gilt nicht nur für die Eigenschaften, sondern auch für die wichtigsten Ereignisse. Aus diesem Grund ist der Deklarationsteil sowie der Konstruktor dieses Beispiels ein wenig umfangreicher, wie der folgende Codeausschnitt zeigt:

```
Imports System.ComponentModel

Public Class ADComboListBox
    Inherits System.Windows.Forms.UserControl

#Region " Vom Windows Form Designer generierter Code "

    ' UserControl1 überschreibt den Löschvorgang zur Bereinigung der Komponentenliste.
    Protected Overloads Overrides Sub Dispose(ByVal disposing As Boolean)
        If disposing Then
            If Not (components Is Nothing) Then
                components.Dispose()
            End If
```

```vb
        End If
        MyBase.Dispose(disposing)
    End Sub

    ' Für Windows Form-Designer erforderlich.
    Private components As System.ComponentModel.IContainer

    'HINWEIS: Die folgende Prozedur ist für den Windows Form-Designer erforderlich
    'Sie kann mit dem Windows Form-Designer modifiziert werden.
    'Verwenden Sie nicht den Code-Editor zur Bearbeitung.
    Friend WithEvents myTextBox As System.Windows.Forms.TextBox
    Friend WithEvents myListBox As System.Windows.Forms.ListBox
    <System.Diagnostics.DebuggerStepThrough()> Private Sub InitializeComponent()
        Me.myTextBox = New System.Windows.Forms.TextBox
        Me.myListBox = New System.Windows.Forms.ListBox
        Me.SuspendLayout()
        '
        'myTextBox
        '
        Me.myTextBox.Dock = System.Windows.Forms.DockStyle.Top
        Me.myTextBox.Location = New System.Drawing.Point(0, 0)
        Me.myTextBox.Name = "myTextBox"
        Me.myTextBox.Size = New System.Drawing.Size(328, 20)
        Me.myTextBox.TabIndex = 0
        Me.myTextBox.Text = ""
        '
        'myListBox
        '
        Me.myListBox.Dock = System.Windows.Forms.DockStyle.Fill
        Me.myListBox.Location = New System.Drawing.Point(0, 20)
        Me.myListBox.Name = "myListBox"
        Me.myListBox.Size = New System.Drawing.Size(328, 199)
        Me.myListBox.TabIndex = 1
        '
        'ADComboListBox
        '
        Me.Controls.Add(Me.myListBox)
        Me.Controls.Add(Me.myTextBox)
        Me.Name = "ADComboListBox"
        Me.Size = New System.Drawing.Size(328, 224)
        Me.ResumeLayout(False)

    End Sub

#End Region

    Private mySenderIsThis As Boolean
    Private myAutoComplete As Boolean
    Private myAutoSelect As Boolean

    Public Event SelectedIndexChanged(ByVal sender As Object, ByVal e As EventArgs)
    Public Event SelectedValueChanged(ByVal sender As Object, ByVal e As EventArgs)

    Public Sub New()
        MyBase.New()
```

```
' Dieser Aufruf ist für den Windows Form-Designer erforderlich.
InitializeComponent()

' Eigenschaften vorselektieren.
myAutoComplete = True
myAutoSelect = True

' Die Listbox soll nicht mit der Tabulatortaste fokussiert werden dürfen!
myListBox.TabStop = False
End Sub
```

Ich habe in diesem Fall den Code, den der Designer generiert hat, zu Anschauungszwecken nicht ausgelassen (sondern ihn sogar fett markiert), damit Sie sehen, was – ja eigentlich sogar: wie wenig – hinter den Kulissen im Grunde genommen passiert. Die beiden Steuerelemente, mit denen unser Benutzersteuerelement arbeitet, sind nichts anderes als Instanzen einer bestimmten Klasse, die vom Konstruktor der Steuerelementklasse erzeugt werden (zwar nicht direkt, sondern durch *InitializeComponent*, aber immer noch im Rahmen des Konstruktorcodes). Wollten Sie ein konstituierendes Steuerelement ohne Designer-Unterstützung erstellen, würden Sie im Prinzip genau so vorgehen, wie es der Designer in diesem Beispiel für Sie gemacht hat. Es gilt dabei dasselbe wie für Formulare: Sobald Sie eine von *Control* abgeleitete Klasseninstanz der *ControlCollection* hinzugefügt haben, erscheint es im Steuerelement (gültige Positionseinstellungen vorausgesetzt).

Ebenfalls im Gegensatz zum vorherigen Beispiel müssen wir in unserem Code zumindest die beiden Ereignisse *SelectedIndexChange* und *SelectedValueChange* neu definieren, denn: Sie werden von *myListBox* ausgelöst und können bestenfalls durch das Benutzersteuerelement eingebunden werden. Da es keine Vererbung der *ListBox* gibt, ist mit der Ereigniskette beim Benutzersteuerelement aber auch bereits Schluss. Würden wir die Ereignisse nicht einbinden, unser Steuerelement darüber hinaus selbst mit diesen Ereignissen ausstatten und diese zu gegebener Zeit wieder auslösen, hätte der Entwickler, der unser Steuerelement verwendet, keine Chance, vom Ereigniseintritt zu erfahren – daher die neue Definition.

**TIPP:** Wenn Sie komplexere konstituierende Steuerelemente erstellen, und die Steuerelemente, auf denen es basiert, mit Werten vorbelegen müssen, ist der Konstruktor nach *InitializeComponent* die richtige Stelle, um das zu erreichen.

## Methoden und Ereignisse delegieren

Was für Ereignisse und Eigenschaften notwendig ist, gilt für Methoden gleichermaßen. Es ist anzunehmen, dass der Entwickler, der Ihr Steuerelement verwendet, bestimmte Funktionen der *TextBox* und der *ListBox* benötigt. Ihnen bleibt auch dann nichts weiter übrig, als die entsprechenden Methoden zu implementieren und die Parameter zum entsprechenden Steuerelement hinabzudelegieren, wie im Beispiel:

```
'Diese Funktionen nach unten durchrouten, weil diese Instanz...
Public Function FindString(ByVal s As String) As Integer
    Return myListBox.FindString(s)
End Function

'...aber auch andere Instanzen sie häufig...
Public Function FindString(ByVal s As String, ByVal startIndex As Integer) As Integer
    Return myListBox.FindString(s, startIndex)
End Function
```

```vb
'...benötigen.
Public Function FindStringExact(ByVal s As String) As Integer
    Return myListBox.FindStringExact(s)
End Function

Private Sub myTextBox_TextChanged(ByVal sender As System.Object, ByVal e As System.EventArgs) _
                              Handles myTextBox.TextChanged
    'Löst, durch die Veränderung der Text-Eigenschaft, OnTextChange des UserControls aus
    Me.Text = myTextBox.Text
    Console.WriteLine(Me.Text)
End Sub

'Für unsere Zwecke müssen wir nur dieses Ereignis nach oben routen, aber...
Private Sub myTextBox_KeyDown(ByVal sender As Object, ByVal e As System.Windows.Forms.KeyEventArgs) _
                              Handles myTextBox.KeyDown
    Me.OnKeyDown(e)
End Sub

'andere Anwendungen benötigen vielleicht auch dieses...
Private Sub myTextBox_KeyPress(ByVal sender As Object, ByVal e As System.Windows.Forms.KeyPressEventArgs) _
                              Handles myTextBox.KeyPress
    Me.OnKeyPress(e)
End Sub

'...und dieses Ereignis.
Private Sub myTextBox_KeyUp(ByVal sender As Object, ByVal e As System.Windows.Forms.KeyEventArgs) _
                              Handles myTextBox.KeyUp
    Me.OnKeyUp(e)
End Sub

'Der Entwickler, der unser Steuerelement verwendet, muss mitbekommen, wenn sich die Auswahl ändert.
'Aus diesem Grund müssen wir diese beiden Ereignisse nach oben durchreichen.
Private Sub myListBox_SelectedIndexChanged(ByVal sender As Object, ByVal e As System.EventArgs) _
                              Handles myListBox.SelectedIndexChanged
    OnSelectedIndexChanged(e)
End Sub
```

**HINWEIS:** Rein theoretisch könnten Sie die Steuerelemente, aus denen das Benutzersteuerelement besteht natürlich auch als *Public* deklarieren – doch davon ist dringend abzuraten! Der Entwickler könnte in diesem Fall Eigenschaften der basierenden Steuerelemente verändern, und das Benutzersteuerelement würde nichts von den Veränderungen mitbekommen – die Funktionalität könnte dadurch stark beeinträchtigt werden – bis hin zum völligen Versagen!

## Implementieren der Funktionslogik

Die Implementierung der Funktionslogik ist der des vorherigen Beispiels sehr ähnlich. Der einzige Unterschied: Durch die Natur des Steuerelementes ist die Liste ständig sichtbar, aber beide Steuerelemente sind in keiner Weise miteinander verbunden. Die Vorselektierung des Eintrags in der *ListBox*, der zur bisherigen Eingabe in die *TextBox* passt, muss deswegen programmiert werden. Dieses Verhalten lässt sich übrigens mit der *AutoSelect*-Eigenschaft des Benutzersteuerelementes steuern. Bis auf diesen Unterschied werden Sie in der Implementierung überwiegend Gleichheiten zum vorherigen Beispiel bemerken:

```vb
Protected Overridable Sub OnSelectedIndexChanged(ByVal e As EventArgs)
    'Den Listeneintrag in die TextBox kopieren,
    'dabei ungewollte Rekursion verhindern,
    mySenderIsThis = True
    Me.Text = myListBox.SelectedItem.ToString
    mySenderIsThis = False
    'Ereignis auslösen, damit auch andere Instanzen vom Ereignis erfahren.
    RaiseEvent SelectedIndexChanged(Me, e)
End Sub

Private Sub myListBox_SelectedValueChanged(ByVal sender As Object, ByVal e As System.EventArgs) _
                            Handles myListBox.SelectedValueChanged
    OnSelectedValueChanged(e)
End Sub

Protected Overridable Sub OnSelectedValueChanged(ByVal e As EventArgs)
    RaiseEvent SelectedValueChanged(Me, e)
End Sub


'Wird aufgerufen, *weil* der Handler myTextBox_TextChanged der TextBox die Text-Eigenschaft
'des UserControls verändert.
'Wird damit aufgerufen, *sobald* irgendeine Veränderung im Eingabefeld vorgenommen wird
'(ganz gleich, ob programmtechnisch oder durch den Anwender).
Protected Overrides Sub OnTextChanged(ByVal e As System.EventArgs)
    'Dieses Flag wird benötigt, damit eine Eingabebereichsveränderung, die
    'programmtechisch durch das Steuerelement selbst vorgenommen wird, das Ereignis
    'nicht erneut auslöst, und das Programm in einer Endlosschleife hängen bleibt.
    Console.WriteLine("OnTextChanged")
    If Not mySenderIsThis Then
        'Verhindern, dass das Ereignis durch eigene Manipulation erneut ausgelöst wird.
        mySenderIsThis = True
        'Auto-Vervollständigen durchführen
        PerfAutoCompletion()
        mySenderIsThis = False
    End If
    'Basis-Funktion aufrufen nicht vergessen!
    MyBase.OnTextChanged(e)
End Sub

Private Sub PerfAutoCompletion()

    'Zwischenspeichern, damit die Originaleingabe erhalten bleibt.
    Dim locTemp As String = Me.Text
    'Index des Eintrags finden, der der bisherigen Texteingabe entspricht.
    Dim locIndex As Integer = Me.FindString(locTemp)
    'Nur wenn AutoComplete eingeschaltet ist, überhaupt etwas machen.
    If AutoComplete Then
        If locIndex > -1 Then
            'Eintrag gefunden, zum einfacheren Handling in Variable kopieren.
            Dim locFoundEntry As String = myListBox.Items(locIndex).ToString
            If locIndex > -1 Then
                'Eintrag ins Eingabefeld kopieren.
                myTextBox.Text = locFoundEntry
                'Den noch nicht eingegebenen Teil markieren, damit
                'er einfach überschrieben werden kann.
                myTextBox.Select(locTemp.Length, locFoundEntry.Length - locTemp.Length)
```

```vb
                End If
            End If
        End If

        'AutoSelect-Eigenschaft im Bedarfsfall umsetzen:
        If AutoSelect Then
            'Passenden Eintrag gefunden, ...
            If locIndex > -1 Then
                '...dann selektieren.
                myListBox.SelectedIndex = locIndex
            End If
        End If
End Sub

'Wird ausgelöst, wenn eine Taste in der TextBox gedrückt wird.
Protected Overrides Sub OnKeyDown(ByVal e As System.Windows.Forms.KeyEventArgs)
    Console.WriteLine("OnKeyDown")
    'Cursor-nach-unten, dann...
    If e.KeyCode = Keys.Down Then
        'Testen ob die Listbox nicht schon fokussiert ist, und ob bereits Einträge vorhanden sind.
        If Not myListBox.Focused AndAlso myListBox.Items.Count > 0 Then
            '...ListBox fokussieren,
            myListBox.Focus()
            'Wenn noch kein Eintrag in der Listbox ausgewählt war,
            If myListBox.SelectedIndex = -1 Then
                'ersten Eintrag selektieren.
                myListBox.SelectedIndex = 0
            End If
            e.Handled = True
        End If
    Else
        'Wenn Delete oder Backspace gedrückt wird, dann keine Modifizierungen vornehmen.
        mySenderIsThis = (e.KeyCode = Keys.Delete) Or (e.KeyCode = Keys.Back)
    End If
    MyBase.OnKeyDown(e)
End Sub
```

## Implementierung der Eigenschaften

Bei der Implementierung der neuen Eigenschaften verfahren wir fast genau so wie im vorherigen Beispiel – doch da wir es mit einem konstituierenden Steuerelement zu tun haben, ist es damit wieder nicht getan. Einige Eigenschaften müssen wieder nach oben hoch delegiert werden – in diesem Beispiel habe mich auf die *Items*-Eigenschaft der *ListBox* und die *Text*-Eigenschaft der *TextBox* beschränkt:

```vb
'Hier kommen die Eigenschaften:
<Description("Bestimmt oder ermittelt, ob die Auto-Ergänzen-Funktion verwendet wird."), _
Category("Verhalten"), _
DefaultValue(GetType(Boolean), "True"), _
Browsable(True)> _
Public Property AutoComplete() As Boolean
    Get
        Return myAutoComplete
    End Get
    Set(ByVal Value As Boolean)
```

*Entwickeln von Steuerelementen*

```vb
            myAutoComplete = Value
        End Set
    End Property

    <Description("Bestimmt oder ermittelt, ob mit dem Text übereinstimmende Einträge automatisch selektiert werden."), _
    Category("Verhalten"), _
    DefaultValue(GetType(Boolean), "True"), _
    Browsable(True)> _
    Public Property AutoSelect() As Boolean
        Get
            Return myAutoSelect
        End Get
        Set(ByVal Value As Boolean)
            myAutoSelect = Value
        End Set
    End Property

    'Die Texteigenschaft wird vom Designer für das UserControl und deren Ableitungen unterdrückt.
    'Mit Browsable(True) machen wir es im Eigenschaftenfenster wieder darstellbar.
    <Browsable(True)> _
    Public Overrides Property Text() As String
        Get
            Return MyBase.Text
        End Get
        Set(ByVal Value As String)
            'Neuen Text der Textbox zuordnen.
            myTextBox.Text = Value
            'WICHTIG: Wenn diese Anweisung fehlt, wird OnTextChange nicht aufgerufen,
            'wenn die Texteigenschaft neu zugewiesen wird!
            MyBase.Text = Value
        End Set
    End Property

    <Description("Die Elemente im Listenfeld."), _
    Category("Daten"), _
    Browsable(True)> _
    Public ReadOnly Property Items() As ListBox.ObjectCollection
        Get
            Return myListBox.Items
        End Get
    End Property

End Class
```

Das Aufrufen der Basisroutine der *Text*-Eigenschaft ist übrigens in diesem Beispiel besonders wichtig, da andernfalls das *OnTextChange*-Ereignis nicht ausgelöst wird. Die folgende Ereigniskette würde dann nämlich unterbrochen, und weder Autokomplettieren noch Vorselektieren in der Liste würden funktionieren:

- Der Anwender gibt ein Zeichen in der Textbox ein.

- Das *TextChange*-Ereignis wird ausgelöst, das von *myTextBox_TextChanged* behandelt wird.

- Diese Ereignisbehandlungsroutine setzt die *Text*-Eigenschaft des Benutzersteuerelementes mit dem (nun geänderten) Inhalt der *TextBox* – der *Set*-Part der *Text*-Eigenschaftsprozedur wird ausgeführt. Da der Text, der hier *myTextBox* wieder zugewiesen wird, nicht nur der gleiche, sondern derselbe ist, wird kein erneutes *TextChange*-Ereignis ausgelöst. Die Gefahr einer unfreiwilligen Rekursion besteht hier also nicht.

o Durch *MyBase.Text* (vorletzte Zeile im fett markierten Code) ändert sich die Text-Eigenschaft des Benutzersteuerelementes, was zur Ausführung von *OnTextChange* des Benutzersteuerelementes führt. Hier kann jetzt die eigentliche Funktionslogik des Steuerelementes ausgeführt werden.

# Erstellen von Steuerelementen von Grund auf

Wenn Sie Steuerelemente erstellen wollen, die nicht auf Funktionalitäten von einem oder mehreren bereits vorhandenen Steuerelementen basieren sollen, dann verfahren Sie prinzipiell so, wie es der ▶ Abschnitt »Steuerelemente auf Basis vorhandener implementieren« ab Seite 534 erklärt. Der einzige Unterschied: Ihre neue Steuerelementklasse basiert auf der *Control*-Klasse. Anstatt also die Klasse mit

```
Public Class ADComboBox
    Inherits ComboBox
```

zu definieren, verwenden Sie die Anweisungen

```
Public Class GanzNeuesControl
    Inherits Control
```

Was das Anlegen einer Projektmappe für ein Steuerelement anbelangt, das Sie von Grund auf neu erstellen wollen, bleibt alles andere genau gleich – deswegen möchte ich die erforderlichen Schritte aus Platzgründen hier nicht wiederholen.

Um wirklich professionelle Steuerelemente entwickeln zu können, ist beim eigentlichen Ausformulieren des Codes allerdings vielmehr Handarbeit erforderlich als bei Steuerelementen, die auf anderen basieren. Haben Sie jedoch erst einmal einen Blick hinter die Kulissen gewagt und verstanden, welche Techniken angewendet werden müssen, um stabile Komponenten dieser Art zu entwerfen, werden Sie diesen Vorzug des Frameworks nicht mehr missen wollen. Mit dieser Methode, wiederverwendbare Komponenten entwerfen zu können, sparen Sie auf Dauer nicht nur eine Menge Arbeit, Sie werden den enormen Komfort, den Sie mit dem anfänglich zusätzlichen Aufwand erkaufen müssen, schnell schätzen lernen.

## Ein Label, das endlich alles kann

OK, »alles« ist vielleicht ein wenig übertrieben, und man mag kaum glauben, dass ein Steuerelement, das auf den ersten Blick nichts weiter macht, als Elemente einer Benutzerumgebung zu beschriften, tatsächlich verbesserungswürdig ist. Doch ich bin mir sicher, dass Sie Ihre Meinung ändern, wenn Sie einen Blick auf das folgende Beispiel geworfen haben.

**HINWEIS:** Sie finden die Projektmappe zu diesem Beispiel unter dem Namen *ADLabelEx-Demo* im Ordner *..\Controls\ADLabelEx* im Verzeichnis der CD zum Buch.

Wenn Sie dieses Programm starten, sehen Sie einen Dialog, in etwa wie in Abbildung 9.16 zu sehen. Schon in diesem Dialog können Sie die Verbesserungen im Vergleich zum herkömmlichen *Label*-Steuerelement bemerken:

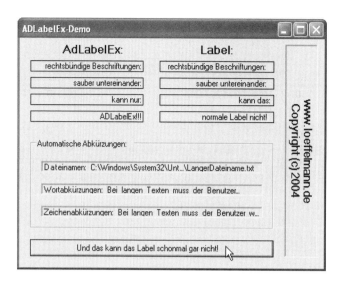

*Abbildung 9.16: Dieses Demoprogramm demonstriert die Leistungsstärke des Steuerelementes* ADLabelEx

- *ADLabelEx* kann mit jeder verwendeten Schriftart rechtsbündige Texte sauber untereinander anzeigen. Das normale Label kann das auf Grund einer Eigenart in der Textbreitenberechnung des GDI+ leider nicht – wie das Beispiel eindrucksvoll zeigt.

- *ADLabelEx* ermöglicht es darüber hinaus, Beschriftungen mit um 90 Grad gedrehtem Text durchzuführen.

- Mit bestimmten Eigenschaften können automatische Abkürzungen von Text realisiert werden – demonstriert durch die *ADLabelEx*-Elemente im Rahmen des Formulars.

- Hier nicht zu sehen: Das *ADLabelEx* verfügt über eine *AutoHeight*-Eigenschaft, mit der sich das Label in der Höhe automatisch an den Textumfang anpasst.

- Zu sehen, wenn Sie auf die Schaltfläche klicken: Mit der *Flash*-Eigenschaft können Sie jede *ADLabelEx*-Instanz zum Blinken bringen. Diese Möglichkeit kann die Benutzerfreundlichkeit von Anwendungen extrem steigern, gerade wenn es um die Darstellung wichtiger Hinweise und Warnungen oder die Kennzeichnung von Eingabefehlern in Formularen geht.

Neugierig geworden? Die folgenden Abschnitte zeigen, wie die verschiedenen Funktionen in der Steuerelementklasse *ADLabelEx* implementiert wurden.

## Vorüberlegungen und Grundlagenerarbeitung

Die Grundidee für dieses Steuerelement ist eigentlich aus einer Notwendigkeit heraus entstanden. Bei der Gestaltung von Formularen mit umfangreichen Eingabefeldern fiel mir auf, dass sich rechtsbündig formatierte Texte nicht wirklich bündig untereinander platzieren ließen. Je länger der Text eines Labels wurde, desto weiter entfernte er sich vom rechten Rand. Da rechtsbündig vor dem Eingabefeld platzierte Labels für die Benutzerfreundlichkeit aber am förderlichsten sind, galt es, eine Lösung zu finden.

### Textausgabe mit DrawString und dem GDI+

*DrawString* des GDI+ stellt eigentlich schon alle Funktionen zur Verfügung, die man zur Realisierung eines *Label*-Steuerelementes benötigt. Mit *DrawString* können Sie bestimmen, wie

Texte umgebrochen oder abgekürzt werden sollen, wenn sie nicht in einen definierten Bereich passen. *DrawString* erlaubt darüber hinaus mit dem *StringFormat*-Objekt das Einstellen individueller Ausrichtungen (linksbündig, oben; mittig; rechtsbündig unten), wenn der String in einem rechteckigen Bereich ausgegeben werden soll. Allerdings produziert *DrawString* unter bestimmten Umständen auch Darstellungsfehler, gerade bei zentrierter und rechtsbündiger Formatierung. Der Grund dafür ist Auflösungsunabhängigkeit bei der Verwendung von *DrawString*:

Die Buchstaben eines Zeichensatzes sind vergleichsweise kleine Objekte, gemessen an der relativ geringen Auflösung, die ein Bildschirm darzustellen in der Lage ist. GDI+ kann deswegen gerade bei kleinen Fonts auf nur relativ wenig Pixel zurückgreifen, um einen Buchstaben auf dem Bildschirm anzuzeigen. Die einzelnen Buchstaben sind aus diesem Grund nicht so lang, wie sie es rein rechnerisch eigentlich sein sollten. Dennoch werden sie in vielen Fällen direkt nebeneinander platziert, so dass sich eine Lücke am Ende des Strings bildet. Und das hat dann genau den Effekt, den Sie auch in Abbildung 9.16 beobachten können: Die theoretisch berechnete Stringlänge weicht von der Länge des tatsächlich dargestellten Textes ab; und dieser Fehler wird umso deutlicher, wenn der auszugebende Text aus vielen Buchstaben besteht.

Allerdings – und das ist merkwürdig – zeigt sich dieses Verhalten nur dann, wenn *DrawString* einzeilige Texte auf dem Bildschirm ausgibt. Bei mehrzeiligen Texten ist dieses Verhalten nicht zu beobachten. Und genau das ist auch des Problems Lösung: Aus diesem Grund hängt die *OnPaint*-Funktion des Steuerelementes, die den Text in den sichtbaren Bereich des Steuerelementes malt, einfach ein Carriage Return (ASCII 13) hinter den eigentlich auszugebenden Text, und schon erscheinen rechtsbündige Texte im vorgegebenen Rahmen wirklich am rechten Rand ausgerichtet.

### Verwenden von Timer-Objekten zum Auslösen von Ereignissen in Intervallen

Auch was den Blinkmechanismus anbelangt, sind einige Vorüberlugungen anzustellen, denn: Natürlich muss das Blinken in irgendeiner Form getriggert werden, und dazu bietet sich das *Timer*-Objekt an. Mit einem *Timer*-Objekt haben Sie die Möglichkeit, ein Intervall zu bestimmen (mit seiner *Interval*-Eigenschaft), nach deren Ablauf ein Ereignis (das *Tick*-Ereignis) ausgelöst wird. Anstatt nun für jede in einem Programm vorhandene *ADLabelEx*-Instanz ein eigenes *Timer*-Objekt zu instanzieren – was Verschwendung von Rechenzeit und Ressourcen bedeuten würde – besteht natürlich die ungleich bessere Möglichkeit, nur ein einziges *Timer*-Objekt zu verwenden, das *alle* verwendeten *Labels* triggert. Das hat den zusätzlichen Vorteil, dass Texte, wenn sie blinken, synchronisiert blinken.

Mit diesen Vorüberlegungen im Hinterkopf können wir uns nun an das eigentliche Codieren des Steuerelementes heranwagen.

## Klasseninitialisierungen und Einrichten der Windows-Darstellungsstile des Steuerelementes

Damit das Steuerelement ordnungsgemäß funktionieren kann, müssen bei seiner Instanzierung zwei grundlegende Dinge gewährleistet sein:

- Klassen-Member-Variablen müssen initialisiert werden.
- Der grundsätzliche Windows-Stil für das Steuerelement muss definiert werden.

Der zweite Punkt bedarf hier einer genaueren Erklärung: Wie Sie in ▶ Kapitel 7 schon erfahren konnte, basieren sämtliche Bedienungselemente von Benutzeroberflächen unter dem Windows-Betriebssystem auf einem nativen Element, das sich (sehr ungünstig für Erklärungen) *Window* nennt. Ein *Window* im Betriebssystemsinn kann die Basis für eine Schaltfläche, einen Tooltip, ein »echtes« Dokumentenfenster, ein .NET-Formular und natürlich auch für ein Steuerelement sein. *Window* ist dabei aber niemals gleich *Window*: Es gibt welche mit und ohne Rollbalken, solche mit Rahmen oder eingelassenem Rahmen im 3D-Lock, Fenster, die grundsätzlich über anderen Fenstern liegen usw.

Wenn ein auf *Control* basierendes Objekt in .NET erstellt wird, hat es durch Überschreiben der *CreateParams*-Eigenschaft die Möglichkeit, diese grundsätzlichen Stile für das zugrunde liegende *Window* zu bestimmen. Auf diese Weise wird beispielsweise für jedes Steuerelement dessen *Borderline*-Eigenschaft umgesetzt; das Zeichnen des entsprechenden Rahmens wird hierbei – entgegen vielen Vermutungen – nicht durch GDI+-Funktionen, sondern durch das Windows-Betriebssystem selbst realisiert.

Der Klassencode, der zum einen die Member-Variablen mit sinnvollen Werten vorbelegt und zum anderen dafür sorgt, dass das basierende »Windows-Window« korrekt eingerichtet wird, sieht daher folgendermaßen aus:

```
<Designer("ActiveDev.ADLabelExDesigner")> _
Public Class ADLabelEx
    Inherits Control

    Private Const WS_BORDER As Integer = &H800000
    Private Const WS_EX_CLIENTEDGE As Integer = &H200
    Private Const myFlashInterval As Integer = 400

    Private Shared myFlashTimer As Timer

    Private myBorderstyle As BorderStyle
    Private myTextAlign As ContentAlignment
    Private myUseMnemonic As Boolean
    Private myDirectionVertical As Boolean

    Private myAutoHeight As Boolean
    Private myRequestedHeight As Integer
    Private myTextWrap As Boolean
    Private myTextTrimming As StringTrimming

    Sub New()
        MyBase.new()
        'Eigenschaften initialisieren.
        myBorderstyle = BorderStyle.None
        myTextAlign = ContentAlignment.TopLeft
        myUseMnemonic = True
        myTextWrap = True
        myTextTrimming = StringTrimming.None
        myFlashBackColor = Color.Empty
        myFlashForeColor = Color.Empty

        'Windows-Stile setzen.
        SetStyle(ControlStyles.AllPaintingInWmPaint, True)
        SetStyle(ControlStyles.ResizeRedraw, True)
        SetStyle(ControlStyles.DoubleBuffer, True)

        'Initialwert für die Höhe merken.
```

```vb
        myRequestedHeight = Me.Height

        'Flash-Ereignishandler einrichten.
        AddHandler FlashOn, AddressOf FlashOnHandler
        AddHandler FlashOff, AddressOf FlashOffHandler
    End Sub

    'Definiert die Parameter für das Anlegen des "Windows-Window".
    Protected Overrides ReadOnly Property CreateParams() As CreateParams

        Get
            Dim params1 As CreateParams
            Dim style1 As BorderStyle
            params1 = MyBase.CreateParams

            'Möglicherweise eingeschaltete BorderStyles ausschalten.
            params1.ExStyle = (params1.ExStyle And Not WS_EX_CLIENTEDGE)
            params1.Style = (params1.Style And Not WS_BORDER)

            'Herausfinden, welcher Borderstyle eingeschaltet werden soll.
            style1 = Me.myBorderstyle
            Select Case style1 - 1

                Case 0
                    'Simpler Rand
                    params1.Style = (params1.Style Or WS_BORDER)

                Case 1
                    'Drei-D-Rand
                    params1.ExStyle = (params1.ExStyle Or WS_EX_CLIENTEDGE)
            End Select
            Return params1
        End Get
    End Property
```

**HINWEIS:** *CreateParams* ist eine Eigenschaft, die das geschützte .NET-Zuhause schon fasst verlässt, und mit deren Benutzung Sie sich nahezu inmitten des Windows-Betriebssystem befinden. Durch das *CreateParams*-Objekt können Sie großen Einfluss auf das Grundaussehen eines Steuerelementes oder eines Formulars nehmen. Wenn Sie mehr aus dieser Eigenschaft herausholen wollen, sollten Sie sich mit der Programmierung des Windows-Betriebssystems, insbesondere der nativen Fenstersteuerung, einigermaßen vertraut machen. Die Visual-Studio-Hilfe zum Suchbegriff *CreateWindowEx* (eine native Windows-Funktion) verrät Ihnen mehr zu diesem Thema.

Übrigens: Wenn Sie wollen, dass das dem Steuerelement zugrunde liegende »Windows-Window« neu erstellt werden soll, verwenden Sie die Methode *UpdateStyles*, die eine erneute Abfrage von *CreateParams* veranlasst.

## Zeichnen des Steuerelementes

Das Ausformulieren des Codes zum Zeichnen des Steuerelementes bereitet bei dieser Klasse eigentlich die geringsten Schwierigkeiten, da sämtliche umzusetzenden Eigenschaften mit entsprechenden Funktionen des GDI+ realisiert werden können, wie das folgende Codelisting zeigt. Etwas aufwändig ist das Finden der Parameter für das *StringFormat*-Objekt, das bei *DrawString* die Textausrichtung steuert – letzten Endes ist das aber nur eine reine Fleißarbeit.

Das eigentliche Zeichnen des Textes geschieht, wie bei allen Steuerelementen und Formularen, in der überschriebenen *OnPaint*-Methode. Sie wird entweder dann aufgerufen, wenn ein anderes *Window*-Objekt das Steuerelement verdeckt hatte und es anschließend wieder sichtbar wurde, oder wenn eine Instanz von außen ein Neuzeichnen des Inhalts erforderlich machte – beispielsweise, wenn sich eine Eigenschaft geändert hat, die die grafische Gestaltung des Steuerelementinhalts in irgendeiner Form beeinflusst.

```vb
'*********************************************************************
'*** Alles für das Zeichnen    ***************************************
'*********************************************************************
Protected Overrides Sub OnPaint(ByVal e As System.Windows.Forms.PaintEventArgs)
    'DrawString arbeitet mit RectangleF, ClientRectangle mit Rectangle;
    'deswegen die Werte ins andere "Format" konvertieren.
    Dim locRectf As New RectangleF(0, 0, ClientSize.Width, ClientSize.Height)
    'StringFormat-Objekt für die Ausgabe des Strings erzeugen
    Dim locSf As StringFormat = CreateStringFormat()

    'Diese "Version" malen, wenn nicht geblinkt wird, oder gerade die Aus-Phase stattfindet.
    If Not Flash Or Not myFlashState Then
        'Bei der Ausgabe des Strings "CR" anhängen, damit wird bei rechtsbündiger und
        'zentrierter Formatierung die richtige Stringlänge berücksichtigt.
        e.Graphics.DrawString(Text + vbCr, Font, New SolidBrush(ForeColor), locRectf, locSf)
    Else
        'Sonst die An-Phase zeichnen, mit FlashBackColor und FlashForeColor.
        e.Graphics.Clear(FlashBackColor)
        e.Graphics.DrawString(Text + vbCr, Font, New SolidBrush(FlashForeColor), locRectf, locSf)
    End If
    'Keinen Speicher verschwenden!
    locSf.Dispose()
End Sub

'Bastelt aus der Einstellung für ContentAlignment das StringFormat-Objekt zusammen,
'über das diese Eigenschaft bei der Ausgabe mit DrawString umgesetzt wird.
Protected Overridable Function StringFormatForAlignment(ByVal textAlign As ContentAlignment) As StringFormat

    Dim locStringFormat As New StringFormat
    If (textAlign And ContentAlignment.BottomLeft) = ContentAlignment.BottomLeft Or _
        (textAlign And ContentAlignment.MiddleLeft) = ContentAlignment.MiddleLeft Or _
        (textAlign And ContentAlignment.TopLeft) = ContentAlignment.TopLeft Then
        locStringFormat.Alignment = StringAlignment.Near
    ElseIf (textAlign And ContentAlignment.BottomRight) = ContentAlignment.BottomRight Or _
            (textAlign And ContentAlignment.MiddleRight) = ContentAlignment.MiddleRight Or _
            (textAlign And ContentAlignment.TopRight) = ContentAlignment.TopRight Then
        locStringFormat.Alignment = StringAlignment.Far
    ElseIf (textAlign And ContentAlignment.BottomCenter) = ContentAlignment.BottomCenter Or _
            (textAlign And ContentAlignment.MiddleCenter) = ContentAlignment.MiddleCenter Or _
            (textAlign And ContentAlignment.TopCenter) = ContentAlignment.TopCenter Then
        locStringFormat.Alignment = StringAlignment.Center
    End If

    If (textAlign And ContentAlignment.TopLeft) = ContentAlignment.TopLeft Or _
        (textAlign And ContentAlignment.TopRight) = ContentAlignment.TopRight Or _
```

```vbnet
            (textAlign And ContentAlignment.TopCenter) = ContentAlignment.TopCenter Then
            locStringFormat.LineAlignment = StringAlignment.Near
    ElseIf (textAlign And ContentAlignment.MiddleLeft) = ContentAlignment.MiddleLeft Or _
            (textAlign And ContentAlignment.MiddleRight) = ContentAlignment.MiddleRight Or _
            (textAlign And ContentAlignment.MiddleCenter) = ContentAlignment.MiddleCenter Then
            locStringFormat.LineAlignment = StringAlignment.Center
    ElseIf (textAlign And ContentAlignment.BottomLeft) = ContentAlignment.BottomLeft Or _
            (textAlign And ContentAlignment.BottomCenter) = ContentAlignment.BottomCenter Or _
            (textAlign And ContentAlignment.BottomRight) = ContentAlignment.BottomRight Then
            locStringFormat.LineAlignment = StringAlignment.Far
    End If
    Return locStringFormat

End Function

'Baut das StringFormat-Objekt zusammen und berücksichtigt nicht nur ContentAlignment,
'sondern auch andere Eigenschaften des AdLabelEx-Steuerelementes.
Protected Overridable Function CreateStringFormat() As StringFormat

    Dim locStringFormat As StringFormat
    'Grundsätzliche Einstellungen aufgrund des ContentAlignment holen.
    locStringFormat = StringFormatForAlignment(Me.TextAlign)
    'RightToLeft-Einstellung für Arabische Sprachen berücksichtigen
    If Me.RightToLeft = RightToLeft.Yes Then
        locStringFormat.FormatFlags = locStringFormat.FormatFlags Or StringFormatFlags.DirectionRightToLeft
    End If

    'Zugriffstastenanzeige berücksichtigen.
    If Not Me.UseMnemonic Then
        locStringFormat.HotkeyPrefix = System.Drawing.Text.HotkeyPrefix.None
    Else
        If (Me.ShowKeyboardCues) Then
            locStringFormat.HotkeyPrefix = System.Drawing.Text.HotkeyPrefix.Show
        Else
            locStringFormat.HotkeyPrefix = System.Drawing.Text.HotkeyPrefix.Hide
        End If
    End If

    'If Me.AutoSize Then
    '    locStringFormat.FormatFlags = locStringFormat.FormatFlags Or StringFormatFlags.MeasureTrailingSpaces
    'End If

    'Möglichst genaue Formatierung.
    locStringFormat.FormatFlags = locStringFormat.FormatFlags Or StringFormatFlags.FitBlackBox
    'LineLimit wird nicht berücksichtigt, wenn der Text nicht in den Rahmen passt
    locStringFormat.FormatFlags = locStringFormat.FormatFlags And Not StringFormatFlags.LineLimit

    'Text um 90 Grad im Uhrzeigersinn drehen?
    If DirectionVertical Then
        locStringFormat.FormatFlags = locStringFormat.FormatFlags Or StringFormatFlags.DirectionVertical
    End If

    'Textwrapping eingeschaltet?
    If Not TextWrap Then
        locStringFormat.FormatFlags = locStringFormat.FormatFlags Or StringFormatFlags.NoWrap
    End If
```

```
'Das Trimming definieren.
locStringFormat.Trimming = TextTrimming

'Wert zurückgeben.
Return locStringFormat

End Function
```

Die fett markierten Codezeilen im oben gezeigten Listing zeichnen übrigens den Text in den Clientbereich des Steuerelementes. Dabei muss natürlich auch ein möglicherweise eingeschaltetes Blinken (*Flash=True*) berücksichtigt werden. Wie das Blinken des Steuerelementes implementiert ist, erfahren Sie in einem späteren Abschnitt.

TIPP: Das Verändern bestimmter Eigenschaften führt oft dazu, dass sich das Aussehen eines Steuerelementes ändern und es daher neu gezeichnet werden soll. Wenn Sie wollen, dass sich ein Steuerelement neu zeichnet, stehen Ihnen dazu prinzipiell drei verschiedene Vorgehensweisen zur Verfügung, nämlich mit *Refresh*, *Invalidate* und *Update*. Der folgende Abschnitt macht die Unterschiede in der Anwendung deutlich:

### Der Unterschied zwischen Refresh, Invalidate und Update

Aus vielen Diskussionen im Usenet wird klar, dass es Unklarheiten über die richtige Anwendung und Funktionsweise dieser drei Funktionen gibt, da sie alle drei Ähnliches bewirken. Fakt ist, dass sie tatsächlich viel miteinander zu tun haben, sich teilweise auch gegenseitig aufrufen.

*Invalidate* verwenden Sie, wenn Sie einen bestimmten oder den ganzen Bereich des Clientbereiches eines Fensters oder Steuerelementes neu zeichnen lassen wollen. *Invalidate* löst dann das Aufrufen der *OnPaint*-Methode aus, die für das Neuzeichnen des Clientbereichs Sorge tragen muss. Allerdings macht sie das nicht sofort, sondern erst, wenn die Nachrichtenwarteschlange die nächste Gelegenheit bekommt, ausstehende Nachrichten zu verarbeiten. Das ist aber erst dann der Fall, wenn Ihre Anwendung in den *Idle*[6]-Modus wechselt. In einigen Fällen kann es aber notwendig sein, dass das Steuerelement (oder Formular) seinen Clientbereich sofort neu zeichnen soll. In diesem Fall ist ein anschließendes *Update* notwendig, das die *OnPaint*-Methode und das dazugehörige Ereignis auslöst.

*Refresh* wiederum fasst beide Methoden unter einem Dach zusammen und macht noch ein bisschen mehr: Es bewirkt mit einem *Invalidate(True)*, dass auch alle untergeordneten Steuerelemente neu gezeichnet werden und erzwingt mit einem anschließenden *Update* darüber hinaus das unmittelbare Neuzeichnen.

---

[6] Auf Deutsch etwa »brachliegend«, »unbeschäftigt«, »untätig« (interessanterweise auch »faul«, »nutzlos«, »müßig«). Kleiner Tipp: Wenn Sie per Ereignis benachrichtigt werden wollen, dass Ihre Applikation in den *Idle*-Modus gewechselt ist, binden Sie via *AddHandler* das *Application.Idle*-Ereignis ein.

## Größenbeeinflussung durch andere Eigenschaften

Bestimmte Steuerelemente können nicht nur durch die *Size*-Eigenschaft, sondern auch durch andere Eigenschaften größenmäßig beeinflusst werden. Sie haben das bestimmt schon selbst bei der *TextBox* erlebt: Wenn Sie eine *TextBox* in einem Formular platzieren, so kann sie in ihrer Höhe nicht verändert werden – standardmäßig ist sie nämlich für den einzeiligen Betrieb vorgesehen. Die *TextBox* merkt sich die Höhe, in der sie hätte platziert werden sollen, aber sehr wohl: Sobald Sie nämlich ihre *MultiLine*-Eigenschaft auf *True* setzen, »springt« sie förmlich auseinander, und zwar nimmt sie dann genau die Größe an, die sie schon beim ersten Aufziehen im Formular hätte haben sollen.

Wenn die Größe eines Steuerelementes oder Formulars verändert werden soll, ist die Methode *SetBoundsCore* der *Control*-Basisklasse für diese Aufgabe zuständig. Sie sorgt dafür, dass die entsprechenden Windows-Nachrichten an das Betriebssystem gesendet werden, um das Steuerelement auf die richtige Größe zu bringen. Um diesen Vorgang zu reglementieren (also beispielsweise zu verhindern, dass eine bestimmte Höhe überschritten wird), kann eine vererbte Klasse diese Methode überschreiben und veränderte Parameter für die Steuerelementausmaße an die Basismethode übergeben.

Um zu gewährleisten, dass ein ursprünglich zugewiesener Wert für die Höhe oder die Breite erhalten bleibt (die *TextBox* beispielsweise beim Setzen von *Multiline* auf die ursprüngliche Höhe wieder zurückspringt), implementiert jedes Steuerelement, das dieses Verhalten an den Tag legt, eine oder zwei Variablen,[7] die die Ausgangsausmaße für die jeweilige Dimension zwischenspeichern.

Diese Zwischenspeicher dürfen aber nur dann neu gesetzt werden, wenn eine Eigenschaft die entsprechende Dimension gezielt überschrieben hat. Wurde beispielsweise nur die *Height*-Eigenschaft des Steuerelementes verändert, darf sich das nicht auf den zwischengespeicherten Wert für die Breite (*requestedWidth*) auswirken. Aus diesem Grund wird *SetBoundsCore* neben Parametern, die die kompletten neuen (oder eben alten) Ausmaße des Steuerelementes enthalten, ein weiterer Parameter namens *specified* übergeben, der bestimmt, welcher Ausmaßparameter (X, Y, Breite, Höhe) gezielt verändert wurde.

Unser Beispielsteuerelement implementiert dieses Verhalten übrigens auch. Wenn die *AutoHeight*-Eigenschaft des Steuerelementes auf *True* gesetzt wird, passt es sich höhenmäßig an die Ausmaße des Textes an, vergrößert bzw. verkleinert sich automatisch. Das funktioniert auch dann, wenn Sie anschließend die Breite des Steuerelementes verschieben. Setzen Sie die *AutoHeight*-Eigenschaft anschließend wieder zurück, nimmt das Steuerelement seine ursprüngliche Größe an.

Sobald die *AutoHeight*-Eigenschaft gesetzt wurde, lässt sich die Höhe des Steuerelementes nicht mehr verändern. Für dieses Verhalten ist aber nicht die eigentliche Steuerelementklasse verantwortlich, sondern eine weitere, die Sie im Projektmappen-Explorer unter *ADLabelExDesigner* finden. Im ▶ Abschnitt »Designer-Reglementierungen« ab Seite 572 finden Sie mehr zu diesem Thema.

Das folgende Codelisting zeigt wie die Größensteuerung des Steuerelementes implementiert wurde.

---

[7] Es hat sich eingebürgert, diese Variablen *requestedHeight* und *requestedWidth* zu nennen.

```vb
'Die neue Höhe einstellen. Diese Methode wird aufgerufen, wenn sich eine Eigenschaft
'geändert hat, die die Höhe des Steuerelementes beeinflusst, und wenn AutoHeight eingeschaltet ist.
Private Sub AdjustHeight()

    Dim locRequestedHeightTemp As Integer

    locRequestedHeightTemp = myRequestedHeight

    Try
        If AutoHeight Then
            MyBase.Size = New Size(Me.Size.Width, PreferedHeight)
        Else
            MyBase.Size = New Size(Me.Size.Width, locRequestedHeightTemp)
        End If
    Finally
        myRequestedHeight = locRequestedHeightTemp
    End Try
End Sub


'Ermittelt die Höhe des Textes bei einer bestimmten Breite. Diese Funktion
'wird von AdjustHeight für die automatische Höhenanpassung des Steuerelementes verwendet.
Public Overridable ReadOnly Property PreferedHeight() As Integer
    Get
        Dim locHeightToReturn As Integer
        If Me.Text = "" Then
            locHeightToReturn = Me.FontHeight
        Else
            Dim locG As Graphics
            Dim locSf As StringFormat
            Dim locSizeF As SizeF
            locG = Graphics.FromHwnd(Me.Handle) ' Graphics-Objekt erzeugen.
            locSf = CreateStringFormat()        ' Gleiches StringFormat wie beim Ausgeben.
            'Texthöhe automatisch ermittelt. Das erreichen Sie, wenn Sie für die Höhe 0 übergeben.
            locSizeF = locG.MeasureString(Text, Font, New SizeF(ClientSize.Width, 0), locSf)
            'Immer nach unten abrunden!
            locHeightToReturn = CInt(Math.Ceiling(locSizeF.Height))
        End If
        'Falls es einen Borderstyle gibt, 2 Pixel draufrechnen, damit es nicht
        'zu gequetscht wird.
        If BorderStyle <> BorderStyle.None Then
            locHeightToReturn += 2
        End If
        Return locHeightToReturn
    End Get
End Property


'Setzt alle Ausmaße des Steuerelements oder nur bestimmte Größenkomponenten,
'die von Specified bestimmt werden.
Protected Overrides Sub SetBoundsCore(ByVal x As Integer, ByVal y As Integer, ByVal width As Integer, ByVal height_
                                      As Integer, ByVal specified As System.Windows.Forms.BoundsSpecified)

    Dim locRect As New Rectangle

    'Falls AutoHeight eingeschaltet ist...
    If AutoHeight Then
        '...und die Breite bestimmt werden soll...
```

```
            If (specified And BoundsSpecified.Width) = BoundsSpecified.Width Then
                '...dann die neue Breite im Steuerelement setzen...
                MyBase.SetBoundsCore(x, y, width, height, specified)
                '...jetzt muss aber auch die Höhe neu errechnet werden...
                AdjustHeight()
                '...und wenn die zwischengespeicherte Höhe gesetzt war...
                If myRequestedHeight > 0 Then
                    'dann bricht der Vorgang hier ab. Andernfalls wurde myRequestedHeight nicht
                    'initialisiert, und zwar dadurch, dass Height noch 0 war, als das
                    'Steuerelement erstellt wurde. Erst die erste Zuweisung der Size-Eigenschaft
                    'bestimmt die Höhe, die aber selbst mit SetBoundsCore gesetzt wird. Aus diesem
                    'Grund kann myRequestedHeight beim ersten Durchlauf keinen anderen Wert als
                    '0 haben und muss entsprechend initialisiert werden.
                    Return
                End If
            End If
        End If

        'Aktuelle Ausmaße zwischenspeichern.
        locRect = Me.Bounds
        If (specified And BoundsSpecified.Height) = BoundsSpecified.Height Then
            'myRequestedHeight wird neu definiert, wenn die Höhe (zum Beispiel durch Size)
            'explizit zugewiesen wird. Am vom SetBoundsCore "verlangten" Height
            'ändert sich nur dann was...
            myRequestedHeight = height
        End If

        '...wenn AutoHeight eingeschaltet ist. Dann wird die Höhe des Steuerelementes auf die
        'gemessene Höhe des Textes festgeschrieben.
        If (Me.AutoHeight AndAlso (locRect.Height <> height)) Then
            height = Me.PreferedHeight
        End If

        'Basis aufrufen
        MyBase.SetBoundsCore(x, y, width, height, specified)
    End Sub
```

## Implementierung der Blink-Funktionalität

Wie in der Einführung schon erwähnt, kam es bei der Implementierung der Blink-Funktionalität darauf an, möglichst wenige Ressourcen zu verwenden und das Blinken der einzelnen *ADLabelEx*-Instanzen untereinander zu synchronisieren. Aus diesem Grund gibt es nur einen einzigen Timer, der für das Triggern des Blinken zuständig ist. Und da es nur einen Timer gibt, ist es fast schon selbstverständlich, dass er als statische Instanz im Steuerelement implementiert wurde.

Der Timer selbst wird erst dann instanziert, wenn das erste *ADLabelEx* seine *Flash*-Eigenschaft auf *True* setzt und damit beginnen will zu blinken. Eine statische Zählvariable sorgt dafür, dass der Timer weiß, wie viele Instanzen von ihm Gebrauch machen. Wenn die Zählvariable wieder den Wert 0 erreicht hat, wird die *Dispose*-Methode des Timers ausgeführt, um ihn ordnungsgemäß und rückstandsfrei zu entsorgen.

Damit jede *ADLabelEx*-Instanz über das Eintreten des *Tick*-Ereignisses im Bedarfsfall informiert wird, meldet sie ihre Ereignisbehandlungsroutinen *FlashOnHandler* und *FlashOffHandler* schon in ihrem Konstruktor mit *AddHandler* an. Diese Ereignisse werden durch die statische Ereignisbehandlungsroutine *FlashTimeHandler* für alle *ADLabelEx*-Instanzen ausgelöst. Damit dieser zentrale Ereignisverteiler selbst vom Ablauf des Timers durch das Eintreten seines *Tick*-Ereignisses erfährt, sorgt die Routine *StartFlashHandlerOnDemand* für das Zuweisen der Ereignisbehandlungsroutine ebenfalls durch eine *AddHandler*-Anweisung. Der typische Weg der Ereigniskette ist also folgender:

- Eine *ADLabelEx*-Instanz wird instanziert, und sie bindet die Ereignisbehandlungsroutinen mit *AddHandler* schon im Konstruktor ein.

- Ihre *Flash*-Eigenschaft wird auf *True* gesetzt, und das bewirkt den Aufruf von *StartFlashHandlerOnDemand*, das das *Timer*-Objekt instanziert, startet und die zentralen Ereignisbehandlungsroutine *FlashTimeHandler* einrichtet.

- Der Timer läuft irgendwann ab und löst sein *Tick*-Ereignis aus. Das wiederum löst den Aufruf von *FlashTimeHandler* aus, und diese Routine löst, in Abhängigkeit vom Phasen-Flag *myFlashState*, entweder das *FlashOn*- oder das *FlashOff*-Ereignis aus.

- Da jede *ADLabelEx*-Instanz diese Ereignisse im Konstruktor registriert hat, werden die Ereignisbehandlungsroutinen *FlashOnHandler* und *FlashOffHandler* jeder Instanz aufgerufen.

- Wenn die *Flash*-Eigenschaft einer Instanz nicht gesetzt ist, erfolgt ein sofortiger Rücksprung aus der Behandlungsroutine – es passiert gar nichts. Anderenfalls lösen beide Routinen mit *Invalidate* ein Neuzeichnen des Steuerelementeinhalts mit der dem jeweiligen Phasenzustand entsprechenden Farbeinstellung aus. In der Aus-Phase werden *FlashBackColor* und *FlashForeColor* für das Zeichnen verwendet, in der An-Phase *BackColor* und *ForeColor*. Durch geschicktes Wählen der Farben entsteht der Eindruck eines rhythmischen Blinkens.

- Wenn eine Steuerelementinstanz entsorgt wird und ihre *Flash*-Eigenschaft zuvor verwendet wurde, meldet sie sich in ihrer *Dispose*-Methode durch Aufruf der Prozedur *StopFlashHandlerOnDemand* wieder ab. Der *Instanzzähler* wird heruntergezählt, und der Timer wird erst dann ordnungsgemäß entsorgt, wenn die letzte *ADLabelEx*-Instanz ihn nicht mehr benötigt.

Der Code, der diese Funktionalität implementiert, sieht folgendermaßen aus:

```
'*********************************************************************************
'*** Flash-Handling                   *********************************************
'*********************************************************************************

Private Shared myFlashState As Boolean
Private Shared myFlashTimerUseCounter As Integer
Private myFlashTimerUsed As Boolean
Private myFlash As Boolean
Private myFlashBackColor As Color
Private myFlashForeColor As Color
Public Shared Event FlashOn(ByVal sender As Object, ByVal e As EventArgs)
Public Shared Event FlashOff(ByVal sender As Object, ByVal e As EventArgs)

'Es gibt einen einzigen Timer für alle blinkenden ADLabelEx-Instanzen. Alles andere
'wäre Verschwendung von Ressourcen.
'Und auch der eine Timer wird erst dann angeworfen, wenn das erste ADLabelEX
'blinken will.
Private Shared Sub StartFlashHandlerOnDemand()
    If myFlashTimerUseCounter = 0 Then
        myFlashTimer = New Timer
        myFlashTimer.Interval = myFlashInterval
        myFlashTimer.Start()
```

```vbnet
            'Hier wird die Ereignisbehandlungsroutine eingebunden, die beim
            'Ablaufen von myFlashInterval-Millisekunden (also alle 300) aufgerufen wird.
            AddHandler myFlashTimer.Tick, AddressOf FlashTimeHandler
        End If
        'Damit die Steuerelement-Klasse weiß, wie viele Instanzen blinken,
        'gibt es einen Zähler...
        myFlashTimerUseCounter += 1
End Sub

Private Shared Sub StopFlashHandlerOnDemand()
    myFlashTimerUseCounter -= 1
    '...damit das Timer-Objekt ordnungsgemäß entladen werden kann,
    'wenn es nicht mehr benötigt wird.
    If myFlashTimerUseCounter = 0 Then
        myFlashTimer.Stop()
        myFlashTimer.Dispose()
    End If
End Sub

'Dispose wird benötigt, damit der letzte das Licht (den Timer) ausmachen kann!
Protected Overloads Overrides Sub Dispose(ByVal disposing As Boolean)
    If disposing Then
        If myFlashTimerUsed Then
            RemoveHandler FlashOn, AddressOf FlashOnHandler
            RemoveHandler FlashOff, AddressOf FlashOffHandler
            StopFlashHandlerOnDemand()
        End If
    End If
    MyBase.Dispose(disposing)
End Sub

'Dieser private Ereignishandler löst zwei neue Ereignisse aus, die öffentlich empfangen werden
'können. Es gibt jeweils für beginnende An- und Aus-Phase ein Ereignis.
Private Shared Sub FlashTimeHandler(ByVal sender As Object, ByVal e As EventArgs)
    myFlashState = Not myFlashState
    If myFlashState Then
        RaiseEvent FlashOn("ADLabelEx.FlashHandler", e.Empty)
    Else
        RaiseEvent FlashOff("ADLabelEx.FlashHandler", e.Empty)
    End If
End Sub

Protected Overridable Sub FlashOnHandler(ByVal sender As Object, ByVal e As EventArgs)
    'Da die Ereignis-Handler schon im Konstruktor eingebunden werden (war einfacher ;-)
    'treten die Ereignisse auch auf, wenn ein anderes ADLabelEx blinken will.
    'Deswegen muss diese Instanz testen, ob sie blinken darf.
    If Not myFlash Then Return
    'Alles weitere regelt OnPaint...
    Me.Invalidate()
End Sub

'Dasselbe in blau/schwarz.
Protected Overridable Sub FlashOffHandler(ByVal sender As Object, ByVal e As EventArgs)
    If Not myFlash Then Return
    Me.Invalidate()
End Sub
```

# Serialisierung von werteerbenden Eigenschaften mit ShoudSerializeXXX

Besondere Beachtung verdienen die beiden Eigenschaften *FlashBackColor* und *FlashForeColor*, da es sich bei ihnen um so genannte werteerbende Eigenschaften handelt. Solange Sie ihnen keine speziellen Werte zuweisen, liefern sie den Wert der *BackColor*-Eigenschaft zurück. Ändern Sie den Wert der *BackColor*-Eigenschaft, ändern sich auch die Werte von *FlashBackColor* und *FlashForeColor*. Der fett markierte Bereich zeigt, wie diese Implementierung vonstatten geht.

Nun gibt es keinen fest definierten Standardwert für diese beiden Eigenschaften, weil sie vom Wert einer anderen abhängig sind. Damit diese beiden Eigenschaften nicht unnötigerweise serialisiert werden (d.h., entsprechender Initialisierungscode in *InitializeComponent* für die Instanz erzeugt wird, die das *ADLabelEx* einbindet), versagt das schon bekannte *DefaultValue*-Attribut an dieser Stelle. In solchen Fällen implementieren Sie eine Funktion, die genauso lautet wie die eigentliche Eigenschaft und zusätzlich das Präfix *ShouldSerialize* trägt. Durch *Reflection* ermittelt der Designer vor der Codegenerierung das Vorhandensein einer solchen Funktion und ruft sie auf, um herauszufinden, ob die Serialisierung der Eigenschaft notwendig ist. Die Funktion bestimmt also anhand eines bestimmten Algorithmus und nicht auf Grund eines konstanten Wertes, ob die Code-Serialisierung notwendig ist.

Damit die *Reset*-Funktion des Eigenschaftenfensters für eine derartige Eigenschaft funktionieren kann, implementieren Sie eine weitere Funktion, die den Namen der Eigenschaft und das Präfix *Reset* trägt. Diese Funktion stellt dann im Bedarfsfall (der Anwender wählt aus dem Kontextmenü der Eigenschaft im Eigenschaftenfenster *Reset*) den gültigen Ausgangswert wieder her.

```
<DefaultValue(GetType(Boolean), "False"), _
Category("Darstellung"), _
Description("Bestimmt, ob der Label-Text blinked angezeigt werden soll."), _
Browsable(True)> _
Public Property Flash() As Boolean
    Get
        Return myFlash
    End Get
    Set(ByVal Value As Boolean)
        myFlash = Value
        'Im Entwurfsmodus wird nicht geblinkt!
        If Not DesignMode Then
            If Value Then
                'Erst das erste Setzen initialisiert den Blink-Timer,
                'aber nur beim ersten Mal!
                If Not myFlashTimerUsed Then
                    StartFlashHandlerOnDemand()
                End If
                myFlashTimerUsed = True
            Else
                'Alten Zustand wiederherstellen
                Invalidate()
            End If
        End If
    End Set
End Property
```

```vb
<Category("Darstellung"), _
Description("Bestimmt die Hintergrundfarbe beim Blinken, wenn sich das Steuerelement in der An-Phase befindet."), _
Browsable(True)> _
Public Property FlashBackColor() As Color
    Get
        'Hier läuft's anders mit den Standardwerten. Wenn keine Farbe definiert ist,
        '"erbt" diese Eigenschaft von BackColor. Dadurch muss nur BackColor verändert
        'werden, um auch FlashBackColor zu verändern. Allerdings gibt es damit keinen
        'festen Standardwert...
        If myFlashBackColor.Equals(Color.Empty) Then
            Return BackColor
        Else
            Return myFlashBackColor
        End If
    End Get

    Set(ByVal Value As Color)
        If Value.Equals(BackColor) Then
            myFlashBackColor = Color.Empty
        Else
            myFlashBackColor = Value
        End If
    End Set
End Property

'...deswegen muss mit einer Funktion ermittelt werden, ob der aktuelle Wert der Standardwert ist.
'Nur wenn er es nicht ist, wird serialisiert (Code für die Eigenschaft in der sie einbindenden
'Instanz erzeugt).
Public Function ShouldSerializeFlashBackColor() As Boolean
    Return Not myFlashBackColor.Equals(Color.Empty)
End Function

'Damit wird die Reset-Funktion für diese Eigenschaft im Eigenschaftenfenster
'(Kontext-Menü über der Eigenschaft) aktiviert.
Public Sub ResetFlashBackColor()
    myFlashBackColor = Color.Empty
End Sub

<Category("Darstellung"), _
Description("Bestimmt die Vordergrundfarbe beim Blinken, wenn sich das Steuerelement in der An-Phase befindet."), _
Browsable(True)> _
Public Property FlashForeColor() As Color
    Get
        If myFlashForeColor.Equals(Color.Empty) Then
            Return BackColor
        Else
            Return myFlashForeColor
        End If
    End Get

    Set(ByVal Value As Color)
        If Value.Equals(BackColor) Then
            myFlashForeColor = Color.Empty
        Else
            myFlashForeColor = Value
        End If
```

```
            End Set
        End Property

        Public Function ShouldSerializeFlashForeColor() As Boolean
            Return Not myFlashForeColor.Equals(Color.Empty)
        End Function

        Public Sub ResetFlashForeColor()
            myFlashForeColor = Color.Empty
        End Sub
End Class
```

## Designer-Reglementierungen

Wie Sie vielleicht wissen, verfügt jedes Steuerelement über seinen eigenen Designer. Visual Studio .NET hat also keine Funktionalität zum interaktiven Verändern der einzelnen Steuerelemente implementiert, sondern fungiert nur als so genannter *Designer-Host*. Für das Zurverfügungstellen eines Designers, mit dem der Anwender zum Entwurfsmodus das Steuerelement beispielsweise in seinen Ausmaßen verändern kann, ist also jedes Steuerelement selbst verantwortlich.

Natürlich brauchen Sie nicht für jedes Steuerelement, das Sie neu erstellen, eine vollständige Designer-Logik von Grund auf zu entwerfen. Im günstigsten Falle müssen Sie überhaupt nichts machen. Wenn Sie keinen speziellen Designer für Ihr Steuerelement definiert haben, verwendet jeder Designer-Host automatisch den Standard-Control-Designer, mit dem Ihr Steuerelement zur Entwurfszeit bearbeitet werden kann. Soll Ihr Steuerelement jedoch zur Entwurfszeit designtechnisch in irgendeiner Form von der Norm abweichen, müssen Sie selbst Hand anlegen.

In unserem Fall ist das notwendig, da das Steuerelement nicht in der Höhe verändert werden darf, wenn seine *AutoHeight*-Eigenschaft gesetzt ist. Der folgende Code zeigt, wie eine solche Implementierung vonstatten geht. Er stellt darüber hinaus auch vor, wie Vorinitialisierungen bestimmter Eigenschaften durch den Designer funktionieren. Solche Vorinitialisierungen können Sie beobachten, wenn Sie beispielsweise ein »normales« *Label* oder eine *TextBox* in einem Formular platzieren. Die *Text*-Eigenschaft beider Steuerelemente wird dabei nämlich mit ihrem jeweiligen Klassennamen und einer fortlaufenden Nummer vorbelegt (z.B. *Label1* oder *TextBox7*).

**HINWEIS:** Damit ein individueller Designer und nicht der Standard-Control-Designer vom Designer-Host verwendet wird, müssen Sie Ihre Steuerelementklasse mit einem Attribut namens *Designer* ausstatten. Dieses Attribut muss über der Klassendefinition der eigentlichen Steuerelementklasse platziert werden, etwa folgendermaßen für dieses Beispiel:

```
<Designer("ActiveDev.ADLabelExDesigner")> _
Public Class ADLabelEx
    Inherits Control
    .
    .
    .
```

Wenn Sie einen eigenen Designer implementieren, erben Sie ihn aus der Klasse *ControlDesigner*. Die Funktionen, die Sie verändern möchten, überschreiben Sie in dieser Klasse. Wichtig ebenfalls: Damit Sie auf die Designerfunktionalität des Frameworks zurückgreifen können, müssen Sie einen Verweis auf die Assembly *System.Design.Dll* in Ihr Projekt einfügen.

Das Importieren des Namespaces *System.Windows.Forms.Design* ist darüber hinaus erforderlich.

```vb
Imports System.Windows.Forms
Imports System.Drawing
Imports System.ComponentModel
Imports System.Windows.Forms.Design

'#################################################
'### ControlDesigner Pendant ####################
'#################################################

'WICHTIG: Wenn Sie einen ControlDesigner einfügen,
'müssen Sie den System.Windows.Forms.Design-Namespace einbinden,
'und System.Design.Dll als Verweis dem Projekt hinzufügen!
Public Class ADLabelExDesigner
    Inherits ControlDesigner

    'Diese Eigenschaft müssen Sie erweitern, wenn Sie eigene Initialisierungen von
    'Eigenschaften vornehmen wollen. An dieser Stelle finden Sie den exakten Code von
    'ControlDesigner.OnSetComponentDefaults, der sich um die Initialisierung der 'Text'-Eigenschaft kümmert.
    'Anstelle der kompletten Implementierung reichte auch der Aufruf
    'von 'MyBase.OnSetComponentDefaults()'
    Public Overrides Sub OnSetComponentDefaults()

        'Das ist hier 'geklaut' von ControlDesigner...
        Dim locISite As ISite
        Dim locPropDescriptor As PropertyDescriptor

        'ISite abrufen.
        locISite = Me.Component.Site
        If Not locISite Is Nothing Then
            'Text-Property vorhanden?
            locPropDescriptor = TypeDescriptor.GetProperties(Me.Component)("Text")
            If Not locPropDescriptor Is Nothing Then
                'Ja, dann die Text-Property setzen.
                locPropDescriptor.SetValue(Me.Component, locISite.Name)
            End If

            'Back-Color vorhanden?
            locPropDescriptor = TypeDescriptor.GetProperties(Me.Component)("BackColor")
            If Not locPropDescriptor Is Nothing Then
                'Ja, dann die BackColor-Property setzen
                locPropDescriptor.SetValue(Me.Component, SystemColors.Control)
            End If
        End If
    End Sub

    'Muss überschrieben werden, damit bei einem Steuerelement mit fixer Größe in
    'einer vertikalen Richtung tatsächlich nur eine vertikale Größenänderung möglich wird.
    'Die vertikalen Anfasspunkte sind dann ausgeblendet.
    Public Overrides ReadOnly Property SelectionRules() As System.Windows.Forms.Design.SelectionRules
        Get
            Dim locTest As ControlDesigner

            Dim locThisComponent As Object
```

```
            Dim locSelectionRules As SelectionRules

            locThisComponent = Me.Component
            Debug.WriteLine("Designermessage: This Component is" & (locThisComponent Is Nothing).ToString)

            Try
                'In Abhängigkeit von ConsiderFixedSize (die sich beispielsweise durch Multiline ändert)
                If Convert.ToBoolean(TypeDescriptor.GetProperties(locThisComponent). _
                                Item("AutoHeight").GetValue(locThisComponent)) Then
                    'Nur vertikale Größenveränderungen...
                    locSelectionRules = SelectionRules.Moveable Or SelectionRules.Visible Or _
                                    SelectionRules.LeftSizeable Or SelectionRules.RightSizeable
                Else
                    '...oder komplette Größenveränderungen ermöglichen.
                    locSelectionRules = SelectionRules.Moveable Or SelectionRules.Visible Or SelectionRules.AllSizeable
                End If
                Return locSelectionRules
            Catch ex As Exception
                Debug.WriteLine("Designermessage:" & ex.Message)
                Return MyBase.SelectionRules
            End Try
        End Get
    End Property
End Class
```

# 10 Serialisierung

| | |
|---|---|
| 576 | Einführung in Serialisierungstechniken |
| 583 | Flaches und tiefes Klonen von Objekten |
| 589 | Serialisieren von Objekten mit Zirkelverweisen |
| 591 | Unterschiedliche Versionen von Objektserialisierungen |

Wenn Sie Anwendungen entwickeln, kommen Sie irgendwann zwangsläufig an den Punkt, an dem Sie die Objekte, mit deren Hilfe Sie die Daten Ihrer Anwendung verwalten, für den späteren Gebrauch sichern oder zur Weiterverarbeitung an eine andere Instanz übertragen müssen. Vom aktuellen »Zustand« eines Objektes muss in diesem Fall eine Art Momentaufnahme gemacht werden; der Speicherinhalt aller Eigenschaften und aller untergeordneten Objekte muss dabei gesichert werden. Dabei spielt es natürlich erst einmal keine Rolle, auf welche Weise die Daten gesichert werden: Sie können byteweise – so, wie sie im Arbeitsspeicher stehen – direkt dort ausgelesen und in eine Datei geschrieben werden; denkbar wäre auch, dass sie zuvor durch entsprechende Algorithmen komprimiert und erst dann in einer Datei speichert werden. Die Daten eines Objektes, wie Zahlen oder Datumswerte, könnten auch zuvor in ein vom Anwender lesbares Format umgewandelt und speziell formatiert werden, so dass ein Transfervorgang sie auch beispielsweise im *XML-* oder *Soap*-Format direkt über das Internet zu einem anderen Server transportieren könnte.

Ganz gleich wie die Daten aus einem Objekt »geholt« und anschließend an eine andere Stelle verfrachtet werden – die Prozedur, die diese Aufgabe erfüllt, kann nur nach einem bestimmten Schema vorgehen: Sie muss *der Reihe nach* alle Eigenschaften und Variablen des Objektes abfragen, sie aufbereiten und anschließend mit den aufbereiteten Daten irgendetwas anstellen. Bei diesem Vorgang spricht man vom Serialisieren von Objekten.

Auch der umgekehrte Weg ist notwendig: Wenn Sie beispielsweise eine Reihe von Adressobjekten in eine Textdatei serialisiert haben, damit die Daten nach Beenden des Adressprogramms und Ausschalten des Computers erhalten bleiben, muss der umgekehrte Prozess stattfinden, sobald der Anwender den Computer einschaltet, die Adressverwaltung startet und mit den zuvor erfassten Adressen weiterarbeiten möchte. In diesem Fall müssen die Objekte wieder den gleichen Zustand annehmen, den sie vor dem Serialisieren hatten. Sie müssen jetzt aus der Textdatei *deserialisiert* werden.

Nun wäre das Framework nicht das Framework, wenn es Sie bei diesen Vorgängen, die natürlich in jeder Anwendung vorkommen, nicht unterstützen würde. Sie brauchen also nicht selbst

Hand anzulegen und jede einzelne Eigenschaft eines Objektes auszulesen und in eine Textdatei zu schreiben. Umgekehrt müssen Sie Adressobjekte auch nicht selbst in Ihrer Anwendung komplett neu instanzieren, während Sie sie aus einer Textdatei wieder einlesen. Das Framework hält für diesen Zweck einige geniale Werkzeuge bereit, die Sie in den folgenden Abschnitten kennen lernen sollten, da sie Ihnen die Arbeit erheblich erleichtern können – nicht nur, wenn Sie die Adressen Ihrer Adressverwaltung auf der Festplatte Ihres Computers speichern wollen.

## Einführung in Serialisierungstechniken

Bevor Sie sich anschauen, was das Framework an Serialisierungstechniken zu bieten hat, lassen Sie uns zunächst einen Blick auf ein ganz simples Beispiel werfen. Dieses Beispielprogramm macht nichts weiter, als den Anwender eine Adresse eingeben zu lassen und diese durch Klick auf eine Schaltfläche in eine Datei zu serialisieren (sprich: zu sichern).

**HINWEIS:** Sie finden dieses Beispiel unter ..\Serialization\Demo01 im Verzeichnis der CD zum Buch.

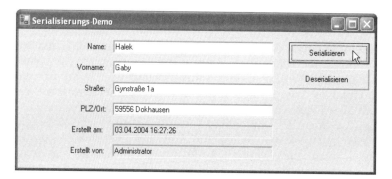

***Abbildung 10.1:*** *Die Nur-Lesen-Eigenschaften werden beim Serialisieren nicht übernommen*

Das Beispiel nutzt dabei zunächst noch keine Serialisierungstechniken des Frameworks, sondern liest die einzelnen Eigenschaften sozusagen manuell aus und speichert sie als Text in einer Datei. Beim Klicken auf die Schaltfläche *Serialisieren* generiert die Prozedur, die das *Click*-Ereignis behandelt, ein *Adresse*-Objekt aus den Feldinhalten des Dialoges. Dieses Objekt übergibt die Routine einer weiteren Prozedur, die eine Datei zum Schreiben öffnet, die Eigenschaften nacheinander ausliest und sie als String in die Datei schreibt:

```
Private Sub btnSerialisieren_Click(ByVal sender As System.Object, ByVal e As System.EventArgs) _
                    Handles btnSerialisieren.Click
    Dim locAdresse As New Adresse(txtVorname.Text, _
                      txtNachname.Text, _
                      txtStraße.Text, _
                      txtPLZOrt.Text)
    'Einen "unmöglichen" Dateinamen verwenden, damit, wie es der Zufall will,
    'nicht eine andere wichtige Datei gleichen Namens überschrieben wird.
    Adresse.SerializeToFile(locAdresse, "C:\serializedemo_f4e3w21.txt")

    'Info über den Datensatz anzeigen.
    txtErstelltAm.Text = locAdresse.ErfasstAm.ToString("dd.MM.yyyy HH:mm:ss")
    txtErstelltVon.Text = locAdresse.ErfasstVon
End Sub
```

Die *Adresse*-Klasse hält die notwendigen Elemente zum Speichern der Adressdaten und die statische Prozedur zum Serialisieren der Objektdaten in eine Datei bereit:

```vb
Public Class Adresse
    Private myName As String
    Private myVorname As String
    Private myStraße As String
    Private myPLZOrt As String
    Private myErfasstAm As DateTime
    Private myErfasstVon As String

    Sub New(ByVal Vorname As String, ByVal Name As String, ByVal Straße As String, ByVal PLZOrt As String)
        'Konstruktor legt alle Member-Daten an.
        myName = Name
        myVorname = Vorname
        myStraße = Straße
        myPLZOrt = PLZOrt
        myErfasstAm = DateTime.Now
        myErfasstVon = Environment.UserName
    End Sub

    'Alle öffentlichen Felder in die Datei schreiben.
    Public Shared Sub SerializeToFile(ByVal adr As Adresse, ByVal Filename As String)
        Dim locStreamWriter As New StreamWriter(Filename, False, System.Text.Encoding.Default)
        With locStreamWriter
            .WriteLine(adr.Vorname)
            .WriteLine(adr.Name)
            .WriteLine(adr.Straße)
            .WriteLine(adr.PLZOrt)
            .Flush()
            .Close()
        End With
    End Sub

    'Aus der Datei lesen und daraus ein neues Adressobjekt erstellen.
    Public Shared Function SerializeFromFile(ByVal Filename As String) As Adresse
        'Interessiert an dieser Stelle nicht, deswegen  ausgelassen.
    End Function

    Public Property Name() As String
        Get
            Return myName
        End Get
        Set(ByVal Value As String)
            myName = Value
        End Set
    End Property

    'Die beiden folgenden Eigenschaften haben "Nur-Lesen-Status", da auch
    'der Entwickler das Anlegen-Datum nicht manipulieren darf!
    Public ReadOnly Property ErfasstAm() As DateTime
        Get
            Return myErfasstAm
        End Get
    End Property
```

*Serialisierung*

```
Public ReadOnly Property ErfasstVon() As String
    Get
        Return myErfasstVon
    End Get
End Property

#Region "Die anderen Eigenschaften"
    'Aus Platzgründen ausgelassen.
#End Region
End Class
```

Sie sehen anhand dieses Codelistings, dass es zwei Eigenschaften gibt, die zwar gelesen, aber nicht geschrieben werden dürfen: Diese Eigenschaften, die Auskunft darüber geben, wer das *Adresse*-Objekt zu welchem Zeitpunkt angelegt hat, dürfen ausschließlich bei der Objekterstellung definiert werden.

Bei Serialisieren auf die herkömmliche Art und Weise, wie hier im Beispiel zu sehen, ergibt sich hier schon ein Problem: Wenn Sie das Programm nämlich beenden, anschließend erneut starten und die *Deserialisieren*-Schaltfläche betätigen, dann wird zwar aus der Datei ein neues *Adresse*-Objekt erzeugt. Dieses Objekt entspricht dem ursprünglichen aber nicht in allen Details, denn: Das Erstellungsdatum und der Ersteller des Objektes selber hätten zwar noch mitgesichert werden können; der Deserialisierungsalgorithmus hat aber auf Grund der Beschaffenheit dieser zusätzlichen Eigenschaften keine Möglichkeit, die Originalzustände dieser Eigenschaft wieder einzulesen. Er könnte diese Zusatzinformationen dem Objekt schlichtweg nicht zuordnen.

Diese Tatsache spiegelt sich im Programm wider: Wann immer Sie das ursprünglich gespeicherte Objekt durch Klick auf die entsprechende Schaltfläche deserialisieren, steht in den unteren Infofeldern nicht das ursprüngliche Erstellungsdatum, sondern das Erstellungsdatum des Objektes zum Zeitpunkt des Deserialisierens.

## Serialisieren mit dem SOAP- und dem Binary-Formatter

Anders sieht es aus, wenn Sie das Serialisieren und das Deserialisieren mit Hilfsmitteln aus dem Framework durchführen. Sie brauchen sich in diesem Fall nämlich nicht um das Auslesen der Eigenschaften der Objekte selbst zu kümmern – das Framework macht das automatisch für Sie. Und noch mehr: Einige *Serialize*-Klassen erlauben auch das Serialisieren und Deserialisieren von privaten Eigenschaften einer Klasse.

**WICHTIG:** Für alle Objekte, die serialisiert werden sollen, gilt: sie müssen mit einem besonderen Attribut namens *Serializable* gekennzeichnet werden. Wenn diese Voraussetzungen erfüllt sind, können Sie zwei der *Serializer*-Klassen für die Serialisierung- und Deserialisierung einer so gekennzeichneten Objekt-Instanz verwenden:

o **SoapFormatter-Klasse:** Stellt Serialisierungs- und Deserialisierungsfunktionen zur Verfügung, die das *SOAP*-Format verwenden. Die Dateninhalte eines Objektes werden dabei in reinen Text umgewandelt, der auf der einen Seite auch für den Anwender verständlich mit einem Texteditor gelesen und angezeigt und auf der anderen Seite – da er das *SOAP*-Format einhält – auch problemlos über das Internet transportiert werden kann. Der Nachteil: Diese Art der Datenspeicherung ist nicht sonderlich effizient, eben durch die Konvertierung nativer Daten in lesbaren Text.

- **BinaryFormatter-Klasse:** Stellt Serialisierungs- und Deserialisierungsfunktionen zur Verfügung, die das Binärformat verwenden. Die Dateninhalte eines Objektes werden dabei so verwendet, wie sie im Arbeitsspeicher vorliegen. Werden die Daten eines Objektes unter Verwendung dieses *Serializers* beispielsweise in einer Datei gespeichert, erfolgt die Datenspeicherung sehr kompakt. Eine auf diese Weise generierte Datei ist aber für den Anwender direkt nicht lesbar, da sie die Daten des Objektes im binären Format enthält.

**HINWEIS:** Das folgende Beispiel demonstriert den Einsatz mit diesen beiden Klassen. Sie finden dieses Beispiel unter ..\Serialization\Demo02 *(Soap und Binary Serializer)* im Verzeichnis der CD zum Buch.

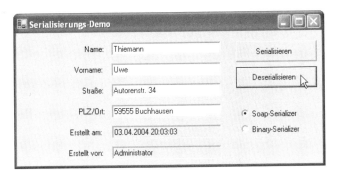

*Abbildung 10.2:* In dieser Version können Sie zwischen Soap- und Binärserialisierung wählen. Die Nur-Lesen-Eigenschaften bleiben jetzt beim Deserialisieren erhalten

Wenn Sie dieses Programm starten, haben Sie für das Serialisieren bzw. Deserialisieren das gewünschte Format auszuwählen. Wenn Sie sich für das *Soap*-Format entscheiden, generiert die *SoapFormatter*-Klasse eine Datei, die der folgenden entspricht (vorausgesetzt natürlich, Sie haben die gleichen Daten eingeben, wie in Abbildung 10.2 zu sehen):

```
<SOAP-ENV:Envelope xmlns:xsi="http://www.w3.org/2001/XMLSchema-instance" xmlns:xsd="http://www.w3.org/2001/XMLSchema"
xmlns:SOAP-ENC="http://schemas.xmlsoap.org/soap/encoding/" xmlns:SOAP-ENV="http://schemas.xmlsoap.org/soap/envelope/"
xmlns:clr="http://schemas.microsoft.com/soap/encoding/clr/1.0" SOAP-
ENV:encodingStyle="http://schemas.xmlsoap.org/soap/encoding/">
<SOAP-ENV:Body>
<a1:Adresse id="ref-1"
xmlns:a1="http://schemas.microsoft.com/clr/nsassem/Demo01/Demo01%2C%20Version%3D1.0.1554.33148%2C%20Culture%3Dneutral%2
C%20PublicKeyToken%3Dnull">
<myName id="ref-3">Thiemann</myName>
<myVorname id="ref-4">Uwe</myVorname>
<myStraße id="ref-5">Autorenstr. 34</myStraße>
<myPLZOrt id="ref-6">59555 Buchhausen</myPLZOrt>
<myErfasstAm>2004-04-03T20:03:03.7044784+02:00</myErfasstAm>
<myErfasstVon id="ref-7">Administrator</myErfasstVon>
</a1:Adresse>
</SOAP-ENV:Body>
</SOAP-ENV:Envelope>
```

Sie werden überrascht sein, wenn Sie sehen, mit wie wenig Aufwand die Serialisierung im Programm realisiert wurde. Wenn Sie einen Blick in den Projektmappen-Explorer werfen, finden Sie dort im Gegensatz zum vorherigen Beispiel zwei weitere Klassendateien. Sie enthalten die Kapselungen des *SoapFormatters* und des *BinaryFormatters* zur Serialisierung (und Deserialisierung) beliebiger, serialisierbarer Objekte in Dateien, die folgendermaßen aussehen.

*Serialisierung*

## Universeller Soap-Datei-De-/Serializer

```vb
Imports System.Runtime.Serialization
Imports System.Runtime.Serialization.Formatters.Soap
Imports System.IO

Public Class ADSoapSerializer

    Shared Sub SerializeToFile(ByVal FileInfo As FileInfo, ByVal [Object] As Object)

        Dim locFs As FileStream = New FileStream(FileInfo.FullName, FileMode.Create)
        Dim locSoapFormatter As New SoapFormatter(Nothing, New StreamingContext(StreamingContextStates.File))
        locSoapFormatter.Serialize(locFs, [Object])
        locFs.Flush()
        locFs.Close()

    End Sub

    Shared Function DeserializeFromFile(ByVal FileInfo As FileInfo) As Object

        Dim locObject As Object

        Dim locFs As FileStream = New FileStream(FileInfo.FullName, FileMode.Open)
        Dim locSoapFormatter As New SoapFormatter(Nothing, New StreamingContext(StreamingContextStates.File))
        locObject = locSoapFormatter.Deserialize(locFs)
        locFs.Close()
        Return locObject

    End Function
End Class
```

**HINWEIS:** Wenn Sie den *SoapFormatter* verwenden wollen, müssen Sie einen Verweis in das entsprechende Projekt einbauen. Dazu öffnen Sie im Projektmappen-Explorer über dem Projektnamen oder dem Ordner *Verweise* mit der rechten Maustaste das Kontextmenü und wählen dort den Eintrag *Verweise*. Im Dialog, der sich jetzt öffnet, wählen Sie den Eintrag *System.Runtime.Serialization.Formatters.Soap* per Doppelklick aus (etwa wie in Abbildung 10.3 zu sehen). Verlassen Sie den Dialog mit *OK*. Achten Sie ebenfalls darauf, die Anweisungen

```vb
Imports System.Runtime.Serialization
Imports System.Runtime.Serialization.Formatters.Soap
```

als erste Zeilen in der Codedatei zu platzieren, in der Sie den *SoapFormatter* verwenden möchten.

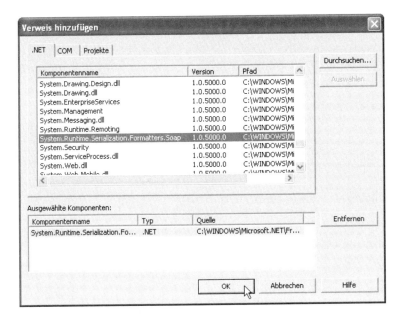

*Abbildung 10.3:* Wenn Sie mit der SoapFormatter Objektdaten im Soap-Format serialisieren wollen, binden Sie diesen Verweis in Ihr Projekt ein

## Universeller Binary-Datei-De-/Serializer

```
Imports System.Runtime.Serialization
Imports System.Runtime.Serialization.Formatters.Binary
Imports System.IO

Public Class ADBinarySerializer

    Shared Sub SerializeToFile(ByVal FileInfo As FileInfo, ByVal [Object] As Object)

        Dim locFs As FileStream = New FileStream(FileInfo.FullName, FileMode.Create)
        Dim locBinaryFormatter As New BinaryFormatter(Nothing, New StreamingContext(StreamingContextStates.File))
        locBinaryFormatter.Serialize(locFs, [Object])
        locFs.Flush()
        locFs.Close()

    End Sub

    Shared Function DeserializeFromFile(ByVal FileInfo As FileInfo) As Object

        Dim locObject As Object

        Dim locFs As FileStream = New FileStream(FileInfo.FullName, FileMode.Open)
        Dim locBinaryFormatter As New BinaryFormatter(Nothing, New StreamingContext(StreamingContextStates.File))
        locObject = locBinaryFormatter.Deserialize(locFs)
        locFs.Close()
        Return locObject

    End Function
End Class
```

**HINWEIS:** Achten Sie darauf, die Anweisungen

```
Imports System.Runtime.Serialization
Imports System.Runtime.Serialization.Formatters.Binary
```

als erste Zeilen in der Codedatei zu platzieren, in der Sie den *Binary-Formatter* verwenden möchten. Einen speziellen Verweis brauchen Sie, anders als beim Soap-Formatter, nicht in das Projekt einzubinden.

### Funktionsweise der Datei-Serializer-Klassen

Beide Klassen funktionieren exakt nach dem gleichen Prinzip, sie verwenden lediglich unterschiedliche Formatter (Klassen, die Datenaufbereitungslogiken zur Verfügung stellen), um unterschiedliche Formate zu erzeugen bzw. für die Rekreation des Ursprungobjektes zu verwenden.

Sie öffnen beim Serialisieren zunächst einen Dateistrom, über den die Daten über den jeweiligen Formatter aus dem Objekt in die Datei gelangen. In der anschließenden Instanzierung des Formatters wird dieser durch die Übergabe einer *StreamingContext*-Instanz darauf vorbereitet, welches Ziel die Objektserialisierung haben wird (in diesem Fall werden die Objektdaten in eine Datei serialisiert). Die eigentliche Serialisierung des Objektes geschieht dann durch die einzige Zeile:

```
locSoapFormatter.Serialize(locFs, [Object])
```

Der Rest der Prozedur ist obligatorisch: Alle Stromdaten werden mit *Flush* aus dem internen Puffer geleert, und die Datei wird anschließend geschlossen. Das Ergebnis: Die Objektdaten wurden erfolgreich einschließlich ihrer privaten Member in die Datei geschrieben. Der umgekehrte Weg beim Deserialisieren erfolgt äquivalent.

**TIPP:** Wenn Sie diese Art der Serialisierung in Dateien in Ihren eigenen Programmen verwenden wollen, kopieren Sie die Codedateien *ADBinarySerializer.vb* bzw. *ADSoapSerializer.vb* einfach in Ihr Projektverzeichnis und fügen sie anschließend Ihrem Projekt hinzu. Sie können sie dann auf genauso einfache Weise verwenden, wie sie im Beispielprojekt vom Adressobjekt verwendet wurden (siehe in Fettschrift gesetzte Zeilen am Ende des Codelistings):

```
<Serializable()> _
Public Class Adresse

    Private myName As String
    Private myVorname As String
    Private myStraße As String
    Private myPLZOrt As String
    Private myErfasstAm As DateTime
    Private myErfasstVon As String

    Sub New(ByVal Vorname As String, ByVal Name As String, ByVal Straße As String, ByVal PLZOrt As String)
        'Konstruktor legt alle Member-Daten an.
        myName = Name
        myVorname = Vorname
        myStraße = Straße
        myPLZOrt = PLZOrt
        myErfasstAm = DateTime.Now
        myErfasstVon = Environment.UserName
    End Sub

    'Alle öffentlichen Felder in die Datei schreiben - Soap-Format
    Public Shared Sub SerializeSoapToFile(ByVal adr As Adresse, ByVal Filename As String)
```

```
    ADSoapSerializer.SerializeToFile(New FileInfo(Filename), adr)
End Sub

'Aus der Datei lesen und daraus ein neues Adressobjekt erstellen - Soap-Format.
Public Shared Function SerializeSoapFromFile(ByVal Filename As String) As Adresse
    Return CType(ADSoapSerializer.DeserializeFromFile(New FileInfo(Filename)), Adresse)
End Function

'Alle öffentlichen Felder in die Datei schreiben - Binary-Format.
Public Shared Sub SerializeBinToFile(ByVal adr As Adresse, ByVal Filename As String)
    ADBinarySerializer.SerializeToFile(New FileInfo(Filename), adr)
End Sub

'Aus der Datei lesen und daraus ein neues Adressobjekt erstellen - Binary-Format.
Public Shared Function SerializeBinFromFile(ByVal Filename As String) As Adresse
    Return CType(ADBinarySerializer.DeserializeFromFile(New FileInfo(Filename)), Adresse)
End Function
.
.
.
```

**WICHTIG:** Wenn Sie die Objektserialisierung verwenden, achten Sie darauf, dass alle Objekte, die Sie serialisieren wollen, das *Serializable*-Attribut tragen – so wie auch im vorherigen Codelisting zu sehen (siehe die ersten beiden Zeilen). Wenn die Klasse, die Sie serialisieren möchten, oder eine Objektinstanz, die diese Klasse einbindet, dieses Attribut nicht trägt, löst das Framework beim Serialisierungsversuch durch eines der Serialisierungsobjekte eine Ausnahme auf, etwa wie in Abbildung 10.4 zu sehen.

*Abbildung 10.4:* Wenn eine zu serialisierende Klasse oder ein Objekt, das sie einbindet, nicht mit dem Attribut Serializable gekennzeichnet ist, löst das Framework beim Serialisierungsversuch diese Ausnahme aus

# Flaches und tiefes Klonen von Objekten

Der Vorteil beim Serialisieren über Funktionen des Frameworks ist, dass die Serialisierungsalgorithmen in der Lage sind, automatisch so genannte »tiefe Klons« (vollständige Kopien) eines Objektes zu erstellen.

Dazu folgender Hintergrund: Angenommen, Sie haben ein Objekt, das die Daten Ihrer Applikation speichert. Dieses Objekt verfügt dann beispielsweise über eine Eigenschaft, die eine *ArrayList* zur Verfügung stellt, in der weitere Elemente gespeichert sind. Um eine komplette Kopie dieses Objektes zu erstellen, würde es nicht ausreichen, die Elemente, die diese ArrayList-Eigenschaft beinhaltet, zu kopieren, wie das folgende Beispiel zeigt:

**HINWEIS:** Sie finden dieses Beispiel unter ..\*Serialization\TiefUndFlach* im Verzeichnis der CD zum Buch.

```
Module mdlMain

    Sub Main()
        Dim locAdrOriginal As New Adresse("Hans", "Mustermann", "Musterstraße 22", "59555 Lippstadt")
        Dim locAdrKopie As Adresse
        With locAdrOriginal.BefreundetMit
            .Add(New Adresse("Uwe", "Thiemann", "Autostr. 33", "49595 Buchhausen"))
            .Add(New Adresse("Gaby", "Halek", "Autostr. 34", "49595 Buchhausen"))
            .Add(New Adresse("Gabriele", "Löffelmann", "Autostr. 35", "49595 Buchhausen"))
        End With

        'Originaladresse ausgeben.
        Console.WriteLine("Original:")
        Console.WriteLine("=========")
        Console.WriteLine(locAdrOriginal)

        'Kopie anlegen.
        With locAdrOriginal
            locAdrKopie = New Adresse(.Vorname, .Name, .Straße, .PLZOrt)
            locAdrKopie.Name += " (Kopie)"
            locAdrKopie.BefreundetMit = .BefreundetMit
        End With

        'Kopie ausgeben.
        Console.WriteLine("Kopie:")
        Console.WriteLine("=========")
        Console.WriteLine(locAdrKopie)

        'Änderungen im Original:
        CType(locAdrOriginal.BefreundetMit(1), Adresse).Name = "Löffelmann-Halek"
        CType(locAdrOriginal.BefreundetMit(2), Adresse).Name = "Löffelmann-Halek"

        'Kopie nach Änderungen im Original:
        Console.WriteLine("Kopie nach Änderung im Original:")
        Console.WriteLine("================================")
        Console.WriteLine(locAdrKopie)
        Console.ReadLine()

    End Sub

End Module
```

Dieses Beispiel nutzt die leicht abgewandelte *Adresse*-Klasse, die Sie schon aus dem vorherigen Beispiel kennen. Sie verfügt über eine zusätzliche Eigenschaft namens *BefreundetMit*. Diese Eigenschaft entspricht einer *ArrayList* mit der Aufgabe, andere Adressen aufzunehmen, die bestimmen, mit wem dieser Kontakt befreundet ist.

```
<Serializable()> _
Public Class Adresse

    Private myName As String
    Private myVorname As String
    Private myStraße As String
    Private myPLZOrt As String
    Private myErfasstAm As DateTime
    Private myErfasstVon As String
```

```
    Private myBefreundetMit As ArrayList

    Sub New(ByVal Vorname As String, ByVal Name As String, ByVal Straße As String, ByVal PLZOrt As String)
        'Konstruktor legt alle Member-Daten an.
        myName = Name
        myVorname = Vorname
        myStraße = Straße
        myPLZOrt = PLZOrt
        myErfasstAm = DateTime.Now
        myErfasstVon = Environment.UserName
        myBefreundetMit = New ArrayList
    End Sub

    Public Property BefreundetMit() As ArrayList
        Get
            Return myBefreundetMit
        End Get
        Set(ByVal Value As ArrayList)
            myBefreundetMit = Value
        End Set
    End Property

#Region "Die anderen Eigenschaften"
    'Aus Platzgründen ausgelassen.
#End Region

    Public Overrides Function ToString() As String
        Dim locTemp As String
        locTemp = Name + ", " + Vorname + ", " + Straße + ", " + PLZOrt + vbNewLine
        locTemp += "--- Befreundet mit: ---" + vbNewLine
        For Each locAdr As Adresse In BefreundetMit
            locTemp += "    * " + locAdr.ToStringShort() + vbNewLine
        Next
        locTemp += vbNewLine
        Return locTemp
    End Function

    Public Function ToStringShort() As String
        Return Name + ", " + Vorname
    End Function
End Class
```

Zusätzlich gibt es in dieser Klasse zwei Funktionen – *ToString* und *ToStringShort* – die eine *Adresse*-Instanz in einen String umwandeln, damit die Ausgabe einfacher wird.

Das Programm macht nun Folgendes: Es legt eine Originaladresse an und fügt ihr weitere Adressobjekte hinzu, die in der *ArrayList*, die durch *BefreundetMit* offen gelegt wird, gespeichert werden. Anschließend erzeugt es eine identische Kopie der Originaladresse im Objekt *locAdrKopie*.

Das Problem: An dieser Stelle wird eine so genannte flache Kopie des Objektes erstellt. Nur die Eigenschaften der oberen Ebene werden in die Kopie übernommen. Das wird auch deutlich, wenn Sie das Beispielprogramm starten:

```
Original:
=========
Mustermann, Hans, Musterstraße 22, 59555 Lippstadt
--- Befreundet mit: ---
  * Thiemann, Uwe
  * Halek, Gaby
  * Löffelmann, Gabriele


Kopie:
=========
Mustermann (Kopie), Hans, Musterstraße 22, 59555 Lippstadt
--- Befreundet mit: ---
  * Thiemann, Uwe
  * Halek, Gaby
  * Löffelmann, Gabriele


Kopie nach Änderung im Original:
================================
Mustermann (Kopie), Hans, Musterstraße 22, 59555 Lippstadt
--- Befreundet mit: ---
  * Thiemann, Uwe
  * Löffelmann-Halek, Gaby
  * Löffelmann-Halek, Gabriele
```

Beim Ändern der Elemente der *BefreundetMit-ArrayList* werden auch die Elemente der Kopie verändert. Und das muss auch so sein, denn: Die Eigenschaft *BefreundetMit* stellt ja nicht wirklich selbst eine *ArrayList* dar, sondern verweist lediglich auf sie. Tatsächlich gibt es die Elemente *ArrayList* nur ein einziges Mal. In diesem Beispiel ist also nur eine flache Kopie (»shallow clone« bzw. »shallow copy« auf englisch) des *Adresse*-Objektes erstellt worden.

Anders wird das, wenn Sie eine tiefe Kopie (»deep clone« bzw. »deep copy« auf englisch) erstellen. Hier werden die Elemente der *ArrayList*, um beim Beispiel zu bleiben, wirklich kopiert – es gibt nach Abschluss der Kopieerstellung wirklich zwei völlig unabhängige Objekte, mit ebenso unabhängigen Elementen.

Was bei diesem Beispiel mit noch vergleichsweise wenig Aufwand durchführbar wäre, sieht bei wirklich komplexen Objekten schon anders aus. Wollten Sie eine *DeepCopy*-Routine selber implementieren, bedeutete dies einen enormen Aufwand. Obendrein könnten Sie eine solche Routine mit normalen Mitteln nicht universal gestalten; sie würde sich nur auf das aktuelle Objekt beziehen. Bei einer Klassenableitung, die die Basisklasse um weitere Eigenschaften ergänzen würde, müssten Sie die *DeepCopy*-Routine schon wieder modifizieren.

Doch diesen Aufwand müssen Sie auch gar nicht betreiben, denn mit den Serialierungsfunktionen nimmt Ihnen das Framework diesen kompletten Aufwand ab. Beim Serialisieren erstellt das Framework nämlich eine tiefe Kopie.[1] Und da Serialisierung natürlich nicht notwendigerweise bedeutet, das Objekt in einer Datei zwischenzuspeichern, können Sie mit einem kleinen

---

[1] Wobei diese Aussage nicht hundertprozentig richtig ist, denn eigentlich erstellt das Framework ja keine Kopie des Objektes, sondern liest beim Serialisieren zunächst nur seine Daten aus. Das macht es aber bis in die unterste Ebene, so dass man den kombinierten Vorgang von Serialisieren eines Objektes in einen Datenstrom und deserialisieren dieses Datenstroms in ein neues Objekt durchaus »tiefes Kopieren« des Objektes nennen kann.

Trick eine universelle *DeepCopy*-Routine kreieren, die mit jedem serialisierbaren Objekt funktioniert, wie das folgende Beispiel zeigt.

## Universelle DeepCopy-Methode

Das folgende Beispiel verwendet ebenfalls den *BinarySerializer* für das Serialisieren und das Deserialisieren eines Objektes, doch nutzt er einen anderen Träger im Vergleich zum letzten Beispiel. Ein Objekt, das es zu serialisieren gilt, wird nicht in eine Datei, sondern in einen *Memory* Stream geschrieben, der schließlich in ein *Byte*-Array konvertiert wird. Im umgekehrten Fall erzeugt der *BinarySerializer* aus einem *Byte*-Array, das in einen *MemoryStream* umgewandelt wird, wieder das ursprüngliche Objekt. Da der *BinarySerializer* grundsätzlich auch verschachtelte Eigenschaften verarbeitet, lässt sich daraus auf einfache Art und Weise eine Klasse erstellen, die von jedem beliebigen Objekt, das selbst als serialisierbar gekennzeichnet ist und auch nur selbst serialisierbare Objekte verwendet, eine tiefe Kopie anfertigen kann.

**HINWEIS:** Sie finden dieses Beispiel unter ..\\*Serialization\DeepCopy* im Verzeichnis der CD zum Buch.

```
Imports System.Runtime.Serialization
Imports System.Runtime.Serialization.Formatters.Binary
Imports System.IO

Public Class ADObjectCloner

    Public Shared Function DeepCopy(ByVal [Object] As Object) As Object
        Return DeserializeFromByteArray(SerializeToByteArray([Object]))
    End Function

    Shared Function SerializeToByteArray(ByVal [Object] As Object) As Byte()

        Dim retByte() As Byte
        Dim locMs As MemoryStream = New MemoryStream
        Dim locBinaryFormatter As New BinaryFormatter(Nothing, New StreamingContext(StreamingContextStates.Clone))
        locBinaryFormatter.Serialize(locMs, [Object])
        locMs.Flush()
        locMs.Close()
        retByte = locMs.ToArray()
        Return retByte

    End Function

    Shared Function DeserializeFromByteArray(ByVal by As Byte()) As Object

        Dim locObject As Object

        Dim locFs As MemoryStream = New MemoryStream(by)
        Dim locBinaryFormatter As New BinaryFormatter(Nothing, New StreamingContext(StreamingContextStates.File))
        locObject = locBinaryFormatter.Deserialize(locFs)
        locFs.Close()
        Return locObject

    End Function

End Class
```

Das Hauptprogramm verwendet im folgenden Beispiel nun nicht mehr eigenen Code zum Kopieren des Objektes, sondern benutzt die *DeepCopy*-Funktion der Klasse (die geänderte Passage ist fett hervorgehoben):

```
Module mdlMain

    Sub Main()
        Dim locAdrOriginal As New Adresse("Hans", "Mustermann", "Musterstraße 22", "59555 Lippstadt")
        Dim locAdrKopie As Adresse
        With locAdrOriginal.BefreundetMit
            .Add(New Adresse("Uwe", "Thiemann", "Autorstr. 33", "49595 Buchhausen"))
            .Add(New Adresse("Gaby", "Halek", "Autorstr. 34", "49595 Buchhausen"))
            .Add(New Adresse("Gabriele", "Löffelmann", "Autorstr. 35", "49595 Buchhausen"))
        End With

        'Originaladresse ausgeben.
        Console.WriteLine("Original:")
        Console.WriteLine("=========")
        Console.WriteLine(locAdrOriginal)

        'Kopie anlegen.
        locAdrKopie = CType(ADObjectCloner.DeepCopy(locAdrOriginal), Adresse)

        'Kopie ausgeben.
        Console.WriteLine("Kopie:")
        Console.WriteLine("======")
        Console.WriteLine(locAdrKopie)

        'Änderungen im Original:
        CType(locAdrOriginal.BefreundetMit(1), Adresse).Name = "Löffelmann-Halek"
        CType(locAdrOriginal.BefreundetMit(2), Adresse).Name = "Löffelmann-Halek"

        'Kopie nach Änderungen im Original:
        Console.WriteLine("Kopie nach Änderung im Original:")
        Console.WriteLine("================================")
        Console.WriteLine(locAdrKopie)
        Console.ReadLine()

    End Sub

End Module
```

Wenn Sie das Programm anschließend starten, erkennen Sie den Unterschied zum vorherigen Beispiel. Die beiden erzeugten Objekte sind wirklich komplett unabhängig voneinander. Änderungen an der ArrayList des Ausgangsobjektes beeinflussen das Ergebnis der Ausgabe der Objektkopie in keiner Weise:

```
Original:
=========
Mustermann, Hans, Musterstraße 22, 59555 Lippstadt
--- Befreundet mit: ---
  * Thiemann, Uwe
  * Halek, Gaby
  * Löffelmann, Gabriele
```

```
Kopie:
=========
Mustermann, Hans, Musterstraße 22, 59555 Lippstadt
--- Befreundet mit: ---
   * Thiemann, Uwe
   * Halek, Gaby
   * Löffelmann, Gabriele


Kopie nach Änderung im Original:
================================
Mustermann, Hans, Musterstraße 22, 59555 Lippstadt
--- Befreundet mit: ---
   * Thiemann, Uwe
   * Halek, Gaby
   * Löffelmann, Gabriele
```

# Serialisieren von Objekten mit Zirkelverweisen

So genannte Zirkelverweise bereiten Speicheralgorithmen erfahrungsgemäß die größten Schwierigkeiten. Zirkelverweise kennen Sie vielleicht aus der Tabellenkalkulation. Sie treten dann auf, wenn beispielsweise Zelle A auf Zelle B, diese auf Zelle C, und diese wieder auf Zelle A verweisen soll. Was bei Tabellenkalkulationen grundsätzlich verboten ist, gestattet das Framework mit Objektreferenzen dagegen sehr wohl. Und – um bei unserem bisherigen Beispiel zu bleiben – im Szenario des Programms aus dem letzten Abschnitt könnte das sogar recht schnell passieren, denn: Es ist nicht nur denkbar, sondern wahrscheinlich, dass Person A, Person B zu seinem Freundeskreis zählt und umgekehrt.

Welche Auswirkungen Zirkelverweise normalerweise haben, zeigt das folgende Beispiel.

**HINWEIS:** Sie finden dieses Beispiel unter *..\Serialization\Zirkelverweise1* im Verzeichnis der CD zum Buch.

In diesem Beispielprogramm sind im Gegensatz zum vorherigen die folgenden Änderungen vorgenommen worden, was die *Adresse*-Klasse betrifft. Die *ToString*-Funktion benutzt selbst nicht mehr die Kurzform der Adressen für die Ausgabe der *BefreundetMit*-Eigenschaft, sondern erzeugt den Ausgabe-String ebenfalls mit der *ToString*-Funktion, die allerdings eine kleine Änderung erfahren hat. Welche das ist, sehen Sie, wenn Sie das Programm starten und sich anschließend das Ergebnis anschauen:

```
Erste Adresse:
==============
Halek, Gaby, Musterstraße 24, 32132 Buchhausen
--- Befreundet mit: ---
    Raubein, Petra, Autorenstr. 12, 32132 Buchhausen

    Thiemann, Uwe, Autorenstr. 22, 32132 Buchhausen
    --- Befreundet mit: ---
        Koch, Manuela, Autorenstr. 22, 32132 Buchhausen
```

```
Zweite Adresse:
==============
Thiemann, Uwe, Autorenstr. 22, 32132 Buchhausen
--- Befreundet mit: ---
    Koch, Manuela, Autorenstr. 22, 32132 Buchhausen
```

Das Programm, das diese Ausgabe hervorgebracht hat, sieht folgendermaßen aus:

```
Module mdlMain
    Sub Main()
        Dim locErsteAdr As New Adresse("Gaby", "Halek", "Musterstraße 24", "32132 Buchhausen")
        Dim locZweiteAdr As New Adresse("Uwe", "Thiemann", "Autorenstr. 22", "32132 Buchhausen")
        locErsteAdr.BefreundetMit.Add(New Adresse("Petra", "Raubein", "Autorenstr. 12", "32132 Buchhausen"))
        locErsteAdr.BefreundetMit.Add(locZweiteAdr)
        locZweiteAdr.BefreundetMit.Add(New Adresse("Manuela", "Koch", "Autorenstr. 22", "32132 Buchhausen"))
        'Wenn Sie diese Zeile einbauen, erstellen Sie einen Zirkelverweis.
        'locZweiteAdr.BefreundetMit.Add(locErsteAdr)


        'Originaladresse ausgeben.
        Console.WriteLine("Erste Adresse:")
        Console.WriteLine("==============")
        Console.WriteLine(locErsteAdr)

        Console.WriteLine("Zweite Adresse:")
        Console.WriteLine("==============")
        Console.WriteLine(locZweiteAdr)

        'Kopie anlegen.
        Dim locAdrKopie As Adresse = CType(ADObjectCloner.DeepCopy(locErsteAdr), Adresse)
        Console.ReadLine()

    End Sub
End Module
```

Sie erkennen am Ergebnis und dem Programmtext, dass das Programm auch verschachtelte Daten in der Eigenschaft *BefreundetMit* (und der dahinter steckenden *Arraylist*) bei der Ausgabe berücksichtigt. Wenn es die Liste der befreundeten Personen erstellt und eine Person dieser Liste wieder Personeneinträge unter *BefreundetMit* führt, werden diese bei der Ausgabe ebenfalls berücksichtigt.

Eine solche Vorgehensweise kann für ein Programm allerdings wirklich fatale Folgen haben. Denn wenn eine der Personen der *BefreundetMit*-Liste in ihrer Liste die Person führt, die ihr ebenfalls zugeordnet ist (Person A ist befreundet mit Person B, und Person B ist ebenfalls befreundet mit Person A – was ja durchaus nichts Ungewöhnliches ist), dann haben Sie es mit einem Zirkelverweis zu tun.

Der *ToString*-Algorithmus versagt in diesem Fall, weil er sich durch den Zirkelverweis immer wieder selbst aufruft. Sie können dieses Verhalten testen, indem Sie die Auskommentierung der im Listing fett gesetzten Zeile aufheben und den Auflösungsversuch eines Zirkelverweises initiieren. Wenn Sie das Programm anschließend starten, steigt es mit einer Fehlermeldung aus.

Viele Serialisierungsalgorithmen versagen ebenfalls durch eine solche Konstellation der Daten. Dass die *DeepCopy*-Methode jedoch funktioniert und der .NET-Serializer keine Fehlermeldung auslöst, können Sie ganz einfach testen, indem Sie die *Console.WriteLine*-Befehle auskommentieren. Das Programm passiert nach einem erneuten Start die die Zeile

```
Dim locAdrKopie As Adresse = CType(ADObjectCloner.DeepCopy(locErsteAdr), Adresse)
```

anstandslos, beendet anschließend ordnungsgemäß und beweist so, dass der Serialisierungsalgorithmus des Frameworks über Zirkelverweise erhaben ist.

# Unterschiedliche Versionen von Objektserialisierungen

Einer sehr wichtigen Sache sollten Sie sich bewusst sein: Wenn Sie Serialisierungsfunktionen verwenden, um Objekte in Dateien zu serialisieren, dann können Sie bei einem Update eines Programms leicht Gefahr laufen, in Versionskonflikte zu geraten.

Angenommen, Sie verfügen über eine Datenebene in Ihrer Applikation, die durch ein Objekt repräsentiert wird. Dieses Objekt kapselt alle Daten Ihrer Anwendung. Da Sie dem Anwender natürlich die Möglichkeit geben müssen, die Daten als Datei auf einem Datenträger zu speichern, nutzen Sie dafür die Serialisierungsfunktionen von .NET.

Nun erweitern Sie durch ein Update Ihr Programm, und es kommen einige Eigenschaften zur Datenklasse hinzu. Da sich die Deserialisierungsfunktionen natürlich am Objekt selber orientieren, erwarten sie die Daten zu einigen Eigenschaften, die es im alten Objektmodell natürlich nicht gegeben hat. Der Deserialisierungsversuch schlägt in diesem Fall mit einer Ausnahme fehl.

Sie sollten also beim Konzipieren Ihrer Applikation darauf achten, dass Serialisierungsobjekte auch für zukünftige Versionen Ihres Programms funktionieren. Wenn die neuen Eigenschaften Ihres Updates auch durch die alten Dateien repräsentiert werden können, erstellen Sie ein spezielles Objekt, das ausschließlich der Kommunikation zwischen Ihrem Datenlayer-Objekt und den Speichermedien dient.

Eine andere Möglichkeit ist der Einsatz des so genannten *SerializationBinder*-Objektes, der exakt für die Lösung des Versionsproblems konzipiert wurde. Mehr über dieses Objekt erfahren Sie in der Visual-Studio-Online-Hilfe.

# 11 Threading

| | |
|---|---|
| 596 | Grundlegendes zum Threading |
| 598 | Synchronisieren von Threads |
| 611 | Verwenden von Steuerelementen in Threads |
| 612 | Managen von Threads |
| 616 | Datenaustausch zwischen Threads durch Kapseln von Threads in Klassen |
| 626 | Verwenden des Thread-Pools |
| 631 | Thread-sichere Formulare in Klassen kapseln |

Dass Gleichzeitigkeit eigentlich eine Illusion ist, hat Einstein mit seiner Relativitätstheorie bewiesen.[1] Wenn auch aus anderen Gründen, besteht dennoch der Eindruck, dass ein normaler Computer Dinge wirklich gleichzeitig erledigen könnte. Auch wenn er im Hintergrund Robbie Williams spielt, eine seiner Festplatten defragmentiert und mich gleichzeitig diese Zeilen mit Word schreiben lässt, so zerlegt er diese drei Sachen in klitzekleine Aufgaben und arbeitet sie im Grunde genommen nacheinander ab. Aus der Geschwindigkeit, mit der er diese kleinen Dinge hintereinander macht, entsteht dann der Eindruck, er mache sie wirklich gleichzeitig.

Ausnahmen davon bilden Multiprozessor-Systeme, die bestimmte Aufgaben tatsächlich gleichzeitig erledigen können. Anmerkung am Rande: Die so genannten *Hyperthreading*-Prozessoren von Intel nehmen dabei eine Art Zwitterstellung ein – sie nutzen Pausen, die der Prozessor von Zeit zur Zeit einlegen muss, wenn er beispielsweise auf Daten aus dem Hauptspeicher wartet, um schon mal Teile anderer Threads zu verarbeiten, so dass dieser Prozessor auf unterster Ebene betrachtet Gleichzeitigkeit ziemlich perfekt vortäuscht. In der Tat führt das zu einer Leistungssteigerung von durchschnittlich 10% bis zu ca. 30%, doch im Grunde genommen arbeiten auch Hyperthreading-Prozessoren die zu erledigenden Threads auch nur nacheinander ab. Echte Gleichzeitigkeit ist allein echten Multiprozessorsystemen vorbehalten.

Unter dem Namen »Multitasking« hat wohl jeder, der sich nur ein wenig mit Computern beschäftigt, diese Fähigkeit schon einmal kennen gelernt. Multitasking ist die Kombination der englischen Wörter »multi« – für »viel« – und »task« – für »Aufgabe« – und bedeutet im Deut-

---

[1] Siehe *http://www.br-online.de/alpha/centauri/archiv.shtml*, Folge vom 10.6.2001.

schen das, was Frauen beneidenswerter- und normalerweise eher können als Männer: nämlich mehrere Dinge zur gleichen Zeit erledigen.

Ein weiterer, ähnlicher Begriff, stammt ebenfalls aus dem Englischen, aber er ist nicht ganz so bekannt wie »Multitasking«. Gemeint ist »Multithreading«[2], wieder abgeleitet von »multi« – für »viel« – nur im zweiten Teil des Wortes diesmal von »thread« – für »Faden«. Man könnte eine Multithreading-fähige Anwendung also als »mehrfädiges« Programm bezeichnen, wollte man den Ausdruck unbedingt übersetzen.

Und was bedeutet dieser Ausdruck jetzt genau? Dazu folgender Hintergrund: Wenn Sie eine Windows-Applikation starten, dann besteht sie aus mindestens einem so genannten Thread. In diesem Zusammenhang ist Thread eine abstrakte Bezeichnung für einen bestimmten Programmverlauf. Ein Thread startet, löst eine bestimmte Aufgabe und wird beendet, wenn diese Aufgabe erledigt ist. Wenn diese Aufgabe sehr rechenintensiv ist, dann bedeutet das in der Regel für das Programm, dass es nicht weiter bedienbar ist. Der aktuelle Thread beansprucht die gesamte Rechenleistung des Computers, so dass für die Behandlung der Bedienungselemente nichts mehr übrig bleibt, wie das folgende kleine Beispielprogramm eindrucksvoll zeigt:

**HINWEIS:** Sie finden dieses Projekt unter ..\*Threading\SingleThread* im Verzeichnis zur CD zum Buch.

Dieses Programm macht nichts anderes, als eine Zählvariable bis auf einen bestimmten Wert hinaufzuzählen und den aktuellen Wert im Label anzuzeigen.

```
Public Class frmMain
    Inherits System.Windows.Forms.Form

#Region " Vom Windows Form Designer generierter Code "

    Private Sub btnZählenStarten_Click(ByVal sender As System.Object, ByVal e As System.EventArgs) Handles btnZählenStarten.Click
        For z As Integer = 0 To 100000
            lblAusgabe.Text = z.ToString
            lblAusgabe.Refresh()
        Next
    End Sub
End Class
```

Wenn Sie dieses Programm gestartet haben, klicken Sie auf die Schaltfläche *Zählen starten*.

Ein Blick in den Task-Manager offenbart, dass es alles an Prozessorleistung verschlingt (bzw. ca. 80% bei Hyperthreading-Prozessoren – jeweils 50% des ersten und ca. 30% des zweiten virtuellen Prozessors – oder 100% *eines* Prozessors bei Multiprozessorsystemen). Da es darüber hinaus keine Anstalten macht, das Formular die Warteschleife verarbeiten zu lassen, lässt es sich, während es läuft, auch nicht bedienen – Sie können das Programmfenster nicht verschieben oder schließen; obwohl die Zählung läuft, scheint es zu hängen.

Sie sehen: In dem Moment, in dem Sie Ihr Programm eine umfangreiche Verarbeitung von Daten durchführen lassen müssen, sollten Sie auf eine andere Technik ausweichen, damit andere Funktionen des Programms nach wie vor zur Verfügung stehen können. Und hier kommt die Thread-Programmierung ins Spiel. Threads sind Programmteile, die unabhängig voneinander und quasi gleichzeitig operieren können. So könnte beispielsweise die eigentliche Zählschleife

---

[2] Ausgesprochen etwa »Moltißrädding«, und wenn Sie es ganz perfekt machen wollen, lispeln Sie das scharfe S.

des Programms in einem eigenen Thread laufen. Sie würde in diesem Fall parallel zum eigentlichen Programm ausgeführt werden. Das Programm könnte sich dann nicht nur um seine Nachrichtenwarteschlange kümmern und das Programm so bedienbar halten, sondern sich zusätzlich um die Ausführung weiterer Aufgaben kümmern.

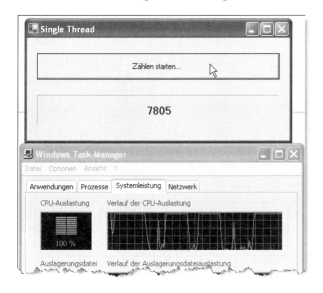

*Abbildung 11.1:* Sobald Sie das Programm starten, verschlingt es die komplette Prozessorleistung. Darüber hinaus lässt die Schleife keine Nachrichtenauswertungen zu, so dass das Programm während des Zählens sich nicht anderweitig bedienen lässt

Beispiele, wann Threads »angesagt« sind, gibt es viele:

- Ihr Programm muss eine umfangreiche Auswertung von Daten zusammenstellen und drucken. Diese Aufgabe könnte in einem eigenen Thread im Hintergrund passieren, ohne dass es den weiteren Arbeitsablauf des Programms stören würde.
- Ihr Programm muss umfangreiche Datensicherungen durchführen. Ein Thread könnte Momentaufnahmen dieser Dateien erstellen und sie anschließend sozusagen im Hintergrund auf eine andere Ressource kopieren.
- Ihr Programm muss Zustände bestimmter Hardwarekomponenten aufzeichnen – beispielsweise Produktionsdaten von Maschinen abrufen. Auch diese Funktion könnte im Hintergrund ablaufen; Auswertungsfunktionen könnten dennoch zu jeder Zeit parallel laufen und vom Anwender verwendet werden, wenn die Produktionsdatenerfassung als Thread im Hintergrund läuft.
- Bei komplizierten Berechnungen oder Auswertungen könnten zwei oder mehrere Threads diese Aufgabe übernehmen. In diesem Fall würde auf Hyperthreading- oder Multiprozessorsystemen eine Auslastung mehrerer Prozessoren durch *jeweils* einen eigenen Thread die Verarbeitungsgeschwindigkeit der gesamten Aufgabe deutlich erhöhen.

Anwendungen gibt es also viele, um Threads einzusetzen. Allerdings gibt es bei Threads auch ein paar Dinge, die beachtet werden müssen, denn: Sie dürfen sich nicht ins Gehege kommen. Doch dazu später mehr.

Betrachten wir zunächst die Grundlagen, also wie wir das Framework überhaupt dazu bewegen können, dass bestimmte Teile einer Anwendung als eigener Thread ausgeführt werden können.

# Grundlegendes zum Threading

Das folgende Beispiel zeigt am einfachsten Beispiel, wie Sie eine Prozedur Ihrer Klasse als Thread parallel zum aktuellen Programm ablaufen lassen können.

**HINWEIS:** Sie finden dieses Projekt unter ..\*Threading\SimpleThread1* im Verzeichnis zur CD zum Buch.

**WICHTIG:** In den Beispielen dieses Kapitels finden Sie des Öfteren eine Klasse, die die Ausgabe von Zeilen in einem speziellen Dialog ermöglicht. Diese Klasse nennt sich *ADThreadSafeInfoBox*, und sie stellt die Methoden *TSWrite* und *TSWriteLine* zur Verfügung. Sie ist für die Verwendung in *WinForms*-Anwendungen gedacht, und um sie zu verwenden, müssen Sie sie nicht instanziieren, sondern können ihre Funktionen wie die der *Console*-Klasse direkt verwenden, da sie statisch sind. Ihre Verwendung ist notwendig, da die Aktualisierung von Steuerelementen in Formularen aus Thread-Prozeduren eine besondere Vorgehensweise erforderlich macht. Auf dieses Thema werde ich jedoch am Ende dieses Kapitels genauer eingehen. Für den Moment arbeiten Sie mit der Klasse einfach, als wäre sie fest im Framework vorhanden.

Wenn Sie dieses Programm starten, sehen Sie einen simplen Dialog, der lediglich aus zwei Schaltflächen besteht. Sobald Sie die Schaltfläche *Thread starten* anklicken, öffnet sich ein weiteres Fenster, in dem ein Wert von 0 bis 50 hoch gezählt wird. Soweit ist das noch nichts Besonderes. Allerdings können Sie die Schaltfläche ein weiteres Mal anklicken, um einen weiteren Thread zu starten. Auch der zweite Thread führt die Zählung durch, und das Ausgabefenster zeigt dabei die Ergebnisse beider Zahlenfolgen an – etwa wie in Abbildung 11.2 zu sehen:

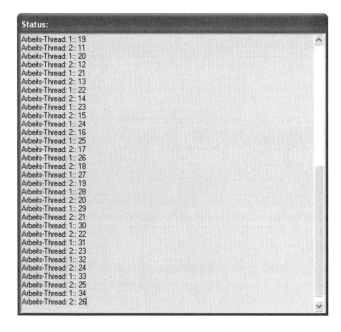

*Abbildung 11.2: Zwei Threads laufen parallel und teilen sich das Ausgabefenster, um Ergebnisse ihres Schaffens anzuzeigen*

Soweit, so gut. Nun lassen Sie uns als nächstes den Code betrachten, der dieses Ergebnis im Ausgabefenster zustande bringt:

```vb
'Dieser Namensbereich enthält die benötigten Threading-Objekte.
Imports System.Threading

Public Class frmMain
    Inherits System.Windows.Forms.Form

#Region " Vom Windows Form Designer generierter Code "
    'Aus Platzgründen ausgelassen.
#End Region

    'Member-Variable, damit die Threads durchnummeriert werden können.
    'Dient nur zur späteren Unterscheidung des laufenden Threads, wenn
    'er Ergebnisse im Ausgabefenster darstellt.
    Private myArbeitsThreadNr As Integer = 1

    'Dies ist der eigentliche Arbeits-Thread (Worker Thread), der das
    'Hochzählen und die Werteausgabe übernimmt.
    Private Sub UmfangreicheBerechnung()
        For c As Integer = 0 To 50
            'Dient zur Ausgabe des Wertes. TSWriteLine ist eine statische
            'Prozedur, die für die Darstellung des Fensters selbst sorgt,
            'sobald sie das erste Mal verwendet wird.
            ADThreadSafeInfoBox.TSWriteLine(Thread.CurrentThread.Name + ":: " + c.ToString)
            'Aktuellen Thread um 100 ms verzögern, damit die ganze
            'Geschichte nicht zu schnell vorbei ist.
            Thread.CurrentThread.Sleep(100)
        Next
    End Sub

    Private Sub btnThreadStarten_Click(ByVal sender As System.Object, ByVal e As System.EventArgs) _
                                    Handles btnThreadStarten.Click
        'Dieses Objekt kapselt den eigentlichen Thread.
        Dim locThread As Thread
        'Dieses Objekt benötigen Sie, um die Prozedur zu bestimmen,
        'die den Thread ausführt.
        Dim locThreadStart As ThreadStart

        'Thread ausführende Prozedur bestimmen.
        locThreadStart = New ThreadStart(AddressOf UmfangreicheBerechnung)
        'ThreadStart-Objekt dem Thread-Objekt übergeben
        locThread = New Thread(locThreadStart)
        'Thread-Namen bestimmen.
        locThread.Name = "Arbeits-Thread: " + myArbeitsThreadNr.ToString
        'Thread starten
        locThread.Start()
        'Zähler, damit die Threads durch ihren Namen unterschieden werden können.
        myArbeitsThreadNr += 1

    End Sub

    Private Sub btnBeenden_Click(ByVal sender As System.Object, ByVal e As System.EventArgs) Handles btnBeenden.Click
        'Einfach so geht's normalerweise nicht:
        Me.Close()
    End Sub
End Class
```

## Starten von Threads

Wie aus dem Listing des vorherigen Beispielprogramms ersichtlich, benötigen Sie zwei Objekte, um einen Thread tatsächlich ans Laufen zu bringen: das *Thread*- und das *ThreadStart*-Objekt. Das *ThreadStart*-Objekt dient lediglich dazu, die Adresse der Prozedur aufzunehmen, die als Thread ausgeführt werden soll. Sie können es als Delegaten mit besonderen Eigenschaften betrachten, der darauf ausgerichtet ist, mit dem eigentlichen *Thread*-Objekt zusammenzuarbeiten. Nachdem Sie das *ThreadStart*-Objekt instanziert und ihm dabei die *Thread*-Prozedur mit *AddressOf* zugespielt haben, übergeben Sie die generierte Instanz dem *Thread*-Konstruktor. Haben Sie auch dieses Objekt erzeugt, starten Sie den Thread mit der *Start*-Methode.

## Grundsätzliches über Threads

Jedes Thread-Objekt, das Sie auf die beschriebene Weise erzeugt haben, speichert spezifische Informationen über den eigentlichen Thread. Das ist notwendig, da Windows auf Basis des so genannten *Preemptive Multitasking*[3] arbeitet, bei dem Prozessorzeit den verschiedenen Threads durch das Betriebssystem zugewiesen wird.[4] Wenn das Betriebssystem bestimmt, dass es Zeit für die Ausführung eines bestimmten Threads wird, müssen beispielsweise der komplette Zustand der CPU-Register für den laufenden Thread gesichert und der ursprüngliche Zustand der Register für den als nächstes auszuführenden Thread wiederhergestellt werden. Diese Daten werden unter anderem in einem bestimmten Speicherbereich gesichert, den das Thread-Objekt kapselt. Sie werden für gewöhnlich auch als *Thread Context* bezeichnet.

Thread-Prozeduren sind im Grunde genommen nichts Besonderes. Eine Thread-Prozedur ist grundsätzlich – wie jede andere Prozedur auch – ein Teil einer Klasse oder eines Moduls (das ja im Grunde genommen auch nicht weiter als eine Klasse mit nur statischen Funktionen ist). Die lokalen Variablen, die die Thread-Prozedur verwendet, sind für den jeweils ausgeführten Thread unterschiedlich. Anders ausgedrückt, können lokale Variablen eines Threads also nicht denen eines anderen ins Gehege kommen. Anders ist das beim Zugriff auf Klassen-Member: Für jeden Thread gilt dieselbe Instanz einer Member-Variablen, und dabei können sich besondere Probleme ergeben:

Stellen Sie sich vor, ein Thread greift auf eine Member-Variable der Klasse zu, um sie beispielsweise neu zu berechnen und anschließend auszugeben. Genau in dem Moment, in dem der erste Thread sie berechnet hat, aber noch bevor er dazu gekommen ist, das berechnete Ergebnis tatsächlich auf dem Bildschirm auszugeben, hat ein zweiter Thread die Berechnung mit dem Member abgeschlossen. In der Member-Variablen steht nun ein aus Sicht des ersten Threads völlig falsches Ergebnis, und das ausgegebene Ergebnis des ersten Threads ist ebenso falsch.

## Synchronisieren von Threads

Damit Zugriffs- bzw. Synchronisationsprobleme verhindert werden können, gibt es eine ganze Reihe von Techniken, die in diesem Abschnitt besprochen werden sollen.

---

[3] Etwa »bevorrechtigt«, »präventiv«.

[4] Im Gegensatz dazu gibt es das so genannte *Cooperative Multitasking*, bei dem ein Thread selber bestimmt, wie viel Prozessorzeit er benötigt. Dadurch kann ein Thread, der in einer nicht enden wollenden Operation festhängt, die Stabilität des gesamten Systems gefährden.

Die einfachste Methode erlaubt das automatische Synchronisieren eines Codeblocks auf Grund einer verwendeten Objektvariablen. Der folgende Abschnitt erläutert das Problem und dessen Lösung anhand eines konkreten Beispiels.

## Synchronisieren der Codeausführung mit SyncLock

Das nächste Beispielprogramm lehnt sich an das des vorherigen Beispiels an – es ist nur ein wenig »eloquenter«. Lediglich um zu zeigen, inwieweit nicht synchronisierte Vorgänge beim Threading richtig daneben gehen können, modifiziert es die Ausgaberoutine der Thread-Routine auf folgende Weise:

**HINWEIS:** Sie finden dieses Projekt unter ..\*Threading\SimpleThread2 (SyncLock)* im Verzeichnis zur CD zum Buch.

```
'Member-Variablen, mit der demonstrativ Mist gebaut wird...
Private myThreadString As String

'Dies ist der eigentliche Arbeits-Thread (auch "Worker Thread" genannt),
'der das Hochzählen und die Werteausgabe übernimmt.
Private Sub UmfangreicheBerechnung()

    Dim strTemp As String

    For c As Integer = 0 To 50
        strTemp = Thread.CurrentThread.Name + ":: " + c.ToString

        'Nehmen Sie die Auskommentierung von SyncLock zurück,
        'um den "Fehler" des Programms zu beheben.
        'SyncLock Me
        myThreadString = ""

        For z As Integer = 0 To strTemp.Length - 1
            myThreadString += strTemp.Substring(z, 1)
            Thread.CurrentThread.Sleep(5)
        Next

        ADThreadSafeInfoBox.TSWriteLine(myThreadString)
        'End SyncLock

    Next
End Sub
```

Hier passiert folgendes: *myThreadString* ist eine Member-Variable der Klasse, und sie wird für jedes Zeichen, das im Ausgabefenster für einen Zählungseintrag erscheinen soll, Zeichen für Zeichen zusammengesetzt. Die *TSWriteLine*-Methode gibt diesen String anschließend aus, wenn das Zusammenbasteln des Strings für einen Eintrag erledigt ist.

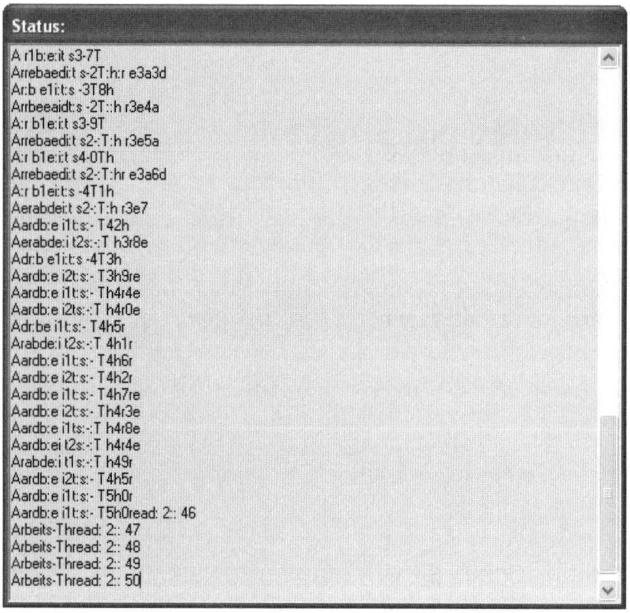

```
Status:
A r1b:e:it s3-7T
Arrebaedit s-2T:h:r e3a3d
Ar:b e1it:s -3T8h
Arrbeeaidt:s -2T::h r3e4a
A:r b1e:it s3-9T
Arrebaedit s2-:T:h r3e5a
A:r b1e:it s4-0Th
Arrebaedit s2-:T:hr e3a6d
A:r b1ei:ts -4T1h
Aerabdeit s2-:T:h r3e7
Aardb:e i1t:s- T42h
Aerabde:i t2s-:T h3r8e
Adr:b e1it:s -4T3h
Aardb:e i2t:s- T3h9re
Aardb:e i1t:s- Th4r4e
Aardb:e i2ts-:T h4r0e
Adr:be i1t:s- T4h5r
Arabde:i t2s-:T 4h1r
Aardb:e i1t:s- T4h6r
Aardb:e i2t:s- T4h2r
Aardb:e i1t:s- T4h7re
Aardb:e i2t:s- Th4r3e
Aardb:e i1t:s-:T h4r8e
Aardb:ei t2s-:T h4r4e
Arabde:i t1s-:T h49r
Aardb:e i2t:s- T4h5r
Aardb:e i1t:s- T5h0r
Aardb:e i1t:s- T5h0read: 2:-46
Arbeits-Thread: 2:- 47
Arbeits-Thread: 2:- 48
Arbeits-Thread: 2:- 49
Arbeits-Thread: 2:- 50
```

***Abbildung 11.3:*** *Zwei Threads im Kampf um eine Member-Variable – und das daraus resultierende und nicht wirklich zufrieden stellende Ergebnis*

Wenn Sie das Programm starten, und die Schaltfläche nur ein einziges Mal anklicken, so dass auch nur ein einziger Thread läuft, bleibt alles beim Alten. Doch wehe, sie starten, schon während der erste Threads läuft, auch nur einen weiteren. Dann nämlich ist Chaos angesagt, wie auch in Abbildung 11.3 zu sehen.

Das Problem ist, nicht genau voraussehen zu können, wann eine Thread-Prozedur zum Zug kommt – denn beim *Preemptive Multitasking* bestimmt diesen Zeitpunkt das Betriebssystem. Im hier vorliegenden Fall »meint« das Betriebssystem, dass ein anderer Thread am besten zum Zuge kommen kann, wenn der eine Thread gerade zu warten beginnt (was beide durch die *Sleep*-Methode in regelmäßigen Abständen machen).

Dieses Problem können Sie durch das Blocken von Codeabschnitten in Abhängigkeit von verwendeten Objekten aus der Welt schaffen. Die *SyncLock*-Anweisung ist hier der Schlüssel zur Lösung. Wenn Sie den Code folgendermaßen umbauen, kann sich das Ergebnis wieder sehen lassen:

```
'Dies ist der eigentliche Arbeits-Thread (Worker Thread), der das
'Hochzählen und die Werteausgabe übernimmt.
Private Sub UmfangreicheBerechnung()

    Dim strTemp As String

    For c As Integer = 0 To 50
        strTemp = Thread.CurrentThread.Name + "::" + c.ToString
        SyncLock Me
            myThreadString = ""
            For z As Integer = 0 To strTemp.Length - 1
                myThreadString += strTemp.Substring(z, 1)
                Thread.CurrentThread.Sleep(5)
            Next
            'ADThreadSafeInfoBox.TSWriteLine(myThreadString)
```

```
            Console.WriteLine(myThreadString)
        End SyncLock

    Next
End Sub
```

*SyncLock* verwendet ein Objekt, um den nachfolgenden Code für alle anderen Threads zu schützen, die einen Verweis auf dasselbe Objekt halten. Dieses Objekt sollte daher für die Dauer des Zugriffs nicht verändert werden, da der Schutz sonst nicht oder nicht mehr zuverlässig funktioniert.

**WICHTIG:** Im Gegensatz zu vielen vorherrschenden Meinungen schützt *SyncLock* nicht das Objekt selbst vor Veränderungen, sondern den Code gegen den gleichzeitigen Zugriff von einem anderen Thread. Natürlich kann jeder andere Thread das Objekt verändern und so die ganze Bemühung zur Synchronisation des Programms an dieser Stelle zunichte machen. Außerdem sollte am Rande erwähnt werden: Da *SyncLock* intern einen *Try/Catch*-Block verwendet und damit auch im Falle einer Ausnahme der Schutz des Blocks wieder aufgehoben werden kann, dürfen Sie nicht mit der *Goto*-Anweisung in einen *SyncLock*-Block springen.

Was passiert also im Detail bei der Ausführung dieser Routine? Nun, sobald der erste Thread den Block erreicht, sperrt er den Zugriff auf den Code für jeden weiteren Thread durch Zuhilfenahme des Objektes. Für dieses Objekt müssen folgende Bedingungen gelten:

- Es muss sich um ein Objekt handeln, das auf eine gültige Adresse im Managed Heap verweist – darf also nicht *Nothing* sein.
- Es muss eine Member-Variable sein, also jedem Thread den Zugriff darauf ermöglichen.
- Es muss zwingend ein Referenztyp sein (logisch, denn Wertetypen liegen nicht auf dem Managed Heap).
- Es darf durch die geschützte Routine nicht verändert werden.

Im Beispiel wird das einfach durch die Verwendung der eigenen Instanz *Me* erreicht. *Me* erfüllt diese Bedingungen stets. Bei statischen Routinen, bei denen *Me* natürlich nicht anwendbar ist, können Sie das Typ-Objekt der verwendeten Klasse verwenden, um es als Hilfe zum Schutz einer Routine zu verwenden, etwa:

```
.
.
SyncLock (GetType(Klassenname))

    'Hier steht der Code, der zu schützenden Routine

End SyncLock
.
.
```

Wenn nun ein zweiter Thread den geschützten Programmteil erreicht, dann wird er so lange in die Knie gezwungen, bis der Thread, der den Programmteil bereits durchläuft, *End SyncLock* erreicht hat.

In unserem Beispiel kann also der Member-String ohne Sorge zu Ende aufgebaut und anschließend verarbeitet werden. Dass ein anderer Thread den Member-String an dieser Stelle in irgendeiner Form verändert, ist ausgeschlossen, weil er auf alle Fälle zu warten hat.

**HINWEIS:** Einen Programmteil, der besonderen Synchronisationsschutz benötigt bzw. erfährt, nennt man *kritscher Abschnitt* oder neudeutsch: *Critical Section*.

## Mehr Flexibilität in kritischen Abschnitten mit der Monitor-Klasse

Die *SyncLock*-Funktion hat einen großen Nachteil: Sie ist unerbittlich. Wenn ein anderer Thread bereits einen kritischen Abschnitt durchläuft, dann warten alle anderen Threads am Anfang des kritischen Abschnitts – ob sie wollen oder nicht. Sie können dagegen nichts tun. Die *Monitor*-Klasse bietet an dieser Stelle die größere Flexibilität, da sie ein paar zusätzliche Methoden im Angebot hat, mit der ein Thread auch nachschauen kann, ob er warten müsste, wenn er einen kritischen Bereich beträte. Ein weiteres Beispiel soll das verdeutlichen:

Betrachten Sie den Code des folgenden Beispielprogramms, den Sie unter ..\*Threading\SimpleThread3 (Monitor)* im Verzeichnis zur CD zum Buch finden:

```
'Dies ist der eigentliche Arbeits-Thread (Worker Thread), der das
'Hochzählen und die Werteausgabe übernimmt.
Private Sub UmfangreicheBerechnung()

    Dim strTemp As String

    For c As Integer = 0 To 50
        strTemp = Thread.CurrentThread.Name + ":: " + c.ToString
        'Nehmen Sie die Auskommentierung von SyncLock zurück,
        'um den "Fehler" des Programms zu beheben.
        If Not Monitor.TryEnter(myLock, 1) Then
            ADThreadSafeInfoBox.TSWriteLine(Thread.CurrentThread.Name + " meldet: Gerade besetzt!")
            Thread.CurrentThread.Sleep(50)
        Else
            myThreadString = ""
            For z As Integer = 0 To strTemp.Length - 1
                myThreadString += strTemp.Substring(z, 1)
                Thread.CurrentThread.Sleep(5)
            Next
            ADThreadSafeInfoBox.TSWriteLine(myThreadString)
            Monitor.Exit(myLock)

        End If
    Next
End Sub
```

In dieser Version des Arbeits-Thread erfolgt die Synchronisation durch die *Monitor*-Klasse. Allerdings ist der Thread, der auf seinen Vorgänger warten muss, ein wenig ungeduldig. Bekommt er nicht innerhalb von einer Millisekunde Zugriff auf den kritischen Abschnitt, verarbeitet er den Code für die entsprechende Werterhöhung nicht, sondern gibt nur lapidar die Meldung *Threadname meldet: Gerade besetzt!* aus.

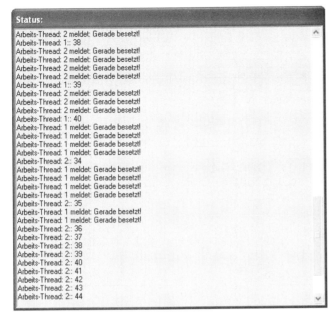

*Abbildung 11.4:* Ein Thread, der auf den kritischen Abschnitt nicht zugreifen kann, wartet maximal eine Millisekunde, bevor er mit einer lapidaren Meldung den Wartevorgang abbricht

Möglich wird das durch die Verwendung der *TryEnter*-Methode der *Monitor*-Klasse – die im Übrigen statisch ist; Sie brauchen die *Monitor*-Klasse also nicht zu instanzieren (Sie könnten es auch gar nicht). Diese Methode überprüft, ob der Zugriff auf einen kritischen Abschnitt, der durch ein angebbares Objekt genau wie bei *SyncLock* gesteuert wird, freigegeben ist. Ist er freigegeben, liefert sie *True* als Funktionsergebnis zurück. Ist er nicht freigegeben, ergibt sie *False*.

Auf diese Weise gibt es beim Ablauf des Programms Effekte, wie Sie sie auch in Abbildung 11.4 beobachten können.

Doch die *Monitor*-Klasse kann noch mehr, wie das folgende Beispiel zeigt.

Angenommen Sie möchten, dass im bislang gezeigten Beispielprogramm die durchgeführten Operationen in Fünferportionen durchgeführt werden. In diesem Fall benötigen Sie drei weitere Funktionen oder besser: Funktionalitäten:

- Sie benötigen eine Methode, die einen Thread in einen Wartezustand versetzt, wenn er sich innerhalb eines kritischen Bereichs befindet.

- Sie benötigen eine Methode, die einen Thread, der sich in einen Wartezustand versetzt hat, wieder aufwecken kann. Gibt es mehrere wartende Threads, sollte die Funktion in der Lage sein, nicht nur alle, sondern auch nur einen (beliebigen) Thread wieder zum Leben zu erwecken.

Diese Möglichkeiten bzw. Methoden gibt es. Sie heißen *Monitor.Wait*, *Monitor.PulseAll* und *Monitor.Pulse*. Für unser Vorhaben brauchen wir darüber hinaus eine Technik, die es uns ermöglicht, zwischen einem und mehreren laufenden Threads zu unterscheiden. Denn solange nur ein einzelner Thread läuft, darf der sich natürlich nicht in den Schlafmodus versetzen, da es keinen anderen gibt, der ihn wieder wach rütteln könnte. Doch diese Technik zu implementieren ist simpel: Eine einfache, statische Thread-Zählvariable vollführt diesen Trick. Wird ein neuer Thread gestartet, wird der Zähler zu Beginn der Thread-Prozedur hoch gezählt; beendet er seine Arbeitsroutine, zählt er ihn wieder runter. Er versetzt sich nur dann in Schlaf, wenn noch mindestens zwei Threads laufen. Getreu dem Motto »Der Letzte macht das Licht aus« muss jeder Thread vor dem Verlassen seiner Arbeitsprozedur noch überprüfen, ob es weitere Threads gibt und den jeweils letzten prophylaktisch aus seinem Dornröschenschlaf erwecken.

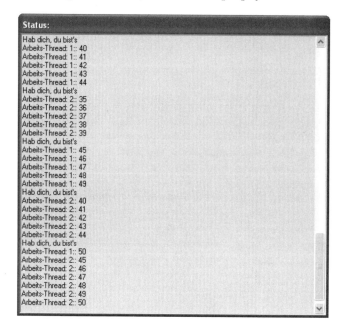

*Abbildung 11.5:* Ein Thread, der auf den kritischen Abschnitt nicht zugreifen kann, wartet maximal eine Millisekunde, bevor er mit einer lapidaren Meldung den Wartevorgang abbricht.

**HINWEIS:** Sie finden dieses Projekt unter ..\Threading\SimpleThread4 (Monitor Wait Pulse) im Verzeichnis zur CD zum Buch.

Wenn Sie dieses Programm starten und mindestens zwei Mal auf die Schaltfläche zum Starten des Threads klicken, sehen Sie nach einer Weile ein Ergebnis, wie es in etwa dem in Abbildung 11.5 gezeigten entspricht.

Das entsprechende Listing des Arbeits-Threads sieht folgendermaßen aus:

```
'Die brauchen wir, um festzustellen, wie viele Threads unterwegs sind.
Private myThreadCount As Integer

'Dies ist der eigentliche Arbeits-Thread (Worker Thread), der das
'Hochzählen und die Werteausgabe übernimmt.
Private Sub UmfangreicheBerechnung()

    Dim strTemp As String
    Dim stepCount As Integer

    'Neuer Thread: Zählen!
    myThreadCount += 1

    'Hier beginnt der kritische Abschnitt.
    Monitor.Enter(Me)
    For c As Integer = 0 To 50
        strTemp = Thread.CurrentThread.Name + ":: " + c.ToString
        'Der Thread wartet maximal eine Sekunde; bekommt er in dieser
        'Zeit keinen Zugriff auf den Code, steigt er aus.
```

```vbnet
            'Zugriff wurde gewährt - jetzt nimmt der Arbeits-Thread
            'erst seine eigentliche Arbeit auf.
            myThreadString = ""
            For z As Integer = 0 To strTemp.Length - 1
                myThreadString += strTemp.Substring(z, 1)
                Thread.CurrentThread.Sleep(1)
            Next
            ADThreadSafeInfoBox.TSWriteLine(myThreadString)
            'Der Thread darf sich nur dann schlafen legen, wenn mindestens
            'ein weiterer Thread unterwegs ist, der ihn wieder wecken kann.
            If myThreadCount > 1 Then
                stepCount += 1
                If stepCount = 5 Then
                    stepCount = 0
                    'Ablösung naht!
                    Monitor.Pulse(Me)
                    ADThreadSafeInfoBox.TSWriteLine("Hab dich, du bist's")
                    'Abgelöster geht schlafen.
                    Monitor.Wait(Me)
                End If
            End If
        Next
        If myThreadCount > 1 Then
            'Alle anderen schlafen zu dieser Zeit.
            'Also mindestens einen wecken, bevor dieser Thread geht.
            'Passiert das nicht, schlafen die anderen bis zum nächsten Stromausfall...
            Monitor.Pulse(Me)
        End If
        'Hier ist der kritische Abschitt wieder vorbei.
        Monitor.Exit(Me)
        'Thread-Zähler vermindern.
        myThreadCount -= 1
    End Sub
```

## Synchronisieren von beschränkten Ressourcen mit Mutex

Wenn Threads lediglich theoretische Aufgaben lösen müssen, ist es fast egal, wie viele Threads gleichzeitig laufen (natürlich sollten dabei Sie berücksichtigen, dass Sie grundsätzlich nur so viele Threads wie gerade nötig verwenden sollten, da das Umschalten zwischen den Threads selbst natürlich auch nicht wenig an Rechenleistung verschlingt). Doch wenn bestimmte Anwendungen Komponenten der nur begrenzt vorhandenen Hardware benötigen, dann müssen diese Komponenten zwischen den verschiedenen Threads ideal aufgeteilt werden. An dieser Stelle kommt die *Mutex*-Klasse ins Spiel. Ihr Vorteil: Sie funktioniert zwar prinzipiell wie die *Monitor*-Klasse, doch sie ist instanzierbar. Das bedeutet: Sie können durch *Mutex*-Instanzen, deren Anzahl Sie von der Verfügbarkeit benötigter Hardware-Komponenten abhängig machen, einen Verteiler organisieren, der sich um die Zuteilung der jeweils nächsten freien Hardware-Komponente kümmert.

Das folgende Beispiel demonstriert den Umgang mit den *Mutex*-Klassen. Damit dieses Beispiel die *Mutex*-Klasse auch hardwareunabhängig auf jedem Rechner demonstrieren kann, ist es ein wenig anders aufgebaut als die Beispiele, die Sie bisher kennen gelernt haben: Drei Ausgabefelder innerhalb des Formulars dienen zur Emulation von drei Hardwarekomponenten; Ziel des Programm ist es, die laufenden Threads, die inhaltlich nichts anderes machen als das vorherige Beispielprogramm, so auf die drei Komponenten aufzuteilen, dass sie optimal genutzt werden.

**HINWEIS:** Sie finden dieses Projekt unter ..\Threading\SimpleThread5 (Mutexdemo) im Verzeichnis zur CD zum Buch.

Wenn Sie das Programm starten, sucht es sich nach dem Klick auf die Schaltfläche *Thread starten* die erste freie Hardware-Ressource (also ein Ausgabetextfeld). Ein weiterer Klick auf diese Schaltfläche startet einen weiteren Thread, der das nächste freie Ausgabefenster verwendet. Wenn Sie den vierten Thread starten, während alle vorherigen Threads noch laufen, wartet dieser auf das nächste freie Fenster. Sobald einer der Threads beendet ist, übernimmt er dessen Ausgabefenster. Die Arbeits-Thread-Routine ist so ausgelegt, dass eine einzelne Operation innerhalb des Threads unterschiedlich lange dauert. Nur so kann eine realistische Emulation einer simulierten Hardwarekomponente realisiert werden. Zu diesem Zweck gibt es ein im Konstruktor des Programms initialisiertes *Random*-Objekt, das den jeweils nächsten zufälligen Wert für die *Sleep*-Methode eines Arbeits-Threads generiert.

**HINWEIS:** Das Programm gibt die Bildschirmmeldungen nicht direkt mit einer bestimmten Anweisung aus – so wie Sie es von den bisherigen Beispielen gewohnt waren. Stattdessen verwendet es drei TextBox-Steuerelemente für die Textausgabe. Bitte beachten Sie, dass die Veränderung der Eigenschaften eines Steuerelementes ausschließlich aus dem Thead erfolgen darf, in dem das Steuerelement erstellt wurde. Aus diesem Grund werden Sie die Vorgehensweise zur Aktualisierung von Eigenschaften in diesem Beispiel ein wenig befremdlich finden. Ich werde im ▶ Abschnitt »Verwenden von Steuerelementen in Threads« ab Seite 611 auf dieses Problem genauer eingehen.

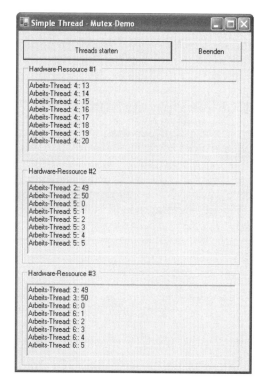

*Abbildung 11.6:* Drei Ausgabebereiche simulieren drei Hardware-Ressourcen. Über ein Array von Mutex-Objekten wird erkannt, welche als nächstes zur Verfügung steht; der nächste anstehende Thread läuft dann im nächsten freien Fenster.

## Das Codelisting:

```vb
'Speicher für Mutex-Objekte
Private myMutexes() As Mutex

'Speicher für TextBox-Controls
Private myTxtBoxes() As TextBox

'Zufallsgenerator für die künstlichen Wartezeiten im
'Arbeitsthread. Damit kann ein Thread unterschiedlich lange dauern.
Private myRandom As Random

'Delegat für das Aufrufen von Invoke, da Controls nicht
'thread-sicher sind.
Delegate Sub AddTBTextTSActuallyDelegate(ByVal tb As TextBox, ByVal txt As String)

Public Sub New()
    MyBase.New()

    ' Dieser Aufruf ist für den Windows Form-Designer erforderlich.
    InitializeComponent()
    'Mutexes definieren.
    myMutexes = New Mutex() {New Mutex, New Mutex, New Mutex}
    'Textbox-Array zuweisen.
    myTxtBoxes = New TextBox() {txtHardware1, txtHardware2, txtHardware3}
    'Zufallsgenerator initialisieren.
    myRandom = New Random(DateTime.Now.Millisecond)

End Sub

'Dies ist der eigentliche Arbeits-Thread (Worker Thread), der das
'Hochzählen und die Werteausgabe übernimmt.
Private Sub UmfangreicheBerechnung()

    Dim locMutexIndex As Integer
    Dim locTextBox As TextBox

    'Hier beginnt der kritische Abschnitt.
    'Warten, bis eine TextBox "frei" wird.
    locMutexIndex = Mutex.WaitAny(myMutexes)
    'Textbox, die dem freien Mutex entspricht, finden.
    locTextBox = myTxtBoxes(locMutexIndex)
    For c As Integer = 0 To 50
        SyncLock Me
            'Text in die TextBox des Threads ausgeben.
            AddTBTextTS(locTextBox, Thread.CurrentThread.Name + ":: " + c.ToString + vbNewLine)
        End SyncLock
        'Eine zufällige Weile lang warten.
        Thread.CurrentThread.Sleep(myRandom.Next(50, 400))
    Next
    'Hier ist der kritische Abschitt wieder vorbei.
    'Verwendete TextBox (Mutex) wieder freigeben.
    myMutexes(locMutexIndex).ReleaseMutex()
End Sub
```

Ein paar zusätzliche Erklärungen zu diesem Programm: Ein *Mutex*-Array wird als Klassen-Member zur Verwaltung der zur Verfügung stehenden Ressourcen im Konstruktor des Programms erstellt. Mit der statischen Funktion *WaitAny*, der ein *Mutex*-Array übergeben wird, wartet ein Thread solange, bis eines der *Mutex*-Objekte im Array frei wird. Wird es frei, liefert *WaitAny* den Index auf das jetzt freie *Mutex*-Objekt zurück, ändert dessen Zustand aber gleichzeitig in »blockiert«. Der zurück gelieferte Index wird anschließend verwendet, um die korrelierende *TextBox* zu finden, die diesem *Mutex* (nur über den Indexwert) quasi zugeordnet ist. Der Thread verwendet anschließend diese *TextBox* (wird über *locTextBox* referenziert), um die Ausgabe durchzuführen. *WaitAny* wartet übrigens nicht nur auf einen freien *Mutex*, sondern blockiert ihn auch wieder für den Thread, der ihn angefordert hat. Der Mutex bleibt solange im »Blockiert-Zustand«, bis der Thread den Mutex mit der *ReleaseMutex*-Methode wieder freigibt.

## Weitere Synchronisierungsmechanismen

Neben den bereits beschriebenen Synchronisierungsmechanismen kennt das .NET-Framework weitere Techniken, die in den folgenden Abschnitten kurz angerissen werden sollen:

### Synchronization- und MethodImpl-Attribute

Das *Synchronization*-Attribute erlaubt die Erklärung einer ganzen Klasse zum kritischen Abschnitt. Wenn Sie eine Klasse mit diesem Attribut versehen, kann nur ein einziger Thread zur gleichen Zeit auf die Klasseninstanz zugreifen. Die Anwendung dieses Attributes funktioniert prinzipiell folgendermaßen:

```
<System.Runtime.Remoting.Contexts.Synchronization()> _
Public Class KomplettSynchronisiert
    Sub MacheIrgendwas()
        'Hier die Anweisungen
        'des Arbeitsthreads.
    End Sub
    Sub MacheIrgendwasAnderes()
        'Hier die Anweisungen
        'des Arbeitsthreads.
    End Sub
End Class
```

Wenn die Synchronisation einer ganzen Klasse zu viel des Guten wäre, steht Ihnen mit *MethodImpl* und dessen Parameter *MethodImplOptions.Synchronized* ein weiteres Attribut zur Verfügung, das nur eine einzelne Prozedur einer Klasse zum kritischen Abschnitt erklärt. Seine Anwendung funktioniert wie folgt:

```
Public Class TeilweiseSynchronisiert
    <System.Runtime.CompilerServices.MethodImpl(Runtime.CompilerServices.MethodImplOptions.Synchronized)> _
    Sub MacheIrgendwasSynchronisiertes()
        'Hier die Anweisungen
        'des Arbeitsthreads.
    End Sub

    Sub MacheIrgendwasAnderes()
        'Hier die Anweisungen
        'des Arbeitsthreads.
    End Sub
End Class
```

## Die Interlocked-Klasse

Mit Hilfe der *Interlocked*-Klasse können Sie steuern, wie viele Threads einen kritischen Abschnitt betreten dürfen, bevor weitere Threads ausgesperrt werden. Prinzipiell funktioniert sie also wie die *Monitor*-Klasse und dessen Methode *Enter*, nur dass sie einen Parameter (eine Member-Variable der Klasse) angeben können, über die gesteuert wird, wie viele Threads den kritischen Abschnitt betreten dürfen.

```
Public Class InterlockedTest

    Dim myThreadZählerFürInterlocked As Integer

    Sub Arbeitsthread()

        'Maximal 3 Threads kommen hier gleichzeitig hinein,
        'dann ist Schluss!
        If Interlocked.Increment(myThreadZählerFürInterlocked) <= 3 Then
            'Hier die Anweisungen
            'den Arbeitsthreads.
            Interlocked.Decrement(myThreadZählerFürInterlocked)
        End If

    End Sub
End Class
```

Die Klasse selbst bietet übrigens ausschließlich statische Funktionen an; sie muss also nicht instanziert werden (tatsächlich ist sie eine abstrakte Klasse (*Noninheritable*), und kann auch gar nicht instanziert werden).

## Die ReaderWriterLock-Klasse

Wenn mehrere Threads auf eine Datei zugreifen müssen, dann ist das so lange unkritisch, wie diese Threads aus der Datei lediglich lesen. Beim Schreiben sieht das anders aus: Sobald eine Datei geschrieben wird, darf kein anderer Thread zusätzlich in die Datei schreiben. Auch das Lesen aus einer Datei, in die gerade von einem anderen Thread geschrieben wird, könnte für die Ergebnisse einer Prozedur fatale Folgen haben.

Um dieses Problem zu lösen, gibt es die *ReaderWriteLock*-Klasse. Ihre wichtigsten Funktionen sind *AcquireReaderLock*, *ReleaseReaderLock*, *AcquireWriterLock* und *ReleaseWriterLock*.

Mehrere Threads, die sich über diese Klasse und deren Methoden synchronisieren wollen, müssen Zugriff auf dasselbe *ReaderWriterLock*-Objekt haben – eine Instanz dieser Klasse sollte also mindestens ein Klassen-Member sein oder als statische, öffentliche Eigenschaft programmweit verfügbar sein.[5]

Sowohl der Lesebereich als auch der Schreibbereich eines Threads werden nun als kritische Abschnitte definiert – etwa wie folgt:

---

[5] Es könnte ja durchaus vorkommen, dass verschiedene Klassen und deren gleichzeitig laufende Arbeits-Threads einer Anwendung auf die gleiche Datei zugreifen müssen. In diesem Fall definieren Sie eine Klasse, die im statischen Konstruktor (*Shared New*) einen statische Member vom Typ *ReaderWriterLock* instanziert und diesen über eine öffentliche statische Eigenschaft (*Public Shared Property* ...) allen anderen Klassen zur Verfügung stellt.

```vb
Public Class ReaderWriteLockTest

    Dim myReaderWriterLock As New ReaderWriterLock

    Sub DateiLeseThread()
        'Hier kommt das Programm nur rein,
        'wenn nicht geschrieben wird, ein Schreibvorgang also
        'nicht zuvor durch ein myReaderWriterLock.AcquireWriterLock
        'eingeleitet wurde!
        '1000 Millisekunden wird auf den Lock gewartet.
        myReaderWriterLock.AcquireReaderLock(1000)
        'Lese-Thread nur ausführen, wenn Lock erteilt wurde.
        If myReaderWriterLock.IsReaderLockHeld Then
            'Hier die Anweisungen
            'des Arbeitsthreads
            'der aus einer Datei liest.
            myReaderWriterLock.ReleaseReaderLock()
        Else
            'TimeOut, in die Datei konnte nicht rechtzeitig geschrieben werden.
        End If
    End Sub

    Sub DateiSchreibThread()
        'Hier kommt ein neuer Thread nicht eher rein,
        'als bis ein anderer Lese-Thread zu Ende gelesen wurde
        'oder ein anderer Schreib-Thread den Schreibvorgang
        'komplettiert hat.
        '1000 Millisekunden wird auf den Lock gewartet.
        myReaderWriterLock.AcquireWriterLock(1000)
        'Schreib-Thread nur ausführen, wenn Lock erteilt wurde.
        If myReaderWriterLock.IsWriterLockHeld Then
            'Hier die Anweisungen
            'des Arbeitsthreads
            'der in die Datei schreibt.
            myReaderWriterLock.ReleaseWriterLock()
        Else
            'TimeOut, in die Datei konnte nicht rechtzeitig geschrieben werden.
        End If

    End Sub
End Class
```

Schon die Kommentare im Beispielprogramm machen die Zusammenhänge der Operationen deutlich:

- Wenn ein Thread die Leseroutine betritt, erhält er einen Leseschutz. Dieser Leseschutz schützt diesen Thread davor, dass ein neuer Schreibvorgang beginnt, *bevor* das Lesen abgeschlossen ist (und der Thread das durch *ReleaseReaderLock* angezeigt hat).

- Betritt ein Thread die Schreibroutine, wartet sein *AcquireWriterLock* solange, bis alle ausstehenden Lesevorgänge abgearbeitet sind. Neue Lese-Anforderungen werden nun solange zurückgestellt, wie *AcquireWriterLock* auf seine Schutzzuteilung wartet und diesen Schutz nach Beenden des Schreibens wieder freigegeben hat.

### Synchronisieren von voneinander abhängigen Threads mit ManualResetEvent und AutoResetEvent

Eines vorweg: Lassen Sie sich von den Begriffen *Event* in den Namen dieser beiden Klassen nicht verwirren. Beide Begriffe bezeichnen instanzierbare Klassen und haben deshalb mit Ereignissen (Events), wie Sie sie bisher kennen gelernt haben, nicht das Geringste zu tun.

Sie verwenden beide Objekte, wenn bestimmte Threads voneinander abhängig sind. Sie haben beispielsweise einen Thread, der bestimmte Ergebnisse produziert, und weitere, die diese Ergebnisse anschließend weiterverarbeiten sollen. In diesem Fall verwenden Sie diese Objekte zur Synchronisation untereinander.

Beide Klassen unterscheiden sich lediglich in einem Punkt: Die *AutoResetEvent*-Klasse setzt ihren Zustand automatisch sofort zurück, sobald ein durch *WaitOne* geblockter Thread wieder gestartet wurde. *ManualResetEvent* macht eine Signaländerungsanzeige durch die Set-Eigenschaft erforderlich. Ein Beispiel für die *AutoResetEvent*-Klasse finden Sie übrigens im ▶ Abschnitt »Abbrechen und Beenden eines Threads« auf Seite 613.

## Verwenden von Steuerelementen in Threads

Wenn Sie Steuerelemente der Hauptanwendung von einem Thread aus verwenden wollen, müssen Sie folgendes beachten: Steuerelemente sind nicht thread-sicher, dass heißt, sie dürfen nur aus dem Thread heraus verwendet werden, der sie erstellt hat. In der Regel ist das der Haupt-Thread der Anwendung, also der Thread, der die Benutzeroberfläche Ihrer Anwendung regelt. Aus diesem Grund nennt man diesen Thread auch den *UI*-Thread (UI als Abkürzung für *User Interface*, oder zu Deutsch: *Benutzeroberfläche*).

Damit ein anderer Thread dennoch das Steuerelement eines Formulars verwenden kann, muss er sich eines Tricks bedienen: Er muss dem Steuerelement mitteilen, dass es eine Prozedur aus seiner Klasse aufrufen soll. Diese Prozedur verändert dann die Eigenschaften des Steuerelementes. Und da das Steuerelement diese Prozedur – wenn auch indirekt – selbst aufgerufen hat, wurde sie auch vom richtigen Thread (nämlich dem UI-Thread) aus aufgerufen.

Das Steuerelement selbst stellt dafür eine der wenigen thread-sicheren Prozeduren zur Verfügung, die es besitzt. Ihr Name: *Invoke*. Ihr wird als Parameter ein Delegat übergeben, der als Zeiger auf die eigentliche Prozedur dient, die aus dem Thread aufgerufen werden soll. Im *Mutex*-Beispiel ist diese Vorgehensweise schon zur Anwendung gekommen, und aus diesem Grund werden wir dieses Programm noch einmal unter diesem Aspekt unter die Lupe nehmen.

**HINWEIS:** Sie finden dieses Projekt unter ..\*Threading\SimpleThread5 (Mutexdemo)* im Verzeichnis zur CD zum Buch.

Dieses Programm besteht aus drei *TextBox*-Steuerelementen, deren *Text*-Eigenschaft verwendet wird, um die Ausgaben des Programms anzuzeigen. Da die *TextBox*-Steuerelemente ausschließlich von der Thread-Prozedur verwendet werden (also in jedem Fall nicht vom UI-Thread), muss die Prozedur, die die Steuerelement-Eigenschaft setzt, zwingend über *Invoke* erfolgen.

```
'Delegat für das Aufrufen von Invoke, da Controls nicht thread-sicher sind.
Delegate Sub AddTBTextTSActuallyDelegate(ByVal tb As TextBox, ByVal txt As String)
```

```vb
'Dient zum Setzen einer Eigenschaft auf einer TextBox indirekt über Invoke.
Private Sub AddTBTextTS(ByVal tb As TextBox, ByVal txt As String)
    Dim locDel As New AddTBTextTSActuallyDelegate(AddressOf AddTBTextTSActually)

    Me.Invoke(locDel, New Object() {tb, txt})

End Sub

Private Sub AddTBTextTSActually(ByVal tb As TextBox, ByVal txt As String)
    tb.Text += txt
    tb.SelectionStart = tb.Text.Length - 1
    tb.ScrollToCaret()
End Sub
```

Bitte lassen Sie sich in diesem Beispiel nicht von der Tatsache irritieren, dass hier ein *TextBox*-Steuerelement selbst als Parameter mit übergeben wird. Diese Vorgehensweise ist für das Beispiel deshalb notwendig, da die zu verwendende *TextBox* vom nächsten freien *Mutex*-Objekt im Thread abhängig ist. Da das Steuerelement hier als Parameter selbst mit übergeben wird, ist es eigentlich egal, über welches Steuerelement im Formular die *Invoke*-Methode aufgerufen wird. In diesem Beispiel ist es das Formular selbst, dessen *Invoke* verwendet wird. Genauso gut könnte die entsprechende Zeile, die *Invoke* ausführt, auch folgendermaßen ausschauen:

```vb
tb.Invoke(locDel, New Object() {tb, txt})
```

Voraussetzung dafür ist allerdings, dass *tb* aus dem UI-Thread stammt.

Letzten Endes kommt es also nur darauf an, dass ein Steuerelement des UI-Threads den Aufruf des Delegaten durchführt. Um das sicherzustellen, sollten Sie, von Ausnahmen wie in diesem Fall einmal abgesehen, die *Invoke*-Methode des Steuerelementes, auf das sich die Änderungen auch beziehen, für einen indirekten Delegatenaufruf verwenden.

## Managen von Threads

Thread-Objekte verfügen über einige Methoden, mit denen sie sich sowohl selbst steuern als auch von außen steuern lassen können. Zwei dieser Methode haben Sie bereits kennen gelernt: die *Start*- und die *Sleep*-Methode. Die nächsten Abschnitte nehmen diese und weitere Methoden der Thread-Klasse ein wenig genauer unter die Lupe.

### Starten eines Threads mit Start

Sie starten einen Thread mit seiner *Start*-Methode. Voraussetzung dafür ist, dass Sie den Thread zuvor mit einem *ThreadStart*-Objekt instanziert haben, das bei seiner Instanzierung wiederum die Adresse der Prozedur erhalten hat, die den eigentlichen Thread darstellt.

### Vorübergehendes Aussetzen eines Threads mit Sleep, Suspend und Resume

Wenn ein Thread für eine gewisse Zeit unterbrochen werden soll, verwenden Sie die *Sleep*-Methode des *Thread*-Objektes. *Sleep* übernimmt als Parameter entweder einen *Integer*-Wert, der die zu wartende Zeitspanne in Millisekunden bestimmt oder einen *TimeSpan*-Wert, der ebenfalls die zu wartende Dauer bestimmt, nach deren Ablauf der Thread wieder aktiv wird. Mit der *Sleep*-Methode kann ein Thread sich selbst »aussetzen« und wieder »aufwecken«. Anders ist das bei der *Suspend*-Methode. *Suspend* versetzt einen Thread solange in den Schlafmodus, bis er durch die *Resume*-Methode wieder zum Leben erweckt wird (den Vorgang kann der Thread natürlich nicht selbst ausführen).

*Suspend* und *Resume* sind wichtig, wenn Ihre Anwendung selbst zwischendurch Operationen durchführen muss, die sie auf jeden Fall alleine zu erledigen hat. Auch das Framework verwendet diese Routinen für das vorübergehende Aussetzen von Threads, wenn es der Garabge Collector beispielsweise für notwendig erachtet, dass es Zeit fürs Aufräumen wird.

*Suspend* wird jedoch (genau wie *Abort*, s.u.) nicht notwendigerweise sofort ausgeführt. Vielmehr wartet *Suspend* – wie auch *Abort* – immer solange, bis ein so genannter »sicherer Zeitpunkt« für das Aussetzen erreicht ist; normalerweise ist das der Fall, wenn ein Methodenaufruf abgeschlossen wurde. Wenn Sie mit Threads arbeiten, sollten Sie sich dieser Tatsache bewusst sein.

## Abbrechen und Beenden eines Threads

*Abort* nennt sich die Methode, mit der Sie die Möglichkeit haben, einen Thread abzubrechen. Allerdings sollten Sie von dieser Funktion nur in Ausnahmefällen Gebrauch machen, denn: Wie bei *Suspend* wird *Abort* nicht unmittelbar ausgeführt. Framework-intern wird eine Ausnahme vom Typ *ThreadAbortException* ausgelöst. Diese Ausnahme ist allerdings etwas Besonderes, da Sie sie nicht abfangen können. Falls der Thread jedoch in einem *Try/Catch/Finally*-Codeblock ausgeführt wird, garantiert das Framework, dass der *Finally*-Block bei *Abort* auf jeden Fall abgearbeitet wird. Ein Thread kann dabei mit Hilfe seiner *ThreadState*-Eigenschaft feststellen, dass er gerade abgebrochen wird, und das Abbrechen sogar mit *ResetAbort* verhindern.

Allerdings ist das Abbrechen eines Threads keine elegante Vorgehensweise – eher die Brechstangenmethode. Ein Thread sollte ausschließlich beendet werden, indem er seine Arbeitsprozedur verlässt. Auf der anderen Seite muss ein Thread auf jeden Fall dafür sorgen, dass er beendet wird, wenn das Hauptprogramm beendet wird, das ihn beherbergt.

In den vorangegangenen Beispielen ist das bislang nicht der Fall gewesen. Wenn Sie das Hauptfenster schließen, wird zwar das Hauptprogramm beendet – Threads, die zu dieser Zeit noch aktiv sind, laufen aber unbehelligt weiter. Das heißt, für das letzte Beispiel gilt »unbehelligt« nicht wirklich. Tatsächlich steigt das Programm mit einer Fehlermeldung aus, wenn Sie es schließen, während andere Threads noch munter am Werkeln sind. Das liegt daran, dass der Thread seine Ausgabe in eine *TextBox* vornimmt, die es zu diesem Zeitpunkt schon gar nicht mehr gibt.

Die erste Idee, die einem in den Sinn kommen könnte, um dieses Problem zu lösen, wäre ein klassenweites Flag, das dann gesetzt wird, wenn das Formular geschlossen wird. Dazu müsste man lediglich die *OnClosing*-Routine des Formulars überschreiben. Bevor ein Thread eine Ausgabe im Formular vornimmt, könnte er dieses Flag überprüfen. Wäre es gesetzt, beendete der Thread sich mit einem simplen *Exit Sub* auf unproblematische Art und Weise.

Allerdings ist diese Problemlösung – jedenfalls was *WinForms*-Anwendugen anbelangt – nicht konsequent zu Ende gedacht, denn: Wird dieses »Thread-Abbrechen-Flag« in dem Moment auf *True* gesetzt wird, in dem sich der Thread gerade zwischen der Flag-Abfrage und der Ausgabe des Textes ins Steuerelement befindet, hat die ganze Aktion überhaupt nichts gebracht. Auch in diesem Fall rauscht der Thread ungebremst in die Ausgaberoutine für die *TextBox*, die es auch in diesem Fall nicht mehr gibt. Abermals ist eine Ausnahme die Folge. Was also tun?

Eine Synchronisierungstechnik ist an dieser Stelle wieder indiziert. *OnClosing* muss so lange warten, bis ein Thread den kritischen Bereich des Schreibens in die *TextBox* beendet hat. Dazu muss der Thread diesen kritischen Bereich aber erst einmal definieren und dafür bietet sich in diesem Fall das *AutoRaiseEvent*-Objekt an (das *ManualRaiseEvent*-Objekt täte es übrigens genau so gut für unser Vorhaben).

**HINWEIS:** Sie finden dieses Projekt unter ..\*Threading\SimpleThread6 (Mutexdemo proper)* im Verzeichnis zur CD zum Buch.

Wenn Sie dieses Beispiel starten, können Sie das Formular schließen, egal wie viele Threads noch unterwegs sind. Der veränderte Code für das Beispielprogramm sieht folgendermaßen aus:

```
'Flag, das bestimmt, wann alle Threads zu gehen haben.
Private myAbortAllThreads As Boolean

'Zusätzliches Synchronisierungsobjekt für "Alle Threads beenden!"
Private myAutoResetEvent As AutoResetEvent

Public Sub New()
    MyBase.New()

    ' Dieser Aufruf ist für den Windows Form-Designer erforderlich.
    InitializeComponent()
    'Mutexes definieren.
    myMutexes = New Mutex() {New Mutex, New Mutex, New Mutex}
    'Textbox-Array zuweisen.
    myTxtBoxes = New TextBox() {txtHardware1, txtHardware2, txtHardware3}
    'Zufallsgenerator initialisieren.
    myRandom = New Random(DateTime.Now.Millisecond)
    'Zusätzliches Synchronisierungsobjekt für "Alle Threads beenden!" initialisieren.
    myAutoResetEvent = New AutoResetEvent(True)

End Sub

'Dies ist der eigentliche Arbeits-Thread (Worker Thread), der das
'Hochzählen und die Werteausgabe übernimmt.
Private Sub UmfangreicheBerechnung()

    Dim locMutexIndex As Integer
    Dim locTextBox As TextBox

    'Hier beginnt der 1. kritische Abschnitt der Mutextes.
    'Warten, bis eine TextBox "frei" wird.
    locMutexIndex = Mutex.WaitAny(myMutexes)
    'Thread beenden, wenn das "Alles-Threads-Beenden-Flag" während
    'des Wartens signalisiert wurde.
    If myAbortAllThreads Then
        Exit Sub
    End If
    'Textbox, die dem freien Mutex entspricht, finden.
    locTextBox = myTxtBoxes(locMutexIndex)
    'Hier beginnt der 2. kritische Abschnitt für OnClosing.
    myAutoResetEvent.Reset()
    For c As Integer = 0 To 20
        SyncLock Me
```

```
            'Falls abgebrochen werden soll,
            If myAbortAllThreads Then
                'OnClosing benachrichtigen
                myAutoResetEvent.Set()
                Exit Sub
            End If
            'Text in die TextBox des Threads ausgeben.
            AddTBTextTS(locTextBox, Thread.CurrentThread.Name + ":: " + c.ToString + vbNewLine)
            Console.WriteLine(Thread.CurrentThread.Name + ":: " + c.ToString + vbNewLine)
        End SyncLock
        'Eine zufällige Weile lang warten.
        Thread.CurrentThread.Sleep(myRandom.Next(50, 400))
    Next
    '2. kritischer Abschnitt beendet (OnClosing)
    myAutoResetEvent.Set()
    'Hier ist der 1. kritische Abschitt wieder vorbei.
    'Verwendete TextBox (Mutex) wieder freigeben.
    myMutexes(locMutexIndex).ReleaseMutex()
End Sub

Protected Overrides Sub OnClosing(ByVal e As System.ComponentModel.CancelEventArgs)

    'WICHTIG: Ein einfaches Warten mit WaitOne reicht in diesem
    'Fall nicht aus, da es sich um den Hauptthread handelt.
    'Dann aber würde WaitOne die Nachrichtenwarteschlange blockieren,
    'und ohne die funktioniert Invoke nicht. Deswegen wird hier ein TimeOut
    'angegeben, der Nachrichtenwarteschlange die Möglichkeit gegeben, einmal
    '"Luft zu holen", und dann weiter gewartet.
    myAbortAllThreads = True
    'DoEvents beim Warten in Ein-Millisekunden-Abständen auslösen.
    Do While Not myAutoResetEvent.WaitOne(1, True)
        Application.DoEvents()
    Loop
End Sub
```

Eine kleine Anmerkung vielleicht noch ein dieser Stelle zur überschriebenen *OnClosing*-Prozedur: Wie aus den Kommentaren im Codelisting schon ersichtlich, gilt es noch ein letztes Problem aus der Welt zu schaffen. Ein einfaches *WaitOne* würde den UI-Thread einfrieren. Dummerweise benötigt *Invoke* eines Steuerelementes eine aktive Nachrichtenwarteschlange, um zu funktionieren. Aus diesem Grund müssen wir an dieser Stelle wieder einen Trick anwenden, damit sich das Programm beim Warten auf die letzte Textausgabe nicht aufhängt. Als Argument übergeben wir einen *Timeout*-Wert von einer Millisekunde, nachdem *WaitOne* zunächst den Wartevorgang auf das Abschließen des kritischen Abschnittes eines Threads unterbricht. Ein anschließendes *DoEvents* erlaubt das Ausführen eines möglicherweise noch ausstehenden *Invoke* im Arbeits-Thread. *DoEvents* wird in einer Schleife abgehandelt, die so lange ausgeführt wird, bis *WaitOne* zurückmeldet, dass es nicht durch *TimeOut*, sondern tatsächlich durch die Signalisierung des Arbeits-Threads beendet wurde. In diesem Fall »weiß« *OnClosing*, dass der ausstehende Thread beendet wurde, die *TextBox* zur Ausgabe ergo nicht mehr gebraucht wird und das Formular zu diesem Zeitpunkt sicher geschlossen werden kann.

**HINWEIS:** Da die Verarbeitung dieser Warteschleife natürlich auch Zeit kostet, sollten Sie bei sehr zeitkritischen Operationen von dieser Methode absehen. Die Prozessorleistung, die für die Warteschleife benötigt wird, fehlt anderen Threads natürlich. Eine Zwischenlösung: Sie können auf Kosten der Reaktionszeit natürlich den *TimeOut*-Parameter für *WaitOne* erhöhen, um Leistung zu sparen. Denn während *WaitOne* »ausgeführt« wird, können andere Threads bedient werden.

## Datenaustausch zwischen Threads durch Kapseln von Threads in Klassen

Sie haben im Laufe der letzten Kapitel bereits feststellen können, dass Sie beim Einrichten eines Threads keine Parameter an die eigentliche Thread-Prozedur übergeben können. In der Praxis sind Threads, denen keine Daten zum Verarbeiten übergeben werden können, aber eher nutzlos. Doch so groß ist das Problem nicht, denn es gibt einen ganz einfachen Trick, mit dem Sie es meistern können: Sie kapseln die eigentliche Thread-Routine einfach in einer Klasse. Die notwendigen Parameter, die die Thread-Routine benötigt, können Sie dann einfach im Konstruktor der Klasse übergeben.

Da der Thread asynchron läuft, als nur sozusagen »angeschmissen« wird und dann alleine weiterarbeitet, muss die Thread-Klasse natürlich auch in der Lage sein, ein »ich habe fertig« an die ihn einbindende Instanz mitteilen zu können. Doch auch dieses Problem ist vergleichsweise einfach in den Griff zu bekommen: Wenn der Arbeits-Thread innerhalb der Klasse seine Aufgabe abgeschlossen hat, löst er einfach ein Ereignis aus. Die Ergebnisse, die durch ihn zustande gekommen sind, können anschließend durch Eigenschaften der Öffentlichkeit zugänglich gemacht werden.

Das folgende Codelisting zeigt, wie beispielsweise eine Klasse aussehen kann, die ein beliebiges Array in einem Thread sortieren kann.

```
Public Class SortArrayThreaded
    Implements IDisposable

    Public Event SortCompleted(ByVal sender As Object, ByVal e As SortCompletedEventArgs)
    Private myArrayToSort As ArrayList
    Private myAutoResetEvent As AutoResetEvent
    Private myTerminateThread As Boolean
    Private myThreadStart As ThreadStart
    Private myThread As Thread
    Private mySortingComplete As Boolean

    'Konstruktor übernimmt die zu sortierende Liste. Der ThreadName hat nur
    'dokumentarischen Charakter.
    Sub New(ByVal ArrayToSort As ArrayList, ByVal ThreadName As String)
        myArrayToSort = ArrayToSort
        myThread = New Thread(New ThreadStart(AddressOf SortArray))
        myThread.Name = ThreadName
        myAutoResetEvent = New AutoResetEvent(True)
    End Sub
```

Der eigentliche Thread kann beginnen, wenn die die Klasse einbindende Instanz nach der Instanzierung die folgende Methode aufruft. Damit der Thread mit anderen Aufgaben synchronisiert werden kann, stellt er ein *AutoResetEvent*-Objekt zur Verfügung, dessen Signalisierung an dieser Stelle zurückgesetzt wird. Ein anderer Thread, der darauf wartet, dass die Sortierung beendet wird, kann nun nicht nur durch das Ereignis, sondern auch über die *WaitOne*-Methode (oder, wenn mehrere Threads zu synchronisieren sind, auch über *WaitAny* oder *WaitAll*) über das Ende der Sortierung informiert werden.

```
'Thread starten und signalisieren, dass blockiert.
Public Sub StartSortingAsynchron()
    myAutoResetEvent.Reset()
    myThread.Start()
End Sub

Private Sub SortArray()

    Dim locSortCompletionStatus As SortCompletionStatus

    If Not myArrayToSort Is Nothing Then
        locSortCompletionStatus = Me.ShellSort()
    End If
    myAutoResetEvent.Set()
    'Dieses Ereignis könnte man einbinden, falls der Sort-Thread über das
    'Sortierende benachrichten soll.
    RaiseEvent SortCompleted(Me, New SortCompletedEventArgs(locSortCompletionStatus))
End Sub
```

Kleine Anmerkung am Rande: Die folgende Prozedur stellt den eigentlichen Arbeits-Thread der Klasse dar. Natürlich gibt es eine Reihe von Sortiermöglichkeiten von Elementen, die im Framework eingebaut sind. Aber behalten Sie im Hinterkopf, dass es hier in erster Linie um die Demonstration der grundsätzlichen Threading-Möglichkeiten geht.

```
'Sortiert eine Arraylist, die IComparable-Member enthält.
'Null-Werte oder inkompatible Typen werden nicht geprüft!
Private Function ShellSort() As SortCompletionStatus

    Dim locOutCount, locInCount As Integer
    Dim locDelta As Integer
    Dim locElement As IComparable

    locDelta = 1

    'Größten Wert der Distanzfolge ermitteln.
    Do
        locDelta = 3 * locDelta + 1
    Loop Until locDelta > myArrayToSort.Count

    Do
        'War eins zu groß, also wieder teilen.
        locDelta \= 3

        'Shellsorts Kernalgorithmus
        For locOutCount = locDelta To myArrayToSort.Count - 1
            locElement = CType(myArrayToSort(locOutCount), IComparable)
            locInCount = locOutCount
            Do While CType(myArrayToSort(locInCount - locDelta), IComparable).CompareTo(locElement) = 1
                If myTerminateThread Then
                    Return SortCompletionStatus.Aborted
                End If
                myArrayToSort(locInCount) = myArrayToSort(locInCount - locDelta)
                locInCount = locInCount - locDelta
                If (locInCount <= locDelta) Then Exit Do
            Loop
            myArrayToSort(locInCount) = locElement
```

```
            Next
        Loop Until locDelta = 0
        Return SortCompletionStatus.Completed
    End Function
```

**WICHTIG:** Damit ein laufender Thread auf elegante Art und Weise beendet werden kann (und nicht mit brachialer Gewalt durch *Abort*), gibt es eine Member-Variable namens *myTerminateThread*, deren Setzen auf *True* bewirkt, dass der Sortalgorithmus seine Arbeit abbricht, die Prozedur verlässt und damit den Arbeits-Thread sauber zu Ende führt. Um ein Programm nicht durch laufende Sortier-Threads zu blocken, wenn es für die Klasseninstanz Zeit wird, vom Garabage Collector entsorgt zu werden, implementiert die Klasse *IDisposable* und damit *Dispose*, das diesen Member setzt. Der Garbage Collector ist damit spätestens derjenige, der den Thread beendet. Eigentlich ist das aber nur das Netz unter dem Trapez. Sie sollten in jedem Fall selbst durch geschickte Programmierung darauf achten, dass kein noch laufender Thread existiert, wenn Sie das umgebende Programm beenden. Rufen Sie im Zweifelsfall lieber selbst die *Dispose*-Methode Ihrer Thread-Klasse auf, damit der Thread in jedem Fall ordnungsgemäß beendet wird.

```
    'Dispose beendet einen vielleicht noch laufenden Sortier-Thread.
    Public Sub Dispose() Implements System.IDisposable.Dispose
        myTerminateThread = True
    End Sub

    'Stellt die benötigten Eigenschaften zur Verfügung.
    Public ReadOnly Property AutoResetEvent() As AutoResetEvent
        Get
            Return myAutoResetEvent
        End Get
    End Property

    Public ReadOnly Property ArrayList() As ArrayList
        Get
            Return myArrayToSort
        End Get
    End Property
End Class

'Die beiden möglichen Ergebnisse, wenn der Sortier-Thread beendet wurde.
'Falls er durch Dispose abgebrochen wurde, liefert er Aborted zurück.
Public Enum SortCompletionStatus
    Completed
    Aborted
End Enum
```

Damit das Ereignis, das ausgelöst wird, wenn der Thread die Sortierung beendet hat, auch ordnungsgemäß über die durchgeführten Vorgänge informieren kann, gibt es zusätzlich zur eigentlichen Klasse noch ein paar Hilfselemente für diesem Zweck:

```
'Dient nur der Ereignisübergabe, wenn Sie das SortCompleted-Ereignis
'nach Abbruch oder Abschluss des Sortierens auslösen wollen.
Public Class SortCompletedEventArgs
    Inherits EventArgs

    Private mySortCompletionStatus As SortCompletionStatus
```

```
Sub New(ByVal scs As SortCompletionStatus)
    mySortCompletionStatus = scs
End Sub

Public Property SortCompletionStatus() As SortCompletionStatus
    Get
        Return mySortCompletionStatus
    End Get
    Set(ByVal Value As SortCompletionStatus)
        mySortCompletionStatus = Value
    End Set
End Property

End Class
```

Soviel zum eigentlichen Arbeitstier dieses Beispiels. Nun ist es an der Zeit herauszufinden, ob es auch wirklich das leistet, was wir von ihm erwarten.

## Der Einsatz von Thread-Klassen in der Praxis

Sie finden auf der CD zum Buch ein Beispiel, dass die im vorherigen Abschnitt vorgestellte Klasse demonstriert. Und es macht nicht nur das. Es zeigt auch die Geschwindigkeitsverhältnisse von Programmen, wenn Sie mit einem oder mehreren Threads bestimmte Probleme lösen.

**HINWEIS:** Sie finden dieses Projekt im Verzeichnis der CD zum Buch unter dem Namen *SimpleThread* im Verzeichnis ..\*Threading\Thread Datenaustausch*

Wenn Sie das Programm starten, zeigt es Ihnen einen Dialog, wie Sie ihn in etwa auch in Abbildung 11.7 sehen können. Bevor Sie den Test starten, entscheiden Sie sich durch Anklicken des entsprechenden Feldes, ob Sie für die Sortierung der Daten Single- oder Multithreading verwenden wollen. Mit einem weiteren Klick auf *Benchmark* starten Sie die Threading-Operationen.

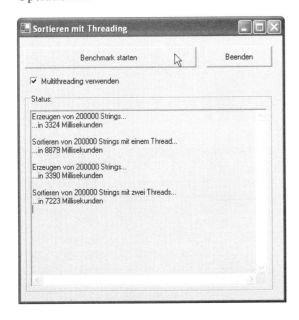

*Abbildung 11.7:* Dass die Multithreading-Version schneller arbeitet, hat in diesem Fall algorithmische Gründe

Das folgende Codelisting zeigt, wie das Programm funktioniert. Längere Kommentare im Listing finden Sie im Folgenden der leichteren Lesbarkeit wegen in Normalschrift gesetzt und dort, wo es sinnvoll erscheint, etwas ausführlicher beschrieben. Sie sind im Listing aber ebenfalls vorhanden.

Einige Worte zur generellen Funktionsweise vorweg: Das Programm arbeitet mit maximal vier Threads, aber mindestens drei Threads, wenn die Sortierung vorgenommen wird. Der UI-Thread – also der Thread, der das Formular verwaltet – startet automatisch mit dem Programm. Wenn der Anwender den Benchmark startet, beginnt ein zweiter Thread, der die zu sortierenden Elemente erzeugt und dann entweder einen weiteren Thread oder zwei weitere Threads startet, um diese Elemente zu sortieren. Mit dieser Vorgehensweise wird erreicht, dass der UI-Thread ungestört weiter operieren kann, ohne durch den eigentlichen Arbeits-Thread angehalten zu werden.

```
'Dieser Namensbereich enthält die benötigten Threading-Objekte.
Imports System.Threading
Imports System.IO

Public Class frmMain
    Inherits System.Windows.Forms.Form

#Region " Vom Windows Form Designer generierter Code "
    'Aus Platzgründen ausgelassen
#End Region

    Private Const cAmountOfElements As Integer = 75000
    Private Const cCharsPerString As Integer = 100
    Private Const cShowResults As Boolean = False
```

Die folgenden Delegaten werden benötigt, um bestimmte Eigenschaften der Steuerelemente des Formulars thread-sicher verändern zu können. Das gilt für das Setzen der *Text*-Eigenschaft des *TextBox*-Steuerelements, das für die Darstellung der Kommentare zuständig ist, auf der einen und für das Wiedereinschalten der Schaltflächen auf der anderen Seite.

```
    'Delegaten für das Aufrufen von Invoke, da Controls nicht
    'thread-sicher sind.
    'Für die Textbox zur Ausgabe
    Private Delegate Sub AddTBTextTSActuallyDelegate(ByVal txt As String)
    'Für das Einschalten der Buttons, wenn der Vorgang beendet ist.
    Private Delegate Sub TSEnableControlsDelegate()

    'Flag, das bestimmt, wann alle Threads zu gehen haben.
    Private myAbortAllThreads As Boolean

    'Ausgabe-Textbox. Statisch deswegen, damit jeder Thread
    'zu jeder Zeit darauf zugreifen kann.
    Private Shared myAusgabeTextBox As TextBox

    'Synchronisation für die Ausgabe-Textbox
    Private Shared myAutoResetEvent As AutoResetEvent

    'Merkt sich thread-safe, ob die Sortierung mit einem oder
    'zwei Threads durchgeführt werden soll.
    Private myUseTwoThread As Boolean
```

```vbnet
'Ereignis, um dem UI-Thread mitteilen zu können,
'dass der Hauptarbeits-Thread abgeschlossen ist.
Private Event MainThreadFinished()

Public Sub New()
    MyBase.New()

    ' Dieser Aufruf ist für den Windows Form-Designer erforderlich.
    InitializeComponent()

    'Synchronisation für die Ausgabe-Textbox
    myAutoResetEvent = New AutoResetEvent(True)

End Sub
```

Wichtig bei der Verwendung der folgenden Funktion ist die Synchronisation mit allen Programmprozeduren, die sie verwenden, denn: Sollte das Formular genau in dem Moment geschlossen werden, in dem ein Thread genau diese Routine erreicht hat, dann würde *Invoke* auf ein Steuerelement zugreifen, das zu dieser Zeit nicht mehr existierte. Eine Ausnahme wäre die Folge. Aus diesem Grund wird das Schließen des Formulars mit der Ausgabe in der *TextBox* über ein *AutoResetEvent*-Objekt synchronisiert. *OnClosing* fängt das Schließen-Ereignis ab und wartet, bis eine mögliche, gerade laufende Ausgabe in der *TextBox* abgeschlossen ist.

```vbnet
'Dient zum Setzen einer Eigenschaft auf der TextBox indirekt über Invoke.
Public Shared Sub AddTBText(ByVal txt As String)
    'Formular nicht mehr oder noch nicht da...
    If AusgabeTextBox Is Nothing Then
        '...und tschö!
        Exit Sub
    End If
    'Threads synchronisieren: Hier beginnt kritischer Abschnitt.
    myAutoResetEvent.Reset()
    Dim locDel As New AddTBTextTSActuallyDelegate(AddressOf AddTBTextTSActually)
    AusgabeTextBox.Invoke(locDel, New Object() {txt})
    myAutoResetEvent.Set()
End Sub

'Diese Routine wird indirekt über Invoke aufgerufen, und ist damit UI-Thread.
Private Shared Sub AddTBTextTSActually(ByVal txt As String)
    AusgabeTextBox.Text += txt
    AusgabeTextBox.SelectionStart = AusgabeTextBox.Text.Length - 1
    AusgabeTextBox.ScrollToCaret()
End Sub

'Liefert die Textbox als Eigenschaft.
Private Shared ReadOnly Property AusgabeTextBox() As TextBox
    Get
        Return myAusgabeTextBox
    End Get
End Property
```

Die folgende Routine kümmert sich um die notwendigen Schritte, wenn der Anwender die Schaltfläche *Benchmark starten* angeklickt hat. Sie startet dann den Arbeits-Thread (den Haupt-Thread), der zunächst alle zu sortierenden Elemente erzeugt und sie dann anschließend durch die Sortier-Threads ordnen lässt.

```vb
Private Sub btnThreadStarten_Click(ByVal sender As System.Object, ByVal e As System.EventArgs) _
    Handles btnBenchmarkStarten.Click
    'Dieses Objekt kapselt den eigentlichen Thread.
    Dim locThread As Thread
    'Dieses Objekt benötigen Sie, um die Prozedur zu bestimmen,
    'die den Hauptthread ausführt.
    Dim locThreadStart As ThreadStart

    'Ausgabetextbox bestimmen.
    myAusgabeTextBox = Me.txtAusgabe
```

Damit der Haupt-Thread kein zweites Mal gestartet werden kann, schaltet die Routine die Schaltflächen an dieser Stelle aus. Wenn der komplette Testparcours abgeschlossen ist, löst der Hauptthread ein Ereignis aus, das vom Formular eingebunden wird. Die Behandlungsprozedur dieses Ereignisses schaltet die Schaltflächen dann indirekt über *Invoke* wieder ein. Diese Vorgehensweise dient nur der Demonstration: Genauso gut könnte der Haupt-Thread selbst die Schaltflächen wieder einschalten, wenn alle Operationen abgeschlossen sind.

```vb
    btnBenchmarkStarten.Enabled = False
    btnBeenden.Enabled = False

    'Festhalten, ob die Sortierung in einem oder zwei Threads erfolgen soll.
    myUseTwoThread = Me.chkMultithreading.Checked

    'Thread ausführende Prozedur bestimmen.
    locThreadStart = New ThreadStart(AddressOf StartMainThread)
    'ThreadStart-Objekt dem Thread-Objekt übergeben
    locThread = New Thread(locThreadStart)
    'Thread-Namen bestimmen.
    locThread.Name = "MainThread"
    'Haupt-Thread starten.
    locThread.Start()

    'Der UI-Thread (die Nachrichtenwarteschlange) läuft jetzt leer nebenbei.
    'Auf diese Weise kann der komplette Testparcours ruhig 100% Prozessorleistung
    'verschlingen; da er in einem Extra-Thread läuft, bleibt das Programm
    'dennoch bedienbar.
End Sub
```

Dies ist die eigentliche Haupt-Thread-Routine (aber nicht der UI-Thread!), die das Array mit den zu sortierenden Elementen generiert und dann selbst wiederum entweder ein oder zwei Arbeits-Threads aufruft, die die eigentliche Sortierung durchführen.

```vb
Private Sub StartMainThread()

    Dim locStrings(cAmountOfElements - 1) As String
    Dim locGauge As New HighSpeedTimeGauge
    Dim locAutoResetEvents(1) As AutoResetEvent

    Dim locRandom As New Random(DateTime.Now.Millisecond)
    Dim locChars(cCharsPerString) As Char

    'Damit die Controls nach Abschluss des Sortierens auf dem Formular
    'wieder eingeschaltet werden können, muss der Haupt-Thread das Ende
    'der Sortierung mitbekommen. Deswegen: Ereignis
    AddHandler MainThreadFinished, AddressOf MainThreadFinishedHandler
```

```vb
            'String-Array erzeugen; hatten wir schon zig Mal...
            AddTBText("Erzeugen von " + cAmountOfElements.ToString + " Strings..." + vbNewLine)
            locGauge.Start()
            For locOutCount As Integer = 0 To cAmountOfElements - 1
                For locInCount As Integer = 0 To cCharsPerString - 1
                    If myAbortAllThreads Then
                        RemoveHandler MainThreadFinished, AddressOf MainThreadFinishedHandler
                        Exit Sub
                    End If
                    Dim locIntTemp As Integer = Convert.ToInt32(locRandom.NextDouble * 52)
                    If locIntTemp > 26 Then
                        locIntTemp += 97 - 26
                    Else
                        locIntTemp += 65
                    End If
                    locChars(locInCount) = Convert.ToChar(locIntTemp)
                Next
                locStrings(locOutCount) = New String(locChars)
            Next
            locGauge.Stop()
            AddTBText("...in " + locGauge.DurationInMilliSeconds.ToString + " Millisekunden" + vbNewLine)
            AddTBText(vbNewLine)
            locGauge.Reset()
```

Die Member-Variable *myUseTwoThread* wird durch den Ereignis-Handler des *CheckBox*-Steuerelementes gesetzt. Sie bestimmt, ob der Haupt-Thread das Sortieren mit zwei oder nur einem Thread starten soll.

```vb
            If Not myUseTwoThread Then
                'Messung starten - hier wird mit nur einem Thread sortiert.
                locGauge.Start()
                Dim locFirstSortThread As New SortArrayThreaded(New ArrayList(locStrings), "1. SortThread")

                AddTBText("Sortieren von " + cAmountOfElements.ToString + " Strings mit einem Thread..." + vbNewLine)
                locAutoResetEvents(0) = locFirstSortThread.AutoResetEvent
                locFirstSortThread.StartSortingAsynchron()
```

Die folgende *Do-While*-Schleife wartet, bis der Sortier-Thread abgeschlossen ist. Der Sortier-Thread, der durch die *SortArrayThreaded*-Klasse gekapselt wird, stellt eine *AutoResetEvents*-Eigenschaft bereit, die signalisiert wird, wenn der Sortierungsvorgang abgeschlossen ist.

**TIPP:** Wenn Sie eigene Klassen implementieren, die Aufgaben kapseln, welche in Threads ausgeführt werden, sollten Sie ebenfalls dafür sorgen, dass der Abschluss einer Aufgabe nicht nur durch ein Ereignis, sondern auch mit einem Synchronisierungs-Objekt wie beispielsweise der *Mutex*- oder der *AutoResetEvent*-Klasse signalisiert wird.

```vb
                Do While Not locAutoResetEvents(0).WaitOne(1, True)
                    'Mit Timeout-Wert warten, damit ein Eingreifen (Abbrechen) im Sortier-Thread möglich
                    'bleibt, wenn das komplette Programm beendet werden soll.
                    If myAbortAllThreads = True Then
                        'Die Dispose-Methode der SortArrayThread-Klasse bricht einen vielleicht laufenden
                        'Sortiert-Thread ab.
                        locFirstSortThread.Dispose()
                        RemoveHandler MainThreadFinished, AddressOf MainThreadFinishedHandler
                        Exit Sub
                    End If
```

```vb
            Loop
            'Messung beenden.
            locGauge.Stop()
            AddTBText("...in " + locGauge.DurationInMilliSeconds.ToString + " Millisekunden" + vbNewLine)
            AddTBText(vbNewLine)
            'Array-List zurück-casten.
            locStrings = CType(locFirstSortThread.ArrayList.ToArray(GetType(String)), String())
        Else
            'Es soll mit zwei Threads sortiert werden.
            locGauge.Start()
            'Zwei Arraylists erstellen, die jeweils den oberen und den unteren Teil der
            'zu sortierenden Gesamtliste beinhalten.
            Dim locFirstAL As New ArrayList(locStrings.Length \ 2 + 1)
            Dim locSecondAL As New ArrayList(locStrings.Length \ 2 + 1)
            Dim locMitte As Integer = locStrings.Length \ 2

            'Elemente über beide ArrayLists verteilen
            For c As Integer = 0 To locMitte - 1
                locFirstAL.Add(locStrings(c))
                locSecondAL.Add(locStrings(c + locMitte))
            Next

            'Zwei SortArrayThreaded-Instanzhen erzeugen und ihnen die Teillisten übergeben.
            Dim locFirstSortThread As New SortArrayThreaded(locFirstAL, "1. SortThread")
            Dim locSecondSortThread As New SortArrayThreaded(locSecondAL, "2. SortThread")

            AddTBText("Sortieren von " + cAmountOfElements.ToString + " Strings mit zwei Threads..." + vbNewLine)
            'Beide AutoResetEvent-Objekte der beiden Sortier-Threads in ein Array packen,
            'damit auf den Abschluss beider Threads gewartet werden kann.
            locAutoResetEvents(0) = locFirstSortThread.AutoResetEvent
            locAutoResetEvents(1) = locSecondSortThread.AutoResetEvent
            'Los geht's!
            locFirstSortThread.StartSortingAsynchron()
            locSecondSortThread.StartSortingAsynchron()
            'Warten, bis beide Sortier-Threads beendet sind; dabei die Erkennung eines
            'möglichen Programmabbruchs offen halten.
            Do While Not AutoResetEvent.WaitAll(locAutoResetEvents, 1, True)
                If myAbortAllThreads = True Then
                    locFirstSortThread.Dispose()
                    locSecondSortThread.Dispose()
                    RemoveHandler MainThreadFinished, AddressOf MainThreadFinishedHandler
                    Exit Sub
                End If
            Loop

            'Beide sortierten String-Arrays wieder zusammenführen.
            Dim locIndexOnSecond As Integer
            Dim locTempArray As New ArrayList(cAmountOfElements)
            For locIndexOnFirst As Integer = 0 To locFirstAL.Count - 1
                Do
                    If locIndexOnSecond < locSecondAL.Count Then
                        If CType(locFirstAL(locIndexOnFirst), IComparable).CompareTo( _
                            CType(locSecondAL(locIndexOnSecond), IComparable)) < 0 Then
                            locTempArray.Add(locFirstAL(locIndexOnFirst))
                            Exit Do
                        Else
```

```vb
                            locTempArray.Add(locSecondAL(locIndexOnSecond))
                            locIndexOnSecond += 1
                        End If
                    Else
                        locTempArray.Add(locFirstAL(locIndexOnFirst))
                        Exit Do
                    End If
                Loop
                'Möglichen Abbruch auch an dieser Stelle berücksichtigen.
                If myAbortAllThreads = True Then
                    locFirstSortThread.Dispose()
                    locSecondSortThread.Dispose()
                    RemoveHandler MainThreadFinished, AddressOf MainThreadFinishedHandler
                    Exit Sub
                End If
            Next
            'Falls es Reste aus dem zweiten Array gibt, diese auch noch kopieren.
            If locIndexOnSecond < (locSecondAL.Count - 1) Then
                For c As Integer = locIndexOnSecond To locSecondAL.Count - 1
                    locTempArray.Add(locSecondAL(c))
                Next
            End If
            locStrings = CType(locTempArray.ToArray(GetType(String)), String())

            locGauge.Stop()
            AddTBText("...in " + locGauge.DurationInMilliSeconds.ToString + " Millisekunden" + vbNewLine)
            AddTBText(vbNewLine)
        End If

        'Falls das entsprechende Flag gesetzt ist, die Ergebnisse in die Textbox schreiben.
        If cShowResults Then
            For Each s As String In locStrings
                If myAbortAllThreads Then
                    RemoveHandler MainThreadFinished, AddressOf MainThreadFinishedHandler
                    Exit Sub
                End If
                AddTBText(s + vbNewLine)
                AddTBText(vbNewLine)
            Next
        End If

        'Ereignis auslösen, das die Schaltflächen wieder einschaltet.
        RaiseEvent MainThreadFinished()
        'Ereignishandler wieder entfernen.
        RemoveHandler MainThreadFinished, AddressOf MainThreadFinishedHandler

End Sub
```

**WICHTIG:** Wenn ein Thread einen Ereignishandler über *RaiseEvent* aufruft, gehört dieser Ereignishandler immer zum Ereignis auslösenden Thread, ganz egal, welcher Klasse der Ereignis-Handler zugeordnet ist. Deshalb gilt auch für eine Routine, die durch ein Thread-Ereignis aufgerufen wurde: Steuerelemente, die hier manipuliert werden, können nur über *Invoke* manipuliert werden, damit sie innerhalb des UI-Threads verändert werden.

```
Private Sub MainThreadFinishedHandler()
    Console.WriteLine("MainThread beendet: " + Thread.CurrentThread.Name)
    Me.Invoke(New TSEnableControlsDelegate(AddressOf TSEnableControlsActually))
End Sub

Private Sub TSEnableControlsActually()
    btnBeenden.Enabled = True
    btnBenchmarkStarten.Enabled = True
End Sub

Private Sub btnBeenden_Click(ByVal sender As System.Object, ByVal e As System.EventArgs) Handles btnBeenden.Click
    'Nur schließen. OnClosing synchronisiert.
    Me.Close()
End Sub

Protected Overrides Sub OnClosing(ByVal e As System.ComponentModel.CancelEventArgs)
    'Falls eine TextBox-Ausgabe läuft, warten, bis diese abgeschlossen ist.
    'Sonst erfolgt die Ausgabe womöglich gerade zu der Zeit, wenn der Anwender
    'das Formular geschlossen hat. Dann wird die TextBox allerdings entladen,
    'ihr Handle zerstört, und die Ausgabe löst eine Ausnahme aus, weil sie das
    'zerstörte Handle der TextBox verwenden will.
    Do While Not myAutoResetEvent.WaitOne(1, True)
        Application.DoEvents()
    Loop
    'Ausgabe sicher --> jetzt erst abbrechen.
    myAbortAllThreads = True
End Sub

End Class
```

**TIPP:** Denkbar für die Lösung dieses Beispiels ist auch noch eine andere Vorgehensweise, die obendrein noch effektiver ist: Der Haupt-Thread könnte auf die *AutoResetEvent*-Objekte zum Warten auf das Beenden des Sortiervorgangs komplett verzichten und sich stattdessen selbst mit *Suspend* aussetzen, nachdem er das Sortieren angeworfen hat. Die Sortierroutinen könnten ihrerseits durch das Auslösen des »Fertig!«-Ereignisses einen Ereignis-Handler aufrufen, der den Haupt-Thread wieder in Gang und schließlich zum Abschluss bringt. Das Beispiel des folgenden Abschnittes, dessen Hauptaufgabe eigentlich die Demonstration des Thread-Pools ist, verdeutlicht diese Vorgehensweise nebenbei.

# Verwenden des Thread-Pools

In den bisherigen Beispielen haben Sie Threads als Instrumente kennen gelernt, die nur dann einmalig hervorgeholt werden, wenn man sie braucht. In Anwendungen, die unter Praxisbedingungen arbeiten, sieht das oft anders aus: Sicherlich lässt sich voraussagen, welche Threads in Anwendungen häufiger und welche weniger häufig benötigt werden; doch in jedem Fall macht es die Praxis notwendig – im Gegensatz zu den bislang gezeigten Beispielen – dass Thread-Objekte ständig erzeugt, verwendet, ausgesetzt und wieder zerstört werden; unter Umständen passiert das hunderte Male in einer komplexen Applikation.

Das Erstellen eines Threads gehört für das Betriebssystem mit zu den aufwändigeren Dingen, die es zu erfüllen hat. Schon das Erstellen eines Threads kostet, gerade wenn es für ständig sich wiederholende, kleinere Aufgaben zigfach wiederholt werden muss, wertvolle Ressourcen. Aus diesem Grund bedient man sich eines Tricks, wenn innerhalb einer Anwendung viele kleine

Threads eingesetzt werden sollen. Threads werden nicht ständig neu, sondern innerhalb eines so genannten Thread-Pools definiert. Wenn eine Anwendung einen Thread aus dem Thread-Pool anfordert, dann wird dieser beim ersten Mal zwar auch neu erstellt, doch anschließend nicht sofort wieder gelöscht, wenn die Anwendung ihn nicht mehr benötigt. Stattdessen bleibt seine Grunddefinition im Pool erhalten, und das Thread-Objekt muss nicht komplett neu erstellt werden, wenn die Anwendung es für eine andere Aufgabe benötigt. Sie muss lediglich die Adresse der neuen Arbeits-Thread-Prozedur angeben; ansonsten kann das Thread-Objekt des Thread-Pools weiterverwendet werden.

**HINWEIS:** Da Windows 98 keinen betriebssystemseitig verwalteten Thread-Pool kennt, übernimmt das Framework die Verwaltung dieses Pools. Diese Anmerkung sei nur zur Informationsvervollständigung nebenbei gegeben.

Das Anlegen eines Threads aus dem Thread-Pool gestaltet sich eigentlich noch simpler als das Anlegen eines Threads mit der herkömmlichen Thread-Klasse. Sie übergeben der statischen Methode *QueueUserWorkItem* lediglich die Adresse der Prozedur, die als Thread ausgeführt werden soll. Im Gegensatz zum normalen Thread können Sie der Thread-Routine sogar eine Variable vom Typ *Object* als Parameter mitgeben (optional, Sie müssen also nicht).

**HINWEIS:** Threads, die über den Thread-Pool erstellt werden, laufen als so genannte Hintergrund-Threads. Diese Threads haben eine besondere Eigenschaft: Wenn der Haupt- bzw. UI-Thread der Applikation endet, werden auch die Hintergrund-Threads automatisch beendet.

Zusammenfassend gesagt, haben also Thread-Pool-Threads die folgenden Vorteile:

- Sie benötigen keinen zusätzlichen Programmieraufwand, um sie vorzeitig beenden zu können, da sie als Hintergrund-Thread eingerichtet werden.
- Sie benötigen kein zusätzliches Delegate-Objekt (Startobjekt), um gestartet zu werden.
- Sie werden in einem Rutsch definiert und gestartet.
- Ihre benötigen Ressourcen lassen sich schneller reservieren, da intern die Thread-Instanz nicht gelöscht sondern nur »ruhiggestellt« wird und damit ohne Aufwand für andere Zwecke wiederverwendet werden kann.
- Der Arbeits-Thread-Routine kann einen Parameter vom Typ *Object* empfangen.

Allerdings gibt es auch Nachteile: Maximal stehen pro verfügbaren Prozessor 25 Threads im Thread-Pool zur Verfügung. Wenn Sie einen neuen Thread darüberhinaus anfordern, wartet die dafür zuständige Methode *QueueUserWorkItem* solange, bis ein zurzeit noch reserviertes Thread-Objekt des Pools wieder verfügbar ist.

Darüber hinaus können Sie einen Threadpool-Thread nicht mit *Suspend* oder *Sleep* aussetzen oder etwa mit *Abort* von außen abbrechen. Er lässt sich, da es keine Referenz auf ihn gibt, von außen überhaupt nicht steuern. Das bedeutet aber auch retrospektiv, dass ein Threadpool-Thread entweder läuft oder nicht – dazwischen gibt es nichts.

Auf den ersten Blick mag das unbedeutend sein. Allerdings nimmt dieses Verhalten einen anderen Stellenwert ein, wenn man bedenkt, was das für seine Praxistauglichkeit ausmacht: Ein Threadpool-Thread kann auf einfache Weise niemals auf einen anderen Thread warten, ohne richtig Prozessorleistung zu verbrauchen. Man mag geneigt sein, auf das Beenden eines anderen Threads beispielsweise mit dem folgenden Konstrukt

```
Do While Not myFlagDasDurchAnderenThreadGesetztWird
Loop
```

zu warten. Aber diese Vorgehensweise wäre grundfalsch, da sie natürlich erhebliche Prozessorleistung kostet. In solchen Fällen, in denen Sie innerhalb von Threads auf andere Threads warten müssen, sollten Sie von Threadpool-Threads lieber keinen Gebrauch machen. Stattdessen greifen Sie auf herkömmliche Thread-Objekte zurück, halten diese mit Suspend an und lassen die Threads, auf die gewartet werden muss, Ereignisse beim Beenden ihrer Aufgaben auslösen. Die Ereignisbehandlungsroutinen können anschließend den mit *Suspend* ausgesetzten Thread mit *Resume* wieder fortsetzen.

**HINWEIS:** Das folgende Beispiel demonstriert das Sortieren mit Threads aus dem Thread-Pool. Sie finden das Projekt dieses Beispiels im Verzeichnis der CD zum Buch unter dem Namen *SimpleThread* im Verzeichnis ..\*Threading\Thread Datenaustausch ThreadPool*. Da es weitestgehend dem vorherigen Beispiel entspricht, zeigt das folgende Codelisting nur die geänderten Stellen.

Betrachten wir zunächst das Codelisting des Sortier-Threads, der nunmehr auf einem Threadpool-Thread beruht (die eigentliche Sortierroutine ist in dieser Version aus Platzgründen ausgelassen).

```
Public Class SortArrayThreaded

    Public Event SortCompleted(ByVal sender As Object, ByVal e As SortCompletedEventArgs)
    Private myArrayToSort As ArrayList
    Private myTerminateThread As Boolean
    Private mySortingComplete As Boolean
    Private myThreadName As String

    'Konstruktor übernimmt die zu sortierende Liste. Der ThreadName hat nur
    'dokumentarischen Charakter.
    Sub New(ByVal ArrayToSort As ArrayList, ByVal ThreadName As String)
        myArrayToSort = ArrayToSort
        myThreadName = ThreadName
    End Sub

    'Thread starten.
    Public Sub StartSortingAsynchron()
        ThreadPool.QueueUserWorkItem(AddressOf SortArray)
    End Sub

    Private Sub SortArray(ByVal state As Object)
        Dim locSortCompletionStatus As SortCompletionStatus

        If Not myArrayToSort Is Nothing Then
            locSortCompletionStatus = Me.ShellSort()
        End If
        'Eine das Ereignis einbindenden Instanz mitteilen, dass der Thread beendet ist.
        RaiseEvent SortCompleted(Me, New SortCompletedEventArgs(locSortCompletionStatus, myThreadName))
    End Sub

    'Sortiert eine Arraylist, die IComparable-Member enthält.
    'Null-Werte oder inkompatible Typen werden nicht geprüft!
    Private Function ShellSort() As SortCompletionStatus
        'Aus Platzgründen ausgelassen.
    End Function
```

```vbnet
    Public ReadOnly Property ArrayList() As ArrayList
        Get
            Return myArrayToSort
        End Get
    End Property
End Class
```

Damit eine den Thread in Gang setzende Instanz weiß, welcher Thread beendet wurde, wenn mehrere Sortierungen gestartet werden, sind die Ereignisparameter in dieser Version leicht erweitert worden und geben nunmehr auch den Thread-Namen zurück:

```vbnet
'Dient nur der Ereignisübergabe, wenn Sie das SortCompleted-Ereignis
'nach Abbruch oder Abschluss des Sortierens auslösen wollen.
Public Class SortCompletedEventArgs
    Inherits EventArgs

    Private mySortCompletionStatus As SortCompletionStatus
    Private myThreadName As String

    Sub New(ByVal scs As SortCompletionStatus, ByVal ThreadName As String)
        mySortCompletionStatus = scs
    End Sub

    Public Property ThreadName() As String
        Get
            Return myThreadName
        End Get
        Set(ByVal Value As String)
            myThreadName = Value
        End Set
    End Property

    Public Property SortCompletionStatus() As SortCompletionStatus
        Get
            Return mySortCompletionStatus
        End Get
        Set(ByVal Value As SortCompletionStatus)
            mySortCompletionStatus = Value
        End Set
    End Property

End Class
```

Die wesentlichen Unterschiede im eigentlichen Arbeits-Thread beschränken sich auf das Warten des Sortierungsabschlusses. Während im vorherigen Beispiel eine Warteschleife einiges an Rechenzeit gekostet hat, wird der Arbeits-Thread hier komplett ausgesetzt. Erst die Ereignisbehandlungsroutine des *SortCompleted*-Ereignisses setzt den Arbeits-Thread wieder in Gang, der seine Aufgabe dann zu Ende führen kann:

```vbnet
Private Sub StartMainThread()

    Dim locStrings(cAmountOfElements - 1) As String
    Dim locGauge As New HighSpeedTimeGauge

    Dim locRandom As New Random(DateTime.Now.Millisecond)
    Dim locChars(cCharsPerString) As Char
```

```vb
        'Damit die Controls nach Abschluss des Sortierens auf dem Formular
        'wieder eingeschaltet werden können, muss der Haupt-Thread das Ende
        'der Sortierung mitbekommen. Deswegen: Ereignis
        AddHandler MainThreadFinished, AddressOf MainThreadFinishedHandler

        'String-Array erzeugen; hatten wir schon zig Mal...
        AddTBText("Erzeugen von " + cAmountOfElements.ToString + " Strings..." + vbNewLine)
        locGauge.Start()
        For locOutCount As Integer = 0 To cAmountOfElements - 1
                '.
                '.
                'Weggelassen wg. Platzmangel.
                '.
        Next
        locGauge.Stop()
        AddTBText("...in " + locGauge.DurationInMilliSeconds.ToString + " Millisekunden" + vbNewLine)
        AddTBText(vbNewLine)
        locGauge.Reset()

        If Not myUseTwoThread Then
            'Messung starten - hier wird mit nur einem Thread sortiert.
            locGauge.Start()
            Dim locFirstSortThread As New SortArrayThreaded(New ArrayList(locStrings), "1. SortThread")

            AddTBText("Sortieren von " + cAmountOfElements.ToString + " Strings mit einem Thread..." + vbNewLine)

            'Handler hinzufügen, der das Ende des Sortierens mitbekommt und dann wiederum
            'mySortCompletion hochzählt, damit die Warteschleife des Hauptthreads beendet werden kann.
            AddHandler locFirstSortThread.SortCompleted, AddressOf SortCompletionHandler

            'Los geht's!
            locFirstSortThread.StartSortingAsynchron()

            'Warten, bis der Sortier-Thread abgeschlossen ist.
            'mySortCompletion wird durch das SortCompletion-Ereignis hochgezählt
            'wenn es 1 erreicht hat, schmeißt der Ereignishandler diesen Thread wieder an.
            myThreadToRewake = Thread.CurrentThread
            Thread.CurrentThread.Suspend()

            'Handler wieder entfernen.
            RemoveHandler locFirstSortThread.SortCompleted, AddressOf SortCompletionHandler

            'Messung beenden.
            locGauge.Stop()
            AddTBText("...in " + locGauge.DurationInMilliSeconds.ToString + " Millisekunden" + vbNewLine)
            AddTBText(vbNewLine)
            'Array-List zurück-casten.
            locStrings = CType(locFirstSortThread.ArrayList.ToArray(GetType(String)), String())
        Else
            'Es soll mit zwei Threads sortiert werden.
                '.
                '.
                '.
    End Sub
```

Der Thread hält hier, nachdem er die Ereignisbehandlungsroutine eingerichtet und den Sortiervorgang gestartet hat, komplett an (siehe fett markierte Zeilen im Listing). Durch die folgende Ereignisroutine wird er wieder zum Leben erweckt, wenn der Sortiervorgang abgeschlossen wurde:

```
Private Sub SortCompletionHandler(ByVal sender As Object, ByVal e As SortCompletedEventArgs)
    mySortCompletion += 1
    If myUseTwoThread Then
        If mySortCompletion = 2 Then
            myThreadToRewake.Resume()
        End If
    Else
        If mySortCompletion = 1 Then
            myThreadToRewake.Resume()
        End If
    End If
End Sub
```

**HINWEIS:** Diese Version des Beispiels verzichtet der Einfachheit halber auf die Möglichkeit, den Thread vorzeitig abzubrechen. Darüber hinaus sollte die Anwendung – da es sich um eine *WinForms*-Anwendung handelt – auch nicht unbedingt den Threadpool verwenden, da auch .NET-WinForms-Anwendungen, um COM-kompatibel zu bleiben, im Single-Threaded-Apartment laufen. Der Threadpool hingegen wird im Multi-Threaded-Apartment eingerichtet. Zu diesem Thema sollten Sie auch die Ausführungen von ▶ Kapitel 7 lesen. Da das Programm aber keine COM-Komponente[6] nutzt, tut dies dem Beispiel keinen Abbruch.

# Thread-sichere Formulare in Klassen kapseln

Steuerelemente können von Threads aus nur durch deren *Invoke* thread-sicher bearbeitet werden – die vergangenen Abschnitte haben das in aller Ausführlichkeit gezeigt. Wenn Sie Ihre Formulare thread-sicher gestalten wollen, dann ist es das Beste, wenn Sie nach Möglichkeit die dazugehörigen Threads in den Formular-Klassen kapseln – etwa, wie es der ▶ Abschnitt »Datenaustausch zwischen Threads durch Kapseln von Threads in Klassen« ab Seite 616 gezeigt hat. Auch dabei gilt natürlich, dass Sie die Steuerelemente eines solchen Formulars aus seinen Arbeits-Threads heraus nur über *Invoke* verarbeiten dürfen.

Für einige Anwendungen kann es jedoch sinnvoll sein, dass ein Thread selbst ein Formular erstellt und es unter seine Verwaltung stellt. Denken Sie an die Beispiele, die Sie schon kennen gelernt haben: Einige der ersten Testprogramme haben auf eine *ADThreadSafeInfoBox*-Klasse zurückgegriffen, die die thread-sichere Ausgabe von Text in einem Formular erlaubte, obwohl an keiner Stelle die Instanzierung einer auf *Form* basierten Klasse erfolgte.

Wenn ein Thread völlig unabhängig vom dem ihn einbindenden Programm ein Formular erstellen will, hat er nur eine Chance: Er muss für das Formular (und alle weiteren, die dieses Formular aufruft), eine eigene Warteschlange implementieren.

Wenn Sie also eine komplette Klasse schaffen wollen, die einen Arbeits-Thread beinhaltet, der selbst auf ein Formular zugreifen muss, dann sind folgende Schritte nötig:

---

[6] COM-Komponenten nutzen Sie schneller, als Ihnen vielleicht lieb ist: Bei der Darstellung eines Datei-Öffnen-Dialogs, der zwar durch die entsprechenden .NET-Klassen gekapselt ist, nutzen Sie aber dennoch bereits eine COM-Komponente.

*Threading*

- Die den Thread startende Prozedur muss zunächst einen neuen Thread erstellen, der zum zusätzlichen UI-Thread wird.
- Dieser neue Thread instanziert dann das Hauptformular des neuen UI-Threads und bindet das Ereignis *Application.ThreadExit* ein.
- Mit *Application.Run* kann er nun im neu geschaffenen Thread eine Nachrichtenwarteschlange erstellen und die Instanz des Formulars an diese binden. Der Thread ist dann automatisch beendet, wenn der Anwender (oder eine andere Instanz) das gebundene Formular auf irgendeine Weise schließt.
- Für den Fall, dass die umgebende Applikation zuvor geschlossen wurde, löst das *Application*-Objekt das *ThreadExit*-Ereignis aus. Die Klasse muss in der Ereignisbehandlungsroutine dieses Ereignisses ein paar Aufräumarbeiten durchführen: Durch das eigentliche Programmende ist der zweite UI-Thread nämlich noch nicht ebenfalls automatisch abgeschlossen. Ein explizites *Application.ExitThread* wird an dieser Stelle noch notwendig, um den zweiten UI-Thread spätestens jetzt zu beenden.

Das folgende Beispiel geht sogar noch einen Schritt weiter, um absolute Unabhängigkeit zu erlangen: Es erstellt den zweiten UI-Thread im statischen Konstruktor der Klasse. Wenn eine andere Instanz die statische Funktion *TSWrite* (oder *TSWriteLine*) das erste Mal aufruft, um eine Ausgabe in das Statusfenster durchzuführen, sorgt der statische Konstruktor dafür, dass der neue UI-Thread erstellt wird. Die Ausgabe erfolgt dann anschließend in das nun vorhandene Fenster (durch ein einfaches *TextBox*-Steuerelement simuliert). Damit der Konstruktor dem neuen UI-Thread ein wenig Zeit gibt, in Gang zu kommen und das Formular zu instanzieren, und damit verhindert wird, dass *TSWrite(Line)* eine Ausgabe in ein Steuerelement durchführt, das noch nicht existiert, erfolgt die notwendige Synchronisierung mit einem *ManualResetEvent*-Objekt.

```
Imports System.Threading

Public Class ADThreadSafeInfoBox
    Inherits System.Windows.Forms.Form

#Region " Vom Windows Form Designer generierter Code "
    'Aus Platzgründen ausgelassen.
#End Region

    Private Shared myText As String
    Private Shared myInstance As ADThreadSafeInfoBox
    Private Shared myThread As Thread
    Private Shared myManualResetEvent As ManualResetEvent

    Private Delegate Sub TSWriteActallyDelegate()

    'Statischer Konstruktor erstellt neuen UI-Thread.
    Shared Sub New()
        myText = ""
        myManualResetEvent = New ManualResetEvent(False)
        CreateInstanceThroughThread()
    End Sub

    'Teil des Konstruktors; könnte theoretisch auch von
    'anderswo in Gang gesetzt werden. Diese Routine erstellt
    'den neuen UI-Thread und startet ihn...
```

```vb
Private Shared Sub CreateInstanceThroughThread()
    myThread = New Thread(New ThreadStart(AddressOf CreateInstanceThroughThreadActually))
    myThread.Name = "2. UI-Thread"
    myThread.Start()
End Sub

'...und der neue UI-Thread erstellt jetzt das Formular
'und bindet es an eine neue Nachrichtenwarteschlange.
Private Shared Sub CreateInstanceThroughThreadActually()
    'Instanz des Formulars erstellen
    myInstance = New ADThreadSafeInfoBox
    'Wir müssen auf jeden Fall wissen, wann die Hauptapplikation (der Haupt-UI-Thread) geht
    AddHandler Application.ThreadExit, AddressOf ThreadExitHandler
    'Und wir müssen wissen, ab wann das Formular wirklich existiert;
    'vorher dürfen keine Ausgaben ins Formular erfolgen.
    AddHandler myInstance.HandleCreated, AddressOf HandleCreatedHandler
    'Und wir müssen wissen, abwann nicht mehr. Für dieses Beispiel ist dieses Ereignis nicht soooo wichtig.
    AddHandler myInstance.HandleDestroyed, AddressOf HandleDestroyedHandler
    'Hier wird die Warteschlange gestartet.
    Application.Run(myInstance)
End Sub

'Dieser Ereignis-Handler wird aufgerufen, wenn das Hauptprogramm beendet wird.
'Der zweite UI-Thread wird damit beendet.
Private Shared Sub ThreadExitHandler(ByVal sender As Object, ByVal e As EventArgs)
    Console.WriteLine("ThreadExit")
    'Keine TextBox mehr vorhanden:
    ' Synchronisationsvoraussetzung für TSWrite schaffen.
    myManualResetEvent.Reset()
    myInstance.Close()
    Application.ExitThread()
End Sub

'TSWrite signalisieren, dass die Ausgabe in die TextBox jetzt sicher ist,
'da das Formular-Handle erstellt wurde.
Private Shared Sub HandleCreatedHandler(ByVal sender As Object, ByVal e As EventArgs)
    Console.WriteLine("HandleCreated")
    myManualResetEvent.Set()
End Sub

'Vielleicht später mal wichtig; hier nur zur Demo.
Private Shared Sub HandleDestroyedHandler(ByVal sender As Object, ByVal e As EventArgs)
    'Nur für Testzwecke.
    Console.WriteLine("HandleDestroyed")
End Sub

'Nutzt TSWrite; siehe dort.
Public Shared Sub TSWriteLine(ByVal Message As String)
    SyncLock (GetType(ADThreadSafeInfoBox))
        Message += vbNewLine
        TSWrite(Message)
    End SyncLock
End Sub

'Ausgabe ohne neue Zeile.
Public Shared Sub TSWrite(ByVal Message As String)
```

```vb
        SyncLock (GetType(ADThreadSafeInfoBox))
            'Synchronisierung: Wenn nach 500 Millisekunden
            'keine TextBox vorhanden ist --> Befehl ignorieren.
            If Not myManualResetEvent.WaitOne(500, True) Then
                Exit Sub
            End If
            myText += Message
            myInstance.Invoke(New TSWriteActallyDelegate(AddressOf TSWriteActually))
        End SyncLock
    End Sub

    'thread-sichere Ausgabe in die TextBox mit Invoke.
    Private Shared Sub TSWriteActually()
        myInstance.txtOutput.Text = myText
        myInstance.txtOutput.SelectionStart = myText.Length - 1
        myInstance.txtOutput.ScrollToCaret()
    End Sub
End Class
```

# 12 Attribute und Reflection

| | |
|---|---|
| 636 | Genereller Umgang mit Attributen |
| 639 | Einführung in Reflection |
| 644 | Erstellung und Erkennung benutzerdefinierter Attribute zur Laufzeit |
| 647 | ADAutoReportView-Steuerelement als Beispiel |

Wenn Sie größere Anwendungen entwickeln, kommen Sie an Attributen nicht vorbei. Im Laufe dieses Buches konnten Sie diese Tatsache schon an zahlreichen Stellen feststellen. Attribute sind besondere Klassen, die keine spezielle Funktion ausführen, sondern nur ein Hinweis für eine andere Instanz sind, ein bestimmtes Element Ihrer Anwendung auf besondere Weise zu behandeln.

Sie können nicht nur auf die im Framework vorhandenen Attribute zurückgreifen, sondern auch eigene Attributklassen entwerfen. In diesem Fall müssen Sie allerdings auch Techniken beherrschen, die das Erkennen von Attributen zur Laufzeit ermöglichen – und an dieser Stelle kommt Reflection ins Spiel.

Die Reflection-Techniken im Framework stellen im Prinzip den Psychologen Ihres Programms dar, und sie helfen Ihnen, Informationen über bestimmte Assemblies, Klassen, Methoden, Eigenschaften und weitere Elemente zur Laufzeit Ihres Programms zu erhalten. Zu diesen Elementen gehören auch Attribute. Wenn Sie herausfinden wollen, ob eine bestimmte Methode einer Klasse oder Klasseninstanz beispielsweise mit einem bestimmten Attribut ausgestattet ist, verwenden Sie die Techniken der Reflection, um diese Attribute zu ermitteln. Gerade benutzerdefinierte Attribute und Reflection sind also zwei Themenbereiche, die eng miteinander verknüpft sind, und aus diesem Grund finden Sie diese beiden Themen auch als ein einziges Kapitel an dieser Stelle.

Damit klarer wird, welche enormen Möglichkeiten Ihnen Attribute und Reflection bieten können, finden Sie im Folgenden ein paar praktische Beispiele:

- Sie möchten, dass eine bestimmte Klasse Ihrer Datenbankanwendung automatisch die vorhandenen Datenbankfelder synchronisiert: Bestimmte Klassen sollen Tabellen darstellen, die Eigenschaften dieser Klassen die Datenfelder. Durch Attribute hätten Sie die Möglichkeit, diese Klassen zu kennzeichnen und die Datenbankdatei zur Laufzeit zu synchronisieren.
- Formulare könnten sich in Abhängigkeit bestimmter Klassen selber erstellen und die Eingabe bzw. Änderung einer Klasseninstanz übernehmen.

- Eine Ableitung des *ListView*-Steuerelements könnte ein Array mit Instanzen besonders gekennzeichneter Klassen automatisch anzeigen. Attribute würden bestimmen, welche Eigenschaften eines Array-Elementes als Spalte verwendet würden. Die Reihenfolge der Spalten ließe sich durch weitere Attribute bestimmen. Dieses Beispiel finden Sie übrigens am Ende dieses Kapitels als Steuerelement realisiert.

Sie sehen: Beispiele gibt es viele, und vielleicht ahnen Sie schon, welch mächtiges Werkzeug Ihnen das Framework mit Attributen und Reflection in die Hände legt.

## Genereller Umgang mit Attributen

Wie in der Einführung schon kurz angerissen, und wie Sie es in den zahlreichen vergangenen Beispielprogrammen schon zigfach gesehen haben, werden Attribute ganz anders als herkömmliche Klassen verwendet (wenn sie auch auf dieselbe Weise erstellt werden). Attribute statten Klassen oder Prozeduren mit besonderen Eigenschaften aus. Genauso, wie die Verwendung von **Fettschrift innerhalb eines Absatzes dieses Buches** selbst nicht den Sinn des Geschriebenen verändert, so erfüllt das Attribut Fettschrift dennoch seinen Zweck: Es ist der Hinweis für Sie, die so markierte Textstelle aufmerksam zu lesen.

Attribute »markieren« eine Klasse oder eine Prozedur in Visual Basic, indem sie in Kleiner-/Größerzeichen eingeschlossen vor die Klassen- bzw. Prozedurdefinition gesetzt werden, etwa:

```
<MeinAttribute(MöglicherParameter)> Class MeineKlasse

End Class
```

Da Zeilen, in denen Attribute verwendet werden, auf diese Weise unnötig lang und damit schlecht lesbar sind, verwendet man in Visual Basic üblicherweise das *Underscore*-Zeichen (»_«), um die Zeile umzubrechen:

```
<MeinAttribute(MöglicherParameter)> _
Class MeineKlasse

End Class
```

**HINWEIS:** Achten Sie bei der Verwendung des Umbruchzeichens darauf, dass vor dem Umbruchzeichen ein Leerzeichen platziert wird!

Die Auswirkungen, die ein Attribut auf etwas hat, werden nicht durch die Attribut-Klasse gesteuert, sondern ausschließlich von den Instanzen, die die Elemente unter die Lupe nehmen, die mit Attributen versehen sind. Attributklassen sind in der Regel Klassen, die keine wirkliche Funktionalität zur Verfügung stellen; sie dienen lediglich als Container für Informationen. Behalten Sie diese wichtige Aussage im Hinterkopf, wenn Sie den Einsatz von Attributen planen.

**WICHTIG:** Attributklassen enden grundsätzlich auf den Namen ... *Attribute*. Dennoch müssen Sie den Namenszusatz *Attribute* nicht mit angeben, um eine *Attribute*-basierende Klasse für Kennzeichnungszwecke zu verwenden.

### Einsatz von Attributen am Beispiel von ObsoleteAttribute

Ein Beispiel soll das verdeutlichen: Die *ObsoleteAttribute*-Klasse dient beispielsweise dazu, eine Prozedur oder Klasse als »überholt« (versionstechnisch) zu kennzeichnen. Gesetzt den Fall, Sie haben vor einem Jahr eine Klassenbibliothek für .NET entwickelt, die Sie Ihren Kunden nun in erweiterter und überarbeiteter Form zugänglich machen wollen. Im Rahmen der Umbauarbeiten haben Sie festgestellt, dass Sie bestimmte Funktionen nicht mehr benötigen, weil Ihre Klassenbibliothek entweder sehr viel automatisierter arbeiten kann oder es Sinn ergibt, bestimmte Funktionen durch neuere Funktionen zu ersetzen, da diese viel effizienter arbeiten.

Natürlich können Sie in der neuen Version die alten, überflüssigen Funktionen nicht einfach entfernen. Würde der Anwender Ihrer Klassenbibliothek nämlich anschließend sein Programm mit der neuen Version kompilieren, wären Fehlfunktionen vorprogrammiert (das Programm ließe sich wahrscheinlich gar nicht erst kompilieren). Mit Hilfe des *Obsolete*-Attributes können Sie den Entwickler aber gefahrlos darauf aufmerksam machen, eine bestimmte Funktion nicht mehr zu verwenden. Sie setzen in diesem Fall das *ObsoleteAttribute* vor die entsprechende Klasse/Prozedur und geben zusätzlich eine Hinweismeldung an.

**HINWEIS:** Sie finden das folgende Beispielprojekt unter ..\*Attribute Reflection\AttributDemo* im Verzeichnis der CD zum Buch.

Bei diesem Beispielprogramm kommt es gar nicht darauf an, das Programm zu starten. Wenn Sie es geladen haben, betrachten Sie vielmehr den Quellcode und wie die Aufgabenliste auf die Verwendung einer bestimmten Eigenschaft reagiert:

```
Module mdlMain

    Sub Main()

        Dim locTestKlasse As New TestKlasse("Dies ist ein Test")
        Console.WriteLine(locTestKlasse.AlteEigenschaft)
        Console.WriteLine(locTestKlasse.NeueEigenschaft)
        Console.ReadLine()

    End Sub
End Module

Public Class TestKlasse
    Dim myEigenschaft As String

    Sub New(ByVal einString As String)
        myEigenschaft = einString
    End Sub

    'Alte Version. Diese Eigenschaft ist obsolet.
    <Obsolete("Sie sollten die AlteEigenschaft-Eigenschaft nicht mehr verwenden. " + _
            "Verwenden Sie stattdessen NeueEigenschaft")> _
    Property AlteEigenschaft() As String
        Get
            Return myEigenschaft
        End Get
        Set(ByVal Value As String)
            myEigenschaft = Value
        End Set
    End Property
```

```
    Property NeueEigenschaft() As String
        Get
            Return myEigenschaft
        End Get
        Set(ByVal Value As String)
            myEigenschaft = Value
        End Set
    End Property
End Class
```

Die Eigenschaft *AlteEigenschaft* der Klasse *TestKlasse* ist hier im Beispiel mit dem *Obsolete*-Attribut ausgestattet. Der Visual Basic Compiler erkennt dieses Attribut und zeigt in der Aufgabenliste eine Warnung, die den Entwickler auf diese Tatsache hinweist. Die *ObsoleteAttribute*-Klasse selbst hat aber nichts mit der Ausgabe des Textes zu tun, außer, dass sie den Text, der ausgegeben werden soll, zur Verfügung stellt. Die eigentliche Ausgabe des Textes erfolgt vom Visual Basic Compiler bzw. von der Entwicklungsumgebung.

**TIPP:** Obwohl die *ObsoleteAttribut*-Klasse im Beispiel zur Kennzeichnung der *AlteEigenschaft*-Eigenschaft verwendet worden ist, lässt sich die Eigenschaft verwenden und das Programm damit auch kompilieren und starten. Wenn Sie möchten, dass der Einsatz einer veralteten Eigenschaft zum Compiler-Fehler führt, der dafür sorgt, dass sich das Programm nicht mehr starten lässt, ändern Sie hinter dem Meldungsstring im *ObsoleteAttribute*-Konstruktor den zweiten (*booleschen*) Parameter in *True*, der die Kompilierung des Programms verhindert, das diese alte Version der Eigenschaft verwendet.

## Die speziell in Visual Basic verwendeten Attribute

Die wichtigsten Attribute haben Sie im Laufe der vergangenen Kapitel themenbezogen schon kennen gelernt. Es gibt allerdings einige spezielle Attribute für Visual Basic selbst,[1] die in der folgenden Tabelle zusammengefasst sind:

| Attribut | Zweck |
|---|---|
| COMClassAttribute-Klasse | Weist den Compiler an, die Klasse als COM-Objekt anzuzeigen. Spezifisch für Visual Basic .NET. |
| VBFixedStringAttribute-Klasse | Gibt die Größe einer Zeichenfolge mit fester Länge in einer Struktur an, die mit Dateiein- und -ausgabefunktionen verwendet werden soll. Spezifisch für Visual Basic .NET. |
| VBFixedArrayAttribute-Klasse | Gibt die Größe eines festen Arrays in einer Struktur an, die mit Dateiein- und -ausgabefunktionen verwendet werden soll. Spezifisch für Visual Basic .NET. |
| WebMethodAttribute-Klasse | Ermöglicht das Aufrufen einer Methode mit dem SOAP-Protokoll. Wird in XML-Webdiensten verwendet. |
| SerializableAttribute-Klasse | Gibt an, dass eine Klasse serialisiert werden kann. |
| MarshalAsAttribute-Klasse | Stellt fest, wie ein Parameter zwischen dem verwalteten Code von Visual Basic .NET und nicht verwaltetem Code z. B. einer Windows-API gemarshallt werden soll. Wird von der Common Language Runtime verwendet. ▶ |

---

[1] Das bedeutet nicht, dass Sie nur diese Attribute in Visual Basic verwenden dürfen. Sie können natürlich alle Attribute des Frameworks auch in Ihren eigenen Visual-Basic-Anwendungen verwenden. Um eine Liste aller im Framework enthaltenen Attribute zu erhalten, rufen Sie die Online-Hilfe für die *Attribute*-Klasse auf und lassen sich anschließend alle abgeleiteten Klassen anzeigen.

| Attribut | Zweck |
|---|---|
| AttributeUsageAttribute-Klasse | Gibt die Verwendungsweise eines Attributs an. |
| DllImportAttribute-Klasse | Gibt an, dass die attributierte Methode als Export aus einer nicht verwalteten DLL implementiert ist. |

*Tabelle 12.1: Die speziellen Visual-Basic-Attribute*

# Einführung in Reflection

Bevor wir im nächsten Schritt die beiden Themengebiete Reflection und Attribute miteinander verheiraten, lassen Sie uns zunächst einen Blick auf die Möglichkeiten der Reflection-Klassen selbst werfen.

Reflection selbst ist, wie am Anfang des Kapitels schon kurz zu erfahren war, der Oberbegriff für Techniken, die es einem Programm ermöglichen, etwas über Klassen zu erfahren, Klassen zu analysieren und auch Instanzen von Klassen programmtechnisch zu erstellen.

Natürlich ist es keine Kunst, eine Klasse programmtechnisch zu erstellen. Sie machen das immer, wenn Sie den Konstruktor eine Klasse verwenden. Aber darum geht es in diesem Fall auch gar nicht. Es geht darum, Klassen zu verwenden, von denen das Programm zum Zeitpunkt, zu dem es gestartet wird, noch nichts weiß.

Angenommen, Sie möchten eine Funktion zur Verfügung stellen, die ein beliebiges Objekt als Parameter übernimmt und den Wert jeder einzelnen Eigenschaft auf dem Bildschirm ausgibt. Mit herkömmlichen Mitteln könnten Sie dieses Vorhaben nicht realisieren, denn: Da Sie im Vorfeld nicht wissen, welchen Objekttyp Sie zu erwarten haben, kennen Sie dessen Eigenschaftennamen auch nicht. Folglich können Sie die Werte dieser Eigenschaften auch nicht abrufen.

Sie müssen also Mittel und Wege finden, ein Objekt zu analysieren und zunächst zu ermitteln, über welche Eigenschaften es verfügt. Erst im zweiten Schritt können Sie, wenn Ihr Programm die Namen der Eigenschaften herausgefunden hat, die Inhalte der Eigenschaften herausfinden und schließlich auf dem Bildschirm ausgeben.

**HINWEIS:** Das Programm, das zu diesen Schritten in der Lage ist, wurde bereits entwickelt. Es befindet sich unter ..\Attribute Reflection\Reflection1 im Verzeichnis der CD zum Buch.

Zentraler Bestandteil dieses Programms ist die *Adresse*-Klasse, die Sie aus vergangenen Kapiteln kennen. Die *Main*-Prozedur dieser Konsolenanwendung macht nichts weiter, als eine neue *Adresse*-Instanz zu erstellen und die Untersuchungsergebnisse im Konsolenfenster darzustellen, etwa wie im folgenden Bildschirmauszug zu sehen:

```
Attribute der Klasse:Reflection.Adresse
Standardattribute:
    *AutoLayout, AnsiClass, NotPublic, Public, Serializable

Member-Liste:
    *GetHashCode, Method
    *Equals, Method
    *ToString, Method
    *get_Name, Method
    *set_Name, Method
    *get_ErfasstAm, Method
    *get_ErfasstVon, Method
```

```
*get_BefreundetMit, Method
*set_BefreundetMit, Method
*get_Vorname, Method
*set_Vorname, Method
*get_Straße, Method
*set_Straße, Method
*get_PLZOrt, Method
*set_PLZOrt, Method
*ToStringShort, Method
*GetType, Method
*.ctor, Constructor
*Name, Property
 Wert: Halek
*ErfasstAm, Property
 Wert: 12.04.2004 09:06:27
*ErfasstVon, Property
 Wert: Administrator
*BefreundetMit, Property
 Wert: System.Collections.ArrayList
*Vorname, Property
 Wert: Gaby
*Straße, Property
 Wert: Buchstraße 223
*PLZOrt, Property
 Wert: 32154 Autorhausen
```

Sie sehen, dass dieses Programm nicht nur in der Lage ist, eine (fast) vollständige Member-Liste der übergebenden Objekt-Instanz zu ermitteln; es kann darüber hinaus auch die Inhalte der Eigenschaften des Objektes anzeigen.

Bevor wir die Funktionsweise dieses Programms genauer unter die Lupe nehmen, lassen Sie mich zunächst ein paar Grundlagen zum Thema Typen und Reflection zwecks späteren besseren Verständnisses klären.

## Die Type-Klasse als Ausgangspunkt für alle Typenuntersuchungen

Den Schlüssel dazu bilden Klassen und Methoden, die Sie im *Reflection*-Namesspace vom Framework finden. Ausgangspunkt für alle Reflection-Operationen bildet dabei die so genannte *Type*-Klasse, die den Typ einer Objektvariablen zur Laufzeit ermitteln kann.

Die *Type*-Klasse selbst können Sie nicht instanzieren, da sie eine abstrakte Klasse darstellt. Sie können sie aber verwenden, um den Typ eines bestehenden Objekts zu ermitteln und festzuhalten. Zwar gehört die *Type*-Klasse selbst nicht zum Reflection-Namensbereich – Sie benötigen sie aber, um mit weiteren Klassen dieses Namensbereichs und deren Funktionen Informationen über die jeweilige Typdeklaration eines zu untersuchenden Objektes abzurufen, z.B. Konstruktoren, Methoden, Felder, Eigenschaften und Ereignisse. Auch Informationen über Modul und Assembly, in denen die Klasse bereitgestellt wird, lassen sich anschließend mit diesen Funktionen ermitteln.

Jedes Objekt im Framework stellt eine *GetType*-Funktion zur Verfügung, mit der ihr zugrunde liegendes *Type*-Objekt ermittelt werden kann. Darüber hinaus können Sie mit der statischen Funktionsvariante auch ein *Type*-Objekt erstellen, wenn nur der voll qualifizierte Name des Typs bekannt ist. Mit *TypeOf* in Zusammenhang mit dem *Is*-Operator können Sie einen Typenvergleich durchführen. Die folgenden Codeauszüge demonstrieren den generellen Einsatz dieser Funktionen:

```
'Ein paar Type-Experimente:
Dim locTest As New Adresse("Klaus", "Löffelmann", "Urlaubsgasse 17", "59555 Lippende")
Dim locType1, locType2 As Type
locType1 = locTest.GetType

'Wichtig: Vollqualifizierte Namensangabe ist hier erforderlich;
'der vollständige Namespace-Name (nicht: Assembly-Name!!!) muss
'also mit angegeben werden.
locType2 = Type.GetType("ReflectionDemo.Adresse")

'Zwei Typobjekte miteinander vergleichen:
Console.WriteLine("Der Typ " + locType1.FullName + _
    CStr(IIf(locType1 Is locType2, " entspricht ", " entspricht nicht ")) + _
    "dem Typ " + locType2.FullName)

'So geht's auch; TypeOf funktioniert aber nur in Zusammenhang mit dem
'Is-Operator:
If TypeOf locTest Is ReflectionDemo.Adresse Then
    Console.WriteLine("Adresse-Typ erkannt!")
Else
    Console.WriteLine("Adresse-Typ nichtr erkannt!")
End If
Console.ReadLine()
```

Dieses Programm würde die folgende Ausgabe produzieren:

```
Der Typ ReflectionDemo.Adresse entspricht dem Typ ReflectionDemo.Adresse
Adresse-Typ erkannt!
```

**HINWEIS:** Dieser Codeschnippsel ist ebenfalls im besprochenen Beispielprojekt vorhanden (direkt im Anschluss an die *Main*-Prozedur, die mit *Exit Sub* endet). Möchten Sie mit ihm experimentieren, kommentieren Sie das *Exit Sub* einfach aus.

Wenn Sie auf diese Weise ein *Type*-Objekt ermittelt haben, können Sie mit Hilfe seiner Funktionen weitere Informationen über den entsprechenden Typen erhalten.

## Klassenanalysefunktionen, die ein Type-Objekt bereitstellt

Die folgende Tabelle gibt Ihnen einen Überblick über die wichtigsten Funktionen und Klassentypen, die von der *Type*-Klasse bereitgestellt werden und die dazu dienen, nähere Informationen zum entsprechenden Typ zu erhalten:

| Funktion der Type-Klasse | Aufgabe |
| --- | --- |
| Assembly | Ruft die Assembly ab, in der der Typ definiert ist. Rückgabetyp: *System.Reflection.Assembly* |
| AssemblyQualifiedName | Ruft den voll qualifizierten Assembly-Namen ab. Rückgabetyp: *String* |
| Attributes | Ruft eine Bitkombination (*Flags-Enum*) ab, die Auskunft über alle nicht-benutzerdefinierten Attribute gibt. Rückgabetyp: *TypeAttributes* |
| BaseType | Ruft den Typ ab, von dem der angegebene Typ direkt vererbt wurde. Rückgabetyp: *Type* |
| FullName | Ruft den voll qualifizierten Namen des angegebenen Typs ab. Rückgabetyp: *String* |

| Funktion der Type-Klasse | Aufgabe |
|---|---|
| GetCustomAttributes | Ruft ein Array mit allen benutzerdefinierten Attributen ab. Wurden für den Typ keine benutzerdefinierten Attribute definiert, wird *Nothing* zurückgegeben. Rückgabetyp: *Object()* |
| GetEvent | Ruft das *EventInfo*-Objekt eines bekannten Ereignisses ab. Der Ereignisname wird als String übergeben. Rückgabetyp: *EventInfo* |
| GetEvents | Ruft eine Liste (als Array) mit allen Ereignissen des Objektes ab. Rückgabetyp: *EventInfo()* |
| GetField | Ruft das *FieldInfo*-Objekt eines bekannten öffentlichen Feldes ab. Der Feldname wird als String übergeben. Rückgabetyp: *FieldInfo* |
| GetFields | Ruft eine Liste (als Array) mit allen öffentlichen Feldern des Objektes ab. Rückgabetyp: *FieldInfo()* |
| GetMember | Ruft das *MemberInfo*-Objekt eines bekannten *Members* des Objektes an. Ein *Member* ist eine Oberkategorie eines Objektelementes, wie eine Eigenschaft, eine Methode, ein Ereignis oder ein Feld. Mit der *MemberType*-Eigenschaft eines *MemberInfo*-Objektes können Sie feststellen, um was für ein Objektelement es sich handelt. Rückgabetyp: *MemberInfo* |
| GetMembers | Ruft eine Liste (als Array) aller Elemente (*Member*) des Objektes ab. Rückgabetyp: *MemberInfo()* |
| GetProperty | Ruft das *PropertyInfo*-Objekt einer bekannten Eigenschaft ab. Der Eigenschaftenname wird als String übergeben. Rückgabetyp: *PropertyInfo* |
| GetProperties | Ruft eine Liste (als Array) aller Eigenschaften des Objektes ab. Rückgabetyp: *PropertyInfo()* |

***Tabelle 12.2:*** *Die wichtigsten Funktionen, mit denen Sie Informationen über einen Typ abrufen können*

Mit diesen Informationen können wir nun das Beispielprogramm betrachten. Es nutzt im Wesentlichen die *GetMembers*-Funktion des *Type*-Objektes, um die Informationen über ein beliebiges Objekt zu ermitteln:

```
Module mdlMain
    Sub Main()
        Dim locAdresse As New Adresse("Gaby", "Halek", "Buchstraße 223", "32154 Autorhausen")
        PrintObjectInfo(locAdresse)
        Console.ReadLine()
    End Sub

    Sub PrintObjectInfo(ByVal [Object] As Object)
        'Den Objekttypen ermitteln, um auf die Objektinhalte zuzugreifen.
        Dim locTypeInstanz As Type = [Object].GetType
        'Die nicht benutzerdefinierten Attribute ausgeben:
        Console.WriteLine("Attribute der Klasse:" + locTypeInstanz.FullName)
        Console.WriteLine("Standardattribute:")
        Console.WriteLine("    *" + locTypeInstanz.Attributes.ToString())
        Console.WriteLine()
        'Member und deren mögliche Attribute ermitteln.
        Dim locMembers() As MemberInfo
        locMembers = locTypeInstanz.GetMembers()
        Console.WriteLine("Member-Liste:")
        For Each locMember As MemberInfo In locMembers
            Console.WriteLine("    *" + locMember.Name + ", " _
                + locMember.MemberType.ToString)
            If locMember.GetCustomAttributes(True).Length > 0 Then
                Console.WriteLine("     " + New String("-"c, locMember.Name.Length))
```

```
        End If

        If locMember.MemberType = MemberTypes.Property Then
            Dim locPropertyInfo As PropertyInfo = CType(locMember, PropertyInfo)
            Console.WriteLine("    Wert: " + locPropertyInfo.GetValue([Object], Nothing).ToString)
        End If
    Next
  End Sub
End Module
```

**TIPP:** Wenn Sie alle Elemente eines Typs ermitteln wollen, verwenden Sie die Funktion *Get-Members*, wie hier im Beispiel gezeigt (erster in Fettschrift gesetzter Block). Sie können anschließend *MemberType* jedes einzelnen Elementes überprüfen, um herauszufinden, um was für einen Elementetyp es sich genau handelt (Eigenschaft, Methode etc.).

**HINWEIS:** Beachten Sie auch, dass zu jeder Eigenschaft auch Methoden existieren. Framework-intern werden Eigenschaften wie solche behandelt, sie bekommen dann entweder das Präfix *set_* oder *get_* verpasst, um die Zugriffsart unterscheiden zu können. Aus diesem Grund finden Sie in der Elementeliste, die Sie mit *GetMembers* ermitteln, drei Elemente für jede Eigenschaft (zwei Methoden, eine Eigenschaft – Voraussetzung dafür ist natürlich, dass es sich dabei nicht um eine Nur-Lesen- oder um eine Nur-Schreiben-Eigenschaft handelt).

## Objekthierarchie von MemberInfo und Casten in den spezifischen Info-Typ

*MemberInfo* ist die Basisklasse für alle spezifischeren Reflection-*XXXInfo*-Objekte. Von ihr abgeleitet sind:

- *EventInfo* zur Speicherung von Informationen über Ereignisse,
- *FieldInfo* zur Speicherung von Informationen über öffentliche Felder einer Klasse,
- *MethodInfo* zur Speicherung von Informationen über Methoden einer Klasse,
- *PropertyInfo* zur Speicherung von Informationen über die Eigenschaften einer Klasse.

Wenn Sie Informationen über eine Klasse oder ein Objekt mit der *GetMembers*-Funktion ermitteln, dann sind die spezifischeren Info-Objekte in den einzelnen *MemberInfo*-Objekten des *MemberInfo*-Arrays geboxed. Sie können sie mit einer *CType* oder *DirectCast*-Anweisung in den eigentlichen Infotyp zurückwandeln, um auf spezielle Eigenschaften des Infotyps zugreifen zu können, etwa mit:

```
If locMember.MemberType = MemberTypes.Property Then
    Dim locPropertyInfo As PropertyInfo = CType(locMember, PropertyInfo)
End If
```

## Ermitteln von Eigenschaftwerten über PropertyInfo zur Laufzeit

Wenn Sie auf die beschriebene Weise ein *PropertyInfo*-Objekt ermittelt haben, können Sie auch den eigentlichen Wert der Eigenschaft abrufen. Voraussetzung dafür ist, dass es einen entsprechenden Typ gibt, der zuvor instanziert wurde. Sie verwenden dazu die *GetValue*-Methode des *PropertyInfo*-Objektes. Das Beispielprogramm verwendet diese Vorgehensweise, um den aktuellen Inhalt einer Eigenschaft als Text anzuzeigen.

**TIPP:** Da jede Klasse über eine zumindest standardmäßig implementierte *ToString*-Funktion verfügt, ist die Ermittlung des Wertes als String sicher. Inwieweit *ToString* ein brauchbares Ergebnis zurückliefert, hängt natürlich von der Implementierung der *ToString*-Methode des jeweiligen Objektes ab.

Ein Beispiel für die Ermittlung von Eigenschafteninhalten von Objekten zuvor nicht bekannten Typs finden Sie ebenfalls im Beispielprogramm:

```
If locMember.MemberType = MemberTypes.Property Then
    Dim locPropertyInfo As PropertyInfo = CType(locMember, PropertyInfo)
    Console.WriteLine("     Wert: " + locPropertyInfo.GetValue([Object], Nothing).ToString)
End If
```

*GetValue* erfordert mindestens zwei Parameter: Der erste Parameter bestimmt, von welchem Objekt die angegebene Eigenschaft ermittelt werden soll. Da es Eigenschaften mit Parametern gibt, übergeben Sie im zweiten Parameter ein *Object*-Array, das diese Parameter enthält. Wenn die Eigenschaft parameterlos verwendet wird, übergeben Sie *Nothing* als zweiten Parameter, wie im Beispiel zu sehen.

# Erstellung und Erkennung benutzerdefinierter Attribute zur Laufzeit

Neben der manuellen Serialisierung von Daten ist das Erkennen und Reagieren auf benutzerdefinierte Attribute zur Laufzeit die wohl häufigste Anwendung von Reflection-Techniken. Attribute dienen, wie eingangs erwähnt, zur Kennzeichnung von Klassen oder Klassenelementen; Attributklassen erfüllen in der Regel aber keine weitere wirkliche Funktionalität, da nur in seltenen Fällen ihr Klassencode ausgeführt wird.

**HINWEIS:** Ein um die Demonstration von Attributen erweitertes Beispiel befindet sich unter *..\Attribute Reflection\Reflection2* im Verzeichnis der CD zum Buch.

Innerhalb der Codedatei *mdlMain* finden Sie die Definition einer *Attribute*-Klasse, die folgendermaßen ausschaut.

```
'Benutzerdefiniertes Attribut erstellen.
<AttributeUsage(AttributeTargets.All)> Public Class MeinAttribute
    Inherits Attribute
    Private myName As String

    Public Sub New(ByVal name As String)
        myName = name
    End Sub 'New

    Public ReadOnly Property Name() As String
        Get
            Return myName
        End Get
    End Property
End Class
```

Zwei Sachen fallen hier auf: Zum einen ist der Klassenname nicht wirklich deutsch (Attribut wird im Deutschen nicht mit »e« am Ende geschrieben). Achten Sie aber darauf, wenn Sie selber *Attribute*-Klassen entwerfen, dass die Klassen grundsätzlich »... Attribute« enden. Der

Entwickler, der das Attribut anschließend verwendet, kann in diesem Fall den verkürzten Namen verwenden. Anstelle von *MeinAttribute* reichte also die Angabe von *Mein*.

Die zweite Auffälligkeit: Eine *Attribute*-Klasse kann für den Gebrauch von nur bestimmen Elementen einer Klasse reglementiert werden, und dazu dient *AttributeUsageAttribute*. Sie bestimmen, wie im oben gezeigten Beispielcode, mit der *AttributeTargets*-Enum, für welche Elemente einer Klasse Ihre *Attribute*-Klasse zutreffend ist.

Wichtig ist auch, dass Sie eine benutzerdefinierte *Attribute*-Klasse mit *Inherits* von der *Attribute*-Basisklasse ableiten, damit die Reflection-Funktionen sie später überhaupt als *Attribute* ausmachen können.

Für das erweiterte Beispielprogramm kommt ebenfalls wieder die bekannte *Adresse*-Klasse zum Einsatz; allerdings verfügt sie an einigen Stellen über *Attribute*-Kennzeichnungen, und wir haben die neue *MeinAttribute*-Klasse dafür verwendet. Wie Sie im oben gezeigten Codeausschnitt sehen können, übernimmt die *MeinAttribute*-Klasse einen Parameter, der in diesem Beispiel nur informative Zwecke hat. In der *Adresse*-Klasse nutzen wir den *String*-Parameter, um darüber zu informieren, in welchem Kontext wir das Attribut eingesetzt haben. Die mit dem benutzerdefinierten Attribut versehene *Adresse*-Klasse sieht folgendermaßen aus (die Attribut-Verwendungen sind fett markiert).

> **HINWEIS:** Sie sehen anhand dieses Beispiels, dass der Namenszusatz *Attribute* weggelassen werden kann, wenn er korrekt buchstabiert wurde.

```
<Serializable(), Mein("Über der Klasse")> _
Public Class Adresse

    Private myName As String
    Private myVorname As String
    Private myStraße As String
    Private myPLZOrt As String
    Private myErfasstAm As DateTime
    Private myErfasstVon As String
    Private myBefreundetMit As ArrayList

    <Mein("Über dem Konstruktor")> _
    Sub New(ByVal Vorname As String, ByVal Name As String, ByVal Straße As String, ByVal PLZOrt As String)
        'Konstruktor legt alle Member-Daten an.
        myName = Name
        myVorname = Vorname
        myStraße = Straße
        myPLZOrt = PLZOrt
        myErfasstAm = DateTime.Now
        myErfasstVon = Environment.UserName
        myBefreundetMit = New ArrayList
    End Sub

    <Mein("Über einer Eigenschaft")> _
    Public Property Name() As String
        Get
            Return myName
        End Get
        Set(ByVal Value As String)
            myName = Value
        End Set
```

```
            End Property

#Region "Die anderen Eigenschaften"
    'Aus Platzgründen hier nicht gezeigt.
#End Region

    <Mein("Über einer Methode")> _
    Public Overrides Function ToString() As String
        Dim locTemp As String
        locTemp = Name + ", " + Vorname + ", " + Straße + ", " + PLZOrt + vbNewLine
        locTemp += "--- Befreundet mit: ---" + vbNewLine
        For Each locAdr As Adresse In BefreundetMit
            locTemp += "   * " + locAdr.ToStringShort() + vbNewLine
        Next
        locTemp += vbNewLine
        Return locTemp
    End Function

    Public Function ToStringShort() As String
        Return Name + ", " + Vorname
    End Function
End Class
```

Ziel von Reflection ist es nun, die Attribute zur Laufzeit zu erkennen. Schauen wir uns zunächst das Ergebnis vorweg an, damit das eigentliche Auswertungsprogramm, das die Attribute findet, anschließend leichter zu verstehen ist.

Wenn Sie das Programm starten, produziert es die folgende Bildschirmausgabe:

```
Attribute der Klasse:Reflection1.Adresse
Standardattribute:
    *AutoLayout, AnsiClass, NotPublic, Public, Serializable

Benutzerattribute:
    * Reflection1.MeinAttribute

Member-Liste:
    *GetHashCode, Method
    *Equals, Method
    *ToString, Method
    --------
        * Reflection1.MeinAttribute
          Name: Über einer Methode
          TypeId: Reflection1.MeinAttribute
    *get_Name, Method
    *set_Name, Method
    *get_ErfasstAm, Method
    *get_ErfasstVon, Method
    *get_BefreundetMit, Method
    *set_BefreundetMit, Method
    *get_Vorname, Method
    *set_Vorname, Method
    *get_Straße, Method
    *set_Straße, Method
    *get_PLZOrt, Method
    *set_PLZOrt, Method
    *ToStringShort, Method
```

```
*GetType, Method
*.ctor, Constructor
  -----
    * Reflection1.MeinAttribute
      Name: Über dem Konstruktor
      TypeId: Reflection1.MeinAttribute
*Name, Property
  ----
    * Reflection1.MeinAttribute
      Name: Über einer Eigenschaft
      TypeId: Reflection1.MeinAttribute
  Wert: Halek
*ErfasstAm, Property
  Wert: 12.04.2004 11:43:58
*ErfasstVon, Property
  Wert: Administrator
*BefreundetMit, Property
  Wert: System.Collections.ArrayList
*Vorname, Property
  Wert: Gaby
*Straße, Property
  Wert: Buchstraße 223
*PLZOrt, Property
  Wert: 32154 Autorhausen
```

Die Passagen, bei denen sowohl das Attribut selbst als auch sein jeweils gültiger Parameter erkannt wurde, sind im Bildschirmauszug fett markiert.

## Ermitteln von benutzerdefinierten Attributen zur Laufzeit

Um benutzerdefinierte Attribute zu ermitteln, gibt es die Funktion *GetCustomAttributes*. Diese Funktion ist sowohl auf einen Typ (die Klasse oder Struktur selbst) als auch auf einzelne Member anwendbar. Als Parameter übernimmt sie entweder einen booleschen Wert, der bestimmt, ob in der Hierarchieliste des Objektes vorhandene Typen ebenfalls auf Attribute untersucht werden sollen (*True*), oder zum einen den Typ des Attributes, nach dem gezielt gesucht werden soll, und zum anderen den booleschen Wert für das Durchsuchen der Hierarchieliste zusätzlich.

Da die Parameter einer Attributklasse in der Regel als Eigenschaften abrufbar sind, können Sie, nachdem Sie das Attribut ermittelt haben, mit *GetType* seine Typ-Instanz abrufen, anschließend seine Eigenschaften mit *GetProperties* auflisten und schließlich mit *GetValue* den eigentlichen Wert einer Attributeigenschaft auslesen.

Das modifizierte Beispielprogramm zeigt, wie es geht. Es liest am Anfang sowohl ein mögliches, benutzerdefiniertes Attribut aus, das für die gesamte Klasse gilt, und untersucht anschließend jeden einzelnen Klassen-Member auf Attribute:

```
Module mdlMain

    Sub Main()
        Dim locAdresse As New Adresse("Gaby", "Halek", "Buchstraße 223", "32154 Autorhausen")
        PrintObjectInfo(locAdresse)
        Console.ReadLine()
    End Sub
```

```vbnet
Sub PrintObjectInfo(ByVal [Object] As Object)
    'Den Objekttypen ermitteln, um auf die Objektinhalte zuzugreifen
    Dim locTypeInstanz As Type = [Object].GetType

    'Die Nicht Benutzerdefinierten Attribute ausgeben:
    Console.WriteLine("Attribute der Klasse:" + locTypeInstanz.FullName)
    Console.WriteLine("Standardattribute:")
    Console.WriteLine("    *" + locTypeInstanz.Attributes.ToString())
    Console.WriteLine()

    'Benutzerdefinierte Attribute der Klasse ermitteln.
    '(Es können auf diese Weise *nur* benutzerdefinierte Attribute ermittelt werden)
    Console.WriteLine("Benutzerattribute:")
    For Each locAttribute As Attribute In locTypeInstanz.GetCustomAttributes(True)
        Console.WriteLine("    * " + locAttribute.ToString())
    Next
    Console.WriteLine()

    'Member und deren mögliche Attribute ermitteln.
    Dim locMembers() As MemberInfo
    locMembers = locTypeInstanz.GetMembers()
    Console.WriteLine("Member-Liste:")
    For Each locMember As MemberInfo In locMembers
        Console.WriteLine("    *" + locMember.Name + ", " _
                          + locMember.MemberType.ToString)
        If locMember.GetCustomAttributes(True).Length > 0 Then
            Console.WriteLine("    " + New String("-"c, locMember.Name.Length))
            For Each locAttribute As Attribute In locMember.GetCustomAttributes(False)
                Console.WriteLine("        * " + locAttribute.ToString())
                For Each locPropertyInfo As PropertyInfo In locAttribute.GetType.GetProperties
                    Console.Write("            " + locPropertyInfo.Name)
                    Console.WriteLine(": " + locPropertyInfo.GetValue(locAttribute, Nothing).ToString)
                Next
            Next
        End If

        If locMember.MemberType = MemberTypes.Property Then
            Dim locPropertyInfo As PropertyInfo = CType(locMember, PropertyInfo)
            Console.WriteLine("        Wert: " + locPropertyInfo.GetValue([Object], Nothing).ToString)
        End If
    Next
End Sub
End Module
```

**HINWEIS:** Bitte beachten Sie, dass Sie mit *GetCustomAttributes* ausschließlich benutzerdefinierte Attribute auslesen können. Möchten Sie wissen, ob eine Klasse beispielsweise serialisierbar ist, können Sie entweder mit einer der *IsXxx*-Funktionen ihres *Type*-Objektes (*IsSerializable* beispielsweise) oder mit der *Attributes*-Eigenschaft an diese Informationen gelangen.

# ADAutoReportView-Steuerelement als Beispiel

Wenn es darum geht, Informationen eines Arrays tabellarisch darzustellen, dann liebe ich es, das *ListView*-Steuerelement mit seiner Reportansicht (*View: Details*) dafür zu verwenden. Klar, ich könnte auch das *DataGrid*-Steuerelement dafür verwenden, aber aus Gründen, die ich noch nicht einmal näher beschreiben kann, ist mir das *ListView*-Steuerelement einfach lieber.

Was mich allerdings stört, ist der Aufwand, den ich betreiben muss, bis die Daten erst einmal im Steuerelement angezeigt werden:

- Das Steuerelement muss mit den richtigen Eigenschaften initialisiert werden: Datensätze sollen in einer Reihe (mit entsprechender ganzzeiliger Markierung) dargestellt werden.
- Zwischen den Zeilen sollen sich Trennlinien befinden.
- Ich muss, wenn ich ein Array mit Objekten eines bestimmten Typs anzeigen lassen will, erst umständlich die Kopfzeilen einrichten und die Objekte in der Liste platzieren.
- Damit die Spaltenbreite der einzelnen Datenfelder passt, muss ich zusätzlichen Programmieraufwand betreiben.

Viel einfacher wäre es doch, wenn es ein von *ListView* abgeleitetes Steuerelement gäbe, das all diese Aufgaben automatisch erledigte.

Angenommen, eine Prozedur würde eine Liste mit Adressenobjekten erstellen, dann sollten diese Codezeilen genügen, um die Daten ordentlich formatiert in der *ListView* anzeigen lassen zu können:

```
Private Sub btnAnzeigen_Click(ByVal sender As System.Object, ByVal e As System.EventArgs) Handles btnAnzeigen.Click
    ' Initialisierungen nach dem Aufruf InitializeComponent() hinzufügen.
    myAdressen = Adresse.ZufallsAdressen(100)
    AdAutoReportView.List = myAdressen
End Sub
```

Dieses Steuerelement ist über das Stadium einer Idee bereits hinaus und wird im kommenden Beispielprojekt vorgestellt.

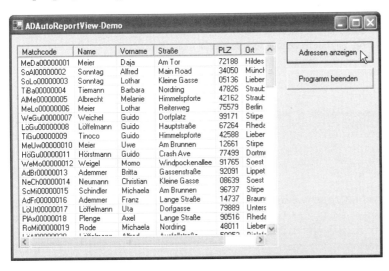

*Abbildung 12.1:* Die Übergabe eines beliebigen Objektarrays reicht für die Darstellung im ListView-Steuerelement aus

**HINWEIS:** Wenn Sie das Programm selbst testen möchten – Sie finden es im Ordner *..\Attribute Reflection\ADAutoReportView* im Verzeichnis der CD zum Buch unter dem Projektmappennamen *ADAutoReportViewDemo.sln*.

Die Projektmappe dieses Beispiels besteht aus insgesamt drei Projekten:

- *ADAutoReportView* bildet das Steuerelement. Wenn Sie es in eigenen Projekten verwenden wollen, binden Sie die Assembly (die DLL-Datei, zu finden im *Bin*-Verzeichnis des Projektes), die dieses Projekt erzeugt, am besten unter der Registerkarte *Eigene Steuerelemente* ein (dort rechte Maustaste, *Element hinzufügen*, auf *Durchsuchen*-Schaltfläche klicken und entsprechende Assembly des Steuerelementes auswählen).

- *KeyedCollection* stellt die *KeyedCollection*-Auflistung dar, die zur typsicheren Speicherung der *Adresse*-Objekte dient. Mehr zu diesem Thema finden Sie im ▶ 5. und im 7. Kapitel.

- *ADAutoReportViewDemo* ist das Hauptprogramm. Es stellt in der Codedatei *Daten.vb* die Datenklassen (*Adresse* und *Adressen*) bereit, definiert das Formular und behandelt dort die Ereignisse der beiden Steuerelemente zur Laufzeit.

Die Anwendung des Steuerelementes ist wirklich denkbar einfach. Nachdem Sie es im Formular aufgezogen haben, brauchen Sie nur noch den Code zu implementieren, der eine beliebige Collection oder ein beliebiges Array als *ListView* in der Reportansicht darstellt. Dazu verwenden Sie die neu hinzugekommene Eigenschaft namens *List* so, wie im Code des Hauptprogramms zu sehen:

```
Public Class frmMain
    Inherits System.Windows.Forms.Form
    Private myAdressen As Adressen

    Public Sub New()
        MyBase.New()

        ' Dieser Aufruf ist für den Windows Form-Designer erforderlich.
        InitializeComponent()

    End Sub

    Private Sub btnAnzeigen_Click(ByVal sender As System.Object, ByVal e As System.EventArgs) Handles btnAnzeigen.Click
        ' Initialisierungen nach dem Aufruf InitializeComponent() hinzufügen.
        myAdressen = Adresse.ZufallsAdressen(100)
        AdAutoReportView.List = myAdressen
    End Sub

    Private Sub btnProgrammBeenden_Click(ByVal sender As System.Object, ByVal e As System.EventArgs) _
                    Handles btnProgrammBeenden.Click
        Me.Dispose()
    End Sub

End Class
```

*Adressen* basiert auf *KeyCollection*, die wiederum die *IList*-Schnittstelle implementiert. Das *ADAutoReportView*-Steuerelement ist in der Lage, jedes Array bzw. jede Collection zu verarbeiten, das bzw. die diese Schnittstelle einbindet. Da *Adressen* von *KeyedCollection* abgeleitet ist, bindet diese Klasse damit automatisch ebenfalls die *IList*-Schnittstelle ein, und ein mit entsprechenden Elementen gefülltes Objekt dieses Typs kann damit problemlos an die *List*-Eigenschaft der *ADAutoReportView* übergeben werden.

**HINWEIS:** Wichtig ist, dass alle Objekte einer Collection oder eines Arrays vom gleichen Typ sind. In diesem Beispiel geht es gar nicht anders, weil *Adressen* ohnehin eine typsichere Collection darstellt. Wenn Sie aber gewöhnliche Objekt-Arrays oder andere, nicht typsichere Collections (z.B. *ArrayList*) verwenden, achten Sie darauf, nur homogene Objektlisten aufzubauen.

Nun ist es in dieser Version des Beispielprogramms so, dass alle Eigenschaften des Objektes in den Spalten der Reportansicht der *ListView* dargestellt werden. In den wenigsten Fällen möchten Sie aber *alle* Eigenschaften eines Objektes darstellen. Vielmehr wäre es wünschenswert, bestimmen zu können, welche der Eigenschaften von Objekten einer Liste unter welchem Kopfzeilennamen und in welcher Reihenfolge in der *ListView* dargestellt werden.

**HINWEIS:** Im zweiten Demoprogramm, das den Umgang mit dem Steuerelement zeigen soll, finden Sie dieses Vorhaben realisiert. Sie finden diese Version der Projektmappe unter *..\Attribute Reflection\ADAutoReportView (mit Attributen)* im Verzeichnis der CD zum Buch.

In dieser Version sind einzelne Eigenschaften der *Adresse*-Klasse (zu finden in der Codedatei Daten.vb) mit Attributen gekennzeichnet. Der Name der *Attribute*-Klasse: *ADAutoReportColumnAttribute*. Ihr können Sie verschiedene Parameter übergeben, die Darstellungsname in der Kopfzeile, die Spaltenbreite (-2 für eine automatische Spaltenbreitenermittlung) und eine Darstellungsreihenfolgenummer festlegen. Die so modifizierte *Adresse*-Klasse sieht folgendermaßen aus (aus Platzgründen nur auszugsweise dargestellt):

```
Public Class Adresse
    'Member-Variablen, die die Daten halten:
    Protected myMatchcode As String
    Protected myName As String
    Protected myVorname As String
    Protected myStraße As String
    Protected myPLZ As String
    Protected myOrt As String

    'Konstruktoren - erstellen eine neue Instanz an
    Sub New()
        MyBase.New()
    End Sub
    .
    .
    .
    <ADAutoReportColumn("Kennung", -2, 0)> _
    Public Overridable Property Matchcode() As String
        Get
            Return myMatchcode
        End Get
        Set(ByVal Value As String)
            myMatchcode = Value
        End Set
    End Property

    <ADAutoReportColumn("Nachname", -2, 2)> _
    Public Overridable Property Name() As String
        Get
            Return myName
        End Get
```

```
            Set(ByVal Value As String)
                myName = Value
            End Set
        End Property

        <ADAutoReportColumn("Vorname", -2, 1)> _
        Public Overridable Property Vorname() As String
            Get
                Return myVorname
            End Get
            Set(ByVal Value As String)
                myVorname = Value
            End Set
        End Property

        Public Overridable Property Straße() As String
            Get
                Return myStraße
            End Get
            Set(ByVal Value As String)
                myStraße = Value
            End Set
        End Property

        <ADAutoReportColumn("Postleitzahl", -2, 3)> _
        Public Overridable Property PLZ() As String
            Get
                Return myPLZ
            End Get
            Set(ByVal Value As String)
                myPLZ = Value
            End Set
        End Property

        <ADAutoReportColumn("Ort", -2, 4)> _
        Public Overridable Property Ort() As String
            Get
                Return myOrt
            End Get
            Set(ByVal Value As String)
                myOrt = Value
            End Set
        End Property
        .
        .
        .
End Class
```

Wenn Sie das Programm starten und anschließend auf die Schaltfläche *Adressen anzeigen* klicken, werden Sie einige Änderungen bemerken, etwa wie in Abbildung 12.2 zu sehen.

Das *ADAutoReportView*-Steuerelement hat jetzt festgestellt, dass die darzustellenden Werte bestimmter Eigenschaften durch *ADAutoReportColumnAttribute* reglementiert wurden – und zwar genau so, wie es in dem zuvor gezeigten Codeauszug der Klasse *Adresse* zu sehen war: *Matchcode* heißt in dieser Version *Kennung*. *Name* heißt nunmehr *Nachname* und wurde mit der *Vorname*-Spalte vertauscht. *PLZ* wurde in *Postleitzahl* umgetauft und die Spalte *Straße* ist völlig verschwunden, weil ihre korrelierende Eigenschaft in der *Adresse*-Klasse mit keiner Attributdefinition versehen wurde.

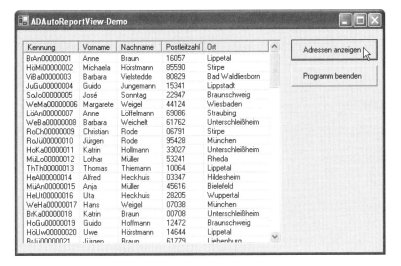

*Abbildung 12.2:* Mit dem Einsatz eines speziellen Attributs können Sie die Darstellung der angezeigten Eigenschaften einer Klasse beeinflussen. Hier wurden einige Spaltentitel geändert und Vorname und Nachname vertauscht. Die Straße wird nicht angezeigt, weil sie über keine Attributkennzeichnung verfügt

Mit dem Zusammenspiel von Attributen und Reflection ist dieses Steuerelement eine echte Arbeitserleichterung im täglichen Programmiererleben. Es lässt sich auf einfache Weise einsetzen und mit Daten füllen, aber es bleibt dennoch so flexibel wie seine Ursprungsversion.

Und der erforderliche Aufwand, um das Steuerelement zu realisieren, hält sich ebenfalls in Grenzen, wie die folgenden Codezeilen beweisen. Der Code ist ausführlich kommentiert, so dass Texterklärungen zwischendurch überflüssig sind:

```
Imports System.Collections
Imports System.ComponentModel
Imports System.Reflection
Imports System.Windows.Forms

'Das eigentliche Steuerelement
Public Class ADAutoReportView
    Inherits System.Windows.Forms.ListView

    'Member-Variablen
    Private myIList As IList
    Private myColumnNames As ADAutoReportColumns

    Sub New()
        MyBase.New()
        'Auf Detailansicht umschalten.
        Me.View = Windows.Forms.View.Details
        'Trennlinien zwischen den Zeilen einschalten.
        Me.GridLines = True
        'Bei Fokusverlust Markierung dennoch anzeigen.
        Me.HideSelection = False
        'Ganze Reihe soll selektiert werden.
        Me.FullRowSelect = True
    End Sub
```

```vb
#Region "Elemente-Klassen (privat)"
    'Geschachtelte Hilfsklasse, auf die nur das Steuerelement zugreifen kann.
    'Wird verwendet, um die Einstellungen für die Spalten zu speichern.
    Private Class ADAutoReportColumns
        Inherits CollectionBase

        Public Function Add(ByVal AutoReportColumn As ADAutoReportColumn)
            Return MyBase.List.Add(AutoReportColumn)
        End Function

        Default Public Property Item(ByVal Index As Integer) As ADAutoReportColumn
            Get
                Return MyBase.List.Item(Index)
            End Get
            Set(ByVal Value As ADAutoReportColumn)
                MyBase.List(Index) = Value
            End Set
        End Property

        'Sortiert das ganze Array nach der Sortierreihenfolgenr. (Order-No),
        'damit die Spalten in der richtigen Reihenfolge angezeigt werden können.
        Public Sub ShellSortByOrderNo()
            'Aus Platzgründen an dieser Stelle ausgelassen.
        End Sub

    End Class

    'Speichert eine einzelne Spalteneinstellung.
    Private Class ADAutoReportColumn

        Private myPropertyName As String
        Private myDisplayName As String
        Private myExplicitlyDefined As Boolean
        Private myColumnWidth As Integer
        Private myOrderNo As Integer

        Sub New(ByVal PropertyName As String, ByVal Displayname As String)
            myPropertyName = PropertyName
            myDisplayName = Displayname
        End Sub

        'Speichert den Eigenschaftennamen.
        Public Property PropertyName() As String
            Get
                Return myPropertyName
            End Get
            Set(ByVal Value As String)
                myPropertyName = Value
            End Set
        End Property

        'Speichert den Namen dieser Eigenschaft, der als Spaltentitel
        'angezeigt werden soll.
        Public Property DisplayName() As String
            Get
                Return myDisplayName
```

```vbnet
            End Get
            Set(ByVal Value As String)
                myDisplayName = Value
            End Set
        End Property

        'Dient zum Festhalten des Status, der bestimmt, ob die Spalte "nur"
        'aus einer Eigenschaft hervorging oder gezielt durch ein Attribut
        'bestimmt wurde. Wenn keine Attribute die Eigenschaften eines Objekt-
        'Arrays definiert haben, werden alle Eigenschaften angezeigt, ansonsten
        'nur diejenigen, die mit Attributen dafür vorgesehen wurden.
        Public Property ExplicitlyDefined() As Boolean
            Get
                Return myExplicitlyDefined
            End Get
            Set(ByVal Value As Boolean)
                myExplicitlyDefined = Value
            End Set
        End Property

        'Speichert die Spaltenbreite.
        Public Property ColumnWidth() As Integer
            Get
                Return myColumnWidth
            End Get
            Set(ByVal Value As Integer)
                myColumnWidth = Value
            End Set
        End Property

        'Speichert die Rangfolgennr. für das Sortieren der Spalten.
        Public Property OrderNo() As Integer
            Get
                Return myOrderNo
            End Get
            Set(ByVal Value As Integer)
                myOrderNo = Value
            End Set
        End Property
    End Class
#End Region

    <Description("Definiert die in der ListView angezeigten Elemente" + _
                "oder ermittelt diese")> _
    Public Property List() As IList
        Get
            Return myIList
        End Get

        'Setzen der Eigenschaft:
        Set(ByVal Value As IList)
            'Alle Inhalte löschen.
            Me.Items.Clear()
            'Allte Spaltentitel löschen.
            Me.Columns.Clear()
            If Value Is Nothing Then
```

```vbnet
                    'Abbrechen, falls Nothing zugewiesen wurde.
                    Return
                Else
                    'Liste zuweisen.
                    myIList = Value
                    'Die Spaltennamen und Objekteigenschaften entweder durch das Objekt
                    'selbst oder zugewiesene Attribute ermitteln und in myColumnNamens
                    'speichern.
                    myColumnNames = GetColumnNames(Value)
                    'Anschließend die Spaltentitel setzen...
                    SetupColumns()
                    '...und die Liste mit Einträgen füllen, die sich aus myIList ergeben.
                    SetupEntries()
                End If
            End Set
        End Property

        'Spaltentitel einsetzen.
        Private Sub SetupColumns()
            With Me.Columns
                'TODO: Das Alignment könnte auch in Attributen untergebracht werden.
                For Each cn As ADAutoReportColumn In myColumnNames
                    .Add(cn.DisplayName, cn.ColumnWidth, Windows.Forms.HorizontalAlignment.Left)
                Next
            End With
        End Sub

        'Einträge in die Liste schreiben.
        Private Sub SetupEntries()
            For Each obj As Object In myIList
                With Me.Items
                    Dim locLvi As New ListViewItem
                    'Erste darzustellende Eigenschaft erfährt Sonderbehandlung,
                    'da sie nicht durch SubItems dargestellt wird.
                    'Mit GetPropValue wird die Stringumwandlung der Eigenschaft
                    'eines Objektes ermittelt.
                    locLvi.Text = GetPropValue(obj, myColumnNames(0).PropertyName)
                    For c As Integer = 1 To myColumnNames.Count - 1
                        With locLvi.SubItems
                            .Add(GetPropValue(obj, myColumnNames(c).PropertyName))
                        End With
                    Next
                    'Eintrag der Liste hinzufügen.
                    .Add(locLvi)
                End With
            Next

            'Spaltenbreiten anpassen.
            Dim ccount As Integer = 0
            For Each cn As ADAutoReportColumn In myColumnNames
                Me.Columns(ccount).Width = cn.ColumnWidth
                ccount += 1
            Next

        End Sub
```

```vb
'Ermittelt den Inhalt der Eigenschaft eines Objektes als String.
Private Function GetPropValue(ByVal [object] As Object, ByVal PropertyName As String) As String

    Dim locPI As PropertyInfo = [object].GetType.GetProperty(PropertyName)
    Return locPI.GetValue([object], Nothing).ToString
End Function

'Ermittelt die durch die Objekteigenschaften vorgegebenen dazustellenden
'Spalten, wenn keine Attribute verwendet werden. Werden Attribute verwendet,
'ermittelt die Funktion nur die Eigenschaften eines Objektes, die mit einem
'entsprechenden Attribut versehen sind.
Private Function GetColumnNames(ByVal List As IList) As ADAutoReportColumns

    Dim locTypeToExamine As Type
    Dim locARCs As New ADAutoReportColumns
    Dim locExplicitlyDefined As Boolean = False

    If List Is Nothing Then
        'Soweit dürfte es eigentlich gar nicht kommen, aber wir gehen auf Nummer Sicher.
        Dim Up As New NullReferenceException("Die Übergebende Liste ist leer!")
        Throw Up
    End If

    'Das erste Objekt ist maßgeblich für die Typen aller anderen Objekte.
    'Die Liste muss also homogen (Objektableitungen ausgenommen) sein, damit
    'die automatische Element-Zuweisung reibungslos funktioniert.
    locTypeToExamine = List(0).GetType

    'Alle Eigenschaften des Objektes durchforsten.
    For Each pi As PropertyInfo In locTypeToExamine.GetProperties
        'Vielleicht gibt es keine Attribute, die Näheres bestimmen;
        'in diesem Fall wird jede Objekteigenschaft verwendet.
        'Anzeigename ist dann Eigenschaftenname.
        Dim locARC As New ADAutoReportColumn(pi.Name, pi.Name)
        'Vorgabebreite: Spalten automatisch angleichen.
        locARC.ColumnWidth = -2
        'Nach Attributen Ausschau halten
        For Each a As Attribute In pi.GetCustomAttributes(True)
            'Nur reagieren, wenn es sich um unseren speziellen Typ handelt.
            If TypeOf a Is ADAutoReportColumnAttribute Then
                'Parameter aus dem Attribute-Objekt übernehmen.
                locARC.DisplayName = a.GetType.GetProperty("DisplayName").GetValue(a, Nothing).ToString
                locARC.ColumnWidth = CInt(a.GetType.GetProperty("Width").GetValue(a, Nothing))
                locARC.OrderNo = CInt(a.GetType.GetProperty("OrderNo").GetValue(a, Nothing))
                locARC.ExplicitlyDefined = True
                locExplicitlyDefined = True
            End If
        Next
        'Zur Spaltenkopf-Parameterliste hinzufügen.
        locARCs.Add(locARC)
    Next

    'Wenn Attribute gefunden worden sind, dann die Eigenschaften
    'wieder rausschmeißen, denen kein Attribut zugewiesen wurde.
    If locExplicitlyDefined Then
```

```vbnet
            Dim locCount As Integer = 0

            Do While locCount < locARCs.Count
                If Not locARCs(locCount).ExplicitlyDefined Then
                    locARCs.RemoveAt(locCount)
                Else
                    locCount += 1
                End If

            Loop
        End If
        'Reihenfolge berücksichtigen.
        locARCs.ShellSortByOrderNo()
        Return locARCs

    End Function

End Class


'Dieses Attribut kann nur auf Eigenschaften angewendet werden.
<AttributeUsage(AttributeTargets.Property)> _
Public Class ADAutoReportColumnAttribute
    Inherits Attribute

    Private myDisplayName As String
    Private myWidth As Integer
    Private myOrderNo As Integer
    'Vorgabe-Reihenfolgenr. für den Fall, dass diese nicht mit angegeben wurde.
    Private Shared myDefaultOrderNo As Integer

    Shared Sub New()
        myDefaultOrderNo = 1
    End Sub

    'Konstruktoren, die den Darstellungsnamen...
    Sub New(ByVal DisplayName As String)
        myDisplayName = DisplayName
        myWidth = -2
        myOrderNo = myDefaultOrderNo
        myDefaultOrderNo += 1
    End Sub

    '...und optional die Breite der Tabellenspalte bestimmen...
    Sub New(ByVal DisplayName As String, ByVal Width As Integer)
        myDisplayName = DisplayName
        myWidth = Width
        myOrderNo = myDefaultOrderNo
        myDefaultOrderNo += 1
    End Sub

    '...sowie die Reihenfolge der Spalte.
    Sub New(ByVal DisplayName As String, ByVal Width As Integer, ByVal OrderNo As Integer)
        myDisplayName = DisplayName
        myWidth = Width
        myOrderNo = OrderNo
```

```vbnet
            If OrderNo > myDefaultOrderNo Then
                myDefaultOrderNo = OrderNo + 1
            End If
        End Sub

        'Name des Spaltenkopfs
        Public Property DisplayName() As String
            Get
                Return myDisplayName
            End Get
            Set(ByVal Value As String)
                myDisplayName = Value
            End Set
        End Property

        'Spaltenbreite
        Public Property Width() As Integer
            Get
                Return myWidth
            End Get
            Set(ByVal Value As Integer)
                myWidth = Value
            End Set
        End Property

        'Sortierschlüssel
        Public Property OrderNo() As Integer
            Get
                Return myOrderNo
            End Get
            Set(ByVal Value As Integer)
                myOrderNo = Value
            End Set
        End Property
End Class
```

# 13 ADO.NET

| | |
|---|---|
| 663 | Grundsätzliches zu Datenbanken |
| 667 | Programmieren mit ADO.NET |
| 681 | Ändern und Ergänzen Daten in Datentabellen |
| 690 | Und so geht es weiter |

Wenn Anwendungen entwickelt werden, dann müssen diese in 80 Prozent aller Fälle mit Daten hantieren. In der Regel greift dann nicht nur *ein* Computer auf die Daten zu, sondern *mehrere* Computer müssen zur gleichen Zeit mit einer Datenquelle arbeiten. Zwar ist das Framework durchaus in der Lage, auch komplexere Datenstrukturen über Rechnergrenzen hinaus zu verwalten, doch der Einsatz von Datenbanksystemen ist für solche Lösungen angezeigt. Doch auch für Einzelplatzlösungen ist der Einsatz von Datenbankanwendungen eine sinnvolle Angelegenheit. Dank SQL (*Structured Query Language*, etwa: strukturierte Abfragesprache) können Daten auf einfache Weise sortiert und gefiltert werden, und da Daten sowieso nach einer Arbeitssitzung gespeichert werden müssen, bietet sich der Einsatz einer Datenbank auch für Insellösungen mehr als an.

Im Framework gibt es ein mächtiges Werkzeug zum Abfragen und Verwalten von Daten in Datenbanken namens ADO.NET. ADO ist die Abkürzung von *ActiveX Data Objects* (etwa: *ActiveX-Datenobjekte*), und es stellt eine Klassenbibliothek zur Verfügung, mit deren Hilfe die verschiedensten Datenbanksysteme gesteuert werden können – sei es Microsofts SQL-Server,[1] Oracle oder Access, um nur einige wenige zu nennen.

Durch eine weitestgehend vorhandene Standardisierung von SQL auf der einen und einem konsequenten Einsatz von Klassen und Klassenvererbung im Framework auf der anderen Seite, unterscheiden sich die Vorgehensweisen bei der Programmierung mit den verschiedenen Datenanbietern obendrein nur marginal.

Ohne einen direkten Beweis dafür antreten zu können, gehe ich davon aus, dass gut 70 Prozent aller Anwendungen die mit ADO.NET entwickelt werden, auf Microsofts SQL-Server abzielen. Das mag der Grund dafür sein, dass ein Großteil der vorhandenen Literatur zum Thema ADO.NET mit Beispielen arbeitet, die einen SQL-Server, zumindest aber seinen kleinen Bruder, die frei verfügbare Desktop-Engine des SQL-Servers, voraussetzen (Microsoft SQL-Server Desktop Engine oder kurz: MSDE). Was Unternehmensanwendungen anbelangt, ist der Ein-

---

[1] Sprich: »ßiehkwell sörwer«.

satz dieses Systems sicherlich die richtige Entscheidung. Doch gerade für Insellösungen oder Client-/Server-Anwendungen mit nur wenigen Plätzen (2-5) ist der Einsatz eines SQL-Servers eigentlich mit Kanonen auf Spatzen geschossen. Hier böte sich MSDE zwar an (da sie ohne Lizenzabgaben mit ausgeliefert werden kann – einmal mehr), doch beim aktuellen Stand der Dinge gibt es dabei ein weiteres Problem: die Veröffentlichung Ihrer Software, die Sie entwickeln.

Zur Zeit der Drucklegung dieses Buches gibt es noch kein halbwegs ausgereiftes System, mit dessen Hilfe Sie ein Installationsprogramm erstellen lassen können, das die Installation von MSDE in diesem Zusammenhang so problemlos gestalten würde, dass auch unbedarfte Anwender eine Einrichtung Ihrer Datenbanklösung ohne Probleme durchexerzieren könnten.

Die einzig sinnvolle Alternative, die dann übrig bleibt, ist die Verwendung einer Microsoft Access-Datenbank. Die so genannte *Jet*-Engine, die die eigentliche Datenbankengine in Access darstellt, ist durch entsprechende Klassen in ADO.NET voll gekapselt.[2] Wenn Sie also Programme erstellen, die Datenbanken erfordern und die durch den Anwender alledsamt auf seinem lokalen Computer oder in einem kleinen Netzwerk installiert werden sollen, ist diese Vorgehensweise beim derzeitigen Stand der Technik die Alternative, bei der Sie später, nach der Auslieferung des Programms, mit dem geringsten Support-Aufwand für Ihre Kunden rechnen müssen.

Für das Lernen des Umgangs mit den Datenbankobjekten bieten sich Beispiele auf Access-Datenbasis ebenfalls an. Sie müssen weder über den SQL-Server verfügen, noch müssen Sie irgendwelche MSDE-Installationen durchführen, um überhaupt nur ein einziges Beispiel nachvollziehen zu können.

Der Nachteil: Die so genannten *Stored Procedures*,[3] sind neben mehreren anderen, kleineren Funktionalitäten in Access bzw. der Jet-Engine nicht verfügbar (jedenfalls noch nicht). Datenbanken sind darüber hinaus auf 2 GByte begrenzt, und natürlich kommt Access auch nicht an die hohe Skalierbarkeit von SQL-Server heran. Doch auch ohne diese Vorzüge kommen Sie mit der Access-Datenbank-Engine zum Ziel, und auf das Lernen mit dem Umgang von ADO.NET hat das Fehlen dieser Funktionalität nur geringen Einfluss.

**HINWEIS:** Ein Hinweis zur verwendeten Beispieldatenbank: Um diese Datenbank, die immerhin fast 3 MByte umfasst, nicht in jedem der folgenden Beispiele in deren jeweiligem Ordner mitschleppen zu müssen, gehen alle Beispielprogramme davon aus, dass die Datenbank im Verzeichnis *ADO.NET* des Verzeichnisses der CD zum Buch liegt. Allerdings ist dieses Verzeichnis in den Beispielprojekten nicht fest codiert, sondern wird auf Grund der »Lage« der einzelnen Beispielprogramme relativ ermittelt. Daraus folgt, dass die Beispielprogramme die Datenbank nur dann finden, wenn sie innerhalb der Verzeichnisstruktur ausgeführt werden, die durch die CD zum Buch vorgegeben wird. Wenn Sie Beispielprogramme von anderer Stelle aus ausführen wollen, müssen Sie die Pfade zur Datenbank entsprechend anpassen.

---

[2] Wenn auch über den kleinen Umweg OleDB. Nach SQL-Server bzw. MSDE bleibt Access auch über OleDB die leistungsfähigste der kostenlosen Alternativen.

[3] Etwa: »gespeicherte Prozeduren«. Das sind Prozeduren – im Prinzip kleine Programme –, die von der Datenbankengine selbst ausgeführt werden können. Auch komplexe Datenabfragen können dabei in der Kürze der Zeit ausgeführt werden, ohne dass größere Datenmengen über das Netzwerk transportiert werden müssen.

# Grundsätzliches zu Datenbanken

Bevor Sie beginnen, mit Datenbanken zu programmieren, sollten Ihnen die Grundlagen zu diesem Thema bekannt sein. Bitte haben Sie dabei Verständnis dafür, dass ich an dieser Stelle aus Platzgründen nicht sehr ausführlich auf das Thema eingehen kann. Was die verschiedenen Datenbanksysteme anbelangt, so haben sie eines auf jeden Fall gemeinsam: Sie organisieren die zu verwaltenden Daten in Zeilen und Spalten verschiedener Tabellen. Die Spalten enthalten dabei verschiedene Datenfelder, wie etwa Name, Vorname, Personal-Nr. oder Postleitzahl und Ort bei einer Adressentabelle. Die einzelnen Zeilen entsprechend den eigentlichen Datensätzen. Am deutlichsten wird dieser Zusammenhang am konkreten Beispiel.

## Aufbau der Beispieldatenbank

Die folgenden Beispiele verwenden eine Beispieldatenbank, die verschiedene Daten eines fiktiven Unternehmens abbildet. Dazu gehören:

- Mitarbeiter, die im Unternehmen arbeiten.
- Maschinen, an denen die Mitarbeiter arbeiten.
- Eine Zeittabelle, die darüber Auskunft gibt, welcher Mitarbeiter an welcher Maschine zu welcher Zeit gearbeitet hat.

Diese Daten wurden zufällig erzeugt. Dazu diente ein Programm, das nicht nur in der Lage ist, diese Daten zu generieren, sondern das Ihnen auch einen Einblick in die Struktur der Daten geben kann.

**HINWEIS:** Sie finden dieses Programm.NET unter *..\ADO.NET\DemoDBGenerator* im Verzeichnis der CD zum Buch.

Wenn Sie es starten, anschließend eine der Tabellen auswählen und auf *Daten anzeigen* klicken, können Sie sich sowohl die Struktur der jeweiligen Tabelle als auch ihren Inhalt anzeigen lassen, etwa wie in Abbildung 13.1 zu sehen:

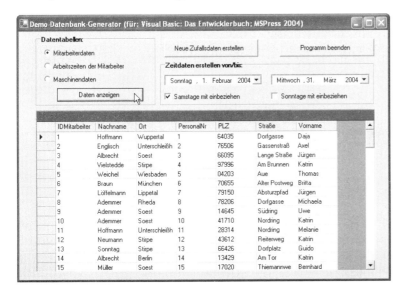

*Abbildung 13.1:* Dieses Programm ist nicht nur in der Lage die Demodatenbank zu generieren, sondern stellt die Daten der einzelnen Tabellen auch dar

An dieser Abbildung können Sie genau sehen, wie die Datentabelle zeilen- und spaltenweise organisiert ist. Die einzelnen Datenzeilen werden übrigens auch *Datensätze* genannt (eine einzige Datenzeile ist ein *Datensatz*).

Die eigentlichen Daten finden Sie übrigens in einer Datei namens *Testdatenbank.mdb* im Ordner ADO.NET des Verzeichnisses der CD zum Buch. Sie können die Datei jederzeit löschen, um vom Programm eine komplett neue Datenbank erstellen zu lassen – für den Fall, dass beim Experimentieren in den folgenden Abschnitten einmal etwas gründlich daneben gegangen ist.

Der Demodatengenerator bemerkt das Fehlen der Daten, fragt Sie gleich nach dem Programmstart, ob Sie die Datenbank neu erstellen möchten und legt sie anschließend neu an.

## Klärung grundsätzlicher Begriffe

Für die verschiedenen Elemente, mit denen Sie bei der Programmierung von Datenbanken arbeiten, gibt es spezielle Begriffe, die Sie sich einprägen sollten:

### Verbindungen zur Datenbank über Connection-Objekte

Bevor Sie auch nur ein einziges Datum aus einer Datenbank herauskitzeln oder der Datenbank-Engine mitteilen können, dass sie selbst irgendwelche Operationen durchführen soll, müssen Sie eine *Verbindung* zur Datenbank herstellen. In ADO.NET verwenden Sie dafür das *OleDbConnection*-Objekt, um eine Verbindung zu einem *OleDB-Provider* aufzubauen (wie beispielsweise Microsoft Access). Es gibt natürlich auch weitere Datenbank-Provider, auf die ich in diesem Kapitel der Einfachheit halber aber nicht näher eingehen will.

### Befehle an die Datenbank mit dem Command-Objekt übermitteln

Nachdem Sie eine Verbindung zur Datenbank hergestellt haben, können Sie über *Command*-Objekte Befehle an die Datenbank senden. Diese Befehle dienen entweder dazu, Daten bestimmter Tabellen (die auch über SQL-Befehle miteinander verknüpft werden können) abzufragen oder andere Befehle – zum Beispiel zum Löschen von Datensätzen – an die Datenbank abzusetzen.

### Ermitteln von Resultsets durch SQL-Abfragen

Wenn über *Command*-Objekte bestimmte Befehle an die Datenbank übermittelt werden, die Daten zurückliefern, dann spricht man vom Zurückerhalten eines *Resultsets* – eines Ergebnissatzes (an Daten). Resultsets können beispielsweise mit einem *DataView*-Objekt überprüft oder in ein *DataSet*-bzw. *DataTable*-Objekt übertragen werden.

### Prinzipielle Vorgehensweise beim Abfragen und Modifizieren von Daten

ADO.NET kennt zwei grundsätzliche Arbeitsmodi: den unverbundenen und den verbundenen. Beim verbundenen Modus trudeln die Daten nacheinander ein. Sie können Daten dabei nicht verändern, sondern nur lesen. Sie können die einzelnen Datensätze bei dieser Vorgehensweise nur der Abfrage entsprechend nacheinander einlesen; ein Sprung zurück oder ein Überspringen von Datensätzen ist dabei nicht möglich.

Der unverbundene Modus ist die Arbeitsweise, mit der Sie Daten nicht nur stringent auslesen, sondern frei editieren können. Bevor Sie im unverbundenen Modus arbeiten, wird natürlich eine Verbindung zur Datenbank hergestellt. Nach einer erfolgten Abfrage verwenden Sie beispielsweise ein *DataTable-Objekt*, um die abgefragten Daten komplett dort hinein zu laden.

Danach stehen die Daten, völlig getrennt von der eigentlichen Datenbank, im Speicher Ihres Computers und können dort verarbeitet werden. Ab jetzt gibt es keine Verbindung mehr zur Datenbank. Erst wenn Sie die Verarbeitung abgeschlossen haben, schicken Sie sie – erst jetzt sind Sie wieder mit der Datenbank verbunden – zur Datenbank zurück.

**HINWEIS:** Vielen Programmierern, die ich kennen gelernt habe, kam diese Vorgehensweise anfangs nicht geheuer vor. Sie hatten zuvor mit ADO (ohne .NET) gearbeitet und sind sich bei der Verwendung von *RecordSet*-Objekten gar nicht bewusst gewesen, dass sie auch hier mit von der Datenbank getrennten Resultsets gearbeitet haben. Viele glaubten, dass Recordsets, da man erst eines mit Anweisungen wie *MoveFirst*, *MoveLast*, *MoveNext* und *MovePrevious* zum Aktuellen erklären musste, immer direkt auf der Datenbank bearbeitet wurden und erst einer der *MoveXXX*-Befehle das jeweils nächste von der Datenbank lud. Das ist natürlich nicht richtig. Genau wie beim *DataTable-Objekt* wird ein durch eine Abfrage entstandenes komplettes Resultset in ein *RecordSet*-Objekt eingelesen. Dieses Missverständnis rührte wohl zum einen von dem Prinzip des Bewegens in den Daten her, das dem Programmierer nicht wirklich vermittelte, dass er nichts weiter als ein großes Datenarray mit schon vollständig gefüllten Daten vor sich hatte. Zum anderen geschah das Aktualisieren von Daten komplett gekapselt und zeigte dem Programmierer nicht, was hinter den Kulissen überhaupt passierte.

## Einsehen von Daten mit dem Server-Explorer

Das beste Werkzeug zum Einsehen von Daten oder Tabellenstrukturen in einer Access-Datenbank ist Access selbst. Genauso, wie das beste Werkzeug zum Einsehen von Daten und Strukturen in einer SQL-Datenbank die Management-Konsole vom SQL-Server ist. Doch nicht immer stehen diese Tools auf dem Rechner zur Verfügung, auf dem man entwickelt. Für diese Fälle stellt Visual Studio den Server-Explorer zur Verfügung, der rudimentäre Funktionen zum Einsehen von Daten und Strukturen bietet. Den Server-Explorer finden Sie unterhalb der Toolbox, wenn Sie die Standardeinstellung nicht geändert haben. Falls er nicht angezeigt wird, schalten Sie ihn einfach ein, indem Sie aus dem Menü *Ansicht* den Eintrag *Server-Explorer* auswählen.

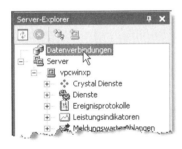

***Abbildung 13.2:*** *Mit dem Server-Explorer können Sie auf einfache Weise Einsicht in Daten und Tabellenstrukturen nehmen*

Um eine Verbindung wie in unserem Beispiel zur Access-Demodatenbank aufzubauen, verfahren Sie folgendermaßen:

- Im Server-Explorer klicken Sie auf *Datenverbindungen*.
- Im Dialog, der jetzt erscheint (siehe Abbildung 13.3), wählen Sie die Registerkarte *Provider*.
- Wählen Sie aus der Liste *Microsoft Jet 4.0 OLE DB Provider* per Mausklick aus.
- Wählen Sie die Registerkarte *Verbindung* (oder klicken Sie auf die Schaltfläche *Weiter*).

- Klicken Sie auf die *Dateiauswahl*-Schaltfläche (»...«), und wählen Sie anschließend die Datenbank aus, deren Daten oder Struktur Sie einsehen möchten.
- Abschließend können Sie die Verbindung zur Datenbank mit der gleichnamigen Schaltfläche testen. Ansonsten klicken Sie auf *OK*, um den Vorgang abzuschließen.

Die Verbindung zur Datenbank wurde nun zur Liste der Datenverbindungen im Server-Explorer hinzugefügt.

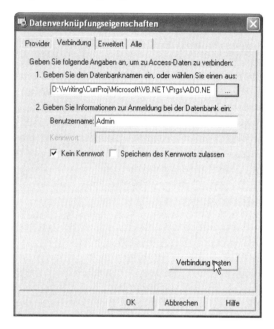

***Abbildung 13.3:*** *Mit diesem Dialog stellen Sie die Verbindung zu Datenbank her*

Sie können anschließend den nun vorhandenen Zweig unter Datenverbindungen öffnen. Die Verbindung zur gerade ausgewählten Access-Datenbank ist jetzt dort zu sehen. Öffnen Sie auch die nächsten Zweige, werden die Tabellen sichtbar. Ein Doppelklick auf eine Tabelle zeigt Ihnen die Tabellenstruktur und die Daten an, etwa wie in Abbildung 13.4 zu sehen:

| | IDMaschinen | Typbezeichnung | Beschreibung | Standort | WartungNötig |
|---|---|---|---|---|---|
| ▶ | 1 | Siemens Xgh4 | Presse 1 | Halle 4 | 0 |
| | 2 | Siemens Xgh4 | Presse 2 | Halle 4 | 0 |
| | 3 | Siemens Xgh4 | Presse 3 | Halle 5 | 0 |
| | 4 | Krupp Wa1 | Walze 1 | Halle 1 | 0 |
| | 5 | Krupp Wa2 | Walze 2 | Halle 2 | 0 |
| | 6 | Krupp Wa3 | Walze 3 | Halle 6 | 0 |
| | 7 | Sakomat A3 | Sakomat 1 | Halle 3 | 0 |
| | 8 | Sakomat A3 | Sakomat 2 | Halle 3 | 0 |
| | 9 | Sakomat A3 | Sakomat 3 | Halle 3 | 0 |
| | 10 | ---- | Mischstation 1 | Halle 7 | 0 |
| | 11 | ---- | Mischstation 2 | Halle 7 | 0 |
| | 12 | ---- | Fertigungsstraße A | Halle 8 | 0 |
| | 13 | ---- | Fertigungsstraße B | Halle 9 | 0 |
| * | | | | | |

***Abbildung 13.4:*** *Ein Doppelklick auf eine Tabelle macht Daten und Struktur sichtbar*

Sie können die Daten in dieser Ansicht ändern und auch neue Datensätze hinzufügen. Wenn Sie die Datenvorschau nicht mehr benötigen, schließen Sie das Fenster einfach.

# Programmieren mit ADO.NET

Soviel zur theoretischen Vorbereitung. In diesem Abschnitt erfahren Sie nun Grundlegendes darüber, wie Sie die verschiedenen Objekte, die ADO.NET zur Verfügung stellt, nutzen können, um in eigenen Programmen Datenabfragen durchzuführen und Daten in Tabellen zu verändern und zu ergänzen.

## Datenverbindungen herstellen und Resultsets mit dem DataReader auslesen

Lassen Sie uns mit einem ganz einfachen Beispiel beginnen. Das nachfolgend beschriebene Projekt macht nichts weiter, als mit dem *OleDBConnection*-Objekt eine Verbindung zur Demo-Datenbank aufzubauen. Anschließend verwendet es ein *OleDbCommand*-Objekt, um eine *SELECT*-Anweisung an die Datenbank abzusetzen und das von der Datenbank zurückgelieferte *Resultset* mit dem *OleDbDataReader* auszulesen. Die Beispielanwendung ist der Einfachheit halber als Konsolenanwendung konzipiert.

**HINWEIS:** Sie finden dieses Programm.NET unter ..\*ADO.NET\DataReader* im Verzeichnis der CD zum Buch.

```
Imports System.IO
Imports System.Data
Imports System.Data.OleDb
Imports System.Reflection

Module mdlMain

    'Datenbankname ist fest definiert.
    Private Const myDatabaseName As String = "Testdatenbank.mdb"

    Sub Main()
        Dim locConnection As OleDbConnection
        Dim locCommand As OleDbCommand
        Dim locDataReader As OleDbDataReader
        Dim locPathAndName As String

        'Pfad zur Datenbank ermitteln.
        locPathAndName = GetStartUpPath().Parent.Parent.FullName + "\" + myDatabaseName
        'Connection-Objekt holen, damit die Datenbankverbindung hergestellt werden kann.
        locConnection = GetConnection(New FileInfo(locPathAndName))
        'Command-Objekt erstellen, mit der ein Befehl an die Datenbank abgesetzt
        'und ein Resultset eingeholt werden kann.
        locCommand = New OleDbCommand("SELECT TOP 15 * FROM Mitarbeiter ORDER BY [Nachname]", locConnection)
        'Wichtig für den DataReader: Verbindung muss geöffnet sein.
        locConnection.Open()
        Console.WriteLine("Inhalt der Tabelle Mitarbeiter (erste 15. Datensätze, nach Nachnamen sortiert)")
        'Command-Objekt einweisen, dass er ein Reader-Objekt mit Datenzugriff erstellt.
        locDataReader = locCommand.ExecuteReader()
        'Read holt den jeweils nächsten Datensatz und wird False, wenn es keinen weiteren gibt.
        Do While locDataReader.Read
            'Alle Datenspalten durchlaufen.
            For c As Integer = 0 To locDataReader.FieldCount - 1
                'GetValue holt das eigentliche Datum als Object.
                Console.Write(locDataReader.GetValue(c).ToString + vbTab)
```

```
            Next
            'Datensatz komplett dargestellt, Zeilenwechsel.
            Console.WriteLine()
        Loop
        'Auf Tastatureingabe warten.
        Console.ReadLine()

    End Sub
```

**HINWEIS:** Ein *DataReader*-Objekt kann nicht direkt instanziert werden; Sie müssen es von einem *Command*-Objekt erstellen lassen, um es – wie im Beispiel zu sehen – anschließend verwenden zu können.

Die *Read*-Funktion des *DataReader*-Objektes sorgt anschließend dafür, dass der jeweils nächste Datensatz aus der Datenbank gelesen wird. Wichtig: Die Daten werden dabei tatsächlich paketweise von der Datenbank gelesen – mit jedem Aufruf der *Read*-Funktion werden also die nächsten Daten von der Datenbank übertragen und können anschließend mit den *GetXXX*-Funktionen des *DataReaders* abgerufen werden. Die *Read*-Funktion des *DataReader*-Objektes liefert als Funktionsergebnis *False* zurück, wenn keine weiteren Datensätze mehr im Resultset zur Verfügung stehen. Diese Vorgehensweise macht übrigens grundsätzlich dann Sinn, wenn Sie Daten lediglich auslesen müssen und dabei möglichst wenig Datenverkehr produzieren wollen.

Im hier gezeigten Beispiel sorgt die folgende *GetConnection*-Funktion für die Vorbereitung des Verbindungsaufbaus zur Access-Datenbank. Der so genannte *Connection*-String bestimmt dabei die näheren Umstände der Verbindung – unter anderem auch den Dateinamen der Datenbank. Sie erkennen anhand der Parametermeternamen im *Connection*-String, die im folgenden Codeausschnitt zu sehen sind, welche zusätzlichen Möglichkeiten Ihnen beim Bestimmen der Verbindungsparameter zur Verfügung stehen. Bitte beachten Sie, dass die Anweisungen innerhalb des *Connection*-Strings sich ausschließlich auf Access-Datenbanken als Datenprovider beziehen. Verwenden Sie andere Daten-Provider, sind Anpassungen nötig.

```
    'Verbindungszeichenkette setzen. Die Folgende gilt nur für die Verbindung
    'zu einer Access-Datenbank.
    Private Function GetConnection(ByVal AccessDatabaseName As FileInfo) As OleDbConnection
        Dim locConnectionString As String

        locConnectionString = "Jet OLEDB:Global Partial Bulk Ops=2;"
        locConnectionString += "Jet OLEDB:Registry Path=;"
        locConnectionString += "Jet OLEDB:Database Locking Mode=1;"
        locConnectionString += "Jet OLEDB:Database Password=;"
        locConnectionString += "Data Source=" + AccessDatabaseName.FullName + ";Password=;"
        locConnectionString += "Jet OLEDB:Engine Type=5;"
        locConnectionString += "Jet OLEDB:Global Bulk Transactions=1;"
        locConnectionString += "Provider=""Microsoft.Jet.OLEDB.4.0"";"
        locConnectionString += "Jet OLEDB:System database=;"
        locConnectionString += "Jet OLEDB:SFP=False;"
        locConnectionString += "Extended Properties=;"
        locConnectionString += "Mode=Share Deny None;"
        locConnectionString += "Jet OLEDB:New Database Password=;"
        locConnectionString += "Jet OLEDB:Create System Database=False;"
        locConnectionString += "Jet OLEDB:Compact Without Replica Repair=False;"
        locConnectionString += "User ID=Admin;"
        locConnectionString += "Jet OLEDB:Encrypt Database=False"
        'Neues Connection-Objekt generieren und zurückliefern
```

```
        Return New OleDbConnection(locConnectionString)
    End Function
    'Findet den Pfad, in dem die aktuelle Assembly (DLL, EXE) ausgeführt wird.
    Private Function GetStartUpPath() As DirectoryInfo
        Dim locAss As [Assembly] = [Assembly].GetExecutingAssembly
        Return New DirectoryInfo(Path.GetDirectoryName(locAss.Location))
    End Function

End Module
```

Wenn Sie dieses Programm starten, zeigt es in etwa das folgende Ergebnis auf dem Bildschirm an:

```
Inhalt der Tabelle Mitarbeiter (erste 15. Datensätze, nach Nachnamen sortiert)
10    10    Ademmer      Katrin       Nordring         41710    Soest
99    99    Ademmer      Klaus        Absturzpfad      42100    Dortmund
64    64    Ademmer      Anja         Aue              57270    Rheda
39    39    Ademmer      Alfred       Hauptstraße      72212    Dortmund
8     8     Ademmer      Michaela     Dorfgasse        78206    Rheda
9     9     Ademmer      Uwe          Südring          14645    Soest
41    41    Ademmer      Jürgen       Am Brunnen       21910    Bad Waldliesborn
79    79    Albrecht     Guido        Kurgartenweg     06087    Stirpe
38    38    Albrecht     Barbara      Alter Postweg    21339    Liebenburg
47    47    Albrecht     Uwe          Am Tor           80055    Straubing
14    14    Albrecht     Katrin       Am Tor           13429    Berlin
3     3     Albrecht     Jürgen       Lange Straße     66095    Soest
97    97    Albrecht     Anja         Absturzpfad      64273    Hildesheim
84    84    Braun        Margarete    Gassenstraße     04689    Stirpe
69    69    Braun        Alfred       Hauptstraße      94930    Bad Waldliesborn
6     6     Braun        Britta       Alter Postweg    70655    München
22    22    Braun        Katrin       Lange Straße     84197    Rheda
43    43    Braun        Katrin       Am Tor           18950    Soest
49    49    Braun        Bernhard     Aue              92975    Stirpe
```

## Schemainformationen mit dem DataReader abfragen

Ein Schema ist eine Art Bauplan. Auf Datenbanken bezogen kann ein Schema zum Beispiel die Struktur einer Datentabelle sein. Mit dem *DataReader* können Sie, wie im vorherigen Beispiel gezeigt, nicht nur die Daten selbst, sondern auch die Schemainformationen eines Resultsets einholen, wie das folgende Beispiel zeigt:

**HINWEIS:** Sie finden dieses Programm.NET unter ..\\*ADO.NET\DataReaderSchema* im Verzeichnis der CD zum Buch.

Wenn Sie das Programm starten, finden Sie anschließend einen Dialog vor, etwa wie in Abbildung 13.5 zu sehen.

Dieses Programm arbeitet nicht nur mit der schon bekannten Demodatenbank, sondern mit jeder beliebigen Access-Datenbank. Mit der Dateiauswahl-Schaltfläche (»...«) können Sie eine neue Datenbank bestimmen. Die vorhandenen Datentabellen werden anschließend in der Tabellenliste angezeigt. Möchten Sie das Schema der Datenbank im *DataGrid*-Steuerelement anzeigen lassen, klicken Sie auf die Schaltfläche *Datenbankschema anzeigen*. Das Schema einer Tabelle der Datenbank zeigen Sie an, indem Sie die entsprechende Tabelle in der Tabellenliste auswählen und auf die Schaltfläche *Tabellenschema anzeigen* klicken.

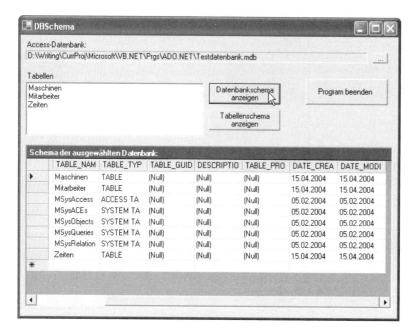

**Abbildung 13.5:** Mit diesem Programm können Sie sich sowohl die Schemainformationen von einer Access-Datenbank selbst als auch von einzelnen Tabellen dieser Datenbank anzeigen lassen

Das Programm verwendet übrigens ein *DataGrid*-Steuerelement zur Anzeige von Daten. Dieses *DataGrid* hat den Vorteil, ähnlich zu funktionieren wie das Benutzersteuerelement, das in ▶ Kapitel 12 (*Attribute und Reflection*) vorgestellt wurde. Sie können einem *DataGrid* beliebige Objekte über seine *DataSource*-Eigenschaft übergeben, die entweder die *IList* oder die *IListSource*-Schnittstelle implementieren. Das *DataTable*-Objekt gehört auch dazu (mehr zur genauen Funktionsweise zum *DataTable*-Objekt in einem späteren Abschnitt). Da die Funktionen, die die Schemainformationen einer Datenbank oder einer Datenbanktabelle ermitteln, Ergebnisdaten in Form eines *DataTable*-Objektes zurückliefern, ist die visuelle Aufbereitung dieser Daten natürlich mehr als einfach: Sie brauchen das Rückgabeobjekt – nämlich die *DataTable* – nur der *DataSource*-Eigenschaft des *DataGrid*-Steuerelementes zu übergeben, und das Steuerelement übernimmt sowohl die Anzeige der Spalteninformationen als auch die Anzeige der eigentlichen Daten anschließend völlig selbstständig.

Kommen wir zum Programmcode:

```
Imports System.IO
Imports System.Data
Imports System.Data.OleDb
Imports System.Reflection

Public Class frmMain
    Inherits System.Windows.Forms.Form
    Private myDatabaseFileInfo As FileInfo
    Private myConnection As OleDbConnection

    Protected Overrides Sub OnLoad(ByVal e As System.EventArgs)
        'Pfad zur Demodatenbank vorgeben.
        myDatabaseFileInfo = New FileInfo(GetStartUpPath().Parent.Parent.FullName + "\" + "Testdatenbank.mdb")
        DatenbankeinstellungenAktualisieren()
    End Sub
```

```vb
Private Sub btnAccessDatenbankWählen_Click(ByVal sender As System.Object, ByVal e As System.EventArgs) _
                            Handles btnAccessDatenbankWählen.Click
    'Nichts Besonderes hier: Datei-Öffnen-Dialog darstellen und Dateinamen holen.
    Dim locOfd As New OpenFileDialog
    With locOfd
        .Title = "Access-Datenbank öffnen:"
        .Filter = "Access-Datenbanken (*.mdb)|*.mdb|Alle Dateien (*.*)|*.*"
        .CheckFileExists = True
        .CheckPathExists = True
        .DefaultExt = "*.mdb"
        Dim locDr As DialogResult = .ShowDialog()
        If locDr = DialogResult.OK Then
            myDatabaseFileInfo = New FileInfo(.FileName)
            DatenbankeinstellungenAktualisieren()
        End If
    End With
End Sub

Private Sub btnProgrammBeenden_Click(ByVal sender As System.Object, ByVal e As System.EventArgs) _
                            Handles btnProgrammBeenden.Click
    Me.Dispose()
End Sub
```

Bis hierhin gibt es nichts, was Sie im Laufe des Buches nicht schon kennen gelernt hätten. Nachdem das Formular instanziert wurde, wird die *OnLoad*-Methode aufgerufen, die die Grundeinstellungen der Formular-Klassen-Member vornimmt. Hier wird die schon bekannte Demodatenbank als Voreinstellung festgelegt. Möchte der Anwender eine alternative Datenbank untersuchen, wählt er die entsprechende Schaltfläche, die zum Aufruf der Ereignisbehandlungsroutine *btnAccessDatenbankWählen_Click* führt. Diese stellt einen Datei-öffnen-Dialog dar, der ihn die neue Datenbank auswählen lässt.

```vb
'Wenn ein Tabellenname in der Liste ausgewählt wurde, zeigt diese
'Prozedur die Schema-Informationen der Tabelle an.
Private Sub btnTabSchemaAnzeigen_Click(ByVal sender As System.Object, ByVal e As System.EventArgs) _
                            Handles btnTabSchemaAnzeigen.Click
    If Not (lstTabellen.SelectedItem Is Nothing) Then
        'SELECT-Command, um das Schema des Resultsets festzulegen
        Dim locCommand As New OleDbCommand("SELECT * FROM " + lstTabellen.SelectedItem.ToString)
        'Verbindung an Command zuweisen.
        locCommand.Connection = myConnection
        'Reader deklarieren.
        Dim locReader As OleDbDataReader
        'Verbindung öffnen; Reader benötigt offene Verbindung und öffnet nicht selbst!
        myConnection.Open()
        'Daten (aber nur Schema-Infos) in den Reader laden.
        locReader = locCommand.ExecuteReader(CommandBehavior.SchemaOnly)
        'Aus den Schemadaten eine DataTable generieren, die direkt der
        'DataSource-Eigenschaft des DataGrids zugewiesen werden kann.
        dgSchema.DataSource = locReader.GetSchemaTable
        'Verbindung wieder schließen.
        myConnection.Close()
        'Beschriftung des DataGrids anpassen:
        dgSchema.CaptionText = "Schema der Tabelle: " + lstTabellen.SelectedItem.ToString
    End If
End Sub
```

Die oben gezeigte Prozedur ist nun dafür verantwortlich, dass die Schemainformationen der ausgewählten Datentabelle im *DataGrid*-Steuerelement angezeigt werden. Dazu legt die Prozedur ein neues *Command*-Objekt an, das eine *SELECT*-Abfrage erstellt, als wenn es die Daten der Tabelle selbst als Resultset zurückfordern würde. Allerdings führt es die Funktion *ExecuteReader* mit dem Parameter *CommandBehavior.SchemaOnly* aus, der bewirkt, dass nur die Schemainformationen und keine Daten von der Datenbank zurückgegeben werden. Über die Funktion *GetSchemaTable* wird anschließend automatisch eine *DataTable* mit den Schemainformationen erstellt, die schließlich im *DataGrid*-Steuerelement dargestellt wird (die dafür jeweils relevanten Anweisungen sind im Listing fett markiert).

```
'Das Schema der Datenbank anzeigen. Dieses Schema enthält u.a. Infos über
'die verwendeten Tabellen.
Private Sub btnDBSchemaAnzeigen_Click(ByVal sender As System.Object, ByVal e As System.EventArgs) _
                        Handles btnDBSchemaAnzeigen.Click
    'Bräuchte man nicht unbedingt...
    Dim locTable As New DataTable
    'Verbindung zur Datenbank öffnen.
    myConnection.Open()
    'Schema-Tabelle einholen und DataTable-Objekt zuweisen.
    locTable = myConnection.GetOleDbSchemaTable(OleDbSchemaGuid.Tables, Nothing)
    'An DataSource vom DataGrid zuweisen; damit wird das Datenbankschema angezeigt.
    dgSchema.DataSource = locTable
    'Verbindung wieder schließen.
    myConnection.Close()
    'Beschriftung des DataGrids anpassen:
    dgSchema.CaptionText = "Schema der ausgewählten Datenbank:"
End Sub
```

Das Einholen der Schemainformationen der Datenbank selbst funktioniert auf ähnliche Art und Weise. Hier genügt eine offene Verbindung zur Datenbank, um mit der Methode *GetOleDbSchemaTable* an die gewünschten Schemadaten zu gelangen. Auch diese Methode liefert eine *DataTable* zurück, die auf sehr einfachem Weg zur Darstellung der Schemadaten im *DataGrid*-Steuerelement führt.

```
Private Sub DatenbankeinstellungenAktualisieren()
    'Wenn die Datenbank gewechselt wurde, Anzeige aktualisieren,...
    lblDatenbank.Text = myDatabaseFileInfo.FullName
    '...neues Connection-Objekt erstellen,...
    myConnection = GetConnection(myDatabaseFileInfo)
    '...und die Tabellenliste neu erstellen.
    TabellenlisteAufbauen()
End Sub

Sub TabellenlisteAufbauen()
    'DataTable wird verwendet, um nicht verbundene Resultsets komplett zu speichern.
    'Schema-Informationen einer Tabelle werden ebenfalls als eine Art Resultset zurückgegeben.
    Dim locTable As New DataTable
    'Verbindung zur Datenbank öffnen.
    myConnection.Open()
    'Mit dieser Funktion können die kompletten Datenbankschemata ermittelt werden
    locTable = myConnection.GetOleDbSchemaTable(OleDbSchemaGuid.Tables, Nothing)
    'Alle Daten sind nun da; Verbindung wird nicht mehr benötigt.
    myConnection.Close()
    'Vorhandene Einträge in der Liste löschen.
    lstTabellen.Items.Clear()
```

```vbnet
        'Alle Datenzeilen durchlaufen, und die Tabellennamen zur Liste hinzufügen.
        For Each locDr As DataRow In locTable.Rows
            If locDr.Item("TABLE_TYPE").ToString = "TABLE" Then
                lstTabellen.Items.Add(locDr.Item("TABLE_NAME").ToString)
            End If
        Next
    End Sub
```

Die Prozedur *TabellenlisteAufbauen* ist ein gutes Beispiel für die Wichtigkeit von Schemainformationen. Um ausfindig zu machen, welche Datentabellen in einer Datenbank vorhanden sind, benötigen Sie die Schemainformationen der Datenbank. Beim Aufbauen der Liste wird jedes Element des *DataTable*-Objektes (jede so genannte *DataRow* – mehr dazu im folgenden Abschnitt) dahingehend überprüft, ob es sich um eine Datentabelle handelt (das Feld *TABLE_TYPE* muss *TABLE* ergeben) und nur in diesem Fall mit ihrem Namen (abrufbar über das Feld *TABLE_NAME*) in die Liste aufgenommen.

Die übrigen Funktionen dienen zum Aufbau der Verbindung und zum Ermitteln des korrekten Pfades zur Demodatenbank.

```vbnet
    'Verbindungs-Zeichenkette setzen. Die folgende gilt nur für die Verbindung
    'zu einer Access-Datenbank.
    Private Function GetConnection(ByVal AccessDatabaseName As FileInfo) As OleDbConnection

        Dim locConnectionString As String

        locConnectionString = "Jet OLEDB:Global Partial Bulk Ops=2;"
        locConnectionString += "Jet OLEDB:Registry Path=;"
        locConnectionString += "Jet OLEDB:Database Locking Mode=1;"
        locConnectionString += "Jet OLEDB:Database Password=;"
        locConnectionString += "Data Source=" + AccessDatabaseName.FullName + ";Password=;"
        locConnectionString += "Jet OLEDB:Engine Type=5;"
        locConnectionString += "Jet OLEDB:Global Bulk Transactions=1;"
        locConnectionString += "Provider=""Microsoft.Jet.OLEDB.4.0"";"
        locConnectionString += "Jet OLEDB:System database=;"
        locConnectionString += "Jet OLEDB:SFP=False;"
        locConnectionString += "Extended Properties=;"
        locConnectionString += "Mode=Share Deny None;"
        locConnectionString += "Jet OLEDB:New Database Password=;"
        locConnectionString += "Jet OLEDB:Create System Database=False;"
        locConnectionString += "Jet OLEDB:Compact Without Replica Repair=False;"
        locConnectionString += "User ID=Admin;"
        locConnectionString += "Jet OLEDB:Encrypt Database=False"
        'Neues Connection-Objekt generieren und zurückliefern
        Return New OleDbConnection(locConnectionString)

    End Function

    'Findet den Pfad, in dem die aktuelle Assembly (DLL, EXE) ausgeführt wird.
    Private Function GetStartUpPath() As DirectoryInfo
        Dim locAss As [Assembly] = [Assembly].GetExecutingAssembly
        Return New DirectoryInfo(Path.GetDirectoryName(locAss.Location))
    End Function
End Class
```

# Unverbundene Daten mit dem DataTable-Objekt verwalten

Wenn Sie Daten mit dem *DataReader* aus einer Datenbanktabelle lesen, hat das nur einen Vorteil: Sie erhalten die Daten paketweise, verursachen damit wenig Datenverkehr und belasten den Hauptspeicher nur gering. Der große Nachteil: Daten sind mit dem *DataReader* äußerst umständlich zu handhaben.

Mit dem *DataTable*-Objekt haben Sie es da schon viel einfacher. Es ist der erste Schritt zum Arbeiten mit nicht verbundenen Daten. Sie stellen sich das *DataTable*-Objekt am besten als eine Collection mit Elementen vor, deren Datenstruktur von den gespeicherten Daten der Datenbanktabelle abhängt (oder besser: des Resultsets, denn durch *SELECT*-Abfragen können auch Kombinationen mehrerer Tabellen oder nicht alle Felder einer Tabelle zurückgegeben werden). Die einzelnen Elemente einer *DataTable* können, wie bei anderen Collections auch, durch die *Items*-Eigenschaft ihrer *Rows*-Eigenschaft angesprochen werden, die die eigentlichen Daten als Collection aus so genannten *DataRow*-Objekten erhält. Ein einzelnes *Item* ist also grundsätzlich vom Typ *DataRow*. Ein *DataRow*-Objekt erlaubt dann schließlich den Zugriff auf die eigentlichen Daten.

## Die DataAdapter-Klasse

Um ein *DataTable*-Objekt mit Inhalt zu füllen, benötigen Sie eine besondere Schnittstelle zur Datenbank, den so genannten *DataAdapter*. Das *Command*-Objekt ist hier nicht mehr ausreichend, da es nur einen *DataReader* erzeugen kann, um die Daten einzulesen. Es ist selbst nicht in der Lage, die Verbindung zur Datenbank über ein *Connection*-Objekt herzustellen (falls diese nicht schon besteht), die Schemainformationen eines Resultsets zu ergründen, die Daten des Resultsets komplett einzulesen und sie – nunmehr losgelöst von der eigentlichen Datenbank – in einem *DataTable*-Objekt zur Verfügung zu stellen. Genau das kann aber eine *DataAdapter*-Instanz. Aber auch nicht alleine, denn sie überlässt den ersten Part – nämlich das ermitteln der Schemainformationen und das Einlesen der Daten – dem *Command*-Objekt. Das *Command*-Objekt dient als Parameter ihrer *SelectCommand*-Eigenschaft. Ist diese Eigenschaft definiert, kann das zugewiesene *Command*-Objekt von der *Fill*-Methode verwendet werden, und diese löst dann die Kaskade der notwendigen Schritte aus:

- Das *DataAdapter*-Objekt öffnet die Verbindung zur Datenbank im Bedarfsfall.

- Es weist das *Command*-Objekt an, das es aus seiner *SelectCommand*-Eigenschaft ermittelt, die Schemainformationen des Resultsets einzuholen, das zuvor durch die *SELECT*-Anweisung abgefragt wurde.

- Es baut aus diesen Schemainformationen die Grundstruktur eines neuen *DataTable*-Objekt auf.

- Es verwendet anschließend ein *DataReader*-Objekt, das durch das *Command*-Objekt anlegt wurde, um das *DataTable*-Objekt mit Daten zu füllen.

- Es schließt die Verbindung zur Datenbank.

Das Ergebnis: Die Daten stehen anschließend – losgelöst von der eigentlichen Datenbank – im Speicher des Computers, und sie sind durch die *Rows*-Eigenschaft (die die *DataRow*-Collection zur Verfügung stellt) abrufbar.

Diese Vorgehensweise wird durch das folgende Beispiel demonstriert, das eine Erweiterung des vorherigen Beispielprojektes darstellt. Mit diesem Programm können Sie also nicht nur die

Struktur der Datenbank oder ihrer Tabellen einsehen, sondern auch Zugriff auf die gespeicherten Daten selbst nehmen.

Da Sie im Programm die *SELECT*-Anweisung frei verändern können, bietet es sich darüber hinaus auch zum Herumexperimentieren mit verschiedenen SQL-Abfragen an.

**HINWEIS:** Sie finden dieses Programm.NET unter ..\*ADO.NET\DBAnalyzer* im Verzeichnis der CD zum Buch.

Wenn Sie dieses Beispielprojekt laden und starten, erkennen Sie sofort die Ähnlichkeiten zum vorherigen, aber auch die Modifizierungen, die es erfahren hat. Ein Doppelklick auf die Tabellen generiert automatisch eine entsprechende *SELECT*-Anweisung unter *SELECT-Command*, und mit einem weiteren Klick auf *SELECT-Command ausführen* können Sie das *Resultset* der Abfrage in der Tabelle anzeigen lassen, etwa wie in Abbildung 13.6 zu sehen:

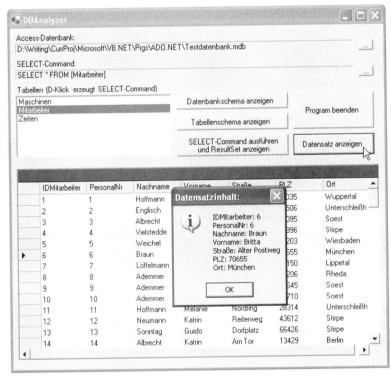

*Abbildung 13.6:* Mit dieser Version des Beispielprojektes können Sie nicht nur Schemata, sondern auch Daten selbst einsehen

Zu reinen Demonstrationszwecken gestattet Ihnen das Programm auch, sich einen Datensatz der Tabelle in einer *MessageBox* anzuschauen (ebenfalls in Abbildung 13.6 zu sehen).

Im folgenden Codelisting beschränke ich mich auf die Unterschiede zum vorherigen Programm:

```
'Führt den eingegebenen SELECT-Command aus und zeigt die Daten an.
Private Sub btnSELECTAusführen_Click(ByVal sender As System.Object, ByVal e As System.EventArgs) _
                        Handles btnSELECTAusführen.Click
    'Neues Command-Objekt erstellen.
    Dim locCommand As New OleDbCommand
    locCommand.Connection = myConnection
    'Den SELECT-String zuweisen.
```

```
            locCommand.CommandText = lblSELECTCommand.Text

            'Neues DataAdapter-Objekt erstellen.
            Dim locDataAdapter As New OleDbDataAdapter
            'Den jetzt orhandenen SELECT-Command zuweisen.
            locDataAdapter.SelectCommand = locCommand

            'Neues Datatable-Objekt erstellen.
            Dim locDataTable As New DataTable
            'Die Daten über DataAdapter, Command und Connection abfragen
            'und in die Tabelle übertragen.
            locDataAdapter.Fill(locDataTable)
            'Tabelle anzeigen.
            dgSchemaUndDaten.DataSource = locDataTable
        End Sub
```

Die oben gezeigte Prozedur wendet genau das Verfahren an, das wir zuvor theoretisch besprochen hatten. Es verwendet das Zusammenspiel von *DataAdapter*, *Command* und *DataTable*, um an die Daten zu gelangen, die anschließend unabhängig von der Datenbank im Speicher stehen.

```
        'Diese Prozedur hat anwendungstechnisch keinen tieferen Sinn,
        'sie demonstriert aber, wie Sie Daten aus einer DataTable abfragen
        'und verwerten können.
        Private Sub btnDatensatzAnzeigen_Click(ByVal sender As System.Object, ByVal e As System.EventArgs) _
                            Handles btnDatensatzAnzeigen.Click
            Dim locDataRow As DataRow
            Dim locDataTable As DataTable
            Dim locRowDaten As String
            Dim locDataColumns As DataColumnCollection

            'DataTable-Objekt versteckt sich im DataSource des DataGrids.
            locDataTable = DirectCast(dgSchemaUndDaten.DataSource, DataTable)
            'Falls noch keine Daten zugewiesen wurde,
            If locDataTable Is Nothing Then
                'Routine verlassen.
                Exit Sub
            End If
            'DataColumns-Collection abrufen; die beinhalten alle Spalteninformationen
            locDataColumns = locDataTable.Columns
            'Die ausgewählte Datenreihe abrufen.
            locDataRow = locDataTable.Rows(dgSchemaUndDaten.CurrentCell.RowNumber)

            'Der Einfachheit halber den Datensatz in einer Messagebox anzeigen.
            'Dazu: Alle Spalten durchlaufen.
            For Each locColumn As DataColumn In locDataColumns
                'Feldinfo steht links,
                locRowDaten += locColumn.Caption + ": "
                'Feld-Dateninhalt steht rechts danebo.
                locRowDaten += locDataRow(locColumn.Ordinal).ToString + vbNewLine
            Next

            'MessageBox anzeigen.
            MessageBox.Show(locRowDaten, "Datensatzinhalt:", MessageBoxButtons.OK, _
                            MessageBoxIcon.Information)
        End Sub
```

Interessant ist die oben stehende Prozedur, weil sie zeigt, wie Sie Daten aus einer *DataTable* lesen und verwerten können. Wie schon erwähnt, können Sie über die *Rows*-Eigenschaft eines *DataTable*-Objektes Zugriff auf dessen *DataRow*-Collection nehmen. Jedes *DataRow*-Objekt innerhalb der *DataRow*-Collection entspricht dabei einem Datensatz (einer Datenzeile). Die einzelnen Feldinhalte erreichen Sie entweder über den nummerierten Index (siehe letzte, fett markierte Listingzeile im obigen Codeausschnitt), oder Sie rufen sie über den Datenfeldnamen ab (die Codezeile

```
locRowDaten += locDataRow("Straße").ToString
```

wäre also auch durchaus gültig).

Um einfach an die Spalteninformationen einer *DataTable* zu gelangen, verwenden Sie am besten die *DataColumns*-Collection – wie Sie sie verwenden, ersehen Sie ebenfalls aus dem oben stehenden Codeauszug (die interessanten Passagen dabei sind die ersten drei fett markierten Listingzeilen).

Die übrigen Codezeilen dienen schließlich noch zur Behandlung bzw. der Generierung der *SELECT*-Strings an sich:

```
'Doppelklick auf Tabelleneintrag generiert SELECT-String.
Private Sub lstTabellen_DoubleClick(ByVal sender As Object, ByVal e As System.EventArgs) _
                                    Handles lstTabellen.DoubleClick
    'Nur etwas machen, wenn Eintrag ausgewählt.
    If Not (lstTabellen.SelectedItem Is Nothing) Then
        'SELECT-String aus Tabellennamen erstellen.
        lblSELECTCommand.Text = "SELECT * FROM [" + _
                                lstTabellen.SelectedItem.ToString + _
                                "]"
        'Schaltfläche ist nun frei.
        btnSELECTAusführen.Enabled = True
    End If
End Sub


'SELECT-String kann auch von Hand bearbeitet werden.
Private Sub btnSELECTCommandBearbeiten_Click(ByVal sender As System.Object, ByVal e As System.EventArgs) _
                                    Handles btnSELECTCommandBearbeiten.Click
    Dim locFrmSqlCommandEditieren As New frmSQLCommandEditieren
    Dim locSELECTCommand As String
    locSELECTCommand = locFrmSqlCommandEditieren. _
                SELECTCommandEditieren(lblSELECTCommand.Text)
    If locSELECTCommand Is Nothing Then
        lblSELECTCommand.Text = ""
        btnSELECTAusführen.Enabled = False
    Else
        lblSELECTCommand.Text = locSELECTCommand
        btnSELECTAusführen.Enabled = True
    End If
End Sub
```

# Einige SELECT-Command- Beispiele:

Sie können, wie zuvor schon angedeutet, die *SELECT-Command*-Zeichenfolge auch völlig frei gestalten, um beliebige Abfragen zu erstellen. Dazu klicken Sie einfach auf die im Formular neben dem *SELECT-Command*-Feld stehende »...«-Schaltfläche und geben die *Command*-Zeichenfolge manuell ein.

Die folgende Bildreihe gibt Ihnen ein paar Einblicke in die Abfragen und ihre möglichen Ergebnisse (die Demodatenbank bei den Beispielen immer vorausgesetzt).

## SELECT-Beispiel 1

**Aufgabe:** Sie möchten alle Zeiten der Zeitentabelle ermitteln, die an einem bestimmten Buchungsdatum aufgetreten sind (im Beispiel am 15.3.2004):

**Anmerkung:** Wenn Sie Datumswerte abfragen, verwenden Sie die gleiche Formatierung für die Datumskonstante wie beim Einfügen einer Datumskonstante in Quellcode.

**SELECT-Command-String:**

```
SELECT * FROM [Zeiten] WHERE [Buchungsdatum]=#03/15/2004#
```

**Aussehen des Resultsets:**

| IDZeiten | IDMitarbeiter | IDMaschinen | Buchungsdat | StartZeit | EndZeit | Dauer |
|---|---|---|---|---|---|---|
| 11870 | 1 | 4 | 15.03.2004 0 | 30.12.1899 0 | 30.12.1899 0 | 104 |
| 11871 | 1 | 7 | 15.03.2004 0 | 30.12.1899 0 | 30.12.1899 1 | 91 |
| 11872 | 1 | 0 | 15.03.2004 0 | 30.12.1899 1 | 30.12.1899 1 | 26 |
| 11873 | 1 | 7 | 15.03.2004 0 | 30.12.1899 1 | 30.12.1899 1 | 102 |
| 11874 | 1 | 1 | 15.03.2004 0 | 30.12.1899 1 | 30.12.1899 1 | 92 |
| 11875 | 3 | 4 | 15.03.2004 0 | 30.12.1899 1 | 30.12.1899 1 | 199 |
| 11876 | 3 | 0 | 15.03.2004 0 | 30.12.1899 1 | 30.12.1899 1 | 29 |
| 11877 | 3 | 4 | 15.03.2004 0 | 30.12.1899 1 | 30.12.1899 1 | 213 |
| 11878 | 4 | 3 | 15.03.2004 0 | 30.12.1899 0 | 30.12.1899 0 | 119 |
| 11879 | 4 | 2 | 15.03.2004 0 | 30.12.1899 0 | 30.12.1899 1 | 105 |
| 11880 | 4 | 0 | 15.03.2004 0 | 30.12.1899 1 | 30.12.1899 1 | 33 |
| 11881 | 4 | 2 | 15.03.2004 0 | 30.12.1899 1 | 30.12.1899 1 | 199 |
| 11882 | 5 | 7 | 15.03.2004 0 | 30.12.1899 1 | 30.12.1899 1 | 195 |
| 11883 | 5 | 0 | 15.03.2004 0 | 30.12.1899 1 | 30.12.1899 1 | 32 |

***Abbildung 13.7:*** *Resultset-Beispiel, das sich aus der entsprechenden SELECT-Anweisung ergeben hat*

## Wenn das DataGrid keine Zeit hat – Formate von Zeitdaten

In der in Abbildung 13.7 gezeigten Grafik stellen Sie fest, dass das *DataGrid* standardmäßig nur den Datumsteil eines *DateTime*-Typs anzeigt – für viele Anwendungen wird das *DataGrid* mit seiner eigentlich so einfachen Weise zur Darstellung beliebiger Datenquellen dadurch unbrauchbar. Im Beispielprogramm finden Sie aus diesem Grund eine Prozedur namens *SetDateFormatInDataGrid*, die das Festlegen einer Formatzeichenfolge für Datumsspalten erlaubt.

Möchten Sie, dass das Beispielprogramm auf diese Routine zurückgreift, um die *DateTime*-Daten in der Tabelle aufschlussreicher darzustellen, nehmen Sie einfach die Auskommentierung der entsprechenden Zeile in der Prozedur *btnSELECTAusführen_Click* einfach zurück (die entsprechende Zeile ist im folgenden Codeausschnitt fett hervorgehoben).

```
Private Sub btnSELECTAusführen_Click(ByVal sender As System.Object, ByVal e As System.EventArgs) _
                     Handles btnSELECTAusführen.Click
    .
    .
    locDataAdapter.Fill(locDataTable)
    'Tabelle anzeigen
    dgSchemaUndDaten.DataSource = locDataTable
    SetDateFormatInDataGrid(dgSchemaUndDaten, "dd.MM.yyyy HH:mm")
End Sub
```

Die Routine, die dieses kleine Kunststück vollbringt, sieht folgendermaßen aus:

```
'Passt das Datumsformat aller Datumsspalten eines DataGrids an,
'dessen DataSource bereits durch eine DataTable definiert wurde.
Private Sub SetDateFormatInDataGrid(ByVal dg As DataGrid, ByVal Format As String)
    Dim cm As System.Windows.Forms.CurrencyManager
    Dim ts As System.Windows.Forms.DataGridTableStyle
    Dim dt As DataTable = DirectCast(dg.DataSource, DataTable)

    'Falls schon ein primärer Tabellenstil vorhanden,...
    If dg.TableStyles.Count > 0 Then
        '...dann diesen verwenden.
        ts = dg.TableStyles(0)
    Else
        'Sonst neuen Tabellenstil erstellen.
        cm = DirectCast(BindingContext(dt, dt.TableName), CurrencyManager)
        ts = New System.Windows.Forms.DataGridTableStyle(cm)
        dg.TableStyles.Add(ts)
    End If

    'Alle Spalten durchlaufen.
    For C As Integer = 0 To dt.Columns.Count - 1
        Dim dc As System.Data.DataColumn = dt.Columns(C)
        'Wenn System.DateTime-Datentyp gefunden, dann
        If dc.DataType Is GetType(System.DateTime) Then
            Dim cs As System.Windows.Forms.DataGridColumnStyle = dg.TableStyles(0).GridColumnStyles(C)
            If (Not (cs Is Nothing) And _
                  (cs.GetType Is GetType(System.Windows.Forms.DataGridTextBoxColumn))) Then
                'Das Datumsformat nach der Format-Parameter-Vorgabe anpassen.
                DirectCast(cs, System.Windows.Forms.DataGridTextBoxColumn).Format = Format
            End If
        End If
    Next
End Sub
```

Die folgenden Abbildungen sind mit dieser Funktion aktiviert entstanden.

### SELECT-Beispiel 2

**Aufgabe:** Sie möchten nicht alle Felder einer Tabelle in ein Resultset aufnehmen, sondern nur gezielte. Im folgenden Beispiel ermitteln Sie nur die Mitarbeiter-ID der Mitarbeiter, die am 17.3.2004 vor 13:00 Uhr gearbeitet haben, die Maschinen-ID der Maschinen, an denen sie gearbeitet haben sowie die Anfangszeit.

**Anmerkung:** Wenn Sie bei *SELECT*-Abfragen die Feldnamen einzeln angeben (nicht über das Joker-Zeichen »*«), werden nur die angegebenen Felder als Spalten im Resultset angelegt. Natürlich können Sie dennoch alle anderen Felder für Selektierungen (mit *WHERE*) und Sortierungen (mit *ORDER BY*) verwenden.

**SELECT-Command-String:**

```
SELECT [IDMitarbeiter], [IDMaschinen], [StartZeit] FROM [Zeiten] WHERE [Buchungsdatum]=#03/17/2004# AND
[StartZeit]<#01:00:00 PM#
```

**Aussehen des Resultsets:**

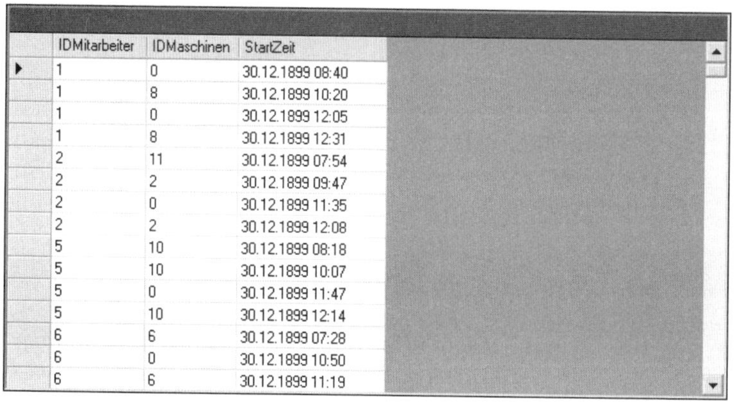

| IDMitarbeiter | IDMaschinen | StartZeit |
|---|---|---|
| 1 | 0 | 30.12.1899 08:40 |
| 1 | 8 | 30.12.1899 10:20 |
| 1 | 0 | 30.12.1899 12:05 |
| 1 | 8 | 30.12.1899 12:31 |
| 2 | 11 | 30.12.1899 07:54 |
| 2 | 2 | 30.12.1899 09:47 |
| 2 | 0 | 30.12.1899 11:35 |
| 2 | 2 | 30.12.1899 12:08 |
| 5 | 10 | 30.12.1899 08:18 |
| 5 | 10 | 30.12.1899 10:07 |
| 5 | 0 | 30.12.1899 11:47 |
| 5 | 10 | 30.12.1899 12:14 |
| 6 | 6 | 30.12.1899 07:28 |
| 6 | 0 | 30.12.1899 10:50 |
| 6 | 6 | 30.12.1899 11:19 |

***Abbildung 13.8:*** *Da beim Erstellen der Demodaten die Startzeit ohne Datumsteil gespeichert wurde, wird das Standarddatum als Datumsteil angenommen – der 30.12.1899 ist sozusagen ein »Null-Datum«*

### SELECT-Beispiel 3

**Aufgabe:** Sie möchten eine Liste mit Personalnummer, Vornamen und Nachnamen der Mitarbeiter ermitteln, die in der Woche vom 15.3. bis zum 20.3.2004 vor 8 Uhr morgens zu arbeiten begonnen haben. Die Anfangszeit soll ebenfalls mit in der Liste enthalten sein. Geordnet werden soll die Liste nach Buchungsdatum und Mitarbeiternachnamen.

**Anmerkung:** Mit *Join*-Abfragen, die mehrere Tabellen in der *SELECT*-Abfrage beinhalten, können Sie Resultsets erzeugen, die Daten aus verschiedenen Tabellen kombinieren.

**SELECT-Command-String:**

```
SELECT [Mitarbeiter.PersonalNr], [Mitarbeiter.Nachname], [Mitarbeiter.Vorname], [Zeiten.Buchungsdatum],
[Zeiten.StartZeit] FROM [Zeiten],[Mitarbeiter] WHERE [Zeiten.IDMitarbeiter]=[Mitarbeiter.IDMitarbeiter] AND
[Buchungsdatum]>=#03/15/2004# AND [Buchungsdatum]<=#03/20/2004# AND [StartZeit]<#08:00:00 AM# ORDER BY
[Zeiten.Buchungsdatum], [Mitarbeiter.Nachname]
```

**Aussehen des Resultsets:**

| | Mitarbeiter.Pe | Mitarbeiter.Na | Mitarbeiter.Vo | Zeiten.Buchungsdatum | Zeiten.StartZeit |
|---|---|---|---|---|---|
| ▶ | 99 | Ademmer | Klaus | 15.03.2004 00:00 | 30.12.1899 07:11 |
| | 8 | Ademmer | Michaela | 15.03.2004 00:00 | 30.12.1899 07:30 |
| | 9 | Ademmer | Uwe | 15.03.2004 00:00 | 30.12.1899 07:46 |
| | 64 | Ademmer | Anja | 15.03.2004 00:00 | 30.12.1899 07:38 |
| | 41 | Ademmer | Jürgen | 15.03.2004 00:00 | 30.12.1899 06:50 |
| | 79 | Albrecht | Guido | 15.03.2004 00:00 | 30.12.1899 07:13 |
| | 3 | Albrecht | Jürgen | 15.03.2004 00:00 | 30.12.1899 06:54 |
| | 38 | Albrecht | Barbara | 15.03.2004 00:00 | 30.12.1899 06:51 |
| | 43 | Braun | Katrin | 15.03.2004 00:00 | 30.12.1899 07:45 |
| | 22 | Braun | Katrin | 15.03.2004 00:00 | 30.12.1899 07:01 |
| | 67 | Englisch | Michaela | 15.03.2004 00:00 | 30.12.1899 07:31 |
| | 57 | Heckhuis | Franz | 15.03.2004 00:00 | 30.12.1899 07:47 |
| | 34 | Heckhuis | Michaela | 15.03.2004 00:00 | 30.12.1899 07:22 |
| | 91 | Hoffmann | Gabriele | 15.03.2004 00:00 | 30.12.1899 07:03 |
| | 59 | Hoffmann | Lothar | 15.03.2004 00:00 | 30.12.1899 07:22 |

***Abbildung 13.9:*** *Resultset-Beispiel, das sich aus der entsprechenden SELECT-Anweisung ergeben hat*

**HINWEIS:** Feldnamen in eckigen Klammern zu platzieren ist bei SELECT-SQL-Anweisungen nicht unbedingt notwendig. Auf diese Weise verhindern Sie aber, dass der SQL-Auswerter der jeweiligen Datenbank-Engine Feldnamen von SQL-Befehlen nicht unterscheiden kann. Um ganz auf der sicheren Seite zu sein, sollten Sie nicht nur Feldamen in eckigen Klammern einschließen, sondern auch nach Möglichkeit auf Feldnamen verzichten, die SQL-Anweisungen darstellen. Gerade der Feldname *Name* ist bei vielen fehlschlagenden SQL-Anweisungen Grund für stundenlange Fehlersuche.

# Ändern und Ergänzen Daten in Datentabellen

Ich möchte Ihnen nicht die Illusionen rauben, aber wenn Sie in Ihrer längeren Programmierkarriere schon mit Vorläufern von ADO.NET (ADO, DAO, RDO) gearbeitet haben, dann wird Ihnen die folgende Behauptung vielleicht sehr merkwürdig und unglaubwürdig vorkommen:

»Es gibt nur jeweils eine Möglichkeit, Daten in einer Datenbanktabelle von außen zu verändern oder eine Tabelle um Daten zu ergänzen, nämlich mit der *INSERT*- und der *UPDATE*-SQL-Anweisung.«

»Moment«, werden Sie vielleicht jetzt sagen, »*UPDATE* schön und gut, aber wieso SQL? Es gab doch schon zu ADO und DAO *Recordset*-Objekte, mit denen das Ergänzen und Verändern von Daten einfach mit *Edit*- und *Update* der entsprechenden *Recordset*-Objekte funktionierte oder nicht?«.

Sie haben Recht. Und auch nicht. Denn was vielen Programmieren immer verborgen blieb, war die Weise, wie Daten in einer Datenbanktabelle tatsächlich ergänzt oder verändert wurden, und das folgende Beispiel gibt Ihnen einen kleinen Vorgeschmack auf die wirkliche Realität.[4]

**HINWEIS:** Sie finden dieses Programm.NET unter ..\*ADO.NET\InsertUpdate manuell* im Verzeichnis der CD zum Buch.

---

[4] So viel zu roter und blauer Pille ...

Dieses Beispielprogramm ist eine Konsolenanwendung, also – dank wenig Overhead – relativ leicht zu durchschauen. Um nachvollziehen zu können, was beim Ablauf des Programms passiert, werden Sie eine Verbindung vom Server-Explorer zur Beispieldatenbank benötigen. Wie Sie eine Verbindung herstellen können, erfahren Sie im ▶ Abschnitt »Einsehen von Daten mit dem Server-Explorer« ab Seite 665.

Wenn Sie das Programm starten, sehen Sie zunächst die folgende Bildschirmausgabe (hier zum besseren Verständnis ein wenig leserlicher formatiert)

```
INSERT INTO [Maschinen] ([Typbezeichnung],[Beschreibung],[Standort],[WartungNötig])
       VALUES ("Bosch X3A2_1","Stanzmaschine","Halle 12",0)
INSERT INTO [Maschinen] ([Typbezeichnung],[Beschreibung],[Standort],[WartungNötig])
       VALUES ("Bosch X3A2_2","Auch Stanzmaschine","Halle 12",0)
INSERT INTO [Maschinen] ([Typbezeichnung],[Beschreibung],[Standort],[WartungNötig])
       VALUES ("Bosch X3A2_3","Presse","Halle 12",0)

Betrachten Sie die hinzugefügten Daten nun im Server-Explorer
Drücken Sie anschließend Return
```

Wechseln Sie nun, *ohne* das Programm zunächst zu beenden, zum Server-Explorer. Falls der Server-Explorer im Laufzeitmodus nicht angezeigt werden sollte, aktivieren Sie ihn, indem Sie aus dem Menü *Ansicht* den Menüpunkt *Server-Explorer* auswählen.

Wenn Sie die Verbindung zur Demodatenbank hergestellt haben, öffnen Sie alle Zweige und doppelklicken Sie auf die Tabelle *Maschinen*. Sie sehen die neuen Datensätze nun in der Tabelle, etwa wie in Abbildung 13.10 zu sehen.

| IDMaschinen | Typbezeichnung | Beschreibung | Standort | WartungNötig |
|---|---|---|---|---|
| 1 | Siemens Xgh4 | Presse 1 | Halle 4 | 0 |
| 2 | Siemens Xgh4 | Presse 2 | Halle 4 | 0 |
| 3 | Siemens Xgh4 | Presse 3 | Halle 5 | 0 |
| 4 | Krupp Wa1 | Walze 1 | Halle 1 | 0 |
| 5 | Krupp Wa2 | Walze 2 | Halle 2 | 0 |
| 6 | Krupp Wa3 | Walze 3 | Halle 6 | 0 |
| 7 | Sakomat A3 | Sakomat 1 | Halle 3 | 0 |
| 8 | Sakomat A3 | Sakomat 2 | Halle 3 | 0 |
| 9 | Sakomat A3 | Sakomat 3 | Halle 3 | 0 |
| 10 | ---- | Mischstation 1 | Halle 7 | 0 |
| 11 | ---- | Mischstation 2 | Halle 7 | 0 |
| 12 | ---- | Fertigungsstraße A | Halle 8 | 0 |
| 13 | ---- | Fertigungsstraße B | Halle 9 | 0 |
| 24 | Bosch X3A2_1 | Stanzmaschine | Halle 12 | 0 |
| 25 | Bosch X3A2_2 | Auch Stanzmaschin | Halle 12 | 0 |
| 26 | Bosch X3A2_3 | Presse | Halle 12 | 0 |

*Abbildung 13.10:* Mit den drei INSERT-SQL-Anweisungen wurden die Datensätze der Tabelle hinzugefügt

Wechseln Sie anschließend zurück zum Konsolenfenster, und drücken Sie Return. Die Bildschirmausgabe wird anschließend um die folgenden Zeilen ergänzt:

```
UPDATE [Maschinen] SET  [Beschreibung]="Stanzmaschine",[Standort]="Halle 12",[WartungNötig]=-1
       WHERE [Typbezeichnung]="Bosch X3A2_2"

Betrachten Sie die geänderten Daten nun im Server-Explorer
Drücken Sie anschließend Return
```

Wenn Sie anschließend zurück zur Datenansicht der Maschinentabelle wechseln, dort das Kontextmenü öffnen und den Eintrag *Ausführen* wählen, aktualisiert der Server-Explorer das angezeigte Resultset. Sie sehen dann, dass sich der mittlere Datensatz im Feld *Beschreibung* von *Auch Stanzmaschine* in *Stanzmaschine* geändert hat.

## Was machte das »alte« ADO?

Wie war das jetzt mit ADO und dem überaus einfachen Updaten von Daten in Recordsets? Eine simple *SELECT*-Abfrage genügte doch damals, um das Resultset einer Abfrage zu erhalten. Anschließend konnte man einfach durch Ändern der Feldeigenschaften oder *AddNew*-Befehle Änderungen und Ergänzungen an die Datenbank zurück übermitteln.

Tatsache ist: Auch das alte ADO hat mit *UPDATE*- und *INSERT*-SQL-Anweisungen gearbeitet, und zwar genauso, wie Sie es im vorherigen Beispiel beobachten konnten. Auf Grund des Resultset-Schemas, das ADO im Rahmen einer *SELECT*-SQL-Anweisung erhalten konnte, hat ADO hinter den Kulissen die zum Aktualisieren oder Ergänzen notwendigen SQL-Befehle selbst zusammengestellt und anschließend verwendet. Diese Vorgehensweise hatte für den Programmierer zwar den Vorteil, sehr schnell zum Ergebnis zu kommen, allerdings waren die Abfragen, da sie keinen Eingriff von außen zuließen, starr und unflexibel.

Das hat sich mit ADO.NET grundlegend geändert.

## Verwenden von DataAdapter, DataTable und Command-Objekten zur Übermittlung von Aktualisierungen

Sie werden mir zustimmen, dass die Vorgehensweise aus dem letzten Beispiel zum Hinzufügen von Daten zu einer Tabelle bzw. zum Ändern von Daten in einer Tabelle zwar zum Ziel führt, aber viel zu aufwändig ist, um für größere Vorhaben geeignet zu sein. Es wäre einfach undenkbar, müsste man, nachdem man beispielsweise Änderungen an einem *DataTable*-Objekt selber vorgenommen hat, danach zusätzlich noch dafür sorgen, dass das eigene Programm entsprechende SQL-Anweisungen generiert, die Tabelle durchsucht und auf diese Weise Änderungen an die Datenbank übermittelt.

Prinzipiell funktioniert die Vorgehensweise zum Übermitteln von Änderungen zwar genauso, doch Sie müssen sie nicht selber machen. *DataAdapter* und *DataTable* spielen hier in einem Team zusammen, und Sie geben nur die groben Rahmenparameter vor, damit Übermittlungen von Änderungen an Datentabellen erfolgreich zum Ziel führen.

Die Kunst, die ADO.NET dabei zu finden versucht, ist, dem Entwickler auf der einen Seite zwar die Änderungen, die er über Vorgaben im *DataTable*-Objekt macht, möglichst automatisch in der Datenbank via *DELETE*- *INSERT*- oder *UPDATE*-Anweisungen umzusetzen, ihn aber dennoch nicht durch zu starre Vorgaben einzuschränken.

Das heißt für das, was ADO.NET leisten muss: Der Entwickler sollte Änderungen an den Daten bequem in den *DataRow*-Objekten einer *DataTable* vornehmen können. Nachdem eine *DataTable* durch *Fill* oder *FillSchema* gefüllt bzw. vorbereitet wurde, kann er mit Modifizierungen beginnen.

- Wenn Zeilen zur *DataTable* hinzugefügt worden sind, muss der *DataAdapter* diese Zeilen in einer *DataTable* als neu erkennen und automatisch eine entsprechende *INSERT*-Anweisung verwenden, um die Zeilen in der Datenbanktabelle einzufügen.

- Wenn Daten einer *DataTable* geändert wurden, muss der *DataAdapter* die geänderten Zeilen (*DataRow*-Objekte) ebenfalls erkennen. Er muss aber auch die ursprünglichen Daten noch herausfinden können (die Daten der jeweiligen *DataRow* **vor** der Änderung), damit diese im WHERE-Teil einer UPDATE-Anweisung eingesetzt werden können. Nur so kann der *DataAdapter* die Datensätze in der Datenbank überhaupt finden, die mit UPDATE geändert werden sollen (siehe 2. Bildschirmausgabe des vorherigen Beispiels)

- Wenn Zeilen einer *DataTable* gelöscht wurden, muss der *DataAdapter* dennoch Zugriff auf die gelöschten *DataRow*-Objekte der *DataTable* haben, damit er eine DELETE-Anweisung verwenden und mit entsprechenden Parametern versehen kann, die die Zeilen in der Tabelle löschen.

Das alte ADO sorgte dafür, dass alle SQL-Anweisungen zur Datenänderung in Datenbanktabellen hinter den Kulissen erstellt wurden. Wollte ein erfahrener Datenbankspezialist selbst Hand anlegen und optimierte Aktualisierungslogiken oder gar – für den SQL-Server – *Stored Procedures* entwerfen, schaute er in die Röhre.

Der *DataAdapter* von ADO.NET schlägt hier eine Brücke zwischen Flexibilität und einfacher Handhabung: Sie können die Abfragelogik auf der einen Seite zwar komplett selbst implementieren, können aber dennoch ein *DataTable*[5]-Objekt verwenden, um Änderungen an Resultsets auf einfachste Weise durchzuführen und sie zur Datenbank übertragen.

Die Gradwanderung, die ADO.NET – oder besser: der *DataAdapter* – beschreiten muss, ist, dabei ein halbwegs handhabbares Verfahren zur Verfügung zu stellen, mit dem INSERT-, UPDATE- und DELETE-Anweisungen parametrisiert werden können. Anstatt also eine vollständige Logik vorzugeben, etwa wie,

```
UPDATE [Maschinen] SET  [Typbezeichnung]="VGW1", [Beschreibung]="Bosch",[Standort]="Halle",[WartungNötig]=-1
         WHERE [Typbezeichnung]="VGW2" AND  [Beschreibung]="Besch" AND [Standort]="Halle" AND [WartungNötig]=0
```

ergibt es mehr Sinn, die eigentlichen Parameter zunächst auszulassen, etwa wie im folgenden Beispiel:

```
UPDATE [Maschinen] SET  [Typbezeichnung]=?, [Beschreibung]=?,[Standort]=?,[WartungNötig]=?
         WHERE [Typbezeichnung]=? AND  [Beschreibung]=? AND [Standort]=? AND [WartungNötig]=?
```

Diese Abfrage ist nun von den eigentlichen Parametern unabhängig (auch wenn sie in dieser Form zunächst nicht funktionieren würde) und kann an mehreren Stellen in einer Anwendung für unterschiedliche Modifikationen und nicht nur eine einzige Modifikation verwendet werden. Voraussetzung dafür ist natürlich, dass es eine Instanz gibt, die aus den Fragezeichen wieder richtige Werte macht, die es auf der einen Seite abzufragen (der alte Datensatz wird hinter WHERE angegeben, um den zu ändernden Datensatz in der Tabelle zu finden) und auf der anderen Seite zu aktualisieren gilt (der SET-Teil bestimmt die neuen Werte des Datensatzes). Diese Instanz muss aber nicht nur die Werte einsetzen, sie muss dazu auch wissen, welchen Typs die Werte sein müssen, die die Fragezeichen in der allgemeingültigen Abfrage ersetzen sollen.

Das *Command*-Objekt, das einen solchen Aktualisierungs-SQL-Befehl kapselt, stellt aus diesem Grund ein *Parameters*-Array zur Verfügung, das die eigentlichen Parameter in der Reihenfolge ihres Auftretens sozusagen »ver-typt«. Dabei wird ebenfalls festgehalten, welche Parameter für

---

[5] Das DataTable-Objekt ist nicht das einzige Objekt. Es ist aber das wohl am häufigsten verwendete (wenn auch in vielen Fällen nur indirekt über das *DataSet*-Objekt). Im Rahmen dieses Buches möchte ich mich auf das DataTable-Objekt beschränken.

eine neue Wertbestimmung dienen (im Beispiel die ersten vier Fragezeichen) und welche für die Datensatzidentifizierung zuständig sind (die zweiten vier Fragezeichen).

Damit ist die Grundvoraussetzung geschaffen, um eine Verbindung zwischen völlig von der Datenbank losgelösten Datenzeilen und der Datenbank herzustellen. Wenn die Datenzeilen, also die *DataRow*-Objekte einer *DataTable*, anschließend aktualisiert, gelöscht oder ergänzt werden, greift der *DataAdapter* auf insgesamt drei verschiedene *Command*-Objekte zurück, um die Änderungen an die Datenbank zu übermitteln. Er verfährt dabei folgendermaßen:

- Wenn er Zeilen in der DataTable findet, die verändert worden sind, greift er auf den *Update-Command* des DataAdapters zurück, um zunächst einmal die allgemeingültige Aktualisierungslogik (UPDATE [Tabellenname] SET ... WHERE ... ) zu ermitteln. Er setzt dann – und dabei nimmt er die *Parameters*-Collection des *Commands* zu Hilfe – anstelle der Fragezeichen die neuen Werte der *DataRow* ein. Um den zu verändernden Datensatz zu finden, ersetzt er ferner die hinter der WHERE-Klausel stehenden Fragezeichen durch die Originalwerte, die in einem *DataRow*-Objekt erhalten bleiben, auch wenn neue Werte zugewiesen wurden.[6]

- Findet er Zeilen in der *DataTable*, die neu hinzugekommen sind, greift er auf die *Insert-Command*-Eigenschaft des *DataAdapters* zurück, um die allgemeingültige Aktualisierungslogik zu ermitteln (INSERT INTO ... ). Für die Parameter verfährt er anschließend wie bei der Erstellung des UPDATE-Befehls, mit dem Unterschied, dass der Part für die Originalwertbehandlung nicht zur Anwendung kommt (wozu auch – bei neuen Datenzeilen gibt es keine alten Originalwerte).

- Für gelöschte Zeilen in der *DataTable* greift er auf die *DeleteCommand*-Eigenschaft des *DataAdapters* zurück und verfährt für die weitere Aufbereitung der DELETE-SQL-Anweisung auf gleiche Weise.

Schauen wir uns an, wie sich die Anwendung dieser Verfahren in der Praxis darstellt.

**HINWEIS:** Sie finden das folgende Beispiel unter ..\ADO.NET\InsertUpdate DataAdapter im Verzeichnis der CD zum Buch.

Das Programm macht exakt das Gleiche wie das vorherige Beispiel – es verwendet nur die gerade vorgestellte Vorgehensweise. Aus diesem Grund finden Sie im Folgenden auch nur die geänderten Codezeilen abgedruckt.

**HINWEIS:** Bitte achten Sie darauf, dass Sie vor dem Programmstart die vom vorherigen Beispiel hinzugefügten Datensätze wieder löschen, damit das Beispiel reibungslos funktionieren kann. Verwenden Sie auch dafür am besten wieder den Server-Explorer.

```
'Fügt einen Datensatz in die Maschinentabelle ein.
Private Sub MaschinenDatenEinfügen(ByVal Con As OleDbConnection, ByVal Typbezeichnung As String, _
                    ByVal Beschreibung As String, _
                    ByVal Standort As String, ByVal WartungNötig As Boolean)

    Dim locDataTable As New DataTable
    Dim locSchemaCommand As New OleDbCommand
```

---

[6] Sie können den ursprünglichen Wert eines *DataRow*-Feldinhaltes abrufen, indem Sie der *Item*-Eigenschaft nicht nur einen Index in Form des Feldnamens oder einer Ordnungszahl übergeben, sondern auch die Konstante *DataRowVersion.Original*.

```vb
        'Schema für DataTable ermitteln, damit wir die DataTable nicht selbst aufbauen müssen.
        locSchemaCommand.CommandText = "SELECT * FROM [Maschinen]"
        locSchemaCommand.Connection = Con
        Dim locDataAdapter As New OleDbDataAdapter(locSchemaCommand)
        locDataAdapter.FillSchema(locDataTable, SchemaType.Mapped)

        'Insert-Command erstellen.
        Dim locInsertCommand As OleDbCommand
        Dim locInsertString As String = "INSERT INTO [Maschinen] "
        locInsertString += "([Typbezeichnung],[Beschreibung],[Standort],[WartungNötig])"
        locInsertString += " VALUES (?,?,?,?)"
        Console.WriteLine(locInsertString)

        locInsertCommand = New OleDbCommand(locInsertString, Con)

        'Parameter-Array anlegen, damit der DataAdapter später weiß, welche Typen
        'er behandeln muss.
        Dim pc As OleDbParameterCollection = locInsertCommand.Parameters
        pc.Add("Typbezeichnung", OleDbType.VarWChar, 255, "Typbezeichnung")
        pc.Add("Beschreibung", OleDbType.VarWChar, 255, "Beschreibung")
        pc.Add("Standort", OleDbType.VarWChar, 255, "Standort")
        pc.Add("WartungNötig", OleDbType.Boolean, 0, "WartungNötig")

        'InsertCommand für den DataAdapter festlegen.
        locDataAdapter.InsertCommand = locInsertCommand

        'Neue Datensatzvorlage erstellen.
        Dim locNewRow As DataRow = locDataTable.NewRow()
        'Mit Daten füllen
        locNewRow("Typbezeichnung") = Typbezeichnung
        locNewRow("Beschreibung") = Beschreibung
        locNewRow("Standort") = Standort
        locNewRow("WartungNötig") = WartungNötig

        'NICHT VERGESSEN: Den neuen Datensatz der Tabelle hinzufügen.
        locDataTable.Rows.Add(locNewRow)

        'Update löst den INSERT INTO-SQL-Befehl aus, bei dem die vorgegebenen Fragezeichen
        'zuvor von den DataRow-Inhalten ersetzt wurden.
        locDataAdapter.Update(locDataTable)
End Sub

'Ändert einen Datensatz der Maschinentabelle.
Private Sub MaschinendatenÄndern(ByVal Con As OleDbConnection, ByVal ZuÄndernde Maschine As String, _
                                 ByVal Beschreibung As String, _
                                 ByVal Standort As String, ByVal WartungNötig As Boolean)

    Dim locDataTable As New DataTable
    Dim locSelectCommand As New OleDbCommand

    'Datensatz ermitteln, der verändert werden soll...
    locSelectCommand.CommandText = "SELECT [IDMaschinen], [Typbezeichnung], [Beschreibung], [Standort], " + _
                                   "[WartungNötig] FROM [Maschinen] WHERE [Typbezeichnung]=""" + _
                                   ZuÄnderndeMaschine + """"
```

```vb
        locSelectCommand.Connection = Con
        Dim locDataAdapter As New OleDbDataAdapter
        locDataAdapter.SelectCommand = locSelectCommand

        '...dabei wird auch die DataTable-Struktur aufgebaut.
        locDataAdapter.Fill(locDataTable)

        'Update-Command erstellen.
        Dim locUpdateCommand As New OleDbCommand
        Dim locUpdateString As String = "UPDATE [Maschinen] SET "
        locUpdateString += " [Typbezeichnung]=?,"
        locUpdateString += " [Beschreibung]=?,"
        locUpdateString += "[Standort]=?,"
        locUpdateString += "[WartungNötig]=?"
        locUpdateString += " WHERE [Typbezeichnung]=? AND "
        locUpdateString += " [Beschreibung]=? AND"
        locUpdateString += " [Standort]=? AND"
        locUpdateString += " [WartungNötig]=?"

        Console.WriteLine(locUpdateString)

        locUpdateCommand = New OleDbCommand(locUpdateString, Con)

        'Erst die Parameter für das Zuweisen der zu ändernden Parameter festlegen,...
        Dim pc As OleDbParameterCollection = locUpdateCommand.Parameters
        pc.Add("Typbezeichnung_Neu", OleDbType.VarWChar, 255, "Typbezeichnung")
        pc.Add("Beschreibung_Neu", OleDbType.VarWChar, 255, "Beschreibung")
        pc.Add("Standort_Neu", OleDbType.VarWChar, 255, "Standort")
        pc.Add("WartungNötig_Neu", OleDbType.Boolean, 0, "WartungNötig")

        '...und anschließend die Parameter, für das Finden des zu ändernden Datensatzes.
        Dim p As OleDbParameter
        p = pc.Add("Typbezeichnung_Org", OleDbType.VarWChar, 255, "Typbezeichnung")
        'WICHTIG: Hier müssen die Originaldaten (Ursprungsdaten vor der Veränderung)
        'übergeben werden
        p.SourceVersion = DataRowVersion.Original
        p = pc.Add("Beschreibung_Org", OleDbType.VarWChar, 255, "Beschreibung")
        p.SourceVersion = DataRowVersion.Original
        p = pc.Add("Standort_Org", OleDbType.VarWChar, 255, "Standort")
        p.SourceVersion = DataRowVersion.Original
        p = pc.Add("WartungNötig_Org", OleDbType.Boolean, 0, "WartungNötig")
        p.SourceVersion = DataRowVersion.Original
        locDataAdapter.UpdateCommand = locUpdateCommand

        'Jetzt können die Daten geändert werden
        Dim locRow As DataRow = locDataTable.Rows(0)
        locRow("Beschreibung") = Beschreibung
        locRow("Standort") = Standort
        locRow("WartungNötig") = WartungNötig

        'Update löst jetzt den update-SQL-Befehl aus, bei dem die vorgegebenen Fragezeichen
        'zuvor von den DataRow-Inhalten (den alten und den neuen) ersetzt wurden
        locDataAdapter.Update(locDataTable)
End Sub
```

# Arbeit und Zeit mit dem CommandBuilder-Objekt sparen

Nun finden Sie es vielleicht ganz toll, welch enorme Flexibilität Ihnen die verschiedenen *Command*-Objekte des *DataAdapters* einbringen. Möglicherweise benötigen Sie diese Flexibilität aber überhaupt nicht, sondern sind entsetzt über die Vorleistung, die Sie erbringen müssen, um überhaupt die *Update*-Methode des *DataAdapters* anwenden zu können.

Doch keine Angst, ich kann Sie beruhigen, denn auch für diesen Fall haben die Entwickler von ADO.NET vorgesorgt. Ähnlich wie beim alten ADO, das sowohl Schemata als auch die notwendigen Aktualisierungs-SQL-Befehle selbständig erstellen konnte, besteht auch bei ADO.NET die Möglichkeit, diese Aktualisierungslogiken *ausarbeiten zu lassen*. Der Schlüssel zum Glück ist dabei das so genannte *CommandBuilder*-Objekt.

Mit seiner Hilfe benötigen Sie lediglich eine gültige *SELECT*-Abfrage, aus der der *DataAdapter* ein Schema für ein *DataTable* erstellen kann, das aus einem Resultset hervorgeht. Die übrigen Anweisungen erstellt dann anschließend der *CommandBuilder*.

**HINWEIS:** Sie finden das folgende Beispiel unter ..\\*ADO.NET\InsertUpdate (CommandBuilder)* im Verzeichnis der CD zum Buch. Bitte achten Sie auch hier wieder darauf, dass Sie vor dem Programmstart die vom vorherigen Beispiel hinzugefügten Datensätze löschen, damit das Beispiel reibungslos funktionieren kann.

Das folgende Codelisting zeigt die Vorgehensweise zur Anwendung des *CommandBuilders*. Änderungen zur vorherigen Programmversion sind fett hervorgehoben.

```
'Fügt einen Datensatz in die Maschinentabelle ein.
Private Sub MaschinenDatenEinfügen(ByVal Con As OleDbConnection, ByVal Typbezeichnung As String, _
                ByVal Beschreibung As String, _
                ByVal Standort As String, ByVal WartungNötig As Boolean)

    Dim locDataTable As New DataTable
    Dim locSchemaCommand As New OleDbCommand

    'Schema für DataTable ermitteln, damit wir die DataTable nicht selbst aufbauen müssen.
    locSchemaCommand.CommandText = "SELECT * FROM [Maschinen]"
    locSchemaCommand.Connection = Con
    Dim locDataAdapter As New OleDbDataAdapter(locSchemaCommand)
    locDataAdapter.FillSchema(locDataTable, SchemaType.Mapped)

    'Insert-Command erstellen lassen
    Dim locCommandBuilder As New OleDbCommandBuilder(locDataAdapter)
    locCommandBuilder.QuotePrefix = "["
    locCommandBuilder.QuoteSuffix = "]"
    Console.WriteLine(locCommandBuilder.GetInsertCommand.CommandText)

    'Neue Datensatzvorlage erstellen.
    Dim locNewRow As DataRow = locDataTable.NewRow()
    'Mit Daten füllen.
    locNewRow("Typbezeichnung") = Typbezeichnung
    locNewRow("Beschreibung") = Beschreibung
    locNewRow("Standort") = Standort
    locNewRow("WartungNötig") = WartungNötig

    'NICHT VERGESSEN: Den neuen Datensatz der Tabelle hinzufügen.
    locDataTable.Rows.Add(locNewRow)
```

```vb
    'Update löst den generierten INSERT INTO-SQL-Befehl aus, bei dem die vorgegebenen Fragezeichen
    'zuvor von den DataRow-Inhalten ersetzt wurden.
    locDataAdapter.Update(locDataTable)
End Sub

'Ändert einen Datensatz der Maschinentabelle.
Private Sub MaschinendatenÄndern(ByVal Con As OleDbConnection, ByVal ZuÄnderndeMaschine As String, _
                                 ByVal Beschreibung As String, _
                                 ByVal Standort As String, ByVal WartungNötig As Boolean)

    Dim locDataTable As New DataTable
    Dim locSelectCommand As New OleDbCommand

    'Datensatz ermitteln, der verändert werden soll...
    locSelectCommand.CommandText = "SELECT [IDMaschinen], [Typbezeichnung], [Beschreibung], [Standort], " + _
                                   "[WartungNötig] FROM [Maschinen] WHERE [Typbezeichnung]=""" + _
                                   ZuÄnderndeMaschine + """"
    locSelectCommand.Connection = Con
    Dim locDataAdapter As New OleDbDataAdapter
    locDataAdapter.SelectCommand = locSelectCommand

    '...dabei wird auch die DataTable-Struktur aufgebaut.
    locDataAdapter.Fill(locDataTable)

    'Update-Command erstellen lassen.
    Dim locCommandBuilder As New OleDbCommandBuilder(locDataAdapter)
    locCommandBuilder.QuotePrefix = "["
    locCommandBuilder.QuoteSuffix = "]"
    Console.WriteLine(locCommandBuilder.GetUpdateCommand.CommandText)

    'Jetzt können die Daten geändert werden.
    Dim locRow As DataRow = locDataTable.Rows(0)
    locRow("Beschreibung") = Beschreibung
    locRow("Standort") = Standort
    locRow("WartungNötig") = WartungNötig

    'Update löst jetzt den Update-SQL-Befehl aus, bei dem die vorgegebenen Fragezeichen
    'zuvor von den DataRow-Inhalten (den alten und den neuen) ersetzt wurden.
    locDataAdapter.Update(locDataTable)
End Sub
```

**TIPP:** In beiden Prozeduren können Sie die Verwendung der Methoden *QuotePrefix* und *QuoteSuffix* erkennen. Diese dienen zum Festlegen eines Zeichens oder einer Zeichenkette, das oder die vor und hinter Feld- bzw. Tabellennamen gesetzt wird. Auf diese Weise können Sie Feld- und Tabellennamen in eckigen Klammern einschließen und vermeiden dadurch, dass Fehler beim Auswerten von SQL-Anweisungen durch Elementnamen auftreten, die SQL-Schlüsselwörter darstellen.

# Und so geht es weiter

Im Rahmen dieses Buches kann ein Kapitel, das ein Thema wie ADO.NET behandelt, allenfalls die Grundlagen klären. Das Thema ADO.NET liefert alleine Stoff für ganze Bücher, ja sogar Buchreihen. Das liegt nicht nur daran, dass das Framework mit ADO.NET eine extrem umfangreiche Klassenbibliothek zur Verfügung stellt, sondern dass ein Entwickler sich auch intensiv mit SQL auseinander setzen muss, um professionelle Datenbankanwendungen erstellen zu können.

Ihr Wissensstand nach der Lektüre dieses Kapitels ist in jedem Fall ausreichend, um erste Datenbankapplikationen sicher entwickeln zu können. In vielen Fällen wissen Sie schon jetzt mehr, als viele VB6-Entwickler jemals zu »alten« ADO-Zeiten gewusst haben.

Doch das Framework bietet in Sachen ADO noch viel mehr. Der anschließende Abschnitt greift deswegen ein paar Themen auf, mit denen es sich über dieses Kapitel hinaus zu beschäftigen lohnt. Die Online-Hilfe von Visual Studio .NET stellt dabei eine gute Wissensquelle dar, und letzten Endes wird Ihnen auch das Internet einmal mehr helfen, interessante Artikel zu den Themen zu finden.

Wenn Sie sich dazu entschließen, sich wirklich intensiv mit dem Thema zu beschäftigen, sollten Sie den Erwerb weiterer Bücher zum Thema in Erwägung ziehen. Ich selbst möchte Ihnen zwei Bücher an dieser Stelle empfehlen, die sich zum einen mit dem Thema SQL, zum anderen mit ADO.NET beschäftigen:

Für ADO.NET möchte ich Ihnen die deutsche Übersetzung des Buches von David Sceppa ans Herz legen. Es trägt den Titel »ADO.NET – Entwicklerbuch«, hat die ISBN 3-86063-651-0 und ist bei Microsoft Press erschienen. Dieses Buch legt den Schwerpunkt auch auf SQL-Server als Datenprovider und geht im Detail auf die Möglichkeiten von DataRelation-Objekten ein.

Ein gutes Buch, um den Einstieg in SQL selbst zu finden (unabhängig vom Datenbanksystem) ist ebenfalls bei Microsoft Press unter dem Titel »SQL-Programmierung Schritt für Schritt« erschienen und hat die ISBN 3-86063-784-3.

## DataSet-Objekte und DataRelation-Objekte

Die bisherigen Beispiele haben ausschließlich mit dem *DataTable*-Objekt für die von der Datenbank getrennte Speicherung von Daten gearbeitet. Wenn es darum geht, Tabellenrelationen zu verarbeiten, dann stellen die so genannten *DataSet*-Objekte in Zusammenarbeit mit den *DataRelation*-Objekten eine gute Alternative zu *JOIN*-SQL-Abfragen dar – in vielen Fällen lässt sich damit sogar eine erhebliche Leistungssteigerung von Abfragen und Bearbeitungen erreichen.

Um die entsprechende Funktionalität zur Verfügung stellen zu können, bilden *DataSet*-Objekte Container für mehrere *DataTable*-Objekte, die sich untereinander in Relation stellen und »querabfragen« lassen. Darüber hinaus können Sie mit *DataSet*-Objekten den Inhalt der durch sie verwalteten *DataTable*-Objekte auch auf einfache Weise ins XML-Format serialisieren und aus diesem deserialisieren. *DataSet*-Objekte haben damit erste Verwendungspriorität bei der Erstellung von Datenbankapplikationen, die mit Daten arbeiten müssen, welche für längere Zeit von der Quelldatenbank getrennt verwaltet werden müssen. Bei mobilen Anwendungen für Notebooks oder PDAs ist das beispielsweise oft der Fall, die nur zum Datenbankabgleich mit den Hauptdatenbanken verbunden werden, ansonsten aber ihre Daten losgelöst von der Datenbank verarbeiten und auch speichern müssen.

**HINWEIS:** Es mag Sie verwundern, dass die bisherigen Kapitel kein Augenmerk auf das »bekannte« *DataSet* gelegt haben. Dazu eine kleine Anmerkung: In der nächsten Version von Visual Studio und dem Framework wird das *DataTable*-Objekt viele der Funktionalitäten beinhalten (beispielsweise das XML-Serialisieren), die bislang nur dem *DataSet* vorbehalten waren. Da das Verwalten der eigentlichen Datensätze auch innerhalb des *DataSets* durch gekapselte *DataTable*-Objekte erfolgte, habe ich mich dazu entschlossen, den Schwerpunkt der vergangenen Abschnitte des einfacheren Verständnisses wegen auf die *DataTable*- und nicht auf die *DataSet*-Klasse zu legen.

# A  Das Visual Basic Resource Kit

| | |
|---|---|
| 694 | Installation des VB-Resource-Kit |
| 702 | Erhalten Ihres Keys zur Freischaltung |
| 704 | Freischalten und Updaten Ihres Exemplars |
| 707 | Ihr erstes ComponentOne-Programm – Schritt für Schritt |
| 719 | Behebung von Problemen nach einem Update |

Auf der CD zum Buch befindet sich das so genannte Visual Basic Resource Kit. So harmlos der Name auch klingt, so viel Power trägt es in sich: Das VB-Resource-Kit ist eine Zusammenstellung von zusätzlichen Steuerelementen, Videos, Dokumenten mit Insiderwissen und Tipps & Tricks für die Sie, kauften Sie die Komponenten einzeln direkt bei den Herstellern, über 850 Euro[1] bezahlen müssten. Das Beste: Sie können alle Komponenten installieren, mit ihnen entwickeln und sie in Ihren eigenen Anwendungen verwenden. Die Laufzeitversionen dürfen Sie sogar lizenzgebührenfrei mit Ihren kommerziell vertriebenen Anwendungen ausliefern!

Insider unter Ihnen kennen möglicherweise die zusätzlichen Möglichkeiten, die Ihnen alleine die Komponenten der .NET-Suite »ComponentOne[2] Enterprise« bieten. Nicht weniger als 30 verschiedene Steuerelemente für Windows- und ASP.NET-Anwendungen finden sich alleine in diesem netten Ergänzungspaket für Visual Basic .NET. Ein einmaliges Update auf eine aktualisierte Version der Komponenten ist ebenfalls mit im VB-Resource-Kit enthalten – der einzige Nachteil: Sowohl die Beschreibung der Installation und der Anwendung als auch die Web-Seiten, die den Update-Vorgang beschreiben, sind in englischer Sprache verfasst.

Zwar ist die Installation des VB-Resource-Kit kinderleicht, und die Beschreibung der Installation ist eigentlich weit unter dem Anspruch, den dieses Buch als Standard setzt. Als Service für die Leser unter Ihnen, die im Englischen nicht so trittfest sind, möchte ich Ihnen dennoch eine kurze Hilfestellung zur Installierung und Aktualisierung insbesondere der ComponentOne-Suite sowie eine knappe deutsche Einführung in das VB-ResourceKit nicht vorenthalten.

Bitte haben Sie dafür Verständnis, dass es natürlich den Rahmen dieses Buches weit sprengen würde, auch alle englischsprachigen Artikel, auf die Sie im Rahmen der Resource-Kit-Installation zugreifen können, in die deutsche Sprache zu übertragen.

---

[1] Stand: Oktober 2003.

[2] Sprich: »Kommpohnänt Won«.

# Installation des VB-Resource-Kit

**WICHTIG:** Das Framework 1.1 sowie Visual Studio bzw. Visual Basic .NET 2003 müssen auf dem Rechner, auf dem Sie das VB-Resource-Kit zu installieren gedenken, installiert sein. Für Desktop-Betriebssysteme benötigen Sie mindestens 128 MByte, für Server-Betriebssysteme mindestens 192 MByte Arbeitsspeicher. Außerdem erfordert die Installation auf dem Systemlaufwerk mindestens 450 MByte freien Plattenplatz. Ihr Entwicklungsrechner sollte mindestens mit einem PII450 ausgestattet sein; ein Entwicklungsrechner mit einem PIII600 und 256 MByte Arbeitsspeicher sind für zügiges Arbeiten sehr empfohlen. Außerdem benötigen Sie eine Internet-Verbindung und eine gültige Email-Adresse, um Ihr ComponentOne-Exemplar freischalten zu können. Im Rahmen der Resource-Kit-Installation haben Sie die Möglichkeit, sich *ein* Update von ComponentOne[3] aus dem Netz herunter zu laden.

Verfahren Sie nach der folgenden Schritt-für-Schritt-Anleitung, um das Resource-Kit auf Ihrem Entwicklungsrechner zu installieren.

- Im Verzeichnis *ComponentOne* auf der CD zum Buch finden Sie ein Programm *setup.exe*, das Sie bitte per Doppelklick starten.

- Den Dialog, der jetzt erscheint, quittieren Sie mit *OK*. Sie befinden sich anschließend im Begrüßungsdialog des Setup-Assistenten zum Visual-Basic-.NET-Resource-Kit. Klicken Sie auf die Schaltfläche *Next* (»Nächster«), um den ersten Schritt des Assistenten zu sehen.

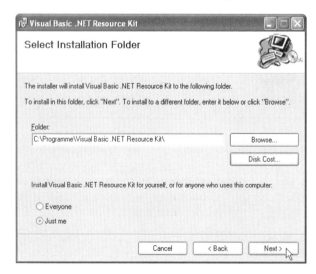

***Abbildung A.1:*** *Hier wählen Sie das Installationsverzeichnis aus und bestimmen, wer das Resource-Kit verwenden darf*

- Dieser Schritt zeigt Ihnen die Lizenzvereinbarung. Um die Lizenzvereinbarung zu akzeptieren, klicken Sie auf die Option *I Agree* (»ich stimme zu«) und anschließend auf die Schaltfläche *Next*.

---

[3] Normalerweise erwerben Sie mit ComponentOne die Update-Möglichkeit für ein komplettes Jahr. In der Regel bringt der Hersteller quartalsweise neue Versionen (mit neuen Steuerelementen oder Erweiterung der älteren) heraus. Mit dem Resource-Kit bekommen Sie zunächst eine bestimmte Version von ComponentOne, und Sie erhalten die Möglichkeit, ein bestimmtes Update (zum Zeitpunkt der Drucklegung dieses Buches die Version Q3/2003) von ComponentOne aus dem Internet herunter zu laden.

- Der Dialog, den Sie anschließend sehen, weist Sie auf die Systemanforderungen wie am Anfang dieses Abschnitts beschrieben hin. Sie bestätigen diesen Schritt des Assistenten ebenfalls mit *Next*. Anschließend zeigt das Setup-Programm einen Dialog, etwa wie in Abbildung A.1 zu sehen.

- Dieser Dialog dient dazu festzulegen, in welches Verzeichnis die Installation erfolgen soll und zu definieren, wer das Resource-Kit verwenden darf. Wählen Sie *Just me* (»nur für mich«), wenn nur der gerade angemeldete Benutzer unter seinem Anmeldekonto auf das Resource-Kit Zugriff nehmen darf. Soll das Resource-Kit für alle Anwender Ihres Computers erreichbar sein, wählen Sie *Everyone* (»für jeden«).

- Möchten Sie das voreingestellte Installationsverzeichnis verändern, klicken Sie auf die Schaltfläche *Browse* (Durchsuchen). Um sich einen Überblick über den freien Speicherplatz Ihrer Festplattenlaufwerke zu verschaffen, klicken Sie auf die Schaltfläche *Disk Cost* (»Speicherplatzbedarf«).

- Wenn Sie alle Einstellungen vorgenommen haben, klicken Sie zweimal auf *Next*. Die Installation startet anschließend. Während der Installation informiert Sie der Assistent über den Fortschritt der Einrichtung, etwa wie in Abbildung A.2 zu sehen.

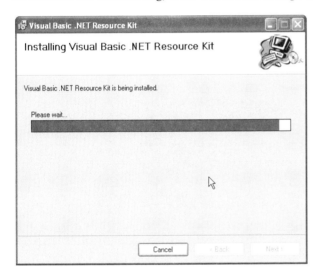

***Abbildung A.2:*** *Während der Installation informiert Sie diese Anzeige über den Fortschritt*

- Achten Sie bitte auf die Taskleiste von Windows und auf den Zeitpunkt, zu dem der Balken die 100%-Marke beinnahe erreicht hat.

**HINWEIS:** Dieser Vorgang kann unter Umständen sehr lange Zeit benötigen – lassen Sie sich dadurch bitte nicht irritieren!

- Durch den automatischen Start des Cassini-Personal-Web-Servers, der für die Darstellung des Textinhaltes des Resource-Kits verwendet wird, könnte der Installationsassistent in den Hintergrund geraten, so dass Sie seine Fertigstellung nicht bemerken.

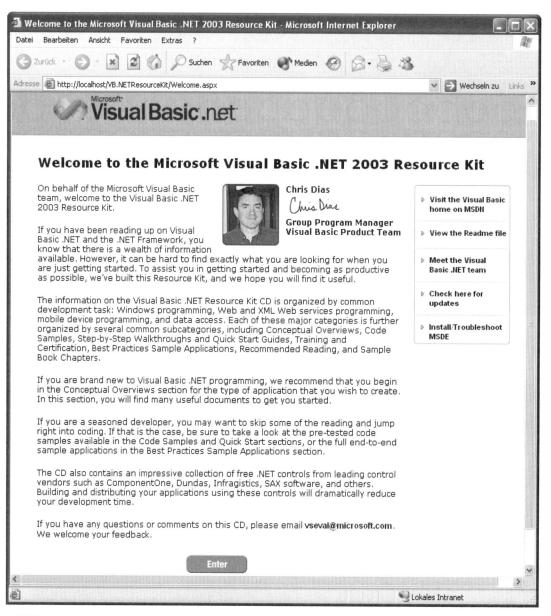

**Abbildung 1.3:** *Die Begrüßungsseite des Resource-Kit*

- Holen Sie ihn bei Bedarf in den Vordergrund, und klicken Sie auf die Schaltfläche *Close*, um ihn zu beenden. Anschließend sehen Sie im Internet-Explorer die Begrüßung zum Visual Basic .NET 2003 Resource-Kit (siehe Abbildung 1.3).

- Am unteren Ende dieser Web-Seite sehen Sie die Schaltfläche *Enter*. Klicken Sie auf die Schaltfläche, um zur Übersicht zu gelangen.

Sobald Sie die *Enter*-Schaltfläche angeklickt haben, zeigt Ihnen Ihr Internet-Explorer nach einer kurzen Weile die Hauptauswahl des Resource-Kits. Von dieser Seite aus können Sie die Informationen des Resource-Kits erkundigen. Mit der *Home*-Schaltfläche, die Sie in der rechten, oberen Ecke sehen, gelangen Sie immer wieder zur Ausgangsseite zurück – Sie können sich also nicht »verlaufen«.

Das Resource-Kit enthält sehr viele Artikel und Videos, die Sie direkt aus dem Internet-Explorer heraus starten können. In der oberen Zeile sehen Sie die Oberbegriffe *Windows Application*, *Web Application*, *Mobile Application*, *Web Services* und *Data Access*. Mit einem Mausklick auf einen dieser Begriffe laden Sie automatisch auf einer Seite, die für alle Themengebiete die gleiche Struktur aufweist. Von hier aus können Sie themenbezogen im Resource-Kit schnüffeln, auf Entdeckungstour gehen und sich Artikel und Videos zu den vorhandenen Oberbegriffen anzeigen lassen.

## Installation von ComponentOne

Mit der Schaltfläche *ComponentOne* gelangen Sie auf eine weitere Seite, die Ihnen – leider ebenfalls nur in englischer Sprache – beschreibt, wie Sie vorgehen müssen, um die Installation sowie die Registrierung für ein einmaliges Update von ComponentOne durchzuführen.

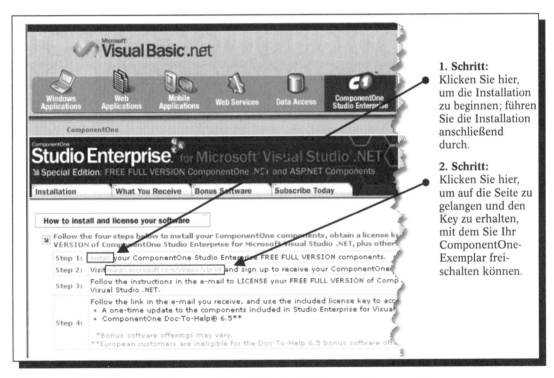

*Abbildung A.4: Auf dieser Seite beginnen Sie mit der Installation von Component One*

- Auf der Internet-Seite, die Sie gerade geöffnet haben, befindet sich der Link *Install* neben dem Text *Step 1*. In Abbildung A.4 ist der Link mit einem Pfeil, der zu *1. Schritt* führt gekennzeichnet. Klicken Sie auf diesen Link. Sie sehen anschließend (betriebssystemabhängig) den folgenden Dialog (Abbildung A.5).

- In diesem Dialog klicken Sie auf *Speichern*.

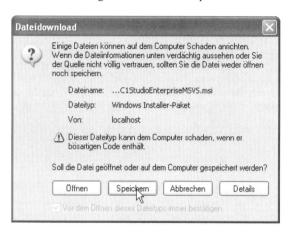

***Abbildung A.5:*** *Klicken Sie auf* Speichern, *um die Installationsdateien für ComponentOne auf Ihrem Rechner zu speichern*

- Wählen Sie im Dialog, der anschließend erscheint, das Verzeichnis aus, in dem Sie die Dateien für die anschließende ComponentOne-Einrichtung speichern möchten. Erstellen Sie am besten einen eigenen Ordner für die ComponentOne-Installationsdateien.

- Klicken Sie nach der Ordnerauswahl auf *Speichern*. Es sieht anschließend so aus, als würde eine größere Datei aus dem Internet auf Ihren Computer geladen werden. Das hat aber nur den Anschein. In Wirklichkeit fungiert Ihr eigener Computer momentan als Internet-Server *und* -Browser; Sie laden gerade eine Datei von Ihrem eigenen Rechner herunter (und zwar von der lokalen ComponentOne-Site, die Sie zuvor installiert haben).

- Wenn der »Lade«-Vorgang abgeschlossen ist, klicken Sie auf die Schaltfläche *Öffnen*, um die ComponentOne-Installation zu starten (siehe Abbildung A.6).

***Abbildung A.6:*** *Nach dem Download klicken Sie auf Öffnen, um das eigentliche Installationsprogramm zu starten*

- Ein weiterer Dialog erscheint nach kurzer Zeit, der Sie auf die Vorbereitung zur Installation hinweist. Die Vorbereitung kann je nach Leistungsfähigkeit Ihres Rechners bis zu einigen Minuten in Anspruch nehmen. Das Installationsprogramm von ComponentOne (das eigentlich jetzt erst gestartet wurde) zeigt Ihnen anschließend den Begrüßungsdialog, etwa wie in Abbildung A.7 zu sehen.

**WICHTIG:** Falls auf Ihrem Computer die Internet-Information-Dienste nicht installiert waren, läuft der Cassini-Personal-Webserver im Hintergrund. Für die weitere Installation beenden Sie diesen bitte. In diesem Fall ist der IIS-Server auf Ihrem System nicht eingerichtet, der aber die Voraussetzung für das Erstellen von ASP.NET-Anwendungen ist. Sie können deswegen die ASP.NET-Komponenten für ComponentOne im Folgenden *nicht* installieren.

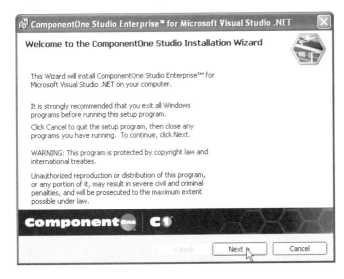

***Abbildung A.7:*** *Der Begrüßungsdialog von ComponentOne*

- Klicken Sie in diesem Dialog auf *Next*, um zum nächsten Installationsschritt zu gelangen. Der nächste Dialog (ausschnittweise in Abbildung A.8 zu sehen) zeigt Ihnen die Lizenzvereinbarung.

***Abbildung A.8:*** *Bestätigen Sie die Lizenzvereinbarung, um mit der Installation fortzufahren*

- Klicken Sie, wie in der Abbildung zu sehen, auf die Option *I accept the term in the license agreement* um die Lizenzvereinbarung zu akzeptieren.
- Klicken Sie anschließend auf *Next*, um zum nächsten Installationsschritt zu gelangen.
- Sie sehen nun eine weitere Lizenzvereinbarung für die so genannte »PayPal eCommerce-Componente« (eine Komponente in ComponentOne, die Sie in einem selbst entwickelten Web-Serivce nutzen können). Sie müssen die Lizenzvereinbarung für diese Komponente ebenfalls bestätigen, um mit der Installation fortzufahren. Gehen Sie dazu wie im vorangegangenen Schritt beschrieben vor.
- Der nächste Dialog, in Abbildung A.9 zu sehen, dient zur Erfassung Ihrer Registrierungsdaten. Sie sehen an dieser Stelle ebenfalls ein Seriennummernfeld, in dem sich standardmäßig nur Nullen befinden. Ändern Sie die Seriennummer nicht, sondern belassen Sie das Feld, wie es ist!

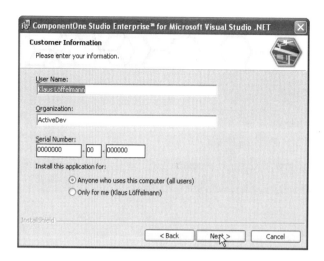

**Abbildung A.9:** *Die Seriennummer belassen Sie in diesem Dialog zunächst wie angezeigt*

- Bestimmen Sie mit den Optionsfeldern, ob jeder Computerbenutzer (klicken Sie dazu auf *Anyone who uses this computer (all users)* oder nur der gerade an Ihren Computer angemeldete Benutzer (klicken Sie dazu auf *Only for me*) mit ComponentOne wird entwickeln dürfen.

- Klicken Sie auf *Next*, um zum nächsten Installationsschritt zu gelangen. Das Installationsprogramm von ComponentOne gibt Ihnen vor der eigentlichen Einrichtung noch einen abschließenden Hinweis, dass Sie mit der Schaltfläche *Back* (»Zurück«) eine letzte Möglichkeit haben, Ihre Einstellungen nochmals zu überarbeiten.

- Klicken Sie auf *Next*, um als nächstes die Installationsoptionen zu bestimmen. Sie sehen dazu einen Dialog, wie ausschnittweise in Abbildung A.10 gezeigt.

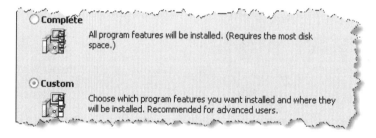

**Abbildung A.10:** *Wählen Sie in diesem Dialog die Option* Custom *(»Angepasst«), um individuelle Komponentengruppen für die Installation anzugeben*

**WICHTIG:** Eine komplette Installation der ComponentOne-Tools können Sie nur dann vornehmen, wenn Sie auch für Visual Studio alle ASP.NET-Voraussetzungen eingerichtet haben. Dazu gehört die korrekte Installation des Internet-Information-Servers. Falls Sie die Voraussetzungen nicht installiert haben, schlägt eine vollständige Installation von ComponentOne fehl, da die ASP.NET-Komponenten nicht installiert werden können.

- Wählen Sie in diesem Dialog die Option *Custom* (»Angepasst«), um individuelle Komponentengruppen für die Installation anzugeben. Wählen Sie *Complete* (»Vollständig«) **nur dann**, wenn Sie die ASP.NET-Voraussetzungen (IIS mit mindestens Version 4.0 gehört dazu!) für Visual Studio .NET installiert und korrekt konfiguriert haben.

- Klicken Sie anschließend auf *Next*.

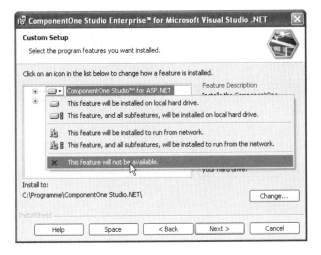

*Abbildung A.11:* Streichen Sie ASP.NET aus der Liste, wenn Sie die ASP.NET-Voraussetzungen für VS.NET nicht auf Ihrem Computer installiert haben; andernfalls schlägt die weitere Installation fehl

- Falls Sie die ASP.NET-Komponenten installieren möchten, überspringen Sie bitte den nächsten Schritt.
- Im nun folgenden Dialog, den Sie auch in Abbildung A.11 sehen können, fahren Sie mit der Maus auf die Aufklappliste neben der Beschriftung *ComponentOneStudio für ASP.NET*. Klicken Sie mit der linken Maustaste, um das Menü zu öffnen, und wählen Sie den letzten Eintrag in der Liste *This feature will not be available* (»Diese Programmfunktion nicht installieren«).
- Klicken Sie anschließend auf die Schaltfläche *Next*.
- Das Einrichten der ComponentOne-Dateien kann nun mit *Install* beginnen. Während der Installation sehen Sie eine Fortschrittsanzeige, etwa wie in Abbildung A.12.

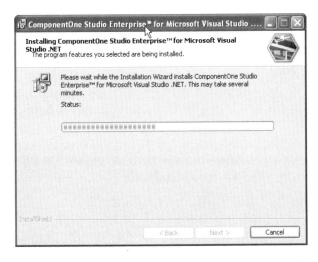

*Abbildung A.12:* Dieser Dialog informiert Sie über den Fortschritt der Installation

- Wenn die Installation erfolgreich war, sehen Sie den Abschlussdialog, wie er auch in Abbildung A.13 zu sehen ist. Klicken Sie auf *Finish* (»Beenden«), um ihn zu verlassen.

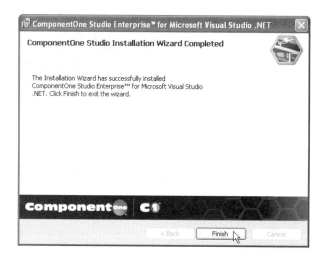

**Abbildung A.13:** *Die Installation wurde erfolgreich beendet!*

# Erhalten Ihres Keys zur Freischaltung

**HINWEIS:** Zum Zeitpunkt der Drucklegung der 2. Auflage dieses Buchs war nicht klar, ob die Website, von dem sich der Key zur Freischaltung der Komponenten beziehen lässt, noch länger zur Verfügung steht. Falls Sie Probleme bei der Registrierung für den Key haben, schicken sie bitte eine E-Mail mit dem Betreff: **ComponentOne** an **presscd@microsoft.com**. Diese E-Mail muss folgende Angaben beinhalten: Ihren *Namen*, Ihre *E-Mail-Adresse* und die Aussage, *ob Sie weitere Informationen von ComponentOne erhalten wollen oder nicht*. Wir werden Ihnen dann umgehend einen Key per E-Mail zuschicken. Diese Angaben entsprechen auch denen der ursprünglichen Web-Registrierung. Bitte erlauben Sie Microsoft Press dabei eine Bearbeitungszeit von einer Woche.

Sie könnten ComponentOne theoretisch schon jetzt verwenden; ComponentOne würde aber grundsätzlich einen Info-Dialog einblenden, sobald Sie nur eine einzige Komponente auf ein Windows-Formular in einer neuen Anwendung platzieren würden. Um das zu vermeiden, müssen Sie einen Key hinterlegen, den Sie folgendermaßen erhalten.

- Wählen Sie aus dem Start-Menü unter *Programme* (XP: *Alle Programme*) den Eintrag *Visual Basic .NET Resource Kit* und im Menü, das sich jetzt öffnet, den Eintrag *Visual Basic Resource Kit.bat*.

- Falls Sie ein Konsolenfenster im Hintergrund bemerken, das auf eine Eingabe wartet, holen Sie es in den Vordergrund, und drücken Sie eine Taste auf der Tastatur. Warten Sie, bis Sie die Resource-Kit-Begrüßungsseite sehen, und klicken Sie dort auf *Enter*.

- Klicken Sie in der Symbolleiste am oberen Rand auf das *ComponentOne-Studio-Enterprise-*Symbol.

- Für den folgenden Schritt müssen Sie mit dem Internet verbunden sein. Klicken Sie auf den in Abbildung A.4 mit Schritt 2 markierten Link.

- Sie gelangen anschließend auf eine Seite, auf der Sie auf den Link *Outside the United States* klicken (siehe Abbildung A.14). Sollte diese Seite der hier gezeigten nicht entsprechen, oder haben Sie Schwierigkeiten den Link zu finden, schauen Sie für aktuelle Hinweise nach unter *http://entwicklerbuch.ichbrauch.info*.

*Abbildung A.14:* Klicken Sie auf diesen Link, um zur Registrierungsseite zu gelangen

Sie befinden sich anschließend auf der Registrierungsseite von Microsoft und ComponentOne. Auf dieser Seite befinden sich Felder, die Sie ausfüllen müssen. Die Felder, die mit einem Sternchen gekennzeichnet sind, müssen Sie ausfüllen; alle anderen können Sie ausfüllen, wenn Sie mögen.

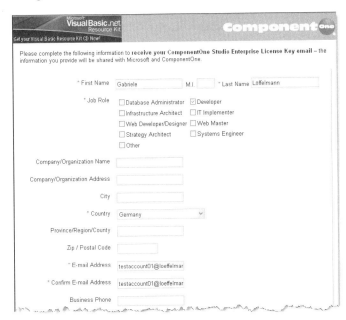

*Abbildung A.15:* Füllen Sie diese Registrierung aus, und geben Sie dabei Ihre Email-Adresse an, damit Ihnen der Key zur Freischaltung dorthin geschickt werden kann

- Unter *First Name* und *Last Name* tragen Sie Vor- und Nachnamen ein.
- Unter *Job Role* wählen Sie eine Berufssparte aus, die Ihrer Position am nächsten kommt.
- Wählen Sie aus der Aufklappliste *Country* das Land aus, in dem Sie leben.
- Unter *E-mail Address* hinterlegen Sie eine (**wichtig!**) gültige Email-Adresse. Das ist die Adresse, zu der Sie den Key zur Freischaltung von ComponentOne später zugeschickt bekommen.
- Unter *Confirm E-mail Address* geben Sie, um Rechtschreibfehler auszuschließen, Ihre Email-Adresse ein zweites Mal ein.
- Unter Frage 1 tragen Sie bitte ein, zu wie viel Prozent Sie sich mit den aufgelisteten Entwicklerwerkzeugen beschäftigen.

- Unter Frage 2 geben Sie Ihre Bewertung zum Resource-Kit ab.
- Wählen Sie unter Frage 3 die Entwicklerwerkzeuge aus, mit denen Sie bislang schon gearbeitet haben.
- Bestimmen Sie unter Frage 4, welcher Art die Applikationen sind, die Sie entwickeln.
- Bestimmen Sie unter Frage 5, mit welcher Motivation Sie Applikationen entwickeln.
- Geben Sie unter Frage 6 an, wie viele Entwickler in Ihrem Unternehmen tätig sind.
- Bestimmen Sie unter Frage 7, ob Sie mit dem Gedanken spielen, eine MSDN-Subscription zu erwerben und falls ja, für welchen Zeitraum. Dies ist natürlich keine Verpflichtung zum anschließenden Kauf. Wenn Sie nicht mit dem Gedanken spielen, eine MSDN-Subscription zu erwerben, wählen Sie den Eintrag *No plan to purchase*.
- Kreuzen Sie unter Frage 8 an, wie Sie Informationen über ComponentOne geliefert bekommen möchten.
- Kreuzen Sie unter Frage 9 an, wie Sie Informationen über Microsoft Produkte geliefert bekommen möchten. Kreuzen Sie den letzten Punkt in dieser Kategorie nur dann an, wenn Sie auch von Microsoft-Partner-Unternehmen Informationsmaterial bekommen wollen.
- Wenn Sie die Seite ausgefüllt haben, klicken Sie auf die Schaltfläche *Submit* (»Übermitteln«), um die Informationen abzuschicken.
- Wenn Sie alle Informationen korrekt ausgefüllt haben, sehen Sie anschließend die Bestätigung, etwa wie in Abbildung A.16 zu sehen.

*Abbildung A.16:* Wenn Sie diese Seite sehen, wurde die Registrierung erfolgreich abgeschlossen

## Freischalten und Updaten Ihres Exemplars

Sie bekommen anschließend – in der Regel recht schnell – eine Email, die unter anderem einen Key enthält, mit dem Sie Ihre ComponentOne Tools freischalten können. Diese Email enthält zusätzlich einen Link, über den Sie einmalig ein Update für Ihr ComponentOne herunterladen können. Auch diese Email ist wiederum in Englisch verfasst, deswegen finden Sie an dieser Stelle die genaue Vorgehensweise beschrieben.

- Öffnen Sie Ihren Email-Client und warten Sie, bis alle Nachrichten heruntergeladen sind. Die folgenden Abbildungen sind mit Outlook 2003 gemacht und können sich natürlich, wenn Sie einen anderen Email-Client verwenden, von den Dialogen unterscheiden, die Sie auf Ihrem Computer sehen.
- Suchen Sie die Nachricht von »Visual Basic Kit« mit der Betreffzeile »Your license key from Component One«.

- Unterhalb des Textes »Your license key for ComponentOne Studio Enterprise for Microsoft Visual Studio .NET is below« finden Sie den Key, den Sie für die spätere Freischaltung benötigen (siehe Abbildung A.17).

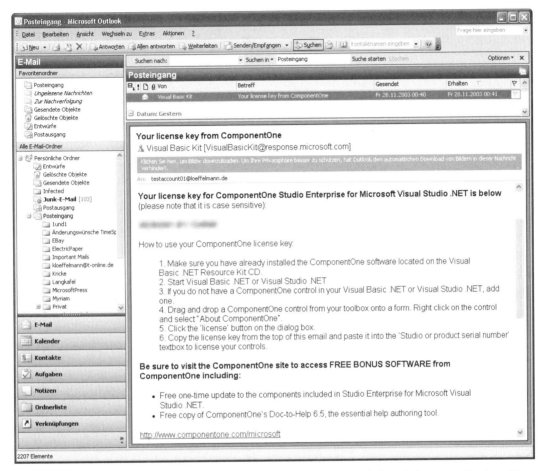

***Abbildung A.17:*** *Wenn Sie die Registrierung erfolgreich abgeschlossen haben, bekommen Sie einen Key (hier unkenntlich gemacht) zur Freischaltung Ihres Exemplars per Email*

- Weiter unten in der Email befindet sich ein Link, mit dem Sie auf eine Seite im Internet gelangen können, die Ihnen das Herunterladen des Updates erlaubt. Sie haben darum an dieser Stelle zwei Möglichkeiten: a) Sie arbeiten mit der Version von ComponentOne, die auf der CD zum Buch enthalten war. Sie brauchen dann nur beim ersten Gebrauch der Komponenten in dem entsprechenden Feld den Key einzugeben, um die installierte Version freizuschalten. b) Sie laden sich zunächst das Update herunter, installieren es und arbeiten anschließend mit einer sehr viel neueren Version von ComponentOne. Falls Sie a) bevorzugen, fahren Sie mit dem ▶ Abschnitt »Ihr erstes ComponentOne-Programm – Schritt für Schritt« auf Seite 707 fort.

- Um auf die Download-Seite zu gelangen, klicken Sie auf den Link in Ihrer Email.

**HINWEIS:** Wichtig dabei ist, dass Sie diesen Link verwenden und nicht die gelistete Adresse »zu Fuß« in der Adressleiste des Internet-Explorers eingeben.

*Abbildung A.18:* Klicken Sie auf diesen Link, um zur Download-Seite des ComponentOne Updates zu gelangen

- Auf der Seite suchen Sie nach dem Link zum Download der »kostenlosen Zusatzsoftware« (auf der englischen Seite: *FREE BONUS SOFTWARE*). Diese bringt Sie zu dem eigentlichen Link auf der gleichen Seite.[4] Klicken Sie auf diesen Link, um den Download zu starten.

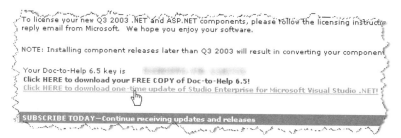

*Abbildung A.19:* Mit diesem Link gelangen Sie anschließend zum eigentlichen Download

**WICHTIG:** Sie sehen anschließend den Windows-typischen Dateidownload-Dialog. Bitte beachten Sie, bevor Sie den Download starten: Die Datei, die Sie auf Ihren Computer im Folgenden herunterladen, ist ca. 190 MByte groß. Mit einer normalen DSL-Verbindung benötigen Sie für den Download ca. 45 Minuten, mit einer normalen ISDN-Verbindung ca. 9 Stunden.[5]

- Klicken Sie im Dateidownload-Dialog auf *Speichern*, und wählen Sie ein Verzeichnis und ein Laufwerk aus, in das die Datei zunächst hineinkopiert werden soll.

- Während des Download-Vorgangs sehen Sie einen Dialog, der Sie über den Fortschritt des Downloads informiert. Bei der Datei, die Sie gerade herunterladen, handelt es sich übrigens um ein ZIP-Archiv. Mit den Bord-Mitteln kann Windows erst ab der XP-Version eine solche Datei auspacken; als Softwareentwickler werden Sie sicherlich WinZip oder eine ähnliche Software zur Hand haben. Falls nicht, bekommen Sie eine Ausprobierversion unter http://www.winzip.de.

---

[4] Stand zum Zeitpunkt der Drucklegung dieses Buches. Falls ComponentOne und/oder Microsoft das Layout der Seite ändern sollten, kann diese Anleitung natürlich unter Umständen von den tatsächlichen Schritten zur Durchführung abweichen. In diesem Fall finden Sie unter http://entwicklerbuch.ichbrauch.info, die vom Autor betrieben wird, nähere Hinweise zur Vorgehensweise bei der Aktivierung/beim Update.

[5] Falls Sie mit ISDN arbeiten, sollten Sie einen Download-Manager verwenden, um den Download-Vorgang im Falle eines Abbruchs nicht komplett von vorne beginnen zu müssen!

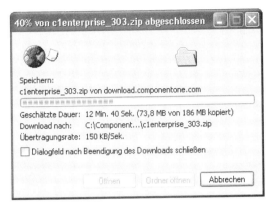

***Abbildung A.20:*** *Nicht weniger als 186MByte enthält das C1-Update – nehmen Sie sich für den Download-Vorgang viel Zeit!*

- Wenn der Download-Vorgang abgeschlossen ist, wechseln Sie in das Verzeichnis, in das Sie das ZIP-Archiv geladen haben und packen die Datei aus.
- In dem Archiv befinden sich insgesamt drei Dateien. Für Visual Basic .NET sind dabei die Dateien *c1StudioNet_Q303.msi* und *c1StudioAsp_Q303.msi* am interessantesten. Zu einem späteren Zeitpunkt als zur Drucklegung dieses Buches kann es sich natürlich bei diesen Dateien schon um Nachfolger handeln.

**WICHTIG:** Sie können mit dem Key, den Sie per Mail erhalten haben, immer nur die speziell für das ResourceKit ausgewiesenen Updates von ComponentOne installieren. Für andere Nachfolgerversionen müssen Sie sich bei ComponentOne entgeltlich registrieren lassen. Aufgepasst: Wenn Sie ein späteres Update herunterladen, ersetzt dieses die freigeschaltete durch eine nicht freigeschaltete Version!

- Um das Update für die Windows-Forms-Anwendungen zu installieren, doppelklicken Sie im Explorer auf die Datei *c1StudioNet_Q303.msi*. Wiederholen Sie die Schritte der Installation (einfach wiederholt im Dialog auf *Next* klicken), bis Sie den Seriennummern-Dialog sehen (siehe Abbildung A.19), der aber nur dann erscheint, wenn Sie ComponentOne bislang noch nicht registriert hatten. Geben Sie in diesem Fall Ihren Key, den Sie per Email erhalten haben, im Feld *Serial Number* ein.
- Bestätigen Sie alle weiteren Dialoge, bis Sie zum letzten mit der Schaltfläche *Install* stoßen. Klicken Sie anschließend auf diese Schaltfläche, um mit dem Update der ComponentOne-Dateien zu beginnen.
- Das Update kann nun einige Zeit in Anspruch nehmen. Wenn alle Update-Arbeiten ausgeführt wurden, klicken Sie auf *Finish*, um den letzten Dialog zu verlassen. ComponentOne ist nun zum Einsatz bereit!

# Ihr erstes ComponentOne-Programm – Schritt für Schritt

Es benötigt keinen großen Aufwand, die ersten Gehschritte mit den *ComponentOne*-Komponenten zu unternehmen; es würde aber einen unglaublichen Aufwand bedeuten, das folgende kleine Beispiel ohne ComponentOne zu realisieren.

Das Beispiel befindet sich zwar ebenfalls auf der Buch-CD (im Verzeichnis *..\ComponentOne\C1Demo*); sie sollten es aber von Anfang an durchexerzieren, um die Vorgehensweise beim Einsatz der Komponenten kennen zu lernen. Starten Sie Visual Studio, falls Sie das noch nicht getan haben.

**HINWEIS:** Da ComponentOne ebenfalls über eine kontextsensitive Hilfe verfügt, wird das Hilfesystem nach der Installation von ComponentOne beim nächsten Start von Visual Studio zunächst aktualisiert. Dieser Vorgang kann je nach Rechnerleistung und Festplattenperformance durchaus einige Minuten bis zu einer Viertelstunde dauern.

o Um ein neues Projekt zu beginnen, starten Sie Visual Studio 2003 .NET, und wählen Sie *Neu/Projekt* aus dem Menü *Datei*.

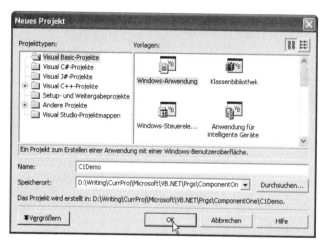

***Abbildung A.21:*** *Hier legen Sie Ihr erstes ComponentOne-Demo-Programm an*

o Im Dialog, der jetzt erscheint, wählen Sie unter Projekttypen *Visual Basic-Projekte* und aus der Vorlagenliste *Windows-Anwendung* (siehe Abbildung A.21).

o Bestimmen Sie den Speicherort (das Verzeichnis für die Projektdateien), und unter *Name* geben Sie *C1Demo* ein.

o Klicken Sie anschließend auf *OK*.

o Als nächstes konfigurieren Sie die Toolbox, damit Sie durch sie die neuen Komponenten in Ihren Anwendungen verwenden können. Holen Sie dazu die Toolbox in den Vordergrund, klicken Sie mit der rechten Maustaste in einen freien Bereich der Toolbox und wählen Sie aus dem Kontext den Eintrag *Elemente hinzufügen/entfernen*.

o Suchen Sie im Dialog, der jetzt erscheint, die Einträge *C1PrintDocument* und *C1PrintPreview*, markieren Sie sie (wie in Abbildung A.22 zu sehen) und klicken Sie anschließend auf *OK*. Sie können natürlich jetzt schon auch alle andere C1-Komponenten in der Toolbox anzeigen lassen; Ihre Projekteinstellungen bleiben davon unbeeinflusst.

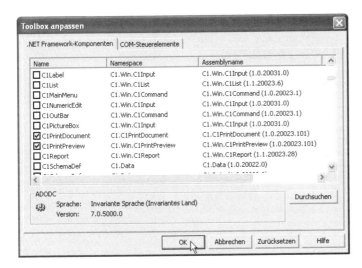

**Abbildung A.22:** *Für das erste Beispielprojekt benötigen Sie das C1PrintDocument und die C1PrintPreview ...*

- In der Toolbox befinden sich anschließend die beiden neuen Symbole für die Komponenten *C1PrintDocument* und *C1PrintPreview* (Abbildung A.23).

**Abbildung A.23:** *... die Sie anschließend in der Toolbox finden*

- Fügen Sie Ihrem Programm ein weiteres Formular hinzu. Dazu wählen Sie aus dem Menü *Projekt* den Menüpunkt *Windows-Form* hinzufügen. Im Dialog, der jetzt erscheint, bestimmen Sie *frmPreview* als neuen Formularnamen.

- Klicken Sie auf *OK*, um das neue Formular zum Projekt hinzuzufügen.

- Doppelklicken Sie auf den Namen des neuen Formulars, um den Designer für dieses Formular anzuzeigen.

- Doppelklicken Sie auf die *C1PrintDocument*-Komponente, um sie dem neuen Formular hinzuzufügen.

**WICHTIG:** Wenn Sie das Update von ComponentOne noch nicht durchgeführt haben, dann ist Ihr Produkt noch nicht frei geschaltet, und Sie sehen einen Info-Dialog, etwa wie in Abbildung A.24 zu sehen.

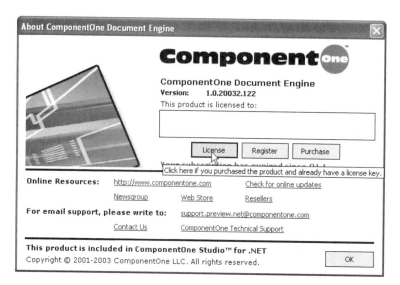

**Abbildung A.24:** *Wenn Sie diesen Dialog sehen, ist ComponentOne noch nicht freigeschaltet. Wählen Sie* License, *um den Key einzugeben*

- In diesem Fall müssen Sie die Freischaltprozedur noch vollziehen, um ComponentOne voll nutzen zu können. Vollziehen Sie zur Freischaltung die Schritte des nächsten Abschnitts.

- Andernfalls ist Ihr Exemplar bereits freigeschaltet, und Sie können Ihre Arbeit beim Abschnitt »Verwenden der ComponentOne-Komponenten« auf Seite 711 fortsetzen.

## Wichtiger Zwischenschritt: Freischalten von ComponentOne

- Klicken Sie auf die Schaltfläche *License* (siehe Abbildung A.24), um ComponentOne mit dem Key, den Sie in der Email erhalten haben, auf Ihren Namen zu registrieren. Orientieren Sie sich dabei am besten am Dialog, den Sie auch in Abbildung A.25 sehen.

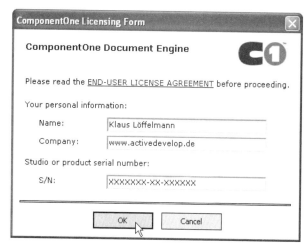

**Abbildung A.25:** *In diesem Dialog bestimmen Sie, auf welchen Namen Sie ComponentOne registrieren wollen. Unter S/N geben Sie den Key ein, den Sie mit der Email erhalten haben*

- Anschließend sehen Sie einen Dialog mit dem Text *You have licensed ComponentOne Studio Enterprise!* (»Sie haben ComponentOne Studio Enterprise jetzt lizenziert«). Sie können ComponentOne in Ihren eigenen Projekten nach Belieben verwenden. Verlassen Sie beide Dialoge mit *OK*.

# Verwenden der ComponentOne-Komponenten

- Doppelklicken Sie anschließend auf die *C1PrintPreview*-Komponente in der Toolbox. Diese Komponente hat eine sichtbare Benutzeroberfläche, und Visual Studio fügt sie deshalb direkt ins Formular. Schon der erste Eindruck zeigt, um welch mächtiges Werkzeug sich es bei dieser Komponente handeln muss, wie in Abbildung 1.26 zu sehen.

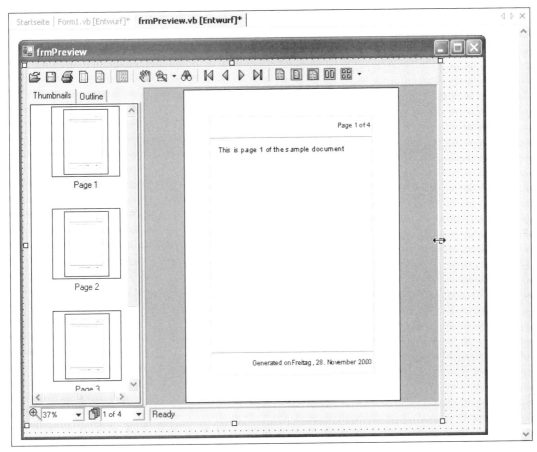

*Abbildung 1.26: Der erste Eindruck lässt schon erahnen, welch mächtigen Funktionssatz diese Komponente bereitstellt!*

- Doppelklicken Sie auf die *C1PrintDocument*-Komponente in der Toolbox, um sie dem Komponentenfach des Formulars hinzuzufügen. Der Vorgang, bis die Komponente dem Komponentenfach hinzugefügt wurde, kann unter Umständen einige Zeit in Anspruch nehmen.

- Stellen Sie die *Document*-Eigenschaft der C1Preview-Komponente auf *C1PrintDocument1*. Öffnen Sie dazu die Aufklappliste und wählen Sie den Namen der Komponente aus der Liste aus.

- Stellen Sie die *Dock*-Eigenschaft der C1Preview-Komponente auf *Fill*.

- Doppelklicken Sie im Projektmappen-Explorer auf *Form1.vb*, um das Hauptformular des Beispielprogramms ins Leben zu rufen.

*Das Visual-Basic-Resource-Kit*

- Ziehen Sie aus der Toolbox die *RichTextBox*-Komponente in das Formular.
- Ziehen Sie aus der Toolbox drei *Button*-Komponenten in das Formular.
- Platzieren Sie ebenfalls drei *CheckBox*-Komponenten im Formular.
- Markieren Sie die drei *CheckBox*-Komponenten (entweder mit der »Gummibandfunktion«, oder Sie halten die Taste Strg gedrückt und klicken die Komponenten nacheinander an).
- Ändern Sie die *Appearance*-Eigenschaft der *CheckBox*-Komponenten im Eigenschaftenfenster auf *Button*.
- Ändern Sie die TextAlign-Eigenschaft der markierten *CheckBox*-Komponenten im Eigenschaftenfenster auf *MiddleCenter*.
- Bestimmen Sie die Eigenschaften der anderen Komponenten anhand der folgenden Tabelle. Um eine Eigenschaft festzulegen, klicken Sie die betroffene Komponente an und bestimmen die Eigenschaften im Eigenschaftenfenster.

| Komponente | Name-Eigenschaft | Text-Eigenschaft |
|---|---|---|
| RichTextBox | rtfText | Leerstring |
| CheckBox1 | chkBold | Fett |
| CheckBox2 | chkItalic | Kursiv |
| CheckBox3 | chkUnderlined | Unterstrichen |
| Button1 | btnLoad | Laden… |
| Button2 | btnSave | Speichern… |
| Button3 | btnPrint | Drucken… |

**Tabelle 1.1:** *So stellen Sie die Eigenschaften der Formular-Komponenten ein*

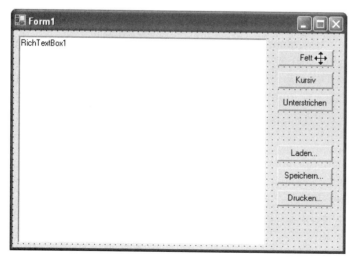

**Abbildung A.27:** *Ordnen Sie die Komponenten in etwa wie in dieser Abbildung an*

- Ordnen Sie die Elemente in etwa so an, wie in Abbildung A.27 zu sehen.
- Markieren Sie alle *Button*- und *Checkbox*-Komponenten mit der Gummiband-Funktion.

- Setzen Sie die *Anchor*-Eigenschaft der markierten Komponenten auf *Top; Right*. Klappen Sie dazu die Liste der Optionen im Eigenschaftenfenster zur *Anchor*-Eigenschaft auf. Um eine Verankerung zu ändern, klicken Sie in die kleinen Felder, die die Verankerungsposition symbolisieren. Orientieren Sie sich dabei am besten an Abbildung A.28.

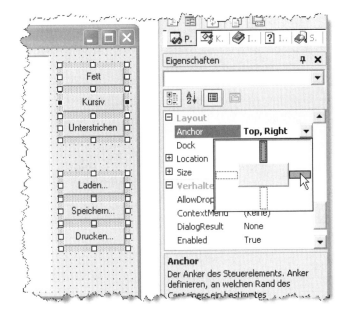

*Abbildung A.28:* Stellen Sie die Anchor-Eigenschaft der Schaltflächen auf Top, Right

- Klicken Sie anschließend im Formular auf die *RichTextBox*-Komponente, um sie zu markieren.

- Setzen Sie die *Anchor*-Eigenschaft der RichTextBox-Komponente auf *Top; Bottom; Right; Left*. Mit dieser Vorgehensweise haben Sie bereits die komplette Logik zum dynamischen Vergrößern des Formulars implementiert. Sie können das Verhalten zu diesem Zeitpunkt schon ausprobieren, indem Sie das Programm starten, warten, bis das Formular angezeigt wird und es dann mit der Maus vergrößern und verkleinern.

- Doppelklicken Sie auf die *Fett*-Schaltfläche, um den Ereigniscode für *chkBold* zu implementieren. Der Editor öffnet sich daraufhin, und Sie fügen folgende Zeilen für die Ereignisbehandlung ein:

```
Private Sub chkBold_CheckedChanged(ByVal sender As System.Object, ByVal e As System.EventArgs) _
                    Handles chkBold.CheckedChanged

    Dim locNewFont As Font
    Dim locUsedFont As Font

    'Aktuelle markierten Font oder den unter der Einfügemarke ermitteln.
    locUsedFont = rtfText.SelectionFont

    'Fonteigenschaften sind immer ReadOnly; also neues Font-Objekt generieren
    'und dabei die vorhadene entsprechende Schrifteigenschaft "umdrehen".
    locNewFont = New Font(locUsedFont, locUsedFont.Style Xor FontStyle.Bold)
```

```
        'Neuen Font weiterverwenden.
        rtfText.SelectionFont = locNewFont

        'Der Bequemlichkeithalber wieder die rtfKomponente fokussieren.
        rtfText.Focus()
    End Sub
```

- Verfahren Sie äquivalent mit den *Kursiv-* und *Unterstrichen*-Schaltflächen. Um den Funktionsrumpf einzufügen, ohne das Codefenster verlassen zu müssen, wählen Sie aus der Klassenliste (die linke Aufklappliste des VB-Codeeditors) den Klassennamen aus, für den Sie den Ereignisbehandlungscode einfügen lassen wollen. Für dieses Beispiel wählen Sie *chkItalic*.

- Wählen Sie aus der Methodenliste (die rechte Aufklappliste des VB-Codeeditors) das Ereignis aus. Für dieses Beispiel wählen Sie *CheckedChanged*. Der Code-Editor fügt den Methodenrumpf für die Behandlung des Ereignisses automatisch ein.

**TIPP:** Falls Sie eine falsche Klasse oder Methode aus den Aufklapplisten ausgewählt haben und der Codeeditor einen leeren Funktionsrumpf in den Code eingefügt hat, den Sie aber gar nicht benötigen, können Sie den leeren Funktionsrumpf gefahrlos löschen, ohne befürchten zu müssen, dass das Programm nicht mehr fehlerfrei durchkompiliert.[6]

- Kopieren Sie den Code aus *chkBold_CheckedChanged* in den neuen Funktionsrumpf und ändern Sie die betroffene Codezeile in *FontStyle.Italic* ab.

```
    Private Sub chkItalic_CheckedChanged(ByVal sender As System.Object, ByVal e As System.EventArgs) _
                    Handles chkItalic.CheckedChanged

        Dim locNewFont As Font
        Dim locUsedFont As Font

        locUsedFont = rtfText.SelectionFont
        locNewFont = New Font(locUsedFont, locUsedFont.Style Xor FontStyle.Italic)
        rtfText.SelectionFont = locNewFont
        rtfText.Focus()

    End Sub
```

- Verfahren Sie genauso für den Ereignisbehandlungscode von *chkUnderlined_CheckedChanged* und die *FontStyle.Underline*-Einstellung.

```
    Private Sub chkUnderlined_CheckedChanged(ByVal sender As System.Object, ByVal e As System.EventArgs) _
                    Handles chkUnderlined.CheckedChanged
        Dim locNewFont As Font
        Dim locUsedFont As Font

        locUsedFont = rtfText.SelectionFont
        locNewFont = New Font(locUsedFont, locUsedFont.Style Xor FontStyle.Underline)
        rtfText.SelectionFont = locNewFont
        rtfText.Focus()
    End Sub
End Class
```

---

[6] Gut zu wissen, gerade, wenn Sie schon in C# programmiert haben, wo Sie eine Ereignisroutine nicht löschen können, wenn Sie den Verweis auf diese nicht auch im Formular-Initialisierungscode löschen.

- Fügen Sie die Ereignisbehandlung des *SelectionChanged*-Ereignisses für die *rtfText*-Komponente ein. Diese Prozedur sorgt dafür, dass die Schaltflächenzustände entsprechend den Schriftattributen geändert werden, wenn der Anwender mit dem Cursor über den Text fährt.

```
Private Sub rtfText_SelectionChanged(ByVal sender As Object, ByVal e As System.EventArgs) _
                Handles rtfText.SelectionChanged

    Dim locFont As Font

    'Font ermitteln.
    locFont = rtfText.SelectionFont

    'Prüfen, ob bestimmte Schriftart "aktiv" ist, und dementsprechend
    'die Schaltflächen setzen.
    chkBold.Checked = (locFont.Style And FontStyle.Bold) = FontStyle.Bold
    chkItalic.Checked = (locFont.Style And FontStyle.Italic) = FontStyle.Italic
    chkUnderlined.Checked = (locFont.Style And FontStyle.Underline) = FontStyle.Underline

End Sub
```

- Fügen Sie die Ereignisbehandlung für die *Laden*- und *Speichern*-Schaltfläche ein. Der Code dafür lautet folgendermaßen:

```
Private Sub btnLoad_Click(ByVal sender As System.Object, ByVal e As System.EventArgs) _
                Handles btnLoad.Click

    Dim locFO As New OpenFileDialog

    locFO.Filter = "RTF-Texte (*.rtf)|*.rtf|Alle Dateien (*.*)|*.*"
    locFO.AddExtension = True
    locFO.CheckFileExists = True
    locFO.CheckPathExists = True
    Dim locDR As DialogResult = locFO.ShowDialog()
    If locDR = DialogResult.Abort Then
        Exit Sub
    End If
    rtfText.LoadFile(locFO.FileName)
End Sub

Private Sub btnSave_Click(ByVal sender As System.Object, ByVal e As System.EventArgs) _
                Handles btnSave.Click

    Dim locFS As New SaveFileDialog

    locFS.Filter = "RTF-Texte (*.rtf)|*.rtf|Alle Dateien (*.*)|*.*"
    locFS.AddExtension = True
    locFS.CheckFileExists = True
    locFS.CheckPathExists = True
    Dim locDR As DialogResult = locFS.ShowDialog()
    If locDR = DialogResult.Abort Then
        Exit Sub
    End If
    rtfText.SaveFile(locFS.FileName)

End Sub
```

- Schließlich müssen Sie noch ein paar Handgriffe für die Darstellung der Druckervorschau durchführen. Lassen Sie sich dazu den Code von *frmPreview* anzeigen (im Projektmappen-Explorer *frmPreview* anklicken und auf das *Code*-Symbol am oberen Fensterrand klicken).
- Fügen Sie unterhalb der Klassendefinitionsanweisung die Deklaration der privaten Membervariablen *myRtfText* als *String* ein:

```
Public Class frmPreview
    Inherits System.Windows.Forms.Form

    Private myRtfText As String
```

- Erweitern Sie den vorhandenen Konstruktor durch eine zusätzliche Überladung (mehr über Klassenkonstruktoren und deren Überladen erfahren Sie in ▶ Kapitel 3):

```
Sub New(ByVal rtfText As String)
    Me.new()
    myRtfText = rtfText

End Sub
```

- Fügen Sie eine neue *Private Sub* namens *GenerateDocument* ein. Dieser dient dazu, das Dokument für die Vorschau und den anschließenden Druck zu generieren. Der Code dafür ist folgender:

```
Private Sub GenerateDocument()
    With C1PrintDocument1
        .Style.Font = New Font("Arial", 12, FontStyle.Regular)
        With .PageHeader
            .RenderText.Style.TextAlignHorz = C1.C1PrintDocument.AlignHorzEnum.Center
            .RenderText.Text = "Kopfzeile - Seite [@@PageNo@@] von [@@PageCount@@]"
        End With
        With .PageFooter
            .RenderText.Style.TextAlignHorz = C1.C1PrintDocument.AlignHorzEnum.Center
            .RenderText.Style.TextAlignVert = C1.C1PrintDocument.AlignVertEnum.Bottom
            .RenderText.Text = "Fußzeile - Seite [@@PageNo@@] von [@@PageCount@@]"
        End With
        .StartDoc()
        .RenderBlockRichText(myRtfText)
        .EndDoc()
    End With
End Sub
```

- Fügen Sie eine öffentliche *Sub* namens *ShowPreview* in den Code ein. Mit Hilfe dieser Funktion sollen der *Preview*-Dialog dargestellt und das Dokument angezeigt werden. Diese Prozedur enthält folgende Codezeilen:

```
Public Sub ShowPreview()
    GenerateDocument()
    Me.ShowDialog()
End Sub
```

- Schließlich ergänzen Sie als letzten Schritt die Ereignisbehandlung für die *Drucken*-Schaltfläche in *Form1.VB*, für die durch die letzten Codeteile nun alle Voraussetzungen gelegt sind. Klicken Sie im Projektmappen-Explorer auf *Form1.vb* und anschließend auf das *Code*-Symbol, um den Code-Editor für diese Klasse anzeigen zu lassen. Ergänzen Sie den folgenden Code.

```
Private Sub btnPrint_Click(ByVal sender As System.Object, ByVal e As System.EventArgs) Handles btnPrint.Click
    Dim locfp As frmPreview = New frmPreview(rtfText.Rtf)
    locfp.ShowPreview()
End Sub
```

Und das war es. Herzlichen Glückwunsch, Sie haben in den letzten 20, 30 Minuten eine voll funktionsfähige Textverarbeitung entwickelt. Möchten Sie sie testen? Dann los:

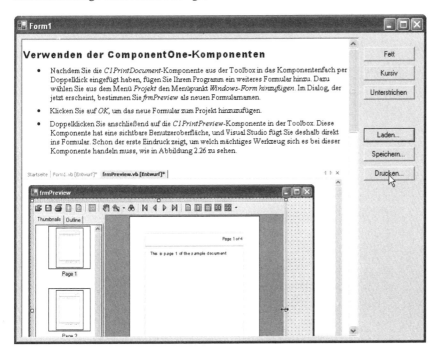

*Abbildung A.29:* Mit dem Beispielprogramm steht Ihnen eine voll funktionsfähige Textverarbeitung zur Verfügung...

o Starten Sie das Programm.

o Klicken Sie auf die Schaltfläche *Laden*, und wählen Sie eine RTF-Datei aus. Sie finden eine RTF-Datei im Verzeichnis dieses Projektes unter ..\*ComponentOne\C1Demo*. Der Text dieser Datei wird anschließend im Fenster angezeigt, und Sie können ihn dort editieren. Beachten Sie auch das Verhalten der Schrift-Schaltflächen, wenn Sie den Cursor über unterschiedlich formatierten Text bewegen; Sie erkennen, dass sich die Schaltflächen sofort an den »unter« dem Cursor vorhandenen Schriftstil anpassen.

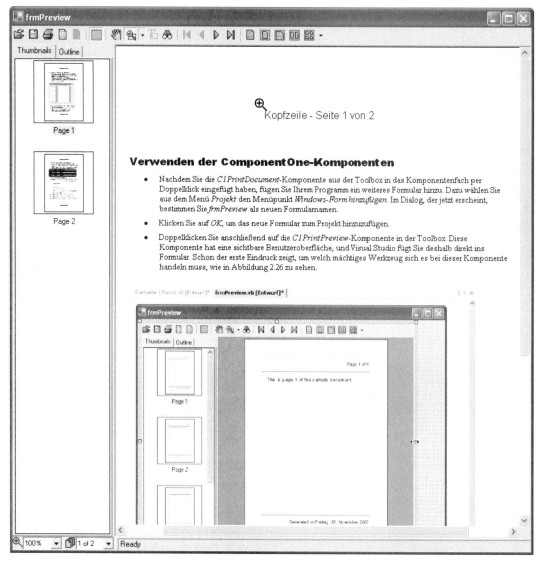

***Abbildung 1.30:*** *...mit der Sie einen RTF-Text auch ohne Probleme drucken können*

- Vergrößern Sie den Dialog, und Sie werden bemerken, dass sich das Fenster und die Steuerelemente anpassen, obwohl Sie keine Zeile extra Code dafür implementieren mussten.
- Doch das Beste ist: Klicken Sie anschließend auf *Drucken*, sehen Sie Sekunden später die Druckvorschau des RTF-Textes im Vorschaufenster – rund 30 Zeilen Code waren ausreichend, um den RTF-Text in der Vorschau anzuzeigen und auch im Bedarfsfall auszudrucken.

# Behebung von Problemen nach einem Update

Beim Update älterer Versionen von ComponentOne auf eine aktuellere Version, die Sie im Rahmen des Visual Basic Resource Kit erhalten haben, können unter Umständen Probleme auftreten. Falls Fehler überhaupt auftreten, dann in der Regel nur, wenn Sie ein »altes« Projekt öffnen – also eines, dass mit einer Vorgängerversion von ComponentOne erstellt wurde.

Im Regelfall liegt das daran, dass Update-Komponenten nicht korrekt im so genannten *Global Assembly Cache* installiert wurden.

In vielen Fällen hilft dann die folgende Vorgehensweise, um den Fehler zu beheben:

- Schließen Sie Visual Studio. Falls Sie nach dem Öffnen eine »Endlosfehlermeldung«[7] erhalten, schließen Sie den Visual-Studio-Task mit dem Taskmanager.
- Kopieren Sie die ComponentOne-Assemblies in den Global Assembly Cache. Dazu verfahren Sie folgendermaßen: Lokalisieren Sie die Assemblies. Sie befinden sich, den Standardinstallationspfad vorausgesetzt, im Verzeichnis *C:\Programme\ComponentOne Studio.NET\Bin*.
- Den Assembly Cache finden Sie Verzeichnis *C:\Windows\Assembly*. Sie werden feststellen, dass der Windows-Explorer diese Dateien anders als in der gewohnten Weise darstellt. Das liegt daran, dass das Framework den Explorer erweitert, so dass Sie zum einen die Versionsnummern der Assemblies direkt in der detaillierten Darstellung sehen können. Zum anderen erlaubt er Ihnen, spezielle, global verwendete Assemblies (solche mit so genanntem »starken Namen signierte«) per Drag und Drop (und nur so! – Ausschneiden – Kopieren – Einfügen wird nicht funktionieren) in den Global Assembly Cache (GAC) einzufügen.
- Kontrollieren Sie die Versionsnummern der ComponentOne-Assemblies im Ausgangsverzeichnis. Sie erkennen sie anhand des Präfixes »C1.«; Ihre Versionsnummern finden Sie im Eigenschaftendialog der Dll (rechte Maustaste, *Eigenschaften*).
- Vergleichen Sie die Versionsnummern mit denen im GAC. Unterscheiden sie sich, ziehen Sie sie vom C1-Bin-Verzeichnis in den GAC.
- Starten Sie Visual Studio erneut, und laden Sie Ihr Projekt – es sollte anschließend einwandfrei funktionieren.

## Bekannte Probleme nach dem Update der Preview-Unterstützung

Insbesondere das Update der *C1.Document*- und *C1-Preview*-Komponenten kann Probleme auf deutschen Systemen bereiten. Um sie zu beheben, gehen Sie vor, wie im vorherigen Abschnitt beschrieben. Kontrollieren Sie genau die Versionsnummern der folgenden Assemblies:

- C1.PrintUtil.dll
- C1.Common.dll
- C1.C1PrintDocument.dll
- C1.Win.C1PrintPreview.dll

---

[7] Eine Fehlermeldung wird sofort wieder angezeigt, wenn Sie sie mit *OK* weggeklickt haben.

*Das Visual-Basic-Resource-Kit*

### Fehlermeldung zur Entwurfszeit mit der PreView-Komponente

Es kann vorkommen, dass Sie bis zur Q3-2003-Version der Preview-Komponente im Designer die Fehlermeldung *Mindestens ein Element im Quellarray konnte nicht umgewandelt werden* erhalten. Diese Fehlermeldung liegt höchstwahrscheinlich an einem bekannten, nicht gewollten Verhalten des *Property-Grids* in Visual-Studio 2003,[8] das nur in der lokalisierten, deutschen Version zu Tage tritt, und das verhindert, dass Sie die komplexen Eigenschaften (Eigenschaften, die einen neuen Zweig öffnen lassen) zur Entwurfszeit setzen können. Sie umgehen den Fehler, indem Sie die Eigenschaften einfach programmtechnisch festlegen; den Designer-Fehler können Sie dann gefahrlos ignorieren. In der Q4-2003-Version ist dieser »Fehler« behoben, das Verhalten ist viel besser an Visual Studio 2003 angepasst.

Nach letzten Informationen ist dieser Fehler aber keine Nachlässigkeit der ComponentOne-Entwickler, sondern könnte mit der Lokalisierung von Visual Studio 2003 von englisch auf deutsch zu tun haben (*Double-Arrays* als Eigenschaft im *Property-Grid* machen u. U. Probleme).

Mit der Veröffentlichung des Service-Pack 1 zum Framework 1.1 gibt es daher eine gute Chance, dass der Fehler auch in der Q3/2003-Version von ComponentOne nicht mehr auftritt.

### Hinweis zum Support

Bitte haben Sie Verständnis dafür, dass ich als Autor dieses Buches keinen Support zum Produkt ComponentOne leisten kann. Bei Fragen können Sie sich in entsprechenden Newsgroups informieren, die Sie über die Web-Seite *www.componentone.com* von ComponentOne erreichen können.

---

[8] Bei der Verarbeitung von Double-Arrays, um genau zu sein.

# B Stichwortverzeichnis

#End Region 17
#Region 17
&= 36
.cctor 81
.ctor 81, 103
.NET
   Geschichte von 2
   Programmiersprachen 2
+= 36
-= 36

## A

Abfangen von Fehlern 38
Access (Office) 662
Accessor 96
ADAutoReportView 649
Add 230
AddHandler 466
   vs. WithEvents 467
AddressOf 389
ADFormelParser 388
ADLabelEx 557
ADO
   Arbeitsweise 683
ADO.NET 661
   Abfragen 664
   Access-Datenbanken 662
   Änderungen übermitteln 683
   Begriffserklärungen 664
   Command 664
   CommandBuilder 688
   Connection 664
   DataAdapter 674
   DataReader 667
   DataRelation 690
   DataSet 690
   DataTable 674
   Daten ändern 681
   Daten modifizieren 664
   GetOleDbSchemaTable 672
   MSDE 661
   OleDbCommand 667
   OleDBConnection 667
   OleDbDataReader 667
   Programmierung 667
   Provider einrichten 666
   Resultsets 664
   Schemainformationen 669
   Server-Explorer 665
   Tabellen 666
   unverbundene Daten 674
   weitere Möglichkeiten 690
Anchor 418
AndNot 35
Apartment 410
Application.Run 407
ArrayList 326
   AddRange 326
   Clear 326
   Count 326
   Remove 326
   RemoveAt 326
   umwandeln in Arrays 326
Arrays 301
   als Funktionsergebnis 303
   als Parameter 303
   als Rückgabewert 303
   Änderung der Dimensionen 304
   aus ArrayList 326
   benutzerdefinierte Sortierung 312
   Betrachtung als Objekte 306
   BinarySearch 312
   durchsuchen 312
   Grundsätzliches 302
   Länge ermitteln 310
   Length 310
   mehrdimensional 309
   Methoden und Eigenschaften 310
   nach dem Neudimensionieren erhalten 305
   Preserve 305
   ReDim 304
   Reverse 311

Arrays *(Fortsetzung)*
    Sort 311
    Sortieren 311
    statische (Beispiel) 84
    umdrehen 311
    verschachtelt 309
    Wertevorbelegung 308
AscW 231
Assembly 641
AssemblyQualifiedName 641
Assistentendialoge 485
Attribute 635
    AttributeUsageAttribute 639
    benutzerdefinierte ermitteln 647
    Browsable 544
    Category 544
    COMClassAttribute 638
    DefaultValue 544
    Description 544
    DllImportAttribute 639
    einfaches Beispiel 636
    genereller Umgang 636
    MarshalAsAttribute 638
    MethodImpl 608
    Obsolete 72, 636
    SerializableAttribute 638
    STAThread 410
    StructLayout 150
    Synchronization 608
    VBFixedArrayAttribute 638
    VBFixedStringAttribute 638
    WebMethodAttribute 638
    zur Laufzeit ermitteln 644
Attributes 641
AttributeUsage-Attribut 639
auf private Member zugreifen 331
Aufgabenliste 19
    eigene Aufgaben 19
    Punkt hinzufügen 19
    Token 19
Aufrufliste 10, 429
Aufzählungen 295
Ausdrücke, reguläre 365
Ausrichtungen 279
Auswahlrand 14
Autofenster 10
Automatischer Zeilenumbruch 15
AutoResetEvent 611
AutoScroll 415

# B

BaseType 641
BCL 34

Bearbeiten und Fortfahren 10
Beenden 613
Beispieldatenbank 663
Beispielprograme 5
Benutzerdefinierte Typen 40
Benutzersteuerelemente 533
    abgeleitet aus vorhandenen 534
    ADLabelEx 557
    als Container 544
    Anordnen von Steuerelementen 548
    anzeigen in Toolbox 539
    Attribute
        Browsable 544
        Category 544
        DefaultValue 544
        Description 544
    Basis-Window 559
    Beschriftung 558
    Blinken 567
    Borderline-Eigenschaft 560
    Codegenerierung steuern 570
    ContainerControl 544
    CreateParams-Eigenschaft 559
    Delegieren von Funktionen 545
    Designer 572
    Designer-Reglementierungen 572
    Docken mit Dock 549
    DrawString 558
    Eigenschaften 543
    Eigenschaften serialisieren 570
    Ereignisse delegieren 552
    erstellen von Grund auf 557
    erstes Testen 541
    Größe festschreiben 572
    Größenbeeinflussung durch Eigenschaften 565
    Grundfenster erstellen 559
    Initialisieren 550
    konstituierende 544
    Methoden delegieren 552
    Neuzeichnen auslösen 564
    ohne Vorlage 557
    Projektmappe einrichten (abgeleitet) 534
    Projektmappe einrichten (konstituierend) 545
    ShouldSerialize 570
    Standardwerte Eigenschaften 570
    Stil 559
    unveränderliche Größe 572
    werteerbende Eigenschaften 570
    Windows-Stil 559
    zeichnen, nativ 561
    Z-Reihenfolge 549
BinaryFormatter 579
BinarySearch 144, 312
    benutzerdefiniert 312
Boolean 252
    in String wandeln 253

Boolean *(Fortsetzung)*
    numerische Äquivalente 252
    Vergleiche auf Basis 253
Boxing 36
    Details zum 176
    primitive- und Wertetypen 166
breite Linienzüge 525
Brush 507
Buch-CD 5
Bucket 344
Buffer-Overflow 3
Button 415
ByRef 147
Byte 220
ByVal 147


# C

C# 207
C++ (managed) 210
CallBack-Funktion 427
Caption 413
Captures 376
Case 255
Casten
    Performance-Unterschiede 169
Casting 162
Catch 39
CByte 221
CD zum Buch 5
CDbl 223
CDec 224
Char 122, 231
ChrW 231
CInt 163, 222
ClientArea 509
CLng 222
Cloning 583
Close
    Formulare 500
Code
    aus- und einblenden 16
    automatisch durch Designer 420
    Editor reagiert langsam 20
    Einfügen von Funktionsrümpfen 424
    Ereigniscode 424
    für Kulturen 264
    inkrementelles Suchen 17
    Lesezeichen 18
    mehrere Suchergebnisse 19
    navigieren im 15
    rechteckig markieren 15
    Region 17

reguläre Ausdrücke 17
Sprung zu Zeilennummer 18
statt Formular öffnen 11
Suchen und Ersetzen 17
Syntaxfehler 19
Typsicherheit im 19
Widerverwendbarkeit 120
Codebereich 15
Codeeditor
    Intellisense 73
Codefenster 14
    Auswahlrand 14
    Automatischer Zeilenumbruch 15
    Codebereich 15
    Gliederungsansicht 16
    Indikatorrand 14
    Lesezeichen 18
    navigieren 15
    rechteckige Textmarkierung 15
    wird langsam 20
Collection 301
    Abruf durch Schlüssel 331
    ArrayList 326
    CollectionBase 328
    Grundsätzliches 323
    Hashtable 331
    IList 329
    Key 332
    KeyedCollection 354
    Queue 347
    Schlüssel und Index 354
    SortedList 349
    Stack 348
    typsichere 328
    vorhandene 325
CollectionBase 328
    Elementzugriff über List 330
    List 330
COM 2, 410
COMClass-Attribut 638
COM-Komponenten 410
Command 664
CommandBuilder 688
Common Dialog 411
Comparer 315
    benutzerdefiniert 317
ComponentOne 693
    freischalten 704
    freischalten beim ersten Gebrauch 710
    Freischalt-Key erhalten 702
    Installation 697
    Komponenten verwenden 711
    Praxisbeispiel 707
    Problembehandlung 719
    updaten 704
COM-Server 410

Connection 664
Container 414
   AutoScroll 415
ControlCollection 423
ControlNativeWindow 428
Controls
   DataGrid 672
   flimmerfreie Darstellung 518
   OnPaint 504
   SetStyle 519
   Threading in 611
   thread-sicher 611
   zusätzliche durch ComponentOne 693
Convert.ToByte 221
Convert.ToDecimal 224
Convert.ToDouble 223
Convert.ToInt16 221
Convert.ToInt32 222
Convert.ToLong 222
Convert.ToSingle 223
Convert-Klasse 163
Cooperative Multitasking 598
CreateParams-Eigenschaft 559
CShort 221
CSng 223
CType 163
CultureInfo 264
CultureInfo-Klasse 228
CustomFormatProvider 281

# D

DataAdapter 674
DataGrid 672
   Zeitdaten formatieren 678
DataReader 667
DataRelation 690
DataSet 690
DataTable 674
Date 257
Dateinamen standardisieren 243
Datenbanken 662
   Änderungen übermitteln 683
   Beispieldatenbank 663
   Grundsätzliches 663
   Provider 666
   Schema 669
   Tabellen 666
Datentypen
   .NET-Synonyme 216
   Boolean 252
   Byte 220
   Char 231

Date 257
Decimal 223
deklarieren und definieren 218
Double 223
Einführung in 216
Funktionsdelegation an Prozessor 218
Integer 221
Long 222
numerische 217
numerische in String wandeln 227
primitive 216
Rundungsfehler 224
Short 221
Single 222
String 233
ToString 228
Überblick über numerische 220
umwandeln 227
ungenaue, numerische 224
DateTime 164, 257
DateTime.Parse 259
DateTime.ParseExact 259
DateTimeFormatInfo 277
DateTimeStyle 260
DateTimeStyles.AdjustToUniversal 260
DateTimeStyles.AllowInnerWhite 260
DateTimeStyles.allowLeadingWhite 260
DateTimeStyles.AllowTrailingWhite 260
DateTimeStyles.AllowWhiteSpaces 260
DateTimeStyles.NoCurrentDateDefault 261
DateTimeStyles.None 261
Datum
   Darstellungsstile 260
   formatieren 262
   rechnen mit 258
   Umwandlungsoptionen 260
   wandeln in String 259
DCOM 2
Debuggen 85
Debug-Klasse 186
Decimal 223
   spezielle Funktionen 230
Decimal.Floor 231
Decimal.Negate 231
Decimal.Remainder 231
Decimal.Round 231
Decimal.Truncate 231
DefXXX 28
Delegate 389
Deserialisierung 578
Designer 12
   automatische Codegenerierung 420
   Gummibandfunktion 419
Designer-Host 417
Destruktoren 44
Dialoge 501

Dialoge *(Fortsetzung)*
　　Grund des Schließens  426
　　modale  501
　　Programmeröffnung  409
　　Splash  409
DialogResult  52, 426
Dim  218
Disassembler  80
Dispose  179
Dispose  187
Dispose  446
Dispose  454
DLL  198
　　Hölle  2
DllImport-Attribut  639
Dock  418
Dock-Eigenschaft  549
Doppelpufferung  519
Double  223
　　Vergleichen  226
Double Buffering  519
DrawString  516
Duotrigesimalsystems  141
dynamische Hilfe  20

# E

Edit and Continue  10
Eigenschaften  87
　　AutoScroll  415
　　Default-  92
　　definieren  87
　　ermitteln  88
　　Location  415
　　mit Parametern  90
　　nur lesen  89
　　nur schreiben  89
　　Spiegeln  132
　　Standard-  92
　　statische  92
　　überladen  91
　　überschreiben  107
　　virtuelle  124
　　vs. Variablen  95
　　zuweisen  88
Eigenschaftenfenster  14
Einzelschritt-Modus  10
Else/If  254
End Select  255
Entwicklungsumgebung  5, 6
Entwurfszeitmodus  10
Enumeratoren  319
　　benutzerdefiniert  320

Enums  295
　　Abfrage von Flags  299
　　aus Strings  298
　　direkte Wertebestimmung  296
　　Dubletten  296
　　Element aus Wert  297
　　Elementtyp ermitteln  297
　　Flags  298
　　konvertieren  297
　　zu Zahl wandeln  297
Equals
　　Hinweis zum überschreiben  341
Ereignisse  424
　　Activated  445
　　AddHandler  466
　　auslösende Instanz  441
　　Auslösung  426
　　auswerten in OnXXX  434
　　bereitstellen  431
　　Click  446, 455
　　Closed  445
　　Closing  445
　　CreateControl  444, 454
　　Deactivate  445
　　DoubleClick  447, 455
　　Enter  451, 460
　　EventArgs  431
　　GotFocus  451, 460
　　Handels  33
　　HandleCreated  444, 453
　　HandleDestroyed  454
　　implementieren von Code  424
　　Invalidated  450, 459
　　KeyDown  448, 456
　　KeyPress  448, 457
　　KeyUp  449, 457
　　Layout  450, 459
　　Leave  452, 460
　　Load  444
　　LocationChanged  449, 457
　　LostFocus  452, 460
　　MouseDown  446, 454
　　MouseEnter  447, 455
　　MouseHover  447, 455
　　MouseLeave  448, 456
　　MouseMove  447, 456
　　MouseUp  447, 455
　　MouseWheel  448, 456
　　Move  449, 457
　　OnHandleDestroyed  446
　　Paint  451, 459
　　PaintBackground  451, 459
　　PaintEventArgs  504
　　RaiseEvent  431
　　Resize  449, 458
　　SetVisibleCore  445

Ereignisse *(Fortsetzung)*
   SizeChanged 450, 458
   Unterschiede zu VB6 33
   WithEvents 432
   WndProc 430, 453
Erl 38
Ersetzen 239
Erweiterte Member ausblenden 110
EventArgs 431
EventInfo 643
Exception
   OutOfRange 221, 222

# F

False 252
Fehler
   kulturspezifisch 266
Fehlerbehandlungen 38
FieldInfo 643
FIFO-Prinzip 347
FileStream 193
Finalize 179, 183
Finally 39
Flächen 507
Flächen zeichnen 508
flaches Klonen 583
Flags-Enum (Flags-Aufzählungen) 298
flimmerfreie Darstellung 518
fomatieren
   Zahlen und Datumswerte 262
Format Provider 228
   Ausrichtungen 279
   DateTimeFormatInfo 277
   eigene 281
   Einführung 263
   gezielte Formatierung 276
   ICustomFormatter 291
   IFormatProvider 291
   NumberFormatInfo 276
formatieren
   IFormattable 293
   kombiniert 277
   kulturabhängig 264
   mit Format Providern 276
   mit Formatzeichenfolgen 266
Formatzeichenfolgen 266
   Formatvorlagen 269
   für Zahlenformatierung 267
   für Zeitformatierung 275
   vereinfacht 274
Formeln berechnen 385
Formular
   als Startobjekt 403
   Code statt Designer öffnen 11
Formulare
   als Dialog 501
   Assistentendialoge 485
   aufrufen anderer aus 469
   Close 500
   Codegenerierung 47
   ControlCollection 423
   Dateinamen ändern 402
   Datenaustausch zwischen 469
   DialogResult 52
   Dispose 500
   entsorgen 500
   Ergebnisse auswerten 52
   erstellen 420
   flimmerfreie Darstellung 518
   geerbte 478
   Grund des Schließens 426
   grundsätzliche Vorgehensweisen 45
   Grundverhalten 519
   Hide 500
   Inhalte zeichnen in OnPaint 504
   InitializeComponent 421
   Klassennamen ändern 402
   Layout-Logik aussetzen 422
   modale Darstellung 501
   MoveBegin/MoveEnd 522
   OnPaint 504
   ResizeBegin/ResizeEnd 522
   ResumeLayout 422
   Schließen, richtiges 500
   Show und ShowDialog 501
   Steuerelemente 411
   Steuerelemente anordnen 413
   SuspendLayout 422, 427
   Tabulator-Reihenfolge 13
   Text-Eigenschaft 413
   thread-sicher 631
   unsichtbar machen 501
   Unterschiede zu VB6 47
   Verschieben/Vergrößern erkennen 522
   Zeichnen von Inhalten 504
   zerstören 420
   Zugriffsmodifizierer 484
Formulargröße
   programmtechnisch 522
Framework
   statische Methoden 67
   zusätzliche Werkzeuge 79
FullName 641
Funktionen
   AddressOf 389
   Funktionszeiger 389
   optionale Parameter 75
   Signatur 73

Funktionen *(Fortsetzung)*
   statische 67
   über Delegaten aufrufen 389
   überladen 72
   veraltete markieren 72
Funktionen auswerten 385
Funktionszeiger 389

# G

Garbage Collector 181
   Generationen 182
GC 181
GDI 503
GDI+ 503
   breite Linienzüge 525
   Brush 507
   ClientArea 509
   Demo 509
   Doppelpufferung 519
   Double Buffering 519
   DrawString 516
   DrawXXX 508
   GraphicsPath 527
   HatchBrush 508
   Inch 509
   Koordinaten 508
   Koordinatengenauigkeit 509
   LinearGradientBrush 508
   PageUnit 509
   PathGradientBrush 508
   Pen 507
   Pixel 509
   Point 508
   PointF 508
   Polygon 527
   Rectangle 508
   RectangleF 508
   Size 508
   SizeF 508
   SolidBrush 508
   Text einpassen 516
   TextureBrush 508
   VisibleClipBounds 509
Gehe zu 18
Generationen 182
GetCustomAttributes 642
GetEvent 642
GetEvents 642
GetField 642
GetFields 642
GetMember 642
GetMembers 642

GetOleDbSchemaTable 672
GetProperties 642
GetProperty 642
Gleichzeitigkeit 593
Gliederungsansicht 16
Grafiken
   volatil 504
Graphics Device Interface 503
Graphics-Klasse 504
GraphicsPath 527
Gruppen (reg. Ausdrücke) 373

# H

Haltepunkte 85
Haltepunkte setzen 15
Handels 33
Hashtable 331
   Anwenden 332
   Aufzählungen in 344
   Bucket 344
   Eigene Key-Klassen 341
   enumerieren 344
   Funktionsweise 338
   Load-Faktor 338
   typsichere 345
   Verarbeitungsgeschwindigkeit 334
   Zugriffszeiten 337
HatchBrush 508
Hide 500
HyperThreading 593

# I

IADWizard 487
IComparable 315
IComparer 317
ICustomFormatter 291
IDE
   Aufgabenliste 19
   Betriebsmodus 10
   Codefenster 14
   Coderümpfe generieren 213
   Designer 12
   dynamische Hilfe 20
   Eigenschaftenfenster 14
   Implementieren von Schnittstellen 213
   Kennenlernen 6
   Komponentenfach 12
   Multimonitorbetrieb 22

IDE *(Fortsetzung)*
    Registerkartengruppen 7
    Server-Explorer 665
    Startseite 6
    Tabulator-Reihenfolge 13
    Tastenkombinationen 20
    Tastenkommandos konfigurieren 23
    Toolbox 12
    Toolfenster 9
    Überblick 5
    Vollbildmodus 23
    Zurücksetzen in Ausgangszustand 22
    zusätzliche Fenster 9
IDisposable 192
IEnumerable 320
If/Then/Else 254
IFormatProvider 291
IFormattable 293
IKeyedCollection 361
ILDASM 80
IList 329
IML 4, 79
    Code untersuchen 79
    Codeanalyse 81
    Disassembler 80
    effiziente Erstellung 5
    Konstruktoren 82
    Prozessoren 4
    Umsetzung in nativen Code 79
Implements 129
Implizite Konvertierung 128
Imports 228
Inch 509
Indikatorrand 14
Infinity 229
Inheritance 98
Inherits 118
InitializeComponent 421
inkrementelles Suchen 17
INSERT 681
Instanzen 64
Instanzieren steuern 69
Instr 239
InstrRev 239
Integer 163, 221
Integrated Developing Environment 5
Intellisense 73
    erweiterte Member 110
Interfaces 126
Interlocked 609
Intermediate Language 4, *Siehe* IML
Internationalisieren von Anwendungen 281
Invalidate 564
InvariantCulture 228
IsNaN 230

## J

J# 210
Jet-Engine 662
JIT 79
Just In Time Compiler 79

## K

Keine Zahl 230
Key 332
    benutzerdefinierter 341
    Unveränderlichkeit 344
KeyedCollection 354
KeyedCollectionBase 357
Klasse
    überladene überschreiben 341
Klassen
    .cctor 81
    .ctor 81, 103
    abstrakte 124
    Analysieren 641
    Convert 163
    DirectCast 165
    Dispose 179, 187
    Eigenschaften 87
    einbetten in anderen 212
    Einführung 57
    Finalize 179
    Graphics 504
    IML-Umsetzung 103
    Instanz ist Nothing 140
    instanzieren 44, 64
    Klassenansicht 213
    Konstruktor 69
    Konstruktoren überladen 72
    Konstruktorzwang 78
    Me 78, 123
    Member 66
    Methoden überschreiben 107
    Modul 136
    MustInherit 125
    MyBase 78, 123
    MyClass 123
    New 78
    Object 161
    parametrisierte Konstruktoren 105
    private Member über Schnittstellen erreichen 331
    Random 167
    Schnittstellen 126
    serialisieren 575

Klassen *(Fortsetzung)*
  Singleton 137
  speichern von Inhalten 575
  Standardkonstruktor 78, 104
  statische Konstruktoren 83
  Type 640
  unterbrechen der Hierarchie 133
  Vererbung 98
  WithEvents 432
  Wrapper 156
Klassenansicht 20, 213
Klonen 583
Kombinierte Formatierungen 277
  Ausrichtungen 279
Komponenten
  gruppieren 414
Komponentenfach 12
Konsolenanwendungen 64
konstituierende Steuerelemente 545
Konstruktoren 44
  aus Konstruktoren aufrufen 77
  automatisch durch VB 104
  für Wertetypen 154
  Notwendigkeit 78
  statische 83
  Syntaxfehler 78
  überladen 72
  überladene aufrufen 77
Koordinaten
  Skalierung 509
Koordinatengenauigkeit 509
kulturabhängige Formate 228
Kulturinformationen 264
Kulturkürzel 264
kulturspezifisch
  Fehler vermeiden 266
Kurzschlussauswertung 35

# L

Länderkürzel 264
Laufzeitmodus 10
Left 238
Leistungsmesser 156
Len 237
Length 310
Lesezeichen (Programmcode) 18
LIFO-Prinzip 348
Like 253
LinearGradientBrush 508
Linien 507
Linien zeichnen 508
Listen 302

Load-Faktor 338
Location-Eigenschaft 415
Lokalfenster 10
Long 163, 222
LSet 238
LTrim 241

# M

MainMenu-Steuerelement 12
Managed Heap 139
ManualResetEvent 611
MarshalAs-Attribute 638
Match 381
Matches 382
Maximalwerte 229
MaxValue 229
Me 78, 123
MemberInfo 643
Member-Variablen 66
MessageBox 433
Message-Klasse 427
MethodBase 643
Methoden
  Ersetzen 107
  in Variablen speichern 389
  optionale Parameter 75
  Signatur 73
  Spiegeln 132
  statische 66, 67
  überladen 72
  überschreiben in Basisklasse 107
  veraltete Markieren 72
  vererbte und überladene überschreiben 341
  virtuelle 124
MethodImpl-Attribut 608
Mid 238
Millimeter 509
Minimalwerte 229
MinValue 229
Modale Formulare 501
Module 136
MoveBegin/MoveEnd 522
MSDE 661
Müllabfuhr 181
Multiprozessor-Systeme 593
Multitasking
  Cooperative Multitasking 598
  preemptive 598, 600
multi-threaded Apartment 411
MustInherit 125
MustOverride 125
Mutex 605

*Stichwortverzeichnis* **729**

MyBase 78, 123
MyClass 123

## N

Nachrichtenwarteschlange 408
  Ereignisse auslösen 430
Namensbereiche 201
Namespaces 201
NaN 230
NativeWindow 427
navigieren 15
Nesting 212
New 69, 78
Not a Number 230
Nothing 140
Null 140
NumberFormatInfo 276
Numerale 58

## O

Object 161
Objekt
  finalisieren 179
Objekte
  Analysieren 641
  DeepCopy 587
  Einführung 57
  entsorgen 179
  Graphics 504
  Klassenmember 66
  Klonen 583
  Nothing 140
  serialisieren 575
  speichern von Inhalten 575
  statische 66
  Type 640
  Typsicherheit erzwingen 29
  vergleichen 315
  WithEvents 432
Obsolete-Attribut 72, 636
OleDbCommand 667
OleDBConnection 667
OleDbDataReader 667
OnActivated 445
OnClick 446, 455
OnClosed 445
OnClosing 445
OnCreateControl 444, 454

OnDeactivate 445
OnDoubleClick 447, 455
OnEnter 451, 460
OnGotFocus 451, 460
OnHandleCreated 444, 453
OnHandleDestroyed 454
OnInvalidated 450, 459
OnKeyDown 448, 456
OnKeyPress 448, 457
OnKeyUp 449, 457
OnLayout 450, 459
OnLeave 452, 460
OnLoad 444
OnLocationChanged 449, 457
OnLostFocus 452, 460
OnMouseDown 446, 454
OnMouseEnter 447, 455
OnMouseHover 447, 455
OnMouseLeave 448, 456
OnMouseMove 447, 456
OnMouseUp 447, 455
OnMouseWheel 448, 456
OnMove 449, 457
OnPaint 451, 459
OnPaintBackground 451, 459
OnResize 449, 458
OnSizeChanged 450, 458
optionale Parameter 75
OrElse 35
OutOfRangeException 221, 222
Overridable 107
Overrides 107

## P

PaintEventArgs 504
Panel 413
Parse 144, 164, 227, 259
ParseExact 164, 259
PathGradientBrush 508
Pen 507
Performace-Counter 156
PictureBox 415
Pinsel 507
Pixel 509
Point 508
PointF 508
Polygon 527
Polymorphie 98, 110
  am Beispiel 114
  Einführung 110
  Me 123
  MyBase 123

Polymorphie *(Fortsetzung)*
  MyClass  123
Preemptive Multitasking  598
PreProcessMesage  430
Preserve  305
primitive Datentypen  216
ProcessCmdKey  452, 461
ProcessDialogChar  452, 461
ProcessDialogKey  453, 461
ProcessKeyPreview  453
Programmcode
  Änderungen zur Laufzeit  10
Programme
  internationalisieren  281
Programmfehler
  kulturspezifisch  266
Programmieren
  Regular Expressions  380
Programmstart  69
Projekt
  als Startprojekt  10
Projekte
  mehrere Assemblies  197
Projekte \b  10
Projektmappe
  Eigenschaften festlegen  11
  erstellen  11
  neu erstellen  11
  öffnen  7
Projektmappe \b  10
Projektmappen-Explorer  10
  Probleme mit Eigenschaftendialog  29
Property  87
PropertyInfo  643
Provider  666
  verbinden zu  666
Prozedurale Programmierung  58
Prozeduren
  indirekt aufrufen  389
Pulldown-Menüs  12
  bearbeiten  12
  Eintragseigenschaften  13

## Q

Quantifizierer  371
Quellcode
  bearbeiten  14
Queue  347

## R

RaiseEvent  431
Random-Klasse  167
ReaderWriterLock  609
ReadOnly  89
Rectangle  508
RectangleF  508
ReDim  304
Reflection  635
  am Beispiel  649
  Attribute ermitteln  644
  benutzerdefinierte Attribute  647
  Eigenschafteninformationen  643
  Einführung  639
Refresh  564
Region  17
  Designer-Code  420
Regionen (geographisch)  264
Registerkartengruppen  7
Regular Expressions  365
  Captures  376
  Captures-Eigenschaft  383
  einfach testen  366
  einfache Suchvorgänge  368
  Einführung  368
  Groups-Eigenschaft  383
  Gruppen  373
  Gruppensteuerzeichen  379
  komplexe Suche  370
  Matches-Collection  382
  Match-Klasse  381
  Programmieren mit  380
  Quantifizierer  371
  Regex-Beispiel  385
  Suche nach Sonderzeichen  369
  Suchen und Ersetzen  374
  Suchoptionen  378
Reguläre Ausdrücke  365
Replace  239
ResizeBegin/ResizeEnd  522
Ressourcen aufteilen  605
Resultsets  664
Resume  612
ResumeLayout  422
Right  238
römische Numerale  58
RSet  238
RTrim  241
Rundungsfehler  224

# S

Schaltfläche 415
Schema 669
Schleifenabbruchbedingungen 256
Schlüssel 331
Schnittstellen 126
    explizite Member-Definition 331
    Implementieren 129
    private Member öffentlich machen 331
Select 255
SELECT 672
    Beispiele, typische 678
    Datumswerte abfragen 678
Serialisierung 575
    BinaryFormatter 578
    SOAPFormatter 578
    Versionen 591
    Zirkelverweise 589
Serializable-Attribute 638
Server-Explorer 665
Set 34
SET 685
SetBoundsCore 458
SetClientSize 458
SetStyle 519
SetVisibleCore 445
Shadow 132
Shared 67
Short 221
ShowDialog 501
Signaturen 73
Single 222
    Vergleichen 226
single-threaded Apartment 410
Singleton-Klassen 137
Size 508
SizeF 508
Sleep 612
SoapFormatter 578
SolidBrush 508
Solution-Explorer 10
Sort 311
SortedList 349
    beliebige Sortierkriterien 351
    Zugriff per Indexer 350
Sortieren 311
Spiegeln von Prozeduren 132
Splash-Dialoge 409
Split 242
Splitter-Steuerelement 418
SQL 661
    INSERT 681
    SELECT 672
    SET 685

    UPDATE 681
SQL-Server 661
Stack 139, 348
Standardeigenschaften 92
Standardkonstruktor 78, 104
Start eines Programms 69
Start Page 6
Startobjekt 10
    festlegen 69
Startprojekt 10
Startseite 6
    überflüssige Einträge entfernen 6
STAThread-Attribut 410
Static 67
statische Elemente 66
Steuerelemente
    als Container 414
    Anchor 418
    Anfasspunkte 417
    Anordnen im Formular 14
    aufziehen im Formular 413
    automatisch positionieren 418
    benennen 415
    benutzerdefiniert *Siehe* Benutzersteuerelemente
    beschriften 415
    Button 415
    Container für 414
    ControlCollection 423
    DataGrid 672
    Dock 418
    docken 418
    flimmerfreie Darstellung 518
    Grundverhalten 519
    Location 415
    MainMenu 12
    markieren 419
    Neuzeichnen auslösen 564
    OnPaint 504
    Panel 413
    PictureBox 415
    schlecht erreichbar 417
    SetStyle 519
    Splitter 418
    Steuerelemente-Arrays 480
    Threading in 611
    thread-sicher 611
    ungünstige Position 417
    verankern 418
    Zeichnen von Inhalten 504
    zusätzliche durch ComponentOne 693
Stifte 507
Stored Procedures 662
strikte Typbindung 75
String 163
    Len 237
    trimmen 241

String$ 234
String.IndexOf 239
String.Intern 237
String.Length 237
String.PadLeft 238
String.PadRight 238
String.Remove 239
String.Replace 239
String.Split 242
String.SubString 238
String.Trim 241
String.TrimEnd 241
String.TrimStart 241
Stringbuilder 248
String-IndexOfAny 239
Stringpool 236
Strings 232
    auf Ähnlichkeit prüfen 253
    aus Boolean 253
    aus Datum 259
    aus Enum-Element 298
    deklarieren und definieren 233
    Geschwindigkeit 248
    in numerische Werte wandeln 227
    Iterieren durch Array 247
    Konstruktor 234
    Länge ermitteln 237
    Längen angleichen 238
    Like 253
    Sonderzeichen 235
    Speicherbedarf 235
    Speicheroptimierung 236
    Suchen und Ersetzen 239
    Teile ermitteln 238
    umfangreiches Beispiel 243
    unveränderlich 236
    vs. StringBuilder 248
    zerlegen in Teile 242
StructLayout-Attribut 150
Structure 39, 140
Strukturen 40
Sub New 69
Suchen und Ersetzen 17, 239
Suchergebnisse
    durch Lesezeichen markieren 19
Suspend 612
SuspendLayout 422
Synchronization -Attribut 608
SyncLock 599
Syntaxfehler 19, 78
System.Boolean 252
System.Byte 220
System.Char 231
System.DateTime 257
System.Decimal 223
System.Double 223

System.Globalization 228
System.Int16 221
System.Int32 221
System.Long 222
System.Single 222

# T

Tabellen
    Schema 669
Tabellen (Daten) 666
Tabulator-Reihenfolge 13
Task-Manager 594
Tastatur anpassen 23
Tastaturbefehle 20
Tastenkombinationen 20
Testbild 509
Text zeichnen 516
TextureBrush 508
Then 254
Threading **593**
    Auslastung 594
    Controls 611
    Dateizugriffe synchronisieren 609
    Grundlagen 596
    HyperThreading 593
    Multiprozessor-Systeme 593
    Notwendigkeit für 595
    Prozessorauslastung 594
    Steuerelemente 611
Thread-Pool 626
Threads
    Abbrechen 613
    aus Pool 626
    Aussetzen 612
    AutoResetEvent 611
    Controls 611
    Datenaustausch 616
    einer Windowsanwendung 410
    Formulare 631
    gekapselt in Formularen 631
    Grundsätzliches 598
    in der Praxis 619
    Interlocked 609
    Managen 612
    ManualResetEvent 611
    MethodImpl 608
    Monitor 602
    Mutex 605
    ReaderWriterLock 609
    Ressourcen aufteilen 605
    Resume 612
    Sleep 612

Threads *(Fortsetzung)*
  Starten 598, 612
  Steuerelemente 611
  Suspend 612
  Synchronisieren 598
  Synchronisierungstechniken 608
  Synchronization 608
  SyncLock 599
  UI-Thread 611
tiefes Klonen 583
Timer 559
TimeSpan 258
Toolbox 12
Toolfenster 9
  automatisch im Hintergrund 10
  frei anordnen 9
  neu platzieren 9
  weitere 9
ToString 117, 164, 228
Trace-Listener 186
Trim 241
True 252
Try/Catch/Finally 39, 55
TryParse 230
Type 39
  Assembly 641
  AssemblyQualifiedName 641
  Attributes 641
  BaseType 641
  EventInfo 643
  FieldInfo 643
  FullName 641
  GetCustomAttributes 642
  GetEvent 642
  GetEvents 642
  GetField 642
  GetFields 642
  GetMember 642
  GetMembers 642
  GetProperties 642
  GetProperty 642
  MemberInfo 643
  MethodBase 643
  PropertyInfo 643
Type-Klasse 640
Typen 640
  benutzerdefiniert 40
  casten 162
  umwandeln 162
  Werte- und Verweis- 139
  Wertetypen durch Structure 140
Typkonvertierung
  DirectCast 165
Typsicherheit global definieren 29
Typumwandlungen 162

# U

Überladen 72
Überschreiben 107
UInt16 149
UInt32 149
UInt64 149
UI-Thread 407
UI-Thread \b 611
Umwandlungsversuch 230
Unboxing 176
Unendlich 229
Unicode-Zeichen 232
unverbundene Daten 674
Update 564
UPDATE 681

# V

Variablen
  Deklaration in For/Next 34
  Eliminierung von Set 34
  globale, Initialisierungszeitpunkt 106
  grundsätzlicher Umgang 27
  Gültigkeitsbereiche 31, 33
  in Codeblöcken 34
  Namensgebung 63
  öffentlich 95
  statische 66
  strikte Typbindung 75
  Tippfehlern vorbeugen 29
  Typenbezeichner 34
  Typsicherheit erzwingen 29
  Übergabe an Subs 35
  Unterschiede zu VB6 32
  vs. Eigenschaften 95
  Wertebereiche von Integers 32
  Werteverlust im Gültigkeitsbereich 67
Variant 37
vbBack 235
vbCr 235
vbCrLf 235
VBFixedArray-Attribut 638
VBFixedString-Attribut 638
vbLf 235
vbnewLine 235
vbNullChar 235
vbNullString 235
vbTab 235
Vererbung
  einfaches Beispiel 43
Vergleichen

Vergleichen *(Fortsetzung)*
   Double oder Single  226
Vergleichen von Objekten  315
Vergleichsoperatoren  253
Versuchte Typkonvertierung  230
Verwaltung von Projekten  10
Verweistyp
   Null  140
Verweistypen  139
Vielgestaltigkeit  110
Virtuelle Prozeduren  124
VisibleClipBounds  509
Visual Basic .NET
   Unterschiede zu VB6  26
Visual Basic 6.0  26
Visual Basic Resource Kit  693
   ComponentOne-Setup  697
   erster Start  696
   Installation  694
Visual Studio
   IDE-Bedienung  6
   Multimonitorbetrieb  22
   paralleles Installieren von Vorgängern  22
   Tastatur anpassen  23
   Tipps & Tricks  22
   Vollbildmodus  23
   zusätzliche Werkzeuge  79
Vollbildmodus  23

## W

WebMethod-Attribut  638
Werte
   in Zeichen umwandeln  231
Wertetypen  139
   Konstruktoren  154

Whidbey  10
WindowClass  427
Windows-Anwendung
   Funktionsweise  407
   neu erstellen  402
WithEvents  432
   vs. AddHandler  467
WndProc  427, 453
Wrapper-Klassen  156
Write  186
WriteOnly  89

## Z

Zahlen
   formatieren  262
   in Zeichenketten wandeln  227
Zahlenkonvertierung  58
Zahlenkonvertierungsfehler  224
Zahlensysteme  224
Zahlenwerte formatieren  117
Zeichen
   in Werte umwandeln  231
   Sonderzeichen  235
   Unicode  232
   Verketten  232
Zeichenketten  232
   in Werte wandeln  227
Zeitdifferenzen  258
Zirkelverweise  589
Z-Reihenfolge  549
Zufallszahlen  167
Zugriffsmodifizierer  96
zugrifssmodifizierer
   ändern durch Schnittstellen  331

# Terminologieverzeichnis

## Englisch – Deutsch

**A**

abstract: abstrakt
abstraction: Abstraktion
accelerator: Zugriffstaste
accept: annehmen, entgegennehmen, erhalten, zustimmen
acceptable: zulässig, erlaubt
access: zugreifen, Zugriff haben auf, Zugriff, Zugang
access modifier: Zugriffsmodifizier
accessible: zugänglich, erreichbar
accessor: Accessor
account: Konto
action: Aktion, Vorgang
activate: aktivieren
activity: Aktivität, Tätigkeit, Funktion
actual: tatsächlich, eigentlich, sogar
adapt: anpassen, umstellen, gewöhnen
add or remove accessor: Accessor zum Hinzufügen oder Entfernen
administer: verwalten, administrieren
administrator: Administrator
advanced: erweitert, fortgeschritten
advertise: ankündigen
affect: sich auswirken auf, bewirken
aggregation: Aggregation
alias: Alias (pl. Aliase), Zweitname
alias definition: Aliasdefinition
aliasing: Aliasing
alignment cast: Ausrichtungsumwandlung
allocate: reservieren, Speicher reservieren, zuteilen, zuweisen, zuordnen
allow: erlauben, zulassen, ermöglichen
ambiguous: mehrdeutig
animate: animieren, bewegen
anomaly: Ausnahme, Anomalie
anonymous: anonym
apartment: Apartment
apartment threading: Apartmentthreading
applicable: geeignet, anwendbar, betrifft, angebracht, zutreffend
apply: anwenden, anwenden auf, betreffen, übernehmen, gelten
appropriate: erforderlich, geeignet, passend, entsprechend, richtig
approve: genehmigen, zulassen, befürworten, verabschieden, autorisieren
arbitrary: beliebig, willkürlich

architecture: Struktur, Aufbau, Architektur
area: Bereich, Fläche, Zone
argument: Argument, Parameter
arrange: anordnen, einteilen, ausrichten
array: Array
ascertain: ermitteln, feststellen
assembler: Assembler
assembly: Assembly
assembly linker: Assemblylinker
assembly manifest: Assemblymanifest
assign: zuweisen, zuordnen, zuteilen
assignment operator: Zuweisungsoperator
associated: assoziiert, dazugehörig, verbunden, verknüpft, zugeordnet
attach: anfügen, anhängen, verbinden
attachment: Anhang, Anlage
attribute: Attribut
attributed: attributiert
audit: überwachen
authenticate: authentifizieren, bestätigen
authentication: Authentifizierung
authorization: Autorisierung
auto: automatisch
autocomplete, autocompletion: automatische Vervollständigung
auto-generate: automatisch generieren
automate: automatisieren
autosize: (Größe) automatisch anpassen
available: verfügbar, vorhanden, zur Verfügung stehen, benutzbar, zu haben
avoid: vermeiden, umgehen, vorbeugen, aus dem Weg gehen

**B**

backend type: Backendtyp
bad: ungültig, falsch, ungünstig, fehlerhaft, schlecht, schlimm
badly formed: falsch aufgebaut
balance: ausgleichen, ausbalancieren, Ausgleich, Gleichgewicht, Saldo
bar: Leiste
base: Basis, Grundlage, beruhen auf
basic: einfach, Grund..., zu Grunde liegend, grundlegend, wesentlich
batch: Batch, Stapel, Befehlsfolge
behavior: Verhalten, Verhaltensweise
benefit: Vorteil, nützen, profitieren
big-endian: Big-Endian

binary: binär
binary file: Binärdatei
binary operator: binärer Operator
bind: binden, verbinden
bind flags: Bindungsflags
binding attribute: Bindungsattribut
bit mask: Bitmaske
bitfield: Bitfeld
bitwise-or operator: bitweiser OR-Operator
blob: Blob (binary large object)
blob cache: Blobcache
block: blockieren, Block, Gruppe
body: Körper, Rumpf, Text, Textkörper
bookmark: Lesezeichen, Textmarke
bool: boolescher Wert
boolean: boolescher Wert, boolescher Ausdruck
boost: erhöhen, fördern, verstärken
box: schachteln
branch: Teilstruktur, untergeordnete Ebene
break: abbrechen, anhalten, halten, unterbrechen, Abbruch
break mode: Unterbrechungsmodus
breakpoint: Haltepunkt
broken link: fehlerhafter Hyperlink, nicht erreichbarer Hyperlink
browse: durchsuchen, suchen
browser: Browser
buffer: Puffer
buffer overrun: Pufferüberlauf
bug: Bug, Problem
build: erstellen, aufbauen, konstruieren, erzeugen, generieren, Build
build tool: Builder, Buildprogramm
builder: Generator, Builder
built-in conversion: integrierte Konvertierung
busy: ausgelastet
buddy window: Buddy-Fenster
by default: standardmäßig
by ref: als Verweis (übergeben)
by reference: als Verweis (übergeben)
by value: als Wert (übergeben)

**C**

cab file, cabinet: CAB-Datei
cache: cachen, zwischenspeichern, Cache, Zwischenspeicher
cached: zwischengespeichert, im Cache

call: aufrufen, Aufruf
call return: Aufrufrückgabe
call stack: Aufrufliste
callback: Rückruf, Callback
caller: Aufrufer
calling convention: Aufrufkonvention
calling sequence: Aufrufabfolge, -reihenfolge
cancel: abbrechen, beenden
capability: Funktion, Fähigkeit, Funktionalität, Leistungsfähigkeit, Feature
capacity: Kapazität
caption: Beschriftung, Titelleiste, Titel, Bezeichnung, Überschrift
capture: abfangen, aufzeichnen, Daten sammeln
cascading style sheet: Cascading Stylesheet
cast: konvertieren, umwandeln, Datentypkonvertierung, Konvertierung, Typumwandlung
cast function: Typumwandlungsfunktion, Typkonvertierungsfunktion
catch: abfangen, auffangen
cause: verursachen, auslösen, bewirken
certificate: Zertifikat
change: ändern, verändern, umwandeln, wechseln, anpassen, Änderung
channel sink: Channelempfänger
character literal: Zeichenliteral
character offset: Zeichenoffset
character set: Zeichensatz
check: prüfen, überprüfen, aktivieren (Kontrollkästchen), Überprüfung
check box: Kontrollkästchen
check in/out: ein-/auschecken
checked: aktiviert, markiert
checksum: Prüfsumme
child: untergeordnet
children: untergeordnete Elemente
circular reference: Zirkelverweis
class: Klasse
class member: Klassenmember
class view: Klassenansicht
clause: Klausel
clean: bereinigen, aufräumen, Ordnung schaffen, aufräumen, säubern
clean up: bereinigen, Cleanup, Säuberung
clear: entfernen, löschen, deaktivieren, leeren, Auswahl aufheben
click: klicken, anklicken
client: Client
client/server application: Client/Server-Anwendung
client machine: Client, Clientcomputer
client-side code: Clientcode
client-side cursor: clientseitiger Cursor
clipping rectangle: Auswahlrechteck
clone: klonen, Klon
close-quote: Anführungszeichen am Ende
CLR debugger: CLR-Debugger
coclass: Co-Klasse
code: Code, Programm, Routine, Listing, programmieren
code access security: Codezugriffssicherheit

Code-behind: CodeBehind, Code-Behind
codepage: Codepage
coding standard: Programmierstandard, Codierungsstandard
coerce: umwandeln, hineinzwängen
collapse: ausblenden, reduzieren
collation: Sortierreihenfolge
collection: Auflistung (Programmierbegriff), Sammlung (allgemein)
collide: in Konflikt stehen
COM interop: COM-Interop
combo box: Kombinationsfeld
comma separated list: kommabegrenzte Liste, durch Komma(s) getrennte Liste
command bar: Befehlsleiste
command button: Befehlsschaltfläche
command line: Befehlszeile
command prompt: Eingabeaufforderung
comment: Kommentar, Erläuterung, Feedback, Anmerkung
comment out: auskommentieren
commit: ein Commit durchführen
common: allgemein, gemeinsam, häufig vorkommend, immer wiederkehrend
common components: gemeinsame Komponenten
Common Language Runtime: Common Language Runtime
communicate: kommunizieren, mitteilen, weitergeben, weiterleiten
compare: vergleichen
compatible: kompatibel
compile: kompilieren
compiler: Compiler
compiler-generated method: vom Compiler erstellte/generierte Methode
complete: abschließen, beenden, vervollständigen, vollständig, fertig, komplett, umfassend
completion: Beendigung, Abschluss
complex: komplex, kompliziert, umfangreich, viel
complexity: Komplexität, Kompliziertheit, Schwierigkeit
compliant: kompatibel, entspricht der Spezifikation, passend, konform
component: Komponente
component-level: auf Komponentenebene
compose: bilden, erstellen, zusammensetzen, -stellen, verfassen, bearbeiten
composed: bestehend aus, enthaltend
composite: zusammengesetzt
compound document: Verbunddokument
compressed: komprimiert
compromise: gefährden, beeinträchtigen
concatenate: verbinden, verketten
concatenation: Verkettung
concept: Konzept, Begriff, Konzeption, Entwurf
condensed type: Datentypkurzform
condition: Bedingung, Zustand, Erscheinung, Status
conditional: bedingt
conditional expression: konditionaler Ausdruck
config file: Konfigurationsdatei

configure: konfigurieren
confirm: bestätigen
conflict: Konflikt, Kollision, in Konflikt stehen, widersprechen
conformance: Übereinstimmung
connect: verbinden, Verbindung herstellen/aufnehmen, in Verbindung treten
connection: Verbindung
connection string: Verbindungszeichenfolge
console: Konsole
constant: konstant, Konstante
construct: Konstrukt
construction: Konstruktion
constructor: Konstruktor
consumer: Consumer
contact: benachrichtigen, in Verbindung setzen, kontaktieren
contain: umfassen, bestehen aus, enthalten, beinhalten, einschließen
container: Container
content: Inhalt
content type: Inhalttyp
contention: Konflikt
context: Kontext
control: bestimmen, kontrollieren, steuern, Steuerelement
control flow: Ablaufsteuerung
control panel: Systemsteuerung
controlled: gesteuert, kontrolliert
convert: konvertieren, umwandeln
converter: Konverter
cookie: Cookie
copy: kopieren, Exemplar
core: Kern, Haupt...
correct: korrigieren, beheben
correctly: richtig, korrekt, fehlerfrei
corresponding: entsprechend, dazugehörig, passend
corrupt: beschädigen, verfälschen
cost: Platzbedarf, Speicherplatzbedarf
create: erstellen, anlegen, erzeugen
credentials: Anmeldeinformationen
critical: schwerwiegend, kritisch, wichtig, entscheidend, sehr, erforderlich
cross project: projektübergreifend
cryptographic: kryptographisch
cube: Cube
culture: Kultur
curly brace: geschweifte Klammer
cursor: Cursor
custom: benutzerdefiniert
customize: anpassen
cycle: durchlaufen, Schleife
cycle clipboard ring: Zwischenablagering durchlaufen

**D**

data access: Datenzugriff
data adapter: Datenadapter
data member: Datenelement, Datenmember
data pointer: Datenzeiger
data source: Datenquelle
data view: Datenansicht
database: Datenbank
datagram: Datenpaket
dataset: Dataset
datasheet: Datenblatt

deactivate: deaktivieren
deadlock: Deadlock, festgefahren, gegenseitig blockieren, in einer Deadlocksituation befinden
debug: debuggen
debug session: Debugsitzung
debugger: Debugger
decimal integer: ganze Dezimalzahl
decimal places: Dezimalstellen
decision: Entscheidung
declaration: Deklaration
declarative: deklarativ
declare: deklarieren, einstufen
decode: decodieren, entschlüsseln
decompile: dekompilieren
decorated name: ergänzter Name
decrease: vermindern, verringern
decrement: verringern, vermindern
decrypt: entschlüsseln
dedicated: dediziert, abhängig
deep copy: Tiefenkopie, tiefe Kopie
default: Standard..., standardmäßig
defaults: Standardeinstellungen
defer: verzögern, hinauszögern, zurückstellen, aufschieben, verschieben
define: definieren
definition: Definition
delay: verzögern, verlängern, verschieben, Verzögerung
delegate: Delegat (pl. Delegaten)
delete: löschen
delimiter: Trennzeichen
deliver: übergeben, melden, übermitteln, abschließen, bereitstellen, liefern
delta: Delta
demanding: anspruchsvoll, schwierig
deny: verweigern, ablehnen
depend on: abhängen von, abhängig sein, angewiesen sein, verlassen auf
deploy: verteilen, weitergeben, bereitstellen, verwenden, einsetzen
deployment: Weitergabe
dereference: dereferenzieren
derive: ableiten, beruhen auf
deselect: Auswahl aufheben
deserialize: deserialisieren
design: entwerfen, Entwurf, Aufbau, Organisation, Struktur, Plan
design time: Entwurfszeit, beim Entwurf
designer: Designer, Gestalter, Planer
destroy: zerstören, löschen, beseitigen
destruction: Destruktion
destructor: Destruktor
detach: ablösen, abtrennen, trennen
detail: angeben, aufführen, Detail, Einzelheit, Bestandteil
determine: bestimmen, festlegen, angeben, entscheiden, ermitteln
deterministic: deterministisch
development: Entwicklung
deviate: abweichen
dialog: Dialogfeld, Dialog
dictionary sort: lexikalische Sortierung
differ: abweichen, unterschiedlich/verschieden sein, sich unterscheiden
digit: Ziffer
dimensions: Dimensionen, Abmessungen
direction: Richtung

directive: Direktive
directory: Verzeichnis
disable: deaktivieren, ausschalten
disallow: nicht zulassen
disassemble: disassemblieren
disassembly: Disassemblierung, Disassembly
discard: verwerfen, löschen, beseitigen, wegwerfen, ausscheiden, ignorieren
disconnect: Verbindung trennen/beenden
discovery document: Discoverydokument
dispatch: senden, verteilen, dispatchen
distributed applications: verteilte Anwendungen
dock: andocken
dockable window: andockbares Fenster, angedocktes Fenster
document: Dokument
document outline: Dokumentgliederung
domain: Domäne
domain controller: Domänencontroller
double click: doppelklicken, Doppelklick
double quotation mark: Anführungszeichen ("")
download: downloaden, Download
drag: ziehen
Drag and Drop: Drag&Drop
drag operation: Ziehvorgang
drop: ablegen
drop down: Struktur maximieren
drop list: Dropdown-Listenfeld
dropdown: Dropdown
dump: Dump
duplicate: doppelt, doppelter Wert, Kopie, Duplikat, duplizieren
dynamic: dynamisch
dynamic link library: Dynamic Link Library (DLL)
dynaset: Dynaset

E

edit: bearbeiten, eingeben, aufbereiten
edit and continue: bearbeiten und fortfahren
electronic mail: E-Mail
ellipsis: Ellipse, Auslassungspunkte (...)
email, e-mail: E-Mail
embed: einbetten
emit: ausgeben
enable: aktivieren, ermöglichen
encapsulation: Kapselung
encoding: Codierung, Zeichensatz, Verschlüsselung
encrypt: verschlüsseln
end: beenden, Ende
ending brace: schließende Klammer
enforce: erzwingen
engine: Engine, Modul
enhanced metafile: erweiterte Metadatei
enlistment: Eintragung
enter: Eingabe, eingeben
enterprise: Organisation, Unternehmen
enterprise level: firmenweit
entity: Entität, Einheit, (eigenständiges) Gebilde, Firma, Einrichtung
entry: Eintrag

entry point: Einstiegspunkt
enum, enumeration: Enumeration
enumerate: auflisten, aufzählen, zählen
enumerator value: Enumeratorwert
environment: Umgebung
error handling: Fehlerbehandlung
escape code/sequence: Escapesequenz
establish: herstellen, aufbauen
evaluate: auswerten, evaluieren
event: Ereignis
event handler: Ereignishandler, Ereignisbehandler, Ereignisbehandlungsroutine
evidence: Beweis
exceed: überschreiten
exception: Ausnahme
exception handler: Ausnahmehandler, Ausnahmebehandler, Ausnahmebehandlungsroutine
exchange: austauschen, vertauschen
exclude: ausschließen
exclusive access: exklusiver Zugriff
execute: ausführen, durchführen
exist: vorhanden sein, vorhanden, geben, aufweisen, bestehen, existieren
expand: einblenden, erweitern
expire: ablaufen
explicit: explizit
export: exportieren
expose: offen legen, öffentlich zugänglich machen
expression: Ausdruck
expression evaluation: Ausdrucksauswertung
extend: erweitern
extension: (Datei-)Erweiterung
external: extern
extract: extrahieren

F

face: Schriftart
facet: Facet, Aspekt
facility: Einrichtung, Möglichkeit, Annehmlichkeit
factory: Factory
fail: fehlschlagen, scheitern, kann nicht, Fehler verursachen, vergessen
failure: Fehler, Scheitern, Misserfolg, Fehlschlag
fall through: durchfallen (von einem case-Fall zum nächsten fortfahren)
fatal: schwerwiegend, fatal
favor: bevorzugen
favorites: Favoriten
feature: Feature, Merkmal, Funktionalität
feedback: Feedback, Reaktion
fetch: abrufen, lesen, auslesen, Abruf, Abrufoperation
field: Feld
file extension: Dateierweiterung, Erweiterung
file handle: Dateihandle
file I/O: Datei-E/A
file share: Dateifreigabe
filter: Filter, filtern, herausfiltern
find: suchen, finden, sehen, feststellen, bemerken, stoßen auf, herausfinden
finish: fertig stellen

*Terminologieverzeichnis Englisch – Deutsch*

fire: auslösen
fit: anpassen, einpassen
fix: reparieren
fixed size: feste Größe
fixup: Fixup
flag: Flag
flat: flach
flip: kippen
floating: unverankert
floating point: Gleitkomma
focus: Fokus, sich konzentrieren, besonders beachten
folder: Ordner
font: Schrift, Schriftart
font face: Schriftstil
font size: Schriftgrad
font style: Schriftschnitt
force: erzwingen
form: Formular
form definition: Formulardefinition
form designer: Form-Designer
formal: formal
format: Format, Formatierung
formed: aufgebaut
fragment: Ausschnitt
frame: Rahmen
frameset: Frameset
framework: Framework
free threaded: freethreaded
free up: freigeben
freeze: sperren, zurückhalten, einfrieren
friendly name: angezeigter, langer Name
front end: Frontend
full path: vollständiger Pfad
full trust: volle Vertrauenswürdigkeit
full-text index: Volltextindex
fully qualified: vollständig qualifiziert, vollständig angegeben
function: Funktion
function nesting depth: Schachtelungstiefe von Funktionen
function pointer: Funktionszeiger
functionality: Funktionalität, Funktion, Funktionsumfang

## G

garbage collection: Garbage Collection
garbage collector: Garbage Collector
general: allgemein, Standard...
generate: erstellen, generieren
generic: allgemein, generisch
get: abfragen, abrufen, ermitteln
get-function: Get-Funktion
global: global
grant: gewähren, Recht erteilen, Recht
group: Gruppe, Gruppierung, gruppieren
GUID: GUID

## H

handle: handeln, behandeln, handhaben, bearbeiten, erledigen, verarbeiten, Bearbeitung übernehmen, Handle
handler: Handler, Behandler
hard-coded: fest einprogrammiert
hash: hashen, Hash
header: Header, Kopfzeile
header file: Headerdatei
heap: Heap

hex, hexadecimal: hexadezimal
hide: ausblenden
hierarchical: hierarchisch
hierarchy of items: Elementhierarchie
high surrogate char: hohes Ersatzzeichen
highlight: hervorheben, markieren, Hervorhebung, Höhepunkt
high-performance: leistungsstark
history: Verlauf
hit: erreichen, treffen, Treffer
home page: Homepage, Startseite
host: enthalten, beinhalten, umfassen, gehören zu, Host
host application: Hostanwendung
hot key: Abkürzungstaste
hot spot: Hotspot
hover: darüber bewegen

## I

I/O error: E/A-Fehler
icon: Symbol
ID: ID (identifier)
identifier: Bezeichner, Identifizierer, ID, Kennung
identity: Identität, ID
idle: Leerlauf
illegal: unzulässig
ill-formed: ungültig, falsch aufgebaut
image: Bild, Grafik
immediate: direkt, sofort
impersonate: imitieren, Identität wechseln
implement: implementieren, durchführen, umsetzen
import: importieren, Import
importance: Wichtigkeit, Bedeutung
improper: ungültig, nicht ordnungsgemäß/korrekt, unzulässig, fehlerhaft
improve: verbessern, weiterentwickeln
in place: direkt, an der Stelle
in progress: wird ausgeführt
in reponse: als Reaktion/Antwort auf
in sync: synchron, synchronisiert
inaccessible: unzugänglich, Zugriff nicht möglich, nicht verfügbar
inaccurate: ungenau
inbound: eingehend
include: einschließen
include path: Includepfad, Suchpfad für Headerdateien
incompatible: inkompatibel, nicht kompatibel
incomplete: nicht abgeschlossen, unvollständig
inconsistent: in Konflikt stehen, inkonsistent
incorrect: falsch, unrichtig, unzutreffend
increase: erhöhen, vergrößern, ausweiten, vermehren
increment: inkrementeller Wert, Schrittweite, Inkrement, Erhöhung
indeterminate: unbestimmt
index: Index (pl. Indizes), indizieren
indexer: Indexer
indicate: angeben, anzeigen, andeuten
indirection: Dereferenzierung
inference rule: Rückschlussregel
infinite recursion: Endlosschleife

infix notation: Infix-Notation
inherit: erben, vererben, ererben
inheritance: Vererbung
inherited member: vererbtes Member
init expression: Initialisierungsausdruck
initial directory: Ausgangsverzeichnis
initial state: Anfangszustand
initialize: initialisieren
initiate: starten
inline assembler: Inline-Assembler
inline function: Inlinefunktion
in-place activation: direkte Aktivierung
input: Eingabe, eingeben
input focus: Eingabefokus
input mask: Eingabeformat
insert: einfügen, Einfügung
insertion point: Einfügemarke
install: installieren
instance: Instanz
instantiate: instanziieren
instruction: Befehl
insufficient: nicht genügend
integer: ganze Zahl, Ganzzahl, Integer
integer overflow: Ganzzahlüberlauf
interact: zusammenarbeiten, beeinflussen, interagieren, arbeiten mit
interaction: Interaktion, Wechselwirkung, Arbeit mit, Verhalten, Kommunikation, Eingriff
interactive: interaktiv
interface: Schnittstelle, Interface
interface member: Schnittstellenmember
intermediate: Zwischen..., Zwischenstufe, temporär, vorläufig, vorübergehend
internal: intern
inter-project dependencies: Abhängigkeiten zwischen Projekten
interrupt: unterbrechen
intrinsic: immanent, systemintern
invalid: ungültig
invert: umkehren
invocation sequence: Aufrufsequenz
invoke: aufrufen, ausführen, starten
irregular: unregelmäßig
isolate: isolieren, trennen, absondern
issue: ausstellen, durchführen, ausführen, Problem, Thema, Frage
item: Element, Eintrag, Posten, Punkt
iterate: wiederholen, durchlaufen
iteration: Schleifendurchlauf, Durchlauf, Wiederholung, Durchgang, Iteration

## J

jagged Array: verzweigtes Array
JIT: Just-In-Time
JIT compiled: JIT-kompiliert
jitted: mit JIT kompiliert
join: verbinden, Verknüpfung, JOIN

## K

kernel debugger: Kerndebugger
key: Schlüssel, Taste
keyword: Schlüsselwort

## L

label: Bezeichnung, Sprungmarke
late binding: spätes Binden, späte Bindung
launch: starten

layer: Schicht, Ebene
legal: gültig, zulässig
level: Ebene, Grad, Level, Niveau
library: Bibliothek
limit: beschränken, einschränken, Limit
link: Hyperlink, Verknüpfung
link: linken, verknüpfen
linkage: Bindung
linker: Linker
list: aufführen, auflisten, aufzählen, Liste, Aufzählung
listener: Listener
literal: literal, Literal
literal string: Zeichenfolgenliteral
local: lokal
locale: Gebietsschema
location: Position, Speicherort, Verzeichnis, Pfad
lock: sperren, Sperre
lock count: Sperrenanzahl
lock owner: Sperrungsbesitzer
log: Protokoll, protokollieren
log in/on: anmelden
logical: logisch
login: Anmeldung, Benutzername
long value: Long-Wert
lookup: nachschlagen, suchen, ermitteln, finden, Such..., abrufen, abfragen
loop: Schleife, Durchlauf, wiederholen
loop control variable: Schleifensteuerungsvariable
low surrogate char: niedriges Ersatzzeichen
low trust: niedrige Vertrauensebene
low-level: systemnah, Low-Level-...
lvalue: Lvalue, L-Wert

## M

machine: Computer, System, Computersystem, Maschine
main: Haupt..., eigentlich, entscheidend, wichtigste, hauptsächlich
maintain: verwalten, warten, pflegen, aufrechterhalten, beibehalten
maintenance: Wartung, Pflege
major version: Hauptversion
makefile: Makefile, Makedatei
malformed: falsch aufgebaut, ungültig
managed: verwaltet
mandatory: obligatorisch, erforderlich
manifest: Manifest
manipulate: ändern, bearbeiten
map: abbilden auf, umsetzen, zuordnen, Zuordnung, Tabelle
map file: Zuordnungsdatei
mapping: Mapping, Zuordnung
mark: kennzeichnen, markieren
marshal: marshallen, Marshalling
match: entsprechen, übereinstimmen, passen, zusammenpassen, Entsprechung, Übereinstimmung, Gegenstück
matching: dazugehörig, entsprechend, passend, übereinstimmend, zusammengehörig, zueinander passend
mechanism: Mechanismus, Technik
member: Member, Element
memory: Arbeitsspeicher, Speicher
memory allocation: Speicherreservierung

memory stream: Speicherstream
memory-backed: im Speicher gesichert
menu item: Menübefehl, Menüelement
menu mnemonics: mnemonischer Code (Buchstabe) des Menüs/Menübefehls
merge: zusammenführen
merge module: Mergemodul
message: Benachrichtigung, Meldung, Nachricht
message handler: Meldungshandler
message map: Meldungstabelle
message queuing: Message Queuing
messaging server: Messagingserver
metadata: Metadaten
metafile: Metafile, Metadatei
method: Methode
migrate: migrieren
migration: Migration
minor version: Nebenversion
mismatch: Konflikt, nicht übereinstimmen, unpassend, unverträglich
modal: modal
mode: Modus
modeless: ohne Modus
modifier: Modifizierer
modify: ändern, abändern, anpassen, verändern, modifizieren
module: Modul
moniker: Moniker (Verweisobjekt)
monitor: überwachen, Monitor
MSIL code: MSIL-Code
multicast: mehrfach umgewandelt
multifile assembly: Multidateiassembly
multiline: mehrzeilig
multiple: mehrere, mehrfach, ein Vielfaches
multi-threaded: Multithread..., multithreaded
My ...: Eigene ...

## N

name: benennen, Name
named parameter: benannter Parameter
namespace: Namespace
native: nativ, systemeigen
navigate: navigieren, wechseln zu
nested: geschachtelt
nesting: Schachtelung, Verschachtelung
network share: Netzwerkfreigabe
network traffic: Netzwerkverkehr, Netzwerkauslastung, Netzwerkdaten
node: Knoten
non-attributed: nicht attributiert
nonincremental: nicht inkrementell
nonstandard: nicht dem Standard entsprechend
nonstatic: nicht statisch
non-whitespace character: Zeichen, das kein Leerzeichen ist
normalize: normalisieren
notify: benachrichtigen
null pointer: NULL-Zeiger
numeric: numerisch

## O

object: Objekt
object browser: Objektbrowser
object viewer: Objektkatalog
obsolete: veraltet

obtain: abrufen, erhalten, beschaffen
occurrences: Vorkommen
offer: Angebot, bieten
offline cache: Offlinecache
offset: Offset
on demand: bei Bedarf
opacity: Durchlässigkeit
opaque: deckend, nicht transparent, undurchsichtig
opcode: Opcode
operand: Operand
operation: Operation, Vorgang, Einsatz
operator: Operator
optimize: optimieren
order: Reihenfolge, Auftrag
ordered: sortiert, geordnet (Set), bestellt
ordinal: Ordinalwert
organization: Firma, Organisation, Unternehmen, Institution
organized: angeordnet, aufgebaut, organisiert, strukturiert, geleitet, aufgeteilt
out parameter: Out-Parameter
outbound: ausgehend
outline: gliedern, Gliederung
outlining mode: Entwurfmodus
overflow: Überlauf
overflow check: Überlaufprüfung
overhead: zusätzlicher Aufwand, Verwaltungsaufwand, Overhead
overload: überladen, Überladung
override: überschreiben, außer Kraft setzen, Überschreibung, Override
overtype mode: Überschreibmodus
overwrite: überschreiben
owner: Besitzer
owner draw: Besitzerzeichnung

## P

pack: komprimieren, packen
package: Paket
page fault: Seitenfehler
page file: Auslagerungsdatei
page out: Seite auslagern
paged: ausgelagert, auslagerbar
paging: Paging
parameter: Parameter
parameterized: parametrisiert
parent ...: übergeordnet, übergeordnetes Objekt, Hauptobjekt
parentheses: Klammern, Klammerpaar
parse: analysieren, untersuchen, auswerten, interpretieren
parser: Parser
partially initialized: Teilinitialisierung
particular: bestimmt, speziell, besonder
password: Kennwort
patch: patchen, Patch
pattern: Muster, Vorlage
pause: anhalten
pending: anstehend, ausstehend
perform: ausführen, durchführen
performance: Leistung
period: Zeitraum, Punkt
permanent: permanent, dauerhaft, endgültig, unwiderruflich
permission: Berechtigung, Recht
permission set: Berechtigungssatz
permit: zulassen, erlauben, gestatten
persistent: persistent, dauerhaft

physical: physisch, konkret, tatsächlich
pinned: fixiert
PInvoke: PInvoke
place: ablegen, unterbringen
placement: Positionierung
plain: einfach, plain text: nur Text
plan: Entwurf, Grundlage, Plan, beabsichtigen, vorhaben, planen
platform: Plattform
plug-in: Plug-In
plus operator: Plus-Operator
pointer: Zeiger
policy: Richtlinie, Bestimmungen
pool: Pool
pool allocation: Poolreservierung
pooled: im Pool
pop: poppen, vom Stack lesen
populate: eintragen, auffüllen
popup, pop-up menu: Kontextmenü
port: Anschluss
portable executable file: übertragbare/portable ausführbare Datei (PE)
position: Position, Platz, Standpunkt, Standort, Haltung, Lage
positional: positionell, positionsabhängig
post: bereitstellen, posten
postback: zurücksenden zum Server, Postback
post-build event tool: Postbuild-Ereignistool
postfix form: Postfix-Form
postfix operator: Postfix-Operator
postpone: verschieben, aufschieben, zurückstellen, verzögern
power: Fähigkeit, Leistung
powerful: leistungsfähig
pre-build event tool: Buildvorstufen-Ereignistool
precision: Genauigkeit, Präzision
precompiled: vorkompiliert
pre-create: vorab erstellen
predefined: vordefiniert
predicate: Prädikat
prefix: Präfix, davor stehen
preprocess: vorverarbeiten
preprocessor: Präprozessor
prerelease: Vorabversion
present: darstellen, haben, sein, aufweisen, bieten, vorstellen, anzeigen
preserve: beibehalten, bewahren, erhalten, sichern, speichern
primary: primär, erst, ursprünglich, Anfangs..., hauptsächlich, Haupt..., grundlegend, elementar, Grund...
primitive type: primitiver Typ
private: privat
privilege: Berechtigung, Recht, Zugriffsrecht
problem: Fehler, Problem
procedure: Prozedur, Verfahren
procedure call: Prozeduraufruf
proceed: fortsetzen, fortfahren
process: Prozess
production-quality: einsatzfähig, einsatzfertig
profile files: Profildateien
profiler: Profiler
program: Programm, programmieren

programmatic: programmbasiert, programmgesteuert, programmatisch
progress: Status
project: Projekt
prolog: Prolog
promotion: Erweiterung
prompt: auffordern, zur Eingabe auffordern, Eingabeaufforderung
proper: richtig, korrekt
property: Eigenschaft
property bag: Eigenschaftensammlung
property inspector: Eigenschaftenanalyse
protected: geschützt
protocol: Protokoll
prototype: Prototyp
provide: angeben, bereitstellen, bieten, enthalten, zur Verfügung stellen
provider: Provider, Anbieter
proxy: Proxy
public: öffentlich
publish: veröffentlichen
Publisher: Publisher
push: drücken, pushen, auf dem Stack ablegen

Q

qualifier: Qualifizierer
qualify: qualifizieren, vollständig angeben, genau bezeichnen
query: Abfrage
queue: Queue, Warteschlange
QuickWatch: Schnellüberwachung
quiet mode: unbeaufsichtigter Modus
quit: beenden
quota: Kontingent
quoted: in Anführungszeichen

R

radix: Basis
raise: (Fehler/Ausnahme) hervorrufen, auslösen, auftreten, verursachen
range: Bereich
rank: Rang
raw: nicht formatiert, unformatiert, roh
reactivate: reaktivieren
read access: Lesezugriff
read only: schreibgeschützt
reading order: Leserichtung
rebar: Infoleiste
reboot: Computer neu starten, neu starten, Computerneustart, Neustart
rebuild: neu erstellen, neu kompilieren, Neuerstellung
recalculate: neu berechnen
recap: kurze Zusammenfassung
recapitulate: rekapitulieren, kurz zusammenfassen, wiederholen
receive: erhalten, empfangen, übergeben, informiert werden
receive focus: den Fokus erhalten
recent: aktuell
recent files: zuletzt geöffnete Dateien
recompilation: erneute Kompilierung, Neukompilierung
recompute: neu berechnen
record: Datensatz
recording: Aufzeichnung
recordset: Recordset

recurring: wiederholt, wiederkehrend
recursion: Rekursion
recursive: rekursiv
redefinition: Neudefinition, erneute Definition
redirect: umleiten
redistribute: verteilen
redo: wiederholen, nochmal machen, wiederherstellen
redraw: neu zeichnen
reduce: reduzieren, verkleinern auf Symbolgröße, verringern, vermindern
redundant: redundant, überflüssig
reenable: reaktivieren
reentrant: reentrant, wiedereintretend
reevaluate: neu auswerten
reference: Verweis, Referenz, referenzieren, verweisen, verwenden
referred to: angegebene
reflect: reflektieren, widerspiegeln, wiedergeben
reflection: Reflektion
refresh: aktualisieren, erneuern
region: Bereich, Region
register: Register, registrieren
registration: Registrierung
registry: Registrierung
regular: normal, regulär, regelmäßig
regular expression: regulärer Ausdruck
reinstall: neu installieren
reject: ablehnen, verweigern, zurückweisen
related: verknüpft, verwandt, dazugehörig, vergleichbar, zugehörig
relation, relationship: Beziehung
relational: relational
relative path: relativer Pfad
release: freigeben, Release, Version
relink: neu linken, erneut binden
reload: erneut laden
relocation: Umsetzung
remaining: verbleibend
remote: Remote..., remote
remoting services: Remotedienste
remove: entfernen
render: darstellen, anzeigen, ausgeben
renew: erneuern
reorganize: neu ordnen
repair: reparieren
repeat: wiederholen
replace: ersetzen, (ver)tauschen gegen
replay: wiedergeben
replication: Replikation
report: Bericht, anzeigen, berichten, melden, mitteilen, signalisieren
represent: darstellen, repräsentieren, sein, für ... stehen, vorstellen, entsprechen, abbilden, vertreten
reproduce: reproduzieren, vervielfältigen
request: anfordern, Anforderung
require: erfordern, erforderlich sein, voraussetzen, brauchen, fordern
required: erforderlich, notwendig
requirement: Anforderung, Grundanforderung, Forderung, Erfordernis
re-run: erneut ausführen
reserved: reserviert
reset: zurücksetzen
resize: Größe ändern

resolve: auflösen, zuordnen
resource: Ressource
respond: antworten
response file: Antwortdatei
response header: Antwortheader
restart: neu starten, Neustart
restore: wiederherstellen
resume: fortsetzen, wiederaufnehmen
retrieve: abfragen, abrufen
retry: erneut versuchen, wiederholen
return: zurückgeben, Rückgabe, zurück
return code: Rückgabecode
return type: Rückgabetyp
reuse: wiederverwenden, mehrfach verwenden
reverse: rückgängig machen, zurücknehmen, umkehren
revert: zurücksetzen
review: überprüfen, nachprüfen
revision: Revision
rewrite: neu schreiben, umschreiben, überarbeiten
role: Rolle
roll back: Rollback ausführen, zurücksetzen
rollback: Rollback
room: Speicherplatz
root: Stamm, Stammverzeichnis
routing: Routing
rule: Regel
run: ausführen, laufen lassen, Ausführung, Start
running: aktiv, läuft
runtime: Laufzeit

## S

safe: sicher, gesichert, zuverlässig
satellite assembly: Satellitenassembly
scale: skalieren, Skalierung, Dezimalstellen
schedule: festlegen, planen, Plan
schema, scheme: Schema
scope: Gültigkeitsbereich
script: Skript (pl. Skripts)
scripting language: Skriptsprache
scroll: scrollen, Bildlauf
sealed objects: versiegelte Objekte
seamless: nahtlos, problemlos
section: Bereich, Abschnitt
secure: sicher, sichern
security: Sicherheit
seed: Startwert
select: auswählen, markieren
self recursive: selbstrekursiv
semicolon-separated list: durch Semikolon(s) getrennte Liste
serialization: Serialisierung
serialize: serialisieren
server side: serverseitig, auf der Serverseite, auf dem Server, serverbasiert
server state: Serverzustand
server-based: serverbasiert, Server..., auf dem Server gespeichert
service: Dienst
session: Sitzung
set: einstellen, festlegen, zuweisen (Variablen), setzen (boolesche Werte, Flags), angeben, Set, Gruppe
set-function: Set-Funktion

setting: Einstellung
setup: einrichten, Setup, Installation
shadow: überschatten
share: freigeben, gemeinsam nutzen
sharing violation: Freigabeverletzung, Zugriffsverletzung
short circuit operator: Kurzschlussoperator
shortcut: Verknüpfung
shortcut menu: Kontextmenü
show: anzeigen, einblenden
shut down: herunterfahren, beenden
sibling: gleichgeordnet, nebengeordnet
sign: signieren, Vorzeichen
signal: auslösen, signalisieren
signature: Signatur, Funktionskopf
signed: mit Vorzeichen, signiert
single quotation mark: Hochkomma (')
single quoted literal: ein in einfache Anführungszeichen gesetztes Literal
single quotes: einfache Anführungszeichen
single-threaded: Singlethread..., single-threaded
sink: Empfänger
size: Größe, Schriftgrad, Größe anpassen
skeleton project: Projektstruktur
skip: überspringen
snap to grid: am Raster ausrichten
SnapIn: Snap-In
socket: Socket
solution: Projektmappe, Lösung
sort: sortieren
sort order: Sortierreihenfolge
source: Quelle
source browser file: Quellbrowserdateien
source code: Quellcode
source code control: Quellcodeverwaltung
space: verteilen, Leerzeichen, Leerstelle, Speicherplatz
space allocation: Speicherreservierung
space requirements: Speicherplatzanforderungen
spacing: Abstand
span: sich erstrecken über, umfassen
spawn: starten
spec, specification: Angabe, Spezifikation, Beschreibung
specific: spezifisch, bestimmt, genau
specifier: Spezifizierer
specify: angeben, bestimmen, bezeichnen, festlegen, spezifizieren, einstellen
spy upon: überwachen
stack: Stack, Stapel
stack frame: Stackrahmen
stack overflow: Stapelüberlauf
starter project: Startprojekt
startup: Start...
state, status: Status, Zustand
statement: Anweisung
statement completion: Anweisungsvollständigung
static: statisch
step into: hineinspringen, Einzelschritt
step out: ausführen bis Rücksprung
step over: Prozedurschritt

stock ...: Grund..., Basis..., vordefiniert
stop: anhalten, beenden
storage: Speicher
store: speichern, Speicher
stored procedure: gespeicherte Prozedur
stream: Stream, Strom
string: String, Zeichenfolge
string pooling: Stringpooling, Zeichenfolgepool, Zusammenfassung von Zeichenfolgen
strong name: starker Name
struct: Struktur
structure: Struktur, Aufbau
stub: Stub
stubless proxy: Proxy ohne Stub
style: Art, Format, Formatvorlage, Stil
style sheet: Stylesheet, Formatvorlage
sub...: unter..., untergeordnet
subclass: Unterklasse
subclassed: als Unterklasse
submit: senden
subquery: Teilabfrage, Unterabfrage
subscribe: abonnieren
substring: Teilstring
success: Erfolg
suffix: Suffix
suite: eignen, geeignet sein, passen
supply: angeben, liefern, eingeben, zur Verfügung stellen, bereitstellen
support: unterstützen, helfen, bestätigen, Unterstützung, Support
suppress: unterdrücken
suspend: anhalten, unterbrechen
swap: umkehren, tauschen, austauschen, vertauschen
switch: ändern, wechseln, Schalter
sync, synchronize: synchronisieren, aufeinander abstimmen
syntax error: Syntaxfehler

## T

tab: Registerkarte, Tabstopp, Tabulator
tab order: Aktivierreihenfolge, Tabulatorreihenfolge
tab stop: Tabstopp
tag: Tag
tagged expression: Ausdruck mit Tags
task: Aufgabe, Task
task list: Aufgabenliste
technology: Technologie, Technik
template: Vorlage
term: Begriff
terminate: beenden
theme: Design
thread: Thread, a thread that is sleeping: ein deaktivierter/wartender Thread
thread pool: Threadpool
throw: auslösen
time out: Zeit überschreiten, Zeitlimit erreichen
timer: Zeitgeber
toggle: wechseln, umschalten
token: Token
tool: Tool, Werkzeug, Dienstprogramm, Programm
toolbar: Symbolleiste
toolbox: Toolbox
toolkit: Toolkit
top-level: höchste Ebene, das oberste

---

*Terminologieverzeichnis Englisch – Deutsch*

trace: Ablaufverfolgung, Trace, Überwachung, überwachen, verfolgen
trace utility: Überwachungsprogramm
track: verfolgen, nachverfolgen, Spur
trailing: abschließend, am Ende, nachfolgend, hintendran, endet mit
transaction: Transaktion, Transaktions...
transform: umwandeln, Umwandlung
transition: Übergang
translate: übersetzen, umwandeln, zuordnen, konvertieren, umsetzen
transmit: übertragen
transparent: transparent, durchsichtig
transpose: vertauschen, austauschen
tree: Struktur
tree view: Strukturansicht
trigger: auslösen, Trigger
truncate: abschneiden, kürzen, verkleinern, verkürzen, reduzieren
trust: vertrauen, Vertrauensebene, Vertrauenswürdigkeit
trusted: vertrauenswürdig
trustee: Vertrauensnehmer
turn off: deaktivieren, ausschalten
type: Typ, Art, eingeben
type cast: Typumwandlung
type library: Typenbibliothek
type library wrapper tool: Typbibliothek-Wrappertool
type mismatch: Typen unverträglich
typed: typisiert
typedef: Typdefinition, Typedef
typelib: Typenbibliothek

## U

UI: Benutzeroberfläche (user interface)
unable: kann nicht, unfähig, ungeeignet
unary operator: unärer Operator
unassigned: nicht zugewiesen
unattended: unbeaufsichtigt
unavailable: nicht verfügbar
unbalanced: unausgeglichen, nicht paarweise auftretend
unbind: Bindung aufheben
unbound: ungebunden
unboxed: nicht geschachtelt
unchecked: nicht aktiviert
uncommitted: nicht gespeichert
undefine: Definition aufheben
undefined: nicht definiert, undefiniert
undelete: Löschen rückgängig machen, wiederherstellen
under source code control: in der Quellcodeverwaltung befinden, unter Kontrolle der Quellcodeverwaltung
underline: unterstreichen, Unterstrich
undocked: nicht angedockt
unfreeze: freigeben
unhandled: nicht behandelt, unbehandelt
uniform resource indicator: URI (Uniform Resource Indicator)
uninitialized: nicht initialisiert
uninstall: deinstallieren, entfernen
unique: eindeutig

unit: Einheit
unload: entfernen, entladen, aus dem Speicher entfernen, deinstallieren
unlock: Sperre aufheben
unmanaged: nicht verwaltet
unmarshall: unmarshallen, Marshallen rückgängig machen
unmatched: fehlend (Klammer usw.)
unnamed: unbenannt
unpack: entpacken
unpublish: Veröffentlichung aufheben
unquoted: nicht in Anführungszeichen
unreachable: unerreichbar, nicht erreichbar, nicht zugreifen können auf
unrecognized: nicht erkannt, unbekannt
unrecoverable: nicht behebbar, Weiterverarbeitung nicht möglich
unreferenced: unreferenziert
unregister: aus der Registrierung entfernen, Registrierung aufheben
unregistered: unregistriert, nicht registriert
unregistration: Aufheben der Registrierung
unresolved: nicht aufgelöst
unrestricted: uneingeschränkt
unsafe: nicht sicher, nicht gesichert, unsicher
unsaved: nicht gespeichert
unselect: Auswahl aufheben
unsigned: ohne Vorzeichen, vorzeichenlos, nicht signiert
unspecified: undefiniert, nicht angegeben
unsupported: nicht unterstützt
untrusted: nicht vertrauenswürdig
untyped: nicht typisiert
update: aktualisieren, Aktualisierung, Update
upload: uploaden, Upload
URI: URI
URL: URL
usage: Syntax, Verwendung
usage message: Hilfetext
user: Benutzer
user interface: Benutzeroberfläche, Benutzerschnittstelle
user-defined: benutzerdefiniert
utility: Dienstprogramm, Hilfsprogramm, Programm, Werkzeug, Utility

## V

valid: gültig
validate: bestätigen, überprüfen, Gültigkeit überprüfen, prüfen, testen
validated: geprüft, überprüft, getestet
validation text: Gültigkeitsmeldung
value: Wert
value type: Werttyp
variable: Variable
variant: Variant
verbose: ausführlich
verification: Überprüfung
verify: überprüfen, sicherstellen
version control: Versionskontrolle

version info block: Versionsinformationsblock
version mismatch: Versionskonflikt
versioning: Versionssteuerung, Versionserstellung
via: über, mit Hilfe von
view: Ansicht, Sicht, anzeigen
viewer: Viewer
violate: verletzen, verstoßen gegen
virtual: virtuell
virtually: praktisch
virtual function overrides: virtuelle Funktionsüberschreibungen
visible: sichtbar

## W

warning: Warnung
watch: überwachen
weak reference: schwacher Verweis
web deployment tool: Webweitergabetool
web discovery: Webdiscovery
web location: Webverzeichnis
web site: Website
well-formed: wohl geformt
white space: Leerraum, Leerstellen
wildcard: Platzhalter
window handle: Fensterhandle
windowless: fensterlos
windows executable: ausführbares Windows-Programm
windows sockets: Windows-Sockets
wizard: Assistent
word completion: Wortvervollständigung
word wrap: Zeilenumbruch, automatischer Wortumbruch
work disconnected: offline arbeiten
work offline: offline arbeiten
worker process: Workerprozess
working copy: Arbeitskopie
working directory: Arbeitsverzeichnis
workload: Arbeitsauslastung, Arbeitspensum
workstation: Arbeitsstation, Workstation
workspace: Arbeitsbereich
wrap: umbrechen, Umbruch
wrapper: Wrapper
wrapper assembly: Wrapperassembly
wrapper tool: Wrappertool
write permission: Schreibberechtigung
write-only: nur Schreibzugriff
write-protected: schreibgeschützt

## X

XML Data: XML-Daten
XML Schema: XML-Schema
XSL transform file: XSL-Transformationsdatei

## Z

zombie state: Zombiezustand
zoom in/out: vergrößern, verkleinern
z-order: z-Reihenfolge

# Deutsch – Englisch

## A

abbilden auf: map
abbrechen, Abbruch: break, cancel
abfangen: catch, capture
Abfrage: query
abfragen: get, lookup, query, retrieve
Abhängigkeiten zwischen Projekten: inter-project dependencies
Abkürzungstaste: hot key
Ablaufsteuerung: control flow
Ablaufverfolgung: trace
ablegen: drop, place
ablehnen: deny, reject
ableiten: derive
ablösen: detach
abonnieren: subscribe
abrufen: fetch, obtain, retrieve
abschließen: complete, deliver, balance
abschließend: trailing
abschneiden: truncate
Abschnitt: section
abstrakt: abstract
abtrennen: detach
abweichen: deviate, differ
Accessor: accessor
Administrator: administrator
administrieren: administer
Aktion: action
aktiv: running, enabled
aktivieren: activate, check (Kontrollkästchen), enable
Aktivierreihenfolge: tab order
aktiviert: checked
Aktivität: activity
aktualisieren: update, refresh
aktuell: recent
Alias: alias
Aliasing: aliasing
allgemein: common, general, generic
als Antwort/Reaktion auf: in reponse
als Unterklasse: subclassed
als Verweis (übergeben): by ref, by reference
als Wert (übergeben): by value
am Raster ausrichten: snap to grid
analysieren: parse
Anbieter: provider
ändern: change, manipulate, modify
andeuten: indicate
andockbares Fenster: dockable window
andocken: dock
Anfangszustand: initial state
anfordern: request
Anforderung: request, requirement
anfügen: attach
Angabe: spec, specification
angeben: detail, indicate, provide, specify, supply, determine
angedocktes Fenster: dockable window
angeordnet: organized
angewiesen sein: depend on
angezeigter Name: friendly name
anhalten: break, pause, stop, suspend
Anhang: attachment
anhängen: attach
animieren: animate
anklicken: click
ankündigen: advertise
Anlage: attachment
anlegen: create
Anmeldeinformationen: credentials
anmelden, Anmeldung: log in/on
annehmen: accept
anonym: anonymous
anordnen: arrange
anpassen: adapt, change, customize, fit, modify
Anschluss: port
Ansicht: view
anstehend: pending
Antwortdatei: response file
antworten: respond
Anweisung: statement
Anweisungsvervollständigung: statement completion
anwendbar: applicable
anwenden (auf): apply
anzeigen: indicate, present, render, report, show, view
Apartment: apartment
arbeiten mit: interact
Arbeitsauslastung: workload
Arbeitsbereich: workspace
Arbeitskopie: working copy
Arbeitspensum: workload
Arbeitsspeicher: memory
Arbeitsstation: workstation
Arbeitsverzeichnis: working directory
Architektur: architecture
Argument: argument
Array: array
Art: style, type
Assembler: assembler
Assembly: assembly
Assemblylinker: assembly linker
Assemblymanifest: assembly manifest
Attribut: attribute
attributiert: attributed
auf dem/r Server/Serverseite: server side
auf dem Server gespeichert: server-based
auf dem Stack ablegen: push
Aufbau: architecture, design, structure
aufbauen: build, establish
auffangen: catch
auffordern: prompt
aufführen: detail, list
auffüllen: populate
Aufgabe: task
aufgebaut: formed, organized
Aufheben der Registrierung: unregistration
auflisten: list, enumerate
Auflistung: collection, list
auflösen: resolve
aufräumen: clean
aufrechterhalten: maintain
Aufruf: call
Aufrufabfolge, -reihenfolge: calling sequence
aufrufen: call, invoke
Aufrufer: caller
Aufrufkonvention: calling convention
Aufrufliste: call stack
Aufrufsequenz: invocation sequence
aufschieben: defer, postpone
aufzählen: list, enumerate
aufzeichnen: capture, record
Aufzeichnung: recording
aus dem Speicher entfernen: unload
aus der Registrierung entfernen: unregister
ausblenden: collapse, hide
auschecken: check out
Ausdruck: expression
Ausdruck mit Tags: tagged expression
Ausdrucksauswertung: expression evaluation
ausführbar: executable
ausführen: execute, invoke, perform, run, issue
ausführlich: verbose
Ausführung: run, execution
Ausgangsverzeichnis: initial directory
ausgeben: emit, render
ausgehend: outbound
ausgelagert: paged
ausgelastet: busy
ausgleichen: balance
auskommentieren: comment out
Auslagerungsdatei: page file
Auslassungspunkte (...): ellipsis
auslesen: fetch
auslösen: fire, throw, trigger, raise, cause
Ausnahme: exception, anomaly
Ausnahmebehandler, -behandlungsroutine, -handler: exception handler
ausrichten: arrange
Ausrichtungumwandlung: alignment cast
ausschalten: disable, turn off
ausschließen: exclude
Ausschnitt: fragment, pane
außer Kraft setzen: override
ausstehend: pending
austauschen: exchange, swap, transpose
Auswahl aufheben: clear, de-/unselect
auswählen: select
Auswahlrechteck: clipping rectangle
auswerten: evaluate, parse
auswirken auf: affect
authentifizieren: authenticate
Authentifizierung: authentication
automatisch: auto, automatic
automatisch generieren: auto-generate
automatische Vervollständigung: autocomplete, autocompletion
automatisieren: automate
Autorisierung: authorization

## B

Backendtyp: backend type
Basis: base, radix
Batch: batch
beabsichtigen: plan
bearbeiten: edit, handle, manipulate
bearbeiten und fortfahren: edit and continue

bedingt: conditional
Bedingung: condition
beeinflussen: interact
beeinträchtigen: compromise
beenden: cancel, complete, end, quit, shut down, stop, terminate
Befehl: instruction
Befehlsfolge: batch
Befehlsleiste: command bar
Befehlsschaltfläche: command button
Befehlszeile: command line
Begriff: term
behandeln: handle
Behandler, Behandlungsroutine: handler
beheben: correct
bei Bedarf: on demand
beibehalten: maintain, preserve
beim Entwurf: design time
beinhalten: contain, host
beliebig: arbitrary
benachrichtigen: notify, contact
Benachrichtigung: message
benannter Parameter: named parameter
benutzbar: available, usable
Benutzer: user
benutzerdefiniert: custom, user-defined
Benutzername: login
Benutzeroberfläche, Benutzerschnittstelle: UI, user interface
Berechtigung: permission, privilege
Berechtigungssatz: permission set
Bereich: area, range, region, section
bereinigen: clean, clean up
bereitstellen: deliver, post, provide, deploy, supply
Bericht: report
berichten: report
beruhen auf: base, derive
beschädigen: corrupt
beschränken: limit
Beschreibung: specification, description
Beschriftung: caption
beseitigen: destroy, discard
Besitzer: owner
Besitzerzeichnung: owner draw
Bestandteil: detail
bestätigen: authenticate, confirm, support, validate
bestehen aus: contain
bestehend aus: composed
bestimmen: control, determine, specify
bestimmt: particular, specific
Bestimmungen: policy
betreffen: apply
betrifft: applicable
bevorzugen: favor
bewegen: move, animate
Beweis: evidence
bewirken: affect, cause
bezeichnen: specify, identify
Bezeichner: identifier
Bezeichnung: caption, label
Beziehung: relation, relationship
Bibliothek: library
bieten: offer, present, provide
Big-Endian: big-endian
Bild: image, picture
Bildlauf: scroll

binär: binary
Binärdatei: binary file
binärer Operator: binary operator
binden: bind
Bindung: linkage
Bindung aufheben: unbind
Bindungsattribut: binding attribute
Bindungsflags: bind flags
Bitfeld: bitfield
Bitmaske: bit mask
bitweiser OR-Operator: bitwise-or operator
Blob (binary large object): blob
Blobcache: blob cache
Block, blockieren: block
boolescher Ausdruck/Wert: boolean, bool
brauchen: require
Browser: browser
Buddy-Fenster: buddy window
Bug: bug
Build: build
Builder: build tool, builder
Buildprogramm: build tool

**C**

CAB-Datei: cab file, cabinet
Cache, cachen: cache
Callback: callback
Channelempfänger: channel sink
Client: client, client machine
Client/Server-Anwendung: client/server application
Clientcode: client-side code
Clientcomputer: client machine
clientseitiger Cursor: client-side cursor
Code: code
Codepage: codepage
Codezugriffssicherheit: code access security
Codierung: encoding, coding
Codierungsstandard: coding standard
Co-Klasse: coclass
COM-Interop: COM interop
Commit durchführen: commit
Compiler: compiler
Computer, Computersystem: machine, computer
Computerneustart: reboot
Consumer: consumer
Container: container
Cookie: cookie
Cursor: cursor

**D**

darstellen: present, render, represent
Dataset: dataset
Datei-E/A: file I/O
Dateierweiterung: (file) extension
Dateifreigabe: file share
Dateihandle: file handle
Daten sammeln: capture, gather
Datenadapter: data adapter
Datenansicht: data view
Datenbank: database
Datenblatt: datasheet
Datenelement, Datenmember: data member

Datenpaket: datagram
Datenquelle: data source
Datensatz: record
Datentypkonvertierung: cast
Datentypkurzform: condensed type
Datenzugriff: data access
dauerhaft: permanent, persistent
dazugehörig: associated, matching, corresponding, related
Deadlock: deadlock
deaktivieren: clear, deactivate, disable, turn off
debuggen: debug
Debugger: debugger
Debugsitzung: debug session
decodieren: decode
dediziert: dedicated
definieren: define
Definition aufheben: undefine
deinstallieren: uninstall, unload
Deklaration: declaration
deklarativ: declarative
deklarieren: declare
dekompilieren: decompile
Delegat: delegate
dereferenzieren: dereference
Dereferenzierung: indirection
deserialisieren: deserialize
Design: design, theme
Designer: designer
Destruktion: destruction
Destruktor: destructor
Detail: detail
deterministisch: deterministic
Dezimalstellen: decimal places, scale
Dialog: dialog
Dialogfeld: dialog, dialog box
Dienst: service
Dienstprogramm: tool, utility
Dimensionen: dimensions
direkt: immediate, in place
direkte Aktivierung: in-place activation
Direktive: directive
disassemblieren: disassemble
Disassembly: disassembly
dispatchen: dispatch
Dokumentgliederung: document outline
Domäne: domain
Domänencontroller: domain controller
Doppelklick, doppelklicken: double click
doppelt, doppelter Wert: duplicate
Download, downloaden: download
Drag&Drop: Drag and Drop
Dropdown: dropdown
Dropdown-Listenfeld: drop list
drücken: push
Dump: dump
Duplikat, duplizieren: duplicate
durchfallen (von einem case-Fall zum nächsten fortfahren): fall through
durchführen: execute, issue, perform
Durchlässigkeit: opacity
Durchlauf: iteration, loop
durchlaufen: cycle, iterate
durchsichtig: transparent
durchsuchen: browse
Dynaset: dynaset

## E

E/A-Fehler: I/O error
Ebene: layer, level
Eigene ...: My ...
Eigenschaft: property
Eigenschaftenanalyse: property inspector
Eigenschaftensammlung: property bag
eigentlich: actual, main
eignen: suite
einbetten: embed
einblenden: expand, show
einchecken: check in
eindeutig: unique
einfach: basic, plain, simple, single
einfrieren: freeze
Einfügemarke: insertion point, caret
einfügen, Einfügung: insert
Eingabe: enter, input
Eingabeaufforderung: command prompt
Eingabefokus: input focus
Eingabeformat: input mask
eingeben: edit, enter, input, supply, type
eingehend: inbound
Einheit: entity, unit
einrichten: setup
Einrichtung: setup, facility
einsatzfähig, einsatzfertig: production-quality
einschließen: contain, include
einschränken: limit
einsetzen: deploy
einstellen: set, specify
Einstellung: setting
Einstiegspunkt: entry point
Eintrag: entry, item
eintragen: populate
Eintragung: enlistment
Einzelheit: detail
Element: item, member
Elementhierarchie: hierarchy of items
Ellipse: ellipsis
E-Mail: electronic mail, email, e-mail
empfangen: receive
Empfänger: sink, recipient
endet mit: trailing
Endlosschleife: infinite recursion
Engine: engine
entfernen: clear, remove, unload
entgegennehmen: accept
enthalten: host, provide, contain
Entität: entity
entladen: unload
entpacken: unpack
entscheiden: determine
entscheidend: critical, main
Entscheidung: decision
entschlüsseln: decode, decrypt
entsprechen: match, represent
entsprechend: appropriate, corresponding, matching
entspricht der Spezifikation: compliant
entwerfen: design
Entwicklung: development
Entwurf: concept, design, plan
Entwurfsmodus: outlining mode
Entwurfszeit: design time
Enumeration: enum, enumeration
Enumeratorwert: enumerator value
erben: inherit
Ereignis: event
Ereignisbehandler, -behandlungsroutine, -handler: event handler
Erfolg: success
erforderlich: appropriate, critical, mandatory, required
erfordern: require
ergänzter Name: decorated name
erhalten: obtain, receive, accept, preserve
erhöhen: boost, increase
Erhöhung: increment
erlauben: allow, permit
erledigen: handle
ermitteln: ascertain, determine, lookup
ermöglichen: enable, allow
erneuern: refresh, renew
erneut ausführen: re-run
erneut binden: relink
erneut laden: reload
erneut versuchen: retry
erneute Definition: redefinition
erneute Kompilierung: recompilation
erreichbar: accessible
erreichen: hit, reach
ersetzen: replace
erstellen: build, create, generate
erstrecken über: span
erweitern: expand, extend
erweitert: advanced, enhanced
Erweiterung: (file) extension
erzeugen: build, create
erzwingen: enforce, force
Escapesequenz: escape code/sequence
evaluieren: evaluate
existieren: exist
exklusiver Zugriff: exclusive access
explizit: explicit
exportieren: export
extern: external
extrahieren: extract

## F

Facet: facet
Factory: factory
Fähigkeit: capability, power
falsch: bad, incorrect
falsch aufgebaut: badly formed, ill-formed, malformed
Feature: feature, capability
Feedback: feedback, comment
fehlend: unmatched (Klammern usw.)
Fehler: error, failure, problem
Fehler verursachen: fail
Fehlerbehandlung: error handling
fehlerhaft: improper, bad, broken
Fehlschlag: failure
fehlschlagen: fail
Feld: field
Fensterhandle: window handle
fensterlos: windowless
fertig: complete, finished
fertig stellen: finish
fest einprogrammiert: hard-coded
feste Größe: fixed size
festgefahren: deadlock
festlegen: determine, schedule, specify
feststellen: ascertain, find
Filter, filtern: filter
finden: find, lookup
Firma: organization
firmenweit: enterprise level
fixiert: pinned
flach: flat
Fläche: area
Flag: flag
Fokus: focus
Forderung: requirement
Format, Formatierung: format, style
Formatvorlage: style, style sheet
Form-Designer: form designer
Formular: form
fortfahren: proceed, continue
fortgeschritten: advanced
fortsetzen: proceed, resume
Frage: issue
Frameset: frameset
Framework: framework
freethreaded: free threaded
Freigabeverletzung: sharing violation
freigeben: free up, release, share
Frontend: front end
Funktion, Funktionalität: function, capability, functionality, feature
Funktionskopf: signature
Funktionsumfang: functionality
Funktionszeiger: function pointer

## G

ganze Dezimalzahl: decimal integer
ganze Zahl, Ganzzahl: integer
Ganzzahlüberlauf: integer overflow
Garbage Collection: garbage collection
Garbage Collector: garbage collector
Gebietsschema: locale
geeignet: applicable, appropriate, suitable
gefährden: compromise, risc
gegenseitig blockieren: deadlock
gemeinsam: common
gemeinsam nutzen: share
genau: specific, exact
genau bezeichnen: qualify
Genauigkeit: precision
genehmigen: approve
Generator: builder
generieren: generate, build
generisch: generic
geordnet: ordered (Set)
geprüft: validated
geschachtelt: nested
geschützt: protected
gesichert: safe
gespeicherte Prozedur: stored procedure
gestatten: permit
gesteuert: controlled
getestet: validated
gewähren: grant
gleichgeordnet: sibling
Gleitkomma: floating point
gliedern, Gliederung: outline
global: global
Grad: level
Grafik: image
Größe, Größe anpassen: size
Größe ändern: resize

Größe automatisch anpassen: autosize
Grund...: basic, primary, stock ...
Grundlage: base, basis
grundlegend: basic, primary
Gruppe: group, block, set
gruppieren, Gruppierung: group
gültig: valid, legal
Gültigkeit überprüfen: validate
Gültigkeitsbereich: scope
Gültigkeitsmeldung: validation text

## H

halten: break
Haltepunkt: breakpoint
handeln, handhaben, Handle: handle
Handler: handler
Hash, hashen: hash
häufig: common
Haupt...: core, main, primary
Hauptobjekt: parent ...
hauptsächlich: main, primary
Hauptversion: major version
Header: header
Headerdatei: header file
Heap: heap
herausfiltern: filter
herstellen: establish
herunterfahren: shut down
hervorheben, Hervorhebung: highlight
hexadezimal: hex, hexadecimal
hierarchisch: hierarchical
Hilfetext: usage message
Hilfsprogramm: utility
hinauszögern: defer
höchste Ebene: top-level
hohes Ersatzzeichen: high surrogate char
Homepage: home page
Host: host
Hotspot: hot spot
Hyperlink: link

## I

ID: identifier, identity
Identifizierer: identifier
Identität: identity
Identität wechseln: impersonate
ignorieren: ignore, discard
im Cache: cached
im Pool: pooled
im Speicher gesichert: memory-backed
immanent: intrinsic
immer wiederkehrend: common
implementieren: implement
Import, importieren: import
in der Quellcodeverwaltung: under source code control
in einer Deadlocksituation: deadlock
in Konflikt stehen: collide, conflict, inconsistent
in Verbindung setzen: contact
in Verbindung treten: connect
Includepfad: include path
Index, indizieren: index
Indexer: indexer
Infix-Notation: infix notation
Infoleiste: rebar
Inhalt: content
Inhaltstyp: content type

initialisieren: initialize
Initialisierungsausdruck: init expression
inkompatibel: incompatible
inkonsistent: inconsistent
Inkrement: increment
Inline-Assembler: inline assembler
Inlinefunktion: inline function
Installation: setup, installation
installieren: install, setup
Instanz: instance
instanziieren: instantiate
Integer: integer
integrierte Konvertierung: built-in conversion
interagieren: interact
Interaktion: interaction
interaktiv: interactive
Interface: interface
intern: internal
interpretieren: parse, interpret
isolieren: isolate
Iteration: iteration

## J

JIT-kompiliert: JIT compiled
Just-In-Time: JIT

## K

Kapazität: capacity
Kapselung: encapsulation
Kennung: identifier, ID
Kennwort: password
kennzeichnen: mark
Kern: core, kernel
Kerndebugger: kernel debugger
Klammern, Klammerpaar: parentheses
Klasse: class
Klassenansicht: class view
Klassenmember: class member
Klausel: clause
klicken: click
Klon, klonen: clone
Knoten: node
Kollision: conflict
Kombinationsfeld: combo box
kommabegrenzte Liste: comma separated list
Kommentar: comment
kommunizieren: communicate
kompatibel: compatible, compliant
kompilieren: compile
komplex, kompliziert: complex
Komponente: component
komprimieren: pack
komprimiert: compressed, packed
konditional: conditional
Konfigurationsdatei: config(uration) file
konfigurieren: configure
Konflikt: conflict, contention, mismatch
konform: compliant
Konsole: console
konstant, Konstante: constant
Konstrukt: construct
Konstruktion: construction
Konstruktor: constructor
Kontext: context
Kontextmenü: popup, pop-up menu, shortcut menu
Kontingent: quota

Konto: account
kontrollieren: control
Kontrollkästchen: check box
Konverter: converter
konvertieren: cast, convert, translate
Konvertierung: cast
Konzept, Konzeption: concept
Kopie, kopieren: duplicate, copy
Körper: body
korrekt: correct, proper
korrigieren: correct
kritisch: critical
kryptographisch: cryptographic
Kultur: culture
kurz zusammenfassen: recap(itulate)
kürzen: truncate
Kurzschlussoperator: short circuit operator

## L

langer Name: friendly name
laufen lassen: run
Laufzeit: runtime
leeren: clear
Leerlauf: idle
Leerraum, Leerstellen: white space
Leerstelle, -zeichen: space, blank
Leiste: bar
Leistung, Leistungsfähigkeit: performance, capability, power
leistungsfähig, leistungsstark: powerful, high-performance
lesen: read, get, fetch
Leserichtung: reading order
Lesezeichen: bookmark
Level: level
lexikalische Sortierung: dictionary sort
liefern: deliver, supply
Limit: limit
linken: link
Linker: linker
Liste: list
Listener: listener
Listing: code, listing
literal, Literal: literal
logisch: logical
lokal: local
Long-Wert: long value
löschen: clear, delete, destroy, discard
Löschen rückgängig machen: undelete
Lvalue, L-Wert: lvalue

## M

Makedatei, Makefile: makefile
Manifest: manifest
Mapping: mapping
markieren: highlight, mark, select
markiert: checked
marshallen, Marshalling: marshal
Marshallen rückgängig machen: unmarshall
Mechanismus: mechanism
mehrdeutig: ambiguous
mehrere, mehrfach: multiple
mehrfach umgewandelt: multicast
mehrfach verwenden: reuse
mehrzeilig: multiline
melden: deliver, report, inform
Meldung: message

Meldungshandler: message handler
Meldungstabelle: message map
Member: member
Menübefehl, Menüelement: menu item
Mergemodul: merge module
Message Queuing: message queuing
Messagingserver: messaging server
Metadatei, Metafile: metafile
Metadaten: metadata
Methode: method
Migration: migration
migrieren: migrate
Misserfolg: failure
mit Hilfe von: via
mit JIT kompiliert: jitted
mit Vorzeichen: signed
mitteilen: report, communicate
mnemonischer Buchstabe des Menüs/
 Menübefehls: (menu) mnemonic
modal: modal
modifizieren: modify
Modifizierer: modifier
Modul: module, engine
Modus: mode
Möglichkeit: facility, possibility
Moniker: moniker (Verweisobjekt)
Monitor: monitor
Multidateiassembly: multifile assembly
Multithread..., multithreaded: multi-
 threaded
Muster: pattern

## N

nachprüfen: review, check
Nachricht: message
nachschlagen: lookup
nachverfolgen: track
nahtlos: seamless
Namespace: namespace
nativ: native
navigieren: navigate
nebengeordnet: sibling
Nebenversion: minor version
Netzwerkauslastung, -daten, -verkehr:
 network traffic
Netzwerkfreigabe: network share
neu auswerten: reevaluate
neu berechnen: recalculate, recompute
neu erstellen: rebuild
neu installieren: reinstall
neu kompilieren: rebuild
neu linken: relink
neu ordnen: reorganize
neu schreiben: rewrite
neu starten: restart, reboot
neu zeichnen: redraw
Neudefinition: redefinition
Neuerstellung: rebuild
Neukompilierung: recompilation
Neustart: reboot, restart
nicht abgeschlossen: incomplete
nicht aktiviert: unchecked, deactivated
nicht angedockt: undocked
nicht angegeben: unspecified
nicht attributiert: non-attributed
nicht aufgelöst: unresolved
nicht behandelt: unhandled
nicht behebbar: unrecoverable
nicht definiert: undefined

nicht dem Standard entsprechend: nonstandard
nicht erkannt: unrecognized
nicht erreichbar: unreachable
nicht erreichbarer Hyperlink: broken
 link
nicht formatiert: raw
nicht genügend: insufficient
nicht geschachtelt: unboxed
nicht gesichert: unsafe
nicht gespeichert: uncommitted,
 unsaved
nicht initialisiert: uninitialized
nicht inkrementell: nonincremental
nicht kompatibel: incompatible
nicht korrekt, nicht ordnungsgemäß:
 improper, incorrect
nicht paarweise auftretend: unbalanced
nicht registriert: unregistered
nicht sicher: unsafe
nicht signiert: unsigned
nicht statisch: nonstatic
nicht transparent: opaque
nicht typisiert: untyped
nicht übereinstimmen: mismatch
nicht unterstützt: unsupported
nicht verfügbar: unavailable,
 inaccessible
nicht vertrauenswürdig: untrusted
nicht verwaltet: unmanaged
nicht zugewiesen: unassigned
nicht zugreifen können auf: unreachable
nicht zulassen: disallow
niedrige Vertrauensebene: low trust
niedriges Ersatzzeichen: low surrogate
 char
Niveau: level
normal: regular
normalisieren: normalize
notwendig: required
NULL-Zeiger: null pointer
numerisch: numeric
nur Schreibzugriff: write-only
nur Text: plain text
nützen: benefit

## O

oberste (Ebene): top-level
Objekt: object
Objektbrowser: object browser
Objektkatalog: object viewer
obligatorisch: mandatory
offen legen, öffentlich zugänglich
 machen: expose
öffentlich: public
offline arbeiten: work offline/disconnec-
 ted
Offlinecache: offline cache
Offset: offset
ohne Modus: modeless
ohne Vorzeichen: unsigned
Opcode: opcode
Operand: operand
Operation: operation
Operator: operator
optimieren: optimize
Ordinalwert: ordinal
Ordner: folder
Organisation: enterprise, organization

organisiert: organized
Out-Parameter: out parameter
Overhead: overhead
Override: override

## P

packen: pack
Paging: paging
Paket: package
Parameter: parameter, argument
Parser: parser
passen: match, suite
passend: appropriate, compliant, corres-
 ponding, matching
Patch, patchen: patch
Pfad: path, location
pflegen: maintain
physisch: physical
Plan, planen: plan, design, schedule
Plattform: platform
Platz: position, location, place
Platzbedarf: cost
Platzhalter: wildcard
Plug-In: plug-in
Plus-Operator: plus operator
Poolreservierung: pool allocation
poppen: pop
portable ausführbare Datei (PE): porta-
 ble executable file
Position: position, location
positionell: positional
Positionierung: placement
positionsabhängig: positional
Postback: postback
posten: post
Postfix-Form: postfix form
Prädikat: predicate
Präfix: prefix
praktisch: virtually, practical
Präprozessor: preprocessor
Präzision: precision
primär: primary
primitiver Typ: primitive type
privat: private
Problem: problem, bug, issue
problemlos: seamless
Profildateien: profile files
Profiler: profiler
profitieren: benefit
Programm: program, code, tool, utility
programmatisch, programmbasiert, pro-
 grammgesteuert: programmatic
programmieren: program, code
Programmierstandard: coding standard
Projekt: project
Projektmappe: solution
Projektstruktur: skeleton project
projektübergreifend: cross project
Protokoll: protocol, log
Prototyp: prototype
Provider: provider
Proxy: proxy
Proxy ohne Stub: stubless proxy
Prozedur: procedure
Prozess: process
prüfen: check, validate
Prüfsumme: checksum
Puffer: buffer
Pufferüberlauf: buffer overrun

Punkt: period, item
pushen: push

**Q**

qualifizieren: qualify
Qualifizierer: qualifier
Quellbrowserdateien: source browser file
Quellcode: source code
Quellcodeverwaltung: source code control
Quelle: source
Queue: queue

**R**

Rahmen: frame
Rang: rank
Reaktion: feedback
reaktivieren: reactivate, reenable
Recht: grant, permission, privilege
Recht erteilen: grant
Recordset: recordset
reduzieren: reduce, collapse, truncate
Referenz: reference
referenzieren: reference
reflektieren: reflect
Reflektion: reflection
Regel: rule
Register, registrieren: register
Registerkarte: tab
Registrierung: registration, registry
regulärer Ausdruck: regular expression
Reihenfolge: order
Rekursion: recursion
rekursiv: recursive
relational: relational
relativer Pfad: relative path
Release: release
Remote..., remote: remote
Remotedienste: remoting services
reparieren: fix, repair
Replikation: replication
repräsentieren: represent
reproduzieren: reproduce
reservieren: allocate
reserviert: reserved
Ressource: resource
richtig: appropriate, correctly, proper
Richtlinie: policy
Richtung: direction
roh: raw
Rollback: rollback
Rollback ausführen: roll back
Rolle: role
Routing: routing
Rückgabe: return
Rückgabecode: return code
Rückgabetyp: return type
rückgängig machen: reverse, undo
Rückruf: callback
Rumpf: body

**S**

Sammlung: collection
Satellitenassembly: satellite assembly
säubern: clean
Säuberung: clean up
schachteln: box
Schachtelung: nesting
Schachtelungstiefe von Funktionen: function nesting depth
Schalter: switch
scheitern, Scheitern: fail, failure
Schema: schema, scheme
Schicht: layer
schlecht: bad
Schleife: cycle, loop
Schleifendurchlauf: iteration
Schleifensteuerungsvariable: loop control variable
Schlüssel: key
Schlüsselwort: keyword
Schnellüberwachung: QuickWatch
Schnittstelle: interface
Schnittstellenmember: interface member
Schreibberechtigung: write permission
schreibgeschützt: read only, write-protected
Schrift, Schriftart: font
Schriftart, Schriftstil: (font) face
Schriftgrad: (font) size
Schriftschnitt: (font) style
Schrittweite: increment
schwacher Verweis: weak reference
schwerwiegend: critical, fatal
Schwierigkeit: complexity
scrollen: scroll
Seite auslagern: page out
Seitenfehler: page fault
selbstrekursiv: self recursive
senden: dispatch, submit
serialisieren: serialize
Serialisierung: serialization
Server..., serverbasiert, serverseitig: server-based, server side
Serverzustand: server state
Set: set
Setup: setup
setzen: set
sicher: safe, secure
Sicherheit: security
sichern: preserve, secure
sicherstellen: verify
Sicht: view
sichtbar: visible
signalisieren: signal, report
Signatur: signature
signieren: sign
Singlethread..., singlethreaded: single-threaded
Sitzung: session
skalieren, Skalierung: scale
Skript: script
Skriptsprache: script(ing) language
Snap-In: SnapIn
Socket: socket
sofort: immediate
sortieren: sort
Sortierreihenfolge: collation, sort order
sortiert: ordered
späte(s) Binden/Bindung: late binding
Speicher: memory, storage, store
Speicher reservieren: allocate
speichern: save, preserve, store
Speicherort: location
Speicherplatz: room, space
Speicherplatzanforderungen: space requirements
Speicherplatzbedarf: cost
Speicherreservierung: memory allocation, space allocation
Speicherstream: memory stream
Sperre: lock
Sperre aufheben: unlock
sperren: lock, freeze
Sperrenanzahl: lock count
Sperrungsbesitzer: lock owner
speziell: particular
Spezifikation: spec, specification
spezifisch: specific
spezifizieren: specify
Spezifizierer: specifier
Sprungmarke: label
Stack: stack
Stackrahmen: stack frame
Stamm, Stammverzeichnis: root
Standard...: default, general
Standardeinstellungen: defaults
standardmäßig: by default, default
Standort, Standpunkt: position
Stapel: stack, batch
Stapelüberlauf: stack overflow
starker Name: strong name
Start...: startup
starten: initiate, invoke, launch, spawn, start, run
Startprojekt: starter project
Startseite: home page
Startwert: seed
statisch: static
Status: condition, progress, state, status
Steuerelement, steuern: control
Stil: style
Stream: stream
String: string
Stringpooling: string pooling
Strom: stream
Struktur: structure, struct, architecture, design, tree
Strukturansicht: tree view
strukturiert: organized
Stub: stub
Stylesheet: style sheet
Such...: lookup
suchen: search, browse, find, lookup
Suchpfad für Headerdateien: include path
Suffix: suffix
Support: support
Symbol: icon
Symbolleiste: toolbar
synchron, synchronisiert: in sync
synchronisieren: sync, synchronize
Syntax: syntax, usage
Syntaxfehler: syntax error
System: system, machine
systemeigen: native
systemintern: intrinsic
systemnah: low-level
Systemsteuerung: control panel

**T**

Tabelle: map
Tabstopp, Tabulator: tab, tab stop
Tabulatorreihenfolge: tab order
Tag: tag
Task: task

Taste: key
tauschen: swap
tauschen gegen: replace
Technik, Technologie: mechanism, technology
Teilabfrage: subquery
Teilinitialisierung: partially initialized
Teilstring: substring
Teilstruktur: branch
temporär: intermediate
testen: validate
Text, Textkörper: body
Textmarke: bookmark
Thema: issue
Thread: thread, ein deaktivierter/wartender Thread: sleeping thread
Threadpool: thread pool
tiefe Kopie, Tiefenkopie: deep copy
Titel, Titelleiste: caption
Token: token
Tool: tool
Toolbox: toolbox
Toolkit: toolkit
Trace: trace
Transaktion, Transaktions...: transaction
treffen, Treffer: hit
trennen: detach, isolate
Trennzeichen: delimiter
Trigger: trigger
Typ: type
Typedef, Typdefinition: typedef
Typen unverträglich: type mismatch
Typ(en)bibliothek: type library, typelib
typisiert: typed
Typkonvertierung, Typumwandlung: cast, type cast

## U

über: via
überarbeiten: rewrite
übereinstimmen: match, conform
überflüssig: redundant
Übergang: transition
übergeben: deliver, receive, pass
übergeordnet: parent ...
überladen, Überladung: overload
Überlauf: overflow
Überlaufprüfung: overflow check
übermitteln: deliver, send
übernehmen: apply
überprüfen: check, review, validate, verify
überschatten: shadow
überschreiben: overwrite, override
Überschreibmodus: overtype mode
Überschreibung: override
überschreiten: exceed
Überschrift: caption, heading
übersetzen: translate
überspringen: skip
übertragbare ausführbare Datei (PE): portable executable file
übertragen: transmit
überwachen: audit, monitor, spy upon, trace, watch
Überwachungsprogramm: trace utility
umbrechen, Umbruch: wrap
umfangreich: extensive, complex
umfassen: contain, host, span

umfassend: complete
Umgebung: environment
umkehren: invert, reverse, swap
umleiten: redirect
umschalten: toggle, switch to
umschreiben: rewrite
umsetzen: implement, map, translate
Umsetzung: relocation
umstellen: adapt, rearrange
umwandeln: cast, change, coerce, convert, transform, translate
unärer Operator: unary operator
unausgeglichen: unbalanced
unbeaufsichtigt: unattended
unbeaufsichtigter Modus: quiet mode
unbehandelt: unhandled
unbekannt: unrecognized
unbenannt: unnamed
unbestimmt: indeterminate
undefiniert: undefined, unspecified
undurchsichtig: opaque
uneingeschränkt: unrestricted
unerreichbar: unreachable
unfähig: unable
unformatiert: raw
ungebunden: unbound
ungeeignet: unable, unsuitable
ungenau: inexact, inaccurate
ungültig: bad, ill-formed, improper, invalid, malformed
ungünstig: bad, inconvenient
unmarshallen: unmarshall
unpassend: mismatch, inappropriate
unreferenziert: unreferenced
unregelmäßig: irregular
unregistriert: unregistered
unrichtig: incorrect
unsicher: unsafe
unter...: sub...
unter Kontrolle der Quellcodeverwaltung: under source code control
Unterabfrage: subquery
unterbrechen: break, interrupt, suspend
Unterbrechungsmodus: break mode
unterbringen: place, put, fit
unterdrücken: suppress
untergeordnet: child, sub...
untergeordnete Ebene: branch
untergeordnete Elemente: children
Unterklasse: subclass
Unternehmen, Unternehmen: enterprise, organization
unterordnen: subclass, subordinate
unterscheiden: differ, distinguish
unterschiedlich sein: differ
unterstreichen, Unterstrich: underline
unterstützen, Unterstützung: support
untersuchen: parse
unverankert: floating
unverträglich: mismatch
unvollständig: incomplete
unwiderruflich: permanent
unzugänglich: inaccessible
unzulässig, unzutreffend: illegal, improper, incorrect
Update: update
Upload, uploaden: upload
URI (Uniform Resource Indicator): uniform resource indicator

URL: URL
ursprünglich: primary
Utility: utility

## V

Variable: variable
Variant: variant
verabschieden: approve, pass
veraltet: obsolete
verändern: change, modify
verbessern: improve
verbinden: connect, bind, attach, concatenate, join
Verbindung: connection
Verbindung aufnehmen/herstellen: connect
Verbindung beenden/trennen: disconnect
Verbindungszeichenfolge: connection string
verbleibend: remaining
Verbunddokument: compound document
vererben: inherit
Vererbung: inheritance
Verfahren: procedure, process
verfälschen: corrupt
verfassen: compose, write
verfolgen: trace, track
verfügbar: available
vergleichbar: comparable, related
vergleichen: compare
vergrößern: increase, zoom in
Verhalten: behavior, interaction
Verhaltensweise: behavior
verketten: concatenate
verkleinern: zoom out, truncate
verkleinern auf Symbolgröße: reduce
verknüpfen: link
verknüpft: associated, related
Verknüpfung: join, link, shortcut
verkürzen: truncate
verlängern: delay
verlassen (auf): depend (on)
Verlauf: history
verletzen: violate
vermeiden: avoid
vermindern, verringern: decrement, reduce, decrease
veröffentlichen: publish
Veröffentlichung aufheben: unpublish
Verschachtelung: nesting
verschieben: move, defer, postpone, delay
verschlüsseln: encrypt, encode
versiegelt: sealed
Versionserstellung, Versionssteuerung: versioning
Versionsinformationsblock: version info block
Versionskontrolle: version control
verstärken: boost
verstoßen gegen: violate
vertauschen: exchange, replace, swap, transpose
verteilen: deploy, dispatch, redistribute
verteilte Anwendungen: distributed applications
vertrauen, Vertrauensebene: trust

Vertrauensnehmer: trustee
vertrauenswürdig: trusted
Vertrauenswürdigkeit: trust
vertreten: represent
verursachen: cause, raise
vervielfältigen: reproduce
vervollständigen: complete
verwalten: manage, administer, maintain
verwaltet: managed
Verwaltungsaufwand: overhead
verwandt: related
verweigern: deny, reject
Verweis, verweisen: reference
verwenden: deploy, reference
Verwendung: usage, reference
verwerfen: discard
Verzeichnis: directory, location
verzögern: delay, defer, postpone
verzweigtes Array: jagged Array
Vielfaches: multiple
Viewer: viewer
virtuell: virtual
virtuelle Funktionsüberschreibungen: virtual function overrides
volle Vertrauenswürdigkeit: full trust
vollständig: complete
vollständig angeben: qualify
vollständig angegeben/qualifiziert: fully qualified
vollständiger Pfad: full path
Volltextindex: full-text index
vom Compiler erstellte/generierte Methode: compiler-generated method
vom Stack lesen: pop
vorab erstellen: pre-create
Vorabversion: prerelease
voraussetzen: require
vorbeugen: avoid
vordefiniert: predefined, stock ...
Vorgang: action, operation
vorhaben: plan
vorhanden: available, exist
Vorkommen: occurrences
vorkompiliert: precompiled
Vorlage: template, pattern
vorläufig: intermediate
vorstellen: present, represent, introduce
Vorteil: benefit
vorübergehend: intermediate
vorverarbeiten: preprocess
Vorzeichen: sign
vorzeichenlos: unsigned

**W**

Warnung: warning
warten: maintain
Warteschlange: queue
Wartung: maintenance
Webdiscovery: web discovery
Website: web site
Webverzeichnis: web location

Webweitergabetool: web deployment tool
wechseln: change, switch, toggle
wechseln zu: navigate
wegwerfen: discard
weiterentwickeln: improve
Weitergabe: deployment
weitergeben: deploy
Werkzeug: tool, utility
Wert: value
Werttyp: value type
wichtig: critical, important
widerspiegeln: reflect
widersprechen: conflict
wiederaufnehmen: resume
wiedereintretend: reentrant
wiedergeben: replay
wiedergeben: reflect
wiederherstellen: restore, undelete, redo
wiederholen: repeat, iterate, loop, recapitulate, redo, retry
wiederholt, wiederkehrend: recurring
Wiederholung: iteration, repetition
wiederverwenden: reuse
willkürlich: arbitrary
Windows-Sockets: windows sockets
wird ausgeführt: in progress
wohl geformt: well-formed
Workerprozess: worker process
Workstation: workstation
Wortvervollständigung: word completion
Wrapper: wrapper (Hüllfunktion)
Wrapperassembly: wrapper assembly

**X**

XML-Daten: XML Data
XML-Schema: XML Schema
XSL-Transformationsdatei: XSL transform file

**Z**

zählen: count, enumerate
Zeichen, das kein Leerzeichen ist: non-whitespace character
Zeichenfolge: string
Zeichenfolgenliteral: literal string
Zeichenfolgenpool: string pooling
Zeichenliteral: character literal
Zeichenoffset: character offset
Zeichensatz: character set, encoding
Zeiger: pointer
Zeilenumbruch: word wrap
Zeit überschreiten: time out
Zeitgeber: timer
Zeitlimit erreichen: time out
Zeitraum: period, era
zerstören: destroy
Zertifikat: certificate
ziehen: drag
Ziehvorgang: drag operation

Ziffer: digit
Zirkelverweis: circular reference
Zombiezustand: zombie state
Zone: area
z-Reihenfolge: z-order
zu haben: available
zueinander passend: matching
Zugang: access
zugänglich: accessible
zugehörig, zugeordnet: related, associated
zugreifen, Zugriff, Zugriff haben auf: access
Zugriff nicht möglich: inaccessible
Zugriffsmodifizier: access modifier
Zugriffsrecht: privilege
Zugriffstaste: accelerator
Zugriffsverletzung: sharing violation
zulassen: allow, approve, permit, accept
zulässig: acceptable, legal
zuletzt geöffnete Dateien: recent files
zuordnen: allocate, assign, map, resolve, translate
Zuordnung: map, mapping
Zuordnungsdatei: map file
zur Eingabe auffordern: prompt
zur Verfügung stehen: available
zur Verfügung stellen: provide, supply
zurück, zurückgeben: return
zurücknehmen: reverse
zurücksenden zum Server: postback
zurücksetzen: reset, revert, roll back
zurückstellen: postpone, defer
zurückweisen: reject
zusammenarbeiten: interact, cooperate
Zusammenfassung von Zeichenfolgen: string pooling
zusammenführen: merge
zusammengehörig: matching
zusammengesetzt: composite
zusammenpassen: match
zusammensetzen, zusammenstellen: compose
zusätzlicher Aufwand: overhead
Zustand: condition, state, status
zustimmen: accept
zuteilen: allocate, assign
zutreffend: applicable
zuverlässig: safe
zuweisen: allocate, assign, set
Zuweisungsoperator: assignment operator
Zweitname: alias
Zwischen....: intermediate
Zwischenablagering durchlaufen: cycle clipboard ring
zwischengespeichert, Zwischenspeicher, zwischenspeichern: cached
Zwischenstufe: intermediate

**Wissen aus erster Hand**

ActiveX Data Objects .NET (ADO.NET) für den Zugriff, die Verwaltung und Bearbeitung von Webanwendungen in Unternehmen einsetzen - dieses Buch liefert praxisnahe Anleitung für das Schreiben, Testen und Debuggen von Code für Datenbankanwendungen mit Hilfe der neuen Tools und Wizards, die Microsoft Visual Studio .NET zur Verfügung stellt. Darüber hinaus wird das ADO.NET Objektmodell inklusive der XML Features für Webpublikation sowie Integration in SQL Server 2000 beschrieben. Auf der CD: jede Menge Beispielcode, zahlreiche Tools sowie der Inhalt als E-Book in deutscher und englischer Sprache.

| | |
|---|---|
| Autor | David Sceppa |
| Umfang | 650 Seiten, 1 CD-ROM |
| Reihe | Das Entwicklerbuch |
| Preis | 49,90 Euro [D] |
| ISBN | ISBN 3-86063-651-0 |

Microsoft Press-Titel erhalten Sie im Buchhandel, PC-Fachhandel und in den Fachabteilungen der Warenhäuser

*Microsoft* Press

## Wissen aus erster Hand

Wer auf Basis des .NET Frameworks programmiert, muss sich intensiv mit den Mechanismen der Common Language Runtime und den wichtigsten Klassen und Typen der Framework Foundation Classes auseinandersetzen. Dieses Buch richtet sich an Entwickler, die bereits mit den Konzepten der objektorientierten Programmierung vertraut sind und nun auf Basis des .NET Frameworks entwikkeln möchten. Die Autoren fokussieren auf die Bedürfnisse von Visual Basic-Programmierern und gehen detailliert auf Themen wie Eigenschaften mit Parametern, Ausnahmefilter und weitere besondere Fähigkeiten der Visual Basic-Syntax ein.

| | |
|---:|---|
| Autor | Richter, Balena |
| Umfang | 544 Seiten |
| Reihe | Fachbibliothek |
| Preis | 49,90 Euro [D] |
| ISBN | 3-86063-682-0 |

Microsoft Press-Titel erhalten Sie im Buchhandel, PC-Fachhandel und in den Fachabteilungen der Warenhäuser

*Microsoft Press*